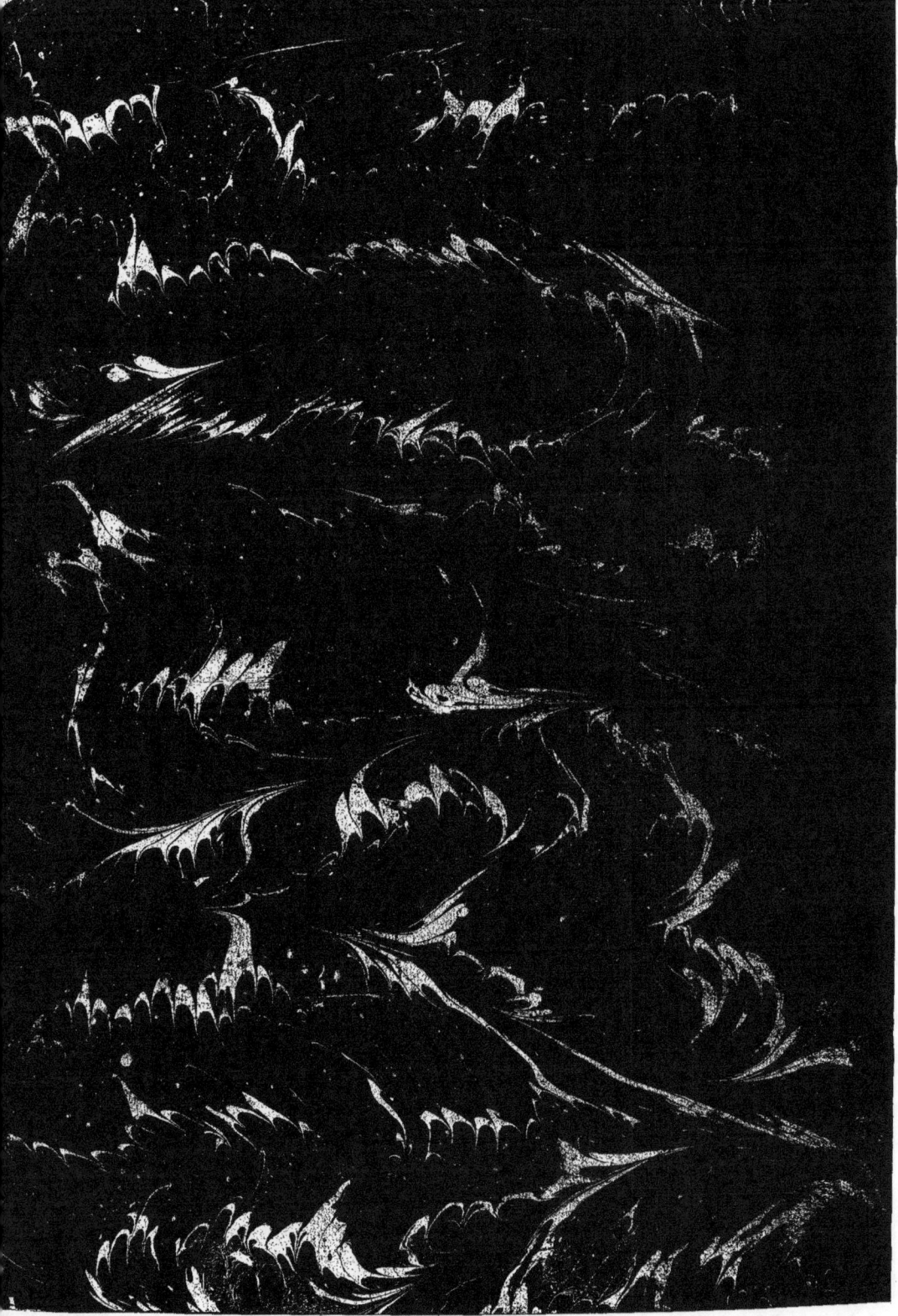

DISCOURS
HISTORIQUES,
CRITIQUES,
THEOLOGIQUES, ET MORAUX,
SUR LES EVENEMENS LES PLUS MEMORABLES
DU VIEUX ET DU NOUVEAU TESTAMENT.
PAR M. SAURIN,
Ministre du St. Evangile à la Haye:
CONTINUEZ
PAR M. C. S. DE BEAUSOBRE,
Pasteur de l'Eglise Françoise de Berlin.
Avec des Figures gravées sur les desseins de
Mrs. HOET, HOUBRAKEN & B. PICART.
TOME SIXIEME.

A LA HAYE,
Chez PIERRE DE HONDT.
M. DCC. XXXIX.
Papier Imperial.

TABLE DES DISCOURS

Contenus dans le Volume VI.

Discours		Pag.	
----	I. Le Samaritain secourant un Juif.		1
----	II. Marthe, empressée à servir J. Christ, se plaint de ce que Marie, sa Sœur, ne l'aide pas.		13
----	III. La Femme surprise en Adultère.		23
----	IV. Un Aveugle recouvrant la vûe.		35
----	V. La Résurrection de Lazare.		46
----	VI. Jesus monté sur un Anon.		67
----	VII. On montre un Denier à J. Christ.		84
----	VIII. Jesus parlant aux Scribes & aux Pharisiens.		95
----	IX. La Cène Eucharistique de Notre Seigneur J. Christ.		115
----	X. J. Christ trouve ses Disciples dormans.		131
----	XI. Un Ange paroît, & fortifie J. Christ.		149
----	XII. Jesus devant Caïphe.		155
----	XIII. Pierre renonce le Seigneur.		167
----	XIV. Jesus renvoyé à Pilate.		182
----	XV. J. Christ fouetté.		198
----	XVI. Les Soldats se moquent de J. Christ.		205
----	XVII. Simon de Cyrène porte la Croix de J. Christ.		212
----	XVIII. J. Christ crucifié.		220
----	XIX. Sépulture de J. Christ.		248
----	XX. J. Christ enseveli.		256
----	XXI. La Résurrection de J. Christ.		261
----	XXII. L'Apparition des Anges aux Femmes qui cherchoient le Seigneur.		275
----	XXIII. Jesus paroissant à Marie, passe pour le Jardinier.		284
----	XXIV. Conversation en allant à Emmaüs.		294

TABLE DES DISCOURS.

Discours	XXV. *L'Incrédulité de Thomas.*	313
- - - -	XXVI. *Jesus paroît à ses Disciples près de la Mer.*	328
- - - -	XXVII. *L'Ascension de J. Christ dans le Ciel.*	339
- - - -	XXVIII. *La Descente du Saint-Esprit.*	350
- - - -	XXIX. *S. Etienne lapidé.*	363
- - - -	XXX. *La Conversion de S. Paul.*	385
- - - -	XXXI. *Pierre délivré de la Prison par un Ange.*	401
- - - -	XXXII. *Elymas frappé d'Aveuglement.*	413
- - - -	XXXIII. *Paul & Sylas en prison.*	425
- - - -	XXXIV. *La Conversion du Geolier.*	445
- - - -	XXXV. *Paul ressuscite Eutyche.*	457
- - - -	XXXVI. *Prédiction d'Agabus.*	469
- - - -	XXXVII. *Une Vipere s'attache à la main de S. Paul.*	481
- - - -	XXXVIII. *La Vision des sept Chandeliers.*	493

Σαμαρείτης βοηθῶν τὸν Ἰουδαῖον. | PARABOLA SAMARITANI.
The good Samaritane | Le Samaritain secourant un Juif.
Von dem Samariter und Leviten. | Gelykenis van den Samaritaen

DISCOURS
HISTORIQUES, CRITIQUES,
THEOLOGIQUES ET MORAUX,
SUR LES EVENEMENS

LES PLUS MEMORABLES

DE L'ANCIEN ET DU NOUVEAU
TESTAMENT.
VOL. VI.

DISCOURS PREMIER.

Le Samaritain secourant un Juif. Luc. X. 25..37.

Ous allons expliquer dans ce Discours un morceau de l'Histoire Evangelique, qui n'est rapporté que par S. Luc; mais où l'on voit briller la prudence & la sagesse du Seigneur, aussi-bien que l'excellence & la Sainteté de sa Doctrine.

Il paroît par le Chapitre XXII. de S. Matthieu, que les Pharisiens voulant arrêter les progrès de l'Evangile, résolurent dans un Conseil secret, de surprendre J. Christ par des Questions captieuses, afin

Matth. XXII. 15. & suiv.

Vol. VI.   A   de

de lui arracher quelque parole, qui leur fournît un prétexte de l'accuser, & de le faire périr. S. Matthieu rapporte plusieurs de ces Questions dans le Chapitre qu'on vient de citer. Ce fut vraisemblablement en consequence de cette résolution, que Jesus étant dans une Synagogue, & peut-être à Jerusalem, *un Docteur se leva*, (les Docteurs étoient assis sur des siéges, comme on l'a remarqué ailleurs) & lui fit cette question : *Maître, que ferai-je pour obtenir la vie éternelle ?*

<small>Luc. x. 25.</small>

Jamais question ne fut plus importante, & le Docteur ne pouvoit mieux s'adresser qu'à J. Christ, pour en avoir la décision. Le prémier & le grand objet de l'homme raisonnable, c'est son immortelle félicité, & sa principale étude doit être de rechercher & d'apprendre les moyens d'y arriver. Or, quel autre pouvoit mieux en instruire les hommes que le Seigneur, qui étoit descendu du Ciel exprès, pour manifester l'Immortalité, & pour en ouvrir le chemin par sa Doctrine, par sa Mort, & par sa Resurrection. Rien de plus prudent, ni de plus sage, que le procédé du Docteur de la Loi, qui apparemment étoit Pharisien ; [1] les Sadducéens ne croyant point de vie éternelle. Quel procédé, dis-je, plus prudent, si l'on n'en voyoit que l'extérieur ? Mais cette Secte, estimable, vénérable par les dehors, odieuse & méchante dans le fond, étoit accoûtumée aux artifices, & cachoit souvent de noirs desseins, sous les apparences de la modestie & de la vertu. Malheureusement c'est une Secte immortelle ; & quoique le Seigneur l'ait flétrie, condamnée dans le Judaïsme, le Christianisme la vit bientôt renaître dans son sein, où elle s'est perpétuée avec le même esprit, la même hypocrisie, & le même succès.

L'intention du Docteur de la Loi n'étoit donc pas de s'instruire *des moyens d'obtenir la vie éternelle.* Plein de l'opinion de sa fausse science, & de son propre mérite, il est persuadé de sçavoir mieux que personne, non seulement les moyens de l'acquerir, mais de les pratiquer dans la plus haute perfection, & son unique but, en interrogeant J. Christ, *est*, dit S. Luc, *de tenter* le Sauveur, & d'en tirer quelque réponse, dont il puisse profiter pour le perdre. Il espere, sans doute, que Jesus lui dira, que pour avoir la vie éternelle il faut croire en lui ; & alors il l'accusera d'établir une Religion nouvelle, de se mettre à la place des Prophetes & de Moïse, & d'exiger des hommes une foi, qui n'est dûë qu'à eux & à Dieu. Il se flatte du moins, qu'il échapera au Seigneur quelque mot ambigu, sur les observances légales, qui lui donnera occasion de l'accuser d'abroger la Loi Mosaïque, & d'être

<small>Luc. x. 25.</small>

<small>Ib. vs. 25.</small>

SECOURANT UN JUIF. *Discours I.*

tre un Hérétique, ou même un Apostat du Judaïsme. Le piége étoit délicat ; mais il étoit tendu au Fils de Dieu, qui connoît les secrets des cœurs, & qui plus d'une fois, & sans blesser jamais l'innocence & la sincerité, a surpris le Démon & ses instrumens par leurs propres artifices. Pourquoi, répondit Jesus au Docteur de la Loi, me demandez-vous ce que vous sçavez vous-même, & ce que les Ecritures vous ont appris? *Qu'y a-t-il d'écrit là-dessus dans la Loi? Qu'y lisez-vous?* Le Docteur repartit: *Vous aimerez l'Eternel votre Dieu de tout votre cœur, de toute votre ame, de toutes vos forces, & de toute votre intelligence : & votre prochain comme vous-même.* [Luc. x. 26, 27.]

Les deux endroits qu'il allegue, sont pris, l'un du VI. du Deuteronome, vs. 5., & l'autre du XIX. du Levitique vs. 18. Ils contiennent effectivement un abregé complet de la Loi Divine, comme J. Christ l'a remarqué, Matth. XXII. vs. 44. A l'égard de *l'Amour de Dieu,* si on le prend dans toute son étenduë, il comprend tous les devoirs de l'Homme, puisque cet Amour n'est autre chose, qu'un Desir sincere, constant, efficace, de plaire à Dieu, & par consequent, d'observer tout ce qu'il commande, & d'éviter tout ce qu'il défend. *L'Amour de Dieu*, dit S. Jean, *c'est l'observation de ses commandemens.* Mais dans cet endroit, où l'Amour de Dieu est distingué de celui du Prochain, il ne renferme que les devoirs qui ont Dieu pour objet, tels que sont l'adoration souveraine, & tous les actes qui en dépendent ; & *l'Amour du Prochain* renferme tous les devoirs de la Justice, & tous les offices de la Charité. [1 Jean. v. 3.]

Il faut que le Docteur de la Loi fût un homme bien instruit, pour avoir fait une réponse si juste : *Vous avez fort bien répondu,* lui dit le Seigneur. Mais le principal, c'est de faire ce que vous avez dit. *Faites cela*, ajoute Jesus, *& vous vivrez*. [Luc. x. 28.]

La Religion ne fut jamais une Science de spéculation. Elle fut une Science de pratique dès le moment de sa prémière institution, dans le Paradis terrestre. Elle est bien une Science céleste, destinée à éclairer l'esprit, mais c'est parce que l'Homme ne peut agir raisonnablement, qu'à proportion qu'il est éclairé. Aussi les véritez de la Religion tendent-elles toutes à la pratique. Il faut connoître Dieu pour le servir, & n'en connoître qu'un seul, pour n'en servir point d'autre. Il faut connoître ses perfections, parce qu'elles sont le fondement de la vénération, & du Culte qui lui est dû : Il faut connoître J. Christ pour le Fils & l'Envoyé de Dieu, pour ajoûter foi à sa parole, pour recourir à son intercession, pour faire ce qu'il commande, & pour lui sacrifier, non seulement

lement les paſſions vicieuſes, mais les affections les plus naturelles & les plus innocentes, comme les Fidéles y ſont appellez quelquefois : Il faut être bien perſuadé de ſes promeſſes. Mais, *Faites ces choſes, & vous vivrez*, n'eſt point une Ordonnance propre à la Loi : Elle eſt répetée cent & cent fois dans les Ecrits du Nouveau Teſtament. Il faut ſeulement obſerver ces trois véritez, qui ſont enſeignées dans l'Evangile. La prémière, qu'il n'y eut jamais parmi les hommes de Juſtice parfaite, *tous étant déchûs de la Gloire de Dieu*, parce qu'ils ſont tous coupables, les uns plus, les autres moins. La ſeconde, que les plus parfaits ne ſçauroient mériter la vie éternelle, & ne peuvent l'obtenir que par la miſericorde de Dieu, & par la grace du Redemteur. La troiſième, enfin, que la condition de cette grace, eſt la foi en J. Chriſt. Le Seigneur, en retranchant des pratiques cérémonielles, qui ne convenoient plus, ni en qualité de figures myſtérieuſes, après l'accompliſſement des évenemens qu'elles repréſentoient, ni en qualité d'emblêmes des devoirs moraux, depuis que ces devoirs furent pleinement manifeſtez : Le Seigneur, dis-je, aboliſſant ces cérémonies, leur a ſubſtitué la Foi au Fils unique de Dieu, laquelle eſt le vrai principe de l'obéïſſance, & qui a l'avantage de faire connoître à l'Homme, qu'il ne doit ſon ſalut qu'à la Grace du Redemteur.

Cela fait naître une difficulté. On demande pourquoi le Docteur ayant prié Jeſus, de lui dire ce qu'il devoit faire pour avoir la vie éternelle, le Seigneur ne lui dit rien de la Foi, bien qu'elle en fût une des conditions. On a déja prévenu cette difficulté. Si le Seigneur avoit eu affaire à un Diſciple bien diſpoſé pour le Royaume de Dieu, & qui n'eût eu d'autre intention que celle de s'inſtruire; ſans doute il lui auroit parlé plus ouvertement. Mais la prudence, dont il a donné le précepte à ſes Diſciples, ne lui permettroit pas de jetter les choſes ſaintes à des animaux profanes, qui, loin d'en profiter pour leur ſalut, ne s'en ſeroient ſervis que pour lui nuire, auſſi-bien qu'à l'Evangile. C'eſt pour cela que le Seigneur ſe contenta de dire au Docteur de la Loi : *Faites ces choſes, & vous vivrez.*

Il eſt vrai néanmoins, que cette réponſe étoit au fonds très propre à ramener le Docteur à la Foi, & à la Grace, ſi l'opinion qu'il avoit de ſon propre mérite, ne l'avoit aveuglé. Un peu de refléxion ſur lui-même, une légère attention à la voix de ſa conſcience, lui auroit appris, que ſi, pour avoir la vie éternelle, *il faut aimer Dieu de tout ſon cœur, de toute ſon ame, de toutes ſes forces, de toute ſon intelligence, & ſon Prochain*

comme

SECOURANT UN JUIF. *Discours I.* 5

comme soi-même, il est encore bien éloigné de la possession de cette vie éternelle à laquelle il aspire. Car, quel homme peut se rendre, en la présence de Dieu, le témoignage, d'avoir accompli ces deux commandemens? Ainsi quand J. Christ lui dit, *Faites ces choses, & vous vivrez*, il enseigne indirectement, que la Justice humaine est trop imparfaite pour mériter la vie éternelle, & qu'il y a quelque autre voye pour y parvenir, sçavoir celle de la Foi & de la Grace de Dieu. Mais, bien loin d'entendre ce langage, le superbe Docteur ne pense qu'à convaincre Jesus, qu'il a parfaitement rempli les devoirs dont il vient de parler, *Mais lui*, dit S. Luc, *voulant étaler sa propre justice, répondit à Jesus, Qui est mon prochain?* Luc. 21. 29.

Il ne dit rien sur le prémier commandement. Comme il n'est point Idôlatre, & qu'il se pique d'une exacte observation des Loix qui concernoient le Culte divin, il se flatte qu'on n'a rien à lui reprocher sur l'Amour de Dieu. Il ne se flatte pas moins d'avoir rempli tous les devoirs de la Charité, puisqu'il ne demande à J. Christ, *Qui est mon prochain*, que dans la vûë de montrer qu'il est juste sur cet article. Il est aussi fort vraisemblable, qu'il fut choqué de ces paroles du Seigneur, *Faites ces choses*: ce qui lui parut être un reproche indirect d'y avoir manqué. Il est donc prêt de vanter ses aumônes, son exactitude à payer les dîmes, & en général les bonnes œuvres qu'il a faites, pour le soulagement de ses freres. Mais il y a aussi de l'apparence, qu'il avoit ouï dire quelque chose de l'étenduë que le Seigneur donnoit [3] au précepte *de l'Amour du prochain*, & que ce fut ce qui l'obligea de lui faire cette seconde question.

La sagesse & la prudence du Seigneur éclatent dans la réponse qu'il fit au Docteur. Et quand le Seigneur ne seroit qu'un simple Philosophe, on admireroit le tour ingénieux, qu'il prit, pour convaincre cet homme, par sa propre bouche, de la fausse idée que lui & sa Nation avoient de l'étenduë de la Charité, ou de l'Amour du prochain.

Les Juifs étoient [4] prévenus de cette opinion, qu'ils ne devoient regarder comme leurs Prochains, c'est-à-dire, comme leurs *Amis* & leurs *Freres*, que les personnes de leur Nation & de leur Religion: Et il est bien vraisemblable, que dans le Chapitre XIX. du [5] Levitique, vs. 18., il s'agit effectivement de ces personnes-là. Aussi S. Jerôme avoit-il traduit dans cet endroit, *votre Ami*; quoiqu'il y ait dans l'Hébreu, & dans la Version Grecque des Septante, *votre Prochain*. Mais il s'agit dans cet endroit de l'Amour fraternel, qui doit unir les fidéles, & non de la Justice, de l'Equité,

Vol. VI.   B   de

de l'Humanité, & de la Charité même, qui doit regner entre tous les hommes. Cependant les Juifs ne l'entendoient pas de la forte. Ils bornoient le précepte de l'Amour du prochain à leurs Freres & à leurs Profélytes, & abufoient pour cela des ordres, que Dieu avoit donnez à leurs Peres, d'exterminer les Cananéens. Ces ordres étoient très-juftes. Car, outre que Dieu feul eft le Souverain & le Maître abfolu des hommes, dont il eft le Créateur, les péchez de ces Nations étoient montez à leur comble. D'ailleurs Dieu voulut, par cet exemple de fa jufte févérité, garantir les Ifraëlites des crimes, qu'il puniffoit par leurs mains, & les préferver de la contagion de l'Idolâtrie. Mais ces exemples extraordinaires de la juftice de Dieu, ne tirent point à confequence, & ne peuvent être imitez, à moins qu'elle ne l'ordonne expreffement. Hors de-là, l'Humanité, & la Charité même, n'a point d'autres bornes que la nature humaine. Dieu, qui eft le Créateur & le Confervateur de tous les hommes, veut que nous foyons les imitateurs de fa Charité ; & J. Chrift venant appeller les Gentils à la connoiffance du vrai Dieu, & au falut, il commence par faire comprendre à fes Difciples, que l'Amour du prochain comprend tous les hommes en général. C'eft ce qu'il enfeigna en particulier au Docteur de la Loi, par la parabole ou l'hiftoire fuivante. On dit *Parabole* ou *Hiftoire* ; car il y a ⁶ de fçavans Interprêtes, qui jugent que c'eft une hiftoire.

Un homme, allant de Jerufalem à Jericho, dit J. Chrift, *tomba entre les mains des voleurs, qui le depouillerent, & après l'avoir bien bleffé, le laifferent à-demi mort.* ⁷ Jericho étoit éloignée de Jerufalem d'environ dix-huit mille pas, & de neuf mille autres du Jourdain. Elle étoit fituée dans une plaine très-fertile, couverte de Palmiers de différentes efpeces, & de ces arbriffeaux précieux, d'où découle le baume. Une fontaine abondante arrofoit cette plaine, que Jofephe appelle *le Paradis* de la Judée. Le païs entre Jerufalem & Jericho étoit pierreux, ftérile, defert. Mais, comme il y avoit un grand commerce entre ces deux Villes, ce defert étoit infefté de Voleurs, qui rendoient le voyage fort dangereux. Il y avoit en particulier un endroit, qui étoit nommé *Adonim*, c'eft-à-dire, *Sang*, parce qu'il avoit été fouvent enfanglanté du fang des Voyageurs. Cette circonftance femble favorifer le fens hiftorique. Mais d'autre côté, la parabole en feroit plus belle & plus naturelle, fi elle étoit fondée fur un fait, qui étoit arrivé plufieurs fois.

Quoi qu'il en foit: fi c'eft un Apologue, le vraifemblable

y eſt bien obſervé. La Judée étoit pleine de Voleurs, qui ſe retiroient dans des cavernes, où il étoit comme impoſſible de les forcer [8]. Ce qui donna de la réputation à Herode le Grand, lorſqu'il n'étoit encore que Gouverneur de la Galilée, fut d'avoir attaqué une bande de ces Voleurs, & d'en avoir tué le Chef. Mais les troubles preſque continuels, & les guerres civiles, qui regnoient en Judée, multiplioient ces ſcelerats, & empêchoient qu'on en purgeât le païs. Le chemin de Jeruſalem à Jericho devoit en être plus infeſté qu'aucun autre, à cauſe du commerce, comme on l'a dit, qui étoit entre ces deux Villes, & du deſert, qui ſervoit de retraite aux Voleurs.

Cet homme, qui alloit de Jeruſalem à Jericho, devoit être *un Juif*, & apparemment *un Négociant*. Cette Nation s'étoit adonnée au commerce; ce qui fut cauſe qu'elle étoit repanduë dans toutes les Provinces de l'Empire. Rien de plus beau & de plus utile que le commerce. Par-là les Peuples ſe communiquent les avantages particuliers que la Providence avoit rendus propres à chacun d'eux. Ils apprennent à ſe connoître, à s'unir, à s'entre-aider, & à former, pour ainſi dire, une même République, malgré les terres & les mers, qui les ſeparent. Heureux! ſi les Nations polies, civiliſées, inſtruites de la connoiſſance & du Culte du vrai Dieu, profitoient de leur induſtrie, pour porter l'Humanité chez les Barbares, la Religion chez les Infidèles; mais ces Nations, uniquement attentives à contenter leur avarice, ont plutôt corrompu la ſimplicité des mœurs des Peuples barbares, qu'elles ne les ont ſanctifiez, & les ont plus ſcandaliſez par leurs vices, qu'elles ne les ont édifiez par leurs vertus.

Le Voyageur Juif, attaqué par des Voleurs, qui en vouloient à ſon bien, ayant fait ſans doute quelque reſiſtance, demeura dans le chemin étendu à-demi mort. *Or il ſe rencontra qu'un Sacrificateur, qui tenoit le même chemin, l'apperçut, & paſſa outre.* Jericho étant une Ville ſacerdotale, elle étoit habitée par un grand nombre de Miniſtres de la Religion, qui chaque ſemaine alloient, ou de Jericho à Jeruſalem, ou de Jeruſalem à Jericho. Si le bleſſé apperçut le Sacrificateur, quel ſujet d'eſperance pour lui qu'un Miniſtre ſacré, qui va au Temple pour le ſervice divin, ou qui vient d'y faire ſes fonctions! Pourra-t-il le voir ſans le ſoulager, ſi cela eſt poſſible, ou du moins ſans le conſoler? Auroit-il oublié, lui, qui doit les enſeigner aux autres, ces préceptes divins, *Si une bête, fût-elle à votre ennemi, eſt tombée ſur votre chemin, rélevez-la*; Et encore: *Ne vous détournez pas, pour éviter de rendre ſer-*

Luc. x. 31.

Exod. XXIII. 4.

Deut. XXII. 2.

service à une personne qui est égarée? Si la bête tombée, si l'homme égaré, doivent arrêter tout Israëlite, l'homme blessé, mourant, ne l'arrêtera-t-il pas? Non; il ne doit pas arrêter un Sacrificateur, que son ministère appelle au Temple, & qui doit préferer le service divin à toutes choses : Un Sacrificateur ne connoît pas ce beau précepte, repeté par le Sauveur, *Je veux misericorde, & non pas sacrifice.* Celui-ci voit le blessé, en détourne ses yeux, & passe outre.

<small>Matth. ix. 13.</small>

Un autre Ministre de la Religion, passe par le même chemin, & apperçoit le même objet de compassion. Peut-être sera-t-il plus misericordieux, plus humain que le prémier. C'est un *Levite.* La Tribu de Levi avoit été consacrée toute entière au service divin ; mais les descendans d'Aaron, qui fut le prémier Souverain Sacrificateur, demeurerent en possession du Sacerdoce, qui étoit le principal ministère. Les autres familles de la même Tribu, n'eurent en partage que des ministères inférieurs. Les Levites avoient la garde du Temple, celle des vases & des vêtemens sacrez; ils étoient les Chantres publics, & avoient d'autres fonctions, dont on peut voir l'énumeration & les différences dans les Auteurs, qui en ont traité. Celui-ci fut-il donc plus humain, plus compatissant que le Sacrificateur? Point du tout. Il voit avec la même indifférence l'objet du monde le plus touchant, & *passe outre* à son tour. Ces deux hommes, que leur ministère appelle à donner l'exemple de la Charité, laissent sans secours un malheureux, qui est de leur Nation & de leur Religion, & par consequent leur *Prochain,* dans le sens que les Juifs donnent à ce terme. Si c'est une Histoire, on y voit un contraste étonnant. Ils implorent sans cesse la misericorde divine pour les pécheurs, & ils ne sçavent pas l'exercer envers les miserables. Et si c'est un Apologue, pourquoi J. Christ choisit-il deux personnes de cet ordre, pour en faire deux exemples d'inhumanité? Il faut bien que ce malheureux défaut regnât du tems du Sauveur, parmi les Ministres de la Religion Judaïque. Toutes les Religions qui sont fort chargées de cérémonies, sont sujettes à dégenerer en superstitions, & les hommes superstitieux sujets à negliger l'essentiel du Culte divin, pour donner toute leur attention aux cérémonies, dont l'observation scrupuleuse leur donne plutôt la réputation de Pieté, qu'une solide vertu. De-là l'Hypocrisie des Pharisiens, qui, sous prétexte de prier beaucoup, devoroient les maisons des Veuves. Quoi qu'il en soit, J. Christ n'auroit pas introduit sur la scène les personnages d'un Sacrificateur & d'un Levite, si les hommes de cet ordre n'avoient pas été entachez du vice qu'il reprend.

<small>Matth. xxiii. 14.</small>

Il

Il y auroit pourtant bien de l'injuſtice à profiter de cet endroit, pour répandre ſur le Corps des Eccléſiaſtiques en général, l'opprobre d'être les plus durs & les plus intéreſſez des hommes. Leur miniſtère ne ſçauroit les rendre tels ; & s'il y en a qui le ſont, l'envie & la malignité ſeules peuvent abuſer de ces exemples, pour rendre odieux & mépriſable un Caractère, qui méritera de la vénération, tant qu'on en aura pour la Religion même. On vole avec des Armées : L'Officier, appellé à défendre le Citoyen, eſt le prémier à l'opprimer : Le Magiſtrat vend la Juſtice : La fraude deshonore le Commerce. Toutes les Profeſſions ſeroient flétries, ſi l'on imputoit à tous ceux qui les exercent, les vices de quelques particuliers. Et ſans doute que, comme il y avoit des *Zacharies* parmi les Sacrificateurs, il y avoit auſſi des *Barnabez* parmi les Levites. Les vertus ſont des dons de Dieu, qu'il n'a attachez ni à la naiſſance, ni au ſçavoir, ni aux emplois, ni aux dignitez. C'eſt au bon uſage de la raiſon & de la révélation ; & ce bon uſage eſt perſonnel. Il ſe trouve dans toutes les conditions humaines ; mais on doit avoüer auſſi, que l'Avarice & la Dureté cauſent un plus grand ſcandale, quand elles ſe rencontrent dans les Miniſtres de la Religion.

Que le monde eût été heureux, ſi ces deux paſſions étoient demeurées dans le Judaïſme ! Si le Prêtre, ſi le Levite Chrétien, n'en avoient pas été infectez ! Mais le ſang des Martirs couloit encore ſous le glaive des Perſécuteurs, & déja l'Avarice ſe gliſſa dans l'Egliſe : Elle y crût bien-tôt à la faveur de la paix, & cette funeſte ivroye y étouffa preſque tout-à-fait les plantes de la Vertu & de la vraye Pieté. Les cérémonies, introduites par la Superſtition & par l'Hypocriſie, ſupplanterent la Religion ſpirituelle du Sauveur : Un fantôme de Religion fut érigé en la place de la Religion ſolide. C'eſt l'état où ſe trouvoit l'Egliſe au tems de la Reformation. La ſoif des richeſſes, mere de la dureté & de l'inhumanité, s'étoit tellement emparée du Clergé, qu'il *faiſoit de la Pieté* un moyen de ſatisfaire ſon inſatiable cupidité. Comme il n'avoit point de famille, & que les Moines en particulier faiſoient profeſſion d'une vie frugale, les Princes & les Particuliers leur confioient la diſpenſation des biens qu'ils offroient à Dieu, croyant qu'ils ne pouvoient les mettre dans des mains plus fidéles. Mais, ô prodige inconnu au Judaïſme même ! L'Avarice ſe logea dans ces Maiſons, qui portoient l'enſeigne de la Pauvreté, & le patrimoine des pauvres fut la proye de l'oiſiveté, de la moleſſe & de la luxure. *Le Prêtre & le Levite* rencontrerent le pauvre, à-demi mort de froid & de faim ; *ils en détournerent les yeux, & paſſerent outre* ; pendant que le

10 LE SAMARITAIN

Luc. x.
33. 34.
35.

Samaritain, celui qu'ils faifoient brûler comme Hérétique, pratiquoit la Charité, qu'ils avoient abjurée. *Un Samaritain, qui voyageoit*, dit le Seigneur, *ayant apperçû cet homme bleffé, s'avança auprès de lui, & quand il l'eût vû, il en fut touché de Compaffion. Il s'approcha donc, & banda fes playes, après y avoir verfé de l'huile & du vin. Puis l'ayant mis fur fa monture, il le mena dans une Hôtellerie, & prit foin de lui. Le lendemain, en partant, il tira deux deniers, les donna à l'Hôte, & lui dit, Prenez foin de cet homme, & tout ce que vous dépenferez de plus, je vous le rendrai à mon retour.*

La Charité eft bien peinte dans la conduite du Samaritain. C'eft un tableau de cette Vertu, tracé de la main du plus fçavant Maître. Le Samaritain *eft touché de Compaffion*. On appelle ainfi cette douleur, qu'excitent les maux d'autrui, dans une ame, qui n'a pas renoncé à l'humanité. Cette douleur ne vient point, dans une telle ame, de la refléxion, que tous les Hommes étant fujets à diverfes miferes, elle voit dans un autre un exemple de ce qui peut lui arriver. Ceux qui penfent de la forte, donnent dans un rafinement, qui fait tort à la Nature humaine, & qui convertit en crainte & en foibleffe un fentiment, qui n'a rien que d'honorable & de généreux. 1º La Compaffion a fa fource, dans l'Amour que l'Homme a pour l'Homme: Amour, qui ne lui permet pas de voir avec indifférence les malheurs des autres. Il eft non feulement injufte, mais il eft pernicieux de décrier la Compaffion, & de fournir aux ames dures un prétexte de la méprifer. La Compaffion de Dieu & du Sauveur, ont-elles une autre origine que leur Bonté, & leur Amour pour les Hommes? Ainfi, le motif qui fait agir le Samaritain, eft un motif loüable. Il répond au deffein de la Providence, qui, pour porter les Hommes à s'entre-fecourir fans effort, a voulu que des objets triftes excitaffent de la douleur dans ceux qui les voyent, & qu'ils fe foulageaffent eux-mêmes, en foulageant les miferables, fur-tout, lorfque les maux de ces derniers, ne font pas la jufte & vifible punition de leurs vices, ou de leurs crimes.

La Compaffion du Samaritain a deux beaux caractères. Le prémier, c'eft qu'elle a pour objet *un Juif*, l'ennemi irreconciliable des Samaritains; un homme qui a pour eux une haine religieufe, c'eft-à-dire, la plus violente & la plus implacable. Tel eft l'abus énorme, que les Hommes ont fait & font encore de la Religion: Deftinée à les depouiller de la férocité que des paffions malignes leur infpirent, ils en ont fait la caufe de leurs fureurs, & l'ont outragée jufqu'au point de s'en fervir de prétexte pour les juftifier. Le Juif hait le Samaritain, comme un Hérétique & un Apoftat: Il le perfécute: Mais le Samaritain confole &

fousoulage le Juif. Il ne voit dans son ennemi blessé & mourant, qu'un Homme, qui porte, comme lui, l'image de Dieu, & un malheureux, qui a besoin de son secours. Le second caractère, c'est que sa compassion ne se borne point à de vaines plaintes, à des larmes inutiles, & à des vœux stériles. Elle est active, parce qu'elle est sincere. Il s'approche du Blessé; il panse ses playes; après les avoir nettoyées avec du vin, il y verse de l'huile; il les bande. Ne pouvant demeurer avec lui, ni se résoudre à le laisser seul dans un lieu desert, il descend de sa monture, il le met dessus, pendant qu'il marche à pied. Il le conduit à la prémiére Hôtellerie. Il paye la depense qu'il y peut faire jusqu'à sa convalescence, & promet, que si ce qu'il a donné ne suffit pas, il payera le reste à son retour...... Voilà l'Evangile du Sauveur; la Charité, qu'il a prêchée, & pratiquée: *Aimez vos ennemis; faites du bien à ceux qui vous haïssent*. Et pour faire rougir le Docteur de la Loi, il place ces vertus dans un Samaritain, qui étoit l'objet de son mépris & de son horreur. Matth. v. 44.

Après avoir proposé cet exemple, il demande, qui étoit *le Prochain* de ce Juif? Est-ce le Sacrificateur, ou le Levite, qui, unis avec lui, non seulement par les liens d'une même Nature, mais d'une même Societé & d'une même Religion, l'avoient laissé sans secours? Ou est-ce le Samaritain, qui, separé du Juif, & de Religion, & de République, & n'ayant rien de commun avec lui que la Nature humaine, n'a pas laissé de lui donner tous les secours possibles dans son malheur? *Lequel de ces trois*, dit Jesus, *vous semble avoir été le Prochain de cet Homme, qui étoit tombé dans les mains des Voleurs? C'est*, repartit le Docteur, *celui qui a usé de misericorde envers lui*. Il n'étoit pas possible de répondre autrement; car, être *le Prochain* de quelqu'un, c'est en faire les fonctions. Luc. x. 36. 37.

Ce fut par cette ingénieuse méthode, que J. Christ força le Docteur de la Loi d'avoüer, que ni la diversité des Nations, ni celle des Religions & des Cultes, ne sçauroient rompre les liens, par lesquels la Nature unit les Hommes, & ne les dispensera jamais de l'obligation où ils sont, de s'assister mutuëllement dans leurs besoins: Car, *le Prochain, que nous devons aimer comme nous-mêmes*, c'est-à-dire, à qui nous devons rendre tous les offices de Charité, que nous voudrions qu'on nous rendît à nous-mêmes, n'est pas seulement un Homme, qui soit membre de la même Societé civile, ou religieuse: C'est l'Homme en général, & même l'Homme ennemi de notre République, de nos Loix, & de notre Religion: C'est le Juif, qui doit aimer le Samaritain, comme le Samaritain doit aimer le Juif. Telle est l'étenduë de la Charité que J. Christ a enseignée, lorsqu'il a dit au Docteur

12 LE SAMARITAIN &c.

Luc. x. 37.
de la Loi, *Allez donc, & vous aussi-faites la même chose.* Usez, en envers le Samaritain, comme le Samaritain en a usé envers le Juif, quoique le Samaritain soit un Hérétique, condamné, proscrit, anathematisé par la Sinagogue.

Ce que l'on vient de dire est clair, & convaincra tous ceux, dont *le Dieu de ce Siécle* n'a pas aveuglé *l'Esprit*, que les sanglantes persécutions, qui, depuis tant de siécles, ont été excitées par les Prêtres contre les Hérétiques prétendus ou véritables, sont une violation manifeste de la Loi du Sauveur, & le pur Antichristianisme. Car si le Juif, si l'Orthodoxe, doit aimer & assister le Samaritain, l'Hérétique, depouillé & blessé par des Voleurs; peut-il être innocemment le Brigand qui le depouille, l'Assassin qui le blesse, le Bourreau qui le tourmente & qui le fait mourir? Qu'on n'allegue point, pour justifier ces cruautez, des loix que le Clergé a extorquées des Princes! Les loix humaines peuvent-elles abroger la Loi Divine? Le Sénat des Juifs, leur grande Sinagogue, composée de leurs Pontifes & de leurs Docteurs, n'avoit-elle pas fait des loix contre les Samaritains, & J. Christ ne les a-t-il pas annullées, dans l'instruction qu'il a donnée au Docteur de la Loi? Mais il y a long-tems, que l'Antichristianisme a supplanté l'Evangile, & il n'est pas surprenant, que la superstition ayant presque tout-à-fait ruiné la Religion du Sauveur, l'intérêt & la tyrannie ayent ruiné la Charité.

Au reste, l'on n'ignore pas, que la plûpart des Peres ont expliqué notre Parabole dans un sens allégorique. S. Ambroise, S. Jerôme, & après eux S. Augustin, n'ont pas manqué de copier, ou d'imiter " Origène à cet égard. On avoüera sans peine, qu'il y a quelque chose d'ingénieux dans ces sortes d'explications; mais il faut convenir aussi, que ce n'est, après tout, qu'un jeu de l'imagination, & qu'il ne s'agit nullement dans cette Parabole, de représenter, ni l'état déplorable du Genre-humain depuis sa chute, dans la personne du Juif blessé & près d'expirer; ni l'inutilité des secours de la Loi, dans les personnes du Sacrificateur & du Levite, qui passent, sans donner du secours au malheureux qu'ils rencontrent; ni, enfin, la nécessité du secours de J. Christ, qui par *le Vin* de son Sang, & par *l'Huile* de son Esprit, a consolidé nos playes, & a été le misericordieux Samaritain, (car les Juifs lui ont donné ce titre odieux) qui nous a guéris, & qui a payé pour nous. On ne rejette pas absolument ces ingénieuses Allégories, pour qu'on ne leur donne pas plus de prix qu'elles n'en ont, & qu'elles soyent précédées d'une explication littérale, & conforme au but de J. Christ.

DIS-

Luc. X. 40.

Μάρθας περὶ ἀδελφῆς παρὰ χριστῷ μέμψις. | QUERELA MARTHAE AD CHRISTUM DE SORORE SUA.
Martha complains of her sister to Christ. | Marthe se plaint à Jesus-Christ de sa soeur.
Martha klagt bey Christus über ihre Schwester. | Klagt van Martha over hare suster aan Christus.

DISCOURS II.

Marthe, empreſſée à ſervir J. Chriſt, ſe plaint de ce que Marie, ſa ſœur, ne l'aide pas. Luc. X. 38--42.

Es paroles des grands Hommes méritent d'être conſervées ; car, outre que l'on y voit leur eſprit & leur caractère, elles renferment d'ordinaire d'importantes Inſtructions. Auſſi les Hiſtoriens exacts & judicieux, ne ſont pas moins ſoigneux de les rapporter, que leurs plus belles actions. C'eſt pour cela que S. Luc, écrivant l'Hiſtoire de la Vie du Sauveur, s'eſt particulierement attaché à conſerver la mémoire, non ſeulement de ſes Miracles, mais des Inſtructions qu'il donnoit aux Docteurs & au Peuple, le plus ordinairement d'une manière figurée & en Paraboles. C'eſt à lui que nous devons l'admirable ſentence, que J. Chriſt dit à Marthe, au ſujet de la plainte, qu'elle fit au Seigneur, de ce que Marie, ſa ſœur, lui laiſſoit tout le fardeau des ſoins domeſtiques, dans une occaſion, où il étoit bien naturel qu'elle les partageât avec Marthe. Cette particularité de l'Hiſtoire de J. Chriſt, ayant été omiſe par les autres Evangeliſtes, le Saint Eſprit s'eſt ſervi de la plume de S. Luc, pour ſuppléer à leur ſilence. Nous allons expliquer cet endroit de l'Hiſtoire de J. Chriſt; mais il faut auparavant faire connoître au Lecteur, où il doit être placé.

Jeſus ayant reſſuſcité Lazare, en préſence d'un grand nombre de Juifs, qui étoient venus de Jeruſalem, pour conſoler ſes ſœurs affligées, *il y en eut pluſieurs, qui crurent,* dit S. Jean ; mais il y en eut auſſi quelques-uns, qui, ne ſçachant que penſer d'un miracle ſi éclatant, *allerent trouver les Phariſiens, & leur raconterent tout ce qu'ils avoient vû.* Ce fut alors que ceux-ci réſolurent, dans un Conſeil où préſidoit Caïphe, qui étoit Souverain Sacrificateur cette année-là, de faire mourir Jeſus à quelque prix que ce fût. Le Seigneur inſtruit de cette réſolution, ſe retira dans une petite Ville, proche du deſert de Judée, nommée *Ephraïm,* & y demeura caché pendant quelque tems. Il en partit enfin, peu de jours avant la cinquième & derniere Pâque, qu'il celébra durant le cours de ſon Miniſtère, & *ſix jours avant* cette Fête, il vint à *Bethanie,*

Jean XI. 45.

Ib. vſ. 46.

Ib. vſ. 54.

Jean XII. 1. 2.

Vol. VI. D qui

MARTHE, EMPRESSE'E A

qui n'étoit éloignée de Jerufalem que de quinze Stades, ou environ deux-mille pas. C'eft *le Bourg* dont parle S. Luc, & c'eft auffi-là qu'étoit la maifon de *Marthe*, dans laquelle le Seigneur logea avec fes Difciples.

Comme il voit approcher l'heure, où il doit offrir à Dieu le Sacrifice qui va expier les péchez du monde, il ne fe cache plus. Il marche à Jerufalem, où il doit être immolé, & s'arrête à Bethanie, où tout retentit encore du bruit de la refurrection de Lazare, opérée peu de tems auparavant. C'eft auffi-là que demeuroit un homme honorable, nommé *Simon*, que J. Chrift avoit guéri de la lèpre, & qui, pour lui témoigner fa reconnoiffance, lui donna un grand fouper, dans lequel Lazare affifta, & où Marie, fa fœur, répandit fur la tête de J. Chrift un parfum de grand prix. Ces Ames pieufes & reconnoiffantes s'empreffent à témoigner à l'envi, la joye qu'elles ont de voir le Sauveur, & à lui donner toutes les marques de la plus tendre & de la plus refpectueufe affection. Les barbares confeils des Juifs ne peuvent refroidir leur zèle. Peut-on craindre les menaces & la violence des hommes, quand on a la faveur & la protection de celui, qui eft *la Refurrection & la Vie*?

<small>Matth. xvi. 6. Marc. xiv. 3. Jean xii. 3. & fuiv.</small>

<small>Jean xi. 25.</small>

Marthe, Marie, & Lazare, vivoient enfemble; tous trois chers à J. Chrift, parce qu'ils étoient tous trois très-dignes de fon Amour: Heureufe famille! que l'Amour fraternel unit, que l'Intérêt ne divife point, & dans laquelle regnent à la fois, la Concorde & la Pieté. Cette famille devoit être dans l'abondance, comme on en peut juger par l'action de Marie, qui répandit fur la tête du Sauveur un parfum, que l'on eftimoit *trois-cens deniers*, ce qui fait environ cent livres de notre monnoye. Mais ce qui la diftingue, c'eft qu'elle fanctifioit fon bien par de bonnes œuvres, en exerçant l'Hofpitalité envers les Saints.

<small>Jean xii. 25.</small>

On ne fçait, fi la maifon où J. Chrift logea, apartenoit à Marthe en particulier, ou fi, étant l'aînée de la famille, l'Evangelifte appelle cette maifon, *la maifon de Marthe*. Elle avoit fans doute l'adminiftration des affaires domeftiques de la famille, dont les foins rouloient fur elle. De-là vient qu'elle s'empreffe à recevoir J. Chrift d'une manière honorable, & à leur apprêter à manger, à lui, & à fes Difciples. Elle fent tout le prix de recevoir dans fa maifon, non des Anges qu'elle ne connoît pas, mais celui que les Anges fervent & adorent, quoiqu'il ne foit encore accompagné que de ces Anges mortels, qui doivent être les Miniftres de fon Regne. Après s'être donné elle-même à J. Chrift,

elle

elle veut lui offrir avec une joye inexprimable, tout ce qu'elle peut avoir chez elle. Elle est donc toute occupée à faire apprêter les mets, qui doivent être présentez au Sauveur & à ses Disciples, à préparer les petits lits sur lesquels les Anciens étoient assis à table, & peut-être aussi à faire laver les pieds de ses nouveaux Hôtes, selon la coûtume des Anciens, qui ne portant que des sandales, avoient besoin de se laver les pieds après le voyage.

Comme Jesus ne perdoit aucune occasion d'enseigner la Doctrine céleste, dont il étoit le Ministre, & qu'à son arrivée dans la maison de Marthe, il s'y assembla plusieurs personnes de Bethanie, Marthe auroit bien voulu l'écouter avec les autres, mais elle étoit *distraite par divers soins*, dit l'Evangeliste, au lieu que *Marie, sa sœur, se tenoit assise aux pieds de Jesus*, donnant toute son attention à ses Divins discours. Cela excita une sorte de jalousie dans l'ame de Marthe: Faut-il donc qu'elle ait toute la peine, & que sa sœur ait toute l'utilité, & toute la satisfaction, que la présence du Seigneur apporte chez elle? Elle en porta sa plainte à Jesus: *Seigneur, lui dit-elle, ne considerez-vous point, que ma sœur me laisse servir toute seule? Dites-lui donc qu'elle m'aide.* Luc. x. 40.

Ce n'est pas le service du Seigneur, qui fait de la peine à Marthe. Il y a trop de gloire & de satisfaction à servir un si bon Maître. On ne peut demander de partager avec quelque autre, que pour en partager le plaisir & le mérite. Mais ce qui inquiète Marthe, c'est que tous les soins roulant sur elle, elle est privée de l'édification d'entendre les Instructions du Seigneur. Marie a toute seule cet avantage, & n'en laisse point joüir sa sœur, obligée de pourvoir à tout ce qui étoit nécessaire, pour recevoir dignement J. Christ & ses Disciples. Qu'Abraham s'entretienne seul avec les Anges qui viennent loger chez lui, pendant que Sara avec ses domestiques, prépare le repas qu'il veut leur donner: Il n'y a pas d'égalité dans la famille entre l'Epoux & l'Epouse; mais ici ce sont deux Sœurs; & s'il y a des privilèges, ils apartiennent à l'aînée, pendant qu'elle a tous les soins, & que Marie, qui devroit au moins les partager avec elle, n'en prend aucun. Ib. v. 40.

Jesus n'approuva pas la plainte de Marthe, comme on le voit par cette réponse: *Marthe, Marthe, vous vous inquiètez, & vous embarassez de beaucoup de choses*; c'est-à-dire, de choses qui ne sont pas nécessaires, ou qui le sont moins que d'autres, auxquelles Marie donnoit toute son application. Luc. x. 41.

Il y a pourtant quelque chose de beau & d'estimable dans le procedé de Marthe, & J. Christ ne le désaprouve pas absolument, ou il ne le fait que par comparaiſon. Il eſt vrai, qu'elle ne connoît pas bien le goût de J. Chriſt, ni les ſervices dont il fait le plus de cas. Uniquement attentive à ce que l'on doit aux perſonnes, pour leſquelles on a le plus profond reſpect, lorſqu'elles nous honorent de leur viſite, elle ne penſe qu'à lui donner un repas, où il y ait de l'abondance & de la propreté. Elle en uſe envers J. Chriſt, comme on en uſe envers les Grands de la Terre, quand ils daignent honorer de leur préſence la maiſon & la table de leurs inférieurs. Marthe connoît bien la Grandeur Divine de J. Chriſt : à cet égard elle l'honore par ſa foi & par ſon adoration. Mais puiſqu'il eſt Homme, & Homme mortel encore, elle tâche de lui rendre dans ſa maiſon, les honneurs que l'on rend aux Hommes, dont on vénère le mérite & la Dignité. Elle ſçait bien qu'un Prophète accepte un verre d'eau fraîche qu'on lui préſente de bon cœur, & comme à un Prophète du Souverain, qui ne le laiſſe pas ſans récompenſe. Mais, c'eſt lorſqu'on n'eſt pas en état de lui offrir quelque choſe de plus précieux. Or Marthe n'eſt pas réduite à cet état. Il eſt vrai encore, qu'elle ſçait bien, que J. Chriſt n'aime pas une Table délicate & ſomptueuſe. Il a commandé la modeſtie & la frugalité, & en a donné l'exemple. Mais il n'a pas laiſſé d'agréer des repas, qui lui ont été préſentez par des perſonnes, pleines de reſpect pour lui, & pour ſes incomparables vertus.

Ainſi l'empreſſement de Marthe eſt au fond loüable. Les motifs en ſont purs. Sa libéralité ne peut être mieux placée. Tant que J. Chriſt fut ſur la Terre, ce fut une vertu de lui offrir des biens, dont on ne pouvoit faire un meilleur uſage. Les choſes ont changé depuis ſon Exaltation. En montant au Ciel, il nous a laiſſé les Pauvres en ſa place. Au-deſſus de tous les beſoins de la Nature mortelle, c'eſt dans leurs perſonnes qu'il veut être vêtu, nourri, viſité, ſecouru. Notre Libéralité, non plus que notre Charité, n'ont plus d'autres objets. Ainſi la réponſe du Sauveur ſert à corriger ces Religions, ces Cultes mondains, qui plurent toûjours à la Superſtition, que l'avarice des Prêtres favoriſe, & qui ont ſupplanté la Religion pure, la Religion Divine. Les Hommes ne prodiguent leurs tréſors, que pour avoir la licence de ſatisfaire leurs paſſions. On ne peut regarder qu'avec mépris, ou plutôt avec indignation, ces ſuperbes ornemens, ces depenſes plutôt folles que ſuperfluës, que l'on fait pour honorer le Sacrement du Corps du Seigneur. Des Rois de la Terre, des Rois magnanimes, qui connoiſſent la vanité des richeſſes du monde, de, les dédaignent : Peuvent-elles être agréables au Roi céleste, à qui tout apartient, & qui ne peut estimer que les sacrifices spirituels de l'obéïssance, de la confiance, & de l'amour? [1] Les Payens eux-mêmes ont bien senti, que l'or est mal placé dans les Temples ; que les plus riches offrandes que l'on y fait à la Divinité, sont plutôt offensantes qu'agréables, parce que c'est supposer, qu'elle se laisse fléchir par les présens, & que sa faveur est en proye aux Riches de la terre. Le Culte Divin doit être fait avec bienséance & avec propreté. Il est fort indifférent, que les Temples soyent simples, ou magnifiques. Leur véritable ornement consiste, en ce qu'ils sont consacrez au vrai Dieu, & dans la pureté du Culte qu'on lui présente.

L'empressement de Marthe n'a donc rien de mauvais. Au contraire il est loüable, & les motifs en sont purs. Ce n'est point ostentation, c'est zéle, amour pour J. Christ. Mais l'attention, que Marie donne aux Instructions du Seigneur, est plus loüable encore. C'est ce que J. Christ voulut faire entendre à la première, quand il lui dit : *Marthe, Marthe, vous vous inquiétez, & vous vous embarassez de beaucoup* de soins. Ces mots repétez, *Marthe, Marthe,* sont destinez à attirer toute l'attention de cette Femme, & à lui faire bien remarquer la leçon que le Seigneur lui donne ; mais sur-tout celle qu'il ajoûte à l'instant : *Il n'y a,* lui dit-il, *qu'une seule chose nécessaire.*

Divers Interprêtes croyent que ces paroles veulent dire, „ Marthe, je n'ai pas besoin de tant d'apprêts, un seul plat est „ nécessaire, parce qu'il suffit à des personnes sobres, qui „ ne mangent que pour se nourrir". Ce sens n'est pas mauvais au fond. La varieté des mets, introduite dans les Tables, par l'ostentation, & par la gourmandise, ne sert qu'à flatter le goût, qu'à irriter l'appetit, & qu'à produire des excès de manger, qui sont suivis de ceux de boire. Les uns & les autres sont nuisibles à la santé, contraires aux exercices de l'esprit, empêchent les fonctions de l'Homme raisonnable, & les derniers sur-tout, qui vont porter le désordre jusques dans la Raison. Mais bien-que cette explication renferme une grande Vérité, ce n'est pas néanmoins cette Vérité que le Seigneur a voulu insinuer à Marthe. Il passe, comme il le fait quelquefois, d'un sujet à un autre, & donne une instruction générale à l'occasion d'un fait particulier. Il veut rappeller Marthe des peines & des soucis, que causent les affaires temporelles : Peines, soucis, qui n'ayant pour objet que des Biens passagers, tourmentent fort inutilement les hommes.

Ils courent après des fantômes, emportez par des defirs aveugles & infenfez; pendant qu'ils négligent le feul Bien important, le feul Bien réel, celui qui *feul eft néceffaire*, & digne de leur étude, de leur attachement, de leurs efforts. C'eft-ce que J. Chrift appelle *la bonne part, qui ne fera jamais ôtée*, à ceux qui la préferent à toutes chofes. [2] C'eft ce Bien-là, que cherchoit Marie. Elle écoutoit les inftructions du Seigneur, pour apprendre quel eft le fouverain Bien de l'Homme, & quels font les moyens d'y parvenir. Elle les écoutoit, dis-je, pour les croire, pour les fuivre, & pour les pratiquer.

Raffemblons à préfent les Véritez, que le Seigneur enfeigne à Marthe, dans l'Inftruction générale qu'il lui donne. Elles fe réduifent à ces trois Chefs. 1. Le premier, eft la Folie des Hommes, qui fe confument en foins fuperflus: *Marthe, Marthe, vous vous inquiétez, & vous vous embaraffez de beaucoup de foins*. 2. Le fecond, eft l'Obligation où font les Hommes fages, de réünir tous leurs foins & tous leurs efforts, pour les tourner du côté de leur fouverain Bien: *Il n'y a*, dit J. Chrift, *qu'une chofe qui foit néceffaire*. 3. Le troifième, c'eft la Raifon invincible, qui doit déterminer les Hommes à renoncer à des foins fuperflus, pour fe donner entierement aux foins abfolument néceffaires. Ils fe procurent par-là un Bien, qui ne leur fera jamais ôté: *Marie a choifi la bonne part, qui ne lui fera jamais ravie*. Développons ces trois Véritez, autant que la nature de ces Difcours peut le permettre.

1. [3] Les Hommes fe confument en foins fuperflus: Cela n'eft que trop vrai; & quoique leur aveuglement, & leur fol amour pour les Biens fenfibles, en foyent la caufe, ils ne laiffent pas de fe plaindre de la Providence, qui les a affujettis à tant de peines, pendant qu'ils ne font occupez qu'à les augmenter. Il y a fans doute des foins attachez à la Vie humaine, & des foins indifpenfables, dont les Hommes auroient été exemts, s'ils avoient perféveré dans l'Innocence: mais, foins devenus utiles, & même néceffaires, depuis le Péché. Sans la néceffité du travail, des Hommes corrompus feroient encore plus vicieux qu'ils ne font. L'Oifiveté les rendroit femblables à ces terres qu'on ne cultive point, qui ne produifent que des plantes inutiles, & fervent de retraite aux Bêtes fauvages.

Il y a donc des foins néceffaires à l'Homme. Il n'en eft pas de lui comme des Animaux, qui trouvent leur nourriture toute préparée, que la Nature prend foin de vêtir, & qui n'ont befoin pour retraite, que le creux des arbres, les tanières, les antres des rochers. L'Homme, qui naît dépouillé de

ces

ces avantages, a reçû du Ciel une Industrie, qui lui est propre, & par laquelle il peut pourvoir à ses besoins naturels. Mais ce ne sont pas ces besoins, qui produisent les soins superflus, inquiets, rongeans, qui le consument. Ce sont les nécessitez que les Passions lui imposent: C'est son Ambition, son Avarice, son Luxe, ses Voluptez, qui le tourmentent, & qui l'accablent de soucis rongeans. Il ne pense qu'à satisfaire des desirs insatiables, qu'il seroit plus sage & plus aisé de modérer, en les réglant selon la Raison, & selon la Nature, pour ne pas dire, selon la Loi de Dieu. C'est à ces gens-là qu'il faut dire après J. Christ, *Vous vous inquiétez, & vous vous embarassez de beaucoup de soins* + inutiles.

Encore seroit-ce peu de chose, s'ils n'étoient qu'inutiles; mais ils ont deux autres défauts, dont l'un convient à Marthe, & l'autre ne lui convient pas, parce qu'elle n'a que des soins superflus, mais elle n'en a point de criminels. Les soins superflus détournent de ceux qui sont importans, essentiels: Marthe, qui est toute occupée de ces premiers soins, est distraite, & ne peut écouter les Instructions du Seigneur, pendant que *Marie se tient à ses pieds pour les entendre*. L'Ame n'ayant qu'une capacité bornée, dès qu'elle s'occupe trop des soins de la Vie présente, il faut qu'elle néglige ceux de la Vie à venir. Il est vrai, que l'Homme étant composé d'une Ame & d'un Corps, il doit penser aux besoins du Corps: Cela est juste, & J. Christ ne l'a pas défendu; mais il ne doit pas le faire uniquement. C'est pourtant ce qui arrive, quand, au lieu de consulter la Nature, il consulte ses Passions, & ajoûte à ses véritables besoins, une infinité de besoins imaginaires: Alors tout ce que l'Ame a de force & d'activité, tout ce que la Vie a de momens, tout est employé au service du Corps & des Passions: L'Ame, sa culture, son salut, sont oubliez. Que la plûpart des Hommes se rendent compte le soir, de ce qu'ils ont fait le jour pour leur salut, & ils conviendront, qu'ils n'ont travaillé que pour le superflu, & n'ont rien fait pour *le nécessaire*.

Le second défaut, qui n'est pas celui de Marthe, c'est *qu'ils s'inquiétent & se tourmentent de soins*, non seulement superflus, mais criminels, parce que, pour contenter les Passions, il faut à tout moment violer les devoirs de la Justice, de l'Equité, de la Charité, de la Sainteté. Quelles sont les grandes sources des grands crimes, aussi-bien que des misères humaines? Ne sont-ce pas les desirs insensez des Honneurs, des Richesses, & des Plaisirs? N'est-ce pas-là ce qui précipite les Hommes

mes dans *les pièges du Diable?* Cela n'eſt que trop connu: Les exemples s'en préſentent tous les jours.

2. Seconde Vérité enſeignée par J. Chriſt. *Il n'y a qu'une choſe, qui ſoit néceſſaire;* d'une néceſſité abſoluë, indiſpenſable pour l'Homme, parce qu'elle eſt eſſentielle à ſon bonheur: C'eſt celle dont Marie eſt occupée. *Elle écoute la Parole du Seigneur,* dans le deſſein de s'inſtruire, de ſe ſanctifier, & d'arriver au ſalut.

Le néceſſaire à l'Homme, c'eſt la connoiſſance du ſouverain Bien, & des moyens d'y parvenir; & ce qui eſt la ſuite de cette connoiſſance, une application conſtante à uſer de ces moyens. Ce ſouverain Bien, c'eſt *la Vie éternelle*; & le moyen d'y parvenir, *c'eſt la connoiſſance d'un ſeul vrai Dieu, & de J. Chriſt, qu'il a envoyé.* C'eſt-là ce qui ſe trouve dans la Doctrine du Sauveur, & ne ſe trouve point ailleurs. Car, bien-que les Philoſophes Payens ayent fort étudié la nature du ſouverain Bien, & les moyens d'y arriver ; bien-qu'ils ayent dit d'excellentes choſes là-deſſus; il eſt pourtant vrai, qu'ils ont mieux connu les défauts des faux Biens de l'Homme, que la nature du véritable, parce qu'ils n'ont fait qu'entrevoir l'Immortalité. Quelques efforts qu'ils ayent faits, ils ne l'ont établie que par des raiſons de convenance, qui ont bien leur poids, mais qui n'ayant pas la force des demonſtrations, laiſſoient toujours l'eſprit flottant dans l'incertitude. L'Immortalité ne peut être connuë que par la Foi, & la Foi ne peut être appuyée ſolidement, que ſur une Révélation Divine, telle qu'a été celle du Sauveur. A l'égard des moyens d'arriver au ſouverain Bien, les Philoſophes ont bien vû que c'étoit la Vertu. Mais quand il a falu fixer l'idée de la Vertu, il y a eu des Vices qui leur en ont impoſé, qu'ils ont pris pour des ſuites, & non pour des dérèglemens de la Nature. Et pour ce qui eſt du Culte d'un ſeul vrai Dieu, ſéduits par la coûtume, & par des raiſonnemens ſpécieux, ils ont défendu le Culte des Idoles & des Démons: De ſorte qu'il n'y a que la Doctrine de J. Chriſt, qui nous faſſe connoître avec certitude, & la nature du ſouverain Bien, & les moyens de l'obtenir. C'eſt donc la Doctrine du Seigneur, qui eſt *la ſeule choſe néceſſaire:* C'eſt la Foi de cette Doctrine, & l'obſervation des préceptes qu'elle contient, qui ſont les devoirs néceſſaires de l'Homme: C'eſt à cela que Marie étoit attentive. Elle *étoit aux pieds du Seigneur,* écoutant ſa parole avec une Foi humble, & un deſir ſincère, efficace, de faire ce qu'il commandoit.

3. Troiſième Vérité. Ce qui doit déterminer les Hommes,

mes, à renoncer aux soins superflus de la Vie humaine, pour tourner toute leur affection & tous leurs efforts du côté du seul Bien nécessaire ; c'est que la possession en sera éternelle. *Marie a choisi la bonne part, qui ne lui sera jamais ôtée.* Il y a deux caractères, qui distinguent essentiellement le souverain Bien, & qui sont marquez dans les Paroles du Sauveur. Le premier est exprimé par ces mots: *C'est la bonne part ;* c'est-à-dire, le Bien essentiel, le Bien parfait. Il remplit tous les desirs de l'Homme, & donne à son Ame & à son Corps les perfections & tous les avantages, dont ces deux parties sont susceptibles : au Corps *la Spiritualité* qui lui convient, & qui exclut toutes les nécessitez, & tous les défauts, sous lesquels il gémit pendant cette Vie : A l'Ame, une Sainteté pure, inséparable de sa félicité. Le second caractère, c'est la durée : *Cette bonne part ne sera jamais ôtée* à l'Homme, parce qu'il ne s'en rendra jamais indigne. Le souverain Bien a cela de propre, quand on le possede, & qu'on le connoît, qu'il détermine nécessairement la Volonté à l'aimer, & à le préférer à toutes chôses. L'Inconstance de la Volonté ne subsiste plus ; ce qui rend la persévérance des Bienheureux aussi nécessaire, qu'elle est libre.

On ne mettra point en opposition *cette bonne part* avec les Biens de la Vie présente. Cette opposition est sensible, & il faut laisser quelque chose à penser au Lecteur. On se contentera donc de remarquer, en finissant ce Discours, que les Anciens ont trouvé dans *Marthe*, une image de la Vie active, & dans *Marie*, une image de la Vie contemplative. ⁵ *Philon* a cru de même, voir un exemple de ces deux genres de Vie, dans *Rachel* & dans *Lea*. On laisse sans peine ces observations à ceux qui les ont faites. Mais on ne peut gueres se dispenser de dire un mot, sur la préférence excessive que les Anciens ont donnée à la Vie contemplative sur la Vie active. Si on les en croit, la première est la Vie des Anges, & la seconde est la Vie des Mortels, & presque une Vie animale ; mais il y a peut-être plus de vanité, que de réalité dans ces idées.

On convient aisément, que la Vie contemplative, c'est-à-dire, celle où l'on ne s'occupe que de l'étude de la Vérité, & du soin de régler son propre cœur & ses propres actions selon la Loi Divine, est plus douce, plus tranquille, plus heureuse que la Vie active, qui entraîne nécessairement beaucoup de soins, & dans laquelle l'Homme sage, l'Homme éclairé, n'est pas moins occupé du bonheur des autres que du sien propre. Mais il faut convenir aussi, que celle-ci est plus utile à la Societé civile & à l'Eglise, & que si l'excellence des cho-

choses se mesure par leur utilité, elle doit l'emporter sur la Vie contemplative. D'ailleurs, il y a peu d'Esprits capables de s'élever par la contemplation, à la connoissance des Véritez utiles, & de les bien développer, pour en instruire les autres. Ceux qui l'ont fait, méritent de la reconnoissance & des loüanges. Mais une triste expérience a fait voir, qu'un grand nombre de ces contemplatifs, ont perdu leur loisir à former & à décider des questions vaines, ce qui n'a produit que des Disputes & des Schismes, & à inventer des Pratiques superstitieuses, qui ont gâté la Religion. En un mot, vivre à Dieu & à soi-même, sans être distrait par aucuns soins étrangers, est sans contredit la plus heureuse des conditions. Mais servir Dieu & le Prochain, dans les Emplois Ecclésiastiques ou Civils, soutenir courageusement les travaux de sa Vocation, essuyer les contradictions du Siècle, est un genre de Vie plus utile & plus estimable, que celui de couler doucement ses jours dans une retraite, où l'on a, sans travail, tout ce qui est nécessaire à la Vie. Mais chacun a reçu du Seigneur les dons particuliers, qui lui sont propres. Tout consiste à en bien user.

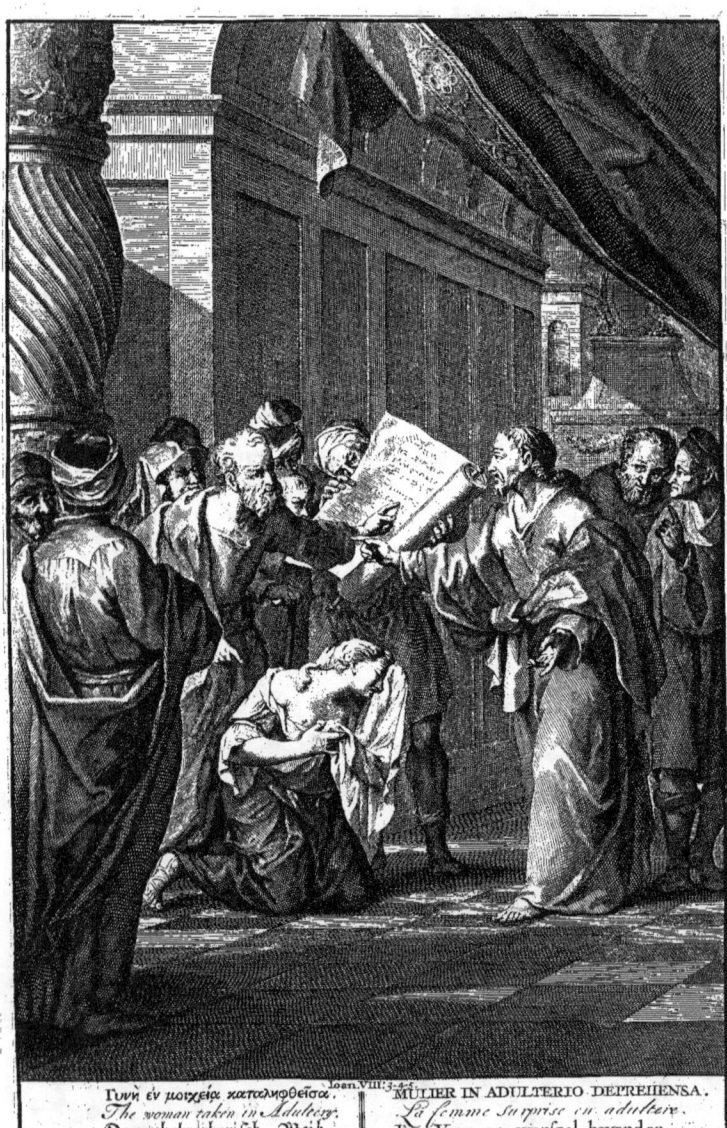

Γυνὴ ἐν μοιχείᾳ καταληφθεῖσα. | MULIER IN ADULTERIO DEPREHENSA.
The woman taken in Adultery. | La femme surprise en adultere.
Das ehebrecherisch Weib. | Een Vrou op overspel bevonden.

Ioan. VIII: 3, 4, 5.

DISCOURS III.

La Femme surprise en Adultère. JEAN VIII. 1-11.

Jesus étoit venu * de Galilée à Jerusalem, pour y célébrer la Fête des Tabernacles, qui duroit huit jours. Les quatre premiers jours de la Fête, il se tint *comme caché*; mais ensuite il se montra publiquement, enseignant tous les jours dans le Temple: Les Pharisiens tâchant vainement d'arrêter les progrès de sa Doctrine, sous le vain prétexte, qu'étant Galiléen, comme ils le croyoient, il ne pouvoit être Prophete, & encore moins le Christ, qui devoit naître de la race de David: Les Pharisiens, dis-je, résolurent de le faire arrêter. Mais les Huissiers qu'ils envoyerent pour cela, n'oserent attenter à une Personne, dont la sagesse & la vertu leur inspiroient de la vénération. Ainsi Jesus continua d'enseigner dans le Temple, & même *le dernier* & le grand jour de la Fête, il prêcha publiquement, & avec plus de liberté que jamais, qu'il étoit *la Source des eaux vives*; c'est-à-dire, que sa Doctrine, & l'Esprit, qu'il devoit communiquer à ceux qui croiroient en lui, les conduiroient à la Vie éternelle. Des Discours si hardis & si publics redoublerent la fureur des Pharisiens. Mais le Peuple étant partagé sur son sujet, & le grand nombre commençant à croire en lui, ils étoient obligez d'user de menagemens, de peur d'exciter une sédition populaire. La nuit leur auroit donné l'occasion de le faire enlever sans bruit & sans tumulte. Mais comme l'*Heure* du Seigneur *n'étoit pas encore venue*, il sortit de Jerusalem, & se retira sur la Montagne des Oliviers. Cependant, dès que le jour fût venu, il retourna au Temple, où le Peuple ne manqua pas de se rendre en foule: Il s'y assit, & se mit à enseigner.

Il venoit d'arriver un grand scandale, une Femme *ayant été surprise en Adultère*. Les Pharisiens, attentifs aux occasions de surprendre Jesus, & de lui arracher quelque parole, qui leur fournît un prétexte specieux de l'accuser, ou devant le Peuple, ou devant le Gouverneur; les Pharisiens, dis-je, résolurent de profiter de cette avanture, prirent cette Femme, la firent conduire au Temple, & l'ayant présentée à Jesus devant tout le Peuple, ils lui dirent: *Maître, cette Femme a été* Jean VIII. 3. 4. 5. *sur-*

---

* Voyez le Chapitre VII. de S. Jean, d'où tout ceci est tiré.

F 2

surprise en Adultère. Or Moïse nous ordonne de lapider celles, qui sont coupables d'un tel crime: Vous donc, qu'en dites-vous? Leur intention n'étoit pas de consulter le Divin Oracle, pour acquiescer à sa réponse; mais comme l'Evangeliste l'ajoûte, *ils ne lui faisoient cette question, que pour le tenter, & afin d'avoir un prétexte de l'accuser.*

<small>Ibid. x.6.</small>

Le fait étoit incontestable. Il y a [1] dans l'Original un terme, qui le fait voir. S'il n'y avoit eu que du soupçon, on auroit eu recours *aux Eaux de jalousie*, c'est-à-dire, à cette épreuve miraculeuse, par laquelle cette Femme soupçonnée, étoit obligée de justifier son innocence. Mais le fait étant avéré, & la Loi étant expresse, il ne restoit plus qu'à condamner la Coupable. Il est vrai néanmoins que la Loi, qui avoit ordonné la peine de mort contre les Adulteres, n'avoit pas déterminé le genre de leur supplice; & que dans ce cas-là le Juge ne doit ordonner que le supplice le moins rigoureux, ce qui ne convenoit pas à la lapidation. Mais il y a de l'apparence, que les Docteurs Juifs avoient décidé, que tel étoit le sens de la Loi, que l'usage avoit confirmé leur décision, & que la nécessité de reprimer un crime, qui n'a toûjours été que trop en vogue, l'avoit renduë nécessaire. Quoi qu'il en soit, J. Christ ne fait aux Pharisiens aucune difficulté là-dessus, & ce n'est pas aussi là-dessus qu'ils l'interrogent. Il s'agit de la question, S'il falloit punir de mort cette femme, ou non?

<small>Voyez Nomb. v. 14. & suiv.</small>

<small>Lev. xx. 10. Deut. xxii. 22.</small>

Mais quel est le piège qu'ils tendent au Seigneur? C'est ce qu'il faut examiner, pour sçavoir ce que cette question avoit d'insidieux.

Les Hébreux étoient dans leur origine une République libre, qui, sous l'autorité de Dieu, qui en étoit le seul Souverain, fut gouvernée, tantôt par des Magistrats, & tantôt par des Rois. Mais enfin, après diverses révolutions, elle étoit tombée sous la puissance des Romains, qui, en leur laissant l'exercice de leur Religion, s'étoient réservez le Droit de vie & de mort sur les Juifs, comme on le voit par l'Histoire de la mort du Sauveur. Il est vrai, que le Peuple entreprit quelquefois, d'exécuter à mort quelques personnes, comme cela arriva dans le Martyre de S. Etienne: mais c'étoient des entreprises populaires, que les Romains dissimuloient; d'autant plus qu'il ne s'agissoit que de questions, qui concernoient la Religion des Juifs. D'autre côté, les zèlez de la Nation souffroient impatiemment un joug étranger, & regardoient comme des lâches & des traîtres, ceux qui croyoient, que la Providence les ayant soûmis aux Romains,

il

EN ADULTERE. *Discours III.*

il falloit leur obéïr. Ils étoient d'ailleurs tous dans l'opinion, que le Chrift devoit les affranchir de la Domination des étrangers, rendre la liberté au Peuple, & l'empire à la Maifon de David. Or J. Chrift avoit dit affez ouvertement, qu'il étoit le Chrift, & le Peuple commençoit à le croire, comme on le voit par le Chap. VII. vf. 41. de S. Jean.

Les chofes étant dans cet état, des Scribes & des Pharifiens, viennent préfenter à Jefus la Femme furprife en Adultere: lui difent ce que la Loi ordonne en pareil cas, & lui demandent ce que l'on doit faire. Il étoit comme impoffible de répondre à cette Queftion, fans tomber dans quelque piège. Si J. Chrift dit, qu'il faut ufer de clémence envers cette Femme, travailler à la corriger plutôt que de la punir, ils s'écrieront, que c'eft un Docteur d'impureté, qui favorife les Adulteres, qui veut fe former une Secte aux depens de la Vertu, *un ami des Péagers, & des Femmes de mauvaife vie*, & Matth. xi. 19. qu'enfin il s'éleve contre Moïfe & contre la Loi, qui ne permet pas, qu'on faffe aucune grace à de pareils coupables, quand leur crime eft averé. Si Jefus répond, qu'il faut lapider cette Femme, conformément à la Loi, fes malins adverfaires l'accuferont devant le Gouverneur, de s'emparer d'un pouvoir, qui n'apartient qu'au Souverain: Il ne fe dit pas feulement le CHRIST, le ROI; mais il en ufurpe l'autorité; il ordonne qu'on lapide une Femme, qui l'a mérité, il eft vrai; mais eft-ce à *lui* de prononcer la fentence? Il ne faut point d'autre preuve, qu'il afpire à la Royauté. Enfin, fi J. Chrift répond, que ce n'eft pas à lui de juger des crimes, ni d'ordonner des peines capitales; qu'il faut s'adreffer au Gouvernement: les Scribes diront au Peuple, qu'il trahit les droits de la Nation, & qu'il favorife la Tyrannie. Ils en concluront, qu'il ne fçauroit être le Chrift, le Libérateur de la Nation, celui, qui doit remettre en vigueur les Loix Mofaïques, & rendre au Peuple fes privilèges. Bien loin d'être le Chrift, il ne doit pas même être regardé comme un Prophète. Il n'a point ce zèle héroïque des Prophètes, pour le maintien de la liberté & des droits de la République.

C'eft ainfi que J. Chrift ne pouvoit décider le Dileme envelopé, que les Pharifiens lui propofent, fans le décider contre lui-même. S'il renvoye le jugement de l'affaire au tribunal Romain; il fouleve contre lui les Zèlez, & leur fournit un prétexte de nier qu'il foit le Chrift, & de perfuader au Peuple, qu'il ne l'eft pas. Si, au contraire, il ne renvoye pas ce jugement au Gouverneur, & qu'il prononce que l'on doit exécuter la Loi; ils l'accuferont du crime de lèze Ma-

Majesté, & d'entreprendre fur la Souveraineté des Romains.

Tels sont les pièges, que ces artificieux adversaires tendoient au Sauveur. Il les évita avec sa prudence ordinaire; mais ce qu'il y a de plus admirable, il sçut tourner toutes ces embuches à la confusion de ses ennemis. Il en profita d'ailleurs, pour donner un exemple de sa clémence envers les Pécheurs, & comme on a lieu de le croire, pour convertir une Pécherelle, en l'arrachant au supplice.

Au lieu de répondre à la Question des Pharisiens, *Jesus*, dit l'Evangeliste, *se baissa, & se mit à écrire avec le doigt sur la terre*. On s'est fort exercé à chercher la raison de cette action du Sauveur. Laissons les allégories, où les Anciens se sont jettez à ce sujet. Elles n'ont rien d'estimable, ² que le nom & l'antiquité des Auteurs. J. Christ voulut faire sentir aux Scribes & aux Pharisiens, qu'il voyoit leur intention, que leur demande ne méritoit pas de réponse, & que cette affaire ne le regardoit pas. Qu'il n'étoit pas venu dans le monde, pour juger les Pécheurs, moins encore pour les condamner, mais pour les instruire, & pour les convertir. C'est ainsi qu'un homme grave, lorsqu'on l'importune par des Questions inutiles, s'occupe d'autres choses, pour montrer, qu'elles ne sont pas dignes de son attention. Je ne sçai même si le Seigneur, en traçant de son doigt des caractères sur le sable, où ils ne subsistent qu'un instant, ne voulut pas faire entendre aux Pharisiens, la vanité de leur Question, & que leur donner des réponses justes & instructives, ce seroit s'amuser à écrire sur la poussiere. Quoi qu'il en soit, ils en jugerent autrement; & croyant que dans l'embarras où ils l'ont mis, il cherche à éluder la Question, plus il différoit d'y répondre, & plus *ils le pressent* de le faire, dit l'Evangeliste. Enfin, las de les entendre, il se réleve, & terrasse ces orgueilleux accusateurs, par une réponse, qui leur ferma la bouche: " Lapidez cette " Femme, leur dit-il; la Loi l'ordonne; mais examinez " vous bien auparavant, & alors " *Que celui de vous, qui est sans péché, jette le premier la pierre contre elle*.

On ne sçauroit refuser ici à J. Christ, l'admiration que méritent sa Sagesse & sa Bonté. " Il ne répond pas aux Phari-
" siens, qu'on ne doit pas lapider la Femme adultere. Cela
" eût été contre la Loi. Il ne leur répond pas non plus, qu'il
" faut la lapider. Cela eût été contre sa clémence, & con-
" tre la nature de son ministère. Il n'étoit pas venu pour
" perdre les Pécheurs, mais pour chercher & pour sauver
" ceux, qui se perdoient eux-mêmes. Quelle réponse fait-il
" donc à ces Hypocrites qui le tentent? Une réponse pleine
" de

,, de Justice, pleine de Douceur, & pleine de Vérité. ,, C'est la refléxion ³ de S. Augustin, expliquant cette Histoire. La réponse du Seigneur est effectivement *pleine de Justice:* Car, qu'y a-t-il de plus criant, que de voir des Accusateurs traîner des Pécheurs devant les Tribunaux, & requerir leur punition; pendant qu'ils sont coupables eux-mêmes des mêmes crimes, ou de plus grands? Cette réponse est *pleine de Douceur:* Car elle tend à sauver une Pécheresse du dernier supplice, en rappellant ses Accusateurs à leur propre conscience, & à la crainte des peines, qu'ils ont eux-mêmes méritées? Elle est *pleine de Vérité:* Car il n'est que trop vrai, que les Scribes & les Pharisiens, ces Chefs *de la Nation adultere & criminelle*, n'avoient pas moins de besoin de la misericorde Divine, & de la clémence humaine, que cette malheureuse, qui n'étoit plus coupable qu'eux, & parce qu'elle avoit été surprise; pendant qu'habiles à cacher leurs péchez, ils avoient eu le bonheur d'échaper à la connoissance des hommes, & à la rigueur des Loix.

Ce que l'on dit ici des mœurs des Scribes & des Pharisiens, est suffisamment prouvé par le témoignage du Sauveur, qui connoissoit les cœurs & les actions secrètes des Hommes, & par la confusion & la retraite de ces Hypocrites. Mais s'il faut d'autres témoins, en voici un, qui est irreprochable: C'est l'Historien des Juifs, Josephe, décrivant les mœurs de son Peuple, & en particulier de ceux, qui s'étoient honorez du titre de ZELATEURS, sous prétexte qu'ils étoient les Défenseurs des Loix & de la Liberté de la Nation; Josephe, dis-je, en parle en ces termes: ⁴ *Ennemis bien plus redoutables que les Romains,.... Ils enlevoient ce qu'il y avoit de plus précieux dans les maisons des Riches, sans pouvoir contenter leur avarice insatiable. Tuer les Hommes & outrager les Femmes, ils le regardoient comme un jeu. S'abandonnant aux crimes, qui font horreur à la nature..... & remplissant Jerusalem de tant d'infamies,* QUE CETTE GRANDE VILLE SEMBLOIT N'ETRE PLUS QU'UN LIEU PUBLIC DE PROSTITUTION......

C'est ce qui fait dire à Josephe, que ,, ce ne sont pas pro-
,, prement les Romains, qui ont détruit Jerusalem & son
,, Temple, & qui ont désolé la Judée; ils n'ont été que les
,, Instrumens de la Justice Divine, irritée par les crimes de
,, la Nation, & sur-tout par les crimes de ceux, qui faisoient
,, profession d'être les plus zèlez & les plus dévots ,,: *Je suis persuadé,* dit-il ailleurs, à l'occasion du meurtre d'*Ananus* & de *Jesus*, les deux plus grands Hommes, que les Juifs eussent alors, & les mieux intentionnez pour le bien de la Patrie; *Je suis persuadé, que Dieu ayant résolu de detruire Jerusalem,*

lem, souillée de tant de crimes, & de purifier par les flames les Lieux saints, il permit qu'on enlevât à Jerusalem & aux Lieux saints, *ceux qui en étoient les Défenseurs, & qui avoient un amour sincère pour leur Patrie.*

Il faut prévenir ici une objection, qui se présentera naturellement à l'esprit du Lecteur, mais qui dans le fonds ne porte point du tout contre la réponse du Sauveur. Cette objection est, qu'il n'y auroit plus de Magistrats, ou qu'ils seroient obligez de laisser tous les crimes impunis, si, pour condamner les Coupables, ils étoient obligez d'être eux-mêmes exemts de péchez. On leur diroit, *que celui de vous qui est sans péché*, prononce la sentence, & la fasse exécuter. Il est aisé de résoudre cette difficulté. Il ne faut qu'observer, 1. Que J. Christ parle du même crime, dont la Femme adultere avoit été convaincuë, ou d'autres crimes, qui ne sont pas moins odieux, ni moins punissables par les Loix; & non de ces fautes & de ces péchez, auxquels tous les hommes sont sujets. 2. Il faut observer, en second lieu, que ces paroles du Sauveur, ne s'adressent pas à des Juges, mais à de malins Accusateurs, qui, sous prétexte de venger la Loi, lui dénoncent une Femme adultere, & lui en demandent la punition. Si le Seigneur s'étoit présenté devant le Conseil des Juifs, assemblé pour juger cette Femme selon la Loi, & que, pour obliger ce Conseil à la renvoyer sans la punir, il leur eût dit, *Que celui de vous, qui est sans péché, jette le premier la pierre contre elle*; cette parole, si on l'ose dire, n'eut pas été digne de sa Sagesse & de sa Moderation. Mais il est très-digne de l'une & de l'autre, qu'il reprime le zéle violent de ces Accusateurs, qui demandent la punition d'un crime, dont ils sont eux-mêmes coupables.

Pour mettre le Lecteur au fait, il faut lui représenter l'état de la question entre J. Christ & les Pharisiens. Quand une Femme étoit coupable d'Adultere, il étoit permis au Mari offensé, de s'adresser aux Magistrats, & de demander la punition de l'Infidèle. On dit, *qu'il étoit permis*, parce qu'en matière de peines, il n'y a nulle obligation à la Partie offensée de les exiger de la Partie coupable. Au contraire, il est plus grand, plus beau, plus honnête dans un tel cas, de sacrifier son juste ressentiment à la misericorde, & de laisser à Dieu le soin de faire grace, ou de punir. A la vérité le mari ne doit pas garder l'Epouse infidèle. Cela seroit contre son Honneur, contre le bien de sa Famille, & même contre sa Conscience; car ce seroit tolerer le crime dans sa propre maison : Mais il n'est nullement obligé d'en exiger la punition. C'est

C'est ce que l'on voit dans l'histoire de Joseph, Epoux de Marie. Dès qu'une fille étoit fiancée à un homme, elle lui devoit la fidélité conjugale, & si elle venoit à la violer avant que d'être remise entre ses mains, la Loi ordonnoit qu'elle fût lapidée. Joseph voyant la Vierge enceinte, avant qu'elle eût été avec lui, & la croyant coupable, parce qu'il ne sçavoit pas encore le mystère de la conception du Sauveur; Joseph, dis-je, étoit en droit, par la Loi, de la dénoncer aux Magistrats, & de la faire punir; mais *comme il étoit juste*, dit l'Evangéliste, *il ne voulut pas* * *la livrer au supplice, & résolut de la repudier secretement*. Il relâche de son droit, parce qu'il étoit *juste*; c'est-à-dire, *débonnaire, misericordieux*: Cela est non seulement permis, mais cela est beau. La raison en est, comme on vient de le dire, qu'en matière de peines, il est toûjours dans la liberté de la personne offensée, de la remettre, ou de l'exiger.

Deut.
XXII. 21.

Matth.
I. 19.

Dans le cas de la Femme surprise en Adultere, les circonstances sont très-différentes. Ce n'est point le Mari offensé, qui demande justice contre sa Femme infidèle. Ce sont des Pharisiens, de violens Zélateurs, qui se rendent Parties contre elle, sous prétexte d'observer la Loi, & qui se préparoient même à la lapider; car c'est ce qu'insinuent ces paroles du Sauveur, *Que celui de vous, qui est sans péché, jette le premier la pierre contre elle.* Ils se rendent les rigoureux Vengeurs d'un crime, qu'ils n'ont aucun intérêt à punir, ou plutôt, qu'ils auroient intérêt à ne pas punir, puisqu'ils en sont eux-mêmes coupables. Ainsi la réponse du Seigneur ne fait aucun préjudice à la Loi, parce qu'il n'y a aucune obligation d'exécuter les Loix pénales, quand la Partie offensée ne le requiert point. Il ne fait aucun préjudice à l'autorité des Magistrats, parce que sa réponse ne s'adresse point à eux. Il réprime seulement des Zélateurs emportez, en leur faisant comprendre, qu'ayant eux-mêmes tant de besoin de l'indulgence divine & humaine, il leur sied mal de se rendre les severes Vengeurs d'un crime, qu'ils n'ont que trop commis.

Arrêtons-nous un moment sur ce caractère des Pharisiens. Il est très-commun; mais il n'en est pas moins detestable. Ils ne sont pas Juges; mais quand ils le seroient, ils auroient dû penser, que si, en qualité de Ministres de la Loi, ils sont appellez à en punir les contraventions, ils ne sont pas appellez par le devoir de leurs Charges, à les observer. Les Magistrats doivent deux exemples au Public: Celui des Peines, pour réprimer par la crainte les attentats des méchans; & celui de l'Observation des Loix, pour montrer à tout le monde, qu'ils aiment autant la Vertu, qu'ils haïssent les crimes:

---

* *La livrer au supplice.* On traduira fort bien de la sorte le mot de S. Matthieu, & cette Version est conforme à la Loi que l'on a citée.

mes: Car, de quel front un Magiſtrat peut-il prononcer contre ſes Inférieurs des ſentences, que ſa conſcience prononce contre lui-même? Ce n'eſt pas l'Eſprit de Dieu ſeul, c'eſt la Raiſon, qui a fait dire à S. Paul, s'adreſſant aux Juifs, & à ces Docteurs de la Loi, qui condamnoient les Gentils: *C'eſt pourquoi vous, qui que vous ſoyez, ô Homme, qui condamnez les autres, vous êtes inexcuſable; car en les condamnant, vous vous condamnez vousmême, puiſque vous, qui les condamnez, faites les mêmes choſes, puiſque nous ſçavons, que le jugement de Dieu eſt ſelon la vérité. Vous donc, ô Homme, qui condamnez ceux qui les commettent, & qui les commettez vous-même, penſez-vous que vous pouvez éviter le jugement de Dieu?*

Rom. 11. 1. 2. 3.

Des Magiſtrats deſcendons aux Particuliers. C'eſt à ceuxci que J. Chriſt a dit, *Que celui de vous, qui eſt ſans péché, jette le premier la pierre contre elle.* Ils ne portent pas l'épée que Dieu a miſe dans la main du Prince; mais ils portent une langue plus aigre, & plus tranchante encore, dont ils percent indifféremment, & les Innocens ſur de légers ſoupçons, & les Coupables ſur des preuves fort incertaines. Sans vocation, ſans examen, ils jugent, ils condamnent, non ſeulement ceux qui n'ont que des défauts pareils aux leurs, mais ceux, dont les défauts ne ſçauroient être mis en parallele avec les leurs. Ils ont l'audace d'accuſer devant les hommes des perſonnes, dont les mœurs les accuſeront un jour, & les condamneront devant le Tribunal de Dieu, qui connoît les cœurs, & qui juge ſans partialité des actions des hommes. Mais c'eſt l'ancien artifice des Hypocrites, qui, tout uſé, tout groſſier qu'il eſt, ne laiſſe pas encore de leur réüſſir. Pour paroître exemts de certains vices, qui les couvriroient de confuſion, s'ils étoient connus, ils affectent de les cenſurer dans les autres. On ne devroit plus ſe laiſſer ſurprendre à cet artifice, qu'un ancien Payen a ſi bien décrit en ces termes:

„ Ne connoiſſez-vous point de ces Gens, dit [6] Pline le Jeu-
„ ne dans une de ſes Lettres, qui, eſclaves de leurs paſſions,
„ s'élevent contre les vices des autres, comme s'ils en étoient
„ jaloux. Ils ne puniſſent rien ſi ſevèrement, que ce qu'ils
„ ne ceſſent point d'imiter, quoique rien ne faſſe plus d'hon-
„ neur que l'Indulgence, à ceux même, qui peuvent diſpen-
„ ſer tout le monde d'en avoir pour eux. Le plus honnête
„ homme, le plus parfait, ſelon moi, eſt celui qui pardonne
„ aux autres avec autant de bonté, que ſi chaque jour il tom-
„ boit dans quelque faute, & qui les évite avec autant de ſoin,
„ que s'il ne pardonnoit à perſonne. Ce que nous devons
„ donc avoir le plus à cœur, dans le particulier & en public,
„ & dans toute notre conduite; [7] c'eſt d'être inexorables pour
„ nous, indulgens pour les autres: même pour ceux qui ne
„ ſçavent excuſer qu'eux. „

Cet

Cet habile Orateur & Philosophe a décrit dans ce passage, & le caractère des Pharisiens, qui veulent punir rigoureusement dans une Femme, un crime dont ils n'osent se justifier devant J. Christ; & le caractère du Sauveur, qui joint à la plus parfaite & à la plus sublime Vertu, une Indulgence, une Clémence, que leurs propres imperfections devroient arracher à tous les hommes: Car, s'il apartient à quelqu'un d'être le severe Censeur des défauts des autres, c'est sans contredit à celui, qui n'en eut jamais aucun. Comme il n'a pas besoin de grace, ce n'est qu'à lui qu'il convient de se dispenser d'en faire. Cependant c'est cet Homme parfait, c'est ce Sage, qui seul fut sans erreurs & sans foiblesses, ce Saint, dans lequel Dieu même n'apperçoit aucune tâche; c'est lui, qui exerce la misericorde, & qui pardonne tout aux Pêcheurs; non par tolerance pour les vices, à Dieu ne plaise! mais dans la vûë de les convertir, & sous condition d'une repentance sincère & réelle, comme on le verra par la suite.

Les Pharisiens, frappez de la réponse du Seigneur comme d'un coup de foudre, n'osent entreprendre de se justifier: Un trouble secret les saisit, les réduit au silence. On voit ici la force de la Conscience, quand elle est reveillée par les reproches d'une personne, dont l'autorité est soutenuë par une haute Vertu. Ces superbes Accusateurs, rappellez à eux-mêmes, commencent à sentir l'injustice criante, qu'il y auroit à répandre le sang d'une Femme, pour un crime, dont ils sont les premiers coupables. Ils voyent s'élever contre eux des témoins inconnus, qui demandent à leur tour qu'on les lapide, conformément à la Loi. Ils tremblent pour eux-mêmes: Ils méditent leur honteuse retraite, pendant que Jesus, qui voit leur confusion & leur trouble, *se baisse de nouveau, & se met à écrire sur la terre*, parce que la Question étant décidée, il n'a plus rien à leur dire. Eux, de leur côté, ne pouvant plus soutenir sa présence & ses regards, profitent de la situation où est J. Christ, & se sentant convaincus dans leur conscience, *ils se retirent tous, jeunes & vieux, les uns après les autres, de sorte que Jesus se trouva seul avec la Femme, qui n'avoit point quitté sa place*. Jean VIII. 8.

Ib. x. 9.

Cette Femme a raison de demeurer auprès de Jesus. Si elle étoit sortie avec ses Accusateurs, elle auroit dû craindre que, plus furieux que jamais, ils ne vengeassent sur sa personne, & l'injure qu'elle avoit faite à la Loi, & l'affront qu'ils avoient reçu à son occasion. D'ailleurs, la réponse que le Seigneur a faite aux Pharisiens, montre assez qu'il n'a pas dessein de la condamner. Sous la protection d'un si grand Prophète, si vénéré du Peuple, elle espere d'éviter le supplice qui lui étoit préparé. Si on vient pour l'enlever, elle ira embrasser ses pieds. C'est un Autel sacré, qui lui servira d'azile: Car elle ne connoissoit pas encore assez Jesus, pour en attendre d'autre grace.

Jean VIII. 10. 11.
Se trouvant donc seule avec Jesus, *Où sont vos Accusateurs?* lui dit-il. *Personne ne vous a-t-il condamnée? Personne, Seigneur*, répondit-elle. *Je ne vous condamne point non plus*, repliqua-t-il. *Allez seulement, & ne péchez plus desormais.*

Jesus ne condamne point cette Femme, quoiqu'elle eût mérité la peine de mort, ordonnée par la Loi. Il y en a deux raisons: L'une, qu'il n'étoit pas venu dans le monde, pour exercer l'autorité des Magistrats civils; l'autre, qu'il n'y étoit pas venu, pour punir les Pécheurs, mais pour les convertir, & pour les sauver. Jesus n'est point un Prince temporel: C'est un Docteur, un Prophète envoyé du Ciel, pour instruire les Hommes, pour les former à la Connoissance & au Culte du vrai Dieu, aussi-bien qu'à la plus parfaite Vertu. C'est pourquoi il ne se mêla jamais, ni du Gouvernement public, ni des affai-

Luc. XII. 13. 14.
res des Particuliers; & quand *un Frere le pria d'obliger son Frere de partager avec lui la succession paternelle, le Seigneur le refusa*, & lui répondit, *Qui m'a constitué Juge ou Arbitre pour vos partages?* Grand exemple pour les Ministres de la Religion! mais exemple, que l'Intérêt & l'Ambition ne leur ont pas permis d'imiter. Les Evêques ne seroient pas parvenus à un si haut degré de Puissance & de Richesses, si, comme leur divin Maître, ils s'étoient renfermez dans les bornes du Ministère Evangelique.

Cependant l'indulgence du Seigneur donne lieu à deux Questions, qu'on ne peut se dispenser d'examiner. La première est, s'il a abrogé la Loi de Moïse, qui condamnoit à la mort les Adultères? On peut répondre hardiment, qu'il ne l'a point abrogée; mais que cette Loi, étant de celles qui apartenoient à la Police des Israëlites, n'est point d'un Droit perpétuel & immuable. Dieu, qui établit la République & la Religion des Israëlites, eut deux relations avec ce Peuple; l'une, qu'on peut appeller Religieuse, & l'autre Politique. A l'égard de la première, Dieu voulut être l'unique objet du souverain Culte de la Nation, & il doit l'être de même du souverain Culte de tous les Hommes, parce qu'il est l'Etre suprême, le Créateur, & le Maître du monde. La Loi, qui l'ordonne, est une Loi perpétuelle & irrévocable. Mais outre cette relation Religieuse, Dieu voulut avoir avec ce Peuple une relation Politique; c'est-à-dire, qu'il en voulut être le souverain Magistrat. C'est en cette qualité, qu'après en avoir réglé le Culte, il en regla le Gouvernement, d'une manière conforme à sa Sagesse & à sa Justice; mais aussi conforme à la Constitution de la nouvelle République, que Moïse avoit formée par ses ordres, & aux

mœurs

mœurs de la Nation. Mais les Loix Politiques, qu'il leur donna, n'ont dû subsister, qu'aussi long-tems que les Juifs ont composé un Etat libre, & indépendant. Lorsqu'ils ont été soûmis à des Puissances étrangères, ils l'ont été en même tems aux Loix que ces Puissances ont trouvé à propos d'établir, pour maintenir la Justice & l'Ordre dans l'Etat. Ainsi, la peine de mort, ordonnée contre les Adultères, n'a dû subsister, qu'autant que les Princes, dont les Juifs étoient devenus sujets, ont trouvé convenable au bien public, de l'abolir, ou de la confirmer. Il n'est pas dans le pouvoir de ces Princes, de legitimer les Adultères, qui seront toûjours des crimes; mais il est dans leur pouvoir d'en regler la peine, & de l'aggraver, ou de la moderer, selon que l'utilité publique le demande.

La seconde Question est, Si J. Christ, n'ayant point condamné la Femme infidèle, & s'étant contenté de lui dire de ne pécher plus, a défendu par-là indirectement aux Princes Chrétiens, de punir de mort les Adultères? Pour résoudre cette Question, il faut se souvenir des principes qu'on a déja posez. 1. J. Christ n'a point touché à la Loi Politique de Moïse; il l'a laissée dans toute sa force, & n'a pas défendu à ceux qui en étoient chargez, de l'exécuter. 2. Comme il n'est pas Prince temporel, & qu'il n'en a jamais exercé l'autorité, il n'a pû condamner cette Femme, sans usurper un droit, qui ne lui apartenoit pas en qualité de Christ. 3. Son ministère étant un ministère de Grace, uniquement destiné à instruire & à corriger les Pécheurs, il auroit agi directement contre ce ministère, s'il avoit condamné cette Femme. La misericorde & l'exhortation à la repentance, étoit tout ce qui lui convenoit. 4. L'exemple de J. Christ n'est pas un exemple pour les Magistrats, dont le ministère est tout différent. Ainsi, comme on ne peut conclure de l'exemple de J. Christ, refusant d'être Juge ou Arbitre d'un différend entre deux Freres, touchant la succession paternelle, que le Magistrat Chrétien ne doit pas décider de pareils différens; on ne peut conclure non plus de la grace qu'il accorde à une Femme infidèle, que le Magistrat Chrétien ne doit plus punir de mort les Adultères. Il sera toûjours dans la liberté du Souverain, de statuer contre un tel crime, les peines qu'il jugera convenables au bien public.

Revenons à la réponse du Sauveur. *Je ne vous condamne point non plus*, dit-il à la Femme adultère; *mais allez, & ne péchez plus desormais*. On voit ici quel est le but de la grace du Sauveur, & quelle en est la condition essentielle. Il pardonne les péchez; mais c'est toûjours sous la condition expresse d'une repentance sincère & réelle; c'est-à-dire, sous la condition de ne plus retomber dans les péchez qu'il a pardonnez. La Repentance

Evangelique ne fut jamais une simple douleur d'avoir commis un péché; quelques larmes, quelques regrets passagers; c'est un renoncement à ces péchez-là; *Une mort, une sepulture du vieil homme*, c'est-à-dire, des Passions vicieuses, à laquelle succedent *une resurrection, & une vie nouvelle.* La plus pernicieuse, mais malheureusement la plus générale de toutes les Hérésies, est d'alterer la nature de la Repentance, & de la convertir en de vains regrets d'avoir offensé Dieu, lesquels ne sont suivis d'aucun changement dans le cœur & dans les actions C'est précisément *changer la Grace en dissolution*, & renverser l'Evangile de fond en comble. Si, après la misericorde dont le Seigneur avoit usé envers la Femme adultère, elle eût continué le même train de vie, la grace qu'il lui avoit faite, n'auroit servi qu'à aggraver sa condamnation. *Car, pour ceux qui, après avoir connu notre Seigneur & notre Sauveur J. Christ, ont renoncé aux souillures du monde; s'ils ont,* dit S. Pierre, *la lâcheté de s'y replonger de nouveau, leur dernier état sera pire que le premier.* Ainsi, comme la Religion Chrétienne est un ministère de grace pour les Pécheurs qui se convertissent, elle est un ministère de la plus rigoureuse condamnation, pour ceux, qui ne violent pas seulement les Loix connuës de la Justice & de la Sainteté, mais qui abusent de la manière la plus profane de la Grace de Dieu.

Au reste, on ne doit pas dissimuler en finissant ce Discours, que toute cette Histoire de la Femme adultère, ne se trouve point dans plusieurs exemplaires manuscrits de l'Evangile selon S. Jean, non plus que dans quelques Versions Orientales, & qu'elle n'a point été expliquée par d'anciens Commentateurs Grecs, comme par S. Chrysostome, quoiqu'il ait exposé cet Evangile dans ses Homelies. Cela a donné lieu à quelques Critiques de conjecturer, qu'elle y avoit été inserée, soit de la Tradition des Apôtres; car Papias, très-ancien Auteur, l'a rapportée; soit de l'Evangile des Nazaréens, où elle se trouvoit. Cependant ces raisons ne sont pas assez fortes pour la rejetter. S'il y a des manuscrits Grecs, où elle ne se lit point, elle se trouve dans d'autres qui sont très-anciens. Elle ne contient rien, qui ne soit digne de la sagesse & de la sainteté du Sauveur; & si l'on pese les raisons, qui peuvent avoir engagé de hardis superstitieux à l'omettre dans leurs exemplaires, contre celles que d'autres peuvent avoir euës de l'y inserer, on trouvera que les derniers l'emportent. Quoi qu'il en soit, on ne croit pas que ces sortes de discussions critiques conviennent dans des Discours populaires, tels que sont ceux-ci. On se propose uniquement d'instruire & d'édifier les fidéles, & non d'étaler ici une Littérature, que des Lecteurs curieux pourront trouver dans les Ouvrages des [g] Sçavans, qui ont examiné la question de l'authenticité de cette Histoire.

Τυφλὸς ἀναβλέπων.   Joan. IX, 7.   OCULI CAECO APERTI.
The eyes of the blind opened.   Un aveugle recouvrant la vuë.
Ein Blind-gebohrener wird sehend.   Een Blinde aan het gezicht geholpen.

DISCOURS IV.

Un Aveugle recouvrant la vûë. JEAN IX. 1-7.

PRE's que J. Chrift eût arraché des mains des Pharifiens la Femme adultère, dont nous avons parlé dans le Difcours précedent, il fit au Peuple, dans une des falles du Temple, où étoit le tronc, un affez long fermon, qu'il finit par de trop juftes reproches de leur incrédulité, & des deffeins fanguinaires qu'ils tramoient contre lui. Ces reproches les irriterent au point, qu'il y en eut, qui prirent des pierres pour le lapider ; mais *l'heure du Seigneur n'étant pas encore venuë,* il fe jetta dans la foule, où plufieurs, qui croyoient en lui, lui ouvrirent un paffage, & lui donnerent le moyen de fe retirer, & de fortir du Temple. Ce ne fut que quelques jours après, que, foit en allant au Temple *un jour de Sabbath,* foit en revenant, *il rencontra un Aveugle de naiffance, qui fe tenoit fur le chemin, demandant l'aumône.* Jean IX. 1. 8. 14.

C'eft un grand defordre, qu'il n'y ait pas par-tout des retraites, & une fubfiftance honnête, pour les perfonnes que la Providence a mis dans l'impuiffance de travailler pour gagner leur vie. Il feroit bien digne de l'Humanité, que l'on pourvût à l'entretien de ces malheureux, fouvent nez avec des talens qui les rendroient utiles à la Societé, fi ces talens étoient cultivez. Combien d'Aveugles, dont les ames formées avec d'heureufes difpofitions pour les Sciences, feroient capables d'étendre par la refléxion, les lumières qu'on leur auroit communiquées. N'étant point diftraits par les objets vifibles, ils en font d'autant plus capables d'une profonde méditation. On voit dans l'Aveugle, que J. Chrift guérit un efprit, qui fans inftruction, fans culture, s'éleve à des refléxions fi juftes, & fi fenfées, fur la preuve des miracles, qu'il a prévenu dans les réponfes qu'il fit aux Pharifiens, tous les raifonnemens que les Théologiens ont fait dans la fuite fur ce fujet. Quel dommage, de laiffer de fi belles ames croupir dans l'ignorance ! Et quelle Inhumanité, de les condamner à la néceffité de paffer leur vie dans une mendicité honteufe, & mere de plufieurs vices !

Jefus rencontre l'Aveugle : Ce n'eft point un effet du hazard, qui n'eft rien dans le fonds : C'eft une direction de la Providence. Comme cet homme eft né aveugle, *afin que les œuvres* Jean IX. 3.

de

de Dieu soyent manifestées; c'est aussi pour cette raison qu'il se trouve sur le chemin de Jesus. Les Disciples l'ayant apperçu, firent au Seigneur une Question, qui montre moins la curiosité naturelle aux hommes, que la hardiesse & la témérité de leurs jugemens : *Maître, est-ce à cause de ses propres péchez, ou à cause des péchez de son pere & de sa mere, que cet homme est né aveugle?* Quel intérêt ont les Disciples à sçavoir la cause du malheur de cet homme ? Et pourquoi aggraver sa misere en l'attribuant, ou à ses propres péchez, ou aux péchez de ceux qui l'ont mis au monde ? Laisser à Dieu ses secrets, regarder ses jugemens en tremblant, les craindre pour soi-même, travailler à ne les pas attirer ni sur soi, ni sur sa race, plaindre les malheureux & les soulager, est tout ce qui convient à l'homme sage, charitable, modeste, & ce que pratiqueront les Disciples, quand ils seront plus éclairez & plus parfaits.

Jean x. 2.

La Question qu'ils font à leur Divin Maître, est fondée sur certains principes, qu'il faut développer. Le premier est, que les maladies & les imperfections du corps, sont, aussi-bien que la mort, des suites du péché. Cela est vrai en général, & rien n'est plus digne, non de la juste Severité de Dieu, mais de sa Bonté. Dès que les Hommes sont Pécheurs, ce seroit le comble des maux, qu'ils fussent immortels, & que leurs jours coulassent sans peines, sans douleurs, sans adversitez. Le châtiment du péché en est le remède. Jusques-là la reflexion des Disciples est juste. Mais elle ne l'est plus, dès qu'ils descendent dans le détail des accidens particuliers. Il sied bien au Pécheur d'approfondir sa conscience, & d'y chercher la cause des jugemens de Dieu, pour s'humilier devant lui, & se corriger. Mais il sied mal à d'autres Hommes comme lui, d'insulter à sa misere. Ils doivent bénir Dieu de ce qu'il les épargne, & ne voir dans les malheureux, que des objets de leur Compassion & de leur Charité.

Le second principe, sur lequel est fondée la Question des Disciples, c'est que Dieu punit quelquefois dans les Enfans les péchez de leurs Peres. Cela paroît, en effet, confirmé par la Loi du XX. de l'Exode, vs. 5., où Dieu declare aux Israëlites, qu'il punira l'Idolâtrie des Peres sur les Enfans, jusques dans la quatrième Generation; peut-être étendoient-ils cette menace à d'autres péchez, aussi odieux à Dieu que l'Idolâtrie: D'autant plus qu'ils sçavoient, que Saul & David avoient été punis dans la personne de leurs Enfans. Il est vrai cependant, que cette menace ne regarde que le crime de l'Idolâtrie, & qu'elle s'adresse à tout le Peuple en général. Il est vrai encore, qu'elle suppose que les Enfans imiteront les dereglemens

de

LA VUE. *Discours IV.*

de leurs Peres: Ainsi le sens est, „ Je vous punirai, non sim-
„ plement vous, qui vivez à présent, si vous tombez dans
„ l'Idolâtrie; mais, supposé que vos enfans & vos petits-en-
„ fans y tombent comme vous, je les punirai de même. „
Cette menace est expliquée par ce que Dieu dit au XXVI.
du Levitique, qui en est véritablement le Commentaire:
Car, du reste il ne faut pas croire que Dieu punisse les Peres
pour les Enfans, ou les Enfans pour les Peres. Il se défend
lui-même de cette accusation, comme étant injurieuse à son
Equité, au XVIII. d'Ezechiel.

Mais supposé que les Apôtres ne fissent pas attention à cette menace de la Loi, ils avoient une seconde raison de croire,
que les défauts corporels des Enfans ont leur cause dans les
péchez du Pere & de la Mere ; c'est lorsqu'il arrive à ces derniers de violer la Loi, que Moïse avoit si sagement donnée
aux Israëlites, & que l'on peut voir au vs. 18. du Chap. XX.
du Levitique ¹. Les Enfans conçus en de telles circonstances en souffrent pour l'ordinaire, du côté de l'Esprit ou du
Corps.

Il est certain qu'en général les Passions & les excès de l'Intempérance des Peres & Meres, influent beaucoup sur leurs
enfans ; & que plusieurs des infirmitez, & même les semences des vices, qui se trouvent dans ces derniers, viennent immédiatement des personnes qui leur ont donné la vie : Et
cela par des consequences nécessaires, en vertu des Loix générales que Dieu a établies. Car comme certains vices ont
leur source dans le tempérament, & que le tempérament dépend en partie de celui des Peres & des Meres, c'est à ceux-
ci que l'on peut attribuer la première origine des Infirmitez &
des Passions. Ainsi il ne seroit pas étonnant, que les Apôtres eussent cru, que l'Aveugle fût né aveugle, ou par l'intempérance de ceux qui l'avoient mis au monde, ou parce que
Dieu avoit jugé à propos de les punir dans sa personne. Mais
comme ils proposent à J. Christ une alternative, sçavoir, si
c'est à cause de ses propres péchez, ou à cause des péchez de
son Pere & de sa Mere, que cet Homme est né aveugle; il
faut recourir à un troisième principe, pour comprendre comment les Disciples du Sauveur ont pû s'imaginer, qu'un
Homme, qui étoit né aveugle, ait pû s'attirer cette infirmité, par un péché qui ait précédé sa naissance.

Quelques Interprêtes ont cru, que les Disciples ne vouloient pas dire, que cet Aveugle eût péché avant que de naître ; mais que Dieu, prévoyant ses péchez à venir, l'en avoit
puni dès le ventre de sa Mere. Outre que cette explication
est

est forcée, elle n'est pas solide. Car bien-que Dieu prévoye les péchez à venir, il ne paroît pas que sa Justice lui permette de les punir, avant qu'ils ayent été commis. Il est vrai que les Payens ont cru, que les personnes qui naissoient avec certains défauts capitaux, portoient en naissant les marques de l'Indignation de Dieu, qui avoit voulu les noter, pour ainsi dire, afin qu'on les reconnût, & qu'on s'en défiât. Cette pensée peut avoir quelque fondement dans l'experience; mais il seroit bien injuste, d'en faire une règle générale; & si certains défauts du Corps, sont quelquefois des indices de ceux de l'Esprit & du Cœur, ce sont des indices fort équivoques: Car, combien ne voit-on pas d'excellens Personnages, mal partagez du côté du Corps, pendant qu'on en voit, qui avec un Corps bienfait & vigoureux, ont les Inclinations les plus vicieuses.

Il faut donc attribuer aux Apôtres une autre pensée, lorsqu'ils demandent à J. Christ, *Si cet Homme est né aveugle à cause de ses péchez.* Ce qu'il y a de plus vraisemblable, est qu'ils étoient dans les préjugez ² de plusieurs Docteurs Juifs, qui croyoient *la Prééxistence* des Ames, & leur *Transmigration* en d'autres Corps; c'est-à-dire, qu'ils croyoient, que les Ames existoient avant que de passer dans des Corps, & qu'elles étoient bien ou mal partagées à cet égard, selon qu'elles avoient bien ou mal vécû dans une vie antécedente; Qu'après la mort, ces mêmes Ames passoient en d'autres Corps, pour y être, ou plus malheureuses, ou plus heureuses, qu'elles n'avoient été, conformément à la conduite qu'elles avoient tenues dans le Corps précédent. On ne doit pas être surpris, que les Apôtres eussent adopté, ou l'une de ces deux erreurs philosophiques, ou ces deux erreurs ensemble.

Depuis que les Juifs furent soûmis aux Grecs, & qu'ils entendirent la Langue Grecque, il y en eut plusieurs, qui se jetterent dans la Philosophie des Grecs, & qui en adopterent les opinions. La même chose arriva aux Docteurs Chrétiens, qui, pour rendre la Doctrine Chrétienne plus plausible, & la faire recevoir aux Gentils, l'accommoderent aux opinions des Philosophes, & tacherent d'expliquer l'Ecriture par la Philosophie: Méthode, qu'il étoit très-naturel de suivre, mais qui n'a pas été fort utile à la Religion.

Il est donc fort vraisemblable que les Apôtres, que l'on représente trop légèrement comme des Gens grossiers & fort ignorans, fussent imbûs, ou du moins instruits, de la Prééxistence des Ames, & de la cause de leur incorporation, qui, selon les Philosophes Orientaux & les Philosophes

phes Grecs, venoit de l'Amour qu'elles avoient conçû pour ce Monde sublunaire, & de la Transmigration des Ames en plusieurs Corps successivement; il est, dis-je, fort vraisemblable, que les Apôtres, prévenus de ces erreurs, ayent demandé à J. Christ, quel péché cet Homme avoit commis, pour être né aveugle.

S. Chrysostome³ attribue la Question des Apôtres à un motif fort différent. Il croit que J. Christ ayant dit au Paralytique, qu'il avoit guéri, *Allez, & ne péchez plus, de peur qu'il ne vous arrive pis;* les Disciples furent frappez de cette parole, dans laquelle le Seigneur suppose, que les péchez des Hommes sont les causes des maladies particulieres dont ils sont affligez: Ils l'avoient encore dans l'esprit, lorsque voyant cet homme, qui étoit né aveugle, & qui par conséquent ne pouvoit avoir mérité cette peine par aucun péché précedent, ils en profiterent, pour faire à J. Christ une objection, ou du moins pour lui proposer une difficulté. Ecoutons S. Chrysostome, qui, suivant son hypothèse, développe ainsi la pensée des Apôtres: „ Vous avez attribué, Sei-
„ gneur, la longue maladie du Paralytique aux péchez qu'il
„ avoit commis, puisqu'en le guérissant, vous lui avez dit,
„ de ne plus pécher, de peur qu'il ne retombât dans une Pa-
„ ralysie plus incurable que la précedente: mais il faut que
„ cette maxime ne soit pas toûjours vraye, puisque voici
„ un homme, qui est né aveugle: Direz-vous qu'il a péché
„ avant que de naître? Cela est absurde. Direz-vous que
„ Dieu a puni dans sa personne les péchez de son Pere & de
„ sa Mere? Mais cela n'est pas moins absurde; puisque Dieu
„ ne punit jamais les Enfans à cause des péchez de leurs Pe-
„ res, comme il l'assure lui-même dans Ezechiel ...... S.
Chrysostome ajoute: „ On m'objectera peut-être la menace
„ de la Loi; mais il est visible que cette menace ne regar-
„ de que les Enfans de ces Israëlites qui étoient sortis d'E-
„ gypte, d'où Dieu les avoit retirez par une infinité de mer-
„ veilles. C'est à ces Enfans qu'il declare, qu'il ne les puni-
„ ra pas avec moins de sevérité que leurs Peres, s'ils osent
„ tomber dans les mêmes crimes, après avoir été distinguez
„ par tant de faveurs⁴. „ La pensée de S. Chrysostome n'est pas sans fondement. Cependant, ce que l'on a dit pour expliquer la cause de la Question des Apôtres, paroît plus vraisemblable.

Jesus, sans s'arrêter à desabuser les Disciples des erreurs dont ils étoient prévenus, se contenta de leur dire, qu'ils se trompoient. *Cela n'est point arrivé*, leur répondit-il, *pour aucun péché que cet Homme ait commis, ou son Pere & sa Mere; mais c'est afin que les œuvres de Dieu soyent manifestées en lui.*

_{Jean ix. 3.}

Ici le même S. Chrysostome fait une remarque plus utile peut-être pour entendre d'autres passages de l'Ecriture, que pour expliquer celui-ci, où la difficulté n'est pas à beaucoup près si grande. Il observe donc, que la particule Grecque, que l'on traduit *afin*, ne marque pas toûjours *le but*, ou *la cause*, mais quelquefois simplement l'*effet*. Rien n'est plus vrai: aussi en allegue-t-il divers exemples. Quand J. Christ dit, *Qu'il est venu dans le monde pour faire justice*, AFIN *que ceux qui ne voyent point voyent, & que ceux qui voyent deviennent aveugles*; le Seigneur ne veut pas dire, que c'est-là le but de sa mission, son dessein ne pouvant être de rendre les Hommes aveugles. Il veut dire simplement, que son caractère, son extérieur, a été un sujet de scandale pour les Esprits superbes, & a aveuglé ceux qui se flattoient de voir. . . . Il faut entendre de même ce que S. Paul dit, *Que Dieu a manifesté aux Gentils ce qu'il faut connoître de la Divinité*, AFIN *de les rendre inexcusables*....

_{Jean ix. 39.}

_{Rom. 1. 19. 20.}

Ce ne fut jamais le dessein d'un Dieu juste & bon, de faire des graces aux Hommes pour les rendre malheureux; mais c'est l'effet des graces dans ceux qui en abusent. S. Chrysostome remarque donc, que Dieu n'a point fait naître cet Homme aveugle, afin d'avoir occasion de faire un miracle dans sa personne; mais que l'Aveuglement de cet Homme a servi à manifester la Puissance Divine.

Quoique cette observation ait son utilité pour expliquer d'autres endroits de l'Ecriture, on ne la croit pourtant pas nécessaire pour entendre celui-ci. Bien loin que Dieu fasse quelque injustice à un Homme (si l'on peut s'exprimer de la sorte) en le faisant naître aveugle, il lui fait une grace, lorsque cet Aveuglement n'est destiné qu'à faire éclater en lui la Bonté Divine, en lui rendant la vûë, & en l'éclairant en même tems des lumières de la foi. Il devient le sujet d'un grand miracle: Sa guérison sert à éclairer d'autres Aveugles, en leur faisant connoître le Sauveur, & il a l'avantage d'avoir en lui-même une preuve invincible, que Jesus est le Fils de Dieu, & de le reconnoître pour tel. Il peut dire comme S. Paul, quoique dans un autre sens: *Je me glorifie de mes infirmitez, parce que lorsque je suis infirme, c'est alors que je suis le plus fort*, par la vertu de Dieu, qui se déploye dans ma foiblesse. Il n'y a donc nulle absurdité à dire, que Dieu avoit permis, & même qu'il avoit voulu, que cet Homme nâquît

_{2 Cor. XII. 9. 10.}

quit aveugle, afin de manifester en lui sa puissance, & que croyant en J. Christ, qui l'avoit guéri, il devînt l'instrument, ou l'occasion de la foi & de la conversion des autres.

J. Christ appelle les guérisons miraculeuses qu'il opere dans le monde, *les Oeuvres de Dieu*, parce qu'il les opere en son nom, & pour sa gloire. On voit ici le beau caractère du Sauveur, qui renvoye toûjours à Dieu la gloire de ses miracles. On y voit la Bonté de Dieu. Les graces, les delivrances, les bienfaits, sont les Oeuvres agréables à l'Etre infiniment bon. Les châtimens sont son Oeuvre étrange. Il ne s'y porte, que parce que la malice humaine l'y oblige, & parce qu'elle ne peut se corriger autrement. On y voit enfin l'aimable caractère du Fils de Dieu, & de son ministère. Il est venu dans le monde, pour faire les Oeuvres de Dieu; mais ces Oeuvres sont toutes des Oeuvres de grace & de misericorde. Sa Puissance ne fut jamais employée, que pour faire du bien aux Hommes; & voyant approcher la fin de son ministère, il se hâte, pour ainsi dire, de soulager tous les miserables qui se présentent à sa vûë. *Il faut*, dit-il à ses Disciples, *que je fasse les Oeuvres de celui qui m'a envoyé, pendant qu'il est jour; la nuit vient, & alors personne ne peut travailler*. [Jean IX. 4.]

Le Seigneur compare sa vie sur la terre au Jour naturel, & sa mort à la *Nuit dont le Jour est suivi*. La comparaison est naturelle, & n'a pas été inconnuë aux Philosophes du Paganisme. Il avertit donc ses Disciples, qu'étant sur le point d'achever sa carrière, il doit employer tous les momens qui lui restent, à déployer sa Puissance, en faisant des miracles de Charité. Oh! la belle leçon pour tous les Chrétiens, pour tous les mortels. La mort du Sauveur approche, cette mort, qui ne lui permettra plus d'exercer par lui-même le Pouvoir miraculeux que le Pere lui a confié: Il ne veut pas négliger cette occasion de le faire.

Dieu n'a pas mis entre les mains des Hommes la Puissance miraculeuse. Faits comme ils sont pour l'ordinaire, ils ne l'employeroient pas à soulager les miseres humaines; mais plutôt à les aggraver, en satisfaisant leur Ambition, leur Avarice, & leurs autres Passions. Quoi qu'il en soit, Dieu n'a pas mis entre leurs mains la Puissance miraculeuse, & l'on n'attend pas d'eux des secours surnaturels; mais on en attend, & l'on doit en attendre des Oeuvres de Justice, de Misericorde & de Charité, à proportion du pouvoir

& des talens, que Dieu leur a confiez. Peuvent-ils voir les divers objets qui ont besoin de leur secours, sans se dire à eux-mêmes, *Il faut que nous faissions les Oeuvres de Dieu*, qui nous a mis au monde, *pendant qu'il est jour*, pendant qu'il nous conserve la vie.... ? La mort s'avance à grands pas: Ne perdons pas des jours, qui ne nous ont été donnez que pour faire du bien. *La nuit vient*, cette nuit, *où nous ne pouvons plus travailler*, ni au salut des autres, ni à notre propre salut. Répondons aux vûës de notre Créateur. Profitons des momens que sa Providence nous laisse. A l'exemple de notre Sauveur, & selon le beau précepte de son Apôtre, *Pendant que nous en avons le tems, faisons du bien à tous, mais sur-tout aux Domestiques de la Foi.*

_{Gal. vi. 10.}

Après avoir donné dans son propre exemple, une si belle leçon à ses Disciples, & en général à tous les Mortels, le Seigneur dit, en faisant allusion au miracle qu'il alloit faire: *Tandis que je suis dans le monde, je suis la lumière du monde.* Jesus est effectivement dans le Monde des Esprits, ce qu'est le Soleil dans le Monde visible. Il dissipe, par ses clartez, les ténèbres de l'Ignorance qui enveloppoient le Genre humain, & donne aux connoissances que la Raison avoit acquises, en voyant l'Univers, & en refléchissant sur la nature de l'Homme, & sur les devoirs qui lui conviennent; il donne, dis-je, à ces connoissances une évidence & une certitude qu'elles n'avoient pas. La Raison a vû un Dieu, mais elle l'a mal glorifié, & n'a pas laissé d'en servir plusieurs. Elle a vû les Vices, mais il y en a qu'elle a pris plutôt pour des derèglemens de la Nature. La Raison a vû une Immortalité, mais elle n'a pû se tirer des doutes qui la tenoient dans l'incertitude. Il n'y a que la Revélation du Sauveur, *qui ait mis en évidence la Vie & l'Immortalité.*

_{Jean ix. 5.}

Ces instructions si justes, & si bien placées, étant finies, Jesus, dit notre Evangeliste, *cracha en terre, & ayant fait de la boüe avec sa salive, il en frotta les yeux de l'Aveugle, & lui dit: Allez-vous laver dans la Piscine de Siloë. Ce mot*, ajoute l'Evangeliste, *signifie Envoyé. L'Aveugle y alla donc, s'y lava, & revint en voyant.*

_{Ibid. x. 6. 7.}

Tel est le miracle, que J. Christ opera. Quelque grand qu'il soit, on n'en est plus surpris, après tant d'autres merveilles qu'il a faites, & qui signalerent presque tous les jours de son ministère sur la terre. Ce qui surprend donc, c'est uniquement la manière dont il l'opera. On ne peut douter, qu'il n'ait eu des raisons, pour en user comme il fit: Mais

LA VUE. *Discours IV*. 43

Mais la difficulté est de découvrir ces raisons. Pourquoi faire de la bouë avec sa salive, en frotter les yeux de l'Aveugle, & lui ordonner ensuite de se laver dans ⁶ la Piscine de Siloë? N'y auroit-il pas eu plus de Simplicité & de Grandeur, à dire à cet Homme: *Je vous rends la vûë; ouvrez les yeux, & voyez.* Sa volonté, son commandement, sont les seuls moyens, qu'il employe d'ordinaire pour tous ses miracles. Pourquoi en use-t-il autrement ici? C'est ce que l'on cherche, & qu'il n'est pas tout à fait aisé de découvrir, vû le silence de J. Christ, & de son Historien.

D'abord il est bien certain, que ce n'est ni à la bouë, composée de la salive de J. Christ, & de la poussière de la terre, ni aux eaux de la Piscine de Siloë, qu'il faut attribuer la guérison de l'Aveugle: Et quoique ⁷ plusieurs anciens Peres l'ayent dit, il n'est nullement vraisemblable, que J. Christ ait eu dessein d'imiter la manière dont Dieu en usa dans la formation du premier Homme. Aussi les Peres, qui l'ont dit, ont-ils supposé, pour donner plus de couleur à leur pensée, que cet Homme n'avoit aucun des organes de la vûë, & que J. Christ lui forma des yeux, de la même matière dont le corps du premier Homme fut formé, & cela, afin de montrer qu'il étoit le Créateur du Genre humain. Cette pensée a quelque chose d'ingénieux; mais elle n'a aucun fondement dans le récit de S. Jean, qui dit simplement, que cet Homme étoit privé, non des organes de la vûë, mais de la faculté de voir, que J. Christ lui donna dans cette occasion.

Cherchons donc des raisons plus simples, & plus naturelles de l'action du Sauveur. La première qui se présente, est le dessein de mettre à l'épreuve la foi de l'Aveugle. Il ne connoît encore J. Christ que de nom. On lui a dit, que c'est Jesus qui lui parle, & qui, après avoir frotté ses yeux avec de la bouë, lui ordonne de se laver dans le reservoir de Siloë. Le Seigneur veut voir, s'il aura assez de confiance en lui pour exécuter ses ordres; car, il étoit naturel que cet Homme dît en lui-même, comme Nahaman le disoit des eaux du Jourdain, où Elisée lui ordonna de se laver, pour être guéri de sa lèpre: Quelle vertu peuvent avoir ces eaux, & pourquoi m'ordonner de m'y laver, plutôt que dans tout autre fleuve? On sçait que J. Christ exigeoit de ceux, à qui il accordoit des graces, qu'ils crussent en lui.

Un second motif, que l'on peut attribuer à J. Christ,

2. Rois
v. 13.

L 2 c'est

c'est de confondre, & de pousser à bout la malignité des Pharisiens, qui, par des Loix de leur invention, & qu'ils avoient ajoûtées à la Loi Divine, faisoient consister la religion du Sabbath dans de menuës Observances, qui n'étoient qu'Hypocrisie & Superstition. La guérison de l'Aveugle se fit un jour de Sabbath, comme on l'a remarqué, & J. Christ n'ignoroit pas, que [8] l'ombre même d'une œuvre servile, faite ce jour-là, suffisoit pour fournir à ces Hypocrites un prétexte de le calomnier.

<small>Jean IX. 14.</small>

La Charité demande, que l'on ait de grands égards pour les scrupules des Foibles, quand ce sont des gens de bien; mais ce sont des Hypocrites malins, qui n'ont que l'apparence de la Pieté, & qui font vanité de leurs vaines Observances: Ils ne méritent aucun menagement, & les pierres de scandale que l'on met dans leur chemin, ne servent qu'à découvrir la méchanceté de leurs cœurs. Ce fut par la même raison, que le Seigneur ordonna au Paralytique, d'emporter son lit, quoique ce fût un jour de Sabbath. Il sçait bien que les Pharisiens y trouveront à redire, & qu'au lieu de faire attention à la grandeur du miracle, & de reconnoître, que celui qui avoit eu le pouvoir de le faire, devoit avoir celui de dispenser du Sabbath, ils s'arrêteront à l'ordre qu'il a donné, & lui en feront un crime.

<small>Jean v. 8.</small>

Une troisième raison, que le Seigneur a euë d'en user comme il fait, est une raison mystérieuse, que l'Evangeliste insinuë, quand il ajoute, que le nom de *Siloë*, que portoit la Piscine, où J. Christ envoya l'Aveugle, pour s'y laver, signifie *Envoyé*. [9] Il semble donc, que J. Christ ait eu dessein de faire entendre à cet Homme, d'une manière énigmatique, qu'il est l'*Envoyé de Dieu*, le véritable *Schiloh* promis aux Peres, & que c'est dans les eaux de sa Parole & de son Esprit, que les Pécheurs trouveront la guérison des maladies de leurs Ames, lesquelles seroient autrement incurables.

On ne s'étendra pas sur les suites qu'eut la guérison de l'Aveugle, parce que l'étenduë que l'on doit donner à ces Discours, ne le permet pas: Mais on ne peut s'empêcher de faire quelque attention à la grandeur & à la certitude du miracle, que J. Christ opera dans cette occasion.

1. L'Action de J. Christ, considerée en elle-même, est véritablement une Oeuvre de la Puissance Divine. Il s'agit, non d'un Homme, qui est devenu aveugle par quelque accident qui peut se reparer; mais d'un Homme, qui est né aveu-

aveugle, & dont le mal est par consequent incurable à toute Puissance humaine. 2. Il s'agit d'un Aveugle guéri, non par des remèdes, mais par une action symbolique, & qui certainement n'a pu avoir de vertu par elle-même, à moins que cette vertu ne soit venuë de la personne du Sauveur. 3. Il s'agit d'un Aveugle que J. Christ rencontre dans le chemin, & qu'il guérit en public. 4. Il s'agit d'un Aveugle, connu de tout Jerusalem, à cause du métier qu'il faisoit, & que tout le monde reconnoît ensuite, pour être le même qui auparavant demandoit l'aumône. Que si quelques-uns doutent que ce soit le même, ce doute fait honneur à J. Christ, puisqu'il n'est fondé que sur la grandeur du miracle, qui leur paroit impossible. 5. Il s'agit d'un Aveugle, traîné ensuite devant le Conseil des Juifs, où l'on examine s'il est véritablement né aveugle, qui l'a guéri, & comment il l'a été ? Non content de sa declaration, le Conseil fait appeller le Pere & la Mere, & les somme de dire, si c'est-là leur Fils, s'il a été aveugle, & comment il l'a été ? Craignant de déplaire à des Magistrats qui ont résolu de perdre J. Christ, le Pere & la Mere répondent aux deux premiéres Questions, & renvoyent la troisième à leur Fils, en disant, qu'il a l'âge competant pour répondre lui-même. Le Fils est interrogé une seconde fois, persiste dans sa deposition, & frappé de l'obstination & de l'iniquité des Juges, il assaisonne des réponses très-sages & très-judicieuses, de quelques traits hardis & piquans, qui les confondent & qui les irritent. Ne pouvant, ni contester les faits, ni refuter des raisonnemens qui, tout simples qu'ils sont, ne laissent pas d'être sans replique, ils disent des injures à cet Homme, & le chassent enfin, parce qu'ils n'ont aucun prétexte pour le punir. Tout cela est narré avec cette noble simplicité, qui est propre aux Evangelistes, & qui sied si bien à la Vérité; mais avec des circonstances, où l'on ne sçauroit appercevoir le moindre air d'invention.

DISCOURS V.

La Résurrection de Lazare. JEAN XI. 1--44.

<small>Jean X. 22-40.</small> DEPUIS *la Fête de la Dédicace, le Seigneur faisoit son séjour au-delà du Jourdain, dans l'endroit* même *où Jean avoit bâtisé.* Il semble que, par le choix de ce lieu, J. Christ, avant que de mourir, ait voulu rappeler dans l'esprit des Juifs le souvenir de cet illustre Précurseur, & tout ensemble, celui du témoignage qu'il lui avoit rendu. Aussi <small>Ibid. vs. 41. 42.</small> paroît-il, que *plusieurs crurent en J. Christ*, en comparant ce que Jean Bâtiste avoit dit, avec les actions du Fils de Dieu.

<small>Ib. xi. 1.</small> Pendant le séjour qu'il fit dans cet endroit, *un Homme, nommé Lazare, tomba malade. Il étoit de Bethanie, le bourg de Marthe & de Marie ses Sœurs*; c'est-à-dire, le bourg, où elles <small>Ib. vi. 2.</small> demeuroient. L'Evangeliste ajoute en parenthése, que *cette Marie est celle, qui répandit sur le Seigneur une huile parfumée, après lui avoir essuyé les pieds avec ses propres cheveux, & que Lazare, qui étoit malade, étoit son Frere.* L'Histoire de cette action de Marie, est rapportée au Chapitre XII. de S. Jean. Et comme elle fut un témoignage public de sa reconnoissance & de sa dévotion pour le Seigneur, l'Evangeliste la distingue par-là des autres Femmes qui portoient le même nom, & qui croyoient en J. Christ. Le beau titre de S. Jean, est celui *de Disciple que Jésus aimoit*; & le beau titre de Marie, est celui *d'avoir aimé souverainement Jesus & sa Doctrine*.

Nous n'examinerons point ici, si Marie, Sœur de Lazare, la Pécheresse, dont parle S. Luc. (Chap. VII. 37.) & <small>Luc. VIII. 2.</small> Marie-Magdelaine, que J. Christ delivra de sept Démons, & dont le même Evangeliste fait mention, au Chapitre suivant, ne sont qu'une seule personne. Les Anciens & les Modernes sont partagez sur cette fameuse Question : Mais ces derniers le seroient peut-être moins, sans l'obligation, [1] où quelques Docteurs Catholiques ont cru se trouver, de défendre des opinions qui se sont glissées dans les Lectionaires de leur Eglise. Cette raison n'a pas empêché des Sçavans de la même Communion, d'abandonner ce sentiment, & de le combattre. Pour nous, si nous devons prendre parti sur cette Question, nous ne balancerons pas de dire, que la Pé-
che-

Joan. XI: 43, 44.

Ἀνάστασις τοῦ Λαζάρου ἐκ τοῦ τάφου. | RESURRECTIO LAZARI E SEPULCRO.
Lazarus rising out of his grave. | Resurrection de Lazare de son tombeau.
Die auferstehung des Lazarus aus dem grabe. | De opwekking van Lazarus uit den grave.

cherefſe, Marie-Magdelaine, & Marie, Sœur de Lazare, ſont trois perſonnes différentes. A l'égard de *la Pécherefſe*, elle n'eſt point nommée par S. Luc, & il ſemble qu'il y a bien de la témérité à vouloir la connoître, & plus encore à vouloir la confondre avec Marie-Magdelaine. S. Luc, qui parle de celle-ci au commencement du Chap. VIII. ne dit rien qui inſinuë, qu'elle ſoit cette Femme dont il a parlé dans le Chapitre précedent. Il n'y a pas moins de témérité à confondre cette Pécherefſe avec Marie, Sœur de Lazare, ſous prétexte que l'une & l'autre répandirent ſur les pieds du Seigneur une huile parfumée, & les eſſuyerent de leurs cheveux. Il eſt vrai qu'il y a de la conformité dans leurs actions, mais les motifs ſont très-différens, auſſi-bien que les circonſtances. La Pécherefſe veut témoigner à J. Chriſt ſa repentance, & en obtenir ſa grace: Marie ne veut témoigner au Sauveur que ſa reconnoiſſance. La Pécherefſe *arroſe les pieds du Seigneur de ſes larmes*: Marie n'en verſe point; J. Chriſt en a tari la ſource, en reſſuſcitant ſon Frere. Il y a d'autres circonſtances, qui font voir que l'Hiſtoire rapportée par S. Luc, (VII. 37.) & celle qui eſt rapportée par S. Jean, (XII. 3.) ſont différentes. Marie, Sœur de Lazare, n'eſt point non plus cette Marie-Magdelaine, que J. Chriſt avoit delivrée de ſept Démons. Car celle-ci étoit de Galilée; au lieu que la Sœur de Lazare étoit de Bethanie, bourg de Judée, éloigné de Jeruſalem de quinze ſtades, ou d'environ deux mille pas. Un Lecteur curieux, qui voudra en ſçavoir davantage, pourra conſulter les Auteurs que l'on indique [2]. Voyez Matth. xxvii. 55. 56.

Marthe & Marie, ces deux ſaintes Sœurs, voyant Lazare, leur Frere, dangereuſement malade, crurent devoir en avertir J. Chriſt, perſuadées que, dès qu'il l'auroit appris, il viendroit à Bethanie pour le guérir. *Elles envoyerent donc dire à Jeſus; Seigneur, celui que vous aimez eſt malade.* Jamais priere ne fut conçuë en termes plus humbles & plus modeſtes. En apparence elles ne demandent rien à Jeſus, & ne font que lui expoſer l'état de leur Frere, en le faiſant ſouvenir de l'affection, dont il l'honore: Mais au fond elles lui demandent la guériſon de leur Frere, & elles le font de la manière du monde la plus touchante. Elles intéreſſent ſon affection. *Il eſt malade, Seigneur, & vous l'aimez.* Vous, qui repandez vos graces ſur tous ceux qui ont beſoin de votre ſecours, le refuſerez-vous à celui que [3] vous aimez? Jean xi. 3.

Jeſus, qui avoit ſes vûës, écouta la priere de Marthe & de Marie, & ſe contenta de répondre à celui qu'elles lui avoient envoyé: *Cette maladie n'eſt point mortelle; mais elle eſt* Ib. vi. 4.

ſur-

survenuë pour la Gloire de Dieu, & afin que le Fils de Dieu soit glorifié.

On voit bien que le Seigneur donne au terme de *mortel*, ou, comme il y a dans le Grec, *à la mort*, un sens particulier. La maladie de Lazare fut *mortelle* dans le sens ordinaire, puisqu'elle fut bien-tôt suivie de la mort; mais, comme cette mort ne dura que peu de jours, elle fut plutôt une interruption, qu'une extinction de vie; un sommeil, une courte léthargie. C'est dans le même sens, que Jesus disoit de la fille de Jaïrus: *Cette jeune fille n'est pas morte, mais elle dort.* A considerer son état, elle étoit véritablement morte; mais sa Resurrection fut si prompte, que cette mort ne fut qu'une suspension de la vie, & des fonctions de la vie.

<small>Matth. IX. 24.</small>

Le Seigneur ajoute, que *cette maladie est survenuë pour la Gloire de Dieu, & afin que le Fils de Dieu en soit glorifié.* La Gloire de Dieu, c'est la manifestation de sa Puissance & de sa Bonté. Ainsi le sens est, que cette maladie ne servira qu'à signaler la Puissance de Dieu, & en même tems à faire voir, par le plus grand des miracles, que J. Christ, qui exerce cette Puissance, est le Fils & l'Envoyé de Dieu.

<small>Voyez Rom. VI. 4.</small>

La réponse du Seigneur, qui sembloit donner à Marthe & à Marie des espérances certaines de la guérison de leur Frere, dut mettre leur Foi à la plus difficile épreuve. Il est vrai, les paroles de J. Christ eurent toute leur vérité. La maladie de Lazare ne fut point mortelle, ou, si le Seigneur permit qu'il mourût, ce ne fut que pour faire éclater davantage, & la Puissance Divine dont il étoit revêtu, & l'amour qu'il avoit pour Lazare & pour ses Sœurs. Mais la manière dont le Seigneur s'exprime, sembloit annoncer la guérison prochaine de Lazare. Il n'étoit presque pas possible à ces saintes Femmes, de pénétrer le mystère de la réponse du Sauveur; De sorte que leur trouble dut être extrême, lorsque, malgré une promesse qui sembloit si claire, elles le virent expirer & couché dans le tombeau. *Cette maladie n'est point à la mort*, dit J. Christ; & pourtant Lazare meurt. On l'ensevelit; on le met dans le sepulcre. Il y repose pendant trois jours. *Cette maladie est survenuë pour la Gloire de Dieu.* Eclate-t-elle, cette Gloire, dans le sepulcre? Est-ce dans ce lieu de silence, que l'on entend résonner les loüanges du Seigneur? *Cette maladie est pour la Gloire du Fils unique de Dieu.* Paroît-elle dans la mort des personnes qu'il aime, qui implorent son secours, & qui espèrent leur delivrance de son Pouvoir & de son Affection? Qu'il fallut de constance & de foi, pour soutenir cette épreuve, sans tomber dans le doute & même dans l'Incrédulité!

Cette

DE LAZARE. *Discours V.*

Cette réponse du Seigneur, considerée en général, contient deux Instructions bien importantes. La première est, que les maladies, les adversitez, dont Dieu afflige les Fidéles, n'ont pour but que la Gloire de Dieu, & celle de leur Sauveur. Dieu est glorifié par la patience, par l'espérance des Saints, qui, malgré la grandeur des tentations, se soutiennent, & par la conversion des Pécheurs, qui, profitant de ces châtimens passagers, préviennent des peines éternelles. C'est ainsi que *tout contribuë au bien de ceux qui aiment Dieu*, & qui sont aimez de Dieu. La seconde Instruction, c'est que les Fidéles, qui sçavent les vûës de la Providence, se consolent dans leurs afflictions, & répondant aux intentions de Dieu, ils le glorifient, lui, & son Fils unique. Rom. viii. 28.

L'Evangeliste fait dans cet endroit une observation, bien glorieuse à la Famille de Lazare: *Jesus*, dit-il, *aimoit Marthe, & sa Sœur, & Lazare.* Heureuse Famille, où l'on ne vit point, ce que l'on vit dans celle d'Isaac; un Jacob aimé de Dieu, un Esaü qui ne l'étoit pas. Une Pieté commune avoit acquis au Frere, & aux deux Sœurs, l'amour du Seigneur; cet amour, qui ne se donne qu'à la Vertu, le seul, dont on puisse dire, qu'il *est plus fort que la Mort*, puisque c'est l'Amour du Fils de Dieu, qui est *la Résurrection & la Vie.*

Jesus ayant appris la maladie de Lazare, au lieu de partir aussi-tôt pour aller en Judée, *demeura deux jours au lieu où il étoit.* Ce n'est pas indifférence de sa part. L'Evangeliste a prévenu cette pensée. Il veut attendre que Lazare soit mort, & mis dans le tombeau. S'il eût été présent, eût-il pû refuser aux prieres & aux larmes de Marthe & de Marie, la guérison de leur Frere? Or il veut le ressusciter, & non pas le guérir. Tels sont les délais de la Providence. Si le Seigneur tarde, attendons-le. Il ne differe les graces que nous lui demandons, que pour nous en accorder de plus grandes, *pour faire en nous au-delà de ce que nous pouvons demander & penser.* Jean xi. 6.

Ces deux jours passez, Jesus dit à ses Disciples, sans leur decouvrir son dessein: *Retournons en Judée.* Cette résolution les surprend & les effraye. Tout pleins encore du danger qu'ils avoient couru, eux & leur Maître, à la Fête de la Dédicace, ils répondent aussi-tôt: *Maître, il n'y a que peu de jours, que les Juifs vouloient vous lapider, & vous voulez retourner parmi eux.* On ne peut douter qu'ils n'eussent une véritable tendresse pour leur divin Maître, & que la crainte de le perdre, ne les ait portez à le dissuader, s'il leur étoit possible, de retour- Ibid. vi. 7. Ibid. vi. 8.

tourner en Judée, où les Pharifiens, & les Sacrificateurs fes ennemis, étoient tout-puiffans. Mais on ne peut gueres douter non plus, que s'ils tremblent pour la Vie de J. Chrift, ils ne tremblent auffi pour la leur. Telle fut leur foibleffe, jufqu'à ce que la Réfurrection & l'Afcenfion de J. Chrift dans le Ciel, dont ils furent témoins oculaires, euffent donné à leur Foi cette évidence & cette force, qui les rendit invincibles: Preuve éclatante de la vérité de la Réfurrection du Sauveur. Ces Difciples, fi timides, fi foibles, pendant la vie & fous les yeux de leur Maître, ne deviennent forts que depuis qu'il a été crucifié, & lorfqu'il n'eft plus avec eux, & qu'ils n'ont rien à craindre, ni à efpérer de lui, s'il n'eft pas reffufcité d'entre les morts.

Le Seigneur rejette la remontrance de fes Difciples, & leur en dit la raifon; mais il le fait d'une manière un peu énigmatique. *N'y a-t-il pas douze heures au Jour: Celui qui marche le Jour, ne bronche point, parce qu'il voit la lumière de ce monde; mais celui qui marche la Nuit, bronche, parce qu'il n'a point de lumière.*

Jean xi. 9. 10.

Les Juifs partageoient, pendant le cours de l'année, en deux parties égales, le tems qui s'écoule depuis le lever du Soleil jufqu'à fon coucher. C'étoit-là le Jour. Ils partageoient de même la Nuit, quoique les Jours & les Nuits foyent inégales, felon les faifons. C'eft-ce qui fait dire à J. Chrift, *N'y a-t-il pas douze heures au Jour?* Les Interprêtes croyent en général, que le Seigneur compare le tems de fa Vie à la durée du Jour, & que, comme le Jour a fa durée fixe & déterminée, que perfonne ne peut augmenter ni diminuer, de même la durée de la Vie & du Miniftère de J. Chrift, eft arrêtée par la Providence, & les divers évenemens, qui doivent en diftinguer le cours, ont leurs momens marquez. Ainfi, quoiqu'il retourne en Judée, où les Juifs avoient voulu le lapider, ils ne fçauroient avancer la fin de ce beau Jour, que le Soleil devroit prolonger, en fufpendant fon cours, pour voir plus long-tems, ce qu'il ne verra plus. Tel eft le fens, que les Interprêtes donnent généralement aux paroles de J. Chrift.

Il eft vrai que le Seigneur compare fa Vie au Jour, & fa Mort, ou fon Abfence à la Nuit. C'eft dans ce fens qu'il difoit à fes Difciples: *Pendant qu'il eft Jour*, c'eft-à-dire, pendant que je fuis au monde, *il faut que je faffe les Oeuvres de mon Pere. La Nuit,* c'eft-à-dire, le tems de ma Mort approche, de cette Mort, *où perfonne ne peut rien faire.* De même *le Jour qu'Abraham a vû,* c'eft le tems de la Vie, & de l'apparition du Seigneur.

Jean ix. 4.

Jean viii. 56.

Bien

Bien que cette explication soit fort suivie, nous allons en indiquer une autre, qui semble avoir cet avantage, qu'elle s'accorde très-bien avec ce que J. Christ ajoute: *Celui qui marche le Jour, ne bronche point.* Nous supposons donc, que ces mots, *N'y a-t-il pas douze heures au Jour?* sont une expression proverbiale, (il y en a beaucoup de cette sorte dans l'Evangile) qui répond à celle-ci, *A chaque chose sa saison, son heure.* La Sagesse ne consiste pas seulement à faire ce qui est bien, mais à le faire à propos. Autrement on scandalise, au lieu d'édifier. Les Apôtres voyant J. Christ agir d'une manière en apparence contradictoire: se retirer de Judée, parce que les Juifs vouloient le lapider, & retourner néanmoins en Judée, quoique le danger fût toujours le même, tâchent de l'en détourner. Si sa retraite a été prudente, son retour peut-il l'être? C'est à quoi le Seigneur répond dans ces paroles: *N'y a-t-il pas douze heures au Jour?* Comme un Homme prudent & sage, qui a diverses occupations, partage son tems, & donne à chaque chose les momens qui lui sont propres; J. Christ a de même assigné les Jours de sa Vie aux diverses Actions, que le Pere lui a ordonnées. C'est un plan, qu'il a devant les yeux, & dont il ne s'écarte pas. Ainsi, quand il s'est retiré de Judée, pour se mettre à l'abri de la violence des Juifs, c'étoit parce que l'heure de s'y livrer n'étoit pas encore venue. S'il y retourne à présent, c'est que l'heure n'est pas la même. La fin de sa course est prochaine; la dernière heure de son Jour, & déja *l'heure des Juifs, & la puissance des ténèbres* est venuë, & pour les Juifs, & pour les Apôtres eux-mêmes.

Les paroles, qui suivent, contiennent une nouvelle Instruction, que J. Christ donne à ses Disciples, & une censure indirecte de leur témérité. *Celui qui marche le Jour*, dit le Sauveur, *ne bronche point, parce qu'il voit la lumière de ce monde; mais celui qui marche la Nuit, bronche, parce qu'il n'a point de lumière.* Cette comparaison représente le caractère & la conduite de J. Christ: le caractère & la conduite de ses Disciples. Cet Homme, qui *ne bronche point, parce qu'il marche le Jour*, c'est le Sauveur, dont toutes les démarches sont justes & mesurées, parce qu'il est instruit des desseins de la Providence. Si donc il retourne en Judée, c'est que cette démarche convient à son Ministère, & à la volonté du Pere céleste qui l'y appelle. Cet Homme, au contraire, qui *bronche, parce qu'il marche dans l'obscurité*, ce sont les Disciples de J. Christ, qui n'ayant qu'une prudence charnelle & bornée, s'ingerent à donner à J. Christ de mauvais conseils, en voulant le detourner d'aller en Judée.

LA RESURRECTION

Après cette Instruction & cette censure, Jesus commence à découvrir à ses Disciples le dessein de son retour en Judée. *Lazare, notre ami, dort*, leur dit-il, *& je vais l'éveiller.* Lazare étoit mort, mais J. Christ ne trouve pas à propos de s'expliquer d'abord plus clairement ; soit parce que la Mort de Lazare ne devoit être effectivement qu'un Sommeil de peu de jours, soit parce que ⁴ les Hébreux s'exprimoient de la sorte, sur-tout en parlant de la Mort des Justes, qui ne doit pas être considerée comme une peine, mais comme une délivrance, & un repos. Les Grecs eux-mêmes, quoiqu'ils n'eussent aucune espérance de Résurrection, ont appellé la Mort un Sommeil ; soit pour adoucir l'idée d'un objet toujours affreux, soit sur-tout quand ils ont parlé de la Mort des Gens de bien. ⁵ *Sous cette terre*, disoit un Poëte Grec, *repose le juste Achante; Car je ne veux pas dire, que les Gens de bien meurent.*

Quoique les expressions du Seigneur fussent équivoques en elles-mêmes, cependant elles ne pouvoient l'être, que pour des personnes qui n'avoient pas envie de les entendre. Car pouvoient-ils s'imaginer, que leur divin Maître retournât en Judée, pour éveiller un Homme endormi ? L'absurdité du sens propre, devoit leur faire entendre le sens figuré. Néanmoins, toujours attentifs au danger, auquel J. Christ alloit s'exposer, & les exposer eux-mêmes, ils lui représentent, que puisque Lazare commence à dormir, c'est une marque de sa convalescence prochaine, & que la Nature toute seule opera- ra, ce que le Seigneur veut aller faire en personne; *Seigneur*, disent-ils, *puisqu'il dort, il guérira.*

Jesus, sans s'irriter d'une stupidité qui paroissoit affectée, leur dit ouvertement, *Lazare est mort.* Mais pour les consoler d'une si triste nouvelle, il ajoute: *Je me réjoüis à cause de vous, de ce que je n'y suis pas trouvé, afin que vous croyiez.* Voilà la raison pourquoi J. Christ, au lieu d'aller en Judée, dès qu'il eût sçû la maladie de Lazare, au lieu d'en arrêter le cours par un acte de sa volonté, demeure deux jours à l'endroit où il en avoit appris la nouvelle. Il le laisse mourir, afin de le ressusciter, de donner à ses Disciples une preuve éclatante de son Pouvoir, & d'affermir, par un si grand miracle, operé à leurs yeux, la Foi qu'ils avoient en lui. *Afin que vous croyiez*, dit le Seigneur, c'est-à-dire, afin d'augmenter votre Foi. On voit aussi dans les paroles de J. Christ, ce que nous avons déja insinué; c'est que si le Seigneur eût été à Bethanie, pendant que Lazare étoit encore malade, il n'auroit pû refuser aux larmes & aux prieres de Marthe & de Marie la guérison

de

de leur Frere, sans leur donner un sujet assez spécieux de douter, ou de son pouvoir, ou de son affection.

Après cet éclaircissement le Seigneur, sans écouter davantage les remontrances de ses Disciples, leur declare que sa résolution est prise : *Allons en Judée*, leur dit-il. A l'ouïe de ces mots, *Thomas*, c'est-à-dire, *Didyme*, *dit aux autres Disciples*, *Allons-y aussi, afin de mourir avec lui*. Thomas & Didyme sont le même nom, seulement *Thomas* en Hébreu, & *Didyme* en Grec, signifient *Jumeaux*. l'Evangeliste écrivant en Grec, & parmi les Grecs, juge à propos d'interpreter le nom Hébreu.

Cette saillie de Thomas, à n'en considerer que les paroles, semble être un mouvement héroïque. On diroit que c'est un généreux Soldat, qui voyant son Officier s'avancer à l'Ennemi, & ses Compagnons balancer à le suivre, se met à leur tête, & ranime leur courage, par ses instructions & par son exemple. Allons, chers Compagnons, dit-il aux autres Disciples, n'abandonnons pas notre Divin Maître ; il faut, ou vaincre, ou mourir avec lui. J. Christ est en effet le Chef, que la prudence & les plus grands intérêts, aussi-bien que le devoir & la fidélité, obligent à suivre, & *en prison*, *& à la mort*. Il y a plus d'une cause, pour laquelle il est beau, il est glorieux de mourir. Mais il n'y en a qu'une, pour laquelle il soit véritablement utile de donner sa vie, c'est de la donner pour J. Christ, parce que *perdre sa vie pour lui*, c'est *la conserver*, c'est la rendre éternelle. On voudroit prendre dans ce sens-là les paroles de Thomas. Mais les plus habiles Interprêtes s'y opposent, & ils ont raison. Cette saillie, si belle en apparence, est pleine de défiance, d'incrédulité, & même d'un esprit de révolte. Thomas aime J. Christ : On n'en peut douter. Il ne veut pas l'abandonner ; mais pour faire un dernier effort, afin de l'obliger à renoncer au dessein d'aller en Judée, il semble vouloir détourner ses Disciples de le suivre, en leur représentant, qu'aller en Judée avec lui, c'est courir à une mort certaine, c'est aller s'ensevelir avec lui & avec Lazare. *Allons-y aussi, afin de mourir avec lui*. Je dis avec lui, ou avec Lazare ; car le Grec est équivoque.

Le Seigneur méritoit des Disciples, non peut-être plus zèlez, mais plus constans & plus fidèles. Ce bon Pasteur va donner sa vie pour ses brebis. Il étoit bien digne que ses brebis exposassent la leur, pour sauver la sienne. Si ses Disciples craignent, qu'allant en Judée, les Juifs ne le fassent mourir, n'auroient-ils pas dû se jetter à ses pieds, & lui dire, Non, Sei-

Matth. XVI. 15.

Seigneur, n'y allez pas: Laissez-nous aller en votre place: *C'est nous, qu'il faut exposer, & non la Lampe d'Israël?* C'est-ce que les Capitaines de David disoient à leur Roi, & ce que les Disciples de J. Christ auroient dû lui dire. Mais leurs craintes, leurs foiblesses, aussi-bien que leurs vertus, sont dispensées par la Providence.

<small>2 Sam. xxj. 17.</small>

Après un mot si téméraire, auquel nous ne sçavons ce que le Seigneur répondit, Jesus partit du lieu où il étoit, & vint à Bethanie, où il n'arriva que le quatrième jour, depuis que Lazare eût été mis dans le sepulcre. Bethanie n'étant qu'à quinze stades de Jerusalem, il en étoit venu quantité de Juifs, pour consoler Marthe & Marie de la mort de leur Frere. Que cette bonne œuvre de leur Charité fut bien récompensée! Ils ne pensent qu'à soulager la douleur de ces saintes Femmes, en y participant; & ils vont participer à leur joye & à leur foi. Ils vont être témoins du plus grand des miracles.

<small>Jean xj. 21.</small>

Marthe, informée la première que le Seigneur arrivoit, *courut au-devant de lui*, & se jettant à ses pieds, *Seigneur*, lui dit-elle, *si vous eussiez été ici, mon Frere ne seroit pas mort*. Il y a beaucoup de foi dans ces paroles. Marthe y reconnoît, qu'encore que la maladie de son Frere fût mortelle, J. Christ avoit le pouvoir de la guérir; mais il y a aussi bien de l'imperfection dans ces paroles. Etoit-il nécessaire que J. Christ vînt à Bethanie, pour guérir Lazare ? Marthe a moins de foi que le Centenier, qui ne demande à J. Christ, que de dire un seul mot, sans venir dans sa maison, & qui croit qu'absent, éloigné, comme présent, il peut deployer sa vertu par-tout où il lui plaît. Mais le défaut de foi qui paroît dans les premières paroles de Marthe, est bien compensé par la confession qu'elle fait dans les paroles suivantes: *Cependant je sçai*, poursuit-elle, *que même à présent, tout ce que vous demanderez, Dieu vous l'accordera*. Elle ne reconnoît encore J. Christ, que pour un saint Homme, aimé de Dieu, & à qui Dieu accorde tout ce qu'il lui demande. Le mystère de la Divinité de J. Christ ne fut développé, que depuis son Ascension dans le ciel, & l'envoi du S. Esprit. Ainsi, tout ce que Marthe espère, elle l'espère de Dieu, par l'intercession du Sauveur. Elle n'ose lui demander la Résurrection de son Frere. Elle insinuë seulement, qu'elle peut l'attendre de son pouvoir & de son amour. Il y a plus. Elle dit, *Je sçai*, & non seulement, *Je croi*. Elle parle comme S. Paul, quand il dit, *Je sçai à qui j'ai cru*. Elle a raison. Les preuves éclatantes, réïterées, que J. Christ don-

<small>Luc. vij. 7.</small>

<small>2 Tim. i. 12.</small>

DE LAZARE. *Discours V.*

donnoit de fa Miſſion divine, étant fenſibles, & viſibles, une telle démonſtration devoit produire non feulement la Foi, mais une entiere Science.

Cette fublime Foi, cette belle Confeſſion, commencent, pour ainſi dire, d'ouvrir le tombeau de Lazare. *Marthe*, répond Jeſus, *votre Frere reſſuſcitera.* Que cette parole dût être agréable à Marthe affligée! Qu'elle lui donna d'agréables eſpérances! Cependant toujours modeſte, circonſpecte, & n'oſant pénétrer dans les intentions du Seigneur, ni ſe flatter d'une Réſurrection préſente de ſon Frere: *Je ſçai*, répondit-elle, *qu'il reſſuſcitera au dernier jour, dans le tems de la Réſurrection.* Jean xi, 23.

Ibid. vi, 24.

Les Juifs, excepté les Saducéens, attendoient une Réſurrection. Mais ils en avoient des idées bien fauſſes. Ils croyoient que les Juſtes revivroient, & demeureroient ſur la terre, où ils jouïroient dans une profonde paix de toutes les délices innocentes. J. Chriſt rectifia ces idées, quand il dit, qu'il n'y auroit point de mariage dans le Royaume des Cieux, & que les Saints y feroient comme les Anges de Dieu. Il n'y a pas d'apparence que Marthe eût une autre idée de la Réſurrection, que celle qu'en avoient les Phariſiens, à moins qu'elle n'eût été inſtruite là-deſſus par J. Chriſt. Le Seigneur ne s'arrête pas à corriger cette erreur; mais il fait entendre à Marthe, qu'il peut reſſuſciter ſon Frere, ſans attendre la Réſurrection du dernier jour. *Je ſuis*, lui dit-il, *la Réſurrection & la Vie*; c'eſt-à-dire, l'Auteur de la Réſurrection & de la Vie, & je puis reſſuſciter les Morts, ſans attendre le dernier Jour. Mais il y a une condition: Il faut ajouter foi à ma parole, *Celui qui croit en moi*, pourſuit Jeſus, *vivra, quand même il ſeroit mort; & tout Homme vivant, qui croit en moi, ne mourra jamais. Croyez-vous cela?*

Jean xi, 25. 26.

Pour entendre cet endroit, il faut remarquer premièrement, que lorſque J. Chriſt dit, *Je ſuis la Réſurrection & la Vie*, il ne parle pas de la Vie naturelle & temporelle, mais de *la Vie éternelle*. C'eſt celle qu'il eſt venu annoncer & procurer aux Hommes. C'eſt de celle-là qu'il a dit: *Je ſuis la Voye, la Vérité, & la Vie; Je ſuis le Pain du Ciel, qui donne la Vie au monde. Je ſuis le Pain de Vie.* En un mot, il s'agit, non de la Vie qui précede la Mort, mais de celle qui doit ſuivre la Réſurrection: *La volonté du Pere, qui m'a envoyé*, dit J. Chriſt, *eſt que quiconque voit le Fils, & croit en lui, ait la Vie éternelle, & je le reſſuſciterai au dernier Jour*. Il faut remarquer enſuite, que J. Chriſt ſe donne ici les deux attributs de *Réſurrection & de Vie*. Il rend la Vie aux Morts, & donne la Vie éternelle aux Juſtes. C'eſt en conſequence de ces deux attributs, qu'il dit

Jean vi, 31. 48. 40.

O 2   à

à Marthe: *Celui qui croit en moi, vivra, tout mort qu'il est*, parce que *je suis la Résurrection. Et celui qui est vivant, & qui croit en moi, ne mourra jamais.* Le Sauveur ne veut pas dire, que ceux qui croyent en lui, ne feront point sujets à la Mort temporelle; mais que cette Mort, qui ne sert qu'à détruire en eux le péché & la corruption, ne fait que les conduire à une heureuse Immortalité, qu'il donne à leurs Esprits, dès qu'ils sont separez du Corps, & qu'il donnera même à leurs Corps, lorsqu'il les ressuscitera. La Mort temporelle, qui est une peine pour les Méchans, est une délivrance pour les Justes. Elle précipite les premiers dans la Mort seconde, & ouvre aux autres les portes de l'Eternité. J. Christ s'est exprimé de même dans l'entretien qu'il eut avec les Juifs, & qui est rapporté au VI. de S. Jean: *Vos Peres ont mangé la Manne dans le Desert, & sont morts; Voici le Pain qui est descendu du Ciel, afin que celui qui en mange, ne meure point.* Cela est expliqué par ces paroles: *Afin qu'il ait la Vie éternelle, & que je le ressuscite au dernier jour.*

<small>Jean vi. 49. 50.</small>

<small>Ibid. vi. 40.</small>

Jesus ayant demandé à Marthe, si elle croyoit les grandes véritez qu'il venoit de lui annoncer, elle répondit à l'instant: *Oui, Seigneur, je croi que vous êtes le Christ, le Fils de Dieu, qui devoit venir au monde.* Le Christ, le Fils de Dieu, sont bien des termes différens, & d'une signification différente; mais les Juifs semblent les confondre. Ce sont deux noms, par lesquels ils désignoient la même Personne. C'est ainsi que Pierre dit à Jesus: *Vous êtes le Christ, le Fils du Dieu vivant.* Il est bien vraisemblable, que persuadez que David & Salomon étoient des figures du Messie, & Dieu ayant dit, selon eux, à David: *Vous êtes mon Fils, je vous ai engendré aujourd'hui;* & à Salomon: *Je serai son Pere, & il sera mon Fils;* ils avoient donné au Messie, qui leur étoit promis, & dont ces deux Rois n'étoient que les figures, le titre glorieux *de Fils de Dieu,* sans pénétrer plus avant dans le sens de cette expression. Après cette belle confession, Jesus n'ayant plus rien à dire à Marthe, lui ordonna de faire venir sa Sœur, qui étoit demeurée dans la maison, avec les Juifs de Jerusalem, qui étoient venus la consoler. *Marthe s'en alla aussi-tôt en diligence appeller sa Sœur, & lui dit en particulier, Le Maître est-là, & vous demande.* Il est bien vraisemblable, qu'elle ne voulut pas dire cette nouvelle en public, parce que n'ignorant pas les desseins des Juifs, elle craignit d'exposer J. Christ aux Pharisiens & aux Sacrificateurs, qui auroient pû le faire enlever à Bethanie. Ce fut aussi vraisemblablement par cette raison, que Marie quitta subitement sa compagnie, sans leur dire où elle

<small>Math. XVI. 16.</small>

<small>Ps. II. 7. 1 Chron. XVII. 13.</small>

<small>Jean XI. 28.</small>

elle alloit. Mais les Juifs, s'imaginant qu'elle alloit pleurer auprès du Tombeau de son Frere, la suivirent, pour ne la pas livrer toute seule à son affliction. Ils n'étoient pas tous du même caractère, comme on le verra dans la suite. Mais il faut que le plus grand nombre fussent des personnes charitables & compatissantes, unies à Marthe, à Marie, & à Lazare par des Vertus communes, qui sont les liens solides des véritables affections.

Dès que Marie apperçut Jesus, elle courut se jetter à ses pieds, & lui dire comme Marthe : *Seigneur, si vous eussiez été ici, mon Frere ne seroit pas mort.* Sans doute les deux Sœurs s'étoient dites plusieurs fois l'une à l'autre, dans leur extrême affliction : *Hélas ! Si le Seigneur étoit ici.* Il y étoit dans le fond : Il étoit présent. Il voyoit couler leurs larmes, entendoit leurs soupirs, & se préparoit à essuyer leurs pleurs ; mais elles l'ignoroient. Ce secret n'étoit connu que du Pere & de son Fils unique. Bien-tôt la Résurrection de Lazare leur découvrira ce mystère, & leur donnera lieu de dire, comme Jacob : *Le Seigneur étoit ici, & nous n'en sçavions rien.* Gen. xxviii. 16.

En disant ces paroles, Marie fondoit en larmes, & les Juifs qui l'accompagnoient, pleuroient avec elle. Ce spectacle toucha tellement le Sauveur, qu'il en *fremit en lui-même,* dit l'Evangeliste, *& se troubla;* c'est-à-dire, qu'il en fut *tout ému.* Fremir exprime fort bien le terme de l'original ; mais comme il ne se dit d'ordinaire que de la Colère & de l'Horreur, divers Interprètes ont cru que, J. Christ voyant dans Lazare, qu'il aimoit, & dans l'affliction de ses Sœurs, les maux dont le Péché est la cause, puisqu'il a introduit la Mort dans le monde, il falloit rapporter cette Horreur, ou cette Indignation, & au Péché, & au Démon qui tenta nos premiers Parens, & qui les précipita dans le Péché & dans la Mort. Cette pensée est trop subtile, & n'est fondée que sur ce que l'on a cru, que le terme de l'original ne pouvoit signifier qu'un *Frémissement* causé par la Colère, ou par l'Horreur. Mais les larmes que le Sauveur répandit lui-même dans cette occasion, sont une preuve, que l'émotion intérieure & vehémente qu'il sentit, ne fut que l'effet de la plus vive & de la plus tendre Compassion. Jean xi. 33.

Jesus donc paroissant tout ému, dit aux deux Sœurs : *Où l'avez-vous mis?* Ce n'est pas qu'il l'ignore, lui qui avoit sçû la mort de Lazare, sans que personne la lui eût annoncée, & quoiqu'il fût à quelques journées de Bethanie. Mais le Seigneur ne veut pas sans nécessité, ni employer, ni faire connoître la plénitude de sa science & de son pouvoir. C'est le beau

beau caractère de J. Christ, de ne faire & de ne dire jamais rien par oftentation. *Il pleura*, dit l'Evangelifte. Le Seigneur n'étoit pas entré dans Bethanie, mais il s'étoit arrêté à l'entrée, & apparemment tout proche du lieu où les Habitans enterroient leurs Morts ; car, comme on l'a déja remarqué, les Juifs, auffi-bien que les Romains, n'enterroient point dans les Villes ni dans les Bourgs. On lui montre donc auffi-tôt le fepulcre, dont il n'étoit pas éloigné, & ce fut à cette vûë, auffi-bien qu'à la vûë des pleurs que verfoient Marthe, Marie, & les Juifs qui les accompagnoient, que Jefus attendri, ne put retenir les fiennes. *Jefus pleura*, dit l'Evangelifte.

<small>Jean XI. 35.</small>

De fauffes idées de Grandeur & de Force d'Ame, ont fait regarder les larmes comme une foibleffe indigne [8] du Sage. Elles ne feroient peut-être pas dignes du Sauveur, fi on l'avoit vû *pleurer fur lui-même*, dans les injures qu'on lui fit, dans les douleurs qu'il endura. Mais il fouffrit fans s'émouvoir les plus grands outrages. Il vit d'un œil fec l'appareil de fa croix. Il y monta, il y demeura fans verfer des pleurs. Il n'y a que les maux d'autrui, qui puiffent lui en arracher. Or ce ne font pas des larmes de Compaffion, qui deshonorent les grandes Ames : Elles les illuftrent, en faifant voir tout le fond de leur Bonté. Auffi les Juifs qui étoient préfens, ne font pas furpris de voir pleurer un Grand Homme ; ils ne le font que de la grandeur de fon amour pour Lazare. *Voyez*, s'écrient-ils, *comme il l'aimoit*. Ils ne voyent encore couler que les Larmes du Sauveur : Que diront-ils, quand ils le verront répandre fon Sang pour le falut du monde ? C'eft alors qu'ils devront admirer *la longueur, la largeur, la profondeur & la hauteur de l'Amour de Dieu, & de la Dilection de J. Chrift, qui furpaffe toute connoiffance.*

Quelques-uns de ces Juifs porterent leurs refléxions plus loin. Inftruits que J. Chrift avoit, peu de jours auparavant, donné la vûë à un Aveugle de naiffance, ils dirent entre eux: *Cet Homme, qui a fait voir un Aveugle, ne pouvoit-il pas empécher Lazare de mourir ?* Ils raifonnent jufte. Donner la faculté de voir à un Homme qui ne l'a jamais euë, & guérir une maladie mortelle, font des actions également miraculeufes. Or fi J. Chrift a fait la première en faveur d'une perfonne qu'il ne connoiffoit pas, & qu'il femble rencontrer par hazard, comment n'a-t-il pas fait la feconde en faveur d'un Ami, pour lequel il avoit une fi grande affection. Mais ce raifonnement fi jufte en apparence, eft un exemple de la temérité humaine, lorfqu'elle entreprend de juger des actions divines.

nes. S'ils avoient bien fçû l'hiftoire de l'Aveugle de naiffance, & s'ils avoient fçû le miracle que J. Chrift alloit operer, ils auroient fait une autre refléxion; c'eft que Dieu avoit permis, que le premier nâquît aveugle, & que le fecond mourût, *afin que les Oeuvres de Dieu fuffent manifeftées*, & pour faire éclater davantage fa puiffance dans *ces deux vafes de mifericorde, préparez pour la Gloire*.

A l'approche du tombeau de Lazare, *Jefus frémit de nouveau en lui-même*. Les mouvemens de douleur & de compaffion, qu'il avoit eus, en voyant pleurer les Sœurs, fe renouvellent, quand il eft près du fepulcre de leur Frere. Mais il femble que ces mouvemens ne font plus de faifon. Jefus médite la Réfurrection de Lazare. Il va l'operer à la Gloire de Dieu, & à la Gloire du Fils unique. Il s'eft réjoüi lui-même, de ce qu'il n'étoit point à Bethanie, afin de laiffer expirer Lazare, fans qu'on pût foupçonner que ce fût par un défaut de puiffance ou d'affection, & afin de le reffufciter enfuite. Cependant il frémit, il s'afflige, lorfqu'il va le reffufciter, & que fa joye eft parfaite. Nous ne fommes pas dans l'efprit du Seigneur, pour entreprendre de développer tout ce qui s'y paffe. C'eft un Sanctuaire, qui n'eft acceffible qu'à Dieu, & à l'Efprit Divin qui y réfide. *L'Homme fpirituel juge tout le monde, & ne peut être jugé de perfonne*. Difons feulement que le Seigneur, toujours plein de compaffion pour les miferables, ne peut fe repréfenter le trifte état où Lazare fe trouve, les douleurs qui l'y ont conduit, l'affliction de Marthe & de Marie, fans en être touché. L'impreffion que ces objets ont faite fur fon Ame, eft trop profonde, pour s'effacer dans un inftant. La vûë du fepulcre de Lazare leur donne une nouvelle force. Il va le délivrer de la Mort, il eft vrai; mais Lazare n'en a pas moins fenti les horreurs. Qu'il eft confolant pour les Fidèles, *d'avoir un tel Souverain Sacrificateur, qui, tout feparé qu'il eft des Pécheurs, a des compaffions fi vives pour leurs foibleffes, & pour leurs maux*.

1 Cor. II, 15.

Heb. IV, 15. VII, 16.

L'Evangelifte fait ici la defcription du Tombeau de Lazare. C'étoit, dit-il, *une Grotte, dont on avoit fermé l'entrée avec une pierre*; car, c'eft ainfi que traduifent d'habiles Interprètes, & non, comme portent en général les Verfions, *on avoit mis une pierre deffus*. Les Juifs ont toujours enterré leurs Morts. Les plus pauvres étoient fimplement mis en terre; mais les perfonnes plus à leur aife avoient des fepulcres à part, pour eux & pour leur famille. Ces fepulcres étoient, ou des Grottes que la Nature avoit formées, & comme il y en a grand nombre dans la Syrie; ou des Grottes que l'on avoit taillées dans le roc. C'eſt dans une de ces Grottes naturelles, que furent enterrez Abraham, Iſaac & Jacob; au lieu que J. Chriſt fut mis dans une Grotte faite exprès. Il y a de l'apparence, que celle où l'on avoit enterré Lazare, étoit de cette ſorte. Ces Grottes étant creuſées dans le roc, qui étoit couvert par une terre, on y deſcendoit par une eſpece de rampe, & après y avoir dépoſé les Corps, on en fermoit l'entrée par une groſſe pierre, afin de les défendre des inſultes, moins des Hommes, parce que le crime de violer les Tombeaux étoit très-ſevèrement puni, que des Animaux. Celle de Lazare étant fermée de même, J. Chriſt ordonna qu'on *ôtât la pierre*. Le Seigneur auroit bien pû commander à la pierre, de ſe retirer, comme il commanda aux vents de s'appaiſer, & à la mer, d'être tranquille: Mais J. Chriſt ne fait jamais aucun miracle ſans néceſſité. Pourquoi employer une puiſſance ſurnaturelle, pour operer ce que les forces naturelles peuvent faire?

Soit les Diſciples, ou les Juifs qui avoient ſuivi Marie, ou quelques Domeſtiques de la maiſon, s'étant mis en devoir d'ôter la pierre, Marthe, qui vraiſemblablement étoit deſcenduë à l'entrée du ſepulcre, s'écria: *Seigneur, il ſent déja mauvais; car il y a quatre jours qu'il eſt mort* [10]. C'eſt ce que ſignifie proprement l'original: Mais comme les Juifs enterroient les perſonnes, qui mouroient de maladie, le même jour qu'elles étoient expirées, il ſe peut faire auſſi, qu'il y eut déja quatre jours que Lazare étoit dans le Tombeau. Quoi qu'il en ſoit, Marthe dit à J. Chriſt: *Seigneur, il ſent déja*; ſoit qu'elle fût frappée de la mauvaiſe odeur, qui exhala du cadavre, au moment qu'on commença d'ôter la pierre, ou qu'elle jugeât ſeulement que cela devoit être, par le tems que Lazare étoit mort, & couché dans le Tombeau. Le premier paroît plus vraiſemblable, ſi l'on conſidere le moment où elle dit ces paroles à Jeſus; car, elle n'apprit pas alors que ſon Frere étoit mort & enterré depuis quatre jours, & par conſequent elle ſçavoit bien avant ce moment-là, que ſon corps commençoit à ſe corrompre. Il faut donc qu'elle ait ſenti la mauvaiſe odeur, & que ces mots; *Car il y a quatre jours qu'il eſt mort*, ſoyent, non la raiſon de ce qu'elle dit, mais la confirmation. Ainſi le ſens eſt, *Seigneur, il ſent déja, & en effet il y a quatre jours qu'il eſt mort*.

Mais quelle eſt l'intention de Marthe, en diſant ces paroles à Jeſus? Veut-elle l'empêcher d'approcher du ſepulcre, de peur d'être infecté de la mauvaiſe odeur qui en exhale? Cela

ne

ne feroit pas impossible. Elle est pleine d'une tendre affection pour le Sauveur. Mais la réponse de J. Christ nous découvre sa véritable pensée: son Espérance commence à chanceler. Jusqu'alors elle avoit pû attendre la Résurrection de son Frere; mais elle n'ose plus s'en flatter. Hélas! Seigneur, il n'est plus tems de penser à lui rendre la vie ; la corruption s'en est déja emparée. *Seigneur, il sent déja.* Quelle inconstance! Quelle inégalité d'Ame dans une si sainte personne! Est-ce cette Marthe qui disoit à Jesus, *Je sçai que même à présent tout ce que vous demanderez à Dieu, Dieu vous l'accordera?* Est-ce-là cette Marthe, qui *croit que son Frere ressuscitera au dernier Jour?* Sera-t-il plus difficile à Dieu, de ranimer un corps qui ne fait que commencer à se corrompre, que de ranimer ses cendres mortes & dispersées depuis plusieurs siécles? Il faut l'avoüer, & le déplorer: la foi des plus saints est quelquefois sujette à d'étranges symptomes. Elle a, pour ainsi dire, ses actes de force & d'élevation. Elle en a aussi de défaillance & de foiblesse. C'est ainsi que S. Pierre marche intrépide sur les eaux, pour aller à Jesus. Tant que les eaux le portent, sa Foi se soutient; mais commence-t-il à enfoncer, son Espérance & sa Foi l'abandonnent.

Il y a pourtant une raison fort vraisemblable, de l'inconstance de Marthe, & des variations de sa Foi. Les fausses opinions, les superstitions populaires, gâtent non seulement la Religion, mais sont la source d'une infinité de faux jugemens, & de mauvaises démarches. Marthe avoit espéré la Résurrection de son Frere, parce qu'elle étoit persuadée de l'affection du Sauveur, & de son pouvoir auprès de Dieu. Mais l'affection ne peut pas tout, & il y a des obstacles, qui, s'ils n'arrêtent pas la Puissance infinie de Dieu, suspendent les operations d'une Puissance, qui a son ordre, & qui ne s'en écarte pas. Il s'étoit glissé parmi les Juifs une opinion bien superstitieuse; c'est que l'Ame d'une personne qui meurt, demeure auprès du Corps qu'elle a quitté [11], pendant les trois premiers jours, cherchant à y rentrer, jusqu'à ce que choquée de la difformité du visage, & de la corruption qui s'en empare, elle est contrainte de s'en éloigner. Ce pourroit bien être-là l'origine de l'erreur de Marthe, & du changement soudain qu'elle éprouve. Elle avoit espéré la Résurrection de son Frere, tant qu'elle avoit pû croire, que son Ame étant auprès de son Corps, pourroit y être rappellée: Mais quand elle s'apperçût qu'il étoit déja corrompu, elle cessa d'espérer. *Seigneur,* s'écria-t-elle, *il sent déja, & en effet il est mort depuis quatre Jours.* Son Ame s'est déja retirée; il n'est plus tems de penser à le ranimer.

Vol. VI. Q Nous

Nous ne voulons pas affurer, que Marthe fut prévenuë de cette Erreur populaire, & d'une origine Payenne; mais quand cela feroit vrai, J. Chrift n'y auroit pas fait d'attention. Il ne prend pas garde à ces Erreurs légères, qui n'intéreffent nullement la Foi & les mœurs. Il a d'autres objets; mais voyant le doute qui s'éleve foudainement dans l'Ame de Marthe, il le pardonne, & le corrige en le pardonnant. Il l'avertit de fe fouvenir de la promeffe qu'il lui a faite, & de ne pas mettre, par fon incrédulité, des obftacles à la Refurrection de Lazare, qu'elle fouhaite avec tant d'ardeur. *Ne vous ai-je pas dit*, repartit Jefus, *que fi vous croyïez, vous verriez la Gloire de Dieu*; c'eft-à-dire, vous verriez éclater [12] fa Puiffance en votre faveur.

Pendant ce difcours, ceux qui ouvroient le fepulcre, ayant achevé d'ôter la pierre, *Jefus*, dit l'Evangelifte, *levant les yeux au Ciel*, (c'eft ainfi qu'il en ufe quand il prie) puis s'adreffant à Dieu, *Mon Pere*, lui dit-il, *je te rends graces, de ce que tu m'as éxaucé. Pour moi, je fçai bien que tu m'exauces toujours; mais je dis ceci pour ce peuple qui m'environne, afin qu'il croye que c'eft toi, qui m'as envoyé.*

Jean XVII. 1.
Jean XI. 41. 42.

Il ne paroît pas que Jefus confultât toujours la volonté du Pere, quand il a operé des miracles; mais dans celui-ci, où la Gloire de Dieu, où la Puiffance Divine paroît avec tant d'éclat, il l'a fait. Il a demandé à Dieu la Réfurrection de Lazare, & il l'a obtenuë. [13] Il a prié, & il a été éxaucé. On voit ici le beau caractère du Sauveur; il reconnoît en public, que le miracle qu'il opere eft l'ouvrage de la Puiffance de fon Pere. C'eft à lui, qu'il en rapporte la gloire, & tout le fruit qu'il en veut tirer pour lui-même, fçavoir *que le monde croye que le Pere l'a envoyé*, & qu'il eft véritablement fon Miniftre; ce qui étoit abfolument néceffaire pour faire recevoir fa Doctrine. C'eft ici que le Sauveur *paroît en forme de Dieu*. Il va commander à la Mort, qui ne reconnoît d'autre empire que celui de Dieu; mais bien loin de s'emparer de l'égalité avec Dieu, il lui donne tout l'honneur du miracle qu'il va faire. Il *lui en rend graces*, & reconnoît que c'eft une faveur, que le Pere a accordée à fes inftantes prieres. Il ajoute: *Je fçai bien que tu m'exauces toûjours*. Et voilà ce qui diftingue le Fils de Dieu des Juftes en général. Il obtient du Pere tout ce qu'il lui demande, parce qu'inftruit de fes volontez fecretes, il ne lui demande jamais rien, que ce qu'il veut accorder.

Phil. II. 6.

Cette action de graces achevée, Jefus s'adreffa au mort, & dit à haute voix: *Lazare, fortez dehors*; *Et le mort fortit à l'inftant.* C'eft ainfi que s'operent les miracles, qui font au-defdeſſus des forces & des regles de la Nature. Ils ſont operez dans un inſtant, & ſans y employer que la Parole, ou la Volonté. La Réſurrection des morts s'opere comme la Création. *Dieu commande & la choſe comparoît.* Auſſi ſont-elles l'une & l'autre l'ouvrage d'une même Puiſſance.

L'Evangeliſte ajoute, que le mort parut à l'entrée du ſepulcre, *ayant les pieds & les mains liées de bandes, & le viſage couvert d'un linge.* C'eſt en effet ¹⁴ ainſi que les Juifs enſeveliſſoient leurs morts, à peu près ¹⁵ comme les Egyptiens. Ils les enveloppoient d'un drap, ou d'un linceuil, ils les lioient de bandes, comme un Enfant qu'on emmaillote, & leur couvroient le viſage d'un linge, pour cacher la difformité des traits. Ils ne les enfermoient point dans des cercueils, mais les poſoient ſeulement ſur de petits lits. Quelquefois les Juifs embaumoient les corps: mais cela ne s'étoit pas fait à l'égard de celui de Lazare.

Ce fut dans cet état que Lazare parut aux yeux des ſpectateurs; mais un ſpectacle ſi imprévû les tenoit immobiles, & comme dans une eſpece d'extaſe, perſonne ne s'avançant pour délivrer Lazare de ſes liens: le Seigneur ordonna, qu'on le dégageât, & qu'on le mît en liberté: *Qu'on le délie, dit Jeſus, & qu'on le laiſſe aller.* Lazare ſe retira en effet dans ſa maiſon, J. Chriſt n'ayant pas voulu qu'il le ſuivît, apparemment parce que cela auroit attiré après lui une trop grande foule; ce que Jeſus évitoit avec ſoin, pour ne donner aucun ombrage au Gouvernement, ni aucun prétexte de l'accuſer de ſe former un Parti. Si l'on veut voir cet Homme que J. Chriſt a arraché des bras de la Mort, ce monument vivant de la Puiſſance & de la Bonté du Rédempteur, qu'on aille le voir dans la maiſon où il eſt, & qu'on apprenne de-là à croire en J. Chriſt, & à croire que J. Chriſt eſt effectivement *la Réſurrection & la Vie*.

Tel fut le dernier Miracle que le Sauveur opera pendant ſa courſe mortelle. Mais il ſemble que ce fut le plus grand, auſſi-bien que le dernier des Miracles du Sauveur. La Réſurrection d'un Mort, & d'un Mort enſeveli depuis quatre jours, qui commence déja à ſe corrompre, n'eſt pas une action, dont on puiſſe trouver les cauſes dans les forces & l'arrangement de la Nature. Elle porte l'empreinte viſible & immuable de la Puiſſance de Dieu. Chaſſer les Démons, guérir toutes ſortes de maladies par ſa parole, quelquefois par ſon attouchement, ſont bien des opérations, qui ne conviennent qu'à une Puiſſance ſurnaturelle. Mais quand l'Incrédule pourra trouver dans tout cela quelque prétexte, pour n'y pas reconnoître *le doigt de Dieu*, il faut le voir dans la Réſurrection de Lazare, & s'écrier avec le Prophète: *C'eſt l'E-*

ter-

ternel, *qui a fait éclater sa puissance* : J. Christ l'a dit, & lui en a donné la Gloire. On ne sçauroit l'attribuer à un autre. Cette Résurrection est marquée du cachet de Dieu. Si donc l'Incrédule résiste à cette démonstration, ce ne peut être qu'en niant la vérité du fait. Voyons, en finissant, par quelles raisons il peut la contester. 1. Par quel endroit attaquer cette vérité ? Sera-ce par l'Impossibilité ? La raison seroit bonne, si l'on attribuoit le miracle à une Puissance créée. On n'en connoît point, qui s'étende jusques-là ; mais J. Christ l'a donné à Dieu : Et s'il est vrai, comme il l'est, que les choses contradictoires sont réellement impossibles, voit-on dans ce miracle une ombre de contradiction ?

2. Par quel endroit attaquer ce miracle ? Sera-ce par l'absurdité ? Est-ce qu'il ne convient pas à la Sagesse de Dieu ? Mais la Sagesse Divine éclate ici de tous côtez. Jesus prêche la Résurrection & la Vie éternelle. C'est le Dogme de l'Evangile. Est-il absurde, qu'il en donne un exemple qui confirme sa Prédication ? Jesus va mourir à la face de toute la Terre, & promet avant que de mourir, qu'il ressuscitera le troisième jour : Est-il absurde, qu'avant que d'expirer, il se fasse voir sur le bord du tombeau de Lazare, foulant aux pieds la puissance du sepulcre....? Il va finir sa carrière : Le terme en est marqué à la Pâque prochaine : Est-il absurde, qu'il finisse cette glorieuse carrière, par l'action la plus mémorable de sa vie ?

3. Par où donc attaquer la vérité du miracle ? Sera-ce par la rélation de l'Evangeliste ? Y apperçoit-on quelque caractère, quelque signe, quelque indice de mensonge ? Il est vrai, les Ecrivains fabuleux se trahissent toûjours par quelque endroit, & si l'on ne peut les convaincre, au moins ne sçauroient-ils éviter les justes soupçons d'un Critique judicieux, & attentif. Leur narration est affectée : L'Art tâche d'y remplacer la Vérité, en l'imitant..... Des circonstances peu vraisemblables, ou mal imaginées, qui ne conviennent, ni au tems, ni aux personnes, découvrent la fraude. On voit un Auteur attentif à rélever la grandeur du merveilleux, en faisant des efforts pour tâcher d'égaler la sublimité de l'action par celle du stile, par les figures, par les ornemens de l'Art oratoire. Mais entrevoit-on seulement quelque chose de pareil dans la narration de S. Jean ? Tout y est parfaitement assorti : La grandeur est toute entiere dans l'Action. Les caractères des personnes n'ont rien que de simple, de naturel, rien qui sente la fiction. La conversation de J. Christ avec ses Disciples, lorsqu'il eut appris la nouvelle de la maladie de Lazare ; les obstacles, qu'ils tâchent

tâchent d'apporter à ses desseins, lorsqu'il leur témoigne qu'il veut aller en Judée : L'emportement de Thomas, sa frayeur, son incrédulité, la désobéïssance, dans laquelle il veut entraîner les autres Disciples, en leur faisant envisager une mort certaine, s'ils suivent J. Christ en Judée.... Et que dirai-je du *frémissement* du Sauveur, à la vûë des Sœurs de Lazare, ou des Juifs fondant en larmes ; de l'extrême émotion qu'il en sentit, & enfin des larmes qu'il laissa couler..... Tout cela a-t-il un air de fiction ? Un Imposteur, qui auroit supposé une semblable Histoire, auroit supprimé ces circonstances, bien loin de les inventer pour les écrire.

4. Par quel endroit donc attaquer la vérité de ce Miracle? On ne peut dire, que ce fut une Action secrete, qui se passa dans un endroit obscur, sans témoins ? J. Christ l'a operée à Bethanie, gros Bourg, situé aux portes de Jerusalem, en plein jour, & en présence d'un grand nombre de personnes, que la mort de Lazare avoit assemblées. Dira-t-on qu'il y avoit de l'intelligence entre J. Christ, Lazare, & ses Sœurs ? Toutes les circonstances de l'histoire détruisent absolument ce soupçon, quand il ne seroit pas incompatible avec la Pieté des personnes : Car il étoit aisé de prévoir, qu'une Action si publique & si éclatante, alloit donner à J. Christ une réputation & une autorité, qui acheveroient de déterminer les Juifs à sa perte.

On n'a pas de peine à l'avouër : Les exemples en ont été trop fréquens. Combien de fois des Imposteurs ont-ils supposé de faux Miracles ? mais les causes en sont visibles. C'est leur intérêt, c'est leur ambition, c'est l'empire auquel ils aspiroient. Et encore n'ont-ils réüssi, que lorsqu'ils ont eu le pouvoir en main, & que les Gens éclairez ont été obligez de se taire. Une Religion dominante peut exercer impunément l'Imposture. Mais la Religion du Sauveur étoit-elle régnante ? Avoit-elle des honneurs & des richesses à donner ? Est-ce par ces attraits que J. Christ se faisoit des Disciples ?

5. Je ne voi plus qu'un endroit, par lequel on puisse attaquer la vérité du fait. C'est l'Incrédulité des Juifs. Comment se persuader, dira-t-on, que si J. Christ avoit ressuscité un Mort prêt à se corrompre, & que cela fût arrivé aux portes de Jerusalem, le Conseil des Juifs eût conjuré sa mort ? Un si grand Miracle bien justifié, a dû faire plier l'Incrédulité la plus opiniâtre, & la plus inflexible. Si l'on n'avoit affaire qu'aux Juifs d'aujourd'hui, la réponse seroit bien aisée : N'ont-ils pas fait mourir des Prophètes illustres ? Combien

de fois fe revolterent ils contre Moïfe, malgré les miracles que Dieu avoit faits par fon miniftère, pour les délivrer de la tyrannie des Egyptiens ? Si le Prophète n'avoit pas eu entre les mains le pouvoir de punir les rebelles, & fi la Providence n'avoit pas maintenu fon autorité par de nouveaux miracles, auroit-il échapé à la fureur d'un Peuple incrédule & rebelle ? Mais ayant affaire à des gens, qui ne rejettent pas moins l'Hiftoire de Moïfe, que celle de l'Evangile, il faut leur répondre, qu'ils ignorent volontairement l'empire que les Paffions prennent fur les jugemens de l'Efprit. L'Efprit eft une puiffance, dont les Paffions fe joüent; & quand elles le dominent, il n'y a point d'évidence, à laquelle il ne réfifte. Quelque forte que foit la preuve des miracles, elle a befoin de plufieurs raifonnemens, pour être développée: Et alors même elle ne fçauroit avoir plus d'évidence, qu'un grand nombre de véritez, qui font conteftées, niées, perfécutées, par des gens qui ont réfolu de ne les pas voir. Quels miracles peuvent avoir plus d'évidence, que les Démonftrations de l'Exiftence de Dieu? Cependant ces Démonftrations ne forcent pas les Athées. L'Experience de tous les jours fait voir, que les raifons les plus convainquantes ne perfuadent, qu'autant que l'Efprit eft libre, & que les lumieres ne font pas obfcurcies par les Paffions du cœur. Pour nous, bien loin que les deffeins violens des Juifs contre J. Chrift foyent, je ne dirai pas une preuve, mais un préjugé contre fes miracles, ils fervent au contraire à les confirmer. Rien de plus vrai, mais auffi rien de plus conforme aux difpofitions du cœur humain, que cette delibération du Confeil des Juifs:

Jean xi. 47. 48.
Cet Homme fait beaucoup de fignes, & fi nous le laiffons faire, tout le monde croira en lui. Et quelle en eft la confequence? Il ne croira donc plus en nous.

DISCOURS VI.

Jesus monté sur un Anon. MATTH. XXI. 1--9. MARC. XI. 1--10. LUC. XIX. 29--40. JEAN XII. 12--18.

A Résurrection de Lazare fut un miracle si éclatant, que bien-tôt toute la Judée en fut remplie, & que les Peuples commencerent à se declarer hautement pour J. Christ. Cette révolution soudaine arrivée dans le Peuple, & la résolution que prit le Sénat des Juifs, de faire mourir Jesus à quelque prix que ce fût, sont des preuves parlantes de la vérité du miracle. Le Seigneur, qui n'ignoroit pas les desseins du Conseil des Juifs, mais qui avoit déterminé le tems de sa mort, ne voulut pas encore se livrer à eux. Ainsi, au lieu d'aller à Jerusalem, dont il étoit tout près, il se retira dans une petite Ville, proche du désert, nommé *Ephrem*[1], où il fit un assez long séjour avec ses Disciples. Sans doute il s'y appliqua à leur instruction & à celle du Peuple. Mais lorsque J. Christ vit approcher la derniere Pâque qu'il devoit célébrer, il partit d'Ephrém, & vint à *Jericho*, grande Ville, située à dix ou douze lieues de Jerusalem, du côté de l'Orient. Ce fut-là qu'il trouva, & convertit *Zachée*, & que, comme il sortoit de la Ville, il rendit la vûë à deux Aveugles, qui ayant ouï parler des merveilles qu'il operoit, implorerent son secours avec une extrême ardeur, & une grande confiance. Comme Jesus prenoit le chemin de Jerusalem, & que la Pâque étoit proche, il fut suivi *d'une grande multitude de Peuple*, qui ne doutoit plus qu'il ne fût le Fils de David, ou le Messie, & qui s'attendoit peut-être à le voir bientôt prendre possession de son Regne. Ils ne se trompoient pas; mais ils avoient de fausses idées du Regne du Messie.

Bethanie, qui étoit aussi à l'Orient de Jerusalem, étoit sur le chemin du Sauveur. *Il y arriva six jours avant la Pâque.* Il y passa ce jour-là, qui étoit un jour de Sabbath, & selon plusieurs Chronologistes modernes, le vingt-huitième de Mars de la 33. année de l'Ere commune. On lui donna à Bethanie un souper, dans la maison de Simon, qui avoit été lépreux. Marthe servoit: *Marie versa sur les pieds de J. Christ une huile de vrai Nard, d'un fort grand prix.* Pour Lazare, il étoit à table avec J. Christ & ses Disciples. Le Seigneur

gneur ne l'avoit point vû depuis sa Résurrection. Sans doute il n'avoit pas voulu s'arrêter à Bethanie après un si grand miracle, pour ne pas donner aux Sacrificateurs & aux Pharisiens le tems de se saisir de sa personne; ce qu'ils auroient fait vraisemblablement, dès qu'ils auroient sçû le succès de ce miracle, & le bruit qu'il faisoit.

Jean xii. 9.

Dès qu'on sçût à Jerusalem, que Jesus étoit arrivé à Bethanie, il s'y rendit une foule de Juifs, non seulement pour le voir, mais pour voir aussi Lazare, ce monument vivant de la Puissance du Sauveur, & pour apprendre de sa bouche l'histoire étonnante de sa Résurrection.

Jesus ayant passé la nuit à Bethanie, en partit le lendemain, qui devoit être le cinquième jour avant la Pâque, pour aller faire son Entrée publique à Jerusalem. On a remarqué

Exod. xii. 7.

que ce jour-là étoit le même, où l'on mettoit à part les agneaux qui devoient être immolez. Si cette observation est juste, l'analogie est belle. L'Agneau de Dieu entre dans Jerusalem, pour y être sacrifié, & vient se présenter à Dieu, le même jour qu'on séparoit les agneaux destinez au Sacrifice. On a

Josué iv. 19.

aussi remarqué, que ce fut ce jour-là, que *Josué*, type de Jesus, dont il a porté le nom, traversa le Jourdain, entra dans la Terre promise, & prit possession de l'héritage que Dieu avoit promis à ses Peres. On propose ces Observations, mais on n'y insiste pas, parce qu'au fond il n'apartient à personne de déterminer, quelles ont été les vûës secretes de la Providence dans le choix des Jours.

Jesus partit de Bethanie à pied, & vint proche du Village de *Bethphagé* *. C'étoit un Village habité par des Sacrificateurs, comme le témoigne S. Jerôme, qui remarque après Origène, que *Bethphagé*, signifie *la Maison, ou le Lieu des Machoires* *. Ces deux Anciens ont suivi l'étymologie Caldaïque; car si l'on a égard à l'étymologie Hébraïque, ce nom signifie plutôt *la Maison, ou le Lieu des Figues* † *qui ne sont pas mûres*. Ce pourroit bien être aux environs de ce lieu-là, que Jesus, retournant de Jerusalem à Bethanie, où il étoit revenu passer la nuit, maudit & fit sécher un Figuier, où il ne trouva que des feuilles. Quoi qu'il en soit, Jesus étant proche de Bethphagé, ordonna à deux de ses Disciples, d'aller dans ‡ un Village, qui étoit vis-

---

* *Domus maxillarum.*

† *Pagim*, ou *Phagim*, signifie des Figues qui ne sont pas mûres, Cantiq. ii. 13. On donne d'autres significations au mot de *Bethphagé*, comme celle de *Domus ovis*, & celle de *Domus fontis*. *Junius* & *Tremellius* ont appuyé la derniere sur le Syriaque.

‡ En général tous les Interprètes croyent que ce Village est *Bethphagé*. J. Christ étoit parti de Bethanie, & il étoit aux environs de Bethphagé. De-là vient que S. Marc & S. Luc disent, qu'il étoit *proche de Bethphagé & de Bethanie*. Marc. xi. 1. Luc. xix. 28. Ces deux Bourgs se touchoient. *Toletus* & quelques autres ont cru que ce Bourg étoit Jerusalem, que J. Christ appelle ainsi par une figure, nommée *Diminution*.

SUR UN ANON. *Discours VI.* 69

vis-à-vis d'eux: *Vous y trouverez*, leur dit-il, *une Anesse atta-chée, & son Anon auprès d'elle. Déliez-les, & me les amenez.* Jesus ajoûta, *si quelqu'un vous dit quelque chose, vous n'avez qu'à lui répondre, le Seigneur en a affaire, & aussi-tôt * il les laissera aller*, ou *il me les envoyera*. Le *Seigneur*, veut dire dans cet endroit *le Christ*, le *Messie*, le *Fils de David*; titre, que les troupes donnoient à Jesus, la plûpart du Peuple commençant à ne plus douter qu'il ne fût le Christ. Les Disciples trouverent en effet † *dans une ruë* du Village, une Anesse & son Anon attachez, & les amenerent à Jesus.

Ce fut apparemment pendant que les deux Disciples du Sauveur allerent chercher l'Anon, que Jesus monta la montagne des Oliviers. Lorsqu'il fut parvenu au sommet, découvrant à plein la Ville de Jerusalem, qui n'en étoit separée que par un vallon, il fut frappé des Jugemens de Dieu, que cette malheureuse Ville alloit attirer sur elle. Sçachant l'Incrédulité obstinée de ses Habitans, séduits par leurs Docteurs, le Parricide qu'elle alloit commettre dans sa personne, & la vengeance, que le Ciel prendroit d'un si grand crime, il en fut si attendri, qu'il ne put retenir ses larmes. ³ Le Panegyriste de Trajan raconte que ce Prince, entendant les acclamations du Peuple Romain, & recevant ce témoignage de l'affection publique, en fut si touché, qu'il versa des larmes. Cela convient bien à un excellent Prince, tel qu'étoit Trajan. Mais il ne fait que payer des marques d'affection, par d'autres marques d'affection, pendant que Jesus donne des marques de la plus grande tendresse à une Ville, à un Peuple, qui va le crucifier. Ces précieuses larmes du Sauveur furent accompagnées de ces paroles, qui découvrent à fond toute la bonté de l'Ame du Seigneur, & toute la douleur dont elle étoit pénétrée: *Ah! si du moins dans ce jour, qui t'est donné, tu avois compris les choses qui peuvent t'apporter la paix; mais maintenant tout cela est caché à tes yeux.* Ce fut alors que Jesus prédit dans les termes les plus clairs & les plus précis, le siége de Jerusalem, & la ruine de cette malheureuse Ville. *Il viendra un tems*, dit le Seigneur, *où tes Ennemis t'environneront de tranchées, t'enfermeront, & te presseront de tous côtez. Ils te détruiront, toi & tes habitans, & ne te laisseront pierre sur pierre.* Jamais prédiction

Luc. xix, 41.

Luc. xix, 41.

Luc. xix, 43. 44.

---

* Beze (in h. l.) a cru qu'il falloit traduire, *& aussi-tôt il les renvoyera*, sçavoir J. Christ. Mais Bochart a fort bien prouvé, que Beze s'est trompé. Ἀποστέλλειν, apud sacros scriptores semper est *mittere, vel dimittere*; sed *remittere* est ἀναπέμπειν. Luc. XXII. 7, 11, 15. ad Philom. vi. 12. Vid. Boch. Hieroz. Pars 1. l. 11. C. XVII.

† *Dans la ruë*, ἐπὶ τοῦ ἀμφόδου; mots, que notre Version a rendus, *entre deux chemins*. Mais Bochart & Casaubon ont fort bien prouvé, qu'ἄμφοδος signifie *une ruë*: Casaub. in Athenæum lib. XII. C. X. & Bochart Hieroz. P. 1. l. II. C. XVII.

tion ne fut plus juste. Jerusalem fut environnée de toutes parts des armées Romaines: Elle fut prise d'assaut; & après que le Soldat fut rassasié de carnage, il tourna sa fureur contre les édifices. Tite lui ordonna même de détruire, & la Ville, & le Temple. Il en épargna seulement une partie, du côté de l'Occident, parce qu'il vouloit y mettre garnison, & les Tours de *Phasele*, d'*Hippicus*, & de *Marianne*, qui étoient les plus hautes, afin de laisser à la posterité un monument de la valeur des Romains, qui avoient forcé une place, qui sembloit imprenable 4. ,, Mais tout le reste de la Ville fut rasé si ,, entierement, qu'il ne resta que la place, & que ceux qui la ,, voyoient, n'auroient pas cru, qu'elle eût jamais été ha-,, bitée. ,,

Matth. xxi. 5. 7.

Les deux Disciples, que J. Christ avoit envoyez dans un Village voisin, *ayant amené* l'Anesse avec l'Anon, ils couvrirent l'Anon de leurs vêtemens, & y firent asseoir Jesus.* Leurs vêtemens ne sont que leurs *Robes*, ou leurs *Manteaux*, leur vêtement extérieur. Ce fut dans un équipage si vil aux yeux du Monde, que le Seigneur, ayant descendu de la montagne des Oliviers, marcha à Jerusalem, & y fit son entrée publique, aux acclamations du Peuple. Mais comme 5 les Payens ont fait des railleries de cette Pompe Royale du Sauveur, & que des gens, qui sous une profession Chrétienne, cachent un esprit tout Payen, n'honorent & n'estiment que la magnificence mondaine; il faut tâcher, non de rectifier les idées de ces gens-là †: cela seroit difficile; mais d'édifier les Fidèles.

Les

---

* S. Matthieu est le seul des Evangelistes, qui ait parlé d'une Anesse & d'un Anon. S. Marc, S. Luc, & S. Jean n'ayant fait mention que du dernier. Cependant le témoignage de S. Matthieu est exprés. Il ne faut pourtant pas s'imaginer que J. Christ monta sur l'un & sur l'autre, quoique S. Matthieu semble le dire au verset 7. où l'on lit dans le Grec ordinaire, que les Disciples *les couvrirent*, (sçavoir l'Anesse & l'Anon) *de leurs vêtemens, & le firent asseoir sur eux*; ἐπάνω αὐτῶν. Il est vrai qu'on lit dans quelques anciens Manuscrits, ἐπάνω αὐτοῦ, & ἐπάνω αὐτὸν, l'un & l'autre veut dire *sur lui*, c. à d. sur l'Anon. Cette leçon a bien l'air d'une correction, quoique l'Interprete Syriaque ait traduit, comme s'il avoit lu, *sur lui*, & non, *sur eux*. Voyez la Note de *Simon* sur le vs. 7. de S. Matth. xxi. & *Bochart*, *ubi sup*. l. 11. 17. Il vaut mieux dire avec de sçavans Interpretes, qu' ἐπ' αὐτῶν, *sur eux*, est mis pour, *l'un d'eux*. C'est ainsi qu'il est dit, que *l'Arche s'arrêta sur les montagnes d'Ararat*, Gen. viii. 4. pour dire, sur l'une de ces *montagnes*, & que *Jephthé fut enterré dans les Villes de Galaad*, Jug. xii. 7. pour dire, *dans une des Villes de Galaad*. Voyez les Observations de *Heinsius*, dans *Valæus*, où il fait la même remarque que Bochart, *ubi sup*. Il n'est aussi parlé que d'un *Ane*, dans l'oracle de Zacharie, qui est allegué dans la suite. Le mot Hébreu *Chanor*, qui est dans Zacharie, signifie un *Ane*, & l'on ne le trouve au féminin, que dans 2. Samuël xix. 16., où l'on peut l'entendre d'une Anesse: mais par-tout ailleurs il designe un *Ane*. Les paroles, qui suivent, & *sur le Poulain de celle qui est sous le joug*, ne font qu'une répétition en d'autres termes des paroles, qui précedent, & ne marquent point un second animal, différent du premier. On sçait que c'est le stile des Hébreux, d'exprimer deux fois la même chose en termes différens. Le Seigneur monta donc sur l'Anon, comme le témoignent les trois Evangelistes, S. Marc, S. Luc, & S. Jean; car il ne put monter à la fois sur l'Anesse & sur l'Anon, le chemin étant trop court pour changer de monture. Il ne faut pas aussi se figurer un jeune Anon, qui suit sa mere, & qui est encore incapable de porter, sous prétexte, que celui dont parle Zacharie est appellé *Pullus Asinæ*, & comme il y a dans l'Hébreu *Haïr*; car le terme Hébreu *Haïr*, *Pullus*, designe un Ane en état de porter une personne, Voy. *Juges* x. 4. & xii. 14. *Pullus Asinæ* ne veut dire, dans le stile des Hébreux, qu'un *Ane*.

† Un sçavant Anglois a cru devoir répondre aux objections des Incrédules sur cette circonstance de la vie du Fils de Dieu. On parle de sa Dissertation dans une Note, qui étant trop longue pour être placée au bas de la page, a été renvoyée à la fin de ce Discours.

Les Anes font à préfent des animaux méprifables. Un Prince, qui par modeftie, ou par humilité, en uferoit dans une occafion pareille, choqueroit les bienféances, & courroit rifque de s'attirer du mépris, plutôt que de l'eftime. Mais les mœurs ont changé avec le tems. Auffi avant que Salomon eût donné dans le fafte des Princes d'Orient, & lorfqu'il étoit encore un modèle de fageffe, il fit fon entrée Royale à Jerufalem, *monté fur un Ane*. Ainfi J. Chrift paroît, comme avoit paru autrefois le plus fage & le plus vanté des Rois d'Ifraël. Mais il y a ici plus que Salomon, & toute fa magnificence.

_{1 Rois 1. 33.}

A cette obfervation, il faut en ajoûter une autre plus générale, & qui ne fera pas inutile à notre fujet. Dieu avoit défendu aux Rois d'Ifraël, de faire des amas de Chevaux. Ils ne convenoient pas à la Paleftine, païs rude & montagneux, & d'ailleurs, cela ne fe pouvoit faire, fans charger le païs, & fans ôter aux Hommes, & à des Animaux abfolument néceffaires, foit à la nourriture du Peuple, ou à la culture des terres, leur fubfiftance. Les Voyageurs ne s'en fervoient point, parce que les Anes convenoient infiniment mieux, dans des chemins raboteux & tout entre-coupez de rochers. Les Chevaux ne pouvoient être utiles que pour la Guerre, à caufe de leur courage, de leur fierté, & de leur agilité. Mais le deffein du Légiflateur des Hébreux n'étoit pas que les Rois entretinffent de grandes armées, ce qui ne pouvoit fe faire, fans fouler les peuples, & corrompre les mœurs. Il eft rare que le Soldat n'abufe de fa force, & du pouvoir que fa profeffion lui donne. La Licence eft prefque inféparable des armées. Ajoutez à cela, que les Ifraëlites n'en avoient pas befoin. En tems de guerre ils étoient tous Soldats, & dès que la guerre étoit finie, ils retournoient au labourage, aux foins de leurs troupeaux, & aux arts innocens qu'ils exerçoient. Dans les occafions même de guerre, la Cavalerie n'étoit pas propre dans la Paleftine, à caufe de la nature du païs, ferré, coupé de rochers, de montagnes, de vallons. Elle n'auroit été néceffaire aux Rois d'Ifraël, que pour les guerres étrangeres, & leur fage Légiflateur n'avoit garde de les favorifer. Les conquêtes ne font le plus fouvent que des ufurpations, auxquelles la flatterie & l'ambition ont donné des noms honorables. Défendre leurs propres poffeffions, leurs Autels, & leur liberté, c'eft tout ce que devoient faire les Ifraëlites. Cela même convenoit à l'innocence des mœurs, qui ne fubfifte dans un Etat, qu'auffi long-tems, que les citoyens laborieux, ne fe cor-

_{Deut. XVII. 16.}

rompent point par l'abondance des richesses superfluës, & par le luxe, qui en est la suite. Les Romains l'éprouverent. Ils ne furent véritablement Romains, qu'aussi long-tems qu'ils sçurent se contenter de ce qui étoit nécessaire à la vie, & que la modération, & la frugalité, régnerent dans leur République. Mais lorsqu'ils eurent étendu leurs conquêtes, & que, s'enrichissant du pillage des Nations vaincuës, ils eurent apporté chez eux *le Luxe Asiatique*, ce fut alors, que tous les vices qui corrompent les Etats, inonderent la République Romaine; & que tout le monde voulant être Maître, & personne ne voulant en souffrir, elle fut dechirée par des guerres intestines, & tomba enfin sous la domination des plus barbares Tyrans. Ce fut donc une grande sagesse au Législateur des Israëlites, de défendre aux Rois d'Israël, de faire des amas de Chevaux, inutiles pendant la paix, où ils ne servent qu'à devorer la nourriture des Hommes, & des Animaux nécessaires, & qui ne peuvent servir que pour des guerres étrangeres, auxquelles Moïse ne vouloit pas donner lieu.

Après ces refléxions générales, considerons pourquoi le Sauveur voulut entrer dans Jerusalem, monté sur un Ane; car il n'eût pas certainement violé la Loi, s'il s'étoit servi d'un Cheval dans cette occasion.

D'abord on ne sçauroit supposer raisonnablement, que J. Christ en usa de la sorte par nécessité. Parmi tant de personnes qui croyoient en lui, n'y en avoit-il point, qui pût lui fournir un Cheval pour cette cérémonie? Ne pouvoit-il pas s'en procurer un lui-même? Il est vrai, le Seigneur étoit pauvre; mais sa pauvreté étoit volontaire, & l'effet tout pur de son choix. *Il s'est rendu pauvre: Il n'avoit pas où reposer la tête;* mais c'est uniquement parce qu'il ne fait aucun cas des richesses inutiles & superfluës, dont l'amour est la cause d'une infinité de crimes & de miseres. De toutes les Passions, il n'y en a point de plus malfaisante & de plus cruelle. L'Avarice est toujours dure, inhumaine, parce qu'il est impossible, qu'elle se satisfasse autrement. J. Christ l'a donc condamnée, par ses Préceptes & par son Exemple. Car du reste, quand on ne le regarderoit que comme un simple Homme, revêtu de la puissance que le Pere lui avoit donnée, n'auroit-il pas pû commander à la Terre & à la Mer de lui ouvrir leurs trésors? Ou, s'il ne vouloit pas employer les miracles, le monde n'étoit-il pas plein d'injustes Usurpateurs qu'il pouvoit dépouiller, comme les Israëlites dépouillerent les Egyptiens? Là force lui manquoit-elle, à lui, qui pouvoit demander à son Pere, & en obtenir des Légions d'Anges? Ainsi J. Christ
n'est

n'est pauvre, que parce qu'il veut l'être, & parce que cela convient au but de son Ministère.

Secondement, J. Christ se propose de faire voir par son exemple, le méprisable néant des Pompes & des Magnificences mondaines, qui ne sont des objets d'admiration que pour des Ames vaines & efféminées. Car, au fond, quelle grandeur réelle, quelle grandeur estimable, y a-t-il à étaler aux yeux des Peuples de superbes Vêtemens, de magnifiques Equipages, à faire Entrée dans une Ville par des Arcs de Triomphe? .... La Fortune, ou pour parler un langage plus juste, la Providence prodigue tout cela à des Ames vicieuses. Ce ne sont pas-là les trésors, dont elle est avare, si nous osons nous exprimer de la sorte. J. Christ, image de son Pere, a une autre Magnificence qui lui est propre; c'est celle de ses Vertus & de ses Perfections, & s'il vouloit se faire admirer des Peuples, il perdroit d'autres ornemens qui ne sont pas au pouvoir de la Puissance humaine. Il se feroit porter sur la Nuë, comme lorsqu'il monta dans le Ciel, & qu'il alla faire son entrée dans la Jerusalem céleste: Il s'environneroit de Lumière comme d'un vêtement: Il se feroit voir sur la Montagne de Sion, comme il voulut paroître sur celle du Thabor: En un mot, une Magnificence mondaine ne convenoit pas à J. Christ, *dont le Royaume n'est pas de ce Monde*, & qui étoit venu crucifier le Monde & les objets de ses Passions.

Mais J. Christ ne pouvoit-il pas, sans blesser son Humilité, puisqu'il vouloit entrer dans Jerusalem sur quelque animal propre à porter les Hommes, se servir dans cette occasion d'un Cheval, animal noble, & non pas d'un animal vil, tel que l'est l'Ane? Ces idées *d'Animal noble*, & *d'Animal vil*, ne sont que de vaines opinions, de vains préjugez. L'Ane, ouvrage de Dieu, aussi-bien que le Cheval, a sa noblesse originelle, pour ainsi dire. Il a les perfections qui conviennent à l'usage auquel il est destiné; c'est à soulager les Hommes dans leurs travaux. Il n'est pas fait, comme le Cheval, pour la guerre; & par cela même, il convient au Sauveur, doux, humble, pacifique. On sçait ce mot de Platon, rapporté par l'Historien des Philosophes [6]: *Monté un jour sur un Cheval, il en descendit bien vîte, disant* QU'IL CRAIGNOIT DE PRENDRE LA FIERTE' DE CE SUPERBE ANIMAL. Que l'Orgueil humain gâte nos idées, & que nous jugeons mal de la Grandeur! Un Homme vain, ou pour le mieux qualifier encore, un Homme insensé, s'honore & se glorifie de monter le Cheval fier & bienfait. Il méprise un autre

autre Homme, son égal, & peut-être son supérieur par les qualitez véritablement estimables, parce qu'il le voit à pied, ou monté sur un animal de vil prix, sur un Ane, si l'on veut. Ne pense-t-il pas, cet Insensé, que l'excellence de l'Homme ne dépend de rien d'étranger; que de vils Vêtemens, une Maison d'argile, un Toît rustique, ne sçauroient avilir les Vertus, ni les superbes Palais, ni les Vêtemens précieux annoblir les Vices?

Quoi qu'il en soit, J. Christ entre à Jerusalem dans un équipage qui convient à son caractère. Voudroit-on qu'il y fût entré sur un Char, traîné par des Tigres, par des Lions? Car la vanité, ou plutôt la folie humaine est allée jusques-là. Il a soûmis par sa parole, & par son exemple, des Passions farouches, plus indomtables & plus pernicieuses au Genre humain que ces Bêtes féroces. Voudroit-on le voir précedé de Rois enchaînez, d'Esclaves chargez des dépouilles des Peuples vaincus? Il est plus grand, & plus beau, qu'il soit suivi des Démoniaques qu'il a délivrez, des Aveugles auxquels il a rendu la vûë, des Lépreux qu'il a purifiez, des Boiteux qu'il a fait marcher des Paralytiques, qu'il a guéris. Ce sont-là ceux qui le suivent; au moins est-il bien vraisemblable, que parmi cette troupe qui l'accompagne, & qui fait retentir l'air de ses acclamations, un grand nombre avoit senti les effets de sa Puissance miraculeuse; & ces divers maux, dont il a guéri les Hommes, sont les trophées de ses victoires. Voudroit-on, enfin, qu'il fût entré à Jerusalem, porté sur les épaules des Hommes? La sagesse Payenne [7] elle-même a méprisé cet Orgueil, & a loüé la moderation de ces Princes, qui, parvenus au Pouvoir souverain, se sont élevez au-dessus de leur Dignité, par une Humilité volontaire.

J. Christ ne perd donc rien de sa véritable Grandeur, lorsqu'il entre à Jerusalem dans un équipage si vil aux yeux du Monde. Mais il y a plus; & les Evangelistes nous apprennent, qu'il a voulu se conformer à cet oracle du Prophète Zacharie: *Dites à la Fille de Sion, voici votre Roi, qui vient à vous, plein de douceur, monté sur un Ane, sur le poulain de celle qui est sous le joug.* Le Seigneur voulut accomplir cette Prophétie en présence de la Nation, assemblée à Jerusalem, à la Fête de Pâque, afin de lui faire connoître, qu'il étoit ce Roi spirituel, annoncé depuis tant de siècles par les Prophètes. La preuve étoit d'autant plus sensible, & plus convaincante, que les anciens Juifs ne doutoient pas, que Zacharie n'eût prédit

Zach. IX. 4.

dit, dans cet endroit, la venuë & l'entrée du Messie. Le Lecteur peut voir [8] à la fin de ces Discours, ce que les Sçavans ont observé là-dessus dans les Livres des Juifs.

Des Incrédules pourront nous objecter, qu'il ne paroît pas digne de l'Esprit Divin, d'avoir révelé au Prophete une circonstance, non seulement si peu importante, mais si équivoque, & plus propre à tromper le Peuple, qu'à l'éclairer. Car un Imposteur, sçachant l'opinion des Juifs, ne pouvoit-il pas prendre un Ane, monter dessus, & entrer dans cet équipage à Jerusalem, avec quelque multitude qu'il auroit amassée? Mais cette difficulté est évidemment l'effet de la prévention & de la légereté, & non de l'attention & du jugement. Ce n'est pas la monture dont le Messie devoit se servir, dans son entrée à Jerusalem, qui est l'objet du Prophete; ce n'est qu'une circonstance, qui accompagne le caractère principal par lequel il le désigne. Le caractère de ce Roi, celui qui le distingue essentiellement de tous les Rois de la Terre, c'est celui d'être un Roi *débonnaire, plein de douceur, un Roi humble & pauvre*, selon le monde; car le terme de l'original présente toutes ces idées, & il ne faut point les separer. Ce Roi promis *à la Fille de Sion*, c'est-à-dire, à Jerusalem, ne viendra point chez elle, comme les Rois de la Terre, dans un superbe équipage. Il n'aura rien du Faste & de la Magnificence des autres Princes. Comme son Regne est d'une tout autre espece que le leur, vous le reconnoîtrez à des marques, à des ornemens tout opposez. Doux, pacifique, humble, & pauvre, il ne brillera que par l'éclat de ses Vertus & de ses Bienfaits. *Voici votre Roi vient à vous, plein de douceur, monté sur un Ane, sur le poulain de celle qui est sous le joug.* Cet extérieur du Fils de Dieu étoit d'autant plus propre à le distinguer, que le Luxe étoit très-grand de son tems en Judée, comme on le voit par la description que Josephe nous fait des Palais d'Hérode & de la magnificence de sa Cour.

Dès qu'on sçût à Jerusalem que Jesus y venoit, il en sortit *une multitude de Juifs étrangers*, qui y étoient accourus de toutes parts pour célébrer la Fête de Pâque, *& qui vinrent au-devant de lui, tenant des branches de Palmiers dans leurs mains*. S. Matthieu & S. Marc disent en général, qu'ils coupoient des branches aux arbres; & comme il y avoit un grand nombre de Palmiers & d'Oliviers dans ces lieux-là, ils coupoient indifféremment des branches des uns & des autres, en tenoient dans leurs mains, & en jettoient dans le chemin où passoit le Seigneur. [9] *La Palme* étoit l'emblême de la Victoire, & [10] *l'Olivier* celui de la Paix. Les Peuples attendoient l'une

Jean xii.
12. 13.

Matth.
xxi. 8.
Marc.
xi. 8.

& l'autre du Seigneur. Ils croyoient, qu'après avoir triomphé de leurs Tyrans, il les feroit jouïr des délices de la Paix; car il faut convenir, que les Juifs en général avoient des idées bien charnelles du Regne du Meſſie, & que ceux-là même qui croyoient en J. Chriſt, ne s'en formoient gueres de plus ſpirituelles que les autres. Ce ne fut que depuis ſa Mort, depuis ſa Réſurrection, & même depuis la Deſcente du S. Eſprit, qu'ils comprirent bien, que le Royaume du Meſſie étoit à tous égards le Royaume des Cieux, & que tous les Biens en étoient céleſtes & ſpirituels.

Quelques Interprêtes [11] croyent, que les Juifs ne firent, dans cette occaſion, que tranſporter à la Fête de Pâque des ſignes de rejouïſſance qu'ils avoient accoûtumé de donner dans celle des Tabernacles. Mais [12] cette penſée n'eſt pas la plus vraiſemblable. Le Peuple fidéle ſe félicite, & félicite J. Chriſt, de ce qu'il va prendre poſſeſſion de ſon Royaume. Ce Peuple fait éclater les eſpérances de Victoire & de Paix qu'un ſi beau Regne lui donne. Les Palmes, dont il jonche le chemin, ſont les emblêmes de ſes Victoires: Les branches d'Olivier en ſont de la Paix qu'il ſe promet. Au moins eſt. il certain, que le Peuple fidéle en uſe dans cette occaſion à l'égard de Jeſus, comme on avoit coûtume d'en uſer à l'égard des grands Capitaines, lorſqu'après quelque victoire ſignalée, ils retournoient dans leur patrie. Le Peuple les recevoit en triomphe, au bruit des acclamations, portant des Palmes à la main, & jettant des Fleurs ſous leurs pas.

L'allegreſſe étoit extrême: Elle éclatoit de toutes parts, par les plus grandes demonſtrations de joye. Ceux qui avoient accompagné le Seigneur juſqu'à la Ville, jonchoient les chemins de rameaux d'arbres; les autres, qui le reçurent à l'entrée de la Ville, n'en ayant pas, étendoient leurs vêtemens à l'endroit où il paſſoit. Voilà un honneur fort ſingulier. Il n'y en a point d'autre exemple dans l'Hiſtoire Sainte. On voit bien dans le Livre des Rois, que les Capitaines de l'armée d'Iſraël, informez par le vaillant *Jehu*, qu'un des Fils des Prophètes, envoyé par *Elizée*, venoit de le ſacrer Roi d'Iſraël, le proclamerent à l'inſtant, & prenant leurs manteaux, les mirent ſous lui, & lui dreſſerent ſur le champ une eſpece de Trône, pour y recevoir l'hommage & le ſerment de l'armée. Cela fait voir l'eſtime & la venération qu'ils avoient pour Jehu. Mais on voit dans l'Hiſtoire Romaine un exemple tout pareil à celui qui ſe paſſe à Jeruſalem. *Caton*, cet illuſtre Romain, & pour ainſi dire le dernier des Romains, cet Homme d'une

Ver-

Vertu sublime & incorruptible, [13] „ quittant l'Armée qu'il
„ commandoit, lorsque le tems de sa charge fut expiré, se
„ vit accompagné des vœux de tous les Soldats, comme
„ cela arrive ordinairement ; non seulement avec des ap-
„ plaudissemens & des loüanges, mais avec des regrets, avec
„ des larmes, avec des embrassemens infinis de tous les Sol-
„ dats, qui s'empressoient autour de lui, *& qui étendoient
„ leurs robes sous ses pas par-tout où il passoit.* Ces honneurs sont
bien placez ; ils sont rendus à la Vertu.

Ceux que le Peuple fait à Jesus, n'ont point d'autre cause.
Ce sont les Vertus du Seigneur, & les miracles qu'il a faits,
qui lui attirent les hommages & les acclamations de cette
troupe fidèle, dont plusieurs avoient été témoins de ces
miracles. *Toute la troupe des Disciples*, dit S. Luc, *transpor-* Luc.xix.
tée de joye, se mit à loüer Dieu à haute voix, de toutes les mer- 37.
veilles qu'ils avoient vûës. C'est-ce qui distingue le Triomphe
de J. Christ, de tant d'autres, rapportez dans l'Histoire. Son
Triomphe est celui de la Religion & de la Pieté. On loüe,
on célèbre les exploits de sa Charité ; mais on en rapporte toute la gloire à Dieu. *C'est Dieu que le Peuple loüe à haute voix*,
dit l'Evangeliste. Et de quoi le loüent-ils ? Des miracles
qu'ils ont vûs, & dont plusieurs ont été les heureux sujets ;
mais en particulier de la Résurrection de Lazare. *Tous ceux* Jean xii.
dit S. Jean, *qui s'étoient trouvez avec Jesus, lorsqu'il dit à Laza-* 17. 18.
*re de sortir du tombeau, & qu'il le ressuscita, en rendoient témoi-
gnage, & c'est sur le bruit de ce miracle, qu'on alloit en foule au-
devant de lui.*

Arrêtons-nous un moment sur cette refléxion de l'Evangeliste. Les grands évenemens ont toûjours des suites ; &
ces suites sont des preuves qui en font voir la vérité. Ils se
prouvent par leurs effets. La Résurrection de Lazare est un
argument décisif de la Mission du Sauveur. Mais plus il est
décisif, plus l'Incrédulité tâche de le rendre douteux. On a
fait voir dans le Discours précedent, qu'on ne sçauroit en attaquer la certitude par aucun endroit. Il est vrai, puisqu'il
est possible, & qu'il est attesté par des témoins irréprochables. Quelles autres preuves peut-on avoir des Faits ?
Cependant si ce grand Prodige n'avoit eu aucune suite ;
s'il n'avoit pas fortifié la foi des Disciples de Jesus ; s'il
n'en avoit pas augmenté le nombre ; s'il n'avoit pas, d'un autre côté, porté les Ennemis du Sauveur à prendre des résolutions extrêmes contre lui : ce Prodige paroîtroit encore incertain. Mais les effets le justifient. Car, d'où viennent
ces transports de Joye, ces Acclamations, cette Entrée

Vol. VI. V triom-

78   JESUS MONTE'

triomphante du Sauveur? D'où vient cette Foi? D'où vient ce Zéle, qui, comme une flamme rapide, se communique, & embrase tout d'un coup la multitude? D'où viennent, au contraire, les conspirations des Chefs & des Docteurs de la Nation Judaïque; cette résolution violente, impie, de faire périr le Sauveur, sans délai, & à quelque prix que ce soit? C'est encore à cause de la Résurrection de Lazare: *Si nous le laissons faire*, disent-ils, en parlant de Jesus, *tout le Peuple croira en lui.* Les grands Exploits, les hautes Vertus produisent ces deux effets: Ils enlevent l'admiration des Peuples, & causent les conspirations des Grands.

Le Peuple, persuadé que Jesus est le Messie, témoigne hautement sa Foi par cette Acclamation, prise du Ps. CXVIII. *Hosanna au Fils de David: Que béni soit le Roi qui vient au nom du Seigneur! Hosanna dans les lieux très-hauts.* Ce sont les vœux que la Nation avoit faits pour David, dans une conjoncture assez semblable, & qu'elle repéte à la gloire du Fils de David, ou du Messie. * *Hosanna* est un terme composé de deux mots Hébreux, mais adoucis, & accommodez à la prononciation Grecque. Ces deux mots veulent dire, *Seigneur, sauvez, conservez, faites vivre, faites prospérer* le Roi, qui nous vient de votre part; *nous vous en prions.* En un mot, c'est une priere adressée à Dieu, par laquelle on lui demande tout ce qu'on peut souhaiter à un Prince: Un long & un heureux Regne, une longue Vie, des Victoires, des Prospéritez, une glorieuse Paix, un Peuple soûmis, nombreux, florissant. . . . . Car la prosperité du Prince est inséparable de celle des Sujets; au moins s'il est le Pere, & non le Tyran de son Peuple. Les bénédictions que le Ciel repand sur le Chef de l'Etat, doivent couler sur les membres. Il ne les reçoit que pour les communiquer.

Ces vœux, ces prieres, s'addressent donc à Dieu, à qui le Peuple demande le salut & la prosperité de son *Christ*, ou de son *Roi.* Ce n'est qu'après la Mort, après la Résurrection, & l'Ascension du Sauveur que les vœux pourront s'adresser à lui. Ce sera alors que s'accomplira ce que dit S. Jean:
Apoc. vii. 9. 10. *Je vis une grande troupe, que personne ne pouvoit compter, de toute*

---

* Les Evangelistes disent *Hosanna*, pour *Hoschigna na*: הושיעה נא, qui veut dire proprement, *Sauvez, je vous prie.* La Version des Septante a rendu ces deux mots d'une manière assez littérale σῶσον δὴ, Ps. CXVIII. 24. Les Peres en général, excepté S. Jerôme, ont mal entendu ce terme, & ont cru d'ailleurs que l'Acclamation s'adressoit à J. Christ, & non à Dieu en faveur de J. Christ. *Baronius*, qui n'entendoit gueres la Langue Grecque, & encore moins la Langue Hébraïque, a fait la même faute. Voy. Ann. 34. n. 5. Il en a été rélevé par Casaubon, Exerc. XVI. 11. *Hosanna au Fils de David*, veut dire assurément, *à Dieu, rendez heureux ce Jesus, qui est le Fils de David,* ou le Messie. Voyez Beze sur cet endroit, & *Maldonat*, qui a profité du premier, sans le nommer. Voyez en particulier *Casaubon* ub. sup. p. 447. Ce Sçavant a remarqué, que dans les acclamations, c'étoit la coûtume de n'exprimer qu'en partie ce que l'on vouloit dire; le reste étoit sous-entendu. Il en allegue divers exemples. Le même usage a passé dans les Inscriptions.

te *Tribu, de tout Peuple, & de toute Langue, debout devant le Trône, en préſence de l'Agneau, vêtus de Robes blanches, & tenant des Palmes dans leurs mains. Ils crioient à haute voix, le ſalut vient de notre Dieu, qui eſt aſſis ſur le Trône, & de l'Agneau.*

Le Peuple ajoute, *Hoſanna dans les lieux très-hauts*. On voit encore ici un exemple de ces expreſſions abregées, dont on ſe ſert dans les Acclamations; car il faut évidemment ſous-entendre ces mots; *ô Dieu, qui êtes*, ou *qui réſidez*. Le ſens eſt: *Sauvez votre Chriſt, faites proſperer votre Roi, ô vous, Seigneur, qui habitez dans les lieux très-hauts.*

Comme les bénédictions que le Peuple fidèle donne à Jeſus, & les vœux qu'il fait pour lui, ſont pris du Pſ. CXVIII. nous allons donner une courte Analyſe de cet admirable Cantique. Elle ſervira à faire voir, combien ces vœux & ces bénédictions ſont bien choiſis, & bien appliquez à J. Chriſt. ¹⁴ D'habiles Interprètes jugent, que le Pſ. CXVIII. fut compoſé par David. Ce Prince, que Dieu avoit appellé au Royaume d'Iſraël lorſqu'il étoit encore jeune, éprouva pendant la vie de Saul, tout ce que la haine contre un Succeſſeur étranger peut inſpirer à un Prince regnant. La même choſe arriva à Jeſus, de la part d'Hérode, lorſque celui-ci eut appris que le Chriſt venoit de naître. Saul étant mort, & le Royaume d'Iſraël étant dévolu à David, la République ſe partagea. Mais enfin, malgré le pouvoir de la Faction contraire, David fut reconnu par toutes les Tribus d'Iſraël: C'eſt l'évenement qu'il célèbre dans cet Hymne, un des plus beaux de l'Ecriture. Il eſt dans le caractère de l'Ode: Le ſtile en eſt ſublime, les mouvemens vifs. Le Poëte y fait parler ſucceſſivement divers Perſonnages. David, qui parle le premier, célèbre la conſtance des Bontez du Seigneur, qui, malgré des obſtacles qui ſembloient invincibles, l'avoit conduit au Trône d'Iſraël, & réüni la République. Puis il ordonne aux Prêtres de lui ouvrir les Portes du Tabernacle, qu'il appelle *les Portes de Juſtice*, pour y aller offrir à Dieu ſes juſtes actions de graces. Il s'avance: Il y entre; & c'eſt alors que les Prêtres & le Peuple font retentir les airs d'Hoſanna réïterez. *Sauvez, Seigneur; Seigneur, ſauvez; nous vous en conjurons: Béni ſoit celui qui vient au nom du Seigneur!* Après ces Acclamations, les Sacrificateurs béniſſent le Peuple de la part de Dieu, & ordonnent que l'on amene les victimes. Alors David reprend la parole; rend graces à Dieu de ſes libéralitez, & invite le Peuple & les Prêtres, à célébrer avec lui ſa conſtante miſericorde.

Pſ. cxviii, 25.

Cela fait voir que les vœux que le Peuple fidèle addreſſe à Dieu pour Jeſus, ſont parfaitement bien choiſis. Heureux les Iſraëlites, ſi, après avoir été diviſez ſur le Roi que Dieu leur avoit deſtiné, ils s'étoient réünis dans ce jour, & s'étoient ſoûmis au Fils de David, comme ils ſe ſoûmirent enfin à David, que Dieu leur avoit donné dans ſa grace. Au reſte, ce qui engage le Peuple fidèle à emprunter dans cette occaſion les paroles du Pſ. CXVIII., c'eſt que les Juifs convenoient, premièrement que David avoit été le Type du Meſſie, & que le Meſſie feroit renaître, & ce Prince, & ſon Regne. De-là vient que, parmi cette troupe fidèle, il y en avoit qui diſoient, comme le rapporte S. Marc: *Béni ſoit le Regne de David, notre Pere, lequel nous voyons arriver au nom du Seigneur.* Secondement ils convenoient que ce Pſeaume étoit un Pſeaume prophétique, qui concernoit le Regne du Meſſie, auſſi-bien que celui de David. De-là vient que le Seigneur s'applique ce que ce Prince avoit dit en termes figurez, & du mépris qu'une partie des Chefs d'Iſraël avoient fait de ſa perſonne, en voulant l'exclure du Royaume, & de la Révolution merveilleuſe que la Providence avoit procurée, en faiſant tourner ce mépris à ſa gloire. *La Pierre*, dit David, *que les Directeurs du Bâtiment avoient rejettée, eſt devenuë la principale Pierre de l'Angle*; celle, qui ſoutient l'Edifice, qui en fait la force & l'ornement. C'eſt auſſi ce qui eſt arrivé à J. Chriſt. Rejetté par les Principaux du Peuple Juif, par les Directeurs de l'Edifice, Dieu l'ayant reſſuſcité, & élevé à ſa droite, il eſt devenu la Pierre angulaire, & le fondement de l'Edifice éternel de ſon Egliſe.

Entre cette multitude de Peuple, qui adreſſoit des vœux à Dieu pour le Meſſie, il y en eût, qui renouvellerent en partie l'Hymne que les Anges chanterent à ſa naiſſance: *Paix dans le Ciel*, diſoient-ils, *Gloire dans les lieux très-hauts*; c'eſt-à-dire: Que *la Paix*, qui eſt *dans le Ciel*, & qui vient du Ciel, deſcende ſur la Terre, & que Dieu, *qui habite les lieux très-hauts, ſoit glorifié*. *La Paix*, dans le ſtile des Hébreux, exprime la plus entiere Proſpérité.

Jeſus étant entré dans Jeruſalem, marcha droit au Temple: comme David, après qu'il eut été reconnu Roi de tout Iſraël, ſe rendit au Tabernacle. Ce fut dans le Temple que les Acclamations redoublerent, & que tous, juſqu'aux *Enfans*, criant *Hoſanna au Fils de David*, les principaux Sacrificateurs & les Scribes, outrez de colère & de dépit d'un tel ſpectacle, mais n'oſant encore le témoigner, dirent à Jeſus: *Entendez-vous ce que diſent ces Enfans? Oui*, leur repartit Jeſus; *mais vous,*

vous, n'avez-vous jamais lû cette parole: *Tu as tiré ta loüange la plus parfaite de la bouche des Enfans, de ceux qui sont encore à la mammelle?* La sagesse du Sauveur éclate par-tout. Il possede les sacrez Ecrits du Vieux Testament, & en employe les paroles dans les occasions, pour fermer la bouche à ses Adversaires avec une justesse, & une présence d'esprit, qu'on admireroit dans un simple Docteur. Cette belle sentence est prise du Ps. VIII. 3., où, entre les merveilles de Dieu que le Prophéte admire, il allegue ces petits Enfans, qui, dès qu'ils sont nez, vont chercher leur nourriture au sein de leur Mere, ou la demandent par leurs cris. Ils loüent Dieu alors, comme *le Ciel annonce sa Gloire, & comme l'Etenduë fait connoître l'ouvrage de ses mains*. J. Christ accommode ces paroles à son sujet, & fait sentir à ces Docteurs superbes & incrédules, que le témoignage de ces Enfans, qui ne sçavent encore, ni flatter, ni mentir, dont Dieu ouvre les lévres pour publier ses loüanges, condamne leur malice & leur incrédulité.

Comme Jesus alloit au Temple, d'autres Pharisiens, irritez, comme les premiers, des Acclamations du Peuple, lui dirent: *Maître, reprimez vos Disciples*; mais il leur répondit: *Si ceux-ci se taisent, les Pierres mêmes crieront*. C'est une Hyperbole, à la vérité; mais qui fait entendre, que quelques efforts que fassent les Hommes & les Démons pour obscurcir la vérité, elle sera reconnuë, & J. Christ honoré comme le Messie & le Fils de Dieu. S. Jean employe une pareille Figure, lorsqu'ayant dit aux Juifs, *de faire des fruits convenables à la Repentance*, s'ils vouloient éviter leur entiere destruction, il ajoute: *Ne dites point en vous-mêmes, Abraham est notre Pere*; nous sommes sa Posterité, Dieu ne permettra pas qu'elle soit éteinte, & que ses promesses soyent sans effet: *Car je vous dis, que de ces Pierres mêmes Dieu peut susciter des Enfans à Abraham*: quand il faudroit des Miracles, les promesses de Dieu s'accompliroient; mais il feroit ces Miracles, plutôt que de tolerer plus long-tems votre endurcissement, & votre impénitence. Les Pierres n'ont point parlé, car on ne veut point allegoriser les paroles de J. Christ: Mais lorsqu'à sa Mort les Pierres se fendent, & que les Tombeaux s'ouvrent, ne peut-on pas dire, qu'il sortit de ces Pierres & de ces Tombeaux des voix, qui crioient aux plus insensibles, que Jesus, qui venoit d'être crucifié, étoit véritablement le Fils de Dieu?

Après avoir fermé la bouche aux Sacrificateurs & aux Pharisiens, & avoir guéri des Aveugles & des Boiteux qui se présenterent à lui, il se promene dans le Temple, regarde de toutes parts, & voyant de quelle manière on profanoit encore ce Lieu facré, il fit un nouvel acte de Maître & de Prophète. *Il chaffa du Temple ceux qui y vendoient, & qui achettoient, renverfa les tables des Changeurs, & les fiéges de ceux qui vendoient des Pigeons:* puis leur addreffa cette cenfure: *Il eft écrit, ma Maifon fera appellée une Maifon de priere, & vous en avez fait une caverne de Brigans.* Ces Changeurs & ces Marchands fe tenoient dans la partie extérieure du Temple, appellée le *Parvis*. Cet endroit étoit tout rempli de Boutiques, où l'on vendoit ce qui étoit néceffaire pour les Sacrifices. C'étoit un marché public, fur-tout dans le tems de la Pâque, où Jerufalem étoit pleine de Juifs étrangers. Le Sauveur cite un endroit d'Efaïe (LVI. 7.), & fait allufion à un endroit de Jeremie. (VII. 11.) Le reproche n'étoit que trop bien fondé. Ce commerce, indigne à tous égards d'un lieu confacré au Culte Divin, étoit rempli de fraude & d'ufure, comme on a déja eu occafion de le dire.

<small>Matth. xxi. 12. 14.</small>

Il faut obferver, que S. Matthieu a remarqué en gros & de fuite ce que J. Chrift fit depuis fon Entrée triomphante à Jerufalem, fans diftinguer les jours. S. Marc y a fuppléé. Cet Evangelifte nous avertit, qu'après que J. Chrift eût été dans le Temple, & qu'il eût vû ce qui s'y paffoit, comme il fe faifoit déja tard, il fortit de Jerufalem, & fe retira à Bethanie avec les douze Apôtres. Cela fe paffa le premier jour de la femaine. Le lendemain, ou le fecond jour, il retourna à Jerufalem; & ce fut alors qu'il purgea le Temple des Marchands qui le profanoient. On peut voir dans le même Evangelifte, ce qu'il fit les jours fuivans.

<small>Marc. xi. 11. & fuiv.</small>

Telle fut l'Entrée de J. Chrift à Jerufalem: telles les principales circonftances dont elle fut accompagnée. On y voit le Seigneur changer tout-à-fait de conduite, & l'on en voit les raifons. Elles font dignes de fa profonde fageffe. Au commencement il défendit de publier fes Miracles. Il faut éclairer les Hommes peu-à-peu, lorfqu'il s'agit de Véritez qui choquent leurs Préjugez & leurs Paffions. La Charité, auffi-bien que la Prudence, doit ces égards à leur foibleffe. Dans la fuite, & par la même raifon, le Seigneur défend de publier qu'il eft le Meffie. Les Efprits ne font pas encore préparez à recevoir cette vérité. Lorfque le Peuple charmé de fa Doctrine, & frappé de l'éclat de fes Miracles, veut l'enlever & le proclamer Roi, il fe retire, & fe dérobe à fes empreffemens. Enfin, quand les Chefs de la Nation, rongez d'envie, & tremblant pour leur regne, veulent fe faifir de fa perfonne, il s'échape, & va fe cacher dans des

lieux

SUR UN ANON. *Discours VI.* 83

lieux écartez. Telle fut la conduite de J. Christ jusqu'à sa derniere Pâque. Mais à présent qu'il a justifié sa Mission divine par une infinité de Miracles, que les Peuples en sont persuadez, & que les Chefs eux-mêmes, convaincus *qu'il fait beaucoup de signes*, ne la contestent que par un aveuglement volontaire, le Ministère du Sauveur est fini par rapport aux Juifs: Il n'en reste que le dernier Acte, qui est celui de son Sacrifice.

Quant aux vûës particulieres de l'Entrée publique de J. Christ à Jerusalem, on en peut remarquer plusieurs. La premiere fut, d'accomplir, à la vûë de toute la Nation, l'oracle de Zacharie. Il est vrai, que cela ne fut pas compris d'abord par les Disciples même. Ils ne s'en apperçurent que depuis que Jesus fut monté dans sa Gloire. La seconde fut, de laisser à la posterité & à son Eglise un témoignage éclatant, qu'il a été reconnu pour le Messie par la Nation Judaïque en général; & que si les Chefs l'ont crucifié, ce ne fut que par envie, & pour maintenir leur regne & leurs superstitions. La troisième, que la Mort du Sauveur a été une Oblation volontaire: Car, étant adoré du Peuple, comme il l'étoit, & les Sacrificateurs n'osant, à cause de cela, mettre la main sur lui, il pouvoit se retirer de Jerusalem, s'il l'avoit voulu. Il en sortoit tous les soirs, pour aller passer la nuit à Bethanie, jusqu'à ce que le moment de son Sacrifice étant arrivé, il institua l'Eucharistie, & alla se livrer à ses Meurtriers. Enfin, il est beau de voir J. Christ marcher à la Croix, & y aller en triomphant. Il voit le supplice qui lui est préparé: Il l'annonce aux Juifs mêmes dans la Parabole des Vignerons, & dans celle des Nôces; & s'il s'afflige, s'il verse des larmes, ce n'est que sur l'ingrate & perfide Jerusalem, dont il prévoit & prédit les malheurs.

Jean XII. 16.

Matth. XXI. 33. & suiv.
Matth. XXII. 1. & suiv.

DISCOURS VII.

On montre un Denier à J. Chrift. MATTH. XXII. 15-22. MARC. XII. 13-17. LUC. XX. 20-26.

A Vérité a toujours été odieufe, & le fera toujours, parce que les Hommes ne feront jamais affez vertueux, pour être irrépréhenfibles, ni la plûpart même, pour vouloir connoître leurs défauts, & s'en corriger. Le Seigneur l'éprouva, lorfqu'étant dans le Temple de Jerufalem, peu de jours avant fa Mort, il reprocha en face aux Pharifiens & aux Sacrificateurs leurs Vices & leur Hypocrifie, en leur denonçant les Jugemens de Dieu qui alloient fondre fur la Nation, & dont ils étoient la caufe. Il eft vrai que J. Chrift enveloppoit ces reproches fous d'ingénieufes fictions; mais elles étoient fi intelligibles, que tout le monde les y reconnoiffoit, & qu'il ne falloit pas leur dire à eux-mêmes: *Vous êtes ces Hommes-là.*

2 Sam. XII. 7.

Matth. XXI. 28. & fuiv.

Le Seigneur leur difoit donc, qu'ils reffembloient à un Fils, à qui fon Pere ordonna d'aller travailler à fa Vigne, & qui lui repondit: *J'y vais, mais il n'y alla point;* Emblême bien jufte de l'Hypocrifie des Pharifiens, qui, en faifant femblant d'être les religieux obfervateurs de la Loi de Dieu, en violoient les Préceptes les plus effentiels. Le Seigneur les compare enfuite à des Ouvriers ingrats, qui, au lieu de répondre à la bonté de leur Maître, qui les avoit placez dans fa Vigne pour la cultiver & lui en rendre les fruits, maltraiterent les Serviteurs qu'il leur avoit envoyez pour les percevoir, & tuerent enfin fon propre Fils, afin d'être les maîtres de fon héritage. Après une Parabole fi jufte, & fi facile à entendre, Jefus leur ayant demandé, comment le Pere de famille devoit traiter de fi grands fcélerats? Ces Hypocrites, faifant femblant de ne pas entendre que ces difcours s'addreffoient à eux, lui répondirent: *Il fera mourir ces miferables, & loüera fa Vigne à d'autres Vignerons, qui lui en rendront les fruits dans la faifon.* Contraints donc de diffimuler leur reffentiment, & *n'ofant mettre la main fur lui, parce qu'ils craignoient le Peuple,* ils fe retirerent, pleins de colére & de dépit, dans quelque endroit du Temple, pour y concerter enfemble les moyens de faire périr Jefus. Ils inventerent pour cela un piége, qui ne pou-

Ib. vf. 33. & fuiv.

Matth. XXII. 15. & fuiv.

Δηνάριον τῷ Χριϛῷ δεικνύεται.
The tribute money offered to Christ.
Die Zinſe-müntze an Chriſtus gewieſen.

Matth. XXII. 19.

NUMISMA CENSUS CHRISTO OBLATUM.
On montre un Denier à Jesus Christ.
Schattingpenning aan Christus vertoont.

pouvoit être plus subtil, ni plus dangereux; & afin que Jesus ne s'en défiât pas, *ils lui détacherent des Espions, qui contrefaisoient les Gens de bien;* c'est-à-dire, qui sembloient être pleins de zèle pour la Religion & pour la Liberté de leur Patrie, & pleins d'estime & de vénération pour le Seigneur & pour ses hautes Vertus. *Ces Espions étoient des Disciples des Pharisiens,* des Gens formez dans leur école à l'Hypocrisie, instruits dans l'art de cacher sous un extérieur doux, humble, mortifié, sous des apparences d'affection, un cœur plein de haine, de fiel, & d'orgueil. Les Pharisiens [2] avoient dans le Peuple un grand nombre de personnes de ce caractère, qui leur étoient dévouées, & dont ils se servoient fort utilement. Ces Gens-là s'associerent des *Hérodiens,* Secte aussi peu connue, que celle des Pharisiens l'est beaucoup. Les Sçavans ont avancé sur ce sujet diverses conjectures, que nous renverrons au bas de la page *, nous contentant de marquer celle qui nous paroît la mieux appuyée.

Matth. xxii. 16.

Les Hérodiens semblent avoir été une Faction de Juifs, attachez à la Maison des Hérodes, ou plutôt aux Romains qui l'avoient élevée. Suivant la maxime d'Hérode le Grand, elle soutenoit qu'il falloit demeurer soûmis aux Empereurs, & leur payer le Tribut. Les autres, au contraire, vouloient qu'on s'affranchît de ce joug, sous prétexte, qu'on ne pouvoit payer le Tribut aux Infidèles, sans violer la Loi de Dieu. Ces derniers s'appelloient les *Zèlez,* & la plûpart étoient de la Secte des Pharisiens. C'est-ce qu'on peut inférer d'un endroit de Josephe [3], qui nous apprend, que plus de six-mille Pharisiens, ayant refusé de prêter le serment de fidélité aux Romains & à Hérode, & le Roi les ayant condamnez à l'amende, la Femme de Pheroras la paya pour eux. A l'égard des Hérodiens, ils étoient vraisemblablement Sadducéens. C'étoit la Secte des Grands, comme celle des Pharisiens étoit la Secte du Peuple. Au reste, le nom d'Hérodiens étant un nom de Faction, il y a bien de l'apparence, qu'il leur étoit donné par les Zèlez, comme [4] un nom

* Les uns ont cru que *les Hérodiens* étoient des Gentils, auxquels Hérode avoit donné des Terres. L'Auteur du Dictionaire, nommé *Baal Aruch,* témoigne que les Hébreux ont appellé *Hérodiens,* des Payens qui demeuroient dans le désert, & qu'il plaça dans un païs habitable & propre à être cultivé. Le sçavant Drusius ne paroît pas s'éloigner de ce sentiment. D'autres croyent que *les Hérodiens* sont des Soldats de la Garde d'Hérode. Voyez S. Jerôme sur Matth. xxii. Chrysostome Hom. LXXI. sur S. Matth. Ce qu'il y a de certain, c'est qu'Hérode Antipas avoit des Gardes, & qu'il étoit alors à Jerusalem, où il s'étoit rendu apparemment à l'occasion de la Fête de Pâque. Voyez Luc XXIII. 7. D'autres s'imaginent, que *les Hérodiens* étoient des Domestiques d'Hérode. Enfin, S. Epiphane, & après lui de fort habiles Modernes, prétendent que l'on nomma *Hérodient,* ces Flatteurs du Tiran, qui osoient assurer qu'Hérode le Grand avoit été le Messie. *Epiph. Haer.* xx. *Tertull. De Præscrip. Cap.* XLV. Joseph Scaliger appuye cette opinion dans ses Remarques sur la Chronique d'Eusèbe p. 163. & S. Jerôme, qui s'en étoit moqué dans son Commentaire sur S. Matthieu, l'adopte dans son Dialogue sur les Luciferiens. Mr. Wolf, Pasteur de Hambourg, indique dans ses Observations sur le N. Testament, les Auteurs modernes qui ont traité la Question des *Hérodiens.* Le Lecteur curieux peut les consulter.

Vol. VI.   Y

nom odieux. Le Regne & la mémoire d'Hérode l'étoient infiniment à la Nation Judaïque, à cause de ses usurpations, de ses cruautez, & en particulier pour avoir fait périr la Famille Royale & Sacerdotale des Asmonéens.

On pourroit être surpris, que des Sectes & des Factions aussi opposées que l'étoient les Pharisiens & les Sadducéens, les Hérodiens & les Zèlez, se soyent unies dans cette occasion : Mais cet étonnement cesse, dès que l'on considere, que comme des Intérêts & des Passions contraires sont ce qui divise les Hommes, de même des Passions & des Intérêts communs les réünissent presque toujours. Ce fut ainsi qu'Hérode & Pilate, qui étoient mal ensemble pour des jalousies d'autorité, se réconcilierent quand il fallut faire mourir J. Christ. Les Pharisiens haïssoient les Hérodiens ; mais ceux-ci leur étant nécessaires à l'exécution de leur complot, ils les font entrer dans leur conspiration. Expliquons-en les raisons.

Luc.
xxiii.12.

Il n'y avoit que deux moyens de perdre Jesus. L'un étoit, de le livrer au Gouvernement, comme un séditieux, qui excitoit le Peuple à la révolte, & aspiroit à la Tyrannie, en souffrant qu'on l'appellât Roi : l'autre, de soulever contre lui les Zèlez, qui, sous prétexte d'imiter les Phinées, sur quelque accusation de Blasphême ou de violation de la Loi, prenoient un Homme & le lapidoient, ou le faisoient mourir sans aucune forme de procès, & sans que le Gouvernement s'en mît beaucoup en peine. C'est-ce qui arriva à S. Etienne, & ce qui pensa plus d'une fois arriver à Jesus. Ce dernier moyen de le faire périr n'étoit pas praticable dans Jerusalem, à cause de l'affection & de la venération que tout le Peuple, qui le regardoit comme un Prophète, avoit pour lui. Une entreprise de cette nature auroit causé une terrible sédition. Il falloit donc s'addresser à la Puissance temporelle ; mais si l'on n'avoit accusé Jesus que de quelque Blasphême, ou de la violation de quelque Loi Mosaïque, le Gouverneur auroit méprisé une accusation de cette nature. Il n'auroit pas voulu choquer tout le Peuple, ni donner lieu à quelque émeute à Jerusalem, dans la Fête de Pâque, par complaisance pour les Sacrificateurs & pour les Pharisiens. Il n'y avoit donc qu'un seul crime, qui pût faire condamner Jesus : c'étoit celui de soulever contre la Puissance des Romains, un Peuple qui l'adoroit. Jesus n'ayant donné aucun prétexte de lui intenter une pareille accusation, il ne restoit aux Conjurez que la ressource de lui arracher quelque parole, qui leur fournît le prétexte qu'ils cherchoient. C'est-là vraisemblablement,

la

la raison pourquoi les Pharisiens s'associent les Hérodiens, partisans de la Puissance Romaine, & tout prêts à dénoncer Jesus au Gouverneur, supposé qu'il lui échapât quelque parole, d'où l'on pût inférer qu'il n'approuvoit pas que la Nation payât le Tribut aux Romains. Un Pharisien zélé pour la Loi & pour la Liberté de la Patrie, étoit moins propre à porter au Gouverneur une telle accusation.

Le complot étant donc formé, & ceux qui devoient l'exécuter bien instruits, ils vont trouver Jesus, & lui tiennent un langage fort vrai dans le fond, mais flatteur & frauduleux dans leur bouche: *Maître*, lui disent-ils, *nous sçavons que vous êtes sincere, que vous enseignez fidèlement la voye de Dieu, sans considerer qui que ce soit; car vous n'avez aucun égard aux personnes:* les Dignitez, l'Autorité, la Puissance, rien ne peut, ni vous faire dissimuler la vérité, ni vous faire varier dans vos jugemens. Ils veulent faire entendre à Jesus, qu'un Prophète, comme lui, un Ministre du Ciel, qui ne craint que Dieu seul, leur dira la vérité, sans aucun égard, ni à Hérode, ni à Pilate, ni à l'Empereur même, comme ⁵ S. Chrysostome l'a fort bien remarqué. Il faut l'avoüer, si quelque chose eût dû surprendre ou séduire Jesus, c'étoit de le représenter à lui-même, comme une de ces Ames héroïques, qui sont inaccessibles à la crainte; qui ne reconnoissent, dans le monde, d'autre Loi que celle de leur Devoir; qui honorent les Puissances légitimes, mais qui detestent la Tyrannie, toujours prêtes d'être les généreuses victimes de la conservation des Droits & de la Liberté de leurs concitoyens. Ce fut par ces motifs, que l'on sçut engager ⁶ le célèbre Brutus dans la conspiration contre Jules-César. Ce grand Homme, d'une vertu sevére & incorruptible, estimé, aimé des Romains & de César lui-même, ne put resister à l'attrait de la gloire que les Conjurez firent briller à ses yeux. Malgré l'horreur que lui inspire un assassinat, qu'il ne put envisager plusieurs fois sans frémir, il va tremper ses mains dans le sang de César, qui l'aimoit comme son fils. Les Conjurez ne proposent pas à Jesus des assassinats. Ce n'est pas à ses yeux qu'on peut déguiser le Crime, en lui prêtant les couleurs de la Vertu. Ils ne pensent donc qu'à tirer de sa bouche une parole contre le Gouvernement, & en faveur de la Liberté du Peuple; & avec combien d'artifice s'y prennent-ils? *Maître*, disent-ils. Ils le reconnoissent pour un Docteur vénérable, & parlent comme s'ils étoient de ses Disciples. *Nous sçavons*, ajoutent-ils, *que vous êtes* un Homme sincere, incapable de trahir ou de dissimuler la vérité. *Nous sça-*

Matth. xxii. 16.

vons

vons que vous enseignez fidèlement la voye de Dieu; c'est-à-dire, la volonté de Dieu. Les voyes de Dieu dans l'Ecriture, sont ses commandemens, & quelquefois les actions & la conduite de sa Providence. *Nous sçavons que vous le faites sans égard pour qui que ce soit.* Nul intérêt, nulle crainte ne vous domine. Fidéle au Dieu qui vous envoye, vous n'avez de complaisance pour personne, qu'autant que la vérité, que vous enseignez, vous le permet, & que Dieu vous le commande. Déteſtable caractère des Docteurs mercénaires! Lâches Prévaricateurs, au lieu de faire plier la volonté humaine sous la volonté de Dieu, ils tachent de plier la Loi Divine, pour l'accommoder aux Passions humaines.

Après avoir taché de s'insinuer dans l'estime & dans l'affection du Seigneur, par les éloges qu'ils lui donnent, ils le prient de leur dire, ce qu'il pense sur la Question, *S'il falloit payer le Tribut à l'Empereur, ou non*? S. Marc ajoute même, qu'à la Question de droit, ils joignirent celle de fait, & demanderent à Jesus, *S'ils payeroient le Tribut, ou s'ils ne le payeroient pas*?

<small>Matth. xxii. 17. Marc. xii. 14.</small>

Pour mettre le Lecteur au fait de cette Question, il faut remonter à l'origine du Tribut que les Juifs payoient aux Romains, tacher d'en faire connoître la nature, & montrer les raisons ou les prétextes dont les Zêlez, ou les séditieux, se servoient, pour exciter la Nation à ne payer aucun Tribut aux Etrangers.

Il faut remarquer d'abord, que dans la Question que les Pharisiens font à Jesus, il ne s'agit point du Tribut que les Juifs payoient pour le Temple, & pour l'entretien du Culte Divin. Ceux qui ont cru que les Romains s'étoient appropriez ce tribut, [7] se sont fort trompez. Ils ne l'ont fait, qu'après la ruine entiere du Temple & de la Judée. [8] Alors ils jugerent à propos d'accorder aux Juifs dispersez dans les Provinces de l'Empire, le libre exercice de leur Religion, que sous la condition de payer au Fisc, le demi-Sicle qu'ils avoient accoûtumé de payer pour le Temple. Ils eurent une raison particuliere d'en user de la sorte: c'est le dessein d'humilier les Juifs, & d'étouffer en eux l'esprit de révolte, en les appauvrissant.

<small>Exod. xxx. 13. 14.</small>

Dieu avoit ordonné que tous les mâles, depuis l'âge de vingt ans & au-dessus, payassent tous les ans un demi-Sicle pour l'entretien du Service Divin. Ce demi-Sicle portoit d'un côté l'empreinte de la Verge d'Aaron qui avoit fleuri, avec ces mots, * JERUSALEM LA SAINTE; & de l'autre une Urne, pleine

---

* Jeruschalaim Kodschah.

pleine de Manne, avec cette infcription, * Sicle Ifraëlite. Dans chaque Synagogue il y avoit un Chef, qui recevoit ce Tribut de tous les membres de l'Affemblée. Cela fe pratiquoit non feulement en Judée, mais dans toutes les Provinces foûmifes aux Romains, & à Rome même. Tous les Chefs des Synagogues envoyoient chaque année à Jerufalem l'argent qu'ils avoient recueilli, pour être mis entre les mains du Souverain Sacrificateur, & dépofé dans le Tréfor du Temple. [9] Les Gouverneurs Romains avoient ordre de faire conduire cet argent en fûreté à Jerufalem. C'eft de ce Tribut qu'il s'agit au Chapitre XVII. de S. Matthieu. Jefus étant à Capernaüm, où il faifoit ordinairement fon féjour, celui qui étoit chargé de recevoir le Tribut dû au Temple, demanda à S. Pierre, fi fon Maître ne le payoit pas? Jefus répondit à S. Pierre, qu'étant Fils de Dieu, il devoit en être exemt, comme les Fils des Rois le font des Tributs que leurs Peres impofent à leurs fujets; mais que pour ne point donner de fcandale au Peuple, il n'avoit qu'à jetter le filet, & qu'il trouveroit un *Statère* dans le premier Poiffon qui feroit pris. Le Statère pefoit quatre Dragmes, & valoit un Sicle entier. S. Pierre le donna pour fon Maître & pour lui. C'étoit un demi-Sicle pour chacun, felon l'ordonnance de la Loi.

Il ne s'agit donc point du Tribut facré que les Juifs payoient au Temple, & que les Romains ne s'étoient pas encore appropriez. Mais de celui que ces Vainqueurs exigeoient dans la Judée, & dont il faut expliquer la caufe & l'origine.

[10] Les Juifs étant opprimez par les Rois de Syrie, implorerent la protection des Romains, qui ne leur fut pas inutile. Dans la fuite, les généreux & vaillans Maccabées ayant fecoué le joug des Rois de Syrie, & rendu à la Nation la Liberté & l'ufage de fes Loix, ils en furent les Princes, d'autant plus chers & plus refpectez, qu'étant de la Race Sacerdotale, [11] le Peuple fe flatta de n'obéïr qu'à Dieu, en obéïffant aux Chefs des Miniftres de la Religion. Alexandre, qui defcendoit de ces glorieux Libérateurs de la Patrie, étant mort, Hircan, fon fils aîné, eut le Sacerdoce, mais la Veuve, fa Mere, garda le Gouvernement. Cette Princeffe étant morte à fon tour, [12] Ariftobule afpira au Royaume, & prétendit que fon Frere, quoique l'aîné, devoit fe contenter d'une petite partie des biens de fa Maifon, & du Souverain Sacerdoce, fous prétexte qu'il étoit incapable de gouverner la Nation. Il auroit acquiefcé à la loi que l'ambitieux Ariftobule lui impofoit,

* Schekel Jifraël. Voy. Freh. *de Numifmate Cenfûr.*

si Antipater ne l'en avoit détourné. Les deux Freres ne pouvant donc s'accorder, ils s'addresserent à Pompée, qui commandoit les Armées Romaines en Orient. Ce Général les fit venir l'un & l'autre, & après les avoir entendus, sans prononcer son jugement, il marcha avec son Armée à Jerusalem, prit le Temple, & une partie de la Ville-basse, établit Hircan, emmena Aristobule prisonnier, réduisit la puissance des Juifs à la seule Province de Judée, leur ôta la Samarie, & toutes les Villes de Syrie qu'ils avoient conquises, [13] & *rendit Jerusalem tributaire du Peuple Romain*. Ce fut alors que Pompée, usant du pouvoir que lui donnoit la victoire, entra dans le Lieu très-saint du Temple, curieux de sçavoir quel étoit l'objet de l'adoration des Juifs, & fut surpris de n'y trouver qu'un lieu vuide, dont le plat-fonds représentoit le Ciel semé d'étoiles [14]. Pompée usa de sa victoire avec assez de moderation. Ayant trouvé deux-mille Talens dans le Trésor du Temple, il n'y toucha pas, & ordonna que dès le lendemain on le purifiât, & qu'on y offrît des Sacrifices à Dieu. Antoine ayant ensuite donné à Hérode le Royaume de Judée, dont il priva les Asmonéens, & Auguste victorieux l'ayant confirmé dans ce poste, le Tribut ne laissa pas de subsister. Les Rois de la création des Romains, n'étoient presque que les Fermiers des Etats qu'ils gouvernoient; de sorte que ce n'est pas sans raison qu'Origène & Cyrille d'Alexandrie ont traité les Hérodes de * *Publicains*, comme s'ils n'avoient fait que lever les Impôts dont les Romains chargeoient les Peuples, pour en rendre compte à ces superbes Vainqueurs.

Auguste voulant mettre l'ordre dans les Finances, & sçavoir à quoi montoient les revenus de l'Empire, *fit faire dans les Provinces* [15] *un denombrement général des personnes, & une estimation des biens de chaque Particulier*. Quirinus, Sénateur Romain, fut chargé de cette commission en Judée. Les Juifs furent extrêmement indignez de ces nouveaux Impôts. Ceux qui étoient établis sur les Biens, pouvoient être tolerez; mais ceux qui l'étoient sur les Personnes, paroissoient d'autant

---

* Les Rois d'Orient, ayant été subjuguez par les Romains, recevoient d'eux à genoux l'investiture de leurs Etats, qu'ils achettoient par de grandes sommes. De-là le mot d'Horace, en parlant de Phraates

Jus imperiumque Phraates
Cæsaris accepit genibus minor

Ce n'est pas tout ; ils étoient proprement les Tréforiers généraux des Romains, & recevoient les Tributs pour eux : ἐπὶ φόροις ἀπαιτηγμένοις, dit *Appien*. Et de-là vient qu'Origène & Cyrille donnent aux Hérodes le nom de *Publicains*. Tacite, dans la Vie d'Agricola, dit: *Vetere ac jam pridem receptâ Populi Romani consuetudine, ut haberent instrumenta servitutis & Reges*. Freh. de Numism. Census p. 7.

A J. CHRIST. *Discours VII.* 91

tant plus infupportables, qu'ils fembloient ne convenir [16] qu'à des Efclaves. Ce fut ce qui donna lieu à la révolte d'un certain *Juda*, de Galilée, qui s'étant affocié un Pharifien, nommé *Sadoc*, prêchoit au Peuple, qu'étant une Nation libre, & qui n'avoit que Dieu pour Souverain, c'étoit non feulement la plus indigne lâcheté de fe foûmettre au joug des Etrangers & des Payens, mais une apoftafie & une révolte contre Dieu même de reconnoître [17] un autre Souverain que lui. Cette fédition fut bien-tôt étouffée par la punition de ceux qui en étoient les Chefs & les principaux Auteurs. Mais l'efprit de révolte fe confervoit dans la Nation. C'étoit un feu caché fous la cendre, toujours prêt à fe rallumer, & qui caufa enfin le grand embrafement qui confuma Jerufalem & toute la Judée.

Les chofes étoient dans cet état en Judée, lorfque J. Chrift y prêcha l'Evangile. La Nation étoit en proye à l'avarice des Gouverneurs Romains, & à la dureté de Pilate, homme violent & injufte, qui ufoit fans moderation du pouvoir que l'Empereur lui avoit donné fur ce Peuple, méprifé à caufe de fa Religion, & odieux à caufe de l'efprit de révolte dont il étoit animé. Ce fut donc dans une telle conjonĉture, que les Pharifiens vinrent demander à Jefus, *S'il falloit payer le Tribut à l'Empereur, ou non?* Si Jefus répond qu'il faut le payer, il foulève contre lui les Zèlez, qui publieront que c'eft un Traître, vendu à la Tyrannie, & leur fournira un prétexte de dire qu'il ne fçauroit être le Meffie : Car l'opinion générale du Peuple étoit, que le Meffie devoit les délivrer de la Domination des Infidèles. Si, au contraire, le Seigneur répond qu'il ne faut point payer le Tribut à l'Empereur, il fe rend coupable de lèze-Majefté, & ne peut manquer d'être livré à Pilate, comme un Séditieux & un Rebelle. Le piège étoit fubtil; mais *c'eft envain*, dit Salomon, *qu'on jette le filet devant les yeux de ceux qui ont des aîles.* Le Seigneur voit le piège qu'on lui tend, & l'évite avec fa prudence ordinaire. *Jefus connoiffant leur malice*, dit S. Matthieu, *leur répondit:* Hy*pocrites, pourquoi me tentez-vous?* Bien-que *tenter* ne fignifie proprement qu'*éprouver*, il veut dire ici, comme en divers endroits de l'Ecriture, tendre un piège à quelqu'un pour le perdre. Du refte, cette interrogation renferme un reproche vif du malicieux deffein de ces gens-là.

Après leur avoir fait connoître qu'il n'ignoroit pas leur intention, Jefus leur dit: *Montrez-moi la Monnoye du Tribut*; c'eft-à-dire, la Monnoye dans laquelle vous êtes obligez de payer le Tribut. Les Romains, en habiles Politiques, ne

Prov. 1. 17.

Matth. xiii. 18.

ON MONTRE UN DENIER

recevoient les Tributs des Provinces, que dans une Monnoye frappée au coin de la République. *Mécénas* [18] avoit conseillé à Auguste, de ne permettre à aucune des Provinces, de se servir d'autre Monnoye que de celle des Romains; mais il ne paroît pas que ce conseil ait été suivi. A l'égard des Juifs, on ne sçait pas bien, s'ils avoient conservé l'ancien Droit qu'ils avoient eu de battre Monnoye. Les Rois de Syrie le leur avoient ôté; mais *Demetrius* le leur rendit. Quoi qu'il en soit, il est constant que diverses sortes de Monnoyes avoient cours dans l'Empire, puisqu'il y avoit dans le Temple de Jerusalem des Banquiers, qui changeoient les especes étrangeres : Mais les Receveurs des Romains n'en acceptoient point d'autre, que celle que la République avoit fait frapper. *Alexandre Severe*, comme on le voit dans sa Vie, écrite par *Lampridius*, destina une sorte de Monnoye particuliere pour le payement des Tributs. Les Historiens ne nous apprennent pas, si cela s'étoit pratiqué par les Empereurs précedens*. Quoi qu'il en soit, les Romains ne recevant le Tribut que dans leur propre Monnoye, J. Christ demanda aux Pharisiens, de lui présenter une piéce de Monnoye Romaine. Là-dessus ils lui montrerent *un Denier*. C'étoit un Denier d'argent [19], du poids de la septième partie d'une Once. Ce n'est pas que le Tribut par tête ne montât qu'à un Denier d'argent; mais c'est que les Romains ne recevoient les Tributs que dans cette Monnoye-là.

Le Seigneur ayant regardé ce Denier, demanda *de qui étoit l'Image, dont il portoit l'empreinte?* Les Romains [20] ne marquerent au commencement sur leur Monnoye que le poids, afin d'en faire connoître la valeur. *Servius Tullius*, sixième Roi de Rome, fut le premier qui la marqua de quelque figure. Ces figures furent des Emblêmes, comme la proüe d'un Vaisseau. On y joignit aussi le double visage de *Janus;* ce qui a donné lieu apparemment à [21] Tertullien de dire, que *Saturne;* (car on croit que c'est lui que les Romains appelloient *Janus*) fut le premier qui introduisit en Italie l'art d'écrire, & la Monnoye avec l'Image du Prince. Ce sçavant Pere s'est trompé, ce dernier usage ne commença que sous les Empereurs, qui se firent représenter sur leurs Monnoyes sous différentes attitudes, auxquelles ils ajouterent des Inscriptions, qui contenoient leurs titres, & qui marquoient, tantôt leur avenement au Trône, tantôt quelqu'un

de

1 Mach. xv.

---

* Voyez ce que dit là-dessus *Casaubon*, qui a refuté *Baronius*, que cet endroit de *Lampridius* a jetté dans l'erreur, Exerc. xvi. N. x. p. m. 453.

de leurs plus mémorables Exploits. Le *Denier* qui fut présenté à J. Chriſt, portoit l'Image de Tibère, qui regnoit depuis dix-huit ans, avec une *Inſcription*, que les Evangeliſtes n'ont pas rapportée. Ainſi, les Phariſiens ayant répondu au Seigneur, que l'Image imprimée ſur ce Denier, étoit celle de l'Empereur, il decida leur Queſtion par cette admirable Sentence. *Rendez donc à l'Empereur ce qui apartient à l'Empereur, & à Dieu ce qui apartient à Dieu.* Matth. XXII. 21.

J. Chriſt aſſure d'abord les Droits du Prince, & ſe ſert pour cela d'un argument dont les Phariſiens ne pouvoient diſconvenir. Le pouvoir de faire battre la Monnoye, d'en fixer la valeur, de lui donner cours, & d'y faire mettre ſon Image, n'apartient qu'au Prince. Ainſi les Juifs uſant de la Monnoye où étoient le nom & le viſage de Tibère, ils témoignoient par-là, qu'ils reconnoiſſoient l'autorité de cet Empereur. D'où il s'enſuit, qu'ils ne pouvoient lui refuſer les Tributs qui apartiennent aux Puiſſances Souveraines, chargées du Gouvernement & de la Défenſe des Etats. Les Phariſiens ne pouvoient objecter, que les Romains avoient uſurpé le pouvoir qu'ils exerçoient ſur la Nation Judaïque; car, quand même ce pouvoir eût été une uſurpation, il devenoit légitime par l'acceptation du Peuple, & par le ſerment qu'il prêtoit aux Romains. Il n'y avoit d'ailleurs aucune Loi Divine, qui défendît aux Juifs d'obéïr à des Rois étrangers, dès qu'il plairoit à Dieu de les y aſſujettir. Les volontez de Dieu là-deſſus ſe declarent par les évenemens, qui ſont diſpenſez par la Providence, laquelle *ôte, & donne les Royaumes*, comme il lui plaît. Ainſi, les Juifs étant aſſujettis aux Romains, que leurs diſſenſions avoient appellez dans leur Païs, la Religion, la Prudence humaine, la Conſervation du Peuple, demandoient qu'ils obéïſſent aux Maîtres que la Providence leur avoit donnez, dans tout ce qui ne ſeroit pas contraire aux Loix Divines; car c'eſt à cela que J. Chriſt limite leur obéïſſance, quand il ajoute: *Rendez à Dieu, ce qui apartient à Dieu*. Rendez à Dieu le Culte ſouverain qui lui eſt dû; offrez-lui les Prémices, les Dîmes, qui ſont deſtinées à l'entretien de ſes Miniſtres, & payez à ſon Temple le Tribut qu'il vous a impoſé.

Il réſulte de la Réponſe du Sauveur, que les Chrétiens ſont obligez de reſpecter & d'honorer les Puiſſances de la Terre, quelle que ſoit d'ailleurs leur Religion. Ce fut auſſi ce que les premiers Chrétiens pratiquerent conſtamment. Ils ne reſiſterent à la Puiſſance Temporelle, que lorſqu'elle exigea d'eux d'eux ce qui n'apartient qu'à Dieu. J. Chriſt lui conſerve ſes Droits : *Rendez à Céſar, ce qui apartient à Céſar*; mais Céſar doit auſſi ſe borner à ce qui lui apartient. S'il entreprend de regler la Foi & le Culte Divin; s'il veut dominer ſur la Conſcience; s'il ordonne des actions défenduës par la Loi de Dieu; il exige de ſes Sujets ce qui n'eſt pas à lui, & le Chrétien n'eſt plus obligé à l'obéïſſance, parce qu'il ne doit *rendre à Céſar, que ce qui apartient à Céſar*. „ Ne doutez „ pas, ² dit fort bien S. Chryſoſtome, que lorſque J. Chriſt „ ordonne de rendre à Céſar ce qui apartient à Céſar, il a „ entendu ſeulement les choſes qui ne ſont pas contraires à „ la Pieté, ni à la Religion ; car, tout ce qui eſt contraire à „ la Foi & à la Vertu, n'eſt pas le Tribut qui eſt dû à Cé„ ſar : c'eſt le Tribut du Diable. "

Ce fut par une ſi ſage déciſion que le Sauveur, conſervant aux Puiſſances Temporelles toute leur Autorité, & à Dieu ſes juſtes Droits, voulut, autant que cela étoit poſſible, reprimer l'eſprit de révolte qui s'étoit emparé des Juifs, & prévenir leur ruine. Avant que de leur procurer, par ſon Sacrifice, la paix avec Dieu, dont ils ne voulurent pas profiter, il tâche, par ſes charitables conſeils, de leur conſerver la paix avec les Romains, & la protection de leurs Vainqueurs. Cette Parole du Sauveur, qui va mourir, en rappelle une autre du ſage Légiſlateur des Athéniens. Après avoir fait tous ſes efforts pour leur aſſurer leur Liberté par des Loix prudentes & équitables, voyant que Piſiſtrate s'étoit emparé de la Tyrannie, il ſe retira en Egypte, & ayant poſé ſes armes dans la Place, ²³ „ ô ma chere Patrie, s'écria-t-il, je t'ai ſecouruë „ tant que j'ai pû, & par mes actions, & par mes conſeils "! C'eſt le témoignage que le Fils de Dieu peut ſe rendre, avant que d'expirer. Inſtructions, Exhortations, Bienfaits, Miracles, il a tout employé pour ſauver ſon ingrate Patrie, pour la garantir de la vengeance du Ciel, qu'elle s'attira par ſon Impénitence & par ſon Incrédulité, & de celle des Romains, qu'elle mérita par ſa Révolte.

Matth. XXIII: 27.
Ἰησοῦς γραμματέας καὶ φαρισαίους προσεῖπων. | JESUS AD SCRIBAS ET PHARISAEOS.
Jesus upraideth the Scribes and Pharisees. | Jesus parlant aux Scribes & aux Pharisiens
Jesus spricht zu den Schriftgelehrten und Pharisäern. | Jesus tot de Schriftgeleerden en Farizeen.

DISCOURS VIII.

Jesus parlant aux Scribes & aux Pharisiens. Matth. XXIII.

Ous avons à expliquer dans ce Discours la Censure, que J. Christ addressa aux Docteurs de la Loi. Elle fut faite dans le Temple, & en présence de tout le Peuple. Elle fut même des plus vives, & accompagnée des plus terribles menaces. Le Seigneur ne menage plus des Hommes incorrigibles. Il a tâché de les ramener par des voyes plus douces, pendant le cours de sa vie; mais voyant que tous ses efforts avoient été inutiles, il veut au moins, avant que de finir sa glorieuse carriere, arrêter, s'il est possible, la contagion de leurs Vices, en démasquant des Hypocrites, qui par de fausses apparences de Vertu, avoient surpris l'estime & la confiance du Peuple, & mettoient par-là des obstacles invincibles à sa conversion. C'est-là vraisemblablement le but du Seigneur. „ [1] Les Pharisiens s'étoient acquis, dit Jose-
„ phe, une telle autorité parmi le Peuple, à cause de leurs
„ opinions, & en particulier par la déférence aveugle qu'ils
„ avoient pour les Traditions de leurs Ancêtres, que dans
„ tout ce qui regarde la Religion, les Prieres, les Sacrifi-
„ ces, il ne fait rien que par leur avis....... Par rapport aux
„ Sadducéens, ils n'ont aucun crédit, & s'il leur arrive d'en-
„ trer dans les Charges, ils sont obligez de suivre en tout l'a-
„ vis des Pharisiens, auxquels le Peuple est devoüé. „

Alors, dit S. Matthieu, *Jesus s'addressant au Peuple & à ses Disciples, il leur dit, les Scribes & les Pharisiens sont assis sur la Chaire de Moïse: Observez donc tout ce qu'ils vous disent d'observer; mais n'imitez pas leurs œuvres, car ils disent & ne font pas.* Matth. XXIII. v. 1. & suiv.

Alors. C'est lorsque J. Christ eut fermé la bouche aux Pharisiens, en leur montrant, qu'encore que le Christ fût Fils de David, il étoit infiniment supérieur à David, puisque ce Prince l'avoit appellé *son Seigneur*. Alors donc Jesus s'addressa aux Scribes & aux Pharisiens: Le nom de * Scribes, est un nom Matth. XXI. 47

---

* Le mot de *Scribe* signifie proprement *Ecrivain*; mais dans l'usage il désigne *un Docteur de la Loi.* Il y a bien de l'apparence, que ce qui fit donner ce titre aux Interpretes de l'Ecriture, c'est que leur premiere fonction fut d'écrire les Livres de Moïse, & d'en fournir des Exemplaires, à ceux qui en avoient besoin. Il y a des Sçavans qui ont cru, que les *Scribes* étoient distinguez des Docteurs de la Loi; mais pour se convaincre, que c'est un même ordre de Personnes, il ne faut que comparer ensemble les divers Passages qu'on allegue. Voy. Matth. XXII. 34. 35. Marc. XII. 28. Luc. XI. 17. Matth. VII. 29. XVII. 10. XXIII. 1--4.

nom de Charge, & désigne les Docteurs de la Loi; celui de *Pharisiens*, est un nom de Secte: mais cette Secte passant [2] *pour être la plus éclairée en matière de Religion*, ils étoient en possession d'enseigner, & c'est pour cela que J. Christ confond ici les Pharisiens avec les Scribes.

D'abord le Seigneur reconnoît le Droit qu'ils ont d'enseigner le Peuple, en disant *qu'ils sont assis sur la Chaire de Moïse*. Les Docteurs étoient debout quand ils lisoient la Loi ou les Prophètes, & ils s'asseyoient lorsqu'ils les expliquoient. J. Christ en usa de même, parce que les Juifs le reconnoissoient pour [3] Docteur. On apprend, que les premiers [4] Prédicateurs de la Religion Chrétienne adopterent cette coûtume. Il est vrai que, lorsque de simples Particuliers entroient dans les Synagogues, & se présentoient pour lire ou pour expliquer quelques endroits de l'Ancien Testament, ils lisoient & expliquoient debout; mais les Docteurs, installez * par l'imposition des mains, avoient le privilege de s'asseoir. J. Christ appelle la Chaire qu'ils occupent, *la Chaire de Moïse*: non qu'elle fût la même que celle de ce Législateur; la coûtume d'enseigner assis, n'étant vraisemblablement pas plus ancienne qu'Esdras: mais parce qu'elle étoit destinée à y enseigner la Loi de Moïse, dont les Docteurs Juifs étoient les Interprêtes. Au reste, le Seigneur en use ici avec beaucoup de moderation & de prudence. Il ne veut pas que l'on confonde la Doctrine avec les Docteurs, dont il va reprendre les défauts. Il veut, au contraire, leur ôter le prétexte de dire au Peuple, qu'en les condamnant il condamne Moïse & les Prophètes, qu'ils enseignoient: C'est pourquoi il ajoute: *Observez donc ce qu'ils vous disent d'observer;* c'est-à-dire, autant que cela est conforme à la Loi Divine, & purgé *du levain des Pharisiens, dont ils devoient se garder*. Quelque autorité qu'ayent les Docteurs de l'Eglise, elle est limitée par la Loi Divine, à laquelle ils sont assujettis, & qui est la Regle immuable de la Doctrine. Dés qu'ils s'écartent de cette Regle, on ne doit plus les écouter. C'est-ce qui a fait dire au sçavant Erasme: [5] „ Il y a des Gens qui abusent de cet endroit, au point d'oser dire, qu'il faut acquiescer à tout ce „ que préscrivent les Evêques & les autres Prélats, même „ ceux qui sont impies, & cela à cause de l'autorité de leur „ Charge, pendant que J. Christ parle de ceux qui enseignent

Act. xiii. 16.
Exod. xviii. 13.
Nehem. viii. 5.
Matth. xvi. 12.

---

* *Les Docteurs* Juifs étoient promûs au Doctorat par certaines Cérémonies, comme d'être placez dans une Chaire, de leur mettre entre les mains une Clef & des Tablettes, de leur imposer les mains, & de les declarer Docteurs; de sorte pourtant, qu'on negligeoit souvent ces Cérémonies, à l'exception de la derniere. Voyez *Alting*. Hist. promot. Academ.

,, gnent fidèlement la Loi de Moïse, & non de ceux qui,
,, par de miserables Conftitutions, tendent des pièges à la
,, confcience des Hommes foibles. Je ne veux pas, ajoute-t-il,
,, difconvenir, que l'on ne doive quelque deférence aux avis
,, d'un Evêque, qui, bien-qu'il vive mal, enfeigne d'une ma-
,, nière pure la Doctrine Evangelique : Mais comment ne
,, fe pas révolter, quand on voit que les Prélats n'ont pour
,, objet que leur utilité propre, & que, mefurant tout à leur
,, profit & à leur agrandiffement, ils exercent fur le Peuple
,, une affreufe Tyrannie, par les Loix, qu'ils font ou qu'ils
,, caffent, mais toûjours également contraires à la Doctrine
,, de J. Chrift ! De femblables Prélats ne font pas affis fur la
,, Chaire Evangelique, mais fur la Chaire de Simon le Ma-
,, gicien, ou de Pilate. " Voilà comment s'exprime un fçavant Catholique-Romain. C'eft ainfi qu'il faut limiter le Précepte du Sauveur, comme S. Chryfoftome, & après lui
Théophylacte, l'ont fort bien obfervé fur cet endroit,
,, ⁶ Quand J. Chrift, dit un célèbre Jéfuite dans fon Commen-
,, taire fur S. Matthieu, commande au Peuple & à fes Difci-
,, ples, de faire tout ce que les Scribes & les Pharifiens leur
,, difent, tant qu'ils font affis fur la Chaire de Moïfe, il ne
,, parle pas de leur propre Doctrine, mais de celle de Moïfe
,, & de la Loi. C'eft donc comme s'il leur avoit dit, *Gar-*
,, *dez, obfervez tout ce que la Loi & Moïfe vous commandent,*
,, *quand les Pharifiens & les Scribes vous le prêchent.* "
Le Seigneur conferve aux Scribes & aux Pharifiens leur
autorité, tant qu'ils font les Miniftres de Dieu, & qu'ils prêchent la Doctrine de Moïfe. Il veut que le Peuple & fes Difciples les écoutent ; mais il avertit en même tems, & le Peuple,
& fes Difciples, de fe garder de leurs mauvais Exemples.
N'imitez pas leurs Oeuvres, ajoute-t-il, *car ils difent & ne font
pas.* L'Extérieur des Pharifiens étoit très-impofant. ⁷ Jofephe, qui les décrit, témoigne ,, que leur genre de vie étoit
,, fimple, fobre ; rien n'y fentoit le luxe ou la moleffe. Très-
,, réguliers d'ailleurs à obferver les Cérémonies de la Loi ".
A cet égard ils fembloient irrepréhenfibles ; mais fous ces
beaux dehors, ils cachoient les pernicieux vices de l'Orgueil, de l'Ambition, de l'Avarice, de la Haine : De-là
vient que le Seigneur les compare à *des Sepulcres blanchis.* Ils
étoient ces Juifs qui, comme parle S. Paul, ne le font que [Rom. III, 28.]
par *le dehors,* & non *dans l'intérieur,* dans *l'Efprit.* C'eft à
l'égard de ces Vices-là, qu'ils *difoient, & ne faifoient pas.* Ils
les condamnoient, parce que la Loi & les Prophétes les condamnent

damnent par-tout; mais ils en étoient plus infectez que les autres Hommes : seulement, comme l'Hypocrisie est ingénieuse à couvrir ses Vices de prétextes honorables, leur Orgueil étoit Grandeur d'Ame ; leur Ambition, un généreux Désir d'avoir de l'autorité, pour établir l'Ordre, & gouverner heureusement la Patrie ; leur Avarice, un Désir d'être riches, pour exercer la Libéralité ; leur Haine, une Aversion religieuse pour les Méchans, un Zèle Divin pour en purger l'Eglise. Ainsi les Passions les plus malfaisantes, déguisées en Vertus, & couvertes du masque d'un air humble, doux, mortifié, loin de leur faire tort, leur attiroient l'admiration du Peuple. Il faut joindre à cela, qu'en tout ce qui concerne les Cérémonies, ils encherissoient sur la Loi. La haute Vertu n'est pas de faire simplement ce que la Loi commande : C'est-là la Justice du Peuple, & non celle des Saints, qui s'élevent à une perfection bien supérieure à celle qu'une Loi générale ordonne à tous les Hommes. „ Les Pharisiens [8], dit „ Josephe, ont prescrit au Peuple plusieurs Loix qu'ils ont „ reçûës de leurs Ancêtres, & qui ne se trouvent pas parmi „ les Loix de Moïse : ce qui cause de grandes divisions en- „ tre eux & les Sadducéens, qui veulent s'en tenir à ce qui est „ écrit. " Mais comme ceci est, & sera toujours le caractère des Hypocrites ; ils font des Loix severes, qu'ils n'observent qu'en apparence & lorsqu'ils ont des témoins, mais dont ils se dispensent, lorsqu'ils n'ont pour témoins qu'eux-mêmes & leurs complices. C'est-ce que le Seigneur dit au Peuple & à ses Disciples : *Ils lient des fardeaux pesans, & très-difficiles à porter, & les mettent sur les épaules des autres, pendant qu'ils ne veulent pas les remuër du bout du doigt.* De tout cela combien d'exemples même dans l'Eglise Chrétienne ! Des Avares prêchent le Désintéressement & le Mépris des Richesses, pendant qu'il n'y a point d'artifice dont ils n'usent pour s'enrichir ; des Ambitieux prêchent l'Humilité, & sont insatiables d'Honneurs ; des Voluptueux prêchent la Continence, dont ils font extérieurement profession, pendant qu'ils la violent en secret, par les plus énormes excès ; des Persécuteurs prêchent la Douceur & la Patience ; des Vindicatifs le Pardon des injures : Tout cela s'entend, se voit, & se verra toûjours. Le Pharisaïsme est une Secte immortelle.

Tout cela n'est que trop vrai. Cependant, comme *les fardeaux insupportables que les Pharisiens mettoient sur les épaules des autres*, ne peuvent être les Préceptes de la Loi de Dieu, non pas même les Préceptes cérémoniels, puisque c'étoit Dieu même,

même, & non les Docteurs, qui les avoit imposez, on ne peut entendre *par ces fardeaux, que les Préceptes ajoûtez à la Loi par les Pharisiens.* Or il n'est nullement vraisemblable, qu'ils ne pratiquâssent pas eux-mêmes, ce qu'ils exigeoient rigoureusement de leurs Disciples. Il est bien vrai, que les Hypocrites de tous les tems ont été aussi indulgens pour eux-mêmes que sevères pour les autres, & que, lorsqu'ils ont pû se dispenser des Cérémonies gênantes de leur Institut, sans courir risque de perdre leur réputation & leur crédit, ils les ont fort mal observées. Cependant il y auroit bien de l'exageration à dire, *qu'ils ne voudroient pas remuer ces fardeaux du bout du doigt;* car au moins ils les portoient, & faisoient gloire de les porter en public. C'est-ce qui a engagé d'habiles Interprètes à donner une autre signification aux paroles de l'Original, que l'on a traduit par celles-ci, *remuër du bout du doigt.* Ces Interprètes donc prétendent, que J. Christ n'a pas voulu dire, *que les Pharisiens ne vouloient pas* SE CHARGER LE MOINS DU MONDE *de la pratique des Devoirs pénibles* dont ils accabloient les autres; mais que la pensée du Seigneur est, *qu'ils ne voudroient pas* DONNER LA MOINDRE ATTEINTE *à ces Devoirs,* ni en dispenser leurs Disciples POUR QUOI QUE CE SOIT. Ils sont traitables sur les Loix Divines, sur les Devoirs moraux. Ils sçavent éluder la rigueur de la Loi, par des distinctions subtiles: Après tout, ils ont de légeres Pénitences, à la faveur desquelles on efface aisément les Péchez commis contre ces Devoirs; mais à l'égard des Observances de leur Institut, des Traditions de leurs Ancêtres, rigides, infléxibles, ils en exigent l'observation sans miséricorde. Ils n'en dispensent jamais. Tel fut, & tel sera toûjours l'esprit de la Superstition. Rivale de la Religion réelle & vraiment Divine, elle la supplantera, pour mettre en sa place des Cérémonies, des Pratiques d'institution humaine, introduites par de fausses idées de Perfection, ou plutôt par la vaine Gloire & par l'Avarice. C'étoient-là les Passions dominantes des Pharisiens, comme on le voit dans la suite.

Leur premier objet étoit l'Estime & la Vénération des Peuples. *Ils font toutes leurs actions,* dit J. Christ, *dans la vûë d'être regardez des Hommes.* Prioient-ils? *Ils le faisoient debout dans les Synagogues, & dans les Carrefours, afin que tout le monde les vît.* Jeûnoient-ils? *Ils affectoient un visage pâle, pour faire connoître à tout le monde qu'ils avoient jeûné.* Faisoient-ils quelque Charité aux Pauvres? *Ils attendoient qu'ils fussent environnez d'une grande foule, afin que tout le monde fût témoin de leurs Aumônes.* Et apparemment tout cela sous le spécieux prétex-

Matth. vi. 5.

Ib. vi. 16.

Ib. vi. 2.

te de l'Edification publique, & du bon exemple: Car c'eſt le propre de l'Hypocriſie, de donner toûjours à ſes défauts le nom & les apparences de la Vertu. Jeſus ajoute, que leur oſtentation alloit *juſqu'à porter de plus larges Phylactères que les autres, & de plus longues Franges à leurs vêtemens.*

⁹ Voici comment un Sçavant moderne explique ces * *Phylactères.* „ Les Phylactères, mot, qui en Grec ſignifie la même
„ choſe que *Conſervation*, ſont faits pour conſerver † quatre
„ Sentences tirées de la Loi, écrites ſur du parchemin, &
„ renfermées dans un morceau de peau de veau noire, qui a
„ la forme d'un petit quarré. Ce petit quarré eſt au milieu
„ de deux courroyes, où il eſt attaché. Quand les Juifs font
„ leurs prieres, ils ſe ceignent la tête de ces courroyes, en-
„ ſorte que le quarré vient droit ſur le milieu du front, pen-
„ dant tant ſoit peu ſur le haut du nez. Ce ſont-là *les Phy-*
„ *lactères* de la tête..... Ils en attachent auſſi d'autres au pliant
„ de leur bras gauche. Les Phariſiens, pour paroître plus
„ gens de bien, affectoient d'avoir des Phylactères plus longs
„ & plus grands que les autres Juifs. " On n'oſeroit aſſurer que l'uſage des anciens Juifs, fut tout-à-fait le même que celui des Juifs modernes. Et pour le mot de *Phylactères*, ou de *Préſervatifs*, il y a bien de l'apparence qu'ils le donnerent à ces paſſages de l'Écriture écrits ſur du parchemin, parce qu'ils s'imaginoient être préſervez par-là, ou de quelque péché, ou de quelque malheur. C'étoient pour eux des eſpeces ‡ *d'Amulètes*.

La Loi n'avoit certainement rien ordonné de pareil. Car quand elle dit aux Iſraëlites: La mémoire de votre délivrance, *ſera comme un ſigne dans votre main*, *comme un monument devant vos yeux*, ou *comme une choſe ſuſpendue devant vos yeux*; ce ſont évidemment des expreſſions figurées, qui veulent dire ¹⁰, que les Bienfaits de Dieu & ſes Loix ſeront ſans ceſſe préſens à leurs yeux. Il y avoit une ſtupidité affectée à prendre ces paſſages à la lettre, pour autoriſer l'uſage ſuperſtitieux des Phylactères.

Exod. XIII. 9, 16.

Il n'en étoit pas tout-à-fait de même des *Franges*, ou des *Houpes*, qui pendoient aux habits des Juifs. La Loi les avoit ordonnées. Auſſi y en avoit-il à l'habit de Notre § Seigneur. Les Habits des Juifs, ou leurs Manteaux, étoient à quatre pans,

Num. xv. 38, Deut. xxii. 1.

---

* *Phylactères:*] Les Juifs les appellent en Hébreu *Thotavoth*, mot qui ſignifie *Frontalia*, en Latin barbare, parce que ces Phylactères ſont attachez au front.
† *Quatre ſentences:*] S. Jérôme témoigne, que c'étoit tout le Décalogue: *Ipſam Decalogum inſcribebant Frontalibus, & capite ſuo circumponebant.*
‡ *Enſtimabant enim ſe illis, velut amuletis, adverſus quævis pericula & mala eſſe tutos.* S. Hieron. in Matth. XXXIII. Vox φυλακτηρια uſurpatur in hâc ſignificatione apud Dioſcoridem Lib. v.
§ Voyez là-deſſus la Note de Simon ſur Matth. IX. 20.

pans, ou *Aîles*, comme ils les appelloient, & au bas de chaque pan, il y avoit une de ces Houpes. S.[11] Jerôme dit même, que les Pharifiens les portoient non feulement plus longues que les autres Juifs, „ mais qu'ils y attachoient des épines fort „ aiguës, qui les piquoient en marchant & lorfqu'ils étoient „ affis, afin que cette douleur les avertît de penfer à la Loi „ de Dieu & à fon Culte. " Si cette obfervation eft jufte, comme on doit le croire, on y voit des Gens qui fe tourmentent bien inutilement. Car je ne penfe pas que Dieu leur tienne compte de ces mortifications, dont ils étoient trop bien recompenfez par les Eloges que leur donnoient les Hommes. Quoi qu'il en foit, ces affectations de *longs Phylactères* & de *longues Houpes* pendantes aux Manteaux, étoient moins des marques de la Dévotion des Pharifiens, que de leur Oftentation & de leur Hypocrifie. C'étoient des Comédiens fpirituëls, qui ont fervi de modèle à d'autres. Cette obfervation eft d'Erafme, qui a fi bien & fi elegamment décrit les défauts de fon tems: [12] „ Plût à Dieu, dit-il, que ce genre de Comé- „ diens ne fe trouvât pas en fi grand nombre dans l'Eglife Chré- „ tienne: Comédiens, auprès defquels, fi on leur compare les „ Pharifiens, ces derniers peuvent paffer pour des Hommes „ francs & finceres. On doit affurement témoigner au de- „ hors fa Pieté, par une vie fobre, & en fe vêtant d'une ma- „ nière décente & modefte; mais il faut bannir avec foin tout „ ce qui fent la Singularité & la Superftition, & faire confi- „ fter la Pieté, fur-tout dans les Sentimens de l'Ame, & dans „ les bonnes Mœurs. S. Jerôme, ajoute Erafme, blâme fur „ cet endroit de l'Evangile, la Superftition de certaines Da- „ mes Chrétiennes, qui imitoient celle des Pharifiens. Elles „ portoient pour Phylactères, de petits Evangiles, de petits „ morceaux de la Croix, & d'autres chofes de cette nature. „ Cela marque une forte de Zèle ; mais c'eft un Zèle fans „ Science ; car pendant que l'on coule le moucheron, on „ avale le chameau. " C'eft la cenfure qu'Erafme fait, après S. Jerôme, du Pharifaïfme ancien & moderne.

Après avoir condamné de la forte l'affectation des Pharifiens du côté des Phylactères & des Franges de leurs Habits, J. Chrift paffe à une autre efpece de Vanité. *Ils recherchoient avec empreffement les premieres Places dans les Feftins, & les premiers Siéges dans les Synagogues, les Salutations dans les Places publiques, & les titres faftueux de Maîtres & de Docteurs.* Il falloit même, en les abordant, dire *Maître, Maître*; repétition qui vouloit dire, Maître très-excellent.

Matth. XXIII, 6, 7.

J. Chrift n'a jamais condamné la Subordination néceffaire pour conferver l'ordre, foit dans la Societé Civile, ou dans la Societé Religieufe. Il n'a jamais voulu introduire la confufion dans l'une ni dans l'autre: Confufion qui feroit néanmoins inévitable, s'il n'y avoit aucune regle pour le Rang, & pour les Séances. Comme il y auroit un grand défordre, fi, par Orgueil, tout le monde afpiroit au premier Rang; il n'y en auroit pas moins, fi, fous prétexte d'Humilité, chacun vouloit avoir le dernier. L'ordre veut donc, que les Rangs & les Places foyent données felon la dignité & la prééminence des Charges; & tout ce qu'exige l'Humilité Chrétienne, c'eft que, loin de rechercher les premieres Places & les premiers Rangs, on ne les reçoive de la deférence des autres qu'avec Modeftie, & qu'on foit prêt à les ceder, dés que la Paix & la Charité le demandent. C'eft en cela que confifte la Modeftie Chrétienne; & ce que J. Chrift cenfure dans les Pharifiens, ce n'eft pas d'accepter, dans les Feftins, les Places que leurs Inférieurs leur cedoient, ni d'être affis dans les premieres Chaires des Synagogues, dont ils étoient les premiers Docteurs: mais c'eft de rechercher avec empreffement ces Préféances, & de s'offenfer, comme cela étoit inévitable, lorfque quelqu'un les leur conteftoit. Les Maîtres doivent être affis au-deffus de leurs Difciples; ceux qui enfeignent, au-deffus de leurs Auditeurs. Cela eft dans l'ordre, & ce n'eft pas ce que J. Chrift condamne. Comme l'Evangile n'anéantit point la différence des Conditions, & qu'encore *qu'il n'y ait en J. Chrift ni Efclave, ni Libre*, les Efclaves ne laiffent pas de demeurer dans la Servitude, & les Perfonnes libres de conferver leur Liberté: le rang & la fubordination fubfiftent, & dans la Societé Civile, & dans la Societé Religieufe. Auffi n'eft-ce pas-là ce que S. Jaques condamne dans fon Epître Catholique; car ce n'eft pas *faire Acception de Perfonnes*, que de rendre certains honneurs aux Charges & aux Dignitez dont les Perfonnes font revêtues. Il faut feulement prendre garde de ne pas méprifer les Petits & les Pauvres, qui devant Dieu font égaux aux Grands & aux Riches, & qui l'emportent même fur eux, s'ils ont plus de Vertu.

J. Chrift ne blâme donc pas les Perfonnes qui occupent la Place, ou qui tiennent le Rang qu'elles doivent tenir. Il n'y a point en cela d'Orgueil: Et l'on peut dire même, que s'il n'y a point d'Orgueil qui foit humble, il ne laiffe pas d'y avoir une Humilité orgueilleufe. L'Auteur de l'Ouvrage

ge imparfait fur S. Matthieu, l'a fort bien dit : [13] „ L'on
„ peut être affis au haut bout avec beaucoup d'Humilité, &
„ au bas bout avec un grand fond d'Orgueil; car, ajoute-t-
„ il, tel qui entendra qu'il est honorable de s'affeoir au
„ bas bout, prendra cette Place, & unira à l'Orgueil qui le
„ porte à la choifir, le vain honneur qu'il recherche de paffer
„ pour humble. "

Il femble que ce défaut, de rechercher les Préféances, &
de vouloir être appellé Maître; défaut que J. Chrift condamne féverement dans les Pharifiens, & qu'il veut en même
tems prévenir par rapport à fes Difciples; foit peu de chofe.
Mais on en jugera bien autrement, quand on fera réflexion
fur l'Orgueil qui en eft la fource, & fur les Maux qui en
ont été les effets. S. Chryfoftome a bien touché cet endroit
dans fon Homelie LXXIII. fur le XXIII. Chap. de S.
Matthieu. „ Quoique ces chofes paroiffent petites, dit cet
„ excellent Orateur Chrétien, elles ont néanmoins été la
„ caufe de grands Maux: [14] C'EST-LA CE QUI A RENVER-
„ SE' ET LES VILLES ET LES EGLISES: Auffi ne puis-
„ je m'empêcher de verfer des larmes, quand j'entens nom-
„ mer les premieres Places & les Salutations, & que je me fou-
„ viens, que c'eft de-là que fortent ces maux infinis qui
„ fe font répandus dans l'Eglife. Ce n'eft pas ici le lieu d'en
„ parler; auffi n'eft-il pas néceffaire de vous en inftruire,
„ puifque ceux qui font âgez, les ont vûs, & peuvent les ap-
„ prendre à ceux qui font jeunes. " Ce Pere obferve enfuite, que „ le défir de la Primauté, & l'envie de fe faifir de
„ la Chaire Doctorale, ont été les principales caufes des maux
„ de l'Eglife [15] ". Le Seigneur tâche de les arracher du cœur
de fes Difciples, lorfqu'il ajoûte: *Mais vous, ne vous faites* Matth.
XXIII.
9. 10.
point appeller notre Docteur; car vous n'avez qu'un feul Docteur,
qui eft le Chrift, & pour vous, vous êtes tous Freres. N'appellez
perfonne fur la terre votre Pere, car celui qui eft dans le Ciel, eft
feul votre Pere. Ne vous faites point non plus appeller Maître,
car vous n'avez qu'un feul Maître, qui eft le Chrift.

Obfervons d'abord, que J. Chrift défend proprement à fes
Difciples, de prendre les titres de Docteur & de Maître, les
uns à l'égard des autres, mais non à l'égard des Peuples qu'ils
étoient appellez à inftruire. Comme ils n'étoient pas égaux
fans doute du côté des Dons, & quand même il y auroit eu
une parfaite égalité entre eux à cet égard, il y en avoit, qu'une
Ambition malheureufement trop enracinée dans la Nature
humaine, portoit à vouloir s'élever au-deffus de leurs Collé-
gues: J. Chrift veut qu'ils demeurent, après fa mort, dans l'é-

galité

galité où il les a tenus pendant sa vie. Nul d'eux ne doit prétendre à être le Maître, le Docteur, le Pere de ses Collegues. Ils sont tous Disciples d'un seul Maître, & Enfans d'un seul Pere. Ce qui confirme cette pensée, que la Défense de se faire appeller *Maîtres & Docteurs*, regarde les Apôtres entre-eux, c'est que J. Christ ajoûte à la fin: *Pour vous, vous êtes tous Freres*; vous êtes tous égaux. Mais comme la Supériorité des Dons & des Talens, qui distingue des Personnes égales, donne aux uns une sorte d'élévation sur les autres, J. Christ avertit ses Disciples, que cette Supériorité ne donne aucune prééminence, & qu'elle n'est qu'une obligation à rendre de plus grands services: C'est-ce que signifient ces paroles: *Celui qui est le plus grand parmi vous*, qui a reçu le plus de graces, *doit être votre Serviteur*. C'est en servant ses Freres, en s'abaissant pour cela au-dessous d'eux, qu'il peut s'élever au-dessus de tous. Toute autre Elevation, ne servira qu'à l'abaisser. *Celui qui est le plus grand parmi vous, doit être votre Serviteur; car quiconque s'elevera, sera abaissé; & quiconque s'abaissera, sera élevé.*

Matth. XXIII. 11, 12.

Cependant quand on supposeroit, comme on le fait ordinairement, que J. Christ défend aux Apôtres de prendre les titres de Maîtres, de Docteurs, & de Peres, par rapport aux Fidèles, on ne supposeroit rien que de vrai, pourvû qu'on l'entende dans le sens où il l'a défendu. D'abord il est certain, qu'il ne le fait pas d'une manière absoluë, & qu'il est permis de donner le nom de *Pere*, aux Personnes à qui nous devons la naissance, à celles que leur Age & leurs Charges rendent respectables, & celui de *Docteur* ou de *Maître*, à ceux qui nous enseignent. S. Jean donne le titre de *Peres* aux Personnes âgées, & S. Paul se l'attribuë à l'égard des Corinthiens. Le même Apôtre donne celui de *Docteurs* aux Pasteurs, & le prend lui-même par rapport aux Gentils.

1. Joan II. 13.
1. Cor. IV. 15.
Eph. IV. 11.
Gal. IV. 15.

Cela étant certain, quand J. Christ défend à ses Apôtres de se faire appeller *Maîtres, Docteurs, Peres*, il n'a pas égard aux Titres mêmes, mais aux Prérogatives que les Juifs y avoient attachées, & aux Droits qu'ils s'attribuoient dans l'Eglise. Ils prétendoient être les *Guides des Aveugles, la Lumière de ceux qui étoient dans les ténèbres; les Docteurs des Ignorans, les Maîtres des simples, les Sages, les Intelligens de la Nation*. En cette qualité ils s'arrogeoient l'autorité d'expliquer la Loi, le Peuple fidéle n'ayant en partage que la Docilité & l'Obéissance. Les regles qu'ils suivoient dans leurs explications, étoient les Traditions de leurs Peres. Ils décidoient

Rom. II. 19, 20.

Matth. XI. 25.

par-

par-là les sens de l'Ecriture, & les questions sans nombre, que des esprits oisifs & curieux étoient capables d'imaginer. Leurs Décisions étoient des Oracles, que le Peuple devoit recevoir avec soûmission, sous peine d'Anathême. Ils s'arrogeoient une sorte d'Infaillibilité, fondez sur quelques passages du V. Testament. C'est-ce que nous apprennent [16] les Sçavans qui ont examiné cette matière. C'est-là ce que J. Christ défend aux Ministres de l'Evangile, dans la personne de ses Disciples. Ce ne sont pas les Titres de *Maîtres* & de *Docteurs*, mais les superbes privilèges que les Juifs y avoient attaché. Il veut bannir de l'Eglise Chrétienne la tyrannie des Docteurs de la Synagogue, & se réserver à lui-même & à Dieu seul, des prérogatives qui sont en effet plus qu'humaines: *Vous n'avez*, dit-il, *qu'un seul Maître, qu'un seul Docteur, qui est le Christ; & qu'un seul Pere, qui est Dieu.*

Après ces Instructions, qui s'addressent directement aux Apôtres, le Seigneur parle aux Scribes & aux Pharisiens, leur fait les plus sanglans reproches, & leur dénonce les Jugemens de Dieu: *Malheur sur vous*, leur dit-il, *Scribes & Pharisiens Hypocrites, parce que vous fermez aux Hommes le Royaume des Cieux; car, non seulement vous n'y entrez pas vous-mêmes, mais vous empêchez d'y entrer, ceux qui vouloient le faire.* S. Luc exprime cette Censure en d'autres termes; mais qui ne changent rien à la pensée du Seigneur, & qui servent à l'expliquer: *Malheur à vous, Docteurs de la Loi, parce qu'ayant pris la clef de la Science, non seulement vous n'y êtes pas entré vous-mêmes; mais vous avez empêché d'y entrer, ceux qui le vouloient faire.* Cela fait voir que les *Scribes* & les *Docteurs de la Loi* sont la même chose. Ces Docteurs *avoient pris la clef de la Science*, lorsqu'ils avoient été installez dans le Doctorat. Cette *Science* est l'Intelligence des Ecritures, dont ils prétendoient être les Interprètes. Or par leurs fausses Interprétations, non seulement ils excluoient J. Christ des Oracles des Prophètes, qui, selon leur sens, ne lui convenoient pas; mais ils empêchoient le Peuple de le reconnoître pour le Messie. C'est-ce que le Seigneur exprime dans S. Matthieu, par *entrer dans le Royaume des Cieux*; c'est-à-dire, reconnoître Jesus pour le Christ, & embrasser l'Evangile. *Entrer dans la Science*, comme s'exprime S. Luc, c'est entrer dans la véritable intelligence de la Loi & des Prophètes. A ces fausses gloses ils ajoûtoient les Calomnies qu'ils répandoient contre Jesus, l'accusant d'être un Profanateur du Sabbath, & d'operer ses miracles par la puis-

puissance des Démons. Enfin, ils persécutoient ceux qui croyoient en lui, & les excommunioient.

Jean xi.
22.

Le Seigneur passe à une autre Censure, qui découvre que
les Pharisiens étoient au fond de véritables Impies, n'ayant
pour objet, dans leurs Devotions affectées, que de surprendre les Personnes foibles & affligées, & de s'enrichir à leurs
dépens: *Malheur sur vous, Scribes & Pharisiens Hypocrites; car
affectant de faire de longues Prieres, vous dévorez les maisons des
Veuves. C'est pour cela même que vous subirez une plus grande
condamnation.*

Matth.
XXIII. 14.

J. Christ, en qualité de Scrutateur des cœurs, penètre ici
les motifs secrets des longues Prieres des Pharisiens. Leur
premier but étoit de passer pour des Gens fort dévots; le
second, de profiter de cette réputation, pour engager les
Personnes affligées, telles que le sont ordinairement les Veuves, à leur demander leur Intercession auprès de Dieu, dans
la pensée, qu'étant des Saints, leurs Prieres étoient toûjours
exaucées. Peut-être même aussi espéroient-elles de soulager
par-là les Ames de leurs Maris, qui n'étant pas morts dans
une parfaite Sainteté, expioient, pendant un certain tems, les
péchez dont ils s'étoient trouvez coupables à leur mort.
¹⁷ Car on sçait que la Priere pour les Morts s'étoit introduite
parmi les Juifs; & qu'ils croyoient soulager par-là les Ames des
Défunts, & hâter leur délivrance. Mais pour avoir les Prieres
de ces Gens-là, & pour enflammer leur Zèle, il falloit leur faire
des Présens. C'est par-là qu'ils *dévoroient les maisons des Veuves.*
Ainsi ces Hypocrites faisoient véritablement trafic de la Pieté,
& profitoient de la Simplicité des Peuples, pour s'enrichir.
Qu'on approfondisse l'origine de la plûpart des Superstitions,
on en trouvera presque toûjours les sources dans les deux Passions des Pharisiens : dans l'Esprit de Domination d'un côté, &
de l'autre, dans l'Avarice.

Le témoignage du Fils de Dieu n'a pas besoin de confirmation. Mais il est bien édifiant pour les Fidéles, & c'est
une belle preuve de la Vérité des Auteurs sacrez, que le caractère des Pharisiens soit décrit dans l'Historien des Juifs, comme il l'est dans nos Evangiles. ¹⁸„ Il y avoit, dit Josephe, une
„ Secte parmi les Juifs, qui se piquoit d'avoir une connoissan-
„ ce plus exacte de la Loi, ce qui les rendoit fort insolens;
„ & comme ils passoient pour être fort chers à Dieu, les
„ Femmes leur étoient dévoüées : Ils sont redoutables aux
„ Souverains même, parce qu'ils sont fort circonspects, &
„ qu'ils

„ qu'ils fçavent profiter de l'occafion, pour leur faire une Guer-
„ re ouverte. Et même, lorfque toute la Nation Judaïque
„ fut obligée de prêter le Serment de fidélité à l'Empereur
„ & au Roi, ils oferent refufer de le faire. Le Roi les mit à
„ l'amende; mais la Femme de Pheroras la paya pour eux.
„ Pour reconnoître ce fervice, (car ils fe piquent d'être in-
„ fpirez & de prédire l'avenir) ils lui prédirent, qu'Hérode &
„ fa famille perdroient la Couronne, & qu'elle pafferoit à
„ Pheroras & à fa famille. "

Le Seigneur continuë fes Cenfures: *Malheur fur vous, Scri-* *bes & Pharifiens Hypocrites; car vous courrez la Mer & la Terre pour faire un Profélyte, & quand il l'eft devenu, vous le rendez digne de la Gehenne, deux fois plus que vous.* Il s'agit moins des Profélytes du Judaïfme, que des Profélytes du Pharifaïfme. Les Pharifiens, zèlez pour l'agrandiffement de leur Secte, n'oublioient rien pour la multiplier; mais leurs malheureux Difciples, inftruits dans leur Ecole de leurs pernicieufes Maximes, & formez à l'Hypocrifie, devenoient plus méchans, qu'ils ne l'auroient été, s'ils étoient demeurez fimplement dans le Judaïfme; plus infolens & plus hardis à blafphemer J. Chrift, comme [19] l'Auteur de l'Ouvrage imparfait fur S. Matthieu l'a remarqué; & par confequent plus dignes des plus grandes peines. Il n'eft que trop conftant par l'expérience, que les Difciples imitent plutôt les Défauts que les Vertus de leurs Maîtres, & qu'ils encherissent même très-fouvent fur eux.

Matth. XXIII. 15.

Entre les Superftitions intéreffées des Pharifiens, Jefus cenfure celle des Sermens, qui dénote bien l'Efprit de ces pernicieux Cafuiftes: *Malheur fur vous, Scribes & Pharifiens Hypocrites, qui dites, fi quelqu'un jure par le Temple, il ne s'engage à rien; mais s'il jure par l'Or du Temple, il faut qu'il tienne fon Serment. Infenfez & aveugles! Car lequel eft le plus confiderable, ou de l'Or, ou du Temple qui fanctifie l'Or? Vous dites encore: Si quelqu'un jure par l'Autel, il ne s'engage à rien; mais s'il jure par le Don qui eft fur l'Autel, il faut qu'il tienne fon Serment. Infenfez & aveugles! Car lequel eft le plus confiderable, ou du Don, ou de l'Autel qui fanctifie le Don? Celui donc qui jure par l'Autel, jure & par l'Autel, & par tout ce qui eft deffus. Et quiconque jure par le Temple, jure & par le Temple, & par celui qui habite dans le Temple. Tout de même, celui qui jure par le Ciel, jure par le Trône de Dieu, & par celui qui eft affis deffus.*

Matth. XXIII. 16-22.

Ces diftinctions de Sermens étoient bien frivoles, comme J. Chrift l'a fait voir; mais elles étoient encore plus vicieufes dans leur origine, parce qu'elles ne pouvoient avoir été inventées, que pour tromper ceux qui les ignoroient, & qu'au fond elles avoient leur fource dans l'Avarice. Car pourquoi les Sermens qui fe faifoient par le Temple ou par l'Autel n'obligeoient-ils pas, pendant que ceux qui fe faifoient, ou par l'Or & l'Argent que l'on mettoit dans le Tronc, ou par les Dons offerts fur l'Autel, étoient obligatoires? La raifon en eft, que tous les Fidèles profitoient du Temple & de l'Autel, au lieu que les feuls Miniftres de la Religion profitoient de l'Or offert dans le Tronc, & des Dons préfentez fur l'Autel. Car autrement, s'il falloit faire quelque différence entre ces chofes, elle étoit à l'avantage du Temple & de l'Autel, puifque les Dons offerts ne devenoient faints, ou féparez de l'ufage ordinaire, que parce qu'ils étoient offerts à Dieu, dans fon Temple & fur fon Autel?

Les Héréfies en fait de Morale feront toujours les plus pernicieufes, parce qu'elles attaquent directement le but de la Religion, qui eft l'Obfervation des Commandemens de Dieu. Les Erreurs de pure Spéculation ne font dangereufes, qu'autant qu'elles bleffent la Vénération qui eft dûë au Souverain Etre, & qu'elles tendent à corrompre le Culte & les Mœurs. De-là vient, qu'encore que les Pharifiens euffent quantité de ces Erreurs, J. Chrift ne cenfure que celles qui bleffent, ou le Culte Divin, ou la Juftice & la Charité. Leurs diftinctions fur les Sermens obligatoires, tendoient manifeftement à violer impunément ces deux Vertus. Et d'ailleurs l'ufage de jurer par les Créatures, étoit condamné par la Loi Divine, comme une efpece d'Idolâtrie. Si cet ufage pouvoit être toleré, ce n'étoit qu'en fuppofant que celui qui jure par quelque Créature que ce foit, jure proprement par le Créateur, qui eft préfent dans tous fes Ouvrages, & qui s'en fert, & pour châtier la Fraude & la Perfidie, & pour récompenfer la Juftice & la Fidélité. C'eft ainfi, comme le Sauveur le dit, que celui qui juroit par le Temple, par l'Autel, ou par le Ciel, étoit cenfé jurer par la Divinité qui habitoit dans le Temple, à qui l'Autel étoit confacré, & dont le Ciel eft le Trône.

<small>Jerem. v. 7.</small>

J. Chrift décrit & cenfure enfuite les divers caractères de l'Hypocrifie; c'eft-à-dire de cette Religion, qui n'a que les apparences de la Pieté, & qui cache fous ces apparences l'Irreligion & l'Impieté même. *Malheur fur vous, Scribes & Pharifiens Hypocrites, car vous payez la Dîme de la Mente, de l'Aneth*

<small>Matth. XXIII. 23</small>

l'*Aneth & du Cumin*, *pendant que vous négligez ce qu'il y a de plus important dans la Loi, sçavoir la Justice, la Misericorde & la bonne-Foi. C'étoit-là les choses, qu'il falloit pratiquer, sans néanmoins négliger les autres.* Dieu avoit ordonné de payer la Dîme de tous les Fruits. Les Pharisiens, pour paroître réguliers, la donnoient des moindres Herbes, des moindres Graines. J. Chrift ne les condamne pas; mais comme ils violoient en même tems les Devoirs essentiels *de la Justice, de la Misericorde & de la Fidélité*, il les compare à des Gens qui craindroient d'avaler un Moucheron, & qui, si cela étoit possible, ne craindroient point d'avaler un Chameau. Les Orientaux couloient les Liqueurs avant que de les boire, de peur d'avaler quelque petit Insecte. De-là le Proverbe usité, *Couler le Moucheron, & avaler le Chameau*; pour dire des Gens timides dans de petites choses, & hardis dans les plus grandes & les plus dangereuses.

Matth. XXIII. 24.

Autre caractère de l'Hypocrisie: Un Extérieur composé. Paroles, Gestes, Démarches, Vêtemens; tout est mesuré; tout semble ne respirer que la Gravité, la Douceur, la Modestie, l'Amour & la Gloire de Dieu, pendant que le Cœur nourrit les Passions les plus malfaisantes. C'est encore ce que J. Chrift reproche aux Pharisiens: *Malheur sur vous, Scribes & Pharisiens Hypocrites, parce que vous nettoyez le dehors de la Coupe & du Plat, mais le dedans est plein de Rapines & d'Excès,* ou *d'Injustices*. Cela pourroit signifier, que ce qui est dans la Coupe & dans le Plat, est le fruit de *l'Injustice*: ou bien c'est une Comparaison, dont le sens est, Vous ressemblez à des Coupes & à des Plats, dont on a grand soin de nettoyer les dehors, mais dont le dedans est plein d'ordures. Vous êtes justes, religieux dans les dehors, mais au fond vous êtes pleins d'Avarice & d'Injustice. Jesus ajoute cette belle Sentence, qu'il exprime en termes figurez: *C'est qu'il faut commencer par purifier le Cœur, & qu'alors les Actions, dont il est le principe, seront toûjours pures.*

Matth. XXIII. 25, 26.

S. Luc rapporte un peu autrement le Discours du Seigneur, & le finit par cette Instruction: *Donnez l'Aumône de tout ce que vous possedez, & alors tout sera pur pour vous*; c'est-à-dire, que pour sanctifier l'usage des Biens que la Providence donne aux Hommes, ils doivent en faire part aux Pauvres.

Luc. XI. 38.

A cette première Comparaison, Jesus en ajoute une autre qui représente le même caractère. C'est celle *des Sepulcres blanchis par dehors, mais qui au-dedans sont pleins d'Ossemens de Morts, & de toutes sortes d'Impuretez*. C'est ainsi que ces Hommes, qu'on auroit pris pour des Temples vivans d'une Divi-

Matth. XXIII. 27, 28.

nité préfente & immortelle, n'étoient au fond que des Sepulcres ornez par les dehors, mais habitez par des Démons.

J. Chrift dénonce malheurs fur malheurs aux Hypocrites, & il faut convenir qu'ils en font bien dignes; car en fe parant des dehors de la Vertu, ils font voir qu'ils en connoiffent tout le prix & tout le mérite, & que ce n'eft point par ignorance, qu'ils pratiquent les Vices qui lui font oppofez.

„ Hypocrites, vous vous condamnez vous-mêmes; car fi la
„ Vertu eft un bien, pourquoi ne voulez-vous pas être réel-
„ lement, ce que vous voulez paroître? Et fi le Péché eft un
„ mal, pourquoi voulez-vous être effectivement ce que vous
„ ne voulez pas paroître? Car ce qu'il eft honteux de paroî-
„ tre, il l'eft bien plus encore de l'être en effet, & ce qu'il eft
„ honorable de paroître, il l'eft bien davantage de l'être véri-
„ tablement. Cela étant, ou foyez ce que vous voulez paroî-
„ tre, ou paroiffez ce que vous êtes. " C'eft la refléxion d'un [21] ancien Commentateur de S. Matthieu.

Ces Sepulcres blanchis, emblême fi jufte de l'Hypocrifie, rappellent à J. Chrift les Sépulcres des anciens Prophètes, que les Juifs avoient fait mourir, & dont les Scribes & les Phariſiens rélevoient les tombeaux, & ornoient les monumens, prétendant faire voir par-là, qu'ils déteftoient les crimes de leurs Ancêtres, & les reparoient autant qu'il leur étoit poffible, en honorant la mémoire de ces Juftes. Ils auroient eu raifon, s'ils n'avoient pas été poffedez du même Efprit que leurs Peres; mais animez de la même Injuftice, & de la même Cruauté, en rélevant & en ornant les monumens des Prophètes, ils fembloient plutôt approuver, que condamner les attentats de leurs Péres. C'eft la penfée du Sauveur, & elle eft très-ingénieufe, & très-jufte. *Vous vous rendez témoignage à vous-mêmes*, leur dit le Sauveur, *que vous êtes les Enfans de ceux qui ont fait mourir les Prophètes.* Defcendus à tous égards de ces anciens Meurtriers, Héritiers de leur Haine contre les Juftes, auffi-bien que de leur Sang, quand vous rélevez les tombeaux des Saints qu'ils ont fait mourir, ce font plutôt des trophées que vous dreffez à leur cruauté, que des monumens à la Gloire des innocentes Victimes qu'ils ont immolées.

Il y a encore ici un caractère d'Hypocrifie bien marqué. C'eft celui d'honorer la mémoire des grands Hommes, de vanter leurs Vertus, de leur [22] dreffer des Colomnes, pour faire croire que l'on eftime & que l'on honore la Vertu. C'eft-ce que l'on a vû tant de fois, & ce que l'on voit encore. Ceux-là même, qui avoient perfécuté la Vertu vivante, parce que fa préfence les auroit forcé de rougir, & que fes reproches

les

Comparez Luc XI. 47. avec Matth. XXIII. 29, 30, 31.

ET AUX PHARISIENS. *Discours VIII.*

les auroient couverts de confusion, lui donnent des éloges, lui rendent hommage quand elle n'est plus. C'est ainsi que l'un des plus méchans Princes qui ayent regné dans Rome, *haïssoit les Gens de bien tant qu'ils étoient en vie, & les honoroit après leur mort*: c'est l'Empereur [33] *Caracalla.* C'est encore ainsi que le cruel & l'hypocrite Hérode, après avoir fait mourir Aristobule, par Jalousie pour les hautes Vertus de ce Prince, & pour l'Estime qu'il s'étoit acquise, lui fit de magnifiques Obseques après sa mort. On réleve, on orne encore, ce que l'on croit être les Tombeaux des Apôtres, pendant que l'on persécute, & que l'on fait mourir, ceux qui veulent conserver & défendre leur Doctrine & leurs Préceptes.

Après des Actions si noires, couvertes du manteau de la Pieté, que restoit-il à ces Hypocrites, si non qu'ayant mis le comble à la mesure des crimes de leurs Peres, Dieu, de son côté, mît le comble à sa juste Vengeance? C'est aussi ce que leur declare le Fils de Dieu, en finissant le Discours qu'il leur addresse: *Achevez donc*, dit le Seigneur, *de mettre le comble à la mesure de vos Peres: Serpens, Race de viperes, comment éviteriez-vous le supplice de la Gehenne? Car je vous envoyerai des Prophètes, des Sages, & des Scribes, & vous tuerez les uns, vous crucifierez les autres, vous en foüetterez quelques-uns dans vos Synagogues, & vous les persécuterez de Ville en Ville, afin que tout le sang innocent, qui a été repandu sur la terre, retombe sur vous, depuis le sang du juste Abel, jusqu'au sang de Zacharie, fils de Barachie, que vous avez tué entre le Temple & l'Autel. Je vous dis en vérité, que toutes ces choses arriveront à cette Génération.*

Matth. XXIII. 32, 36.

On voit ici d'abord, que la Patience de Dieu a ses bornes, non seulement à l'égard des Particuliers, mais à l'égard des Villes & des Républiques entieres. Lorsqu'enfin la mesure des Péchez est parvenuë à son comble, la Providence se justifie: ces crimes, que les Hommes croyoient oubliez, ensevelis, renaissent, crient vengeance au Ciel, & arrachent des mains de Dieu, la foudre que sa Bonté avoit long-tems retenuë. *Ces trésors de colere*, entassez pendant plusieurs siècles, se déployent tout d'un coup, & font voir à l'Univers, *qu'il y a un Dieu qui juge la Terre.*

On voit ensuite ici cette noble Magnanimité des Prophètes, qui, connoissant tout le fond de la malice & de l'endurcissement des Hypocrites, ne les épargnent plus, & les caractérisent tels qu'ils sont. *Serpens*, leur dit Jesus, *Race de viperes.* Ils avoient en effet toute la ruse des Serpens, & tout le venin des Viperes: Et incorrigibles comme ils l'étoient, quel moyen restoit-il, *qu'ils évitassent le supplice de la Gehenne*, les derniers Jugemens de Dieu?

Ee 2

Je

112 JESUS PARLANT AUX SCRIBES

Je vous envoyerai, poursuit Jesus, *des Prophètes, des Sages, des Scribes*. Il donne aux Ministres ordinaires & extraordinaires du N. Testament, les noms des Ministres ordinaires & extraordinaires de l'Ancien. Le Seigneur les envoye, comme il a été envoyé par son Pere. *Il y a*, dit S. Paul, *diver-* ^{1. Cor. xii. 5.} *sité de Ministères, mais il n'y a qu'un seul Seigneur*, qui envoye ^{Ephes. iv. 11.} tous les Ministres, & *qui a donné à l'Eglise les uns pour être A-pôtres, les autres pour être Prophètes, les autres pour être Pasteurs & Docteurs*. Ces derniers sont représentez par *les Sages & par les Scribes. Vous tuerez les uns*, dit J. Christ; comme les deux Jaques & S. Etienne. *Vous crucifierez les autres*; comme moi-même, & comme [24] Simon, fils de Clophas. *Vous en foüetterez quelques-uns dans les Synagogues*; comme Pierre & les autres Apôtres. *Vous les persécuterez de Ville en Ville*; comme Paul & Barnabé: *afin que tout le sang innocent, qui a été répandu, depuis A-bel le Juste jusqu'à Zacharie, fils de Barachie, retombe sur vous*; c'est-à-dire: De sorte que Dieu vengera sur vous & sur la Nation, le sang de tous les Justes que vos Peres ont versé depuis le commencement du Monde, & que vous avez versé vous-mêmes. Ce n'est pas que Dieu punisse proprement les crimes des Peres sur leur Posterité la plus éloignée; mais c'est que, lorsqu'une Nation a long-tems abusé de la Clémence Divine, tous les crimes de cette Nation se réünissent, pour obliger la Justice Divine à la détruire.

Il y a dans le Discours du Sauveur une difficulté qui a exercé les Interprêtes: C'est de sçavoir, qui est *ce Zacharie, qui a été tué entre le Temple & l'Autel*? Quelques anciens Auteurs ont cru que c'étoit Zacharie, pere de Jean-Bâtiste, & ont allegué une raison * qui est très-fabuleuse. Aussi tenoient-ils toute cette histoire *de certains Songes, rapportez dans des Livres Apocryphes*, comme le témoigne S. Jerôme. D'autres ont cru, que J. Christ parle du Prophète Zacharie, qui étoit effectivement fils de Barachie: Mais comme il n'est rapporté nulle part dans l'Ecriture, que les Juifs l'ayent fait mourir, cette opinion est rejettée par la plûpart des Sçavans. Il y a un troisième Zacharie, dont il est parlé dans le 11. Livre des Chroniques, & qui fut lapidé dans le Parvis du Temple, par le commandement de l'impie Roi Joas. L'Autel des Holocaustes étoit dans le Parvis du Temple; de sorte qu'il fut lapidé entre cet Autel, & l'Edifice

---

* C'est, dit-on, pour avoir placé dans le Temple, parmi les Vierges, la Mere de notre Sauveur, depuis qu'elle l'eut mis au monde. S. *Basile* a rapporté ce fait sur la foi de la Tradition, dans son Homélie sur la Naissance de J. Christ; & *Origene*, qui cite souvent des Livres Apocryphes, l'avoit fait aussi dans son Traité xxvi. sur S. Matthieu. Mais S. Jerôme l'a rejetté avec mépris, parce qu'il n'est point contenu dans l'Ecriture. *Hoc quia de Scripturâ non habet autoritatem, eâdem facilitate contemnitur, quâ probatur*. Hier. in Matth. XXIII.

ce du Temple. Il eſt vrai que ce Zacharie étoit fils du Sacrificateur *Joyada*, & non de *Barachie* ; mais il eſt très-poſſible que *Joyada* fut auſſi appellé *Barachie*, & peut-être lui donna-t-on ce glorieux ſurnom, qui veut dire *Béni de Dieu*, à cauſe de ſon Zèle magnanime & de ſa Vertu. Il faut remarquer encore, que dans l'Evangile Chaldaïque ou Syriaque des Nazaréens, on lit *Fils de Joyada* ; ce qui a fait ſoupçonner à quelques Sçavans, que *Barachie*, qui ſe trouve dans nos Exemplaires de S. Matthieu, étoit une faute de Copiſte. Mais, comme on lit *Barachie* dans tous les Exemplaires Grecs, & dans toutes les Verſions, il eſt plus vraiſemblable que les Nazaréens, dont l'Evangile étoit peu conforme à celui de S. Matthieu, ont corrigé *Barachie*, & mis *Joyada*, parce qu'ils trouvoient *Joyada* dans le II. Livre des Chroniques.

L'incomparable Grotius a eu, ſur cet endroit, une penſée trop belle & trop ingénieuſe, pour n'être pas rapportée. J. Chriſt a parlé, non ſeulement en Hiſtorien qui raconte des faits paſſez, mais en Prophéte qui ſçait ceux qui ſont encore dans l'avenir. ²⁵ Joſephe fait mention d'un *Zacharie, fils de Baruch* (*Baruch* & *Barachie* ſont le même nom) qui fut un des plus ſaints Hommes de ſon tems, & que les Juifs firent mourir dans le Temple, immédiatement avant la ruine de Jeruſalem : Grotius croit donc, que J. Chriſt n'a pas moins eu en vûë ce Zacharie, que le premier dont il eſt parlé dans le II. des Chroniques. Quoi qu'il en ſoit, le Seigneur annonce aux Juifs, & en particulier aux Scribes & aux Phariſiens, que depuis la Création du Monde juſqu'à l'entiere Deſtruction de leur Ville, tout le ſang innocent qu'ils ont répandu, ſera vengé ſur la Nation, & que ce terrible Jugement de Dieu arriveroit à *la Génération* qui ſubſiſtoit *alors*, pendant la vie d'un grand nombre de ceux à qui il parloit. C'eſt-ce que l'évenement juſtifia.

Enfin, après la dénonciation de ce redoutable Jugement de Dieu, le Seigneur, qui étoit la Charité même, & qui ne pouvoit voir, ſans la plus vive douleur, la ruine entiere de ſon Peuple, leur témoigne ſa douleur dans les termes les plus touchans : *Jeruſalem, Jeruſalem*, dit le Sauveur, *qui tues les Prophètes, & qui lapides ceux qui te ſont envoyez, combien de fois ai-je voulu raſſembler tes Enfans, comme la Poule aſſemble ſes Pouſſins ; mais vous ne l'avez pas voulu. Sçachez donc que votre Demeure ſera deſerte. Car je vous dis, que deſormais vous ne me verrez plus juſqu'à ce que vous diſiez, Beni ſoit celui, qui vient au nom du Seigneur.* C'eſt ainſi que J. Chriſt juſtifie, en préſence de

Matth. XXIII. 37. 39.

tout le Peuple qu'il est Prophète, en prédisant la ruine entiere de Jerusalem, près de quarante ans avant l'évenement; qu'il marque la cause de cette ruine, c'est l'Incrédulité volontaire & obstinée des Juifs ; & sa mort prochaine. *Vous ne me verrez plus jusqu'à ce que vous disiez, Béni soit celui, qui vient au nom du Seigneur*; c'est-à-dire: Vous ne me verrez plus du tout. Et puisque vous n'avez pas profité de ma présence, votre perte est assurée. Heureux les Juifs, s'ils eussent profité de cette Invitation à la repentance ! Ils auroient non seulement sauvé leur Ville, mais ils auroient sauvé leurs Ames.

DISCOURS IX.

La Cene Eucharistique de notre Seigneur J. Christ. Matth. XXVI. 17--30. Marc XIV. 12--26. Luc XXII. 7--22. Jean XIII. 1--18.

E fut un ancien usage des Nations les plus éclairées, d'instituer des Fêtes & des Cérémonies, afin de perpétuer la mémoire des grands Evenemens, & des glorieux Exploits des grands Hommes. Moïse, suivant cet usage, institua diverses Fêtes parmi les Israëlites, & en particulier celle de Pâques, pour être un monument perpétuel de la Delivrance miraculeuse de leur Nation, par le ministère de ce Législateur. Cette Fête étant sur le point d'arriver, J. Christ se rendit à Jerusalem, non seulement pour la célébrer, comme il avoit coûtume de le faire; mais pour y offrir à Dieu, dans sa propre personne, la Pâque éternelle, *l'Agneau de Dieu*, *qui ôte les Péchez du Monde*, & dont le sacrifice ne doit jamais être réïteré. Mais avant que de présenter à Dieu cette sainte Victime, il voulut instituer l'auguste Cérémonie, qui doit être célébrée jusqu'à la consommation des siécles, & y conserver la Mémoire de sa Mort, l'Admiration qui est dûë à ses hautes Vertus, & la Reconnoissance que mérite son immense Charité. C'est * cette Institution que nous allons considerer dans ce Discours, en exposant d'une manière simple, & aussi précise qu'il nous sera possible, les rélations que les Evangelistes nous en ont laissées.

Jean 1. 29.
Heb. IX. 25. 26. 27. 28.

Les *Evangelistes* nous apprennent d'abord, *le Jour* que le Seigneur choisit pour instituer la S. Cene. S. Matthieu & S. Marc disent, *que ce fut le premier Jour des Pains sans Levain, auquel*, ajoute S. Marc, *on immoloit la Pâque*, ou *l'Agneau paschal*, ce qui veut dire, *auquel on devoit l'immoler;* car les Juifs mettent assez souvent l'Action même pour le Devoir. C'est une phrase commune; & celle de S. Marc dans cette occasion, est expliquée par S. Luc, qui nous dit, que ce fut *le premier Jour*

Matth. XXVI. 17. Marc. XIV. 12.

Voyez Ps. CXXIII. 9. Matth. XXVI. 52. Heb. V. 4. XIII. 17.

---

* Le fameux *Dr. Benj. Hoadley*, Evêque de Winchester, s'est proposé de donner de justes idées de cette sainte Cérémonie, dans un Traité qui a pour titre, *Exposition claire & simple de la Nature & du But de la S. Cene*, *uniquement fondée sur les Textes de l'Ecriture qui ont du rapport à cette Cérémonie*. Je n'ai pas lû ce Traité, mais j'en ai vû l'Extrait dans la *Bibl. Raisonnée* T. XIII p. 1. & suiv. Il seroit à souhaiter, que l'on traduisît en François ce Traité, pour dissiper les fausses idées de quantité de Gens sur cette matière.

Ff 2

Jour des Pains sans Levain, auquel ¹ ON DEVOIT *immoler la Pâque.* Voilà donc le Jour que Jesus choisit ; c'est le premier des Azymes, & où les Juifs, suivant l'ordonnance de la Loi, devoient immoler l'Agneau pascal. Ce Jour étoit le quatorzième de Nisan, qui, cette année-là, fut un Jeudi, & répond, selon le calcul des uns * au XX de Mai, & selon les autres † au VIII. d'Avril.

Il n'y auroit aucune difficulté là-dessus, s'il ne paroissoit clairement par l'Evangile de S. Jean, que le Jour de la Mort de J. Christ, qui fut le lendemain de celui où il célébra la Pâque, à la fin de laquelle il institua la S. Cene ; s'il ne paroissoit, dis-je, que ce jour étoit ‡ celui de la Pâque des Juifs. C'est-là ce qui cause l'embarras. Il s'agit de trouver le moyen d'accorder des récits, qui semblent opposez. D'un côté S. Matthieu, S. Marc & S. Luc, semblent dire d'une voix unanime, que J. Christ fit la Pâque le même jour que les Juifs, puisqu'ils disent que ce fut le premier Jour des Pains sans Levain, où l'on devoit immoler l'Agneau pascal. Et d'autre côté, S. Jean dit en termes formels, que le Seigneur fut crucifié ‡ *le Jour même*, ou *la veille de la Pâque des Juifs*. Cette contradiction apparente a fort embarrassé les Sçavans, & les a obligez à chercher divers moyens de concilier les récits des trois premiers Evangelistes avec celui de S. Jean.

§ Les uns ont prétendu, que J. Christ avoit fait la Pâque le même Jour que les Juifs, & que si S. Jean a dit, que ce Jour étoit la veille de la Pâque, il n'a pas voulu dire que c'étoit la veille du premier jour, mais du lendemain de la Fête, qui duroit huit jours. Il faut avoüer que ce sentiment, quoique soutenu par de très-habiles Gens des deux Communions, paroît insoutenable.

* D'au-

---

* C'est le sentiment de *Scaliger*. De Emendat. Temp. l. vi.
† Celui de *M. le Clerc*. Harm. Evang. in h. l.
‡ Voyez Jean XIII. 1. & en particulier Jean XVIII. 28, où il est dit *que les Juifs n'entrerent pas dans le Prétoire*, c'est-à-dire, dans le Palais du Gouverneur, *de peur que se souillant, ils ne fussent pas en état de manger l'Agneau pascal*. Donc le jour de la Crucifixion du Seigneur, étoit le jour même de leur Pâque, & par consequent le lendemain de celle que J. Christ avoit célébrée.
‡ C'étoit le jour même ; mais en même tems *la Veille* de la Pâque, selon leur manière de compter les jours : Car bien qu'ils les comptassent quelquefois à la manière des Romains, qui commençoient le Jour à minuit, & le finissoient au minuit suivant. (*Aul. Gell. Noct. Att.* L. III. c. 2.) cependant la manière la plus ordinaire étoit de les compter d'un *soir* à l'autre *soir*. Et de-là vient que la Pâque est marquée, tantôt le 14. de Nisan. (Exod. XII. 28.) & tantôt le 15. (Lev. XXIII. 6) Car comme le 14. finissoit au soleil couchant, le quinze commençoit immédiatement après, c'est-à-dire, au soleil couché. Or le Repas devoit se faire la nuit, c'est-à-dire, proprement le quinze du mois.
§ C'est le sentiment de l'Eglise Latine, qui croit que J. C. a fait la Pâque le jour même que les Juifs. Ce sentiment a été défendu par des Sçavans du premier ordre des deux Communions. Entre les Catholiques Romains on peut compter *Tolet*, *Tostat*, *Baronius* &c. De la part des Protestans, *Broughton*, *Clopenbourg*, *Ligtfoot*, *Bochart* &c. Ce dernier allegue la raison que l'on a mise dans le Texte ; mais elle est évidemment détruite par ce qui est rapporté Jean XIII. 27. Sçavoir que J. Christ ayant dit à Judas, *de faire bien-tôt ce qu'il vouloit faire*, *les Disciples crurent*, *qu'il lui parloit d'achetter ce qu'il falloit pour la Fête*. Donc les Juifs ne devoient célébrer la Pâque que le lendemain, & par consequent ce ne pouvoit être le second jour de la Fête, comme l'a cru Bochart & d'autres. *Bochart* Hieroz. Pars II. L. 2. c. L.

NOTRE SEIGNEUR J. CHRIST. *Discours.* IX.

* D'autres ont cru que les Juifs n'étoient pas uniformes sur le Jour de la célébration de la Pâque, parce qu'ils ne l'étoient pas sur le quatorzième de la Lune; Les uns, suivant des calculs Astronomiques, plaçoient la Nouvelle Lune plutôt; & d'autres, se reglant sur la *Phase* ou l'apparition de cette Planete, étoient obligez de mettre la nouvelle Lune un jour plus tard, parce qu'on ne commence de l'appercevoir, que lorsqu'elle est un peu éloignée du Soleil. Cela étant, il y avoit des Juifs, qui faisoient la Pâque un jour plutôt que les autres, parce que, selon leur manière de fixer la Nouvelle Lune, ils comptoient le quatorzième de la Lune, lorsque d'autres ne comptoient que le treize. Ainsi J. Christ put célébrer la Pâque un jour plutôt avec une partie des Juifs, pendant qu'une autre partie la célébroient un jour plus tard.

Il y a d'autres Sçavans qui, en avoüant que J. Christ anticipa le Jour destiné à faire la Pâque, parce qu'il sçavoit qu'il devoit être crucifié le lendemain, † croyent qu'il se contenta de célébrer *la Pâque de Commémoration*, introduite parmi les Juifs dans le tems de leur Captivité, & usitée parmi ceux qui étant dispersez, ne pouvoient se trouver à Jerusalem. Cette Pâque consistoit à manger des Pains sans Levain, & des Herbes ameres, parce qu'il n'étoit pas permis d'immoler l'Agneau pascal ailleurs qu'à Jerusalem. Mais ce sentiment semble ne pouvoir s'accorder avec l'ordre que J. Christ donna à ses Apôtres, *de préparer la Pâque*: ordre qui comprend assurement tout ce qui étoit nécessaire, pour faire la Pâque conformément à la Loi. Matth. xxvi. 18.

‡ D'autres enfin ont soutenu, que le Seigneur n'avoit point proprement célébré la Pâque, mais qu'il s'étoit contenté de faire avec ses Disciples un Repas ordinaire, qui fut suivi de l'Institution de la S. Cene. On a de la peine à comprendre, que d'habiles Gens ayent pu soutenir serieusement une opinion, dementie par ce que dit J. Christ pendant le repas: *J'ai*, dit-il, *extrêmement desiré de manger cette Pâque avec vous.* Luc xxii. 15.

Je ne sçais si je me trompe; mais il me semble qu'il n'y a point de solution plus naturelle, que celle qui a été donnée par *Paul*, Evêque de Burgos, en Espagne. Aussi a-t-elle été adoptée par ǁ des Sçavans du premier ordre. Cette solution leve toutes les difficultez. Elle suppose que les Juifs étoient obli-

---

* Voyez le *Pere Pezron*, dans une Dissertation, qui se trouve à la fin de son *Hist. Evangelique.* T. 11. p. 29. Son sentiment est refuté par *Bochart*, Hieroz. pars. 11. L. 11. p. 563. & seq.
† Voyez Grotius in Matth. xxvi.
‡ Le P. *Lami* dans son Harmonie Evangelique, & *Dom Calmet* dans une Dissertation sur la derniere Pâque de J. Christ, qui est à la tête de son Commentaire sur S. Matthieu. Le P. *Hardouin* a combattu l'opinion du P. Lami dans un Traité qui a pour titre, *De supremo Christi Paschate.* Parisiis 1693.
ǁ Voyez *Scaliger* de Emend. temp. L. vi. p. 568. Cusaubon Exerc. xvi. in Baron. N. xiii. p. 468.

obligez, en suivant leurs Traditions, de remettre la Fête de Pâque d'un jour, quand elle étoit immédiatement suivie du Sabbath, afin de ne pas observer de suite deux Jours de repos. Suivant cette hypothèse de l'Evêque de Burgos, le Seigneur fit la Pâque avec ses Disciples le jour même où elle devoit se faire par la Loi, c'est-à-dire, le 14. de Nisan; mais il ne la fit pas avec les Juifs, qui conformement à leurs Traditions, combinerent [2] cette Fête avec le Sabbath suivant. Ainsi S. Matthieu, S. Marc & S. Luc ont raison de dire, que le Jour, où J. Christ ordonna à ses Disciples de préparer la Pâque, étoit le Jour où L'ON DEVOIT *l'immoler* : Et S. Jean n'a pas moins de raison de dire, que ce Jour-là étoit la Veille de la Pâque des Juifs, qui la célébrerent effectivement le Jour suivant. Arrêtons-nous à ce sentiment, & répondons aux Difficultez que l'on peut y opposer.

*On dit donc premièrement, que si J. Christ a fait la Pâque un jour avant les Juifs, il n'a pû manger l'Agneau pascal, parce qu'il devoit être immolé dans le Temple par les Sacrificateurs ou par les Levites, & que le sang en devoit être répandu au pied de l'Autel.

J'avouërai d'abord, que la mort de l'Agneau pascal est considerée comme un Sacrifice, & que les Evangelistes la représentent sous cette idée. Aussi étoit-il défendu à ceux qui avoient contracté quelque Impureté légale, de faire la Pâque, (Nomb. IX. 6) par la même raison, qu'il leur étoit défendu d'offrir des Sacrifices. (Lev. VII. 19.) Mais bien-que l'Agneau pascal fût véritablement une Victime immolée à Dieu, ce Sacrifice étoit néanmoins d'un ordre tout différent des autres. Déja on n'en offroit rien à Dieu. L'Agneau devoit être rôti & mangé tout entier, au lieu que des autres Victimes, on en offroit au moins la Graisse, qui devoit être consumée sur l'Autel. Il est vrai aussi que Maimonide [3] assure, qu'il n'étoit permis de sacrifier l'Agneau pascal, que dans le Parvis du Temple; ce qu'il tâche de confirmer par les paroles du Deut. XVI. 5. Mais cet habile Rabin donne trop d'étendue au passage du Deuteronome, où Dieu ordonne simplement, que l'on ne célèbre la Pâque que dans le lieu destiné à son Culte, sans prescrire que l'Agneau soit immolé dans le Parvis, par les Sacrificateurs seuls, ou par les Levites. (Deut. XVI. 5, 6.) Il est vrai encore, que les Juifs semblent en avoir usé quelquefois de la sorte: (voyez 2. Chron. XXX.

Exod.
XII. 27.
XXXIII.
18. &c.

* Les termes de θύειν & de θύεσθαι, que les Evangelistes employent, ont cette signification dans les Septante & dans le N. Testament. Voyez Act. XIV. 13--18. 1 Cor. X. 10. S. Paul considere la Pâque sous l'idée d'un Sacrifice 1 Cor. v. 7.

17. XXXV. 6) où il est rapporté, que ce furent les Levites qui égorgerent les Agneaux, & les Sacrificateurs, qui en répandirent le Sang devant l'Autel ; mais si on lit avec attention les deux Chapitres que l'on vient d'alleguer, on verra qu'il ne s'agit pas de l'Agneau pascal, mais des autres Victimes qui devoient être immolées pendant la Fête de Pâque. Il est certain d'ailleurs que chaque Particulier pouvoit égorger l'Agneau pascal (Exod. XII. 6) & que si les Juifs y ont employé quelquefois des Sacrificateurs, c'étoit apparemment, ou pour se décharger de cette fonction, ou pour être plus sûrs que les Agneaux avoient les qualitez requises par la Loi. Peut-être aussi vouloit-on sçavoir ⁴le nombre de ceux qui avoient été immolez pendant la Fête. Quoi qu'il en soit, l'usage de faire égorger les Agneaux par les Sacrificateurs ou par les Levites, ne fut ni nécessaire, ni perpétuel, comme on le voit par ce passage de *Philon*, qui repéte la même chose en divers endroits de ses Ouvrages:
„ 'Ce qui distingue la Fête de Pâque des autres Fêtes, dit ce Doc-
„ teur Juif, c'est qu'au lieu que dans les autres, chaque Parti-
„ culier est obligé de conduire sa Victime à l'Autel, pour y
„ être immolée par les Sacrificateurs ; dans la Fête de Pâque
„ chaque Particulier est Sacrificateur, & immole sa Victime
„ de ses propres mains. " Philon pouvoit-il ignorer la Coûtume des Juifs ? N'avoit-il pas été plusieurs fois à Jerusalem pendant la Fête, lui, qui demeurant à Alexandrie, n'en étoit pas fort éloigné. Certainement son témoignage est plus digne de foi sur les Coûtumes de son tems, que celui de Maimonide, & des Juifs modernes.

Ce témoignage est confirmé par deux raisons. L'une, qu'il ne semble pas, que le Parvis du Temple pût être assez grand, pour contenir une si nombreuse multitude d'Agneaux : L'autre, que les Sacrificateurs & les Levites même n'auroient pu en égorger un si grand nombre, & en recevoir le sang, pour l'offrir à Dieu, dans l'espace de deux à trois heures. Car ils devoient être immolez entre les deux Vêpres ; c'est-à-dire, depuis trois heures après midi, que le Soleil commence à baisser vers le Couchant, jusqu'à six heures, qu'il se couche dans le tems de la Pâque. Le sçavant Bochart a tâché de satisfaire à ces raisons ; mais ses réponses ne paroissent pas * suffisantes.

Nous croyons donc pouvoir conclure à présent, que le
Jour

---

* Bochart allegue 1. le grand nombre de Victimes que Salomon offrit, aussi-bien que le Peuple, à la Dédicace du Temple 1. Rois VIII, 6. 2 Par. v. 6. En 2. lieu, l'étendüe de l'Autel, qui avoit 50. coudées de long & de large, c'est-à-dire, 75. pieds. (De Bell. Jud. l. VI. 6.) 3. Ce que disent les Juifs, qu'on pouvoit immoler les Agneaux pendant quatre heures, & en faire fumer la graisse toute la nuit. Hieroz. Pars II. l. II. c. 50.

120   LA CENE EUCHARISTIQUE DE

Jour que Jesus choisit pour instituer la S. Cene, fut le Jour même auquel les Juifs devoient célébrer la Pâque selon la Loi, quoiqu'ils en eussent remis la solemnité au Jour suivant, à cause de leur Sabbath, & conformement à leurs Traditions.

Ce jour-là donc, qui devoit être le premier des Azymes, & qui se trouva être un Jeudi, l'année de la Mort du Sauveur, Jesus étant à Bethanie, où il se retiroit tous les soirs pour y passer la nuit, deux de ses Disciples, c'étoient Pierre & Jean, lui demanderent, où il vouloit qu'on lui apprêtât la Pâque. *Allez à la Ville*, leur dit Jesus. C'est à *Jerusalem*; la Loi ne permettant pas de célébrer la Pâque ailleurs, que dans le lieu où étoit le Tabernacle, & ensuite le Temple. *Allez à la Ville*, * *chez une certaine Personne*, & comme d'autres Interprêtes ont traduit, *chez un tel*, supposant que J. Christ nomma la Personne à ses Disciples; mais la suite semble contredire cette explication; car Jesus ajouta : *Vous rencontrerez un Homme, portant une cruche d'eau, suivez-le en quelque lieu qu'il entre*. Ce dernier étoit un Serviteur du premier. *Les Juifs, qui avoient accoûtumé de se purifier dans toutes les Fêtes, & sur-tout avant que de célébrer la Pâque, envoyoient leurs Domestiques aux fontaines qui étoient proche de Jerusalem, afin de leur apporter l'eau qui étoit nécessaire pour cela.

La Personne chez qui J. Christ vouloit aller, lui étoit bien connuë. C'étoit sans doute quelqu'un de ses Disciples, & peut-être J. Christ, qui venoit tous les jours de Bethanie à Jerusalem, lui avoit il-dit qu'il viendroit manger la Pâque chez lui. Mais il ne jugea pas à propos de le nommer à Pierre & à Jean, apparemment afin que les Juifs, dont il n'ignoroit pas les desseins, ne le decouvrissent pas, & qu'ils ne vinssent pas interrompre l'action sainte qu'il méditoit. Comme ils vouloient se saisir de lui, s'ils avoient sçû où il faisoit la Pâque, ils auroient pû venir l'enlever lorsqu'il étoit à table avec ses Disciples. C'est-ce que l'on peut inférer des indications mystérieuses, que J. Christ donna à Pierre & à Jean, pour reconnoître & trouver la Maison où il vouloit faire la Pâque avec eux. A cette premiere instruction J. Christ ajoûte : „ Lorsque vous serez entrez dans la Maison, dites au Pe-

„ re

---

* Il y a dans l'Original πρὸς τὸν δεῖνα, ce qui signifie *chez un certain Homme*, mais qui peut aussi signifier *chez un tel*, comme les Sçavans l'ont remarqué. Erasme préfere la derniere explication, & croit que J. Christ nomma cet Homme à ses Disciples, mais que l'Evangeliste ne l'a pas nommé. Cependant la suite insinuë, qu'effectivement J. Christ ne le nomma point.

NOTRE SEIGNEUR J. CHRIST. *Discours IX.* 121

„ re de famille, le Maître vous fait dire que son tems est Marc
„ proche, & vous fait demander, dans quel lieu il doit man- XIV. 14.
„ ger l'Agneau pascal avec ses Disciples. Alors il vous mon-
„ trera une grande chambre meublée, & toute préparée: c'est-
„ là que vous apprêterez la Pâque. Là-dessus les deux Dis-
„ ciples partirent, & trouverent les choses comme Jesus les
„ avoit dites, & lui apprêterent la Pâque. "

Voilà des nouvelles bien agréables d'un côté, & de l'autre bien tristes, pour le Disciple chez qui J. Christ voulut aller. Il est bien agréable pour ce Disciple, que J. Christ choisisse sa maison, pour y aller prendre un repas sacré avec ses Disciples. Jamais hospitalité ne fut mieux récompensée. Ce ne sont pas des Anges seulement (donnons ce titre aux Apôtres) qu'il reçoit dans sa maison: c'est le Seigneur, que les Anges font gloire de servir & d'adorer. Mais d'autre côté, il fut bien triste pour cet heureux Fidèle, d'apprendre que le Sauveur alloit bien-tôt quitter la terre, & qu'il venoit, pour ainsi dire, lui faire les derniers adieux. Car il ne sçavoit pas, sans doute, que la fin de la vie du Seigneur devoit être aussi tragique qu'elle le fut. Mais il ne sçavoit pas non plus, que cette absence étoit nécessaire, ni quelles en sont les consolations. Le Seigneur est toujours avec ceux qui croyent en lui, & qui lui obéissent. Il vient chez eux; *il soupe avec eux, & eux avec* Apoc. *lui.* Il y a une Cene intérieure, où nul Traître, nul Infidèle III. 20. ne peut être admis: où le Fils de Dieu *rassasie* l'Ame fidèle *com-* Ps. LXIII. *me de moëlle & de graisse*: où il repand son amour dans le cœur 6. par le Saint-Esprit. Parlons sans figure. Une Conscience purifiée par le Sang de J. Christ, & par la grace de Dieu, dans laquelle regne la Paix avec l'Innocence, est comme un Festin continuël avec le Sauveur.

Ne recherchons point, qui fut cet heureux Fidèle, dont J. Christ choisit la maison pour y faire sa derniere Pâque. Ceux qui veulent que ce soit S. Jean, n'ont pas pensé, qu'étant de Bethsaïde, il n'y a nulle apparence qu'il eût une maison à Jerusalem; & que d'ailleurs, c'est à lui & à S. Pierre que Jesus donne la commission d'aller lui apprêter la Pâque, chez une Personne qu'ils ne connoissoient pas. D'autres ont conjecturé, que cet Inconnu étoit, ou *Josephe d'Arimathée*, ou *Nicodeme*, tous *deux Disciples secrets* du Sauveur. Mais, comment ces deux Hommes, qui n'osoient confesser J. Christ, parce qu'ils craignoient l'excommunication, auroient-ils osé le recevoir chez eux avec ses Disciples, pour y manger la Pâque, dans le tems qu'ils sçavoient que tout le Sénat des Juifs

Vol. VI. Hh avoit

avoit conjuré fa perte, & qu'ils voyoient tout préparé pour cet attentat?

Nous ne croyons pas devoir nous arrêter à examiner la Queftion, fi la maifon, où Jefus fit la Pâque, étoit une Hôtellerie, ou une maifon de Particulier. Il eft vrai que le mot Grec, *Kataluma*, employé par S. Marc, fignifie le plus fouvent *une Hôtellerie*; mais il fignifie en général toute maifon où des Etrangers vont loger. Jefus & fes Difciples étant étrangers à Jerufalem, ce mot convient fort bien, pour défigner la maifon dans laquelle ils firent la Pâque. Les Juifs faifoient beaucoup de cas de l'Hofpitalité, que les Apôtres ont tant recommandée aux Chrétiens, & qui fut fans doute pratiquée par les premiers Difciples de J. Chrift.

<small>Marc xxiv. 14.</small>

<small>Voyez Luc xix. 7.</small>

Pierre & Jean, ayant reçû les ordres du Seigneur, partirent dès le matin de Bethanie pour aller à Jerufalem, afin d'y acheter l'Agneau, de le montrer aux Sacrificateurs, pour juger s'il étoit fans défaut, de le faire immoler, ou de l'immoler eux-mêmes entre les deux Vêpres, de le faire rôtir tout entier, de fe fournir de Pains fans Levain, & d'Herbes amères, & en général de tout ce qui étoit néceffaire pour célébrer la Pâque.

Sur le foir Jefus partit de Bethanie avec fes Difciples, & les conduifit à la maifon qu'il avoit indiquée. Puis *l'heure du repas étant venuë, il fe mit à table avec eux.* Les Ifraëlites mangerent la Pâque en Egypte, *ayant les reins ceints, les pieds chauffez, tenant un bâton à la main, & en grande diligence.* Toutes ces Cérémonies, auffi-bien que celle de répandre le fang de l'Agneau fur le feüil des portes de leur maifon, apartenoient à la première Pâque, & convenoient à un Peuple prêt à fortir de fes anciennes habitations, pour en aller chercher de nouvelles. C'eft pourquoi les Juifs ne les pratiquoient plus. Ainfi Jefus, conformement à l'ufage de fon tems, *s'affit à table* avec fes Difciples, & leur tint ce Difcours: *J'ai défiré ardemment de manger cette Pâque avec vous, avant que je fouffre.* On voit dans ces paroles, avec quel Zèle J. Chrift fe porte à la Rédemption du monde, quelque prix qu'elle doive lui coûter. Ce dernier repas va être fuivi de fa Crucifixion, & *il défire ardemment* de le faire avec fes Difciples. Il eft vrai que le Sauveur femble vouloir détourner le Calice que Dieu lui préfente, lorfqu'il en envifagea de près l'amertume; mais cette répugnance ne dura qu'un inftant. Bien loin de fuir la mort, il va la chercher, & quand S. Pierre voulut le défendre, il arrêta fon Zèle par ces paroles: *Quoi? Je ne boirai pas le Cali-*

<small>Marc xiv. 17. Matth. xxvi. 11. Luc xxii. 14. Exod. xii. 11.</small>

<small>Luc xxii. 14. Ibid. vf. 15.</small>

<small>Jean xviii. 11. Luc xii. 50.</small>

Calice que mon Pere me donne? Une autre raison qui oblige J. Chrift à défirer de faire la derniere Pâque avec fes Difciples, c'eft qu'il vouloit y inftituer le Sacrement perpétuel de fa Mort. Qu'il y a de Sageffe & d'Ordre dans les démarches du Sauveur! Il n'avoit prefque ofé parler à fes Difciples de la mort violente qu'il devoit fouffrir. Ils étoient encore trop foibles, pour n'en être pas fcandalifez. Il ne leur déclare qu'à l'extrêmité une vérité fi mortifiante, fi oppofée à leurs efpérances. S'il leur en parle, c'eft le plus fouvent d'une manière énigmatique. Mais enfin, le tems eft venu qu'il ne peut plus la leur cacher: Et c'eft dans fa derniere Pâque, non feulement qu'il s'explique ouvertement, mais qu'il inftitue la facrée Cérémonie, qui doit être le monument perpétuël de fon Sacrifice. Il a donc attendu cette Pâque, & *il l'a défirée avec ardeur*, afin de fubftituer la nouvelle Pâque à l'ancienne: le Sacrement de la Nouvelle Alliance, qui alloit être confacrée & ratifiée par fon Sang, au Sacrement de l'Ancienne Alliance, & de la délivrance des Ifraëlites. Le moment de cette Inftitution eft parfaitement bien choifi: Auffi le Seigneur ajouta-t-il: *Je vous déclare, que je ne mangerai plus de cette Pâque, jufqu'à ce qu'elle foit accomplie dans le Royaume de Dieu.* Ces paroles de J. Chrift ont deux fens, qui ne fe détruifent point. Le premier eft, que ce feroit-là la derniere Pâque que Jefus feroit avec fes Difciples, parce qu'il alloit accomplir, par fa Mort, le myftère de la Pâque. Cette fainte Cérémonie avoit deux vûës; l'une, de conferver la mémoire & la reconnoiffance de la délivrance des Ifraëlites; l'autre, de figurer la délivrance du monde par la Mort de J. Chrift. Ainfi le fens eft: " Voilà la derniere Pâque que je dois célébrer avec vous; " car le myftère de la Pâque va être accompli dans le Royau- " me de Dieu: La réalité de la Cérémonie va fucceder à " l'ombre. Une autre Pâque, mémorial de la délivrance du " monde par le Sang de l'Agneau fans tâche, va effacer la pre- " miere, & prendre fa place dans l'Eglife, que j'appelle le " Royaume de Dieu. " Le fecond fens que peuvent avoir ces paroles, c'eft que le Seigneur va quitter la terre, féjour des miferes, où, comme dans une autre Egypte, les Saints font fous l'oppreffion de plufieurs Tyrans, pour paffer dans l'éternel repos de fon Pere. Le mot de *Pâque* veut dire *Paffage*, & S. Jean y fait allufion, quand il dit au Chap. XIII. 1: *Jefus fçachant qu'il devoit paffer de ce monde au Pere.* C'étoit fa Pâque, & c'eft celle de tous fes véritables Difciples. Cette Pâque alloit s'accomplir pour

Luc XXII. 16.

lui. Il alloit *paffer* pour jamais *du Royaume des ténèbres*, à celui de fon Pere & de *la Lumiere*. Cette expreſſion, *juſqu'à ce que*, ne marque pas qu'il dût faire une autre Pâque avec fes Diſciples après ſa mort ; mais feulement qu'il n'en feroit plus aucune. Son deſſein eſt donc de les confoler, en leur difant qu'il va dans le Ciel, où s'accomplira parfaitement la délivrance, dont la Pâque des Iſraëlites étoit le ſymbole & le mémorial. Le Fidèle paſſe, par la mort, de l'eſclavage à la liberté des Enfans de Dieu, & de l'Egypte de ce monde, dans la Canaan céleſte.

Après ce Diſcours, Jeſus célébra la Pâque avec ſes Diſciples, & obſerva religieuſement toutes les Cérémonies qui ſe pratiquoient dans une telle occaſion. Entre les choſes dont il jugea à propos de leur parler, il leur revéla la conſpiration que l'un d'eux tramoit avec les Juifs. *Je vous aſſure*, leur dit-il, *que l'un de vous me trahira*. Il ne put enviſager un ſi horrible attentat, ſans en être émû. *Il fut troublé dans ſon Eſprit*, dit S. Jean. L'horreur de l'action le fit frémir, & ſans doute auſſi la douleur, de voir qu'un de ſes propres Diſciples alloit ſe précipiter dans un crime ſi grand & ſi inexpiable. A l'ouïe de cette parole, tous les Diſciples s'entre-regardoient, comme pour découvrir, qui pouvoit être le Traître. *Ils lui dirent tous, Seigneur, ſeroit-ce moi ?* Non qu'ils pûſſent douter de leur innocence, mais pour diſſiper les ſoupçons qui pouvoient tomber ſur eux, & pour aſſurer Jeſus de leur fidélité. Le Traître même eut l'audace de porter la diſſimulation juſqu'à dire comme les autres, *Seigneur, eſt-ce moi ?* Jeſus lui répondit, *C'eſt vous-même* ; mais il faut que le Seigneur ait dit ces paroles ſi bas, que les autres Diſciples ne purent les entendre. Il y a de l'apparence, que dans cette confuſion de voix qui s'éleverent tout-à-coup, & Judas parlant avec les autres, ils ne purent diſtinguer à qui la réponſe du Sauveur s'addreſſa. C'eſt-ce qui fut cauſe, que S. Pierre fit ſigne à S. Jean, qui étoit aſſis tout proche de Jeſus, de lui demander qui étoit ce Traître. *C'eſt*, lui repartit Jeſus, *celui à qui je donnerai le morceau de Pain trempé.* On ſervoit au feſtin de la Pâque une ſorte de Salade, compoſée de pluſieurs eſpeces d'Herbes, qui repréſentoient *les Herbes amères* avec leſquelles leurs Peres avoient mangé l'Agneau. On y ajoutoit un plat avec du Vinaigre, dans lequel ils trempoient ces Herbes. Ce fut apparemment dans ce Vinaigre, que Jeſus trempa le morceau de Pain qu'il donna à Judas, en lui diſant : *Faites bien-tôt ce que vous faites.* Mais perſonne ne cõmprit le ſens de ces paroles. Il faut que cela ſe ſoit paſſé vers la fin du Repas, car S. Jean nous apprend,

que

que Judas sortit aussi-tôt, pour aller exécuter son complot. Il comprit bien qu'il étoit découvert, & ne put plus soutenir la présence de son divin Maître.

Le repas de la Pâque finissoit par une Coupe d'*Action de graces*, ou de *Bénédictions*. Les Juifs l'appelloient *la Coupe de l'Hymne*, parce qu'ils chantoient alors ce qu'ils nomment * le Grand *Alleluya*, composé du Pf. CXI. & de quelques autres suivans. C'est de cette Coupe que parle S. Luc (XXII. 17.) *Jesus ayant pris la Coupe, après avoir rendu graces, il dit à ses Disciples: Prenez-la, & vous la donnez les uns aux autres; car je vous déclare, que je ne boirai plus de ce fruit de la vigne, jusqu'à ce que le Regne de Dieu soit venu.* Cette Coupe n'étoit pas celle de l'Eucharistie, dont S. Luc fait mention ensuite; mais comme on vient de le dire, la derniere Coupe de la Pâque, celle de *Bénédiction*, ou d'*Action de graces*.

Le Seigneur ayant satisfait à tout ce qui étoit prescrit par la Loi, *se leva de table*, dit S. Jean, *quitta son Manteau, ne garda que sa Tunique, & s'étant mis un linge autour de lui, il prit un Bassin, y versa de l'eau*, & commença de laver les pieds de ses Disciples. Il y a de l'apparence, que ce qui obligea le Sauveur à une action si nouvelle, fut la contestation qui s'éleva parmi ses Disciples, sur la question, *qui d'eux étoit ou seroit le plus grand?* Voilà un exemple étonnant de la foiblesse des Disciples de J. Christ. Il vient de leur dire, que cette Pâque est la derniere qu'il célébrera avec eux; que sa Passion doit la suivre; que l'un d'entre eux doit le trahir. Comment est-ce que des nouvelles si affligeantes, qui devoient les remplir de la plus vive douleur, n'étouffent pas dans leurs cœurs cette Ambition, cette Passion pour la Prééminence, qui avoit déja excité parmi eux une sorte de division? Mais tout, jusqu'aux foiblesses des Apôtres, sert à la Gloire de J. Christ & de l'Evangile. La trahison de Judas elle-même, sera une preuve de l'Innocence & des Vertus du Seigneur. Le desespoir qui l'a suivi, fut le plus glorieux témoignage qu'il pouvoit rendre à Jesus. Poursuivi par le Sang innocent qu'il a versé, il ne peut soutenir les remords de sa Conscience, & se tuë lui-même.

Jesus voulant donc faire un dernier effort, pour déraciner du cœur de ses Disciples, une Passion qui auroit été très
fu-

Jean XIII. 1. & suiv.

Luc XXII. 24.

---

* C'est-ce que S. Matthieu appelle *le Cantique*; Matth. XXVI. 30. De sçavans Interpretes jugent que J. Christ & ses Disciples ne le chanterent qu'après l'Institution de l'Eucharistie; mais comme il apartenoit à la célébration de la Pâque, & qu'il étoit accompagné d'une Coupe, laquelle apartenoit de même à la Pâque, on croit que J. Christ observa tout ce qui étoit de cette Cérémonie, avant que de passer à l'Institution de l'Eucharistie.

funeste au progrès de l'Evangile, s'abaissa jusqu'à faire la fonction d'Esclave, & se mit à leur laver les pieds, afin de leur apprendre, à eux & à leurs successeurs, que sous l'Evangile, le moyen de s'élever au-dessus des autres, est celui de s'abaisser, par Humilité d'esprit & par Charité, au-dessous d'eux.

Cette mémorable Action étant finie, le Seigneur reprit son Manteau, & se remit à table. [7] Ce fut alors qu'il institua l'Eucharistie. Dans la Pâque, le Pere de famille prenoit un Pain, ou une espece de Gateau plat, & le tenant dans ses mains, *il bénissoit Dieu*, ou lui *rendoit graces;* car, dans le stile des Hébreux, les mots de *bénir* & de *rendre graces* sont synonymes, comme [8] les Sçavans de toutes les Communions Chrétiennes en demeurent d'accord. C'étoit une pieuse coûtume des Juifs, de n'user des biens de Dieu, qu'après lui en avoir rendu graces. Par-là ils sanctifioient l'usage des Alimens que Dieu donne aux Hommes. On ne peut user légitimement des biens de Dieu, qu'après l'en avoir remercié. Ces Actions de graces finies, le Pere de famille rompoit le Pain en autant de morceaux qu'il y avoit de Personnes à table. Il en distribuoit un morceau à chacun, en leur disant: *Ce Pain est le Pain d'affliction, que nos Peres ont mangé en Egypte;* c'est-à-dire, qu'il en étoit le mémorial & la représentation. Toutes les Cérémonies de la Pâque avoient pour but, de conserver la mémoire, & de l'oppression des Israëlites en Egypte, & de leur délivrance par le ministère de Moïse. Jesus en usa dans l'Eucharistie, comme le Pere de famille dans la Pâque. Il prend du *Pain*. C'étoit sans doute du Pain azyme, quoique [9] des Peres Grecs fort illustres croyent que J. Christ anticipa le tems de la Pâque, & usa de Pain levé. Jesus tenant ce Pain entre les mains, *bénit* Dieu, ou rendit graces. On ne sçait pas de quelles Bénédictions il se servit; mais ayant à instituer une Pâque toute nouvelle, & le Pain qu'il tenoit dans ses mains étant destiné à devenir le mémorial de son corps crucifié, on ne peut douter, que les Actions de graces qu'il offrit à Dieu, n'eussent des rapports à son Sacrifice. *Il rompit* ensuite ce Pain: action, qui étoit ordinaire chez les Juifs, qui rompoient le Pain, & ne le coupoient pas; mais qu'on regarde avec raison comme une action mystique dans cette occasion, parce qu'il vouloit représenter son Corps livré, rompu, dechiré pour le salut du monde. De-là vient qu'en expliquant le mystere de ce Pain, il dit, *Ceci est mon Corps;* non mon Corps entier, vivant, mais mon Corps *rompu*, ou *livré* pour vous. Jesus rompit ce Pain en autant de morceaux qu'il y avoit de Per-

NOTRE SEIGNEUR J. CHRIST. *Discours IX.* 127

Personnes à table avec lui, & en donna un morceau à chacun d'eux, en leur disant, *Prenez, mangez.* Comme ils étoient au nombre de douze ou treize Personnes autour de la table, il est fort vraisemblable, que le Seigneur mit tous ces morceaux de Pain sur une assiete, & dit en la donnant au plus proche, mais en s'addressant à tous, *Prenez, & mangez.* Il en usa de même à l'égard de la Coupe, qu'il donna à celui qui étoit le plus proche de lui, & qui, après en avoir bû, la présenta à celui qui étoit auprès de lui. L'ancienne Coûtume de l'Eglise confirme la remarque qu'on vient de faire. Après que l'Evêque avoit béni Dieu, & rompu le Pain, un Diacre le prenoit dans un plat, & alloit de rang en rang présenter l'assiete ou le plat aux Fidèles, en leur disant, *Prenez & mangez.*

Pour obliger ses Disciples à prendre ce Pain & à le manger, & afin qu'ils sçussent l'intention du Sauveur, & le but de cette nouvelle Institution, il ajoûta, *Ceci est mon Corps, rompu,* ou *livré* à la mort *pour vous. Ceci,* ce qu'il a rompu, ce qu'il présente, ce qu'il ordonne de prendre & de manger*, c'est *du Pain.* L'Histoire est claire là-dessus. Car comme J. Christ dit dans S. Matthieu (XXVI. 28) en donnant la Coupe, *Ceci est mon Sang*, & que le mot *ceci*, signifie *la Coupe*, ou ce qu'elle contient, S. Luc l'ayant expliqué de la sorte: (Luc XXII. 20.) de même quand J. Christ dit, *Ceci est mon Corps,* le mot *ceci*, ne doit & ne peut désigner que le Pain. Cette explication est confirmée par S. Paul: *Le Pain que nous rompons, n'est-il pas la participation du Corps* † mystique *de J. Christ ?* Et dans la suite: *Quiconque mange de ce Pain, ou boit de cette Coupe indignement, mange & boit sa condamnation, parce qu'il ne discerne pas le Corps du Seigneur.* Ce que J. Christ distribue, c'est le Pain sur lequel il a béni Dieu, ou rendu graces à Dieu, & qu'il a rompu ensuite. *Ceci* donc, ou ce Pain, dit le Seigneur, *est mon Corps*: non son Corps vivant, comme on vient de le remarquer; car l'Eucharistie est le Sacrement de sa Mort; mais *son Corps* rompu, ou *livré* à la mort pour tous ceux qui croiroient en lui. Le Corps de J. Christ n'étoit pas encore mort, & ne l'étant plus à présent, le Pain ne peut être que

1. Cor. x. 16.

1. Cor. xi. 28.

---

* C'est le sentiment des premiers Peres de l'Eglise, qui par ces mots, *Ceci est mon Corps*, ont entendu, *Ce Pain est mon Corps.* Voyez Vorst. Diss. sac. Lib. 1. cap. 7.
† C'est ainsi que je traduis pour ôter l'équivoque. Il est évident, que le dessein de S. Paul est de prouver, que les Chrétiens ne peuvent sans crime assister aux Festins des Idolâtres, par cette raison, que la participation à la Ste Cene, est une profession publique de notre union au Corps mystique de J. Christ. Or une profession publique de notre union à J. Christ & à tous les Fidèles, est incompatible avec la profession publique d'être unis aux Idoles, & aux Idolâtres, en mangeant dans les Temples des mets offerts aux Idoles.

que la *figure* ou *le signe* de son Corps crucifié. Mais J. Christ ne dit pas, *Ceci est la figure*, le signe, le mémorial de mon corps crucifié. Il s'exprime d'une manière incomparablement plus vive & plus énergique. Il dit, *Ceci est mon Corps rompu*. Les Juifs s'exprimoient ainsi dans la Pâque. Le Pere de famille ne disoit pas, en donnant le Pain, *Ceci est le signe*, mais *Ceci est le Pain d'affliction, que nos Peres ont mangé en Egypte*. Il faut observer d'ailleurs, que les Hébreux n'ont point de terme qui exprime *signifier*. Ils disent toûjours du signe, non qu'il signifie, mais qu'il est ce qu'il représente. Et il faut convenir que cette façon de parler a bien plus de grace & de force.

Après avoir distribué le Pain, le Pere de famille, qui présidoit au festin de la Pâque, prenoit la Coupe, & *bénissoit Dieu de ce qu'il avoit créé le fruit de la vigne*. Jesus en use de même. Il prend une Coupe, & après avoir *béni Dieu* (sans doute de ce qu'il l'avoit envoyé dans le monde, pour rachetter le monde par son Sang) il la présenta à ses Disciples, & leur dit, *Bûvez-en tous*. Ils devoient se la donner les uns aux autres, comme ils s'étoient donné la Coupe de la Pâque; mais tous devoient boire de celle-ci: car, ajoute le Sauveur, *Ceci est mon Sang, le Sang du Nouveau Testament, qui est repandu pour plusieurs en remission des péchez*. Tous devoient boire du Calice du Seigneur, parce que tous sont Pécheurs, & que tous ont besoin de la remission des péchez. Or c'est le Sang de J. Christ, *mais son Sang répandu*, c'est-à-dire sa Mort sanglante, qui procure cette grace au monde.

S. Luc rapporte un peu différemment les Paroles du Sauveur. *Cette Coupe*, dit J. Christ dans S. Luc, *est le Nouveau Testament, ou la Nouvelle Alliance par mon Sang, lequel est répandu pour vous;* c'est-à-dire, ce qui est contenu dans cette Coupe, est le mémorial, le signe perpétuël de la Nouvelle Alliance, ou du Nouveau Testament; car, ni la Coupe, ni le Vin qu'elle contenoit, ne pouvoient être réellement ni *le Nouveau Testament*, ni *la Nouvelle Alliance*. Un Testament est la disposition qu'une Personne mourante fait de ses Biens. Une Alliance est un traité entre deux Personnes. *Le Nouveau Testament* est la disposition que J. Christ fait de ses Biens, sçavoir la Remission des Péchez & la Vie éternelle, en faveur de ceux qui croyent en lui, & qui gardent ses Commandemens. *La Nouvelle Alliance* est le nouveau traité que Dieu a fait, par la Médiation du Sauveur, en considération de son Sacrifice, non avec un seul Peuple, comme l'Alliance qui fut traitée par Moïse avec les Israëlites; mais avec

tous

tous les Peuples du monde: Traité par lequel Dieu promet à tous les Hommes, sans distinction, la Remission de leurs Péchez & la Vie éternelle, sous la condition de la Repentance & de la Foi en J. Christ. Ainsi la Coupe, ou ce qu'elle contenoit, n'étoit que le Signe & le Sacrement de l'Alliance que Dieu traitoit avec les Hommes, par le ministère ou par la médiation de J. Christ. Cette Alliance est fondée *sur son Sang*, parce qu'il a obtenu par son Sacrifice, ou par l'effusion de son Sang, tous les Biens que Dieu promet aux Fidèles. Le Seigneur ajoute: *Faites ceci en mémoire de moi*; c'est-à-dire, „ Mangez ce Pain, & bûvez cette Coupe, en mémoire de „ la mort que je vais souffrir pour vous. " Car c'est-là ce que J. Christ leur avoit ordonné de faire, lorsqu'en leur donnant le Pain, il leur dit, *Prenez & mangez*; & qu'en leur présentant la Coupe, il leur dit, *Bûvez-en tous*. Cette explication est confirmée par S. Paul: *Toutes les fois*, dit l'Apôtre, *que vous mangerez de ce Pain, & que vous boirez de cette Coupe, vous annoncerez*, c'est-à-dire, vous célébrerez la mémoire *de la Mort du Seigneur, jusqu'à ce qu'il vienne. Vous annoncerez.* Le terme dont S. Paul s'est servi, répond à celui par lequel les Juifs exprimoient la commémoration qu'ils faisoient dans la Pâque des merveilles de la Delivrance d'Egypte. Ils l'annonçoient en particulier * en lisant dans les Livres sacrez l'Histoire de cette Delivrance, comme les Chrétiens l'ont pratiqué dans les Liturgies de l'Eucharistie.

1. Cor. XI. 25.

Bien-que le Commandement de J. Christ ne soit addressé directement qu'aux Apôtres, & ne regarde que la célébration de la premiere Eucharistie; cependant les Apôtres eux-mêmes, Interprêtes du Seigneur, comprirent bien que c'étoit une obligation à eux, & à tous les Fidèles, de célébrer de la même sorte la mémoire de la Mort de leur Redempteur; c'est pourquoi S. Paul ne met point d'autres bornes à la pratique de cette auguste Cérémonie, que le dernier avenement du Seigneur: *Jusqu'à ce qu'il vienne*, dit l'Apôtre. Comme par son premier avenement il a aboli les Cérémonies Légales, en les accomplissant, de même il abolira par son dernier avenement les Cérémonies Chrétiennes. Quel besoin auront les Bienheureux du Sacrement de la Mort de l'Agneau de Dieu, lorsqu'ils le verront ? Alors il ne restera que le Cantique des Saints: *A celui qui nous a aimez, qui nous a lavez de nos Péchez par son Sang, qui nous a faits Rois & Sacrificateurs de Dieu son Pere, qu'à lui soit la Gloire & la Puissance aux siècles des siècles.*

Apoc. 1. 6.

Après cette explication succinte de l'Institution de l'Eucha-

* Cette Lecture s'appelloit l'*Annonciation* הגדה

chariſtie, & des Cérémonies de la Pâque qui y ont du rapport, & qui ſervent à l'éclaircir, il ne nous reſte qu'à faire deux refléxions ſur cette matière. La premiere roule ſur la Simplicité de cette Cérémonie. J. Chriſt & ſes Apôtres ſont aſſis à table. Il ne prend que du Pain & du Vin, alimens ſimples, mais néceſſaires. Il les donne l'un & l'autre; & commande qu'on mange le Pain, & qu'on boive la Coupe, en mémoire de ce qu'il a livré ſon Corps à la mort, & de ce qu'il a répandu ſon Sang pour la remiſſion des Péchez. Mais cette Cérémonie, qui paroît ſi ſimple, & qui l'eſt effectivement dans ſon extérieur, préſente à l'eſprit du Fidèle, ce qu'il y a de plus grand, de plus digne de ſon admiration, de plus touchant, & de plus intéreſſant pour lui. La Mort du Sauveur, que l'Euchariſtie lui repréſente, eſt en elle-même le plus beau ſpectacle de l'Univers. Le Seigneur y conſomme ſon miniſtére, en pratiquant toutes les Vertus difficiles qu'il avoit enſeignées. Il les a prêchées pendant ſa vie. Il en a donné l'exemple ſur la croix. Mais ce Sacrifice de J. Chriſt, ſi beau en lui-même, a été offert, non pour lui, ni pour ſa propre gloire: Il l'a offert pour le ſalut du monde. Son Corps a été livré à la mort, ſon Sang a été répandu pour la remiſſion des Péchez de pluſieurs. Ainſi, la ſainte Euchariſtie préſente à la fois, au Fidèle qui y participe, J. Chriſt, comme l'objet de toute ſon admiration & de toute ſa vénération, à cauſe de ſes incomparables Vertus; & comme l'objet de tout ſon amour & de toute ſa reconnoiſſance, puiſqu'il ne s'eſt ſacrifié lui-même que pour le ſalut du Fidèle.

La ſeconde refléxion qu'il faut faire ſur l'Euchariſtie, c'eſt qu'elle eſt un Repas ſacré, inſtitué en mémoire du Sacrifice de J. Chriſt, & auquel tous les Fidèles ſont invitez, comme les Enfans d'une même Famille, afin de cimenter l'Union, qu'une ſincere Charité doit entretenir entre eux. L'Euchariſtie eſt le lien extérieur de la Communion qui eſt entre tous les membres du Corps ſpirituel de J. Chriſt. C'eſt-ce qui fait dire à S. Paul: *Le Pain, que nous rompons, n'eſt-il pas* l'acte de *notre Union au Corps myſtique de J. Chriſt; Car,* ajoute-t-il, *nous tous, bien-que nous ſoyons pluſieurs, nous ne ſommes qu'un ſeul corps,* ſçavoir de J. Chriſt notre Chef, *puiſque nous participons tous d'un même Pain.* Ainſi, comme le Pain & le Vin de l'Euchariſtie ſont les Signes ſacrez du Corps rompu & du Sang repandu de J. Chriſt; de même la participation à ce Pain & à ce Vin, ſont les témoignages ſacrez de l'Union de tous les membres du Corps myſtique de J. Chriſt. C'eſt pourquoi, quiconque s'abſtient, ſans une abſolue néceſſité, de la ſainte Cene du Seigneur, ſe retranche lui-même du Corps du Seigneur, & renonce à la Communion des Fidèles.

1. Cor. x. 16, 17.

DIS-

Ἰησῆς εὑρίσκει μαθητὰς καθεύδοντας. Matth. XXVI: 43. JESUS REPERIT DISCIPULOS DORMIENTES.
Jesus findeth his Disciples Sleeping. Jesus trouve ses disciples dormans.
Jesus findet seine Jünger schlafend. Jesus vint zyne leerlingen slapende.

DISCOURS X.

J. Chriſt trouve ſes Diſciples dormans. Matth. XXVI. 36-46. Marc XIV. 32-42. Luc XXII. 39-46. Jean XVIII. 1, 2.

J. Chriſt ayant inſtitué la Ste. Cene, demeura encore quelque tems à table avec ſes Diſciples, où il leur tint le Diſcours que S. Jean rapporte dans le Chapitre XIII., depuis le vſ. 31., & dans tout le quatorze. Enfin, comme on étoit déja aſſez avant dans la nuit, il ſe leva de table, & dit à ſes Diſciples: *Levez-vous, ſortons d'ici;* c'eſt de la maiſon, dans laquelle ils avoient mangé la Pâque. Jean XIV. 31.

On eſt en peine de ſçavoir, où J. Chriſt alla dans ce moment, & où il continua les Diſcours que S. Jean rapporte dans les Chap: XV: XVI & XVII. de ſon Evangile. S. Chryſoſtome a cru, que Jeſus mena ſes Diſciples dans quelque lieu ſecret, où il pût les entretenir en ſureté. Il craint que Judas, qui étoit ſorti pour aller concerter avec les Sacrificateurs & les Phariſiens, les moyens de leur livrer Jeſus, ne vienne l'enlever avant qu'il ait achevé de donner à ſes Diſciples ſes dernieres Inſtructions. C'eſt une conjecture, à laquelle nous ne croyons pas devoir nous arrêter. Elle eſt pourtant plus vraiſemblable que celle de quelques autres Interprêtes, qui ſe ſont imaginez, que le Seigneur étant ſorti de la maiſon, continua les Diſcours, dont on vient de parler, dans les ruës de Jeruſalem, & dans le chemin qu'il falloit faire pour arriver à la montagne des Oliviers. Cette penſée eſt tout-à-fait ſans apparence. Les derniers Diſcours du Seigneur ſont pleins de ſecrets, qu'il ne revèle qu'à ſes Diſciples, & qu'il a même réſervez juſqu'au moment de ſa Mort. Ce ne ſont pas des choſes à publier dans une ruë; car bien-qu'il fût alors environ dix heures du ſoir, Jeruſalem étant pleine d'Etrangers, il eſt impoſſible qu'il n'y eût dans les ruës un grand nombre de perſonnes, qui ſe ſeroient aſſemblées autour de Jeſus, ſi elles l'avoient entendu parler tout haut, comme il étoit obligé de le faire, pour ſe faire entendre de ſes onze Diſciples. Cette longue Priere, ſi tendre & ſi touchante, qu'il addreſſe à Dieu dans le Chap: XVII., pouvoit-elle ſe faire en marchant, & dans des lieux publics?

Ces raifons nous déterminent à croire, que le Sauveur s'étant levé de table avec fes Difciples, ne fortit pas d'abord de la chambre où il avoit inftitué la Ste. Cene. Il continua de parler debout. C'eſt un tendre Ami, qui va être féparé de fes Amis, & qui les voyant dans la trifteffe & dans la confternation, ne peut fe réfoudre à les quitter, & prolonge infenfiblement l'entretien qu'il a avec eux. Il differe autant qu'il peut de fe rendre au lieu, où il fçait qu'il va leur être enlevé. Il faut donc placer dans la maifon même où J. Chrift mangea la Pâque, les Difcours & les Actions du Seigneur que S. Jean raconte, depuis le Chap: XIII. incluſivement jufqu'à la fin du XVII.

Jefus ayant achevé les Inftructions & les Confolations qu'il vouloit donner à fes Difciples, fe tourna vers fon Pere, & lui préfenta pour eux l'admirable Priere que S. Jean nous a confervée. Comme il ne lui reſte plus rien à faire à leur égard, il part avec eux, traverfe les ruës de Jerufalem, fort de la Ville, & paffe *le torrent de Cedron*. C'étoit un petit ruiffeau, qui couloit au pied de la Ville. Ce fut ainfi, qu'autrefois David, qui dans tant de chofes a été la figure du Sauveur, paffa le même ruiffeau, lorfqu'accompagné d'un petit nombre de Serviteurs fidéles, il fortit fugitif de Jerufalem, pour fe derober à la violence & aux outrages du rebelle Abfalom.

Jean xvIII. 1.

2. Sam. xv. 23.

Au-delà du ruiffeau, & à une diftance de la Ville d'environ mille pas, du côté Oriental, étoit la montagne des Oliviers, au pied de laquelle il y avoit divers Villages, & entre autres celui de *Gethfemané*, appellé de la forte * à caufe de la fertilité du terroir. Lorfque Jefus venoit à Jerufalem, (il y venoit toûjours dans les Fêtes folemnelles) il fe retiroit ordinairement le foir fur cette montagne, & y paffoit la nuit avec fes Difciples. Il y avoit à Gethfemané *un Jardin*, connu de Judas, *parce que J. Chriſt & fes Difciples s'y étoient fouvent affemblez*. Ce fut-là qu'il entra avec eux.

Voyez Jean vIII. 1. Luc xxI. 37. Jean xvIII. 2.

Le choix de cet endroit fait voir, que le deffein du Fils de Dieu, en fortant de Jerufalem, n'étoit pas de fuir & de fe derober à l'attentat de Judas. S'il avoit voulu profiter de la nuit, pour échaper aux Conjurez, auroit-il choifi un lieu tout proche de la Ville, & où Judas fçavoit qu'il avoit accoûtumé de fe retirer le foir? Au contraire: On voit bien qu'il fait tous les arrangemens qui pouvoient favorifer l'entreprife des Juifs. Ils ne vouloient pas le faire mourir durant la Fête, parce qu'ils craignoient une fédition de la part du Peuple.

* S. Jerôme explique le mot de Gethfemané par *Vallis pinguiffima*. In Matth. xxvI.

DISCIPLES DORMANS. *Discours X.*

ple. Jesus veut mourir pendant la Fête; mais il veut éviter la sédition qu'ils craignent. Il leur fournit l'occasion de le prendre pendant la nuit, hors de Jerusalem, & va pour cet effet dans le même lieu où il avoit accoûtumé de se retirer la nuit avec ses Disciples.

En entrant dans le Jardin, il prend avec lui *Pierre, Jaques & Jean*, & dit aux autres: *Demeurez ici, pendant que je m'en irai-là pour prier.* Il ne leur découvre qu'une partie de son dessein. Ils sont encore trop foibles, pour assister à un spectacle qui pourroit leur causer du Scandale. Ils en seront assez instruits par leurs Collegues, lorsqu'il sera tems de leur reveler ces secrets. C'est de la part du Sauveur une précaution de Prudence & de Charité. Lorsqu'Abraham, avec une foi & une obéïssance véritablement héroïque, voulut immoler son fils unique; dès qu'il eut apperçu l'endroit où devoit se consommer un Sacrifice si cher, il dit à ses Domestiques: *Demeurez ici, vous autres, pendant que nous irons jusques-là, mon Fils & moi, & que nous adorerons; après quoi nous reviendrons vous trouver.* Le saint Patriarche craint de trouver des obstacles à son Sacrifice dans l'Affection de ses Serviteurs, dans leurs Prieres, dans leurs Larmes. Il craint qu'ils n'amolissent son courage, & qu'ils ne lui ôtent la force d'exécuter un ordre, contre lequel la Raison, la Pieté, la Nature, sembloient se soulever. Ce n'est pas-là ce qui oblige le Sauveur à écarter le plus grand nombre de ses Disciples. C'est pour eux qu'il craint, & non pour lui. La consternation du Fils de Dieu les auroit effrayez, & auroit pû ébranler leur foi. Il ne prend donc avec lui que Pierre, Jaques, & Jean; trois Disciples que J. Christ a toûjours distinguez, & qui se distinguoient eux-mêmes par leurs talens, ou plutôt par la grace que Dieu leur avoit faite: S. Pierre, par l'ardeur & la ferveur de son Zèle; S. Jean, par sa Douceur & par sa Charité; S. Jaques, par sa Fermeté & par sa Constance. Ce fut aussi à ces trois Disciples, que J. Christ donna de nouveaux Noms: celui de *Pierre* à Simon, & le surnom, de *Boanerges*, c'est-à-dire *Enfans de tonnerre*, à Jaques & à Jean; sans doute pour marquer d'avance, qu'il les destinoit à être les principaux Ministres de son Evangile. Aussi apprenons-nous de S. Paul, qu'ils étoient regardez comme les *Colomnes*, ou les principaux Appuis de l'Eglise.

Une autre raison du choix que fit J. Christ de ces trois Disciples, pour être témoins de son Agonie, c'est qu'ils devoient en être moins scandalisez que les autres, parce qu'ils avoient

avoient été témoins de sa Glorification sur le Tabor. Ils ont vû sa Gloire: Ils ont entendu la voix du Ciel, qui l'a proclamé le Fils unique de Dieu: Ils ont ouï Moïse & Elie s'entretenir avec lui de sa Mort prochaine, qui devoit arriver à Jerusalem: Si donc à présent ils le voyent dans une si profonde humiliation, le souvenir de sa Gloire, & du Témoignage que Dieu & ses Prophétes lui ont rendu, doit affermir leur foi. Dieu, qui éprouve son Fils, le soutiendra. S'il permet qu'il soit tenté de la sorte, il le délivrera de la Tentation. La Transfiguration étoit un préservatif contre le Scandale de son Agonie.

Il y a plus encore; & peut-être J. Christ les appelle-t-il seuls à ce spectacle, pour les humilier à leurs propres yeux, & leur faire voir par son exemple, qu'il n'est pas aussi facile qu'ils l'ont cru, de soutenir les combats, auxquels le Nom du Seigneur doit les appeller, & que si *l'Esprit est prompt, la Chair est* bien *foible*. S. Pierre, animé d'un Zéle sincere, mais trop présomptueux, pour J. Christ, se vante qu'il le suivra par-tout, & en prison & à la mort; que quand il faudroit mourir pour lui, il ne le renoncera jamais. Rien de plus sincere que ces protestations: Mais il compte trop sur ses propres forces. S. Jaques & S. Jean aspirent aux premieres places dans le Royaume du Sauveur, & s'en croyent dignes; & quand J. Christ leur demanda, s'ils pouvoient être bâtisez, comme lui, du Bâtême de leur Sang, & boire le même Calice que le Seigneur devoit boire, ils répondirent hardiment: *Nous le pouvons*; s'il ne faut que ces Sacrifices pour arriver aux premieres places de votre Royaume, nous sommes prêts à les offrir. Leur Zéle est sincere, comme celui de S. Pierre; mais leur Ambition est aveugle, & comme lui, ils comptent trop sur leurs propres forces. Qu'ils apprennent, en voyant la consternation du Sauveur, quelles sublimes Vertus il faut, pour soutenir les combats par lesquels ils peuvent arriver où ils aspirent. Qu'ils apprennent à se défier de leurs forces; car si le Rocher semble ébranlé, que deviendront dans les tentations, ceux qui auprès de lui ne sont que de fragiles roseaux?

Matth. xx. 13.

Quoi qu'il en soit, J. Christ voulut avoir des témoins de la profonde tristesse, & des frayeurs, dont il fut saisi à la vûë du supplice qui lui étoit préparé. Il vouloit que l'Eglise en fût instruite, & que cet endroit si humiliant de son Histoire, ne fût pas moins marqué dans ses Annales, que ses Miracles, sa Resurrection, & son Ascension dans le Ciel. Il
falloit

DISCIPLES DORMANS. *Discours* X. 135

falloit donc que ce triste Evenement se passât en présence de deux ou trois Témoins, qui pussent le certifier à toute la Terre. C'est pour cela qu'il prend avec lui quelques-uns de ses Disciples, & qu'il choisit parmi eux, ceux qu'il jugea les plus dignes de sa confiance, & qui pouvoient soutenir avec moins de scandale la vûë d'un spectacle si étonnant.

J. Christ ayant donc laissé le plus grand nombre de ses Disciples à l'entrée du Jardin, & se trouvant seul avec *Pierre* & *les deux Fils de Zebedée*, commença de leur ouvrir son cœur, & de décharger dans le sein de ces trois Amis, la douleur secrete dont il étoit pénétré. *Mon Ame*, leur dit-il, *est saisie de Tristesse jusqu'à la mort*. Et pour exprimer l'Original d'une manière plus littérale: *Mon Ame est assiégée de tous côtez par la Tristesse, jusqu'à la Mort*; c'est-à-dire, elle est assiégée par une *Tristesse mortelle*. C'est le sens le plus naturel, & qui convient le mieux au Fils de Dieu. Il est vrai, qu'une Douleur profonde porte quelquefois des Ames foibles à souhaiter la Mort. On en a un exemple dans Jonas, lorsque ne pouvant soutenir l'ardeur du Soleil, qui lui donnoit sur la tête, il porta l'Impatience, jusqu'à demander à Dieu de le retirer du monde. Mais ce seroit outrager le Fils de Dieu, que de lui prêter un semblable sentiment.

Matth. XXVI. 28.

Voyez Act. XXII. 4. Phil. II. 27 à 30. Apoc. II. 10. Jonas IV. 8.

La Tristesse dont le Seigneur fut saisi, est exprimée par les Evangelistes dans les termes les plus forts. S. Matthieu se sert d'un mot, qui signifie *une extrême* * *Angoisse*, *une Douleur amere*, *accablante*. S. Luc du terme † *d'Agonie*, qui représente l'état d'une personne qui combat à la vérité contre la Douleur, mais qui succombe sous son poids. S. Marc joint à la Douleur ‡ *l'Epouvantement & la Frayeur*, & S. Jean a mis dans la bouche de J. Christ ces paroles étonnantes: *Maintenant mon Ame est troublée, que dirai-je?* C'est-à-dire, mon Ame est si violemment agitée, qu'elle ne sçait presque plus ce qu'elle doit penser, ni ce qu'elle doit désirer.

Jean XII. 27.

Il faut l'avoüer, de toutes les humiliations du Seigneur, voilà la plus surprenante. Bien loin d'y reconnoître un Homme Divin, on n'y reconnoît pas cet Homme ferme, dont les Sages ont tracé le portrait; cette Constance, ce caractère héroïque des Grands Hommes, qui, sans être insensibles aux maux qu'ils prévoyent ou qu'ils éprouvent, se possé-

dent,

---

* Ἀδημονεῖν Matth. XXVI. 37.
† Luc XXII. 44. γενόμενος ἐν ἀγωνίᾳ.
‡ Marc XIV. 33. ἐκθαμβεῖσθαι.

dent, les combattent, & en triomphent par la supériorité de leur vertu.

Cette difficulté a obligé les Interprêtes anciens & modernes, à chercher des causes plus honorables que l'Horreur & la Crainte de la mort, à cette extrême Angoisse du Sauveur. Les uns ont dit, que ce qui l'affligea, fut la Foiblesse de ses Disciples, qui l'abandonnerent, s'enfuirent, & qui ne pouvant soutenir le Scandale de sa croix, commencerent à douter qu'il fût effectivement le Messie & le Fils de Dieu. Mais outre que le recit des Evangelistes n'insinuë pas seulement une semblable cause de l'affliction de J. Christ, il sçavoit bien que cette éclipse de leur Foi ne devoit durer que peu de jours, que sa Resurrection lui rendroit tout son éclat, & qu'après tout, le Doute & l'Incrédulité des Disciples à la mort du Seigneur, ne serviroit qu'à donner plus de poids & d'évidence au témoignage qu'ils devoient rendre à sa Resurrection. Il est beau, il est édifiant, de les voir si foibles avant sa mort, si forts, si invincibles depuis sa mort. Un changement si grand & si soudain, ne peut avoir d'autre cause que la persuasion, & la conviction, où ils furent, qu'il étoit ressuscité d'entre les morts. On ne croit pas non plus que les Persécutions que les Disciples de J. Christ, & après eux son Eglise, devoient souffrir, ayent pû lui causer une si accablante Tristesse; bienqu'il n'y fût pas insensible. On croit encore moins, que l'Incrédulité des Juifs, le Parricide inexpiable qu'ils alloient commettre dans sa personne, & la Vengeance que le Ciel en prendroit, ayent pu le jetter dans une si grande Consternation. Tout cela lui arracha des larmes; mais ce ne sont pas des causes *d'Effroi*, *d'Agonie*, & *d'Angoisse mortelle*.

Il ne faut point le dissimuler: Cette cause, ces motifs, sont la mort sanglante & ignominieuse qui lui est préparée, & qu'il envisage de près. Cela est trop clair par ces paroles: *Pere, s'il est possible, que cette Coupe passe loin de moi, sans que je la boive*; & par celles-ci, qu'il dit dans S. Jean: *Pere, délivre-moi de cette heure*. Ce *Calice*, cette *heure*, sont *la Mort* sanglante à laquelle il est destiné. Aussi les Interprêtes se rendent-ils à ce sentiment, qui est le seul vrai. Il s'agit seulement de sçavoir, ce qui fait pâlir, trembler, reculer J. Christ à la vûë de cette mort. Car il semble, que s'il n'y avoit que les douleurs de son supplice, & l'ignominie qui y étoit attachée, qu'une Ame aussi grande & aussi forte que la sienne, une Ame qui étoit assistée de la présence intime de la Divini-

Matth.
XXVI. 39.
Jean
XII. 27.
Voyez
Matth.
XX. 22.
Marc
XIV. 35.
Jean XII.
27.

vinité, fortifiée d'ailleurs par les suites glorieuses que devoit avoir sa mort, *par la Gloire qui lui étoit proposée*, devoit marcher au Supplice, comme au Triomphe. C'est-ce qui a fait juger à de sçavans Interprêtes, que J. Christ étant le Pleige des Pécheurs, & chargé du poids des iniquitez du Genre humain, dont il étoit la Victime, Dieu, qui est le juste Vengeur des crimes, lui fit sentir tout le poids de sa colere, & le traita dans cette conjoncture, comme s'il eût été coupable des Péchez qu'il alloit expier. Non seulement il lui cache cette Face gracieuse, dans laquelle il trouvoit un rassasiement de joye infini; non seulement il interrompt le cours de cette communication de Grace & d'Amour, qui n'avoit point cessé jusqu'alors, & qui combloit cette sainte Ame d'une joye inénarrable; mais il lui fit sentir toute l'ardeur de sa colere. Ce n'est donc pas la rigueur & l'ignominie du supplice qui abbat, qui consterne le Fils de Dieu: Ce sont les Tourmens intérieurs, qui ne sont connus que de lui. Il cherche la Face de son Pere, & son Pere la détourne. Il a répondu pour les Pécheurs; il en souffre la peine. C'est ainsi que de sçavans & de pieux Théologiens ont tâché d'expliquer les Frayeurs de J. Christ. Ce n'est pas la conspiration des Hommes & des Démons qui l'étonne; c'est l'Indignation de Dieu, qu'il a pu lui seul soutenir, sans tomber dans le désespoir, & qu'il a pu seul appaiser par sa parfaite justice.

Heb. XII

Il est bien certain, que J. Christ s'est offert en Sacrifice, pour l'expiation des Péchez du monde. *Dieu*, dit S. Paul, *l'a fait Péché pour nous, afin que nous fussions justifiez devant Dieu, par lui*; & ce qui est encore plus fort: *Il a été fait Malediction pour nous*; c'est-à-dire, que Dieu a voulu qu'il fût la Victime des Péchez, & qu'il portât la malediction dénoncée au Pécheur par la Loi. Tout cela est constant: Cependant on n'apperçoit pas dans toute l'Histoire de la Passion du Sauveur, qu'il se soit plaint d'aucune interruption de l'Amour de Dieu son Pere. Au contraire, il l'invoque toujours avec la plus entiere & la plus parfaite confiance. *Pere*, dit-il, en se dévoüant à la mort, *Pere, glorifie ton nom*: Dévoüement qui fut suivi à l'instant de cette réponse pleine de grace: *Je l'ai glorifié, & je le glorifierai encore*; c'est-à-dire, comme l'explique un habile Interprête,[1] „ J'ai fait voir ma puissance par les „ miracles, qui ont été des preuves manifestes que vous „ êtes mon Fils, & je le ferai voir encore davantage après vo-„ tre mort. " Tous les Discours du Seigneur ne respirent que

1. Cor. v. 21.

Gal. III. 13.

Jean XII. 28.

que la confiance dans l'Amour de son Pere. C'est ainsi que dans la Priere, par laquelle ce souverain Pontife de la Nouvelle Alliance consacre à Dieu la Victime qu'il va lui pré-senter, il commence par ces mots: *Mon Pere, l'heure est venuë, glorifie ton Fils, afin que ton Fils te glorifie.* Ces paroles ne sont pas d'une Personne qui envisage Dieu irrité contre lui. Il est vrai que J. Christ est la Victime volontaire des Péchez du Monde; mais cette oblation de soi-même étant le dernier effort de la plus parfaite Obéïssance, & de la plus sublime Charité, le Seigneur ne fut jamais ni plus aimable, ni plus cher à son Pere, que dans ce moment. Bien loin de lui faire sentir son indignation, il semble que ce fut alors qu'une voix secrete repétoit cette parole de son Bâtême & de sa Transfiguration: *C'est toi, qui ès mon Fils bien aimé, en qui je me suis plû.*

<small>Jean XVII. 1.</small>

<small>Matth. III. 17. Matth. XVII. 5.</small>

Si donc on s'en tient uniquement au témoignage des E-vangelistes, sans pénétrer dans des mysteres inconnus, il semble qu'on ne peut assigner d'autre cause de la Tristesse & de la Consternation du Seigneur, que l'Horreur & la Crainte du Supplice qui lui étoit preparé, de tous les Outrages qu'il alloit souffrir, du Scandale qui en resulteroit, des Consequences que les Hommes en tireroient contre la Vérité de sa Doctrine, & contre son Innocence. Si J. C. étoit le Fils de Dieu, auroit-il permis qu'il fût crucifié comme un Brigand? Il semble que ce sont-là les véritables raisons de la profonde Tristesse du Seigneur. Sa Mort est *une Coupe* qu'il voudroit éviter, & c'est contre le scandale de la Croix, que Dieu le rassure par cette parole: *J'ai glorifié mon nom, & je le glorifierai encore.*

J'avoüe qu'une si grande Consternation surprend, dans une Ame aussi forte & aussi magnanime que l'est celle du Sauveur; & que si l'on en jugeoit par certaines idées de perfection, que la Raison humaine a été capable d'imaginer, il sembleroit que J. Christ ait eu moins de Constance & de Courage, que n'en ont eu quelques Hommes célèbres du Paganisme, & que n'en ont témoigné un grand nombre de Martyrs. Mais il est plus raisonnable & plus sûr, de juger de la haute Vertu par l'exemple du Seigneur, qui en sera toûjours le parfait modèle, que par ces portraits que la Sagesse humaine a tracez, & qui peut-être n'eurent jamais d'Original. Cette constance que l'on admire dans quelques Grands Hommes du Paganisme, ne fut qu'un dernier effort de l'Orgueil & de l'Amour de la Gloire. A l'égard des Martyrs, il faut bénir Dieu, dont *la Vertu s'est déployée dans leur*

foi-

foiblesse. Ils doivent leur Constance à la Grace de J. Christ, qui n'a paru affoibli par la crainte, que pour nous faire mieux connoître la force de sa Pieté, par celle de la Tentation.

Pour justifier les Foiblesses apparentes du Sauveur, les Théologiens disent qu'elles furent volontaires; & il est bien certain, qu'il n'arrive rien à J. Christ, que la Divinité, qui habite en lui, n'ait permis ou ordonné. Si c'est-là ce qu'on veut dire, on ne dit rien que de fort juste. Mais si l'on veut dire que la Raison du Seigneur, cette Raison si droite, si pure, forma le dessein de le laisser en proye à de si terribles Craintes, & que sa Volonté l'approuva; on ne sçauroit s'accommoder de cette pensée, qui n'a aucun fondement dans l'Ecriture. Il y a des combats en J. Christ: Il voudroit, & ne voudroit pas, parce que l'objet qu'il envisage se présente à lui sous des idées opposées; les unes agréables à sa Vertu; les autres contraires à l'Amour nécessaire que tout Etre intelligent a pour soi-même. Mais, comment concevoir qu'un même Esprit, plein de force, & résolu de faire un Sacrifice infiniment douloureux, veuille paroître au dehors le craindre & le fuir?

Il y a aussi des Théologiens, qui, prévenus d'une ancienne Philosophie, distinguent dans l'Ame des facultez supérieures, & des facultez inférieures, dont ils font des Ames différentes, & qui croyent justifier J. Christ, en disant que les Craintes & la Tristesse dont il fut saisi, se bornerent à la partie inférieure de l'Ame, sans attaquer la partie supérieure, qui demeura toûjours exempte des violentes émotions qui agitoient l'autre. Mais une meilleure Philosophie n'admet point ces différences d'Ames. Elle ne conçoit dans l'Homme qu'un seul Esprit, qui réünit les facultez de penser, de deliberer, de sentir, & qui, en vertu de son Union avec le Corps & de sa situation dans un monde dont il fait partie, reçoit nécessairement les impressions que font sur lui les objets sensibles; mais qui conserve le pouvoir de ceder, ou de résister à ces impressions. Ainsi c'est une seule & même Ame spirituelle, immortelle, mais humaine, qui animant le sacré Corps du Sauveur, se trouve agitée de désirs contraires, à la vûë de deux objets opposez. Elle veut offrir à Dieu le Sacrifice qu'il exige d'elle; & ne voudroit pas l'offrir, parce qu'il lui paroît infiniment douloureux, & à cause des jugemens qu'une mort si ignominieuse fera porter contre lui. N'a-t-elle pas été, cette Mort, & n'est-elle pas encore *le Scandale du Juif, & la Folie du Grec*? Et ne fournit-elle pas aux In- 1. Cor. II. 23.

Incrédules un prétexte d'infulter à J. Chrift & à la Religion Chrétienne ? Il n'eft donc pas furprenant que J. Chrift, mais J. Chrift homme, & livré entierement à lui-même, foit alteré du Calice que le Pere lui préfente, lorfqu'il en confidere l'utilité, & qu'il tâche de l'éloigner, lorfqu'il en voit & en fent l'amertume, & qu'il en prévoit les fuites.

Matth. XXVI. 36.
Après avoir déclaré aux trois Difciples la Trifteffe dont il étoit pénétré, le Seigneur leur dit: *Demeurez ici, & veillez avec moi.* Il femble chercher de la confolation, dans la tendre Compaffion de fes fidèles Amis, ou plutôt il veut les avoir pour témoins, & de fes extrêmes Souffrances, & de fon Dévoüement à la Volonté de Dieu. Il veut leur apprendre, par fon exemple, à furmonter toutes les Craintes & toutes les Foibleffes de la Nature, & à facrifier leurs repugnances à la Volonté de Dieu.

Matth. XXVI. 39.
Luc XXII. 41.
Dès que le Seigneur eut donné cet ordre à fes Difciples, *il s'éloigna d'eux*, dit S. Matthieu; & S. Luc nous apprend, que ce fut *environ à la diftance d'un jet de pierre*; enforte que les trois Difciples pouvoient le voir malgré l'obfcurité, & l'entendre pendant le filence de la nuit. Alors *il fe profterna le vifage contre terre.* S. Luc dit, qu'il *fe mit à genoux*. Il commença, parla; mais enfuite, dans l'ardeur avec laquelle il prioit, *il fe profterna le vifage contre terre*.

Matth. XXVI. 39.
Luc XXII. 41.

Act. VII. 60. IX. 40. XX. 36. &c.
Les Juifs prioient ordinairement debout. * Leurs Docteurs en ont fait une regle effentielle de la Priere. Cependant il paroît par divers endroits du N. Teftament, qu'ils prioient auffi à genoux. Mais dans les grandes afflictions, & lorfqu'ils demandoient à Dieu des graces avec une extrême ardeur, ils fe profternoient en terre. Ainfi J. Chrift, *étant dans un grand combat*, dit S. Luc, *& priant encore avec plus d'ardeur*, il s'humilia devant Dieu, jufqu'à *fe profterner le vifage contre terre*. Dans cette pofture fi humble & fi touchante, il prononça cette priere: *Mon Pere, que ce Calice paffe loin de moi, s'il eft poffible.* Ce *Calice*, c'eft fa Mort, toutes fes Circonftances, & toutes les Suites affreufes que le Seigneur envifageoit, & que nous avons indiquées. C'eft une figure commune dans les Auteurs facrez. Ils appellent ᵃ *un Calice*, une *Coupe*, un évenement ou *trifte* ou *agréable*. Ici il s'agit d'un évenement infiniment affligeant.

Luc XXII. 46.

Cet endroit de la Vie du Sauveur, rapporté par tous les Evangeliftes, fait encore plus de peine, que la Trifteffe dont

il

---

* Mofes Maim. *Nemo rite orat, nifi ftans.* In Thephil. Cap. v. On voit dans le N. Teft. des exemples de cette manière de prier. Voyez Luc XVIII. 11. 12. Matth. XI. 46. &c.

il fut faifi. Car, connoiffant la Volonté de fon Pere, comment peut-il demander, *de faire paffer loin de lui un Calice* qui lui étoit deftiné? Pour expliquer ceci, il faut pofer deux Principes, fans lefquels il ne paroît pas poffible de juftifier parfaitement la conduite de J. Chrift. Le premier eft, qu'il ne fçait avec certitude, que ce que la Divinité trouve à propos de lui revéler, & que cette Revélation a eu fes dégrez. S. Luc (Chap. II. 52. nous apprend, qu'*il croiffoit en Sageffe, auffi-bien qu'en Stature*; & il dit lui-même à fes Difciples, que le Jour de fon dernier Avenement n'eft connu que de fon Pere. Le fecond Principe eft, qu'encore que J. Chrift fçût qu'il devoit fe livrer à la mort pour le falut du monde, il ne fçavoit pas que ce Décret fût un Décret fixe & immuable. Confiderant l'étenduë immenfe de la Puiffance Divine, il conçoit qu'il eft poffible à Dieu de fauver le monde, fans exiger de lui un fi grand Sacrifice. Dans cette idée il put croire, que ce que Dieu lui avoit revélé là-deffus, n'étoit que pour éprouver fon Obéïffance; qu'il en étoit du Commandement de Dieu, dans cette occafion, comme de l'ordre qu'il donna à Abraham de lui facrifier fon Fils; ordre qui ne s'exécuta point, & dont l'unique but étoit, d'éprouver la Foi & la Conftance d'Abraham.

Matth. XXIV. 36.

Ces deux Principes pofez, il eft aifé d'expliquer la Priere de J. Chrift, qu'on ne peut expliquer autrement, fans bleffer fa Vertu. Car le Seigneur ne pouvant ignorer, que les Décrets de Dieu font irrévocables, s'il avoit fçû avec certitude que Dieu avoit réfolu fon Sacrifice, il n'auroit pû lui demander de révoquer ce Décret, ni fuppofer que cela fût poffible. Autrement il faudroit admettre en J. Chrift un fi grand trouble, une telle confufion de penfées & de volontez, qu'il eût demandé à Dieu, comme une chofe poffible, ce que l'Immutabilité de Dieu rend tout-à-fait impoffible. Or nous ne croyons pas, qu'on puiffe faire une plus grande injure au Sauveur. C'eft-ce qui nous oblige à fuppofer en J. Chrift, une forte de Doute & d'Incertitude fur les réfolutions de Dieu. Il ignore, fi l'ordre que fon Pere lui a donné, de s'offrir en Sacrifice, eft un ordre abfolu, & la fuite d'un Décret éternel & irrévocable; ou fi ce n'eft qu'un ordre conditionel, qui ne lui a été donné que pour éprouver fon Obéïffance & fa Foi, tel que l'ordre que Dieu donna à Abraham, de facrifier fon Fils. Cette hypothèfe paroît être la feule qui puiffe réfoudre toutes les difficultez, & concilier la Priere re de J. Chrift, avec le Décret de Dieu. Car, s'il avoit connu ce Décret avec une entiere certitude, comment auroit-il pû demander à son Pere de le retracter, & fuppofer, comme il le fait, que cette retractation fût poffible?

Cette *poffibilité* peut être auffi envifagée fous une autre face. C'eft par rapport aux causes fecondes & à toutes les difpofitions faites par les Juifs: difpofitions qui fembloient rendre la Mort du Seigneur inévitable. Ses paroles, telles qu'elles font rapportées par S. Marc, font voir qu'il avoit auffi en vûë les mefures que les Juifs avoient prifes contre lui, & dont le fuccès étoit infaillible, fans une efpece de miracle. *Mon Pere*, dit-il, dans S. Marc, *toutes chofes te font poffibles: Eloigne de moi ce Calice.* J. Chrift fe voit pris dans les pièges de fes Ennemis. Il n'y a que Dieu, *à qui tout eft poffible*, qui puiffe l'en tirer. Si c'eft-là fa penfée, comme le recit de S. Marc l'infinuë, il donne ici à fon Eglife un grand exemple de cette Foi, qui confiderant Dieu comme l'Arbitre fouverain du monde, *efpere*, lors même que du côté de la Terre il n'y a plus lieu d'efpérer. Elle fçait, qu'il tient tout dans fa main, toutes les caufes fecondes; qu'elles n'ont de force & d'activité qu'autant qu'il leur en prête, & qu'il peut renverfer en un inftant les defleins les mieux concertez, & abattre la Puiffance la mieux affermie. Nous ne faifons point de difficulté d'attribuer la Foi à J. Chrift: *Il en eft le Chef* & le Modèle, auffi-bien que *le Confommateur*. En tant qu'Homme, il ne fçait par la vûë, que ce que la Divinité juge à propos de lui laiffer voir. Hors de-là il connoît, il agit, comme nous, par la Foi. Sans cela il n'eut pas été *tenté*, & il étoit à propos qu'il le fût, dit l'Auteur de l'Epître aux Hébreux, „ afin qu'ayant été expofé aux Souffrances & aux „ Tentations, il fût auffi plus capable de fecourir ceux qui „ font tentez. „

Telle fut la trifte nuit qui préceda la Mort du Sauveur. Elle nous rappelle un endroit de l'Hiftoire de Jacob, lorfqu'inftruit de l'approche d'Efaü fon frere, qui venoit à lui avec des forces fupérieures aux fiennes, pour venger l'injure qu'il croyoit en avoir reçû, Jacob lui ayant enlevé fon Droit d'Aîneffe, le Patriarche confterné paffe la nuit en priere, demandant à Dieu de le proteger contre la colere d'Efaü. Dans cet état un Homme lui apparoît, qui lutte avec lui jufqu'au point du jour. Cet Homme l'affoiblit, en lui foulant le nerf de la cuiffe, pour l'obliger de lacher prife: *Laiffez-moi aller,*

DISCIPLES DORMANS. *Discours*. X. 143

aller, lui dit-il; mais Jacob, soutenu par son Courage & par sa Foi, continuë à le combattre, jusqu'à ce qu'il ait obligé son puissant Adversaire à lui confirmer la bénédiction, qu'Isaac lui avoit donnée. C'est un emblême de ce qui se passe dans la derniere nuit de la vie du Sauveur. Il voit venir contre lui, ceux qu'il n'a pas dédaigné d'appeller ses Freres. Ils viennent pleins de fureur, pour le faire mourir. Il est saisi de frayeur, comme Jacob: Il prie comme lui: Il lutte, comme lui, avec le Tout-Puissant, & quelque affoibli qu'il soit par ce combat, soutenu par sa Foi & par sa Pieté, il remporte la victoire: *Il est éxaucé, & delivré de ce qu'il craignoit*; Heb. v. 7. & Dieu l'assure qu'il le glorifiera, comme il l'a glorifié. La persevérance des Fidèles sera toûjours victorieuse; s'ils n'obtiennent pas, comme J. Christ, tout ce qu'ils demandent, ils obtiennent plus qu'ils ne demandent: *C'est une Grace Divine, qui se déploye dans leurs foiblesses, & qui les rend plus que Vainqueurs par J. Christ, qui les a aimez.* Rom. viii. 26, 37. Mais l'unique moyen de triompher de Dieu même, si l'on ose s'exprimer ainsi, & d'emporter sa bénédiction, c'est celui dont le Sauveur nous a donné l'exemple: c'est la Confiance en Dieu, & la Soûmission à sa Volonté. *Mon Pere*, dit-il, *que ta Volonté s'exécute, & non pas la mienne.*

J. Christ n'a pas besoin d'être justifié. Sa Conduite, ses Actions, sont les regles mêmes de l'Innocence. Cependant comme la répugnance qu'il témoigne pour la Croix, qu'il est appelé à souffrir, semble déroger à cette sublime Vertu que l'on conçoit dans le Fils de Dieu, ajoutons aux réflexions que nous avons deja faites, une distinction [3] de S. Jerôme, qui a été adoptée par les Scolastiques. Ce Pere distingue entre *Pathos*, ou *Patheia*, & *Propatheia*: *Pathos*, qui veut dire *Passion*, emporte toûjours dans la Langue Grecque une idée d'Imperfection, ou même de Vice. Il n'en est pas de même de la *Propatheia*, ou de l'*Avant-Passion*, pour ainsi dire. Celle-ci est innocente. Ce sont ces mouvemens de Desir, ou d'Aversion, que des objets agréables ou douloureux excitent subitement dans l'Ame. Ils ne sont point vicieux, parce qu'ils préviennent la deliberation de la Volonté, qui ne les a pas plutôt apperçûs, qu'elle les combat, les surmonte, les rejette, & en triomphe par l'amour du Devoir & de la Vertu, dont ils ne servent qu'à rélever la force & la grandeur. J. Christ sent ces Aversions, que l'objet affreux de la Croix, avec les consequences qu'il envisage, excitent

Nn 2 dans

dans son Ame. Il voudroit même, dans la Frayeur dont il est saisi, que Dieu lui épargnât le supplice qu'on lui prépare, & dont les suites l'allarment; mais le Respect pour la Volonté de son Pere l'emporte: Il lui fait le plus beau & le plus cher de tous les Sacrifices: c'est celui de sa propre Volonté; mais d'une Volonté qui n'a rien de mauvais, (car les mauvaises Volontez ne s'élevent pas même dans une Ame parfaitement juste) ni rien de contraire à la Volonté de Dieu: *Mon Pere, que votre Volonté s'exécute, & non pas la mienne.*

Quoique les Evangelistes ne rapportent de la Priere du Seigneur, que les paroles qu'on vient d'expliquer, parce que c'étoit effectivement le but & la substance de cette Priere, il faut pourtant qu'elle ait été longue, puisque les Disciples s'endormirent. C'est aussi ce qu'insinuë le reproche que Jesus leur fait, & en particulier à S. Pierre: *Vous dormez, Simon, n'avez-vous donc pû veiller une heure avec moi?* Il dit *une heure*, ce qui fait voir que sa Priere avoit duré environ ce tems-là; mais comme, après s'être prosterné le visage contre terre, il la commença par ces paroles: *Mon Pere, que cette Coupe passe loin de moi, s'il est possible;* & que les Disciples n'étoient éloignez qu'à la distance d'environ un jet de pierre, ils les entendirent distinctement, & Jesus continuant à prier, mais d'une voix moins haute, ils s'endormirent.

Il est étonnant, que voyant leur Divin Maître dans un si violent combat, ils ayent été capables de se livrer au sommeil. Ce n'est point assurement Indifférence, Insensibilité. Ils aimoient J. Christ, & l'aimerent toujours. Mais ne seroit-ce point, que l'entendant demander à Dieu de détourner le Calice de sa Mort, ils espérerent que Dieu l'éxauceroit? Cette pensée est bien naturelle: Dieu, qui lui a tant de fois accordé le salut des autres, lui refuseroit-il le sien? Cependant S. Luc en rend une autre raison: *Il les trouva endormis* DE TRISTESSE. Effectivement l'Inquiétude, les Soucis, éloignent le sommeil; mais la Tristesse l'appelle. Il faut pourtant convenir, qu'il sied bien mal aux Disciples du Sauveur de dormir, pendant qu'il lutte avec Dieu, pour eux & pour lui. Aussi leur reproche-t-il un sommeil si à contre-tems. Mais avec quelle douceur le fait-il? On se rappelle dans cet endroit Jesus dormant dans la nacelle, pendant une si furieuse tempête, que ses Disciples craignoient de perir. Ils l'éveillent par leurs cris, & oubliant le respect qu'ils lui doivent, ils osent lui reprocher dans leur frayeur, *qu'il ne se soucie pas de les laisser perir:*

DISCIPLES DORMANS. *Discours* X. 145

perir: paroles pleines d'indiscrétion & d'injustice. Ce n'est pas ainsi que le Sauveur leur reproche un sommeil, qui sembloit si offensant pour lui: *Vous dormez*, leur dit-il, *vous n'avez pû veiller une heure avec moi?* Vous dormez. Vous me laissez seul livré à mes soucis, pendant que vous devriez les partager avec moi.

A ce reproche si tendre & si touchant, le Sauveur ajoûte une Instruction, qui ne pouvoit être mieux placée, & de la nécessité de laquelle son exemple étoit une preuve bien parlante. *Veillez*, poursuit-il, *& priez, de peur que vous ne succombiez à la tentation; car pour l'Esprit, il est prompt, mais la Chair est foible.* Si vous ne pouvez veiller avec moi & pour moi, veillez & priez au moins pour vous-mêmes, car vous allez être exposez à une terrible épreuve, & sans la Grace de Dieu vous n'y resisterez pas. *L'Esprit est prompt*, il est vrai. Il forme de bonnes résolutions, & les forme aisement; mais quand il s'agit de les exécuter, il trouve dans les Passions & dans les Affections de la Chair des obstacles, plus forts que ses résolutions, si elles ne sont affermies par la Vigilance & par la Priere. C'est-ce qu'ils apprirent bientôt par leur propre experience, lorsque, malgré les protestations qu'ils avoient faites à J. Christ d'une éternelle fidélité, ils l'abandonnerent, s'enfuirent; & Pierre, qui jusqu'alors s'étoit distingué par la ferveur de son Zéle, se distingua par sa Foiblesse, jusqu'à renoncer trois fois le Seigneur.

Matth. XXVI. 41.

Après ce reproche & cette instruction, le Seigneur s'éloigna une seconde fois, *& pria* de nouveau *en ces termes*, dit S. Matthieu: *Mon Pere, s'il n'est pas possible que cette Coupe passe loin de moi, sans que je la boive, que ta Volonté soit faite.* Cette Priere paroît la même que la précédente: Cependant comme le tour en est un peu différent, il semble que J. Christ commence à s'appercevoir que la résolution de Dieu est irrévocable, & que l'ordre de sa Mort n'est point une simple Tentation, mais une Volonté déterminée. Il ne dit plus, *Mon Pere, s'il est possible*; mais, *S'il n'est pas possible que cette Coupe passe loin de moi, sans que je la boive, que ta Volonté soit faite.* N'ayant pas été éxaucé la premiere fois, il commence de juger, qu'il peut y avoir des obstacles invincibles à la grace qu'il demande; & si cela est, il se soûmet à la Volonté de son Pere, & le prie même de l'exécuter: *Que ta Volonté soit faite.*

Matth. XXVI. 41.

Le Sauveur fut toûjours éxaucé lorsqu'il pria pour les

Vol. VI.   O o   Fidé-

Fidèles. *Je fçai*, difoit-il, lorfqu'il reffufcita Lazare, *Je fçai que tu m'éxauces toûjours.* Cela étoit néceffaire pour appuyer notre Foi. *Tout ce que vous demanderez au Pere en mon nom,* difoit-il à fes Difciples, *je le ferai.* Voici le feul endroit, où il femble n'être pas éxaucé: C'eft qu'il prie pour lui, & qu'il n'eft pas venu au monde pour lui-même, mais pour fauver le Monde. Cependant, comme nous l'avons déja remarqué, il fut éxaucé, & ne le fut pas. Il ne le fut pas; car il bût la Coupe qui lui étoit préfentée. Il le fut; car au fond il demande à Dieu, *que fa Volonté fe faffe;* & d'ailleurs le Pere le raffura & le fortifia contre fes craintes, en lui promettant *de glorifier fon nom.*

<small>Jean xi. 42.</small>
<small>Jean xiv. 13.</small>

Jefus ayant achevé fa feconde Priere, & malgré le reproche qu'il avoit fait à fes Difciples, les trouva encore endormis. Voilà de grandes foibleffes dans des Hommes de cet ordre. Mais ce n'eft pas à nous à leur en faire des reproches. D'ailleurs, elles furent bien reparées dans la fuite, & leurs Imperfections ne font gueres moins utiles à notre Foi que leurs Vertus. Ces foibleffes des Apôtres pendant la vie de J. Chrift, & la force invincible qu'ils témoignerent jufqu'à la fin après fa mort, font une preuve éclatante de la certitude de fa Réfurrection. Il n'y a que cela qui en ait pû faire de nouveaux Hommes. Leurs défauts expirent, pour ainfi dire, avec leur Divin Maître, & leurs Vertus renaiffent, quand il renaît, quand il fort du tombeau.

Pour cette feconde fois, il ne paroît pas que J. Chrift ait éveillé fes Difciples. Les voyant livrez au fommeil, & à la trifteffe, qui appefantiffoit leurs yeux, il les laiffa, & alla prier comme auparavant. Mais Dieu fe montrant toûjours infléxible, il vint rejoindre fes Difciples, & les trouvant encore endormis: *Dormez maintenant*, leur dit-il, *repofez-vous, voici l'heure qui s'approche, & le Fils de l'homme va être livré entre les mains des Pécheurs.* Quelques-uns croyent, qu'il faut lire avec une interrogation, *Dormez-vous maintenant? Vous repofez-vous encore*, pendant que votre Maître va devenir la victime de la fureur des méchans? Si on lit de la forte, les paroles de J. Chrift contiennent un reproche bien vif & bien touchant, de l'Indolence & de la Sécurité de fes Difciples. Cependant on peut laiffer l'interrogation. Le fens eft clair fans cela.

<small>Matth. xxvi. 45.</small>

J. Chrift avoit pris avec lui trois de fes Difciples, & après leur avoir découvert la Trifteffe mortelle dont il étoit pénetré,

netré, il les avoit priez de veiller avec lui. Il cherche de la Confolation; & où pouvoit-il en trouver fur la Terre, que dans l'Affection, dans la tendre Compaffion de fes chers Amis? Ne veut-il point auffi, que témoins de fes angoiffes, ils uniffent leurs prieres aux fiennes, pour obtenir du Pere, s'il eft poffible, la grace qu'il lui demande avec tant d'inftance? Mais au lieu de cela, ils s'endorment, & le laiffent feul dans le combat, fans fecours & fans confolation. Jefus le voit, il en eft touché, & leur en fait des reproches. Cependant ils s'endorment de nouveau; & les trouvant dans cet état après fa troifième Priere, *Dormez maintenant*, leur dit-il, *repofez-vous*; *car voici l'heure qui s'approche*. Le fens eft, Vous pouvez dormir à préfent, & vous repofer. Dieu eft infléxible; l'arrêt eft prononcé, & l'exécution va fuivre dans un inftant. Les veilles & les prieres ne font plus de faifon par rapport à votre Maître; Dieu veut *qu'il foit livré entre les mains des Pécheurs*, c'eft-à-dire, *des Gentils*, à qui les Juifs donnoient ce nom. Voilà ce que J. Chrift veut dire, comme un excellent † Interprête l'a bien remarqué. Car, par rapport aux Difciples, c'eft à préfent que le fommeil va fuïr devant leurs yeux. Pourront-ils dormir, être tranquilles, quand ils verront leur Divin Maître trahi, livré, crucifié, & toutes les efpérances dont ils s'étoient flattez, expirer avec lui fur fa Croix?

Finiffons ce Difcours par une refléxion fur la fidélité & la fincerité des Evangeliftes. On en trouve des preuves par-tout dans leurs Ecrits; mais la relation qu'ils nous ont laiffée des Foibleffes apparentes du Sauveur, en eft une démonftration invincible. L'idée de la Conftance héroïque, de cette Vertu fublime, qui loin de fuïr le danger, la mort, les fupplices, quand ils font néceffaires pour la Gloire de Dieu, pour le Salut public, les cherche, les affronte, & les foutient, non feulement avec fermeté, mais avec joye: Cette idée, dis-je, n'a point été inconnuë à nos Ecrivains facrez. Ils en ont tracé le portrait dans leurs Ouvrages, & ils en ont fait voir l'Original dans leurs Perfonnes. On ne trouve point de Héros plus parfaits que les Héros de la Foi. Si donc nos Evangeliftes n'étoient pas les plus fidèles de tous les Hiftoriens, auroient-ils repréfenté J. Chrift trifte, affligé, confterné, à la vûë du fupplice qui l'attend, & faifant tous fes efforts pour le détourner? Qui peut les obliger de nous apprendre un fecret, fi peu honorable en appa-

apparence à leur Divin Maître? Secret qui n'a eu que Dieu & trois de ses Disciples pour témoins. Pilate n'en a rien vû: Jesus lui a parlé avec toute la Dignité qui convient au Fils de Dieu. Il en a usé de même devant Hérode, & devant Caïphe. La Sagesse & la Vérité dictent ses réponses, sans qu'il lui échape la moindre marque de Crainte. Il se possede par-tout, & montre une Patience & une Constance invincibles, jusqu'au moment qu'il remet son Esprit entre les mains de son Pere... En un mot, J. Christ ne paroît affoibli, qu'en la présence de Dieu & de trois de ses Disciples, qui étant les maîtres d'un si important secret, ne l'auroient jamais revélé, & les Evangelistes ne l'auroient jamais écrit, s'ils n'étoient la sincerité même.

Ἄγγελος ἀπ' οὐρανοῦ Χριϛὸν ἐνιχύων. Luc. XXII, 43. CHRISTUS AB ANGELO CORROBORATUS.
Christ strengthened by an Angel. Un Ange du Ciel, fortifiant Jesus-Christ.
Christus durch den Engel gestärkt. Christus van eenen Engel gesterkt.

DISCOURS XI.

Un Ange paroît, & fortifie J. Chrift. Luc XXII. 41--46.

Ous avons vû dans le Difcours précedent, que J. Chrift prit avec lui trois de fes Difciples, pour trouver dans la compagnie de ces chers Amis, quelque encouragement & quelque confolation dans fa douleur. Après leur avoir découvert *la Triftefſe mortelle*, dont il étoit comme accablé, il les conjura de veiller avec lui; mais au lieu de le foulager par une tendre Compaffion, & d'unir leurs prieres aux fiennes, pour détourner le Calice que Dieu lui préfentoit, il eut la mortification de les voir s'endormir, & le laiffer feul, livré à fon Affliction. Dans un fi trifte état, fans aucun fecours du côté des Hommes, il lui vint du Ciel un de ces Confolateurs immortels, un de ces *Veillans*, comme Daniel les appelle, un Ange en un mot, qui le fortifia. C'eft-ce que nous apprenons de S. Luc: *Comme Jefus étoit dans un grand Combat,* dit cet Evangelifte, *& qu'il prioit avec plus d'ardeur que jamais, il lui prit une Sueur, qui reſſembloit à des grumeaux de Sang, qui couloient jufqu'à terre; Dans cet état il lui apparut un Ange du Ciel, qui le fortifioit:* Car c'eft ainfi que l'on croit qu'il faut arranger le récit de S. Luc, Chap: XXII. vſ. 43, & 44, bien que cet Evangelifte ait rapporté l'apparition de l'Ange, avant la Sueur fanglante du Fils de Dieu. Quoique ces deux circonftances apartiennent à l'Agonie du Sauveur, que nous avons expliquée, on a jugé à propos de les repréfenter dans une figure à part; ce qui nous oblige à les expliquer feparement dans ce Difcours.

S. Matthieu & S. Marc nous apprennent, que J. Chrift réïtera fa Priere jufqu'à trois fois. Les Juifs en ufoient de même dans les grandes Afflictions, & lorfqu'il s'agiſſoit de demander à Dieu des graces très-néceſſaires, comme un ¹ fçavant Interprête l'a remarqué. C'eſt ainfi que S. Paul, tourmenté *par un Ange de Satan*, pria Dieu jufqu'à trois fois de l'en délivrer. Conformément à cette Coûtume religieufe, le Sauveur fe préfenta jufqu'à trois fois devant Dieu, réïterant toujours la même Priere, fi-non dans les mêmes termes, au moins dans le même deſſein. Son ardeur redouble à mefure qu'il

Matth.
XXVI. 44.
Marc
XIV. 41.

2 Cor.
XII. 8.

qu'il trouve plus de résistance. Aussi n'est-ce souvent que pour augmenter cette ferveur, & pour exercer la Foi des Saints, que Dieu differe de les éxaucer. Jesus ne se rebute point. *Comme il étoit dans un grand Combat, il prioit encore avec plus d'ardeur.* Le terme de S. Luc, que l'on a traduit *un grand Combat*, est celui d'*Agonie* *, qui a effectivement cette signification. Il lutte contre la Douleur & la Crainte, & contre la Rigueur de son Pere, qui demeure inflexible. Cependant le même terme signifie aussi † les Craintes & les Inquiétudes d'un Général, qui se prépare à donner une bataille, qui voit le danger où il s'expose lui & son Etat, & l'incertitude de la Victoire. En général cette expression marque cette Inquiétude, ce Serrement de cœur, qui saisit l'ame à la vûë d'un danger éminent. C'est dans ce sens que l'Auteur du II. Livre des Macchabées s'en est servi, en parlant du Souverain Sacrificateur: Voyant Héliodore enlever les trésors du Temple; ‡ *il fut saisi*, dit l'Historien, *d'une Crainte mortelle, qui parut sur son visage, à ses regards, & dans toute sa personne.* Ecoutons la description qu'en fait l'Auteur. Elle est fort vive, & contient quelques traits, qui pourroient bien être appliquez à J. Christ. *Nul ne pouvoit regarder le visage du Souverain Sacrificateur, sans en être blessé jusqu'au cœur; car le changement de son teint & de sa couleur, marquoit clairement la Crainte mortelle dont son Ame étoit saisie. Une certaine Tristesse répanduë dans tout son extérieur, & l'horreur même dont tout son corps paroissoit saisi, découvroient à ceux qui le regardoient, quelle étoit la playe de son Ame.*

2 Macc. III. 16, 17.

Celle dont l'Ame du Seigneur fut atteinte, étoit encore plus douloureuse. Aussi éclata-t-elle par un symptome bien extraordinaire; *son Visage fut couvert d'une Sueur, qui découloit jusqu'à terre, comme des grumeaux de Sang.*

‡ Le terme de l'Original désigne en effet *des grumeaux*, ou des goutes de Sang coagulé ; mais il s'agit de sçavoir, si la Sueur du Fils de Dieu fut effectivement mêlée de Sang, ou si S. Luc, pour nous donner une idée de l'abondante Sueur du Fils de Dieu, la représente simplement, coulant en terre en forme de globules, comme des goutes de Sang, que la fraîcheur de l'air de la nuit condensoit.

Les Interprêtes anciens & modernes sont partagez là-dessus.

---

* Hesychius, Ἀγωνία, Palæstra, bellum.
† Demosthene, *Pro Corona*, dit en parlant de Philippe, ἦν δὲ ὁ Φίλιππος ἐν φόβῳ καὶ πολλῇ ἀγωνίᾳ. *Philippe étoit dans la crainte & dans une grande agonie, dans de grands combats, & dans de grandes inquiétudes.*
‡ Ἦν γὰρ ὄψις καὶ τὸ τῶν χρωμάτων παρηλλαγμένον, ἐνέφαινε τὴν κατὰ ψυχὴν ἀγωνίαν. 2 Macc. III. 16.
‡ Ἐγένετο δὲ ὁ ἱδρὼς αὐτοῦ ὡσεὶ θρόμβοι αἵματος. Luc XXII. 44.

fus. Les uns croyent, qu'il découla effectivement une Sueur de Sang du corps de J. Christ, & ils alleguent des raisons & ² des exemples, pour expliquer ce phénomene, & prouver, qu'il ne marque rien que de naturel & de fort possible. Ce sont, disent-ils, les sérositez du Sang, qui forment la Sueur, & dans les personnes, qui d'un côté ont le sang fort subtil & aqueux, & de l'autre la peau fine, & d'une texture rare, ou les pores fort ouverts, il est aisé de comprendre, que des parties du Sang s'échapent avec la sérosité, ou l'humeur aqueuse qui rend le Sang fluide. On allegue là-dessus ce qu'Aristote ³ a observé de certains corps mal-sains, qu'il en est sorti une sueur mêlée de sang. ⁴ *Maldonat* en particulier prétend, qu'on a vû à Paris un homme fort & vigoureux, qui, lorsqu'on lui eut annoncé subitement la sentence de mort, fut couvert tout-à-coup d'une sueur sanglante.

Ces exemples font voir, que ce qui arrive à J. Christ n'a rien de surnaturel. Il est vrai, qu'on ne peut pas dire que son corps fut un corps malade ou mal-sain. Il n'est point fait mention dans l'Evangile d'aucune maladie de J. Christ, & il n'y a nul lieu d'en soupçonner. Mais il est bien aisé de concevoir, qu'affoibli par le Jeûne & par la Fatigue, son corps n'étoit rien moins que vigoureux. Ainsi, l'extrème agitation de son Ame put lui causer un symptome, pareil à celui des corps malades dont Aristote fait mention. On préfere donc le sentiment des Interprêtes, qui prennent à la lettre le récit de S. Luc, à celui de quelques Auteurs anciens; comme Théophylacte, par exemple, qui a recours à la figure. Cet Interprête a cru, qu'il y a une métaphore dans S. Luc, & que, comme on dit des Personnes qui pleurent amèrement, qu'elles *versent des Larmes de Sang*, l'Evangeliste a dit, que la Sueur de J. Christ fut une Sueur de Sang, parce qu'elle fut l'effet de l'amertume de sa douleur. Cependant S. Luc ne dit pas proprement, que J. Christ sua du Sang, mais que la Sueur qui découloit de son visage, * *ressembloit à des grumeaux de Sang*. C'étoient de grosses goutes d'eau, qui avoient la couleur du Sang, parce que les particules du Sang les plus subtiles, se mêloient avec la sérosité qui compose la Sueur ordinaire. Au reste, il ne faut pas attribuer ce symptome à la Frayeur toute seule, mais à la Raison qui lutte contre les répugnances naturelles, & qui produit en J. Christ le violent Combat dont parle S. Luc   Jesus

---

* Dom Calmet a fait une Dissertation *sur la Sueur de Sang de J. Christ*, que les Lecteurs curieux peuvent consulter. Elle précede son Com. sur S. Luc, p. 418.

Jesus étant dans une si triste situation, *il lui apparut*, dit l'Evangeliste, *un Ange, qui le fortifioit*. Voici l'endroit le plus humiliant de la Vie du Sauveur. Que les Anges célèbrent sa Naissance, & l'annoncent aux Bergers de Bethlehem; cela n'a rien de surprenant. Ils prennent part au bonheur des Hommes, & loüent Dieu de ce qu'il leur a envoyé le Sauveur. Qu'ils le servent, lorsqu'étant dans le Désert, il a triomphé du Démon & de tous ses artifices; ce ministère leur convient. Ne sont-ils pas destinez à servir les Saints, pour les conduire au salut ? A plus forte raison sont-ils appellez à servir le propre Fils de Dieu. Que J. Christ dise à Nathanaël, & à tous ceux qui étoient présens: *Je vous assure, que desormais vous verrez le Ciel ouvert, & les Anges de Dieu monter & descendre sur le Fils de l'Homme*; c'est pour le défendre & pour le servir, pendant le cours de son Ministère, à sa Résurrection, & à son Ascension dans le Ciel. Ce que Jacob vit en songe, on le verra arriver réellement à la gloire du Fils de Dieu. Mais qu'ils paroissent pour le consoler, & pour le fortifier dans son Agonie, c'est-ce qui semble deshonorer le Seigneur, plutôt que de l'honorer. A-t-il besoin d'un secours étranger contre les Craintes & les Frayeurs de la Mort ? C'est-ce qui a causé tant de scandale à quelques Anciens, que les uns oserent effacer de l'Evangile selon S. Luc les vs. 43 & 44. du Chap: XXII., & que d'autres, plus religieux, tâcherent de donner aux paroles de l'Evangeliste un sens tout contraire à leur sens naturel. Developpons ceci.

<small>Jean I. 52.</small>

<small>Gen. XXVIII. 12.</small>

On apprend de [5] S. Hilaire, & cela semble confirmé par S. Jerôme, qu'il y eut des Copistes assez temeraires, pour retrancher de l'Evangile de S. Luc, ce qu'il raconte de la Sueur sanglante du Sauveur, & de l'Ange qui vint le fortifier. Ils ne vouloient pas qu'on lût dans les Evangiles, ce qui ne s'accommodoit pas avec leurs préjugez. Ainsi, trouvant indigne du Fils de Dieu, qu'il eût versé des larmes [6], ils ôterent du Chap: XIX. de S. Luc vs. 41, ces mots, *& Jesus pleura*. Ce fut par une semblable raison, qu'il y en eut qui retrancherent les vs. 43. & 44. du Chap: XXII. Les Ariens vinrent ensuite, qui profitoient de ce même endroit de l'Evangile, pour maintenir leur erreur sur la Divinité de J. Christ. S'il étoit Dieu, & consubstantiel au Pere, disoient-ils, auroit-il eu besoin d'être fortifié par un Ange ? Dieu peut-il être consterné, abattu, épouvanté, & faut-il, pour le rassurer, que ses Anges viennent à son secours ? Ce fut une autre raison de rejetter les versets que nous expliquons.

quons. Cependant il ne faut pas imputer à l'Eglise une altération de l'Evangile, qui ne fut faite que par quelques Particuliers, & qu'elle a reparée, en rétablissant les passages retranchez, de sorte que depuis plusieurs Siècles, il n'y a ni Original, ni Versions, où ils manquent. Il n'est pas dans le pouvoir du Corps de l'Eglise, d'empêcher une altération dans quelques Exemplaires. Tout ce que la fidélité peut faire, c'est de la corriger.

Cependant ceux des Peres, qui reconnoissent l'authenticité des textes ôtez de S. Luc, voulant éluder l'avantage que les Ariens en tiroient, & remedier au scandale que causoit aux Simples une si grande Foiblesse de J. Christ, eurent recours à une Interprétation très-fausse dans le fond, & certainement contraire à l'intention de S. Luc. Ayant donc trouvé dans la Version des LXX, que Moïse dit, (Deut. XXXII. 43.) *Que tous les Fils de Dieu l'adorent, & que tous les Anges de Dieu le fortifient*, 7 S. Epiphane crut & soutint, que cet oracle de Moïse concernoit J. Christ, & avoit été accompli dans cette occasion. Il prétendit encore, que ces mots Grecs des LXX. (*Enischusatosan auto*) *le fortifient*, ne vouloient dire autre chose, que *le louer & le glorifier*. Là-dessus il s'imagine, que l'Ange qui apparut à Jesus, „ plein d'admiration pour lui, vint le „ féliciter de sa victoire, & que, pour accomplir l'oracle de „ Moïse, il dit au Seigneur: *C'est à vous qu'apartient l'Adora-* „ *tion, l'Empire, la Puissance, la Force.* „ Voilà ce que le préjugé, la nécessité de répondre aux Ariens, & une Théologie peu exacte, ont fait imaginer à quelques Anciens. Il est incontestable que Moïse parle, non du Messie, mais du Peuple d'Israël, & qu'on lit dans l'Hébreu: *Nations, loüez son Peuple*, ou *Nations, réjouïssez-vous avec son Peuple, car il vengera le Sang de ses serviteurs*; de sorte que la Version Grecque est évidemment fautive dans cet endroit. D'ailleurs, l'objection des Ariens étoit très-foible. Ce n'est point la Nature Divine qui craint, & qui a besoin de secours; c'est la Nature humaine, que la Nature Divine laisse à sa propre infirmité; ce qui étoit nécessaire pour la tentation du Sauveur, mais qui ne permet qu'il soit tenté & abattu de la sorte, que pour faire éclater davantage la force de sa Foi & de sa Vertu.

Loin de nous des attentats sacrilèges au Texte sacré, aussi-bien que de mauvaises défaites, pour sauver la Gloire de J. Christ! S. Luc dit, *que l'Ange qui lui apparut, le fortifia*. Comment le fit-il? Il est aisé de le comprendre: Jesus priant son Pere de détourner le Calice qu'il lui présentoit, le Pere lui en-

envoya un Ange, qui l'affura de fa part, que la Mort ignominieufe qu'il alloit fouffrir, étoit réfoluë, parce qu'elle étoit néceffaire au falut du monde & à la Gloire de Dieu ; mais que Dieu le délivreroit de la Mort par une glorieufe Réfurrection ; & que par une infinité de miracles operez en fon nom, il juftifieroit que ce Jefus, qui avoit été crucifié, étoit véritablement fon Fils unique. Marchez, lui dit-il, où la vocation de Dieu vous appelle. Il fera à votre droite, & vous ne ferez point ébranlé. Il vous fera connoître les voyes de la vie, & glorifiera votre nom, comme il s'eft fervi de vous pour glorifier le fien. C'eft ainfi que l'Ange fortifie J. Chrift, & que Dieu répondit à fa Priere, par un de ces Miniftres céleftes, qui notifient fes volontez aux Hommes.

Un endroit de S. Jean fert beaucoup à entendre celui-ci, quoique les circonftances ne foyent pas en tout les mêmes. Mais on n'eft pas bien fûr que S. Luc ait placé les évenemens dans leur rang. Le S. Efprit, qui dirigea les Ecrivains facrez, les garantit bien d'erreur & de menfonge; mais il n'a pas empêché, qu'ils n'ayent mis quelquefois les faits hors de leur place: ce qui paroît évidemment, en comparant les relations des Evangeliftes. S. Jean raconte au Chap: XII. de fon Evangile, que Jefus s'écria: *Mon Ame eft maintenant violemment agitée, & que dirai-je ? Mon Pere, délivre-moi de cette heure*. C'eft la même Priere que le Seigneur prononça plus d'une fois dans le Jardin de Gethfémane. Il ajoûta auffi-tôt, comme en fe reprenant: *Mais c'eft pour cela que je fuis venu à cette heure. Mon Pere, glorifie ton nom*. A l'inftant *il vint du Ciel une voix qui lui dit*, *Je l'ai glorifié, & je le glorifierai encore*. Cette voix qui fut entenduë, & des Difciples, & de plufieurs autres; mais qui ne fut pas entenduë de tous diftinctement, donna lieu aux uns de dire, *c'eft un coup de tonnerre*, & aux autres, *un Ange lui a parlé*. N'eft-ce point-là l'Ange qui fortifie J. Chrift, en l'affurant, que Dieu, qui a glorifié fon nom par les miracles qu'il a faits par fon miniftère, pendant le cours de fa Vie, le glorifiera encore après fa Mort, & juftifiera par des preuves éclatantes & certaines, que Jefus crucifié eft véritablement fon Fils ? Nous n'affurons rien, parce que les circonftances font un peu différentes, comme nous venons de le dire. C'eft ainfi que J. Chrift fut fortifié par un Ange du Ciel, fans que cela diminuë rien de fa Gloire; ce Miniftre du Ciel n'ayant rien fait, que lui declarer la Volonté du Pere, & répondre de fa part à la Priere que J. Chrift lui addreffoit.

Matth. XXVI, 65.

Χριϛὸς παρὰ τῷ Καιάφα. | CHRISTUS CORAM CAJAPHA.
Christ before Caiaphas | Jesus-Christ devant Caïphe
Christus zu Cajaphas geführt. | Christus voor Cajaphas.

DISCOURS XII.

Jesus devant Caïphe. Matth. XXVI. 57--68. Marc XIV. 55--63. Luc XXII. 66--71. Jean XVIII. 19--23.

Nous venons de voir dans le Discours précedent, Jesus consterné, abattu devant Dieu son Pere, en faisant tous les efforts que la Pieté lui permet, pour détourner le Calice de sa Mort. Nous l'allons voir dans celui-ci, magnanime, intrépide, soutenir la cause de Dieu & la sienne devant ces Hommes injustes & superbes, qui, par la permission de la Providence, sont devenus ses Juges. Nous y allons voir en même tems ce que le Monde a vû tant de fois, l'Orgueil & l'Injustice assises sur les Tribunaux, outrager & condamner l'Innocence & la Vertu même.

Jesus étant instruit, par le ministère de l'Ange qui lui apparut, de la résolution de Dieu son Pere, s'approche de Pierre, de Jaques, & de Jean, & leur dit: *Levez-vous; Allons; voici celui qui doit me livrer qui s'avance*. A ces mots il part avec eux, rejoint les huit Disciples qu'il avoit laissez à l'entrée du Jardin, va au-devant de Judas & de la Troupe qu'il conduit, permet au Traître de le baiser, (c'est le signal qu'il avoit donné aux Soldats pour reconnoître Jesus) se livre entre leurs mains, & leur demande seulement de laisser aller ses Disciples. Incapables encore de souffrir avec lui, & pour lui; réservez d'ailleurs pour être les Témoins de sa Doctrine & de sa Résurrection, & pour être les Instrumens de la Conversion des Peuples, il demande leur liberté, & l'obtient aisement des Soldats, qui n'avoient ordre de prendre que Jesus. Maîtres de sa Personne, les Sacrificateurs & les Pharisiens se flatent, qu'ils feront perir avec lui la nouvelle Secte. Qui voudra croire deformais dans un Homme qui va mourir d'une Mort infame, condamné comme un faux Prophète par tous les Chefs de la Nation, & par ceux qui, assis dans la Chaire de Moïse, sont les Juges souverains de la Foi? Ils ne sçavent pas le mystère, qui n'étoit connû que du Fils de Dieu, & qu'il n'avoit manifesté à ses Disciples que par ces mots figurez: *Le Grain ne porte point de fruit, s'il ne meurt.*

La Troupe qui s'étoit saisie de Jesus, le mena d'abord chez

chez *Anne*. Cet homme avoit été Souverain Pontife. Son fils ¹ l'avoit été, & *Caïphe*, qui étoit alors revêtu de cette Dignité, avoit épousé sa fille. L'âge, respecté chez les Juifs, & les Dignitez qu'il y avoit eu dans sa famille, donnoient à Anne beaucoup d'autorité dans la Nation. Peut-être même que Caïphe, par déférence pour son Beau-pere, avoit ordonné au Chef des Soldats, de lui présenter premiérement le Prisonnier. Les Personnes qui sont à la tête des affaires d'une Nation, se traitent mutuëllement avec d'autant plus d'égards, que rien ne les divise davantage que d'y manquer.

Anne, content de la déférence que Caïphe lui avoit témoignée, * *fit lier* Jesus, & le lui envoya, comme au Président du Conseil; cette Dignité étant attachée au souverain Pontificat, dont Caïphe étoit revêtu *cette année-là*. Depuis que les Romains regnoient en Judée, ils disposoient à leur gré de la Charge de Souverain Sacrificateur. Cette Charge, qui devoit être perpétuelle & héréditaire, étoit presque devenuë † annuëlle; ce qui fait dire à S. Jean, *que Caïphe étoit le Souverain Sacrificateur de cette année-là*. C'est le même, qui dans un autre Conseil, tenu peu de tems auparavant, avoit prononcé un oracle Divin, croyant ne prononcer qu'un oracle de la Politique & de la Prudence humaine. *C'étoit*, dit S. Jean, *ce même Caïphe, qui avoit suggeré aux Juifs, qu'il étoit de leur intérêt, qu'un Homme mourût pour le Peuple*. C'est-ce qui est rapporté au Chapitre XI. de S. Jean. (vs. 46, 48) Le Conseil embarrassé, d'un côté, par les Miracles que J. Christ faisoit, & de l'autre, par la Crainte que le Peuple, persuadé qu'il étoit le Messie, & que le tems de se délivrer du joug des Romains étoit venû, ne s'élevât contre le Gouverneur; le Conseil, dis-je, embarrassé, ne sçavoit quel parti prendre. Si nous faisons mourir un Homme qui fait tant de miracles, nous irritons le Ciel: Si nous le laissons vivre, nous craignons d'irriter les Romains, & de fournir à un Peuple léger & tout disposé à la révolte, une occasion de se soulever contre eux. Caïphe qui voit leurs scrupules & leurs embarras,

déci-

Jean XVIII. 13.

Jean XVIII. 14.

---

* C'est-ce que remarque S. Jean XVIII. 24. Beze a mis dans sa Version au vs. 13. *qu'il* (sçavoir Anne) envoya Jesus lié à Caïphe, & cela sur la seule autorité de Cyrille d'Alexandrie, qui a inseré ces mots dans son Commentaire sur le Ch. XVIII. de S. Jean vs. 13. Le sçavant Beze s'est donné trop de licence dans cet endroit. Les mots qu'il a inserez dans sa Version, ne se trouvent point dans les Exemplaires Grecs, & il est clair que Cyrille n'a fait que lire le vs. 24. & les placer dans le vs. 13. Voyez Cyril. Alex. in Joh. L. XI. 38.

† Valerius *Gratus*, Gouverneur de Judée, qui avoit donné le souverain Pontificat à Eleazar, fils d'Anne, le lui ôta une année après, pour en investir Simon, fils Camith. Celui-ci l'ayant possedé un an, en fut privé par le Gouverneur, qui le donna à *Joseph*, surnommé *Caïphe*. C'est-ce que dit l'Historien Josephe Ant. XVIII. 3. Cela fait voir que l'expression de S. Jean, *Caïphe étoit le Souverain Sacrificateur de cette année-là*, est très-juste.

CAIPHE. *Discours XII.*

décide la question qu'ils n'osoient résoudre. *Vous n'y entendez rien;* leur dit-il: *Vous ne pensez pas qu'il vaut mieux qu'un Homme meure pour le Peuple, que de laisser perir toute la Nation.* Il ne s'agit point d'examiner, si ce Jesus fait des miracles: Le salut de la Nation demande qu'on le sacrifie; il faut le faire.

Cette Maxime ne surprendroit pas dans une Assemblée de Politiques, qui ne connoissent rien d'injuste, dès que l'Intérêt public le demande: Mais on est surpris avec raison, d'entendre cette Maxime dans une Assemblée de Docteurs de la Loi, de Ministres de la Religion, qui sçavent *qu'il ne fut jamais permis de faire du mal, afin qu'il en arrive du bien;* que la Justice est la loi suprême à laquelle il faut obéïr, en laissant à la Providence les suites qui peuvent en résulter. Ainsi cette Maxime, impie en elle-même, l'est encore plus dans la bouche d'un Souverain Sacrificateur. Mais elle n'est pas moins imprudente qu'impie; car s'il y a un Dieu qui gouverne le Monde, & si ce Dieu veille en particulier à la conservation de la République des Juifs; est-ce par des crimes aussi crians, que celui de faire mourir un Juste, qui a tous les caractères d'un Prophète, qu'on peut se procurer la Protection Divine? Qu'ils laissent vivre Jesus, qu'ils suivent ses Instructions, & la République sera en sureté. Est-ce donc l'Humilité, le Désintéressement, la Charité, l'Amour des Ennemis, qui, soulevant les Peuples contre les Romains, obligeront ces Vainqueurs de la Terre à porter le fer & le feu dans la Judée? Mais le Salut public & la Crainte des armes Romaines, ne sont que des prétextes dont ces Hypocrites couvrent leur Avarice, leur Ambition, & l'Envie qu'ils portent à Jesus.

Rom. III. 8.

Le Seigneur fut donc conduit au Palais de Caïphe un peu avant minuit. Car il y étoit déja lorsque le Cocq chanta pour la première fois. Plusieurs membres du Conseil s'y étoient rendus, attendant avec impatience le succès des promesses & de la trahison de Judas. Dès que Jesus parut, le Grand-Prêtre l'interrogea sur deux chefs; le premier, *touchant ses Disciples*; le second, *touchant sa Doctrine.* Il vouloit sçavoir s'il avoit un grand nombre de Sectateurs, qui ils étoient, & de quel caractère. Cela est dans l'ordre de la Justice. Dès qu'un homme est accusé, & qu'il a des Complices, le Magistrat veut les connoître. Caïphe soupçonnoit apparemment que Jesus avoit des Disciples parmi les Sénateurs, ou parmi les Docteurs. Quelque secrets qu'ils fussent, il étoit mal-aisé que leurs actions ou leurs paroles ne les rendissent suspects de favoriser

Marc XIV. 68.
Matth. XXVI. 57.
Jean XVIII. 19.

vorifer la nouvelle Secte. A cette première question, Jesus ne répondit rien. La Prudence & la Charité ne lui permettent pas, de livrer à la persécution des Disciples imparfaits & timides: Il faut laisser croître & affermir leur Foi naissante, & donner à une jeune plante le tems de pousser des racines & de porter du fruit. Mais à l'égard de la question touchant sa Doctrine, Jesus répond, *qu'ayant enseigné publiquement dans les Synagogues & dans le Temple, sans avoir jamais rien dit en cachette, le Souverain Sacrificateur doit s'addresser à ceux qui l'ont entendu;* que son témoignage pourroit être suspect, mais que celui d'une multitude de tous les ordres ne sçauroit l'être. Cette réponse est digne de la Sagesse du Fils de Dieu. Il en appelle au témoignage des autres, qui, dans une procedure judiciaire, doit avoir plus de poids que le sien. Mais cette réponse ne contente pas Caïphe. Qu'il interroge la multitude; elle ne parlera que des Miracles qu'il a faits, des Exemples & des Préceptes de Vertu qu'il a donnez.

Jean XVIII. 20, 21.

Il n'y avoit qu'un moyen sûr de perdre Jesus; c'étoit de l'accuser de conspirer contre le Gouvernement, & d'animer les Juifs à secoüer le joug des Romains. C'est ce moyen que le Conseil des Juifs cherchoit; mais il n'avoit que des prétextes & des soupçons; & ces prétextes, ces soupçons, étoient détruits par les déclarations de J. Christ, & par toute sa conduite. Ils alleguoient qu'il étoit Galiléen: or *Judas*, qui s'étoit formé un parti de Rebelles, étoit de la même Province; & quoiqu'il eût été défait & puni, l'esprit de révolte n'étoit pas étouffé en Galilée; ainsi, cette circonstance seule pouvoit rendre le Seigneur fort suspect à Pilate. Mais il falloit prouver que J. Christ eût soufflé cet esprit de sédition; au lieu qu'il ne prêchoit que la Patience, la Douceur, & l'Humilité. Il est vrai encore que le Peuple, charmé de sa Doctrine & de ses Bienfaits, s'étoit souvent assemblé en grand nombre auprès de lui, dans des lieux déserts; mais-là, qu'avoit-il fait que les instruire, les nourrir, & se derober à leurs applaudissemens, quand aveuglez par leurs fausses idées du Messie, ils avoient formé le téméraire projet de le proclamer Roi? On ne pouvoit lui reprocher que son Entrée triomphante à Jerusalem, aux acclamations du Peuple, qui reconnoissoit en lui le Fils de David, le Roi que le Ciel leur envoyoit. Mais ce regne étoit tout spirituël, & le Conseil des Juifs ne pouvoit l'ignorer, puisque lui ayant fait demander, dans le dessein de le surprendre, s'il falloit payer le Tribut à César? il avoit répondu à leurs Docteurs: *Rendez à Céfar*

Luc XXIII. 2.

Ib. Luc XXIII. 5. Act. v. 37.

Matth. XIV. 13. XV. 30. & ailleurs.

Luc XX. 22.

sar ce qui apartient à César, & à Dieu ce qui apartient à Dieu.

La réponse du Sauveur ne contentant pas Caïphe, un de ceux qui avoient servi à le prendre, & apparemment quelque Officier du Conseil, eut l'insolence de le frapper au visage, en lui disant: *Est-ce ainsi que tu répons au Grand-Sacrificateur?* Jesus, sans s'émouvoir, lui repliqua: *Si j'ai mal parlé, faites voir ce que j'ai dit de mal; mais si j'ai bien parlé, pourquoi me frappez-vous?* La Sagesse & la Moderation de J. Christ éclatent dans cette réponse. Le Seigneur n'avoit point manqué aux égards qui étoient dûs au Souverain Sacrificateur. Il sçut respecter les Dignitez tant qu'il fut dans ce monde, & ne donna jamais l'exemple, ni du mépris des Puissances, ni de la révolte. Si Caïphe avoit commandé qu'on le frappât, il l'auroit apparemment souffert sans ouvrir la bouche; mais il n'apartenoit point à un vil ministre du Conseil, d'entreprendre de lui-même d'outrager un Prisonnier qui comparoît devant ses Juges, & qui n'est pas condamné.

Jean xviii. 23.

On voit ici, par l'exemple du Sauveur, comment il faut entendre le précepte qu'il donna à ses Disciples: *Si quelqu'un vous frappe sur la joüe droite, présentez-lui encore l'autre.* Le Seigneur ne présente pas l'autre joüe à l'Officier qui l'a frappé; au contraire, il se plaint modestement de l'injure, & justifie sa conduite. L'Homme de bien défend son Honneur & ses Actions: Il souffre les Injures, sans en rendre. C'est à cela que se borne sa Patience; mais si ses justes remontrances ne désarment pas l'Injustice, * il souffrira une nouvelle injure, plutôt que de se venger de la première.

Matth. v. 39.

La résolution de faire mourir Jesus étoit prise; mais pour l'exécuter, il falloit d'un côté, prouver qu'il étoit coupable de quelque crime capital, & de l'autre, avoir le consentement & la confirmation du Gouverneur Romain. Sans cela, toutes les sentences du Conseil des Juifs ne pouvoient avoir d'effet. Depuis qu'*Archelaus* eut été déposé, & relégué à Vienne dans les Gaules, la Judée fut réduite en Province Romaine, & la puissance de vie & de mort ôtée aux Juifs, comme ils en conviennent eux-mêmes. Les Gouverneurs s'étoient réservez la Jurisdiction souveraine, & n'avoient laissé au Sanhedrin que la connoissance des affaires qui regardoient leurs Loix, leur Culte, leurs Cérémonies, dont ils ne se soucioient pas. Si donc le Sanhedrin n'avoit pû accuser Jesus que de la violation de quelques-unes de leurs Loix, Pilate s'en seroit moqué, & ne l'auroit pas fait mourir. Envain on lui auroit dit, Il a violé le Sabbath, il a blas-

Jean xviii. 31.

blasphemé Moïse; le Gouverneur étant Payen, n'auroit fait aucune attention à de semblables accusations, & n'auroit permis tout au plus que quelque flagellation, ou quelque peine légere. Il falloit donc accuser Jesus du crime de lèze-Majesté, & prouver ce crime par des Témoins. Ils en avoient cherché, & il s'en étoit présenté plusieurs; mais comme leurs accusations n'étoient pas uniformes, & qu'elles ne rouloient que sur des choses peu importantes, il fallut en chercher d'autres. Enfin il s'en présenta deux, que S. Matthieu qualifie avec raison de *faux Témoins*, & qui dirent: *Il a dit, je puis détruire le Temple de Dieu, & le rebâtir en trois jours.* J. Christ n'avoit rien dit de pareil, comme on le voit dans S. Jean. Il n'avoit point parlé *du Temple de Dieu*: ces mots n'auroient pû désigner que le Temple de Jerusalem. Il n'avoit point dit, *Je puis le détruire*. Ses paroles étoient toutes différentes. L'autre Témoin, dont la déposition approchoit plus de la pensée de J. Christ, y mêloit cependant, comme le premier, des faussetez. Il fait dire au Seigneur, comme S. Marc le rapporte: *Je détruirai ce Temple, qui a été bâti par la main des hommes, & en trois jours j'en rebâtirai un autre, qui ne sera point fait par la main des hommes.*

Rapportons les paroles de J. Christ, & ce qui en fut l'occasion. Cela suffira pour faire voir son Innocence, aussi-bien que la malice & l'artifice de ses Calomniateurs. Dès le commencement de son Ministère, Jesus voyant le Temple de Dieu profané par un commerce plein de fraude & d'avarice, fit un acte d'autorité, chassa les Vendeurs, & renversa les tables des Banquiers. Cela donna lieu aux Disciples de lui appliquer ces paroles du Prophète: *Le Zèle de ta Maison m'a rongé.* L'application étoit heureuse & très-juste. Cependant l'entreprise de J. Christ, qui n'étoit pas encore connu pour Prophète que de très-peu de personnes, paroissant trop hardie, des Juifs lui demanderent, *Quels Miracles il faisoit, pour entreprendre de telles choses?* La question étoit au fond impertinente. Il faut des Miracles pour appuyer une Doctrine nouvelle; mais il n'en faut point pour reformer des abus manifestes. Jean-Bâtiste en avoit-il besoin pour prêcher la nécessité de la Répentance? Aussi J. Christ ne leur allegua-t-il point les Miracles qu'il avoit faits; il se contente de les renvoyer au dernier de tous, à celui de sa Résurrection. Mais comme il n'étoit pas tems de s'expliquer clairement sur sa Mort, ni par consequent sur sa Résurrection, dont sa Mort devoit être suivie, il s'exprima d'une manière un peu énigmatique. Profitant

CAIPHE. *Discours XII.*

fitant de ce qui avoit donné lieu à la queſtion, & donnant à ſon Corps le nom de Temple, qui lui convenoit ſi bien, (car en quel Temple Dieu fut-il jamais mieux ſervi?) *Le Miracle que je vous donnerai*, leur répondit-il, *c'eſt qu'après que vous aurez abattu ce Temple, je le réleverai dans trois jours*. On ne doute pas que J. Chriſt n'ait accompagné ces paroles de quelques ſignes qui en déterminoient la ſignification; auſſi paroît-il, que les Juifs n'ignoroient pas tout-à-fait que ces paroles étoient figurées, puiſque les Témoins diſent dans S. Marc: *Je rebâtirai un autre Temple, qui n'a point été fait par la main des hommes*. Quoi qu'il en ſoit, J. Chriſt n'avoit pas dit, *Je détruirai ce Temple*; mais, *Abattez ce Temple*: ce qui veut dire, *Vous abattrez ce Temple*; car c'eſt une Prédiction, & non un Commandement. Mais il falloit changer les paroles du Seigneur, pour lui en faire un crime.

Venons au fait. J. Chriſt prédit la deſtruction du Temple de Jeruſalem, & l'abolition du Culte Moſaïque; & l'événement a bien juſtifié la vérité de ſes prédictions. On ne doute pas qu'elles ne choquaſſent furieuſement les Juifs. Ils étoient fort zèlez pour leur Temple. On les vit s'expoſer à de grands dangers, pour en empêcher la profanation. S. Paul reconnoît *qu'ils avoient le Zèle de Dieu*: mais qui ſont les coupables; ou les Prophètes qui denoncent les Jugemens de Dieu, ou les Pécheurs qui les provoquent & qui les attirent? Eſt-ce aux Eſaïes, aux Jeremies, qu'il faut s'en prendre de la ruine du premier Temple, & de la captivité de la Nation par les Aſſyriens, eux, qui les ont prédites & qui les ont déplorées; ou aux Prêtres & aux Peuples qui, par la violation des Loix Divines, forcerent la Providence à livrer ſon Peuple aux Aſſyriens, & à permettre que les Gentils foulaſſent aux pieds & profanaſſent ſes Parvis? Ce n'eſt point Jeſus qui a détruit Jeruſalem & ſon Temple. J'en prends à témoin les ſanglots & les larmes que lui arracha cet affreux ſpectacle, lorſqu'il l'enviſagea dans l'avenir. Ce ſont les Annes, les Caïphes, les Sacrificateurs, les Phariſiens, les Scribes, & cette foule de Docteurs qui compoſent le Conſeil des méchans: ce ſont eux qui conſpirent contre leur Temple, contre leur Ville, contre leur Nation, en conſpirant contre Jeſus.

Matth. xxiv. 1. & ſuiv. Jean ii, 21. & ſuiv.

Rom. x. 2.

Jeſus écoutoit ces faux Témoins, & ne leur oppoſoit que le mépris & le ſilence. Son Apologie étoit facile. Il n'avoit qu'à rapporter ſes propres paroles, comme il les avoit dites, & à les expliquer dans leur ſens naturel. Il auroit fait voir à ſes Juges, que dès le commencement de ſon Miniſtère, & plus

Matth. xlvi. 63.

Vol. VI. Sſ de

de trois ans auparavant, il avoit annoncé en termes figurez, ce qui étoit sur le point d'arriver. Mais résolus de le condamner, & de n'admettre aucune justification, il dédaigne de répondre. Ce fut ainsi que *Socrate*, voyant ses Juges gagnez, corrompus, aima mieux garder un silence magnanime, que de recourir à d'inutiles Apologies. „ [3] Pourquoi se seroit-il „ défendu devant eux, dit *Maxime de Tyr* dans un de ses „ Discours : Est-ce parce que ceux qui l'interrogeoient é- „ toient ses Juges ? Mais il en connoissoit toute l'Injustice. „ Est-ce qu'il avoit affaire à des Hommes sensez, pleins de „ Probité, dont les intentions étoient droites ? Mais c'é- „ toient des Furieux, des Scélerats, des Parties, des Accu- „ sateurs, & non des Juges, qui ne cherchoient que des pré- „ textes pour le faire périr. „ C'est le portrait fidèle du Conseil des Juifs. Quand on a affaire à des Juges, résolus de fermer l'oreille aux cris de l'Innocence, il sied bien à de grandes Ames de leur faire sentir, par un profond silence, qu'elles connoissent le fond de leurs cœurs, & qu'elles ne craignent point leur violence & leur injustice.

Le Souverain Sacrificateur, qui voit ces sentimens dans Jésus, s'en offense, *se leve de sa place*, & dit à Jésus: *Ne répondez-vous rien ? Qu'est-ce que ces gens déposent contre vous ? Mais*, ajoûte l'Evangeliste, *Jésus ne répondit point*. Quand le Seigneur auroit avoué, d'avoir dit qu'il détruiroit le Temple de Jérusalem, & qu'il le rebâtiroit dans trois jours, Pilate auroit fait peu de cas de cette accusation. S'il y avoit ajoûté foi, il auroit pris Jésus pour un Fanatique, plus digne de pitié que du supplice; & s'il l'avoit cru fausse, comme il y a de l'apparence, il l'auroit renvoyé absous. Quel intérêt prend-il au Temple & au Culte des Juifs ? Il falloit donc chercher quelque accusation qui pût frapper le Gouverneur, pour en arracher la condamnation de J. Christ. C'est pour cela que le Conseil lui demande enfin, de leur declarer s'il étoit le Christ ou le Messie. *Si vous êtes le Christ, dites-le nous*. Cette question, telle qu'ils la proposent, étoit fort captieuse. On diroit, qu'incertains si Jésus étoit le Christ, ils le prient de s'expliquer là-dessus. La réponse du Seigneur est digne de sa Sagesse & de sa Moderation: *Quand je vous le dirois*, repliqua-t-il, *vous ne croiriez point, & si je vous interroge à mon tour, vous ne me répondrez point, & vous ne me laisserez point aller*.

Voilà la regle que le Sauveur a prêchée, & qu'il observe dans sa conduite. Il ne dit clairement la vérité, que lorsque

cela

CAIPHE. *Discours XII.* 163

cela peut être utile, & que les personnes à qui il parle, sont disposées à la recevoir. Est-il avec de superbes Incrédules? Il ne parle que par paraboles, & enveloppe ses Instructions de fictions ingénieuses. Par-là il les sonde, pour ainsi dire, & il les prépare, s'ils peuvent l'être, à l'écouter. Sa Maxime, celle qu'il donna à ses Disciples, *c'est de ne point jetter les Choses saintes aux Chiens, ni les Perles devant les Pourceaux, de peur que se tournant contre eux, ils ne les dechirent.* Les Juifs ne veulent lui arracher l'aveu qu'il est le Christ, qu'afin de le perdre. C'est-ce qui l'oblige à éluder la question. *Quand je vous le dirois, vous ne le croiriez point, & vous ne me laisseriez point aller.* Pourquoi vous dire une chose inutile pour vous & pour moi? Il ajoûte, *si je vous interroge à mon tour, vous ne me répondrez point.* La question qu'ils lui avoient faite, ne pouvoit être décidée qu'après diverses questions préliminaires, sur les Caractères du Christ, sur le Tems de sa Venuë, sur les Signes auxquels on pouvoit le reconnoître, sur la Nature de son Regne. Il falloit décider toutes ces questions, pour juger si Jésus étoit le Messie. Il les auroit interrogez, & ces superbes Maîtres, ou ne lui auroient pas répondu, ou ne lui auroient répondu que par des injures. C'est-ce qui oblige le Sauveur à ne pas s'expliquer.

Matth. VII. 8.

Cependant ils vouloient qu'il s'expliquât, parce que c'est sur son aveu qu'ils doivent fonder l'accusation qu'ils veulent porter à Pilate contre lui. C'est pour cela que Caïphe fait intervenir l'autorité de Dieu, & dit à Jésus: *Je vous somme de la part du Dieu vivant, de me dire si vous êtes le Christ, le Fils de Dieu.* Les titres de *Christ*, & de *Fils de Dieu*, de quelque source que cela vienne, désignoient, comme on l'a déja remarqué, la même personne dans le stile des Juifs. 4 Ils se servoient indifféremment de l'un & de l'autre pour marquer le Messie. A l'ouïe de ces paroles, Jésus, toujours fidéle observateur de la Loi de Dieu, ne balance plus à répondre; car la Loi avoit ordonné à tout Israëlite, de déclarer sincerement la vérité lorsqu'il en étoit requis par le Magistrat 5 de la part de Dieu. Le Seigneur, qui n'ignore pas qu'il est *sujet* à la Loi, & que Caïphe, tout *intrus* qu'il est, tient pourtant la place de Souverain Sacrificateur & de premier Magistrat de la Nation, répond hautement: *Vous l'avez dit, je suis le Christ.* La confession est inutile pour la conversion des Juifs. Elle ne servira qu'à faire crucifier J. Christ; mais étant exigée de la part de Dieu, par le Magistrat, elle devient nécessaire. Le Fils de Dieu ne se dispense point d'obéir

Matth. XXVI. 63.

Matth. XXVI. 64.

Sf 2 aux

aux Loix Divines, & aux Magistrats établis par l'ordre de Dieu.

Jesus ne se contenta pas de dire qu'il étoit le Messie; mais, pour humilier ces orgueilleux Tyrans, il ajoûta, que s'ils étoient alors ses Juges, il seroit bientôt le leur: *Je vous* Matth. *assure*, poursuivit-il, *que vous verrez le Fils de l'Homme assis à la droite de la Toute-puissance de Dieu, & venir sur les nuées du Ciel.*

Le Seigneur s'applique l'oracle de Daniel, qui alloit s'accomplir dans sa personne: *Je vis*, dit le Prophète, *comme le Fils* Daniel *de l'Homme, qui venoit sur les nuées du Ciel. Il vint jusqu'à l'Ancien des jours, qui le fit approcher de lui, & lui donna la Domination, l'Honneur & le Regne, disant, que tous Peuples, Nations & Langues le serviront, que sa Domination est une Domination éternelle, qui ne passera point, & que son Regne ne cessera jamais.*

Cet oracle de Daniel, qui convient au Messie, fut accompli dans l'Exaltation du Sauveur. A l'égard de celui qu'il prononça lui-même en présence du Conseil des Juifs, il a eu trois dégrez d'accomplissement. Le premier, le jour de la Pentecôte, lorsque Jesus envoya le S. Esprit sur ses Apôtres. Il donna alors à Jerusalem une preuve éclatante, *que Dieu* Act. II. *avoit fait Seigneur & Christ, ce Jesus qu'ils avoient crucifié* pendant la derniere Pâque. Ce même oracle fut accompli la seconde fois, lorsque Dieu versa sur Jerusalem toutes les phioles de sa colere. Ce fut alors que le Fils de Dieu, *à qui le* Jean v. *Pere a donné tout Jugement,* vint punir *la Nation méchante & a-* Matth. *dultere,* & lui redemander & son Sang, & celui des Prophètes qu'elle avoit versé. C'est de cet avenement qu'il dit à ses Disciples: *Je vous assure que plusieurs de ceux qui sont ici présens,* Matth. *ne goûteront point la mort, qu'ils n'ayent vû le Fils de l'Homme venir dans son Regne.* Enfin, le troisième & dernier accomplissement de l'oracle du Fils de Dieu arrivera, lorsqu'il *viendra juger le Monde avec Justice.* Alors *ceux-là même qui l'ont percé le* Jean xix. *verront, & regarderont vers celui* qu'ils ont outragé.

Cette declaration si ouverte & si sincere combla de joye le Sénat des Juifs. Elle leur fournissoit le prétexte qu'ils cherchoient, de faire mourir Jesus. Aussi ne le dissimulent-ils pas. Tous s'écrient dans le Conseil: *Qu'avons-nous besoin d'au-* Luc xxii. *tres Témoins, puisque nous-mêmes nous le lui avons entendu dire de sa propre bouche.* Mais d'autre côté, elle les remplit de colere contre le Seigneur; & Caïphe, qui ne se possede plus, se Matth. leve & *dechire ses vêtemens,* sous prétexte que Jesus a prononcé un Blasphême. Cette action étoit usitée parmi les Juifs, tantôt pour témoigner une extrême affliction, & tantôt

CAIPHE. *Discours XII.* 165

tantôt pour marquer une Indignation religieuse, & la sainte colere d'un Zèle divin. Dans le Deuil, les Juifs dechiroient leurs habits, pour marquer la profonde Douleur dont ils étoient pénétrez. Ils en usoient de même lorsqu'ils entendoient blasphemer le vrai Dieu, pour témoigner l'Horreur dont ils étoient saisis. On en a un exemple dans Ezechias, à l'ouïe des blasphêmes de l'impie *Rapsaces*. Ce fut par le même motif que Paul & Barnabé, étant à Lystre dans la Licaonie, & voyant le Prêtre de Jupiter prêt à leur offrir des victimes, comme à des Dieux, *dechirerent leurs vêtemens*. Mais le Zèle d'Ezechias, & celui des Apôtres, étoit sincere ; au lieu que celui de Caïphe n'étoit qu'Hypocrisie ; car dans le fond il est ravi de voir J. Christ dans le piège où il a eu dessein de le conduire. Il est vrai que son Orgueil souffre à l'ouïe de la déclaration du Fils de Dieu, mais il en est bien dedommagé par la Vengeance qu'il se prepare.

_{Nomb.}
_{XIV. 6.}
_{Jos. vii.}
_{6. & xiii.}

_{2 Rois}
_{XIX. 1.}
_{Esaï.}
_{XXXVII.}
_{1.}

_{Act. XIV.}
_{7. & suiv.}

Quelques Sçavans ont cru, que Caïphe commit une grande irrégularité dans cette occasion, parce que la Loi défendoit au Souverain Sacrificateur de dechirer ses vêtemens. Ils n'ont pas pris garde, que cette défense est limitée au cas particulier du Deuil, pour la mort de quelque personne que ce soit. Cette marque d'affliction ne lui étoit interdite que dans cette occasion-là. Il est vrai que les Talmudistes veulent, qu'il étoit permis au Souverain Sacrificateur de dechirer ses vêtemens par le bas, mais non par le haut & sur la poitrine. Mais c'est évidemment une fausse glose, une dépravation de la Loi. Quoi qu'il en soit, il ne faut point accuser Caïphe d'irrégularité. Il n'a garde de violer la Loi. Les Hypocrites, accoûtumez *à couler le Moucheron* & *à avaler le Chameau*, sont trop attentifs aux Cérémonies. C'est en cela que consiste leur Religion.

_{Lev. x. 6.}

_{Lev. XXI.}
_{10.}

_{Matth.}
_{XXIII. 24.}

Après cette action du Souverain Sacrificateur, J. Christ fut condamné à la mort par tout le Conseil des Juifs, comme un Blasphémateur. Quel est donc son Blasphême ? Il avoit dit qu'il étoit le Messie, & qu'en cette qualité Dieu lui alloit donner la Puissance de juger le Monde, en l'installant dans son Regne ; ce qui devoit arriver après sa Mort. C'est ainsi que la Synagogue s'égare, que cette Eglise visible, composée du Souverain Pontife, des Sacrificateurs & des Docteurs de la Nation, tombe dans l'erreur capitale de prendre le propre Fils de Dieu pour un faux Prophéte & pour un Imposteur, & le fait crucifier en cette qualité. Tel est le bandeau, que les Passions mondaines mettent sur les Chefs de l'Egli-

_{Matth.}
_{XXVI. 65,}
_{66.}

Vol. VI.   T t   l'Egli-

166 JESUS DEVANT CAIPHE *Disc. XII.*

Rom. 11. 19. l'Eglise. Ils doivent être *la Lumiere de ceux qui sont dans les ténèbres*, & ce sont eux qui tâchent de répandre les ténèbres sur la Lumiere, & qui s'y précipitent avec ceux qui les suivent.

Dès que l'arrêt fut prononcé, ce qui arriva vers * le point du jour, Jesus fut livré entre les mains des Officiers du Conseil, en attendant qu'on le menât chez Pilate. Ceux-ci le gardant dans la Cour ou dans le Vestibule du Palais de Caïphe, lui firent les outrages qui sont rapportez par les Evangelistes. Ce fut ainsi qu'une vile Populace traita autrefois ⁶ les *Phocions* & les ⁷ *Aristides*, ces Hommes illustres, dont les Exploits & les Vertus ont consacré les noms à la mémoire de tous les siècles. La Fortune se fera toûjours respecter par des Hommes avares & vains; mais la Vérité & la Vertu seront toûjours les objets de leurs insultes & de leur mépris. Cependant, dans un si profond abaissement, les grands Hommes ne perdent rien de leur véritable Grandeur. Aussi le Fils de Dieu conserva-t-il toute la sienne. Quelle Sagesse, quelle Moderation dans ses réponses! Quelle Patience, quelle Constance dans les outrages qu'on lui fait! Heureux ceux qui, perçant les nuages d'Ignominie qui le couvrent, & reconnoissant le Fils de Dieu à ses incomparables Vertus, reparent par leur Vénération, par leur Adoration, par leur Amour, des injures qu'il n'a endurées que pour leur Salut!

Matth. xxvi. 63, 64. Luc xxii. 63-65.

---

* Il n'y eut qu'une Assemblée du Sénat. S. Luc semble dire le contraire. (Luc: xxii. 66.) C'est le sentiment de *Calvin* & de *Grotius*, qui a remarqué, qu'il faut traduire, non, que les Sénateurs *s'assemblerent au point du jour*, mais que *l'Assemblée continua jusqu'au point du jour*. Voyez Grotius in Matth. xxvi.

DIS.

Πέτρος ἀρνεῖ τὸν Κύριον. Matt. XXVI. 69. PETRUS ABNEGAT DOMINUM.
Peter denieth his Master. Pierre renonce le Seigneur.
Petrus verläugnet den Herrn. Petrus verloochent den Heere.

DISCOURS XIII.

Pierre renonce le Seigneur. Matth. XXVI. 57, 58, 69--75. Marc XIV. 53, 54, 66--72. Luc XXII. 54--62. Jean XVIII. 15--18. 25--27.

Ntre les vertus d'un bon Pasteur, il n'en est gueres de plus nécessaire, que celle d'une tendre Compassion pour les Foiblesses des Hommes, lorsqu'elles sont compensées par de hautes Vertus. Il plut à la Providence de former S. Pierre, qui devoit être un des plus grands Pasteurs de l'Eglise, à cette Compassion, en permettant qu'il tombât dans une des plus grandes fautes que pouvoit commettre un Apôtre de J. Christ; mais un Apôtre, qui s'étoit distingué par son Zèle, & que le Seigneur avoit distingué par ses Faveurs. Mais comme cette faute fut suivie de la plus belle Repentance, il est nécessaire de considerer l'un & l'autre, & de faire voir S. Pierre dans sa Grandeur, après l'avoir montré dans la triste chute où sa Présomption le précipita. On peut appliquer avec quelques limitations à ce Héros de l'Evangile, ce qu'un Historien Latin [1] a dit d'un des plus grands Héros de la Grece; c'est *Thémistocle* : „ Les Défauts de sa jeunesse furent corri„ gez dans la suite par de hautes Vertus, ensorte qu'il n'eut „ point de supérieur à cet égard, & très-peu de pareils.

Il y a quelques diversitez dans les relations des Evangelistes. Comme ils ne se sont point copiez, ils parlent un peu différemment de la triple Abnégation de S. Pierre. Mais il n'y a point de contradiction dans leurs récits, & un peu d'attention suffit pour les accorder tous. Il ne faut qu'arranger les circonstances, & les mettre dans leur ordre naturel.

Dès que S. Pierre vit son Divin Maître pris par des Soldats & par des Officiers des Souverains Sacrificateurs, & que loin de seconder le Zèle de son Apôtre, qui vouloit le défendre par son épée, il l'avoit condamné, *Pierre & tous les autres s'enfuirent.* Jesus voulut bien même le permettre, quand il dit aux Soldats qui l'avoient saisi: *Puisque c'est moi que vous cherchez, laissez aller ceux-ci.* Ils n'étoient pas encore assez forts pour résister, & le Sauveur vouloit les conserver pour un autre tems. Pierre, après avoir pris la fuite, comme les

Matth. XXVI. 56. Marc XIV. 50. Luc XXII. 49. Jean XVIII. 10, 11.

autres, se repentit vraisemblablement de sa Foiblesse, & rappellant les promesses qu'il avoit faites à J. Christ, de le suivre jusqu'à la Mort, il retourna sur ses pas, & rentra dans Jerusalem; mais, hélas! en cherchant l'occasion d'accomplir ses promesses, il trouva celle d'accomplir la Prophétie du Sauveur, & de le renoncer trois fois dans cette même nuit. Il prit donc le parti de suivre Jesus, mais *de le suivre de loin*, disent les Evangelistes. Il suit Jesus, parce qu'il l'aime & qu'il est impatient de voir à quoi se terminera la fureur des Juifs; mais il le suit de loin, parce que déja il commence à craindre le danger: Emblême de ce qui arrive tous les jours aux Chrétiens. Ils voudroient suivre J. Christ; mais ils ne le suivent que de loin. Son divin Caractère, ses Vertus, ses Bienfaits, ses Promesses; tout les attire; mais les obstacles se présentent, & ils n'ont ni le courage, ni la force de les vaincre.

Pendant que S. Pierre suivoit de loin J. Christ, il rencontra un autre Disciple, que S. Jean ne nomme pas, & que des Interprêtes Grecs jugent être lui-même. Il faut que ce Disciple eût laissé Pierre en chemin, car l'Evangeliste remarque, qu'il *entra dans la Cour de Caïphe en même tems que Jesus,* ² *parce qu'il étoit connu du Souverain Sacrificateur*. A l'égard de Pierre, qui vint dans la suite, *il demeura dehors à la porte.* Mais ce Disciple *étant sorti, parla* ³ *à la Portiere, qui fit entrer Pierre. Cette Femme lui demanda, s'il n'étoit point aussi des Disciples de cet homme?* Elle ne lui fit pas cette question au moment qu'il entra; mais après l'avoir envisagé à la lueur du feu, que les Soldats & les Domestiques avoient allumé pour se chauffer, à cause du froid, qui dans la Palestine est souvent assez rude au mois d'Avril, sur-tout la nuit.

S. Matthieu, S. Marc, & S. Luc expriment la question de cette Femme en des termes un peu différens. Selon S. Matthieu, elle dit à Pierre d'un ton affirmatif: *Vous étiez avec Jesus de Galilée.* Selon S. Marc: *Vous étiez avec Jesus de Nazareth.* Et selon S. Luc elle dit, en s'addressant à ceux qui étoient présens: *Cet homme étoit aussi avec lui.* Il est aisé de comprendre, que cette Femme dit tout ce que les Evangelistes lui font dire. D'abord elle craint de se tromper, & dit à Pierre, comme le remarque S. Jean: *N'êtes-vous point aussi des Disciples de cet homme?* Mais s'appercevant de l'embarras où cette question jette l'Apôtre, elle ne doute plus qu'il ne soit effectivement Disciple de J. Christ. Elle le dit, & à lui-même, comme le rapportent S. Matthieu & S. Marc, & à ceux qui étoient présens, comme le témoigne S. Luc.

Alors

LE SEIGNEUR. *Discours XIII.*

Alors Pierre, qui craint que l'on n'ajoûte foi au témoignage de cette Femme, prend le parti *de nier devant tout le monde qui étoit-là, qu'il soit Disciple de J. Christ, & d'ajoûter même, qu'il ne le connoît point, & qu'il ne sçait de quoi elle lui parle.* Matth. xxvi. 70. Marc xiv. 68. Luc xxii. 57.

On voit ici, dans l'exemple de S. Pierre, un exemple de ces Coupables, qui se découvrent eux-mêmes en voulant se cacher. Il en dit trop pour être cru. Qu'il assure, puisqu'il le veut, qu'il ne connoit pas J. Christ: cela n'est pas impossible; mais qu'il n'ajoûte pas, qu'il ne sçait de quoi on lui parle, quand on lui parle de Jesus. Peut-il ignorer, que les Guérisons miraculeuses que le Seigneur a faites, ont rendu son Nom trop illustre pour n'être pas connu dans toute la Judée, & que c'est se rendre suspect de mensonge, que d'oser le méconnoître jusqu'à ce point-là?

Cependant S. Pierre, voyant qu'il étoit découvert, fut saisi de crainte, *voulut sortir de la Cour de Caïphe*, & fuïr un lieu si funeste à sa vertu. Peut-être même entendit-il le chant du Cocq, qui lui rappella la prédiction de son divin Maître; car S. Marc a remarqué, que *ce fut alors que le Cocq chanta pour la premiere fois.* Quoi qu'il en soit, l'Apôtre voulut sortir; mais trouvant la porte fermée, & cherchant quelqu'un qui la lui ouvrît, l'empressement qu'il témoigna dans cette occasion, ne servit qu'à confirmer le soupçon que l'on avoit déja, qu'il étoit véritablement un des Disciples de J. Christ. Car *comme il étoit déja sur la porte, dans le dessein de sortir, une autre Servante l'ayant apperçû, dit à ceux qui étoient-là; Celui-ci étoit aussi avec Jesus de Nazareth.* S. Marc attribuë ces paroles à la Portiere, & S. Luc à un homme de la troupe. Mais il est encore aisé de concilier ces trois Evangelistes. Ce que la Portiere dit, fut entendu & repété aussi-tôt par d'autres Personnes, parmi lesquelles il y eut un homme, qui, s'addressant à Pierre, cria tout haut, qu'il étoit véritablement un des Disciples de Jesus. Ce fut alors que l'Apôtre, plus intimidé que jamais, & voyant que sa fuite le trahissoit, ne se contenta pas de nier simplement la vérité; mais joignant le parjure au mensonge, *il protesta avec Serment, qu'il ne connoissoit pas même cet Homme-là.* Il falloit que le trouble fût bien grand, & que la crainte, qui le causoit, fût bien vive, pour porter S. Pierre à un aussi grand crime; mais en trahissant la Vérité, S. Pierre ne put trahir sa Patrie, & plus il affirmoit n'être pas Disciple du Seigneur, plus il faisoit connoître à tous les assistans, qu'il étoit de Galilée. Or, comme J. Christ passoit pour être de Nazareth, qu'il avoit été élevé en Galilée, & qu'il y avoit

Matth. xxvi. 71. Marc xiv. 69. Luc xxii. 58. Matth. xxvi. 72.

Vol. VI.   V v   avoit

avoit fait son séjour ordinaire, même pendant son Ministère, ces gens-là se persuaderent, que Pierre étant de Galilée, il devoit être Disciple de J. Christ. L'accent des Juifs de Judée, & celui des Juifs de Galilée, étoient fort différens. C'est-ce qui fit dire à ceux qui avoient ouï Pierre: *Certainement vous êtes de ces gens-là, car votre langage vous decouvre.*

<small>Matth. XXVI. 73.</small>

Jusques-là ce n'étoient que soupçons & que conjectures; mais quand *un des Serviteurs du Souverain Sacrificateur, parent de celui à qui Pierre avoit coupé l'oreille, l'apperçut & lui dit, Ne vous ai-je pas vû dans le Jardin?* le timide & l'obstiné Pierre, ne voyant point d'autre moyen de se sauver, que de maintenir, à quelque prix que ce fût, le mensonge qu'il avoit avancé, *il se mit à jurer de nouveau, qu'il ne connoissoit pas Jesus,* & pour en persuader ceux qui l'accusoient, il ajoûta *des imprécations contre lui-même.* Ce fut-là la troisième Abnégation de S. Pierre; aussi fut-elle à l'instant suivie du chant du Cocq, selon la prédiction du Seigneur Jesus: *Aussi-tôt le Cocq chanta pour la seconde fois*; comme le rapporte S. Marc.

<small>Jean XVIII. 26.</small>

<small>Matth. XXVI. 74.</small>

<small>Marc XIV. 72.</small>

S. Luc nous apprend deux circonstances bien mémorables de cette troisième Abnégation. L'une, que l'Apôtre à peine achevoit de proférer les anathêmes qu'il prononçoit contre lui-même, lorsque *le Cocq chanta* pour la seconde fois. L'autre, que le Seigneur, qui tournoit le dos à S. Pierre, se retourna à l'instant pour le regarder; Regard qui le fit ressouvenir de la prédiction du Sauveur: *Avant que le Cocq ait chanté pour la seconde fois, vous me renierez trois fois.*

<small>Luc XXII. 60, 61.</small>

On demande ici, comment J. Christ a pu regarder son Apôtre, puisqu'il étoit dans une des Sales du Palais de Caïphe, où le Conseil s'assembla, & où Jesus fut jugé, pendant que Pierre étoit dans la Cour, avec les Gardes & les Domestiques de la maison? Avant que de répondre à cette question, il est nécessaire de se former une idée de la construction du Palais de Caïphe. Elle servira à corriger quelques fautes des Versions, où l'on n'a pas toûjours traduit l'Original avec assez d'exactitude, pour n'avoir pas fait attention à cette Architecture.

Les Grands parmi les Juifs imiterent ceux de Rome, & construisirent leurs Palais sur le modèle de ceux des Romains, leurs Maîtres. Or telle étoit la disposition des Palais des Romains. L'Edifice étoit précedé d'une Cour, enfermée de murailles qui bordoient la ruë. On y entroit par une espece de Portique, après lequel venoit la Cour, que l'on traversoit pour arriver au Palais. C'est dans cette Cour que se tenoient

les

les Domestiques, & où ceux qui vouloient parler au Maître, attendoient le moment qu'il leur donnât audience. C'est même de cet usage, pour le dire en passant, qu'est venuë l'expression, *d'aller à la Cour*, pour dire *aller chez le Prince*, parce qu'on attendoit dans la Cour la commodité du Prince. Cette Cour étant à découvert, les Gardes & les Domestiques de Caïphe y firent du feu pour se chauffer, & S. Pierre, à qui la Portiere ouvrit, n'entra que dans la Cour, où il s'arrêta, & d'où il voulut sortir par la porte qui donnoit *dans la ruë*, & non *dans le vestibule*, comme quelques Versions ont mal traduit. Mais ce que l'on vient de dire, n'explique pas encore comment J. Christ put jetter un regard sur S. Pierre, & S. Pierre s'en appercevoir. Voici donc ce qui nous paroît le plus vraisemblable. Dès que Caïphe & son Conseil eurent prononcé que Jesus avoit mérité la mort, ils ordonnerent aux Soldats de s'en saisir, & de le conduire à la Cour, pour y être gardé jusqu'au matin, où ils devoient le mener chez Pilate, afin d'en obtenir la confirmation de la sentence qu'ils venoient de prononcer. Ce fut donc alors que S. Pierre vit les regards de son Divin Maître se porter sur lui, & lui reprocher son indigne Foiblesse. Cette circonstance sert encore à faire comprendre, comment les Domestiques & les Soldats purent faire à J. Christ les insultes dont parlent les Evangelistes. Il n'étoit plus dans la sale, en présence de ses Juges. Il étoit entre les mains des Ministres de la Justice, & à la merci d'une vile Populace, qui le regardant comme un faux Prophète, déja condamné au dernier supplice, lui faisoit toutes les indignitez imaginables. Cette même circonstance peut servir aussi à nous faire comprendre, comment un Apôtre de J. Christ, qui s'étoit signalé jusqu'alors par son Zèle & par sa Foi, put tomber dans une si grande Apostasie. Voyant J. Christ condamné par le Conseil, livré aux Soldats, & devenu le joüet de leur insolence, sans faire aucun usage de son pouvoir, ni pour se délivrer des mains de ses ennemis, ni pour les punir, il commence à douter que Jesus soit le Messie, le Roi d'Israël. N'allons pas toutefois, temeraires scrutateurs des cœurs, pénétrer des secrets qui ne furent connus que de Dieu & de son Apôtre. Bornons nous à ce qui nous paroît; c'est, d'un côté, que S. Pierre porta l'Abnégation de J. Christ jusqu'au dernier excès; & de l'autre, qu'il ne fallut qu'un regard du Sauveur, pour ranimer sa Foi mourante & presque éteinte, & pour le pénétrer du plus vif & du plus douloureux répentir.

Un Zèle mal-entendu a porté quelques Anciens, à chercher de mauvaises explications, pour justifier S. Pierre. Si l'on doit les en croire, il n'a méconnu J. Christ en tant qu'*Homme*, que parce qu'il le reconnoissoit pour le Fils de Dieu; de sorte que le sens de S. Pierre étoit, *Je ne le reconnois point pour un simple Homme, je le reconnois pour le Fils de Dieu*. Il n'y a ni justesse, ni sincerité dans de semblables apologies; & comme l'a fort bien dit [6] S. Jerôme: „ En voulant „ justifier, ou excuser l'Apôtre, ces Interprêtes condamnent „ le Seigneur, & le rendent coupable de mensonge, puis- „ qu'il avoit prédit à cet Apôtre qu'il le renonceroit trois „ fois. „ C'est ainsi que souvent, par de dangereuses Hypothèses, on excuse les Pécheurs aux dépens de la Justice & de la Sainteté de Dieu; ou du moins on leur fournit des prétextes de se justifier. S Pierre est le meilleur interprête de ses intentions; & puisque sa faute lui a fait verser des larmes amères, c'est une preuve qu'il a bien senti qu'elle étoit énorme, & qu'il ne pouvoit l'expier que par la grandeur & la sincerité de son répentir.

La chute lamentable de cet Apôtre a ses dégrez. D'abord il nie de connoître Jesus, bien loin d'être de ses Disciples: Ensuite il joint le Serment à l'Abnégation, & devient à la fois Infidèle & Parjure: Enfin il va jusqu'à faire des Imprécations contre lui-même, & à demander à Dieu, qu'il l'accable de ses foudres si ses protestations ne sont pas véritables. Funeste enchaînure des crimes! Ils se suivent, & vont toûjours en croissant; mais, belle Instruction pour les Pécheurs, s'ils sçavent en profiter! Qu'on passe légerement d'une faute à une autre! La Passion, qui fait faire les premiers pas, se justifie, pendant que la Raison & la Conscience s'affoiblissent, & précipitent bientôt l'Homme inconsideré jusqu'au fond de l'Abîme.

Avant que de parler de la Répentance de S. Pierre, faisons quelques réflexions sur les différentes causes de sa Chute. Elles ne le disculpent pas assurément, mais elles diminuent l'énormité de son crime; & d'ailleurs elles nous apprennent, que des défauts que l'amour-propre nous déguise, que nous négligeons de corriger, & des préjugez qui se sont établis dans notre Esprit comme des Véritez certaines, nous conduisent, sans une Grace particuliere de Dieu, aux plus grands Péchez.

La premiere cause de la Chute de S. Pierre, c'est une trop haute Opinion de lui-même. Orné de qualitez éminentes,

puis-

LE SEIGNEUR. *Discours XIII.*

puisque J. Chrift le diftingue en plufieurs occafions, il a le foible des Ames qui ont le plus d'élevation. Elles fentent leur fupériorité; mais pour l'ordinaire elles la fentent trop; & pendant qu'elles femblent nées pour le bonheur du genre humain, elles en deviennent le fléau par l'Ambition, fille de la Préfomption, & d'une opinion exceffive de fes propres forces & de fes propres talens. Perfonne ne fouffrit de la Préfomption de S. Pierre; mais il en fouffrit infiniment lui-même par fa Chute, puifqu'elle ne lui permit pas de faire attention aux avertiffemens du Seigneur. Il fe croit affez de forces, pour réfifter aux plus grandes tentations. Il va affronter le peril que le Seigneur l'a averti d'éviter; & il y auroit péri, fi la Bonté de fon Divin Maître, qui connoiffoit dans le fond fa fincerité, ne l'avoit préfervé d'une chute totale.

La feconde caufe de l'Infidélité de S. Pierre, c'eft le Préjugé invéteré où il étoit avec toute la Nation, que le Meffie devoit être un Roi puiffant & victorieux, qui non feulement délivreroit les Juifs du joug des Payens, mais qui affujettiroit les Payens à leur Empire & au fien. Ils connoiffoient bien la Vocation des Gentils, prédite par les Prophètes; mais ils croyoient qu'elle feroit le fruit des Victoires que le Meffie remporteroit fur eux. Il ne les foûmettroit au vrai Dieu, qu'en les foûmettant au Culte Mofaïque, & à l'Autorité de la République Judaïque. C'étoit-là un article de la Foi des Juifs, d'autant plus cher, qu'il flattoit ces paffions communes à tous les Peuples, l'Efprit de Domination & l'Avarice. Ce n'eft pas à la vérité par ces motifs, que les plus faints & les plus éclairez de la Nation étoient attachez à cette Erreur: Mais l'averfion naturelle qu'ont tous les Peuples pour la dure & honteufe Servitude, l'Amour de la Patrie & de la Liberté, & le Regne de Dieu qui fe trouvoit uni à celui des Juifs; tout cela confirmoit les plus juftes dans la perfuafion que le Meffie abaifferoit les Tyrans fuperbes, & les feroit defcendre de leurs Trônes, pour y placer les Petits. Telle étoit la foi des plus éclairez. Ce fut celle de Jean-Bâtifte, prifonnier du Tétrarque de la Galilée. Le faint homme voyant que J. Chrift ne le délivroit pas, commença de douter qu'il fût effectivement le Meffie; ce qui fit dire à J. Chrift, qu'encore *qu'il fût le plus grand de tous ceux qui étoient nez de Femme, il étoit toutefois le plus petit dans le Royaume des Cieux*, parce qu'il ne connoiffoit pas la

Vol. VI. Xx nature

nature de son Regne, & *qu'heureux seroient ceux, pour qui il ne seroit pas* un sujet *de scandale* ou de chute. Telle étoit la Foi des Apôtres de J. Christ. De-là les contestations qui s'éleverent entre eux, sur la question, qui possederoit les premieres Dignitez de son Royaume. Telle en particulier la Foi, ou plutôt l'Erreur de S. Pierre ; erreur dont il ne put être désabusé qu'après la Résurrection du Sauveur. Ainsi, quand J. Christ déclara à ses Disciples, qu'il alloit à Jerusalem, où il souffriroit beaucoup de la part des Sénateurs, des Souverains Sacrificateurs, & des Scribes, qu'il y seroit mis à mort ; Pierre eut l'audace de le tirer à part, & de le reprendre. *A Dieu ne plaise*, lui dit-il, *cela ne vous arrivera jamais.* Ce qui obligea le Sauveur à lui dire ces paroles foudroyantes : *Retirez-vous de moi, Satan ; vous m'êtes en scandale ; car au lieu de penser aux choses qui sont de Dieu, vous n'avez que des pensées humaines.* Cette censure si forte ne guérit point S. Pierre de ses illusions. Il n'en étoit point revenu, lorsqu'il vit Jesus se livrer aux Soldats qui le cherchoient, puisqu'il tira l'épée pour l'arracher de leurs mains. Et quoique le Seigneur lui dît alors : *Quoi ! je ne boirois pas le Calice que je dois boire ?* S. Pierre ne peut se persuader que le Messie soit la victime de la haine de ses Ennemis. C'est peut-être ce qui le conduit chez Caïphe ; où il va *pour voir*, dit S. Matthieu, *comment tout cela se terminera.* Toûjours ferme dans son préjugé, n'attend-il point que Jesus va déployer sa Puissance, pour confondre & punir ces audacieux Sacrilèges, qui ont osé mettre les mains sur lui ? C'est, selon lui, ce que le Messie doit faire. Mais quand il voit Jesus lié, condamné, livré aux Soldats qui l'outragent ; alors n'espérant plus rien du Sauveur, & doutant qu'il soit le Messie, il se fait peu de scrupule de le renoncer. Il ne pense qu'à se sauver lui-même, & à éviter d'être enveloppé dans la perte de son Maître. C'est-là, si je ne me trompe, ce qui contribua à jetter S. Pierre dans l'abîme de l'Infidélité où il se précipita, & d'où J. Christ eut la bonté de le retirer par un regard, qui le pénétra du plus vif répentir.

Quelque grand que soit le Péché de S. Pierre ; de quelques doutes qu'il soit agité ; il conserva pourtant toûjours un fond d'Amour pour J. Christ ; d'Estime, de Vénération pour ses Vertus, qui ne fut point alteré. Il ne peut, à la vérité, comprendre ce qu'il voit, ni le concilier avec ses idées sur le sujet du Messie ; mais il ne porta jamais l'Infidélité jusqu'à

soupfoupçonner le Sauveur, ni de menfonge, ni d'impofture. C'eft un homme foible, combattu, qui flotte pour quelque tems dans l'incertitude fur la vérité qu'il avoit le premier confeffée; mais qui demeure toûjours perfuadé, que Jefus eft au moins un faint Prophète, qui a établi fa Miffion par des Miracles inconteftables. Le trouble où le jette ce qui fe paffe, & la vûë du peril, ne lui permettant pas de former un jugement diftinct; l'état de Jefus-Chrift, & les indignitez qu'il fouffre, l'entraînent vers l'Incrédulité. Les Miracles & les Vertus du Sauveur le ramenent à la Foi. C'eft dans cette fituation qu'il apperçoit les yeux de fon Divin Maître attachez fur lui, & qu'il voit dans ces yeux des reproches, qui l'accablent & qui le touchent. Ce regard lui dit, que la prédiction de fa Chute n'a été que trop véritable ; que Jefus abfent, ou éloigné, a entendu fes perfides Difcours, fes faux Sermens, fes teméraires Imprécations; mais que fon Infidélité ne lui a pas encore fait perdre l'affection de fon Divin Maître : Regard plein d'Indignation, mais en même tems plein de Tendreffe, parce qu'effectivement S. Pierre étoit digne de l'un & de l'autre: d'Indignation, à caufe de fon Infidélité; de Tendreffe, parce qu'il ne renonça jamais à l'Amour & à l'Admiration qu'il avoit pour Jefus.

On voit ici la Clémence du Sauveur, qui bien loin *de brifer le rofeau caffé, & d'éteindre le lumignon qui fume* encore, raffermit ce rofeau, & rallume ce lumignon ; mais qui le fait avec le menagement que lui infpira toûjours fa Mifericorde. Après une fi noire Apoftafie, fi le Sauveur indigné avoit dit tout haut à S. Pierre, Oui, vous êtes un de mes Difciples; mais un Difciple ingrat & perfide : Vous méritez de mourir; non pour moi; vous n'en êtes pas digne; mais à caufe de vos menfonges, & de vos parjures: fi, dis-je, le Seigneur indigné lui avoit parlé de la forte, qui pourroit blâmer fa jufte févérité ? Mais il fe tait, & fe contente de jetter un regard fur fon Apôtre, pour lui reprocher fon crime, fans l'expofer. Il menage fa vie, & reveille fa confcience ; & après avoir prié pour fa Foi, il va mourir pour lui obtenir le pardon de fon Péché.

Le regard de J. Chrift produifit fon effet. *Pierre fortit de la Cour de Caïphe, & pleura amèrement*, dit S. Matthieu: preuve certaine de fa Répentance. Qu'elle a de beaux caractères! Tâchons de les developper, avant que de finir ce Difcours.

Premier caractère de la Répentance de S. Pierre: *Elle est sincere.* Il ne veut que son Dieu pour témoin de sa Douleur, & *fort* pour pleurer. Il semble pourtant qu'il a tort d'en user de la sorte dans cette occasion. N'eut-il pas été plus beau, plus noble, plus édifiant, de le voir pleurer sa faute dans l'endroit même où elle a été commise, & reparer, par une Confession publique, le scandale qu'il avoit causé par son Abnégation? Mais il est aisé de justifier S. Pierre à cet égard. Déja le trouble où il est, ne lui permet gueres de réflechir sur ce qui convient le mieux. En second lieu, il est bien assuré que ses larmes ne serviront qu'à lui attirer de nouvelles insultes, & à l'exposer à de nouvelles tentations. Il voit bien à présent, par la triste expérience qu'il en a faite, qu'il n'est pas encore *cette Pierre* solide, sur laquelle J. Christ jettera les premiers fondemens de son Eglise. Il sent bien que sa Présomption l'a trompé, & que l'Homme fragile, qui compte sur ses forces plutôt que sur la Grace de Dieu, sera le joüet des Tentations. Il les a bravées; il les craint, & n'ose demeurer plus long-tems dans un lieu où il a déja succombé à leur effort. Quoi qu'il en soit, la Retraite de S. Pierre est toûjours une preuve manifeste de la sincerité de sa Répentance. Quand nous pleurons en secret, peut-on douter de la sincerité de notre Douleur? Les Afflictions feintes, simulées, les Larmes d'ostentation, veulent des témoins, & cessent de couler dès qu'ils disparoissent; mais celles qui partent d'un cœur *froissé*, *brisé*, cherchent la solitude. Etoient-ce des Larmes feintes que celles de Joseph, qui ne voulant pas se découvrir à ses freres, & sentant son cœur s'attendrir, se dérobe & se cache, pour donner un libre cours à des Larmes qu'il ne peut plus retenir?

Second caractère de la Répentance de S. Pierre: La Douleur qui le penètre *est vive & profonde*, & le regard de J. Christ est un trait, qui a *transpercé son Ame. Il pleura amèrement*, dit l'Evangeliste.

On dit que les Larmes sont *amères*, parce qu'elles ont leur source dans l'amertume qui est dans le cœur. C'est une expression figurée. L'on dit des Larmes, ce qui ne convient qu'à leur cause. Mais ce qui fait le prix de cette amertume, c'est qu'elle ne peut avoir sa source que dans l'Amour que S. Pierre conserva toûjours pour J. Christ, & dans l'Horreur qu'il a pour sa propre Infidélité. Ces motifs de sa Douleur sont ce qui la rend loüable. Les Pécheurs pleurent

amè-

amèrement, quand ils fentent la peine de leurs crimes, ou qu'ils la voyent approcher. S'ils étoient fûrs de l'impunité, leurs Péchez ne feroient pour eux que des fources de joye. Le fouvenir ne feroit qu'en renouveller les plaifirs. Il n'y a que la Crainte, ou la Peine, qui leur arrachent des Larmes. Ce n'eft pas ce qui fait couler celles de S. Pierre. Il croit voir J. Chrift pour la derniere fois, & ne s'attendant point à fa Réfurrection, il ne fçauroit craindre fon reffentiment; & l'amertume de fes Larmes ne peut avoir fa fource, que dans la Douleur d'avoir outragé le plus faint & le plus aimable de tous les Maîtres. Il ne voit plus Jefus, & n'efpere plus de le voir. Cependant Jefus le fuit par-tout, avec fon augufte caractère, avec fes divines Vertus, chargé de fers, couvert d'opprobres; & dans cet état il eft méconnu, outragé par fon propre Difciple. Il fe fouvient des Bontez que le Seigneur a euës pour lui, & des charitables avis qu'il lui a donnez. Il fe fouvient des Promeffes qu'il lui avoit faites dans l'ardeur de fon Zèle, de la manière honteufe & fi criminelle dont il les a violées, de la Charité du Seigneur, qui, loin de fe repandre en reproches, a menagé fa réputation & fa vie, & s'eft contenté de le regarder. Ce font-là les fources des Larmes amères qui coulent des yeux de S. Pierre. C'eft-là ce qui les rend dignes que le Seigneur *les ferre dans fes vafes*, & qu'il *les effuye* de fes propres mains; c'eft-à-dire, qu'il confole & fortifie fon Apôtre, comme il le fit effectivement depuis fa Réfurrection.

Ce qui forme le caractère des belles Ames, c'eft d'être courageufes, fermes, fans être dures & farouches; d'être tendres, fenfibles, fans être lâches ni foibles. Ce mêlange de Courage & de Fermeté, de Tendreffe & de Senfibilité, leur donne cette heureufe trempe. C'étoit-là le caractère naturel de S. Pierre; mais ce caractère étoit encore fort imparfait. Il falloit que la Vertu célefte, dont J. Chrift revêtit fes Difciples, en corrigeât les défauts. Cependant il étoit zèlé, courageux, magnanime: fes Difcours & fes Actions le font voir. Il étoit tendre, fenfible: fes Larmes en font la preuve. Un grand Courage ne s'avilit point en verfant des pleurs. [7] *Caton*, cet homme d'une vertu fevère & prefque farouche, s'attendrit à la vûë de fon Frere mort, & arrofe fon tombeau de fes Larmes: Ce font des Larmes que la Nature repand. Celles de S. Pierre, font des Larmes de la Raifon, pour ainfi dire, & de la Vertu même; car une auffi belle Répentance que la sienne, mérite bien le nom de Vertu, puisqu'elle a sa source dans les sentimens les plus estimables.

Le troisième caractère de la Répentance de S. Pierre, c'est d'être *prompte* & *facile*. Et c'est-ce qui doit toûjours arriver, quand les fautes sont l'effet d'une violente tentation, & que la Volonté n'est pas corrompuë, mais surprise, entraînée, & que le mouvement irrégulier qu'elle reçoit, n'ayant pas été prévû, elle n'a pas eu le tems de se fortifier contre l'impression qu'il a fait sur elle. Comme les rechutes dans le Péché sont fréquentes, aisées, quand les mauvaises habitudes se sont affermies dans l'Ame; de même le retour à la Vertu est prompt & facile, quand il y regne un fond de Pieté & de Religion. Le moindre secours suffit pour ramener les Saints au Devoir, qu'ils aiment, & dont ils ne se sont écartez que par une sorte de violence. De-là vient que leurs fautes se reparent bien-tôt, & ne servent qu'à les rendre plus humbles, plus circonspects, & plus soigneux de conserver les précieux depôts de la Foi & de la Vertu, qu'ils ont été en danger de perdre.

Enfin, le dernier caractère de la Répentance de S. Pierre, c'est qu'elle éclata non seulement par des Larmes amères, mais par des actions de Zèle & de Fidélité, qui signalerent tout le cours de sa vie. O! Que ce Héros abattu se réleve glorieusement, & prend une noble vengeance de ses Ennemis! Qu'il repare bien le scandale qu'il a donné, & *qu'il enseigne bien aux Transgresseurs les voyes du Seigneur*, en y marchant le premier! Affermi par la Grace, ce n'est plus ce Roseau que le moindre vent agite & fait plier; c'est cette *Pierre*, ce Rocher, contre lequel les vagues viennent se briser, & qui demeure inébranlable dans la Tempête. Qu'on lise les premiers Chapitres des Actes, & l'on verra les preuves de ce que nous venons de dire. Pierre est le premier qui prêche au milieu de Jerusalem, où Jesus a été mis en Croix, & loin de s'allarmer à la voix d'une Servante, il parle devant le Conseil des Juifs avec une fermeté héroïque. On croit l'intimider en le menaçant, & en le faisant mettre en prison; mais la Prison & les Menaces ne servent qu'à enflammer son Zèle, & le rendre plus ardent. Hérode enfin veut le faire mourir; mais Dieu, qui le destine à être un des principaux Instrumens à la Conversion des Peuples, le délivre par le ministère d'un Ange. Cependant obligé de sortir de Jerusasalem, il suit la Vocation Divine, qui l'appelle à l'Apoſtolat des Juifs, & va leur prêcher l'Evangile par-tout où ils ſont diſperſez. Après avoir parcouru la Phénicie, il paſſe dans la Syrie & dans les Provinces de l'Aſie-Mineure & va juſqu'à 8 Babylone, où il fonde une Egliſe Chrétienne. Après cela il paſſe en 9 Occident, où il finit ſa vie & ſes travaux par le Martyre, & meurt 10 du même ſupplice que ſon Divin Maître. Ce fut ainſi que s'accomplit la prédiction que le Sauveur lui avoit faite : *En vérité, en vérité, je vous le dis,* Jean *quand vous étiez jeune, vous mettiez vous-même votre ceinture,* xxi. 19 *mais quand vous ſerez vieux, vous étendrez vos mains, un autre* 10. *vous menera où vous ne voudrez pas.* Or *Jeſus,* ajoûte l'Evangeliſte, *diſoit cela, pour faire entendre à Pierre, par quelle mort il devoit glorifier Dieu.*

Les Pécheurs, toûjours attentifs aux fautes des grands Hommes, en profitent pour excuſer ou exténuër les leurs. S. Pierre, diſent-ils, un Apôtre de J. Chriſt, tombe dans une honteuſe Apoſtaſie: Nos fautes peuvent-elles être comparées à celle d'un Diſciple de J. Chriſt, témoin de ſes Miracles & de ſes Vertus? Le Péché de S. Pierre eſt grand; il faut en convenir. Il renonça le Sauveur; mais dans quelles circonſtances? Lorſqu'il voit la mort préſente devant ſes yeux, & que l'état où il enviſage ſon Maître, lui fait voir celui où il va ſe précipiter. En quel tems le renonce-t-il? Lorſque le myſtère du Regne du Meſſie étoit encore inconnu, lorſque l'on ne pouvoit reconnoître Jeſus pour le Meſſie, ſans démentir la Foi publique de la Nation. Comment a-t-il reparé cette Abnégation? Il l'a fait non ſeulement par le plus douloureux Répentir, mais par les plus belles & les plus généreuſes Confeſſions, & enfin par ſon Martyre. Combien d'Apoſtats, combien de perfides, diſſimulent, trahiſſent la Vérité connuë, & péchent comme S. Pierre 11, mais ne pleurent pas comme lui. Ce n'eſt pas tout encore. Comment S. Pierre garda-t-il les Commandemens de ſon Divin Maître? Modèle des Paſteurs, modèle des Chrétiens, il fut à tous égards le fidèle Imitateur des Vertus de J. Chriſt. S. Pierre nous fournit un exemple de la fragilité des Vertus humaines. Il faut le regarder en tremblant, & apprendre de lui, que les plus grands Hommes ſont perdus, s'ils ſe confient dans leurs forces. S. Pierre nous fournit un exemple de la Répentance Chrétienne: Pleurer ſes Péchez, en gémir, s'en corriger, & les reparer par des actions de Vertu:

Les Péchez & la Grace de Dieu qui les pardonne, font la plus forte obligation à aimer Dieu, & à s'en corriger.

On apprend encore de S. Pierre, combien la Confession publique de la Foi eſt néceſſaire au Chrétien. Il ne renonça jamais J. Chriſt du cœur: ſa Foi fut combattuë par des préjugez charnels; mais il ne douta jamais que le Seigneur ne fût un ſaint Prophète. Il l'honora, il l'aima toûjours. Son Péché fut donc, d'avoir nié d'être ſon Diſciple, par la Crainte du ſupplice. Mais comment pleure-t-il une faute que les Hommes, accoûtumez au menſonge, regardent comme fort légere? Toûjours prêts à rachetter, je ne dirai pas la Vie, mais les plus petites Fortunes, par les plus lâches Diſſimulations; qu'ils ne ſe flattent point de trouver grace devant le Sauveur, tout miſéricordieux qu'il eſt, s'ils ne reparent l'outrage qu'ils font à Dieu, à J. Chriſt, à la Vérité, par de généreuſes Confeſſions. L'Abnégation de S. Pierre avec les ſuites qu'elle eut, n'eſt donc point un ſujet de ſcandale; au contraire, elle eſt pleine d'Inſtructions, & l'on oſe dire, qu'elle donne au témoignage que l'Apôtre a rendu à J. Chriſt, plus de force & d'évidence qu'il n'en auroit eu. En effet, ſi J. Chriſt n'avoit pas été le Fils de Dieu, ou du moins un ſaint Prophète; ſi Pierre n'en avoit pas été convaincu; ſi dans l'étroite familiarité où il a vécu avec Jeſus Chriſt pendant plus de trois ans, il avoit reconnu en lui, je ne dirai pas quelqu'un des artifices de l'Impoſture (loin de nous un ſi grand blaſphême!) mais des Défauts humains, quelqu'une de ces Paſſions vicieuſes dont les plus parfaits ne ſont jamais tout-à-fait exempts; pourquoi ſeroit-il dans une ſi grande Affliction de l'avoir renoncé? Pourquoi, le voyant livré, condamné par le ſouverain Tribunal de ſa Nation, par celui, qui étoit en poſſeſſion de juger des Prophètes, ne le renonce-t-il pas du cœur comme de la bouche? Comment, à l'exemple de tous les Hommes, ingénieux à ſe juſtifier, ne glorifie-t-il pas la Providence, qui a ſçû conduire au ſupplice un Hypocrite qui abuſe le Peuple? Qu'il diſſimule ce qu'il penſe de Jeſus, pendant que Jeſus eſt vivant, & qu'il aſpire à partager les Dignitez de ſon Royaume: cela ne ſeroit pas étonnant; mais à préſent que toutes ſes eſpérances ſont évanouïes par la condamnation du Seigneur, peut-il ſe répentir de l'avoir abandonné, s'il n'eſt pas perſuadé de ſon Innocence? Le Déſeſpoir de Judas, qui ſe tuë lui-même, la Répentance de S. Pierre, & les Pleurs amers

qu'il

qu'il verse, sont des preuves de l'Innocence & des Vertus de J. Christ, peut-être encore plus frappantes, plus convaincantes, que la Prédication des Apôtres.

Nous n'avons plus qu'une refléxion à faire sur la Foiblesse de S. Pierre, & sur celle des Disciples de J. Christ en général. Ils l'abandonnent tous, & si S. Pierre fut le seul qui le renonça, il y a bien de l'apparence, que c'est parce qu'il fut le seul qui eut la hardiesse de le suivre jusques chez Caïphe. Tous les Disciples de Jesus l'abandonnent, ou le renoncent à sa mort: tous les Disciples de Jesus le confessent, le prêchent, le glorifient après sa mort. D'où peut venir un changement si soudain? Qu'on médite là-dessus tant qu'on voudra; on n'en sçauroit découvrir d'autre cause, que la Résurrection du Seigneur, qu'aucun d'eux n'a espérée, & dont ils furent convaincus par des preuves qui ne leur permirent pas d'en douter. De-là cette Confiance, avec laquelle ils prêchent un Jesus crucifié, la Constance & la Joye avec laquelle ils souffrent pour son Nom.

DISCOURS XIV.

Jesus renvoyé à Pilate. Matth. XXVII. 11--25. Marc XV. 1-15. Luc XXIII. 1-25. Jean XVIII. 28--40.

Dès que le Conseil des Juifs eût prononcé d'une voix unanime, que Jesus avoit mérité la Mort, ils prirent la résolution de le faire mener chez Pilate, & d'y aller eux-mêmes en corps, pour en obtenir plus aisément l'exécution de la sentence qu'ils avoient prononcée. Ils oublient dans cette occasion, & leur Dignité, & la Haine qu'ils portent à un Gouverneur dont l'Autorité les tient dans la servitude. Mais il s'agit de contenter une Haine plus forte encore; c'est celle qu'ils ont conçuë contre J. Christ. Rien ne leur coûte, pourvû qu'ils puissent en obtenir la mort. *Toute l'Assemblée se leva,* dit S. Luc, *& conduisit Jesus chez Pilate,* ou *dans le Prétoire,* comme s'exprime S. Jean; c'est-à-dire, dans *le Palais* du Gouverneur.

_{Luc XXIII. 1.}
_{Jean XVIII. 28.}

Le nom de *Prétoire*[1], dans son origine, désignoit la Tente du Général de l'Armée, que les Romains appelloient *Préteur,*[2] parce qu'il étoit revêtu de l'Autorité suprême. Dans la suite on donna le nom de Prétoire aux Palais des Présidens des Provinces & des Gouverneurs.

Pilate n'étoit proprement que Procurateur de Judée. C'est le titre que [3] Philon & [4] Tacite lui donnent. Les Romains appelloient *Procurateurs,*[5] ceux qui étoient chargez de recueillir les revenus de l'Empire. On prétend que c'est Auguste qui créa cette Charge, après qu'il se fût rendu maître de la République par la défaite d'Antoine. Il fit le partage des Provinces; se réserva les revenus d'une partie, assigna au Sénat & au Peuple Romain ceux des autres Provinces, & établit par-tout des Procurateurs, qui avoient l'intendance des Revenus publics.[6] Ceux que l'on envoyoit dans les grandes Provinces, gouvernées par un Président, n'avoient que l'intendance des revenus: L'exercice de la Justice, le droit d'infliger les Peines, le commandement des Troupes, apartenoient aux Présidens ou aux Proconsuls. Ceux au contraire, qui se trouvoient placez dans les Provinces moins considerables, y exerçoient l'autorité des Gouverneurs;

JESUS RENVOYE' A PILATE. *Disc. XIV.* 183

neurs; & de-là vient que ces Procurateurs sont appellez par les Jurisconsultes, [7] *Procurateurs, qui tiennent la place de Gouverneurs, ou Procurateurs avec autorité.*

Pilate étoit de ce dernier ordre, la Judée n'étant pas une grande Province. Cependant, dans de certains cas il dépendoit du Président de Syrie, qui résidoit à Antioche, & qui étoit son supérieur. La Judée ayant été réduite en Province, après la déposition & l'exil d'Archelaus, elle fut ajoûtée au Gouvernement de Syrie: mais les Empereurs y envoyerent des Procurateurs, munis du pouvoir de contenir le peuple & d'administrer la Justice. Aussi [8] Josephe & les Evangelistes donnent-ils à Pilate le titre de Gouverneur, parce qu'il en faisoit les fonctions en Judée.

A l'égard du caractère de Pilate, Philon en fait un portrait affreux [9] „ La Justice venduë, les pillages, les extorsions, „ les tortures, les supplices, les carnages des Innocens, sans „ forme de procès, " étoient les exploits de ce Gouverneur. [10] Josephe le fait connoître par deux ou trois actions, qui montrent effectivement & de l'Avarice & de la Cruauté. Pour faire sa cour à Tibere, il voulut introduire dans Jerusalem des Enseignes, sur lesquelles étoit l'image de l'Empereur. Les Juifs, informez de ce dessein, n'oublierent rien pour l'en détourner. Il demeura inflexible, jusqu'à ce que le Peuple, résolu de mourir, & présentant la gorge aux soldats, pour ne pas voir ce qu'il regardoit comme le plus grand sacrilège, Pilate ne pouvant s'empêcher d'admirer la fermeté de ce Peuple, renvoya les Enseignes à Césarée. Josephe lui reproche ensuite d'avoir pris l'argent du Trésor sacré, pour en bâtir un Aqueduc, & sans doute pour avoir un prétexte de s'enrichir: Prenoit-il tant d'intérêt à la commodité du Peuple, & à l'embellissement de Jerusalem? Lui étoit-il permis de disposer du Trésor du Temple? Cependant il s'en empara, malgré les représentations du Sanhedrin, malgré les plaintes & les cris de la Nation, qu'il fit maltraiter cruellement par ses soldats. On ne le blâmera pas d'avoir reprimé par les armes & la severité des supplices, l'entreprise de quelques Factieux qui s'étoient soulevez contre les Romains, & qui animoient le Peuple à la revolte, quoiqu'il ait passé vraisemblablement les bornes d'une juste severité. Quoi qu'il en soit, & bien qu'il y ait peut-être de l'exagération dans le recit de Philon, il faut que Pilate ait bien abusé de son pouvoir, puisque sur les plaintes des Juifs, Vitellius, Président

dent de Syrie, l'obligea d'aller à Rome se justifier devant l'Empereur, qui l'exila dans les Gaules.

Il est vrai néanmoins que Pilate ne paroît dans le Procès de J. Christ, ni si injuste, ni si cruël, que les Ecrivains Juifs le représentent. Les Pontifes, les Sacrificateurs, les Pharisiens, le justifient. Il est doux, équitable, humain, au prix d'eux, & s'élevera un jour en jugement contre ces Chefs de la Nation Judaïque. N'ayant plus le pouvoir de faire mourir personne, ils sont obligez de conduire Jesus devant le Tribunal du Gouverneur; la Providence l'ayant voulu de la sorte, pour faire éclater l'Innocence du Fils de Dieu. Le Juif l'accuse & le condamne; & le Payen l'absout & le justifie. „ Ils s'attendent, dit Théophylacte, à ternir la réputation „ de J. Christ en le conduisant de Tribunal en Tribunal, & „ ces divers Tribunaux n'ont servi qu'à faire éclater davantage les Vertus du Seigneur. „

Jean XVIII. 28. Marc XV. 1.

Après avoir passé la nuit à instruire le Procès de J. Christ, dès que le jour paroît, ils sont à la porte de Pilate, & Pilate de son côté se trouve prêt à les recevoir & à les entendre. Ce Gouverneur Romain seroit-il du nombre de ces Magistrats, dont „ la Vigilance, comme le disoit un Philosophe, „ assure le Repos des Sujets, le Travail leur Tranquillité, „ l'Industrie leurs Délices, & l'Application leur Loisir? „ Ne lui donnons pas cet éloge. Il pouvoit être vigilant, actif, & l'étoit sans doute. L'Ambition & l'Intérêt tiennent les hommes dans une perpétuelle attention: Cependant il est loüable, d'être prêt à donner audience aux Juifs dès la pointe du jour, & d'avoir même la complaisance de sortir de son Palais pour les entendre: *Car ils n'entrerent point dans*

Jean XVIII. 28.

le Prétoire, dit S. Jean, *de peur que se souillant, ils ne fussent pas en état de manger la Pâque.*

Matth. XXIII. 24.

On voit ici le vrai caractére des Hypocrites, qui *coulent le Moucheron, & avalent le Chameau*. Ils se font un scrupule d'entrer dans le Palais de Pilate, de peur de contracter une Impureté légale, par l'attouchement d'un Gentil; & ils ne s'en font aucun de poursuivre la mort d'un Innocent, de corrompre pour cela des Témoins qui déposent faussement contre lui, d'inventer eux-mêmes des crimes, pour en imposer à Pilate, & en arracher une sentence injuste: Race immortelle qui se reproduira toûjours, qui ne pouvant se passer de Religion, n'en prendra jamais que ce qui ne contraint point ses Passions, & qui portera ses attentats jusqu'à faire servir la Religion de prétexte à les satisfaire.

A PILATE. Discours XIV. 185

Il est vrai que Dieu avoit défendu aux Israëlites [12] tout commerce familier avec les Idolâtres : Mais au lieu d'entrer dans l'intention du Législateur, qui n'a pour objet que de préserver son Peuple de l'Idolâtrie & des Mœurs impures des Payens, les Juifs, accoûtumez à outrer tout, se font un scrupule d'entrer dans la maison d'un Gentil, comme on en voit des preuves dans l'Histoire Evangélique. Ils craignent de contracter quelque Impureté cérémonielle, que de légeres Ablutions peuvent effacer, & ne craignent pas de contracter des Taches réelles, qui ne peuvent s'effacer que par une longue Répentance, & qui ne le seront que par la ruine de la Nation.   <small>Act. x. 21. & suiv. x. 13. & suiv.</small>

Pilate accoûtumé aux scrupules des Juifs, a la condescendance *de sortir de son Palais*, pour les entendre. Rien ne fait plus d'honneur aux Romains, que cette Equité naturelle dont ils usoient avec les Nations qu'ils avoient soûmises, en leur [13] permettant de garder leurs Loix & leurs Coûtumes religieuses, dès que ces Coûtumes & ces Loix n'étoient pas contraires aux bonnes mœurs & au bien des Societez. Heureux les Hommes, si les Chrétiens eussent toûjours été aussi équitables que les Romains l'ont été avec les Juifs, & si, appellez à répandre par-tout la connoissance d'un seul vrai Dieu, ils n'y avoient employé que la lumiere de leurs bonnes Œuvres, & les attraits de la Charité !   <small>Jean XVIII. 29.</small>

Pilate eut donc la condescendance de sortir de son Palais, pour donner audience aux Juifs, & leur dit en voyant Jesus: *De quel crime accusez-vous cet Homme ?* Il parle du Fils de Dieu, qui est présent quand on l'accuse ; selon la loüable coûtume des Romains, qui n'écoutoient point les Accusateurs, que l'Accusé ne fût présent pour se défendre, ou se justifier s'il étoit en état de le faire. On en voit une preuve dans ce que dit Festus à Agrippa au sujet de S. Paul. Mais quelque juste que fût la question & le procedé du Gouverneur, les Juifs s'en offensent, & lui répondent : *Si cet Homme n'étoit pas criminel, nous ne vous l'aurions pas livré.* Ils voudroient éviter un examen qui les couvrira de confusion ; car au fond ils n'étoient venus que pour obtenir de Pilate la confirmation & l'exécution de leur jugement. Mais ils le trouvent plus juste qu'ils ne le croyoient, & peut-être plus juste qu'il n'étoit dans le fond. Quoi qu'il en soit, la Justice ne permettant pas de condamner un Homme sans l'avoir entendu, ni d'avoir égard au crédit & à l'autorité de ses Parties, Pilate veut sçavoir de quelle nature est le crime pour lequel Jesus est condamné, &   <small>Jean XVIII. 29.</small> <small>Act. xxv. 11. & suiv.</small> <small>Jean XVIII. 29.</small>

Vol. VI. Aaa ce

ce qu'il peut dire pour fa défenfe. Il agit en Magiftrat intègre; & offenfé à fon tour de la réponfe des Juifs, il leur fait fentir, & leur Injuftice, & leur Foibleffe, par ces mots, qui renferment une ironie piquante: *Prenez-le donc vous-mêmes*, leur dit-il, *& le jugez felon votre Loi*. Il fçait bien que, n'ayant pas le droit du Glaive, ils n'oferoient faire mourir J. Chrift fans fa permiffion. Mais il veut leur faire entendre, que s'ils ont des Loix qui autorifent l'Injuftice, il n'en eft pas de même des Loix Romaines; & que pour lui, il n'eft pas d'humeur, pour leur complaire, de faire mourir un Homme, fans fçavoir de quoi on l'accufe, & fans l'entendre dans fes défenfes. Les Juifs n'avoient garde d'accepter les offres de Pilate. Ils ne pouvoient châtier un Homme que par la Prifon ou par le Fouet, & ils en vouloient à la Vie du Sauveur. C'eft pourquoi ils répondent au Gouverneur: *Il ne nous eft pas permis de faire mourir perfonne.*

Jean XVIII. 31.

Jean XVIII. 31, 32.

Voyez Matth. XX. 19. XXVI. 2. Luc XVIII. 31. Jean III. 14. XII. 32.

Ici l'Evangelifte fait une refléxion bien remarquable. *Ce fut par-là*, dit-il, *que s'accomplit ce qu'avoit dit Jefus, pour marquer de quel genre de mort il devoit mourir*. Si les Juifs euffent eu la puiffance du Glaive, jamais le Seigneur ne feroit mort en Croix; ce fupplice étant inufité parmi eux. Il falloit donc pour cela, que l'Autorité fuprême paffât entre les mains des Romains, qui faifoient mettre en Croix les Brigans, les Séditieux, les Efclaves qui fe revoltoient contre leurs Maîtres. Cela fait voir que la Providence n'avoit pas feulement deftiné J. Chrift à la Mort, mais au fupplice de la Croix.

Forcez de s'expliquer fur les prétendus crimes de Jefus, *les Juifs*, dit S. Luc, *commencerent à l'accufer en difant: Nous l'avons trouvé qui foulevoit la Nation, & qui empêchoit qu'on ne payât le Tribut à Céfar, fe difant même le Chrift, le Roi*. Comment eft-il poffible que des Sacrificateurs du vrai Dieu, des Docteurs de la Loi, des Miniftres de la Religion, avancent une fi horrible calomnie? Loin d'afpirer à la Royauté, Jefus fe derobe & fuït, lorfque le Peuple, charmé de fes difcours, & dans l'admiration de fes miracles, veut l'élire pour Roi; & à l'égard du Tribut, ils font témoins eux-mêmes, qu'au lieu d'empêcher qu'on ne le payât à l'Empereur, il prononce que ce Droit apartient au Prince, comme le Culte apartient à Dieu. D'ailleurs, à quoi les Juifs peuvent-ils juger qu'il afpire à la Royauté? Affemble-t-il des Troupes? Amaffe-t-il des Tréfors? Cherche-t-il à fe faire un Parti dans l'Etat? Promet-il des Récompenfes fur la terre à ceux qui le fuivront? Il ne leur prêche que la plus fublime Vertu, & ne leur recom-

Luc XXIII. 2.

Jean VI. 15.

Matth. XXII. 13.

commande que la Patience, la Douceur, l'Humilité, le Désintéressement, ne leur annonce que des Souffrances, & ne les appelle qu'à porter sa Croix. Est-ce par ces dégrez que l'on monte sur les Trônes de la terre, & que l'on en fait descendre les Rois qui y sont assis? Cependant, comme la Calomnie toute pure ne sçauroit porter coup contre quelqu'un dans l'esprit d'un Juge éclairé, il faut la revêtir des apparences de la Vérité; & c'est-ce que font les Juifs dans cette occasion.

J. Christ ayant déclaré plus d'une fois qu'il étoit le Messie, ou le Roi divin que les Prophétes avoient promis à la Nation, & les Juifs attachant à l'idée de Messie celle d'un Roi temporel, qui les affranchiroit du joug des Puissances étrangeres; ces injustes Accusateurs prêtent à J. Christ leur préjugé, & prétendent qu'en se disant le Messie, il s'arroge l'Autorité souveraine & veut en dépouiller les Romains. Perfides Accusateurs, ce sont eux qui ne respirent que la Révolte, qui voudroient trouver dans leur Nation un Chef qui les délivrât des Romains, & qui ne voyant en J. Christ qu'un Messie qui ne veut les délivrer que de leurs Superstitions & de leurs Vices, l'accusent du crime dont ils voudroient qu'il fût coupable. S'il employoit la Toute-puissance que le Pere lui a donnée, à accabler les Romains de playes mortelles; s'il les traitoit comme Josüé traita les Cananéens, il seroit leur Messie: mais il ne seroit pas celui de Dieu, celui des Prophétes, la Lumiere des Nations, & le Salut des Gentils.

Après avoir ouï les Accusateurs, Pilate, suivant l'ordre judiciaire, interrogea l'Accusé en leur présence *. Mais comme toute cette Histoire est rapportée fort en abregé par les Evangelistes, ils ne nous ont rien dit, ni des Questions du Gouverneur, ni des Réponses de Jesus. On apprend seulement que Pilate fut convaincu de son Innocence. Certainement si le Sauveur eût été seulement suspect, je ne dirai pas d'exciter les Peuples à la révolte, mais de la favoriser, le Gouverneur en eût été aussi-tôt instruit, & l'auroit fait arrêter, sans attendre que les Juifs le fissent. L'office d'un Gouverneur de Judée, qui connoissoit bien le caractère de la Nation, étoit d'en observer tous les mouvemens. Sur-tout dans les grandes Fêtes, qui étoient des tems de crise, à cause de la multitude des Juifs étrangers qui se trouvoient alors

à

* Cela paroît par ces mots de S. Luc: *Je l'ai interrogé en votre présence* &c. Luc xxiii. 14. Conferez avec Matth. xxvii. 12.

à Jerusalem. On ne sçauroit supposer raisonnablement qu'un Gouverneur Romain, tel qu'étoit Pilate, ignorât qui étoit Jesus, quelle étoit sa Doctrine, à quoi tendoient ses Instructions, & que le Gouvernement n'avoit rien à craindre d'un tel Messie, supposé qu'il le fût. C'est dans cette situation qu'étoit Pilate, lorsque le Seigneur fut accusé devant lui; & c'est à cela qu'il faut attribuër l'équité de la procedure qu'il tint avec lui.

Cependant, après avoir interrogé J. Christ en présence des Juifs, le Gouverneur jugea à propos de l'entendre en particulier, pour apprendre de sa propre bouche quels étoient ses desseins, & de quelle nature étoit cette Royauté à laquelle on l'accusoit d'aspirer. C'est-ce que nous apprenons de S. Jean. *Pilate*, dit l'Evangeliste, *rentra dans le Prétoire, & s'addressant à Jesus, il lui dit d'abord: Etes-vous le Roi des Juifs?* Prétendez-vous être ce Roi que les Juifs attendent, & qui, comme ils s'en flattent, doit les soustraire à la Domination des Romains, & les rendre à leur tour les Rois de la Terre? Cette question se rapporte aux idées que les Juifs avoient de leur Messie. Pilate veut sçavoir de la propre bouche de J. Christ, s'il prétend être Roi des Juifs dans le sens que les Juifs l'entendent; car c'est-là ce qui intéressoit le Gouvernement.

Jean xviii. 33.

Avant que de répondre à cette question, le Seigneur en fait une autre à Pilate, & lui demande, S'il est en effet persuadé que lui, Jesus, aspire à être le Roi temporel de la Nation Judaïque; ou s'il lui fait cette question, parce que les Juifs l'en accusent? C'est-ce que veulent dire ces paroles du Sauveur: *Dites-vous cela de vous-même, ou bien est-ce que d'autres vous l'ont dit de moi?* Souffrez, dit le Sauveur, qu'avant que de vous répondre, je vous demande, Si en effet vous me croyez capable d'affecter la Royauté de la Judée, ou si d'autres vous l'ayant dit, vous voulez sçavoir de moi si cela est vrai?

Jean xviii. 34.

Pilate semble s'offenser de cette question, qui dans le fond n'avoit rien de choquant: Car quelque mépris qu'il eût pour les espérances des Juifs, il n'est pas possible qu'il n'eût ouï parler des Miracles du Seigneur; ce qui pouvoit lui faire juger qu'il étoit du nombre de ces Ambitieux temeraires, qui, à la faveur des préjugez du Peuple, cherchoient à en devenir les Rois. Ainsi J. Christ ne lui faisoit aucune injure, en lui demandant, *S'il disoit cela de lui-même*. Mais c'est le défaut ordinaire des Personnes qui occupent des postes éminens. Au moindre soupçon qu'on leur prête des idées ou

des

A PILATE. *Discours XIV.* 189

des sentimens qui leur paroissent peu dignes d'eux, ils s'offensent, ils se révoltent. C'est-ce qui fait que Pilate répond avec une sorte de surprise & d'indignation : *Suis-je Juif ? C'est votre Nation, ce sont les Souverains Sacrificateurs, qui vous ont livré à moi.* Pilate répond fort bien à la question de J. Christ, quoiqu'il semble n'y pas répondre. Non, dit-il, ce n'est point moi qui vous accuse de vous dire *le Messie, le Roi.* Je ne suis point Juif, pour entrer dans vos questions sur le sujet du Messie. Il m'importe fort peu que vous le soyez, ou ne le soyez pas. Ce n'est pas moi qui vous ai fait arrêter : ce sont vos Souverains Sacrificateurs qui vous ont livré à moi : Je ne voi rien en vous, qui me fasse soupçonner que vous ayez dessein de troubler l'Etat. Je vous demande seulement quelle est cette Royauté qu'on dit que vous affectez. Je veux le sçavoir de vous-même, avant que de prononcer votre jugement. *Etes-vous donc le Roi des Juifs ?*

Jean xviii. 35.

Ce fut alors que J. Christ s'expliqua. Il convient qu'il est Roi ; mais il apprend en même tems à Pilate, que son Regne est tout différent de celui que les Juifs attendent, & qu'ils l'accusent de vouloir usurper : *Mon Regne*, dit le Sauveur, *n'est point de ce monde. Si mon Regne étoit de ce monde, j'aurois des Soldats, qui auroient combattu pour empêcher que je ne fusse livré aux Juifs. Mais mon Regne n'est pas d'ici bas.* Ce qui veut dire : Mon Regne est d'une toute autre nature que celui des Rois de la Terre. Je ne regne que sur les Esprits & sur les Cœurs ; je ne les soûmets que par la force de la Vérité que je leur annonce, & par celle de mon Esprit que je leur communiquerai. Mon Trône n'est point ici bas. Il est au Ciel, où je vais monter, & où je serai installé dans mon Regne : Les Richesses que je distribuë à mes Sujets sont toutes spirituelles : Les Dignitez où je les éleve, sont des Dignitez célestes : Les Ennemis dont je les délivre, sont les Vices & les Erreurs ; & les Recompenses que je leur propose, sont la Rémission de leurs Péchez dans cette vie, & l'Immortalité dans la vie à-venir. Voilà quel est mon Regne ; & vous voyez vous-même, qu'il n'est point de ce monde, puisque je n'ai ni Soldats ni Armées à ma suite : un petit nombre de Disciples, sans richesses, sans armes, sont toutes les forces de mon Royaume. Cela vous fait voir que les Juifs me calomnient, quand ils m'accusent de vouloir usurper l'Autorité Royale dont l'Empereur est en possession, & à qui j'exhorte moi-même les peuples d'obéïr.

Jean xviii. 36.

Voilà ce que J. Christ dit à Pilate ; mais que ce Gouverneur

neur ne pouvoit pas entendre. Auſſi ſuffiſoit-il, pour juſtifier J. Chriſt, qu'il ſçût que, de quelque nature que fût ſon
Regne, il ne donnoit aucune atteinte à l'Empereur. Cependant entendant J. Chriſt parler de Regne, & d'un Regne
d'une eſpece ſi nouvelle, il répondit à Jeſus, ſans doute d'un
air & d'un ton plein d'ironie: *Vous êtes donc Roi?* Le ſuperbe
Gouverneur regarde le Fils de Dieu comme un Fanatique,
& peut-être comme cet Inſenſé d'Athènes, qui croyoit que
tous les vaiſſeaux qui arrivoient au port de Pirée lui apartenoient. Un Regne céleſte, un Regne ſpirituel! Quelle folie pour un Homme qui ne connoît point d'autre vie que
celle-ci, ni d'autres Biens que les Plaiſirs, les Grandeurs, &
les Richeſſes! Alors Jeſus lui répond d'un ton ferme, & avec
cette ſupériorité que la Sageſſe & la Vertu donnent aux grandes Ames, ſur celles qui n'ont d'autre élevation que celle
que la Fortune leur donne. *Oui*, lui dit Jeſus, *je ſuis Roi:*
Vous le dites, & vous dites la vérité. *Je ſuis né pour cela, &*
c'eſt pour cela que je ſuis venu dans le monde: Quiconque a du goût
pour la Vérité; quiconque ſçait la diſcerner & l'aimer, *écoute-*
ra ma voix; c'eſt-à-dire, croira ce que je vous dis; & vous
le croiriez vous-même, ſi vous aviez le goût & l'amour de la
Vérité; mais les gens de votre caractère ne ſont pas capables
de la connoître, & le ſont encore moins de la confeſſer.

<small>Jean xviii. 37.</small>

C'eſt ainſi que Jeſus parle au ſuperbe Gouverneur de Judée, & c'eſt-là ce que l'Apôtre appelle *la belle Confeſſion*, le
beau Témoignage de J. Chriſt : Confeſſion ſincére, modeſte, mais magnanime, où, ſans mépriſer la Puiſſance, le Sauveur ſoutient ſa Dignité. Je ſuis Roi, dit le Seigneur, *Je*
ſuis né pour cela ; & je ſuis venu dans le monde pour rendre à la
Vérité Divine, c'eſt-à-dire à la Religion qu'il enſeignoit, le
double *Témoignage*, & de mes Miracles, & de mon Martyre.

<small>1 Tim. vi. 23.</small>

A l'ouïe des dernieres paroles de J. Chriſt, Pilate lui demanda, non *ce que c'eſt que la Vérité* en général; ce Gouverneur ne l'ignoroit pas. La République & les Empereurs
n'employoient gueres que des perſonnes qui avoient de l'Etu-
de & des Lettres ; mais *quelle étoit cette Vérité* dont Jeſus
parloit, & *à laquelle il étoit venu rendre Témoignage?* La queſtion eût été bien ſage & bien raiſonnable, ſi elle eût été faite
dans l'intention de s'inſtruire de la nature de cette Vérité, la
ſeule qu'il ſoit néceſſaire de connoître. Mais Pilate a bien
d'autres vûës & d'autres intentions. Auſſi ſans attendre la
réponſe de J. Chriſt, il ſort de ſon Palais, & va rejoindre
les Juifs.

<small>Jean xviii. 39.</small>

Entre

Entre les questions qu'il avoit faites au Sauveur, il y a cel- *Jean*
le-ci : *Qu'avez-vous fait ?* Elle se rapporte aux deux accusa- *XVIII. 35.*
tions que les Juifs avoient portées contre J. Christ, de soulever le Peuple, & de l'empêcher de payer le Tribut à l'Empereur. On ne voit point la réponse de J. Christ à cette
question. Mais il faut se souvenir, comme on l'a déja remarqué, que les Actes de ce Procés sont fort abregez, les Evangelistes n'ayant rapporté que ce qui leur a paru le plus essentiel. L'Innocence de J. Christ, par rapport à ces deux questions, étoit évidente, & Pilate ne l'ignoroit pas; car encore
une fois, on ne sçauroit s'imaginer que le Gouverneur Romain, qui veilloit à la sûreté de la Province, & aux intérêts
de la République & de l'Empereur, eût negligé de s'informer, si la Doctrine & les Maximes du Nouveau Prophète,
qui faisoit tant de bruit en Judée & en Galilée, ne tendoient
point à la sédition. Ainsi Pilate sçavoit bien, que les Prédications de J. Christ n'attaquoient que des Superstitions Judaïques, & l'autorité des Sacrificateurs & des Pharisiens,
qu'il n'étoit pas fâché d'abaisser : c'est peut-être en partie ce
qui le rend si favorable à J. Christ.

Au reste cette VERITE' que Jesus est venu, non seule- *Voyez*
ment annoncer, mais attester, c'est la Foi d'un seul vrai Dieu, *Jean*
& de J. Christ son Envoyé, avec tous les Devoirs de la *XVII. 3. &*
Pieté & de la Morale : Vérité qui ne sera jamais reconnuë *suiv.*
que par des Ames libres des Préjugez charnels & des Passions vicieuses. Ce sont celles que Jesus désigne par ces mots :
Ceux qui ont du goût & de l'amour pour la Vérité. Pilate en est
un exemple ; car dès qu'il entend parler Jesus *d'un Royaume
qui n'est pas de ce monde*, & de certaines Véritez qu'il faut sçavoir & croire pour y parvenir, il le quitte brusquement, comme un Philosophe spéculatif, qui court après de spécieuses
chimères, & qui va chercher dans les espaces imaginaires d'un
Monde & d'une Vie à-venir, des Richesses & des Grandeurs,
qui ne sont que des fantômes. Pour un Homme de Cour,
pour un Politique, la Vérité est de tous les objets le moins
intéressant, ou si elle l'intéresse, c'est pour la fuïr, comme
l'écueil le plus propre à faire échoüer ses projets.

Pilate, tout profane qu'il est, conserve pourtant de l'E-
quité, & après avoir examiné Jesus, & en particulier, & devant ses Accusateurs, il va les trouver & leur dire, qu'il ne
sçauroit le condamner, *parce qu'il ne trouve en lui aucun crime* *Jean*
digne de mort. A l'ouïe de cette Sentence, *les principaux* *XVIII. 38.*
Sacrificateurs, & tout le Peuple qui les avoit suivis, redoublerent *Luc*
XXIII. 5.

leurs

leurs instances, & se mirent à crier: *Il souleve le Peuple, & n'a point cessé de dogmatiser dans toute la Judée, & depuis la Galilée jusqu'ici.* La Galilée étant pleine d'Esprits portez à la Révolte, ils crurent que la Prédication de J. Christ dans cette Province, appuiroit leur Accusation. Mais Pilate voyant leur acharnement, & entendant nommer la Galilée, demanda *Si cet Homme étoit Galiléen?* Il fut ravi d'apprendre qu'il l'étoit, parce qu'Hérode Antipas étant Tétrarque de Galilée, & Jesus étant de sa jurisdiction, c'étoit à lui à l'absoudre ou à le condamner. Le prudent Gouverneur trouvoit deux avantages en renvoyant Jesus à son Juge. Il se déchargeoit du crime de condamner un Innocent, crime pour lequel il avoit une grande répugnance; & il prévoyoit bien que cette démarche appaiseroit Hérode, furieusement irrité contre lui, pour avoir fait massacrer des Galiléens jusques dans le Temple, lorsqu'ils y offroient des Sacrifices. Cet expédient lui réussit en partie. Hérode & lui se reconcilierent; mais Hérode lui renvoya bientôt l'Accusé, soit par déférence, ou parce qu'ayant été pris à Jerusalem, & son Procès y ayant été instruit, il étoit de l'ordre qu'il y fût terminé par le Gouverneur.

Hérode, dit S. Luc, *eut beaucoup de joye de voir Jesus.* Premierement il l'avoit fort souhaité, parce qu'il avoit beaucoup entendu parler de lui. Effectivement Jesus l'évitoit; ce Prince voulant le faire mourir, comme il avoit fait mourir Jean-Bâtiste. Or il ne convenoit point à J. Christ, ni de finir si-tôt sa Course & son Ministère, ni de mourir en Galilée. C'est aussi ce qu'il répondit à ceux qui l'avertirent de se retirer de l'endroit où il étoit: *Allez dire à ce Renard,* leur dit-il, en parlant d'Hérode, *que je chasse les Démons, & qu'aujourd'hui & demain je guérirai encore les Malades, & qu'au troisième jour je ne serai plus au monde. Il faut pourtant,* ajouta-t-il, *que je marche aujourd'hui, demain, & après demain, parce qu'il ne se peut pas faire qu'un Prophète meure hors de Jerusalem.* C'est pour cela que J. Christ eut grand soin de se garantir des piéges d'Hérode, lorsqu'il prêchoit dans sa Province.

La seconde raison qui faisoit souhaiter à Hérode de voir Jesus, *c'est*, ajoûte S. Luc, *qu'il espéroit de lui voir faire quelque miracle.* Il se trompe infiniment. Jesus n'en fait point pour contenter la curiosité des Grands. La Puissance Divine ne s'abaisse point à leur donner des spectacles. Destinez à confirmer l'Evangile, J. Christ ne fait des miracles, qu'en faveur de ceux qui sont disposez à l'embrasser. Que l'impie

A PILATE. *Discours XIV.*

Tétrarque se convertisse, qu'il renonce à ses vices, qu'il efface par la pénitence les taches du sang de Jean-Bâtiste dont il est encore souillé, & qu'il veuille s'instruire des maximes du Fils de Dieu, le Sauveur ne lui refusera, ni ses Instructions, ni ses Miracles. Il auroit l'heureux partage du Brigand converti, s'il en pouvoit imiter la Foi; mais tant qu'il est incrédule & impénitent, bien loin d'obtenir de Jesus le moindre miracle, il n'en obtiendra pas même une parole. *Il lui fit*, dit l'Evangeliste, *plusieurs questions, mais Jesus ne lui répondit pas un seul mot.* Qu'il est beau de voir le Sauveur chargé de fers, & prêt à souffrir le dernier supplice, braver l'Orgueil de ses Tyrans, & leur montrer par son exemple, que l'Homme de bien est toûjours libre, qu'il méprise leur Grace, & qu'il ne craint pas leur Pouvoir.

Hérode faisant profession de la Religion Judaïque, les Sacrificateurs furent ravis que Pilate lui eût renvoyé le jugement du Seigneur. Ils le suivirent au Tribunal de ce nouveau Juge, & commencerent *de l'accuser avec beaucoup de vehémence;* mais le Tétrarque, content de la déférence que le Gouverneur lui avoit témoignée, lui renvoya le Prisonnier, *après l'avoir traité avec mépris, & l'avoir fait vétir d'une Robe blanche par dérision.* ¹⁵ Les Rois d'Orient ayant coûtume de se vêtir de blanc: Hérode veut insulter à J. Christ, tourner en ridicule sa Royauté; mais dans le fond il rend témoignage à son Innocence. Un *vétement blanc*, emblême de *la Justification des Saints*, convient bien au Sauveur, soit qu'on le considere comme *l'Agneau de Dieu* qui est *sans tache*, ou qu'on le considere, comme la Victime, dans le Sang de laquelle tous les Fidèles *blanchiront leurs Robes*, c'est-à-dire, où ils trouveront la purification de leurs péchez.

Pilate fut mortifié de voir Jesus revenir à son Tribunal, & de n'avoir tiré de sa Politique d'autre fruit, que celui de se reconcilier avec Hérode; car *dès ce jour-là*, dit S. Luc, *ils devinrent Amis, d'Ennemis qu'ils étoient.* Obligé donc de reprendre le jugement de l'affaire, il fit venir les principaux des Juifs, & prit le parti de les solliciter à se désister de la poursuite d'un Homme, que ni lui, ni Hérode, ne trouvoient coupable d'aucun crime. *Pilate ayant fait venir les principaux Sacrificateurs, les Sénateurs, & le Peuple, leur dit: Vous m'avez représenté cet Homme-là comme soulevant le Peuple. Cependant l'ayant interrogé moi-même en votre présence, je ne l'ai trouvé coupable d'aucun des crimes dont vous l'avez accusé. Hérode lui-même ne l'a pas trouvé tel, car je vous ai renvoyé à lui, & vous voyez*

Luc XXIII. 12.

Luc XXIII. 13 & suiv.

qu'on ne lui a rien fait qui marque qu'on l'ait jugé digne de mort. Il y a de l'apparence que ce fut alors que les Juifs au déseſ-poir, ramaſſerent tout ce qu'ils purent imaginer au déſavan-tage du Fils de Dieu, afin d'étourdir Pilate, & de le forcer de faire mourir J. Chriſt. *Ils l'accuſerent de diverſes choſes; mais Jeſus ne répondit rien*, dit S. Matthieu. *Pilate donc lui dit: N'entendez-vous pas combien de choſes ils avancent contre vous? Mais*, ajoûte l'Evangeliſte, *Jeſus ne répondit pas un mot ſur quoi que ce fût, de ſorte que le Gouverneur en étoit fort étonné.*

<small>Matth. XXVII. 12. & ſuiv. Marc XV. 3.</small>

Il étoit aſſurément très-inutile que le Seigneur répondît. Par rapport à Pilate, il l'avoit inſtruit de la nature de ſon Regne, & l'avoit déja convaincu de ſon Innocence; & pour les Juifs, ſes Accuſateurs, il ſçait bien qu'ils ont réſolu ſa Mort, & que tout ce qu'il pourra dire pour ſa juſtification ne ſervira de rien. Cependant Pilate eſt ſurpris que Jeſus, qui lui paroiſſoit pouvoir alleguer une infinité de choſes pour ſa défenſe, gardât le ſilence: Et comme [16] Origene l'a fort bien dit, „ Il y avoit aſſurément de quoi étonner les moins
„ éclairez, que celui qui pouvoit ſi aiſement, je ne dirai pas
„ mettre en évidence ſon Innocence contre tant de calom-
„ nies dont on le chargeoit, mais étaler les Vertus & les
„ Actions Divines de ſa vie, afin de donner lieu à ſon Juge
„ de prononcer en ſa faveur, n'en daignât rien faire, & re-
„ gardât ſes Accuſateurs avec un ſi généreux mépris. „ Ce-pendant Pilate pénètre bientôt dans les raiſons du Silence de J. Chriſt, & n'en eſt pas moins convaincu de ſon Innocen-ce. C'eſt-ce qui lui fait chercher tous les moyens poſſibles de le délivrer. Il en imagine un qui auroit réüſſi, ſi la Haine implacable des Juifs, & les Ordres ſecrets de la Pro-vidence, n'y avoient mis des obſtacles invincibles. Ayant accoûtumé d'accorder aux Juifs, dans la Fête de Pâque, la liberté d'un Priſonnier, il leur offre celle de Jeſus, qui tien-dra cette grace de leur généroſité. Pour les engager à accep-ter cette offre, il le met en oppoſition avec un Scélerat, cou-pable de Sédition & de Meurtre. Pourront-ils balancer en-tre deux Perſonnes de caractères ſi oppoſez? Prefereront-ils un Homme chargé de crimes, à un Innocent qui ne leur a fait que du bien? Cependant à l'inſtigation des Phariſiens, qui menoient le Peuple à leur gré, ces furieux s'écrient tous d'une voix: *Qu'on relâche Barrabbas, & que Jeſus ſoit mis en Croix!*

<small>Matth. XXVII. 15. & ſuiv.</small>

<small>Matth. XXVII. 21, 22. Marc XV. 11.</small>

Ce fut alors que la Femme de Pilate le fit prier de ne point tremper dans la mort de Jeſus, à cauſe de ce qu'elle avoit ſouffert à ſon occaſion en ſonge. Ce fut ce qui engagea le

<small>Matth. XXVII. 19.</small>

Gou-

A PILATE. Discours XIV.

Gouverneur à faire de nouveaux efforts pour fauver la vie à J. Chrift. Il protefta plus d'une fois, que ne le trouvant coupable d'aucun crime, il ne pouvoit le condamner. Il eut même la complaifance de leur propofer de le faire *châtier*, c'eft-à-dire *foüetter*, avant que de le relâcher, afin de les fléchir, en leur donnant quelque fatisfaction. Ils demeurent inéxorables, & ne cefferent point de crier, *Que Jefus foit crucifié!* Enfin voyant qu'il ne pouvoit rien gagner fur ces Efprits mutinez, il fit apporter [17] de l'eau, fe lava les mains devant tout le monde, & prit le Ciel & la Terre à témoins, qu'il étoit innocent du Sang de ce Jufte. Cette action, fi propre à les toucher, & à leur faire envifager les Jugemens de Dieu fur ceux qui repandent le Sang des Juftes, ne fervit qu'à les endurcir. Furieux, ils bravent le Ciel qu'ils offenfent, & demandent eux-mêmes que le Sang du Seigneur foit fur eux & fur leur Pofterité. Pilate les éxauça: Il leur accorda la Mort du Sauveur; mais le Ciel ne les a que trop éxaucez, & la Race de ces Scélerats porte encore la peine du crime de leurs Ayeux.

Luc XXIII. 13 & fuiv. Matth. XXVII. 24. & fuiv.

Telle eft l'Hiftoire de la comparition de J. Chrift devant Pilate & devant Hérode. Il faut en finir l'explication par quelques Refléxions fur le caractère de Pilate, fur celui de J. Chrift dans cette occafion, & fur les arrangemens de la Providence, qui a ordonné la Crucifixion du Sauveur; mais qui, en permettant qu'il fût condamné, a mis fon Innocence dans le plus grand jour.

I. Les Ecrivains Juifs nous repréfentent Pilate comme un monftre d'Avarice & de Cruauté; mais il peut y avoir bien de l'éxageration dans leurs récits. Les Gouverneurs Romains abufant fouvent de leur pouvoir dans les Provinces éloignées, il ne feroit pas étonnant que Pilate ait abufé du fien dans la Judée; d'autant plus, qu'entre les Sujets de l'Empire, il n'y en avoit point, d'un côté de plus turbulens & de plus inquiets, ni de l'autre de plus haïs & de plus méprifez que les Juifs. Cependant dans le Procès de J. Chrift, Pilate conferve une Modération & une Intégrité, qui mériteroit les plus grands éloges, fi elle ne s'étoit pas démentie à la fin, en condamnant J. Chrift, quoiqu'il fût convaincu de fon Innocence. Il eft inexcufable, fi l'on juge de fa conduite felon les regles de la Juftice; mais fi l'on en juge par les maximes des Politiques de tous les tems, Pilate n'a rien fait, que ce qu'ont fait mille & mille fois des Magiftrats, quand ils fe font trouvez dans la néceffité de permettre un mal,

mal, pour en éviter un plus grand. Le Peuple est émû, & Pilate ne peut l'appaiser. Il demande la mort d'un Juif. Il faut, ou la lui accorder, ou s'exposer à voir s'élever un horrible tumulte dans une Ville séditieuse, où une infinité d'Etrangers sont venus grossir le nombre des Habitans, & par conséquent des séditieux. Cette émeute est fomentée par les Pontifes & par les Docteurs; & la cause ou le prétexte c'est la Religion. Qui domptera ces furieux, s'ils se mutinent? Pilate est-il assez fort pour le faire? Et quand il le seroit, doit-il se mettre dans la nécessité de remplir Jerusalem de carnage, pour l'amour d'un seul Homme? Pourra-t-il se justifier devant Tibere, en disant qu'il n'a pas voulu sacrifier un Innocent? Tibere, le cruel Tibere, écoutera-t-il une raison, qu'il méprisa pendant tout son Regne? Dans cette extrêmité Pilate, content de rendre témoignage à l'Innocence de J. Christ, & de protester de la sienne, prononce une Sentence qu'on lui arrache, & achette à ce prix la Tranquillité publique. Plût à Dieu qu'une infinité de Magistrats Chrétiens n'eussent pas été, & ne fussent pas encore, & plus lâches, & plus injustes que lui!

II. La Justice de Pilate a des taches: Voici la Justice qui n'en a point: c'est celle du Fils de Dieu. Magnanime, mais humble & modeste; soit qu'il parle ou qu'il garde le silence, tout est mesuré par sa Sagesse. Comme le prétexte le plus spécieux de l'accuser devant Pilate, est celui de s'être dit le Messie ou le Roi, il falloit que le Seigneur expliquât la nature de sa Royauté. Son Innocence le demandoit. C'est un mystère que le Gouverneur Romain ne pouvoit sçavoir, & que lui seul pouvoit développer. Aussi J. Christ parle quand Pilate l'interroge là-dessus, & soutient dignement sa Royauté; mais quand les Juifs le chargent de crimes supposez, & dont Pilate lui-même reconnoît assez la fausseté, Jesus garde le silence. Seulement lorsque Pilate, surpris de ce qu'il ne répond point, lui dit d'un ton de Maître: *Ne répondez-vous rien? Ne sçavez-vous pas que j'ai le pouvoir de vous faire crucifier, & le pouvoir de vous relacher?* Jesus réprime & confond son Orgueil par cette réponse: *Vous n'auriez aucun pouvoir sur moi, s'il ne vous étoit donné d'en-haut; c'est pourquoi*, ajoute-t-il, *celui qui m'a livré à vous, est plus coupable que vous.* Il est vrai, lui dit Jesus, que vous avez le pouvoir de me faire crucifier; mais vous n'êtes que l'Instrument de la Providence, qui l'a ordonné pour des vûës que vous ignorez. Quant au pouvoir de me relacher, vous ne l'avez pas: Vous me

Jean xix. 10-12.

me ferez crucifier malgré vous, & c'est pour cela que ceux qui m'ont livré à vous, sont plus coupables que vous. Jesus est humble & modeste; mais il ne s'humilia jamais, ni devant le Tétrarque de Galilée, ni devant le Gouverneur de Judée, pour en obtenir la justice qui lui est dûë. S'il paroît foible, quoiqu'au fond il ne l'ait jamais été, ce n'est que devant Dieu, qui est le seul Supérieur qu'il ait dans l'Univers.

III. Jesus ayant été condamné & mis en croix, accusé par une Nation qui seule connoissoit le vrai Dieu, & qui étoit gouvernée par des Loix Divines; quelle raison, quelle démonstration même contre son Innocence, si la Providence n'y avoit pas pourvû! Rien n'est plus ordinaire, que de voir des Hommes ambitieux profiter des prétextes de Religion pour s'élever à l'Empire. Les exemples rendent le fait croyable par rapport à Jesus, & le témoignage de la Nation Judaïque sembleroit le rendre certain. Graces à la Providence, un Gouverneur Romain, chargé de maintenir en Judée l'autorité de l'Empereur & celle de la République, qui a puni rigoureusement les entreprises de quelques téméraires Zèlez; ce Gouverneur est celui qui justifie J. Christ, qui l'absout du crime de Sédition, & qui, contraint de le sacrifier, proteste de la manière la plus solemnelle, qu'il est innocent de la Mort de cet Homme.

Il se trouvera peut-être des Esprits qui hazardent les plus légers soupçons, & qui osent les opposer aux Rélations les plus authentiques. Ils diront que nous n'avons que nos Evangélistes pour témoins de la justice que Pilate a renduë à J. Christ, & que ces témoins ont été ses Disciples. L'objection, toute vaine qu'elle est, paroîtroit spécieuse si les Apôtres, Dépositaires de sa Doctrine, & Imitateurs de sa Conduite, n'avoient prêché constamment, & montré par leur exemple, que le Royaume céleste du Sauveur laisse aux Magistrats de la Terre tout leur pouvoir, & ne soustrait à leur jurisdiction que la Conscience, que la Raison aussi-bien que la Revélation, ne soûmettent qu'à Dieu.

DISCOURS XV.

J. Chriſt foüetté. Matth. XXVII. 26. Marc XV. 15. Luc XXIII. 16. Jean XIX. 1.

Ous avons déja remarqué que Pilate, voyant qu'Hérode lui avoit renvoyé le jugement de Jeſus, ne penſa plus qu'aux moyens de contenter les Juifs, ſans en venir à lui ôter la vie. Comme il avoit accoûtumé de leur accorder [1] à la Fête de Pâques la grace d'un Priſonnier, il leur propoſa de relacher Jeſus, dont il connoiſſoit l'Innocençe, & de crucifier *Barrabas*, homme coupable de Sédition, & de Meurtre. Le Gouverneur ſe flatte, que s'il y a encore quelque ſentiment de juſtice dans les Magiſtrats de la Nation, ils ne préféreront pas la délivrance d'un Scélerat à celle d'un Innocent. Mais Pilate ne penſe pas, que démaſquer l'Hypocriſie des Pontifes & des Phariſiens, découvrir leurs Vices cachez ſous des apparences de Religion, & faire tomber par-là leur autorité, eſt de tous les crimes le plus inexpiable. Ce premier expédient ne lui ayant donc pas réüſſi, il eut recours à un autre. Ce fut de donner quelque ſatisfaction aux Juifs, en *faiſant* [2] *châtier* Jeſus, & de le relacher enſuite, parce que ſuppoſé qu'il fût coupable de quelque faute contre les Chefs de la Nation, au moins n'avoit-il rien fait qui méritât la mort. La complaiſance de Pilate ne faiſant qu'irriter la fureur du Peuple, animé par les Sacrificateurs & les Phariſiens, il ordonna aux Soldats, *de prendre Jeſus, & de le foüetter.*

Jean
XIX. 1.

D'habiles Interprêtes croyent, que Pilate fit foüetter Jeſus, pour l'obliger par ce châtiment d'avoüer les crimes dont il pouvoit être coupable. Il eſt vrai que * les Romains donnoient quelquefois la Queſtion par le foüet: Mais outre qu'ils ne ſe bornoient pas-là, quand la Flagellation ne ſuffiſoit pas pour arracher au coupable l'aveu de ſes crimes, Pilate, étant convaincu de l'Innocence du Seigneur, comme il le proteſta pluſieurs fois en préſence des Juifs, il n'y a nulle apparence, qu'il ſe ſoit propoſé de lui faire avoüer des crimes, qu'il étoit perſuadé que le Seigneur n'avoit pas commis.

Auſſi

---

* Voyez Act. XXII. 24. C'eſt ce que ſignifient ces mots, *examiner par le foüet.*

Χριςὸς μαςιγωθοίς. Joann. XIX, 1. CHRISTUS FLAGRIS CAESUS.
Christ Scourged.   Jesus-Christ fouetté.
Christus wird gegeisselt.   Christus gegeisselt.

Auſſi quand il parle de *le faire foüetter*, il ſe ſert du terme de *châtier*, qui montre la fin qu'il ſe propoſoit.

D'autres Interprêtes ont dit, que Pilate fit foüetter Jeſus, parce que c'étoit la coûtume des Romains, d'infliger cette peine aux criminels ³ qui devoient être crucifiez, avant que de les mettre en Croix, comme ⁴ S. Jerôme l'a remarqué. On en voit divers exemples dans Joſephe. Pendant le Siége de Jeruſalem, Tite, irrité de l'obſtination des Juifs, ⁵ faiſoit mettre en croix, au pied des murailles, tous les Priſonniers qu'il faiſoit ſur eux, & ceux que la Faim & les Fureurs inteſtines obligeoient à ſortir de la Ville, après les avoir fait foüetter. On en crucifioit juſqu'à cinq-cens par jour, & quelquefois davantage. C'eſt-ce qui a fait juger à d'habiles Interprêtes, que la Flagellation de J. Chriſt ne fut qu'un ſupplice préparatoire à celui de la Croix, auquel Pilate l'avoit condamné. La manière même dont S. Matthieu s'exprime, ſemble favoriſer leur penſée. *Pilate*, dit l'Evangeliſte, *après avoir fait foüetter Jeſus, le livra* aux Soldats *pour être crucifié*. Ce recit peut faire croire, qu'il n'y eut entre la Flagellation & la Crucifixion d'autre intervalle, que celui qui étoit néceſſaire pour conduire J. Chriſt au lieu du ſupplice.

Matth. XXVII. 16.

Il y a du vrai dans ce ſentiment, mais il y a auſſi du faux, comme on le va voir par la relation de S. Jean, qui nous fait connoître diſtinctement l'intention de Pilate. Ce Gouverneur, qui ne pouvoit ſe réſoudre à faire mourir le Seigneur, dont il connoiſſoit l'Innocence, & voyant bien qu'il falloit donner quelque ſatisfaction aux Juifs, leur offrit plus d'une fois de le faire foüetter, & de le relacher après ce châtiment. Quoiqu'ils s'opiniâtraſſent à demander ſa mort, Pilate tint ferme pendant quelque tems, & ordonna aux Soldats de prendre Jeſus & de le foüetter, ce qui fut exécuté dans la Cour de ſon Palais. Soit par ſon ordre, ou par ſa permiſſion, les Soldats, auſſi inſolens qu'inhumains, joignirent aux coups de foüet toutes les inſultes imaginables. Ils plierent une Couronne d'Epines, & la lui mirent ſur la tête. Ils le revêtirent d'un Manteau d'Ecarlate. Ils lui mirent à la main un Roſeau au lieu de Sceptre, & le traiterent comme un Roi ridicule. En inſultant J. Chriſt, ils veulent ſe moquer des eſpérances des Juifs, & du Meſſie qu'ils attendent. Après cette ſcene ſanglante, Pilate ſortit de ſon Palais, & fit conduire devant le Peuple, Jeſus tout couvert de ſang, & leur dit: *Le voici, je vous l'amene, afin de vous faire connoître, que je ne trouve pas en lui de quoi le condamner à la mort*. Cela fait voir, que la

Jean XIX. 1. & ſuiv.

Jean XIX. 4.

Flagellation du Seigneur ne fut point le supplice préliminaire, que les Romains faisoient souffrir à ceux qui devoient être crucifiez. La suite le confirme encore. Pilate, en présentant Jesus aux Juifs, leur dit, *Voilà l'Homme!* Voyez dans quel état je l'ai fait mettre: N'êtes-vous point satisfaits? Si vous êtes alterez de son sang, n'y en a-t-il pas-là assez, pour étancher votre soif? Mais bien loin de se laisser fléchir, dès que ces Barbares virent Jesus, couvert de playes & tout en sang, ils s'écrierent, *Crucifiez-le, crucifiez-le!* Achevez, disent-ils à Pilate, ce que vous avez si bien commencé. La Crucifixion doit suivre la Flagellation, qui en est le préparatif. Alors Pilate leur répondit avec indignation: *Prenez-le vous-mêmes, car pour moi, je ne trouve point en lui de quoi le condamner* à la mort. Pilate sçavoit bien qu'ils n'avoient, ni le droit ni le pouvoir de le faire, & la permission qu'il semble leur en donner, n'est point sérieuse. Peut-être même que le Gouverneur n'ignoroit pas que les Juifs, assujettis à la Loi de Moïse, qui avoit reglé les supplices des criminels, ne leur permettoit pas d'infliger celui de la Croix, qui ne se trouve point dans les Loix Mosaïques. Aussi les Juifs repliquerent-ils: *Nous avons une Loi; & selon cette Loi il mérite la mort, parce qu'il s'est dit le Fils de Dieu.* Remarquons qu'ils ne disent pas, *Selon cette Loi il doit être crucifié;* bien-qu'ils le demandassent, & que Pilate semblât le leur permettre; mais ils disent, *Il doit mourir.*

On a déja remarqué, que le titre de *Fils de Dieu,* * dans le stile des Juifs & des Ecrivains sacrez, désigne la même chose que *le Messie,* ou le Roi par excellence, que les Juifs attendoient. Cela étant, ils répétent en d'autres termes l'accusation qu'ils avoient déja portée contre J. Christ; c'est qu'il s'est rendu coupable de lèze-Majesté, pour avoir usurpé la qualité de Roi. Les Juifs n'indiquent pas la Loi par laquelle il doit mourir; mais ils veulent paroître des Sujets fidèles, & font entendre qu'ils ont une Loi, qui condamne à la mort quiconque ose usurper le titre de Roi.

L'Evangéliste ajoûte, *que Pilate, ayant entendu ces mots, craignit davantage.* Comme les Payens étoient imbûs de l'idée, que les Dieux inférieurs avoient un commerce secret avec des Mortelles, & qu'il en naissoit des *Demi-Dieux* ou des *Héros;* on croit assez généralement que Pilate s'imagina, sur ce que les Juifs disent que Jesus s'est dit le Fils de Dieu, qu'il

---

* Si l'on ne se rend pas aux preuves qu'on a alleguées, on peut consulter le *Christianisme raisonnable* de M. Locke, T. I. chap. IV. & suiv.

qu'il pourroit être un Demi-Dieu, & que c'est-là ce qui augmenta sa crainte. Il eut horreur de penser, qu'on voulût l'obliger de faire mourir un Personnage de cet ordre. Cela me paroît tout-à-fait sans fondement. Premierement, on ne voit rien dans la conduite de Pilate, qui indique qu'il ait eu cette idée de J. Christ. Auroit-il permis que les Soldats l'insultassent, comme ils le firent, s'il l'eut regardé comme un Héros? En second lieu, il est fort vraisemblable que Pilate attachoit au titre de Fils de Dieu, la même idée que le Centenier, qui étoit Payen, comme lui, & qui voyant mourir J. Christ, s'écria: *Pour vrai, cet Homme étoit Fils de Dieu!* Matth. XXVII. titre, que S. Luc a rendu par celui de Juste: *Pour vrai, cet* ç4. *Homme étoit un Homme juste!* Les Payens appelloient les Gens XXIII. 47. de bien, les Enfans de Dieu. Ainsi, la véritable cause de la crainte de Pilate, c'est que les Juifs ont dit, *Nous avons une Loi, & selon cette Loi* Jesus *doit mourir, parce qu'il s'est dit Fils de Dieu*. Il craint donc qu'ils ne portent des plaintes contre lui à l'Empereur, parce qu'ayant l'usage de leurs Loix, Pilate doit faire mourir celui que les Loix Judaïques condamnent à la mort. Il connoît d'ailleurs l'esprit de Tibere [6], Prince soupçonneux, défiant, colère, cruel, toujours prêt à écouter les Accusateurs; & si les Juifs osent représenter Pilate comme un homme qui a eu de l'indulgence pour un Criminel d'Etat, sa perte est assurée.

Quoi qu'il en soit, ce fut alors que Pilate, étant rentré dans le Prétoire, & y ayant fait venir Jesus, lui *demanda D'où êtes-vous?* comme s'il eût voulu s'informer de sa race: & toute la suite de la relation de S. Jean fait voir, que depuis la Flagellation de Jesus, le Gouverneur n'oublia rien pour fléchir les Juifs, & relacher le Seigneur sans exciter une émeute populaire. C'est ce qui prouve évidemment [7] qu'il n'avoit point ordonné cette Flagellation, comme un préparatif à la Crucifixion; ou que s'il le fit dans cette vûë, ce n'est qu'au cas qu'il lui fût impossible d'obliger les Juifs à se désister de la demande qu'ils faisoient, que Jesus fût crucifié. On croit donc que pour concilier les récits de S. Matthieu & de S. Marc avec celui de S. Jean, il faut traduire dans S. Matthieu: *Pilate leur relacha Barrabas, & à l'égard de Jesus, qu'il avoit déja fait foüetter, il le leur livra pour être crucifié.* * Le Grec peut fort bien admettre cette traduction.

La seconde question qu'on peut faire ici, concerne la manière

---

* Τὸν δὲ Ἰησοῦν φραγελλώσας, παρέδωκεν, ἵνα σαυρωθῇ. Matth. XXVI. 26. Voyez aussi Marc XV. 15.

nière dont le Seigneur fut foüetté. On demande, si ce fut avec des Verges ou avec un Foüet? La question est facile à décider. Ce fut avec un Foüet, comme on le voit par le terme que * S. Matthieu & S. Marc ont employé. Les Romains [a] se servoient de Verges, quand il s'agissoit de châtier des personnes Libres, & du Foüet, lorsqu'il s'agissoit des Esclaves. Jesus étant Juif, fut traité en Esclave. Le Poëte Prudence l'a fort bien remarqué, lorsqu'il représente dans ses Hymnes Jesus souffrant:

Vinctus in his Dominus stetit
Aedibus, atque Columnae
Adnexus, tergum dedit, ut servile, flagellis.

Ce supplice étoit aussi douloureux qu'il étoit ignominieux, parce qu'on attachoit aux lanieres de cuir, dont le Foüet étoit composé, des osselets; car pour les pointes de fer & les especes de crochets, qui non seulement entroient dans la chair, mais qui ne s'en detachoient qu'en la déchirant, que l'on prétend avoir été attachez au Foüet dont on se servit à l'égard de Jesus, c'est une exageration qui n'a aucun fondement dans l'Antiquité, & je ne pense pas que nous devions ajouter beaucoup de foi à † ces Saintes modernes, qui, sous prétexte de leurs Revélations, nous décrivent la Flagellation du Sauveur, comme si elles l'avoient vûë de leurs yeux.

La curiosité ne se lasse point sur des questions, qu'il est aussi impossible que peu nécessaire de décider. On demande donc, combien J. Christ reçut de coups de foüet? Il ne seroit pas difficile de le dire, si ce supplice avoit été infligé au Seigneur par le ministère des Juifs, & par l'ordre de leur Conseil. On sçait que la Loi ne leur permettoit de donner au Coupable que quarante coups, & qu'ils n'en donnoient jamais que trente-neuf, de peur de violer la Loi: Précaution bien sage! En matière de Peines, il sied bien aux Magistrats d'adoucir la rigueur de la Loi, crainte de la pousser trop loin. S. Paul faisant l'énumeration de ses travaux, témoigne *que les Juifs lui avoient fait donner, en cinq différentes fois, trente neuf coups de foüet.* Cet usage s'est conservé parmi eux, & enco-

Deut. XXV. 3.

2. Cor. XI. 14.

---

* Le terme est Φραγελλωσας, mot Latin, que l'on avoit grécisé.
† Nous voulons parler de Sainte Brigitte, qui, dans ses Revélations, a décrit la Flagellation du Seigneur. Le sçavant Lipse ne parle que d'osselets; mais la Sainte parle de crochets & de pointes de fer. Voici ses paroles. *Deinde, jubente Lictore, Jesus se ipsum vestibus exuit, & columnam sponte amplectens, restè ligatur, & flagellis aculeatis, infixis aculeis, & retractis, non evellendo, sed sulcando, totum corpus ejus laceratur. Ad primum igitur ictum ego, quasi corde percussa, sensibus abducor, & post tempus evigilans, corpus ejus laceratum video. Toto enim corpore nudus erat, cum flagellaretur.* S. Brigittæ Revelat. Lib. IV. p. 70.

encore aujourd'hui, dans la Fête des Expiations, il y en a parmi eux, qui par pénitence se font donner autant de coups de foüet. Mais comme la Flagellation du Seigneur se fit par des Soldats Romains, & que chez les Romains le nombre des coups n'étoit point déterminé, à moins que ce ne fût par la sentence du Juge, il n'est pas possible de dire combien de coups le Seigneur reçut. Il y a eu pourtant des Gens assez téméraires pour oser l'entreprendre; car sans parler encore de Ste. Brigitte & de ses Révélations, [9] les uns ont avancé, que le Sauveur reçut cinq-mille coups de foüet, & d'autres, plus de cinq-mille: conjectures non seulement trop hardies, mais qui n'ont aucune vraisemblance; car outre que les Romains ne portoient jamais la rigueur à un tel excès, c'est qu'il n'y a point d'homme qui puisse soutenir un tel supplice. Or l'intention de Pilate n'étoit pas, que J. Christ expirât sous le nombre & la rigueur des coups. Ce qui mérite toute l'attention & toute l'admiration du Fidèle, c'est que le Fils de Dieu ait souffert ce supplice, & tous les outrages dont il fut accompagné, avec une Douceur, une Patience, & une Magnanimité, qui ne se démentirent jamais. Car bien loin d'être abattu, ce fut après un si rude tourment que, Pilate lui ayant osé dire qu'il avoit le pouvoir & de le faire crucifier & de le relacher, il lui fit cette noble & magnanime réponse, que S. Jean rapporte au Chap. XIX. vs. 11.

On voudra peut-être sçavoir encore, en quelle posture le Sauveur souffrit le supplice de la Flagellation? A l'égard de cette question, il est aisé d'y satisfaire, parce qu'on est instruit de la pratique des Romains dans ces occasions. Ils en usoient de deux manières. Quelquefois [10] ils faisoient foüetter le Coupable, en le conduisant au dernier supplice; mais d'autres fois ils le faisoient, ou dans une Place publique, ou dans la Cour du Magistrat qui ordonnoit cette peine. Il y avoit pour cet effet dans la Cour une Colomne, élevée de trois pieds ou environ, à laquelle on attachoit le Coupable, après l'avoir dépouillé. Or la Flagellation de J. Christ s'étant faite dans la Cour du Palais de Pilate, comme on l'apprend de S. Jean, on ne peut gueres douter que, selon la coûtume, on ne l'ait lié à une Colomne élevée exprès pour cet usage. Jean XIX. 4, 5.

On n'oseroit en dire autant d'une Tradition dont on ne sçauroit marquer l'époque; mais qui devoit être toute nouvelle à la fin du IV. siècle, puisque nul Auteur plus ancien que S. Jerôme n'en a fait mention. C'est que la Colomne à laquelle le Seigneur fut attaché, avoit été conservée, & qu'elle qu'elle foutenoit alors le Portique d'une Eglife de Jerufalem. [11] *On la montroit*, dit S. Jerôme, *encore teinte du fang du Sauveur*. Du tems de Bede, [12] cette Colomne ne fervoit plus à foutenir le Portique d'une Eglife: on l'avoit tranfportée au milieu: *Et dès le VI. fiècle*, [13] dit M. de Tillemont, *les Chrétiens avoient accoûtumé de l'environner avec des cordons, qu'ils gardoient enfuite par devotion, pour s'en fervir à la guérifon de divers maux*. * *On prétend*, ajoute l'Auteur, *en avoir encore aujourd'hui une partie à Rome, dans l'Eglife de Ste Praxede*. Nous laiffons au Lecteur la liberté de croire ces Traditions, fur la foi de ceux qui les rapportent. Nous le prions feulement, de nous laiffer à fon tour la liberté d'en penfer ce que nous jugeons à propos. Heureux le monde, fi ceux qui ont le plus d'indulgence pour la pieufe crédulité des autres, trouvoient dans ces derniers la même indulgence pour une Foi appuyée fur l'Ecriture, & approuvée par la Raifon!

* Marianus le dit auffi dans fes Notes fur l'Epît. xxvii. de S. Jerôme.

Χριςὸς ἐμπαίζεται ὑπὸ τῶν ςρατιωτῶν. Matth. XXVII, 29. CHRISTUS ILLUSUS.
Christ mocked. Les Soldats se moquent de Jesus-Christ.
Christus wird verspottet. Christus bespot.

DISCOURS XVI.

Les Soldats se moquent de J. Christ. Matth. XXVII. 27..30. Marc XV. 16..19. Jean XIX. 1..16.

Ous avons déja parlé en passant, & par occasion, dans le Discours précedent, des Insultes outrageantes que les Soldats firent à Jesus, après lui avoir fait souffrir le cruël supplice de la Flagellation. Ces Insultes sont le principal objet de ce Discours. Nous allons suivre & expliquer la description que S. Matthieu nous en a faite, en y joignant les circonstances que les autres Evangelistes nous fournissent.

Nous avons vû que Pilate, ayant ouï les accusations des Juifs hors de son Palais, parce qu'ils n'osoient y entrer, de peur de se souiller & de n'être pas en état de célébrer la Pâque, il fit mener Jesus dans le Palais, & après quelques questions, il le livra à des Soldats, avec ordre de le châtier par le foüet; & cela, non qu'il le crût coupable, mais afin de donner quelque satisfaction aux Juifs, & de le relacher ensuite. C'étoient-là ses intentions. Les Soldats, chez les Romains, faisoient les exécutions; & il est bien vraisemblable, que ceux qui furent chargez de celle-ci, aussi-bien que de la Crucifixion du Seigneur, étoient au nombre de quatre: car S. Jean remarque, *qu'après avoir crucifié Jesus, ils prirent ses Habits & en firent quatre parts, à chaque Soldat la sienne.* Mais outre les quatre Soldats qui étoient chargez de l'exécution, tous les autres qui composoient la Garde de Pilate, environnoient le Seigneur. *Ils assemblerent autour de lui*, dit S. Matthieu, *la Cohorte entiere.* On peut voir dans la remarque ¹, ce que c'étoient que les Cohortes chez les Romains. Mais il ne s'agit dans cet endroit, que de la troupe de Soldats qui gardoient le Prétoire: aussi le mot de l'Original, employé par S. Matthieu, ne signifie qu'une ² *troupe de Soldats*; de sorte que le sens est, que les Soldats chargez de prendre Jesus & de le foüetter, firent ranger autour de lui toute la Garde de Pilate. Cela se passa vraisemblablement dans la * Cour du Palais, où se tenoient les Gardes. Cet-

Jean XIX. 23.

Matth. XXVII. 27.

---

* La Vulgate a traduit Marc XV. 16. *in atrium Prætorii*, dans *la Cour du Prétoire* ou *du Palais*. L'Interprête a lû, comme on lit dans quelques Exemplaires Grecs, ἔσω τῆς αὐλῆς τοῦ πραιτωρίου. Mais on lit dans

LES SOLDATS SE MOQUENT

Cette insolente Troupe, à qui Pilate a livré le Seigneur, s'empressa à l'envi, soit par sa permission ou par son ordre, à lui faire les plus grands Outrages. Dans la Cour de Caïphe, les Soldats qui l'avoient pris dans le Jardin de Gethsémané, & les Officiers du Conseil des Juifs, l'avoient insulté comme un faux Prophète, & lui disoient en lui donnant des soufflets: *Prophétise, & dis, qui est celui qui t'a frappé.* Ici les Soldats Romains l'insultent comme un Insensé ambitieux, qui affecte une Royauté imaginaire. Pour cet effet ils commencent par lui ôter ses habits, & *le revêtir d'un Manteau d'écarlate.* Le mot de l'Original, * *Chlamys*, signifie un habit militaire, celui que portoient les Officiers à l'Armée. Dans la paix les Romains portoient des Robes, appellées *Togæ*; mais en campagne ils avoient une sorte d'habit court, plus propre à l'action. Il paroît par l'empreinte qu'un [3] Sçavant en a fait graver dans son Traité *de la Mort de J. Christ*, que ce vêtement militaire n'étoit qu'une espece de Casaque courte & volante, attachée au col, & qui laissoit au Soldat les bras libres & decouverts.

S. Matthieu dit, que celle dont on vêtit J. Christ, étoit *d'écarlate.* S. Marc & S. Jean, *de pourpre.* Ces deux couleurs, fort estimées l'une & l'autre, sont différentes. L'*Ecarlate* se tiroit d'une espece [4] de graine, appellée *Coccus*, qui venoit en Galatie & en Espagne, aux environs d'Emerite. On en tiroit aussi d'une sorte de Fleur, ce qui fait dire à Pline [5] *que le Luxe fait tout servir à son usage, jusqu'aux Fleurs.* A l'égard de la *Pourpre*, on la tiroit de [6] la gueule ou de la gorge d'un Poisson, dans laquelle on trouvoit une petite veine blanche, pleine d'une liqueur d'un rouge sombre, mais éclatant. Ces deux couleurs étant extrêmement précieuses l'une & l'autre, & ayant beaucoup de rapport ensemble, il n'est pas surprenant que les Historiens sacrez les confondent; [7] ce qui ne leur est pas particulier. On remarque même que les Anciens [8] les mêloient quelquefois ensemble, pour en faire une couleur plus agréable à la vûë. On pourroit se servir de cette derniere raison pour concilier les Evangélistes, si elle ne paroissoit pas trop recherchée. Il vaut mieux s'en tenir à ce qu'on a dit, que des couleurs approchantes se mettent aisément

---

dans le plus grand nombre des MSS. ἔσω τῆς αὐλῆς, ὅ ἐςι πραιτώριον: *Dans la Cour, qui est le Prétoire.* Dans le fond c'est la même chose pour le sens. Car pour traduire exactement l'Original, il faut dire, les Soldats conduisirent J. Christ *dans l'interieur de la Cour, qui s'appelle aussi le Prétoire,* c'est-à-dire, qu'elle porte le nom du Palais.

* On peut consulter Ferrarius sur cette sorte d'habit.

ment l'une pour l'autre; & ce n'est pas à ces petites circonstances que nos sacrez Ecrivains s'arrêtent.

Le Manteau de pourpre ou d'écarlate dont les Soldats revêtirent Jesus par dérision, étoit la Casaque de quelque Officier, ou Bas-officier; car bien-que ces deux couleurs fussent d'abord réservées aux Rois & aux Généraux d'Armée, elles devinrent dans la suite ⁹ fort communes parmi les Romains, le Luxe étant monté chez eux à son comble, depuis qu'ils eurent porté leurs conquêtes en Asie.

L'insolence ne s'arrêta pas-là. A cette espece de Manteau Royal les Soldats joignent la Couronne. Ils en font une *d'Epines, qu'ils entrelacent ensemble, & la posent sur la tête du Sauveur, n'oubliant pas sans doute ¹⁰ d'en enfoncer les pointes dans cette tête sacrée. La Couronne ¹¹ fut au commencement & dans son origine l'emblême du Soleil. Les Rois se l'approprierent ensuite; & ils eurent raison, si ce fut pour les faire souvenir, & pour apprendre à leurs sujets, qu'ils sont dans leurs Etats ce qu'est le Soleil dans la Nature, & que comme il éclaire & vivifie tous les Etres sublunaires, ils sont appellez à éclairer & à gouverner leurs sujets par de bonnes Loix, & à les rendre heureux par leur Protection & par leurs Bienfaits. On les a comparez aux Corps célestes, qui ont beaucoup d'éclat & qui n'ont jamais de repos. Car, sans parler des soucis inseparables du Gouvernement, on peut dire que l'étenduë de leur Pouvoir sert de mesure à celle de leurs travaux; & si leurs Couronnes ne sont pas d'Epines; comme celle de leur Sauveur, si elles n'ont pas des pointes perçantes, elles ont un poids qui fait qu'elles chargent encore plus leur tête qu'elles ne l'ornent, au moins lorsqu'ils ne se contentent pas du titre & des honneurs Royaux.

Pour achever cette outrageante Comédie, les Soldats mirent dans la main droite de Jesus une Canne ou un Roseau, en guise de Sceptre. Le Sceptre tire son origine du caractère des premiers Rois du monde. Ayant succedé aux Peres de familles, dont ils prirent l'autorité lorsque plusieurs familles commencerent de composer une République, ils en eurent le pouvoir, & durent en avoir les qualitez; & à l'exemple des *Bergers*, dont ils porterent ¹² le nom, ils prirent le Sceptre en la place de la Houlette, qui servoit aux Bergers à conduire & à défendre leurs troupeaux. Le Sceptre est l'emblême de l'Autorité

Roya-

---

* *D'Epines.* On peut voir sur cette Couronne & sur la matière dont elle a été faite, la Dissertation de Thomas Bartholin, *De Cruce.* pag. 160. & seqq. Ces recherches curieuses ne servent point à l'édification des Lecteurs; on les passe, ou on ne les touche qu'en passant.

208   LES SOLDATS SE MOQUENT

Royale, mais d'une Autorité protectrice, bienfaisante, & qui convient proprement à ces Princes, nez pour faire le bonheur & les délices des Peuples, dont ils font les Peres & les Pasteurs. Quelques insensez que soyent les Soldats de Pilate, ils placent bien le Sceptre, en le mettant dans la main droite du Sauveur. C'est sa place: L'Epée se met dans la main gauche. C'est en effet la main droite qui est l'instrument ordinaire de nos actions, & l'on n'a recours à la main gauche que par nécessité, lorsque la premiere ne suffit pas. Le Sceptre dans la main droite du Souverain, & l'Epée dans sa gauche, annoncent son véritable caractère: c'est d'être toujours prêt à faire usage de son Pouvoir, quand il s'agit de proteger & de défendre, & de ne s'en servir pour punir, que malgré lui & par nécessité.

<small>Matth.
xxvii.
29.</small> Après avoir orné de la sorte la Personne du Sauveur, les Soldats *s'agenouillent devant lui, & lui disent, Roi des Juifs, je vous saluë.* Ils rendent en apparence au Seigneur les honneurs que les Peuples d'Orient avoient accoûtumé de rendre à leurs Rois. Ils fléchissoient les genoux ou se prosternoient devant eux, en faisant des vœux pour leur prosperité; car c'est-ce que signifie * l'Original, & peut-être vaudroit-il mieux traduire, *Roi des Juifs, soyez heureux!* parce qu'on feroit mieux entendre la pensée que le mot de saluer n'exprime pas. A ces Outrages cette insolente Milice joint la Violence. Ils pren- <small>Ib. vf.
30.
Matth.
xxvii.
30.</small> nent la Canne qu'ils ont mise dans la main droite de Jesus, & lui en donnent des coups sur la tête. Enfin ils lui crachent au Visage, en signe d'exécration & de mépris. Tout cela se passe à la vûë de Pilate, qui le souffre, si toutefois il ne l'a pas ordonné, par une lâche complaisance pour les Juifs.

Cette scene est plus instructive qu'on ne pense. On y voit d'abord jusqu'où le Sauveur a bien voulu porter les humiliations; car après tous les Miracles qu'il a faits, peut-on soupçonner seulement qu'il ne les ait souffertes volontairement? C'est ainsi qu'il s'abaisse & s'anéantit lui-même, non seulement jusqu'à *prendre la forme d'Esclave,* mais jusqu'à essuyer <small>Philip.
ii. 6.</small> toutes les Indignitez que des Maîtres irritez pourroient faire souffrir à des Esclaves qui auroient attenté à leurs personnes

&

---

* Κάιρε : C'est le mot de l'Original, que les Grecs employoient dans les salutations. Voyez Luc 1. 27. où l'Ange dit à la Vierge, Κάιρε, soyez heureuse, prospérez! Les Latins l'ont exprimé par *Ave*, qui a le même sens, & dont on se servoit en saluant les Empereurs. *More Romano Imperatores salutabantur nomine Imperatoris, vel Domini, vel alio nomine adulatorio. Ita psittacus Cæsarem salutat* Martial. lib. iv.
 Hoc didici per me dicere, Cæsar, ave.
Ita corvi salutare Augustum docti: Ave, Cæsar, victor Imperator. Macrob. lib. 2. Saturnal. cap. 4. Edmundi Merillii Notæ Philologicæ in Pass. Christi, pag. 25.

& à leur autorité. On y voit enfuite un exemple de ces revers qui renverfent les fortunes humaines, & qui livrent à l'Infolence d'une Populace effrenée ces Perfonnes auguftes, devant lefquelles on fléchiffoit les genoux quand elles étoient en pouvoir. Jefus ne perd rien de fa propre Grandeur. Elle fe foutient toute entiere, parce qu'elle eft toute entiere renfermée dans fa Perfonne. Il n'a jamais affecté, ni la puiffance, ni les ornemens des Rois de la Terre. Son Autorité, non plus que fes Vertus, ne font point fujettes aux révolutions qui renverfent les Trônes & qui abattent les Couronnes. Mais combien de fois a-t-on vû des Hommes fuperbes defcendre tout d'un coup du faîte des Grandeurs dans le plus profond abaiffement, devenir le mépris & l'exécration du genre-humain, dont ils avoient été la Terreur? Ce n'eft pas le Roi des Juifs que l'on jouë. Cette Comédie eft déplacée. Ce font les Grandeurs humaines, telles qu'elles fe trouvent bien fouvent dans des Hommes fans vertu, & qui dépouillez de leur Pouvoir, & réduits à n'être plus que ce qu'ils font effentiellement, fouffrent ce que leur Orgueil & l'Abus de leur Pouvoir n'ont que trop mérité.

On ne plaindra pas le Perfécuteur Agrippa, ce dernier Roi des Juifs, qui poffeda Jerufalem & le Royaume de Judée par la faveur & la libéralité de Claude, [13] quand on le verra traité par les Alexandrins, lorfqu'il étoit dans leur ville, à-peu-près comme les Soldats Romains traiterent Jefus; fi ce n'eft qu'il n'effuya pas ces infultes en perfonne, mais dans celle d'un Fou qui couroit tout nud dans les rues d'Alexandrie, & qui fut, pour ainfi dire, l'effigie d'Agrippa. Par la connivence de Flaccus, le peuple prit ce Fou, nommé *Carrabbas*, le vêtit d'une natte en guife de Manteau Royal, lui mit fur la tête une Couronne de papier, & un Rofeau à la main pour lui tenir lieu de Sceptre. Dans cet équipage ils venoient lui rendre leurs refpects, le faluer, lui donner le nom de *Marin*, nom Syriaque qui répond à celui de *Seigneur*, que les Romains donnoient alors aux Empereurs. Les *Juifs*, dit là-deffus un [14] Auteur moderne, *eurent le regret de voir traiter le dernier Roi qui poffeda toute la Judée, avec la même Ignominie, quoique non avec la même Cruauté, qu'ils avoient traité leur Roi & leur Sauveur, peu d'années auparavant.*

Laiffons Agrippa, créature des Romains, qui doit fervir d'exemple à tous les Rois, & leur apprendre comment le Ciel punit quelquefois leur Orgueil. Il n'eft plus le jouët d'un d'un Peuple infolent; il en eft l'Idole; & tout Juif qu'il eft, il ofe recevoir avec complaifance les acclamations idolâtres d'une multitude, qui l'entendant haranguer, s'écrie en fa préfence: *Ce n'eft pas un Homme qui parle, c'eft un Dieu!* Cette profane adulation hâte fon jugement: Un Ange du Ciel le frappe: Cette pompe va être changée en deuil: ces acclamations en plaintes, en cris lugubres; & les vers, dignes inftrumens de la Providence pour confondre l'Orgueil des Humains, vont coucher dans le tombeau ce Dieu que la Flaterie a confacré.

Act. xii. 23.

Revenons à Jefus, que fon Humilité va élever fur le Trône de l'Univers. A cette Pourpre dont on le revêt par dérifion, qui fe confume par l'ufage, & que les vers rongent, va fucceder le Vêtement incorruptible d'une Lumiere immortelle; à cette Couronne d'Epines, *la Couronne immarcefſible* de la Gloire; à ce Sceptre ridicule que les Soldats lui mettent dans la main droite, le Sceptre de la Toute-puiffance que le Pere lui a donné fur le Ciel & fur la Terre. Nous venons de le voir dans la plus profonde Humiliation; mais outre qu'elle eft volontaire, il ne perd rien de cette Grandeur qui réfide dans fa Perfonne. S'il fufpend l'exercice de fon Pouvoir, ce n'eft que pour laiffer agir fes Vertus, & fur-tout cette haute, cette fublime Vertu, *cette Vertu parfaite*, cette Patience invincible, qui rend les grands Hommes plus aimables & plus admirables dans l'Adverfité que dans la Profperité. Il fouffre tous ces Outrages fans laiffer couler une larme, fans pouffer un foupir, fans donner le moindre figne d'abattement, & conferve en fon entier cette Gloire effentielle, propre aux grandes Ames, & indépendante des révolutions. Elle brille au travers des Opprobres qu'il endure, & de l'Ignominie qui l'enveloppe.

1. Pier. v. 4.

Jaques 1. 4.

Nous avons dit que les Humiliations du Seigneur font volontaires; & elles le font en effet: car bien-qu'elles foyent ordonnées par la Providence, J. Chrift les embraffe volontairement; ce qui fait dire à S. Paul, *Qu'il s'eft anéanti lui-même.* On peut demander, quel en eft le but? Il femble que le Seigneur s'eft propofé de crucifier le Monde, fa Gloire, fa Pompe. En effet, il a montré dans tout le cours de fa vie, non le Mépris des Puiffances; à Dieu ne plaife! mais le Mépris des Honneurs & des Richeffes, & de tout ce que le fiécle a de plus cher & de plus attachant. Ce n'eft pas que les Mœurs de J. Chrift ayent eu rien de farou-

Philip. II. 7.

farouche, rien de cette rudesse qu'on a vûë dans quelques Philosophes, qui ne faisoient pour l'ordinaire que substitüer l'Idole de l'Orgueil à celui de la Vanité, & qui ne fouloient aux pieds le Luxe & les Richesses que par Ostentation. Rien de pareil dans les Mœurs du Sauveur. Mais il sçavoit bien que l'Amour des Honneurs, des Richesses, de la Gloire du siècle, est le poison de la Vertu dont il venoit donner les préceptes & l'exemple; & que les Véritez qu'il venoit annoncer, ne pouvoient être prêchées ni reçûës, que par des Ames libres de cet Amour du Monde, qui est presque toûjours en opposition avec l'Amour de Dieu; c'est-à-dire, avec l'Observation de ses Commandemens.

DISCOURS XVII.

Simon de Cyrene porte la croix de Jesus Christ. Matth. XXVII. 31, 32. Marc XV. 21, 22. Luc XXIII. 26-32. Jean XIX. 17.

Ous voici parvenus au dernier acte de la Passion du Sauveur. Pilate s'est enfin rendu aux instances & aux cris redoublez des Juifs. Il leur a résisté, pour manifester l'Innocence de J. Christ. Il leur a cedé, pour accomplir les Décrets de la Providence. Il est convaincu que Jesus n'a commis aucun crime. Il n'ignore pas la cause de la haine implacable que les Chefs de la Nation Judaïque ont conçuë contre lui; que l'Envie, mere de tant de crimes, qui enfanta le premier meurtre, & qui en a produit une infinité d'autres dans tous les tems; que c'est l'Envie qui demande le Sang de J. Christ. Mais il est obligé de menager un Peuple déja irrité par ses concussions & par ses injustices. *Voulant donc leur complaire*, dit S. Marc, *il livra Jesus, pour être crucifié: & aussi-tôt les Soldats se saisirent de lui,* pour le conduire au lieu du supplice.

_{Marc xv. 18.}

Il y a ici une précipitation contraire à l'usage & aux loix des Romains [1], qui défendoient d'exécuter un Criminel que dix jours après que la Sentence avoit été prononcée: Loi bien digne de la Sagesse & de l'Equité des Romains. Cependant Pilate condamne J. Christ, & la Sentence, prononcée vers midi, s'exécute immédiatement après. C'est peut-être que la Loi exceptant les Séditieux, auxquels elle n'accordoit aucun répi, & Jesus étant accusé de sédition, Pilate ne violoit point la Loi; mais n'est-ce point plutôt que tous les delais paroissant dangereux à Pilate, parce que le Peuple étoit furieusement emû, & que lui-même se sentant combattu, il voulut se délivrer des inquiétudes que lui causoit l'affaire de Jesus, en se hâtant de la finir.

Les Soldats, maîtres de la Personne du Sauveur, commencerent par lui ôter l'habit comique dont ils l'avoient revêtu, & lui rendirent ses habits ordinaires; mais il y a bien de l'apparence qu'ils lui laisserent, comme Origene l'a remarqué, la Couronne d'Epines, puisque l'Evangéliste ne fait men-

_{Matth. xxvii. 31.}

SIM. DE CYR. PORTE LA CROIX DE J. C. *Disc. XVII.* 213

mention que de l'habit. Cet ornement ridicule servit à faire connoître *le Roi des Juifs*, & à le diftinguer des deux malfaiteurs, au milieu defquels il fut placé dans la marche, & enfuite crucifié. Dans cet état ils menerent Jefus hors de la Ville; car, & parmi les Juifs, & parmi les Romains, les exécutions ne fe faifoient point dans les Villes. On mene donc Jefus hors de Jerufalem, & c'eft à cela que l'Auteur Divin de l'Epître aux Hébreux fait allufion, lorfque comparant cette fainte Victime avec celles qui s'offroient le jour des Expiations, il dit, *que les corps des Animaux, dont le Sang étoit porté dans le Saint des Saints pour expier le péché, étoient brûlez hors du Camp des Ifraëlites; & que c'eft auffi pour cela que Jefus, afin de fanctifier le Peuple, a fouffert hors des portes de Jerufalem.* Heb. XIII. 11, 12.

Jefus fut d'abord chargé de la Croix à laquelle il devoit être attaché. [a] C'étoit la coûtume des Romains. Les coupables portoient eux-mêmes leurs Croix jufqu'au lieu du fupplice. De-là ce mot de Plutarque [3], *Tout Pécheur traîne après lui fa peine, comme tout Criminel porte fa Croix.* Les Peres ont obfervé à cette occafion, qu'Ifaac portant le bois qui devoit le confumer, après qu'Abraham fon pere l'auroit immolé, fut le type ou la figure de J. Chrift portant fa Croix. [4] La penfée eft bien naturelle. Celle-ci eft plus recherchée. C'eft que J. Chrift accomplit alors l'oracle d'Efaie: *L'Empire a été mis fur fon épaule*; fon obéïffance, jufqu'à fouffrir le fupplice de la Croix, ayant été, comme le dit S. Paul, la caufe de fon élevation à la Souveraineté de l'Univers. Cependant comme le Seigneur, qui n'avoit pris aucune nourriture depuis le foir précedent, ni aucun repos toute la nuit, affoibli d'ailleurs par les douleurs, & par la perte du fang qui avoit coulé des playes que les coups de foüet lui avoient faites, [5] fuccomboit fous le fardeau, & traînoit à peine une Croix qu'il ne pouvoit porter, les Soldats impatiens, en chargerent, * au fortir de Jerufalem, un homme nommé Simon, qu'ils rencontrerent à la porte de la Ville, comme *il reve-* Jean XIX. 17. Efaie IX. 5. Phil. II. 9.

---

* S. Jean dit (XIX. 17) que *Jefus portant fa Croix, alla au lieu appellé Calvaire*; c'eft-à-dire, qu'il partit du Prétoire pour y aller. S. Matthieu dit (XXVII. 32) *qu'en fortant, les Soldats rencontrerent un homme de Cyrene, appellé Simon, & le contraignirent de porter la Croix du Seigneur.* L'Evangélifte ne dit point d'où Jefus fortoit, mais affurement on ne peut l'entendre que de Jerufalem. Jefus porta fa Croix dans la Ville; mais ne pouvant plus foutenir ce fardeau, les Soldats, qui s'impatientent de fa lenteur à marcher, rencontrant à la porte de la Ville un homme qui revenoit des champs, (Luc XXIII. 26) le forcent de fe charger de la Croix du Seigneur. Cette circonftance, *qui revenoit des champs*, fait affez fentir, qu'ils rencontrerent cet homme comme il rentroit en Ville. Cette manière de concilier la relation de S. Jean avec celle des autres Evangéliftes eft fort fimple & fort naturelle. Voyez la note d'Edm. Merille. Au refte les termes de S. Luc, ἐπιθέναι αὐτῷ τὸν ϲταυρὸν φέρειν ὀπίσθεν τοῦ Ἰησοῦ, marquent affez que les Soldats obligerent Simon de porter la Croix derriere J. Chrift.

revenoit des champs, dit S. Luc. Cet homme travailloit apparemment à la culture de la terre, & comme il étoit Juif, il avoit quitté le travail quelque tems avant que le Sabbath commençât, pour venir faire la Pâque à Jerusalem. Cet homme étoit de Cyrene, & vraisemblablement de Cyrene d'Egypte; car il y avoit en Assyrie une autre Ville de ce nom, dont parle le Prophète Amos. Divers Peres ont cru que Simon étoit Gentil, & ont profité de cette opinion pour dire, que [6] les Gentils furent ceux qui porterent courageusement la Croix du Sauveur, & le suivirent à sa Passion. Mais cette opinion n'a nulle vraisemblance. Les Soldats Romains n'auroient point fait à un Payen, l'injure de le forcer à porter la Croix d'un Juif. Simon l'étoit. Il y en avoit un grand nombre en Egypte & dans la Lybie. Peut-être étoit-il venu à Jerusalem, afin d'y célébrer la Pâque avec ses deux fils [7], *Alexandre & Rufus*, dont S. Marc fait mention.

Il n'y a pas d'apparence non plus, que ce Simon étant étranger, fût alors Disciple du Seigneur. Il n'auroit pas fallu le *contraindre* à décharger son Maître du fardeau qu'il ne pouvoit porter: quelque triste que fût cet office, Simon l'auroit rendu à J. Christ, afin de le soulager; mais on ne peut douter qu'il ne devînt son Disciple. La manière dont S. Marc parle de ces deux fils, montre qu'ils étoient Chrétiens, & même distinguez entre les Chrétiens. Ainsi il arriva à Simon, témoin de la Patience & de la Pieté du Sauveur, aussi-bien que des Prodiges qui signalerent sa mort, ce qui arriva au Capitaine qui commandoit les Soldats Romains, chargez de conduire le Seigneur au supplice: Il reconnut le Fils de Dieu, & crut en lui.

Simon porta donc la Croix du Sauveur derriere lui, pendant que le Seigneur marchoit *au milieu de deux Malfaiteurs*, qui portoient chacun la leur. Il y avoit déja quelque tems qu'ils étoient condamnez; mais comme c'étoient des gens coupables de grands crimes, leur exécution avoit été [8] différée jusqu'à la veille de Pâques, afin que la Nation toute entiere, pour ainsi dire, fût témoin de leur supplice, & que leur exemple inspirât de la terreur à tout le monde. Quel triomphe pour les Juifs, de voir Jesus associé à deux insignes Scélerats, & placé au milieu d'eux comme leur Chef! Qui n'eut cru en effet qu'une telle circonstance devoit ternir pour jamais la réputation du Sauveur, ôter toute créance à sa Doctrine, & couvrir tous ses Disciples d'une éternelle confusion? Oseront-ils seulement prononcer le nom d'un homme me que Pilate a fait crucifier entre deux Brigans, à la réquisition de tout ce qu'il y avoit de plus vénérable dans ce Peuple, qui seul adore le vrai Dieu? Cependant le contraire est arrivé : & les Disciples de J. Christ ont fait consister leur plus grande gloire à se nommer du nom de ce Jesus, à souffrir & à mourir pour lui. Preuve certaine qu'ils ont été convaincus de sa Résurrection. Il y a plus encore. Non seulement ils ont soutenu que ce Jesus, qui a été crucifié entre deux Scelerats, étoit le Messie, mais ils l'ont persuadé à ceux qui l'ont vû mourir en croix : & cette persuasion a été si forte & si efficace, qu'à leur tour ils ont souffert eux-mêmes pour ce Jesus. Tout cela est incompréhensible, si les Apôtres n'ont pas eu des preuves de la Résurrection de J. Christ, à l'évidence desquelles il étoit impossible de résister, & si, depuis l'Ascension du Seigneur, ils n'ont pas operé, au nom de ce Jesus, les miracles que nos sacrez Historiens racontent.

Quoique les Pharisiens & les Sacrificateurs eussent soulevé contre le Sauveur, par leurs calomnies, la plus grande partie du Peuple, il y avoit pourtant un grand nombre de personnes, qui, pleines d'admiration pour ses Vertus, & de reconnoissance pour ses Bienfaits, dont elles avoient été, ou les sujets ou les témoins, gémissoient d'une violence & d'une injustice qu'elles ne pouvoient empêcher. Tristes & consternées, elles suivoient l'innocente Victime que l'on conduisoit à l'autel, & lui offroient tout ce qu'elles pouvoient lui offrir; le tribut de leur affliction & de leurs larmes. *Jesus*, dit S. Luc, *étoit suivi d'une grande foule de Peuple, parmi laquelle il y avoit quelques Femmes, qui se frappoient la poitrine & qui le pleuroient.* Luc XXIII. 32.

Il y a toûjours des Ames éclairées, qui sçavent démêler les vrais motifs des prétextes dont les Persécuteurs couvrent leurs attentats, qui percent les nüages du mensonge dont ils tâchent de noircir la Vertu, & en qui une tendre Compassion ne fait que redoubler l'estime & l'amour qu'ils ont pour elle. On en voit un exemple dans l'illustre & l'infortuné Aristide. Nous ne le mettons pas en parallele avec le Fils de Dieu, qui sera toûjours hors de toute comparaison. Cependant le Paganisme n'a rien eu de plus venérable que ce grand Homme. Aristide avoit rendu des services signalez à sa Patrie. Il en étoit le Sauveur temporel. Une probité presqu'alors sans exemple, de belles & de grandes actions, qui méritoient l'estime & la reconnoissance de tous ses Concitoyens,

toyens, ne fervent qu'à irriter contre lui l'envie des principaux: Il eſt condamné; mais comme on le menoit au ſupplice, " les gens de bien ", dit Seneque, baiſſoient les yeux, „ & pouſſoient des ſoupirs, parce qu'ils ne le regardoient „ pas ſeulement comme un homme juſte, mais comme la „ Juſtice même qu'on alloit perdre en le perdant. „ C'eſt ainſi que des Ames généreuſes ſuivent Jeſus allant à la Croix, & pleurent en ſa Perſonne le Juſte, ou plutôt la Juſtice même, qui va être crucifiée.

Jeſus, qui étoit la Douceur & la Bonté même, ce Jeſus qui avoit lui-même verſé des larmes ſur Jeruſalem, ne fut pas inſenſible à ces marques d'affection. Mais il ne pleura point, pour ne pas donner aux Spectateurs un prétexte de croire, que ſes pleurs fuſſent l'effet des maux qu'il ſouffroit ou qu'il alloit ſouffrir. Les maux des autres lui ont arraché des larmes: il a vû les ſiens d'un œil ſec. Ce ſont auſſi ces malheurs des autres qu'il prévoit, & qui l'affligent encore: *Jeſus*, continuë S. Luc, *ſe tournant du côté de ces Femmes qu'il voyoit en larmes, leur dit, Filles de Jeruſalem, ne pleurez point ſur moi, mais pleurez ſur vous-mêmes & ſur vos enfans; car le tems approche où l'on dira, Heureuſes les Femmes ſtériles! Heureux le Ventre qui n'a point porté d'enfans! Heureuſes les mammelles qui n'en ont point allaité! C'eſt alors que l'on dira aux montagnes, Tombez ſur nous, & aux côtaux, Couvrez-nous; Car ſi l'on traite ainſi le bois verd, que ne fera-t-on point au bois ſec?*

Que J. Chriſt ſoutient bien ſon caractère! Qu'il y a de grandeur & de beauté dans ſes paroles & dans ſes ſentimens! Si on conſidere l'état où il ſe trouve, on ne peut rien concevoir de plus douloureux & de plus accablant. Il en a frémi lui-même, quand il l'a contemplé de près avec ſes ſuites. Ce ne ſont pas des flots, ce ſont des torrens de maux compliquez, qui ſe ſuccedent & qui viennent fondre ſur lui. L'Ignominie, plus inſupportable aux belles Ames que la Douleur, s'unit aux plus cruels Tourmens: Les Opprobres déchirent ſon Cœur, pendant que de tous côtez on déchire ſon ſacré Corps. L'Inhumanité la plus féroce épuiſe contre lui toutes ſes fureurs. Cependant peu ſenſible à ſes propres maux, il n'eſt touché que de celui de ſes ennemis. Il aime encore Jeruſalem infidèle, ſanguinaire, parricide, & déplore les affreuſes calamitez qui vont tomber ſur elle. Il la voit ſe ſouſtraire elle-même à la Miſericorde Divine & à l'Interceſſion de ſon Rédempteur; moins par la grandeur de ſes crimes, que par l'endurciſſement qui les rendra

inexpia-

CROIX DE J. CHRIST. *Discours XVII.* 217

inexpiables. *Ne pleurez point sur moi*, dit le Sauveur, *mais sur vous & sur vos enfans*; c'est-à-dire, pleurez moins sur moi, que sur vous & sur votre Postérité.

Le plus grand des malheurs n'est pas de mourir, de quelque mort que ce soit; c'est de mourir coupable, & de porter la juste peine de ses crimes. Les douleurs les plus violentes ont une fin prochaine, que l'homme de bien envisage, & après laquelle il ne voit plus qu'un éternel repos. La Vertu fournit à l'Innocent des Consolations & des Encouragemens qui ne s'épuisent point. En paix avec lui-même, & puis avec le Ciel qu'il n'a point offensé, il peut nous espérer de sa Bonté & de sa Justice. Ce n'est pas sur lui qu'il faut pleurer, ou si l'on ne peut lui refuser les pleurs d'une tendre Compassion, c'est à ceux qui l'oppriment injustement de repandre des larmes amères, des larmes de sang. C'est ainsi que [10] le dernier Roi des Lacedémoniens, ayant été surpris & condamné par les Ephores à être étranglé, voyant un de ses Serviteurs fondre en larmes; „ *Cessez*, lui dit-il, *de pleu-* „ *rer sur moi, que des Scelerats font mourir injustement: ma con-* „ *dition est infiniment meilleure que la leur.* „ Telles sont les dernieres paroles d'un Prince magnanime, opprimé par une faction d'Envieux, sous prétexte de rétablir la liberté de leur Patrie: Telles les paroles du dernier Roi des Juifs, marchant au supplice, où l'appellent, & son Amour pour le genre-humain, & sa Soûmission pour les ordres de Dieu.

Jesus s'addresse aux Femmes [*], parce qu'elles paroissoient les plus affligées, & qu'elles faisoient éclater leur douleur par leurs larmes, & en se frappant la poitrine. C'est aussi ce qui lui donne occasion de représenter les malheurs qui alloient fondre sur Jerusalem, par des expressions figurées très-vives & très-touchantes: *Heureuses les Femmes stériles*, dit le Sauveur, *Heureux le ventre qui n'a point porté d'enfans, & les mammelles qui n'en ont point allaité!* La Stérilité étoit regardée en Israël, non seulement comme un malheur, mais comme une sorte de malédiction Divine dans les familles. Une des grandes peines dont Dieu menaçoit les Pécheurs, étoit celle d'extirper leur race. De-là l'affliction des meres de Samuël & de Jean-Bâtiste, qui se voyoient hors d'espérance d'avoir des enfans.

---

[*] Nous ne nous arrêterons point à une Tradition évidemment fabuleuse, qu'on ne trouve que dans des Auteurs fabuleux & assez modernes: c'est qu'une de ces Femmes pieuses, que l'on nomme *Veronique*, voyant J. Christ tout en eau, comme il marchoit en portant sa Croix, lui donna son mouchoir pour s'essuyer; que le Seigneur le prit, s'essuya le visage, imprima son image sur le mouchoir, & le rendit à cette Femme. Cette Tradition, que Mr. de Tillemont appelle avec raison, après *Bollandus*, une Tradition du Peuple, vient d'un certain *Methodius*, Auteur Grec assez moderne, & ne parut en Occident qu'au commencement du xi. Siécle. On prétend avoir à Rome cette image, qu'on nomme la *Sainte Face*. Tillem. Note 32. sur J. Christ. Voyez aussi Vossius, Harm. Ev. lib II. c. VI.

fans. Ceux qui ont imaginé que cette affliction des Femmes stériles en Israël, venoit de ce qu'elles aspiroient toutes à devenir Mere du Messie, ou par elles-mêmes ou par leurs descendans, se laissent éblouïr par des pensées plus pieuses que solides. Il y avoit long-tems que les Israëlites n'ignoroient pas, que la promesse du Messie étoit fixée dans la Tribu de Juda, & dans la Maison de David. Cependant le même désir d'avoir des enfans subsistoit également dans toutes les Tribus & dans toutes les Familles, comme dans celles de Juda. Par-tout la Stérilité est honteuse, odieuse, la Fécondité aimable, & honorable. Les Hommes, suivant les impressions de la Nature & les maximes d'une sage Politique, se proposoient dans leurs mariages, d'avoir des familles nombreuses, florissantes, de perpétuer leur Race, & de fortifier la République par des Citoyens, qui remplaçassent ceux que la mort lui enlevoit. Dans les tems où la simplicité des mœurs n'avoit pas été corrompuë par l'Orgueil & par le Luxe, la plus précieuse des bénédictions temporelles, étoit celle d'avoir une nombreuse famille. C'étoit une des recompenses de l'Homme de bien, qui marchoit dans les Commandemens du Seigneur. La Stérilité au contraire, qui faisoit périr les familles, étoit une malédiction Divine. Cette observation fait voir la force & la beauté des expressions du Seigneur. Le tems approche, dit-il, où, au lieu qu'on disoit, Heureuses les Femmes fécondes! il faudra dire, Heureuses les Femmes stériles! Heureuses celles, qui n'ayant point mis d'enfans au monde, n'auront pas la douleur de les voir perir à leurs yeux par la Famine, par l'Epée, exposez à tous les outrages d'un Ennemi victorieux & irrité! Le Seigneur ajoûte ces paroles: *Ils diront alors aux montagnes, Tombez sur nous, & aux côteaux, Couvrez-nous:* Expressions nobles, vives, qui témoignent le plus affreux désespoir; car dans quel état doivent se trouver des Hommes, quand ils sont réduits à souhaiter d'être ensevelis tout vivans sous les ruines des montagnes! *Si l'on traite de la sorte le bois verd,* continuë le Seigneur, *que ne fera-t-on pas au bois sec?* Expression proverbiale, dont le sens est: Si la Providence permet que l'on traite de la sorte le Juste, comment traitera-t-elle le Méchant & le Pécheur! On conserve, on cultive l'Arbre verd & vivant; mais on abat, on arrache l'Arbre mort & qui séche sur le pied, parce qu'il n'est bon qu'à jetter au feu.

Au reste, ce que J. Christ dit à ces Femmes, est un avis salutaire qu'il donne à tous ses Disciples, afin qu'avertis des mal-

malheurs inévitables qui devoient fondre fur la Nation Judaïque, ils fe gardent d'entrer dans les factions des Revoltez, & qu'en demeurant foûmis aux Romains, ils foyent confervez eux & leurs Familles. C'étoit-là l'intention du Seigneur, comme on le voit Matth. XXIV, 15. & fuivans. La Prédiction du Seigneur ne fut que trop fidèlement accomplie. On n'a qu'à lire la defcription que Jofephe nous a laiffée de la Défolation de Jerufalem, & l'on verra la vérité de ces paroles du Sauveur: *L'affliction de ces jours-là fera extrême, & telle qu'il n'y en avoit point eu de pareille depuis le commencement du monde jufqu'à préfent, & qu'il n'y en aura jamais de pareille.* Que le Lecteur fidéle remarque ici une preuve éclatante de la Miffion Divine du Sauveur, & de la Vérité de fa Doctrine. Quel autre efprit que celui de Dieu a pû prévoir cet évenement, & le prédire avec tant de précifion ?

Matth. XXIV. 21.

DISCOURS XVIII.

Jesus-Christ crucifié. Matth. XXVII. 33--56. Marc XV. 22--41. Luc XXIII. 32--49. Jean XIX. 16--37.

Ous avons vû dans le Discours précedent, comment J. Christ fut conduit au supplice entre deux Brigans, portant d'abord lui-même sa Croix, qu'un autre porte ensuite après lui, parce qu'étant épuisé par le jeûne, par la fatigue, & par les douleurs, il succomboit sous le fardeau. Nous l'allons voir dans ce Discours attaché à la Croix, & souffrant avec une Patience invincible, & les plus cruels tourmens, & les plus grands outrages.

Les Evangélistes nous marquent exactement les circonstances de la Mort du Sauveur. Ils nous disent que ce grand Evenement, qui intéresse tout le genre-humain, arriva le jour de *la Préparation de la Pâque*, c'est-à-dire, la veille de cette Fête; que ce fut *vers la sixième heure de ce jour-là*, c'est-à-dire environ midi, que le Seigneur fut conduit au supplice; qu'il expira *environ trois heures après;* & que le lieu où il fut crucifié, étoit un petit monticule, proche de Jerusalem, & destiné à l'exécution des Criminels; qu'il se nommoit en Hébreu * *Golgotha*; mot qui est expliqué par celui de *Calvaire*, c'est-à-dire *Crane*.

On ne sçauroit dire d'où vient une Tradition, qui a été reçue avec applaudissement par la plûpart des Anciens, bienqu'elle n'ait ni vraisemblance ni fondement dans des Historiens autentiques. Ils ont donc dit, que J. Christ fut crucifié sur le Calvaire, parce qu'Adam avoit été enterré dans cet endroit-là; que les cendres du premier Homme furent arrosées du Sang du Sauveur; & que la Vie prit naissance au lieu même où reposoit celui qui avoit introduit le Péché & la Mort. Quelques-uns même ont ajoûté, que le Calvaire est la même montagne que celle de *Morija*, où Abraham offrit en sacrifice Isaac son Fils unique, quoique ce dernier

ne

---

* *Golgotha*. Le mot Hébreu est *Golgoleth*, que les Juifs, qui parloient un Hébren Chaldaïque du tems de J. Christ, prononçoient *Golgotha*, retranchant la seconde lettre L., pour adoucir la prononciation.

J. CHRIST CRUCIFIÉ. *Discours XVIII.*

ne mourut pas, & que le Sacrifice du Fils unique de Dieu a été offert au même endroit, où celui d'Isaac, qui en étoit la figure, fut présenté à Dieu. ³ Tout cela sont autant d'agréables fictions. Le petit mont de Golgotha ne fut point appellé de la sorte, ni parce que la tête d'Adam y étoit ensevelie, ni parce qu'on y ⁴ tranchoit la tête aux Criminels; & qu'on y laissoit éparses sur la terre les têtes des morts, quelques coupables qu'ils fussent; mais parce que cette petite montagne étoit ronde, & avoit la figure du Crane humain.

Dès que Jesus fût arrivé au lieu du supplice, on lui présenta, dit S. Matthieu, *du Vinaigre, mêlé avec du Fiel*; mais S. Marc dit, que ce fut *du Vin, mixtionné avec de la Myrrhe*. Comment concilier des recits si différens? Les Interprêtes ont suivi pour cela diverses voyes, toutes fort probables. Les uns ont cru qu'il y avoit dans S. Matthieu une faute de Copiste, & qu'ils ont mis *Oxos*, du *Vinaigre*, pour *Oinon*, du *Vin*. ⁵ Cette correction semble être appuyée sur divers Exemplaires Grecs, sur plusieurs Versions, & sur les citations de quelques Peres, où l'on lit par-tout du *Vin*, & non du *Vinaigre*. D'autre côté d'habiles Critiques, conservant la leçon commune d'*Oxos*, assurent que ce mot, qui signifie ordinairement du *Vinaigre*, se prend aussi pour du *Vin mixtionné*; de sorte que ce que dit S. Marc revient au fond à la même chose que ce que dit S. Matthieu. Il a donné le nom d'*Oxos* au Vin mixtionné qu'on présenta à J. Christ, & s'il a dit qu'il étoit mêlé de *Fiel* & non de *Myrrhe*, c'est parce que les Hébreux appellent souvent en général du *Fiel*, tout ce qui est amer. Enfin, s'il m'est permis de dire ma pensée, je croi que l'on présenta à Jesus, & *du Vinaigre mêlé avec du Fiel*, comme le dit S. Matthieu, & *du Vin mixtionné avec de la Myrrhe*, comme le témoigne S. Marc. Cette manière de concilier les deux Evangélistes nous paroît très-probable: nous allons l'expliquer & la confirmer.

S. Jean a remarqué, qu'il y avoit auprès de la Croix *un vase plein de Vinaigre*. La raison en est facile à deviner. Les Soldats chargez de crucifier J. Christ & les deux Brigans, & en général ceux qui avoient la garde, avoient porté du Vinaigre au lieu de l'exécution, afin d'avoir de quoi boire. Car on sçait que ⁶ les Soldats Romains, & même les Officiers, quand ils étoient en campagne, se préparoient une sorte de Boisson qu'ils nommoient *Posca**, du mot *Pioo*, qui

veut

---

* Ils appelloient leur Boisson *Posca*, de πίω, comme ils appelloient leur Nourriture *Esca*, d'ἔδω, qui veut dire, *manger*.

veut dire, *boire*. Cette boisson étoit du Vinaigre mêlé avec de l'eau. Ces Soldats, continuant à insulter J. Christ comme ils avoient déja fait, lui présenterent, avant que de le crucifier, du Vinaigre, dans lequel ils avoient mis du Fiel ou quelque chose de fort amer. Il n'y a rien en cela que de fort naturel & de fort conforme à l'insolence d'un Soldat barbare, qui se divertit à outrager des malheureux qui sont en son pouvoir ; mais des Personnes plus équitables & plus humaines, soit par une simple Compassion, ou parce que, connoissant l'Innocence du Sauveur, elles étoient encore plus touchées de son sort, lui avoient préparé *du Vin mêlé avec de la Myrrhe*, afin de lui en donner avant qu'il fût attaché en Croix. Ce que l'on dit ici, [7] n'a rien que de conforme à la coûtume des Juifs, comme on le voit par un passage de Maimonide, rapporté par Thomas Bartholin, & que l'on renvoye [8] aux Remarques. Ce Vin mixtionné avec de la Myrrhe, étoit très-agréable à boire, puisque les Anciens en faisoient leurs délices. Il étoit d'ailleurs bienfaisant, & avoit la vertu de diminuer le sentiment de la douleur. C'est pour cela qu'on en donnoit aux Criminels qui devoient être livrez au supplice ; au moins est-il certain qu'on leur donnoit un Vin mêlé d'Encens, pour les étourdir, ou même pour leur causer une espece de trouble, qui les empêchoit de voir les maux qu'ils alloient souffrir. Les Juifs avoient donc cette coûtume, aussi-bien que quelques autres Peuples, & l'on croit qu'elle étoit fondée sur ces paroles des Proverbes : *Donnez une liqueur forte à celui qui va mourir, & du Vin à celui qui est dans l'affliction.* Ainsi, pendant que les Soldats présentoient à boire à Jesus *du Vinaigre mêlé avec du Fiel*, des Personnes charitables lui voulurent donner à boire *du Vin mixtionné avec de la Myrrhe*, & peut-être aussi avec de l'Encens, afin de diminuer l'horreur du supplice qu'il alloit souffrir, ou du moins d'assoupir tellement les sens, qu'il fût moins sensible au tourment.

Prov. xxxi. 6.

A l'égard du *Vinaigre mêlé avec du Fiel*, *Jesus en goûta*, dit S. Matthieu ; *mais il n'en voulut point boire* ; emblême de la mort, qu'il *a goûtée*, pour ainsi dire avec toutes ses amertumes ; mais dont on peut dire, qu'il n'a point bû proprement, puisque sa Résurrection suivit de si près sa mort, qu'elle ne fut qu'un court passage à l'Immortalité. Mais à l'égard *du Vin mixtionné avec de la Myrrhe* ou de *l'Encens*, il n'en goûta point ; *Il n'en prit point*, dit S. Marc. Il n'a pas besoin de ce secours contre les douleurs du supplice, ou contre les frayeurs

Matth. XXVII. 34.

Marc XV. 23.

de

de la mort. Un breuvage qui aſſoupit les ſens, & qui va même juſqu'à troubler l'imagination, peut convenir à des Hommes foibles, que l'horreur du ſupplice épouvante, & que les tourmens peuvent jetter dans le déſeſpoir. Mais J. Chriſt a vû de loin la mort qui lui étoit préparée: Il eſt venu la chercher. Sûr de l'Amour de Dieu & de ſa propre Conſcience, il n'en craint point les tourmens. Il faut qu'il ſe poſſede, afin de finir ſa glorieuſe & pénible carriere, avec la même force & la même tranquillité qu'il l'a fournie juſqu'alors.

Après avoir préſenté à Jeſus le Vinaigre mêlé avec du Fiel, les Soldats le prennent & l'attachent à la Croix. Il faut décrire cette ſorte de ſupplice, un des plus cruels que la Barbarie humaine, ou plutôt la néceſſité de mettre un frein à l'audace des Scelerats, avoit introduit parmi les Romains. Il faudra auſſi traiter en paſſant quelques Queſtions, que l'oiſive Curioſité, ou la Superſtition, ne nous permettent pas de paſſer tout-à-fait ſous ſilence.

La Croix à laquelle les Romains attachoient les Criminels, étoit º de la figure du T au ou de la lettre T. des Grecs, avec cette différence, que la ligne droite doit ſurmonter la ligne de travers, de ſorte qu'elle avoit la forme que l'on trace ici †. La Croix étoit donc compoſée premierement d'un arbre droit planté en terre, de la hauteur de huit à dix pieds, & d'un bois de travers beaucoup moins grand, qui coupoit le premier par le haut, à un pied ou un peu plus de l'extrêmité. C'étoit-là, à l'extrêmité du bois droit, que l'on attachoit un Ecriteau, qui contenoit le crime du Coupable & la cauſe de ſa condamnation. Vers le milieu, & à l'endroit où le criminel pouvoit s'aſſeoir, il y avoit un morceau de bois, enfoncé dans l'arbre droit. C'étoit une eſpece de Chevalet, ſur lequel le corps du Criminel repoſoit. A ce morceau de bois étoit attaché une Pointe aiguë, ou d'un bois fort ou de fer, laquelle entroit dans le corps du Criminel à l'endroit du ſiége, & le tenoit ſans pouvoir faire aucun mouvement qui ne redoublât ſa douleur. On l'appelloit la *Croix aigue. Sous ſes deux pieds étoit une petite planche ou marche-pied, auquel ſes deux pieds étoient attachez. Pour l'élever en Croix, on l'obligeoit à mettre les pieds ſur ce marche-pied, on les lioit enſuite avec des cordes, après quoi on lui cloüoit les mains étendues au bois de travers, & les deux pieds au marche-pied ſur lequel ils étoient appuyez. Il demeuroit dans cet état juſqu'à ce qu'il expirât, ou par la perte de ſon ſang, qui

cou-

* *Crux acuta.*

couloit lentement de ſes playes, ou par la faim, ou par les bêtes qui venoient le dechirer: car le corps n'étoit élevé qu'à un pied de terre, ou deux tout au plus. Cette deſcription, que les Sçavans ont tirée des anciens Auteurs, fait aſſez voir combien ce ſupplice étoit cruel. On remarque que les Japonnois ont encore le ſupplice de la Croix; mais il eſt plus humain chez ces Peuples; car, après avoir attaché le Criminel avec des cordes à l'inſtrument de ſon ſupplice, le Bourreau lui enfonce une lance dans la poitrine, de ſorte qu'il meurt à l'inſtant.

Telle étoit la Croix où J. Chriſt fut attaché. Venons aux Queſtions que l'on fait ſur ce ſujet. La premiere eſt, De quel Bois étoit cette Croix-là? Il faut avoüer que la varieté & l'incertitude des opinions répond bien à la vanité de la queſtion même. 10 Les uns diſent, qu'elle étoit compoſée de quatre ſortes de Bois, apparemment comme on dit que le monde eſt compoſé de quatre Elémens: d'autres diſent, qu'on n'y employa qu'une ſeule eſpece de Bois, & que ce Bois étoit du Chêne; pendant que d'autres ſoutiennent que le Chêne étoit très-rare dans la Paleſtine, ou même qu'il n'y en croiſſoit point du tout. Ce qu'il y a de certain, c'eſt qu'on ſe ſervit du Bois le plus commun; car on ne penſe pas que les Soldats, pour honorer J. Chriſt, y ayent employé du Cedre, ou quelqu'autre ſorte de Bois précieux: cependant la queſtion pourroit être décidée avec quelque certitude, s'il étoit vrai, comme on le prétend, que l'on conſerve encore la vraye Croix de J. Chriſt, & qu'il y en a des fragmens diſperſez dans toute l'Europe Chrétienne.

La ſeconde Queſtion roule ſur le Nombre des Cloux dont J. Chriſt fut percé? A l'égard des mains, il n'y a point de conteſtation. Comme elles étoient étendues ſur le bois de travers, il fallut deux Cloux pour les percer l'une & l'autre. Mais on n'eſt pas d'accord ſur le ſujet des pieds. Les Peintres & les Sculpteurs repréſentent J. Chriſt, ayant les pieds attachez l'un ſur l'autre, & percez du même Clou. Mais ce n'eſt pas la ſeule erreur dont ces Gens-là ſont cauſe. Il paroît par les anciens monumens, que les pieds de ceux que l'on crucifioit étoient clouez ſeparement au marche-pied ſur lequel ils étoient poſez. C'eſt-ce que l'on peut voir demontré [11] dans un Traité ſur cette matière que nous indiquons dans les Remarques.

On demande en troiſième lieu, Que ſont devenus les Cloux dont les mains & les pieds du Seigneur furent percez,

&

& la Croix à laquelle il fut attaché? [12] Si nous en croyons quelques Ecrivains du V. & du VI. Siècle, Hélene, mere de Conftantin le Grand, découvrit la Croix de J. Chrift, qui étoit enterrée affez près de fon Sépulcre avec celles des deux Brigans, qui, auffi-bien que la fienne, s'étoient confervées fans pourriture. Divers miracles diftinguerent celle du Sauveur. Cette pieufe Princeffe eut auffi le bonheur de trouver les Cloux qui avoient percé le facré corps de J. Chrift, & en fit préfent à Conftantin fon fils, qui de l'un fit faire un mords à fon cheval, & en mit un autre à fon cafque. A la faveur d'un tel préfervatif, le Cheval & le Maître devoient être invincibles. On laiffe à ceux qui aiment ces fortes de Traditions, la pieufe fatisfaction qu'ils trouvent à les croire. Pour nous, il nous paroît, d'un côté, fort étrange que Conftantin, Prince très-religieux, ait voulu faire fervir de mords à fon cheval un Clou qui auroit été teint du Sang de J. Chrift; & de l'autre, qu'Eufebe, Evêque de Céfarée de Paleftine, qui avoit vû Hélene, dans le voyage qu'il fit à Jerufalem, qui parle au long de ce voyage, dans [13] la Vie de Conftantin, qui marque les œuvres de Pieté & de Charité que fit de toutes parts cette religieufe Princeffe, & qui raconte enfin [14] fa mort: Il nous paroît, dis-je, fort étrange, que cet Hiftorien ait omis des particularitez de ce voyage, fi importantes & fi honorables, & à la Religion Chrétienne, & à Ste Hélene. Ce filence d'Eufebe paffe chez les Critiques pour une démonftration invincible, que Ruffin, Théodoret, & quelques autres Ecrivains poftérieurs ont cru & rapporté trop légerement, des Fables qui furent inventées depuis la mort d'Hélene & d'Eufebe; quelque Impofteur inconnu ayant fuppofé une Croix, qu'il dit être celle de J. Chrift. Depuis ce tems-là les Fables fe font multipliées à l'infini. On a rempli le monde de parcelles de la vraye Croix, qu'on en détachoit fans que le tout diminuât. Il faut mettre tout cela en parallele avec l'opinion de quelques Auteurs, qui croyent que J. Chrift emporta fa Croix dans le Ciel, & que c'eft-là *le Signe* du Fils de l'Homme, avec lequel il paroîtra au dernier jour.

Quatrième Queftion: Le fupplice de la Croix a-t-il été en ufage parmi les anciens Juifs? Baronius, Sigonius, & Lipfe, très-fçavans dans les Antiquitez Eccléfiaftiques & Civiles, l'affurent, & ont tâché de le prouver. Cependant il eft certain qu'ils fe font trompez. Un Ecrivain plus fçavant encore, & fur-tout plus jufte & plus exact, l'a montré dans sa Critique de Baronius, & a fait voir l'origine de leur erreur. Elle vient de l'équivoque * des termes, employez par les LXX. & par des Juifs Elleniftes; termes qui étant les mêmes dont les Auteurs Grecs se sont servis pour désigner le supplice de la Croix, usité parmi les Romains, leur ont fait croire, qu'il l'étoit aussi parmi les Juifs. Mais ce qui étoit appellé Croix parmi eux, étoit un supplice tout différent de celui qui se pratiquoit chez les Romains. Les Juifs ne sçavoient ce que c'étoit qu'attacher à une Croix avec des cloux un homme vivant, & à le laisser expirer dans les tourmens. S'ils pendoient des Criminels à des Poteaux, c'étoit après les avoir lapidez ou les avoir fait mourir de quelqu'autre manière. Ils n'exposoient leurs cadavres de la sorte, que pour joindre l'infamie au supplice, & pour donner de la terreur aux méchans; mais dès que le Soleil étoit couché, ils détachoient ces cadavres & les enterroient. Il y a donc une différence infinie entre la Croix Romaine & la Croix Judaïque. Cela n'empêche pas, que S. Paul n'ait eu raison d'appliquer à J. Chrift la Loi du Deuteronome: *Maudit eft quiconque pend au bois*; J. Chrift y ayant été véritablement attaché. Quant au sens de S. Paul, il se reduit à cette vérité de l'Evangile; c'eft que par la mort de J. Chrift, tous ceux qui croyent en lui sont délivrez *de la Malédiction de la Loi*, c'eft-à-dire, de la Mort à laquelle elle condamnoit les Coupables, parce qu'il eft Auteur de Vie & de Résurrection à tous les Fidèles.

Gal. III. 17.
Deut. XXI. 27.

C'eft par une semblable équivoque des termes, que quelques Sçavans ont douté que Conftantin ait aboli le supplice de la Croix, comme [15] Sozomene le témoigne positivement. Trouvant dans les Loix des Empereurs postérieurs à ce Prince le mot de Croix, ils ont cru que les Romains ont crucifié les Criminels depuis le Regne de Conftantin; mais ils n'ont pas pris garde que le nom eft demeuré, quoique le supplice fût tout différent, & que les Croix ne furent plus que des Potences, supplice plus humain & qui succeda au premier.

Après avoir satisfait à des Questions, peut-être plus curieuses qu'utiles, paſſons à des considerations plus édifiantes. Les Evangéliftes racontent, que les Soldats *crucifierent J. Chrift*

Matth. XXVII. 38.

---

* Ces termes sont ςαυρὸς, σκόλοψ, ἀναςαύρωσις, ἀνασκολοπίσεις, κρεμᾶν: Crux, palus, crucifixio, ad palum affixio, suspendere. Casaub. Exercit. XVI. ad Baron. Annal sect. LXXVII. Ne mettons ici que les paroles de Casaubon. *Ibid init. Verba Baronii sunt, Erat & apud Judæos crux in usa. Sed ea pœna afficiebantur Homicidæ, ut Philo tradit*: Quot verba, tot fermè peccata. Falsum eft, supplicium Romanorum, quod Crucem proprie vocabant, in usu fuisse apud veteres Hebræos: Falsum eft, ea pœna Homicidas eorum legibus affectos: Falsum eft, Philonem hoc tradere . . . *Baronius a fait quantité de fautes, pour n'entendre pas le Grec. Les Versions l'ont trompé.*

Chrift entre deux Brigans, & mirent l'un à fa droite, & l'autre à fa gauche. Les Juifs l'avoient fans doute fouhaité, & Pilate le leur accorda; mais en voulant confondre le Jufte avec des Scelerats, ils font voir que Jefus eft le Jufte dont le Prophète Efaïe a décrit les fouffrances dans le Chapitre LIII. & accompliffent en particulier cet oracle: *Il a été mis au rang des Malfaiteurs.* Il y a plus encore: car en affociant J. Chrift à des Criminels, dans la vûë d'augmenter l'Ignominie de fon fupplice, ils travaillent, fans y penfer, à fa Gloire. Il convertit un de ces Brigans, & laiffe l'autre dans fon endurciffement; montrant par cet exemple, que fi la Croix eft un fujet de Scandale pour ceux qui periffent, elle eft la Sageffe & la Vertu de Dieu pour ceux qui font fauvez. Que dis-je? Jefus crucifié entre deux Pécheurs, l'un à fa droite & l'autre à fa gauche, donnant le Paradis à l'un, & abandonnant l'autre dans la Condamnation qu'il a méritée, n'annonce-t-il pas ce qui doit arriver au dernier jour, lorfque le Seigneur mettant les Brebis à fa droite & les Boucs à fa gauche, donnera la Vie éternelle aux premieres, & envoyera les derniers au Feu éternel, qu'ils méritent par leurs Crimes & par leur Impénitence?

Quoique J. Chrift femble confondu avec des Scelerats, Pilate le diftingue, en faifant mettre au deffus de fa Croix un Ecriteau qui faifoit connoître fon Innocence. C'étoit la coûtume de mettre au fommet de la Croix, en gros caractères, la caufe de la condamnation des Coupables. Le Seigneur n'ayant commis aucun crime, comme Pilate le declare tant de fois, il voulut qu'on écrivît ces paroles: *Jefus de Nazareth,* Jean *Roi des Juifs.* Il ordonna même qu'elles y fuffent mifes en XIX. 19. Hébreu pour les Hébreux, en Grec pour les Grecs, & en Latin pour les Romains, afin que toutes les Nations qui pouvoient fe trouver à Jerufalem, fçuffent que J. Chrift n'étoit coupable d'aucun autre crime, que de s'être dit le Meffie, ou le Roi que les Juifs attendoient. A la vérité l'intention de Pilate étoit moins de juftifier le Seigneur, que de fe moquer des Juifs & de leurs efpérances, & de leur faire comprendre, que tel feroit le fort du Libérateur dont ils fe flattoient. Auffi firent-ils tous leurs efforts pour obliger Pilate de changer cette Infcription, fi honteufe pour eux. Mais Pilate fut infenfible, & leur répondit fierement: *Ce que* Jean *j'ai écrit, je l'ai écrit.* On ne s'arrêtera point à rapporter tous XIX. 24. les myftères du Titre de la Croix du Sauveur. Ceux qui font curieux de ces fortes de penfées, plus ingénieufes que

foli-

folides, pourront fe fatisfaire, en lifant * le Traité qu'on indique au bas de la page. Ce qu'il y a de certain, c'eft que Pilate, à l'exemple de Caïphe, *prophétife fans le fçavoir*, & que Jefus crucifié, eft véritablement le Meffie, ou le Roi promis aux Juifs: Sa Croix même en eft une preuve, puifque de tous les fupplices, c'eft le feul où l'on perçât les pieds & les mains du Patient, & que David avoit prédit dans le Pf. XXII. que ce feroit ainfi que mourroit le Meffie.

<small>Jean xi. 51.</small>

Avant que de crucifier les Criminels, on avoit coûtume de les dépouiller tout nuds. Ainfi les Soldats ôterent à J. Chrift fes vêtemens, & les partagerent entre eux. C'étoit leur recompenfe. † Le Manteau, ou le vêtement de deffus étoit facile à partager, parce que ce n'étoient que quatre piéces de drap coufues enfemble : c'eft-ce qui eft appellé le Manteau. Les Habits des Juifs étoient fort fimples ; & comme ils étoient religieux Obfervateurs de tout l'extérieur préfcrit par la Loi, ils avoient gardé la manière de fe vêtir de leurs Ancêtres. Les Soldats n'eurent donc qu'à découdre ces quatre piéces & à fe les partager. Mais pour la Tunique, ou la Vefte, comme c'étoit un ouvrage fait à l'aiguille, & par conféquent inutile s'ils l'avoient partagé, ils voulurent que le fort décidât de celui qui l'auroit. Par-là ils accomplirent cette autre parole de l'Ecriture : *Ils ont partagé mes Vêtemens, & jetté le fort fur ma Robe.* David y décrit en termes figurez l'inhumanité de fes Ennemis, qui l'avoient entierement dépouillé, jufqu'à vouloir lui prendre fes Habits, & à fe les partager au fort. Il n'eft pas néceffaire que cela lui foit arrivé. Il fuffit que leur Haine & leur Avarice feroient allées jufques-là, s'ils en avoient eu le pouvoir. Mais ce qui ne s'exécuta jamais réellement à l'égard de David, fut accompli à la lettre à l'égard de J. Chrift. Remarquons en paffant, que plufieurs des Prophéties font de la même nature que celle-ci. Ce qui a été dit par David au figuré, a été accompli réellement dans la perfonne du Sauveur. Par exemple, David n'eut jamais les mains & les pieds percez. Il n'a pû dire cela de lui-même, que dans un fens métaphorique, pour repréfenter jufqu'où fes Ennemis porteroient leur fureur contre lui, s'ils en étoient les maîtres. Cela eft arrivé réellement à J. Chrift. De même on n'a jamais donné

<small>Deut. xxII. 12.</small>

<small>Pf. xxII. 19.</small>

à

---

* Ce Traité a pour titre, *Titulus fanctæ Crucis, feu Hiftoria & Myfterium Tituli fanctæ Crucis, libri duo, Auctore Honorato Nicqueto*.

† On a déja obfervé, que chez les Romains les Soldats exécutoient les Criminels, & que le Manteau de J. Chrift ayant été partagé en quatre, il y eut quatre Soldats employez à la Crucifixion. Les autres n'étoient-là avec l'Officier, que pour la garde des Criminels, afin d'empêcher qu'on les détachât de la Croix. On mettoit des Gardes auprés des fuppliciez, comme on l'apprend de Petrone, & de Plutarque dans la Vie de Cleomene. Voyez Lipf. De Cruce. Lib. II. cap. XVI.

CRUCIFIE'. *Discours XVIII.*

à boire à David du Vinaigre mêlé avec du Fiel; cependant il ne laisse pas de dire, dans le Pf. LXIX. vf. 22. *Ils m'ont donné du Fiel à manger, & dans ma soif ils m'ont abreuvé de Vinaigre.* Ce sont donc des expressions figurées par rapport à David, & des expressions propres par rapport à J. Christ.

Comme les Soldats attachoient Jesus à la Croix, il prononça ces paroles, si dignes de sa Charité & de sa profonde Sagesse: * *Mon Pere, pardonne leur, car ils ne sçavent ce qu'ils font.* Elles sont dignes de son extrême Charité; il demande la grace de ceux qui le font mourir: mais elles sont dignes de sa profonde Sagesse; car il ne demande la grace que de ceux qui péchent par ignorance. On doit bien prendre garde de ne pas abuser de la Misericorde de J. Christ. Ceux qui péchent volontairement & avec connoissance, n'y sont point compris. Cette Priere semble regarder principalement & directement les Soldats Payens qui crucifioient J. Christ. On peut bien l'étendre au Peuple, soulevé par les Pharisiens & par les Sacrificateurs, lequel demandoit à Pilate avec tant d'instance qu'il fît crucifier le Sauveur; car non plus que les Soldats, *ils ne sçavoient ce qu'ils faisoient.* Ainsi, pendant que cette multitude furieuse demandoit par des cris redoublez, *que le Sang du Juste retombât sur eux & sur leurs enfans,* le Juste demandoit, que Dieu épargnât, & les Coupables & leur posterité; & il le demande dans le moment où il sent, & va sentir les tourmens auxquels ils l'ont livré. Il n'est pas difficile de pardonner, quand le tems a effacé ou affoibli la mémoire de l'injure, & quand le mal est passé, sur-tout s'il a tourné à notre bien. Ainsi l'on ne doit point être surpris de voir Joseph pardonner à ses Freres un attentat de plusieurs années, & que la Providence a fait tourner à sa Gloire. Mais ce qui distingue la Charité de J. Christ, c'est qu'elle s'exerce sur ses Bourreaux mêmes, dans le tems qu'ils le crucifient.

Les Vindicatifs, qui cherchent à s'excuser, ne refuseront pas à la Clémence du Sauveur l'admiration qu'elle mérite. Mais n'étant que des hommes foibles, imparfaits, ils diront que cet exemple est au dessus de leur imitation. C'est pour leur ôter ce prétexte que nous allons leur proposer l'exemple d'un illustre Payen, qui s'est élevé jusqu'à un dégré de Vertu, qui approche de celle du Fils de Dieu. Nous voulons parler de *Phocion,* ce vaillant & généreux Capitaine, qui, après

* C'est S. Luc qui nous fait connoître, Chap. XXIII. 33, 34. que J. Christ prononça ces paroles lorsqu'on le crucifioit.

après avoir rendu à sa Patrie les plus signalez services, fut condamné à la mort par ses ingrats Concitoyens. Comme il alloit prendre le poison qu'on lui présentoit à boire, son Fils lui demanda, s'il n'avoit rien à lui ordonner avant que de mourir? „ [16] L'ordre que j'ai à vous donner, mon fils, lui „ répondit-il, & que je vous conjure d'exécuter, c'est d'ou-„ blier l'injure que les Athéniens me font. „ Que de Payens, qui, comme Phocion, n'ont eu que les lumieres de la Raison naturelle, s'éleveront en jugement contre les Chrétiens, qui ont l'exemple, les instructions, & les promesses du Seigneur.

Après avoir satisfait aux devoirs de la Charité, Jesus voulut remplir ceux que la Nature, la Raison & la Loi préscrivent aux Enfans, envers les personnes qui les ont mis au monde. Voyant à quelque distance de la Croix la Vierge sa Mere, & S. Jean, il voulut la consoler en lui donnant pour Fils un autre lui-même, celui de ses Disciples qu'il avoit le plus tendrement aimé, & en ordonnant à ce Disciple, de rendre à cette sainte Femme, les respects & les services qu'un Fils doit à sa Mere: *Femme*, dit-il à la Vierge, en jettant les yeux sur S. Jean, *voilà votre Fils*: *Mon Fils*, dit-il à S. Jean, en regardant la Vierge, *voilà votre Mere*.

<small>Jean xix. 26, 27.</small>

Pendant que le Sauveur remplit tous les devoirs de la Charité & de l'Humanité, les Juifs violent indignement ces mêmes devoirs, & tâchent d'aggraver son supplice par les insultes les plus outrageantes: Ils avoient ce beau précepte: *N'insultez pas à un homme qui est dans l'amertume de son ame.* Ils violent ce précepte, sans penser que plus ils outragent le Seigneur, & plus ils vérifient cette parole du Prophète: *Ils persécutent celui que tu as frappé, & ajoûtent douleur à sa douleur.* Ce n'est pas même une Populace toûjours insolente, une Soldatesque licentieuse, qui en use dela sorte: ce sont *les principaux Sacrificateurs, les Scribes, les Anciens;* ceux que S. Luc appelle *Archontes*, c'est-à-dire, qui occupent les premieres charges parmi les Juifs: Ce sont eux qui se moquoient de Jesus, & disoient: *Il a sauvé les autres, qu'il se sauve lui-même s'il est le Christ, l'Elu de Dieu.* Ils ajoûtoient: *Toi, qui détruis le Temple, & qui le rebâtis en trois jours, sauve-toi toi-même, & descens de la Croix.* Enfin ajoûtant les blasphêmes aux outrages: *Il a mis sa confiance en Dieu*, disoient ces Impies, *si donc Dieu l'aime, s'il a de la bonne volonté pour lui, qu'il le délivre maintenant, car il a dit, Je suis le Fils de Dieu.*

<small>Eccle. vii. 11.</small>

<small>Pl. lxix. 27. Luc xxiii. 35. 36.</small>

<small>Matth. xxvii. 41.</small>

<small>Luc xxiii. 35.</small>

<small>Marc xv. 29, 40.</small>

<small>Matth. xxvii. 42, 43.</small>

On ne doit pas s'étonner néanmoins, que les Ennemis du Sauveur ne se possedent pas dans la victoire qu'ils croyent avoir

avoir remportée fur lui, en le faifant crucifier, ni qu'ils ne reconnoiffent pas le Meffie dans un état fi différent de celui où ils fe figuroient qu'il devoit être. Ils ferment les yeux fur les anciens Oracles qui décrivent fes fouffrances, & ne donnent leur attention qu'à ceux qui annoncent fa Gloire. C'eft le caractère des Hommes charnels: n'aimant que le Fafte & les Richeffes, ne refpectant que la Puiffance corporelle, la Conftance, la Patience, la Pieté du Sauveur, dès qu'il femble abandonné de Dieu, ne peuvent le garantir de leur mépris. Mais on peut être étonné de la vanité de leurs raifonnemens, & de leurs réflexions contredites par leur propre Hiftoire. Car enfin, combien de Prophètes ont été en proye à la perfécution des méchans, fans que Dieu les en ait délivrez par des miracles? La feule hiftoire de Jeremie n'eft-elle pas une preuve, que Dieu ne déploye pas toûjours fa puiffance, pour garantir de l'oppreffion *ceux qu'il aime & qui fe confient en lui?* Si J. Chrift avoit fait des efforts pour éviter la Croix, on pourroit le foupçonner d'impuiffance quand il y demeure attaché; mais il s'eft livré lui-même aux Juifs, après avoir prédit qu'ils le livreroient aux Gentils, & marqué même le genre du fupplice que ces derniers lui feroient fouffrir. S'il defcendoit de la Croix, il ne feroit plus le Fils de Dieu, puifque le Fils de Dieu devoit être crucifié, & qu'il n'accompliroit plus le facrifice auquel il eft deftiné. Ce n'eft pas à ce figne que la Nation adultère & parricide doit le reconnoître. C'eft au figne de Jonas. Il eft plus grand & plus digne du Fils de Dieu de remonter vivant du tombeau, après y être defcendu, que de defcendre de la Croix. Il eft plus difficile de brifer les Chaînes de la Mort, que d'arracher les Cloux dont il eft percé. Il y a une belle obfervation à faire dans la conduite de J. Chrift. C'eft que durant tout le cours de fon Miniftère il n'a jamais déployé fa Puiffance miraculeufe, ni pour fe venger de fes ennemis, ni pour s'arracher de leurs mains. Il la referve toute entière pour faire du bien aux hommes, parce que pour lui, *il eft venu afin de donner fa vie pour la Rédemption des Pécheurs.*

Aux Juifs qui blafphemoient le Sauveur, fe joignirent les Brigans qui étoient crucifiez à fes côtez. S. Matthieu & S. Marc femblent le dire; car ils s'expriment d'une manière générale. Mais S. Luc nous apprend qu'il n'y en eut qu'un, & que l'autre au contraire reprenoit le premier, en lui difant: *Et toi, qui fouffres le même fupplice que lui toi-même, tu ne crains pas Dieu. Pour nous, on nous a rendu juftice; car nous ne* *souffrons que ce que nous avons bien mérité; mais pour lui, il n'a fait aucun mal.* Les Historiens sont sujets à certaines inexactitudes, dont le S. Esprit n'a pas jugé à propos de garantir les Ecrivains sacrez. * Ils attribuent quelquefois à plusieurs, ce qui ne convient qu'à quelques-uns, ou même à un seul d'entre eux.

On voit dans l'un de ces Brigans un prodige d'endurcissement, & dans l'autre un prodige de foi, que l'on ne sçauroit trop admirer. Le premier, à l'exemple des Pontifes & des Soldats infidèles, *blasphemoit J. Christ, en lui disant: Si tu ès le Christ, sauve-toi toi-même, & nous sauve aussi.* Il imite le langage des Juifs, & insulte à J. Christ, comme à un Imposteur, qui, s'il étoit le Christ, n'auroit jamais permis qu'on le crucifiât. Le second, au contraire, touché de l'Innocence du Sauveur & de l'injustice qu'on lui fait, non seulement reprend l'Impieté de son compagnon, mais reconnoît Jesus, tout crucifié qu'il est, pour le Christ, & le conjure *de se souvenir de lui quand il sera dans son Regne.* Que cet homme fait éclater de beaux sentimens! Pénitent, il avoue ses crimes, & adore la Justice Divine qui l'en punit: *Pour nous,* dit-il, *nous ne souffrons que ce que nous avons mérité.* Charitable, il tâche de convertir un Pécheur, qui, malgré les tourmens qu'il endure, persiste dans son Impénitence. *Quoi!* lui dit-il, *tu ne crains pas encore Dieu,* lors même qu'il t'accable de ses justes jugemens? Fidèle enfin, & à cet égard vrai Fils d'Abraham, il croit, il espere en J. Christ, lorsque tout semble conspirer à détruire l'Espérance & la Foi que ses propres Disciples avoient euë en lui. Tâchons de découvrir les sources d'une Foi, qui peut-être n'est pas le moindre des prodiges qui accompagnent la Mort de J. Christ; car la Conversion du Brigand preceda les prodiges qui honorerent la Mort de J. Christ, & qui commencerent d'ouvrir les yeux des Incrédules.

Commençons par deux Refléxions. La premiere est, que souvent les Hommes tombent dans les mêmes vices, sans être également méchans. Les uns se portent au mal avec plaisir. Ils suivent la pente de leur cœur. Les autres ne s'y portent qu'avec répugnance, entraînez par les mauvais exemples, & par l'impétuosité des Passions de la Jeunesse. Ils sont dans l'état que S. Paul décrit au Chap. VII. de l'Epître

aux

Luc XXIII. 39.

Luc XXIII. 42.

---

* Ainsi Matth. xxvi. 6. *Les Disciples furent indignez*, de ce que Marie repandit un Parfum de grand prix sur J. Christ, S. Marc dit un peu plus exactement, qu'il n'y en eut que *quelques-uns*. Marc xiv. 4. Mais S. Jean nous apprend qu'il n'y eut que Judas, Jean xiii. 4.

aux Romains. Ils ne font pas ce qu'ils voudroient, & condamnent eux-mêmes ce qu'ils font. Il y a dans ces hommes-là des femences de Vertu que les Vices n'ont pas étouffées, & qui, dès que le Soleil de la Grace les échauffe, levent, poussent, & produisent de bons fruits. La seconde Réfléxion roule sur les différens effets des Châtimens de Dieu. Ils irritent & endurcissent les uns: ils humilient & corrigent les autres. Cette différence a sans doute sa premiere cause dans la Providence; mais sans remonter à des Volontez de Dieu, qui nous font inconnuës & toûjours fondées sur un ordre très-juste, la cause immédiate de cette différence est dans les dispositions du cœur. Le châtiment ne fait qu'endurcir & désespérer un Impie, qui péche sans combats & sans remords; & convertit un homme, qui ne péche que par foiblesse, & en qui la Conscience n'est pas éteinte.

Après ces deux Refléxions, venons aux sources de la Foi du bon Larron. Premierement cet homme étoit Juif, & instruit des espérances de sa Nation. Il avoit de la Religion; mais la Palestine étant alors pleine de Brigans, il s'étoit laissé entraîner par le mauvais exemple & par des espérances de fortune. Secondement, courant la Judée & la Galilée, il avoit ouï parler des miracles du Seigneur, qui faisoient tant de bruit dans ces Païs-là, & avoit peut-être vû des personnes que J. Christ avoit guéries. En troisième lieu, comme il étoit en prison à Jerusalem depuis quelque tems, il ne pouvoit ignorer que le Peuple étoit divisé sur le chapitre de Jesus, & que si les uns le condamnoient, il étoit justifié hautement par les autres. En quatrième lieu, accompagnant le Seigneur au supplice, il avoit été témoin de la tristesse d'une infinité de gens de bien, qui le suivoient, & il avoit ouï la prédiction que Jesus fit aux Femmes de Jerusalem, qui fondoient en larmes & qui se frappoient la poitrine. Enfin il étoit témoin de la Constance, de la Patience, de la Charité, de la Pieté de Jesus sur la Croix. Est-ce ainsi que souffre un Imposteur, qui porte la juste peine de son imposture? Ce sont-là, ce me semble, les sources naturelles de la Foi du bon Larron, dont nous ne separons point une Grace de Dieu souverainement libre, mais souverainement équitable, *qui donne à celui qui a déja, & qui ôte à celui qui n'a rien, ce qu'il avoit auparavant.* C'est ainsi que cet homme croit que Jesus est véritablement le Messie que les Israëlites attendent, & que, puisqu'il ne regne pas dans ce monde, il doit regner dans cet autre monde que les Juifs espéroient après la Résurrection.

La Foi Judaïque sert de dégré pour élever cet homme à la Foi Chrétienne, selon cette parole de J. Christ: *Quiconque a ouï & a appris du Pere, viendra à moi.* Nous laissons quantité de choses incertaines que les Anciens ont dit sur le sujet du *bon Larron*, & dont on peut voir une partie dans les Remarques [17] d'un Auteur moderne.

Le Seigneur, touché de la Foi de cet homme, lui répondit: *Je vous assure que vous serez aujourd'hui avec moi en Paradis.* Il lui accorde plus qu'il ne lui demande, en lui donnant le Paradis dès ce jour-là, & sans attendre qu'il fût entré dans son Regne.

Luc XXIII. 43.

On demande, quel est ce *Paradis*? Plusieurs Anciens ont cru que c'est [18] le Paradis terrestre; dans lequel ils ont dit qu'Enoch & Elie avoient été transportez en attendant la Résurrection des morts. On est surpris de voir dans [19] les Peres la diversité bizarre des opinions sur l'endroit où ce Paradis est situé. Mais sans nous arrêter à tout cela, il suffira de remarquer, que J. Christ se sert des expressions des Juifs, qui appelloient le *Paradis*, le séjour des Ames bienheureuses. Comme ils avoient donné le nom de *Gehenne* au lieu où les méchans sont tourmentez, ils ont donné de même le nom de *Paradis* au lieu où résident les Bienheureux après leur mort; & cela parce que le Paradis terrestre avoit été le séjour de nos premiers Parens, tant qu'ils perseverent dans l'Innocence. C'est-ce qu'on a prouvé par quantité de passages des anciens Docteurs Juifs. Cela est trop connu pour nous y arrêter.

Ces blasphêmes des Juifs, des Payens, & d'un des Brigans crucifiez avec J. Christ, cesserent apparemment lorsque des Tenèbres imprévûës, & qui ne paroissoient avoir aucune cause naturelle, vinrent couvrir la Judée, & peut-être les Païs voisins de la Judée. Cela arriva lorsqu'il étoit environ la *sixième heure du jour*, dit S. Luc. S. Matthieu & S. Marc s'expriment avec moins de précision, & disent simplement *la sixième heure*; mais comme S. Jean témoigne, que lorsque J. Christ fut condamné par Pilate & livré aux Soldats, il étoit *environ la sixième heure*, & que les Tenèbres ne survinrent que lorsque J. Christ eût été mis en Croix, cela semble faire quelque difficulté. Cela n'en doit pourtant pas faire. Car dès qu'on partage le jour en quatre parties égales, chacune de trois heures, on dira fort bien d'un évenement arrivé demi-heure ou trois quarts d'heure avant la sixième heure, ou d'un évenement arrivé une demi-heure ou trois

Luc XXIII. 44.

Jean XIX. 14.

quarts

quarts d'heure après, qu'ils sont arrivez *environ la sixième heure*, parce qu'ils se trouvent à une égale distance de cette heure-là.

Ces Ténèbres ne furent point l'effet d'une Eclipse de Soleil, naturellement impossible dans la pleine Lune, & dont les Evangélistes n'expliquent pas la cause. Si elles étoient venuës d'un obscurcissement du Soleil, comme un tel evenement auroit été vû dans tout l'Hémisphere, il n'est pas concevable, que les Ecrivains de ce tems-là n'en eussent fait mention. Il est vrai que Phlegon, Affranchi d'Adrien, a parlé d'une Eclipse de Soleil si entiere, que l'on voyoit les Etoiles en plein jour, & qu'il l'a mise à la seconde année de la CCII. Olympiade; mais bien que Tertullien, Eusebe, S. Augustin, S. Jerôme & d'autres, ayent cru que cette Eclipse fut la cause des Ténèbres arrivées à la mort de J. Christ, il y a [20] tant de difficultez dans cette opinion, qu'on ne sçauroit s'y arrêter. A l'égard du témoignage de Dénis l'Aréopagite, qui observa, dit-il, ces Ténèbres dans le tems qu'il étoit à Héliopolis en Egypte, il n'y a presque plus aucun homme de Lettres qui ne convienne que ce témoignage est faux, & que les Ouvrages qui portent le nom de ce Dénis, ont été supposez vers le commencement du V. Siècle. Enfin il y a des Sçavans qui prétendent, que les Annales de la Chine marquent une grande Eclipse de Soleil, arrivée précisément dans le tems de la mort du Fils de Dieu; mais cette opinion a été réfutée solidement * par d'habiles gens qui l'ont examinée. Il nous suffit d'avoir le témoignage des Evangélistes, Historiens très-dignes de foi, qui nous assurent qu'il se fit des Ténèbres sur *toute la Terre*, c'est-à-dire, sur toute la Judée. Il faut les borner là. C'est-là que se commet le crime, & c'est-là que s'arrêtent les signes de la colere du Ciel. D'ailleurs les Evangélistes n'auroient pu sçavoir que ces Ténèbres couvrirent la Terre universelle, puisqu'étant en Judée, ils ne pouvoient sçavoir ce qui se passoit audelà des limites de la Judée: car on ne pense pas qu'ils l'ayent appris par Revélation. Quant à ce qui causa cette Obscurité, on n'en peut rien dire avec certitude, les Ecrivains sacrez ne l'ayant pas marqué. Ce que l'on peut supposer le plus

Luc XXIII. 44.

---

* Mr. Huet, dans sa Demonstration Evangélique (Prop. III. 48.) & un grand nombre d'autres après lui, ont tâché de justifier l'application que les Peres ont fait du passage de Phlegon, aux Ténèbres qui couvrirent la Terre dans le tems de la Mort de J. Christ. Le même Mr. Huet, & plusieurs autres Sçavans ont prétendu, que les Annales de la Chine marquoient une Eclipse, arrivée précisément dans le tems de la Mort de J. Christ. Voyez la Pièce où l'on réfute cette opinion dans la Bibliothèque Germanique: T. v. Art. II. p. 19 & suiv.

plus vraisemblablement, c'est qu'il se fit tout d'un coup un amas de nuages noirs & épais, qui obscurcirent entierement l'air, & qui convertirent une partie de ce jour-là en une espece de nuit. Cela dura environ depuis *la sixième heure jusqu'à la neuvième*, c'est-à-dire depuis une demi-heure après midi, jusques vers les trois heures, que Jesus expira.

<small>Matth. XXVII. 45.</small>

Ces Ténèbres extraordinaires étoient un signe bien parlant de ce qui se passoit alors, & de ce qui alloit arriver en Judée. *Tandis que je suis au monde*, disoit le Seigneur, *je suis la Lumiere du monde. Marchez pendant que vous avez la Lumiere, de peur que les tenèbres ne vous surprennent; car celui qui marche dans les tenèbres ne sçait où il va. Le Soleil fut couvert de Tenèbres*, dit S. Luc, *pendant que le Seigneur étoit sur la Croix. La Lumiere du monde* en est de même enveloppée. Les nuages épais & noirs des opprobres, des outrages, d'une mort ignominieuse, dérobent à des yeux charnels la splendeur de sa Gloire, & ne leur laissent plus entrevoir *la forme de Dieu*, cachée sous *celle d'un Esclave*, qu'il a prise pour quelque tems. Ces Tenèbres sont de même un signe bien parlant de celles qui regneront desormais sur la Judée. Ayant éteint pour eux la Lumiere céleste que Dieu leur avoit envoyée, on verra les Juifs *marcher dans les tenèbres*, ne sçavoir plus où ils vont, & se jetter de précipice en précipice, jusqu'à ce qu'ils soyent tombez dans une ruine totale. Cependant ces mêmes Tenèbres, figure de leur aveuglement, devoient au fond les éclairer, puisqu'ils voyoient s'accomplir à la lettre, ce que Dieu avoit dit par le Prophéte Amos: *Dans ce jour-là*, dit le Seigneur, *je ferai paroître le Soleil dans son midi, & je couvrirai la Terre de tenèbres, lorsqu'il éclaire avec le plus de force*. Comment les Juifs ne s'appercevoient-ils point, que Dieu renouvelle contre eux un des Prodiges qu'il fit autrefois pour dompter l'endurcissement de Pharao? Alors l'Egypte fut couverte de ténèbres, pendant que la Région qu'occupoient les Israëlites, jouïssoit de la lumiere du Soleil: à présent c'est la terre des Israëlites qui est couverte de Tenèbres, pendant que les autres Nations qui n'ont point de part à leur crime, voyent dans ce même Soleil qui continuë à les éclairer, un présage que le Soleil de Justice va les éclairer.

<small>Luc XXIII. 45.</small>

<small>Amos VIII. 9.</small>

<small>Exod. X. 21. & suiv.</small>

Avant que d'expirer, Jesus prononça d'une voix haute & forte, des paroles qui surprennent d'abord dans la bouche du Fils de Dieu; mais dont le choix fut au fond l'effet de sa profonde Sagesse. *Vers la neuvième heure*, disent les Evangélistes,

<small>Matth. XXVII. 46.</small>

Jesus

CRUCIFIÉ. *Discours XVIII.*

Jesus s'écria à haute voix, Eli, Eli, lamma sabactani; c'est-à-dire, *Mon Dieu, mon Dieu, pourquoi m'as-tu abandonné?* Marc xvi. 34.

La Croix du Seigneur est un sujet de Triomphe pour ses Ennemis, & de Scandale pour ses Disciples. Il faut montrer aux uns, que leur Triomphe est celui des Persécuteurs des Saints, & faire voir aux autres, qu'il ne lui arrive rien que ce qui a été prédit par les Prophètes. C'est dans ces vûës que le Seigneur prononça à haute voix ces paroles du Ps. XXII. *Mon Dieu, mon Dieu, pourquoi m'as-tu abandonné;* c'est-à-dire, Pourquoi m'as-tu livré entre les mains des Gentils pour me crucifier! Jesus n'ignore pas les raisons de son Pere. Ce n'est pas non plus une plainte qu'il fait à Dieu. C'est donc, d'un côté, une protestation publique de son Innocence, dans laquelle il prend Dieu même à témoin, qu'il n'a rien fait qui mérite le supplice qu'il souffre. C'est le sens de David, & c'est celui de J. Christ. Mais d'un autre côté J. Christ veut rappeller dans la mémoire des Pharisiens & des Docteurs de la Loi le Ps. XXII., dont il employe les premieres paroles, afin qu'ils y voyent des Propheties formelles de sa Passion, & qu'en comparant ce qui se passe sous leurs yeux, avec ce que dit le Prophète dans ce sacré Cantique, ils reconnoissent que Jesus est l'Original, dont David n'a été que le Type & la Figure.

Certainement s'il étoit un moyen d'ouvrir les yeux aux Juifs sur leur crime, & de les porter à reconnoître dans la personne du Fils de Dieu le Rédempteur promis, n'étoit-ce pas de leur rappeller dans cette conjoncture un Pseaume où tous les caractères de sa Passion sont marquez, & qui semble plutôt une description qu'une prédiction de son supplice? On y voit son état d'Humiliation & d'Opprobre, vs. 7. *Je suis un Ver, & non pas un Homme. Je suis l'Opprobre des hommes, & le méprisé du peuple.* On y voit les Outrages que lui font ceux qui assistent à son supplice, vs. 8. *Ceux qui me voyent dans cet état, se moquent de moi, & hochent la tête.* On y voit jusqu'aux paroles insultantes qu'ils disent à J. Christ: vs. 9. *Il se repose, disent-ils, sur l'Eternel; qu'il le delivre, qu'il le retire, s'il est vrai qu'il l'aime.* On y voit le caractère de ceux qui demandent sa mort. Ils ont la rage & la fureur des Bêtes féroces, vs. 13, 14. *Plusieurs Taureaux m'ont environné, des Taureaux de Baçan m'ont enceint: Ils ont ouvert leur gueule contre moi, comme des Lions rugissans, & prêts à devorer leur proye.* Que dirai-je encore? On y voit sa Langueur, son extrême Foiblesse: vs. 16. *Ma vigueur est desséchée, & ma langue tient à*

Vol. VI.   O o o   *mon*

mon palais. On y voit le genre de son Supplice, vs. 17. *Ils ont percé mes pieds & mes mains.* On y voit le partage de ses Vêtemens, vs. 19. *Ils ont partagé entre-eux mes Vêtemens, & ont jetté le sort sur ma Robe.*

Ainsi il ne faut regarder ces paroles du Seigneur, *Mon Dieu, mon Dieu, pourquoi m'as-tu abandonné*, que comme les premieres paroles d'un Pseaume Prophétique, que le Seigneur indique aux Juifs & qu'il leur rappelle, pour les instruire & les convaincre. Cette explication est naturelle. Elle est honorable au Fils de Dieu, au lieu que celles qu'on a coûtume de donner, sont trop recherchées, & n'ont pour fondement que certaines spéculations Théologiques.

Jesus prononça ces paroles, *Mon Dieu, mon Dieu, pourquoi m'as-tu abandonné*, non selon l'ancien Hébreu, & tout-à-fait telles qu'elles sont dans l'Original; mais selon l'Hébreu Syriaque ou Chaldaïque, que l'on parloit alors en Judée, sans doute afin qu'elles fussent entendues de tous les Juifs qui étoient présens. Il y eut pourtant des Juifs qui ne les comprirent point, & qui étoient apparemment de ceux qu'on appelle *Ellenistes*, parce qu'ils étoient dispersez parmi les Grecs, & que la plûpart n'entendoient, ni l'Hébreu, ni le Chaldaïque, & ne lisoient la Bible que dans la Version des Septante. De-là vient, qu'entendant ces mots, *Eli, Eli*, ils s'imaginerent que Jesus *appelloit Elie* à son secours, ce qui fit dire à l'un d'eux: *Voyons si Elie viendra l'ôter de la Croix.*

<small>Matth. xxvii. 47.
Marc xv. 36.
Jean xix. 28.</small>

Dans ce tems-là Jesus dit: *J'ai soif*. L'Evangéliste remarque, que ce fut *afin d'accomplir l'Ecriture*. Il s'agit apparemment du vs. 22. du Ps. LXIX., où le Prophète dit, *que dans sa soif on l'a abreuvé de Vinaigre*; car les Evangélistes ajoutent, que les Soldats remplirent une éponge de Vinaigre, la mirent au bout d'une Canne, & la lui approcherent de la bouche, afin qu'il la suçât. S. Jean ne parle point de *Canne*. Il dit seulement, *qu'ayant rempli une éponge de Vinaigre, & l'ayant mise autour d'une tige d'Hysope, ils la lui approcherent de la bouche*. Ainsi la *Canne* de S. Matthieu, ne fut autre chose qu'une tige ou branche d'Hysope. Car bien que l'Hysope ne produise pas en Occident des tiges ou des branches assez fortes pour soutenir une éponge imbibée de Vinaigre, il n'en étoit pas de même dans l'Orient, où cette plante venoit assez haute, pour être mise au rang des arbustes, comme Josephe [22] l'a observé. Jesus ayant pris le Vinaigre, continuë S. Jean, s'écria: *Tout est accompli*. Les anciens oracles sont accomplis, & mon ministère est fini. Il ne me reste plus que de

<small>Jean xix. 29.</small>

CRUCIFIE'. *Discours XVIII.* 239

remettre mon Esprit entre les mains de mon Pere. C'est aussi ce que fit le Sauveur un moment après. S. Matthieu & S. Marc se contentent de dire, qu'il *jetta un grand cri*; mais S. Luc nous rapporte, qu'il prononça d'une voix forte ces paroles: *Mon Pere, je remets mon Esprit entre tes mains.* Il falloit en effet qu'elles fussent entendues de tout le monde, afin que l'on sçût que ce même Jesus, qui un moment auparavant semble se plaindre que Dieu l'ait abandonné, expire dans l'Amour de Dieu, & dans une parfaite Confiance en sa Justice & en sa Bonté. Matth. XXVII. 50. Marc XV. 37. Luc XXIII. 46.

S. Matthieu & S. Marc disent, que Jesus *expira*, ou *rendit l'Esprit*, après ces dernieres paroles. S. Jean s'exprime un peu autrement, & dit que Jesus *ayant baissé la tête, remit son Esprit.* Il ne faut peut-être point chercher de mystère dans l'expression de S. Jean. Cependant, quand on fait refléxion à ces paroles du Sauveur: *Personne ne m'ôte la vie, mais je la donne de moi-même. Il est en mon pouvoir de la donner; il est en mon pouvoir de la reprendre. J'ai reçu ce commandement de mon Pere;* quand, dis-je, on fait refléxion sur ces paroles, il est bien naturel de penser, que S. Jean a voulu insinuër, que J. Christ acheva volontairement & librement sa course, lorsque tout ce qu'il s'étoit proposé de faire fut accompli. Jean XIX. 30. Jean X. 18.

Ce qui confirme ce que nous venons de dire, c'est que J. Christ prononça d'une voix forte ces dernieres paroles: *Mon Pere, je remets mon Esprit entre tes mains.* Il n'est point du tout naturel, qu'un homme qui expire par un supplice qui lui ôte peu-à-peu toutes ses forces, en ait conservé assez pour jetter un grand cri. Aussi S. Marc a-t-il observé, que *le Centenier qui étoit vis-à-vis de Jesus, & qui vit qu'il avoit expiré en criant de la sorte, en fut si surpris, qu'il dit, Véritablement cet homme étoit le Fils de Dieu.* Marc XV. 39.

Effectivement la mort de J. Christ eut cela d'extraordinaire, qu'elle fut beaucoup plus prompte qu'elle ne devoit être vraisemblablement. La Croix étoit un supplice d'autant plus cruel qu'il étoit fort lent, & qu'on y voyoit à la lettre, ce qu'un Frere barbare dit dans un Poëte tragique à son propre Frere: *Si je ne puis te faire mourir plus d'une fois, au moins je te ferai mourir long-tems.* Aussi, lorsque Joseph d'Arimathée vint demander à Pilate le corps de Jesus pour l'enterrer, le Gouverneur, étonné qu'il fût déja mort, & craignant qu'on ne voulût le surprendre & sauver la vie au Seigneur sous prétexte de le mettre dans le Tombeau, *fit venir le Centenier, &* Marc XV. 44.

& lui demanda si Jesus étoit déja mort. Effectivement * il y avoit des exemples de personnes, qui ayant été détachées de la Croix & traitées ensuite, n'étoient point mortes de leurs playes.

Ce fut donc vraisemblablement pour s'assurer que Jesus étoit véritablement mort, qu'avant que de le descendre de la Croix, un Soldat lui perça le Côté d'une Lance : circonstance que S. Jean a observée, & qui lui a paru si essentielle, qu'il n'a rien oublié pour la bien certifier. *Un Soldat*, dit-il, *lui ouvrit le Côté d'un coup de Lance, & il en sortit du Sang & de l'Eau. Celui qui l'a vû,* poursuit l'Evangéliste, *en rend témoignage, & son témoignage est digne de foi.* Ce qui oblige l'Apôtre à appuyer sur cette circonstance, c'est qu'en confirmant la vérité de la Mort du Seigneur, elle confirme celle de sa Résurrection, & ôte aux Incrédules le prétexte le plus spécieux de la nier : Car Jesus n'ayant été sur la Croix qu'environ trois heures, ce qui ne suffisoit pas pour faire mourir un homme crucifié, & son corps ayant été ôté de la Croix par un homme qui étoit son Disciple secret, on auroit pu soupçonner qu'il n'étoit pas encore mort, & par consequent qu'il n'étoit pas véritablement ressuscité. Mais son côté ayant été percé d'un coup de lance, avant qu'on l'ôtât de la Croix, sa Mort ne peut plus être revoquée en doute. Ainsi la vérité de sa Nature Humaine, tant contestée par les premiers Hérétiques, & la vérité de sa Mort, furent attestées par ces trois Témoins, *l'Esprit, l'Eau, & le Sang* ; par *l'Esprit*, qu'il remit entre les mains de son Pere, par le *Sang* & par *l'Eau*, qui sortirent de son côté.

Jesus étant mort, d'autres Prodiges plus effrayans encore succederent à celui des Ténèbres, qui bien-qu'elles ayent eu des causes naturelles, arriverent néanmoins dans des circonstances & dans des vûës, qui marquoient bien clairement une direction particuliere de la Providence. Le miracle n'est pas toûjours dans la nature des évenemens: Il est dans l'ordre où ces évenemens sont placez. Il faut s'aveugler pour n'y pas voir *le Doigt de Dieu.* Le Tremblement de terre qui suivit, pourroit avoir de même des causes naturelles, & n'être lié à la Mort du Sauveur, que parce que les causes qui
l'ex-

Jean xix. 34.

Jean v. 8.

---

* *Il y avoit des exemples.* On n'en sçait point à la vérité qui eussent précedé la mort de J. Christ; mais s'il y en eut depuis, pourquoi n'y en auroit-il point eu auparavant ? Or Josephe rapporte dans sa vie, que Tite ayant permis qu'on détachât de la Croix trois Juifs avant qu'ils fussent morts, & qu'on les traitât, il y en eut deux qui moururent, mais que le troisième échapa, & survécut.

CRUCIFIE'. *Discours XVIII.*

l'exciterent étoient prêtes d'agir quand Jesus expira. Il n'en est pas tout-à-fait de même *du Voile du Temple qui se dechira dans ce moment, des Tombeaux qui s'ouvrent, & des Morts qui ressuscitent.* Un Tremblement de terre qui laisse le Temple dans son entier, ne sçauroit en dechirer le Voile, & s'il fait que les Pierres qui ferment les Sepulcres soyent ôtées de leur place, il ne sçauroit donner le mouvement & la vie aux Morts qui y sont enfermez. Ces Prodiges sont au dessus des forces des causes naturelles. C'est pourtant ce qui arriva au moment que le Seigneur rendit l'Esprit. *Le Voile du Temple se dechira en deux, depuis le haut jusqu'au bas, la Terre trembla, les Pierres se fendirent, les Sepulcres s'ouvrirent, & les Corps de plusieurs Saints ressusciterent, & sortant de leurs tombeaux, ils entrerent après sa Résurrection dans la sainte Cité, & se firent voir à plusieurs.* Matth. XXVII. 51, 52, 53.

Ces Prodiges furent de trois sortes. Les uns terribles & menaçans: Telles *les Tenèbres & le Tremblement de terre,* qu'il ne faut point étendre au-delà de Jerusalem & des endroits les plus voisins. Il y en eut qui annonçoient la Grace & la Vertu du Rédempteur: *Les Tombeaux s'ouvrent, & les Morts ressuscitent,* pour faire voir à tout le monde, que ce Jesus, qui expire, *est la Résurrection & la Vie,* & pour confirmer ce qu'il a dit, que le Fils de l'Homme n'est point *venu dans le monde pour perdre les Hommes, mais pour les sauver.* Jesus vivant, Jesus mourant, n'a jamais fait mourir personne. Il descend seul dans le Tombeau; mais il n'en remonte pas seul, & s'il a l'avantage d'être les prémices de la Résurrection, ce qui convient à sa Dignité & à son Mérite, la Résurrection opere bientôt celle de plusieurs Saints. Enfin il y a des Prodiges mystérieux: Tel celui *du Voile du Temple, qui se dechire par le milieu, depuis le haut jusqu'au bas.* Il y avoit deux grands Voiles dans le Temple. Le premier séparoit le Vestibule du Lieu Saint, & le second separoit le Lieu Saint du Saint des Saints. On demande lequel de ces Voiles se dechira ? Origene & S. Jerôme après lui, croyent que ce fut le premier, & si ce fut celui-là, le Prodige eut une infinité de Témoins; car le Portail du Temple étant ouvert & fort exhaussé, & tout le Peuple priant le visage tourné de ce côté-là, ils avoient devant les yeux ce premier Voile. Il faut remarquer, que Jesus expira environ les trois heures après midi. Or c'étoit l'heure de la Priere, à laquelle assista un Peuple infini, parce que c'étoit *le jour de la préparation,* ou la Veille *du Grand Sabbath,* ou du Sabbath de la plus grande des Fêtes. Mais Jean XIX. 31.

Vol. VI. P pp si

si ce fut le Voile intérieur, * celui qui séparoit le Saint des Saints du Lieu Saint, le prodige ne put être vû que des Sacrificateurs, qui avoient seuls le privilege d'entrer dans le premier Sanctuaire, pour y offrir les Parfums. Quoi qu'il en soit, le Voile dechiré par une main invisible à la Mort de J. Christ, annonçoit bien clairement aux Juifs, que toutes les Cérémonies du Culte Judaïque, qui étoient comme des voiles dont la vérité avoit été jusqu'alors enveloppée, étoient abolies de droit, & s'aboliroient en effet peu-à-peu; que les mystères alloient être pleinement revélez; que les Fidèles contempleroient déformais sans voile la Gloire du Seigneur; que *l'Entrée des lieux Saints*, c'est-à-dire du Ciel, dont le Sanctuaire étoit la figure, leur étoit ouverte. C'est à quoi l'Auteur divin de l'Epître aux Hébreux fait allusion dans ces paroles, où expliquant les mystères de la Loi, & opposant le Voile du Temple à la Chair de J. Christ, qui fut comme le voile qui cachoit la Gloire de la Divinité, il addresse cette belle exhortation aux Fidèles: *Puis donc, mes Freres, que nous avons la liberté d'entrer dans le Saint des Saints, par le Sang de J. Christ, qui est la voye nouvelle & vivante qu'il nous a laissée par le Voile, c'est-à-dire par sa propre Chair, & que nous avons un Souverain Sacrificateur qui* est établi *sur la maison de Dieu, approchons-nous avec un cœur sincere, & avec une pleine & entiere foi, ayant le cœur purifié des souillures d'une mauvaise conscience, & le corps lavé d'une eau pure.* Le *Voile du Temple*, bâti par la main des Hommes, se dechire au moment qu'on acheve de dechirer la Chair de J. Christ, qui est le Voile du Temple vivant de la Divinité.

Ces Prodiges, ou du moins une partie, car il y en eut qui ne purent être vûs de ceux qui assistoient au supplice du Sauveur; une partie, dis-je, de ces Prodiges remplit d'étonnement & de frayeur un grand nombre des Spectateurs, & leur ouvrit les yeux sur l'Innocence de J. Christ. S. Matthieu le dit du Centenier & des Soldats qui avoient la garde avec lui: Et S. Luc y ajoûte, *Tous ceux qui étoient présens à ce spectacle*; c'est-à-dire au moins le plus grand nombre. Ces gens-là s'en retournerent louant Dieu, *se frappant la poitrine*, & disant, selon S. Matthieu, *que Jesus étoit véritablement le Fils de Dieu,*

Heb. x. 19. & suiv.

Matth. xxvii. 54.

Luc xxiii. 48.

&

---

* Quelques Théologiens ont une pensée, qui paroît ingénieuse, sur le sujet du Voile qui se dechira à la Mort du Sauveur, & qu'ils croyent être celui qui separoit le Lieu Saint du Saint des Saints. Ils disent que ce Voile étoit l'image de la Colere de Dieu contre les Pécheurs ; c'est pour cela qu'il ne se levoit que le jour des Expiations. Alors Dieu étant appaisé par le Sang des Victimes, & par l'intercession du Souverain Sacrificateur, permettoit qu'on levât le Voile, en signe de la Paix qu'il accordoit à son Peuple. Si cette pensée a quelque fondement, c'est effectivement à la Mort de J. Christ que le Voile devoit être dechiré, puisque ce fut alors que Dieu fut appaisé par le Sang de son Fils. Voyez les Remarques de Mr. Wolf, sur le N. Test. note sur le vi. 51. de Matth. xxvii.

& selon S. Luc, *qu'il étoit juste*, c'est-à-dire qu'il étoit véritablement homme de bien. Effectivement, s'il y a un spectacle capable de convertir les plus incrédules & les plus endurcis, c'est celui de la Croix du Sauveur. Pouvoit-on voir toutes les Vertus réünies couronner cette sainte Victime, & les Prodiges qui se font à sa mort dans le Ciel & sur la Terre, sans reconnoître son Innocence, & ce qui en est la suite nécessaire, qu'il étoit véritablement le Christ? Ainsi la scene change tout d'un coup de face. L'Admiration succede aux Mépris & aux Outrages: la Foi à l'Incrédulité; déja la Croix de J. Christ commence de crucifier au monde ceux-là même qui l'ont crucifié; mais les principaux des Juifs s'obstinent dans leur Haine & dans leur Incrédulité. C'est l'effet ordinaire des grands crimes, commis avec déliberation. Sans une Grace miraculeuse, que Dieu n'accorde que très-rarement, on n'en revient jamais.

 Les Romains laissoient mourir sur la Croix les Criminels qu'ils y avoient attachez. Ils les y laissoient même en proye aux Oiseaux carnaciers, aux Bêtes, & à la pourriture. De-là ces mots, ¹⁵ que l'on renvoye aux Remarques. Les Juifs, comme on l'a déja observé, ne pendoient les Criminels qu'après qu'ils étoient morts, & les ensevelissoient le même jour, suivant la Loi. Aussi, pour ne pas violer l'ordonnance divine, d'autant plus que c'étoit la veille de la grande Fête, ils prierent Pilate de faire ôter de la Croix, & J. Christ, & les deux Brigans crucifiez avec lui. Pilate y consentit, & les Soldats eurent ordre de les détacher de leurs Croix; mais comme les deux Brigans vivoient encore, on leur rompit les jambes; non pour abreger leur supplice, mais pour hâter leur mort, afin qu'on pût les enterrer. Mais Jesus ayant déja rendu l'Esprit, *on ne lui rompit point les jambes.* Ce fut ainsi, dit S. Jean, que s'accomplit cette parole de l'Ecriture: *Vous n'en casserez aucun os.* Cela avoit été dit à la lettre de l'Agneau Pascal, qui étoit le type de Jesus sur la Croix.

 Aprés avoir expliqué l'Histoire de la Crucifixion du Sauveur, le Lecteur ne nous sçaura pas mauvais gré, de finir par quelques Réflexions sur cet Evenement. Rien n'a plus scandalisé les Juifs & les Payens, que la Croix de J. Christ. Ils ne pouvoient se persuader, qu'un Homme que Pilate avoit fait mettre en Croix, qui étoit mort du supplice le plus infame, fût le Fils de Dieu, le Sauveur, le Rédempteur du monde. C'étoit, selon eux, deshonorer la Raison & la Religion, que de vénérer un tel Homme. Nous ne répondrons point aux Payens avec Tertullien, *Que Dieu a voulu, que les hommes reparassent l'impudence de l'Idolâtrie par l'impudence de la Foi.* Ces raisonnemens, qui tiennent du paradoxe, ne sont pas fort propres à persuader des Incrédules. Il faut donc faire d'autres Réflexions sur cette matière, & prendre un autre tour pour justifier la Providence Divine, & la Foi Chrétienne.

Il est vrai que le supplice de la Croix étoit le plus odieux & le plus infame de tous les supplices, & qu'il n'étoit destiné qu'à des Brigans, des Auteurs de Séditions, à de vils Esclaves: Mais, comme on l'a fort bien remarqué, ce n'est pas le supplice qui deshonore, c'est la cause. Or, parmi les causes de la Crucifixion de J. Christ, il n'y en a point qui puisse le flétrir, ou plutôt il n'y en a aucune qui ne soit honorable.

I. L'Innocence du Sauveur fut attestée par Pilate: Elle le fut par Hérode, qui ne le condamne pas. *Il le méprisa*, disent les Evangélistes. Toutes les accusations portées par les Juifs contre J. Christ sont évidemment fausses. Il n'y en a qu'une seule qui soit vraye. *Il s'est dit le Fils de Dieu*; & comme ils s'expriment ailleurs, *Il s'est dit le Christ*: car, comme on a été obligé de le remarquer plus d'une fois, les titres de *Christ* & de *Fils de Dieu*, désignent la même chose dans le langage des Juifs. Il ne s'agit pas de la signification propre des termes, il s'agit de celle qui étoit en usage. Or comme il est évident, que le Seigneur a eu tous les caractères du Messie promis aux Juifs, & que, s'il ne l'étoit pas, les Juifs n'auroient point de Messie, & que toutes leurs Propheties & leurs Espérances seroient vaines; il est clair que Jesus n'a été crucifié, que pour avoir rendu témoignage à une vérité absolument nécessaire, parce que, pour ajoûter foi à sa Doctrine, il falloit être persuadé qu'il étoit le Ministre & l'Envoyé de Dieu.

II. Quant aux vûës de J. Christ, qui s'est livré volontairement au supplice de la Croix, puisqu'il l'a prévû, qu'il l'a prédit, & qu'il s'est rendu volontairement à Jerusalem, quand il a vû que l'heure de sa mort étoit venuë: Quant aux vûës de J. Christ, dis-je, il n'y en a certainement aucune qui ne soit digne de son extrême Charité & de sa profonde Sagesse. La premiere est, de s'offrir lui-même en Sacrifice pour

la

la Rédemption du monde. Cette vûë, que la Raison ne pouvoit à la vérité découvrir, mais qui n'a rien de contraire à la Raison, & qui est clairement exposée dans une infinité d'endroits de l'Ecriture ; cette vûë, dis-je, ne doit-elle pas concilier à J. Christ l'Estime, la Vénération, & l'Amour de toute la Terre. Car si l'on a consacré à la mémoire de tous les siècles les noms de ces hommes généreux & magnanimes, qui se sont dévoüez pour le salut de leur Patrie, parce qu'on ne concevoit point de plus sublime Vertu que celle-là ; quels Honneurs, quelle Reconnoissance ne doit-on pas à J. Christ, qui s'est devoüé au supplice de la Croix, pour le salut du genre-humain?

III. Une seconde vûë de J. Christ & de son Ministère, fut de bannir du monde l'Idolâtrie, & avec l'Idolâtrie, les Cérémonies profanes, & les Vices autorisez par l'exemple des faux Dieux, & d'établir par-tout le Culte pur d'un seul vrai Dieu. Pour cela il n'y avoit que deux moyens: L'un étoit celui de la Force ; c'est celui que les Juifs avoient imaginé, & dont ils croyoient que le Messie se serviroit pour dompter les Gentils, & les assujettir, & à eux & à Dieu. Mais outre que cette voye auroit rempli le monde de meurtres & de carnage, c'est qu'elle n'est propre qu'à faire des Hypocrites. La Force ne persuade point. L'autre moyen étoit celui de la Prédication, laquelle seule peut persuader, & rendre les hommes véritablement fidèles & véritablement vertueux. Or la Prédication ne pouvoit réüssir que par la Patience. Il falloit souffrir. Les Hommes, prévenus pour leurs vieilles Réligions, pour les Institutions, les Traditions de leurs Ancêtres, les Prêtres intéressez à les maintenir, persécuteront toûjours ceux qui auront le courage de condamner les Erreurs & les Superstitions dominantes, & d'entreprendre de les abolir. Ainsi la Foi & le Culte d'un seul Dieu, ne pouvoient s'établir dans un monde idolâtre que par le Martyre. Or cela supposé, il est bien digne du Sauveur d'en donner l'exemple. Il prend la Croix, & ne la donne à ses Disciples qu'après l'avoir portée lui-même devant eux.

IV. Une troisième vûë de J. Christ a été de confirmer sa Doctrine. Les protestations, les sermens, sont de grandes preuves de vérité, sur-tout dans un Homme qui a tous les caractères de l'Homme de bien. Mais quand à ses protestations, à ses sermens, il ajoûte le Martyre, & qu'il se livre au supplice le plus douloureux & le plus infame, plutôt que de rétracter la vérité qu'il a préchée, il n'est plus permis qu'à l'aveugle Opiniâtreté, de douter de la sincerité d'un tel Homme. C'est pour cela que J. Christ a bien voulu souffrir le supplice de la Croix. Après avoir prouvé sa Mission Divine par des miracles sans nombre, il ne lui restoit plus que de la confirmer par l'effusion de son propre Sang.

V. Une quatrième vûë de J. Christ a été, de confirmer les Promesses de l'Evangile, & en particulier la Promesse de la Résurrection & de la Vie éternelle : cette Promesse, qui doit déterminer tout homme raisonnable à l'observation des Devoirs de l'Evangile. Or la possibilité & la vérité de la Résurrection, ne pouvoient être prouvées que par son exemple. Ainsi, après avoir vérifié dans sa personne la nécessité de garder les Commandemens de Dieu, il a voulu vérifier de même la certitude des Récompenses promises à l'Obéïssance. Mais pour ressusciter d'entre les morts, il falloit mourir; & pour assurer la vérité de sa Résurrection, il falloit assurer celle de sa Mort. Il étoit donc nécessaire, que Jesus mourût en public, & par les mains de ceux qui, sçachant qu'il avoit prédit sa Résurrection, ne pouvoient manquer de prendre toutes les précautions possibles pour s'assurer de sa Mort. Sans cela l'Incrédulité auroit toûjours pû supposer, qu'on l'avoit fait passer pour mort, quoiqu'il ne le fût pas, afin de faire croire qu'il étoit ressuscité.

Au reste, il n'arrive rien à Jesus que ce qui arrivera à tous les grands Hommes, à moins que Dieu ne change tout-à-fait le monde, dès qu'ils entreprendront de censurer les Vices de ceux qui gouvernent, l'abus qu'ils font de leur pouvoir; & de reformer les Erreurs introduites dans la Religion. C'est-ce que montrent, parmi les Juifs, les exemples des Esaïes, des Jeremies, des Barachies; & parmi les Payens, ceux des Socrates, des Phocions, des Aristides; mais pour nous approcher du tems du Sauveur, & pour connoître quel étoit l'esprit des Juifs de ce tems-là, écoutons ce que Josephe nous raconte de sa Nation, & du traitement qu'elle fit à deux Hommes, qui, si nous en croyons cet Historien, étoient l'ornement de la Judée : [24] „ On vit, dit Josephe, ces deux grands
„ Per-

„ Personnages, qui avoient été revêtus l'un & l'autre de
„ la Dignité pontificale, qui étoient réverez de tout le
„ Peuple, & regardez comme les Protecteurs & les Conser-
„ vateurs de la Religion, & connus de tout le monde par
„ leurs éminentes Vertus; on les vit égorgez dans le
„ Temple, exposez nuds sur le pavé, & donnez en proye
„ aux Chiens & aux Bêtes. La Vertu, poursuit-il, fut-
„ elle jamais plus insolemment outragée? Et comment put-
„ elle voir, sans verser des larmes, les Vices triompher
„ d'elle de la sorte?

Ces Réflexions suffiront: Nous composons des Discours,
& non des Sermons sur cette Histoire de l'Evangile.

DISCOURS XIX.

Sépulture de J. Chrift. Matth. XXVII. 57-59. Marc XV. 42-46. Luc XXIII. 50-54. Jean XIX. 38-42.

Omme on a fait graver deux Planches, pour repréfenter la Sépulture du Sauveur, nous allons expliquer dans ce Difcours, tout ce qui fe pafla à la defcente de la Croix, & ce que Jofephe d'Arimathée & Nicodeme firent, pour préparer le corps du Seigneur, avant que de l'inhumer. Le mot de *Sépulture* fignifiant en général, & ce qui précede l'Inhumation, & l'Inhumation même, nous nous fervirons, pour exprimer le premier, du terme *d'Enfeveliffement*, que quelques Ecrivains ont taché de mettre en ufage, pour défigner ce que les Evangéliftes ont fort bien exprimé par le mot Grec, *Enthaphiazein*, qui ne veut pas dire proprement *inhumer*; mais *préparer un corps pour l'Inhumation*.

Jefus étant expiré vers la neuvième heure, c'eft-à-dire vers les trois heures de l'après midi, * un Sénateur venérable, nommé Jofeph, qui étoit d'Arimathée, ville de Judée, alla prier Pilate de lui donner le corps du Seigneur pour l'enfevelir. Ce perfonnage étoit diftingué par fa Charge: Il étoit membre du Confeil des Juifs. Il l'étoit par fon bien: S. Matthieu dit, *qu'il étoit riche*. Mais d'autres diftinctions, plus eftimables que les Dignitez & les Richeffes, élevent Jofeph au deffus de fes Concitoyens. *Il étoit Homme de bien & jufte*, dit S. Luc. *Il étoit d'ailleurs Difciple de Jefus*, dit S. Matthieu; *& attendoit le regne de Dieu*, dit S. Marc. Voilà bien des Vertus réünies. *L'Homme de bien & le Jufte*, font la même chofe dans l'Ecriture, où *la Juftice* n'eft point cette Vertu qui rend à chacun ce qui lui apartient; mais celle que l'on nomme l'Equité & la Charité, que les Loix Civiles n'exigent de perfonne; mais que la Loi Divine, qui a fon origine dans la Volonté & dans les Perfections de Dieu,

Matth. XXVII. 57.
Luc XXIII.
Matth. XXVII. 57. Marc XV. 43.

---

* La Vulgate a traduit *un noble Décurion*. Décurion étoit proprement chez les Romains, un Officier fubalterne, qui commandoit dix hommes; mais ce terme fignifie auffi dans les anciens Gloffaires, ce que les Latins nomment *Curialis*, c'eft-à-dire un homme du Confeil, un Juge, un Magiftrat. Quant au mot de *Noble*, il répond auffi bien à celui *d'Eufchemon, qui eft dans* l'Original. Parmi les anciens Grecs, ευχημων veut dire *honnête, grave, modefte*, mais dans la fuite ce terme a eu la fignification de *riche, honorable, conftitué dans quelque Dignité*. L'Interprete Latin l'a pris dans ce dernier fens, & il a eu raifon. car il femble que S. Marc a voulu exprimer par *Eufchemon*, le mot de *Riche*, qui eft dans S. Matthieu, XXVII. 57.

Ἐνταφιασμὸς τȣ̃ Χριϛȣ̃. | Matth. XXVII, 60. | CHRISTI SEPULTURA.
The buriall of Christ. | | La Sepulture de Jesus-Christ.
Christi Begräbnuß. | | Begraving van Christus.

Caracke pinx. — Pool sculps.

SEPULTURE DE J. CHRIST. *Disc. XIX.* 249

Dieu, exige de ceux qui le connoissent, & qui se le proposent pour modéle. Cet Homme étoit *Disciple de J. Christ*; mais un Disciple *secret* encore; car sans cela les Juifs l'auroient chassé, & du Conseil & de la Synagogue. Il attendoit *le Royaume de Dieu*: non ce Royaume temporel que les Juifs charnels se figuroient; car autrement il n'auroit pu croire en J. Christ; mais ce Royaume spirituel & céleste que le Seigneur annonçoit. *Il n'avoit point consenti aux résolutions des membres du Conseil des méchans*; il n'a aucune part à leurs cruelles déliberations: & s'il n'a pu justifier & sauver J. Christ, au moins n'a-t-il pas concouru à sa condamnation. Luc XXIII. 151

On voit ici que Jesus avoit des Disciples parmi les Principaux de la Judée. Ils ne nous sont pas tous connus; mais il faut que le nombre n'en fut pas grand: celui des Gens de bien sera toûjours le moindre, sur-tout quand les Richesses & les Honneurs ne sont pas de leur côté: il n'y aura jamais qu'un petit nombre d'Ames assez généreuses, pour honorer la Vertu persécutée, & pour la suivre aux dépens de leur Fortune & de la vaine Gloire. C'est beaucoup qu'il s'en trouve quelques-unes. C'est aussi pour cela que J. Christ fit peu de Disciples. Il falloit *un cœur honnête & bon* pour recevoir sa Doctrine & pour s'y attacher, & il y avoit peu de tels cœurs en Judée. Joseph étoit néanmoins de ce nombre; mais sa Foi n'étoit pas encore assez forte, pour oser se declarer hautement Disciple de Jesus. Il est à croire que Dieu lui fit cette grace dans la suite, & qu'après avoir eu le bonheur d'ensevelir le sacré corps de J. Christ, il eut celui d'être un des témoins de sa Résurrection, & de voir le Seigneur commencer d'entrer dans ce Regne qu'il attendoit par la foi.

On ne s'arrêtera point sur la patrie de Joseph. Arimathée étoit une petite Ville de Judée, située à quelques milles de Jerusalem, qui est nommée *Ramathaim-zophim* au premier Livre de Samuel, & qui fut aussi la patrie de ce Prophète. 1. Sam. L. 1. Il semble qu'il eut été plus honorable pour Joseph, d'être né à Jerusalem, que dans une petite Bourgade obscure de la Province. Mais ce ne sont pas les lieux où naissent les grands Hommes qui les illustrent; ce sont eux qui illustrent leur patrie, comme le disoit fort bien ¹ un Philosophe. Cependant, quoique Joseph ne fût pas né à Jerusalem, il y étoit établi. De-là vient, qu'il y avoit fait tailler dans le voisinage un sepulcre pour lui: précaution qui montre qu'il n'avoit pas d'horreur pour la mort, & que ses richesses ne l'attachoient point

point à ce monde, parce qu'étant *riche en bonnes œuvres*, il sçait bien qu'il a une meilleure Cité dans le Ciel.

Cet homme religieux & fidéle, fut sans doute de ces principaux des Juifs, qui suivirent Jesus au Calvaire; non comme les autres, pour rassasier leurs yeux d'un spectacle si barbare, & pour insulter à l'Innocent affligé; mais pour être témoins de la fin d'un si grand Prophète. C'est d'ordinaire dans ces derniers momens, dans ces terribles épreuves, que les grands Hommes font éclater leurs Vertus : Jesus mourant, *& se sanctifiant lui-même, pour sanctifier ceux qui croyent en lui*, est un objet bien digne de la curiosité des Saints. C'est-là qu'il pratique lui-même les Vertus difficiles qu'il a enseignées, & qu'il paroît peut-être plus digne d'admiration, qu'au milieu de ses miracles. Je ne sçai même si Joseph d'Arimathée ne va point au Calvaire, afin d'observer le moment où Jesus expirera, & d'aller en diligence demander à Pilate la permission de l'ensevelir. Les Juifs en général se piquoient d'observer religieusement ce devoir de l'Humanité. Joseph s'empresse de le rendre à Jesus. Il ne faut pas attendre que son sacré corps soit en d'autres mains, & qu'on outrage les précieux restes de ce saint Prophète.

Dès qu'il eut vû que Jesus étoit mort, Joseph courut chez Pilate, & lui demanda la permission d'enlever le corps du Seigneur, afin de l'ensevelir. Comme il étoit riche, & membre du Sanhedrin, il étoit connu du Gouverneur, qui l'écouta favorablement; toutefois après s'être assuré, par le témoignage du Centenier qui commandoit à l'exécution, si Jesus étoit véritablement mort : précaution qui, comme on l'a déja remarqué, servit à confirmer la Résurrection du Seigneur. Il est beau de voir la Providence déconcerter les mesures de la Prudence humaine, & faire tourner à la Gloire de J. Christ, & à la certitude des Véritez de l'Evangile, les précautions que Pilate & les Juifs prennent, pour prévenir les surprises & la fraude. Le Gouverneur accorda sans peine la permission que Joseph lui demanda. Ayant condamné Jesus malgré lui, il ne lui envie point les honneurs de la Sepulture. Il est même fort vraisemblable, que Pilate approuva en secret les pieux soins de Joseph, pour une personne dont il connoissoit l'Innocence. Il faut remarquer de plus, qu'à moins qu'il ne s'agît des plus grands scelerats, les Magistrats qui n'avoient que médiocrement d'équité, permettoient qu'on enterrât les Criminels : De-là vient que l'Orateur Romain reproche à Verres, d'avoir refusé fufé la Sépulture à des Coupables, ou de ne l'avoir accordée qu'à prix d'argent.

L'action de Joseph est très-belle, & si ce n'est pas une haute Confession de sa foi, elle en approche beaucoup. Un homme illustre dans la Nation, un membre du Conseil, un des premiers Magistrats de Jerusalem, s'abaisse jusqu'à vouloir ôter de la Croix & à ensevelir, un Homme que le même Conseil a condamné comme un Seditieux, comme un Blasphémateur. Qu'on ne lui refuse pas la Sépulture. Les Juifs ne la refusoient à personne. Mais elle se donnoit aux Criminels dans des lieux infames, & par de vils ministres de la Justice. Non, non; dès ce moment-là Joseph n'est plus Disciple secret de Jesus: il montre sa Foi par ses Oeuvres : & qu'ont fait de plus ces Femmes pieuses qui repandirent sur ses pieds des parfums précieux : elles n'ont fait qu'anticiper ce que Joseph va faire. Il est moins beau d'honorer de la sorte J. Christ vivant, que de le faire après sa mort, & après une mort aussi ignominieuse que celle de la Croix. Certainement il ne falloit pas avoir honte de la Croix de J. Christ, pour en user de la sorte.

Joseph ayant obtenu ce qu'il demandoit, court en hâte au Calvaire; car le Sabbath, qui alloit commencer, l'auroit empêché d'exécuter son pieux dessein. C'étoit *sur* * *le soir*, disent les Evangélistes, c'est-à-dire, lorsque le soleil commençoit d'incliner vers son coucher, ayant déja fait plus des trois quarts de sa course. Ce fut alors qu'on vit ce Magistrat respectable arracher les cloux qui perçoient les pieds & les mains du Seigneur, délier les cordes qui le tenoient attaché à la Croix, l'en ôter lui-même, & le mettre dans un Linceuil blanc, qu'il avoit tout prêt pour cela : image des *Vêtemens blancs & lumineux* dont le Seigneur est représenté vêtû dans la Gloire. Le blanc lui convient, parce que c'étoit la couleur des Rois aussi-bien que la Pourpre, & à cause de sa parfaite Innocence. Mais comme Joseph ne suffisoit pas seul pour des offices de cette nature, il se fit aider par des Domestiques:

Luc XXIII. 52.

---

* *Sur le soir*: Matth. XXVII. 57. Marc XV. 42. J. Christ mourut à *la neuvième heure*, ou sur les trois heures de l'après-midi. C'est après cette heure-là que commencent ce que les Juifs nomment *les premières Vêpres*. Elles duroient jusqu'au coucher du soleil. Les secondes Vêpres commençoient au coucher du soleil, & duroient jusqu'à la nuit. On voit cette distinction au vs. 15. du Chap. XIV. de S. Matthieu, où il est dit, que les Disciples vinrent trouver J. Christ, *le soir étant venu*, c'est-à-dire aux premières Vêpres, & lorsque le soleil commençoit à pencher vers son coucher. Il est remarqué ensuite au vs. 25. que *le soir étant venu*, *Jesus étoit seul*. Il s'agit des secondes Vêpres, qui suivoient le coucher du soleil. S. Luc se sert d'une expression qui paroît fort impropre; car il dit, Chap. XXIII. 52. que *le Sabbath alloit luire*, quoique le Sabbath, & en général les Jours commençassent chez les Juifs par le soir, depuis un coucher du soleil jusqu'à l'autre. Cela venoit de ce que dans l'histoire de la Création le soir précede toûjours le jour; mais S. Luc, qui étoit Grec, s'est servi de l'expression des Grecs, pour marquer le commencement du jour. De sorte qu'au fond, pour traduire cet Evangéliste, non selon les termes, mais selon le sens, il faut dire, *que le Sabbath alloit commencer*,

ques: heureux de prêter leur ministère à leur Maître, dans une occasion où les Anges mêmes feroient gloire *de porter le Fils de Dieu dans leurs mains*!

Les Cérémonies de la Sépulture parmi les Juifs, ² sont assez connues. On commençoit par laver les corps : & quand c'étoient des personnes riches, honorables, on les embaumoit; non en leur ôtant les entrailles, comme les Egyptiens l'ont fait, & comme on l'a fait depuis en Occident; mais en les oignant plusieurs fois, & les inondant, pour ainsi dire, d'une liqueur épaisse de Myrrhe, d'Aloës, & de quelques autres drogues aromatiques. Le Corps tout imbibé, autant qu'il étoit possible, de cette liqueur, on le lioit depuis la tête jusqu'aux pieds avec de larges bandes de toile, qui étoient elles-mêmes imbibées. Après cela on enveloppoit les morts d'un * Linceuil neuf & fort blanc, & on les couchoit de la sorte dans le Sepulcre, sur des especes ³ de petits lits. A l'égard de la tête & du visage, on les couvroit d'un linge. Ce fut ainsi que Jesus fut enseveli.

Jean xix. 39.

Comme Joseph alloit descendre Jesus de la Croix, pour le faire emporter dans un Tombeau qui étoit proche, *Nicodeme*, Disciple secret de J. Christ, aussi-bien que lui, vint l'assister dans un si pieux travail. C'est le même qui étoit venu trouver Jesus de nuit, & qui eut avec lui la belle Conversation qui est rapportée au Chapitre troisième de S. Jean. Il étoit Pharisien de Secte, & homme du premier rang dans sa Nation; c'est-à-dire que, comme Joseph, il étoit du Grand-Conseil des Juifs. Ainsi la Croix de J. Christ, qui intimida si fort ses onze Disciples, qu'il n'y eut que S. Jean qui osa en approcher, assemble auprès de lui ceux qui jusqu'alors n'osoient se découvrir. Sans doute tout ce qui se passa alors, avoit été concerté entre ces deux saints hommes. Ils se connoissoient l'un & l'autre. Ils avoient les mêmes Vertus avec les mêmes Défauts. Il falloit aussi que Nicodeme fût riche, car S. Jean rapporte, *qu'il fit apporter environ* † *cent livres d'une compo-*

Jean III. 1.

---

* De sçavans Interprètes croyent, que *le Linceuil* ne servit qu'à en faire des bandes, dont on lia le corps du Seigneur. Pour nous, il nous paroît plus vraisemblable, qu'il servit à envelopper le corps tout entier, & à le couvrir.

† *Fit apporter environ cent livres d'une composition.* Cela paroît fort surprenant, & à moins que Nicodeme ne se soit proposé d'en faire fumer une bonne partie en l'honneur de J. Christ, on ne comprend pas qu'il ait pu employer cent livres à l'onction d'un seul corps. Un sçavant Interprète a taché de lever cette difficulté. Il prétend que le mot de l'Original qu'on a traduit par celui de *Livre*, signifie aussi *une sorte de Monnoye* de peu de valeur, & alors le sens est, Que Nicodeme *fit apporter une composition de myrrhe & d'aloës, pour la valeur de cent francs, ou environ.* Il en falloit au moins pour ce prix-là, pour faire les choses un peu honnêtement. Denotat ἡ λίτρα præter significationem *libræ*, ut ponderis, certum etiam numismatis genus, quod obolus vocatur Ægineticus. Fuit igitur mixtura, quæ centum obolis Ægineticis comparata erat. *Erasm. Schmidius* in Animadversionibus ad N. T. cap. xix, Joh. vi. 39.

J. CHRIST. *Discours XIX.*

composition * *de myrrhe & d'aloës.* Ils se proposent d'embaumer le corps du Seigneur. Ils ignorent, que la Résurrection de Jesus doit suivre de si près sa mort, que quand son Corps seroit corruptible, il n'auroit pas le tems de se corrompre; mais on ne doit pas s'en étonner: car si ses propres Disciples, avertis tant de fois de sa Résurrection prochaine, ne peuvent se la persuader, lors même qu'on leur en annonce tous les indices; comment ces Docteurs, qui n'avoient point été dans la confidence de J. Christ, auroient-ils cru une vérité que les douze Disciples n'osoient espérer?

Nicodeme avoit une autre conformité avec Joseph, laquelle devoit les rendre amis. Il étoit aussi homme de bien & juste. On en a une preuve, lorsque les Juifs, délibérant dans leur Conseil de condamner Jesus & d'obtenir sa mort, le généreux Nicodeme s'éleve hautement contre cette injustice, & demande à ses Collegues, *Si la Loi permettoit que* [Jean vii. 30] *l'on condamnât un homme sans l'entendre?* Celui-ci assista aussi sans doute à la Crucifixion de J. Christ, dans les mêmes intentions que Joseph; mais avec une instruction que le dernier n'avoit pas, & dont le spectacle qui s'offre à ses yeux, doit lui rappeller le souvenir. Dans l'entretien qu'il avoit eu avec Jesus, le Seigneur lui avoit dit ce mot mémorable, *Comme le Serpent fut élevé dans le désert, il faut que le Fils de l'Homme soit élevé.* Le Docteur, le Pharisien, ne comprit rien sans doute à cette parole mystérieuse. Il n'y avoit que l'événement qui put lui ouvrir les yeux. Mais quand il voit le Fils de l'Homme élevé sur une Croix, peut-il s'empêcher de dire; Voilà l'accomplissement de l'oracle obscur qu'il prononça quand je l'allai trouver. Il n'a rien du Serpent d'airain, que d'être élevé comme lui, & de procurer la guérison des Ames, à ceux qui le regardent des yeux de la Foi & qui mettent leur confiance en lui.

Cependant il se présente ici une objection. Puisque le corps du Seigneur fut embaumé avec tant de profusion, comment a-t-il pu dire, pour justifier l'action de cette Femme, qui portant un vase plein d'un parfum de grand prix,

le

---

* S. Jean ne parle que des deux principaux ingrédiens qui entroient dans cette composition: c'est l'essence de Myrrhe & d'Aloës; mais on sçait qu'on y employoit d'autres ingrédiens, *de l'essence de Cedre, du Sel, de la Cire, du Bitume, de la Résine.* Les deux premiers étoient les plus précieux, & dominoient dans cette composition, parce qu'étant fort amers, ils garantissent des vers & de la pourriture.

le repandit sur sa tête, *qu'elle l'avoit fait pour embaumer son corps*, ou comme s'exprime S. Marc, *pour anticiper le jour de ses funerailles?* Il est aisé de résoudre cette difficulté. On blâme l'action de cette Femme: On la taxe de prodigalité mal placée. J. Christ prend sa défense; Il dit que l'action de cette Femme est louable, que ses Disciples, ou plutôt l'un d'eux, sçavoir Judas, a eu tort de dire, qu'il valoit mieux vendre cette essence & en donner l'argent aux Pauvres, parce qu'il y aura toujours des Pauvres, & par consequent toujours des occasions d'exercer la charité ; mais il n'y aura pas toujours des occasions de lui rendre l'honneur que cette Femme lui a rendu: Après quoi il ajoûte: *Elle a eu dessein d'embaumer mon corps.* Ce n'étoit pas assurément l'intention de cette Femme, & la pensée du Seigneur est celle-ci : „ Vous ne blâmeriez pas cette Femme, si après ma mort „ elle avoit employé cette essence à embaumer mon corps, „ parce que l'usage reçû demande qu'on en use ainsi envers „ les personnes que l'on considere: Pensez donc qu'elle a „ eu ce dessein, & que ne pouvant me rendre ce devoir „ après ma mort, elle a voulu prévenir ce tems, & me le „ rendre aujourd'hui: „ Nous apprenons en effet par l'histoire de l'Evangile, que plusieurs saintes Femmes, dont celle-ci étoit sans doute du nombre, voulurent embaumer le corps du Seigneur, & ne le purent, parce qu'il étoit déja ressuscité.

Mais cette solution fait naître une seconde difficulté. Comment ces Femmes eurent-elles la pensée d'embaumer le corps du Seigneur, puisqu'il est remarqué qu'elles étoient présentes lorsque Joseph & Nicodeme rendirent à J. Christ ce devoir ? La réponse est facile. Ces deux saints Hommes firent les choses avec beaucoup de précipitation, de crainte de violer le repos du Sabbath qui alloit commencer, & ces Femmes voulurent les faire avec plus de régularité. Elles se proposent d'embaumer le corps sacré du Seigneur, de manière à pouvoir résister long-tems aux vers & à la pourriture. Et pour cela il falloit y revenir plus d'une fois. Aussi voit-on que les Egyptiens y employoient soixante & dix jours, pour bien imbiber le corps des essences dont ils l'arrosoient, & qu'il n'y eut aucune partie qui n'en fût pénetrée. Il est vrai que les Egyptiens n'embaumoient pas moins l'intérieur que l'extérieur des corps,

au

au lieu que les Juifs se contentoient d'une onction extérieure ; mais toûjours est-il certain, qu'il falloit y revenir plus d'une fois, quand on se proposoit de conserver longtems les corps dans leur entier. Or c'étoit assurement le but de ces Femmes: N'ayant pas compris les prédictions du Seigneur, & ne s'attendant pas à le voir ressusciter au bout de trois jours, elles auroient voulu garantir pour toûjours des vers & de la pourriture un corps, qui, pour avoir été le domicile d'une Ame infiniment belle, leur étoit infiniment cher.

DISCOURS XX.

Jesus-Christ enseveli. Matth. XXVII. 60. Marc XV. 46. Luc XXIII. 53. Jean XIX. 41.

Oseph d'Arimathée & Nicodeme, membres l'un & l'autre du Grand-Conseil des Juifs, ayant préparé le corps du Seigneur pour la sépulture, comme on l'a vû dans le Discours précedent, le firent porter dans un Jardin qui étoit proche du Calvaire. Ce Jardin apartenoit à Joseph, qui avoit fait tailler dans le roc une Grotte, pour servir de sépulture à lui & à sa famille. Les Juifs qui en avoient les moyens, avoient leurs tombeaux particuliers, à l'exemple d'Abraham, qui, étant Etranger dans la Palestine, y achetta un champ, dans lequel il y avoit une Caverne, qu'il destina à sa sépulture & à celle de Sara sa femme & de ses enfans. Jesus ayant été élevé à Nazareth en Galilée, où Joseph, qui passoit pour son Pere, étoit établi, y avoit apparemment son propre sépulcre. Mais le Seigneur, qui donne à ses Disciples l'exemple d'un entier renoncement, & qui, comme il le dit lui-même, *n'avoit pas où reposer sa tête*, ne posseda rien de l'heritage de Joseph, quoique vraisemblablement il fût mort lorsque Jesus fut crucifié. Cela paroît par le silence des Evangélistes, qui ne disent rien de lui, depuis le voyage qu'il fit avec Marie à Jerusalem, lorsque leur fils fut parvenu à l'âge de douze ans, & qui ne parlent que *de sa Mere & de ses Freres.* D'ailleurs, Jesus mourant à Jerusalem, qui n'étoit pas le lieu de sa naissance, ni la patrie de ses ancêtres, il ne pouvoit y avoir de Sépulcre, & sans la pieuse charité de Joseph d'Arimathée, on auroit vû le corps du Fils de Dieu confondu avec ceux des Brigans qui avoient été crucifiez avec lui. Mais la Providence qui veille sur tous les évenemens, prévient cette derniere humiliation ; & pendant que les Hommes *préparent au Fils de Dieu un sépulcre avec les méchans*, elle lui en assigne un *avec le riche.* Cette prédiction d'Esaïe si formelle s'accomplit à la lettre.

Les Juifs qui avoient des Sépulcres particuliers, les avoient dans des lieux qui leur apartenoient, où ils étoient environ-

Χριςὸς ταφείς.
Christ buried.
Christus wird in das Grab gelegt.

Matth. XXVII, 60.

CHRISTUS SEPULTUS.
Jesus-Christ enseveli.
Christus begraven.

J. CHRIST ENSEVELI. *Discours XX.* 257

nez de murs, afin qu'on n'en approchât pas, soit par le respect que les Nations polies ont toûjours euë pour les morts & pour leurs tombeaux, soit par la crainte de se souiller. C'est aussi à cause de cela, qu'ils avoient la précaution de les marquer avec de la chaux. Comme il y en avoit *d'inconnus*, cela donna lieu à J. Christ de comparer *les Scribes & les Pharisiens* à ces sépulcres-là, où, sans les distinguer, les simples alloient imprudemment contracter des impuretez plus réelles, que celles qui se contractoient par l'attouchement d'un mort ou de son tombeau. <small>Luc XI. 44.</small>

A l'égard de la forme de ces Sépulcres, comme ils étoient taillez dans le roc, on y descendoit par une rampe, & l'on y entroit ensuite par une porte, qui se fermoit par une grosse pierre. Tel étoit le * Sépulcre de Lazare. † Les Rabbins disent, qu'il y avoit dans ces Grottes, à droite & à gauche, de petits caveaux creusez, pour y mettre à part chaque mort, parce qu'ils se faisoient un scrupule de mettre un corps sur l'autre.

Ce Sépulcre étoit dans *un Jardin* qui apartenoit à Joseph d'Arimathée, comme S. Jean le remarque. Cette circonstance ne paroît avoir été observée par l'Evangéliste, que pour mieux certifier son récit; & nous ne croyons pas qu'il faille y chercher de mystère. Il est vrai que ce fut dans un Jardin que le premier Homme fut mis après sa création, & que le Péché, & la Mort qui en est la suite, prirent naissance. C'est de même dans un Jardin que la Résurrection & la Vie voyent le jour pour la premiere fois, Jesus étant *les Prémices* de la Résurrection; non parce qu'il est le premier qui soit remonté du tombeau, mais parce qu'il est le premier qui en soit remonté pour n'y descendre jamais. Nous laissons ces pensées, sans les mépriser dans ceux à qui elles plaisent. Nous ne cherchons que ce qui nous paroît le plus solide. <small>Jean XIX. 41.</small> <small>1. Cor. XV. 23.</small>

Ce Sépulcre étoit *neuf, & personne n'y avoit encore été mis*, comme les Evangélistes ont soin de le remarquer. N'est-ce point qu'une telle sépulture convenoit au Fils de Dieu? Il ne doit pas être confondu avec les autres mortels. Il est le seul qui soit descendu dans le Tombeau, & qui n'y ait pas été <small>Jean XIX. 41. Luc XXIII. 53.</small>

---

* Voyez la Remarque de Louis de Dieu sur le mot ἐπέκειτο. Jean XI. 38. Beze l'a rendu par *impositus*: Lapis erat *impositus*; & la Vulgate, *superpositus*. Mais Louis de Dieu veut qu'on traduise, *appositus*, & remarque que la Version Syriaque a fort bien rendu le Grec par *Et lapis positus erat ad ostium ejus*, nempe, *sepulcri*.

† On avoit coûtume, disent les Rabbins, de tailler dans le roc une Grotte de six condées de longueur, sur quatre de largeur, & dans cette Grotte on pratiquoit huit fosses ou cavitez, selon les uns, & selon d'autres treize, pour y déposer les corps d'une même famille. Voyez le Talmud part. IV. l. 3. *Bava batra*, cap. 6. Voyez aussi Casaubon, Exerc. in Baron Annal. XVI. Sect. XCVIII.

été mis par le Péché. C'est ainsi qu'il sort du monde en quelque sorte, comme il y est entré. Formé dans le sein d'une Vierge, par la seule opération du S. Esprit, il prend la vie, où personne ne l'a reçuë, ni avant ni après lui. Il est de même enseveli, pour ainsi dire, dans une terre vierge, dans *un Tombeau neuf, où personne n'avoit été mis.* On ne sçait pas à la vérité, si dans la suite quelque autre mort n'y fut pas enterré : Si Joseph d'Arimathée ne voulut pas que son corps reposât dans un Sépulcre que le Sauveur avoit consacré par sa présence, & d'où il étoit sorti vivant, après un séjour qui ne dura qu'un certain nombre d'heures. On ne peut rien dire là-dessus ; mais si la passion que les Chrétiens eurent dans la suite, d'être enterrez, premierement proche des Temples, dans le Vestibule de ces Edifices sacrez, & enfin dans le Chœur, & tout proche de l'Autél ; si cette passion, dis-je, avoit regné dans les commencemens du Christianisme, quel Fidéle n'auroit pas souhaité, d'avoir au moins sa sépulture auprès de celle du Fils de Dieu?

Cependant des raisons plus simples & plus naturelles semblent avoir donné lieu à la Providence, de faire mettre le corps sacré du Fils de Dieu dans un tombeau où personne n'avoit été mis. Comme il ne devoit pas ressusciter immédiatement après sa mort, parce que cela auroit pu rendre sa mort incertaine, & par consequent sa Résurrection douteuse, il devoit être mis dans le Sépulcre, & y séjourner au moins le tems qu'il y fut, depuis le Vendredi vers le coucher du soleil jusqu'au matin du Dimanche. Mais s'il y avoit eu dans ce Sépulcre d'autres corps que celui de Jesus, & qu'il n'en eût manqué qu'un seul, combien d'examens difficiles auroit-il fallu, pour prouver que celui qui étoit ressuscité étoit le sien. Tout paroît arrangé par la Providence, dans le dessein de ne laisser aucun doute raisonnable sur le sujet de la Résurrection du Sauveur. C'est pour cela que deux Sénateurs Juifs l'enterrent dans un lieu connu, dont les Sacrificateurs & les Pharisiens sont bien instruits, afin de faire mettre le sceau sur son Sépulcre, de le faire garder par des Soldats Romains, & d'avoir par consequent des témoins non suspects de sa Résurrection, & des circonstances merveilleuses qui l'accompagnent.

Il ne paroît nulle part dans l'Histoire Apostolique, dans les Ecrits des Apôtres, ni dans ce qui nous reste d'Ecrits ou de fragmens des premiers Chrétiens, que leur dévotion se soit tournée du côté des lieux où se passerent les principaux évenemens de la vie du Sauveur. On ne les vit point em-

emporter la Croix qui avoit été l'inftrument de fon fupplice, ni fe la partager comme on fe partage un Tréfor. On ne les vit point ramaffer la terre qui étoit au pied de fa Croix, quoiqu'elle fût imbibée de fon propre Sang : & quand les faintes Femmes, qui étoient allées à fon Sépulcre, virent les Linges dont fon corps avoit été enveloppé, & le *Suaire*, ou le Mouchoir, dont on lui avoit couvert le vifage, elles n'emporterent point ces premieres reliques. La Dévotion encore toute fpirituelle, ne s'attachoit qu'à honorer la perfonne du Sauveur par la Foi, par l'Amour, par la Reconnoiffance, par des Loüanges & des Actions de graces. Les chofes changerent depuis. Une Dévotion, qu'on peut nommer charnelle & cérémonielle, gagna ce qu'une Dévotion pure & fpirituelle perdit. Nous ne prétendons point néanmoins blâmer le zèle de Conftantin le Grand, lorfqu'il fit rechercher le Tombeau où le Seigneur avoit été mis, afin d'y faire bâtir un fuperbe Temple en l'honneur du vrai Dieu, & en mémoire de la Réfurrection du Seigneur. Ce ne fut que vers la fin de fon regne qu'il forma ce deffein. Le Sépulcre de J. Chrift demeura inconnu, & l'on ne voit pas que les Chrétiens de Jerufalem ayent pris aucun foin de le conferver, ni avant ni après la ruine de cette grande Ville par Tite. Quoiqu'ils euffent la liberté de demeurer dans les ruïnes de cette Ville, puifqu'ils y eurent toûjours une Eglife & un Evêque, comme on le voit par le Catalogue qu'on nous a confervé des Evêques de Jerufalem, ils ne s'aviferent point de faire le Service Divin dans la Grotte où le corps de J. Chrift avoit été dépofé, ni d'y aller en pelerinage des lieux éloignez. Adrien ayant de nouveau ruiné la Judée, à caufe des revoltes des Juifs, on prétend qu'il affecta de profaner les lieux facrez, & qu'en particulier le Sépulcre du Seigneur fut couvert d'un tas prodigieux d'immondices, au deffus defquelles on bâtit un Temple à l'honneur de Venus. [1] Conftantin fit abattre ce Temple profane, emporter loin de-là les ruines, & creufer par deffous avec tant de fuccès, ,, qu'enfin, [2] dit ,, Eufebe, l'augufte & très-faint monument de la Réfurrec-,, tion apparut avec toute efpérance. ,, Cette decouverte ne fut accompagnée d'aucun miracle. L'Hiftorien Eccléfiaftique fe contente de dire, [3] ,, que ceux qui accoururent pour ,, voir cette Grotte [4] (*laquelle avoit été auparavant entierement* ,, *oubliée*) virent alors manifeftement l'hiftoire des miracles ,, qui avoient été faits autrefois dans ce lieu-là: ,, c'eft-à-dire, qu'en contemplant le Tombeau où J. Chrift avoit été mis,

& d'où il étoit forti vivant, on croyoit voir encore le miracle de fa glorieufe Réfurrection. Le magnifique Temple que Conftantin fit conftruire dans cet endroit-là, eft nommé tantôt le *Martyre* (*Martyrium*) de J. Chrift: nom que l'Antiquité a donné aux Tombeaux des Martyrs & aux Eglifes que l'on bâtiffoit fur ces Tombeaux; & tantôt la *Réfurrection*, ou le Temple de la Réfurrection. L'édifice fut achevé, & dedié en 336., fous les Confuls *Conftance* & *Albinus*, & lorfque Conftantin célébroit la trentième année de fon regne.

Nous ne nous arrêterons point à faire l'hiftoire de ce qu'on nomme *le Saint Sépulcre*, ni des miracles qu'on dit s'y être operez. Dès le quatre & le cinquième fiécle, on en emportoit de la terre, que l'on gardoit précieufement, & qui, fi nous en croyons les Ecrivains de ces tems-là, procuroit des Guérifons miraculeufes, & chaffoit les Démons. Les Rélations modernes nous parlent de miracles nouveaux, dont au moins quelques uns font * des Impoftures manifeftes. Ce qu'il y a de certain, c'eft que la decouverte du Tombeau de J. Chrift a été d'une grande utilité, foit aux Mahometans qui poffedent ce qu'on nomme la Terre Sainte, foit aux Moines qui ont la garde du Saint Sépulcre. Quand on fe rappelle tout ce que la conquête de la Terre Sainte a coûté de fang Chrétien, fans avoir pû la conferver, & les querelles & les combats qu'a caufé, & que caufe encore aujourd'hui entre les Chrétiens, la poffeffion du S. Sépulcre & le privilege d'y dire la Meffe, on feroit tenté de fouhaiter, que ce lieu fût demeuré auffi inconnu que celui où Moïfe fut enfeveli.

---

* *Des Impoftures manifeftes.* Telle eft celle qu'un Feu miraculeux vient allumer le foir du Samedifaint toutes les lampes du S. Sépulcre, qui étoient éteintes. Ce prétendu miracle, qui s'opere par l'art d'un Prêtre Grec, ou d'un Armenien, eft fort décrié par les Latins, qui regardent ces deux communions comme Hérétiques & Schifmatiques. Qui voudra voir les Dévotions fuperfticieufes qui fe font au S. Sépulcre, n'a qu'à lire la Rélation du Voyage d'Alep à Jerufalem par *Henri Maundrell*, depuis la pag. 114. & fuiv. A l'égard de l'Impofture du Feu facré, elle eft à la pag. 158. & fuiv.

DISCOURS XXI.

La Résurrection de J. Christ. Matth. XXVIII. 2-4-11-15.

Ous avons achevé l'Histoire des Humiliations du Sauveur. Nous allons commencer celle de son Exaltation. La premiere est, pour ainsi dire, l'Histoire de ses Vertus, aussi-bien que celle de ses Combats: La seconde est l'Histoire de son Triomphe. La premiere instruit le Fidèle: La seconde le remplit de consolation & de joye.

Le Seigneur n'avoit pas seulement prédit sa Mort & le genre de son Supplice: Il avoit aussi prédit sa Résurrection & son Exaltation. Ses Disciples furent presqu'également incrédules sur l'une & sur l'autre. Ils ne pouvoient se persuader que le Messie dût mourir d'une mort ignominieuse, & peut-être encore moins qu'il dût ressusciter peu de jours après sa mort. Cette Incrédulité a son utilité pour la Foi. Elle detruit l'objection qui auroit paru si plausible; c'est que les Disciples, prévenus de l'opinion que leur Divin Maître devoit ressusciter, crurent légerement qu'il l'étoit en effet. Les moindres apparences persuadent des personnes prévenues: Les Juifs, qui avoient fait mourir J. Christ, s'attendoient encore moins à sa Résurrection. Cependant ils n'ignoroient pas que le Seigneur l'avoit annoncée. Ce n'étoit point un mystère confié aux seuls Disciples, & il ne falloit pas que c'en fût un, afin qu'ils pussent prendre les précautions nécessaires pour empêcher la fraude. Il ne faut point les blâmer de les avoir prises; car bien-que le Seigneur ne pût être suspect d'imposture, la défiance sied bien à des Magistrats. Combien de fois les Peuples ont-ils été, en matière de Religion, les méprisables dupes des artifices des Prêtres? On ne sçauroit donner trop d'attention à les prévenir & à les découvrir. Ainsi nous ne sçaurions condamner la prudence des Sacrificateurs & des Pharisiens, qui, sçachant que Jesus a prédit sa Résurrection, & ne pouvant se persuader que Dieu veuille rendre la vie, à un Homme qu'ils prenoient pour un faux Prophète, craignent quelque fraude de la part de ses Disciples, & prennent des mesures pour la prévenir. Il est vrai que la sincerité du Sauveur est trop manifeste pour être

Vol. VI.   Vvv   soupfoupçonnée, & que son martyre doit en convaincre les plus incrédules. Mais encore une fois, ne blâmons pas les Juifs d'avoir pris des précautions, qui auroient servi à les convertir s'ils avoient pû l'être, & qui servent encore à confirmer la Résurrection de J. Christ.

Matth. xxvii. 62. & suiv.

Instruits donc du lieu où le corps du Seigneur avoit été déposé, le lendemain de sa sépulture ils vont trouver Pilate, & lui disent, *Seigneur, nous nous sommes souvenus, que ce Séducteur a dit, lorsqu'il étoit encore en vie, Dans trois jours je ressusciterai. Commandez donc qu'on garde le sépulcre jusqu'au troisième jour, de peur que ses Disciples ne viennent l'enlever, & ne disent au Peuple qu'il est ressuscité; car alors la derniere erreur seroit pire que la première.* On publieroit alors avec plus de hardiesse que jamais, qu'il est le Messie. Son supplice a détruit cette opinion dans l'esprit du Peuple; mais le bruit de sa Résurrection la feroit bientôt revivre, & lui donneroit plus de créance que jamais. Le prudent Pilate ne voulut point se charger de ce soin. Il vaut mieux le laisser à ceux qu'il intéresse. Il leur répondit donc: *Vous avez une garde: Allez, faites-le garder vous-mêmes,* comme vous l'entendez. Si l'on enleve le corps de J. Christ, ce sera leur faute, & non celle de Pilate. Avec cette permission ils partent, *vont s'assurer du Sépulcre, scellent la pierre, & posent les gardes.* Sans doute ils ne manquerent pas de voir si le corps de J. Christ y étoit. C'est-ce que veulent dire ces mots, *Ils s'assurerent du Sépulcre.* Autrement leur Prudence eut été l'Imprudence même, puisqu'il s'étoit déja passé une nuit depuis la sépulture du Seigneur.

Toute l'histoire de la mort de J. Christ est pleine de ces précautions, que la Prudence humaine suggere à ses ennemis, pour perdre à la fois, & le Sauveur & sa Doctrine, mais que la Providence tourne à la gloire de J. Christ, & à l'affermissement de la Foi. C'est ainsi que Dieu *surprend les Sages dans leurs artifices,* & qu'en voulant prévenir une Résurrection supposée, ils se fournissent à eux-mêmes & aux autres des témoins non suspects d'une vérité qu'ils ne croyoient pas, & qu'ils tâcheroient inutilement d'étouffer. Ils choisissent donc parmi les Soldats Romains qui avoient la garde du Temple, ou parmi ceux qui étoient chargez de veiller, pendant les Fêtes, à la tranquillité publique; ils choisissent, dis-je, quelque Officier & des Soldats affidez, qu'ils posent autour du Sépulcre de J. Christ, après avoir scellé la pierre qui en fermoit l'entrée. Il semble que cette action d'appliquer le sceau,

étoit

étoit une violation du Sabbath; mais ils fçavoient bien trouver des tempéramens à la rigueur de la Loi, lorsque cela leur étoit nécessaire. Il étoit contre le repos du Sabbath de mettre le sceau sur quelque chose; mais l'étoit-il de le commander, & de le faire faire par quelque Officier Payen?

Les choses étoient dans cet état, lorsque, *le Sabbath étant passé*, les Femmes qui avoient suivi Jesus de Galilée & l'avoient servi, allerent achetter des parfums, afin d'embaumer son corps. Elles les préparerent vraisemblablement pendant la nuit. Cette nuit apartenoit au *premier jour de la semaine*, ou au Dimanche, qui commençoit par elle, selon la coûtume des Juifs, qui, comme nous en avons déja averti, commençoient les jours après le coucher du soleil. Les Versions ordinaires font dire à S. Matthieu, que *le soir du Sabbath*, les Femmes vinrent au Sépulcre de Jesus. Mais il faut traduire à la lettre, *le Sabbath étant fini*, ou *la semaine étant finie*, comme * d'habiles Interprêtes l'ont fait. L'Evangéliste ajoûte, *le jour qui devoit luire pour le premier de la semaine*, c'est-à-dire † *le premier jour de la semaine ayant commencé*. [Marc XV, 1.] [Matth. XXVIII. 1.]

Il y a ici des contradictions apparentes dans les Evangélistes. La plus considerable est entre S. Marc & S. Jean. Car S. Jean dit, que *Marie-Magdelaine vint au Sépulcre, lorsqu'il faisoit encore obscur*; & S. Marc, lorsque *le soleil étoit levé*, ou que *le soleil se levoit*. N'est-ce point que Magdelaine, impatiente, partit la premiere, pour aller voir le Sépulcre; car elle se distingua beaucoup par son attachement pour J. Christ? Ou plutôt n'est-ce point, qu'étant parties à la pointe du jour, lorsqu'il y avoit encore un mélange d'obscurité & de lumiere, les saintes Femmes n'arriverent que lorsque le soleil alloit se lever. On sçait que les crépuscules ne font pas longs à l'équinoxe. Au reste, ces légeres varietez entre des Historiens qui s'accordent sur le fond, sont de peu d'importance, & pour moi, j'aimerois mieux les admettre, si nous y étions obligez, que de recourir à des interprétations forcées, & de dire avec quelques ¹ Sçavans, que l'on compte le lever du soleil, d'abord après minuit, & lorsqu'il commence à s'approcher de notre horison. [Jean xx. 1.] [Marc XVI. 1.]

On croiroit, quand on lit ‡ quelques Versions de S. Matthieu,

---

* Voyez la Version de M. Simon, celle de Berlin, & les Commentateurs.
† Le mot Grec *Epiphoskein*, dont S. Matthieu se sert, ne signifie que cela. C'est ainsi que S. Jean (XIX. 31) dit, que les Juifs vouloient empêcher que les cadavres ne passassent la nuit sur la croix, *parce que le Sabbath alloit luire*, c'est-à-dire qu'il alloit commencer au coucher du soleil. S. Luc dit de même (XXIII. 54) que *c'étoit le jour de la Préparation, & que le Sabbath alloit luire*, ce qui veut dire, qu'il alloit commencer.
‡ M. Simon a traduit au vs. 2. *En même tems* (lorsque les Femmes furent arrivées au Sépulcre) *il se fit*

thieu, que Marie-Magdelaine & les autres Femmes qui l'accompagnoient, virent le tremblement de terre, la descente de l'Ange, & tout ce que l'Evangéliste raconte au Chap: XXVIII. vs. 2. 3. 4. Mais il paroît par les rélations des autres Evangélistes, que tout cela étoit arrivé avant que les Femmes vinssent au Sépulcre, & que l'on ne peut avoir eu d'autres témoins de ces faits, que l'Officier & les Soldats qui avoient la garde du Tombeau, & dont le témoignage ne peut être suspect. Ils racontent tout cela aux Sacrificateurs, aux Pharisiens, & aux membres du Conseil; & comme il y en avoit qui étoient Disciples de J. Christ, ils informerent les Apôtres de ce qui s'étoit passé: outre qu'il est très-naturel, que les Soldats gardassent mal le secret qu'ils avoient promis. Peut-être même, que quand on voulut les inquièter, pour s'être endormis & avoir mal gardé le Sépulcre, ce qui étoit un crime capital, ils découvrirent tout le mystère à leurs Officiers. Toutes ces refléxions sont naturelles.

Voyez Marc xvi. 2. Luc xxiv. 2. Jean xx. 1.

Il s'étoit donc fait durant la nuit du Samedi au Dimanche *un grand tremblement de terre*, qu'il ne faut pas étendre au-delà du Jardin où le corps de J. Christ étoit enterré. *Un Ange étoit descendu. Son visage, ou son regard étoit comme un Eclair, & son vêtement étoit blanc comme la neige.* On ne sçauroit sçavoir précisément l'heure où tout cela arriva. On sçait seulement que cela se passa la nuit, quelque tems avant que le jour parût. Il est digne de Dieu de marquer de la sorte la Résurrection de son Fils, & de montrer par des signes éclatans, qu'elle est son ouvrage. Il est encore digne de la Miséricorde Divine, de donner ce miracle à la Conversion des Juifs. Par-là le Seigneur accomplit à la lettre ce qu'il leur avoit dit, lorsqu'ils lui demanderent un signe, *Il ne vous en sera point donné d'autre*, leur dit-il, *que celui de Jonas; car comme Jonas fut trois jours & trois nuits dans le Ventre de la Baleine, il faut de même que le Fils de l'Homme soit trois jours & trois nuits dans les entrailles de la terre.* Ce fut par cet évenement, qui se passa à la vûë des Soldats, que les Juifs eurent pour témoins de la Résurrection de J. Christ leurs propres gardes, & qu'ils mirent le comble à l'Incrédulité, en corrompant ces gar-

fit un grand tremblement de terre. Il y a dans le Grec *Idou*, qui effectivement signifie quelquefois, *dans le même tems*, *ou tout d'un coup*. Mais si l'on traduit *en même tems* dans cet endroit de S. Matthieu, on met cet Evangéliste en contradiction avec les trois autres. Il faut d'ailleurs traduire, non, *Il se fit*, comme portent la plûpart des Versions, mais *il s'étoit fait*, & ainsi dans la suite. C'est une irrégularité de la Langue Hébraïque, de mettre souvent le *Préterit* pour le *Plusque parfait*. La Version de Berlin a fort bien rendu cet endroit.

gardes, pour les obliger à substituer un mensonge en la place de la vérité qu'ils avoient racontée.

Nous ne croyons pas que des Soldats Payens se soyent servis du mot *d'Ange*, qui étoit presque particulier aux Hébreux, pour désigner ces Esprits dont la Providence se sert pour exécuter ses volontez. Ce sont nos Ecrivains sacrez, qui ont appellé Ange ce Ministre céleste qui assista à la Résurrection du Sauveur. Du reste, la Théologie des Anges ou des Intelligences célestes & de leurs opérations dans notre monde, étoit fort connuë des Philosophes Payens ; mais on ne peut gueres supposer, que des Soldats en fussent bien instruits. Cependant comme ils veilloient à la garde du Sépulcre, & qu'ils n'avoient aucun intérêt, ni à supposer des merveilles, ni à les nier, & que, pour juger de celle-ci, il ne faut qu'avoir les yeux ouverts, il n'y a ni raison ni prétexte de rejetter ou de revoquer en doute leur témoignage.

On ne s'arrêtera point sur l'apparition d'un ou de deux Anges, en forme humaine, & revêtus d'habits blancs & resplendissans, emblêmes de leur pureté & de leur origine céleste. Il y en a une infinité d'exemples dans le Vieux & dans le Nouveau Testament, & nous en avons déja parlé dans les visions de Zacharie & de la Vierge. Celui qui paroît à la Résurrection du Seigneur, *descend du Ciel*, séjour de la Gloire, afin de montrer de la part de qui il vient. C'est ainsi que s'accomplit ce qu'avoit dit le Seigneur à Nathanaël: *En* Jean t. *vérité, en vérité, je vous le dis, vous verrez desormais le Ciel ou-* 51. *vert, & les Anges de Dieu monter & descendre sur le Fils de l'Homme.* Jesus dort dans le Sépulcre, comme Jacob dans un lieu solitaire, & les Anges descendent sur lui. La Terre tremble & souffre des secousses, pour rendre au monde cet illustre Mort qu'elle ne pouvoit retenir. *Le regard de l'Ange est comme un Eclair*, afin de porter la frayeur dans l'ame des Soldats, mais sans leur faire aucun mal. Ni la victoire du Seigneur sur la Croix, ni son Triomphe en sortant du Tombeau, ne sont point ensanglantez. Le Ministre de la Providence ne fait qu'ouvrir au Sauveur la porte de son Sépulcre, en ôtant la pierre qui la tient fermée, & s'assit tranquillement dessus, pendant que les Soldats effrayez s'enfuyent, & vont raconter aux Pontifes le Prodige qu'ils viennent de voir, & confirment leur récit par la consternation & par la pâleur qui regne encore sur leurs visages.

Il est surprenant, que [2] la plûpart des Peres ayent pu s'imaginer, que ce fut uniquement pour les Femmes, & non pour

pour J. Chrift, que l'Ange ôta la pierre qui fermoit le Sépulcre; car fi ç'eut été en faveur des Femmes, l'Ange auroit attendu à l'ouvrir qu'elles fuffent arrivées, pour leur montrer que le Seigneur n'y étoit plus; au lieu qu'il ouvre le tombeau au moment qu'il defcend du Ciel, c'eft-à-dire, au moment de la Réfurreétion. En effet il eft certain, par le témoignage de S. Marc, que le Seigneur * *reffufcita le matin*, & non à minuit ou après minuit, comme quelques Peres l'ont avancé. Pourquoi donc le Tombeau s'ouvre-t-il alors, fi ce n'eft pour ouvrir un paffage libre au corps facré du Seigneur, qui vient d'être rappellé à la vie par la Puiffance Divine? Cependant, s'il en faut croire les mêmes Peres, le corps du Seigneur fe fit jour au travers de la pierre, qui demeura dans fon entier. C'eft ainfi qu'une premiere erreur en a produit une feconde, & qu'après s'être perfuadé, que ce ne fut pas pour J. Chrift que l'Ange ouvrit le Sépulcre, on s'eft perfuadé auffi, que le corps du Seigneur pénétra la pierre, fans y laiffer aucune trace de fon paffage.

J'avoüe que l'Erreur eft ancienne, & qu'on a cru l'autorifer par quelques paffages de l'Ecriture, auxquels on a donné des explications qui n'étoient nullement néceffaires. Il eft dit, par exemple, que J. Chrift *difparut* depuis fa Réfurreétion; mais outre qu'il y a plufieurs manières de difparoître, en confervant les proprietez d'un corps organifé, on ne peut difconvenir que J. Chrift, pendant fa vie mortelle, n'ait difparu lorfqu'on voulut le proclamer Roi. Or comme il difparut alors en fe retirant fubitement, on doit juger, qu'il difparut de même après fa Réfurreétion. On allegue encore ce que dit S. Jean, c'eft que J. Chrift entra dans le lieu où étoient fes Difciples, *les portes étant fermées*. Mais eft-il dit, qu'il entra au travers des portes? Elles étoient fermées, parce que les Apôtres craignoient les Juifs, & que d'ailleurs il étoit tard, & Jefus entra fubitement: Qu'en doit-on conclure? Si-non, qu'il les ouvrit par fa Puiffance. Lorfqu'un Ange vint délivrer les Apôtres que les Juifs avoient fait mettre en prifon, *les portes étoient fermées;* & s'il en fit fortir les Apôtres, ce ne fut pas affûrement en les faifant paffer au travers des portes, mais en les ouvrant, fi-non pour lui-même, au moins pour les Apôtres, dont on ne dira pas, qu'ils euffent des corps fpirituels qui pénétroient les autres corps.

Ce miracle imaginaire eft fondé, premierement fur un Zéle imprudent & dangereux de multiplier les miracles fans rai-

---

* Ἀνατὰς δὲ πρωὶ. Marc XVI. 9.

raison, sans nécessité, & sans aucune autorité de l'Ecriture : secondement, sur une Supposition évidemment fausse. C'est que le corps du Seigneur acquit, au moment de sa Résurrection, les qualitez des corps glorifiez ; car nous voulons bien supposer ce que l'on ne sçauroit prouver, sçavoir que les corps glorifiez tiennent de la nature des Esprits, & n'ont plus les qualitez essentielles du corps humain, qui sont l'étendue & l'impenétrabilité. Nous disons seulement, que J. Christ ayant convaincu ses Disciples, qu'il étoit le même Jesus avec lequel ils avoient été pendant sa vie, & que ce n'étoit point un Esprit, un fantôme, une apparence de corps humain, qui leur apparoissoit, leur commanda de le toucher, ajoûtant, qu'*un Esprit n'a ni chair ni os, comme* ils *voyoient que J. Christ en avoit*: Preuve qui n'eût été qu'illusion, si le corps de J. Christ n'avoit plus eu les proprietez de l'étendue, de la solidité, & de l'impenétrabilité, depuis sa Résurrection. Il ne nous apartient point, il est vrai, de borner la Toute-Puissance Divine. Nous ne déterminons point temérairement ce qu'elle peut faire, ou ne pas faire. Mais nous n'entreprenons pas par une autre sorte de temérité, de lui attribuer des operations contre l'ordre établi dans la nature, à moins qu'une autorité Divine ne nous force à les reconnoître, & n'exige l'obéïssance de notre Foi. Or nul des Evangélistes ne nous ayant dit, que le corps de Jesus pénétra la pierre qui fermoit l'entrée de son Sépulcre, nous croyons qu'il n'en sortit, qu'après que l'Ange eût ôté cette pierre. Jesus, à la vérité, n'avoit pas besoin du ministère de l'Ange ; mais il ne laisse pas de s'en servir, & dans cette occasion & dans plusieurs autres.

Une triste Refléxion nous échape ici. La Superstition, si fatale à la Religion, aime le merveilleux, & ne sçauroit s'en rassasier. Elle invente ou reçoit aveuglement tout ce qui lui semble rélever l'éclat de la Religion. Et comme elle a trouvé plus de Grandeur à supposer que le corps de J. Christ pénétra la pierre qui fermoit son Sépulcre, qu'à l'en faire sortir après que la pierre fût ôtée, elle a adopté cette opinion, qui s'est insensiblement accréditée au point, qu'il s'en faut peu qu'elle ne soit devenue un Article de Foi. Qu'il nous soit permis de le dire. On ne doit pas assurement, sous quelque prétexte que ce soit, donner atteinte aux Miracles attestez par les Evangélistes, non plus qu'aux Articles essentiels de la Foi Chrétienne ; mais on ne doit pas moins prendre garde, à ne pas multiplier les Miracles, non plus que les Articles de la Foi. Il n'y a point de Gens qui travaillent plus efficacement à produire & à répandre l'Irreligion, que ceux qui travaillent à augmenter le nombre des Myſtères & des Miracles. A force de charger la Foi, ils l'accablent, ils la détruiſent, & rempliſſent de tant de pierres de ſcandale le chemin qui conduit à la Religion, qu'une infinité d'Eſprits ſe rebutent d'y entrer & de le ſuivre.

Les Soldats effrayez, comme nous l'avons déja dit, par le tremblement de terre, & par l'apparition de l'Ange, abandonnent leurs poſtes & s'enfuyent. *Le Seigneur ſe leve, & ſes Ennemis ſont diſſipez.* *Tous ces vaillans Hommes*, qui gardoient le Sépulcre, *n'ont point trouvé leurs mains.* Les Soldats Romains pouvoient-ils tenir un moment devant ces Eſprits immortels, dont un ſeul défit dans une nuit la nombreuſe armée de Sennacherib? Ils vont donc *trouver les Souverains Sacrificateurs, & leur diſent tout ce qui vient d'arriver.* On s'attendroit aſſurément à voir ces Pontifes & leur Conſeil ſe rendre au témoignage de leurs Soldats, ou du moins on s'attendroit à les voir examiner, approfondir le fait. Mais ils craignent, *ils fuyent la lumiere, parce que leurs œuvres ſont mauvaiſes.* Ils ont corrompu des témoins pour avoir un prétexte de faire mourir le Sauveur. Ils en corrompent d'autres, pour étouffer la vérité de ſa Réſurrection. *Ils s'aſſemblerent auſſitôt*, dit S. Matthieu, *avec les Anciens, & après avoir conſulté enſemble, ils donnerent une bonne ſomme d'argent aux Soldats, & leur dirent: Dites, ſes Diſciples ſont venus la nuit, & ont enlevé ſon corps pendant que nous dormions; & ſi le Gouverneur vient à le ſçavoir, nous l'appaiſerons, & nous vous tirerons de peine. Ayant donc pris l'argent, ils ſuivirent l'ordre qu'ils avoient reçû, & ce bruit s'eſt répandu parmi les Juifs, juſqu'à aujourd'hui*; c'eſt-à-dire juſqu'au tems où S. Matthieu a écrit ſon Evangile, que l'on fixe aſſez ordinairement à huit ou dix ans après l'Aſcenſion de J. Chriſt.

Deux choſes peuvent ſurprendre dans ce récit de S. Matthieu. La premiere, c'eſt le menſonge que les Sacrificateurs inventent. Il eſt ſi mal imaginé, qu'il ne paroît preſque pas vraiſemblable. Comment le Conſeil peut-il ſe mettre dans l'eſprit, qu'il pourra perſuader que tous les Soldats dormoient; & s'il eſt vrai qu'ils dormoient, comment ont-ils pu ſçavoir que les Apôtres ont enlevé le corps du Seigneur? D'ailleurs, quand ils ſe ſeroient endormis, les Apôtres ont-ils pu le faire ſans les éveiller?

Il eſt vrai que le menſonge eſt au fond mal imaginé. Mais deux raiſons font voir, qu'il eſt très-naturel & très-vraiſemblable

DE J. CHRIST. *Discours XXI.* 269

blable que les Juifs s'en sont servis, pour cacher la Résurrection du Seigneur. La premiere est, que l'expérience fait voir tous les jours, que quelqu'habiles que soyent les Menteurs, leurs fictions ont toûjours quelque défaut, qui les decouvre quand on les examine avec attention; de sorte qu'en pensant tromper tout le monde, ils sont les seuls qu'ils trompent. Il y a longtems ³ qu'un Philosophe l'a dit. Comme c'est toûjours quelque intérêt, quelque mauvais dessein, qui font recourir au mensonge, cet intérêt, ce mauvais dessein s'apperçoivent, & font connoître la fraude. La seconde raison, c'est l'embarras où étoit le Conseil à inventer quelque chose de meilleur. Il est certain, que les sceaux ont été rompus, que le Sépulcre a été ouvert, & que le corps de J. Christ ne s'y trouve plus. Si donc Jesus n'est pas ressuscité, qui a pu enlever son corps que ses Disciples? Et comment ont-ils pu le faire, à moins que les gardes, qui ne se soucient gueres de l'intérêt que les Juifs prennent au corps mort de J. Christ, se soyent abandonnez au sommeil, & n'ayent peut-être bien voulu favoriser son enlevement? Preuve que les Juifs n'avoient que ce parti à prendre, c'est que ⁴ Justin Martyr nous assure
„ qu'ils envoyerent des Députez de Jerusalem, dans tous les
„ lieux de leur dispersion, afin de publier, qu'il s'étoit élevé
„ une Secte méchante & impie, qui avoit pour Auteur un
„ Imposteur de Galilée, nommé Jesus, lequel, disoient-ils,
„ nous avons mis en croix, & ayant ensuite été mis dans un
„ Sépulcre, ses Disciples ont enlevé son corps durant la nuit,
„ & ont assuré qu'il étoit ressuscité d'entre les morts, & monté dans le Ciel. „

Une autre chose qui surprend dans le récit de S. Matthieu, c'est l'obstination des Juifs. Comment ont-ils pu resister au témoignage des Gardes, qui déposent avoir vû un Ange descendre du Ciel, & ôter la pierre du Sépulcre? Sur-tout si l'on joint à ce prodige, ceux qui sont arrivez à la mort de J. Christ, & tous les Miracles qu'il a faits pendant sa vie, & ce qu'il a dit, avant que de mourir, de sa Résurrection prochaine. Cependant il ne faut qu'étudier un peu le cœur humain, pour y trouver la solution de ce Problême. Il ne faut même que consulter l'experience. Quand l'Ame est possedée par une Passion dominante, elle ne fait plus d'usage de sa Raison, que pour rendre douteuses les véritez qu'elle ne veut pas voir. Elles ne servent qu'à l'irriter. Plus la lumiere est éclatante, plus elle la revolte. Elle ferme les yeux, & s'enfonce dans les ténèbres pour ne la pas voir, & va chercher

Vol. VI. Yyy une

une retraite dans les espaces imaginaires, d'une infinité de possibilitez vagues, pour se derober à l'évidence & à la certitude. Je m'imagine, que les Principaux des Juifs s'écrient entre eux, Que les Soldats étoient des Visionnaires; qu'une terreur panique les avoit saisis, l'ouïe de quelque coup de tonnerre, & qu'ils avoient métamorphosé en Ange, en quelque Divinité imaginaire, un Fantôme que leur frayeur s'étoit forgée. Cependant, comme il étoit dangereux de publier cette vision, de quelque nature qu'elle fût, ils crurent que le plus sûr étoit, de leur faire dire le mensonge qu'ils ont imaginé.

On dira peut-être encore, que nous ne sçavons tout cela que par le récit de S. Matthieu, qui a voulu prêter cette fourbe aux Juifs, pour faire croire que J. Christ étoit ressuscité, quoique son corps ait été véritablement enlevé par les Apôtres.

Cette conjecture avancée sans fondement, est détruite, premierement par le témoignage de Justin Martyr, qui a écrit environ cent quinze, ou cent vingt ans après l'évenement. Les Juifs firent publier par-tout, par leurs Emissaires, le mensonge que S. Matthieu leur attribue. Secondement cette conjecture suppose, que S. Matthieu & les autres Evangélistes, ou les Apôtres en général, furent des Imposteurs, qui ayant enlevé & caché le corps du Seigneur, prêcherent faussement & contre leur conscience, qu'il étoit ressuscité. Or s'il y a une supposition insoutenable, c'est celle-là. La Sincerité & la Persuasion des Apôtres éclatent avec tant d'évidence, qu'ils ne laissent pas une ombre de soupçon là-dessus. Aussi ne remarque-t-on pas que les Incrédules attaquent le témoignage des Evangélistes par cet endroit-là: Ils sentent trop bien, qu'une douzaine d'hommes obscurs ne sçauroient avoir formé le dessein d'en imposer à toute la Terre, sur un fait qui paroissoit incroyable, sans qu'il leur en revînt aucune utilité, & qui les exposoit à la haine & aux persécutions de leur propre Nation. Mais quand ils auroient été capables de concevoir ce dessein, il est impossible qu'ils en eussent poursuivi l'exécution, sans qu'aucun d'eux, à quelque épreuve qu'on les mette, se soit démenti & retracté. C'est pour cela que les Incrédules prennent le parti de les soupçonner de Fanatisme, ou de Crédulité, sous prétexte que c'étoient des Gens ignorans & simples, capables de se laisser surprendre aux moindres apparences, & de croire légerement ce qu'ils souhaitoient. Mais ne pouvant nous étendre là-dessus,

nous

nous renvoyons les Lecteurs au Discours Préliminaire qu'on a mis à la tête du I. Tome des Discours sur le Nouveau Testament.

Supposant donc à présent, que le récit de S. Matthieu est véritable, & que les Juifs firent dire aux Gardes le mensonge rapporté par l'Évangéliste, il en résulte une preuve très-forte de la Résurrection du Seigneur. Car à moins que les Juifs n'ayent été frappez d'un esprit d'étourdissement tout-à-fait incroyable, ils ont dû livrer au Gouverneur les Soldats qui avoient la garde du Sépulcre, & en poursuivre la punition. Les Loix Romaines condamnoient à la mort des Soldats qui s'endormoient dans leur poste, qui l'abandonnoient & qui laissoient enlever ce qui étoit confié à leur garde. Ils ont dû faire arrêter les Disciples de J. Christ, & sur l'accusation des Soldats, les faire appliquer à la question, pour les obliger de dire ce qu'ils avoient fait du corps de J. Christ, & pour le représenter. L'un & l'autre étoit du Droit commun, Pilate ne pouvoit le refuser, & ne l'auroit jamais fait après leur avoir livré Jesus, quoiqu'il fût convaincu de son Innocence. Si le Roi des Juifs vivant pouvoit donner de l'ombrage aux Romains, le Roi des Juifs passant pour être ressuscité d'entre les morts, leur en devoit donner encore davantage par la raison que les Juifs avoient alleguée. *C'est que la seconde erreur seroit pire que la premiere.* La tranquillité publique, confiée aux soins du Gouverneur, exigeoit de lui, qu'il punît exemplairement, & la negligence des Gardes, & la fraude des Apôtres, & l'on ne sçauroit comprendre que les Juifs ne l'eussent pas demandé. Or ni l'un ni l'autre ne s'étant fait, c'est une preuve manifeste, que le fait, publié par les Juifs est un mensonge, & que les Gardes & les Apôtres étoient également innocens.

Joignons aux réflexions que nous venons de faire sur ce sujet, celles d'un excellent Auteur moderne. Il vaudra mieux les rapporter telles qu'elles sont dans son ouvrage, que de nous les approprier en les imitant. „ [5] Il est manifeste, dit il, que ceux-là mê-
„ me qui publièrent ce prétendu enlevement du corps de J.
„ Christ, n'en croyoient rien. Car pour ne pas insister sur ce fait
„ évident, que les principaux Sacrificateurs avoient engagé
„ par argent les Gardes à debiter cette fausseté, il paroît par la
„ conduite que ces Sacrificateurs tinrent dans la suite, qu'ils é-
„ toient persuadez, que ce n'étoit-là qu'une Fable. Peu de tems
„ après la Résurrection de J. Christ, les Disciples ayant re-
„ çu un nouveau pouvoir du Ciel, parurent publiquement à
„ Jeru-

,, Jerusalem, & dans le Temple même, & rendirent témoi-
,, gnage de la vérité de cette Résurrection, en préſence de
,, ceux-là même, qui avoient fait mourir Notre Seigneur.
,, Là-deſſus que font les principaux Sacrificateurs ? Ils ſe ſai-
,, ſiſſent des Apôtres, ils les menacent, ils les font foüetter
,, & maltraiter : Et tout cela pour leur fermer la bouche,
,, leur défendant expreſſement de ne plus parler de cette af-
,, faire. Mais puiſqu'ils les avoient en leur pouvoir, pour-
,, quoi ne les accuſent-ils pas directement d'une inſigne four-
,, berie, pour avoir enlevé clandeſtinement le corps de leur
,, Maître, & ne les repréſentent-ils pas au Peuple, comme
,, des Impoſteurs ? Cela auroit été beaucoup plus à propos
,, pour leur deſſein, que toutes leurs menaces & tous leurs
,, mauvais traitemens, & auroit beaucoup mieux déſabuſé le
,, Peuple. Mais il n'eſt fait mention de rien de ſemblable.
,, Ils cherchent à leur ôter la vie, ils concertent enſemble les
,, moyens de les exterminer, ils engagent Hérode à en
,, mettre un à mort; mais jamais ils n'intentent contre eux
,, la moindre accuſation de fraude dans le cas particulier de la

Act.
XXIV.
,, Réſurrection de J. Chriſt. Leur Orateur *Tertulle*, qui
,, n'auroit pas laiſſé échaper un auſſi beau ſujet de déclama-
,, tion, quand il n'y auroit eu que de ſimples ſoupçons, gar-
,, de un profond ſilence ſur cet article, & ſe contente de dé-
,, ployer ſa Rhétorique ſur les accuſations ordinaires de Sé-
,, dition, d'Héréſie, de Profanation du Temple, & d'autres
,, ſemblables, qui étoient de peu de conſequence pour ſa
,, cauſe, en comparaiſon de celle-là, s'il y eût eu le moindre
,, lieu à s'en ſervir. Et cependant il eſt certain, que l'arti-
,, cle même de la Réſurrection de J. Chriſt en faiſoit partie:

Act.
XXV. 19.
,, Car Feſtus dit à Agrippa, *que les Juifs avoient quelques diſ-*
,, *putes avec Paul, touchant un certain Jeſus mort, que Paul aſ-*
,, *ſuroit être vivant.* Enſuite Agrippa entend Paul lui-même;
,, & s'il eut ſoupçonné, beaucoup moins encore s'il eut été
,, convaincu, qu'il y avoit eu de la fraude dans la Réſurrec-
,, tion de J. Chriſt, eſt-il croyable qu'il eut dit à cet Apôtre

Act.
XXVI. 18.
,, à la fin de l'audiance, *Peu s'en faut que vous ne me perſuadiez*
,, *de devenir Chrétien?*

,, Mais voyons ce que le Conſeil lui-même penſa de cette
,, affaire, dans la délibération la plus ſolemnelle & la plus ſé-

Act. v.
,, rieuſe qu'il eut jamais à ce ſujet. Peu de tems après la Ré-
,, ſurrection de J. Chriſt, les Apôtres furent ſaiſis & mis en
,, priſon. Le Souverain Sacrificateur jugea la choſe d'aſſez
,, grande importance, pour aſſembler le Conſeil & *tous les*

Séna-

„ *Sénateurs des Israëlites.* Les Apôtres sont menez devant
„ eux, & font leur Apologie, dans laquelle ils disent entre
„ autres choses, *le Dieu de nos Peres a ressuscité Jesus que* AA. v.
„ *vous avez fait mourir, en le pendant à un bois.* C'étoit une 30.
„ accusation des plus graves contre le Sénat, & il en fut si
„ transporté de rage, que sa premiere résolution alloit à les
„ exterminer tous. Mais *Gamaliël*, un des Conseillers, se
„ leva, & dit que cette affaire méritoit une plus mûre déli-
„ beration. Il raconta ce qui étoit arrivé à plusieurs Im-
„ posteurs, qui avoient fait une fin malheureuse: & il con-
„ clut par rapport aux Apôtres, qui paroissoient alors de-
„ vant le Sanhedrin, en ces termes: *Si cette entreprise vient* Ib. v.
„ *des Hommes, elle tombera d'elle-même; mais si elle vient de* 38.39.
„ *Dieu, vous ne sçauriez la ruiner. Qui sçait même s'il ne se*
„ *trouvera pas enfin, que vous aurez fait la guerre à Dieu?* Les
„ Sénateurs deférerent à cet avis: Et après avoir fait foüet-
„ ter les Apôtres, ils les relacherent. Je demande mainte-
„ nant à tout homme de bon sens: Gamaliël auroit-il ja-
„ mais pu donner un semblable conseil, & supposer que *la*
„ *main de Dieu* pouvoit être avec les Apôtres, s'il eut sçû
„ qu'on avoit découvert de la fraude dans la Résurrection de
„ J. Christ? N'y avoit-il aucun Conseiller assez sensé pour
„ lui dire; Comment pouvez-vous supposer que Dieu entre
„ pour quoi que ce soit dans cette affaire, puisque la Résur-
„ rection de J. Christ, d'où tout dépend, n'a été qu'une ma-
„ nifeste imposture, comme on l'a clairement prouvé? Je
„ ne ferois que diminuer le poids de cette autorité, en m'y
„ arrêtant davantage. „

Nous n'insisterons point sur les autres preuves de la Résurrection de J. Christ, ces Discours n'étant pas destinez à établir la vérité des faits; mais à les expliquer. Il y a d'ailleurs
quantité d'excellens Ouvrages sur cette matière; nous y renvoyons les Lecteurs. Il faut seulement, avant que de finir
ce Discours, résoudre une difficulté sur le tems que J. Christ
fut dans le Tombeau. Le Seigneur dit dans S. Matthieu,
que *comme Jonas fut trois jours & trois nuits dans le ventre de la* Matth.
Baleine, ou d'un grand poisson, *de même le Fils de l'Homme* XII. 40.
sera trois jours & trois nuits dans le sein de la terre. Or il est constant, que le Seigneur ne fut dans le Sépulcre qu'environ
quarante heures, sçavoir depuis les cinq à six heures du soir
du Vendredi, jusques vers les quatre heures du matin du
Dimanche. Il n'y a point de doute là-dessus. Il n'y demeura donc que deux nuits & un jour entier. S. Augustin, dans

son livre *de l'harmonie des Evangiles*, [7] tâche de concilier cette contrarieté par la figure commune, qu'on appelle *Synecdoché*, selon laquelle une partie est souvent mise pour le tout, & le tout pour une partie. La solution n'est pas suffisante; Car J. Christ n'a été dans le Tombeau, ni pendant trois nuits entieres, ni pendant une partie de trois nuits. Il faut donc, pour résoudre cette difficulté, recourir au stile des Hébreux, qui, pour dire un jour naturel de vingt quatre heures, disent *un jour & une nuit*. Les exemples en sont fréquens. Cela étant, la *Synecdoché* de S. Augustin ôte entierement la difficulté. Car J. Christ fut dans le Sépulcre un jour naturel tout entier, & une partie des deux autres, sçavoir du Vendredi & du Dimanche. Aussi toutes les fois que J. Christ prédit sa Résurrection, il dit constamment, qu'il *ressuscitera le troisième jour*, & non qu'il demeurera trois jours & trois nuits dans le Sépulcre.

Voyez Gen. VII. 4. 12. Exod. XXIV. 18. &c.

Voyez Matth. XVI. 21. XVII. 23. & les paralléles.

Matt. XXVIII. 3-5.
Επιφανεια αγγελων ταις γυναιξι Κυριον ζητουσας. | APPARITIO ANGELI MULIERIBUS QUAERENTIBUS JESUM.
Christ's resurrection is declared by an Angel to the Women. | L'apparition des Anges aux femmes qui cherchoient le Seigneur.
Die Engel erscheinen den weibern die den Herrn suchten. | Het zoeken der Vrouwen naer Jesus lyk.

DISCOURS XXII.

L'apparition des Anges aux Femmes qui cherchoient le Seigneur. Matth. XXVIII. 1-7. Marc XVI. 1-7. Luc XXIV. 1-11.

St. Luc nous apprend, que Jesus étant en Galilée, attacha à sa personne plusieurs Femmes qu'il avoit délivrées de leurs infirmitez, & en particulier Marie-Magdelaine, Jeanne, femme de Chusas, Intendant d'Hérode, Susanne, & d'autres que l'Evangéliste ne nomme pas dans cet endroit. Ces Femmes, pénetrées de la grace que Jesus leur avoit faite, voulurent le suivre par-tout, & lui fournir, aussi-bien qu'à ses Disciples, ce qui leur étoit nécessaire. Elles allerent donc avec J. Christ à Jerusalem, dans le dernier voyage qu'il y fit. Elles l'accompagnerent au supplice en pleurant, & ce fut à elles, aussi-bien qu'à d'autres Femmes pieuses, qu'il addressa ces belles paroles: *Femmes, ne pleurez point sur moi, mais sur vous mêmes, & sur vos enfans.* Elles le virent mourir en croix, & mettre dans le tombeau. Comme le honteux supplice que les Juifs avoient fait souffrir à J. Christ, n'avoit fait qu'augmenter l'estime, la véneration, & l'amour de ces Femmes pour la personne du Seigneur, en faisant éclater davantage les sublimes Vertus qu'elles avoient toûjours admirées en lui, elles voulurent lui en donner des preuves, même après sa mort. Résoluës d'embaumer son corps; mais n'ayant pu le faire le jour de sa sépulture, elles furent obligées d'attendre jusqu'au premier jour de la semaine, & de passer le Sabbath dans l'inaction, pour se conformer à l'ordonnance de la Loi. Ainsi *ce premier jour de la semaine étant arrivé*, ces pieuses *Femmes, accompagnées de quelques autres, allerent de grand matin au Sépulcre, portant les aromates qu'elles avoient préparez.*

Il paroît d'abord surprenant, qu'elles voulussent embaumer le corps du Seigneur, non parce qu'il devoit ressusciter le jour même, comme il l'avoit prédit; car elles ne pouvoient comprendre ce qu'elles ne pouvoient espérer; mais parce que Joseph d'Arimathée & Nicodeme les avoient prévenues dans cet office de pieté. On doit donc remarquer,

Zzz 2 com-

comme on l'a déja dit ailleurs, que ces deux Sénateurs Juifs n'ayant pu s'en acquitter que fort à la hâte, & d'une manière assez imparfaite, elles crurent devoir achever ce qu'ils n'avoient qu'ébauché. Jesus fut mis dans le Sépulcre le Vendredi au soir, & y demeura le jour du Sabbath tout entier. Il sort du Sépulcre le premier jour de la semaine. Les œuvres du Seigneur sont arrangées. Il finit ses glorieux travaux, & se repose le même jour que son Pere s'étoit reposé. Il ensevelit avec lui le Sabbath & toutes les Cérémonies de la Loi, & le premier jour de la semaine, ce jour où la Lumiere sortit du sein des Ténèbres, le Fils de Dieu, la Lumiere du monde, sort des ténèbres du Sépulcre, & commence la nouvelle création, dont il est les Prémices. Tout a eu son heure. Il expire lorsque tout est accompli. Sa Sépulture & sa Résurrection ont eu de même leur accomplissement.

Comme ces Femmes étoient en chemin, & qu'elles approchoient du Sépulcre, il leur vint dans l'esprit une difficulté à laquelle elles n'avoient pas pensé, & qui les embarrasse. Elles se souvinrent alors que la Pierre qui fermoit l'entrée du Sépulcre, étoit trop grosse & trop grande pour qu'elles pussent l'ôter. *Elles se disoient l'une à l'autre, Qui nous ôtera la Pierre de devant le Sépulcre.* On voit ici un exemple de ce qui arrive, lorsqu'on se porte à quelque entreprise avec ardeur. Les Obstacles sont les derniers objets qui se présentent à l'esprit, parce qu'il n'aime pas à les voir ; comme au contraire, quand on nous propose des desseins opposez à nos inclinations, prévoyans, ingénieux, nous appercevons d'abord tous les Obstacles qui peuvent en empêcher le succès, nous les grossissons, nous en inventons d'imaginaires. C'est l'Esprit qui devroit conduire le Cœur, & c'est pour l'ordinaire le Cœur qui conduit l'Esprit. Uniquement occupées d'un dessein qui fait toute leur consolation, & ne pensant qu'à embaumer le corps du Seigneur, elles ne voyent l'obstacle qui les en empêche, que lorsqu'elles approchent du Sépulcre : *Qui est-ce, disent-elles, qui nous ôtera la Pierre ?*

Il y en avoit bien un autre plus difficile à lever, mais qu'elles ne pouvoient prévoir, parce qu'elles n'en étoient pas instruites. S.¹ Augustin l'a fort bien dit. Comme elles avoient passé tout le jour dans la tristesse & dans le silence, renfermées dans la maison, elles ne sçavoient rien, ni des Gardes que les Sacrificateurs avoient mis au Sépulcre, ni du Sceau qu'ils y avoient apposé.

Dans

CHERCHOIENT LE SEIGNEUR. *Disc.* XXII. 277

Dans les desseins que forment les Passions dans ceux que la Vertu conduit, il y a toûjours des Obstacles qui en traversent le succès. L'Avare, l'Ambitieux, le Voluptueux, est souvent obligé de se dire à lui-même, *Qui m'ôtera la Pierre?* Qui ôtera les difficultez que les Passions des autres opposent à la satisfaction des miennes? Il vaudroit mieux travailler à arracher du Cœur ces affections turbulentes, qui l'agitent toûjours de nouveau par de nouveaux desirs, sous le prétexte trompeur de leur donner un contentement, auquel l'homme n'arrive jamais. L'Homme de bien a aussi ses obstacles à vaincre; mais s'il desire sincerement de faire son Salut, & d'acquerir les Vertus qui en sont la condition, il trouvera bientôt le secours qu'il cherche. La Grace de Dieu levera la Pierre, qu'il ne sçauroit ôter tout seul, & la Vertu du Seigneur se déployera dans sa foiblesse.

Les saintes Femmes étoient dans cette inquiétude, lorsqu'approchant du Sépulcre, & *ayant regardé de ce côté-là*, dit S. Marc, *elles virent que la Pierre étoit ôtée: Or la Pierre étoit fort grosse.* Un trouble succede à un autre trouble. La Pierre étant ôtée de l'ouverture du Sépulcre, *elles y entrent, & n'y trouvant pas le corps du Seigneur, elles furent dans la plus grande perpléxité,* ne doutant pas que les Juifs ne l'eussent fait enlever, pour lui faire de nouveaux outrages, le confondre avec les deux Brigans, & lui donner la même sépulture. On reconnoît ici le caractère des Personnes affligées. Ingénieuses à se tourmenter, elles envisagent presque toûjours ce qui peut entretenir & augmenter leur douleur, & refusent leur attention à ce qui peut la soulager. L'Ame affligée se prête plus aisément à la Crainte qu'à l'Espérance. Ainsi, un évenement imprévû, qui devoit leur ouvrir les yeux sur la Résurrection du Sauveur, leur rappeller la mémoire des prédictions qu'il avoit faites, & leur faire au moins soupçonner qu'elles pouvoient être véritables; cet évenement qui devoit leur donner quelque rayon d'Espérance, ne fait que redoubler leur Crainte & leur Affliction: Qu'est devenu le corps du Seigneur? Qui peut l'avoir enlevé que ses Ennemis? Sa mort sanglante, ignominieuse, n'a pas encore appaisé leur haine. Où l'auront-ils mis? Ces pensées leur roulent dans l'esprit, lorsque *deux Anges, qui avoient revêtû la forme humaine, parurent tout d'un coup devant elles,* dit S. Luc, *avec des vêtemens d'un éclat éblouïssant.*

Nous avons vû bien des apparitions d'Anges, dans les Histoires qui précedent celle que nous expliquons. La fécondité d'Elifabeth, la conception de Marie, la naiffance du Rédempteur, furent annoncées par des Anges. Ils le fervirent après fa tentation. Ils le confolerent & le fortifierent dans fon agonie. Ils reparoiffent à fa Réfurrection, afin que cet évenement, auffi-bien que celui de fon Afcenfion, fût attefté par des témoins du Ciel & de la Terre. Ces Anges paroiffent *fous une forme humaine.* C'eft celle qu'ils ont coûtume d'emprunter, quand ils fervent au miniftère des Saints. *Leurs vétemens font d'un éclat éblouïffant,* dignes de couvrir des Natures lumineufes & incorruptibles. Un tel fpectacle imprévû, foudain, frappe, étonne, effraye les faintes Femmes; leur innocence ne fuffit pas pour les raffurer. La crainte & la modeftie leur font baiffer les yeux.

Luc XXIV. 5. *Comme elles étoient effrayées,* continue S. Luc, *& que, par modeftie, elles baiffoient le vifage contre terre, les Anges leur dirent, Pourquoi cherchez-vous parmi les Morts, celui qui eft vivant?*

Jean XX, 12. S. Jean parle de même de deux Anges qui parurent aux Femmes: S. Matthieu & S. Marc ne font mention que d'un Ange, parce qu'il n'y eut qu'un Ange qui leur addreffa la parole. Il eft vrai que S. Marc & S. Matthieu rapportent un peu différemment le Difcours que l'Ange tint aux Fem-

Matth. XXVIII. 5. Marc XVI. 6. mes; car felon ces deux Evangéliftes, il leur dit, *Pour vous, n'ayez point de peur. Je fçai que vous cherchez Jefus, qui a été crucifié.* Sans doute il débuta par-là. Les voyant effrayées, il commença par les raffurer. *Pour vous, ne craignez point,* leur dit-il. Je fçai ce qui vous amene ici. Nous ne fommes pour vous que des Ambaffadeurs de paix, envoyez pour vous annoncer de bonnes nouvelles. C'eft une oppofition tacite entre les Femmes & les Soldats deftinez à la garde du Sépulcre. Pour eux, ils ont eu raifon de s'effrayer & de s'enfuïr: Miniftres de l'Envie & de la Haine des Juifs, ils voudroient forcer J. Chrift à demeurer dans le Tombeau, & après lui avoir ôté la vie, l'empêcher, s'il leur étoit poffible, de la reprendre. Mais pour vous, vous n'avez rien à craindre de la part des Miniftres d'un Dieu jufte. Si votre Zéle n'eft pas éclairé, le motif en eft loüable; & les Vertus, pour être imparfaites, ne laiffent pas de plaire à un Dieu mifericordieux. Cependant, bien-que l'Ange les raffure, il ne laiffe pas de les reprendre de leur Incrédulité. Vous voyez la Pierre ôtée, le Sépulcre ouvert; c'eft le troifiéme jour de la fépulture de Jefus: *Pourquoi donc cherchez-vous encore parmi les Morts, celui qui eft vivant;* qui devoit l'être au-

Matth. XXVIII. 6. jourd'hui, & qui vous l'a prédit? *Il n'eft plus ici. Il n'a fait*

que

que goûter la Mort, & boire du Torrent en passant. Il est ressuscité. Il est mort une fois pour le Péché ; mais à présent il vit à Dieu, & vit à toûjours. Ce Jesus, qui a été livré selon le Décret & la Préscience de Dieu, & attaché en Croix par les mains des méchans : c'est celui-là même que Dieu a ressuscité, en brisant les liens de la Mort, parce qu'il étoit impossible qu'elle le retint dans son pouvoir ; car encore qu'il ait été crucifié par la Foiblesse de la Chair, il est vivant par la Puissance de Dieu. Rom.
VI. 10.
Act. II.
23, 24.

2. Cor.
XIII. 4.

Les saintes Femmes trouvant à leur arrivée le Sépulcre ouvert, elles y étoient entrées ; mais n'y voyant pas le corps de J. Christ, elles en étoient sorties, peut-être dans l'espérance que quelqu'un pourroit leur apprendre ce qu'il étoit devenu. Ce fut alors que les Anges leur apparurent, & qu'après avoir blâmé leur Incrédulité, ils leur dirent, de voir elles-mêmes, & de se convaincre par leurs propres yeux, que le Seigneur n'y étoit plus. *Venez*, disent-ils, *& voyez le lieu où il a été mis*. Vous n'y trouverez que les Dépouilles de la Mort, & les Trophées de la Victoire qu'il a remportée sur elle. Vous y verrez *les Linges* funebres qui l'enveloppoient, *le Suaire* qui couvroit son visage : Voilà tout ce qu'il laisse dans le tombeau ; mais pour son corps, *il n'a pu demeurer dans le Sépulcre, ni sentir la corruption. Dieu lui a ouvert le chemin de la Vie, & il le comblera de joye par sa présence*, selon l'oracle de David. Matth.
XXVIII. 6.

Jean xx.
6, 7.

Act. II.
27, 28.

S. Jean a remarqué, que S. Pierre étant entré dans le Sépulcre, vit les Linges qui étoient-là ; que pour celui qu'on avoit mis sur la tête de Jesus, il n'étoit pas avec les autres. *Il étoit dans un lieu à part tout plié*. Ces circonstances ne sont pas des preuves de la Résurrection du Sauveur. Si quelqu'un avoit enlevé son corps, il auroit pu faire tout ce que S. Jean rapporte. Mais on ne sçauroit disconvenir aussi, que ces petites particularitez marquent un témoin oculaire, qui a tout observé fort exactement. Il faut remarquer encore, que ce ne sont point des circonstances qu'on puisse soupçonner d'être imaginées, parce qu'elles ne servent aucunement à rélever la merveille de la Résurrection de J. Christ. Jean xx.
6, 7.

Jusqu'ici l'Ange qui parle aux Femmes, leur a bien fait voir que le corps du Seigneur n'étoit point dans son tombeau : *Il n'est point ici*. A présent il veut leur montrer la vérité de cette seconde proposition : *Il est ressuscité*. *Souvenez-vous*, leur dit-il, *de ce qu'il vous a dit, lorsqu'il étoit encore avec vous en Galilée. Il faut*, disoit-il, *que le Fils de l'Homme soit livré entre les mains des Pécheurs, qu'il soit crucifié, & qu'il ressus-* Luc
XXIV.
6, 7.

cite

cite le troisième jour. Ce troisième jour est arrivé. Il n'est plus dans son Sépulcre: vous le voyez. Il est donc ressuscité, comme il l'avoit prédit. Il vous avoit prédit sa Mort: Il vous a marqué le genre de son Supplice : Il vous a dit par les mains de qui il devoit le souffrir. Tout cela est arrivé, comme il l'a prédit. Après cela, pouvez-vous douter un moment de sa Résurrection ? Sa Mort étoit nécessaire en vertu du décret de Dieu, qui l'avoit ordonné: Vous en sçaurez bientôt la cause. Sa Résurrection n'est pas moins nécessaire en vertu du décret de Dieu, & parce que ses Perfections ne lui permettent pas de livrer son Saint à la corruption. Si le Fils de Dieu devoit au monde un sacrifice qui en expiât les péchez, à sa Doctrine un martyre consommé qui la confirmât, & un exemple de la Patience qu'il a prêchée, il n'en devoit pas moins un de la vérité de ses Promesses. Il falloit qu'il souffrît; il falloit qu'il ressuscitât.

Luc
xxiv. 8.
Les Femmes sont instruites & consolées. Elles se ressouvinrent alors, que le Seigneur leur avoit dit ces paroles. Il faut à présent instruire & consoler les disciples. *Allez,* poursuit l'Ange, *allez dire à ses Disciples, & à Pierre en particulier, qu'il va en Galilée, & qu'ils le verront-là.* D'où vient cette distinction, *à Pierre en particulier* ? Est-ce qu'il ne seroit plus Disciple de J. Christ, qu'il seroit déchû de l'Apostolat, à cause de son abnégation ? ³ Théophylacte l'a dit : Et il est vrai que Jesus semble lui rendre l'Apostolat, lorsque lui ayant

Jean
xxi, 15.
demandé jusqu'à trois fois, *s'il l'aimoit, & l'aimoit plus que les autres Disciples,* Jesus l'ordonne de nouveau, en lui disant, *Paissez mes brebis.* Ce n'est pourtant pas tout-à-fait cela. La foi de S. Pierre ne fut pas éteinte. J. Christ avoit prié pour sa conservation, & ses larmes amères avoient déja obtenu sa grace. Mais il est vrai, que le péché de S. Pierre devoit le tenir dans une sorte d'inquiétude sur l'affection de son Divin Maître. S'il ne l'a pas perdue, il doit craindre qu'elle ne soit fort diminuée. C'est pour cela que l'Ange, suivant les instructions de J. Christ, dont il est l'Ambassadeur, ne se contente pas d'ordonner aux Femmes, d'aller annoncer sa Résurrection à ses Disciples en général ; il ajoute, *& à Pierre en particulier.*

Luc
xxiv. 9-
11.
Les Femmes obéïrent à l'instant à l'ordre de l'Ange, & étant de retour du Sépulcre, elles racontèrent toutes choses aux onze, & à tous les autres Disciples. Ce fut Marie-Magdelaine, Jeanne, Marie, mere de Jaques, & les autres, qui firent ce recit aux Apôtres; mais ils regarderent ce qu'elles leur disoient comme

CHERCHOIENT LE SEIGNEUR. *Disc.* XXII. 281

me une rêverie, & ils ne les crurent point. Cette Incrédulité des Disciples de J. Christ paroît surprenante; mais elle est d'une utilité infinie à la Foi, & donne la plus grande certitude à leur témoignage. Si quelque chose pouvoit le rendre suspect, ce seroit l'Illusion. Or l'Illusion est facile dans des personnes prévenuës. Si les Apôtres avoient attendu la Résurrection de J. Christ, on pourroit dire, qu'ils crurent trop légerement & sur de simples apparences, un miracle dont ils étoient persuadez avant qu'il fût arrivé. Mais leur Incrédulité obstinée, & qui tient presque de l'Endurcissement, ôte aux Incrédules le prétexte spécieux d'avoir été les dupes de leur espérance, & de la persuasion où ils étoient, que J. Christ devoit ressusciter des morts. Cette Incrédulité produisit l'examen; & l'examen obligea J. Christ à leur donner des preuves de sa Résurrection, auxquelles il leur étoit impossible de ne pas acquiescer. Des témoins prévenus seroient suspects; mais des témoins Incrédules, qui ne se rendent qu'à la plus claire évidence, ne sçauroient l'être, quand ils ont, comme les Apôtres, tous les caractères de la sincerité qu'on peut exiger en pareil cas.

Il faut à présent satisfaire à quelques Questions qui concernent l'Histoire de la Résurrection de J. Christ, & quelques diversitez qui se trouvent dans les récits des quatre Evangélistes.

La première: Pourquoi J. Christ mande-t-il à ses Disciples, qu'ils le verront en Galilée, & non à Jérusalem, où ils étoient actuellement, & où il se fit voir à eux? Je répons, qu'il s'agit d'une manifestation publique, laquelle ne fût pas particuliere aux Apôtres, mais commune à tous les Disciples du Seigneur, c'est-à-dire à tous ceux de Galilée & de Judée qui croyoient en lui. C'est ainsi qu'il faut entendre ces mots de S. Marc: *Allez-dire à ses Disciples, & en particulier à Pierre, qu'il s'en va en Galilée, où il sera avant vous. Vous l'y verrez, comme il vous l'a dit.* Ces Disciples ne sont point les onze seulement; mais tous ceux qui faisoient profession de croire en J. Christ. C'est-ce que l'on apprend de S. Luc, qui, rapportant comment les Femmes s'acquitterent de la commission que les Anges leur avoient donnée, s'est exprimé en ces termes: *Et quand elles furent retournées du Sépulcre, elles raconterent toutes choses aux onze, & à tous les autres Disciples qui se trouvoient alors à Jérusalem, où la Fête de Pâque les avoit attirez.* Quant à la raison, pourquoi J. Christ voulut que cette Apparition publique se fit en Galilée, c'est

Marc. XVI. 9.

Luc. XXIV. 9.

Vol. VI. Bbbb vrai-

vraisemblablement parce qu'il y avoit beaucoup plus de Disciples qu'en Judée, où il avoit fait moins de séjour. A l'égard du lieu où elle arriva, il n'est pas nommé dans les Evangiles. Il paroît seulement que ce fut sur une montagne, que l'on a cru être la même que celle où il avoit été transfiguré en présence de Pierre, de Jaques & de Jean. C'est vraisemblablement la même Apparition que S. Paul rapporte, & qui se fit en présence de cinq-cens témoins, dont quelques-uns vivoient encore quand l'Apôtre écrivit la première Epître aux Corinthiens, c'est-à-dire l'an LVI. de l'Ere vulgaire, & vingt-deux, ou vingt-trois depuis l'Ascension du Seigneur. Ce fut la huitième des Apparitions de J. Christ. On en trouve dix marquées bien distinctement dans les Evangiles.

<small>Matth. XXVIII. 10..16.</small>

<small>1 Cor. XV. 6.</small>

La Seconde Question concerne quelques contrarietez apparentes entre les divers récits, touchant les Anges qui apparurent aux saintes Femmes, lorsqu'elles vinrent au Sépulcre de J. Christ. Premièrement S. Matthieu & S. Marc ne font mention que d'un Ange: S. Luc & S. Jean parlent de deux Anges. Cela ne doit pas faire de difficulté. Les deux premiers Evangélistes n'ont fait attention qu'à l'Ange qui porta la parole. Secondement, S. Matthieu dit, que les Femmes virent l'Ange assis sur la Pierre qui fermoit l'entrée du Sépulcre, & par conséquent il étoit hors du Sépulcre lorsqu'elles le virent. S. Marc dit au contraire, qu'étant entrées dans le Sépulcre, elles y virent un jeune-homme, vêtu de vêtemens blancs. On répond à cette difficulté, en disant que le premier de ces Evangélistes a pris le mot de Sépulcre dans un sens plus étendu que le second. Il a donné ce nom à tout l'Enclos, enfermé de murailles, ou de Palissades, qui servoient à distinguer les Tombeaux des Juifs de la terre pure ; au lieu que S. Marc n'appelle Sépulcre, que la Grotte ou le Caveau dans lequel les Corps étoient placez. Cette solution est du sçavant Casaubon. Mais peut-être vaut-il mieux dire, que l'Ange ayant ôté la pierre qui fermoit le Sépulcre, lorsque J. Christ ressuscita, s'assit alors sur cette pierre avant que les Femmes fussent arrivées au Sépulcre : Car ce que S. Matthieu raconte (Matth. XXVIII. vs. 2 - 4.) s'est passé avant leur arrivée. Cet Ange entra ensuite dans le Sépulcre, & y étoit lorsque les Femmes arriverent. Cette manière de concilier le récit de S. Matthieu avec celui de S. Marc, paroît la plus simple & la plus naturelle.

<small>Matth. XXVIII. 5. Marc XVI. 5. Luc XXIV. 4. Jean XX. 12.</small>

Il y a d'autres diversitez dans les récits des Evangélistes. Par exemple, S. Matthieu dit, non seulement que l'Ange,

<small>Matth. XXVIII. 9.</small>

mais

mais J. Chrift même apparut aux Femmes, comme elles s'en retournoient pour faire leur rapport aux Apôtres. S. Luc ne fait mention que de l'apparition des Anges, fans rien dire de celle de J. Chrift, ce qui femble confirmé par ce que difent les deux Difciples qui s'entretinrent avec J. Chrift fans le connoître, en allant à Emmaus. D'un autre côté S. Marc dit, que ce fut Marie-Magdelaine qui vit la première J. Chrift après fa Réfurrection, & S. Jean ne parle que d'elle, dans le récit qu'il fait de la premiere apparition des Anges & de J. Chrift. Il a feulement remarqué, que dès qu'elle eût vû le Tombeau ouvert, elle s'en retourna, pour le rapporter à Pierre & à Jean, avec lefquels elle revint vifiter le Sépulcre.

^{Luc xxiv. 4. & fuiv. 11. & fuiv.}
^{Marc xvi. 9.}
^{Jean xx. 1. & fuiv.}

Comment accorder ces divers récits, qui femblent d'abord fi oppofez? Cela n'eft pas auffi difficile qu'on pourroit le croire. Il faut donc fuppofer ce qui eft certain: 1°. Que les Evangéliftes ont rapporté de fuite, ce qui n'eft arrivé qu'à diverfes reprifes. Car, comme le remarque S. Jerôme, les Femmes, inquietes & affligées comme elles l'étoient, allerent plufieurs fois au Sépulcre, & quoiqu'elles euffent toutes le même deffein, les unes apparemment y furent plutôt que les autres, & y demeurerent plus long-tems; ainfi elles virent les Anges placez différemment, & entendirent des difcours un peu différens. Il faut fuppofer 2°. que chacun des Evangéliftes a rapporté les chofes felon qu'il les a apprifes des Femmes, qui n'avoient pas fait d'attention à de petites circonftances, contentes de retenir ce qu'il y avoit d'effentiel. En admettant ces deux fuppofitions très-naturelles, il fera fort aifé d'accorder les récits des Evangéliftes, & d'arranger les évenemens dans leur ordre naturel. Mais cela n'étant pas proprement de notre fujet, nous ne nous y arrêterons pas davantage. On peut confulter là-deffus [3] Cafaubon, dans fa Critique de Baronius.

Au refte, il ne faut pas que les Incrédules prétendent tirer avantage de ces légeres diverfitez qui fe trouvent dans les récits des Evangéliftes; car outre qu'il eft très-poffible de les accorder, où font les anciens Ecrivains, qui, rapportant un même fait, le rapportent revêtû des mêmes circonftances, fans aucune varieté? On l'a fort bien dit, & cela eft inconteftable: Ces contrarietez apparentes fervent à établir la certitude des faits, parce qu'elles font une preuve, que les Evangéliftes ne fe font pas copiez.

DISCOURS XXXIII.

Jesus paroissant à Marie, passe pour le Jardinier.
Jean XX. 11-18.

Comme S. Jean n'a écrit son Evangile, que plusieurs années après que ceux de S. Matthieu, de S. Marc, & de S. Luc eurent été publiez, il s'est sur-tout attaché aux faits & aux circonstances que ces autres Historiens sacrez avoient omis. De-là vient qu'il est le seul qui nous ait appris la conversation de J. Christ avec Marie-Magdelaine, lorsqu'il lui apparut en particulier après sa Résurrection. S. Marc dit bien, *que ce fut à elle*, *que le Seigneur apparut premièrement*, & avant que de se montrer, soit * aux autres Femmes, qui étoient allées avec elle au Sépulcre, soit à Pierre & aux autres Apôtres. Mais S. Marc n'entre dans aucun détail, & cependant, ce détail méritoit bien d'être conservé à l'Eglise; & c'est pour suppléer au silence de cet Evangéliste & des autres, que S. Jean nous raconte l'Histoire que nous avons à considerer dans ce Discours.

Marc. XVI. 9.

Marie, dit S. Jean, *se tenoit auprès du Sépulcre* où le Seigneur avoit été mis. Elle y avoit été de grand matin, avec quelques autres Femmes, dans le dessein d'embaumer le corps du Seigneur; mais comme elle s'apperçut la première, que la pierre étoit ôtée, & que le Sépulcre étoit ouvert, elle jugea d'abord que le corps du Seigneur n'y étoit plus, & qu'on l'avoit enlevé. Dans cette pensée, elle courut aussi-tôt en avertir Pierre & Jean, qui vinrent en diligence au Sépulcre, &, qui, après l'avoir visité, & n'y avoir trouvé que les linges qui couvroient le corps du Seigneur, se retirerent, croyant qu'il étoit inutile de le chercher dans un lieu où il n'étoit plus. Mais Marie-Magdelaine, plus sensible & plus inquiéte, *se tenoit auprès du Sépulcre en pleurant*. Son amour pour J. Christ ne

---

* Il semble qu'il y ait à cet égard de la contradiction entre le récit de S. Jean & celui de S. Matthieu (Matth. XXVIII. 9) qui raconte, que J. Christ apparut aux Femmes qui retournoient du Sépulcre, parmi lesquelles étoit Marie-Magdelaine. Mais il est aisé de lever cette contradiction apparente. Comme Marie-Magdelaine fut au Sépulcre avec les Femmes à qui J. Christ apparut, S. Matthieu, qui raconte les choses en gros, la met dans la compagnie de celles à qui le Seigneur se montre quoiqu'elle ne fût plus avec elles. Il faut convenir que les Evangélistes, attentifs à l'essentiel, ne se sont pas fort attachés à rapporter en détail, & par ordre, plusieurs petites circonstances, qui ne sont pas d'une grande importance.

JESUS PASSE POUR LE JARDINIER. *Disc. XXIII.* 285

ne lui permet pas de quitter un lieu où elle a vû déposer son corps. Peut-être espere-t-elle, qu'il viendra quelqu'un qui lui apprendra ce qu'il est devenu. Cependant elle arrose de ses larmes le tombeau du Sauveur, qu'elle croit entre les mains & en proye pour la seconde fois à la fureur de ses ennemis. C'est ainsi que Ruben, ne trouvant pas Joseph dans la fosse où ses freres l'avoient jetté par son conseil, déchire ses vêtemens, dans la pensée que Joseph est perdu : ou plutôt, c'est ainsi que Jacob, voyant la robe sanglante de Joseph, & ne doutant pas qu'une Bête féroce ne l'ait dévoré, laisse couler des pleurs, dont la source ne doit tarir qu'avec celle de sa vie. Mais Joseph est vivant, pour la consolation de Jacob. C'est lui qui essuyera les larmes de son pere, & qui sera le salut & le Libérateur de ses freres, tout ingrats qu'ils sont. *Gen. XXXVII.*

Marie-Magdelaine continuant à pleurer, diverses pensées lui roulent dans l'esprit. Ne me serois-je point trompée ? Le corps du Seigneur ne seroit-il point encore dans son Sépulcre ? Mes yeux n'auroient-ils point souffert quelqu'illusion ? La Crainte, l'Espérance sont sujettes à nous tromper. Peut-être aussi entend-elle quelque bruit dans le Sépulcre : Quelques sons, quelques paroles viennent frapper son oreille : Curieuse, elle se baisse, & jette des regards couverts de larmes dans l'enfoncement de la Grotte où le Seigneur avoit été mis. *Elle se baissa, pour regarder,* dit S. Jean ; *Alors elle vit deux Anges, vêtus de blanc, l'un à la tête, & l'autre aux pieds de l'endroit où l'on avoit mis le corps du Seigneur.*

On se rappelle ici l'énigme de Sampson, qui est l'emblême d'une vérité dont il y a tant d'exemples. Ayant trouvé un rayon de miel dans le corps d'un Lion qu'il avoit tué, il proposa aux habitans de Timna cette énigme à déviner. *La nourriture est sortie de celui qui dévoroit, & la douceur même du Fort & du Violent.* Souvent les plus grands avantages, les plus grandes consolations, nous viennent de ce qui faisoit le sujet de nos plus vives afflictions. Le Tombeau du Seigneur, qui sembloit avoir englouti le Fort, *le Lion de la Tribu de Juda;* ce Tombeau vuide, cause à Marie un nouveau redoublement de douleur ; mais c'est dans ce même Tombeau qu'elle trouve sa consolation & sa joye. Le Seigneur n'y est plus, il est vrai ; mais il y a laissé deux Anges, dont les paroles sont pour Marie-Magdelaine *plus précieuses que l'or, & plus délicieuses que le miel.* *Juges XIV. 14.*

On voit de plus ici un exemple des avantages que produisent la Persévérance, & une constante Fidélité. Marie-Magdelaine,

delaine, voyant le Tombeau de J. Chrift ouvert, n'y entra pas : comme elle n'efpere point fa Réfurrection, une penfée affligeante la faifit. C'eft d'ordinaire de ce côté-là que les perfonnes affligées tournent leur efprit. Elles croyent, elles foupçonnent tout ce qui peut aigrir leur douleur. Elle croit donc qu'on a enlevé le Seigneur, & va communiquer fa conjecture à Pierre & à Jean, qui la fuivent, defcendent dans le Sépulcre, & n'y trouvant point le corps de J. Chrift, *s'en retournent chez eux*, dit l'Evangélifte. Pourquoi n'imitent-ils pas la perféverance de Magdelaine ? Pourquoi la laiffent-ils feule en proye à fa douleur ? Ne devoient-ils pas au moins la confoler, & fe confoler avec elle ? Que leur précipitation à s'en retourner eft bien punie ! Les Anges font-là ; mais les Anges ne leur apparoiffent point : Ils ne fe montrent qu'à Marie-Magdelaine, qui ne peut s'éloigner de l'endroit où a repofé le corps du Seigneur: *Son cœur eft attaché aux pierres du Sépulcre de fon Divin Maître*. Leur préfence caufe & foulage tout enfemble fon affliction.

 La pieté de cette fainte Femme, fa tendre affection pour J. Chrift, avoient leur fource dans fes incomparables vertus, & dans les bienfaits ineftimables qu'elle avoit reçus de lui. Elle fe fouvenoit toûjours, que par fon pouvoir & par fa mifericorde, elle avoit été delivrée de divers maux qui la tourmentoient. D'ordinaire les injures fe gravent fur l'airain ; les bienfaits s'impriment fur le fable, & fur l'onde agitée : Mais dans les belles Ames, c'eft tout le contraire. Elles oublient les injures, & gardent éternellement la mémoire des bienfaits : ce qui convient fur-tout à ceux du Sauveur, qui ne furent jamais méritez.

 Ce font ces vertus de Magdelaine, cette Reconnoiffance, cette Conftance, & cette Fidélité, qui lui procurent le privilege de voir la première J. Chrift reffufcité ; mais pour l'y préparer, elle *apperçoit deux Anges vêtus de blanc*, dit l'Evangélifte. Dans la première apparition, l'Ange qui ôte la pierre, eft vêtû d'habits refplendiffans : cela convient à la blancheur ; mais *fon regard étoit comme un éclair*. Il fortoit de fes yeux des flammes menaçantes : cela convenoit aux Gardes que les Juifs avoient pofez au Tombeau de J. Chrift. Mais à préfent, & à l'égard de Marie, les Anges ne confervent que *les habits blancs*, & prennent un air de douceur & de bonté.

 La Blancheur eft le fymbole de l'Innocence. De-là ce que difoit J. Chrift aux Pharifiens, *qu'ils reffembloient à des Sépulcres blanchis, parce qu'ils paroiffoient juftes au dehors*. De-là ce qui

Matth. XXIII. 43.

est dit des Saints dans le séjour de la Gloire, où ils sont représentez vêtus de blanc. Ces Anges sont placez, l'un à la tête, & l'autre aux pieds de l'endroit où le corps du Seigneur avoit été mis. Ils y sont placez, comme les deux Chérubins l'étoient dans le Sanctuaire, aux deux côtez de l'Arche, & semblent marquer que le Seigneur, par sa mort, est le vrai Propitiatoire pour les péchez des hommes. Ministres du Dieu de paix dans la Résurrection du Sauveur, ils se tiennent encore dans le Tombeau, pour apprendre à tous les Fidéles, que comme ils ont ouvert son Tombeau afin qu'il en sortît, ils ouvriront un jour leurs Tombeaux, afin qu'ils en sortent vivans, comme en est sorti vivant leur Divin Chef.

Voyant Marie-Magdelaine toute en larmes, les Anges lui en demandent la cause: *Femme, pourquoi pleurez-vous?* Ils ne l'ignoroient pas; mais ils veulent l'apprendre de sa bouche, & la consoler; ou plutôt, c'est un reproche qu'ils lui font, de verser des larmes, dans un tems où elle devroit être pénétrée de joye: *Femme, pourquoi pleurez-vous?* Si Jesus étoit encore dans le Tombeau, vous auriez raison de pleurer, parce que toutes vos espérances seroient perduës. N'ayant pu se sauver lui-même, il ne pourroit être votre Sauveur; mais à présent que, Vainqueur de la mort comme il l'avoit prédit, il est en état d'accomplir ses promesses, vous sied-il bien de verser des larmes? C'est un Conquérant qui triomphe de ses Ennemis & des vôtres; & nous sommes ici, pour vous annoncer sa victoire: *Femme, pourquoi pleurez-vous?*

Marie, toûjours persuadée que le corps du Seigneur a été emporté, & soupçonnant peut-être ces deux personnes qu'elle voit dans le Sépulcre, de l'avoir fait; Je n'ai que trop de raison, leur répond-elle: *On a enlevé mon Seigneur*, & ce qu'il y a encore de plus affligeant, *je ne sçai où on l'a mis*, ni où je pourrai le trouver, pour lui rendre les devoirs que ses Vertus & ses Bienfaits n'ont que trop méritez de ma part. Ce langage est celui d'une tendre Affection; mais en même tems, de l'innocence & de la simplicité. Ce fut ainsi qu'autrefois, dans le tems de l'ignorance & de la superstition, un Israëlite, s'étant fait un Dieu d'argent, qu'il faisoit servir par un Lévite, des hommes d'Ephraïm, qui passoient, emporterent son Dieu, & emmenerent son Lévite. Michaï, c'étoit son nom, inconsolable de cette perte, couroit après eux en criant, lorsque ces hommes se retournerent, & lui dirent: *Pourquoi criez-vous si fort? Quoi!* leur répondit-il, *vous emportez mes Dieux,*

Juges. XVIII. 14.

vous emmenez mon Lévite, & vous me dites encore, pourquoi pleurez-vous? Marie est dans une erreur plus innocente; mais sa douleur n'est pas moins vive. *Vous me demandez pourquoi je pleure*, dit-elle, *& on a enlevé mon Seigneur?* Sainte Femme, votre Seigneur n'est point de ces Dieux que les hommes puissent enlever. Le Tems, la Mort, toutes les Puissances du monde, n'ont aucun pouvoir sur lui. Comme il est descendu volontairement dans le Sépulcre, il n'en est sorti que volontairement, au moment marqué pour sa Résurrection.

Marie n'eut pas plutôt prononcé ces paroles, qu'ayant apparemment entendu quelque bruit, *elle tourna les yeux d'un autre côté, & vit Jesus, qui étoit-là; mais elle ne sçavoit pas que ce fût lui.* Toute pleine de la pensée que Jesus est mort, que son corps a été enlevé, pénétrée d'ailleurs de la douleur que cet enlevement lui cause, tout imaginaire qu'il est, & ne pensant qu'à découvrir où le Seigneur aura été mis, elle le voit sans le connoître. Non seulement cela n'est pas surprenant, mais cela est naturel. Tous les jours il arrive aux personnes qui sortent d'une profonde méditation, de regarder des objets présens, sans les distinguer. Les sens font bien leurs fonctions; mais l'Ame, occupée ailleurs, n'y est pas attentive. Concentrée, pour ainsi dire, toute entiere en elle-même, elle ne reçoit point leurs impressions, ou ne les reçoit que d'une manière fort imparfaite. L'Imagination, sur laquelle les sens agissent immédiatement, présentant déjà à notre Ame des objets qui l'occupent toute entiere, ne lui laissent voir que confusément, ceux dont ils sont frappez. Ainsi Marie-Magdelaine ne voit devant elle qu'un homme qui s'offre subitement à ses yeux, & ne fait aucune attention, ni aux traits de son visage, ni à tout ce qui peut le faire connoître. Une autre chose qui cause son illusion, c'est qu'elle ne fit que jetter les yeux sur cet homme, sans le regarder. C'est-ce que S. Jean nous fait appercevoir, dans le vs. 16. où l'Evangéliste a remarqué, que Jesus ayant prononcé le nom de *Marie, elle se retourna.* Cela fait voir qu'elle lui avoit répondu sans le regarder. Les deux Anges qu'elle avoit devant les yeux, & avec lesquels elle avoit commencé de s'entretenir, captivoient son attention.

Cet inconnu, qui paroît subitement, fait à Marie la même Question que les Anges. *Femme*, lui dit-il, *pourquoi pleurez-vous? Qui cherchez-vous?* C'est une espece de reproche, parce que Magdelaine avoit manqué, ou d'attention, ou de foi, & peut-être de l'un & de l'autre, pour les prédictions de J. Christ.

On

PASSE POUR LE JARDINIER. *Disc. XXIII.*

On ne donne gueres d'attention à ce qu'on regarde comme incroyable ; mais au fond elle ne pouvoit considerer cette question, que comme des effets de la charité d'une Personne, qui la voyant inquiette & toute en larmes, s'interesse à son affliction, & ne lui en demande la cause que pour la soulager. *Elle, croyant que ce fût le Jardinier, lui dit, Seigneur, si c'est vous qui l'avez enlevé, dites-moi où vous l'avez mis.*

On ne sçauroit trop le remarquer. La Nature est peinte dans ce récit, & rien ne fait mieux sentir la sincerité & l'intégrité de l'Historien. Un Ecrivain qui auroit travaillé d'imagination, ne pourroit inventer une conversation pareille. Les Ecrivains fabuleux s'éloignent toûjours de la Nature pour chercher du merveilleux, & pour orner leurs récits de circonstances qui donnent à leurs Personnages & aux Evenemens plus de grandeur. Ici, caractère, récit, tout est naïf. Le Tombeau de J. Christ étant dans un Jardin, & la Personne qui se présente n'ayant dans son extérieur rien qui marque une condition supérieure, Marie croit que c'est le Jardinier, qui pour des raisons qui lui sont inconnuës, & qu'elle n'examine pas, peut avoir ôté le corps de Jesus d'un Tombeau qui apartenoit à son Maître, pour le transporter ailleurs. Cela n'étoit pas sans apparence. Un homme crucifié comme un malfaiteur, doit-il être enterré dans un Sépulcre destiné à un Sénateur des Juifs & à sa Famille ? Tous les jours les Serviteurs, jaloux de l'honneur de leurs Maîtres, que leur vanité fait réjaillir sur eux-mêmes, agissent, & sans leurs ordres, & contre leurs ordres.

Le beau caractère de Marie-Magdelaine mérite de l'attention. Sa Douceur & son Humilité éclatent dans ses paroles, addressées à un homme qu'elle croit être un Jardinier, & qu'elle soupçonne d'un attentat fort criminel, & plus criminel encore, si l'on considere la personne du Seigneur, & dont le respect & l'affection de Marie doivent être si offensez. Parmi les Juifs & parmi les Payens, le respect pour les morts fut un des devoirs de la Pieté. Les arracher de leurs Sépulcres étoit un sacrilege : Que n'étoit-ce point, d'en avoir ôté le corps du Seigneur ? Cependant Marie, sans faire aucun reproche à celui qu'elle prend pour le Jardinier, & qu'elle soupçonne d'un si grand attentat, se contente de lui dire, que *s'il a ôté le corps du Seigneur, elle le prie de lui apprendre où il l'a mis, qu'elle l'emportera, afin qu'il n'en soit plus incommodé.* Les Douleurs feintes sont coleres, emportées. Mais les véritables Douleurs sont douces, humbles, patientes, & ne cherchent que la réparation des injures, qu'elles souffrent sans en chercher la vengeance: Que Marie est Chrétienne du côté de la Charité & de l'Humilité, quoiqu'elle ne le soit pas encore du côté de la Foi!

Cette Personne, que son Imagination lui fait prendre pour le Jardinier, lui dit, *Pourquoi pleurez-vous? Qui cherchez-vous?* Elle, supposant qu'on ne peut ignorer la cause de ses Larmes, ni l'objet de ses recherches, ne répond point à ces questions: Cela est bien d'une Personne toute pleine de son malheur. Assise auprès du Sépulcre du Seigneur, peut-on ignorer ce qu'elle cherche? Et puisque son corps n'y est plus, peut-on ignorer le sujet de ses larmes? D'ailleurs c'est au Jardinier qu'elle croit parler, & le Jardinier ne sçait-il pas ce qui s'est passé dans son Jardin? Ainsi Marie croit satisfaire suffisamment à ces questions, & attend sa réponse, lorsque tout d'un coup Jesus l'appellant par son nom, lui dit; *Marie.* Alors, comme une Personne qui s'éveille d'un profond sommeil, elle ouvre les yeux, reconnoît Jesus, & s'écrie en se jettant à ses pieds, *Rabboni, ô mon Maître.* Il seroit bien difficile d'exprimer la surprise & le ravissement de Marie, à la vûë du Seigneur vivant. Sa surprise est proportionnée à la persuasion où elle étoit, qu'il étoit mort, & son corps emporté; & son ravissement à l'affliction que lui causoit sa double erreur. C'est une espece de Résurrection pour elle. Ensevelie dans la nuit de l'ignorance & de l'affliction, elle passe tout-à-coup à la lumiere de la connoissance & de la joye du monde la plus pure & la plus inesperée. Mais ce qu'il y a de plus remarquable ici, c'est que, quelque prévenuë que fût Marie contre la Résurrection du Seigneur, elle n'hésita pas un instant à le reconnoître. L'évidence fit plier tout d'un coup cette Ame incrédule, & la soûmit à la Foi. Retractons le mot d'*incrédule*. Il ne convient qu'aux Personnes qui résistent opiniâtrement à des preuves suffisantes. Or elle se rend sans résistance, à la vûë des traits du Seigneur, & à l'ouïe de sa voix. Car ce ne fut point par incrédulité qu'elle embrassa ses pieds, comme si elle eût voulu s'assurer que la Figure qui s'offroit à ses yeux n'étoit point un fantôme. C'est un transport de joye, de zéle, & de la plus tendre affection pour le Sauveur, ménagée même avec beaucoup de distinction, & conservant toûjours le respect qui lui est dû.

Comme elle ne pouvoit se séparer de Jesus, dont elle tenoit les genoux embrassez, le Seigneur lui dit. *Ne me touchez point.* Les paroles qui suivent, font entendre celles-ci. *Ne me touchez point*, dit Jesus, *car je ne suis pas encore monté à mon Pere.* Pourra-t-on le toucher lorſqu'il ſera monté dans le Ciel? Ainſi ces mots, *Ne me touchez point*, veulent dire, ne vous arrêtez pas plus long-tems à embraſſer mes pieds. Je reçois ces témoignages de votre reſpect & de votre affection; mais cela ſuffit pour le préſent: car du reſte, vous aurez encore le tems de me voir, parce que celui de mon exaltation n'eſt pas encore arrivé: *Je ne monte pas encore à mon Pere : Allez donc à mes Freres, & leur dites* de ma part, *que je monte à mon Pere & à leur Pere, à mon Dieu & à leur Dieu.*

Jeſus reſſuſcité apparoît à des Femmes. C'eſt un ſujet ſpécieux, mais bien frivole, de Déclamation pour les Incrédules; comme ſi le diſcernement, le courage, la force d'eſprit, étoit le partage du Sexe qui a la ſupériorité. Au moins ce n'eſt pas elles qui ont inventé, & qui inventent tous les jours, tant d'impoſtures & de faux miracles. Si J. Chriſt apparoît premièrement à Marie-Magdelaine, on en voit les raiſons dans ſon Zèle & ſon Affection pour ſon Sauveur; mais ce n'eſt point afin que, ſur le témoignage d'une Femme qu'on pourroit accuſer de crédulité, les Diſciples aillent prêcher ſa Réſurrection. Le même jour il ſe fait voir à ſes Diſciples aſſemblez, & leur donne des preuves de ſa Réſurrection, qui ne leur permettent plus d'en douter. Huit jours après il les réitere, afin de convaincre Thomas, & juſqu'à dix fois différentes il ſe montre, s'entretient avec eux, juſqu'à ce qu'il s'en ſépare en montant dans le Ciel. De ſorte que l'on peut appliquer aux Diſciples & à Marie, ce que les Samaritains diſoient à la Samaritaine : *Ce n'eſt pas ſur ce que vous nous avez dit, que nous vous croyons; car nous l'avons entendu, nous l'avons vû nous-mêmes, & nous ſçavons qu'il eſt véritablement le Sauveur du monde.* Jean IV. 44. Auſſi l'ordre que Jeſus donne à Marie, n'eſt deſtiné qu'à moderer la triſteſſe des Diſciples, & à leur donner l'eſpérance de le voir bientôt eux-mêmes.

Mais que cet ordre eſt digne de la Sageſſe & de la Charité du Sauveur! *Allez*, dit J. Chriſt, *allez dire à mes Freres.* Ce titre doit preſqu'autant les ſurprendre, que la nouvelle qu'elle leur annonce. Lorſque le Seigneur choiſit une partie de ſes Diſciples, pour les attacher à ſa Perſonne & les aſſocier à ſes travaux, il les honora du beau titre d'*Apôtres*, ou de Miniſtres envoyez de ſa part. Lorſqu'il prit congé d'eux, il les appella *ſes Amis.* Ils l'aimoient ; mais l'amour qu'ils avoient pour lui, n'égaloit pas celui qu'il avoit pour eux. A préſent, depuis qu'il eſt reſſuſcité, & que la Toute-puiſſance lui a été donnée dans le Ciel & ſur la Terre, qu'il eſt ſur le point

point d'entrer dans la Gloire, pour y regner avec Dieu, il les qualifie de ses *Freres*. C'est ainsi que son Affection semble croître avec ses Honneurs & sa Gloire : Beau caractère des grandes Ames ! Leur Humilité met le comble à leur Grandeur. Plus leur Elevation & leur Pouvoir met de distance entre elles & leurs Amis, & plus elles se plaisent à les rapprocher d'elles par des bienfaits, & par des titres honorables. L'intention du Seigneur est d'assurer ses Apôtres, que leur foiblesse & leur désertion dans le tems de son supplice, n'a donné aucune atteinte à l'affection qu'il leur portoit, & qu'ils trouveront en lui un Maître qui les traitera comme leur Frere, & qui veut les associer à sa Gloire.

Dites-leur, poursuit Jesus, *que je monte*, c'est-à-dire, que je monterai bientôt *à mon Pere*. Il semble que le Seigneur veuille les allarmer, en leur faisant annoncer son départ en même tems que sa Résurrection. Mais ce n'est pas cela. Au contraire, il veut leur faire comprendre, que comme Dieu l'a ressuscité d'entre les morts, selon qu'il l'avoit prédit, il va bientôt couronner son éxaltation, en le faisant asseoir à sa droite. Et afin que ce départ prochain ne diminue pas la joye que leur causera la nouvelle de sa Résurrection, il ajoute: *Dites-leur, je monte à mon Pere & à votre Pere, à mon Dieu & à votre Dieu.* C'est *mon Pere*, je suis son Fils. C'est *mon Dieu*, je suis son Ministre & son Envoyé ; mais il est aussi *votre Pere*, & *votre Dieu*. Jesus ne dit pas, *à notre Pere, & à notre Dieu;* mais *à mon Pere & à votre Pere, à mon Dieu & à votre Dieu.* C'est non seulement pour faire comprendre à ses Disciples, qu'étant le Fils unique de Dieu, il n'est pas leur Pere, comme il est le sien ; mais sur-tout pour leur faire entendre, que comme son Pere & son Dieu l'a ressuscité d'entre les morts, & va l'élever au Ciel, il ressuscitera de même ses Apôtres, parce qu'il est aussi *leur Pere, & leur Dieu*. Ils doivent tout attendre de son amour; il est *leur Pere*. Ils peuvent tout espérer de sa puissance; il est *leur Dieu*. Et comme il a ressuscité son Fils, & va le faire asseoir à sa droite, il en usera de même avec ses Disciples, dont il est le Pere & le Dieu. C'est ainsi qu'il sera *le premier né entre plusieurs Freres*.

On ne sçauroit assez admirer la Bonté du Fils de Dieu, qui éclate dans ces paroles qu'il fait dire à ses Disciples. La nouvelle de sa Résurrection ne pouvoit que les combler de joye ; mais cette joye ne pouvoit qu'être troublée par la nouvelle de son départ & de son Ascension prochaine. Aussi furent-

<small>Jean xvi. 6.</small>

PASSE POUR LE JARDINIER. *Disc. XXIII.* 293
rent-ils fort affligez, lorsque J. Christ leur apprit, qu'il devoit bientôt les quitter. Il les consola alors par la promesse du Paraclet. Ici il les console d'une manière différente. Je *monte à mon Pere & à mon Dieu*, leur dit-il; mais il est aussi *votre Pere & votre Dieu*. Je ne suis que votre *Avant-coureur: Je vais vous préparer place. Il y a plusieurs demeures dans la maison de mon Pere.* Je vais habiter celle qui m'est destinée: vous viendrez habiter les vôtres, *afin que-là où je serai, vous y soyez aussi avec moi.* Vous êtes mes Freres: vous partagerez avec moi l'héritage du Pere céleste.

Après ce Discours, Marie-Magdelaine quitta J. Christ, & alla en diligence avertir les Disciples *qu'elle avoit vû le Seigneur*, & leur rapporter ce qu'il lui avoit ordonné de leur dire.

DISCOURS XXIV.

Converſation en allant à Emmaüs. Marc XVI. 12, 13.
Luc XXIV. 13-35.

Matth.
XXVIII.
9, 10.

Eſus ayant apparu à Marie-Magdelaine, apparut auſſi aux autres Femmes qui avoient été au Sépulcre de J. Chriſt, comme elles s'en retournoient à Jeruſalem. Il eſt vrai que S. Matthieu, qui rapporte en gros ce qui ſe paſſa le jour de la Réſurrection du Seigneur, pourroit avoir dit des Femmes en général, ce qui ne convient qu'à Marie-Magdelaine, qui étoit une de ces Femmes. Cependant les circonſtances n'étant pas tout-à-fait les mêmes, on peut diſtinguer l'Apparition de J. Chriſt aux Femmes, de celle de J. Chriſt à Marie-Magdelaine, lorſqu'elle pleuroit auprès du Tombeau du Seigneur. Le même jour, Jeſus ſe montra auſſi à Pierre, comme on l'apprend de S. Luc, ce qui eſt confirmé par S. Paul. L'Apparition que nous allons conſiderer dans ce Diſcours, fut la quatrième. Ce jour-là donc, le premier de la Semaine, celui où J. Chriſt étoit reſſuſcité, deux Diſciples partirent de Jeruſalem pour aller à *Emmaüs*, Bourg éloigné de cette capitale d'environ ſoixante ſtades. S. Marc ſe contente d'indiquer cette Apparition, que S. Luc décrit avec beaucoup d'exactitude. C'eſt à ſon récit que nous allons nous attacher.

Luc
XXIV. 34.

1 Cor.
XV. 5.

Marc
XVI. 12,
13.
Luc.
XXIV.
13-35.

Ces deux Diſciples n'étoient point du nombre des Apôtres; mais ils pouvoient bien être du nombre des ſoixante & dix Diſciples que J. Chriſt avoit choiſis, & qu'il avoit envoyez prêcher deux à deux. L'un d'eux s'appelloit *Cléophas*. On a voulu deviner qui étoit l'autre. S. Epiphane aſſure que c'étoit [1] *Nathanael*, dont il eſt parlé Jean I. 46. S. Ambroiſe le nomme [2] *Ammaones*, nom évidemment formé de celui d'*Emmaüs*, que Joſephe appelle *Ammaüs*. Origene l'appelle [3] *Simon*. Enfin Théophylacte dit, que ce Diſciple étoit S. Luc lui-même, quoiqu'il paroiſſe par la préface qu'il a miſe à la tête de ſon Evangile, qu'il n'a jamais vû J. Chriſt. Cela fait voir, que l'on ne doit s'arrêter aux opinions des Anciens, qu'autant qu'elles ſont bien appuyées. Si nous oſions hazarder nos conjectures, ne pourroit-on pas dire, que ce Diſciple étoit *Jaques*, fils de Cléophas? Ce qui pourroit être appuyé

Luc
XXIV. 18.

par

Διάλογος Εμμαυντικός.   Luc. XXIV. 28-29.   COLLOQUIUM EMMAUNTICUM.
Christ taeketh with two Disciples going to Emmaus.   Conversation en allant à Emmaus.
Christi unterredung mit den Jüngern auf dem wege nach Emmaus.   Christus by de leerlingen op den wegh naer Emmaus.

par S. Paul, qui parle d'une Apparition de J. Chrift à Jaques, 1 Cor. xv. 7.
dont on ne trouve aucune mention dans les Evangiles, à
moins que ce ne foit celle-là. Cette conjecture eft confirmée
par un paffage de l'Evangile felon les Hébreux, cité par 4 S.
Jerôme. „ On y lifoit, que J. Chrift apparut à Jaques, fur-
„ nommé le Jufte, qui le reconnut à la fraction du pain. "
Il y a quelques fables mêlées parmi ce que S. Jerôme rapporte ; mais pour cette particularité-là, elle paroît véritable.

 Le Bourg d'Emmaüs, où les deux Difciples alloient, étoit
éloigné de Jerufalem de *foixante Stades*, dit S. Luc, c'eft-à- Luc xxiv. 13.
dire d'environ deux lieuës. 5 Sozomene l'a confondu avec
une ville du même nom, fituée vers Lydde & Joppé, & beaucoup plus éloignée de Jerufalem. 6 C'eft celle-ci que les Romains nommerent *Nicopolis*, en mémoire de la victoire qu'ils
avoient remportée fur les Juifs dans cet endroit-là.

 Ces deux Voyageurs s'entretenoient fur un fujet dont
leur Efprit étoit tout occupé, dont leur cœur étoit tout plein.
Il étoit nouveau, il étoit furprenant, il étoit intéreffant.
Nouveau; il venoit de fe paffer à Jerufalem depuis trois jours.
Surprenant; c'étoit la mort fanglante, la crucifixion du Seigneur : Evenement qu'ils ne pouvoient accorder, ni avec la
Providence qui veille à la confervation des Juftes, ni avec
les Oracles facrez, dont l'interprétation apartenoit aux Docteurs, ni avec les faintes maximes de la Foi Judaïque, fur
l'article du Meffie. *Intéreffant* enfin ; car il s'agiffoit de la
perte de toutes leurs Efpérances, & du renverfement to-
tal de ces projets de grandeur & de profpérité qu'ils s'étoient
formez en fuivant J. Chrift. Ils raifonnoient là-deffus, &
trouvoient de toutes parts des difficultez impoffibles à réfoudre. Comme ils étoient dans cette perpléxité, Jefus les abor-
de, fe joint à eux comme un troifième Voyageur, & *fe* Luc xxiv. 15.
mit à marcher avec eux ; mais ils ne le connurent point. S.
Luc en dit une raifon générale, c'eft que *leurs yeux étoient re-* vi. 16.
tenus; & S. Marc une autre, c'eft que Jefus *leur parut fous* Marc xvi. 12.
une autre forme. A l'égard de la raifon de S. Luc, ce n'eft
pas qu'ils euffent perdu dans le moment la faculté de difcer-
ner les objets ; mais c'eft que tout occupez de l'Evenement
dont ils s'entretenoient, & marchant les yeux baiffez vers la
terre, ils ne firent aucune attention à cet Inconnu qui venoit
de les joindre, & qui marchoit à leur côté fur une même ligne, de forte qu'ils ne voyoient pas fon vifage.

 Nous avons déja vû dans l'Apparition de J. Chrift à Marie-
Magdelaine, qui le prit pour le Jardinier de Jofeph d'Arimathée, les caufes d'un tel aveuglement. La voix feule

pouvoit le faire connoître; mais apparemment le Seigneur, qui vouloit être quelque tems inconnu, changea sa voix. A l'égard de la forme extérieure, il n'y a nulle raison de croire que J. Christ ait changé les traits de son visage, sa taille, sa démarche, & cet air qui distingue les hommes. D'anciens Hérétiques, qui s'étoient imaginez que le Sauveur n'étoit point véritablement homme, & que n'en ayant que les apparences, il se transformoit à son gré, & varioit sa figure comme il lui plaisoit, disoient, qu'effectivement J. Christ prit une forme nouvelle, pour se déguiser à ses Disciples. Cette hypothèse rendroit douteuses toutes les preuves de la Résurrection de J. Christ. Les mots de *Forme* & de *Figure*, ne signifient dans les Ecrivains sacrez que l'*Extérieur*, l'Air, le Vêtement, la Démarche. Cela étant, la *Forme* où J. Christ parut, fut celle d'un *Etranger* qui voyage. Aussi les Disciples le prirent-ils pour un *Etranger*. Des personnes affligées, occupées d'une affaire importante qui les touche, ne sont point curieuses. Ainsi les Disciples saluerent l'Etranger qui les aborda, sans le considerer. Rien n'est plus naturel.

Luc xxiv. 18.

Jesus commence la conversation, & dit aux deux Disciples: *De quoi vous entretenez-vous, & d'où vient que vous êtes si tristes?* Il y a des curiositez vaines. Elles fournissent des amusemens à des esprits oisifs. Il y en a d'utiles, & qui servent d'aiguillon à l'Ame, pour la tirer de l'ignorance. Il y en a de malignes, & c'est le plus grand nombre; mais il y en a de charitables, de compatissantes. On ne s'informe, on ne veut connoître les maux des autres, que pour les soulager. La curiosité que le Seigneur témoigne dans cette occasion, est de ce dernier caractère. Il n'ignore pas à la vérité les pensées & la conversation de ces deux Disciples, & s'il leur demande de quoi ils s'entretiennent, & d'où vient leur tristesse, ce n'est qu'afin de les instruire & de les consoler.

v. 17.

L'un d'eux, nommé *Cléophas*, prit la parole. Si la conjecture que nous avons avancée ci-dessus est véritable, c'étoit à lui de répondre; Jaques, son compagnon de voyage, étant son Fils. Surpris de ce que l'Inconnu lui demande la cause de leur affliction, il lui marque son étonnement. *Etes-vous donc,* dit-il, *le seul Etranger, qui ait été à Jerusalem pendant la Fête, & qui ne sçache pas ce qui vient d'arriver?* Il faut que le vêtement, ou le langage de l'Inconnu, l'ait fait prendre aux Disciples pour un de ces Juifs étrangers, qui se rendoient à Jerusalem aux Fêtes solemnelles. Par cette réponse il se déclare Disciple de Jesus, en faisant connoître que sa mort tragique est le sujet de leur douleur, aussi-

Luc xxiv. 18.

bien

bien que de leur converfation. Quant au fond de cette réponfe, il eft vrai que la Crucifixion du Sauveur fut un fpectacle, donné non feulement à Jerufalem, mais à toute la Terre, les Juifs difperfez dans l'Europe, dans l'Afie, dans l'Afrique, envoyoient toûjours quelques-uns d'eux à la Fête de Pâque. Les Pontifes auroient bien voulu ne le pas faire mourir pendant la Fête, par la crainte qu'ils avoient d'une fédition; mais ils n'en furent pas les maîtres. La Providence fait fes arrangemens; il faut les fuivre. Il faut que tout Ifraël voye ce Libérateur élevé, comme il vit autrefois le Serpent d'airain, & que ceux qui le regarderont avec foi, foyent guéris des morfures de l'ancien Serpent, qui feroient autrement incurables.

Et quel eft donc cet Evenement? dit Jefus, faifant femblant de l'ignorer. On voit ici un exemple de cette diffimulation qui ne fut jamais blâmable. Au contraire la Prudence l'exige, & la Charité l'ordonne. Il faut bien la diftinguer du Menfonge, qui affirme ce que l'on fçait n'être pas, au lieu qu'une fage Diffimulation ne fait que cacher, ce que l'on ne juge pas à propos de faire voir.

Luc. XXIV. 19.

La queftion leur fait plaifir. C'eft une forte de confolation aux perfonnes affligées de s'entretenir du fujet de leur douleur, de faire connoître combien elle eft jufte, & d'y intéreffer des perfonnes équitables. Auffi Cleophas répond auffi-tôt à Jefus: Nous parlions *de Jefus de Nazareth, qui étoit un Prophete, puiffant en œuvres & en paroles, devant Dieu & devant les hommes. Pouvez-vous ignorer comment nos Principaux Sacrificateurs & nos Magiftrats l'ont livré, pour être condamné à la mort, & l'ont crucifié, quoique nous efpérafsions, que ce feroit lui qui délivreroit Ifraël? Or il y a déja trois jours que ces chofes fe font paffées. Il eft vrai que quelques Femmes d'avec nous, nous ont fort étonnez; car étant allées de grand matin au Sépulcre, & n'ayant point trouvé fon corps, elles font venuës nous dire, que même des Anges leur ont apparû, qui ont affuré qu'il eft vivant. Là-deffus quelques-uns de nous font allez au Sépulcre, & ont trouvé les chofes comme les Femmes les avoient rapportées; mais pour lui, ils ne l'ont point vû.* On voit dans ces paroles: 1. L'idée que ces Difciples avoient de Jefus, & le beau témoignage qu'ils lui rendent. 2. Le procédé des Juifs contre lui. 3. Le fujet de leur triftefse. 4. Un rayon d'efpérance, qui commence à les éclairer; mais auquel fuccede auffi-tôt un doute, qui les replonge dans leur incertitude.

Ibid. vers 19-24.

1. D'abord on voit dans leur réponfe l'idée qu'ils avoient de Jefus. *C'étoit*, difent-ils, *un Prophete, puiffant en œuvres &*

& en paroles, devant Dieu & devant les hommes. C'est l'éloge qui est donné à Moïse. Aussi Jesus étoit-il ce Prophete dont Moïse avoit dit: *L'Eternel vous suscitera un Prophete tel que moi d'entre vos freres: C'est celui que vous devez écouter.* Il falloit unir ces *deux Puissances*, pour convertir les hommes; celle des *Paroles*, ou de la Doctrine, parce qu'il falloit instruire les hommes de leurs devoirs & de leurs Espérances; & celle des *Oeuvres*, ou des Miracles, pour donner aux paroles une autorité Divine. C'est ainsi que Dieu doit enseigner les hommes. Les raisonnemens conviennent à des Docteurs humains; les miracles à des Prophetes envoyez de la part de Dieu. Quand c'est lui qui parle, toute autre démonstration, qu'une *démonstration d'Esprit & de Puissance*, n'est pas digne de lui. Elle est d'ailleurs nécessaire, pour confirmer des menaces & des promesses, qu'il n'y a que Dieu qui puisse exécuter. Quel autre que Dieu, *peut tuer le corps & l'ame, & jetter l'un & l'autre dans la géhenne;* tirer les corps de la poussiere, les réünir à leurs ames, & donner à ces deux parties de l'homme une éternelle Félicité? Mais il faut que ses Prophetes soyent *puissans en œuvres & en paroles*, non seulement *devant les Hommes*, qui ont été si souvent les dupes de l'éloquence & de l'imposture; mais *devant Dieu*, c'est-à-dire, qu'il justifie que la doctrine de ces Prophetes est émanée de lui. C'est-ce que J. Christ avoit fait, & les deux Disciples en avoient été témoins. *

2. Comment est-ce que *les principaux Sacrificateurs, & les Magistrats* de la Nation Judaïque, *ont traité* un Prophete si digne de leur vénération & de leur confiance? Ils l'ont traité, comme leurs Ancêtres auroient traité Moïse, s'il n'avoit pas été revêtû de l'autorité & du pouvoir nécessaires pour réprimer les séditieux & les rebelles. *Ils l'ont,* disent les deux Disciples, *livré aux Gentils, pour être condamné à la mort, & l'ont fait crucifier.* C'est-là ce qui les jettoit dans la consternation, & ce qu'ils ne pouvoient comprendre. Dieu permettroit-il qu'un Prophete, destiné à délivrer les Juifs des Payens, soit méconnu par les Sacrificateurs, par les Docteurs, par les Magistrats d'Israël? Qu'ils conspirent contre lui, & qu'ils le fassent crucifier par les Gentils? Cet aveuglement de leur part est incompréhensible. Cela étoit contraire aux maximes les plus sacrées de la Religion Judaïque. L'infaillibilité résidoit dans ces hommes, qui étoient *assis dans la Chaire*

* Ils ne donnent pas à Jesus le titre de Messie, ou de Christ; mais la suite fait assez voir, que c'étoit leur pensée, quand ils ajoûtent, *qu'ils espéroient, que ce Jesus délivreroit Israël*; car c'est-ce que les Juifs attendoient de leur Messie.

re de Moïse. C'étoit à eux à juger des Prophetes, d'expliquer les oracles, & de prononcer, si celui qui prenoit le titre de Prophete, en avoit les véritables caractères. Malheureux les Peuples, quand ils donnent leur confiance à des Conducteurs aveugles, & qu'ils font dépendre leur foi, & les actions dont la foi est le principe, des décisions des hommes. Ces deux Disciples ne portoient pas l'aveuglement jusques-là. Malgré les décisions des Pontifes & des Scribes, ils reconnoissent l'innocence du Sauveur, attestée par le Juge qui l'a condamné, par celui des Apôtres qui l'a trahi. *C'est,* disent-ils, *un Prophete, puissant en œuvres & en paroles;* mais ils ne peuvent accorder cette vérité qu'ils reconnoissent, avec la condamnation & la crucifixion de J. Christ. Il n'y avoit en effet que la Résurrection du Seigneur, qu'ils ignorent, qui pût lever le scandale de la Croix. C'est-ce scandale qui accable leur foi, & qui détruit toutes leurs espérances, comme ils le disent ensuite.

3. *Nous espérions,* disent-ils, *que ce seroit lui, qui rachetteroit Israël,* c'est-à-dire, selon leurs idées, qui étoient celles de la Nation Judaïque, qu'il délivreroit les Israëlites de la servitude des Gentils. *Rachetter* ne veut pas dire toûjours, délivrer un esclave en payant *sa rançon.* Ce n'est pas ainsi que Moïse avoit délivré les Israëlites de la servitude des Egyptiens. Cependant il est appellé *leur Rédempteur.* Ce sont ces idées qui les jettent dans l'erreur. Ce qui leur fait méconnoître *le Rédempteur d'Israël,* c'est sa Rédemption même. Pourquoi n'espérent-ils plus qu'ils rachette Israël? C'est parce que les principaux Sacrificateurs l'ont fait condamner & crucifier: & c'est par cette condamnation, par cette crucifixion même, qu'il a rachetté le Juif & le Gentil, & qu'il a fait la propitiation des péchez du monde. C'est ainsi que des préjugez invéterez, accreditez, soutenus de l'autorité des Docteurs, appuyez des intérêts & des passions du cœur, font perdre à des hommes, religieux d'ailleurs, la vérité par l'erreur, & embrasser l'erreur pour la vérité.

Act. VII. 15. & 35.

Ce qui acheve de détruire les espérances des Disciples, c'est qu'il y avoit déja trois jours que Jesus avoit été crucifié. *C'est aujourd'hui,* disent-ils, *le troisième jour que ces choses sont arrivées.* Cela fait voir, qu'ils n'avoient pas oublié tout-à-fait la prédiction de J. Christ, *qu'il ressusciteroit le troisième jour;* & voyant que ce troisième jour étoit arrivé, foibles, impatiens, & au moins à demi incrédules, ils n'attendent presque plus l'accomplissement de cette promesse. Que les hommes sont injustes, téméraires, quand il s'agit de juger des voyes de Dieu, & faciles à tomber dans le doute! Ils ont raison de s'appuyer sur les promesses de Dieu. Elles sont infaillibles, & quand il lui plaît de marquer le tems de leur accomplissement, il ne le retarde jamais. Le Messie, promis depuis tant de siécles, est venu dans le tems marqué, lorsque le sceptre n'étoit plus entre les mains de Juda; & pendant que la République subsistoit encore, Dieu, maître des tems & des momens qu'il tient dans sa puissance, *ne retarde point ses promesses.* Le troisième jour a vû J. Christ sortir vivant de son Sépulcre. Les Disciples l'ignoroient à la vérité; mais le troisième jour est-il fini? *N'y a-t-il pas douze heures au jour?* Et ils n'étoient pas encore à la douzième.

4. Cependant le rapport des Femmes, qui avoient été de grand matin au Sépulcre, avoit donné aux Disciples un rayon d'espérance. *A la vérité,* disent-ils, *quelques Femmes d'entre nous, nous ont extrémement surpris; car elles sont allées avant le jour au Sépulcre, & n'ayant point trouvé son corps, elles sont venues nous dire, qu'elles avoient même eu une Apparition d'Anges, qui disoient, qu'il étoit vivant.* Voilà bien des raisons d'espérer. Jesus a promis qu'il ressusciteroit le troisième jour, & dès la pointe du jour il n'est plus dans le Sépulcre. Des Femmes dignes de foi ne l'y ont point trouvé: des Anges leur ont dit, qu'il étoit vivant: Jesus est *Prophete puissant en œuvres & en paroles:* Pourroit-il les avoir trompez? Le Sépulcre est vuide au tems qu'il avoit marqué: Cet évenement, joint à la prédiction, est assurement une preuve bien forte qu'il est ressuscité; & quelle nouvelle force ne donne pas à cette preuve le témoignage des Anges? Voilà les raisons de croire. En voici de douter. Ce ne sont que des Femmes, qui, bien-que fidéles & vertueuses, ont cru voir & entendre des Anges leur annoncer ce qu'elles souhaitoient. Car *quelques-uns des nôtres,* c'est-à-dire, des Disciples, *qui sont allez au Sépulcre, ont bien trouvé les choses comme les Femmes les avoient dites:* Ils ont trouvé le Sépulcre ouvert, & le corps du Seigneur n'y étoit plus; Mais ils n'ont point vû d'Anges, & *pour J. Christ ils ne l'ont point trouvé;* il ne leur est point apparu vivant. Ainsi les Disciples flottent entre la crainte & l'espérance, entre les doutes & la foi. Ils ne sont pas incrédules, ils ne sont pas fidèles.

C'est dans cette situation, que J. Christ les trouve, & d'où sa présence & ses instructions vont les tirer. Il le fait d'un ton qui dut les surprendre. Il leur parle en Maître, & commence par leur reprocher leur ignorance & leur stupidité, qui les indisposent à croire. *O gens sans intelligence, lents*

& *difficiles à persuader sur toutes les choses que les Prophetes ont dites.* Ils reconnoissoient bien l'autorité divine des Prophetes, mais ils les entendoient mal, séduits par les fausses interprétations de leurs Docteurs. A cet égard ils étoient *sans intelligence.* Ces mêmes interprétations de la Synagogue, liées malheureusement avec les inclinations charnelles des Hommes, toûjours enchantez d'un regne temporel, rendoient les explications des Docteurs Juifs plus plausibles, que celles de J. Christ, qui étoient toutes spirituelles. Ainsi, quoique les Disciples crûssent aux Prophetes, ils n'y croyoient pas en effet ; parce que ce n'est pas croire aux Ecritures, que de leur donner des sens faux & contraires à l'intention des Auteurs sacrez. Or c'est-ce que faisoient les Disciples, qui, trompez par les explications de leurs Maîtres, ne pouvoient se persuader que le Messie dût être condamné, souffrir, & être crucifié par les Gentils. Ils auroient été excusables, si Jesus ne les avoit pas avertis plusieurs fois, *qu'il falloit que le Christ souffrît, & que les Prophetes l'avoient prédit.* C'est en particulier ce qu'il eut soin de leur apprendre peu de tems avant sa mort, & lorsqu'il étoit en chemin pour se rendre à Jerusalem. *Jesus,* dit S. Luc, *prit ensuite les douze avec lui, & leur dit* : *Nous voici en chemin pour aller à Jerusalem, & toutes les choses, que les Prophetes ont écrites du Fils de l'Homme, y vont être accomplies ; car il sera livré aux Gentils, il sera moqué, & on lui crachera au Visage ; & après l'avoir foüetté, on le fera mourir, & il ressuscitera le troisième jour.* Mais, ajoute l'Evangéliste, *ils ne comprirent rien à tout cela.* Ce discours étoit une énigme pour eux, & ils ne sçavoient ce que cela vouloit dire. C'est l'effet des préjugez qu'ils avoient reçûs de leurs Maîtres. Les paroles du Seigneur étoient claires ; mais elles contenoient une vérité qui leur paroissoit incroyable. C'est ainsi qu'on donne la torture aux paroles des Auteurs sacrez, pour n'y pas voir ce qui y est, & pour y voir ce qui n'y est pas. *Il falloit que le Christ souffrît toutes ces choses.* Cette vérité si difficile à croire avant l'évenement, paroît depuis l'évenement, non seulement plausible, mais digne de la Sagesse & de la Bonté de Dieu. D'abord le Sacrifice de J. Christ, nécessaire en vertu de la volonté de Dieu, a fait l'expiation des péchez du monde, & donné un libre cours à sa misericorde, retenuë par sa justice. A cet égard *il falloit que le Christ souffrît.* Autre raison de sa mort: C'est le glorieux témoignage qu'il a rendu à sa Doctrine. Il l'a confirmée par un martyre volontaire. Il y a plus. La Religion du Sauveur consiste en des Devoirs & en des Promesses, qui sont des objets de l'Espérance & de la Foi. Parmi ces Devoirs, il y en a de très-difficiles, à cause de l'opposition des Passions, & même des Affections naturelles & innocentes. A l'égard des promesses du Sauveur, la Remission des péchez sous la condition de la Répentance, est une vérité que la raison a toûjours vûë, & une suite naturelle de l'idée que tous les hommes ont eûë de la clémence du Souverain Etre. Mais la Résurrection des morts & la Vie éternelle, ne sont pas des véritez si faciles à recevoir. Il étoit donc nécessaire, parce qu'il étoit digne de la Sagesse & de la Bonté de Dieu, que le divin Auteur de cette Religion donnât lui-même dans sa Personne l'exemple, & de l'observation des Devoirs les plus difficiles, & des Promesses qui semblent les moins croyables. Il a tout vérifié dans sa personne; & la nécessité de l'Obéïssance qui est dûë à Dieu, & la certitude des Promesses, qui sont les motifs de l'Obéïssance. *Il étoit convenable à tous égards, que Dieu, pour qui & par qui sont toutes chsoes, voulant amener à la gloire un grand nombre de ses enfans, consacrât le Prince & l'Auteur de leur salut par les afflictions.* C'est à Dieu, qui ayant donné l'existence à toutes choses, & qui en est la derniere fin, qu'il apartient de choisir & d'ordonner les moyens par lesquels il veut sauver les hommes.

Heb. 11. 10.

Une censure si grave & si sévère dut surprendre extrêmement les deux Disciples, sur-tout de la part d'un Etranger. Mais si elle étoit mortifiante d'un côté, elle étoit de l'autre, bien agréable & bien consolante. Elle commence à les tirer de la plus cruelle incertitude, & à leur rendre les espérances qu'ils avoient perdues. Alors Jesus, *commençant par Moïse, & continuant par tous les Prophetes, se mit à leur expliquer tout ce qui le regardoit dans les Ecritures*. Il seroit bien à souhaiter, que S. Luc nous eût conservé ce Sermon du Sauveur, interprête infaillible des oracles des Prophetes. Plein de l'Esprit divin qui les a dictez, & pénétrant les profondeurs de Dieu, c'étoit à lui d'expliquer ces sacrées Enigmes de l'Ancien Testament, & de développer tous les mystères de la Loi. Cependant, à la faveur des Ecrits des Apôtres, à qui J. Christ donna *l'Esprit de science & d'intelligence*, nous pouvons suppléer en partie au silence de S. Luc: Et quand nous lisons avec *un Esprit* de foi, *que Dieu ne refuse pas à ceux qui le demandent*, nous appercevons ces lumieres qui brillent dans les anciens Prophetes, & qui devoient conduire les Israëlites à J. Christ. „ ⁷Rappellons la mémoire de ces anciens oracles, où le Messie est „ dépeint par des traits si vifs, si distincts, & si singuliers,
„ qu'ils

Luc. XXIV. 27.

Luc. XI. 13.

„ qu'ils semblent avoir été tracez par des témoins de sa vie,
„ plutôt que par des Prophetes. Moïse prédit le tems de sa
„ Venue. Daniel en compte les Années, & en marque pres-
„ que le Jour. Malachie dépeint les Qualitez & l'Esprit de
„ sa Personne. Michée nomme le Lieu de sa Naissance. Ja-
„ cob, la Tribu où il devoit naître. Zacharie décrit le gen-
„ re de son Supplice. David l'étenduë, la majesté, la durée
„ de son Regne. Esaïe fait toute son Histoire. Ce grand
„ Prophete, cet Evangeliste de l'Ancien Testament, prédit
„ la Naissance de J. Christ d'une Vierge, son Incarnation
„ dans le nom mystérieux d'*Emmanuel*, la nature de la Doc-
„ trine qu'il devoit prêcher, & des Miracles dont il devoit la
„ soutenir, l'Incrédulité des Juifs, la Foi des Gentils, la
„ force & la plénitude de l'Esprit qu'il devoit recevoir, la Foi-
„ blesse & la Bassesse extérieure de sa Personne, la Pureté
„ de sa vie, & la Grandeur de sa Patience, la cause & l'effica-
„ ce de son Sacrifice, l'Ignominie & les Tourmens de sa Mort,
„ l'honneur de sa Sépulture, la gloire de sa Résurrection, l'é-
„ ternité de son Regne: & ce qui renferme presque toute l'E-
„ conomie du Fils de Dieu, il prédit les Miracles qu'il a faits
„ pendant son ministere, la Sagesse de sa Doctrine, la Divi-
„ nité de sa Personne, les biens éternels de son Regne, dans
„ ces augustes titres, qui font le digne éloge du Fils de Dieu:
„ *On l'appellera l'Admirable, le Conseiller, le Dieu fort & puissant,*
„ *le Pere de l'Eternité, & le Prince de Paix*".

Pour la satisfaction & l'édification du Lecteur fidéle, des-
cendons à quelque détail, & donnons ici un échantillon de
quelques-unes de ces Figures, & de quelques-uns de ces O-
racles, qui sont répandus dans les anciennes Ecritures, & qui
annoncerent d'avance les Souffrances du Christ, & l'Exaltation qui devoit les suivre, & être la juste & la glorieuse recompense de ses travaux.

Commençons par quelques-unes de ces Figures & de ces
Types; car quoique les Juifs s'imaginent que leur Loi est
parfaite, & qu'elle doit être éternelle: opinion insoutenable
s'il en fut jamais, puisque leur Loi & leurs Cérémonies apartiennent évidemment à leur Nation, & ne sçauroient convenir à tous les Peuples, ce qui montre qu'elles ne devoient durer que jusqu'à la Vocation des Gentils: Bien-qu'ils croyent,
dis-je, que leur Loi est parfaite, & doit être éternelle, ils
conviennent pourtant qu'elle contient quantité de Figures,
qui représentoient des évenemens futurs. Prenons donc quelques-unes de ces Figures, ou de ces Actions mystérieuses &
pro-

prophétiques, qui furent autant de tableaux de ce qui devoit arriver au Meſſie. L'hiſtoire du Sacrifice d'Iſaac eſt la premiere qui ſe préſente à notre eſprit. Iſaac, Fils unique d'Abraham, pour ainſi dire héritier de ſes vertus auſſi-bien que de ſes promeſſes, venu au monde par un miracle; ce Fils *en qui toutes les Nations de la terre devoient être bénies*, victime de l'amour de Dieu, eſt offert en ſacrifice par ſon Pere, & délivré de la mort par un Ange : il échape *par une eſpece de Réſurrection*, & devient par ſon obéïſſance, & plus cher à ſon Pere, & plus agréable à Dieu. Joſeph, le Libérateur & le Conſervateur de ſa famille, devient, à cauſe de ſes vertus & des hautes eſpérances que le Ciel lui annonce, l'objet de l'envie & de la conſpiration de ſes Freres, qui, après l'avoir voulu tuer, le vendent en eſclavage; & paſſant de perſécution en perſécution, il monte à la plus haute dignité de l'Egypte; figure bien juſte du Meſſie, qui s'éleve au plus haut dégré de la Gloire, par une ſuite d'humiliations & de tribulations. Il en eſt de même de David, type du Meſſie, qui ayant été choiſi de Dieu & ſacré Roi, ne fut aſſis ſur le Trône d'Iſraël, qu'après une infinité de travaux & de contradictions, ce qui lui fit dire ces paroles, que le Seigneur s'eſt appliquées: *La Pierre que les Architectes avoient rejetté, a été miſe à l'angle du bâtiment*. Laiſſons ces Figures ſi vives, ſi parlantes, que l'Auteur divin de l'Epître aux Hébreux a parfaitement bien développées. Le Tabernacle, image du monde: la Victime immolée dans le jour ſolemnel des Propiciations, le Souverain Pontife entrant ce jour-là dans le Sanctuaire, à la faveur du ſang de cette victime, & en ſortant pour donner la bénédiction au peuple : Belles images de notre Souverain Sacrificateur, qui par l'effuſion de ſon ſang s'eſt ouvert le chemin du Sanctuaire céleſte, où il eſt entré, & d'où il a répandu ſur l'Egliſe *toutes ſortes de bénédictions ſpirituelles*, qui ſont les dons du S. Eſprit, & d'où il viendra, pour bénir les Saints d'une bénédiction éternelle.

A ces Figures myſtiques ſuccedent des Oracles en très-grand nombre, [a] que nous ne rapporterons pas dans ce Diſcours. Choiſiſſons-en ſeulement deux ou trois, qu'on peut ſuppoſer avec raiſon, que J. Chriſt n'oublia pas, puiſqu'ils ont été alleguez par ſes Diſciples.

Deut. XVIII. 18. 19.
Le premier eſt celui de Moïſe, qui dit aux Iſraëlites, que Dieu lui a declaré, *qu'il ſuſcitera parmi leurs freres un Prophete comme lui, qu'il mettra ſes paroles dans la bouche de ce Prophete, qu'il leur annoncera tout ce que l'Eternel lui aura commandé, & que*

qui-

quiconque n'écoutera pas les paroles qu'il aura dites au nom de l'Eternel, il lui en demandera compte. Car bien-que cet Oracle puisse s'entendre dans le sens propre & littéral de Josué, successeur de Moïse, il ne lui convient néanmoins que d'une manière très-imparfaite; Josué n'ayant point été Prophete proprement, & moins encore un Prophete tel que Moïse, qui donna la Loi aux Israëlites: au lieu qu'il convient parfaitement à J. Christ, dans le sens mystique que les Juifs eux-mêmes recevoient du tems du Seigneur. Aussi les Apôtres n'ont pas fait difficulté d'appliquer cette Prophétie au Fils de Dieu, auquel elle convient dans le sens le plus parfait, & au fond le plus littéral. Or comme Moïse fut persécuté par ses propres Freres, le Seigneur fit comprendre à ses Disciples, qu'il devoit être persécuté de même par les Juifs; & ce qui peut le faire croire, c'est que S. Etienne n'a pas manqué de le remarquer dans le Sermon qu'il fit aux Juifs. *Act. vii. 35.*

Un autre Oracle qui fut vraisemblablement allegué par le Fils de Dieu, c'est celui de Daniel. Le Prophete prédit au peuple, qu'à compter depuis le tems de la permission accordée par *Artaxerxes Longue-main*, de rebâtir le Temple & la Ville jusqu'au *Christ*, il s'écoulera soixante & dix semaines d'années, ou quatre-cens quatre-vingt-dix ans, *qu'alors le Christ sera retranché; mais non pas pour lui;* & qu'après sa mort les Aigles abominables causeroient la désolation: Oracle, que Josephe lui-même applique à la ruine de Jerusalem. C'est ainsi que Daniel prédit, & le tems de la Venuë du Messie, & sa Mort, & la Cause de sa mort, & la Ruine de Jerusalem dont elle fut suivie. *Dan. ix. 25-27.*

Le Pseaume second fait voir le Christ de Dieu, l'Oint du Seigneur, attaqué par une multitude d'Ennemis qui conspirent contre lui; mais délivré, protegé par l'Eternel, qui en le mettant en possession de son Royaume, lui dit ces paroles: *Vous êtes mon Fils, je vous engendre aujourd'hui;* paroles que S. Pierre & S. Paul ont appliquées à la Résurrection du Seigneur, & à son Exaltation dans le Ciel. C'est de-là qu'il a puni ses audacieux ennemis, qu'il les a brisez, pour ainsi dire, comme on brise des vases de terre. C'est-là qu'il est le Sauveur de tous ceux qui mettront leur confiance en lui, & qui l'adoreront. Le Pseaume XXII. contient une déscription bien particuliere & bien circonstanciée des Souffrances du Christ, aussi-bien que de l'Exaltation qui la devoit suivre; comme nous l'avons déja remarqué dans le Discours sur la Crucifixion du Seigneur. Il en est de même des Ps. CX. & CXVIII.

Hhh h   Mais

Mais ce Difcours ne nous permet pas de nous étendre fur tous les Oracles du Vieux Teftament. Arrêtons-nous feulement au Chap. LIII. d'Efaïe. ° Le Portrait que le Prophete a tracé, n'a point d'autre Original que le Fils de Dieu. Rapportons les paroles du Prophete. Il s'exprime en ces termes:

Ef. LIII. 1.

Qui a cru à notre parole, & à qui le Bras de l'Eternel s'eft-il fait connoître? Voilà l'Incrédulité des Juifs, qui n'ont pas voulu reconnoître le Bras du Seigneur dans les Miracles de J. Chrift, & qui ne pouvant les nier, ont porté le blafphême jufqu'à les attribuer au Démon. Quelle a été une des principales caufes de cette Incrédulité? C'eft que méprifant la pompe & les richeffes du fiécle, la gloire de Salomon, le Seigneur ne s'eft orné, revêtû, que de fes hautes Vertus. *Il a*

Ef. x. 2-3.

paru dans le monde, comme un Rejetton foible qui fort d'une terre aride. Son extérieur, fon vifage, n'avoit rien d'éclatant, & fi vous le regardez, vous n'y voyez rien qui attire les regards. Il eft en butte au mépris & aux infultes, & paroît vil aux yeux des hommes. Il a été accablé de maux, & jamais homme n'a mieux fçu ce que c'eft que de fouffrir. Nous n'avons pas daigné le regarder, nous l'avons méprifé, & n'en avons fait aucun cas.

D'où lui viennent tous ces mépris, tous ces maux? Eft-ce de fes vices & de fes péchez? A Dieu ne plaife! Il eft l'inno-

Ib. vf. 4.

cente victime des péchez du Peuple. *Cependant il a véritablement porté nos langueurs, & s'eft chargé de nos douleurs.* Le Prophete indique enfuite la fource de l'erreur du Peuple. Il ne

Ib. vf. 4-5-6.

juge que fur les apparences. *Nous l'avons regardé comme un homme contre qui le Ciel étoit irrité, & que Dieu même frappoit de fes plus rudes coups. Mais il a été puni à caufe de nos péchez, & fi cruellement traité à caufe de nos iniquitez. La peine qui devoit nous procurer le falut, a été mife fur lui, & les bleffures qu'il a fouffertes, ont été notre guérifon. Car affurement nous étions comme des Brebis errantes çà & là, & Dieu lui a infligé la peine que nous méritions par nos péchez.*

Le divin Prophete n'oublie pas la Douceur du Fils de Dieu,

Ib. vf. 7.

fa Patience à toute épreuve. *Cependant, lorfqu'on l'accabloit d'injures, & qu'il fouffroit les plus cruels tourmens, il n'a point ouvert la bouche, il a été muet, comme un Agneau que l'on va tondre, ou que l'on conduit à la mort. Et après avoir été lié & condamné, on l'a fait mourir.* Il falloit donc que le Chrift fouffrît toutes les chofes que Jefus a fouffertes. Dieu l'avoit réfolu, & le Prophete l'avoit prédit. Mais il falloit après cela, qu'il *montât dans la Gloire.* Car le Prophete ne l'avoit pas moins prédit. Ecoutons l'Efprit de Dieu parlant par fa bouche: *Qui pourra* raconter sa Race future? Car pour lui, *il a été enlevé de la terre*, Ib. vf. 8. *où nous vivons, & c'est à cause des péchez de mon peuple qu'il a souffert. Les Méchans porteront la peine de sa Sépulture, & les Ri-* vf. 9. *ches mêmes la porteront de sa mort, parce qu'il n'a fait tort à personne, & qu'il n'est sorti aucune injure de sa bouche. Cependant* vf. 10. *Dieu a permis qu'on le chargeât d'outrages; mais parce qu'il s'est offert comme une victime expiatoire, sa mort sera suivie d'une* nombreuse *Posterité*, & elle sera d'une longue durée. *Il sera ce qui est agréable à Dieu, & ses glorieux travaux seront suivis d'une parfaite félicité. Mon Serviteur qui est juste, en rendra justes* vf. 11. *plusieurs par sa science, les déchargeant de leurs crimes. Je lui* vf. 12. *donnerai la plus belle part parmi les Vainqueurs, qui se partagent les dépouilles, parce qu'il s'est livré à la mort. Il a été mis au rang des scelérats, & lorsqu'il portoit la peine des Pécheurs, il prioit pour eux.*

Que les Juifs cherchent un * autre sujet, auxquels il puissent appliquer ce que dit le Prophete, & jusqu'à ce qu'ils l'ayent trouvé, qu'ils nous permettent de croire, que c'est le Seigneur Jesus qu'Esaïe a dépeint. Au moins seront-ils forcez d'avoüer, que si la Prophétie avoit été faite après l'évenement, elle ne pourroit être plus exacte, ni plus fidèle.

Pendant que Jesus étoit occupé à éclairer ses deux Disciples, le tems s'écouloit avec rapidité. Ils furent tout surpris de se voir auprès d'Emmaüs où ils alloient. Alors le Seigneur parut vouloir les quitter, *faisant semblant de passer outre*, dit S. Luc. En traduisant de la sorte l'Original, le Seigneur Luc XXIV. 28. feint d'avoir un dessein qu'il n'avoit pas effectivement. Il est certain que c'est le sens; & il ne l'est pas moins, que s'il y a une Dissimulation criminelle, il y en a une innocente. Ce qui les distingue, c'est le but que l'on se propose. Quand on ne cache ses véritables intentions que dans la vûë de faire du bien, ¹⁰ la feinte est permise, ou même loüable. C'est par ce motif que S. Paul *se faisoit tout à tous*. Le moyen de gagner les Hommes, c'est de gagner leur estime & leur affection. Et pour cela il faut de la condescendance, du support, des égards, & paroître entrer dans leurs foibles. Le grand nombre ressemble aux Enfans. Il faut les envisager comme tels, & user des mêmes menagemens. Ajoutons, que dans toutes les occasions où l'on se propose d'éprouver, c'est-à-dire de découvrir les vrais sentimens de l'ame, il faut bien user

* Quand on parle de sujet, on entend un sujet auquel on puisse appliquer avec quelque vraisemblance ce que dit le Prophete. Or il est certain que jusqu'à cette heure ils n'en ont pas trouvé.

user de déguisement, soit dans les paroles, ou dans les actions.

Si l'on admet donc la Traduction ordinaire, le Seigneur n'a pas deſſein de paſſer outre; mais il en fait ſemblant, afin d'éprouver ſes Diſciples, pour voir ſi, ſenſibles au ſervice qu'il leur a rendu, ils ſeront diſpoſez à exercer envers lui les devoirs de l'Hoſpitalité.

Cependant, ſi cette Traduction, qui eſt au fond la plus ſimple & la plus naturelle, ne plaît pas à quelques Lecteurs, il faut les avertir, qu'on peut auſſi rendre l'Original de cette ſorte: *Jeſus ſe diſpoſoit à paſſer outre.* Selon cette Verſion, Jeſus n'uſe d'aucun déguiſement. Il a envie d'aller plus loin, & il l'auroit fait, ſi les deux Diſciples ne l'avoient pas preſſé de demeurer. Il y a des deſſeins conditionels; tel fut celui du Seigneur, lorſqu'il dit aux meſſagers du Centenier: *J'irai, & je le guérirai.* Il faut ſous-entendre, à moins qu'il n'ait aſſez de Foi, pour croire que je puiſſe guérir ſon Serviteur ſans me tranſporter ſur les lieux. Tel encore le deſſein de J. Chriſt, lorſqu'ayant fait embarquer ſes Diſciples, il les ſuivit, marchant ſur la mer, & *parut vouloir paſſer outre.* Il l'auroit fait effectivement s'ils ne l'euſſent arrêté par leurs prieres.

Matth. VIII. 7.

Marc VI. 48.

Mais quelles qu'ayent été les intentions du Seigneur, ſoit qu'il voulût paſſer outre, ou qu'il en fît ſemblant, les deux Diſciples * *le forcerent de demeurer avec eux.* Ravis des inſtructions qu'il venoit de leur donner, & de recouvrer les glorieuſes eſpérances qu'ils avoient perduës, ils le prient inſtamment de ne les pas quitter, & l'obtiennent. *Seigneur*, lui dirent-ils, *demeurez avec nous.* Ils ne pouvoient ſe réſoudre à perdre la préſence d'un Maître qui a ramené dans leurs cœurs l'eſpérance & la joye, que ſa mort en avoit bannies. Ce déſir eſt très-juſte, & cette priere très-raiſonnable. On ne dira point des deux Diſciples, ce que l'Evangile a dit de S. Pierre, lorſque, charmé de voir J. Chriſt glorifié dans ſa Transfiguration, il dit: *Maître, il eſt bon que nous ſoyons ici; ſouffrez que nous y dreſſions trois tentes, une pour vous, une pour Moïſe, une pour Elie;* mais, ajoute l'Evangéliſte, *il ne ſçavoit*

Marc IX. 4.5.

ce

---

* *Forcer*, contraindre, dans cet endroit & en d'autres, c'eſt *preſſer, perſuader, fléchir par des raiſons & des prieres.* Ainſi Loth *força* les Anges à paſſer la nuit dans ſa maiſon. La Verſion des LXX. porte κατεβιάζετο, Gen. XIX. 3. Jacob *força* de la même manière Eſaü à accepter ſon préſent. Gen. XXXIII. 11. Lydie, pénétrée de reconnoiſſance, *força* S. Paul & ceux qui étoient avec lui, à loger chez elle. Act. XVI. 15. C'eſt ainſi qu'il auroit fallu entendre ces paroles de la Parabole: *Contraignez-les d'entrer.* (Luc. XIV. 23.) & c'eſt ainſi qu'on les auroit certainement entenduës, ſi les Chrétiens n'euſſent pas été les maîtres de l'Empire. On ſe feroit bien donné de garde, ſous les Empereurs Payens, de faire dire à J. Chriſt un mot, qui auroit donné aux Puiſſances le droit de contraindre les Chrétiens, par des perſécutions, à embraſſer le Paganiſme, ou du moins à en honorer les Dieux.

A EMMAUS. Discours XXIV.

ce qu'il disoit. Les Disciples sçavent bien ce qu'ils disent, & J. Christ l'approuve. *Demeurez avec nous, car il est déjà* Luc. *tard, & le jour commence à baisser.* Pourquoi iriez-vous, disent-ils, vous exposer aux risques qu'un Voyageur, seul, court durant la nuit? Jesus se rend à leur priere, & entre avec eux dans la maison. On sert à manger, il se met à table, & contre la coûtume & la bienséance reçuës, tout Etranger & invité qu'il est, il fait les fonctions de Pere de famille. *Il prend le pain, & ayant béni * Dieu, il le rompit, & le distri-* vi. 30. *bua à ses Disciples.* Cette action, qui leur parut nouvelle, attira leurs regards sur J. Christ. Il n'est plus dans le chemin, où marchant à côté d'eux, ils ne le contemplent pas. Il est assis à table à la manière des Juifs, & dans une situation fixe. Il est aussi fort vraisemblable que le Seigneur, qui, lorsqu'il mangeoit avec ses Disciples, faisoit la fonction de bénir Dieu, le faisoit en des termes ou d'une manière qui lui étoient propres. Peut-être aussi reprit-il alors son ton naturel, qu'il avoit vraisemblablement changé tant qu'il ne voulut pas être connu. Quoi qu'il en soit, *ce fut alors,* dit S. Luc, *que leurs* vi. 31. *yeux s'ouvrirent.*

Des Théologiens se sont imaginez, que cette fraction & cette bénédiction du pain, étoient l'Eucharistie que J. Christ célébra avec ses deux Disciples, & que ce fut à cela qu'ils le reconnurent. On trouve cette pensée dans quelques Anciens; mais elle n'est pas solide. J. Christ ne fait rien que ce qu'il avoit accoûtumé de faire, toutes les fois qu'il se mettoit à table avec ses Disciples. D'ailleurs, pour le reconnoître à l'Eucharistie, il auroit fallu avoir été témoin de l'Institution de ce Sacrement. Or Jesus ne l'ayant instituée qu'en présence de ses douze Disciples, & Cléophas ni son Compagnon de voyage n'étant point de ce nombre, ils n'avoient garde de reconnoître le Seigneur à une cérémonie qu'ils ignoroient encore, ou du moins qu'ils n'avoient point vû pratiquer.

Le Seigneur ayant fait voir à ses Disciples, que les Prophetes avoient prédit tout ce qui lui étoit arrivé, & qu'il ne devoit entrer dans la Gloire que par le chemin des Souffrances; les ayant d'ailleurs convaincus par sa présence de la vérité
de

---

* *Béni Dieu.* Il y a simplement dans le Grec. *Il bénit,* ce qui doit se rapporter à Dieu, cette *Bénédiction* n'étant que des actions de graces, que l'on rendoit à Dieu, comme à celui qui fournit aux hommes la nourriture. De-là vient que J. Christ levoit les yeux au Ciel avant que de rompre le pain. Matth. XIV. 19. Les Juifs appelloient la priere ou l'action de graces qui se faisoit dans cette occasion, *la Bénédiction.* Ceux qui traduisent, *Il bénit le pain,* ne font pas mal ; mais ils donnent à des Lecteurs peu instruits occasion de se tromper, & de s'imaginer que le Seigneur donnoit par-là quelque vertu au pain, au lieu qu'il ne faisoit qu'en rendre l'usage légitime, parce qu'on ne peut user légitimement des biens de Dieu, qu'après lui en avoir rendu graces.

de sa Résurrection, il ne jugea pas à propos de demeurer plus long-tems avec eux. *Il disparut*, dit S. Luc. Ce ne fut pas certainement comme un Fantôme, qui n'ayant que les apparences d'un corps, s'évanouit, & se dissipe comme une ombre. Cela ne convient point à un corps réel, tel qu'étoit celui de J. Christ, lequel étoit le même qu'il avoit eu avant sa mort, sans quoi sa Résurrection seroit fausse. Ce n'est pas non plus qu'il se soit rendu invisible, ou en s'enveloppant d'un nuage, ou en aveuglant ses Disciples, dont il venoit *d'ouvrir les yeux*. Ce ne fut donc qu'en se retirant subitement qu'il *ne parut plus à leurs yeux*; car c'est tout ce que S. Luc exprime par le mot *Aphantos*, qui marque seulement, qu'un objet n'est plus à la portée de notre vûë. Tout ce que l'on peut dire, c'est que le corps du Seigneur, depuis sa Résurrection, se transportoit rapidement d'un lieu dans un autre, quand il le trouvoit à propos. Il n'y a rien-là de plus merveilleux, que ce qu'il fit en marchant sur les eaux; non que son corps perdît rien de son poids ordinaire, mais il le soutenoit par sa puissance. Il en use de même depuis sa Résurrection. Il est porté dans les airs, comme il l'étoit sur les flots. Cette hypothèse est plus simple, plus naturelle, & mieux autorisée, que celle qui dépouille le corps de J. Christ, après sa Résurrection, des proprietez du corps, & les lui fait quitter & reprendre, quand il lui plaît.

Ce fut alors que les deux Disciples, ravis d'avoir vû le Seigneur, & mortifiez de ne l'avoir pas reconnu plutôt, se disoient l'un à l'autre: *Ne nous sentions-nous pas le cœur embrasé, lorsqu'il nous parloit en chemin, & qu'il nous expliquoit les Ecritures?* Ou comme portent quelques Manuscrits Grecs, *N'avions-nous pas le cœur bouché* (le cœur dans le stile des Hébreux, c'est souvent l'Esprit) *lorsqu'il nous parloit en chemin?* Si cette leçon étoit mieux confirmée, elle seroit peut-être préférable à l'autre, d'autant plus que c'est-ce que J. Christ leur avoit reproché auparavant (vs. 25.) Cependant, suivons la leçon ordinaire. Elle nous fait voir les divers sentimens que les Discours de J. Christ excitoient dans l'ame de ses Disciples. Ils y allumoient un feu divin, dont ils ne connoissoient pas la cause. Les Passions allument dans l'Ame un feu impur, rongeant, dévorant, lorsqu'on ne les satisfait pas: Et si on veut les contenter, on ne fait que les enflammer davantage. Les Désirs purs, que les Vertus & les Biens innocens allument dans le cœur, y causent cette soif que J. Christ exige, & qu'il étanche par les eaux vives dont il est la source.

A l'égard *du feu* que les Discours du Seigneur allumoient

dans

dans le cœur des deux Disciples, c'est un mélange, une complication de sentimens vifs, qui s'élevent à la fois: C'est un ravissement de joye, dont ils étoient penétrez: C'est une admiration de ses Connoissances & de sa Sagesse: C'est une haute vénération, des transports d'Amour pour un si excellent Maître: C'est un désir ardent de s'attacher à lui, de l'entendre toûjours, comme un Docteur *qui a les paroles de la Vie éternelle*: C'est l'impression profonde que ses Instructions faisoient sur leurs cœurs: Ce sont les reproches qu'ils se faisoient à eux-mêmes, de n'avoir pas compris ce qu'il leur avoit dit, pendant sa vie, de ses Souffrances & de sa Résurrection; de n'avoir pas vû ces véritez dans les Prophetes, où elles étoient si manifestes. Ce sont-là les flammes dont ils se sentoient embrasez en écoutant les Discours du Seigneur. Car il en étoit de ce divin Prophete, comme d'Elie, dont l'Auteur de l'Ecclésiastique a dit: *Il s'est élevé comme un feu, & ses paroles embrasoient comme le flambeau ardent.* La Langue du Sauveur, semblable aux Langues de feu qui se poserent sur ses Disciples le jour de la Pentecôte, répandoit un feu vivifiant & lumineux, qui excitoit une sainte ardeur dans l'Ame de ceux qui l'écoutoient. S. Jaques a dit d'une Langue maligne, *qu'elle est comme un feu, qui embrase tout le cours de la Nature.* Disons de celle du Sauveur, d'où découlent des paroles pleines de grace & de vérité, qu'elle a effectivement enflammé tout le monde; mais d'un feu divin, d'un feu vivifiant, d'un feu pacifiant, qui anime le Vertus, qui ne consume que les Vices.

Eccl. XLVIII. 1.

Jaq. 11. 6.

Platon dit de Socrate " " que ceux qui n'en jugeoient que " par son extérieur, l'auroient pris pour un homme grossier, & même pour un Esprit satyrique & mordant. " Ennemi des vices, & ne pouvant souffrir les mœurs de son siécle, il les reprenoit avec indignation. On auroit pu dire la même chose du Sauveur. Avec quelle sévérité a-t-il censuré les mœurs des Scribes & des Pharisiens? Il n'épargne pas les termes les plus durs & les plus piquans. "Mais, " ajoute Platon, ceux qui connoissoient le fond du cœur de " Socrate, ne pouvoient l'entendre parler sans verser des " larmes, & sans être penétrez de ses Discours jusqu'au fond " de l'Ame. " Il en est de même de J. Christ, si l'on peut le comparer à un Philosophe. Sa profonde Sagesse, sa Bonté, son Autorité soutenuë de ses Miracles & de ses Vertus, ne permettoient pas à des ames, qui n'étoient pas possedées par

les

les Paſſions les plus vicieuſes, de l'entendre, ſans être touchées, pénétrées de ſes divins Diſcours.

Quoiqu'il fût déja tard, les deux Diſciples, impatiens de communiquer leurs connoiſſances & leur joye aux autres, *partirent d'Emmaüs, & allerent en diligence à Jeruſalem, où ils trouverent les Onze aſſemblez, avec les autres Diſciples du Seigneur.* Il n'y avoit que dix Apôtres, Thomas étant abſent; mais ils ſont appellez *les Onze*, parce qu'il reſtoit encore onze Apôtres à Jeſus, depuis la déſertion de Judas, & pour les diſtinguer des autres perſonnes qui croyoient en J. Chriſt. Ils les trouverent tout conſolez, & diſant, *que le Seigneur étoit véritablement reſſuſcité, & qu'il avoit apparu à Simon.* S. Marc ſemble dire le contraire. Car après avoir rapporté que le Seigneur ſe montra à deux Diſciples qui étoient en chemin, il ajoute, que ceux-ci étant venus dire aux autres, *qu'ils avoient vû le Seigneur*, ces derniers *ne les crurent point*. L'un & l'autre eſt véritable, parce qu'il y en eut qui les crurent, & il y en eut qui ne les crurent point; & c'étoit le plus grand nombre, non peut-être des Apôtres, mais de ceux qui ſont appellez, comme eux, *Diſciples du Seigneur.* Cela paroît par le récit de S. Luc, qui raconte auſſi-tôt, que comme les deux Diſciples s'entretenoient avec les autres, J. Chriſt ſe préſenta devant eux, & qu'ils étoient tout troublez, le prenant pour un Eſprit. Il ne faut qu'un peu d'attention & d'équité, pour reconnoître qu'il n'y a point de contradiction entre les Evangéliſtes.

Θωμᾶς ἄπιστος.   Joann. XX. 27.   THOMAS INCREDULUS.
Ongeloovige Thomas.   L'incredulité de Thomas.
Der ungläubige Thomas.   Ongeloof van Thomas.

DISCOURS XXV.

L'Incrédulité de Thomas. Jean XX. 24-30.

Il n'est gueres de sujet sur lequel les Prédicateurs exercent plus leur Eloquence, que sur celui de l'Incrédulité de Thomas. Le sujet en est susceptible par bien des endroits. Comment ose-t-il résister au témoignage unanime de ses Collegues, qui disent avoir vû le Seigneur? Que veut-il davantage en matière de Foi, qu'un témoignage valide? Ses yeux sont-ils plus sûrs que ceux de ses Collegues? Que verra-t-il de plus que ce qu'ils ont vû? Et si, pour croire la Résurrection du Seigneur, il faut la voir soi-même, il faudra que le Seigneur se montre chaque jour, & à chaque Fidèle en particulier. Mais laissons ces Déclamations ordinaires, & attachons-nous à developper les véritables causes de l'Incrédulité de Thomas, après avoir dit un mot de son nom & de son caractère. Après quoi nous finirons par sa belle Confession, qui est, pour ainsi dire, le Triomphe de sa Foi.

L'Evangéliste nous apprend d'abord, que *Thomas s'appelloit aussi* DIDYME. On a déja eu occasion de remarquer, que Thomas & Didyme sont le même nom. Le prémier est Hébreu, le second est Grec; mais l'un & l'autre a la même signification, & veut dire *Jumeaux*. Peut-être lui donna-t-on ce nom, parce que sa mere avoit eu deux enfans à la fois.

A l'égard de la patrie de Thomas, on conjecture avec assez de vraisemblance qu'il étoit de Galilée, & Pêcheur de profession, parce que J. Christ ayant prédit à ses Apôtres, _{Jean XVI. 32.} qu'après sa mort *chacun d'eux se retireroit dans sa Patrie*, cet Apôtre passa en Galilée, avec Pierre, Jaques & Jean, & se mit à pêcher avec eux dans le Lac de Tibériade, où J. Christ _{Jean XXI. 2.} leur apparut après sa Résurrection.

Pour son caractère, il est peu connu. Cependant on voit par quelques endroits de l'Evangile, que Thomas étoit vif, présomptueux, peu capable de ceder: témoin ce qu'il dit à ses Collegues, lorsque J. Christ voulut, malgré leurs représentations, retourner en Judée, où il avoit couru risque de la vie. *Allons-y aussi*, dit cet Apôtre, *afin que nous mourions avec* _{Jean XI. 16.} *lui*: paroles où il accuse indirectement le Seigneur d'exposer imprudemment ses Apôtres à une mort certaine. Témoin encore ce qu'il dit à J. Christ lui-même, lorsqu'il représenta à ses Disciples, *qu'il étoit sur le point d'aller au Pere, & qu'après les instructions qu'il leur avoit données, ils ne pouvoient en ignorer le chemin.* Il prend aussi-tôt la parole pour tous, & lui dit: *Seigneur, nous ne sçavons où vous allez, & comment en sçaurions-nous le chemin?* C'est contredire J. Christ avec peu de menagement. Mais ces défauts furent corrigez par l'effusion du S. Esprit; & il ne faut pas douter que Thomas n'ait été un modèle de vertus, pour ceux auxquels il annonça l'Evangile. Si l'on doit s'en rapporter aux Historiens Ecclésiastiques, dans le partage que les Apôtres firent des endroits où ils voulurent prêcher l'Evangile, ¹ l'Empire des Parthes échut à Thomas, & il y fonda plusieurs Eglises. Il passa de-là en ² Perse, en Hyrcanie, & jusqu'aux Indes. L'Auteur de l'Ouvrage imparfait sur S. Matthieu, prétend³, qu'il a bâtisé les Mages qui adorerent le Seigneur à Bethlehem. Ruffin ⁴ & Socrate ⁵ ajoutent, que son corps fut transféré à Edesse, ville de Mésopotamie, & dont Abgare étoit Roi. Voilà à-peu-près tout ce que l'on sçait de l'Histoire de cet Apôtre.

Thomas est appellé *l'un des Douze*, quoique les Apôtres ne fussent plus qu'au nombre *d'onze* depuis que Judas eût trahi le Seigneur; mais le college Apostolique ayant été dans son institution composé de douze personnes, il fut appellé *les Douze*, comme on appelle certains Conseils *les Cent*, ou *les Deux-Cens*, sans faire attention s'il y a quelqu'un des membres qui manque, ou par la mort, ou par d'autres accidens.

Cet Apôtre n'étoit pas avec ses Collegues lorsque le Seigneur leur apparut pour la première fois, le jour même de sa Résurrection. Envain en chercheroit-on les raisons. Peut-être les plus vraisemblables, sont-elles les moins vrayes. Pourquoi chercher ce que l'on ne peut sçavoir? Ce qu'il y a de certain, c'est qu'il perdit beaucoup à n'être pas avec eux. Il est condamnable, s'il y eut de sa faute; ou plutôt il n'est pas condamnable, parce qu'il ne put prévoir que J. Christ se montreroit à eux ce jour-là. Le Seigneur leur avoit seulement promis de se faire voir à eux en Galilée, & peut-être va-t-il en Galilée, où il espère de voir son Divin Maître, supposé qu'il fût ressuscité.

Quoi qu'il en soit, il n'étoit pas avec ses Collegues, qui lui disent à son arrivée: *Nous avons vû le Seigneur. Mais il leur répondit: Si je ne vois à ses mains les marques des cloux, & si je n'y mets le doigt; si je ne mets ma main dans son côté, je ne le croi-*

croirai point. Il faut avoüer que l'on s'attendroit à un langage bien différent. Thomas ne devoit-il pas s'écrier, Que vous êtes heureux d'avoir vû le Seigneur! Que je suis malheureux de ne m'être pas trouvé avec vous! Si j'avois pû prévoir qu'il voulût se montrer à nous à Jerusalem, je n'aurois eu garde d'en sortir. Mais au lieu de ces transports si naturels, Thomas semble vouloir ébranler la foi de ses Collegues. Il les accuse indirectement de s'être trompez, & de n'avoir vû qu'un fantôme, que leur imagination prévenue a pris pour J. Christ. Peut-être cependant faisons-nous tort à Thomas. Les Evangélistes ne nous ont pas tout dit. Leurs récits sont fort abregez, & ils suppriment des circonstances que l'on ne peut qu'entrevoir. Car comment se persuader, que Thomas n'ait pas déploré son malheur de n'avoir pas été avec ses Collegues? Ou s'il ne l'a pas fait, n'en doutons pas, ce n'est que parce que le préjugé où il est, ne lui permet pas de croire que le Seigneur soit véritablement ressuscité.

D'où vient donc ce préjugé, & qu'est-ce qui oblige cet Apôtre à dire à ses Collegues, qu'à moins qu'il ne voye lui-même Jesus-Christ, & qu'il ne mette sa main dans ses playes, il ne croira jamais que le Seigneur soit sorti vivant du Tombeau?

D'abord il faut bien remarquer, que Thomas n'accuse point ses Collegues de mensonge. Il connoît leur probité, & leur rend la justice qui leur est dûë. Il est persuadé qu'ils ont cru voir J. Christ; mais en même tems il n'est pas moins persuadé, qu'ils n'ont pas assez examiné si c'étoit effectivement le Seigneur, & qu'ils ont pris une ombre, un fantôme, pour lui. Il y a bien de la différence, entre croire que l'on se trompe, & croire que l'on invente. Il arrive aux plus gens de bien de se tromper, & il n'y a que de malhonnêtes gens qui soyent capables de mentir. Thomas connoît trop bien le caractère de ses Collegues pour leur imputer un vice si honteux.

Remarquons, en second lieu, que deux choses persuadent à Thomas que ses Collegues se sont trompez. La première est, que cet Apôtre, ou plutôt tous les Apôtres, étoient imbûs de l'idée que les Ames apparoissoient après la mort, revêtues de certains corps subtils. C'étoit un préjugé de la Nation Judaïque, qui l'avoit pris des Grecs, & les Apôtres l'avoient adopté. De-là vient, que lorsqu'ils virent le Seigneur marcher sur les eaux, pendant la nuit, ils crurent d'abord que c'étoit un fantôme; ils en eurent peur, & le Seigneur fut Matth. xiv. 26.

obli-

obligé de parler, pour les désabuser & les rassurer. De-là vient encore que ces mêmes Apôtres, que Thomas accuse de crédulité, crurent effectivement voir un fantôme quand le Seigneur leur apparût, & que J. Christ, considerant leur trouble, & les doutes qui s'élevoient dans leur ame, leur permit de le toucher, en leur disant: *Un Esprit n'a ni chair, ni os, comme vous voyez que j'ai.* Il fit plus. Voyant leurs doutes continuer, il leur demanda s'ils n'avoient pas quelque chose à manger. Ils lui présenterent un morceau de poisson rôti, & un rayon de miel. Il en prit, & en mangea en leur présence. Ils eurent donc besoin, pour croire la Résurrection du Seigneur, des mêmes preuves que demande Thomas.

<small>Luc XXIV. 37. & suiv.</small>

Mais ce qui contribue sur-tout à persuader à cet Apôtre que ses Collegues se sont trompez, c'est que le Seigneur se montra à eux pendant la nuit; puisque ce fut après le retour des deux Disciples, qui l'ayant reconnu à Emmaüs, lui avoient allegué, pour le retenir, que la nuit approchoit, & qu'il ne pouvoit sans risque continuer son voyage. Ce fut donc entre neuf & dix heures du soir. Car, supposé que les Disciples soyent arrivez entre six & sept heures à Emmaüs, il leur fallut au moins deux heures pour aller de-là à Jerusalem, & ce ne fut que pendant qu'ils étoient occupez à raconter ce qu'ils avoient vû, que le Seigneur se montra à ses Apôtres. Or c'est pendant la nuit que les Esprits apparoissent, & c'est pendant la nuit que les Apôtres ont vû le Seigneur. Alleguons ici ce qu'a dit Origene là-dessus. Il répond à Celse, qui reproche aux Apôtres d'avoir pris un spectre pour leur Maître. "⁶ Il est vrai, dit ce Pere, que parmi les Disciples du Sei-
„ gneur il s'en trouva un, qui crut que la Résurrection d'un
„ mort étoit impossible. Ce n'est pas qu'il n'ajoutât foi au
„ rapport de Madelaine, qui disoit avoir vû le Seigneur; car
„ il ne doutoit pas que l'on ne pût bien voir l'ombre d'un
„ mort; mais il ne pouvoit se persuader que Jesus fût vérita-
„ blement ressuscité, avec un corps tout pareil à celui qu'il
„ avoit eu auparavant. C'est pourquoi il ne dit pas simplement:
„ *A moins que je ne le voye, je ne croirai point;* Il ajoute: *A moins*
„ *que je ne porte ma main dans les marques des cloux, & que je ne mette*
„ *le doigt dans son côté, je ne le croirai point*. Thomas parloit de la
„ sorte, continue Origene, parce qu'à son avis il se pouvoit faire
„ que le corps subtil d'une Ame se présentât à notre vûë, avec
„ le même air & sous la même figure qu'il nous avoit paru avant
„ sa mort. Aussi J. Christ l'ayant appellé, lui dit: *Mettez-là*
„ *votre doigt, & regardez mes mains: portez votre main sur mon*
„ *côté, & ne soyez pas incrédule.*

<small>Luc XXIV. 36.</small>

Voilà

Voilà ce que dit Origene, & qui excuse beaucoup Thomas, sans néanmoins le disculper; car enfin, qu'il crût que les Ames apparoissent après la mort, je le veux. Cependant, comme on ne peut douter que les Apôtres ne se conterent pas de lui dire qu'ils avoient vû le Seigneur; qu'ils ajouterent qu'ils l'avoient entendu parler, qu'il leur avoit montré les marques de son supplice, & qu'ils l'avoient vû manger avec eux: Tout cela peut-il convenir à une Ombre, & un homme réellement vivant, peut-il donner d'autres preuves de vie?

Il est bon néanmoins de faire ici deux refléxions. L'une sur la nature de l'Incrédulité, pour sçavoir quand & dans quel cas l'Incrédulité est criminelle. L'autre, sur ses différentes causes, qui la rendent plus ou moins criminelle. Elles sont nécessaires ces refléxions, pour sçavoir dans quelle classe on doit ranger l'Incrédulité de Thomas, & pour réprimer l'audacieuse témerité de ces gens, qui, sous le spécieux prétexte d'une Foi purement spéculative, dont ils ne sont redevables qu'à leur peu de lumières & d'examen, se placent hardiment à la tête des Elûs, pendant qu'ils décrient, & que, lorsqu'ils le peuvent, ils persécutent ceux qui n'ont pas la même Foi, bien-qu'ils ayent ce qui est infiniment plus agréable aux yeux de Dieu, de véritables Vertus; puisque la Foi n'est exigée que dans la vûë de rendre les hommes vertueux.

Ma première refléxion, c'est que l'Incrédulité ne peut être criminelle que par deux endroits. Premièrement, lorsqu'elle a pour objet des Articles évidemment revélez, & absolument nécessaires au salut. Et il me semble que l'unique moyen de juger de ces Articles, c'est que les Chrétiens de toutes les communions s'accordent à les reconnoître: sans quoi n'est-ce pas un préjugé bien fort, qu'ils ne sont pas dans l'Ecriture, au moins d'une manière claire, & par conséquent qu'ils ne sont pas essentiels? Car assurement tout Article essentiel doit être revélé d'une manière claire. C'est un principe fondamental de la Reformation, & un principe incontestable, l'Ecriture étant la Regle de la Foi. Or ces Articles se réduisent à un bien petit nombre. En second lieu, ce qui rend l'Incrédulité criminelle, c'est lorsque les preuves qui établissent les véritez nécessaires à croire, sont d'une force & d'une évidence, qui oblige à l'acquiescement tout homme qui fait un bon usage de sa Raison. Or à cet égard, à qui s'en prendre le plus souvent du peu de Foi que l'on trouve dans le monde, si-non à la foiblesse des preuves, que ceux qui sont appellez à les expofer, employent pour convaincre le monde. Ils crient à l'Incrédulité, pendant que l'Incrédulité eft en droit de crier à l'Ignorance & à l'Incapacité de ceux qui déclament contre elle.

Ma feconde refléxion eft, qu'il faut bien diftinguer entre les fources de l'Incrédulité. Elle a fa fource, ou dans l'Efprit, ou dans le Cœur. Dans l'Efprit, quand il s'agit de Véritez incompréhenfibles à la Raifon. Dans le Cœur, quand il s'agit d'adopter des maximes qui gênent, & qui demandent de grands facrifices. Pour n'avoir pas fait cette diftinction, l'on a mis, & l'on met tous les jours, tous les Incrédules dans la même claffe. Cependant il y a une très-grande différence entre les uns & les autres. Car enfin, fi l'Efprit ne peut acquiefcer aux Véritez qu'on lui préfente à croire, faute d'évidence, ou dans l'objet, ou dans les preuves, peut-il être condamnable? J'aimerois autant que l'on condamnât un homme, parce qu'il ne peut fe réfoudre à dire qu'il voit, quand il ne voit pas. J. Chrift lui-même a décidé la queftion. *Si vous étiez aveugles, dit-il, vous n'auriez point de péché.* Mais quand l'Efprit embraffe certaines véritez, & que le Cœur ne peut fe réfoudre aux facrifices qu'elles exigent, c'eft alors proprement que l'Incrédulité eft criminelle. C'eft un malheur tout pur dans le premier cas. C'eft une faute toute volontaire dans le fecond. Et par cette diftinction, que de gens dans le monde qui déclament contre les Incrédules, & qui font infiniment plus coupables qu'eux! Ils croyent, ou font femblant de croire, une Doctrine qui les oblige à mener une vie pure & innocente, & ils s'abandonnent à des vices honteux, que la Raifon ne condamne pas moins que la Foi, pendant que l'Incrédule fpéculatif, fidèle à fa Raifon, l'écoute, la fuit, & vit en homme de bien. Thomas eft de ce caractère. Sa faute ne part point de fon Cœur. Elle part uniquement de fon Efprit, & s'il ne croit pas la Réfurrection de fon Divin Maître, ce n'eft que parce qu'il n'a pu fe perfuader que fon Maître pût reffufciter. Comme il n'a pu fe mettre dans l'efprit que fon Maître dût mourir, & beaucoup moins mourir d'un fupplice auffi honteux que celui de la Croix, il n'a pu fe mettre dans l'Efprit qu'il dût reffufciter. Le voyant mort, toutes fes efpérances s'évanoüiffent. Mon Dieu! Quels obftacles les préjugez ne mettent-ils pas à la Foi, & qu'ils font difficiles à déraciner! Pour peu que nous ayons d'équité, quel fupport ne devons-nous pas avoir pour les préjugez des autres, nous, qui avons fi fouvent befoin de fupport pour nos propres préjugez!

Tho-

Thomas donc ne peut être convaincu de la Réfurrection du Seigneur. Tout ce que ses Collegues lui disent ne suffit pas. Il veut des preuves plus fortes ; & le Seigneur, ô Charité digne d'un si bon Maître! le Seigneur, dis-je, daigne les lui accorder ; mais ce ne fut pas le jour même: ce ne fut que huit jours après sa première apparition. *Huit jours après*, dit l'Evangéliste, *les Disciples se trouverent encore enfermez ensemble.* C'est une preuve qu'ils ne s'assembloient pas tous les jours. Chacun d'eux avoit sa demeure & ses occupations particulieres ; mais comme ils s'étoient déja trouvez ensemble, de dessein formé, le jour même de la Résurrection du Seigneur, puisque S. Marc nous apprend *qu'ils mangerent ensemble ce jour-là, & que J. Christ entra pendant qu'ils étoient à table ;* comme ils s'étoient, dis-je, trouvez ensemble le jour même de la Résurrection de J. Christ, & qu'il les honora de sa présence ce jour-là, ils résolurent apparemment dès lors de le consacrer à la mémoire de la Résurrection du Seigneur. De-là l'institution du Dimanche. *Les Apôtres se trouverent donc ensemble dans un même lieu, huit jours après* la première Apparition, *& Thomas étoit avec eux.* Jesus vint à la même heure que la première fois, c'est-à-dire qu'il choisit la nuit, & pour n'être pas vû, & pour ne pas exposer ses Disciples. *Le soir étant venu,* dit S. Jean, *de ce jour-là, qui étoit le premier jour de la semaine, & les portes étant fermées, parce qu'ils craignoient les Juifs, Jesus entra.* Comment entra-t-il ? L'Evangéliste ne le dit pas. Mais si on ne lui ouvrit pas après avoir frappé, qu'y a-t-il de plus naturel, que de supposer qu'il ouvrit les portes par sa Toute-puissance, comme l'Ange les ouvrit pour faire sortir S. Pierre de la prison. Cependant la plûpart des Anciens ont supposé, que J. Christ avoit passé au travers des portes. Et quand ils ont voulu expliquer comment il avoit pu le faire, ayant repris un corps solide, étendu, ou plutôt le même corps qu'il avoit eu avant sa Résurrection, ils ont été dans le dernier embarras. N'alleguons ici que ce que dit S. Augustin là-dessus. [7] ,, N'écoutons pas, dit-il, ceux qui ,, nient, que le même corps qui a été mis dans le Tombeau, ,, soit ressuscité. Car si J. Christ n'avoit pas eu le même ,, corps, il n'auroit pu dire à ses Disciples après sa Résurrec- ,, tion : *Touchez-moi, & jugez par-là, qu'un Esprit n'a ni chair,* ,, *ni os, comme vous voyez que j'ai.* C'est un sacrilege, ajoute ,, ce Pere, de croire que notre Seigneur, qui est la Vérité ,, même, ait pû mentir. Ce qui est dit, *qu'il apparut à ses*

Marc XVI. 14.

„ *Disciples, les portes étant fermées*, ne doit pas nous obliger
„ de nier qu'il ait eu un corps humain, sous prétexte que,
„ contre la nature des corps, nous voyons celui-ci entrer au
„ travers des portes fermées, parce que toutes choses sont
„ possibles à Dieu. Certainement il est contre la nature des
„ corps, de marcher sur les eaux, & cependant, non seule-
„ ment le Seigneur marcha sur les eaux, mais il y fit mar-
„ cher S. Pierre. C'est une preuve, que depuis sa Résur-
„ rection il a fait de son corps ce qu'il a voulu. Car si, a-
„ vant sa mort, il a pu le rendre glorieux, au point de lui
„ donner la splendeur du soleil, pourquoi, depuis sa Résur-
„ rection, n'auroit-il pû le subtiliser, au point de penétrer au
„ travers des portes?

Il faut avoüer, que les préjugez causent un étrange aveuglement. Comment S. Augustin n'a-t-il pas senti qu'il se contredit lui-même, en alleguant l'exemple de S. Pierre qui marche sur les eaux aussi-bien que son Maître? On ne dira pas assurément du corps de cet Apôtre, qu'il acquit dans ce moment la subtilité des Esprits. Si donc il marcha sur les eaux, ce fut par une Vertu divine, qui soutint son corps, comme elle soutint celui du Fils de Dieu. Et cette même Vertu divine n'a-t-elle pas pû ouvrir les portes, pour faire entrer le corps du Seigneur? Cette explication est simple, naturelle. Mais, dit-on, les Disciples furent effrayez, & crurent voir un fantôme. Cela est vrai: & pourquoi le furent-ils? Il étoit nuit. Ils craignent les Spectres; & tout d'un coup ils voyent les portes s'ouvrir, & une Figure humaine se présenter au milieu d'eux: n'y a-t-il pas-là de quoi effrayer des personnes d'ailleurs timides?

Il faut donc convenir, que si le Seigneur entra, les portes étant fermées, ce n'est que parce qu'on les lui ouvrit, après avoir frappé, ou qu'il les ouvrit lui-même par sa Puissance. Etant entré, il leur dit d'abord: *Que la Paix soit avec vous!* C'est le salut ordinaire parmi les Hébreux. Mais à peine a-t-il salué ses Apôtres, qu'il s'addresse à Thomas, & qu'il lui dit: *Mettez-là votre doigt, & regardez mes mains. Portez votre main sur mon côté, & ne soyez plus incrédule, mais croyez.* On doit remarquer ici, que le Seigneur repète les mêmes paroles que Thomas avoit prononcées. Il avoit dit: *Si je ne vois à ses mains les marques des cloux, je ne croirai point*; & Jesus lui dit: *Regardez mes mains*, & vous y verrez les marques des cloux. Il avoit dit: *Si je n'y mets le doigt, je ne croirai point*; & Jesus lui dit: *Mettez-là votre doigt.* Il avoit dit enfin: *Si je ne ne mets ma main dans son côté, je ne croirai point;* & Jesus lui dit: *Portez votre main sur mon côté.* Le Seigneur ajoute: *Puisque ce sont-là les preuves que vous avez demandées, cessez d'être incrédule, mais croyez. Alors,* dit l'Evangéliste, *Thomas répondit: Mon Seigneur & mon Dieu!*

Il y a deux manières d'expliquer ces paroles. On convient d'abord que la phrase est coupée, & par consequent que le sens en est imparfait, suspendu. Thomas n'acheve pas ce qu'il veut dire, ou parce que le trouble où il est ne lui permet pas d'achever, ou plutôt parce que J. Christ, qui penétre ce qu'il veut dire, l'arrête, pour lui addresser cette importante leçon: *Thomas, vous avez cru* que j'étois ressuscité, *parce que vous l'avez vû. Heureux ceux qui croiront, sans avoir vû!* Paroles où J. Christ fait entendre à son Apôtre, que sa Foi est peu loüable, étant fondée sur la vûë; mais en même tems, que cette grace lui est particuliere.

Et comme dans les siécles à venir les Fidèles seront obligez de croire les divers Evenemens de sa Vie, sur le témoignage de ceux qui en ont été témoins oculaires; heureux ceux qui auront assez de docilité pour y déférer!

Thomas est heureux de croire, sans doute. Cependant sa Foi n'est pas digne d'éloge, parce qu'elle est forcée. Ce n'est pas Vertu en lui, c'est Nécessité. Pour être mise au rang des Vertus, il faut que la Foi ait pour principe l'Amour de Dieu, & le Désir d'être sauvé: Désir, Amour, qui portent l'Homme à chercher la voye qui peut le conduire au salut; à étudier la Révélation, & les preuves qui l'appuyent; à se rendre, non à l'Evidence, (il n'y en a point en matière de Foi,) mais à des raisons solides; à résister aux obstacles qui s'y opposent de la part de la chair & du monde; à embrasser des Devoirs qui coûtent à remplir. Une telle Foi étant le fruit du choix, & demandant *un cœur honnête & bon,* doit être mise dans le rang des Vertus, & elle est bien plus loüable & plus digne de recompense que celle de Thomas. Or c'est-là la Foi des Chrétiens qui sont venus après le tems des Apôtres. Ils sont donc plus heureux que Thomas; car le *positif* est mis pour le *comparatif.* C'est-ce qui doit nous consoler de n'avoir pas été admis à voir J. Christ ressuscité, comme ces premiers Hérauts de la Religion. Tout est compensé. Nous ne sommes plus exposez aux mêmes épreuves: & s'il nous en coûte plus à croire, nous avons l'avantage d'offrir à Dieu une Foi plus digne de son approbation & de ses regards.

Mais pour revenir à ces paroles, *Mon Seigneur & mon Dieu*; je dis, qu'il y a deux manières de les expliquer. L'une forcée, l'autre assez naturelle. La première est, de supposer que Thomas a sous-entendu ces mots, Tu es, & qu'il a voulu dire à J. Christ, Vous etes *mon Seigneur & mon Dieu.*

Je sçais, que le verbe *est*, se trouve quelquefois sous-entendu ; mais je doute qu'il y ait des exemples où ces deux mots, * *tu ès*, soyent sous-entendus. D'ailleurs, il ne paroît pas naturel, que celui qui parle, supprime les premiers mots d'une période, puisque c'est par-là qu'il doit commencer. De plus, cette explication est froide, & ne convient nullement à la situation de Thomas. Peu s'en faut que je ne le dise: ceux qui l'adoptent, sont des gens qui n'ont point d'Ame, ou, ce qui est la même chose, point de sentimens.

Il y a donc une seconde manière d'expliquer ces mots, *Mon Seigneur & mon Dieu*. C'est de supposer, que le *Nominatif* qui est dans le Texte, est mis pour le *Vocatif*, qui est le cas que les Grecs & les Latins employent quand ils parlent à quelqu'un. Il y en a des exemples dans l'Ecriture. Quand les Soldats insultent à J. Christ, & lui donnent des coups de verges, lui disant, *Roi des Juifs, je vous saluë*; l'Auteur sacré a mis le Nominatif pour le Vocatif. Je sçais que ces sortes de remarques Grammaticales ne conviennent gueres à ces Discours; mais le Lecteur me permettra celle que je viens de faire. Elle est absolument nécessaire pour entendre la pensée de Thomas.

C'est donc un mouvement d'admiration qui fait parler cet Apôtre, & il faut traduire: *O mon Seigneur & mon Dieu!* Cela étant, il veut dire à J. Christ: O mon Seigneur et mon Dieu! *que vous êtes grand, puissant, puisque vous avez eu le pouvoir de sortir du tombeau!* Ou bien, il veut lui dire: O mon Seigneur et mon Dieu! *daignez me pardonner ma faute. J'avoue qu'en vous voyant mourir sur une Croix, & soutenir les outrages des Juifs, sans vous tirer de cet état ignominieux, je n'ai pu me persuader que vous eussiez le pouvoir de sortir du tombeau; mais puisque vous vivez, & que vous daignez vous montrer à votre Apôtre, vous qui êtes le Rédempteur du monde, daignez pardonner à un de vos Disciples. Plus il est coupable, & plus il a besoin de votre charité.*

On ne prête rien ici à Thomas qui ne convienne parfaitement

* Σὺ εἶ, *tu es.*

ment à sa situation. Premièrement on ne peut douter que cet Apôtre ne fût saisi d'admiration à la vûë de son Divin Maître. Plus il a été ferme, dirai-je, opiniâtre à nier qu'il fût ressuscité, plus il doit être surpris, & témoigner sa surprise de le voir ressuscité. D'un autre côté, il ne doit pas sentir moins vivement sa faute, la déplorer, & demander à son Maître la grace dont il a besoin. Disons mieux. Divers mouvemens s'élevent dans l'Ame de Thomas, & y succedent tour-à-tour. Tâchons de les développer. D'abord je vois la *Honte* s'emparer de lui: c'est la première impression que doit produire la vûë du Seigneur. Je me représente un homme, qui, après avoir nié opiniâtrement qu'il fût l'auteur d'un attentat commis, malgré les preuves que l'on allegue contre lui, tout fier d'une fermeté si mal placée, pendant qu'il se glorifie de l'avoir emporté sur ses Accusateurs, & qu'il les insulte peut-être, voit tout d'un coup entrer dans la salle un témoin oculaire de son crime, qui produit des preuves de fait, & qui les montre à tous les Assistans. La Confusion alors s'empare de lui. Sa fierté l'abandonne. La pâleur lui succede. Tel me paroît Thomas. Environné des Apôtres, qui ont entendu tout ce qu'il a dit, c'est en leur présence que Jesus se montre à lui, & qu'il lui reproche son crime. O quelle confusion pour lui! Il me semble qu'il est prêt à s'écrier avec David: *O Seigneur, ne me reprenez point dans votre colere, ne me punissez pas dans votre fureur.* O MON SEIGNEUR ET MON DIEU!

A la Honte, doit succeder l'Admiration, qui est l'effet de la surprise & de la nouveauté. Tout ce qui est inattendu, & qui nous paroît fort au-dessus de nos idées, nous l'admirons, sur-tout quand nous y voyons des traits de Grandeur & de Puissance. Et où paroissent avec plus d'éclat ces traits de Grandeur & de Puissance, que dans le pouvoir de sortir du tombeau? Terme fatal, où toute la Puissance humaine s'arrête, où elle tombe en poudre, où on la foule aux pieds, avec autant de mépris qu'on l'avoit admirée dans sa splendeur. Je me représente donc un homme, qui a vû jetter sur son bord par la tempête, un Personnage inconnu, qui porte les marques du danger qu'il a couru. Il est pâle, abattu; & loin d'être redoutable, ou même d'être en état de se secourir lui-même, il a besoin de la compassion d'autrui. Cet homme se seroit-il attendu, de voir ce même Personnage assis sur un Trône auguste, environné de ses gardes, & commandant avec un empire absolu à tout un Royaume? Il le voit cependant tout d'un coup dans cet état de gloire, après l'avoir vû dans un si grand abaissement. Jugez de sa surprise & de son Admiration. Ses yeux peuvent à peine suffire à regarder, & son imagination est trop foible pour soutenir ce spectacle. Tel me paroît Thomas, en voyant Jesus ressuscité. Il ne le voit, je l'avouë, encore assis sur le Trône de son Pere; mais il le voit ressuscité, & pour peu qu'il réfléchisse, ne doit-il pas rappeller ce que Jesus avoit dit, *Qu'il seroit assis sur le Trône de son Pere;* le voyant ressuscité? Cette première prédiction accomplie, n'est-elle pas un gage certain de l'accomplissement de la seconde? Il me semble donc que Thomas, voyant son Maître ressuscité, anticipe sur l'avenir, & le voit dans toute sa gloire. O si David, pénétré des merveilles de la Création, s'écrie: *O Seigneur, que tu ès grand, que tu ès magnifique! Tu as placé ta Majesté par-dessus tous les Cieux;* Thomas, pénétré de la merveille de la Résurrection, prélude de l'Ascension du Seigneur, & de sa Séance à la droite de Dieu; Thomas, dis-je, ne doit-il pas s'écrier: *Seigneur, que tu ès Grand, que tu ès Magnifique!* O MON SEIGNEUR ET MON DIEU!

Si l'Admiration s'empare de l'Ame de Thomas, elle doit bientôt faire place à un sentiment plus doux. Elle doit faire place à la *Joye*. Je me persuade que son Ame en est inondée; qu'il pleure de joye, plus encore que de tristesse, en embrassant les genoux de son divin Maître: car assurément il n'use pas de la liberté que le Seigneur lui donne, de mettre sa main dans son côté. A-t-il besoin de le voir, ce côté, puisqu'il voit la face de son Rédempteur? Mais puisque c'est son Rédempteur, il ne voit point de colere sur son visage; il n'y voit que sa Bonté. Elle y est peinte, comme elle le fut toûjours sur le visage de J. Christ. Il n'a jamais senti cette passion mal-faisante. Je parle de la colere. Il ne l'a pas sentie sur la Croix, où il pardonna à ses ennemis; la sentiroit-il lorsqu'il ne se montre à son Apôtre que par un motif de Charité? O si un Fils embrasse tendrement un Pere qu'il a cru mort, & qui paroît tout-à-coup à ses yeux; avec quels transports de joye Thomas n'embrasse-t-il pas les genoux de son Divin Maître, qu'il a cru mort, & qu'il voit vivant devant lui! O c'est lui, qui doit dire avec le Prophete: *Mon ame est rassasiée comme de moële & de graisse*: O MON SEIGNEUR ET MON DIEU!

Mais que parlai-je de Honte, d'Admiration, de Joye? Il y a un sentiment qui dût l'emporter sur tous les autres. C'est la Réconnoissance.

Que les bienfaits d'un Maître offensé nous sont chers! On voit bien que J. Christ n'est pas un simple homme. Les hommes en pouvoir ne se vengent gueres de la sorte; je veux dire par des bienfaits. Souvent ils font du mal, sans être offensez; & comment feroient-ils du bien à ceux qui les ont offensez? Il faut pour cela une Grandeur d'Ame peu commune. Mais le Seigneur ne veut pas que Thomas périsse dans son Incrédulité. C'est une brebis qu'il aime, & qu'il vient chercher lui-même. Il ne se montre point aux Pharisiens, aux Docteurs, aux Grands de la Nation: Il se montre à Thomas. O quelle Gratitude une Bonté si peu méritée, & dont la grandeur égale l'indignité du sujet, quelle Gratitude, dis-je, dut-elle exciter dans son cœur? Il faut se mettre en la place de cet Apôtre, pour le sentir comme lui. Ce sont-là de ces situations où la Foi seule, & l'Amour du Seigneur Jesus peuvent nous mettre. Oui, ô Divin Jesus, il faut t'aimer comme Thomas, pour sentir, comme lui, toute ta Bonté, & pour te dire avec les mêmes transports, *O mon Seigneur & mon Dieu*!

Finissons ce Discours par quelques Refléxions. On voit dans l'Histoire que nous venons de considerer, 1 *la Foiblesse* & *la Témerité* des Hommes, qui jugent de ce qui est possible ou impossible, par leurs idées, ou plutôt par leurs préjugez: préjugez qui n'étant fondez que sur leur expérience & sur les refléxions qu'ils ont faites, sont des garans très-peu sûrs de la vérité. Car enfin, que sçavons-nous, & jusqu'où peuvent s'étendre nos refléxions & notre expérience? L'un & l'autre se terminent à un petit cercle de véritez, au-delà desquelles nous ne voyons rien. Thomas a vû son Maître mourir sur une Croix, souffrir les insultes des Juifs, qui crient, que s'il est le Fils de Dieu, il descende de la Croix, & qu'ils croiront en lui. Le Seigneur n'en descend pas. De-là, Thomas en tire une preuve qu'il ne peut en descendre, & que par consequent il pourra bien moins triompher de la mort & sortir du Tombeau. Après ce jugement précipité, envain des gens dignes de foi l'assurent-ils avoir vû le Seigneur, lui avoir parlé, l'avoir vû manger en leur présence, & leur donner des signes certains de vie. Tout ce que l'on peut lui dire, est parfaitement inutile. Son parti est pris, & rien ne peut le faire changer. N'est-ce pas ce que l'on voit tous les jours dans le monde? On a porté son jugement sur une infinité de choses, dans cet âge où l'on ne raisonne pas, & où l'on est hors d'état de raisonner. Envain tâche-t-on dans la suite de nous désabuser. Il n'est plus moyen de le faire. De-là, la source de tant d'erreurs incorrigibles; & ce qui est plus triste encore, de-là, l'impossibilité de réunir les Hommes en matière de sentimens. L'opiniâtreté est devenuë invincible.

En 2 lieu, on voit dans cette Histoire la différence que l'on doit mettre entre les défauts de l'Esprit & les défauts du Cœur. Comme les premiers sont, ou en tout, ou en partie, involontaires, ils demandent du support, de la condescendance, de la charité; & le seul remede propre à corriger ces défauts-là, c'est l'Instruction, les Avis, des Raisons solides: Au lieu que les défauts du Cœur étant tout-à-fait volontaires, ne demandent aucun support, aucun ménagement, ou même sont dignes des plus séveres châtimens. On voit cette distinction bien marquée dans la conduite du Fils de Dieu. Il a du support pour les défauts de l'Esprit. Il n'en a point pour les vices du Cœur. Voyez comme il en use envers Thomas, dont l'Incrédulité vient des préjugez où il est; il daigne se montrer à lui, lui donner les preuves qu'il demande, & s'il le censure, c'est avec beaucoup de menagement, & d'une manière indirecte; c'est plutôt un avis, qu'une censure, que le Seigneur lui addresse: *Vous avez cru*, dit-il, *Thomas, parce que vous avez vû. Heureux ceux qui croiront sans avoir vû*! Le Seigneur en use bien différemment par rapport aux Pharisiens, dont les vices ont leur source dans le Cœur. Ils sont avares, impurs, malins, cruels, hypocrites; le Seigneur leur dit: *Malheur à vous!* Ce n'est pas assez; il ajoûte: *Vous êtes des Sépulcres blanchis, beaux au dehors; mais pleins d'ossemens de morts.* Ce n'est pas encore assez: Il les appelle *Race de Viperes*, & leur dénonce les plus séveres châtimens de Dieu. *Comment pourriez-vous fuir*, leur dit-il, *la colere à venir?*

En 3 lieu, on voit dans cette Histoire *la Validité du Témoignage des Apôtres*, au sujet de l'article fondamental de la Religion Chrétienne; je veux dire de la Résurrection du Seigneur. Car, puisqu'ils ont eu tant de répugnance à croire que J. Christ fût véritablement ressuscité, & qu'il a eu la condescendance de leur donner les preuves qu'ils ont demandées pour le croire, certainement

l'Illul'Illusion est impossible ; & comme, en attestant ce fait, ils attestent ce qu'ils ont vû & touché: *Ce que nous avons vû, disent-ils, ce que nous avons touché de la parole de vie, nous vous l'annonçons* ; ne doit-on pas les croire ? Il ne reste qu'une ressource à l'Incrédule ; au moins je n'en vois qu'une. C'est d'accuser les Apôtres d'imposture. Or quelle ressource à qui lira l'Evangile sans prévention ! Tout parle, tout dépose ici en faveur de la bonne-foi des Apôtres. Leurs mœurs irréprochables, & leurs souffrances sans exemple, disent hautement que l'Imposture est impossible ; & pour l'admettre dans des hommes de ce caractère, il faut abjurer les maximes les plus évidentes de la Raison. Donc le Témoignage des Apôtres est vrai, & la Résurrection du Seigneur est un fait certain.

DISCOURS XXVI.

Jesus paroît à ses Disciples près de la Mer. Jean XXI. 1-24.

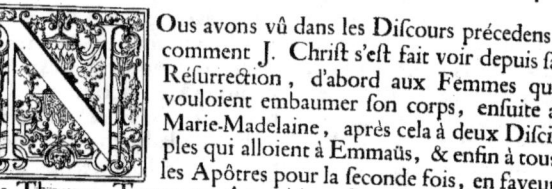Ous avons vû dans les Discours précedens, comment J. Christ s'est fait voir depuis sa Résurrection, d'abord aux Femmes qui vouloient embaumer son corps, ensuite à Marie-Madelaine, après cela à deux Disciples qui alloient à Emmaüs, & enfin à tous les Apôtres pour la seconde fois, en faveur de Thomas. Toutes ces Apparitions se passent à Jerusalem, ou dans les environs; mais comme les Apôtres sont enfin partis de Jerusalem pour se rendre en Galilée, où J. Christ leur avois promis, & avant, & après sa Résurrection, de se montrer à eux, nous allons voir dans ce Discours, comment il daigne accomplir sa promesse.

Les Evangélistes ne parlent que de deux Apparitions du Seigneur en Galilée. L'une publique, solemnelle, où J. Christ fut vû de tous ses Apôtres sur une montagne qu'il leur avoit marquée, & que l'on conjecture être la montagne du Thabor. Les Apôtres n'étoient pas seuls, & il y a toute apparence que ce fut dans cette occasion que le Seigneur fut vû de plus de cinq-cens personnes à la fois, comme le dit S. Paul. L'autre, particuliere, subite, inattenduë, & lorsqu'une partie des Apôtres ne pensoient qu'à s'occuper, en attendant les ordres du Seigneur, pour s'assembler au lieu qu'il leur avoit désigné. La première Apparition est rapportée Matth. XXVIII. La seconde, par S. Jean, au XXI. de son Evangile, & c'est celle que nous avons à considerer dans ce Discours.

L'Evangéliste nous apprend d'abord le tems & le lieu de cette Apparition, ensuite les Personnes qui y eurent part, & la manière dont J. Christ se fit connoître à elles. Parcourons un moment ces circonstances.

A l'égard du tems, elle suivit immédiatement les deux Apparitions du Seigneur à ses Apôtres; car c'est uniquement de celles-là que l'Evangéliste veut parler, quand il dit au vs. 14. *Que ce fut ici la troisième fois que le Seigneur apparut à ses Disciples.* Par les Disciples, il faut entendre les Apôtres, les per-

sonnes, auxquelles il se montra dans cette occasion, étant peut-être tous, au moins la plûpart, Apôtres.

S. Jean les nomme. Ce furent, dit-il, *Simon-Pierre, Thomas, appellé Didyme, Nathanaël, de Cana en Galilée, Jaques & Jean, fils de Zebedée*, & deux autres que l'Evangéliste ne nomme pas, & que l'on conjecture, avec beaucoup de vraisemblance, avoir été *André & Philippe;* car outre que le premier étoit frere de S. Pierre, & le second son Associé, exerçant la même profession que lui, ils étoient tous deux de Bethsaïde, la patrie de S. Pierre. Aussi sont-ils souvent nommez ensemble. Cela étant, tous ces sept Disciples étoient Apôtres, si l'on en excepte Nathanaël, sur lequel on a quelque doute. Cependant, comme il est ici joint aux Apôtres, qu'il fut d'abord du nombre de ceux que le Seigneur convertit, & qu'il éleva ensuite à la dignité de l'Apostolat, on soupçonne qu'il a eu deux noms, & que si on ne le reconnoît pas dans la liste des Apôtres, c'est parce qu'il y paroît sous un autre nom.

Quoi qu'il en soit, les sept personnes que l'on vient de nommer avoient passé en Galilée, & s'étoient retirées, ou à Bethsaïde leur patrie, ou à Capernaüm, où S. Pierre avoit une maison. Il leur propose d'exercer leur premier métier; soit simplement dans le dessein de ne pas demeurer oisifs, ou bien pour fournir à leur subsistance, à laquelle J. Christ avoit eu soin de pourvoir pendant tout le tems qu'ils furent à sa suite. Des Ames pieuses venoient lui offrir d'elles-mêmes au-delà de ses besoins & de ceux des Apôtres. Ils acceptent la proposition, & vont ensemble au Lac de Tibériade, où ils se mettent à pêcher pendant la nuit; mais leur pêche fut bien malheureuse, au moins en apparence; *car ils ne prirent rien cette nuit-là.* Que la Providence paroît ici d'une manière bien marquée! On a peine à reconnoître son action dans les évenemens ordinaires du monde; mais ici elle est sensible, palpable. Les Apôtres employent envain leur art, & prennent toutes les mesures convenables pour réüssir. Cependant ils ne peuvent rien prendre, parce que Dieu ne le permet pas, & sa Sagesse le veut ainsi, pour préparer les voyes au Miracle que le Seigneur va opérer en leur présence. D'un autre côté, que cette action de Dieu est propre à consoler les Gens de bien dans les malheurs inévitables de la vie! Car comme ils voyent ici que Dieu est le maître des succès, qu'il les accorde ou les refuse à son gré, ils respectent son autorité, & s'y soûmettent avec résignation; mais quand ils voyent qu'il ne refufe ce fuccès à fes Apôtres que pour donner lieu à un Miracle de Bénéficence, propre à affermir leur Foi & leurs Efpérances ; quelle raifon de fe flatter, que Dieu ne refufe à ceux qu'il aime, les biens temporels qui femblent dûs à leurs travaux, que parce qu'il leur prépare des biens qui ne peuvent être communs aux bons & aux méchans ! ceux d'ici bas étant trop imparfaits pour fervir à les diftinguer, & pour être la recompenfe de la Vertu.

 Dès le matin, dit l'Evangélifte, *Jefus parut fur le rivage, mais les Difciples ne le reconnurent point.* L'éloignement où ils étoient du bord, & le peu de jour qu'il faifoit, purent fuffire pour leur faire méconnoître J. Chrift, qui d'ailleurs ne vouloit pas être connu, afin d'ajoûter la furprife à l'action miraculeufe qu'il fe propofoit d'opérer. *Jefus* donc leur dit: *Mes Enfans, n'avez-vous rien à manger?* ou plutôt, *N'avez-vous point de Poiffons?* Car c'eft-ce que porte l'Original. Il parle en homme qui vient pour achetter des Poiffons, & s'informe s'ils en ont à vendre. Sans doute il n'ignore pas qu'ils n'ont rien pris ; mais il falloit paroître l'ignorer, & l'apprendre d'eux-mêmes. *Non; lui répondirent-ils.* Sur quoi Jefus leur dit: *Jettez le filet du côté droit de la barque, & vous trouverez quelque chofe.* C'eft un confeil qu'il leur donne, & ils pouvoient d'ailleurs juger qu'il avoit apperçu des Poiffons de ce côté-là. Ils le croyent, & fuivent fon avis. Mais quelle furprife pour eux ! *Ils jetterent le filet*, dit S. Jean, *& il fe remplit tellement de Poiffons, qu'ils ne pouvoient le tirer.* La furprife où ils font les rend attentifs. Ils cherchent les caufes d'un changement fi fubit. Ils ont pêché toute la nuit, où l'obfcurité & le calme contribuent beaucoup à favorifer la pêche. Ils ont parcouru le Lac, jetté le filet une infinité de fois, & toûjours fans rien prendre : & à préfent que cet Inconnu leur a défigné l'endroit où ils devoient jetter le filet, les Poiffons femblent y courir en foule, & chercher d'eux-mêmes le piége qu'on leur tend. Quel peut être cet Inconnu, fi-non J. Chrift, qui a fignalé tant de fois fa Puiffance fur ce Lac? C'eft-là que ces mêmes Apôtres ont vû Jefus marcher fur les eaux, & donner à Pierre le pouvoir de le fuivre. C'eft-là qu'il a ordonné à cet Apôtre de pêcher, en lui declarant qu'il trouveroit dans la gueule d'un Poiffon le tribut que la condefcendance du Seigneur l'oblige à payer. C'eft-là qu'ils ont vû Jefus commander à la tempête, & les eaux agitées fe calmer à fa parole. C'eft-là enfin, qu'ils l'ont vû faire un miracle tout femblable, lorfqu'il qu'il addreſſa la vocation à Pierre, Jaques & Jean. Il les rencontre ſur le bord du Lac, lorſqu'après avoir inutilement pêché toute la nuit, ils lavoient leurs filets, & il leur dit, de les jetter de nouveau. Ils les jettent ſur ſa parole, & prennent une ſi grande quantité de Poiſſons, que le filet rompoit. Seulement il eſt ſurprenant, que ce ne ſoit pas S. Pierre qui ait reconnu J. Chriſt le premier. Ce fut S. Jean qui dit auſſi-tôt à Pierre : *C'eſt le Seigneur*. Ce miracle ne peut venir que de lui. Mais ſi l'un montre plus de penétration, l'autre montre plus de zèle. *Dès que Jean eût dit à Pierre, C'eſt le Seigneur*, cet Apôtre, tranſporté d'amour, ſe jette dans le Lac, & va joindre J. Chriſt. Il ne conſidere pas que la barque eſt proche du bord, & qu'il n'y a qu'environ cent pas à faire pour y arriver ; que ſi tous l'imitoient, & ceſſoient de tirer le filet, ils perdroient le fruit du miracle que J. Chriſt a opéré en leur faveur. Une ſeule choſe l'occupe ; c'eſt le reſpect qu'il doit à ſon Maître, & comme il s'apperçoit qu'il n'a que ſa veſte ou ſa chemiſe, *il ſe couvre auſſi-tôt de ſa robe, & ſe ceint*, pour paroître aux yeux de ſon Divin Maître d'une manière décente, & convenable à la venération qui lui eſt dûë.

Il faut avouer que l'on reconnoît à cette action le beau caractère de S. Pierre. C'eſt peu, ſans doute, que de ſe jetter dans la mer, & de mouiller ſes habits pour J. Chriſt : Mais ce ſont les motifs, plus que les actions, qui les caractériſent, & qui en font la grandeur. Elles dépendent des circonſtances, dont nous ne ſommes pas les maîtres : mais pour les motifs, ils ſont à nous, & il ſuffit qu'ils ſoyent nobles, généreux, pour donner du prix aux actions qui en ſont les effets. Si donc on conſidere par cet endroit l'action de Pierre, elle eſt infiniment belle. Une ſainte impatience l'entraîne, & il ne peut réſiſter au plaiſir d'embraſſer un Maître qu'il venère. Un profond Reſpect, un Amour vif & tendre, ſont les véritables cauſes du tranſport de cet Apôtre. *Simon-Pierre*, dit l'Evangéliſte, *n'eut pas plutôt entendu dire que c'étoit le Seigneur, qu'il ſe vétit, car il étoit nud, & ſe jetta dans l'eau. Il étoit nud* ; c'eſt-à-dire qu'il n'avoit que *ſa veſte* ou *ſa chemiſe* ; car l'expreſſion que l'Auteur ſacré employe pour déſigner l'habit que l'Apôtre mit, marque un habit de deſſus, ou une robe : auſſi eſt-il dit qu'il *la ceignit*. On ne portoit de ceintures qu'aux robes traînantes.

Cependant ſi l'Apôtre témoigne plus de zèle que ſes Collegues, ils eurent plus de prudence que lui, & elle ne leur permit pas de l'imiter. C'eſt-ce que l'Evangéliſte a ſoin de remarquer, en difant que pour eux, *Ils vinrent dans la barque, tirant le filet plein de Poiſſons, & n'étant éloignez de terre que de deux-cens coudées.* On voit-là deux choſes qui les juſtifient: l'une eſt, qu'ils ſont fort proches du bord, & qu'ils ne peuvent gueres arriver plus tard en demeurant dans la barque. L'autre, qu'ils ne veulent pas abandonner leur filet, & perdre l'avantage dont ils ſont redevables au Fils de Dieu.

Arrivez à terre, les Apôtres *virent,* dit l'Evangéliſte, *de la braiſe, avec du Poiſſon qu'on avoit mis deſſus, & du Pain.* Comme il ne dit pas d'où venoient l'un & l'autre, il y a de l'apparence qu'ils venoient des Apôtres, qui avoient préparé ce Pain & ce Poiſſon pour leur déjeûné; car bien qu'il ſoit remarqué qu'ils n'avoient rien pris, ils pouvoient avoir pris peu de choſe, & le compter pour rien. Ce ſens eſt fort naturel, & anéantit les myſtères que quelques Interprêtes inventent ſans fondement. J. Chriſt veut que ſes Diſciples jugent de la pêche qu'ils ont faite, & leur dit: *Apportez les Poiſſons que vous venez de prendre.* Simon-Pierre, aſſiſté ſans doute des autres Apôtres, puiſqu'il eſt dit que tous enſemble ils avoient de la peine à tirer le filet, *Pierre,* dis-je, *monta dans la barque, & tira à terre le filet, chargé de cent cinquante grands Poiſſons, & quoiqu'il y en eût tant*, ajoute l'Evangéliſte, *le filet ne rompit point.*

Le deſſein de J. Chriſt, en procurant à ſes Apôtres une pêche ſi abondante, étoit aſſurément de les encourager dans les fonctions de leur miniſtère. Il veut leur faire comprendre, qu'ils ne pouvoient manquer de rien en ſervant un Maître tel que lui. Peut-être même veut-il leur donner un emblême du ſuccès de leur miniſtère. Ils verront les Peuples ſe convertir à l'Evangile, & les raſſembleront en corps, comme dans une ſorte de filet.

Les Apôtres n'avoient préparé qu'un Poiſſon pour leur déjeûné; mais J. Chriſt leur prépare de quoi ſe nourrir pour long-tems. Dès que les Poiſſons furent comptez, J. Chriſt leur dit: *Venez, déjeûnez;* car c'eſt ainſi qu'il faut traduire. C'étoit le matin; & l'Original a cette ſignification. *Aucun d'eux,* ajoûte l'Evangéliſte, *n'avoit la penſée de demander à J. Chriſt, qui il étoit.* Il faut encore traduire de la ſorte: Et pourquoi n'en avoient-ils pas la penſée? *C'eſt,* continuë l'Evangéliſte, *c'eſt parce qu'ils voyent bien que c'étoit Jeſus.* Le Seigneur s'approche, & fait les fonctions de Pere de famille. C'étoit lui véritablement qui donnoit le repas, & c'eſt lui qui doit en faire les honneurs. Auſſi S. Jean remarque,

qu'il

qu'il diftribua les mets. *Il leur donna à chacun du Pain & du Poiffon.* On ne peut gueres douter qu'il n'aît mangé lui-même, puifqu'il jugea à propos de le faire lorfqu'il apparut pour la première fois à fes Apôtres.

L'Evangélifte ne nous dit rien de la converfation de J. Chrift pendant le repas; mais dès qu'il eft achevé, Jefus fe tourne du côté de S. Pierre, & lui dit: *Simon, fils de Jona, m'aimez-vous plus que ne font ceux-ci?* Il exige de cet Apôtre, non fimplement l'Amour, mais un Amour fupérieur à celui des autres. Il fe peut que l'action que S. Pierre venoit de faire ait donné lieu à la demande de J. Chrift. Dans ce fens il dit à cet Apôtre: „ A en juger par les apparences, vous „ paroiffez, Pierre, m'aimer plus que vos Collegues qui „ font ici; puifque vous n'avez pû attendre que le vaiffeau „ vous conduifit à terre. Dès que vous avez fçû que c'étoit „ moi, fans confiderer la perte que vous pouviez faire en lâ-„ chant le filet; fi les eaux étoient profondes, ou non; ni „ même s'il y avoit quelque rifque pour votre vie; votre „ zèle vous a emporté; & pourvû que vous puffiez m'appro-„ cher le premier, vous étiez content. Mais, Pierre, ces „ marques de votre Amour ne me fuffifent pas. Il me faut „ une affurance de votre bouche pour m'en convaincre. *Di-„ tes-moi donc, fi vous m'aimez plus que ne font ceux-ci?* " S. Pierre, devenu plus réfervé & plus modefte par fa chute, n'a garde de s'élever une feconde fois au-deffus de fes Collegues. Il s'abftient de juger des autres, & ne parle que de lui-même. *Oui, Seigneur,* dit-il à J. Chrift, *vous fçavez que je vous aime.* Malgré ma trifte chute, vous ne pouvez ignorer mon Amour, après les preuves que je vous en ai données, depuis le tems que vous avez daigné m'appeller à vous fuivre. Là-deffus J. Chrift dit à Pierre: *Paiffez mes Agneaux,* ou *mes Brebis;* car c'eft la même chofe.

Le Seigneur compare les Fidèles à des *Agneaux,* ou à des *Brebis;* non feulement à caufe de la Douceur de ces animaux; Douceur qui doit être le caractère diftinctif des vrais Fidèles, mais fur-tout à caufe des Perfécutions qu'ils auront à fouffrir de la part du monde. Cela eft clair par ce que dit J. Chrift à fes Apôtres: *Je vous envoye comme des Brebis au milieu des Loups.* Il compare de même les fonctions du miniftère Evangélique, à celles d'un Berger par rapport au Troupeau qui lui eft confié. Car comme celui-ci doit procurer à fes Brebis une nourriture faine, les guérir de leurs maladies, & les défendre contre les bêtes féroces; l'autre doit donner au Troupeau de J. Chrift, une nourriture

ture spirituelle, mais salutaire. Il doit guérir les maladies de l'Ame par de solides Instructions & de sages Conseils, & défendre le Troupeau du Seigneur contre les ennemis qui attaquent son salut. Mais ses soins & son pouvoir se bornent aux fonctions pastorales. Il n'a aucune Autorité sur lui, & doit toûjours se souvenir, que le Troupeau qu'il est appellé à paître, est le Troupeau de J. Christ, qu'il a acquis par son propre sang. Ce sont mes Brebis, dit J. Christ à Pierre, que je vous confie. *Paissez mes Brebis.*

Le Seigneur ne se contente pas de cette première protestation de S. Pierre, qui assure qu'il aime son Maître, & que son Maître ne peut l'ignorer. Il exige jusqu'à trois fois la même protestation, en ajoutant toûjours : *Qu'il paisse ses Brebis*; preuve que l'Eglise est infiniment chere au Fils de Dieu, puisqu'il ne veut en confier le soin à son Apôtre, qu'après s'être assuré par trois protestations consécutives de son Amour pour lui. En second lieu, c'est une preuve que l'Amour seul, mais un Amour vif & sincere pour J. Christ, nous rend propres aux fonctions du ministère Evangélique. Tout autre motif ne convient pas, & ne peut donner au Ministre de l'Evangile les qualitez qu'il doit revêtir pour exercer dignement & avec succès tel ministère.

S. Jean remarque, que lorsque Jesus-Christ exigea pour la troisième fois de son Apôtre l'aveu de son Amour, S. Pierre *fut affligé*. Il y en a plus d'une raison. 1. S. Pierre comprend bien, que J. Christ veut lui rappeller la mémoire de sa faute, & qu'il la repare par une triple protestation de son Amour. Il y a trop de rapport entre la triple Abnégation de l'Apôtre & la triple Confession que le Seigneur exige, pour que le premier ne sente pas que J. Christ a en vûë le péché que Pierre a commis en le rénonçant. C'est le sentiment de [1] S. Augustin, & de quelques autres, qui est trés-juste.

En 2. lieu, l'Apôtre juge avec raison, que son Maître se défie de lui & de ses premières protestations, puisqu'il insiste jusqu'à trois fois à exiger de sa part le même aveu. Mais ce qui met le comble à son affliction, c'est que, tout convaincu qu'il est de son Amour pour J. Christ, il commence à se défier de lui-même, & à craindre que J. Christ ne découvre dans l'avenir une nouvelle chute, qui démente tout ce qu'il a dit. Car comme le Seigneur lui a déja fait voir qu'il le connoissoit mieux qu'il ne se connoissoit lui-même, & que,

mal-

malgré les protestations qu'il lui avoit faites de le suivre jusqu'à la mort, il a eu le malheur de le renoncer, cette pensée le navre. Le Seigneur le rassure, en lui apprenant la véritable raison qui l'oblige à insister sur l'Amour de son Apôtre pour lui. S. Pierre ignore à quoi l'exposera le ministère sacré que son Divin Maître vient de lui confier. Il ne s'agit pas simplement de paître le Troupeau de Jesus-Christ. Il s'agit de s'exposer à un péril certain, ou plutôt de subir le plus cruel supplice. C'est ce que J. Christ declare à S. Pierre, après s'être assuré de son Amour pour lui. *En vérité, en vérité*, lui dit le Seigneur, *je vous le dis, quand vous étiez jeune, vous vous ceigniez vous-même, & vous alliez où vous vouliez; mais quand vous serez vieux, vous étendrez vos bras, & un autre vous ceindra, & vous menera où vous ne voudriez pas aller.* Or *Jesus*, ajouta l'Evangéliste, *disoit cela, pour faire entendre à Pierre par quelle mort il devoit glorifier Dieu.*

Le Seigneur fait allusion aux coûtumes de son tems. Les Orientaux portoient de longues robes. Il falloit les relever & les ceindre quand on vouloit agir, ou marcher. Les jeunes gens le font sans peine, au lieu qu'un vieillard a besoin du secours d'autrui. On l'oblige à étendre les bras quand il s'agit de l'habiller, & souvent on le conduit où il ne voudroit pas aller. Tel S. Pierre, quand il sera dans un âge avancé. On se saisira de sa personne. On le traînera au supplice. On le forcera d'étendre ses bras sur une Croix. Ce n'est pas que l'Apôtre fut traîné au supplice malgré lui. Il le subit avec résignation, ou même avec joye. Tout ce que le Seigneur veut marquer par cette comparaison, c'est la répugnance naturelle à tous les hommes à quitter le monde, & à faire le sacrifice d'une vie qui nous est chere. Mais du reste, il ne faut pas croire que l'Apôtre reculât. Il marche à la mort avec courage. Un moment de refléxion suffit à un homme de bien, pour triompher des répugnances naturelles.

Le Seigneur prédit donc à son Apôtre une mort certaine. *En vérité, en vérité, je vous le dis*. Il lui en marque le genre. *Vous étendrez vos mains*, ajoute le Seigneur; ce qui désigne évidemment le supplice de la Croix. Il en marque le tems. Ce sera dans un âge avancé. *Quand vous serez vieux, vous étendrez vos mains*. Quelle preuve de la Mission Divine du Fils de Dieu, qu'une prédiction revêtuë de semblables circonstances, & vérifiée par l'évenement! Il est certain que S. Pierre a souffert le martyre.

336 JESUS PAROIT A SES DISCIPLES

Il ne l'eſt pas moins, qu'il eſt mort ° en Croix ; & il paroît par ſes Epîtres même que ce ne fut qu'après avoir fourni une longue carriere, porté l'Evangile en divers lieux, & lorſque, voyant ſa fin prochaine, il ne penſoit plus qu'à affermir les Fidèles dans la foi, par ſes exhortations. *J'eſtime*, dit-il, *que tant que je ſerai dans cette tente, il eſt de mon devoir de vous reveiller par mes avertiſſemens, ſçachant, que je dois bientôt quitter cette tente, comme notre Seigneur J. Chriſt me l'a fait connoître*. Tels étoient les ſentimens de l'Apôtre, prêt à répandre ſon ſang pour J. Chriſt, & ce fut par-là *qu'il glorifia Dieu*, comme s'exprime l'Evangéliſte. Voilà le bonheur du Fidèle qui meurt pour la cauſe de l'Evangile. Il meurt *pour la Gloire de Dieu*. Déja ſa mort eſt une preuve invincible de la ſincerité de ſa Foi, de ſon Amour & de ſa Confiance en Dieu. Il faut porter ces Vertus au plus haut dégré de perfection, pour être capable de ſacrifier ſa vie. En ſecond lieu, le Fidèle ſcelle par-là la vérité des Dogmes, des Devoirs & des Promeſſes de l'Evangile : car il faut la plus ferme conviction, pour les défendre par l'effuſion de ſon propre ſang. En troiſième lieu, c'eſt par-là qu'il inſpire la Foi de l'Evangile à tous ceux qui ſont témoins du ſacrifice qu'il fait; & c'eſt ainſi que *le Sang des Martyrs eſt devenu la Semence des Chrétiens*, comme s'exprime un ancien Pere de l'Egliſe. A la vûë d'un courage ſi héroïque, les hommes ont embraſſé l'Evangile; perſuadez qu'il avoit Dieu pour auteur. Mais quelle impreſſion ne dut pas faire le martyre de S. Pierre ! C'eſt ſa mort, qui eſt véritablement la preuve de la Divinité de l'Evangile. Il a été témoin oculaire des Diſcours & des Miracles du Seigneur, & c'eſt lui qui ſacrifie ſa vie pour la cauſe de l'Evangile : Donc l'Evangile eſt vrai, il eſt Divin. Jeſus a été le Miniſtre de Dieu, Dépoſitaire de ſa Puiſſance, & il a confirmé ſa Miſſion par les merveilles que l'Hiſtoire Evangélique a rapporté.

Je n'ai plus qu'une conſideration à faire. On demande pourquoi J. Chriſt s'addreſſe à Pierre en particulier, pour lui confier *le ſoin de ſes Brebis* ? En auroit-il exclû les autres Apôtres ? Non, aſſurement; puiſqu'il leur avoit dit à tous, *Qu'il leur remettoit le Royaume de l'Egliſe, comme il lui avoit été remis par ſon Pere; qu'il leur ordonne à tous, d'inſtruire & de bâtiſer toutes les Nations ; qu'il ſouffle ſur tous*,

en

en leur difant, *qu'ils recevront le S. Esprit* ; & ajoutant: *A quiconque vous remettrez les péchez, ils feront remis.* Il les met donc tous en égalité du côté du Pouvoir, des Dons & de l'étenduë du Miniftère Evangélique. Mais pourquoi donc s'addreffe-t-il à Pierre en particulier, pour lui confier le foin de fes Brebis ? Cette diftinction ne femble-t-elle pas lui donner la Supériorité fur les autres Apôtres ? Point du tout. Le Seigneur a eu certainement d'autres vûës, & il n'eft pas difficile de les découvrir. Ecoutons là-deffus ³ S. Chryfoftome. Il dit, que c'eft premièrement, „ parce que S. Pierre étoit l'oracle, & comme la „ bouche des autres Apôtres. Ainfi, en parlant à Pierre, „ le Seigneur parle à tous. Il dit, en fecond lieu, que c'eft „ pour faire entendre à cet Apôtre, qu'il a oublié fa chu-„ te, & qu'il lui rend le Miniftère facré, qu'il n'étoit plus „ digne d'exercer après fon crime. Il dit enfin, que le „ Seigneur veut lui faire comprendre, qu'à préfent il peut „ le fuivre en prifon & à la mort, & que la plus haute „ Vertu, la plus agréable à Dieu, eft l'Amour du Pro-„ chain, le foin & les fervices qui ont pour objet le fa-„ lut. " Ces raifons font folides. Peut-être certains Lecteurs ne s'en contenteront pas, & voudroient que l'on ajoutât, que J. Chrift donna à S. Pierre une autorité univerfelle, non feulement fur l'Eglife, mais fur fes Collegues. J'ofe dire, ⁴ que ce n'eft pas-là le langage de l'Antiquité, & S. Chryfoftome en particulier étoit fi éloigné de croire la prétenduë Suprématie de cet Apôtre, qu'il femble mettre S. Jaques au deffus de S. Pierre, à caufe de fon fiége, ayant occupé celui de Jerufalem ; & tout le monde fçait, que ce fut l'avis de ce dernier qui l'emporta dans le premier Concile de l'Eglife. Quoi qu'il en foit, S. Pierre, peu occupé des idées de prééminence, ne l'étoit que des fonctions de fon miniftère, & s'il a voulu fe diftinguer de fes Collegues, c'eft par des endroits plus nobles & plus dignes d'un Apôtre de J. Chrift, par un Amour plus vif & plus tendre pour le Seigneur, & par des foins plus affidus pour l'Eglife. C'eft à ces divers égards qu'il veut qu'on le prenne pour modèle ; & loin de s'arroger une fupériorité fur les Apôtres même, il fe met en égalité du côté du rang avec tous les Pafteurs, qu'il appelle Pafteurs, *ou Prêtres, comme lui.* Loin de leur

338 JESUS PAROIT A SES DISC. *Disc. XXVI.*

donner des ordres, comme Chef souverain de l'Eglise, *il les prie de paître le Troupeau de Dieu qui leur a été confié*; & leur défendant *d'exercer aucune Domination sur les héritages du Seigneur*, il les conjure d'en prendre soin, *par le seul motif de l'affection*, & *par l'espérance de remporter la Couronne incorruptible de Gloire.* Voilà le langage de cet Apôtre dans sa première Epître. (Ch. V. 1.4.) Que le Lecteur juge s'il s'accorde avec les idées de prééminence qu'on lui attribuë.

DISCOURS XXVII.

L'Ascension de J. Christ dans le Ciel. Luc XXIV. 50-53. Act. I. 6-16.

Ous voici arrivez au dernier terme de la Gloire du Fils de Dieu, ou plutôt nous touchons au terme de sa Gloire, qui commence proprement à son Ascension dans le Ciel, où il va recueillir le fruit de ses travaux, & regner sur le monde universel.

Le Seigneur avoit ordonné à ses Apôtres de quitter la Galilée & de retourner à Jerusalem, où il les rassemble le jour même de son Ascension, voulant qu'ils fussent tous témoins de ce grand évenement. *Les ayant assemblez*, dit S. Luc, *il leur ordonna de ne point partir de Jerusalem; mais d'y attendre la Promesse du Pere, laquelle,* ajouta-t-il, *vous avez ouïe de ma bouche; car Jean a bien à la vérité bâtisé d'eau; mais vous serez dans peu de jours bâtisez du S. Esprit.* Et comme ils étoient toûjours prévenus de l'idée d'un Regne temporel, ils s'imaginerent, qu'à présent que leur Maître étoit ressuscité d'entre les morts, & qu'il leur promettoit les dons du S. Esprit, dès qu'ils en seroient revêtus, il se mettroit à leur tête, & par des miracles de puissance, il affranchiroit sa Nation du joug des Romains. *Sera-ce dans ce tems-là*, disent les Apôtres à J. Christ, quand nous aurons reçu la Promesse du Pere, *que vous rétablirez le Royaume d'Israël*, que vous le mettrez dans l'éclat & la splendeur que nous attendons? Le Seigneur ne jugea pas à propos de dissiper pour lors leur illusion par rapport au Regne temporel qu'ils attendoient. Le préjugé étoit trop enraciné, & d'ailleurs il alloit être dissipé par la venuë du S. Esprit, qui devoit les instruire des véritez qu'ils ne purent goûter pendant la vie du Seigneur. Mais, à sa manière, il profite de l'occasion pour leur donner une instruction générale, c'est qu'il n'apartient point aux hommes de vouloir pénétrer l'avenir. Le privilege de Dieu est, de le voir cet avenir, & d'en disposer comme il lui plaît. *Ce n'est point à vous, leur répondit* J. Christ, *à sçavoir les tems & les momens, dont mon Pere s'est réservé la disposition à lui seul.* Après cette leçon importante, il leur promet de nouveau la grace qu'il leur avoit déja promife, en leur apprenant à quoi il les deftine: *Mais vous recevrez la vertu du S. Efprit, qui defcendra fur vous*, leur dit le Seigneur, *& vous me fervirez de témoins dans Jerufalem, auffi-bien que dans toute la Judée, la Samarie, & par toute la terre*. Voilà votre miniftère, & c'eft-là ce qui doit occuper votre efprit. „ Je vous deftine „ à rendre témoignage de ma Mort, de ma Réfurrection & „ de mon Afcenfion dans le Ciel, & des véritez que vous „ avez ouïes de ma bouche. Voilà ce qui vous regarde. Et „ ce qui me regarde, c'eft de vous mettre en état d'exercer „ un fi grand & fi beau miniftere. " Il faut bien remarquer, que le Seigneur ne veut pas qu'ils commencent les fonctions de leur charge avant que d'avoir reçû la vertu Divine qu'il leur a promife. Ils en ont abfolument befoin pour les exercer avec fuccès, & il veut que ce foit à Jerufalem même qu'ils attendent ce fecours. Jerufalem devoit leur être infiniment odieufe, depuis l'horrible attentat qu'elle a commis, en mettant en croix leur Divin Maître. C'eft la derniere des Villes qu'ils voudroient choifir pour y faire leur demeure. Cependant c'eft-là qu'ils doivent attendre les dons du S. Efprit; car c'eft-là qu'il convient à J. Chrift de lever le fcandale de la Croix, en donnant des preuves certaines de fon Exaltation dans le Ciel, & de la puiffance qu'il y exerce.

Jean XVI. 8. & fuiv. Auffi difoit-il, en parlant de la venuë du S. Efprit: *Il convaincra le monde de Péché, de Juftice & de Jugement. De Péché: pour n'avoir pas cru en moi*, que le Pere diftingue d'une manière fi glorieufe, puifque c'eft à mon occafion, & pour l'amour de moi, qu'il enrichit mes Difciples de fes Dons. *De Juftice*: la *Juftice*, dans cet endroit, c'eft l'*Innocence*. La venuë du S. Efprit convaincra le monde de mon Innocence, *parce que je m'en vais au Pere*. Si le Pere me reçoit dans fon palais, quelle preuve plus éclatante & plus fûre de ma parfaite Innocence! *De Jugement: parce que le Prince de ce monde eft jugé*. Le *Prince de ce monde* c'eft le Diable, qui eft regardé comme l'Auteur de l'Idolâtrie & des vices du monde. Il eft jugé par la prédication des Apôtres, qui vont renverfer fon empire. En un mot, les Dons du S. Efprit répandus fur les Apôtres au jour de la Pentecôte, furent la preuve invincible, 1. *du Crime des Juifs*, de n'avoir pas cru à la parole d'un Prophete qui difpofe des tréfors du Ciel; car s'il y a quelques *Dons qui viennent d'en-haut & du Pere des Lumieres*, ce font les Dons du S. Efprit. En fecond lieu, *de la parfaite Innocence du Fils de Dieu*. Auroit-il été admis,

mis, je ne dirai pas à partager la puissance de Dieu, mais à voir sa présence dans le Ciel, sans une Vertu pure & sans tâche? *Rien d'impur n'entrera dans la Jerusalem céleste.* En troisième lieu, *de la Déstruction de l'empire du Démon,* puisque c'est aux Dons du S. Esprit que les Apôtres furent redevables des Conversions qu'ils ont faites. Ignorans & foibles par eux-mêmes, mais enrichis des Dons du Ciel, ils sont éclairez, & disposent pour ainsi dire, de la puissance de Dieu même, pour confirmer les véritez qu'ils prêchent.

Après que J. Christ eût addressé ces instructions à ses Apôtres, *il les mena hors de Jerusalem, jusqu'à Bethanie,* [1] c'est-à-dire jusqu'à la hauteur de Bethanie; car il paroît par le vs. 12. du I. Chap. des Actes, que J. Christ s'arrêta sur la montagne des Oliviers, & que ce fut de-là qu'il monta dans le Ciel. Mais comme elle étoit située entre deux Bourgs, sçavoir Bethphagé & Bethanie, le Seigneur s'arrêta à la hauteur du second de ces Bourgs, & jugea à propos de choisir cet endroit-là pour s'élever dans le Ciel. Ne voulant pour témoins de son Ascension que ses seuls Apôtres, il falloit un endroit solitaire, mais élevé, afin que rien ne pût intercepter leurs regards & borner leur vûë. Il choisit donc la montagne des Oliviers. Ce choix est digne de sa miséricorde, puisqu'il semble ne l'avoir fait que pour fournir un sujet naturel de consolation à ceux qui souffrent. Toutes les fois que le Seigneur alloit à Jerusalem, il se retiroit le soir sur cette montagne, pour prier & se derober aux embuches des Juifs. Mais c'est-là en particulier qu'il voulut se retirer la veille de sa mort, & lorsqu'il eut ces terribles angoisses que les Evangélistes ont rapportées. Ainsi, le même lieu où Jesus a le plus souffert, devient pour lui l'entrée du Ciel & de la Félicité. Du théâtre de ses souffrances, il en fait, pour ainsi dire, le théâtre de sa Gloire. N'est-ce pas un motif de consolation pour ceux qui souffrent? *La semence est jettée avec larmes,* disoit le Prophete; *mais on la recueille avec des chants d'allegresse.* Souvent le Laboureur pauvre jette dans la terre, un grain nécessaire à la subsistance de sa famille. Il souffre de s'en voir privé, & craint la cruelle indigence. Mais lorsque le bon Dieu daigne bénir son travail & ses soins par une récolte abondante; comme il a pleuré de tristesse, il pleure de joye, & ne cesse de rendre graces à son Dieu. Tel le Fidèle. Il seme souvent avec larmes les bonnes œuvres, qui sont la condition de son bonheur; mais il en moisson-
nera

nera les fruits avec des transports de joye. Chrétien, pour te consoler, & pour consoler ceux qui souffrent & qui ont une Pieté sincere; Chrétien, dis-je, jette les yeux, non sur leur état présent, mais sur leur état à venir. Qui n'eut cru que Jesus étoit le plus malheureux des mortels, quand on le vit sur la montagne des Oliviers pousser ces cris lamentables: *Mon ame est saisie de tristesse jusques à la mort!* Mais quand on le voit passer de cette même montagne dans le séjour de l'Immortalité, qui n'est forcé d'avouer, *qu'heureux sont ceux qui pleurent, parce qu'ils seront consolez?*

Lorsque le Seigneur fut arrivé à la hauteur de Bethanie, *il leva les mains sur ses Disciples, & les bénit*, c'est-à-dire qu'il fit des vœux au Ciel pour eux. O quels vœux! Il me semble voir un Ami qui quitte ses Amis, & qui leur exprime dans les termes les plus tendres & les plus touchans, tout ce qu'il sent pour eux, & tout ce qu'il demande à Dieu pour eux; ou plutôt, il me semble voir le plus tendre Pere qui se separe de ses chers enfans, & qui les recommande à Dieu. Le plus tendre Ami, le meilleur de tous les Peres, eut-il jamais plus d'affection pour ses Enfans que Jesus en témoigne pour ses Disciples? *Il les bénit.* Et quelle bénédiction que la sienne! Il y a cette différence entre la bénédiction des hommes & celle de J. Christ, que celle des hommes ne renferme que des vœux, qui expriment notre Pieté envers Dieu & notre Amour pour ceux en faveur de qui nous les faisons: mais ils ne renferment rien de certain par rapport aux graces que nous demandons à Dieu. Qui peut disposer de sa faveur, pour en assurer ceux auxquels il s'intéresse? Au lieu que J. Christ dispose de la faveur & des graces du Pere. *Tout ce que tu as, est à moi*, dit-il lui-même dans sa priere à Dieu. Aussi assure-t-il ces mêmes Apôtres, que *tout ce qu'ils demanderont au Pere en son nom, il le leur accordera.* A plus juste titre leur accordera-t-il ce que Jesus lui-même demande pour eux au Pere.

Jesus fait des vœux pour ses Disciples, sur le point de quitter le monde. Qu'il est beau de le quitter dans de pareilles dispositions! La Charité est son caractère; mais elle redouble lorsqu'il est prêt à entrer dans le séjour de la parfaite Charité. Sa vie finit comme elle a commencé. Il quitte le monde comme il y est entré. En entrant dans le monde, les Anges font des vœux au Ciel pour le bonheur des Hommes: En sortant du monde, il fait des vœux pour le bonheur de ses Disciples. Sa Naissance, sa Vie, sa Mort, son Entrée dans le Ciel; tout est un sujet de bénédictions, puisqu'il est né, qu'il a

vécu,

vécu, qu'il est mort, qu'il est entré dans le Ciel, pour le bonheur des hommes. Heureux les Apôtres, qui reçurent celles du Fils de Dieu! *Il les bénit.* Et pour rendre cette bénédiction plus solemnelle, le Seigneur jugea à propos de l'accompagner d'une cérémonie usitée parmi les Juifs. *Il leva les mains sur ses Disciples en les bénissant.* C'étoit l'usage parmi les Juifs, de mettre les mains sur la tête de la personne, quand il s'agissoit de bénir une seule personne. Cette cérémonie étoit destinée à représenter la grace particuliere que l'on demandoit à Dieu; c'est sa protection. Car comme on a coûtume de couvrir de ses mains, ceux que l'on veut proteger ou défendre contre un ennemi, il étoit assez naturel de représenter, par cette action symbolique, la protection que l'on demandoit à Dieu. Mais quand il s'agissoit de bénir plusieurs personnes à la fois, comme on ne pouvoit mettre les mains sur toutes, on les levoit, en les étendant sur elles. C'est ainsi qu'il est dit que le Pontife *Aaron leva les mains sur le peuple, & le bénit.* Les Evêques de la primitive Eglise en usoient de même. <small>Lev. IX. 22.</small>

Dès que Jesus eût satisfait aux sentimens de sa Tendresse pour ses Disciples, *il se separa d'eux,* dit S. Luc, *& fut élevé dans le Ciel;* & comme il s'exprime au premier Chapitre des Actes: *Il fut élevé, ses Disciples le soutenant, & une nuée le soutenant, l'emporta de devant leurs yeux.* Il s'éloigna donc de quelques pas de ses Disciples, & comme ils avoient les yeux attachez sur lui, ils le virent s'élever dans les airs. Ils le suivirent des yeux, jusqu'à ce qu'une nuée vint se placer sous lui, & le deroba à leurs yeux. Voilà le spectacle dont les Apôtres furent les heureux témoins. Ils l'avoient été des Souffrances du Seigneur, & ils le sont de son Triomphe. Ils virent dans les unes une image de ce qu'ils avoient à souffrir eux-mêmes; & dans l'autre, une image de leur sort après la vie. Quel motif de consolation pour eux! Quel encouragement à soutenir les travaux de leur ministère? Crucifiez avec J. Christ, parce qu'ils souffrent en le voyant sur la Croix, ils ressuscitent avec lui, ils montent avec lui dans le Ciel, & vont s'asseoir avec lui dans les lieux célestes. Je ne m'étonne pas que S. Paul ait appliqué à l'Ascension du Seigneur, ces paroles de David victorieux, au Pf. LXVIII. où parlant de Dieu, il dit: *Qu'il est monté en-haut, qu'il a mené captifs une grande multitude de captifs, & qu'il a distribué des Dons aux hommes.* Le Prophete regarde Dieu comme le véritable auteur de la victoire qu'il a remportée sur ses ennemis. Il se le représente descendu sur la terre, combattant pour lui, met-

tant

tant en fuite les troupes ennemies, enrichiſſant les Iſraëlites de leurs dépouilles, & retournant après cette action dans le palais de ſa Gloire. Cela eſt figuré, j'en conviens. C'eſt un effet de la pieté de David, & de ſa juſte reconnoiſſance envers Dieu. Mais dans le ſens littéral, tout cela convient à J. Chriſt. Il eſt véritablement deſcendu du Ciel pour délivrer les hommes de leurs plus cruels ennemis; de l'Erreur, du Vice, de la Mort, des Enfers. Il a fait de ſa part, tout ce qu'il devoit faire pour les en délivrer; Inſtructions, Exemple, Motifs, Secours, Sacrifice expiatoire. Après l'avoir fait, il eſt remonté dans le palais de ſa Gloire, aux acclamations des Anges & des Saints; & pour honorer le jour de ſon Triomphe, il répand ſur ſon Egliſe naiſſante les plus précieux Dons, ceux du S. Eſprit. C'eſt donc à Jeſus montant dans le Ciel qu'il convient d'appliquer ces paroles de David: *Il eſt monté en-haut. Il a mené captifs une grande multitude de captifs. Il a diſtribué des Dons aux hommes.* Le Seigneur ne fait pas tout cela à ſon Aſcenſion: j'en conviens. Mais l'Apôtre, qui applique ces paroles à J. Chriſt, imite le ſtile des Prophetes, qui regardent un avenir certain, comme préſent. Déja Jeſus mene des captifs: les uns volontaires; car il va convertir une infinité d'hommes: les autres ſont captifs malgré eux; car il va aſſujettir les Démons. Déja il diſtribue des Dons, parce qu'il va prendre poſſeſſion de l'autorité ſouveraine, qui le met en état de les diſtribuer peu de jours après ſon Aſcenſion.

On remarque, que ſous la Loi, & avant la Loi, Dieu a élevé deux ſaints hommes dans le Ciel. Hénoc, avant la Loi. Elie, ſous la Loi. Dieu voulut donner cette conſolation aux anciens Fidèles, & leur apprendre par ces exemples, que le Ciel eſt le prix de la Vertu. Mais ce qui diſtingue le Fils de Dieu, c'eſt 1. la Manière dont il monte dans le Ciel: en 2. lieu, l'Endroit où il va ſe placer: & en 3. lieu, la Puiſſance dont il eſt revêtu.

Je dis premièrement, *la Manière* dont le Seigneur monte dans le Ciel. Elie y eſt élevé par un tourbillon de feu. Hénoc, qui a marché en la préſence de Dieu, ne paroît plus. Mais Jeſus eſt élevé dans le Ciel ſur le char de Dieu même, & ſon char de Gloire. Dieu eſt repréſenté dans un tourbillon de feu, lorſqu'il vient pour exercer ſa vengeance, & ſur une nuée, quand il s'agit de nous donner une idée de ſa Gloire. La manière différente dont Elie & J. Chriſt montent dans le Ciel, ſemble déſigner leur différent caractère. Le premier

Exod. xxxiii.

mier a été le Ministre de la Vengeance de Dieu sur les pécheurs ; le second, le Ministre de sa Misericorde envers les pécheurs : Ministère infiniment plus beau que le premier, & le seul digne de la Grandeur du Fils de Dieu. D'ailleurs, Elie n'a eu pour témoin de son Ascension qu'Elisée, son Disciple : & Jesus a eu pour témoins tous ses Apôtres. Elie n'a fait descendre personne du séjour de la Gloire pour annoncer son bonheur : & Jesus fait descendre deux Anges sur la terre, pour avertir ses Disciples du séjour où il est.

J'ai dit, en second lieu, que ce qui distingue l'Ascension du Seigneur, c'est l'Endroit où il va se placer. Hénoc & Elie s'arrêtent sur les bords du séjour de l'Immortalité : car *il y a plusieurs demeures dans le Ciel*, comme le dit J. Christ lui-même ; divers dégrez de Gloire. Et bien-que l'Ecriture ne nous en dise pas assez pour être en état de les distinguer, elle en dit assez pour nous faire comprendre en général, que comme il y a dans le Ciel divers ordres d'Intelligences, il y a aussi divers dégrez de bonheur. S. Paul parle de Puissances, de Trônes, de Dominations ; & J. Christ promet une félicité plus ou moins grande, selon la différence des personnes envers lesquelles nous aurons exercé la Charité. Celui qui a reçu dans sa maison un Disciple, en qualité de Disciple, doit être recompensé : mais celui qui a reçu un Prophete, en qualité de Prophete, doit l'être davantage. Il y a donc divers dégrez de Gloire, & Jesus-Christ est placé dans le premier & le plus élevé. Que dis-je ? Il entre dans le Palais de Dieu même, inaccessible à tous les mortels avant lui. C'étoit à lui qu'il étoit réservé d'entrer dans ce séjour, & d'en ouvrir l'entrée aux hommes. C'est-ce que l'Auteur Divin de l'Epître aux Hébreux nous apprend en termes formels : *Il n'y avoit*, dit-il, *que le Souverain Sacrificateur qui entrât dans le Sanctuaire, & seulement une fois l'année, non sans y porter du sang qu'il offroit pour ses péchez, aussi-bien que pour ceux du peuple ; le S. Esprit montrant par-là, que le chemin des lieux saints n'étoit pas ouvert, tant que le premier Tabernacle a subsisté.... Mais*, ajoute l'Auteur sacré, *J. Christ, le Souverain Sacrificateur des biens à venir, ayant paru, il est entré dans le Saint des Saints, ... non avec le sang des boucs ; mais avec son propre Sang, & c'est lui qui nous a acquis une Rédemption éternelle*, ou une *Résurrection éternelle*.

Colost. I. 16.

Matth. x. 40. 41. 41.

Heb. ix. 7. 12.

J'ai dit, en troisième lieu, que ce qui diftingue le Fils de Dieu, c'eft la Puiffance dont il eft revêtu dans le Ciel. Hénoc & Elie furent élevez dans les premiers cieux, pour y être parfaitement heureux; mais, ni Hénoc, ni Elie; que dis-je? aucune Intelligence ne partage la Puiffance & les Honneurs dûs à Dieu, au lieu que J. Chrift eft monté dans le Ciel, pour y poffeder à jamais la Puiffance & les Honneurs dûs à Dieu. Ecoutons S. Paul: *Dieu*, dit-il, *l'a fait affeoir à fa droite, dans le Ciel, au deffus de toute Principauté, de toute Domination, & de tout Nom*, ou de tout Etre, *que l'on célèbre, non feulement dans ce fiécle, mais dans le fiécle à venir. Il a mis toutes chofes fous fes pieds.*

_{Eph. 1.}
_{21. &}
_{fuiv.}

Auffi, dès que Jefus eft arrivé dans le Ciel, il difpofe des premiers Miniftres de Dieu, pour en faire les exécuteurs de fes ordres. Pendant que toutes les Intelligences céleftes s'empreffent à le recevoir, fon Amour pour fes Difciples ne lui permit pas de les oublier. *Comme ils avoient les yeux attachez au Ciel*, dit S. Luc, *pendant que Jefus y montoit; voici deux Hommes qui fe préfenterent devant eux, vêtus de blanc, & qui leur dirent: Hommes de Galilée, pourquoi vous tenez-vous-là à regarder vers le Ciel? Ce même Jefus qui a été enlevé d'avec vous au Ciel, en defcendra de la même manière que vous l'y avez vû monter.* Que ces paroles me paroiffent dignes d'attention! Elles portent un caractère de vérité, qui frappe tout homme qui refléchit. La fituation des Apôtres y eft dépeinte avec des traits fi naturels, qu'on ne peut s'empêcher de reconnoître que c'eft ici une Hiftoire, & non une Fiction. Ils font faifis à la fois d'Admiration & de Douleur. Et ne font-ce pas-là les fentimens qui doivent s'emparer de leur ame? L'Admiration tient leurs yeux attentifs vers le Ciel. Leurs regards s'y portent, s'y arrêtent, s'y fixent. Mais en même tems le Regret d'avoir perdu un fi bon Maître les afflige, les navre. Il s'agit de les confoler, & de les tirer de cette furprife. Jefus ne peut ignorer ni l'un ni l'autre, arrivé dans la Gloire, & affis fur le Trône de Dieu: & comme il eft la Bonté & la Charité même, ne doit-il pas avoir compaffion de l'état de fes Apôtres, & les en tirer? C'eft auffi ce qu'il fait. Deux Anges, fous une figure humaine, fe préfentent à eux. Ils font habillez de blanc, fymbole de l'Innocence & de la Joye.

Ces Anges commencent d'abord par les cenfurer de l'étonnement où ils font, d'avoir vû monter J. Chrift dans le Ciel. *Hommes de Galilée*, difent-ils, *pourquoi vous tenez-vous-*

là

là à *regarder vers le Ciel?* Ils font dignes de cenfure, puifque J. Chrift leur avoit dit plus d'une fois, *qu'il étoit iffu du Pere, & qu'il s'en retourneroit au Pere.* O s'ils euffent bien connu l'origine & la nature de leur Divin Maître, loin d'être furpris de le voir remonter dans fon féjour naturel, ils auroient été furpris de le voir vivre fur la terre, & converfer avec les hommes: mais comme ils ignorent encore la Dignité du Seigneur, il ne faut pas s'étonner, que ce qui devoit caufer leur furprife, ne l'ait pas fait; & qu'au contraire, ce qui ne devoit pas les furprendre, les ait furpris. L'Ignorance eft affez ordinairement une des principales caufes de notre admiration. Cependant, comme ils font blâmables, les Anges commencent par les blâmer; & après l'avoir fait, ils les inftruifent & les confolent, en leur apprenant le retour certain du Seigneur. Ce même *Jefus*, difent-ils, *qui a été enlevé d'avec vous au Ciel, en reviendra de la même manière que vous l'y avez vû monter.* Ils ne marquent pas le tems de fa venuë. Cela n'étoit pas néceffaire. Au contraire, il eft bon de l'ignorer, afin d'être toûjours prêts à le recevoir. Mais ils marquent la certitude de cette venuë, & la manière dont le Seigneur viendra. Ce fera fur les nuées du Ciel, comme les Apôtres l'y ont vû monter. Cette nouvelle les remplit de joye, puifque S. Luc nous apprend, *qu'ils s'en retournerent à Jerufalem, pleins de joye, & béniffant Dieu.*

Voilà l'Hiftoire abregée de l'Afcenfion du Seigneur, telle qu'elle nous eft rapportée par S. Luc. Les autres Evangéliftes ne parlent de ce grand Evenement que d'une manière générale. S. Jean rapporte ce que J. Chrift dit à fes Difciples avant que de les quitter: *J'ai été envoyé de la part du Pere, & je fuis venu dans le monde. Maintenant je laiffe le monde, & je m'en vais à mon Pere.* S. Marc ne dit qu'un mot de l'Afcenfion de J. Chrift: *Le Seigneur*, dit-il, *après avoir parlé à fes Difciples, fut élevé dans le Ciel, & s'affit à la droite de Dieu.* S. Matthieu fait mention des derniers Difcours du Seigneur, qui dit à fes Apôtres, que *toute Puiffance lui étoit donnée dans le Ciel & fur la Terre, & qu'ils allaffent prêcher fon Evangile par-tout.* Mais S. Luc eft celui qui parle avec le plus d'étenduë de cet Evenement: par-tout dans les Actes & dans les Epîtres de S. Paul & de S. Pierre, on voit des allufions à l'Afcenfion de J. Chrift.

Mais il ne fuffit pas d'avoir expofé le fait: il s'agit de le prouver. Les Incrédules diront, que nous ne fçavons cette te Afcenfion que par le récit des Evangéliftes, qui ont fuppofé cet Evenement pour faire honneur à leur Héros; qu'ils ont imité en cela les Juifs, qui prétendent que Moïfe a été élevé dans le Ciel: & après eux les Romains. Car on fçait que les Sénateurs, irritez du fafte & de l'infolence de Romulus, qui ne leur donnoit aucune part aux affaires, & qui ne paroiffoit plus qu'environné de fes Gardes & de fes Licteurs; on fçait, dis-je, que les Sénateurs Romains affaffinerent leur Roi, un jour qu'il avoit convoqué tout le Peuple en pleine campagne. Voici comment. Un orage des plus violens s'étant élevé tout-à-coup, & le peuple s'étant difperfé, les Sénateurs profiterent de l'occafion. Ils fe jettent fur leur Prince, le percent de toutes parts, enfeveliffent fon corps tout fanglant, & pour fe derober à la fureur du peuple, ils publient qu'il a été élevé dans le Ciel. Les plus fimples le croyent: le plus grand nombre ne le croit pas. Ils s'en prennent aux Sénateurs, qui les trompent, & publiant partout qu'ils font les meurtriers du Prince, ils fe foulevent. Pour appaifer le tumulte, le Sénat gagne un des plus grands perfonnages de la Ville, & fort eftimé du peuple, qui d'ailleurs avoit été l'ami intime de fon Maître. Celui-ci declare en pleine affemblée, & jure même, qu'il a vû Romulus, après fa mort, dans un éclat divin, qui lui a dit, que les Dieux l'avoient reçu, & qu'on devoit l'adorer comme Protecteur de la Ville, fous le nom de Quirinus. Après cette dépofition le tumulte ceffe, & la foi de l'Afcenfion de Romulus s'établit dans tous les Efprits. Voilà ce que rapporte Plutarque, dans la Vie de ce Prince. Mais il feroit bien injufte de vouloir mettre ce fait en parallele avec celui de l'Afcenfion de notre Divin Sauveur. Qu'il y a de difparité dans les circonftances! Romulus a-t-il fait des Miracles pendant fa vie? A-t-il prédit fa Mort, fa Réfurrection, fon Afcenfion? Qui font ceux qui publient la fable de l'Enlevement de Romulus dans le Ciel? Ce font des Sénateurs qui ont mille moyens pour cacher le corps de leur Maître. Il eft vrai qu'ils alleguent une Vifion, & le témoignage d'un homme diftingué par fon rang & par fa naiffance. On fçait ce que les fermens coûtent aux perfonnes de cet ordre, quand il s'agit de fauver leurs amis, & d'étouffer une émotion populaire. Mais eft-ce par des vûës politiques que les Apôtres parlent? Ont-ils les mêmes intérêts à menager? Les Sénateurs, tout Sénateurs qu'ils font, fondent-ils une nouvelle Religion; & ont-ils le crédit de faire adorer leur Roi par toute la terre? Les Apôtres font

de

de simples particuliers, des hommes du peuple. Ils ne disent pas simplement que leur Maître est monté dans le Ciel: ils en donnent des preuves, dans les Dons qu'ils ont reçu depuis son Ascension dans le Ciel. Ils prêchent cette vérité, non par des vûës d'intérêt, & pour conserver leur rang & leur autorité. Ils n'ont aucun rang, aucune autorité. Ils prêchent cette vérité si choquante pour les Juifs, qui ont mis Jesus en croix, ils la prêchent dans Jerusalem même, où son sang fume encore, où tout ce qu'il y a de considerable est intéressé à en prouver la fausseté. Magistrats, Sacrificateurs, Souverain Pontife, Gouverneur du peuple; tous ont trempé dans sa mort, & tous doivent s'intéresser à prouver la fausseté de sa prétenduë Ascension dans le Ciel, si c'est effectivement une fausseté. Il y a quelque chose de plus: c'est à Jerusalem que les Apôtres prêchent que Jesus mort en croix, a été élevé dans le Ciel, & c'est à Jerusalem qu'ils convertissent plusieurs milliers de Juifs. Comment expliquer ce phénomène si l'Ascension du Seigneur est fausse, & si les Apôtres n'ont pas reçu depuis les Dons miraculeux du S. Esprit? Donc elle est vraye; elle est certaine; & tout Chrétien doit bénir Dieu, d'avoir glorifié son Fils. Tout Chrétien doit se préparer à sa venuë, & se mettre en état de le voir venir au dernier jour, non comme un Juge redoutable, mais comme un Libérateur qui affranchira le Fidèle de tous ses maux, & qui le fera jouïr de l'éternelle Félicité.

DISCOURS XXVIII.

La Descente du S. Esprit. Act. II. 1-6.

L n'est point de préjugez plus difficiles à déraciner dans les hommes, que ceux qu'ils ont adoptez en matiére de Religion. On peut espérer de les désabuser sur d'autres sujets; mais sur le sujet de la Religion, ils sont pour l'ordinaire d'une opiniâtreté invincible. Souvent même, plus les opinions qu'ils ont adoptées sont absurdes, & moins ils sont accessibles aux raisons qu'on leur présente de les abandonner. L'amour propre y est trop intéressé. On en voit la preuve dans les divers sentimens qui partagent encore aujourd'hui les Societez Chrétiennes. Chaque parti n'est occupé qu'à défendre ses opinions particulieres, à quelque prix que ce soit, & ne peut souffrir qu'on l'éclaire. Le plus haut dégré d'évidence ne fait qu'irriter des Esprits prévenus.

Si tel est le caractère des hommes, on peut juger des difficultez que le Fils de Dieu rencontra, à faire recevoir sa Doctrine dans le monde: Et comme il ne faloit pas moins que les Miracles les plus éclatans pour forcer les hommes à embrasser la Religion Chrétienne, on peut dire, d'un autre côté, que puisque les hommes ont embrassé cette Religion, c'est une preuve constante & perpétuelle des Miracles que le Seigneur a faits, ou par lui-même, ou par les premiers Ministres de sa Doctrine, sur lesquels, après avoir reçu du Pere la Toute-puissance, il répandit les Dons du S. Esprit. C'est cette Effusion miraculeuse qui va faire le sujet de ce Discours, où nous aurons deux choses à considerer: 1. Les Circonstances de cet Evenement mémorable, & 2. ses Caractères.

D'abord S. Luc nous apprend *le Jour* que Jesus choisit pour répandre sur ses Disciples les Dons miraculeux du S. Esprit. Ce fut *le Jour de la Pentecôte*; & le matin de ce jour-là, comme cela paroît par la suite, à l'heure où les Juifs avoient coûtume de faire leur priere dans le Temple, c'est-à-dire à neuf heures du matin.

La Fête de la Pentecôte se nommoit chez les Hébreux,

la

la *Fête des Semaines*[1], parce qu'elle se célébroit sept semaines après la Pâque, & par les Juifs *grécisans*, ou répandus parmi les Gentils, la *Pentecôte*, parce qu'on la célébroit cinquante jours après la Pâque, c'est-à-dire après le second jour de Pâque; car c'est de ce jour-là que l'on comptoit les cinquante jours au bout desquels venoit la Pentecôte, qui fut ce jour-là un Dimanche.

Cette Fête étoit mémorable, soit parce que le Peuple offroit alors à Dieu les prémices du Froment,[2] pour témoigner, par cet hommage religieux, qu'il reconnoissoit être redevable à la Bonté divine, des biens qu'il alloit recueillir: soit parce que cette Fête avoit été instituée en mémoire de la Loi, donnée à pareil jour à l'ancien Peuple sur la montagne de Sinaï: ce présent plus précieux que le pain qui sert à nourrir nos corps, puisque c'est dans la Loi de Dieu que l'homme apprend à vivre pour l'Eternité. Exod.
XIX. 1.

Le jour de la Pentecôte convenoit à l'Effusion du S. Esprit par rapport à l'un & l'autre de ces égards. Si on le considere comme un jour où l'ancienne Loi avoit été donnée; la Loi nouvelle devant succeder à la première, & lui servir d'accomplissement, ne convenoit-il pas qu'elle fût solemnellement prêchée le jour même où l'ancienne avoit été publiée? Et si on le considere comme un jour d'Actions de graces, où l'on offroit à Dieu les prémices du bled, avant que de le moissonner; ne convenoit-il pas aux Apôtres, d'offrir à Dieu les prémices de la Moisson spirituelle, je veux dire de la Conversion des peuples, qui est considerée comme une moisson par le Fils de Dieu: *Levez les yeux*, disoit-il à ses Apôtres, *& voyez les campagnes qui sont déja blanches pour la moisson*. Il veut dire, que les peuples sont tout prêts à recevoir l'Evangile, dès qu'il leur sera annoncé, & à entrer dans le sein de l'Eglise, pour y être comme *un Froment précieux, recueilli dans les greniers du Seigneur*. Jean.
IV. 35.

Je crois cependant, que si J. Christ répand les Dons du S. Esprit sur ses Apôtres le jour de la Pentecôte, ce n'est que parce qu'il voulut choisir un jour de Fête, pour rendre le miracle plus éclatant & plus utile. On sçait que dans les trois Fêtes solemnelles, de la Pâque, de la Pentecôte & des Tabernacles, tous les hommes d'entre les Juifs étoient obligez par la Loi, de se trouver à Jerusalem, & d'y venir adorer Dieu dans son Temple. Ainsi l'on y voyoit un concours général des Juifs, qui, de tous les endroits de leur dispersion, se rendoient dans l'unique lieu de leur Culte public; Deut.
XVI. 16.

blic; car comme il n'y a qu'un seul Dieu dans le monde, il ne devoit y avoir qu'un seul Temple, & l'on avoit établi des Synagogues dans toutes les Villes, afin que le peuple pût adorer Dieu en commun chaque jour de Sabbath. Aussi paroît-il par la suite, qu'il y eut ce jour-là à Jerusalem des Juifs étrangers de tous les endroits du monde connu alors; de l'Asie, de l'Afrique & de l'Europe. Or il ne faut pas douter que le Seigneur ne l'eût bien prévû. Ces Etrangers, instruits de la merveille de l'Effusion du S. Esprit, en instruisirent leurs concitoyens, & préparerent dès-lors les Esprits à recevoir la Doctrine des Apôtres quand elle leur sera prêchée. C'est par-là que le miracle du Don des Langues, qui fut pour les Apôtres une vocation de Dieu, à appeller à la Foi de l'Evangile tous les peuples de la terre, fut, pour ainsi dire, publié par toute la terre, avant qu'ils partissent de Jerusalem pour convertir les peuples.

L'Auteur sacré, après nous avoir appris le Jour que Jesus choisit pour repandre les Dons du S. Esprit, parle *des Personnes* qui y eurent part, du *Lieu* où elles étoient, & des *Dispositions* où elles se trouvoient alors. *Le jour de la Pentecôte étant arrivé*, dit S. Luc, *ils étoient tous d'un accord dans un même lieu.*

Il ne s'agit que des seuls Apôtres : car bien-que S. Luc parle, dans le Chapitre précedent, de cent vingt personnes qui furent présentes à l'Election de Mathias, elles n'eurent point de part à l'Effusion de ce jour. Il y a deux raisons qui ne permettent pas d'en douter. La première est, que S. Pierre, dans l'apologie qu'il fait dans la suite, ne parle qu'au nom des Apôtres. C'est d'eux seuls qu'il prend la défense, & c'est eux qu'il justifie. La seconde est, que leur privilege particulier étoit, de recevoir les Dons du S. Esprit immédiatement & par des signes visibles; au lieu que toute l'Eglise ne devoit les recevoir que par l'Imposition des mains des Apôtres, & par la cérémonie du Bâtême. Je ne sçache qu'une exception à la regle: c'est Corneille & sa famille, qui reçurent les Dons du S. Esprit avant leur Bâtême; mais cette exception sert plutôt à établir la regle qu'à la détruire, puisque, si Corneille fut distingué dans cette occasion, ce fut en qualité de Payen, & pour convaincre les Apôtres que Dieu abolissoit la distinction des peuples, & que tous, sans exception, pourvû qu'ils crûssent en J. Christ, avoient part aux mêmes Graces Evangéliques.

Il s'agit donc des seuls Apôtres; & S. Luc remarque,

S. ESPRIT. *Discours XXVIII.*

qu'ils étoient dans un même lieu, qu'il appelle dans le Chapitre précedent, *une Chambre haute*. On sçait que les Juifs avoient des Chambres élevées, où ils se retiroient pour prier. A cet égard il n'y a point de difficulté: Mais on est en doute, s'il faut placer cette Chambre dans une Maison particuliere, ou dans le Temple. Car comme S. Luc a dit, au Chapitre XXIV. vs. 12. de son Evangile, que les Apôtres, immédiatement après l'Ascension du Seigneur, *allerent à Jerusalem, & qu'ils étoient continuellement dans le Temple, louant & bénissant Dieu*; que l'on sçait d'ailleurs, qu'il y avoit des Chambres pratiquées dans les bâtimens extérieurs du Temple; on est en doute, si c'est dans le Temple même, ou dans une Maison particuliere, qu'il faut placer cette Chambre. Il faut avouer, qu'il ne paroît pas vraisemblable que les Juifs, irritez, comme ils l'étoient, & eontre Jesus-Christ, & contre ses Disciples, eussent permis aux Apôtres, & à ceux qui se trouvoient avec eux, de faire leur demeure dans le Temple. D'un autre côté, il paroît surprenant, que *le Bruit* qui attira tant de monde dans l'endroit où étoient les Apôtres, ait été entendu par un si grand nombre de personnes à la fois, à moins qu'elles ne se soyent trouvées à portée de ce lieu-là. Sur-tout il est étonnant, que ce soit à l'heure de la priere, où tout le peuple devoit être assemblé dans le Temple. Aussi de sçavans Interprétes ne doutent pas, que ce ne soit dans le Temple même que les Apôtres reçurent les Dons du S. Esprit. Certainement, c'est le lieu qui convenoit, & à l'Installation des Apôtres, & aux signes sacrez de la Présence Divine. Mais quel qn'ait été le lieu où ils furent assemblez, il devint effectivement un Temple, où la Divinité daigna donner des marques visibles de sa présence & de son action, pendant que, de leur côté, ils étoient occupez aux exercices qui conviennene à la maison de Dieu, & qu'unis entre eux, ils invoquoient le Seigneur: *Ils étoient tous d'un accord dans un même lieu.*

Cet Accord est le fruit des Vertu; mais il faut que ces Vertus soient communes à tous ceux qui habitent dans le même lieu. L'habitation d'un même lieu ne suffit pas pour unir les hommes. Que dis-je? Pour l'ordinaire il suffit qu'ils habitent dans un même lieu, pour se diviser: Car comme ils apprennent alors à se connoître, plus ils se connoissent, & moins ils se témoignent d'Estime & d'Affection; parce qu'à mesure qu'ils découvrent les défaut les uns des autres, il faut bien que l'Eſtime & l'Affection diminuent. L'Eſtime ne peut être que l'effet des Vertus, & l'Affection n'eſt gueres que la ſuite de celle que l'on a pour nous. Il faut nous témoigner de l'Affection, pour que nous puiſſions en avoir pour les autres. Voilà donc ce qui unit les Apôtres. Leur Eſtime eſt réciproque, parce que les mêmes Vertus leur ſont communes; & comme l'Eſtime eſt la baze de l'Amitié, l'Affection eſt mutuelle. O quel exemple pour les Chrétiens! S'ils veulent obtenir des graces du Seigneur, qu'ils ſoyent vertueux. L'Union des cœurs, la véritable Union, ne peut ſe former & ſubſiſter qu'entre des perſonnes véritablement vertueuſes.

Voilà les heureuſes diſpoſitions; je parle de la Pieté & de la Concorde: Voilà, dis-je, les heureuſes diſpoſitions dans leſquelles les Apôtres attendent les Graces du Seigneur, & dans leſquelles ils les reçoivent auſſi. Ils ont même ce privilege particulier, qui ne leur a été commun qu'avec leur Divin Maître, c'eſt de les recevoir ſous des Symboles viſibles: car comme on vit le jour de ſon Bâtême, qui fut celui de ſon Inſtallation dans ſon miniſtère, le S. Eſprit deſcendre ſur lui ſous le Symbole d'une Colombe, image de ſa Douceur & de ſa Charité; on vit de même le S. Eſprit emprunter une figure viſible, pour répandre ſa vertu ſur les Apôtres. *Tout d'un coup* [4] *un Bruit ſe fit entendre du Ciel, tel que celui d'un vent impétueux. Toute la maiſon où ils étoient en fut remplie, & ils virent des Langues, comme de feu, lequel feu ſe poſa ſur chacun d'eux.* Car c'eſt ainſi qu'il faut traduire.

Il faut remarquer, que ces Signes ont un grand rapport avec ceux qui parurent dans le tems de la publication de la Loi; avec cette différence cependant, que là, les Signes effrayent, & peuvent cauſer la mort, au lieu qu'ici, ils ont le même éclat, mais ils n'effrayent pas.

Lorſque Dieu donna la Loi à l'ancien Peuple ſur la montagne de Sinaï, on entendit le Tonnerre gronder ſur la montagne. On vit briller les Eclairs. L'un & l'autre fut ſuivi d'un vent impétueux, & d'une nuée obſcure qui couvroit la montagne, & d'où ſortoient des Flammes dévorantes. C'étoient-là les Signes ſacrez de la préſence de Dieu, & de ſon action. On vit un ſpectacle approchant dans le lieu où les Apôtres reçurent les Dons du S. Eſprit.

1. S. Luc dit, que *tout d'un coup un Bruit ſe fit entendre du Ciel.* Le *Ciel* déſigne ſouvent *les Nuées*, dans le ſtile des
Ecri-

S. ESPRIT. *Discours XXVIII.*

Ecrivains facrez, & le mot de l'Original, que l'on a traduit par celui de *Bruit*, fignifie l'*Eclat*, ou le *Bruit* du Tonnerre. Or c'eft des nuées que le Tonnerre part, & fe fait entendre. 2. S. Luc ajoûte, que ce Bruit étoit *femblable à celui d'un Vent impétueux*. Les Vents impétueux accompagnent le Tonnerre, & en font pour l'ordinaire une des principales caufes, puifque le Tonnerre n'eft qu'une matière fulphureufe que la terre exhale, & qui étant renfermée dans la nue, quand elle s'échauffe par la chaleur de l'air, cette matière s'enflamme, & produit les éclats que nous entendons, par la violence avec laquelle cette matière enflammée agite & pouffe l'air qui l'environne. S. Luc dit 3. que la maifon où étoient les Apôtres *fut remplie de ce Bruit*. Cela convient parfaitement au Tonnerre. Il ajoute, *que l'on vit comme des Langues de Feu*, lequel Feu, dit-il, *fe pofa fur chacun d'eux*. Les Hébreux appellent *Langue*, tout ce qui finit en pointe; & telle eft *la Flamme*, qui fe termine toûjours de la forte. Or le Tonnerre eft fuivi de Flammes : Et pour tout dire enfin, ce qui prouve que ce fut un coup de Tonnerre, & que ces Flammes étoient des Eclairs, il eft certain que ce fut * *le Bruit* que l'on entendit du Ciel, qui raffembla tant de gens dans la maifon où étoient les Apôtres, & non *la nouvelle* qui fe répandit du Miracle qui venoit d'arriver, comme nos Verfions l'ont fait entendre.

Cela étant, pour fe former une jufte idée du fpectacle de ce jour, il faut fe repréfenter les Apôtres affemblez, ou dans le Temple, ou dans une Maifon particuliere, occupez à la priere, & demandant à Dieu, de leur accorder les Dons que le Seigneur avoit promis. Pendant qu'ils ont les yeux & le cœur élevez vers le ciel, Dieu les entend, & déploye fon pouvoir en leur faveur. Un violent coup de Tonnerre éclate du ciel, & fait trembler la Maifon. Ce coup eft accompagné d'un Vent impétueux, & ce Vent d'une Flamme, qui fe partage, & forme comme des *Etincelles*, qui paroiffent au deffus des Apôtres. Mais comme ce Bruit & ce Feu ne font deftinez qu'à avertir les Apôtres de la préfence & de l'action de Dieu, ils font fuivis de la connoiffance & du fentiment de fes Graces. *Au même inftant*, ⁶ dit l'Auteur facré, *ils furent remplis du S. Efprit, & ils parlerent diverfes Langues, felon*

---

* *Le Bruit.* Ceux qui entendent l'Original, ne peuvent en difconvenir. S. Luc dit, QUE CETTE VOIX AYANT ETE' ENTENDUE (γενομένης δὲ τῆς φωνῆς ταύτης) il s'affembla un grand nombre de gens. Le pronom *cette* (ταύτης) ajoûté au mot de *Voix* (φωνῆς) prouve invinciblement, qu'il veut parler de la même *Voix* qu'il a appellée *Son*, ou *Bruit* (ἦχος,) dans le vf. 2.

selon qu'ils y étoient portez par le S. Esprit. Voilà ce que Jean-Bâtiste avoit prédit. Il avoit dit aux Juifs : *Celui qui vient après moi, est plus grand que moi.* IL VOUS BATISERA DU S. ESPRIT ET DE FEU. Il parle, & du Symbole, & des Graces qui devoient être accordées aux Apôtres. Le Symbole, c'est le Feu. Les Graces, sont les Dons du S. Esprit.

<small>Matth. III. 11.</small>

Les Apôtres donnent aussi-tôt des preuves publiques des Dons qu'ils ont reçu : *Il y avoit à Jerusalem*, dit S. Luc, *des Juifs craignans Dieu, qui s'y étoient rendus de tous les endroits du monde, & au bruit qu'il se fit,* (car c'est ainsi qu'il faut traduire ; le mot de *Voix*, qui est dans le Texte, ayant la même signification que celui de *Bruit*, qui a précedé) *& au bruit,* dis-je *qui se fit, tout le peuple s'assembla, & ils étoient dans la derniere surprise, d'entendre les Apôtres parler la Langue de chacun d'eux.* Voilà ce qui confirme ce que nous avons dit : que Jesus choisit un jour de Fête, pour rendre le Miracle plus éclatant & plus utile. Dans un autre tems, les Apôtres n'auroient pas eu occasion de donner des preuves de la Science surnaturelle qui venoit de leur être communiquée. Ils n'auroient rencontré que des Juifs habitans de Jerusalem, & qui ne parlant apparemment que leur propre Langue, n'auroient pû juger de la certitude du Miracle. Mais comme il se trouve à Jerusalem des Juifs de tous les endroits de leur dispersion, & que le Tonnerre qui a grondé, & la Flamme qui a brillé sur la maison où sont les Apôtres, les y attire, pour voir ce qui est arrivé, ils sont convaincus à l'instant, que ce n'est point ici un Phénomène ordinaire, & que, comme Dieu avoit donné, sur la montagne de Sinaï, des marques de sa présence & de son action sous les mêmes Symboles, il vient d'en donner qui ne sçauroient être revoquez en doute; puisqu'eux, qui sont venus des extrêmitez de la terre, pour célébrer la Fête de la Pentecôte, & qui sçavent les Langues des divers païs d'où ils sont venus, *entendent les Apôtres parler* tout d'un coup *la Langue de chacun d'eux.* Aussi sont-ils dans la derniere surprise : & cette surprise est-elle suivie de la Conversion de plusieurs milliers de personnes. Sans doute le Seigneur l'avoit bien prévû ; & s'il veut enrichir ses Disciples des Dons spirituels, il veut que ces Dons servent à la Conversion des peuples. Il sçavoit bien que la curiosité attireroit une infinité de monde dans l'endroit où étoient les Apôtres ; que, surpris de les entendre parler les Langues des

divers

divers peuples de la terre, ils demanderoient la cause de ce prodige, & donneroient occasion à S. Pierre de la leur apprendre, & en même tems de les instruire & de les convaincre de la Gloire de J. Christ, & de sa Séance à la droite de Dieu. Non, ce n'est point pour les Apôtres seuls que ce prodige est arrivé: c'est pour toute l'Eglise. Et s'ils sont les Vases sacrez que Dieu choisit pour y mettre ses Trésors, ils ne les possedent que pour en enrichir l'Eglise.

C'est une pensée fort surprenante que celle de quelques Théologiens; mais elle est ancienne, & on la trouve dans les Peres de l'Eglise. Cette pensée est, que les Apôtres ne reçurent point alors le Don de parler diverses Langues; mais que, parlant tous dans leur Langue naturelle, ils furent entendus de tous ceux qui étoient présens, comme s'ils eussent parlé la Langue de chacun d'eux. Le Miracle ne seroit pas moins grand, ou même il seroit encore plus grand, puisqu'il supposse une action de Dieu sur l'Esprit de tous ceux qui écoutent, lesquels entendent des sons différens, & les mêmes qu'ils auroient entendus, supposé que les Apôtres eussent parlé leur propre Langue. Mais cette explication est fausse: Car, outre qu'elle suppose que c'est sur les Auditeurs que le S. Esprit agit, & non sur les Apôtres, desquels l'Auteur sacré dit, *qu'ils furent remplis du S. Esprit*; outre cela, dis-je, elle est démentie par des preuves invincibles.

1. J. Christ avoit formellement promis à ses Apôtres, qu'ils recevroient le Don de parler diverses Langues: *Voici*, leur dit-il avant que de les quitter, *les Miracles qui accompagneront ceux qui auront cru. Ils chasseront les Démons, & parleront de nouvelles Langues.* 2. L'Auteur sacré auroit dit, que ceux qui étoient présens furent surpris, non *d'entendre* les Apôtres *parler diverses Langues*, mais *de les entendre, comme s'ils eussent parlé la Langue de chacun d'eux.* 3. Jamais une partie de ceux qui entendirent les Apôtres, ne les auroit accusez *d'être pleins de Vin doux*; car assurément ils ne le firent, que parce que ne comprenant pas ce que les Apôtres disoient, ils le regarderent comme le jargon de gens qui ne sçavent ce qu'ils disent. Il est aisé de comprendre, que des hommes précipitez & témeraires prononcent un semblable jugement. Que l'on se représente chacun des Apôtres parlant dans une Langue différente, mais toûjours dans la Langue du païs de celui avec lequel il s'entretient; comme ils parloient à la fois, quoiqu'à des personnes différentes, n'est-il pas aisé de comprendre,

prendre, que ceux qui les entendoient parler, & qui ne fçavoient que leur propre Langue, regardaſſent comme un jargon inintelligible toutes les autres, & qu'ils ayent eu l'inſo-
lente témerité de les accuſer d'être *yvres*, ou, ce qui eſt la même choſe, d'être des *Inſenſez*? Rien n'eſt plus ordinaire
dans le monde, que de traiter de Folie ce que l'on n'entend
pas. Mais c'eſt une preuve, comme je l'ai dit, que les Apôtres parloient réellement des Langues différentes. D'ailleurs,
il ne faut que lire les Epîtres de S. Paul, pour s'en convaincre.

 Je vois dans ce Miracle trois beaux Caractères. 1. C'eſt
un vrai Miracle; & tout ce qu'un Incrédule peut demander
dans un effet, pour le regarder comme ſurnaturel & divin,
ſe trouve réuni ici. Car quelles ſont les conditions d'un Miracle? Il faut *premièrement, que l'œuvre ſoit au deſſus des forces des cauſes ſecondes qui nous ſont connues.* Je ne dis pas, *qu'il
faut que l'œuvre vienne de Dieu immédiatement, & que lui ſeul
puiſſe l'opérer:* car qui eſt-ce qui peut ſçavoir ce qui vient de
Dieu, ou d'une Intelligence céleſte? Il faudroit pour cela
ſçavoir l'étenduë de la Puiſſance des Anges; & à qui Dieu
l'a-t-il revélé? Ce qui eſt infiniment au deſſus des forces humaines, n'eſt point au deſſus des forces d'un Ange. Que
dis-je? Combien d'actions miraculeuſes qui leur ſont attribuées dans l'Ancien Teſtament? Je n'en alleguerai qu'une:
elle ſuffit pour établir ce que je dis. C'eſt le fleau répandu
ſur l'armée de Sennacherib, aſſiégeant Jeruſalem, & tout prêt
à la mettre à feu & à ſang. Il perd dans une ſeule nuit cent
quatre-vingt mille hommes, tuez par un ſeul Ange. Ainſi,
*tout Miracle eſt une œuvre au deſſus des cauſes ſecondes qui nous ſont
connues.* Or tel eſt aſſurement le Don des Langues accordé
aux Apôtres le jour de la Pentecôte. Il n'y a que Dieu, ou
une Intelligence céleſte, qui puiſſe agir immédiatement ſur
l'Eſprit, enrichir tout d'un coup l'Entendement de nouvelles idées, & la Mémoire de tous les termes arbitraires que
les hommes ont inventé, pour ſe communiquer ces idées par
l'organe de la parole.

 Les Hommes peuvent apprendre différentes Langues; mais,
pour réuſſir, il faut néceſſairement trois choſes: La première eſt, des Diſpoſitions naturelles; la ſeconde, d'habiles maîtres; & la troiſième, beaucoup de Tems & beaucoup d'Application. Or ici on ne voit rien de pareil. Les Apôtres
ne paroiſſent pas avoir beaucoup de Génie, & leur Génie a
été peu cultivé. Mais avec tout le Génie du monde, & les
meil-

meilleurs Maîtres, on n'apprend pas les Langues dans un inſtant. Or leur Science eſt infuſe, & s'acquiert dans un inſtant: donc l'effet que l'on admire en eux, vient d'une cauſe céleſte, & par conſequent, il a la première condition que doit avoir un Miracle; c'eſt *d'être au deſſus de toutes les cauſes naturelles qui nous ſont connues.*

Une ſeconde condition d'un vrai Miracle, c'eſt *que les Sens puiſſent juger de l'effet miraculeux*; car il eſt deſtiné pour les Sens, autant que pour l'Eſprit, parce qu'il eſt deſtiné pour le grand nombre des hommes que l'on ne peut eſpérer de convaincre par la Raiſon. Il leur faut des preuves ſenſibles. Si donc l'Effet miraculeux eſt du reſſort de la Vûë, il faut qu'il ſoit vû; ſi c'eſt de l'Attouchement, qu'il ſoit touché; de l'Ouïe, qu'il ſoit entendu. D'ailleurs, comme tout Miracle ſuppoſe quelque choſe d'extraordinaire, ce qui lui fait donner le nom de *Prodige* dans l'Ecriture; c'eſt par le miniſtère des Sens que l'on juge de l'extraordinaire, par conſequent on doit le voir, l'entendre, ou le toucher. Et c'eſt parce qu'ils ſervent à annoncer l'action de Dieu, ou de ſes Miniſtres, qu'ils ſont appellez des *Signes.* Or tels furent tous les Miracles que Moïſe fit en Egypte: Pharaon & tout le peuple furent témoins de ces Prodiges. Tels furent les Miracles que fit J. Chriſt: Tous les Spectateurs ſont témoins du changement qui arrive à ſa parole. Les maladies, & même les défauts naturels ceſſent; des qualitez oppoſées prennent leur place: *Les Aveugles recouvrent la vûë; les Lépreux ſont guéris; les Boiteux marchent; les Morts reſſuſcitent.* Or il en eſt de même du Don des Langues accordé aux Apôtres. Les Lumieres ſuccedent à l'Ignorance; & ſi les Apôtres diſent qu'ils ſçavent les Langues des divers peuples, on les entend parler ces Langues avec des gens qui en ſont inſtruits, & ils ont pour témoins de la certitude du Miracle, tous ceux qui les entendent.

Troiſième condition d'un vrai Miracle: c'eſt qu'il ſoit deſtiné à confirmer une Doctrine qui ne renferme rien de contraire aux idées que la droite Raiſon nous donne de la Divinité, de ſes Perfections, du Culte qui lui eſt dû, & des Devoirs de la Conſcience. Car ſi la Doctrine eſt oppoſée aux idées de la droite Raiſon, ou aux ſentimens de la Conſcience; comme je ſuis plus aſſuré, que Dieu, qui m'a créé, m'a donné ces idées & ces ſentimens, que je ne le ſuis qu'il eſt l'Auteur du Prodige deſtiné à appuyer ce que l'on me propoſe de croire; je dois me déterminer pour le parti où il y a le plus de certitude, & par conſequent rejetter, comme indigne de Dieu, un Miracle qui ne peut être que Préſtige, Impoſtuposture, Piége du Démon, ou de la Malice humaine, *destiné à séduire les Elûs, s'il étoit possible.* Aussi est-ce par cet endroit que Moïse & J. Christ ont voulu que l'on rejettât tout Miracle, quelque grand qu'il parût, fût-ce une Prophetie qui s'accomplit par l'évenement.... Elle porte un caractère de réprobation, dés qu'elle est destinée à établir une Doctrine indigne de Dieu. Je trouve encore cette condition dans le Don des Langues accordé aux Apôtres.

Que prêche S. Pierre, qui prend la parole au nom de tous, qui ne s'accorde avec les idées de la Raison? „ Les Dons que „ les Apôtres ont reçus, ont été promis, & Dieu ne fait „ qu'accomplir dans cette occasion une Prophétie de Joël. „ Jesus de Nazareth est un Homme approuvé de Dieu, par „ les Miracles qu'il a faits. Ce même Homme est ressuscité „ & monté dans le Ciel, & David a prédit ces deux évene-„ mens." Peu s'en faut que je ne le dise: & pourquoi ne le dirois-je pas? Que prêchent tous les Apôtres, qui ne s'accorde avec les idées de la Raison? Les dogmes d'un seul Dieu, du Culte spirituel qui doit lui être présenté, des Peines & des Recompenses après la Vie, des devoirs de la Justice & de la Charité; celui d'un Médiateur entre Dieu & les Hommes, qui a offert un sacrifice pour les Pécheurs, & qui intercede pour eux.... On trouve tout cela dans la Raison; au moins est-elle prête à admettre tous ces dogmes; & il semble que l'Evangile ne s'est proposé que de fixer les idées de la droite Raison sur le sujet de la Divinité de son Culte, & de nos Espérances. Ces grandes Véritez n'auroient jamais eu l'autorité que demande la Religion pour faire une impression victorieuse sur les hommes, & les forcer à plier sous le joug de ses maximes. Dès que la Conscience se trouve en opposition avec les Passions & les Intérêts du monde, elle plie, elle cede; à moins que cette même Conscience ne soit soutenue par la ferme persuasion, que c'est Dieu qui commande ce qu'elle préscrit, & qui recompensera les bonnes Actions, comme il punira les mauvaises, qu'il défend par ses Loix, aussi-bien que par le ministère de la Conscience.

Second caractère du Miracle du Don des Langues accordé aux Apôtres: Il étoit absolument nécessaire par rapport aux vûës du Fils de Dieu, qui se proposoit de réunir dans un même Culte tous les peuples du monde. *Allez, & enseignez toutes les Nations*, dit-il à ses Apôtres après sa Résurrection; *Préchez l'Evangile à toute créature*: Si J. Christ n'eût eu dessein que de convertir les Juifs, il n'eût pas été nécessaire que les Apôtres parlâssent les Langues des divers peuples de la terre;

parce

parce que tous les Juifs apparemment sçavoient, outre la Langue du païs où ils étoient établis, la Langue sainte: au moins est-ce l'usage de cette Nation de nos jours, & il y a bien de l'apparence que cet usage a toûjours subsisté parmi ce Peuple. Mais comme il s'agissoit d'appeller à la Foi de l'Evangile, les divers Peuples du monde, divisez en tant de Langues différentes, il falloit bien que les Apôtres sçûssent ces Langues; sans quoi les Conversions eussent été fort lentes & fort difficiles. Obligez d'employer des Interprêtes, auroient-ils pû sçavoir si ces Interprêtes rendoient leurs pensées avec fidélité? Origene[8] a fort bien dit, à l'occasion de ces paroles de S. Paul, *qui dit qu'il est redevable aux Grecs & aux Barbares, aux Sages & aux Ignorans, & qu'il est prêt de prêcher l'Evangile aux Romains*; Origene, dis-je, a *fort* bien dit, ,, Que cet Apôtre veut faire ,, entendre par-là, qu'ayant reçû le Don des Lan-,, gues, non pour lui-même, mais pour ceux à qui il doit ,, prêcher l'Evangile, il se regarde comme redevable par rap-,, port à tous ceux dont il sçait la Langue; Dieu ne l'ayant ,, enrichi de ce Don, que pour faire connoître les véritez du ,, salut à tous les peuples de la terre. '' S. Augustin[9] a eu à peu-près la même pensée: ,, Les différentes Langues, dit-il, ,, que parloient les Apôtres par la vertu du S. Esprit, dési-,, gnoient par avance, que l'Eglise du Seigneur embrasse-,, roit tous les peuples, & que l'Evangile de J. Christ se ré-,, pandroit par toute la terre. ''

Rom. 1. 13.

Troisième caractère du Don des Langues accordé aux Apôtres: *Le Miracle est incontestable, & l'on trouve dans le Chapitre même des preuves de sa Certitude.* Et d'abord, qui sont ces hommes, qui disent avoir reçu le Don de parler les Langues des divers peuples? Sont-ce des Etrangers, des Inconnus? On auroit raison de dire que c'est un complot, & qu'après avoir appris chacun, avec beaucoup de tems & de peine, deux ou trois Langues, ils ont concerté entre eux de paroître tout-à-coup à Jerusalem, d'y parler tous des Langues différentes, & de faire croire que c'est un Don du Ciel qu'ils ont reçu. Mais les Apôtres sont parfaitement connus. On sçait quelle est leur patrie, l'éducation qu'ils ont reçu, le métier qu'ils ont exercé pour subsister, & qui n'a pû leur permettre de cultiver leur esprit; c'est le métier de Pêcheur. On ne peut donc les soupçonner de Collusion & d'Imposture.

En second lieu: Quel endroit choisissent-ils pour donner des preuves du Don qu'ils ont reçû? Vont-ils au bout du monde, & dans des païs inconnus? Point du tout. Ils choisissent Jerusalem; cette même Jerusalem où les Juifs viennent de faire mourir J. Chrift, où ils trouveront autant d'ennemis du Seigneur & d'eux-mêmes, que de témoins du miracle qu'ils difent avoir été fait en leur faveur. Voilà les Témoins qu'il falloit choifir. Ils ne fçauroient être fufpects. Quand on veut pour témoins, ceux qui font les moins difpofez à croire, & qui ont le plus grand intérêt à ne le pas faire, peut-on être fufpect d'impofture ? Or tels font les habitans de Jerufalem, en préfence defquels les Apôtres donnent des preuves de la Science furnaturelle qu'ils ont reçue.

En troifième lieu: Comment s'exprime S. Pierre? Eut-il ofé parler comme il fait, s'il n'eût pas fenti l'effet de cette promeffe du Fils de Dieu: *Vous ferez menez devant les Gouverneurs & devant les Rois, à caufe de moi, pour me rendre témoignage devant eux & devant les Nations. Mais quand on vous livrera entre leurs mains, ne foyez point en peine, ni comment vous parlerez, ni de ce que vous direz; parce qu'à l'heure même, ce que vous aurez à dire vous fera infpiré.* Il ofe reprocher aux Juifs, d'avoir fait mourir le Meffie que Dieu leur a envoyé, & les menacer des Jugemens de Dieu, s'ils ne croyent & fe repentent? Quoi ! un fimple Pêcheur ofe parler de la forte devant tout un Peuple affemblé, devant fes propres Magiftrats ! Ce même Pierre, à qui une fimple Servante avoit été capable de faire rénier jufqu'à trois fois fon Divin Maître, par la crainte qu'il eut de participer à la haine qu'on portoit à Jefus, & aux mauvais traitemens qu'il effuyoit ; cet Apôtre, dis-je, fi timide il y a peu de tems, a le courage, non feulement de fe déclarer Difciple & Partifan d'un Homme que la fureur des Principaux Sacrificateurs venoit de faire crucifier, mais d'annoncer à ces implacables Ennemis de fon nom, la gloire où ce Jefus eft élevé, & la punition qu'il leur prépare ! A quoi peut-on attribuer cette hardieffe, fi ce n'eft au fentiment intérieur des effets de l'Efprit de Dieu, qui déploye fa vertu en lui ?

Quatrième & derniere preuve de la certitude du Miracle: Il eft fuivi d'un effet qui répond à fa Grandeur. Trois-mille ames fe convertiffent à la Prédication d'un feul homme. S. Pierre parle: il perfuade, il touche, il convainc. Les Juifs s'écrient, parlant aux Apôtres : *Hommes freres, que ferons-nous?* Ils regardent les Apôtres comme les arbitres de leur fort: *Hommes freres, que ferons-nous?* Il me femble entendre des Coupables que la Juftice a faifis, & qui voyant le fupplice qui les attend, demandent s'il n'y a donc plus de grace à efpérer pour eux. Un changement fi fubit & fi extraordinaire, n'eft-il pas une preuve évidente des Dons furnaturels que les Apôtres ont reçus?

DIS-

DISCOURS XXIX.

S. Etienne lapidé. Act. VI. & VII.

Eu d'années après la Mort du Fils de Dieu, l'Eglise de Jerusalem devint fort nombreuse. Elle étoit composée de deux sortes de Juifs: les uns, originaires de Judée; les autres, étrangers, & qui ayant quitté le païs de leur naissance, étoient venus s'établir en Judée. Les premiers s'appelloient *Hébreux*, à cause de la Langue Hébraïque, ou Syriaque, que l'on parloit en Judée, & les autres, nez dans les Provinces de l'Empire où l'on parloit la Langue Grecque, étoient appellez *Grécisans*, ou *Hellénistes*. Il y avoit peu d'union entre ces deux sortes de Juifs, comme il y en a peu d'ordinaire entre des Nations différentes, quoique de même Religion. On contracte des idées & des mœurs opposées. D'ailleurs, les Juifs de Judée se regardoient avec une sorte de distinction par rapport aux Juifs étrangers. Cet esprit se conserva parmi les Chrétiens d'entre les Juifs, malgré leur changement de Religion. On en voit la preuve dans la distribution des charitez qui se faisoient aux Pauvres de l'Eglise. Les Apôtres étoient les dépositaires de ces charitez; mais comme ils ne pouvoient les distribuer eux-mêmes à chaque Pauvre en particulier, selon ses besoins, étant chargez du ministère de la parole, qui les occupoit tout entiers, ils remirent ce soin à des personnes qui leur étoient connuës, & en qui ils avoient de la confiance. Mais ces personnes étant toutes originaires de Judée, montrerent une sorte de partialité pour leurs compatriotes, auxquels ils distribuoient par préférence & avec plus de libéralité qu'aux Pauvres étrangers. Cette partialité causa les murmures de ceux-ci, qui s'en plaignirent aux Apôtres. Les Apôtres se justifient en disant, qu'ils ne peuvent exercer à la fois deux ministères aussi pénibles, que le sont la Prédication de la Parole, & l'Assistance des Pauvres selon leurs besoins, & que le ministère Evangélique leur ayant été confié par le Seigneur lui-même, ils doivent le préférer au ministère que l'Eglise leur confie. Qu'elle ait donc à choisir elle-même un nombre suffisant de personnes, pro-

pres à exercer un emploi qui demande des Lumieres, de la Probité, & beaucoup de Zèle pour la Gloire de Dieu. De-là l'origine des *Diacres* dans l'Eglise Chrétienne.

Les Apôtres marquent les qualitez que ces Diacres doivent réunir. La première est, *une Probité reconnue. Que l'on rende*, disent-ils à l'Eglise de Jerusalem, *un bon témoignage* à ceux que vous choisirez. Ceux à qui l'on confie un minis-tère public, doivent être connus du public; & généralement estimez. Il ne suffit pas qu'ils ayent de la Vertu; il faut qu'on en soit instruit, & persuadé. Aussi l'Apôtre S. Paul a-t-il insisté sur ce caractère, soit à l'égard des Ministres de l'Evangile, soit à l'égard de ceux qui sont chargez de la distribution des charitez de l'Eglise, dans les instructions qu'il donne au sujet des Pasteurs & des Diacres. *Une Probité reconnuë* est en effet également nécessaire aux uns & aux autres. Aux Ministres de l'Evangile, pour qu'on les écoute avec respect, & que l'on défère à ce qu'ils disent; & aux Diacres, pour n'avoir aucun soupçon sur leur Intégrité, ou leur Impartialité: deux qualitez essentielles. Il s'agit de ne rien détourner pour ses propres intérêts, & de distribuer avec une parfaite Equité.

Une seconde Vertu que les Apôtres demandent dans les Diacres que l'on choisira, c'est *le Zèle pour la Gloire de Dieu*; car c'est-ce que signifient ces mots: *Qu'ils soyent remplis du S. Esprit.* Etre rempli de l'Esprit de Dieu, veut dire le plus souvent dans le Livre des Actes, être animé de Zèle pour la Gloire de Dieu. Cela est clair par cet endroit du Chapître IV. où l'Auteur sacré, après avoir rapporté que les Apôtres avoient été mis en prison pour la cause de l'Evangile, & qu'étant dans la prison, ils invoquerent Dieu, pour le prier de proteger ses Serviteurs, ajoute; *Qu'ils furent tous remplis du S. Esprit & qu'ils annoncerent la Parole de Dieu avec hardiesse.* Car comme les Apôtres avoient déja reçu les Dons du S. Esprit le jour de la Pentecôte, on ne peut dire qu'ils les reçurent une seconde fois. Que veulent donc dire ces mots, dans cet endroit: *Ils furent remplis du S. Esprit?* On ne peut entendre par-là que ce que l'on a déja dit: Ils furent remplis de Zèle pour la Gloire de Dieu, parce qu'ils regardent le tremblement de la prison, dont leur priere fut suivie, comme un signe de la présence de Dieu, qui les assure de sa protection; en leur faisant comprendre, que comme il a ébran-lé la prison, ne voulant pas la renverser, parce qu'ils y sont, font, il peut détruire dans un instant tous les obstacles qui s'opposent au succés de leur Ministère.

Le Zéle pour la Gloire de Dieu n'est pas moins nécessaire dans les Diacres que la Probité reconnuë : car si celle-ci les met en état d'exercer les fonctions de leur Ministère avec une integrité inviolable, le Zéle pour la Gloire de Dieu peut seul les mettre en état de soutenir les peines qu'ils ont à essuyer. Il s'agit de visiter des malheureux ; d'écouter leurs plaintes; d'entrer dans leur douleur; de la partager, de soutenir leur importunité, quelquefois leur impatience, & même leur ingratitude; de prévenir ces Pauvres que la honte retient dans leurs retraites, où ils souffrent, & ne peuvent se résoudre à demander; d'éloigner & de censurer vivement ceux que la paresse, la débauche, la dissipation, entretiennent dans la pauvreté. Tout cela ne demande-t-il pas beaucoup de Zéle pour la Gloire de Dieu?

Troisiéme Vertu que les Apôtres exigent dans les Diacres que l'Eglise choisira; *c'est la Science des Ecritures*: *Qu'ils soyent*, disent-ils, *pleins de Sagesse*. *La Sagesse*, dans le stile des Ecrivains sacrez, c'est la Science ou l'Intelligence des Ecrits sacrez; en posseder les termes, & en pénétrer le sens. Les Evangélistes ont pris cette idée des Juifs, qui n'appellent *Sagesse*, ou *Science*, que celle des Ecritures. Elle est effectivement préférable à toute autre, puisque, si l'on en met en pratique les maximes, elle *rend sage à Salut*. Les autres Sciences donnent du relief dans le monde, & peuvent servir beaucoup pour le monde présent : mais si l'on n'y ajoute pas la Science des Ecriturés, & la Pratique des Vertus qu'elle exige, à quoi cela peut-il servir pour le monde à venir?

Cette derniere qualité que demandent les Apôtres, montre qu'ils avoient dessein d'employer ces nouveaux Diacres à prêcher la Parole, dans les occasions où ils seroient eux-mêmes, ou trop occupez, ou obligez de se transporter ailleurs. Ce fut effectivement le dessein des Apôtres, comme on le voit par les exemples de Philippe & d'Etienne, tous deux Diacres, & tous deux Prédicateurs de l'Evangile. C'est de ce dernier dont nous avons à tracer l'Histoire dans ce Discours. Glorieux Martyr de l'Eglise, il a eu l'honneur de sceller le premier les véritez Chrétiennes de son propre sang. Après cela, peut-on être indifférent sur ce qui regarde les derniers discours & la mort d'un homme de ce caractère?

S. Etienne n'étoit point né dans la Judée. Il étoit du nom-

nombre de ces Juifs étrangers qui étoient venus s'établir à Jerusalem, & qui y embrasserent le Christianisme. Cela est certain par le nom qu'il porte, & qui est Grec. Cette remarque seroit peu digne de notre attention, si elle ne servoit à nous faire entendre la signification de ce nom, qui, dans la Langue Grecque, veut dire *une Couronne*. Il est assez singulier, ce me semble, que le nom du premier Martyr de l'Eglise ait paru désigner sa destination. En mourant pour J. Christ, sa tête fut décorée de la plus belle Couronne qu'un mortel puisse porter; puisqu'elle le fut de la Couronne immarcessible de Gloire, que le Juge de l'Univers destine à ceux qui auront été fidèles jusqu'à la mort.

Aux qualitez que les Apôtres demandent dans les Economes des biens de l'Eglise, S. Etienne unissoit des dons surnaturels, l'ouvrage immédiat de l'Esprit de Dieu. Le Seigneur, qui est le maître de ses graces, avoit honoré ce premier Martyr du même pouvoir qui accompagnoit la Prédication des Apôtres. *Il faisoit des prodiges & des miracles aux yeux du peuple*, dit l'Auteur sacré. Ce pouvoir, joint à ses talens naturels, lui donnoit un grand relief dans l'Eglise; mais ces mêmes talens, & ce même pouvoir, le rendirent infiniment odieux aux Juifs, qui, le regardant comme un des principaux appuis du Christianisme, se souleverent contre lui, & ne negligerent rien pour le perdre. D'abord ils pensent à le confondre par la dispute. Il y avoit à Jerusalem divers Colleges, ou Académies, destinées à l'instruction des Enfans des Juifs répandus dans l'Asie, l'Egypte, la Grece, l'Italie. Les Maîtres & les Disciples de ces différens Colleges, se font un point d'honneur d'attaquer ce nouvel Athlete de J. Christ. Mais en cherchant la gloire de le vaincre dans la dispute, ils ne trouvent que la honte d'être vaincus. Ils veulent montrer leur science & leur supériorité d'esprit; couvrir de confusion le Défenseur de la Religion Chrétienne, & ils ne montrent que leur ignorance, leurs préjugez, leur foiblesse. C'est-ce que nous apprend S. Luc. *Quelques-uns*, dit-il, * *du College des* † *Affranchis, de celui des Cyréniens, de celui des Alex-*
an-

---

* Je traduis *College*, pour rendre le sens. Il y a dans l'Original *Synagogue*, qui veut dire en général une *Assemblée*, de quelque ordre qu'elle soit, & dans quelque vûë qu'elle se fasse: mais il est clair qu'il s'agit de ces Assemblées que nous appellons en François *Académies*, ou *Colleges*. Les Académies n'étant que pour les Ecoliers avancez, & on préfere le mot de *College*, parce que les Colleges sont également destinez pour ceux qui commencent, & pour ceux qui sont déja avancez.

† Le *College des Affranchis*. C'est celui qui étoit destiné pour les Enfans des Juifs, dont les Peres avoient été faits Esclaves par les Romains, & conduits en Italie, ou dans les Provinces de l'Empire.
Ces

andrins, & de ceux de *Cilicie* & d'*Asie*, se présenterent pour disputer contre S. Etienne; mais ils ne pouvoient résister à sa Sagesse, & à l'Esprit par lequel il parloit. C'est ainsi que J. Christ daigna étendre la promesse qu'il avoit faite à ses Apôtres, aux Disciples même des Apôtres. Il leur avoit dit: *Je mettrai dans votre bouche des discours si pleins de Sagesse, qu'aucun de vos Adversaires ne pourra, ni les contredire, ni y résister.* Les Juifs éprouvent l'effet de cette prédiction. S. Etienne, éclairé & soutenu par l'Esprit de Dieu, répond aux argumens de ses Adversaires avec une force victorieuse. Mais cette force ne sert pas à les éclairer & à les convaincre. Elle ne fait que les irriter davantage; comme cela arrive d'ordinaire dans les Disputes en matière de Religion. Les Juifs donc, pleins de rage de se voir vaincus, ont recours à la Calomnie & à la Violence. Ils tâchent de suborner de faux témoins, qui imputent à S. Etienne des crimes supposez, & de soulever contre lui, comme contre un coupable de lèze-Majesté Divine, Peuple, Docteurs, Magistrats. Alors les meilleures raisons sont inutiles. Une horreur générale se répand dans tous les Esprits, & l'on ne pense plus qu'à faire périr un Homme que l'on regarde comme une peste publique : Détestable artifice ! mais artifice tant de fois employé contre ceux que l'on n'a pu vaincre dans la dispute. *Comme ils ne pouvoient,* dit S. Luc, *résister à sa Sagesse, & à l'Esprit par lequel il parloit, ils subornerent des gens, pour leur faire dire qu'ils l'avoient ouï proférer des blasphêmes contre Moïse & contre Dieu. Et par-là ils souleverent le Peuple, les Sénateurs, & les Docteurs de la Loi; de sorte que l'on se jetta sur Etienne, & qu'on le traîna au Conseil. On y produisit contre lui de faux témoins, qui disoient: Cet Homme ne cesse de blasphêmer contre ce saint lieu, & contre la Loi.*

Luc xxi. 15.

Cette accusation paroît d'abord surprenante; & quand on n'est pas instruit des maximes des Juifs, on ne comprend pas qu'un homme puisse être coupable de blasphême contre un autre homme; puisque le blasphême, dans l'idée qu'on y attache ordinairement, ne peut avoir pour objet que la Divinité. Il faut donc sçavoir, que ¹ les Juifs comprenoient sous le nom de *Blasphême*, divers péchez qui n'y ont qu'un rapport fort éloigné. Ainsi, dans leur idée, parler d'une manière peu respectueuse du Temple, de la Ville de Jerusalem, de Moïse, de la Loi, c'étoit se rendre coupable

Ces mêmes Romains leur ayant ensuite accordé la liberté, leurs Enfans portoient le nom d'*Affranchis*. On apprend de Philon, qu'il y avoit un grand nombre de Juifs de cet ordre dans toutes les Villes d'Italie. Voyez *Selden* de Jur. Nat. & Gen. L. 11. C. 4.

ble de Blasphême, parce que c'étoit outrager Dieu, le Temple étant son Sanctuaire, la Ville de Jerusalem sa Ville sainte, Moïse son Ministre, & la Loi sa Volonté. Cette manière d'étendre un crime à tout ce qui peut y avoir le moindre rapport, a quelque chose de spécieux, & fait honneur en apparence à la Pieté scrupuleuse, dirai-je délicate, de ceux qui en sont les auteurs. Mais sous le prétexte apparent de bannir par-là les moindres fautes, en leur donnant des noms souverainement odieux, & qui assujettissent ceux qui les commettent aux plus affreux supplices; sous ce prétexte, dis-je, on multiplie les péchez & les pécheurs; & ce qu'il y a de plus triste, c'est un moyen sûr de rendre coupables d'un crime atroce, des personnes qui en sont parfaitement innocentes, & de les faire punir ensuite comme criminelles.

Cet abus des termes n'est pas particulier aux Juifs, les Chrétiens les ont imité, & les imitent encore à cet égard dans leurs Disputes en matière de Religion. Ils prodiguent quelquefois les noms les plus odieux à des erreurs légeres, à de simples bevûës. Un abus si injuste & si dangereux, nous oblige indispensablement d'examiner avec attention, ce que c'est que le Blasphême, afin d'en donner de plus justes idées. Nous verrons ensuite de quel ordre fut celui dont on accusa S. Etienne.

Le mot de *blasphémer* est Grec, & dans les Auteurs profanes il signifie *dire du mal de quelqu'un, l'outrager en paroles, ternir sa réputation, soit qu'on dise la vérité, ou qu'on ne la dise pas.* Les Ecrivains sacrez ont employé ce terme dans le même sens. Et de-là vient qu'il désigne dans le N. Testament, quelquefois *médire*, d'autres fois, *calomnier*; ce que les Auteurs de nos Versions ont fort bien compris: aussi traduisent-ils le même mot, & par celui de *médire*, & par celui de *calomnier*, selon la différence des endroits où il est placé. Il n'en est pas de même dans notre Langue, où le mot de *Blasphême* donne l'idée d'un outrage fait à Dieu, directement ou indirectement, à l'exclusion des hommes, ou même de tout Etre inférieur. Mais à le prendre dans ce sens limité, il est essentiel de le bien définir, pour ne pas confondre avec un crime si odieux, des choses qui n'y ont aucun rapport. Faute d'une attention semblable, on court risque de confondre les innocens avec les coupables, & de se mettre par cela même hors d'état de parer les fortes & judicieuses Réfléxions que Mr. *Bayle* a faites là-dessus dans son *Commentaire Philosophique*.

Il

Il me semble donc que l'on ne peut appeller Blasphême, que les Discours ou les Paroles dans lesquelles on découvre ces trois caractères : Premièrement, à l'égard de l'*Objet* ; il faut que ce soit Dieu même que l'on outrage. Comme il est unique dans son Existence & dans ses Perfections adorables, ce crime aussi est unique. En second lieu, à l'égard de sa *Nature* ; il faut que les Paroles que l'on prononce, ou que l'on écrit, soient réellement, & par elles-mêmes, indépendamment des consequences que l'on en tire, injurieuses à Dieu, parce qu'elles attaquent les Perfections essentielles à la Divinité, son Unité, sa Sagesse, sa Bonté, sa Puissance, sa Justice, sa Sainteté ; & qu'elles tendent par-là à ébranler, ou même à détruire l'Amour, le Respect, la Confiance, que les Hommes lui doivent. En troisième lieu, à l'égard du *Sujet*, ou de la personne qui commet ce crime ; il faut qu'elle ait dessein de le commettre, au moins qu'elle ne puisse ignorer, que ce qu'elle dit, ou écrit, est un outrage contre Dieu. A présent il ne sera pas difficile de définir le Blasphême. C'est tout discours écrit ou prononcé, où l'on dit, le sçachant & le voulant bien, des choses injurieuses à l'Etre souverainement parfait, au Créateur du Ciel & de la Terre, parce que l'on attaque ses Perfections essentielles, & que l'on donne atteinte aux sentimens d'Amour, de Vénération & de Confiance, qui lui sont dûs.

Il me semble que l'on doit s'en tenir à cette Définition, de peur de rendre coupable, comme on l'a déja dit, d'un crime si odieux, des personnes très-innocentes & très-religieuses dans le fond. Car combien d'opinions dans le monde Chrétien, soutenuës par des Hommes pieux, lesquelles, examinées de près, & dans les consequences que l'on en peut tirer naturellement, seront de véritables Blasphêmes ? Parce que ces opinions, prises avec les consequences qui en resultent, détruisent l'*Unité* de Dieu, sa *Sagesse*, sa *Bonté*, sa *Justice*, sa *Misericorde*, que l'on ne peut concevoir en Dieu, dès-que l'on admet de pareilles opinions. Or l'Equité ne permet pas, que l'on impute à personne un crime qu'il ne voit pas, qu'il déteste, & qui lui feroit revoquer ses sentimens, s'il pouvoit se persuader qu'il renferme des outrages contre Dieu, & qu'il ne soutient avec tant d'opiniâtreté, que parce qu'il les regarde comme vrais, & propres à honorer Dieu. L'empire des Préjugez est si grand, & l'aveuglement qu'ils causent est tel, que l'*Erreur* la plus palpable devient pour nous *Vérité*, & la *Vérité* la plus claire nous paroît une Erreur monstrueuse. Mille ressources se présentent à un Esprit prévenu, pour éluder les consequences absurdes que l'on tire de ses principes.

L'Opiniâtreté & l'Orgueil s'en mêlent. Personne ne veut avoir tort, & le désespoir de s'être trompé, fait imaginer mille défaites, pour n'avoir pas la honte de se retracter. C'est beaucoup encore si l'on n'ajoute pas aux défaites, la haine, & le désir de perdre ceux qui osent nous contredire.

N'a-t-on pas vû dans la Reformation, des Théologiens assez peu raisonnables, disons mieux, assez peu Chrétiens, pour soutenir, que le Magistrat doit punir de mort tous les Idolâtres, les Hérétiques & les Blasphêmateurs ; & qui, définissant ensuite ces trois ordres de personnes, indiquent assez clairement, qu'ils confondent dans ces trois classes de Pécheurs, tous les Chrétiens qui ne sont pas précisément dans leurs idées ? Que les effets de ces premières impressions ont été grands & tristes ! Le grand nombre des Théologiens ne pense & ne parle que par emprunt. Ils sont les Echos de ceux qui leur ont donné le ton. Ils ne voyent rien de défectueux dans le Systême qu'ils ont appris, parce qu'ils l'ont appris sans refléxion, & tout est défectueux dans le Systême des autres. Mais les personnes éclairées & judicieuses sentent les défauts du Systême reçu, & par égard pour les Préjugez & pour le bien de la Paix, ils gardent le silence sur ce qu'ils ne sçauroient défendre, & s'arrêtent à ce qui leur paroît certain & fondé dans l'Ecriture. C'est le seul parti qui convienne à l'homme de bien ; parti qui ne laisse pas de lui attirer bien des ennemis. Le nombre des Ignorans sera toûjours le grand nombre.

Au reste, les trois caractères qui doivent se réünir dans un même sujet, pour le rendre coupable de Blasphême ; je veux dire, que l'Objet du crime soit Dieu même ; que les Paroles ou les Discours soient réellement & par eux-mêmes injurieux à Dieu, & que la Personne qui commet le crime, ne puisse ignorer qu'elle dit ou écrit des choses injurieuses à la Divinité ; ces trois caractères, dis-je, se trouvent réünis dans les divers exemples que l'Ecriture rapporte de personnes coupables d'un crime si odieux.

Lev. XXIV. 10. & suiv.

Premier Exemple : Un Israëlite, fils d'une Juive & d'un Pere Egyptien, se querelle avec un autre Israëlite ; & dans l'emportement, le premier *blasphême le nom de l'Eternel, & le maudit*. D'abord on l'arrête, & Dieu ordonne qu'il soit lapidé. C'est l'*Eternel* qu'il blasphême, le Créateur du Ciel & de la Terre ; le vrai Dieu est l'objet de son crime. Les paroles qu'il prononce, sont réellement blasphêmatoires, puisqu'il qu'il *maudit Dieu*. La personne qui les prononce, ne peut l'ignorer. C'est un *Israëlite*, *fils d'une Juive*.

Second Exemple : C'est celui de *Rabsaké*, qui s'approche des murailles de Jerusalem assiégée, & qui, devant tout le peuple, profère des injures atroces contre Dieu. Il ose dire à tout le peuple, que la protection de ce Dieu leur sera inutile ; que son pouvoir est fort au dessous de celui de son Maître ; qu'aucun des Dieux adorez par les Peuples voisins n'a pu les délivrer, & comment le Peuple d'Israël oseroit-il s'en flater ? Il s'agit encore du vrai Dieu. Rabsaké, quoique Gentil, ne peut ignorer que les Juifs adorent le Créateur du Ciel & de la Terre. Il s'agit de paroles très-injurieuses à la Divinité, puisqu'il ose la défier de proteger une Ville qu'un Roi mortel veut détruire. Il s'agit enfin d'une personne qui profère ces injures, le sçachant & le voulant bien.

_{2 Rois XVIII. 2 Chron. XXXII. Ec. XXXVI.}

Troisième & dernier Exemple : C'est celui de *Pharaon*, qui, lorsque Moïse lui commande de la part de Dieu, de laisser aller les Israëlites, répond à ce Prophete : *Qui est l'Eternel, que je lui obéïsse ?* C'est toûjours du Créateur du Ciel & de la Terre que parle celui qui prononce le Blasphême. Pharaon sçait que c'est-là l'unique objet du Culte des Juifs, celui qu'ils appellent l'*Eternel*. Le Blasphême est réel. Rien de plus outrageant pour la Divinité que les paroles de ce Prince, qui foule aux pieds ses ordres. *Qui est l'Eternel, que je lui obéïsse ?* Il ne peut ignorer l'outrage qu'il fait à Dieu. Les Princes sont bien plus sensibles au mépris que les sujets, étant accoûtumez à la flaterie dès leur enfance. Et par cet endroit Pharaon est plus coupable qu'un autre, d'oser mépriser le Roi des Rois, le Maître suprême. Donc, encore une fois, ce que l'Ecriture appelle *Blasphême*, est, comme je l'ai dit, *tout discours, écrit ou prononcé, où l'on dit, le sçachant & le voulant bien, des choses injurieuses à l'Etre souverainement parfait.*

Il est certain au moins que cette définition est, à notre avis, la plus juste que l'on puisse donner de ce que l'on appelle ordinairement le *Blasphême formel*. Car ceci ne conviendroit pas à l'espece qui porte le nom de Blasphême materiel, à laquelle quantité de Théologiens rapportent celui de Rabsaké, & à laquelle seule il semble qu'on doit rapporter celui dont St. Paul s'accuse lui-même, 1 Tim. I. 13. en disant, *qu'il l'avoit fait par ignorance*. Mais les distinctions communes nous paroissant sujettes à quelques inconvéniens, nous aimons mieux dire, qu'il y a deux sortes de *Blasphêmes* ; les uns

Aaa aa 2   étant

étant *réels*, & les autres n'étant que simplement *relatifs*. Les *réels*, ce sont ceux dont j'ai tâché de développer la nature & les caractères ; les *relatifs* dépendent des fausses Opinions que les hommes adoptent en matière de Religion. C'est par-là qu'un Homme de bien se rend coupable de Blasphême, quelquefois sans le sçavoir, en parlant de ce qu'il ne connoît pas ; & quelquefois aussi dans l'esprit d'un Peuple ignorant & prévenu, quand il ose parler avec liberté contre des Erreurs reçuës, & que ce même Peuple regarde comme des véritez sacrées. Et tels sont les Blasphêmes dont on accuse S. Etienne. Car voici ce que les faux témoins déposent contre lui : *Cet homme*, disent-ils, *ne cesse de blasphémer contre Dieu & contre Moïse.* Et qu'a-t-il donc dit ? *Nous l'avons ouï dire, que ce Jesus de Nazareth détruira ce lieu, & abolira la Loi que Moïse nous a laissée.* Ce sont-là, je l'avoue, des prédictions qui doivent affliger les Juifs ; mais les prédictions ne sont pas des Blasphêmes. Elles sont, ou vrayes, ou fausses, & celui qui les fait, est, ou un véritable, ou un faux Prophete. Il s'agissoit donc de demander à S. Etienne, en vertu de quoi il s'érige en Prophete ? Il auroit assurément répondu, que c'est par une Vocation divine, & qu'il en a donné des preuves, dans les miracles qu'il a faits aux yeux du peuple. Et si on lui eût demandé après cela, dans quel tems ces deux évenemens devoient arriver, & pourquoi Dieu jugeoit à propos de punir de la sorte son Peuple ? Je ne sçais ce qu'Etienne auroit répondu sur le premier article ; mais je ne doute pas, qu'il n'eût dit sur le second, que Dieu vouloit punir une Nation coupable, par la perte de son Temple & de sa Ville, & abolir des Cérémonies qui mettoient un obstacle invincible à la Conversion des Peuples. Mais doit-on s'attendre à voir observer les maximes de la justice, par des gens prévenus & irritez ?

Je ne doute pas que S. Etienne n'eût prêché l'un & l'autre, je veux dire, l'Abolition des Cérémonies légales, & la ruine de Jerusalem, puisque J. Christ avoit lui-même prêché l'un & l'autre. Car outre qu'à l'occasion du Centenier Payen, dont il vante la foi, le Seigneur avoit dit, que *plusieurs viendroient d'Orient & d'Occident, qui seroient assis à table avec Abraham, Isaac & Jacob, dans le Royaume des Cieux, pendant que les Enfans du Royaume seroient jettez dans les ténèbres de dehors, où il y aura des pleurs & des grincemens de dents* ; c'est prédire d'une manière assez claire la Vocation des Gentils, & la Réjection des Juifs : Outre cela, dis-je, le Seigneur avoit dit à la Sa-

Matth. VIII, 11. 12.

mari-

maritaine, que *bientôt on n'adoreroit plus Dieu, ni à Jerusalem, ni sur la montagne de Garizim; mais que les vrais Adorateurs adoreroient le Pere en esprit & en vérité.* A l'égard de la Ruine de Jerusalem, J. Christ l'a prédite plus d'une fois en termes formels, & le tems a montré la certitude de ces prédictions. Ainsi S. Etienne est un véritable Prophete, & pendant qu'il prononce des oracles divins, il est traité de Blasphémateur. Déplorable effet des Préjugez, qui aveuglent les Hommes au point de méconnoître la vérité, & de punir ceux qui la prêchent, comme des Imposteurs!

Mais, dira-t-on, si S. Etienne a effectivement dit ce dont on l'accuse, comment ceux qui l'accusent de l'avoir dit, sont-ils appellez *faux Témoins*? Ils le sont à deux égards: 1°. Parce qu'ils appellent *Blasphême*, des paroles très-innocentes & très-vrayes. En second lieu, par le principe qui les fait agir. Ils se parent du motif du Zèle pour Dieu & pour sa Gloire, pendant qu'ils n'agissent que par un motif de Haine & d'Envie. De-là nous tirerons cette importante Instruction: Combien de faux Témoins dans le Christianisme, de l'ordre de ceux qui déposent contre S. Etienne! Tous les jours on entend des Déclamateurs, qui, profitant des Préjugez reçus, font envisager les Véritez les plus claires, dirai-je les plus édifiantes, comme des Erreurs pernicieuses; & les Hommes les plus pieux, comme des coupables dignes de la géhenne; & ces gens-là osent se parer d'un motif de Zèle pour Dieu, pendant qu'ils n'agissent que par un motif de vaine Gloire, & qu'ils n'ont pour objet que leurs intérêts particuliers.

Ce sont donc véritablement de faux Témoins qui déposent contre S. Etienne dans le Conseil des Juifs. On l'y a traîné avec violence; & pour lui, il y paroît en vrai Disciple de J. Christ, puisque l'Auteur sacré remarque, que *son visage parut comme le visage d'un Ange*. Quand les Juifs vouloient représenter un visage gai & sérein, ils employoient cette figure. C'est ainsi que la Reine Esther, se proposant de louer la sérénité du Roi Assuerus, qui entre dans sa chambre, lui dit, que *son visage est semblable à celui d'un Ange*. Au fond, la figure est bien naturelle. Rien n'embellit plus le visage que la gayeté & que la sérénité; & l'on a eu raison de supposer, qu'une Intelligence céleste ne peut paroître sur la terre, sans montrer un air gai & sérein, l'appanage de la Vertu & de la Félicité. Le vice & la misere étant inconnus dans le Ciel, les signes qui les annoncent, doivent de même y être inconnus; & toute Intelligence céleste ne peut rapporter du séjour de la Gloire un visage triste.

Bien que cette explication soit vraye & juste, on peut en admettre une seconde, qui n'est pas sans fondement. C'est de supposer, qu'il y eut en effet quelque chose d'extraordinaire dans l'air de S. Etienne, & que son visage parut tout-à-coup d'un éclat surprenant. Alors on pourra dire, qu'en lui accordant le même privilege qu'à Moïse, Dieu voulut lui-même justifier son Ministre du Blasphême dont on l'accuse, & contre Dieu, & contre Moïse lui-même. L'Histoire sacrée nous apprend, que ce Législateur, étant descendu de la montagne, après l'entretien qu'il eut avec Dieu, & s'approchant du camp des Israëlites, son visage leur parut d'un éclat si surprenant, qu'ils avoient peine à le soutenir, & qu'il fut obligé de mettre un voile pour leur parler. S. Etienne ne s'est pas entretenu avec Dieu sur la montagne de Sinaï; mais ce saint Homme est sur le point d'entrer dans le séjour même où Dieu habite: l'éclat & la lumiere en sont les glorieux privileges, & Dieu, en donnant au visage de son Martyr un éclat extraordinaire, ne semble-t-il pas annoncer lui-même, qu'il va le recevoir au nombre des Saints glorifiez?

La première question que le Souverain Sacrificateur fit à Etienne, quand il fut entré dans le Conseil, roula sur l'aveu de son crime, qu'il veut apprendre de la propre bouche du Martyr. Il lui demande, s'il reconnoît avoir dit ce qu'on lui impute; & le demande, dans l'unique vûë de le condamner à la mort. Mais le Martyr veut se justifier, avant que de subir le supplice qu'on lui prépare. C'est pour cela qu'il entre d'abord dans un détail historique des bienfaits de Dieu envers son Peuple d'une part, & de l'ingratitude du Peuple de l'autre. Il entremêle parmi les faits qu'il raconte, des refléxions qui vont à son but, puisqu'elles prouvent, que les Cérémonies Légales sont parfaitement inutiles pour plaire à Dieu, & que, si Dieu les a instituées, ce n'est que par condescendance pour un Peuple adonné à l'Idolâtrie, & pour s'approprier des Cérémonies que ce même Peuple eût consacré au Culte des Idoles. Il fait voir, par l'exemple d'Abraham & des Patriarches, qui ont été agréables à Dieu, le premier avant la Circoncision, & les autres sans Temple, qu'on peut lui plaire sans l'un & sans l'autre. Passant ensuite à Salomon, qui a bâti le Temple, il prouve qu'il n'a pas eu dessein d'élever à Dieu un édifice où il résidât, lui qui remplit tout, mais un édifice destiné à consacrer à Dieu ses propres bienfaits, qui fût un témoignage constant de la reconnoissance du Peuple, & qui fixât le Culte qui lui est dû.

Il

Il ajoûte enfin, par rapport au Meſſie que la Nation Judaïque a rejetté, que cette rejection n'eſt pas un indice, loin d'être une preuve, qu'il ne fût pas le vrai Meſſie promis, puiſque Moïſe, que Dieu avoit deſtiné à être le Libérateur du Peuple, & qui l'a été en effet; que ce même Moïſe a été d'abord rejetté du Peuple, & que lui, qu'ils reconnoiſſent pour Prophete, eſt celui qui a prédit la venuë du Meſſie qu'Etienne prêche. Il finit en cenſurant d'une manière très-vive les crimes des principaux du Peuple, & les menace des plus terribles jugemens de Dieu. Voilà en abregé ce que contient l'Apologie d'Etienne. Il faut cependant convenir, que dans l'état où nous l'avons, & où S. Luc nous l'a donnée, après les récits de ceux qui entendirent ce ſaint Homme, on croit y remarquer trois défauts. 1°. Les Faits hiſtoriques que S. Etienne rapporte, ne ſont pas, dit-on, alleguez avec aſſez d'exactitude, & l'on a de la peine à concilier le récit de l'un, avec ce qu'on lit dans les Livres de l'autre. En ſecond lieu, diſent encore quelques-uns, on ne voit pas bien la liaiſon qu'il y a entre ces Faits & les Accuſations intentées contre S. Etienne. On l'accuſe de prêcher la Déſtruction du Temple par J. C., & l'Abolition des Cérémonies légales; & S. Etienne ne paroît rien dire ſur ces deux chefs, au moins rien de clair & de déciſif. En troiſième lieu, il y a des gens qui trouvent la Cenſure, qu'il addreſſe aux Accuſateurs, trop forte & trop générale. Il faut répondre à ces objections.

1°. Par rapport à l'Apologie en elle-même; on peut dire d'abord, que ſi elle paroît imparfaite, c'eſt que S. Luc n'a pu nous en apprendre que ce qu'il en apprit lui-même de ceux qui l'avoient entenduë. Or ceux qui l'entendirent, purent bien ne pas recueillir avec exactitude ce que prononçoit ce ſaint Homme au milieu des cris & du tumulte des Accuſateurs. Ce ſont des furieux qui traînent S. Etienne dans le Conſeil, tout compoſé de ſes ennemis; & peut-on croire qu'ils lui ayent donné le tems de parler avec quelque ordre & quelque ſuite? Il faut pour cela de la tranquillité de la part de celui qui parle, & de l'attention de la part de ceux à qui il parle; & peut-on ſuppoſer, avec quelque vraiſemblance l'un & l'autre dans cette occaſion?

En ſecond lieu; à l'égard des Faits hiſtoriques, s'il eſt difficile de les accorder avec le récit de Moïſe, cela n'eſt pas impoſſible; & après tout, un défaut de mémoire, dans un homme qui eſt ſouvent interrompu, ſeroit bien excuſable. Sans compter que ce défaut de mémoire ne doit apparemment être imputé, qu'à ceux qui ont rapporté ce qu'il a dit, & qui l'ayant mal entendu, & mal compris, l'ont rapporté avec peu d'exactitude, peut-être même qu'à l'ignorance où nous sommes à préfent de diverfes chofes qui étoient alors plus connuës.

En troifième lieu ; fi l'on trouve la Cenfure trop vive & trop forte, c'eft que l'on ne fait attention, ni au caractère de celui qui parle, ni fur-tout au caractère des perfonnes auxquelles il s'addreffe. Ce n'eft pas tant à la Nation en général qu'à la partie de cette Nation qui, pour en être en apparence la plus eftimable, en étoit réellement la plus odieufe : je veux parler des *Zèlez*, qui l'ont tiré en caufe, & qui veulent le faire mourir. Alors il ne faut, pour le juftifier, qu'entendre Jofephe l'Hiftorien des Juifs.

Il nous a dépeint le caractère de ces gens-là en divers endroits de fes Ouvrages ; mais en particulier dans le Chap. VIII. du feptième Livre de fon Hiftoire de la Guerre des Juifs. Il parle d'abord des principaux Factieux qui s'érigerent en Chefs du peuple, & qui, fous le fpécieux prétexte de défendre le Culte du vrai Dieu, & les Libertez de la Nation, ne penfoient qu'à fatisfaire leur ambition & leur avarice. Le premier étoit *Eleazar*, qui fe mit à la tête des [3] *Sicaires*, forte de brigans, qui voloient, pilloient, & brûloient impunement tout ce qui apartenoit à ceux d'entre les Juifs qui étoient d'avis qu'on fe foûmît aux Romains, & qu'on les reconnût pour maîtres, en acquiefçant au dénombrement qu'ils avoient ordonné, & en leur payant les tributs qu'ils exigeoient. Le fecond étoit *Jean*, plus méchant encore que le premier ; & le troifième *Gorion* : auxquels fe joignirent les *Iduméens*, qui vouloient mettre tout à feu & à fang. „ [4] Mais, ajoute l'Hiftorien, parmi tous ces Factieux, enne-
„ mis jurez de la Patrie, il n'y en eut point qui égalaffent
„ ceux qui fe donnerent le titre de *Zèlez*. Ils vouloient mar-
„ quer par ce titre, qu'ils étoient jaloux de la gloire de Dieu,
„ & de l'obfervation de fa Loi ; mais vous euffiez dit que
„ la gloire de Dieu confiftoit à commettre les plus grands cri-
„ mes que l'on eût jamais commis, & que le plus grand aux
„ yeux de Dieu, eft celui qui excelle en ce genre ; fe jouant
„ ainfi des noms & de la fottife du peuple, qui fe laiffe pré-
„ venir & aveugler par des noms ; ou bien fe livrant à leur
„ naturel féroce, ils s'y abandonnerent de telle forte, qu'on
„ peut dire qu'ils ne laiffoient rien aux plus fcelérats à ap-
„ prendre au monde en fait de crime ". Ainfi parle un Ecrivain qui ne peut être fufpect ; car outre qu'il a été témoin oculaire des faits qu'il rapporte, étant lui-même Juif, peut-on croire qu'il ait voulu exagérer les défauts de fa Nation ? La cenfure d'Etienne n'a donc rien de trop fort. Il imite

fon

son divin Maître, qui, avant que de mourir, dépeint des fcelérats du même ordre, avec les mêmes couleurs. Que l'on compare ce qu'a dit le Fils de Dieu aux Scribes & aux Pharifiens, dans le Chapitre XXIII. de S. Matthieu, avec ce que dit S. Etienne aux prétendus *Zèlez* de fon tems; trouvera-t-on qu'il y ait de l'exagération?

Tant de hardieffe dans un particulier ne pouvoit demeurer impunie. Les hommes fe livrent aifement au crime, mais ils ne peuvent fouffrir qu'on le leur reproche; & ces prétendus *Zèlez*, pleins de rage de fe voir démafquez par un homme dont la probité eft connuë, & qui a paru dans le monde comme un Miniftre extraordinaire de Dieu, par les miracles qu'il a faits; ces *Zèlez*, dis-je, fe jettent fur S. Etienne, & le traînent hors de la Ville pour le faire mourir.

S'il eft vrai, autant qu'il eft vraifemblable, felon de très-habiles gens, que les Juifs n'avoient plus le pouvoir de faire mourir perfonne, ce n'eft pas le Confeil qui condamne S. Etienne à la mort. Il n'auroit ofé le faire, comme il n'ofa le faire à l'égard de J. Chrift. Tout ce que pouvoit faire le Confeil fouverain de la Nation, c'étoit de faire comparoître les coupables, d'entendre les témoins, de les confronter avec les accufez, de prendre les avis, & de prononcer fur la nature du crime, & de la peine qui devoit être infligée au coupable par la Loi. Voilà tout ce que fit le Sanhedrin par rapport à J. Chrift. Mais quand il fut queftion de le condamner à la mort, il falut avoir recours au Gouverneur Romain, & le prier de faire exécuter la fentence que le Sanhedrin avoit prononcée. Ce furent donc les mêmes *Zèlez* qui avoient accufé Etienne, qui fe faifirent de lui, & le firent mourir de leur propre autorité. Ils prétendoient avoir ce droit; & voici fur quoi ils fe fondoient, comme nous l'apprend un très-fçavant homme dans les Antiquitez Judaïques. [5] ,, Il étoit, dit-il, permis aux *Zèlez*,
,, c'eft-à-dire à des particuliers animez de zèle, de faire mou-
,, rir fur le champ, & fans forme de procès, tout homme,
,, foit circoncis, foit incirconcis, pourvû néanmoins qu'il eût
,, embraffé foit, en tout ou en partie, la Religion Judaïque,
,, dès qu'ils l'avoient furpris violant en public la fainteté, foit
,, de Dieu, foit du Temple, ou de la Nation. Et ce que les
,, Juifs appellent violer la fainteté de Dieu, c'eft prononcer
,, un blafphême contre cet Etre fuprême. Violer la fainteté
,, du Temple, c'eft en faire le fervice étant fouillé : & violer
,, la fainteté de la Nation, c'eft fe rendre coupable d'impure-
,, té avec une Femme Payenne. Or dans tous ces cas, ajou-
,, te l'Auteur, il eft permis à un fimple particulier qui eft
,, animé de zèle, de faire mourir fur le champ les perfonnes
,, de

„ de cet ordre". Il nous apprend ensuite, de quelle manière les Docteurs Juifs définissent ces Zèlez : *Ce sont*, disent-ils, *des hommes pieux, enflammez de Zèle pour Dieu*; & par rapport au pouvoir qu'ils leur donnent, ils prétendent que c'est Moïse lui-même qui leur a donné ce pouvoir, & que *Phinées* en est un exemple ; car on sçait que de son autorité privée il tua deux coupables qu'il surprit dans le crime, & son action ayant été louée de Dieu, les Docteurs Juifs disent, qu'il est louable de l'imiter. A cet exemple ils ajoûtent celui de *Mathathias*, qui voyant un Juif prêt à offrir des sacrifices sur l'autel qu'Antiochus avoit fait dresser en Judée, le tua en présence du Commissaire de ce Prince, après quoi il tua le Commissaire lui-même. Or ces actions sont vantées dans le Livre des Macchabées. Il semble même que l'Auteur du Livre les regarde comme ordonnées par la Loi.

1 Macc. II. 24. & suiv.

Voilà l'origine & les principaux exemples du droit que les *Zèlez* s'arrogeoient par rapport aux coupables d'un certain ordre. S. Etienne ayant été accusé de blasphême, étoit dans le cas. Ils profitent donc de ce droit. Ils saisissent ce saint Homme, & le conduisent hors de la Ville, pour y être lapidé. C'est le supplice que la Loi Mosaïque avoit ordonné contre les Blasphêmateurs; supplice qui étoit suivi d'une sorte d'infamie. C'est qu'après que le coupable avoit été mis à mort, on le pendoit à un bois, jusqu'au soleil couché; car il n'étoit pas permis de l'y laisser plus long-tems. Cet usage étoit fondé sur un passage du Deuteronome, auquel nos Versions ont donné un sens différent de celui que quelques Juifs lui donnent. Notre Version porte: *Vous ensevelirez le corps mort, le jour même du supplice*; CAR CELUI QUI EST PENDU AU BOIS, EST MAUDIT DE DIEU, & *vous n'en souillerez point la terre que l'Eternel votre Dieu vous a donnée en héritage*. Au lieu que les Talmudistes traduisent : ⁶ *Celui qui aura maudit Dieu, sera pendu au bois*. Il faut convenir que cette traduction rend fort bien l'Original; mais l'autre ne lui convient pas moins ; aussi Josephe paroît-il l'avoir adoptée, & c'est évidemment celle que St. Paul a suivie dans son Epître aux Galates.

Lev. XXIV. 14.

Deut. XXI. 22. 23.

Quoi qu'il en soit, voici comment le supplice devoit être infligé. ⁷ Divers Sçavans ajoûtent bien d'autres formalitez ; mais on se borne à ce qui étoit prescrit par la Loi. On menoit d'abord le coupable hors de la Ville, & quand il étoit arrivé au lieu du supplice, les témoins accusateurs mettoient les mains sur sa tête, & demandoient à Dieu, que la peine dûë à son crime reposât toute entiere sur lui. Après quoi l'un d'eux jettoit la première pierre, le second en jettoit une seconde; &

si le coupable ne mouroit pas de ces premiers coups, tous ceux qui étoient préfens l'accabloient de pierres. Enfuite on pendoit le corps mort à un bois, jufqu'au foleil couché, & on l'enfeveliffoit enfuite.

Il paroît par S. Luc, que les *Zèlez* firent obferver toutes ces formalitez. Les faux dévots n'y manquent gueres. Ils avoient d'ailleurs trop d'intérêt de donner à leur attentat les couleurs de la juftice. Ils ont pour objet de concilier l'eftime & la faveur du peuple, & pour cela il faut être exact obfervateur des formalitez.

On vit dans cette occafion deux fpectacles bien oppofez. Une fureur aveugle de la part de ceux qui font mourir S. Etienne; & de la part du Martyr qui meurt, les plus hautes vertus. Elles éclatent, elles brillent en lui, lorfqu'il eft près d'expirer, & même Dieu daigne les recompenfer avant qu'il expire: & s'il montre des vertus dignes du féjour de la Gloire, il jouit de la félicité de ce féjour avant que d'y entrer. En effet S. Luc nous apprend, que S. Etienne étant encore dans la falle où fe tenoit le Confeil, pendant que les Juifs écumoient de rage, du reproche qu'il avoit ofé leur faire en face, ce faint Homme, *plein du S. Efprit, ayant les yeux attachez vers le ciel, vit la Gloire de Dieu, & J. Chrift à fa droite;* & ravi d'un fi grand bonheur, il s'écria: *Je vois les cieux ouverts, & le Fils de l'Homme à la droite de Dieu.* Ce que dit ici S. Etienne paroît fufpect aux Moqueurs, qui font tout difpofez à l'accufer de fanatifme. Tachons de leur faire comprendre que c'eft fans fujet.

D'abord il faut convenir que St. Etienne n'a pu voir réellement les cieux ouverts, ni la Gloire de Dieu, c'eft-à-dire cette fplendeur, cet éclat, qui l'environne, puifque le ciel n'eft pas un corps folide, & que Dieu habite une lumiere inacceffible. Il a bien pu voir les nuées fe partager, & un mélange d'obfcurité & de lumiere lui préfenter dans l'enfoncement deux fymboles, l'un de la Divinité, l'autre de J. Chrift fe tenant debout, comme pour défendre fon Miniftre. C'eft ainfi que Dieu accorde à Moïfe le privilege de voir un fymbole de la Divinité; mais outre qu'il paroît par S. Luc, que S. Etienne prononça ces paroles étant encore dans la falle, comme on l'a dit, & non en plein air; outre cela, dis-je, s'il eût vû un pareil fpectacle au travers des fenêtres, il eft évident que, fans un miracle, qui, pour le dire en paffant, n'étoit pas impoffible, il eft, dis-je, évident, que dans le cours purement naturel il n'eût pu le voir feul. Plufieurs l'auroient vû comme lui, & il ne paroît pas vraifemblable que S. Luc n'en eût rien dit. C'eft donc, à notre avis, une vifion intérieure, comme celle qui eft rapportée de S. Pierre, dans les Actes. *Il eut*, dit l'Auteur facré,

1 Tim. VI. 6.

Exod. XXXIII. 22.

Act. x. 10. 11.

un raviſſement d'eſprit, & vit le ciel s'ouvrir. Son ame eſt tranſ-portée, pour ainſi dire, juſqu'au ciel, qu'elle voit s'ouvrir, pour étaler à ſes yeux la gloire qui regne dans cet heureux ſé-jour. La même choſe arrive à S. Etienne. L'Eſprit de Dieu agit ſur lui, & il lui ſemble dans cet heureux moment, qu'il eſt dans le ciel, & qu'il voit le ſpectacle qu'il décrit. Sa foi devient tout d'un coup lumineuſe, tranſcendante, intuitive. Elle acquiert le dégré de la vûë, ou du moins celui de la per-fection que S. Paul lui donne, quand il dit, *qu'elle eſt la ſub-ſtance des choſes que l'on eſpère, & la demonſtration de celles que l'on ne voit pas encore.* Elle rapproche les objets éloignez, & les fait ſubſiſter ſous nos yeux. Ne voyons-nous pas quelque choſe de ſemblable à ce qui arrive ici à S. Etienne, dans un grand nombre de Fidèles mourans? A meſure qu'ils appro-chent de leur fin, leur foi devient plus éclairée & plus ferme, & ils parlent des biens à venir, comme s'ils en jouiſſoient dé-ja. Loin d'avoir beſoin qu'on les conſole, & qu'on les raſſure contre les frayeurs de la mort, ce ſont eux qui conſolent, & qui raſſurent ceux qui s'affligent de les voir mourir. Vous di-riez qu'ils ne ſont plus ſur la terre; qu'ils ſont avec Dieu. Leur eſprit ſemble acquerir de nouvelles connoiſſances. Au moins ils s'expriment avec une liberté, une juſteſſe, une force, qu'on ne leur connoiſſoit pas. Les termes coulent de ſource; & il y a dans leurs diſcours quelque choſe de ſi touchant, qu'on ne peut s'empêcher de ſentir, qu'il y a quelque choſe de ſur-naturel & de divin dans ce qui leur arrive; en un mot, que c'eſt Dieu qui agit, & qui dès cette vie recompenſe les vertus du Fidéle, par une ſituation ſi digne d'envie.

J'avoue cependant que cette ſituation, où l'on voit quel-quefois les Fidèles mourans, n'approche pas de celle de S. Etienne. Il y a quelque choſe de plus ici. Mais doit on s'en étonner? Ce ſont-là des hommes ordinaires qui meurent, au lieu qu'il s'agit ici du premier Martyr de l'Egliſe; & ſi en con-ſideration de ſon zéle héroïque, & de ſes ſouffrances volon-taires, Dieu daigne le diſtinguer par une grace particuliere, doit-on en être ſurpris? Ne ſemble-t-il pas, au contraire, que cette grace étoit néceſſaire pour rélever le courage de l'Egliſe naiſſante, qui dut être conſternée par un ſupplice ſi rude, & ſi peu mérité? Mais quelle conſolation, & quel encourage-ment pour les Fidèles qui furent préſens à cette triſte ſcene, d'entendre le Martyr, dont ils connoiſſent les lumieres & la probité, s'écrier ſur le point de mourir: *Je vois les cieux ou-verts, & le Fils de l'Homme à la droite de Dieu!* Il ne trouve qu'injuſtice & cruauté dans les Juges de la terre, & ſe tour-ne vers le ciel, pour y chercher un Juge plus juſte & plus fa-vora-

vorable. Il le trouve, & s'écrie dans les transports de sa joye: *Je vois les cieux ouverts, & le Fils de l'Homme à la droite de Dieu.*

On prévoit que tout ce que l'on vient de dire, ne pourra contenter les Incrédules, qui soutiendront, que dans le tour même que nous donnons à la chose, la vision de S. Etienne n'en fait qu'un vrai Fanatique. A Dieu ne plaise que nous voulussions autoriser le Fanatisme! Je le crois plus dangereux que l'Athéïsme même, parce qu'il a une merveilleuse convenance avec l'esprit du grand nombre. Il accommode les passions. Il endort la conscience des Pécheurs. Il y a quelque chose de plus: il érige en révélations les rêveries les plus extravagantes, & fait croire à ceux qui en sont atteints, que leurs égaremens sont autant d'ordres du ciel, & leurs actions les plus barbares, autant d'actions héroïques. Le Fanatisme enfante la Superstition; & un des plus sçavans hommes de l'Antiquité [8], a fort bien prouvé, que la Superstition est infiniment plus injurieuse à Dieu, & plus dangereuse pour les Etats, que l'Athéïsme [9]. Plus injurieuse à Dieu; parce qu'il n'y a pas de comparaison, entre nier l'existence d'un Etre, & lui attribuer des défauts honteux. Plus dangereux pour les Etats; parce que la Superstition ne tolere pas simplement les crimes: elle les autorise: elle les commet sous l'idée de sainteté. A Dieu ne plaise donc, que l'on voulût autoriser le Fanatisme! Mais n'y a-t-il pas de la distinction à faire, entre l'extraordinaire, & le Fanatisme? Il y a de l'extraordinaire dans ce qui arrive à S. Etienne, j'en conviens: du Fanatisme, je le nie. On ne voit rien que de très-sensé dans tout ce qu'il dit, ou même de très-pieux. On y voit de l'extraordinaire, cela est vrai; mais il est aisé de le comprendre, dès que l'on conçoit un Dieu qui est Esprit, & qui s'intéresse à la Vertu malheureuse. S'intéresser à la Vertu, est un acte de justice; au moins un acte de bonté. Le faire d'une manière surnaturelle, est un acte de puissance qui convient à Dieu, & qui ne renferme rien dans cette occasion que l'on ne puisse aisément expliquer.

Dieu est Esprit. Tout le monde en convient; au moins ceux qui reconnoissent un Dieu. Il peut agir sur l'ame immédiatement. Oseroit-on le nier? L'ame étant une substance spirituelle, de même nature que Dieu qui en est l'Auteur, il doit avoir sur elle un empire absolu, puisqu'il lui a donné l'existence. Or ce même Dieu qui peut agir sur l'ame immédiatement, ne pourra-t-il pas lui présenter des objets propres à la consoler dans ses maux? Et Dieu ne le fait-il pas tous les jours dans le fond? Non d'une manière aussi marquée, dans le même dégré, & avec la même évidence; mais il le fait, & peut le faire, quand il lui plaît. Doit-on donc être surpris qu'il le fasse avec une sorte de distinction pour un serviteur fidèle, qui sacrifie le premier sa vie pour la défense d'une Religion que Dieu veut établir dans le monde?

Il me semble que les raisons que l'on vient d'alleguer, pour disculper Etienne de tout soupçon de Fanatisme, doivent contenter un homme raisonnable. Passons donc à la consideration des vertus qui éclatent à sa mort.

Dès qu'il est arrivé au lieu du supplice, sa première attention est, de rendre hommage à J. Christ, pour lequel il meurt, & de le supplier de recevoir son ame après la perte de son corps, qu'il perd avec joye. S. Etienne, dit l'Ecrivain sacré, *invoqua Jesus en ces termes: Seigneur Jesus, recevez mon Esprit!* Après avoir satisfait à ce devoir de pieté, il pense d'abord à remplir celui de la Charité Chrétienne. Il *se met donc à genoux*, comme le dit l'Evangéliste, *& s'écrie à haute voix: Seigneur, ne leur imputez point ce crime*. Cela étant, il fit cette priere pendant que les témoins de son prétendu blasphême avoient les mains sur sa tête, & qu'ils demandoient à Dieu, de faire tomber sur Etienne la peine de son crime. Ils chargent de malédictions ce saint Homme, & il implore la grace de Dieu pour eux. O le beau caractère! ô la haute vertu! Et si certains esprits sont surpris, dirai-je choquez, de l'entendre s'écrier *qu'il voit les cieux ouverts*, étant encore sur la terre, ne seront-ils pas édifiez de l'entendre s'écrier ensuite: *Seigneur, ne leur imputez point ce crime*? On le maudit, & il bénit. Que dis-je? On demande à Dieu de faire tomber sur lui les effets de sa colere; & il demande pour ses ennemis les effets de sa misericorde. Une si belle vertu, si difficile à pratiquer, n'annonce pas moins une action de Dieu, que le ravissement d'Etienne dans le ciel.

Voilà comment meurt le premier Martyr de l'Eglise, celui dont la vie avoit été si illustre, & dont la mort semble si ignominieuse. Mais que dis-je? Elle a été illustrée, comme on l'a vû, de la part de Dieu, par une grace particuliere; de la part du Martyr, par des vertus incomparables. Que restoit-il pour honorer sa mort selon le monde? Il restoit à en faire les obseques avec toute la pompe du siécle; honneur que l'abondance seule peut procurer aux hommes. Il y a des Chrétiens, qui croyent effectivement que S. Etienne fut enseveli de la sorte, suivi d'un superbe cortege, & avec tout l'appareil des Grands. Un Ecrivain du quatrième siécle a fabriqué tout le cérémonial de cette pompe funèbre, & lui a donné pour Auteur un homme riche, nommé Gamaliël, qui ne pouvant souffrir que S. Etienne fût inhumé d'une manière simple, fit tous les frais des funérailles, & n'épargna rien pour les rendre des

plus

plus magnifiques. Ce qu'il y a de certain, c'est que le récit de cet Ecrivain est une pure fable, inventée par un ignorant, qui n'a pas même sçu observer les vraisemblances. Il a pris sa description dans les Coûtumes de son tems, & non dans les rits des Juifs, qu'il paroît ignorer parfaitement. Non, ce n'est point ainsi que S. Etienne a été honoré à sa mort. L'Eglise naissante n'en agissoit pas de la sorte. Elle faisoit un meilleur usage de ses biens. Elle les destinoit au soulagement des pauvres. Elle n'auroit même pu faire alors ce que cet Ecrivain lui attribuë, puisqu'elle étoit persécutée, & que tous les Fidéles, à l'exception des Apôtres, furent obligez de se disperser, aussi-tôt après la mort de ce saint Homme. Que fit donc l'Eglise à sa mort? *Elle pleura.* Voilà un honneur préférable à toutes les pompes du monde. L'Eglise perdoit un fidèle Ministre, un Ministre nécessaire, un Ministre qui lui étoit infiniment cher. *Des hommes pieux*, dit S. Luc, *prirent soin d'ensevelir Etienne, &* Act. viii. *firent ses funérailles avec un grand deuil;* c'est-à-dire qu'en le portant, & en le mettant en terre, ils répandirent beaucoup de larmes. L'Ensevelissement fut des plus simples; mais les larmes furent abondantes, parce que la douleur fut vive & sincere. Le privilege des Grands, c'est d'être honorez par de magnifiques funérailles; mais souvent aussi, loin d'exciter les larmes, ils les tarissent par leur mort. Au lieu que S. Etienne reçoit en mourant, le tribut que l'on doit à la Vertu quand elle n'est plus, ce sont les regrets & les pleurs. Certainement, les plus superbes funérailles, les tombeaux les plus somptueux, n'honorent pas autant les morts que des Larmes sinceres. La vanité fait ériger les premiers, au lieu que les secondes ne peuvent avoir qu'une cause; c'est la douleur.

C'est par cette circonstance que nous achevons l'Histoire de la mort du premier Martyr de l'Eglise. Elle renferme plusieurs instructions importantes que je ne puis me dispenser d'indiquer.

Première Instruction: Tous ceux que l'on fait mourir comme Blasphêmateurs, ne le sont pas aux yeux de Dieu, & de la Raison éclairée par l'Evangile. Que dis-je? Combien de Martyrs de la Vérité, convertis en Blasphêmateurs, par de véritables Blasphêmateurs? Ils ont été noircis par un monde corrompu; mais ils ont été justifiez, couronnez par un Juge incorruptible. Les hommes en autorité sont les maîtres des noms; mais ils ne sçauroient changer la nature des choses.

Seconde Instruction: Les hommes se jouent de tout; mais il n'y a rien dont les hommes ambitieux & avares se jouent avec plus d'insolence, que de la Religion. Tous les jours ils la font servir de voile à leurs passions. Le Blasphême n'est en effet

effet que le prétexte de la mort de S. Etienne, dont les véritables causes sont, 1°. *les Dons extraordinaires* dont il avoit plu à Dieu d'enrichir son Ministre, & par lesquels il fait un grand nombre de conversions, qui donnent de l'ombrage & de la jalousie aux Juifs. 2°. *La Honte* des Docteurs Juifs & de leurs Disciples, qui ne peuvent pardonner au Martyr, de l'avoir emporté sur eux dans la dispute. 3°. *Sa noble Hardiesse*. Il a osé leur reprocher leurs vices en face. Une semblable Hardiesse ne se pardonne pas, dès qu'on a le pouvoir en main pour la punir.

Troisième Instruction: Dieu seul dispose de la félicité des hommes; & comme il peut, quand il lui plaît, les rendre malheureux dans la plus haute fortune, il peut aussi les rendre heureux au milieu des plus affreux supplices. Combien n'a-t-on pas vû de Martyrs chanter les louanges de Dieu dans les flammes; & pendant que leurs membres brûloient, bénir le Seigneur de leur sort? On eût dit qu'ils avoient perdu toute sensibilité, ou plutôt, que leur ame étoit déja separée de leur corps. D'un autre côté, combien d'hommes n'a-t-on pas vû inquiets, chagrins, ne jouissant d'aucun repos & d'aucune douceur, au milieu des honneurs & de la plus grande abondance? Car comme c'est proprement dans les idées & les sentimens que le vrai bonheur consiste, Dieu, qui dispose en maître de ces idées & de ces sentimens, peut, quand il lui plaît, rendre l'un & l'autre, triste ou agréable. L'Histoire & l'expérience en fournissent une infinité d'exemples.

Quatrième Instruction: La Religion Chrétienne porte des preuves d'une origine divine, auxquelles on est forcé de se rendre. Dieu a fait des miracles en sa faveur: voilà le sceau de Dieu sur la vérité. Les hommes qui ont prêché les premiers, ont souffert le Martyre: voilà le sceau des hommes sur la vérité. Et quand ces deux sortes de témoignages se trouvent réünis en faveur d'une Doctrine, que peut-on imaginer de plus fort & de plus sûr?

DISCOURS XXX.

La Conversion de S. Paul. Act. IX. 1—18. XXII. 1—20.
XXVI. 1—20.

Saint Paul étoit Juif d'origine, & non proſélyte du Judaïſme, comme l'ont prétendu les Ebionites; au moins ſi l'on en doit croire [1] S. Epiphane. *Il étoit Hébreu, fils d'Hébreu*, comme il le dit lui-même, & *de la Tribu de Benjamin*, qui, après celle de Juda, laquelle a donné ſon nom à la Nation, étoit la plus conſiderée parmi le peuple. Il nâquit *à Tarſe en Cilicie*, ville [2] fameuſe pour les Sciences, qui y étoient fort cultivées, & où S. Paul avoit étudié, ſelon toute apparence, les belles Lettres dans ſa jeuneſſe. De-là vient que cet Apôtre a cité quelquefois les Poëtes Payens. Parvenu à un âge plus avancé, il fut à Jeruſalem, où il apprit les Traditions Judaïques, ſous un des plus habiles Maîtres de ces tems-là, c'eſt *Gamaliël*, & il s'attacha à la Secte qui étoit la plus en vogue, c'eſt-à-dire à celle des Phariſiens. Il avoit acquis par ſa naiſſance un privilege conſiderable, qu'Auguſte doit avoir accordé à tous les habitans de Tarſe, à cauſe de leur attachement pour lui. C'eſt la qualité de Bourgeois Romain; qualité qu'il fit valoir dans l'occaſion, & qui, plus d'une fois, le mit à couvert des violences des Juifs.

Cet Apôtre a eu deux noms: celui de *Saul*, qui eſt Hébreu, & qui veut dire, *demandé* à Dieu; & celui de *Paul*, nom Latin, qui ſignifie *petit*. Peut-être reçut-il ces deux noms le jour même de ſa circonciſion; le premier, comme Juif; & le ſecond, comme Bourgeois Romain. Peut-être auſſi changea-t-il de nom à l'occaſion de la converſion du Proconſul *Serge-Paul*, & pour ſe rendre plus agréable aux Gentils; mais il ſera plus à propos d'examiner cette queſtion, quand nous aurons à conſiderer la converſion du Proconſul. A préſent il s'agit de celle de Paul même, que l'on peut regarder comme un des plus grands miracles de J. Chriſt glorifié. Et comme il a été l'Apôtre de Jeſus arrivé dans le ciel, & non de Jeſus étant encore ſur la terre, il ſemble qu'il ait voulu montrer par des effets, qu'il étoit véritablement digne de la vocation que le Seigneur avoit daigné lui addreſſer du ſéjour de la gloire. Car il a plus ſouffert, plus travaillé, qu'aucun

Vol. VI.   E e e e   des

des Apôtres, & porté l'Evangile plus loin qu'aucun d'eux. Peu s'en faut que je ne le dife : il femble avoir fuccedé à J. Chrift lui-même, puifque les Juifs l'appellent, *le Chef de la Secte des Nazaréens.* C'eft l'Hiftoire de la Converfion de cet Apôtre que nous avons à tracer dans ce Difcours. S. Luc nous en apprend le *tems*, le *lieu*, la *manière*. Tout eft intéreffant ici ; tâchons de ne rien omettre de ce qui concerne un évenement fi mémorable.

A l'égard du tems que Jefus choifit pour convertir S. Paul, c'eft le tems où ce Juif eft le plus animé contre les Chrétiens, & où, après les avoir perfécutez de la manière du monde la plus cruelle à Jerufalem, il va, muni de lettres de recommandation, les perfécuter dans toutes les Villes de leur refuge, & en particulier à Damas, ville confiderable, & toute peuplée de Juifs. Saul, dit S. Luc, *ne refpirant toûjours que menaces & que carnage contre les Difciples du Seigneur, alla trouver le Souverain Sacrificateur, & lui demanda des lettres pour les Synagogues de Damas, afin que ceux qu'il y trouveroit de cette Secte, hommes ou femmes, il pût les faire lier & mener à Jerufalem.*

Quand l'Auteur facré dit, que Saul *ne refpiroit toûjours que menaces & que carnage*, il a égard à ce qu'il a dit dans le Chapitre précedent. C'eft que *Saul eut beaucoup de part à la mort de Saint-Etienne, & qu'il fut un des principaux auteurs de la perfécution générale dont cette mort fut fuivie.* Comme on avoit accufé ce Martyr de blafphême, il y a bien de l'apparence que l'on accufa du même crime tous les Chrétiens, & que l'on prétendit les envelopper dans la même peine. Or Saul paroît à la tête de ceux qui les perfécutent. *Il ravageoit l'Eglife*, dit S. Luc, *entrant dans les maifons, d'où il tiroit hommes & femmes, pour les faire mettre en prifon.* Il lui femble qu'il eft dans un païs conquis, où il lui eft permis d'ufer des droits de la victoire, de faccager, de piller, de tuer qui bon lui femble. Mais après avoir fignalé fon zèle, ou plutôt fa fureur, à Jerufalem, il veut l'exercer encore dans toutes les villes où les Chrétiens fe retirent ; & comme il y en avoit un grand nombre à Damas, c'eft-là fur-tout qu'il va les perfécuter. Remarquons ici la figure que l'Hiftorien facré employe, pour exprimer la fureur de cet Homme. *Il ne refpiroit*, dit-il, *que menaces & que carnage.* Il le compare à une bête féroce, qui, après avoir dévoré un grand nombre d'animaux innocens, non contente d'avoir ravagé la contrée où elle eft, va chercher une nouvelle proye dans les contrées voifines. C'eft effectivement ce que faifoit ce Perfécuteur, comme il le reconnoît lui-même, dans fon apologie devant

le

le Roi Agrippa. *Pour moi*, dit-il à ce Prince, *j'avoue*, *que j'avois cru d'abord*, *qu'il n'y avoit rien que je ne dûsse faire contre le nom de Jesus de Nazareth. C'est aussi ce que j'ai fait à Jerusalem, mettant en prison plusieurs saints, après en avoir reçu le pouvoir des Principaux Sacrificateurs. Et quand on les faisoit mourir, j'y donnois mon suffrage. J'ai même été souvent dans les Synagogues, pour les forcer à blasphémer, par les supplices que je leur faisois souffrir. Et dans la fureur dont j'étois transporté, j'allois les persécuter jusques dans les villes de dehors. C'étoit dans ce dessein que j'allois à Damas, avec pouvoir & commission des Principaux Sacrificateurs.*

Damas ³ étoit la capitale de Syrie, située à dix ou douze milles de Jerusalem. Cette ville étant Payenne, & soûmise au Roi Aretas, les Chrétiens, persécutez en Judée, fuyent à Damas, dans l'espérance d'y trouver un azile sous la protection de ce Prince. Mais comme il y avoit un grand nombre de Juifs établis dans cette ville, & qu'unis à ceux de Jerusalem, ils entretenoient commerce ensemble; que d'ailleurs ils reconnoissoient pour leur Chef, en matière de Religion, le Grand-Sacrificateur, Saul s'addresse à lui, & lui demande des lettres de recommandation, pour faire arrêter les Chrétiens, comme des apostats & des perturbateurs du repos public.

2 Cor.
XII. 5.

Il faut l'avouer. Saul est bien coupable, comme il le reconnut lui-même, dès qu'il eut le tems de reflechir sur ses actions passées. Que l'on considere le caractére de ceux qu'il persécute : Ce sont des innocens, dont tout le crime consiste à vouloir confesser la vérité qu'ils ont le bonheur de connoître. Il n'épargne pas même les femmes, que le soldat barbare a coûtume d'épargner. Que l'on considere l'étenduë de ses persécutions : La Judée n'est pas un assez grand théâtre à ses fureurs. Il faut qu'elles s'exercent au dehors, & qu'elles inondent du sang Chrétien toutes les villes où ils habitent. Que l'on considere la manière dont il les persécute : *Il va les forcer à blasphémer contre le nom de J. Christ.* Il s'agit, ou d'abjurer J. Christ, ou de mourir. Ce n'est pas seulement leurs biens qu'ils doivent sacrifier; leur patrie, dont ils doivent se bannir; il faut encore, ou qu'ils meurent, ou qu'ils violent leur propre conscience. Et pour exercer ces fureurs avec autorité, & avec succès, il souleve contre eux tout le Conseil des Juifs, ou plutôt toute la Nation Judaïque, par-tout où elle est établie, afin de perdre les Chrétiens par-tout. De quoi n'est pas capable un zèle aveugle & furieux! Car voilà l'unique source de tant d'injustices, de cruautez, de barbaries. Il convertit l'homme en bête féroce, & en le dépouillant de l'équité, de la justice, de l'humanité, que dis-je?

1 Timot.
I. 13.

de la raison même, il ne lui laisse en partage qu'une fureur aveugle, que son imagination échauffée prend pour un feu divin, pendant que ce feu ressemble à celui des enfers, ou même est plus dangereux que celui-ci, qui ne brûle que les ames criminelles, au lieu que celui d'un zèle aveugle brûle tout, innocent ou coupable, & se persuade encore d'offrir à la Divinité les sacrifices les plus agréables. A la honte éternelle des Chrétiens, on a vû des Payens, & même de leur Devins, avoir des idées bien plus justes de la Divinité. Il y a un bel endroit là-dessus dans la Vie de Pelopidas. [4] „ Ce Général, sur le point de donner bataille, a un songe. Un
„ Dieu lui apparoît, & lui demande le sacrifice d'une Vierge,
„ s'il veut remporter la victoire. Il consulte les Devins, qui
„ sont partagez. Les uns disent, qu'il faut l'offrir, & en
„ alleguent des exemples : les autres, au contraire, soutien-
„ nent qu'un sacrifice si barbare, & si injuste, ne peut être
„ agréable à aucune Divinité, ni à aucune Nature supérieu-
„ re à la nôtre; que les Tryphons & les Géans ne regnent
„ point sur nous, mais le Dieu suprême, le Pere des Dieux
„ & des Hommes; qu'il y a de l'impieté à s'imaginer, que
„ les Dieux se plaisent au meurtre & au sang, & que s'ils s'y
„ plaisoient, ils ne seroient plus Dieux, & devroient être
„ abandonnez, comme des Etres vicieux & impuissans;
„ car c'est dans les ames foibles & vicieuses que naissent &
„ s'impriment des désirs injustes & cruels ". O plût à Dieu ! les ministres de la Religion Chrétienne fussent-ils tous aussi sensez que ces ministres du Paganisme, qui raisonnent comme les Philosophes ont raisonné ; car voici ce que ces derniers ont dit sur le sujet du Culte que l'on doit à Dieu.
„ Le premier Culte que l'on doit à la Divinité, dit Sene-
„ que, c'est de reconnoître son Existence. Le second, c'est
„ de lui attribuer de la Majesté. Le troisième, de lui attri-
„ buer de la Bonté, sans laquelle il n'est point de Majesté". Je me souviens ici de ce que disoit le même Auteur, en parlant de Volesius, Proconsul d'Asie du tems d'Auguste. Il dit, [5] „ que marchant au milieu de trois-cens morts, étendus
„ sur la poussiere par ses ordres, ce barbare, flatté de cette
„ action comme il eût pu l'être du plus glorieux exploit,
„ s'écria : Voilà une action qu'on peut appeller véritablement
„ Royale". Hélas ! Tel me paroît Saul, aveuglé par son zele. Il contemple les malheureuses victimes de sa fureur, avec la même satisfaction, qu'une Ame généreuse contempleroit la félicité de ceux qu'elle a comblez de ses bienfaits. Que dis-je ? Il les contemple comme des sacrifices qu'il a faits à Dieu, & qui lui assurent une des premières places dans son

Royau-

Royaume. Qu'un pareil aveuglement mérite bien que l'on s'inftruife une bonne fois des vrais caractères du Zéle, pour ne pas confondre une Fureur, fource de mille crimes, avec une des plus belles & des plus hautes vertus; & défabufer ces efprits fuperbes qui fe mettent dans le rang des Séraphins, pendant que, tout femblables à l'Apôtre avant fa Converfion, ce font des Blafphêmateurs, des Injuftes, & les plus grands des Pécheurs, puifqu'ils couvrent des paffions infernales, du prétexte d'un faint Zéle pour la gloire de Dieu.

Le *Zéle*, en matière de Religion, me paroît être un ardent défir de voir Dieu glorifié fur la terre; ou, ce qui eft la même chofe, de le voir fervi par tous les hommes conformément à fa volonté. De-là la joye quand la Vérité fe répand, & fait des progrès. De-là la triftefle, & l'indignation même, quand l'Erreur l'emporte, & que le vice regne. Rien de plus naturel que ces fentimens. Ils naiffent néceffairement de l'Amour de Dieu, qui, plus il eft vif, plus il doit nous porter à nous intérefler à la Gloire de Dieu, & à fouffrir, quand il nous paroît qu'on l'outrage. Où eft le Fils qui aime fon Pere, & qui puiffe ne pas fe réjouir de ce qui lui eft agréable, & qui contribue à fa gloire, & ne pas s'affliger de ce qui l'offenfe & lui déplait? Où eft le Sujet qui aime fon Prince, & qui puiffe voir avec indifférence la foûmiffion ou la révolte des fujets? Auffi David s'afflige, il pleure de voir Dieu déshonoré. Il fe réjouit, il a des tranfports de joye, de le voir obéï. Le Zéle eft donc une vertu de l'homme de bien. Mais il n'eft point de vertu qui demande plus de connoiffances, de circonfpection, de prudence, de douceur & de droiture de cœur. Si le Zéle n'eft pas affocié à ces vertus, il degénére en fureur aveugle, & devient la fource de mille attentats, d'autant plus funeftes & plus incorrigibles, qu'on les commet fous le voile de la Religion & de l'Amour de Dieu.

Premièrement donc le *Zéle* ne doit intéreffer l'ame, que lorfqu'il s'agit *de Véritez certaines, & de la derniere importance.* Car fi les Véritez font peu importantes pour le falut, elles doivent être mifes dans le rang des chofes indifférentes, fur lefquelles chacun peut penfer ce qu'il lui plaît : & fi elles font douteufes, on doit fouffrir qu'on les contefte, & que les fentimens foyent partagez. Or combien peu de Véritez, en matière de Religion, qui portent ces deux caractères, la certitude & l'importance; au moins pour les efprits qui penfent, & qui péfent les difficultez?

Un fecond caractère du Zéle, c'eft qu'il foit *pur & défintéreffé*, c'eft-à-dire qu'il ne parte que d'un Amour fincere pour Dieu,

Dieu, & pour le Prochain. S'il est tel, il doit être juste & charitable ; car assurement l'Amour de Dieu ne nous inspire pas des injustices, ni l'Amour du Prochain des cruautez.

Un troisième caractère, c'est qu'il soit *sage*, *moderé*, & qu'il se renferme dans les moyens que la Raison & la Religion dictent pour la conversion des hommes. Ces moyens sont la persuasion, & tout ce qui contribuë à la produire, la douceur, la condescendance, de solides raisons, de bons exemples. Car enfin, il s'agit de sauver les ames, & non de les perdre. Il s'agit donc de former une Foi éclairée, libre, volontaire, la seule qui puisse être agréable à Dieu. Que ceux qui se piquent de Zéle pour sa Gloire, s'examinent sur ces caractères, & ils verront s'ils ont sujet de se glorifier, ou de se condamner. Je les prie au nom de Dieu & de J. Christ, de faire attention à ces trois refléxions que j'ai à faire ici.

Première Refléxion. Le motif des actions humaines, quelque saint qu'il soit, ne peut en changer la nature. Elles sont, ou légitimes, ou criminelles, selon qu'elles sont, ou conformes, ou contraires à la Loi de Dieu, & à la droite Raison: & par consequent, *ternir la réputation de ceux qui sont dans des sentimens opposez aux nôtres, leur enlever leur bien, leur ôter la vie* . . . sont autant d'actions injustes, cruelles, barbares, par quelque principe que l'on s'y porte, par Amour pour Dieu, ou par des Passions honteuses.

Seconde Refléxion. Les hommes, qui ont le moins de lumieres & de connoissance, sont cependant les plus susceptibles de Zéle, parce qu'ils ignorent les difficultez, la bizarrerie de l'esprit humain, la véritable raison des sentimens. Or un homme qui ne sçait que ce qu'il a appris dans son enfance, & qui ne consulte que son Amour pour Dieu, se livre à son Zéle, & prenant pour véritez certaines & de la derniere importance, tout ce qu'on lui a enseigné, le défend comme tel. Et par-là quel risque ne court-on point de défendre l'Erreur au lieu de la Vérité, & de combattre même contre la Vérité, que l'on regarde comme Erreur. Troisième & derniere Refléxion. Il n'y aura jamais la même certitude par rapport aux véritez que l'on doit croire, que par rapport à cette maxime de morale, *qu'il ne faut jamais faire à autrui, ce que l'on ne voudroit pas que l'on nous fît*. Ainsi, comme il faut toûjours suivre le parti le plus sûr, le Zéle ne sçauroit jamais justifier l'*Injustice*, qui sera toûjours telle aux yeux de Dieu & de la Conscience. Concluons donc avec S. Jaques, que *ce qui distingue la Sagesse qui vient d'en-haut, de celle qui est terrestre, c'*est que celle-ci *est accompagnée d'un esprit de contention, de trouble, & de toute*

Jaq. III.
13. &
suiv.

toute sorte de mauvaises actions, au lieu que celle qui vint d'en-haut, est premièrement pure, puis pacifique, équitable, pleine de miséricorde & de bons fruits.

Après ces refléxions, que nous avons cru nécessaires, vû les fausses idées que l'on se fait assez ordinairement de ce qu'on appelle *Zèle* en matière de Religion, reprenons l'histoire de la Conversion de l'Apôtre. Voici le récit que S. Luc nous en fait. *Saul*, dit-il, *étoit déja proche de Damas, & tout d'un coup il fut environné d'une lumiere qui venoit du ciel. Etant tombé par terre, il entendit une voix qui lui dit, Saul, Saul ! Pourquoi me persécutez-vous ? Il répondit, qui êtes-vous, Seigneur ? Je suis Jesus, lui dit le Seigneur. C'est moi, que vous persécutez. Il vous est dur de regimber contre l'aiguillon. Alors tout effrayé, tout tremblant, Saul dit ; Seigneur, que voulez-vous que je fasse ? Levez-vous, lui répondit le Seigneur. Entrez dans la ville, & là on vous dira ce que vous aurez à faire.* Voilà l'histoire que nous avons à considerer. Il s'agit d'entrer dans quelque détail, & d'abord d'examiner ce qui se passe dans cette occasion mémorable. Que fait donc le Fils de Dieu pour ramener S. Paul, & pour l'attacher inviolablement à lui ? Il daigne employer deux choses : premièrement *l'Eclair* & *le Tonnerre*. C'est ce que virent & entendirent ceux qui accompagnoient S. Paul. En second lieu, il daigne se montrer lui-même à cet Apôtre, c'est-à-dire qu'il lui fit voir une image de sa Personne & de sa Gloire dans le ciel, & qu'il lui fit entendre des sons articulez, que lui seul entendit, & auxquels il répondit de la manière dont S. Luc le rapporte.

Je dis que le Seigneur employe dans cette occasion *l'Eclair* & *le Tonnerre*. 1°. *L'Eclair*, puisque S. Luc dit, *que l'Apôtre fut environné tout d'un coup d'une lumiere qui venoit du ciel*. Le ciel, comme on a déja eu occasion de le remarquer, désigne souvent les *Nuées* : & quelle peut être cette *lumiere* qui en part, si non celle d'un Eclair ? S. Paul dit, dans son apologie, que cette lumiere parut *sur le midi*, dans la plus grande chaleur du jour ; & qu'est-ce qui produit les Eclairs, si-non des matières sulphureuses, qui s'enflamment par la chaleur de l'air ? Il dit encore, *que cette lumiere étoit plus éclatante que celle du soleil, & que son éclat lui donnant dans les yeux, lui fit perdre la vûë*. Il n'est point de lumiere plus vive que celle de l'Eclair, & plus d'une fois il a fait perdre la vûë à ceux qui l'ont regardé trop fixement, ou dont il a frappé subitement les yeux. Je dis, 2°. que cet Eclair, ou ces Eclairs, (car il y en eut assurement plus d'un) furent suivis d'un coup, ou de plusieurs coups de Tonnerre. C'est ce que S. Luc a voulu nous dire, quand il ajoute, *que ceux qui accompagnoient l'Apôtre*, *demeurerent consternez sur la place*, entendant bien la voix, mais ne voyant personne ; c'est-à-dire *qu'ils entendirent bien les coups du Tonnerre qui grondoit dans les airs, mais qu'ils ne virent pas la personne qui s'entretenoit avec S. Paul.* Car il faut remarquer, que le mot de *Voix* se prend en deux sens fort différens dans l'Ecriture, où il désigne également, & le *bruit* du Tonnerre, & les *sons articulez*, destinez à exprimer nos idées & nos sentimens, auxquels on attache le mot de *Voix* dans le stile ordinaire. Rien de plus commun dans le Livre des Pseaumes, que d'y voir le *bruit* du Tonnerre désigné par le mot de *Voix*. S. Jean a imité ce stile dans l'Apocalypse. Je n'en alleguerai qu'un exemple : *Les sept Tonnerres rendirent leurs voix*, dit cet Ecrivain au ch. X. de ses Revélations. Cela étant, quand S. Luc dit, que ceux qui accompagnoient l'Apôtre, *entendirent bien la Voix*, il veut dire, qu'ils *entendirent bien les coups du Tonnerre*. Aussi ajoûte-t-il, *qu'ils demeurerent immobiles sur la place où ils étoient* ; & dans son apologie, *qu'ils tomberent par terre de frayeur.* Des sons articulez ne peuvent gueres produire cet effet. C'est par-là qu'on leve la contradiction apparente qui se trouve entre le récit que fait S. Luc de la Conversion de S. Paul, & celui que S. Paul en fait lui-même. Car cet Apôtre dit, *que ceux qui l'accompagnoient virent bien la lumiere, qu'ils en furent effrayez ; mais qu'ils n'entendirent point la Voix de celui qui parloit.* Remarquez, je vous prie, qu'il s'explique, & qu'il nous apprend quelle est cette *Voix* qu'ils n'entendirent pas : *c'est*, dit-il, *la voix de la personne qui s'entretenoit avec lui.* Ils entendirent donc la Voix, ou le bruit du Tonnerre, qui les effraya, & virent l'Eclair qui préceda ce bruit ; mais ils n'entendirent pas les sons articulez qui accompagnerent ce Phénoméne, & qui n'étant que pour S. Paul, ne s'addressent qu'à lui.

Il faut donc observer ici deux choses : la première est, que bien que l'Eclair & le Tonnerre, ayent des causes naturelles que l'on peut expliquer, & que l'on explique en effet, il est des occasions où l'Eclair paroît, & le Tonnerre gronde, par une direction particuliere de la Providence, & pour accompagner, soit la présence de Dieu, soit celle de quelque Intelligence céleste qui paroît par son ordre. De-là vient peut-être qu'il est dit, *que Dieu fait des Anges ses envoyez, & des flammes de feu ses ministres.* Nous en verrons bientôt des exemples. C'est pour cela même que la *Nuée* est représentée dans l'Ecriture, comme *la Tente de Dieu* ; *l'Eclair*, comme *le Symbole* de la présence ; & le *Tonnerre*, comme *sa Voix*.

La seconde remarque que nous avons à faire ici, c'est que

DE S. PAUL. *Discours* XXX. 393

lorsque Dieu, ou quelque Intelligence, daigne apparoître aux hommes, & leur révéler ses volontez, l'Eclair & le Tonnerre qui accompagnent leur présence, sont suivis d'une voix, qui n'est entenduë que de celui à qui Dieu, ou cette Intelligence, veut faire part de ses ordres. C'est ce qu'il s'agit de prouver; & comme on ne peut le faire que par des exemples tirez de l'Ecriture, alleguons-en quelques-uns.

Premier exemple. Dieu ordonne à Moïse d'assembler le peuple au pied de la montagne de Sinaï, & de lui declarer de sa part, qu'il va entendre sa Voix. *Je vais venir à vous,* dit Dieu à ce Législateur, *dans l'obscurité d'une nuée; afin que le peuple m'entende lorsque je vous parlerai, & qu'il vous croye pour toûjours.* Quelle est cette Voix que le peuple entend au jour marqué? Moïse nous l'apprend dans les paroles suivantes: *Le jour marqué étant arrivé, on entendit tout d'un coup le Tonnerre gronder, on vit briller les Eclairs, & le bruit épouvantable de la Trompette retentit de toutes parts.* Le bruit de la Trompette, est le même que celui du Tonnerre. Il marque seulement que les coups continuent, & se suivent de près, comme les sons d'une Trompette; emblême du Tonnerre dans les Poëtes Payens. *C'étoit Dieu,* ajoute l'Auteur sacré, *qui étoit descendu au milieu du feu, & le son de la Trompette devenoit toûjours plus fort. Moïse parloit à Dieu,* ajoute-t-il encore, *& Dieu lui répondoit.* La Voix que le peuple entendit dans cette occasion, ce fut donc le Tonnerre & ses divers coups, symboles de la présence de Dieu, & la voix que Moïse entend, & à laquelle il répond, consiste dans des sons articulez; ce qu'il y a de certain, c'est que Moïse seul comprit les ordres de Dieu, & en fit part à son peuple. Moïse, tout comme le peuple, fut effrayé de la première de ces Voix, je parle du Tonnerre. C'est S. Paul même, instruit des Traditions des Juifs, qui nous l'apprend. Et Dieu le rassura par une *seconde voix*, c'est-à-dire par une voix *douce*, comme l'explique la Paraphrase Chaldaïque. Celle qui vient de Dieu immédiatement, peut-elle être d'un autre ordre? Au moins nous est-elle représentée comme telle par l'Historien sacré, quand il nous raconte la révélation faite à Elie, & dont les circonstances ont beaucoup de rapport avec celles qui accompagnent la révélation faite à S. Paul. Les Eclairs & le Tonnerre précedent, & sont les signes de la présence de Dieu, ou de quelque Intelligence qui paroît de sa part. Mais la révélation faite à Elie, lui est communiquée par une voix douce, & que lui seul entend. Ecoutons là-dessus l'Auteur du 1. Livre des Rois.

2. Cet Auteur nous dit donc, qu'Elie, poursuivi par la Reine

Vol. VI. Ggg gg

Reine *Jézabel*, qui veut le faire mourir, se retire dans une caverne du mont *Horeb*, qui est le même que la montagne de *Sinaï*. Dieu, ou une des Intelligences célestes, se montre à lui, & lui fait part des desseins du Seigneur: mais de quelle manière ? D'abord Elie *entend un Vent violent, capable de renverser les montagnes* : Dieu ne donne aucun signe de sa présence. *Après le Vent, vient un Tremblement de terre* : Dieu ne donne point de signe de sa présence. *Après le Tremblement de terre, il s'allume un Feu* : Le Seigneur ne donne point de signe de sa présence. *Enfin il s'éleve un Vent doux & tranquille* : Alors Elie se tient à l'entrée de la caverne. *Il se couvre le visage de son manteau, & il entend une voix, qui s'addresse à lui, & qui l'instruit des desseins de Dieu.* On voit dans ce récit à-peu-près les mêmes signes qui paroissent à la Conversion de l'Apôtre. Un *Vent violent*, présage ordinaire de la tempête; un *Tremblement de terre*, si commun dans ces tems-là dans les païs chauds; un Feu subit qui paroît dans les airs : voilà les Eclairs. Tout cela est suivi d'une *Voix douce*, qui ne s'addresse qu'à Elie, & qui n'est que pour lui.

3. Alleguons un Exemple qui ait encore plus de rapport avec l'histoire de la Conversion de S. Paul. Il est tiré du chap. X. de Daniel. Le Prophete, après avoir décrit l'appareil sous lequel le personnage qui se montre à lui, lui apparoît (c'est l'Ange Gabriël, dont il a parlé dans le chapitre précédent;) le Prophete, dis-je, raconte de quelle manière cet Ange lui apparoît. *Moi Daniel*, dit-il, *je vis seul cette vision, & ceux qui étoient avec moi, ne la virent pas*; ce qui veut dire, qu'il vit seul le personnage qu'il décrit, & qu'il entendit seul son discours. Cependant ceux qui l'accompagnoient virent les Eclairs, & entendirent les coups de Tonnerre, qui les consternerent & leur causerent une extrême frayeur ; car voici ce que le Prophete ajoute : *Ceux qui étoient avec moi, furent saisis de frayeur, & s'enfuirent. Etant donc demeuré seul, j'eus cette grande vision, & je tombai par terre sans force. Le bruit d'une Voix retentissoit à mon oreille, & l'entendant, j'étois couché le visage contre terre. Une main m'ayant touché, me rassura.*

_{Voyez} _{Joan XII.} 4. Dernier Exemple. C'est celui de J. Christ. Il est dans le Temple de Jerusalem, où il s'écrie : *Pere, glorifie ton nom! Alors*, dit l'Evangéliste, *on entendit une voix du ciel qui disoit; Je l'ai glorifié, & je le glorifierai encore. Le peuple qui étoit-là*, ajoute l'Auteur sacré, *& qui avoit ouï cette Voix, disoit que c'étoit un coup de Tonnerre; & d'autres disoient, C'est un Ange qui lui a parlé. Jesus dit, ce n'est pas pour moi*, c'est-à-dire tant pour *moi que pour vous, que cette Voix s'est fait entendre.* Voilà

le

le Tonnerre appellé *Voix*, & cette voix attribuée à un Ange. La voix que la Troupe entend, c'est la voix ou le bruit du Tonnerre. Ils l'attribuent à un Ange qui parle à J. Christ, parce qu'ils sont persuadez que les Anges apparoissent, * précedez de ces sortes de Phénomenes.

Au fond, cette opinion n'étoit point particuliere au peuple Hébreu. Les Gentils, tout comme les Juifs, étoient persuadez, que 7 les Intelligences célestes apparoissent quelquefois aux hommes, pour leur faire connoître les desseins de la Providence; & que lorsqu'elles apparoissent, leur apparition est précedée des mêmes symboles que l'on a remarquez dans les exemples précedens, c'est-à-dire de l'Eclair & du Tonnerre. Ils étoient encore persuadez, que la voix qui accompagne le Tonnerre dans ces occasions, n'est entenduë que de celui à qui la Divinité daigne révéler ses desseins. On vient d'en voir la preuve 8.

A présent il est aisé de se former une idée du spectacle qui parut, soit à l'Apôtre, soit à ceux qui l'accompagnoient. Tous virent l'Eclair, qui donnant dans les yeux de Saul, lui fit perdre la vûë. Cet Eclair fut suivi de plusieurs coups de Tonnerre, qui causant une extrême frayeur, & à Saul, & à ceux qui étoient avec lui, les firent tomber par terre. Pendant que le Persécuteur a le visage contre terre, Jesus se montre à ses yeux, & lui tient les discours que S. Luc a rapportez, & auxquels Saul répond, comme nous l'apprend le même S. Luc. Tout se passe donc entre eux deux. L'Apôtre voit seul & entend seul J. Christ qui lui parle, & qui se montre à lui. S. Paul lui-même nous l'apprend dans son apologie devant le Roi Agrippa, auquel il dit, que dans cette occasion il eut une vision à laquelle il ne put résister. *ô Roi Agrippa*, dit-il, *je ne résistai point à la vision céleste.* Or qu'est-ce qu'une Vision, † si-non un spectacle qui n'est que pour l'ame; où elle seule contemple les objets, les voit, entend les sons ou les paroles, & y répond ? Aussi le mot de *Vision* se confond avec celui *d'Extase* : & l'Extase n'est-elle pas un transport de l'ame, qui oublie pour quelques momens le corps & les objets sensibles, & qui s'élevant jusqu'à Dieu, le contemple, & s'entretient avec lui ? Et si ce n'est pas avec Dieu même, c'est avec une Intelligence céleste, qui parle à l'ame, & à laquelle l'ame répond. On en voit la preuve dans tout le Livre de l'Apocalypse.

Act. XXVI. 19.

Mais,

---

* On en voit la preuve par-tout dans le Livre de l'Apocalypse.
† Quand S. Pierre fut délivré de prison par un Ange, il est dit, qu'il crut que c'étoit une *Vision*. Il croit donc que tout se passe en idée, & dans son imagination. Aussi les Visions arrivent-elles la nuit, tout comme le jour. D'ailleurs, S. Paul étant couché à terre, & ayant perdu la vûë, ne put voir J. Christ que de l'esprit.

Mais, dira-t-on, puisque c'est une Vision, ou une revélation intérieure, comment prouverez-vous que ce n'est point illusion, pur jeu d'imagination?

Il faut d'abord poser comme un principe incontestable, que Dieu agit sur l'ame quand il lui plaît, qu'il lui présente les objets qu'il veut, & que, comme c'est lui qui forme la voix, ou les divers sons qui frappent nos oreilles par les loix qu'il a établies, il peut faire entendre à l'ame une voix qui ne sera entenduë que d'elle. Je ne vois rien-là que de très-possible. Il s'agit donc de prouver, que la Vision de l'Apôtre est effectivement une Vision réelle & divine ; c'est-à-dire que c'est véritablement Dieu, qui par sa vertu, ou sa puissance, fait voir J. Christ dans cette occasion à l'Apôtre, qui lui parle, & auquel il répond : en un mot, que c'est une Vision qui vient du ciel. En voici les preuves.

1°. Le personnage qui parle à S. Paul, est instruit de ses pensées, & par conséquent c'est une Intelligence céleste ; car cette Intelligence voit ses desseins & ses projets. Elle les condamne, & l'oblige à changer de pensées & de sentimens.

2°. Si S. Paul a une Vision où il lui semble voir J. Christ, & lui parler, Ananias en a une sur le sujet de S. Paul, & ces deux révélations s'accordent. Car pendant que S. Paul voit Ananias entrer chez lui, lui imposer les mains, & lui rendre la vûë ; Ananias exécute cet ordre, & l'effet répond à la Vision qu'il a euë.

3°. Non seulement S. Paul change tout d'un coup de pensées & de sentimens par rapport à J. Christ & à la Religion Chrétienne ; mais il semble aussi que sur le champ il est instruit des véritez de l'Evangile, & en état de les annoncer. De-là vient qu'il dit lui-même, que les autres Apôtres ne lui ont rien appris à cet égard. Je conviens néanmoins qu'il seroit aussi très-possible, comme bien des gens le supposent, que S. Paul eût été instruit par Jesus-Christ lui-même, en diverses révélations subsequentes. Cependant la conjecture de ceux qui veulent que ses pleines instructions lui ayent été données au moment de sa Conversion, ne nous paroit pas destituée de tout fondement. Or de nouvelles lumieres que l'on acquiert sans application & sans travail, ne peuvent venir que de Dieu, qui éclaire l'esprit quand il lui plaît, & l'enrichit de connoissances.

4°. S. Paul, immédiatement après sa Conversion & son bâtême, est honoré des mêmes dons que les autres Apôtres, du don des langues & de celui des guérisons. Ces dons ne peuvent être que l'effet d'une vertu divine. Donc ce n'est point illusion de la part de l'Apôtre. Il est convaincu intérieurieurement que le Seigneur s'eſt fait voir à lui, qu'il lui a parlé, & que l'Apôtre lui a répondu dans les termes que S. Luc rapporte. Il en eſt convaincu, & il doit l'être, puiſqu'il en produit les preuves, & dans le pouvoir qu'il a reçu, & dans les connoiſſances dont ſon ame eſt enrichie. Car comme c'eſt Dieu ſeul qui peut faire de ſemblables merveilles, il faut que Dieu ſoit intervenu dans cette occaſion.

Que dirai-je encore, pour prouver la réalité de la Viſion? C'eſt la conviction de l'Apôtre. Il faloit bien qu'elle fût au-deſſus de tout doute, pour le porter à faire ce qu'il a fait. Immédiatement après cette Viſion, il renonce à toutes ſes eſpérances du côté du monde. Il ſe livre à la haine de ſa Nation, il ſe dévouë à tous les maux imaginables pour J. Chriſt, & pour ſon Evangile. Qui peut concevoir qu'on ſe réſolve à de pareils ſacrifices, ſans la plus haute conviction? Donc le ſpectacle fut réel. S. Paul a véritablement vû une Intelligence qui lui a parlé de la part de J. Chriſt; ou plutôt il a vû J. Chriſt lui-même, qui lui a parlé, & auquel il a répondu. Et quels furent les diſcours que Jeſus tint à ſon Apôtre, & auxquels l'Apôtre répondit?

Etant tombé par terre, dit l'Auteur ſacré, *Saul entendit une voix qui lui dit*, Saul, Saul! *pourquoi me perſecutez-vous?* La frayeur l'a fait tomber par terre; mais il ne s'attend pas qu'on lui reproche ce qu'il fait, parce qu'il croit ne rien faire que de juſte, ou même de ſaint. Dans ſon idée les Chrétiens ſont des Apoſtats, qu'il faut détruire & arracher du monde; & voici un perſonnage qu'il ne connoît pas, & qu'il voit dans un état de gloire, qui lui reproche de le perſécuter. Quelle union peut-il y avoir entre une Intelligence céleſte & les Chrétiens qu'il perſécute? Jugez de la ſurpriſe de l'Apôtre. Et s'il ne s'attend pas qu'on lui reproche ce qu'il fait, il s'attend bien moins encore, que ce ſoit Jeſus lui-même qui le lui reproche, & qui eſt arrivé dans la gloire; ce Jeſus qu'il a vû mourir en croix, & qu'il croit condamné aux peines éternelles. Cependant c'eſt Jeſus qui lui reproche ſon crime, avec cette charité qui convient aux habitans de la gloire céleſte. Saul, Saul! *pourquoi me perſecutez-vous?* Il me ſemble que Jeſus lui dit: „ Que vous ai-je „ fait, pour me perſécuter? Par quel endroit vous ai-je offen„ ſé? Car c'eſt moi que vous perſécutez, en perſécutant mes „ Diſciples. Ils ſont unis à moi, comme des ſujets fidèles le „ ſont à leur Prince; comme des enfans à leur Pere, comme „ des membres à leur Chef. Je ſens tout ce qu'ils ſouffrent; „ & comment le verrai-je ſans en punir ceux qui oſent le fai„ re"? O quelle conſolation pour le Chrétien, dans les ſouffrances que lui attire la profeſſion de l'Evangile! Et quel ſujet de frayeur, pour ceux qui ofent le perfécuter injuftement! S. Paul, qui ne connoît point le perfonnage qui lui parle, s'écrie auffi-tôt: *Qui êtes-vous, Seigneur ?* „ De grace apprenez-„ moi qui vous êtes, afin que je fçache qui je perfécute injufte-„ ment, & que je puiffe reparer ma faute". *Je fuis Jefus, que vous perfécutez*, répond le Seigneur, ce même Jefus, que vous avez livré, & que vous avez renié devant Ponce Pilate, quoiqu'il trouvât jufte de le relâcher. *Vous avez fait mourir l'Auteur de la vie; car Dieu m'a reffufcité des morts, il m'a élevé dans le ciel, il a glorifié fon Fils*, comme vous le voyez. A ces mots, jugez de la furprife, de la honte, de la frayeur du coupable, qui fent tout ce qu'il a à fe reprocher par rapport à J. Chrift & à fes Difciples. Il me femble voir les Freres de Jofeph, lorfque celui-ci, revêtu de la puiffance fouveraine, leur revèle qu'il eft leur frere; ce frere qu'ils ont voulu faire mourir, & qu'ils ont cru mort. *Je fuis Jofeph*, leur dit-il, *ce même Jofeph que vous avez vendu pour être mené en Egypte*. Le trouble s'empare de leur ame. Ils ne peuvent lui répondre. Telle, & plus grande encore, dut être la frayeur de Saul. Jofeph poffede l'autorité fouveraine en Egypte: il eft le maître de punir fes freres meurtriers. Mais Jefus poffede l'autorité fouveraine dans le ciel, & peut punir d'une manière infiniment plus févère. *Je fuis Jefus*, lui dit le Seigneur; *c'eft moi que vous perfécutez*. Il ajoute: *Il vous eft dur de regimber contre l'aiguillon*. C'eft une expreffion figurée, prife de ces animaux rétifs qui veulent fecouer le joug, & qui ne font qu'augmenter leur peine. Ainfi le fens eft: Gardez-vous de réfifter; votre réfiftance hâteroit votre perte. *Alors tout effrayé, & tout tremblant*, Saul dit ; *Seigneur, que voulez-vous que je faffe*. Il reconnoît l'empire du Fils de Dieu, & fe foûmet à fes loix. Tout ce qu'il demande de fçavoir, c'eft que le Seigneur veuille lui revéler ce qu'il doit faire, & il eft prêt à obéir. *Levez-vous*, lui répondit le Seigneur. *Entrez dans la ville, & là on vous dira ce que vous aurez à faire*. Il pouvoit l'inftruire lui-même; mais il veut y employer un de fes miniftres, pour honorer le miniftère facré. L'Apôtre obéït; & comme il a perdu la vûë, on eft obligé de le mener par la main. Arrivé à Damas, il demeure trois jours & trois nuits, fans manger, ni boire. Il confacre tout ce tems aux refléxions fur le paffé, au repentir & à la priere. Le Seigneur lui pardonne enfin fa faute. Il a une vifion, où J. Chrift lui revèle, qu'un homme, nommé Ananias, va, par fon ordre, lui impofer les mains, lui rendre la vûë, & l'enrichir des dons du S. Efprit. Ananias, après avoir réfifté quelque tems à l'ordre que Jefus lui donne, parce qu'il craint d'aller trouver Saul, fçachant ce qu'il avoit fait à Jerufalem, & dans quel deffein il alloit à Damas ; Ananias,

dis-

dis-je, après avoir résisté quelque tems, quand Jesus lui a appris les dispositions de l'Apôtre, & à quoi il le destine, se rend enfin, va trouver S. Paul, lui administre le Bâtême ; & après avoir reçu l'imposition des mains, cet Apôtre recouvre la vûë, & se voit enrichi des dons du S. Esprit. Dès qu'il les a reçus, il veut signaler son zèle pour J. Christ. Il veut prêcher l'Evangile, & le prêche en effet, & à Damas, & à Jerusalem. Mais comme il est devenu infiniment odieux à la Nation, à cause de son changement, on lui tend des piéges par-tout, & il ne peut se sauver que par une espece de miracle. Il faut attendre que cette première fureur se calme, & l'Apôtre est obligé de se retirer pour quelque tems en Arabie, où il va augmenter ses connoissances, & se préparer, à l'exemple de son divin Maître dans le desert, aux combats qu'il aura à essuyer de la part du monde & des enfers, pour établir le Royaume de J. Christ. Car il a vérifié, dans le cours de son Ministère cette parole du Sauveur : *Je lui apprendrai ce qu'il doit souffrir pour mon nom*. Et s'il a le plus persécuté l'Eglise, on peut dire aussi, que par un juste, mais terrible retour, il a infiniment plus souffert qu'aucun des Apôtres. Finissons ce Discours par quelques refléxions.

Admirons la conduite du Fils de Dieu dans cette occasion ; ce qu'elle a de grand & de beau. On y voit éclater à la fois sa Sagesse, sa Puissance & sa Misericorde.

Sa Misericorde, dans le sujet qu'il choisit pour en faire un Ministre de l'Evangile. *C'est un des plus grands Pécheurs, parce qu'il a persécuté l'Eglise* de la manière du monde la plus cruelle. O quelle consolation pour les Pécheurs qui s'égarent par erreur, par préjugé, par passion, & qui d'ailleurs ont le cœur bon ; auxquels il ne manque que des instructions, pour les faire revenir de leurs désordres, & les obliger à s'en repentir ! Dès que S. Paul a connu son crime, il s'en repent, & Jesus lui fait grace.

Si l'on doit admirer la Misericorde du Seigneur, quand on envisage S. Paul comme Pécheur, on ne doit pas moins admirer la Sagesse du Fils de Dieu, quand on considere l'Apôtre sous la qualité d'ennemi de J. Christ & de la Religion Chrétienne. Et que dis-je, d'ennemi ? On doit le considerer comme un ennemi implacable que rien ne peut adoucir, puisqu'il ne respire que le *sang*, & le *carnage* des Chrétiens, & qu'il va actuellement à Damas, pour exercer contre eux toute sa fureur. Certainement voilà le sujet que J. Christ devoit choisir, pour en faire un des principaux Ministres de son Evangile, puisqu'il n'en est point de plus propre à convertir, tant les Juifs que les Gentils incrédules. C'est S. Paul qui doit les convaincre de la divinité de la Religion Chrétienne. Car enfin un homme sensé ne passe pas de la plus forte haine, à l'amour le plus ardent, sans de grands motifs, & sans des raisons victorieuses qui entraînent l'ame, & qui l'obligent à un changement si surprenant. Or c'est ce que l'on voit dans S. Paul. De l'ennemi le plus cruel de J. Christ, il devient tout d'un coup le plus zélé défenseur du Fils de Dieu & de la Religion Chrétienne; & celui qui ne pensoit qu'à immoler les Fidèles, est prêt à s'immoler pour le salut de ces mêmes Fidèles. *Il compte toutes choses comme un néant, au prix de l'excellence de la connoissance de J. Christ.* Quelle conviction ne faut-il pas, pour en venir-là! Donc le Seigneur qui a opéré cette merveille, regne dans le ciel. C'est l'ouvrage de sa grace. Il a éclairé l'Apôtre, & l'a convaincu, & par consequent, la Religion du Seigneur est une Religion Divine.

Mais n'admirons pas moins la Puissance de J. C. puisqu'elle n'éclate pas moins que sa Sagesse dans la Conversion de l'Apôtre. Sa Sagesse brille dans le sujet qu'il choisit: sa Puissance, dans la manière dont il opére sa Conversion. On s'attend à le voir entrer à Damas, pour y enchaîner les Chrétiens, & les conduire au supplice. Déja il est aux portes de cette ville, & il semble que leur perte est inévitable: mais Jesus l'arrête, & ne lui permet pas de leur faire aucun mal. Que dis-je? Jesus change le zèle aveugle de l'Apôtre, dans un amour inviolable pour lui & pour ses Disciples. Et comment le fait-il? Il le fait avec le même appareil, sous lequel Dieu lui-même s'est fait voir à l'ancien peuple. Il le fait par le ministère des Eclairs & du Tonnerre. Il montre qu'il dispose des elemens quand il lui plaît, & que par consequent il regne avec une autorité souveraine dans le ciel.

Act. XII, 7.

Πέτρος ἐξαιρεῖται ἐκ τῆς φυλακῆς ὑπὸ τοῦ Ἀγγέλου. | PETRUS IN CARCERE AB ANGELO LIBERATUS.
Peter delevered from prison by an Angel. | Pierre est délivré de la prison, par un Ange.
Petrus durch einen Engel aufs dem Gefängniß erlöst | Petrus in de gevangenis door een Engel verlost.

DISCOURS XXXI.

Pierre délivré de la Prison par un Ange. Act. XII. 1—23.

IL faut avouer que la conduite de la Providence renferme des mystères incompréhensibles. Combien de fois, à la vûë des évenemens du monde, n'est-on pas obligé de s'écrier avec l'Apôtre? *O profondeur de la Sagesse & de la Science de Dieu! Que ses jugemens sont impenétrables, & ses voyes impossibles à découvrir!* Les voyes du Seigneur sont en effet des abimes pour nous foibles mortels; au moins quand on les envisage en général, & dans le cours ordinaire des évenemens. Cependant il y a des occasions où cette même Providence, si incompréhensible dans ses desseins & sa conduite, daigne se dévoiler, pour ainsi dire, à nos yeux; où son action est si visible, si sensible, si palpable, qu'on ne peut la méconnoître. On en voit une preuve éclatante dans l'histoire de la Délivrance de S. Pierre, que nous avons à considerer dans ce Discours.

Rom. xi. 33.

Environ dans ce tems-là, dit S. Luc, c'est-à-dire deux ans après la Famine dont l'Auteur sacré a parlé dans le Chapitre précédent, & que l'on place ordinairement à la seconde année de l'Empire de Claude. Cette Famine, qui désola la Judée, avoit été prédite par le Prophete *Agabus*, & l'Eglise d'Antioche, sensible à la misere des Fidèles de Judée, prit la résolution de les assister, par le ministere de Paul & de Barnabé, qu'elle chargea de porter ses aumônes à Jerusalem. *Environ ce tems-là* donc, peu après la Famine qui ravagea la Judée, *Hérode entreprit de persécuter quelques-uns des principaux Chefs de l'Eglise* de Jerusalem.

Act. xi. 28.

Act. xi. 29. 30.

C'est *Hérode*, surnommé *Agrippa*, petit-fils d'Hérode le Grand par *Aristobule*. Josephe l'appelle toûjours [1] *Agrippa*; mais il portoit aussi le nom d'Hérode, comme on l'apprend par une Médaille [2] qui a été découverte dans le siécle passé. Ce Prince, dont le pere mourut jeune, avoit hérité d'un bien considerable, qu'il dissipa en peu d'années à Rome, pour se procurer des amis auprès de l'Empereur. Une parole indiscrete lui ayant attiré la disgrace de Tibere, qui regnoit alors, cet Empereur le fit mettre en prison. Il en sortit néanmoins quelque tems après, & fut obligé de se refugier chez son oncle *Antipas*, qui lui fit une pension pour subsister. Il ne put s'accommoder long-tems d'une situation qui le mettoit dans la dépendance, & résolut de s'en tirer. Il emprunta donc de grosses sommes, retourna à Rome, où il eut le bonheur de se concilier la faveur de *Caligula*, qui venoit de succeder à Tibere, & qui mit Agrippa en possession de la Tétrarchie de *Philippe*, avec le titre de Roi. Peu après il lui donna celle d'Antipas même, qu'il envoya prisonnier à *Lyon*, où il mourut. *Caligula* s'étant rendu souverainement odieux aux Romains, à cause de son orgueil & de ses cruautez, il fut assassiné après un regne de quatre ans, & *Claude* fut élû en sa place par l'Armée, qui lui déféra l'Empire. Ce fut ce dernier qui donna à Hérode Agrippa les Royaumes de Judée & de Samarie, qu'Hérode le Grand avoit possedez. Ces Etats démembrez après sa mort, furent de nouveau réünis dans la personne de son petit-fils.

Josephe [3] fait un beau portrait de ce Prince. Il le représente équitable, bienfaisant, généreux, aimant à répandre & à pardonner. A son avenement au Trône, il fut reçu en Judée avec les plus grandes démonstrations de joye, & ne pensa qu'à illustrer son Regne par de beaux établissemens, & par l'affection & le bonheur de ses sujets. Il commença d'abord par diminuer les Impôts: ensuite il éleva de superbes Edifices en divers endroits, donna des Spectacles au peuple, & se proposa de fortifier Jerusalem, où il faisoit son séjour ordinaire. Il étoit d'ailleurs fort attaché à la Religion du païs, & ne passoit jamais un jour sans offrir à Dieu des sacrifices.

C'est ainsi que l'Historien des Juifs nous dépeint Hérode; mais avec des qualitez si estimables, comment a-t-il pu se porter à persécuter des Innocens, dont tout le crime consistoit à ne pas adopter ses idées en matière de Religion? Il n'y a rien-là qui doive surprendre, dès que l'on fait attention à l'empire que les préjugez prennent sur les meilleurs naturels. Hérode ne s'est occupé dans sa jeunesse, que des moyens de gagner la faveur des Empereurs & de leurs Affranchis; & comment auroit-il pu donner son attention aux preuves qui établissent la Divinité de la Mission de J. Christ, & de la Religion que prêchent ses Apôtres? Il est, comme le sont d'ordinaire les Grands, la dupe des impressions qu'on lui donne. Il croit les Chrétiens coupables, parce qu'on les lui a représentez comme tels; & s'il les persécute, il est persuadé que le devoir & la Religion même l'exigent. Déplorable aveuglement des Grands! Sujets aux mêmes passions que

les

les autres hommes, & que le pouvoir souverain ne sert qu'à rendre plus vives, ils sont encore environnez de Flatteurs, qui ne cherchent qu'à les tromper.

Le premier objet des persécutions d'Hérode, c'est *Jaques le Majeur, frere de Jean*, & tous deux fils de Zebédée. Sans doute parce qu'il le regarde comme le plus dangereux. Cette distinction lui fait honneur; car si Hérode commence par lui, ce n'est qu'à cause que Jaques s'attache à remplir la haute idée que son divin Maître en avoit conçuë, quand il lui donna & à son frere le beau titre de *Boanerges*, ou de *Fils du Tonnerre*, pour marquer le zèle avec lequel ils annonceront les véritez de l'Evangile. Leur divine éloquence, semblable au Tonnerre, qui effraye les Pécheurs endurcis, & qui les oblige de réfléchir sur eux-mêmes, & de penser à l'avenir; leur divine éloquence, dis-je, fera des impressions victorieuses sur les cœurs, & les assujettira à J. Christ.

Le premier objet des persécutions d'Hérode, c'est donc S. Jaques. Et elles furent bien cruelles, puisqu'il fit mourir cet Apôtre. Il semble même que ce fut sans l'avoir, entendu ni lui avoir permis de se défendre. Dès que la résolution fut prise, elle fut exécutée. Au moins c'est ce que S. Luc nous fait entendre; car il dit simplement, qu'*Hérode fit couper la tête à Jaques.* Y a-t-il apparence, qu'il ne nous eût rien dit de ce qui préceda sa mort, supposé que l'on y eût observé quelques formalitez de justice? C'est ainsi que cet Apôtre accomplit la prédiction que son Maître lui avoit faite, lorsqu'il lui annonça *qu'il boiroit du même calice que lui, & qu'il seroit bâtisé du même Bâtême:* expressions figurées qui désignent une mort violente. Ce sera une espece de Bâtême, où Jaques sera inondé de son sang, comme le Fidèle étoit inondé par l'eau de l'ancien Bâtême. ^{Matth. xx. 23.}

Eusebe rapporte [4] après *Clément d'Alexandrie*, que cet Apôtre donna en mourant un bel exemple du pardon des injures que J. Christ nous a ordonné. Il dit, „que celui qui avoit „accusé Jaques d'être Chrétien, le voyant aller au supplice „avec beaucoup de fermeté, se repentit de l'avoir accusé, & „s'offrit de mourir pour la même cause, pourvû que Jaques „voulût lui pardonner l'action qu'il avoit faite. Cet Apôtre „la lui pardonna, & tous deux eurent la tête tranchée". Supposé que ce trait d'histoire soit véritable, on voit-là deux beaux caractères. Dans l'un, une conscience tendre, qui ne peut soutenir l'idée du crime: dans l'autre, une charité héroïque; il pardonne à l'auteur de sa mort.

Toute la Nation applaudit sans doute au zèle aveugle d'Hérode, qui fait mourir un Apôtre de J. Christ. Je me persuade qu'elle compare ce Prince aux Phinées, aux Moïses, aux Elies, aux plus grands Saints de l'ancienne Loi; & qu'Hérode, enflé par des éloges si flatteurs, veut soutenir la réputation qu'il s'est acquise, par de nouvelles exécutions, qui ne soyent pas moins agréables à la Nation que la première. C'est pour cela qu'il jette les yeux sur Pierre, autre Colomne de l'Eglise, & qu'il pense à donner au Peuple le spectacle de sa mort. *Hérode*, dit S. Luc, *voyant que la mort de Jaques étoit agréable aux Juifs, fit aussi arrêter Pierre. Mais comme c'étoit la veille de la fête des Pains sans levain, l'ayant fait prendre, il le fit mettre en prison, & le donna à garder à quatre bandes, de quatre soldats chacune; dans le dessein,* ajoute l'Auteur sacré, *de donner au peuple le spectacle de son supplice, après la fête de Pâques*.

Remarquons ici d'abord, qu'il n'étoit pas permis [5] aux Juifs de juger, beaucoup moins de faire mourir personne, les jours de Fête, ni même la veille des Fêtes. Et c'est par cette raison que divers Sçavans croyent avec beaucoup de vraisemblance, que J. Christ ne célébra pas la Pâque le jour même que les Juifs; mais deux jours plutôt, & qu'on le fit mourir avant la veille de Pâques. Il est vrai que les Juifs n'alleguent pas cette raison dans le Conseil. Ils disent seulement, qu'ils craignent un soulevement de la part du peuple, si l'on fait mourir le Seigneur pendant la Fête. Mais pourquoi craignent-ils ce soulevement? Ce n'est pas parce que le peuple est attaché à J. Christ? On a eu soin de le faire envisager au peuple, comme un faux Prophete, qui a blasphêmé contre Dieu, & dont les miracles sont des préstiges du Démon. Si donc les Pharisiens craignent un soulevement en faisant mourir le Seigneur pendant la Fête, ce n'est que parce que c'eût été violer des usages anciens, connus, respectez, & que le peuple eût regardé cette exécution, comme une profanation & un attentat ontre la Religion. Peut-être craignoient-ils aussi, que les Juifs étrangers qui s'assembloient alors à Jerusalem, & dont un grand nombre étoit attaché à J. C., ne causassent quelque soulevement. Quoi qu'il en soit, il est certain, comme le remarque *Maimonides, que*.... [6] *les Juges ne condamnoient jamais personne à la mort, la veille du Sabbath ou de quelque Fête que ce soit; que cela étoit défendu, & que tout criminel ne devoit être exécuté qu'après la Fête*. Ainsi, une des raisons qui obligent Hérode à différer le supplice de Pierre, c'est le respect pour la Religion, & pour les Loix établies; mais il a une seconde raison d'en user de la sorte. Je crois la découvrir dans la manière dont l'Ecrivain sacré s'exprime, en parlant du dessein qu'Hérode avoit de faire mourir S. Pierre. Il dit que ce Prince *vouloit don-*

Matth. xxvi. 5.

donner au peuple le spectacle de sa mort. J'ai un grand soupçon qu'il s'agit d'un combat de Gladiateurs; & qu'Hérode, pour rendre ce spectacle Payen agréable à la Nation, veut que Pierre soit un des combattans. On choisissoit un certain nombre de personnes, qui s'entre-tuoient aux yeux du peuple assemblé. Nous apprenons en effet de Josephe, [7] „ qu'Hérode avoit
„ fait construire à Berithe un superbe Théâtre, & un Amphi-
„ théâtre, avec des bains & des galeries qui répondoient à
„ la magnificence du corps de l'édifice; qu'il fit paroître sur ce
„ Théâtre divers concerts de musique, & d'autres divertis-
„ semens; & que, pour donner au peuple le plaisir de voir, au
„ milieu de la paix, une image de la guerre, il fit venir dans
„ l'Amphithéâtre quatorze-cens hommes condamnez à mort,
„ que l'on sépara en deux troupes, & dont le combat fut si
„ opiniâtre & si sanglant, que de tout ce grand nombre de
„ combattans, il n'en resta pas un seul en vie ". Ce spectacle devoit être bien nouveau pour les Juifs, & leur paroître bien cruel. Pour en soutenir la barbarie, il ne leur faloit pas moins, que d'y voir couler le sang Chrétien.

Quoi qu'il en soit, que ce fut-là le dessein d'Hérode, ou qu'il en eut quelqu'autre, il ne néglige rien pour s'assurer de la victime qu'il veut immoler. Il ordonne *que Pierre soit gardé par seize soldats*, afin que se relevant tour-à-tour, il y en ait toûjours quatre en faction; deux à la porte de la prison, & deux avec le Prisonnier, dont la chaîne tenoit, par un des bouts, aux soldats commis pour le garder.

On est surpris qu'Hérode commande une garde si forte pour un seul Prisonnier. Quand il s'agiroit d'un criminel d'Etat, pourroit-on en faire davantage? Il faut donc remarquer, que Pierre & Jean ayant été mis en prison par le Conseil des Juifs, ils en sortirent miraculeusement. Un Ange ouvrit la prison, & les mit en liberté. Or Hérode, qui n'ignore pas que ces deux Apôtres sont sortis de prison, après y avoir été mis par le Conseil des Juifs, n'a garde d'attribuer cette délivrance à la puissance d'un Ange. Il est persuadé que le Geolier ou les gardes ont été corrompus. Il veut donc mettre des obstacles invincibles à la corruption, en ordonnant que le Prisonnier soit enchaîné avec les soldats qui le gardent; & pour qu'il y en ait toûjours quatre en faction, il est nécessaire que la garde soit de * seize personnes. Mais si Hérode prend des mesures pour empêcher que cette victime innocente ne lui échape, l'Eglise de Jerusalem en prend de plus efficaces encore, pour ren-

Act.v.19.

---
* On sçait que les Juifs partageoient la nuit en quatre *veilles*, & le jour en quatre *termes*, de trois heures chacun; ainsi il faloit seize soldats, pour qu'ils pussent se rélever toutes les trois heures.

rendre fes précautions inutiles, & obtenir la délivrance d'un Apôtre, dont la vie leur eſt d'autant plus chere, qu'ils pleurent encore la perte qu'ils viennent de faire dans la perſonne de S. Jaques. L'Egliſe de Jeruſalem a recours au ſeul remede que le Sauveur ait préſcrit en pareil cas: elle addreſſe au ſouverain Arbitre des évenemens de ferventes prieres. *Pierre*, dit S. Luc, *étoit gardé dans la priſon; mais l'Egliſe prioit Dieu avec ardeur pour lui.* Il ne tarda pas long-tems à exaucer des prieres ſi légitimes. *La nuit même*, ajoûte S. Luc, *du jour qu'Hérode devoit envoyer Pierre au ſupplice, Pierre dormoit entre deux ſoldats, lié de deux chaînes, & les autres gardoient la porte de la priſon, lorſqu'un Ange du Seigneur, ſurvenant tout-à-coup, remplit le lieu de lumiere, & touchant Pierre au côté, l'éveille, & lui dit; Levez-vous vîte. D'abord les chaînes tomberent de ſes mains. Prenez votre ceinture*, continua l'*Ange, & mettez vos ſouliers.* Il le fit. *Prenez votre manteau*, dit l'*Ange encore, & ſuivez-moi. Il ſortit, & le ſuivit, ſans ſçavoir que ce qui ſe faiſoit par l'Ange fût réel. Quand ils eurent paſſé la première & la ſeconde garde, ils ſe trouverent à la porte de fer, par laquelle on va à la Ville, & elle s'ouvrit à eux d'elle-même, de ſorte qu'étant ſortis, ils marcherent enſemble le long d'une rue; mais tout d'un coup l'Ange quitta Pierre. Alors revenant à ſoi: A préſent*, dit-il, *je connois certainement que le Seigneur a envoyé ſon Ange, & qu'il m'a délivré des mains d'Hérode, & de tout ce qu'attendoit le peuple Juif.* Voilà l'Hiſtoire de la Délivrance de l'Apôtre, avec ſes circonſtances. Elles ſont dignes de notre attention. Parcourons-les un moment, & voyons les inſtructions qu'elles nous préſentent.

Première Circonſtance: *L'Ange entre dans la priſon, y répand la lumiere, éveille l'Apôtre, fait tomber ſes chaînes, & le tire des fers*, ſans qu'aucun des gardes s'en apperçoive. Cela ſurprend d'abord: mais voici la ſolution de cette difficulté. L'Ange fait tomber ſur les gardes un profond ſommeil, pendant qu'il éveille Pierre, & qu'il exécute tout ce que l'Evangéliſte rapporte. Certainement, l'un n'eſt pas plus difficile que l'autre, à une Intelligence céleſte qui eſt dépoſitaire de la Puiſſance divine.

Seconde Circonſtance: C'eſt le tems que Dieu choiſit pour délivrer l'Apôtre. Il le fait *la veille de ſa mort.* S. Pierre n'a plus qu'une nuit à paſſer dans la priſon. C'eſt le terme que le Perſécuteur lui accorde, & tout eſt déja prêt pour ſon ſupplice. Dieu choiſit donc le tems où la Délivrance de l'Apôtre paroît le plus impoſſible, & où on ne peut l'eſpérer que par un miracle de ſa puiſſance. Sans doute il veut choiſir ce moment-là, pour que l'on ne puiſſe en méconnoître l'unique Auteur. Il en eſt de même des Iſraëlites, pourſuivis par l'armée

Exod. xiv. 10. & ſuiv.

mée de Pharaon, qui est sur le point de les atteindre, & de les mettre en piéces. Le moment est venu où ils semblent devoir périr tous. La Mer Rouge les arrête, & ne leur montre que des abîmes prêts à les engloutir. Dieu, qui veut les délivrer, attendoit ce moment. La mer se fend, & leur ouvre un passage au travers de ses eaux, & ces mêmes eaux submergent Pharaon & son armée qui veut les poursuivre. De même encore les Israëlites sont assiégez par l'armée de Sennachérib, qui est aux portes de Jerusalem, où il menace de mettre tout à feu & à sang. Leur perte paroît inévitable, & la nuit même du jour où Sennachérib croit entrer victorieux à Jerusalem, détruire cette ville & ses habitans; cette nuit même Dieu la délivre, par un miracle qui ne peut venir que de lui. Un fleau général & subit se répand dans l'armée de Sennachérib, & le force à fuir. Tout est plein de semblables exemples dans l'Ecriture. O quel encouragement à la Foi, à la Patience, à la Confiance en Dieu, dans les plus grands dangers! S'il a délivré les Fidéles lorsqu'ils pouvoient le moins l'espérer, ne le feroit-il plus?

Mais ne parlons que de S. Pierre & de sa Délivrance. Elle arrive au moment où elle semble le plus impossible. Je me représente Hérode & tout le peuple, se félicitant déja d'être les témoins du supplice de Pierre. Le spectacle s'offre à leur imagination, avant que de se montrer à leurs yeux. Ils en goûtent d'avance toute la joye inhumaine. Ils insultent sans doute à la douleur impuissante des Chrétiens, qui prient & qui pleurent la perte de leur Pasteur: car rien n'est plus insolent que des ennemis dans la prosperité. Mais quelle satisfaction pour la Pieté, de voir un Dieu qui préside sur les desseins des hommes, qui abat l'orgueil insolent, & qui réleve l'innocence opprimée. S. Pierre en effet est délivré de la prison, malgré toute la puissance d'Hérode, pendant qu'Hérode ne peut se délivrer d'une maladie mortelle. Le même Dieu qui délivre l'Apôtre par le ministère d'un Ange, punit le Tyran par le ministère d'un Ange. Ecoutons là-dessus l'Historien sacré. *Hérode*, dit S. Luc, *un jour marqué, revêtu de ses habits Royaux, s'assit sur un Trône, où il harangua le peuple, & le peuple s'écria; C'est un Dieu qui parle, & non pas un homme! Mais au même instant un Ange du Seigneur le frappa, parce qu'il n'avoit pas donné gloire à Dieu; de sorte qu'il mourut rongé de vers.*

Le récit de Josephe est plus circonstancié; mais il n'est pas contraire à celui de l'Evangéliste. Eusebe l'a cru, & pour cacher cette contrarieté apparente, il a pris une liberté, que les Anciens n'ont que trop souvent prise. C'est celle de substituer un autre mot à celui de l'Historien. Josephe dit, [8] qu'un

Hibou parut en l'air : Eusebe a mis, *⁹ qu'un Ange parut*. Ce Pere n'a pas pris garde, que Josephe ne parle pas du ministre que Dieu employe pour faire mourir Hérode, mais du présage de sa mort, au moins de ce qu'il regarda comme tel; c'est le Hibou qu'il vit en l'air, immédiatement après avoir reçu, sans les censurer, les éloges impies que lui donnerent de vils Flateurs.

Mais il est bon d'entendre Josephe lui-même. L'endroit d'ailleurs n'est pas fort long, & il est instructif. On y voit l'orgueil & l'impieté punies d'une manière visible. ¹⁰ „ *Agrip-*
„ *pa,* dit Josephe, célébra, la troisième année de son regne,
„ dans la ville de Césarée, des Jeux solemnels à l'honneur de
„ l'Empereur. Tous les Grands & toute la Noblesse de la
„ Province se trouverent à cette Fête ; & le second jour de
„ ces spectacles, ce Prince vint dès le grand matin au Théâ-
„ tre, avec un habit dont le fond étoit d'argent, travaillé avec
„ tant d'art, que lorsque le soleil le frappa de ses rayons, il
„ éclata d'une si vive lumiere, qu'on ne pouvoit le regarder
„ sans être touché d'un respect mêlé de crainte. Alors ces
„ lâches Flateurs, dont les discours empoisonnez répandent
„ un venin mortel dans le cœur des Princes, commencerent
„ à crier; Que jusqu'alors ils n'avoient regardé leur Roi que
„ comme un homme; mais qu'ils voyoient maintenant qu'ils
„ devoient le revérer comme un Dieu, & le prier de leur être
„ favorable, puisqu'il paroissoit qu'il n'étoit pas, comme les
„ autres hommes, d'une condition mortelle. Agrippa souf-
„ frit cette impieté, qu'il auroit dû châtier très-rigoureuse-
„ ment. Mais aussi-tôt, en levant les yeux, il apperçut un
„ Hibou au dessus de sa tête, sur une corde qui lui sembloit
„ tenduë en l'air, & il n'eut pas de peine à reconnoître, que
„ cet oiseau étoit le présage de son malheur, comme il l'avoit
„ été autrefois de sa bonne fortune. Alors il jetta un pro-
„ fond soupir, & sentit au même moment ses entrailles dé-
„ chirées par des douleurs insupportables. Il se tourna vers
„ ses Amis, & leur dit: Voilà celui que vous voulez faire
„ croire être immortel, tout prêt à mourir, & cette nécessité
„ inévitable ne pouvoit être une plus prompte conviction de
„ votre mensonge! Mais il faut vouloir ce que Dieu veut.
„ J'étois trop heureux, & il n'y avoit point de Prince de qui
„ je dûsse envier la félicité. En achevant ces paroles, il sen-
„ tit ses douleurs s'augmenter encore. On le porta dans son
„ Palais, & le bruit se répandit qu'il étoit prêt de rendre l'es-
„ prit. Aussi-tôt le peuple, avec la tête couverte d'un sac,
„ selon la coûtume de nos peres, fit des prieres à Dieu pour
„ la santé de son Roi, & tout l'air retentit de cris & de plain-
„ tes.

„ tes. Ce Prince, qui étoit dans la plus haute chambre de
„ son Palais, les voyant de-là prosternez, ne put retenir ses
„ larmes; & ses cruelles douleurs n'ayant point cessé durant
„ cinq jours, elles l'emportèrent, la cinquante-quatrième
„ année de sa vie, qui étoit la septième de son regne ". Voilà ce que dit l'Historien des Juifs. Il ne parle point de l'Ange exécuteur des jugemens de Dieu. L'Evangéliste en parle. Ce dernier est mieux instruit, puisqu'il est honoré des
dons du S. Esprit. Le premier dit, que ce Prince mourut
par des douleurs extrêmes d'estomac. Il ne parle point de
la cause de ces douleurs. Supposé qu'elles lui fussent connues, elles étoient trop honteuses pour les revéler, s'agissant
d'un Prince dont il se proposoit de faire l'éloge. L'Evangéliste, qui n'a pas le même dessein, nous apprend, qu'Hérô-
de mourut rongé de vers. Hérode le Grand étoit déja mort
de la sorte. Il avoit persécuté Jesus enfant. Son petit-fils
persécute les Apôtres: il lui convient de mourir comme son
ayeul. Quelle leçon pour les Persécuteurs!

Troisième Circonstance: C'est *l'Instrument que Dieu employe pour la Délivrance de S. Pierre.* Un Ange descend sur la
terre par son ordre, ouvre la prison, délie les liens de l'Apôtre, lui ordonne de le suivre, & ne le quitte qu'après l'avoir
mis en lieu de sureté. *A présent*, dit Pierre après sa Délivrance, *je connois certainement que Dieu a envoyé son Ange, & qu'il
m'a délivré des mains d'Hérode, & de tout ce qu'attendoit le peuple
Juif.* Dieu pouvoit employer une infinité d'autres moyens
pour tirer Pierre de prison. Il pouvoit susciter à cet Apôtre
des amis puissans, qui parlassent en sa faveur, & qui fissent
connoître son innocence. Il pouvoit lui-même changer le cœur
d'Hérode, & le rendre aussi favorable à Pierre, qu'il lui est
contraire. Mais comme Dieu est le maître des évenemens,
il l'est aussi des moyens qui servent à les produire, & il est
beau, & est digne de J. Christ, & de la Religion Chrétienne, que Dieu ait daigné employer à la conservation de ses
ministres, des Etres aussi sublimes que le sont les Intelligences célestes.

Il ne s'agit point au reste d'un Ange particulier, attaché à
la personne de Pierre. J'avoue, que l'opinion d'un Ange
donné à chaque Fidèle dès le moment de sa naissance, pour
être témoin de ses actions & diriger sa conduite; que cette
opinion, dis-je, est très-innocente, & qu'elle est [11] fort ancienne dans l'Eglise. Qu'on lui donne une origine, [12] ou
Payenne, ou Juive, n'importe. De grands Hommes dans
le Paganisme l'ont soutenuë: les Docteurs Juifs l'ont adoptée:
de grands Hommes dans le Christianisme l'ont embrassée

de même ; & ces autoritez font voir, que cette opinion n'eſt pas tout-à-fait contraire à la raiſon. Par rapport à l'Evangile, je ne ſuis pas ſurpris qu'on ait prétendu l'y trouver, quand je conſidere de quelle manière nos Verſions ont traduit un endroit qui regarde la délivrance de S. Pierre. S. Luc rapporte, „ que dès que l'Ange eût quitté Pierre, & que celui-ci
„ ſe fût reconnu, il fut à la maiſon de Marc, où les Fidèles
„ étoient aſſemblez ; qu'ayant frappé à la porte, une ſervante
„ vint pour ouvrir, & ayant demandé qui étoit-là, Pier-
„ re lui répondit que c'étoit lui. Elle, qui reconnut la voix
„ de Pierre, au lieu d'ouvrir, court au lieu de l'aſſemblée,
„ & leur dit, Pierre eſt à la porte. Les Fidèles répondent,
„ qu'elle rêve, & que *c'eſt ſon Ange*". C'eſt ainſi que portent nos Verſions : & il faut convenir, qu'en traduiſant de la ſorte, on n'a pas eu tort d'en conclure, que chaque Fidèle a ſon Ange gardien, & que les Apôtres l'ont cru. Mais outre que l'on apprend par l'Ecriture, que Dieu employe quelquefois pluſieurs Anges pour la conduite & la délivrance d'un ſeul Fidèle, comme il n'employe d'autres fois qu'un Ange pour la conduite & la délivrance de pluſieurs Fidèles ; outre cela, dis-je, la Traduction n'eſt pas exacte, & il faloit rendre l'Original par ces mots : *c'eſt ſon Meſſager*. Tout le monde ſçait que le mot Grec ſignifie proprement [13] *un Meſſager*, & qu'il a cette ſignification dans une infinité d'endroits de l'Ecriture. Il eſt vrai qu'il ſignifie auſſi une Intelligence céleſte, *un Ange* ; parce que les Intelligences céleſtes ſont appellées des Meſſagers, à cauſe de leurs fonctions. Dieu les employe dans le monde à l'exécution de ſes ordres. Mais ici le terme de l'Original conſerve ſa ſignification primitive. 1. S. Pierre attribue ſa Délivrance, non à ſon Ange gardien, mais à un Ange que Dieu a envoyé du ciel pour le délivrer. *A préſent*, dit-il, *je connois certainement que Dieu a envoyé ſon Ange, & qu'il m'a délivré des mains d'Hérode, & de tout ce qu'attendoit le peuple Juif.* 2. Un Ange avoit-il beſoin de frapper à la porte, & qu'on la lui ouvrît, pour entrer ? Les Apôtres pouvoient-ils le croire ; eux qui avoient été tirez des priſons par un Miniſtre de cet ordre ? Il s'agit donc évidemment d'un Meſſager de la part de Pierre ; & c'eſt aſſurement la penſée des Fidèles qui parlent. Alors le ſens eſt net & clair. Ils ſçavent que Pierre eſt enchaîné, & ne s'attendent gueres à le voir à la porte de leur maiſon. Mais comme la ſervante inſiſte à dire que c'eſt lui-même, ils lui répondent *qu'elle rêve, que c'eſt ſon Meſſager*, qui eſt venu de ſa part & en ſon nom. Voilà en effet ce qu'il étoit naturel de croire, vû l'état où ſe trouvoit S. Pierre.

Quatrième Circonstance de la Délivrance de cet Apôtre, & qui lui fait beaucoup d'honneur: C'est *la Situation où l'Ange le trouve*, quand il paroît pour le tirer de prison. Il *le trouve dormant entre deux soldats, commis pour le garder*. L'Apôtre avoit vû mourir Jaques peu de jours auparavant, & on lui prépare à lui-même une mort plus douloureuse encore. Cependant il est si tranquille, qu'il s'abandonne au sommeil. On doit en être surpris, quand on ne considere que le supplice qui l'attend; mais doit-on en être surpris, quand on considere ce que peuvent produire dans une ame fidèle, une bonne conscience & une bonne cause. Je vais en alleguer un bel exemple de l'Antiquité Payenne. Je l'allegue avec d'autant plus de plaisir, qu'il est tiré de ces Ecrivains, respectables même pour ceux qui ajoutent peu de foi à l'Ecriture. 14 Platon, qui nous a conservé les derniers discours de Socrate, nous apprend, qu'un de ses Amis étant venu le trouver, le jour même marqué pour le supplice de ce grand Homme, fut extrêmement surpris de le trouver couché sur son lit, & dormant profondément. Après avoir été quelque tems dans la prison, Socrate s'éveille, & dit: „ Y a-t-il long-tems que „ vous êtes ici, *Criton*? Il y a déja quelque tems que j'y suis, „ répond cet Ami. Pourquoi donc ne m'avez-vous pas „ éveillé d'abord, lui dit Socrate, au lieu de demeurer ici „ sans parler? A Dieu ne plaise, répond ce fidèle Ami, que „ j'eusse pensé à vous éveiller, Socrate, & à vous enlever ces „ précieux momens de repos. J'avois assez de peine à sou- „ tenir l'idée de votre mort. Mais je vous admire, Socrate, „ de pouvoir dormir avec tant de tranquillité. Je vous ai „ toûjours admiré, considerant votre conduite & vos mœurs, „ & j'en ai souvent béni Dieu; mais c'est sur-tout à présent „ que je le bénis, de la grace qu'il vous a faite, de pouvoir „ dormir de la sorte quand la mort est si proche. A quoi „ Socrate répondit: Il seroit bien honteux à mon âge, „ ne pouvoir soutenir l'idée de la mort ". Il en allegue les raisons dans la suite. Il est persuadé que l'ame est immortelle, & que l'homme de bien doit être ferme dans le poste où Dieu l'appelle; & s'il l'a été dans le poste que le Magistrat lui a confié, ne le seroit-il pas dans celui où Dieu même l'a placé? Voilà ce qu'a produit la Raison cultivée dans un homme de bien. A plus juste titre les lumieres de l'Evangile doivent-elles produire le même effet dans une ame qui les embrasse avec foi. On en voit la preuve dans S. Pierre. *Il dort entre deux soldats, commis pour le garder*. Il peut dire avec David: *Plusieurs disent de ma vie, il n'y a rien en Dieu qui tende à sa délivrance. Et toi, Eternel, n'ès-tu pas un bouclier autour de* Pl. cii. 3-6.

moi,

moi, ma gloire, & celui qui me fait lever la tête? J'ai crié à l'E- ternel, & l'Eternel m'a répondu de sa montagne sainte. Je me suis ensuite couché, je me suis endormi, & je me suis éveillé parce que c'est l'Eternel qui me soutient.

Derniere Circonstance : *S. Pierre est délivré de la prison, & ne croit pas l'être.* Il s'imagine que tout ce qu'il voit, & ce qu'il fait lui-même par l'ordre de l'Ange, que tout cela se passe dans son imagination. Le bienfait est si grand & si inattendu, qu'il ne peut se persuader qu'il soit réel. Telle fut la situation des Israëlites au retour de la captivité de Ba- bylone ; le Prophete les représente disant : *Quand l'Eternel nous ramena en Sion, après notre captivité, nous étions comme des gens qui songent.* Combien de gens pourroient dire la même chose, à qui Dieu accorde des graces auxquelles ils ne s'at- tendoient pas ? Ils guérissent tout-à-coup d'une maladie mortelle : ils reçoivent un héritage sur lequel ils ne pouvoient compter : ils sont élevez à un poste qui passe de beaucoup leurs espérances : que dirai-je encore ? Heureux ceux qui ajoutent à leur surprise la reconnoissance envers Dieu, com- me le fait S. Pierre, & qui font un bon usage des biens que Dieu leur accorde, dans le tems qu'ils y pensoient le moins!

DISCOURS XXXII.

Elymas frappé d'aveuglement. Act. XIII. 1—11.

Ieu ayant délivré S. Pierre de la prison, malgré les précautions d'Hérode, en faveur de l'Eglise, qui prioit pour lui; cet Apôtre ne se vit pas plutôt en liberté, qu'il prit congé des Fidèles, & sortit de Jerusalem. Il y a bien de l'apparence qu'il se retira à *Antioche*, capitale de la Syrie, où un grand nombre de Chrétiens fugitifs s'étoient déja retirez. Ils y avoient même formé une Eglise, qui devint bientôt si considerable, qu'elle effaça celle de Jerusalem, & qu'elle fut regardée comme la Mere des Eglises Chrétiennes ; puisque ce fut elle qui donna aux Disciples du Seigneur le beau nom de *Chrétiens*. Ils n'étoient connus avant ce tems-là que sous celui de *Nazaréens* : nom de mépris, tiré de la ville de *Nazareth*, où J. Christ avoit été élevé, & où les Juifs le croyoient né.

Ac. xII, 27. 18.

L'Eglise d'Antioche avoit des ¹ *Prophetes* & *des Docteurs*. Les premiers jouïssoient bien, au moins quelques-uns, du privilege de prédire les évenemens à venir; mais leurs fonctions ordinaires consistoient à expliquer ² les sens mystiques des oracles de l'Ancien Testament. Les seconds étoient appellez ³ à enseigner de vive voix les véritez de la Religion, & à les défendre contre les Incrédules. Parmi ces derniers, les plus considerables étoient *Barnabé*, qui avoit été *Levite*; & qui étoit originaire de *Chypre* ; *Simon*, surnommé *Niger*; *Lucius, de Cyrène* ; *Manahem*, qui avoit été élevé avec *Hérode le Tétrarque* ; & *Saul*, que Barnabé avoit attiré à Antioche, où il exerçoit le ministère sacré depuis plus d'un an.

Pendant que ces *Docteurs servoient le Seigneur*, & *qu'ils jeûnoient*, dit S. Luc, le *S. Esprit leur dit : Separez-moi Barnabé & Saul, pour l'œuvre à laquelle je les ai destinez.* Le mot de l'Original, que nos Versions ont rendu par celui de *Servir*, a une signification fort étenduë, & peut s'appliquer à toutes les fonctions du ministère sacré. Ici il semble qu'il signifie ⁴ *prier*, puisque l'Auteur sacré ajoute, qu'*ils jeûnoient*. *Ils servoient le Seigneur & jeûnoient*. Or on sçait que le Jeûne accompagnoit la Priere. Cela étant, S. Luc nous apprend, que pendant que les Pasteurs d'Antioche étoient occupez *à prier*

Vol. VI. Mmm mm *Dieu*,

Dieu, sans doute pour lui demander les graces qui convenoient au bien de l'Eglise, le S. Esprit fit entendre à une partie d'entre eux, qu'ils devoient séparer de leur corps Paul & Barnabé, & les envoyer dans les Provinces de l'Empire, pour y travailler à la conversion des Gentils. Car c'est-là *l'œuvre* dont il s'agit, & à laquelle Dieu destinoit ces deux saints Hommes.

S. Paul avoit été destiné à la conversion des Gentils, dès que J. Christ jugea à propos de le convertir lui-même, puisque le Seigneur lui declara alors, *qu'il seroit dans la main de Dieu un instrument d'élite, pour le salut des Gentils*. Mais il n'exerça pas d'abord ce beau ministère, parce qu'il lui convenoit de s'y préparer par la retraite, le recueillement, la méditation; & c'est ce que fit S. Paul en se retirant dans l'Arabie, où il demeura pendant trois ans, après lesquels il fut à Jerusalem, & de-là à Antioche, où il attend que le Seigneur lui ordonne d'exercer son ministère. Ce moment est enfin venu. Dieu daigne en instruire les Pasteurs d'Antioche, pour qu'ils en instruisent à leur tour l'Eglise. C'est pour cela *qu'ils mirent à part Paul & Barnabé:* après quoi *ils jeûnerent de nouveau, firent la priere, & leur imposerent les mains*, pour leur donner leur bénédiction; car c'étoit la coutûme des Juifs, d'imposer les mains aux personnes qu'ils vouloient bénir. Ceux qui ont dit, que les Pasteurs d'Antioche sacrerent alors Paul & Barnabé Evêques, se sont fort trompez. Il est vrai que l'Imposition des mains étoit une cérémonie usitée quand il s'agissoit d'installer un Evêque, ou un Prêtre; mais outre que Paul & Barnabé étoient déja Pasteurs d'Antioche, avoient-ils besoin d'une nouvelle installation, pour exercer leur ministère; eux qui étoient Apôtres de J. Christ, & installez par J. C. lui-même; au moins S. Paul, qui declare par-tout, qu'il a été appellé à l'Apostolat par J. C.? Mais l'Imposition des mains n'étoit pas moins une cérémonie usitée, quand il s'agissoit de donner sa bénédiction à quelqu'un. Peut-être cet usage venoit-il de Jacob, qui avoit béni de la sorte ses enfans. Quoi qu'il en soit, la cérémonie étoit usitée, & ce fut ainsi que le Seigneur lui-même bénit ses Apôtres avant que de monter dans le ciel. C'est donc pour bénir Paul & Barnabé que les Pasteurs d'Antioche leur imposent les mains. Après quoi ces deux saints Hommes prirent congé de leurs Collegues, & *conduits par l'Esprit de Dieu, ils allerent d'abord à Seleucie, où ils s'embarquerent, pour passer dans l'Isle de Chypre.*

L'Isle de Chypre est située dans la mer Méditerranée. Elle étoit fameuse par son abondance & ses richesses, qui

avoient

avoient produit les vices qui en sont les suites ordinaires. Que dis-je? Elle étoit devenuë le siége de l'Impureté, qui y avoit ses Temples & ses Autels. C'est dans cette Isle que Paul & Barnabé vont porter la connoissance de J. Christ. Heureux les habitans, s'ils eussent profité de la divine lumière que ces deux saints Hommes venoient répandre dans leur Isle!

Comme ces deux Apôtres venoient de l'Orient, la première ville où ils abordèrent fut *Salamine*, située sur la côte orientale de l'Isle. *Dès qu'ils furent arrivez à Salamine, ils se mirent à prêcher la parole de Dieu dans les Synagogues des Juifs.* L'Isle de Chypre étoit alors toute pleine de Juifs. Ils en furent chassez dans la suite, & n'osèrent plus mettre le pied dans l'Isle, pour s'être rendus coupables de sédition, & avoir été la cause d'un grand nombre de meurtres. On voit par-là, que bien que S. Paul fût destiné sur-tout à la conversion des Gentils, il ne negligea jamais celle des Juifs. Mais il les trouva presque toûjours d'une opiniâtreté invincible. Et c'est-ce qui arriva dans cette occasion; puisque S. Luc nous apprend, que Paul & Barnabé ne firent point de séjour dans cette ville, & *qu'ayant traversé l'Isle, ils allerent à Paphos*, située au côté occidental.

La ville de Paphos n'étoit pas moins fameuse que Salamine; ou même elle l'étoit davantage, à cause de ses Temples, de son Port, & des Fêtes qui s'y célébroient tous les ans, & où les Etrangers accouroient de toutes parts. Ce fut à Paphos que Paul convertit un homme considerable, & par son caractère, & par sa charge; mais avant que d'entrer dans le détail de cette conversion, il est bon de remarquer, que ce fut à cette occasion que l'Apôtre prit le surnom de Paul; au moins S. Luc nous donne lieu de le croire; puisque ce n'est qu'alors que cet Evangéliste, après l'avoir toûjours appellé *Saul*, commence à lui donner aussi le nom de *Paul*. Il semble donc que ce n'est pas sans raison que les Anciens ont cru, que l'Apôtre avoit emprunté ce nom du Proconsul, qu'il convertit, & qui s'appelloit *Serge-Paul*. A-peu-près comme un vainqueur se charge des dépouilles des ennemis qu'il a défaits, & s'en pare; [5] l'Apôtre, qui regarde cette première conversion, comme un heureux augure pour l'avenir, veut porter le nom du disciple qu'il a fait. [6] *Baronius* croit, que l'Apôtre prit ce nom du consentement du Proconsul, qui voulut, pour ainsi dire, l'aggréger dans sa famille, le regardant comme son Pere spirituel. *Serge-Paul* avoit en effet plus d'obligation à S. Paul, qu'à son propre Pere. Celui-ci lui avoit donné la naissance; mais l'autre lui avoit donné la connoissance du Fils de Dieu, qui conduit à l'immortalité. Cependant de très-sçavans hommes font dans une autre penfée. Ils croyent que l'Apôtre a porté dès fa naiffance les noms de *Saul* & de *Paul*; le premier comme Juif, & le fecond comme Bourgeois Romain. Quelques Anciens ont eu [7] la même penfée. J'adopterois volontiers ce fentiment, fi je voyois que S. Luc eût donné à l'Apôtre le nom de Paul avant la converfion de Serge-Paul ; mais puifqu'il ne le fait qu'alors, j'avoue que je fuis tenté de croire, qu'il n'a porté ce nom qu'à cette occafion.

La converfion de Serge-Paul fut d'autant plus glorieufe à S. Paul, qu'il eut à vaincre divers obftacles qui s'y oppofoient: les préjugez, de la part du Proconful ; & de la part du fourbe qui l'obfedoit, les faux raifonnemens & les calomnies. En effet S. Luc nous apprend, que *Paul & Barnabé trouverent à Paphos un Juif, faux Prophete & Magicien, qui s'appelloit Bar-Jefu*; *& que cet homme étoit avec le Proconful Serge-Paul*.

D'abord on eft furpris que S. Luc appelle *Proconful*, le Gouverneur de l'Ifle de Chypre, parce que Chypre étoit une Province *Prétorienne*, & non *Proconfulaire*. Or il y avoit une grande différence entre la dignité de Proconful, & celle de Préteur ; le fecond étant fort inférieur au premier. Cette difficulté a embaraffé les Interprêtes ; même les plus habiles, *Beze* entre autres, fi fçavant d'ailleurs, [8] ne fçait prefque comment lever cette difficulté. [9] *Baronius* la leve ; mais c'eft par une fuppofition imaginaire. Il prétend, que le Gouverneur de Chypre, l'étoit en même tems de la Cilicie: or la Cilicie étoit effectivement une Province Proconfulaire. Mais où eft le garant de cette fuppofition ? Le fameux *Annalifte* n'en allegue aucun. Il y a une folution plus fimple, & plus naturelle. Il eft vrai que les Romains n'avoient pas coûtume de donner à l'Ifle de Chypre un Proconful pour Gouverneur ; cependant ils le faifoient quelquefois, & l'on en voit la preuve dans un paffage formel de *Dion*. Il dit [10] ,, qu'Augufte, voyant que l'Ifle de Chypre ,, & la Gaule Narbonnoife étoient tranquilles, remit ces deux ,, Provinces au Peuple Romain, & que le Sénat y envoya des ,, *Proconfuls* pour les gouverner''. Ce n'eft donc point adulation, beaucoup moins erreur de la part de S. Luc, qui donne au Gouverneur de Chypre le titre de Proconful. Il lui eft dû. Mais il eft étonnant, qu'un homme de cet ordre admette en fa préfence, & dans fa maifon, un faux Prophete. On ne doit gueres en être furpris, quand on confidere le caractère général des Grands. Ils font curieux, avides de nouveautez, rongez par l'ambition, impatiens de fçavoir quelle fera leur deftinée. Or [11] *Bar-Jefu* eft un homme qui fe vante de fçavoir l'avenir, qui d'ailleurs paffe pour être fçavant dans l'art magique: il n'eft donc pas étonnant qu'il foit admis chez le Gouverneur ; d'autant

tant plus que l'on sçait, que [12] les Grands de Rome étoient alors fort infatuez de l'art magique. Tibere lui-même l'avoit appris, & se mêloit de prédire; témoin ce qu'il doit avoir dit à *Galba*, [13] *qu'il ne feroit que goûter de l'Empire*, pour lui faire entendre qu'il ne le possederoit que très-peu de tems; ce qui arriva en effet.

Si le Proconsul a le foible des Grands, il en a aussi les qualitez essentielles; puisque S. Luc remarque, *qu'il étoit homme sage & prudent*. *Sage*, dans ses mœurs, *prudent*, dans ses paroles & sa conduite. Voilà certainement un bel éloge. Que peut-on dire de plus honorable en peu de mots? Il est sage : voilà l'éloge de sa Vertu. Il est prudent : voilà l'éloge de son Gouvernement. Un homme prudent a pour objet, je l'avoue, son propre bien, & c'est pour cela qu'il fait attention aux tems, aux lieux, aux personnes, pour qu'il ne lui échape rien qui puisse nuire à ses intérêts; mais un homme prudent n'a pas moins pour objet son devoir. S'il separe son devoir de son bonheur, c'est ruse, artifice, & non prudence. C'est le dernier des vices, & non la première des vertus. Puis donc que la Prudence nous appelle à ne pas faire moins d'attention à notre devoir qu'à notre bien, il s'ensuit que la Prudence dans un Gouverneur, suppose la Justice, l'Equité, la Compassion; en un mot, les vertus de l'homme constitué en dignité. Heureux les peuples soûmis à de semblables Chefs!

Dès que le Gouverneur de Chypre eut appris que Paul & Barnabé prêchoient à Paphos une nouvelle doctrine, il voulut les entendre lui-même. Voilà la preuve de sa Prudence. Avant que d'approuver, ou de condamner, il veut être instruit par lui-même. *Il fit venir chez lui Barnabé & Saul, désirant*, dit S. Luc, *d'entendre la parole de Dieu*. Le faux Prophete qui l'obsède, est au désespoir : il craint de perdre son crédit & sa faveur; & n'ayant pu détourner le coup, il tâche de décréditer, & la Doctrine, & les Prédicateurs. *Bar-Jesu*, dit S. Luc, *plus connu sous le nom d'Elymas*, [14] qui en *Arabe* veut dire Sçavant, ou *Philosophe*, (le nom d'Elymas étoit donc honorable, & le faux Prophete l'avoit pris pour s'accréditer dans le monde;) *Elymas*, donc, *fit ce qu'il put, pour détourner le Proconsul de la foi*. Alors, ajoute l'Ecrivain sacré, *Saul, qui portoit aussi le nom de Paul, plein du S. Esprit, & regardant fixement cet homme, lui dit : Homme plein de toute imposture, & de toute méchanceté, Enfant du Diable, Ennemi de toute justice, ne cesseras-tu point de traverser les voyes droites du Seigneur?* Avant que de justifier l'Apôtre, dont la censure paroît bien forte, il est bon d'en expliquer les termes.

L'Auteur sacré remarque d'abord, que l'Apôtre regarda d'un air fier Elymas; sans doute pour lui faire sentir, qu'il avoit le pouvoir de le punir. Il l'appelle *homme plein de toute imposture*,

& *de toute méchanceté ;* ce qui veut dire, qu'il n'eſt pas ſeulement un inſigne fourbe, mais un très-méchant homme. Il ajoute, *vous êtes Enfant du Diable.* Ceux qui imitent les mœurs de quelqu'un, en ſont appellez les Enfans dans l'Ecriture. Ainſi l'Apôtre veut dire, que cet homme, loin d'avoir les qualitez qui conviennent au beau nom de *Jeſus,* ou de *Sauveur,* qu'il porte, imite le caractère & les mœurs du Démon. Car comme le Démon ſéduiſit nos premiers parens, & leur fit perdre, avec leur innocence, leur félicité; de même Elymas veut faire perdre au Proconſul, avec la connoiſſance de la vérité, l'eſpérance du ſalut. *Vous êtes Ennemi de toute juſtice,* ajoute encore S. Paul. La *Juſtice* ſignifie ſouvent dans l'Ecriture, l'aſſemblage des Vertus qui forment l'Homme de bien, & dont elle eſt une des plus eſſentielles; mais quelquefois auſſi la Juſtice eſt miſe pour la *Vérité;* & il me ſemble que c'eſt dans ce dernier ſens que l'Apôtre a employé ce terme. Il accuſe Elymas d'*être Ennemi de toute vérité;* c'eſt-à-dire des plus importantes, de celles qu'annonce l'Evangile. Cela eſt confirmé par ce que l'Apôtre ajoute: *Ne ceſſerez-vous jamais de traverſer les voyes droites du Seigneur?* Les véritez que nous prêchons, ſont celles que Dieu a ordonnées aux hommes de croire, & elles ſont une voye ſûre & droite pour arriver au ſalut.

Voilà aſſurement une cenſure qui doit paroître bien forte. Elle demande donc que l'on juſtifie celui qui la prononce; car il ſemble d'abord, que c'eſt plutôt l'emportement & la fureur qui l'ont dictée, que l'Eſprit de Dieu. Celui-ci ſuggère-t-il de ſemblables termes? Et comment, après cela, S. Paul peut-il ſe vanter d'être *l'imitateur de J. Chriſt,* & nous exhorter *de marcher dans la charité, comme il y a marché lui-même?* Eſt-ce y marcher, que de cenſurer un homme de la ſorte? Un moment d'attention aux reflexions que nous avons à faire pour réſoudre cette objection, & elle ſe diſſipera d'elle-même.

Il faut remarquer premièrement, que le récit des Ecrivains ſacrez eſt ſouvent fort abregé. Ils ſuppriment des circonſtances que l'on doit naturellement ſuppoſer, & qui répandroient un grand jour, ſur des faits qui ne ſurprennent que parce qu'on les ignore. En voici un exemple. S. Luc ne nous a pas dit ce qui a précédé cette cenſure. On ne fait que l'entrevoir dans ces dernieres paroles de l'Apôtre; *Ne ceſſerez-vous jamais,* dit-il à Elymas, *de traverſer les voyes droites du Seigneur?* Paroles qui ſuppoſent évidemment, que ce ne fut qu'à la derniere extrêmité que S. Paul s'eſt exprimé en des termes ſi outrageans, & après avoir inutilement tenté toutes les voyes de douceur. Mais quand nous n'aurions aucun indice de ce qui a précédé cette cenſure, l'auguſte miniſtère dont l'Apôtre eſt revêtu, ſon beau

carac-

caractère, ses hautes vertus, ne nous permettroient pas de douter, qu'il n'ait répondu d'abord avec douceur, allégué diverses raisons pour convaincre le faux Prophete, & que ce ne fut que, lorsque poussé à bout, & voyant une malice invincible, il crut ne devoir plus menager un homme de cet ordre, & être en droit de le dépeindre tel qu'il étoit.

Une seconde remarque qu'il faut faire ici, c'est qu'assurement le faux Prophete ne se contenta pas de contredire S. Paul. On ne peut gueres douter, que lorsqu'il vit le Proconsul en suspens, il n'ait ramassé tout ce que les Juifs débitoient de plus injurieux à la mémoire de J. Christ; sa naissance obscure, ou même équivoque, son alliance avec les Démons, ses prétendus blasphêmes qui l'avoient fait mettre en croix: que sçais-je? Un homme menage-t-il son adversaire dans l'emportement? J'avoue, que de pareils discours n'étoient pas des blasphêmes dans la bouche d'Elymas, qui ne croit pas en J. Christ. Mais c'étoient des blasphêmes pour S. Paul, qui entend ces discours, & qui ne peut les entendre sans avoir le cœur percé de la plus vive douleur.

Une troisième remarque regarde le caractère d'Elymas, qui est parfaitement connu à S. Paul, & qui ne mérite aucun menagement. On doit assurement de grands égards à un Homme de bien, quand il est dans l'erreur de bonne-foi, & qu'il la défend de même: mais doit-on des égards à un Hypocrite, qui n'a ni probité, ni Religion, & qui, pour satisfaire son Ambition ou son Avarice, ne se fait aucun scrupule de décrier une Religion divine, & son admirable Auteur? Or tel est le caractère d'Elymas; & en le supposant tel, la censure de l'Apôtre est digne d'éloge, & non de blâme. Elle ne marque que sa grandeur d'ame, & son amour pour J. Christ & pour les hommes.

Supposons un homme qui donne au Prince des conseils pernicieux, & pour lui & pour l'Etat, & qui d'ailleurs soit un Fourbe de très-mauvaises mœurs. Il les donne en présence d'un Ministre honnête-homme, & affectionné au Prince & à l'Etat: ce Ministre sera-t-il blâmable, si sa colere s'enflamme, & s'il a la hardiesse d'exposer, en présence du Prince, toute la méchanceté, & de l'homme & de son conseil? Sa colere & sa noble franchise ne méritent-elles pas les noms de zèle, de courage, de grandeur d'ame?

Je conviens cependant que l'Apôtre ne peut servir d'exemple à personne dans cette occasion, à moins que l'on ne se trouvât précisément dans le même cas, & que l'on pût, en la présence de Dieu, se rendre le témoignage, 1°. Que le caractère de l'homme que l'on censure si vivement, nous est parfaitement connu; 2°. Qu'il n'entre point d'envie, de malignité, de dépit dans une pareille censure; & 3°. que l'on n'a pour objet, que de faire connoître la vérité, & de couvrir de honte & de confusion un pécheur, pour le forcer à rentrer en lui-même, & à sentir l'horreur de son état. Car voilà le témoignage que l'Apôtre peut se rendre, & que l'on doit à son caractère & à ses vertus. Il est trop aisé de se tromper à ces divers égards, pour oser l'imiter. On a toûjours sujet de le craindre, quand on n'a pas reçu comme lui les Dons du S. Esprit.

Qu'il me soit permis d'ajouter ici une refléxion qui me paroît importante ; car si l'on se fait illusion sur le sujet de la Colere, que l'on croit souvent légitime, on se fait encore plus illusion sur le sujet de la Douceur : & si la première est un vice pour l'ordinaire (je ne crains pas de le dire) la Douceur est un vice plus grand encore dans certains cas. Développons ceci.

Je dis qu'il est aisé de se tromper, & de métamorphoser son Emportement en Zèle pour la Gloire de Dieu, pour le bien de l'Etat, pour la Justice : mais j'ajoute, qu'il n'est pas moins aisé de se tromper sur le sujet de la Douceur, & de métamorphoser sa Molesse, sa Timidité, son Indifférence pour la Religion, pour le bien de l'Etat, ou pour la défense de la Justice, en Douceur louable, & en Modération évangélique. L'exercice de certaines vertus dépend beaucoup des circonstances, & surtout des motifs qui les produisent. Car si la Douceur a sa source dans une ame foible, timide, esclave de ses intérêts, & que la Vivacité, au contraire, ou la Colere, parte d'une ame noble, intrépide, prête à se sacrifier elle-même pour le bien des autres ; la première n'est-elle pas un défaut, & la seconde une vertu?

Alleguons un Exemple : les Exemples frappent davantage. Je suppose un Prince, prêt à mettre des impôts accablans, à faire une injustice criante, à declarer une guerre injuste.... Il consulte ses Ministres : le timide, l'homme foible, craintif, parle avec douceur. Il insinuë les choses, mais la moindre résistance de la part du Prince l'arrête, & lui impose silence. L'homme ferme, au contraire, parle comme étant penétré de l'horreur de l'action. Il s'anime : il ose dénoncer les jugemens de Dieu sur ceux qui se rendront coupables d'un si grand crime. Lequel de ces deux caractères paroît le plus estimable ? Celui de la Douceur, ou celui de l'Emportement ? Le premier ressemble à ces lénitifs, qui ne font que retarder la mort ; au lieu que l'autre ressemble à ces remedes violens, qui chassent le mal & qui rétablissent la nature. Plût à Dieu qu'il y eût souvent de pareils caractères dans le Conseil des Princes! C'est au défaut de pareils hommes que l'on doit attribuer la cause des miseres publiques.

Ce ne sont point ici des portraits imaginaires, ni trop chargez :

gez. On en a vû les Originaux dans l'ancienne Rome. Consultons un de ses [15] Historiens. Il nous a dépeint *César* & *Caton*, qui parlent l'un & l'autre dans le Sénat, après la conspiration de *Catilina*. César parle le premier. La Douceur regne dans son discours, aussi-bien que la Politesse. Il est prêt à entraîner tous les Sénateurs dans son avis. Mais César a des raisons secretes de parler comme il fait : sa Douceur est intéressée ; & s'il veut épargner la vie des coupables, il veut s'en faire des amis qui lui ayent obligation. Il trahit sa patrie ; & en paroissant ne vouloir qu'exercer la compassion, envers des Citoyens qu'il représente plus imprudens que coupables, il livre sa patrie en proye à l'avarice & à la cruauté de plusieurs tyrans qui ont conspiré sa perte.

Caton parle ensuite ; mais comme il n'a pour but que la conservation de sa patrie, & qu'il voit l'impression que le discours de César a faite sur les esprits, l'indignation s'empare de lui. Il parle avec feu, ou même avec Emportement. Il dépeint, soit les Coupables, soit les Citoyens, soit César lui-même, sans aucun menagement, avec tous leurs défauts, ou plutôt avec tous leurs vices. La Douceur de César alloit causer la perte de la République ; l'Emportement de Caton la sauve.

Mais pourquoi justifier la censure de l'Apôtre, pendant que Dieu même l'honore de son approbation ? Elle ne fut pas trop forte cette censure, puisque Dieu a ratifié la menace de S. Paul, & qu'elle fut suivie de la peine qu'il dénonça contre le coupable. *La main de Dieu va te frapper*, dit l'Apôtre à Elymas. *Tu seras aveugle, sans voir le soleil de quelque tems. Aussi-tôt*, ajoute S. Luc, *les yeux d'Elymas se couvrirent de ténèbres, de sorte qu'il tournoit de tous côtez, cherchant quelqu'un qui le conduisît par la main.*

Ce châtiment a trois beaux caractères. 1. Il est *passager*, & c'est plutôt une correction qu'un châtiment. *Tu seras aveugle, sans voir le soleil pour quelque tems*, dit S. Paul. Puisque tu ne veux pas reconnoître le Soleil de Justice que Dieu envoye au monde pour l'éclairer, tu seras privé pour quelque tems de la vûë du Soleil de l'Univers, qui en est l'image. 2. Le châtiment est *instructif* : c'est un aveuglement qui doit lui faire sentir celui de son esprit. S. Paul inflige à cet homme, la même peine qui lui a été infligée dans le tems que J. Christ apparut à lui sur le chemin de Damas. Il le rendit aveugle pendant trois jours ; & comme l'Apôtre profita de cet aveuglement pour reconnoître sa faute, s'en repentir, & la reparer par une conversion sincere, l'Apôtre se propose sans doute le même but, en infligeant la même peine. 3. Ce châtiment étoit *nécessaire*, pour mettre la derniere main à la conversion de Serge-Paul. Le Proconsul fut en suspens, tant qu'il n'entendit que les raisons de Paul &

les objections du faux Prophete ; mais quand il vit le faux Prophete puni de son opiniâtreté, il embrassa la foi de l'Evangile. *Le Proconsul*, dit S. Luc, *voyant ce qui venoit d'arriver, & rempli d'admiration pour la doctrine du Seigneur, embrassa la foi*. Mais de quelle nature est le châtiment que l'Apôtre inflige au faux Prophete ? Il faut tâcher de l'expliquer.

1. Il est certain que ce ne fut point un aveuglement réel, une perte de la vûë ; puisque l'Apôtre dit, qu'Elymas *ne cessera de voir le soleil que pour quelque tems*. Ce fut donc une espece de vertige. L'imagination fut plus affectée que les organes de la vûë ; car l'Ecrivain sacré dit, qu'*Elymas tournoit de tous côtez, cherchant quelqu'un qui le conduisît par la main*. L'Apôtre exerce sur cet homme le même pouvoir, que les Anges exercerent autrefois sur ces Impies qui vouloient forcer Loth à leur livrer les divins Hôtes qui étoient venus loger chez lui. Il est dit *que les Anges frapperent d'aveuglement ces hommes méchans, qui tournoient, & cherchoient en vain la porte de la maison, sans pouvoir la trouver*. Elymas se trouve dans la même situation. Il tourne, & cherche quelqu'un qui veuille lui servir de guide. Une obscurité subite l'environne, image de l'aveuglement volontaire de son esprit.

Je ne m'arrêterai point ici à examiner la question que les Anciens ont proposée, sçavoir, Si Elymas profita du châtiment de l'Apôtre, & s'il se convertit ? Le faux *Denis* a dit, [16] qu'il ne s'est pas converti. [17] Origene & [18] S. Chrysostome ont prétendu le contraire. Qui peut le sçavoir, S. Luc n'en disant rien ? Mais il y a une question bien plus importante que je ne puis m'empêcher d'examiner : c'est celle *qui regarde la persécution des Hérétiques*, que l'on prétend autoriser par le châtiment que S. Paul a infligé à Elymas. On dit, [19] *que le Fils de Dieu a chassé du Temple les Vendeurs & les Acheteurs ; que S. Pierre a puni de mort Ananias & Saphira ; & que S. Paul a puni de la perte de la vûë le faux Prophete qui vouloit empêcher le Proconsul de croire en J. Christ* ; d'où l'on tire cette funeste conclusion : *Il est donc permis de punir de mort les Hérétiques*.

Il faut avouer, qu'une cause doit être bien mauvaise quand on la défend si mal. 1. Il ne s'agit point dans ces exemples d'*Hérétiques*, ou *de gens qui font profession de croire en J. Christ* ; mais qui ne peuvent se résoudre à confesser, qu'ils croyent certains articles qu'ils ne croyent pas effectivement, & que l'on a érigé en Articles capitaux, dans la communion où se trouvent ces gens-là.

Les Vendeurs & les Acheteurs profanoient la Sainteté du Temple, & en faisoient un marché public, où il y avoit apparemment beaucoup de fraude & de mauvaise-foi. Ananias & Saphira veulent éprouver les Apôtres, & sçavoir si effectivement

vement ils ont reçu les Dons du S. Esprit, & peuvent pénétrer dans les cœurs, pour voir ce qui s'y passe. Ils proférent donc un mensonge concerté, & des plus hardis. Elymas est un Imposteur de très-mauvaises mœurs, puisque l'Apôtre lui dit, *qu'il est plein de fraude & de méchanceté*. Or qui peut douter que les vicieux méritent d'être punis? Les idées du vice & de la vertu sont gravées dans tous les esprits en caractères ineffaçables; ce qui fait dire à l'Apôtre, *que les Gentils sont inexcusables, parce qu'ayant connu le droit de Dieu, c'est que ceux qui commettent les crimes dont il a parlé, sont dignes de mort, ils n'ont pas laissé cependant de les commettre*. Par consequent tous les péchez sont volontaires; & comme ils sont pernicieux au repos & à la sureté publique, ils doivent être réprimez & punis; & quand on les punit, le pêcheur même est obligé d'avouer, que c'est *avec justice*, puisqu'il n'a pu ignorer le crime, & qu'il l'a commis volontairement. Mais en est il de même des *Erreurs*, supposé que ce soient des Erreurs? Ne sont-ce pas des *foiblesses de l'Esprit humain*, qui demandent du support & de la condescendance, dès qu'elles sont unies à des mœurs pures & reglées? Car enfin, si l'on ne croit pas certains dogmes, ce n'est que parce que l'on ne peut les accorder avec ses idées: & si l'on ne peut se résoudre à dire qu'on les croit, pendant qu'on ne les croit pas réellement, ce n'est que parce que l'on ne peut se résoudre à mentir.

Rom. 1. 32.

De semblables caractères sont plutôt dignes de louanges & d'estime, qu'ils ne le sont de blâme & de châtiment. Car si les mœurs sont pures, n'est-ce pas la preuve d'une Pieté sincere envers Dieu, qui ne nous permet pas de déguiser & de trahir nos sentimens? Comment donc brûler de semblables Personnages, sans se rendre coupable, je ne dirai pas devant le Tribunal de la Raison & de l'Equité naturelle; mais devant le Tribunal de Dieu? Aussi l'ancienne Eglise a pensé & parlé comme nous venons de le faire.

Qu'on lise les Ecrits des premiers Défenseurs de la Religion Chrétienne; ils établissent tous la liberté de penser en matière de Religion, & se récrient contre la violence, comme contre la plus haute injustice. Que dit [20] *Tertullien*, par exemple? „Rien de plus opposé à la Religion, qu'une Religion
„ forcée. Elle doit être l'ouvrage du choix, & d'un choix
„ parfaitement libre; car tous les sacrifices qu'elle exige, pour
„ plaire à la Divinité, doivent être volontaires. Quand vous
„ nous forceriez, dit ce Pere, à sacrifier à vos Dieux, que
„ feriez-vous que les irriter [21]? Car à moins que vous ne les
„ supposiez d'un très-mauvais caractère, peuvent-ils accepter
„ des sacrifices que la violence arrache? Il n'y a qu'une voye
„ légi-

„ légitime d'établir la Religion, dit *Lactance*. Il faut perſua-
„ der, & non forcer, parce qu'il s'agit de gagner le cœur.
„ Nous ne ſéduiſons pas, comme vous nous le reprochez.
„ Nous enſeignons, nous établiſſons, nous prouvons ce que
„ nous voulons que l'on croye. Nous ne retenons perſonne
„ malgré lui. Dieu ne veut point de ceux qui n'ont ni foi, ni
„ dévotion". S. *Auguſtin* lui-même, qui changea de maximes
dans la ſuite, S. *Auguſtin*, dis-je, n'avoue-t-il pas, „ [22] qu'il ne
„ faut contraindre perſonne en matière de Religion, & qu'on
„ ne doit employer que la voye de la Perſuaſion, toute autre
„ voye n'étant propre qu'à changer les Hérétiques en autant
„ d'Hypocrites"? Mais que parlai-je d'ancienne Egliſe, & de
ceux que l'on honore du titre de Peres de l'Egliſe? Un plus
grand Maître a décidé la queſtion: c'eſt J. Chriſt lui-même.
Veut-il que l'on perſécute ceux qui ne croyent pas même des
dogmes revélez? Lui qui laiſſe à ſes Apôtres la liberté de le
ſuivre, ou de le quitter. *Voulez-vous auſſi m'abandonner?* leur
dit-il. Il les en laiſſe les maîtres. Il fait plus: il leur annonce ce
qu'ils auront à ſouffrir pour ſa cauſe: *Si quelqu'un veut venir
après moi, qu'il rénonce à ſoi-même, qu'il charge ſa croix, & qu'il
me ſuive*. C'eſt à chacun à ſe conſulter. S'il veut rénoncer aux
avantages de la Religion, il peut le faire; car ces avantages
ne regardent que ceux dont la Religion eſt ſincere, libre, volontaire: en eſt-il d'autre qui puiſſe faire honneur à J. C. & à
ſon Egliſe? Et ne ſe dégrade-t-elle pas elle-même, en voulant forcer les hommes à recevoir ſes Dogmes, puiſqu'elle ne
peut donner de preuve plus évidente, que ſes dogmes ſont deſ-
titués de raiſons ſolides? La vérité doit-elle recourir aux armes, dont le crime & l'erreur ont beſoin pour ſe défendre?

Jean vi.
67.

Matth.
xvi. 24.

Actor. XVI. 24.

Παῦλος καὶ Σίλας ἐν τῇ φυλακῇ. | PAULUS ET SILAS IN VINCULIS.
Paul and Silas in prison. | Paul & Silas en prison.
Paulus und Silas in dem gefängnis. | Gevangenis van Paulus en Silas.

DISCOURS XXXIII.

Paul & Sylas en prison. Act. XVI. 1–24.

Saint-Paul fut envoyé à Jerusalem, pour y consulter les Apôtres au sujet de l'observation des Cérémonies légales, que les Chrétiens d'entre les Juifs vouloient imposer à ceux d'entre les Gentils. Il avoit été envoyé à Jerusalem par l'Eglise d'Antioche, & il y revint muni du décret des Apôtres, qui rétablit l'ordre & la tranquillité dans cette derniere Eglise. Peu après son arrivée, l'Apôtre proposa à Barnabé, de visiter celles qu'ils avoient fondées ensemble dans l'Asie. Barnabé le voulut bien; mais il exigea de S. Paul, qu'ils prissent avec eux *Marc*, qui les avoit abandonnez en *Pamphilie*. S. Paul ne voulut jamais y consentir. Barnabé, prévenu en faveur de son cousin, vouloit qu'on lui pardonnât son inconstance, persuadé qu'il ne retomberoit plus dans la même faute. Paul, au contraire, ne pouvoit se résoudre à se charger d'un Ministre que les premiers travaux avoient rebuté, ne doutant pas qu'il ne se rebutât de nouveau. Il paroît cependant que Barnabé avoit raison, puisque S. Paul a reconnu depuis le mérite de Marc, dont il vante les services rendus à l'Eglise, & qu'il le recommande avec éloge aux fidèles de Colosses. [Col. iv. 9.]

Les Anciens ont jugé fort différemment de cette dispute entre Paul & Barnabé. S. Chrysostome excuse ces deux Apôtres, par le motif qui les fait agir. „ ¹ Ce n'est pas, dit-il, „ pour leur propre gloire qu'ils disputent; c'est pour celle de „ J. Christ, que l'un & l'autre avoit en vûë. S. Paul ne croyoit „ pas que Marc fût propre à y contribuer; Barnabé, au con- „ traire, en étoit persuadé. Cette dispute, ajoute ce Pere, „ a servi aux progrès de l'Evangile; & il est bon qu'ils „ n'ayent pas été d'accord. Ils n'auroient pu se résoudre à se se- „ parer, & par-là ils n'auroient pu éclairer & affermir dans la „ foi que les mêmes Troupeaux, au lieu qu'en se separant, „ ils répandent en des lieux différens la lumiere de l'Evangile". S. Jerôme, d'un autre côté, blâme ces deux Apôtres. ² „ Il „ y eut, dit-il, trop de sévérité dans l'un, & trop d'indul- „ gence dans l'autre; & tous deux donnent des marques de „ la fragilité humaine". Il faut en convenir. Seulement on doit supposer, que cette diversité de sentimens n'altéra point l'amil'amitié qui étoit entre ces deux Apôtres. Chacun d'eux suit son avis; sans blâmer celui de l'autre; & à cet égard leur conduite peut servir d'exemple & d'inftruction pour nous. Il est impoffible que les hommes foyent du même avis fur quantité de chofes; car outre que les paffions & les intérêts influent fur leurs jugemens, & que rien n'eft plus rare qu'une entiere impartialité; outre cela, dis-je, leur différente manière d'envifager les mêmes chofes, caufe cette diverfité de fentimens: les uns les regardent par une face, les autres par une autre; & ce qui frappe les uns, ne frappe pas les autres. Qu'il feroit à fouhaiter pour le repos & le bonheur des hommes, qu'ils daignaffent envifager les chofes en elles-mêmes, & indépendamment de leurs intérêts particuliers! La vérité ne fe montre qu'aux ames impartiales.

Quoi qu'il en foit, ces deux Apôtres n'étant pas d'accord, & ne voulant ceder ni l'un ni l'autre, ils fe feparerent. *Barnabé prit avec lui Marc, & paffa en Chypre, & Paul ayant choifi Sylas, après avoir traverfé la Syrie & la Cilicie, arriva à Derbe, & de-là à Lyftre.* Ce fut à Lyftre que S. Paul convertit plufieurs perfonnes à l'Evangile, & qu'après avoir guéri un homme boiteux dès fa naiffance, il vit les Prêtres Payens prêts à lui offrir des facrifices, le prenant pour un Dieu; c'eft-à-dire pour une de ces Intelligences céleftes, qu'ils croyoient defcendre de tems en tems fur la terre, & y revêtir une forme humaine, pour rendre fervice au genre humain. L'Apôtre, au défefpoir de voir leur aveuglement, s'écrie, qu'il n'eft qu'un fimple homme; que c'eft le Dieu qui a formé le Ciel & la Terre qu'ils doivent adorer, & adorer feul. Là-deffus les Prêtres s'arrêtent, & rénoncent au deffein impie qu'ils ont formé. Mais, ô étrange aveuglement des hommes! Comme ils paffent aifément de l'Admiration à la Haine; ce même peuple, qui eft fur le point d'adorer l'Apôtre comme un Dieu, prévenu enfuite par les calomnies des Juifs, pourfuit S. Paul à coups de pierre, & veut immoler le même homme, auquel il vouloit immoler des victimes. Image fenfible, & des Révolutions de la Vie humaine, & de l'inconftance & de la légereté du Peuple! Je dis *de l'inconftance & de la légereté du Peuple*. Qu'il faut peu de chofe pour exciter fon admiration, & pour élever jufqu'au ciel certains perfonnages! Il en faut peut-être moins encore, pour exciter l'indignation du peuple, & le mettre en fureur. Je dis *image des révolutions de la Vie humaine*. Tous les jours on voit les hommes paffer tout d'un coup de l'abaiffement à la plus haute fortune, & de la plus haute fortune au plus grand abaiffement. Quelle fource d'inftructions pour un homme fage! Il ne compte gueres

fur

sur les avantages du monde, & ne s'y attache gueres. Si Dieu les lui accorde, il les reçoit comme un présent de sa libéralité. Si Dieu les lui ôte, il acquiesce à sa volonté, comme à celle du Maître souverain, & des hommes, & de tout ce qu'ils possedent. D'un autre côté, il envisage d'un œil bien différent du commun des hommes, soit la prosperité, soit l'adversité des autres. Sans admiration pour la prosperité, sans mépris pour la misere, il considere les hommes tels qu'ils sont, & n'estime, ne venère que la Vertu. Est-elle dans le Riche? Elle lui est chere; mais elle ne lui est pas moins chere dans le Pauvre. C'est elle qui est l'unique objet de ses soins, & s'il l'aime & l'admire dans les autres, il pense sur-tout à la cultiver en lui-même, parce qu'il la regarde comme l'unique source du repos & de la félicité.

S. Paul étant arrivé à Lystre, y rencontra un Disciple, nommé Timothée, fils d'une femme Juive, mais d'un pere Grec; & comme les Freres de Lystre & d'Icone lui rendoient bon témoignage, il le prit avec lui, & le fit circoncire, à cause des Juifs de ce païs-là; car ils sçavoient tous que son pere étoit Grec.

Remarquons ici, premièrement, l'attention de S. Paul à procurer à l'Eglise des Ministres capables de la servir. Tel qu'un habile Général cherche par-tout des Officiers propres à commander & à combattre sous lui, pour se mettre en état de défendre sa patrie, ou même d'en étendre les bornes; S. Paul, dans la vûë de défendre l'Empire de J. Christ, d'en étendre les limites, cherche par-tout des Chefs ornez des qualitez convenables au ministère sacré. Trouvant donc que Timothée a ces qualitez, il le choisit & le prend avec lui. Mais comme les talens seuls ne suffisent pas pour servir utilement l'Eglise, qu'il faut sur-tout que la vie soit exemplaire, sans quoi les meilleurs discours seroient infructueux, l'Apôtre ne se détermine à faire choix de Timothée, qu'après avoir appris le témoignage avantageux que tous les Chrétiens de Lystre & d'Icone rendent à la conduite de ce Disciple. Les choses ont bien changé! On ne fait presque plus d'attention, ni aux talens, ni à la conduite de ceux que l'on admet au Ministère sacré.

Remarquons en second lieu, pourquoi l'Apôtre fait circoncire Timothée, fils d'une Juive à la vérité, mais d'un pere Payen, & qui par consequent ne devoit point être assujetti à l'observation des Cérémonies légales, même par le décret des Apôtres, qui exempte en particulier de la Circoncision tous les Chrétiens d'entre les Gentils. S. Luc nous apprend donc quel est le motif de l'Apôtre. Il veut employer Timothée à la conversion des Juifs de Lystre & d'Icone; & comme ils sçavent tous, qu'étant né d'un pere Payen, il n'a pas été circoncis, parce que le fils fuit naturellement la condition du pere, ils ne le recevront pas dans leurs Synagogues; & pour une cérémonie, inutile à la vérité au falut, mais abfolument néceffaire au but de l'Apôtre, il ne convient pas de mettre un obftacle invincible à la converfion d'un grand nombre de Juifs, que S. Paul a lieu d'efpérer par le miniftère de Timothée. C'eft donc la Prudence qui détermine l'Apôtre à en ufer de la forte.

Mais, dira-t-on, pourquoi S. Paul, qui ordonne que Timothée foit circoncis, ne voulut-il jamais permettre que Tite le fût, quoique les Fidèles de Jerufalem l'en priaffent avec inftance? C'eft que le cas eft tout différent. La Prudence & la Charité demandoient que Timothée fût circoncis, & cette même Prudence & cette même Charité demandoient que Tite ne le fût pas. Ceux qui vouloient que Tite fût circoncis, étoient des Juifs convertis au Chriftianifme, qui prétendoient, que pour être fauvé, il ne fuffifoit pas de croire en J. C., & d'obferver fes préceptes; qu'il faloit de plus obferver les Cérémonies légales, & fur-tout recevoir la Circoncifion. Or acquiefcer à la demande de perfonnes de ce caractère, c'étoit avouer le principe, & par confequent obliger tous les Gentils à l'obfervation des Cérémonies légales, &, par une fauffe complaifance, mettre un obftacle invincible à leur converfion; puifqu'ils avoient un fouverain mépris pour la Circoncifion.

Mais, dira-t-on encore, S. Paul peut-il faire circoncire Timothée, après ce qu'il a dit dans l'Epître aux Galates? C'eft que *J. C. ne fert de rien à celui qui fe fait circoncire, & qu'en s'affujettiffant à l'obfervation de cette cérémonie, il s'oblige à l'obfervation de toutes les autres;* car c'eft le vrai fens de ces mots: *Je protefte à quiconque fe fait circoncire, qu'il eft obligé de garder toute la Loi.* Il s'agit de la Loi cérémonielle. Pour la Loi morale, tout Chrétien n'y eft pas moins obligé que le Juif.

A l'égard de l'obfervation de la Loi cérémonielle, il n'y a point de difficulté. Celui qui fe fait circoncire, dans la penfée qu'il y eft obligé pour être fauvé, ne doit pas moins obferver toutes les autres Cérémonies légales. Elles ont la même autorité pour fondement. Moïfe ne les a pas moins commandées que la Circoncifion. En fecond lieu; celui qui fe fait circoncire, dans la penfée que cette cérémonie eft néceffaire au falut, détruit la néceffité de la Venuë de J. Chrift, puifque ce n'eft plus la Foi & la Repentance qui fauvent, mais une cérémonie déja établie.

Après avoir levé ces deux difficultez, continuons le fil de notre Hiftoire. S. Luc nous apprend, que *S. Paul, en vifitant les Eglifes qu'il avoit fondées, recommandoit aux Fidèles, d'obferver*

les

les Décisions faites par les Apôtres & par les Prêtres de Jerusalem. Il s'agit des Décisions que S. Luc rapporte au ch. XV. des Actes, & dont voici l'occasion. Des Chrétiens sortis du Judaïsme, & qui avoient été de la secte des Pharisiens, avoient jetté le trouble dans l'Eglise d'Antioche, l'une des plus florissantes d'alors, & presque toute composée de Gentils. Ces gens-là prétendoient, que pour être sauvé, il faloit être circoncis & observer les cérémonies légales. Paul & Barnabé, les deux principaux Ministres de cette Eglise, s'étoient fortement opposez à ces Novateurs ; mais comme ces derniers s'autorisoient faussement du suffrage des Apôtres, & qu'ils entraînoient dans leur sentiment une partie de l'Eglise, on convint, pour terminer ce différend, d'envoyer Paul & Barnabé à Jerusalem, pour y consulter les Apôtres. Ils s'assemblerent, au moins ceux qui y étoient encore, avec les Prêtres, & d'une voix unanime ils résolurent, qu'on ne devoit imposer aux Fidèles d'entre les Gentils, que l'observation de ces quatre Articles ; c'est de *s'abstenir* 1°. *de toute Viande offerte aux Idoles* ; 2°. *de la Fornication* ; 3°. *des Animaux étouffez* ; & 4°. *de manger du Sang.* Il s'agit de développer le sens de ces articles, & de montrer ensuite, quel a été le dessein des Apôtres, quand ils en ont ordonné l'observation aux Fidèles d'entre les Gentils ; afin de sçavoir s'ils sont obligatoires par rapport à nous, c'est-à-dire si nous sommes obligez de nous abstenir *du Sang* & *des Animaux étouffez*, comme ⁵ de très-sçavans hommes l'ont cru, & ont tâché de le prouver dans le siécle passé.

La première chose que les Apôtres défendent aux Gentils, c'est *de manger des Viandes offertes aux Idoles*, ou, comme s'exprime S. Jaques en donnant son avis, de *s'abstenir de toute souillure des Idoles* ; c'est-à-dire *de tout* ce qui est devenu impur, pour avoir été offert à l'Idole. Tout le monde sçait que les Payens offroient des sacrifices à leurs Idoles. Une partie de la victime étoit consumée sur l'Autel, & le reste ⁶ se mangeoit, ou dans les Temples, ou dans des maisons particulieres. Ces repas faisoient partie du culte que l'on rendoit à l'Idole ; car outre qu'ils se faisoient à son honneur, & qu'on avoit coûtume d'en célébrer les louanges pendant le repas, ces repas étoient des actes publics de foi & d'amour pour l'Idole, ou pour l'objet qu'elle représentoit, & avec lequel on croyoit s'être réconcilié, par le sacrifice qu'on lui avoit présenté. Les Chrétiens ne pouvoient assister à ces repas, sans donner lieu de croire qu'ils veneroient l'Idole à l'honneur de laquelle ces repas se faisoient, & qu'ils étoient encore unis aux Idolâtres par les liens d'une même foi & d'un même culte.

Au reste, quand les Apôtres défendent de manger des Viandes offertes aux Idoles, cette défense ne regarde pas simplement celles qui faisoient partie du sacrifice, mais aussi les Viandes qui se mangeoient dans les repas ordinaires des Payens. Car on sçait que dans leurs repas ordinaires ils avoient coûtume, au moins ceux qui se piquoient de dévotion, [7] de jetter le premier morceau dans le feu, & d'y répandre une coupe de vin à l'honneur de l'Idole qu'ils adoroient en particulier. Les Fidéles n'auroient pu assister à de semblables repas, sans faire juger à tous les assistans qu'ils approuvoient ce culte, & qu'ils y adhéroient encore.

Un second article du décret des Apôtres, est celui qui défend *la Fornication* aux Fidéles d'entre les Gentils. *Ils s'abstiendront*, disent les Apôtres, *de la Fornication*. C'est ainsi que porte notre Version; mais le terme de l'Original a une signification plus étenduë. Il désigne en général [8] *toute Impureté charnelle*, tout commerce illégitime avec le sexe. C'est effectivement-là la pensée des Apôtres, & ce qu'ils défendent aux Gentils; car on sçait que les Payens ne regardoient pas comme un crime [9] la simple Fornication: & que dis-je? On sçait que dans les Fêtes [10] le débordement étoit à son comble, jusques-là qu'il y avoit des solemnitez, où les personnes de tout ordre, Femmes & Filles, se prostituoient dans les Temples par un principe de dévotion. Ce qui donne lieu à [11] Tertullien de faire parler l'Idolâtrie, qui confesse les Impuretez qu'elle a fait commettre, & qui en prend à témoin, ses Bois sacrez, ses Eaux vives, ses Temples mêmes.

L'Impureté est incompatible avec la Profession du Christianisme, & il est certain que c'est un très-grand péché. 1. On ne peut douter, [12] que l'intention du Créateur n'ait été que chaque Homme eût sa Femme, & qu'ils vécussent ensemble dans une union & une fidélité mutuelles; puisque Dieu n'a formé d'abord qu'un seul Homme, & une seule Femme, tiges du genre humain. 2. On ne peut douter, que la bonne Éducation des Enfans ne demande un pareil établissement: car outre l'impossibilité, dans des amours vagues, de connoître ses propres enfans; le moyen de s'intéresser à eux, & d'avoir pour eux les soins & la tendre affection dont ils ont besoin, soit pour supporter leurs défauts, soit pour cultiver & mettre en œuvre les talens dont la Providence les a enrichis, & jetter par-là le fondement le plus sûr, & du bonheur des Enfans, & de celui de la Société dont ils doivent être membres? Je sçais qu'il résulte de cet établissement des inconvéniens; mais sont-ils à comparer à ceux qui naîtroient des amours vagues? Et d'où viennent ces inconvéniens, au moins le plus grand nombre, & les plus fâcheux? Ne viennent-ils pas de ce que les parties qui s'unissent,

ne

ne le font que par des vûës intéreffées, ou avec trop de légereté ? Si elles y penfoient mûrement avant que de s'engager, & fi elles ne s'engageoient que par les motifs de l'eftime & de l'affection mutuelles, verroit-on les défordres que l'on voit dans les Familles ? Que dis-je ? Ne feroient-elles pas autant de Pepiniéres, où un tendre pere & fon époufe cultiveroient avec joye, des plantes dont ils feroient affurez de recueillir les doux fruits ? Et l'Etat n'y gagneroit-il pas infiniment ; puifque les Enfans, recevant dans la maifon paternelle les premières impreffions de la Vertu, n'en fortiroient que pour fervir utilement la République ?

En fecond lieu, l'Impureté, confiderée en elle-même, eft honteufe, & les hommes ont été [13] forcez de la regarder fous cette idée, même dans les tems les plus corrompus, & malgré le relâchement des loix. Par conféquent on ne peut abufer d'une perfonne libre, fans imprimer une tache fur fa réputation, & lui faire un tort ineffaçable dans l'efprit des honnêtes-gens ; parce que la Pudeur fera toûjours [14] la vertu effentielle du fexe. Et qui ne fçait, que quand une fois on s'eft abandonné à quelqu'un, il n'en coûte plus à s'abandonner de nouveau ? Et de-là, quels affreux défordres dans la Société, où les hommes vivroient à la façon des bêtes ?

En troifième lieu ; fi l'Impureté eft honteufe, confiderée en elle-même, elle eft bien funefte, & à l'Homme qui s'y abandonne, & à la Société dont il eft membre. Car enfin, de quoi s'occupe un tel Homme ? Eft-il propre à remplir les devoirs de fon état, & à fervir utilement la Société ? Il ne penfe qu'à féduire & à déshonorer les perfonnes qui le tentent, & à porter dans les familles la douleur & la honte. Mais s'il penfe à faire de la peine aux autres, il eft le premier le martyr de fa paffion. Il porte en lui-même un feu qui le dévore, qui le rend inquiet, chagrin, & s'il fe fatisfait, il s'expofe à des déboires & à des chagrins bien plus grands, fans compter les maladies, les querelles, les divifions, qui font les fuites ordinaires du vice de l'Impureté.

4. Mais confiderons l'Homme par rapport à la Religion, & ce vice nous paroîtra bien plus affreux ; car enfin l'Homme fent qu'il eft fait pour la Religion. Il ne peut être tranquille, heureux, fans elle. Il craint naturellement un Dieu. Il fe propofe de lui plaire. Il ne peut ignorer qu'il a befoin de fa protection & de fa faveur. Il redoute fa vengeance. Il a un preffentiment de l'avenir,& voudroit s'affurer d'un état heureux après la vie. Mais comment accorder ces idées & ces efpérances avec le vice de l'Impureté ? L'Homme le fent auffi, mal-

gré

gré qu'il en ait. Il se fait des reproches à lui-même, & voit naturellement que ce genre de vie ne peut convenir à une Ame faite pour penser à Dieu, pour l'invoquer, pour le servir, pour vivre éternellement avec lui.

5. C'est en particulier le beau caractère de la Religion Chrétienne. Elle est incompatible avec l'Impureté. L'Apôtre S. Paul le prouve fort bien dans la première aux Corinthiens, où il montre aux Fidèles d'entre les Gentils, qu'ils ne sçauroient concilier ce vice avec le caractère & les mœurs du Chrétien, aussi-bien qu'avec ses avantages, & les diverses graces que Dieu lui accorde. Premièrement ce vice souille le corps, comme le dit l'Apôtre, par les infirmitez & les maladies qui en sont les suites ordinaires. En second lieu, il attache le Chrétien à des objets bien honteux pour la nature humaine, à des *Prostituées*, comme le dit l'Apôtre. En troisième lieu, il éteint en nous le principe de la dévotion, c'est l'Amour de Dieu. En quatrième lieu, il oblige le Seigneur à retirer ses graces : c'est par elles qu'il habite dans le Chrétien ; mais pourroit-il continuer à les répandre dans une ame qui est devenuë le Temple de l'Impureté ? Enfin, ce vice nous met hors d'état de pratiquer tous les devoirs que le Christianisme nous impose. Quel accord y a-t-il entre la lumiere & les ténèbres, entre Christ & Belial, comme le dit S. Paul. L'Ame ne respire que la Convoitise : c'est son objet, & elle n'est occupée que des moyens de la satisfaire ; comment donner entrée aux idées & aux sentimens que la Religion demande ? Il faut pour cela la purifier de ses premières idées, & de ses premiers sentimens, sans quoi les autres ne sçauroient y trouver place, & s'y maintenir. C'est ainsi que l'Apôtre dissipe les préjugez des hommes, & établit, sur des principes certains, la nécessité de la Pureté du corps & de la Fidélité Conjugale. Il faudroit un Traité entier, pour développer ces argumens & les mettre dans tout leur jour ; mais cela convient-il à notre dessein ? Peut-être même trouvera-t-on que nous nous sommes trop arrêtez à cette matière. Mais plût à Dieu que nous fussions moins excusables de nous être étendus sur un sujet sur lequel on ne peut trop s'étendre ! Puisqu'il n'est point de vice plus général, & que l'on se pardonne plus aisément, que celui de l'Impureté. Elle est à son comble parmi les Chrétiens, où elle est bien plus criminelle & plus scandaleuse que parmi les Payens, puisqu'elle y regne, malgré les préceptes du Fils de Dieu & de ses saints Apôtres.

Le troisième Article du décret des Apôtres, défend de manger *des Animaux étouffez*. Nous allons en voir la raison, en examinant le dernier Article. Il regarde l'usage du *Sang*. On

sçait

EN PRISON. *Discours XXXIII.* 433

fçait que les Payens mangeoient du Sang, cuit à la vérité & préparé, parce que regardant le Sang comme la nourriture des Dieux [15] auxquels ils offroient leurs sacrifices, ils croyoient manger avec ces Dieux, & des mêmes mêts, en mangeant, soit des Bêtes étouffées, parce qu'elles conservoient tout leur sang, soit du Sang tout pur, mais préparé & cuit, comme on l'a dit. [16] De-là vient qu'ils égorgeoient les animaux, dont ils se nourrissoient, en pleine campagne, & qu'ils laissoient le Sang sur la terre, sans le couvrir, dans la pensée de plaire aux Dieux Topiques, qui s'en nourrissoient. Ce fut pour abolir cette superstition parmi le peuple d'Israël, que Moïse leur ordonna, pendant leur séjour dans le désert, de ne point égorger d'animaux dont le sang n'eût été répandu au pied de l'Autel.

Après avoir expliqué les Articles du décret des Apôtres, il s'agit d'examiner quel a été leur dessein, en prescrivant l'observation de ces Articles aux Gentils. On croit assez généralement, que leur dessein a été de contenter en partie les Chrétiens d'entre les Juifs. Ceux-ci vouloient que l'on assujettît les Fidéles d'entre les Gentils à l'observation de toutes les Cérémonies légales, & sur-tout à celle de la Circoncision. S. Pierre, qui opine le premier, est d'avis qu'on les dispense absolument de l'observation de ces Cérémonies, en disant que Dieu n'y a point eu d'égard, puisqu'il venoit d'accorder aux Gentils les mêmes graces qu'aux Juifs, dans la personne de Corneille & de sa famille; mais S. Jaques, dont le sentiment l'emporte, est, dit-on, d'un avis plus moderé. Il veut que l'on ait de la condescendance pour les préjugez des Chrétiens sortis du Judaïsme, & que l'on exige de ceux d'entre les Gentils, qu'ils s'assujettissent à l'observation d'un petit nombre de Cérémonies, en les exemptant de l'observation des autres, & en particulier de la Circoncision, pour laquelle ils avoient une extrême répugnance. Cette condescendance doit contenter les premiers, & les porter à s'unir avec les Gentils dans une même Societé religieuse. Cela paroît d'abord assez plausible; mais quand on examine de plus près la maniere dont S. Jaques opine, & la nature des Articles que prescrivent les Apôtres, [17] on ne peut douter que leur unique but n'ait été, de défendre aux Chrétiens d'entre les Gentils, tout ce qui pouvoit, ou les entraîner de nouveau dans l'Idolâtrie, ou les faire soupçonner d'en être coupables.

Aa. x. 45.

1. Il est certain que S. Jaques est du même avis que S. Pierre, c'est-à-dire qu'il est persuadé que l'on ne doit pas obliger les Gentils à l'observation des Cérémonies légales: il le prouve même par les declarations des Prophetes, qui ont annoncé que Dieu

appelleroit tous les Peuples à la foi de l'Evangile, & prévient l'objection que l'on peut lui faire ; c'est que le mépris pour les Cérémonies légales réjaillira sur Moïse & sur ses Ecrits. „ On „ n'a pas sujet de le craindre, dit-il, * puisque les Ecrits de „ Moïse se lisent tous les Sabbats dans les Assemblées reli- „ gieuses des Chrétiens.

2. Des quatre Articles qui composent le décret des Apôtres, il n'y en a que deux qui ayent du rapport avec les Ordonnances cérémonielles de Moïse; c'est *la défense de manger du Sang, & des Bêtes étouffées:* car pour les deux autres, ils ont un rapport visible avec les coûtumes des Idolâtres, qui, après avoir offert des victimes aux Idoles, s'en nourrissoient, & consacroient à ces mêmes Idoles leurs mêts ordinaires. On sçait aussi que l'Impureté étoit autorisée parmi les Gentils, & qu'en certains lieux, comme en certaines occasions, elle faisoit même partie de leur Religion; au lieu que parmi les Juifs, l'Impureté étoit interdite, aussi-bien que les Viandes offertes aux Idoles.

3. Qui peut croire que S. Jaques & les autres Apôtres se soyent persuadez de contenter les Zélateurs pour les Cérémonies légales, par une condescendance aussi limitée. Ces Chrétiens demandent, que ceux d'entre les Gentils soyent obligez à l'observation de toutes les Cérémonies légales ; & on ne les oblige qu'à l'abstinence du Sang & des Bêtes étouffées, en les dispensant de ce que les Juifs regardoient comme bien plus indispensable; c'étoit de s'abstenir des Animaux impurs, d'observer les Jeûnes, les Ablutions, les Nouvelles Lunes, les Sabbats, & en particulier la Circoncision. Or les Apôtres ne parlent point de tout cela dans leur décret.

4. Si les Apôtres ont eu pour objet, d'assujettir les Chrétiens d'entre les Gentils à l'observation de certaines Cérémonies légales, en les dispensant d'observer les autres, ils ont donc considéré l'*Impureté* comme faisant partie des Cérémonies légales. Aussi ceux qui ont soutenu ce sentiment, ont senti la difficulté, & ils ont bien mal répondu ; au lieu que l'on n'est point surpris de voir les Apôtres joindre l'Impureté, qui est un vice moral, à la défense de manger des Viandes offertes aux Idoles, dès qu'ils ont eu pour objet d'empêcher les Chrétiens

---

* Le P. Simon prétend, qu'il s'agit dans ce passage des Assemblées religieuses des Juifs. Et il est vrai que les Chrétiens d'entre les Juifs, & les Apôtres même, se trouvoient dans leurs Assemblées religieuses tous les jours de Sabbat. Il est vrai encore, que le mot de *Synagogues*, qui est dans l'Original, est équivoque, & peut s'entendre, & des Assemblées des Juifs, & de celles des Chrétiens ; mais il me paroît plus naturel de l'entendre de celles des Chrétiens, qui portoient ce nom, comme on le voit (Jaq. II. 2.) puisque l'on sçait que les Chrétiens suivirent l'ordre établi dans les Assemblées religieuses des Juifs, où on lisoit tous les Samedis une Section de la Loi. On en fit de même parmi les Chrétiens, où la coûtume de lire une Section du N. Testament s'est établie beaucoup plus tard.

tiens d'entre les Gentils, de retomber dans l'Idolâtrie ; parce que l'Impureté en étoit une suite ordinaire, & en même tems un des plus grands attraits. Donc l'unique dessein des Apôtres est, de mettre une barriere à l'Idolâtrie; & pour cela il faloit précisément défendre tout ce qu'ils ont défendu. Développons ceci pour justifier notre Thése, & ne laisser aucun doute au Lecteur là-dessus.

Le premier attrait à l'Idolâtrie, c'étoient les Viandes offertes aux Idoles. Car pour résister à cet attrait, il faloit que les Chrétiens d'entre les Gentils renonçassent à manger avec leurs Parens & leurs Amis Payens, puisque ceux-ci avoient coûtume de ne commencer leur repas, qu'après en avoir consacré les mêts à l'Idole, par certaines cérémonies usitées. Aussi voit-on qu'ils eurent beaucoup de peine à en venir-là. Ils alleguoient pour raison, que *l'Idole n'est rien*, & que par consequent des mêts consacrez à l'Idole ne sçauroient être souillez. L'Apôtre S. Paul reconnoît, qu'effectivement l'Idole n'est rien en elle-même ; mais qu'outre le scandale qu'on peut donner par-là à des Chrétiens foibles, en les entraînant à manger des mêmes mêts, quoiqu'ils ne croyent pas pouvoir le faire en conscience, parce qu'ils n'ont pas les mêmes lumieres, & qu'ils conservent certains scrupules que des préjugez inveterez laissent dans l'esprit; qu'outre cela, c'est toûjours donner lieu de croire aux assistans, que l'on honore encore l'Idole, & que l'on veut s'unir avec les Idolâtres par les liens d'un même culte & d'une même foi. Il permet donc aux Chrétiens d'entre les Gentils, de manger de tout ce qui se vend à la boucherie, sans s'informer si ce sont des Viandes communes, ou des Viandes consacrées aux Idoles; mais à l'égard des repas avec les *Idolâtres*, il leur préscrit deux choses: l'une, de ne point refuser leurs Amis Payens quand ils les invitent dans leurs maisons. Il suppose que, par égard pour les Chrétiens, les Payens qui les inviteront dans leurs maisons, ne feront pas préceder les repas des cérémonies ordinaires. Il permet donc de manger de tout ce qu'on leur présentera, sans aucun scrupule de conscience, pourvû qu'il n'y ait pas parmi les Conviez quelque Chrétien foible, qui les avertisse que ces mêts ont été consacrez à l'Idole; car alors ils doivent s'en abstenir, non pour eux-mêmes, mais par égard pour ces Chrétiens foibles, & pour ne les pas scandaliser. Et par rapport aux Repas sacrez, l'Apôtre défend absolument aux Chrétiens d'entre les Gentils d'y assister ; parce qu'ils ne peuvent le faire, sans donner lieu de croire qu'ils adorent l'Idole à laquelle les sacrifices ont été offerts, & dont on mange les restes dans le Temple à son honneur. Il allegue ensuite deux exemples. L'un est tiré des Juifs. Tous ceux qui man-

mangent des restes de la victime offerte à Dieu, se proposent d'honorer Dieu, & de s'unir aux Israëlites par les liens d'une même foi & d'un même culte. Le second est tiré du but de la S. Céne, qui étant destinée à honorer J. Christ mort pour les péchez des hommes, & à lui rendre un culte public, ne peut être célébrée par ceux qui assistent aux festins des Idolâtres; parce que ces deux cultes sont incompatibles. Comment honorer extérieurement les Idoles, & honorer en même tems J. Christ, dont une des principales vûës a été, d'abolir le culte & les mœurs des Idolâtres, puisqu'*il est venu pour détruire les œuvres du Diable*, comme s'exprime S. Jean ? Or ces œuvres du Diable ne sont autre chose en partie, que le culte & les mœurs des Idolâtres.

Un second attrait à l'Idolâtrie, c'est l'Impureté charnelle. Attrait bien plus fort que le premier. Tout invitoit à la Débauche dans le Paganisme. Le caractère des Dieux que l'on adoroit, les Hymnes que l'on chantoit à leur honneur, l'abondance des Repas, la profusion des Vins, la Joye profane qui y regnoit, la Commodité des lieux, l'Exemple, l'empire de la Coûtume.... Aussi S. Paul entasse motifs sur motifs, pour tâcher de déraciner ce vice dans les Chrétiens d'entre les Gentils. On peut lire ce qu'il a dit là-dessus dans la première aux Corinthiens. Il y revient dans toutes ses Epîtres, parce qu'on ne renonce pas à des préjugez agréables à la chair, sans beaucoup de peine.

J'avoue que, par rapport à *l'Abstinence du Sang & des Bêtes étouffées*, le sacrifice étoit aisé à faire de la part des Chrétiens sortis du Paganisme. Aussi S. Paul n'a donné aucune instruction là-dessus à ces Chrétiens-là. Sans doute parce qu'ils n'eurent pas de peine à s'en abstenir; mais il étoit nécessaire de les avertir de le faire, puisque, comme on l'a remarqué, [18] les Idolâtres mangeoient du Sang & des Bêtes étouffées dans leurs mystères, & dans certaines Fêtes, dans la vûë de se réconcilier avec leurs Dieux. Il est donc bien naturel de croire, que c'est pour abolir cet usage, que les Apôtres ont ajouté aux défenses de manger des Viandes offertes aux Idoles, & de s'abandonner à l'Impureté, celles de s'abstenir du Sang & des Bêtes étouffées, & non par condescendance pour les Chrétiens sortis du Judaïsme, puisqu'ils declarent par-tout, que les Fidèles d'entre les Gentils sont dispensez de l'observation des Cérémonies légales.

Voilà ce que nous avions à dire pour établir le but des Apôtres: & si leur dessein est celui que nous avons marqué, nous sommes dispensez d'examiner la Question fameuse dans le siécle passé; sçavoir *Si les Chrétiens sont encore obligez à l'Abstinence*

EN PRISON. *Discours XXXIII.* 437

ce du Sang? Car cette Queſtion n'a été agitée, que parce qu'on étoit dans la penſée, que les Apôtres n'avoient défendu l'uſage du Sang que pour ſe conformer aux ordonnances de l'ancienne Loi ; mais s'il eſt vrai qu'ils ne l'ont fait que pour éloigner tout ce qui pouvoit faire ſoupçonner les Chrétiens d'entre les Gentils, d'être coupables d'Idolâtrie, il eſt clair que l'Abſtinence du Sang ne peut plus nous regarder. Je conviens que l'ancienne Egliſe a été dans d'autres idées. Elle a cru, qu'il n'étoit jamais permis aux Chrétiens de manger du Sang : & de-là vient que cet uſage a ſubſiſté ſi long-tems. On le voit encore dans le XII. & le XIII. ſiécle. Il eſt vrai que l'on commençoit à ſe déſabuſer là-deſſus du tems de S. Auguſtin; mais il faloit que cela ne fût pas général, puiſqu'on voit le même ſcrupule revenir, & les Evêques défendre abſolument l'uſage du Sang, comme criminel par lui-même. Il eſt bon dans le fond que l'ancienne Egliſe ait cru qu'il n'étoit pas permis de manger du Sang, puiſque cette perſuaſion lui a fourni un argument invincible contre les calomnies des Juifs & des Payens, qui accuſoient les Chrétiens d'égorger des Enfans dans leurs myſtères ſacrez, & d'en boire le ſang. Ils ont répondu, que loin d'être capables de boire du ſang humain, il ne leur eſt pas même permis de manger du Sang des Animaux. Mais il n'en eſt pas moins certain, que l'uſage du Sang eſt permis, puiſque J. Chriſt a dit, *Que ce n'eſt pas ce qui entre dans la bouche qui ſouille l'homme* ; que S. Paul permet aux Chrétiens *de manger de tout ce qui ſe vend à la boucherie, ſans ſcrupule de conſcience* ; & qu'il ajoute, *que l'uſage de toute ſorte de mets eſt légitime, pourvû que l'on en béniſſe Dieu, qui en eſt l'auteur* *.

Matth. XV.11.

1 Cor. x. 25.

Après cette diſcuſſion, à laquelle nous nous ſommes crus obligez, reprenons le fil de notre Hiſtoire. S. Luc nous apprend donc que S. Paul, *dans toutes les Egliſes qu'il viſitoit, leur recommandoit l'obſervation des Articles* dont nous avons parlé ; que par-là *il les fortifioit dans la foi, & qu'elles devenoient de jour en jour plus nombreuſes.* Il ajoute, *que Paul & Sylas, après avoir traverſé la Phrygie & la Galatie, ſe propoſant de prêcher auſſi l'Evangile dans l'Aſie Mineure,* dont Epheſe étoit la capitale, *le S. Eſprit ne leur permit pas de le faire. Ils prirent donc une autre route. Ils allerent dans la Myſie ; & comme ils vouloient paſſer de-là en Bithynie, ils furent de nouveau arrêtez par un mouvement de l'Eſprit de Dieu.* Pourquoi cela ? dit-on. *Calvin* me pa-

---

* Ces paſſages prouvent, que l'uſage du Sang eſt très-permis en lui-même, & qu'il n'a pu être interdit aux Chrétiens que par des raiſons particulieres, qui n'ont plus lieu aujourd'hui.

paroît en avoir decouvert la véritable cause. [19] „ C'est que
„ Dieu ne voulut pas qu'ils s'arrêtassent plus long-tems dans
„ ces quartiers-là, parce qu'il les destinoit à prêcher l'Evangi-
„ le en Macédoine"; car il est certain que S. Paul a prêché depuis dans ces mêmes Provinces, & en particulier à Ephese.
La pensée de cet illustre Interprête est confirmée par la suite.
Paul & Sylas, voyant que Dieu ne jugeoit pas à propos qu'ils
passassent dans l'Asie Mineure, *après avoir traversé la Mysie*, ils
allerent à *Troas*. [20] Il ne s'agit pas de la Province, mais de la
Ville de *Troas*. *S. Paul y eut une vision pendant le sommeil. Un
homme vêtu à la Macédonienne lui apparut & lui dit: Venez nous
secourir.* On croit assez ordinairement que ce fut un Ange
qui apparut à l'Apôtre : mais le discours que ce personnage
lui tient, ne convient point à un Ange. Les Habitans du
Ciel n'ont pas besoin du secours de l'Apôtre : ce sont les Habitans de la terre qui en ont besoin. C'est à eux que convient
ce langage, *Venez nous secourir.* Ils étoient esclaves des préjugez & des vices, & ils avoient besoin des instructions de l'A-
pôtre, pour corriger, & leurs erreurs, & leurs vices. Ce qu'il
y a donc de plus vraisemblable, c'est que Dieu jugea à propos de tracer dans le cerveau de l'Apôtre l'image d'un homme vêtu à la Macédonienne, & qu'il fit entendre en même
tems à S. Paul ces paroles : *Venez nous secourir.* Le Seigneur
prête à cet homme le langage qui convient aux habitans de
Macédoine, ou plutôt celui qui convenoit à tous les habitans de la Terre : celui qu'ils auroient tenu, s'ils eussent connu
leur état. O quel encouragement pour S. Paul à prêcher l'E-
vangile en Macédoine, que le motif que le Seigneur prête
au personnage qui se montre à l'Apôtre ! L'idée d'être en secours à des hommes qui sont en danger de périr, quel aiguillon pour un homme de bien ! Aussi, dès que l'Apôtre est éveillé, *il s'embarque à Troas, va droit à Samothrace, & arrive le lendemain à Neapolis. De-là il va à Philippes, qui est*, dit S. Luc,
la première ville de cette partie de la Macédoine, & * *une Colonie
Romaine.*

Il semble d'abord que S. Luc se trompe. Les [21] anciens Géographes ont placé la ville de Philippes dans la Thrace, & non
dans la Macédoine. Mais il ne s'est point trompé. [22] Un des
plus habiles Géographes le justifie : aussi-bien que S. Luc,
il met Philippes au nombre des villes de la Macédoine. C'est
donc dans cette Province que S. Paul a passé. Arrivé à Philippes,

---

* Ceux qui veulent sçavoir ce qu'il faut entendre par *Colonies Romaines*, peuvent consulter *Au-
lu Gelle* Lib. XVI. Cap. 13.

lippes, il y demeure quelques jours, fans trouver l'occafion d'y prêcher l'Evangile. Cependant il ne fe rebute point, & *le jour du Sabbat, il va avec ceux qui l'accompagnoient, hors de la ville, proche de la riviere, où ils jugerent que fe faifoit la Priere.* C'est ainfi que le fçavant Beze a rendu l'Original; mais il vaut mieux traduire, *où ils jugerent qu'étoit l'Oratoire*, ou *le Lieu des Prieres publiques*, comme l'ont entendu [23] S. *Epiphane* & [24] S. *Chryfoftome*. On fçait [25] que dans les endroits où les Juifs n'étoient pas en affez grand nombre pour bâtir des Synagogues, (car felon leurs ftatuts elles devoient être bâties dans la ville, & il devoit s'y trouver au moins dix perfonnes de lettres & de loifir;) on fçait, dis-je, que dans ces endroits-là ils bâtiffoient des Oratoires [26] hors de la ville, & proche des rivieres. Ils choififfoient un lieu élevé, & où l'on pouvoit voir le ciel à découvert. Ils environnoient ce lieu de Portiques, pour pouvoir s'y retirer en cas de pluye & de mauvais tems. On prétend que cet ufage tire fon origine de ce qui eft rapporté dans la Genefe, où il eft dit, qu'*Ifaac fortit hors de la ville pour prier*. C'eft ainfi que porte la Verfion Syriaque, qui a fort bien rendu l'Original. On [27] croit auffi que cet ufage a donné lieu à l'accufation que l'on a faite aux Juifs *d'adorer le Ciel*, parce que les Oratoires étant des lieux découverts, ils y prioient les yeux élevez vers le Ciel. Cependant il y a plus d'apparence que l'accufation eft fondée fur le ftile des Juifs, qui appellent la Divinité *le Ciel*, parce qu'elle y habite.

Gen. xxxiv. 63.

Dan. iv. 23.
Nomb. xxi.

Les Juifs établis à Philippes n'étant donc pas en affez grand nombre pour y bâtir une Synagogue, n'avoient qu'un lieu découvert à la campagne, où ils s'affembloient pour rendre à Dieu leur culte public. Paul & Sylas cherchent ce lieu le jour du Sabbat, & jugent qu'il doit être proche de la riviere; parce que ce font les endroits que les Juifs choififfoient à caufe de leurs Purifications. Ces deux Apôtres y vont, & dans le deffein de préfenter à Dieu leur priere, & dans l'efpérance d'y faire quelques converfions. Ils n'y trouvent d'abord que des Femmes, dont le naturel plus doux, eft auffi pour l'ordinaire plus fufceptible de dévotion. Elles avoient apparemment précédé les Hommes. L'Apôtre s'addreffe à ces Femmes, & leur prêche les véritez de l'Evangile; mais bien qu'elles fuffent plufieurs, une feule fut difpofée à goûter ces véritez, & par cet endroit elle méritoit bien que fon nom paffât à la Pofterité. *Nous nous entretinmes*, dit l'Hiftorien facré, parce qu'il étoit du nombre de ceux qui accompagnoient l'Apôtre; *Nous nous entretinmes avec les Femmes, qui s'étoient rendües* les premieres dans l'Oratoire. *Il y eut*, ajoute-t-il, *une nommée Lydie*, de *Thyatire*, *marchande de pourpre*, & *faisant profession de craindre Dieu*. *Elle écouta Paul*, & *le Seigneur lui ouvrit le cœur, pour faire attention à ce que Paul disoit*.

Voilà la première conversion que l'Apôtre fait en Europe, dont tous les Royaumes reconnoissent à présent l'Empire du Seigneur Jesus. C'est ainsi que les prédictions de ce Jesus se font accomplies. Il a comparé la prédication de l'Evangile à un grain de Senevé que l'on jette en terre: quand on le sème, c'est une des plus petites de toutes les semences; mais en Orient il produit une plante qui approche d'un Arbre, & les oiseaux peuvent y faire leurs nids. L'Evenement n'a-t-il pas justifié cette prédiction? Et ne voyons-nous pas de nos yeux, tous les peuples qui nous environnent, croire à l'Evangile, & se dire Disciples du Seigneur Jesus? Certainement, une prédiction de cette nature, faite par J. Christ, dans le tems où il est sur le point de mourir en croix, n'est-elle pas au moins un préjugé bien fort en faveur de sa Mission divine? Comment auroit-il pû prévoir le succès de sa doctrine, & comment auroit-il osé le prédire, s'il n'eût pas été rempli des Dons du S. Esprit? Mais revenons à notre sujet.

Matth. XIII. 31. 32.

L'Apôtre ne convertit à Philippes qu'une seule Femme, & il semble encore que c'est moins par la force de ses raisons, que par la Puissance divine, qui se déploye dans cette occasion, pour fléchir le cœur de cette Femme, & la disposer à croire, pendant que les autres, laissées à elles-mêmes, ne croyent pas, parce que Dieu ne leur accorde pas la même grace. C'est la consequence, que certaines gens tirent des paroles de S. Luc: *Dieu*, dit-il, *ouvrit le cœur de Lydie, pour faire attention à ce que Paul disoit*. Mais il parle le stile des Juifs, qui attribuent à Dieu tout ce que Dieu permet, bien ou mal, quoique Dieu n'y ait d'autre part, que celle d'être l'Auteur des occasions & des moyens qui devroient conduire les hommes au bien, & qui ne les conduisent au mal, que par le mauvais usage qu'ils font de leur liberté. 28 Ce stile étoit entendu des Juifs, & sans doute ils ne s'y trompoient pas.

Il est certain, que les Hébreux attribuent à Dieu, ce qui se fait par les causes secondes. Or comme Lydie *craint Dieu*, & qu'elle *écoute* avec attention ce que dit S. Paul, elle est dans une situation propre à sentir le poids & la force des raisons que l'Apôtre employe pour lui faire goûter la Doctrine de l'Evangile. C'est donc par ces deux voyes naturelles, celles de *la pieté* d'une part, & de *l'attention* de l'autre; c'est, dis-je, par ces deux voyes que Dieu ouvre le cœur de Lydie.

Cette Femme a le cœur bon, puisqu'elle *craint Dieu*: & c'est c'est pour cela qu'elle profite des instructions de S. Paul. Et même pour donner une preuve autentique de la sincerité de sa foi, elle veut en faire une profession publique, en recevant le Bâtême. Dès qu'elle l'a reçu, pénétrée de reconnoissance, elle veut témoigner à l'Apôtre sa gratitude. Elle le regarde, & ceux qui l'accompagnent, comme Loth regarde les Anges qui viennent l'avertir de l'embrasement de Sodome, & le sauver des flammes de cette ville criminelle; ou plutôt elle les regarde comme des Messagers que Dieu envoye dans le monde, pour sauver le monde: & comme Loth exerce l'hospitalité envers les Anges, elle veut l'exercer envers ces saints Hommes. *Dès que Lydie eut reçu le Bâtême avec sa famille*, dit S. Luc, *elle nous fit cette priere. Si vous jugez que je sois fidèle au Seigneur, je vous prie de venir dans ma maison, & d'y loger, & elle nous y obligea par ses instances*. On voit-là deux beaux caractères : celui de Lydie, & celui de S. Paul & des personnes qui l'accompagnent. Lydie montre une ame sensible, généreuse, bienfaisante; mais en même tems humble & modeste : elle veut reconnoître les services qu'on lui a rendus; & accepter les témoignages de sa reconnoissance, c'est une nouvelle faveur qu'on lui fait. Elle ne se trouve pas digne de recevoir ces divins Hôtes, ou si elle s'en trouve digne, ce n'est que parce qu'elle a reçu le Bâtême. ,, Puisque vous m'avez jugée digne de re-,, cevoir le Bâtême, & d'être admise au nombre des Fidèles, ,, il me semble que je suis digne de recevoir les Messagers du ,, Seigneur Jesus dans ma maison''. Cette Femme leur parle à-peu-près comme Loth parloit aux Anges. Mais en même tems on voit dans S. Paul, & dans ceux qui l'accompagnent, le beau Désintéressement qui convient aux Ministres de l'Evangile. Loin de rien exiger de ceux qu'ils éclairent & qu'ils convertissent, ils ne reçoivent qu'avec peine ce qu'on leur offre; & la manière dont ils l'acceptent, doit faire juger, que c'est moins dans la vûë de profiter de la bonne volonté des personnes qui offrent, que dans la crainte de les offenser en les refusant. *Lydie nous obligea par ses instances*, dit S. Luc, *à loger dans sa maison*.

S. Paul, & ceux qui l'accompagnoient, alloient, selon leur coûtume, *tous les jours de Sabbat, au lieu où se faisoit le service divin. Un jour qu'ils y alloient*, dit S. Luc, *une Servante qui avoit l'Esprit de Python, & qui apportoit beaucoup de profit à ses Maîtres, s'étant mise à suivre Paul & ceux qui étoient avec lui, elle crioit : Ces Hommes sont des Serviteurs du Dieu très-haut, qui vous montrent la voye du salut. Et comme elle continua durant plusieurs jours, Paul, las de l'entendre, se tourna, & dit à l'Esprit :*

Je te commande au nom de Jesus, de sortir de cette Fille; & il en sortit sur le champ. Ici il y a diverses Questions à résoudre pour l'instruction du Lecteur.

1. Il faut sçavoir ce que c'est qu'*avoir l'Esprit de Python.* [29] Apollon fut appellé *Python*, pour avoir tué un Serpent, nommé Python. Voilà ce que dit la Fable. Ce qu'il y a de vrai, est qu'Apollon tua un Scelérat qu'on appelloit *Python*, c'est-à-dire *Serpent*, ou *Dragon*, à cause de ses cruautez: car dans la Langue Syriaque, le mot *Python* signifie un Serpent. C'est ce qui a servi de fondement à la Fable inventée par les Grecs, comme on l'apprend de [30] Plutarque & de [31] Strabon. Or comme Apollon étoit le Dieu des Oracles, on disoit de ceux qui faisoient métier de prédire l'avenir, qu'ils avoient l'Esprit de *Python*, ou d'Apollon. Ainsi, quand S. Luc dit que cette Servante avoit l'*Esprit de Python*, il veut dire qu'elle possedoit *l'art de deviner*, ou du moins qu'on le croyoit de la sorte. On la consultoit sur des choses perduës, sur la réussite de ses desseins, & sur d'autres cas; & ses réponses étoient regardées comme des Oracles, ou des Décisions d'Apollon lui-même, le Dieu de la Divination parmi les Payens.

Seconde Question: Dans quel dessein cette Servante crie-t-elle *que Paul, & ceux qui l'accompagnent, sont les Serviteurs du Dieu très-haut, & qu'ils annoncent la voye du salut?* Elle n'en croit assurément rien. Mais comme elle n'exerce le métier de deviner, que dans la vûë d'enrichir ses Maîtres, elle s'attend à être bien payée des louanges qu'elle donne. Elle n'ignore pas que Paul & ses Compagnons se disent *Serviteurs ou Ministres de Dieu, pour enseigner aux hommes la voye du salut:* elle prétend donc flater leur vanité, & qu'enflez de ses éloges, ils la recompenseront largement. Voilà sans doute son intention. Mais elle se trompe infiniment. S. Paul, au lieu de la recompenser, la punit, en lui ôtant la faculté d'exercer son art imposteur. Il n'auroit pu recevoir ses éloges, sans décréditer son Ministère dans l'esprit des Juifs, qui croyoient que les Oracles des Payens étoient rendus par des Démons, lesquels donnoient à ces Idolâtres la faculté de connoître & de prédire l'avenir. Or S. Paul, en recevant les éloges de cette Femme, se seroit attiré le reproche que les Juifs faisoient à Jesus-Christ avec une souveraine injustice; c'est *qu'il étoit d'intelligence avec les Démons.*

Troisième Question. L'art de cette Servante doit-il en effet être attribué au Démon? Le récit de S. Luc semble favoriser cette opinion, puisqu'il rapporte *que Paul dit à l'Esprit, de sortir de cette Fille, & qu'il en sortit à l'instant.* Cependant, comme on [32] ne peut gueres douter que l'art de cette Fille ne fût un art acquis, & exercé avec beaucoup d'adresse, il n'est pas nécessaire d'y faire intervenir le Démon. Elle pouvoit aisément sçavoir ce qui se passoit dans la ville, par des Emissaires gagez: & quand on l'interrogeoit sur des choses qu'elle ne sçavoit pas, il lui étoit facile de trouver des défaites, pour ne pas répondre sur le champ, ou pour envelopper ses réponses, & sauver son crédit à tout évenement. C'est à-peu-près le sentiment [33] d'*Erasme* & de *Calvin*. Si donc l'Apôtre *commande à l'Esprit, & lui dit de sortir de cette Fille*, il s'accommode aux préjugez reçus, pour mieux faire sentir l'autorité souveraine du Fils de Dieu, au nom duquel il lui ôte la faculté d'exercer son art. Elle ne peut plus répondre à ceux qui l'interrogent sur l'avenir. Que ce soit stupidité, défaut de mémoire, de compréhension, de trouver les expressions nécessaires.... Il n'importe. Cette Fille ne peut plus donner les réponses qu'on lui demande, & S. Paul a produit cet effet par un seul mot, prononcé au nom de J. Christ. Cela suffit pour justifier le miracle. Oter à une personne un talent acquis, & exercé pendant long-tems, le faire par un seul mot; ou lui ôter une faculté surnaturelle; l'Action est différente, mais elle est également miraculeuse.

C'est ainsi que Paul exerce son Ministère, & fait connoître la Puissance du Fils de Dieu. Mais par-là il mécontente des fourbes que l'Imposture enrichit, & qui sçavent bien s'en venger sur Paul & Sylas, qu'ils trouvent ensemble. Ils soulevent le peuple contre ces deux saints Hommes, & les accusent avec toute la méchanceté que peut inspirer l'avarice. Elle seule est la cause de leur colere; car *cette Fille leur apportoit un grand profit en devinant*. Mais ils sçavent lui en substituer une autre: c'est l'intérêt qu'ils prennent à la Religion établie par les loix, & que ces deux hommes, disent-ils, veulent détruire. L'accusation étoit des plus graves; puisque les Loix Romaines condamnoient à la mort, tous ceux qui, sans la permission du Sénat, osoient prêcher un Culte & des Cérémonies contraires à celles qui étoient établies. Ces Imposteurs n'oublient pas d'ajouter, *que Paul & Sylas sont Juifs*. Ils sçavent que rien n'est plus propre à les rendre souverainement odieux. Aussi tout le peuple se souleve: ils se saisissent de Paul & de Sylas, les traînent devant les Juges de la ville, les gagnent par leurs cris; & ces Juges, sans examen, font fouetter les deux Apôtres, & les font jetter dans le fond d'une prison, avec ordre au Geolier de leur mettre ³⁴ *les pieds dans des entraves*, pour augmenter leur supplice, & s'assurer de leur personne. Mais comme cette violence fait partie du Discours suivant, nous finirons celui-ci par ces deux vers de *Prudence*, dans lesquels il décrit le supplice même en parlant de celui que souffrit S. *Vincent*:

Lignoque plantas inserit,
Divaricatis cruribus.

Prud. Hym. IV. De Vincentio.

Δεσμοφύλακος επιστροφή.   Hand. XVI, 33.   CONVERSIO COMMENTARIENSIS.
The Convert Taylor.   La conversion du Geolier.
Die bekehrung des Kerkermeisters.   Bekeering des Stokbewaerders.

DISCOURS XXXIV.

La Converſion du Geolier. Act. XVI. 23-34.

'Accuſation portée contre Paul & Sylas, traî-nez dans les priſons de Philippes par ordre du Magiſtrat, n'étoit qu'un prétexte. La véritable cauſe de la fureur de ceux qui pourſuivent Paul & Sylas, c'eſt que le premier a arrêté le gain ſordide, que des Impoſteurs tiroient d'une Fille, qui paſſoit pour poſſeder l'art de deviner. Au déſeſpoir de ſe voir fruſtrez d'un revenu aſſuré, & n'oſant alleguer la véritable raiſon de leur colere, ils lui en ſubſtituent une autre. C'eſt l'intérêt qu'ils prennent à la Religion établie, & que Paul & Sylas ſe propoſent de détruire. Là-deſſus tout le peuple ſe ſouleve, ſe ſaiſit de ces deux ſaints Hommes, prévient les Magiſtrats, qui, ſans écouter les deux Apôtres, les font fouetter en public, & mettre dans le fond d'une priſon, avec ordre au Geolier de répondre de leurs perſonnes. C'eſt l'état où nous avons vû Paul & Sylas dans le Diſcours précedent. A préſent il s'agit de voir ce qui ſe paſſe dans la priſon. Le ſpectacle eſt beau; il eſt digne de l'attention du Chrétien. Il verra des Priſonniers qui prient, & qui louent Dieu qui les appelle à ſouffrir pour le nom de J. Chriſt. Il verra Dieu exaucer leur priere, & par le miniſtère de ſes Anges ouvrir les portes de la priſon, & faire tomber les liens des priſonniers. Il verra le Geolier, inſtruit du miracle, demander à ſe faire Chrétien avec toute ſa famille, le devenir en effet, & les Magiſtrats eux-mêmes obligez de tirer les Apôtres de priſon, & de leur faire des excuſes. Voilà ce qui va faire la matière de ce Diſcours.

Le Geolier exécute les ordres qu'on lui a donnez. Il enferme Paul & Sylas dans le fond de la priſon, & *met leurs pieds dans des ceps*, ou dans des entraves. Dans une ſituation ſi douloureuſe, à quoi s'occupent-ils? *Ils s'occupoient*, dit St. Luc, *à la Priere, & chantoient des Hymnes à la louange de Dieu.* O le beau caractère! O la noble occupation pour des priſonniers! Ils ſouffrent tout ce que l'on peut ſouffrir en pareil cas. On les a placez dans le lieu le plus bas & le plus mal-ſain: leurs corps ſont tout ſanglans & tout couverts de playes: leurs pieds ſont étendus & ſerrez dans une ſorte de torture; ſans parler de la faim & de la soif qu'ils endurent peut-être : ils souffrent tout cela par la plus haute injustice, pendant que l'on épargne les fourbes qui les ont calomniez. ¹ Cependant, loin de se plaindre, de murmurer, de demander au Ciel qu'il lance ses foudres sur les coupables, peut-être intercedent-ils pour eux. Au moins étoit-ce leur coûtume, comme S. Paul l'assure en termes formels. *On nous maudit, & nous bénissons. On nous dit des injures, & nous prions pour ceux qui les disent* ². Mais toûjours ce qu'il y a de certain, c'est qu'ils loüent & bénissent Dieu dans leurs souffrances. *Ils s'occupoient à la Priere, & chantoient des Hymnes à la loüange de Dieu.*

Certainement la Priere est d'un grand secours dans les maux, soit qu'on la considere en elle-même, soit qu'on la considere dans ses suites. Considerée en elle-même, elle éleve l'ame, & la transporte, pour ainsi dire, dans le séjour de la Divinité. L'Ame fidéle entre alors, pour ainsi parler, dans le Sanctuaire de Dieu. Elle se trouve avec lui, & joüit de sa présence : & sa présence n'est-elle pas une source de consolation & de joye? *J'ai cherché l'Eternel*, disoit le Prophete, *& il m'a répondu, & m'a delivré de toutes mes frayeurs. L'a-t-on regardé? on en est illuminé. Et l'on ne sort point de sa présence avec confusion.* D'ailleurs, la Priere nourrit & entretient tous les sentimens qui forment la Pieté; & ces sentimens ne sont-ils pas par eux-mêmes une source de consolation & de joye? Car qu'est-ce que la *Priere* ? C'est 1. l'expression des idées que nous avons de Dieu, & des sentimens que ces idées nous inspirent. Nous le regardons comme notre Maître, notre Pere, notre Bienfaiteur, & ces idées nous inspirent le respect, l'amour, la confiance, la reconnoissance. Or plus on approche de Dieu par la Priere, plus ces sentimens doivent croître & se fortifier en nous, parce que plus l'Ame se représente Dieu tel qu'il est, revêtu de majesté, de puissance, de bonté, toûjours juste & toûjours misericordieux, plus notre respect & notre amour doivent augmenter; & ces sentimens ne sont-ils pas un Paradis anticipé? Il semble que le Fidéle alors, avant que d'être au ciel, en goûte déja toute la félicité. 2. La Priere est l'expression de nos besoins & de nos miseres, que nous exposons à notre Dieu, comme à celui qui peut seul remedier à nos maux; mais avec cette persuasion certaine, que comme il est la Sagesse & la Bonté même, il daignera nous accorder toûjours, si-non les biens que nous lui demandons, au moins les biens qui conviennent le mieux à notre salut. Et de-là la patience & la résignation à sa volonté; mais une patience juste, raisonnable, volontaire, accompagnée même de reconnoissance & d'amour. Car qu'y a-t-il de plus heureux pour une Créa-

ture

DU GEOLIER. *Discours* XXXIV. 447

ture foible, bornée dans fes lumieres, fujette à tant d'écarts & à tant d'erreurs, que de s'abandonner à la direction d'un tel Maître?

Nous avons confideré la Priere en elle-même: il s'agit de l'envifager dans fes fuites & fes effets. A cet égard elle eft une fource de biens & d'avantages. Je ne m'arrêterai pas à en rapporter des exemples. Ils font fans nombre dans l'Ecriture. J'avoue que Dieu fe cache d'ordinaire fous le voile des caufes fecondes, & que l'on ne peut gueres diftinguer fon action de celle des Agens naturels qu'il employe pour procurer aux hommes les divers biens qu'il leur accorde. Mais il eft des occafions où l'on ne peut méconnoître l'action de Dieu. Elle eft trop vifible. *Elie*, par exemple, demande que le feu du ciel defcende pour confumer fon facrifice, & confondre par-là les Prêtres de Bahal, qui avoient demandé la même chofe à leurs Dieux, & qui n'avoient pu l'obtenir. A peine fa priere eft-elle finie, que la foudre gronde, & que le feu du ciel vient confumer fon facrifice. Comment méconnoître la main de Dieu? *Samuel* promet aux Ifraëlites affemblez à *Mitfpa*, & affiégez par les Philiftins qui viennent fondre fur eux, que l'Eternel les délivrera de leurs ennemis. Il addreffe à Dieu fa priere, & auffi-tôt le tonnerre gronde, les éclairs paroiffent, & la foudre tombe fur le camp des Philiftins & les met en fuite. Comment méconnoître encore la main de Dieu? Mais pourquoi alleguer des exemples étrangers, pendant que notre Hiftoire nous en fournit un, qui porte tous les caractères d'un miracle accordé à la priere des Apôtres? *Sur le minuit*, dit S. Luc, *pendant que Paul & Sylas étoient en priere, & qu'ils chantoient des Hymnes à la louange de Dieu, les autres Prifonniers les entendant, il fe fit tout d'un coup un fi grand tremblement de terre, que les fondemens de la prifon en furent ébranlez, & au même inftant toutes les portes s'ouvrirent, & tous les liens des Prifonniers furent rompus.*

On voit ici, premièrement, *le Zèle* avec lequel ces deux Apôtres prient Dieu, & le louent. Ils auroient pû prier Dieu du cœur, & le louer de même. Ils auroient pu le faire, fi leurs cœurs euffent été moins touchez. Mais quand le cœur eft pénétré d'admiration, de reconnoiffance & d'amour, il ne peut renfermer ces fentimens. Ils éclatent malgré nous; & quelquefois ils nous font pouffer, non de fimples paroles, mais des cris. Tel David: il nous parle fouvent *des cris* qu'il a pouffez en la préfence de Dieu. Paul & Sylas en ufent de même; puifque S. Luc remarque, que *les autres Prifonniers les entendoient*, quelque éloignez qu'ils fuffent d'eux.

En fecond lieu, on voit ici que Paul & Sylas ne fe contentoient

1 Rois XVIII. 3. & fuiv.

1 Sam. VII. 7. 9.

tentoient pas d'expofer à Dieu leurs befoins, & de lui demander des graces. *Ils chantoient des Hymnes à la louange de Dieu*: ce qui veut dire, qu'ils exaltoient la Sageffe, la Puiffance & la Bonté de Dieu, & qu'ils le faifoient d'une manière harmonieufe, en termes mefurez, & avec les infléxions de la voix qui conviennent au chant.

Les Hymnes, ou les Cantiques facrez, doivent leur origine à l'admiration de Dieu & de fes ouvrages, & à la reconnoiffance pour fes bienfaits. On en voit la preuve dans les Poëmes anciens, compofez pour infpirer la pieté aux hommes, & l'amour des vertus. Heureux David, qui n'a confacré fes vers qu'à la louange de Dieu, & qui l'a fait d'une manière inimitable ! Mais fi le Chant doit fon origine à l'admiration de Dieu & de fes ouvrages, il femble qu'il ne convient qu'à la joye, & non à la trifteffe. Et de-là ce que dit S. Jaques : *Quelqu'un fouffre-t-il parmi vous ? qu'il prie. Quelqu'un a-t-il des fujets de joye ? qu'il chante des Cantiques à l'honneur de Dieu.* Comment donc Paul & Sylas chantent-ils les louanges de Dieu dans la prifon, & au milieu des fouffrances ? Cela n'eft pas difficile à comprendre. Il eft vrai que l'Ame eft naturellement portée à louer Dieu dans la joye ; au moins l'Ame fidéle. Mais elle peut être actuellement dans la joye au fein même de l'affliction ; car outre qu'elle eft perfuadée que rien n'arrive fans la permiffion de Dieu, & *que toutes chofes contribuent au bien de ceux qui l'aiment*, elle ne peut ignorer qu'il eft toûjours glorieux de fouffrir perfécution pour juftice. Oh! fi S. Paul *s'eft glorifié dans fes afflictions, parce qu'elles produifent la patience, la patience l'épreuve, l'épreuve l'efpérance, & une efpérance qui*, étant fondée fur les promeffes d'un Dieu qui eft la Vérité même, *ne peut couvrir de confufion ceux qui l'ont mife en ce Dieu*; comment ne feroit-il pas porté à le bénir dans la prifon ? Dieu lui paroît toûjours également digne de louanges, foit qu'il accorde des graces à fes enfans, foit qu'il juge à propos de les éprouver, ou plutôt il regarde l'épreuve comme une grace; puifque *cette légere affliction, qui ne fait que paffer, produira un poids éternel de gloire, excellemment excellente.*

En troifième lieu, on voit ici en partie la réalité de cette belle peinture que David a faite de fa delivrance, dans un de fes Pfeaumes. Pénétré des bienfaits de Dieu, il fe propofe de les décrire, & à la manière des Poëtes, il emprunte le ftile figuré. Il fe réprefente donc Dieu, defcendant lui-même du ciel, faifant fouffler les vents, gronder la foudre, & ébranlant la terre en fa faveur. *Les cordeaux de la mort m'a-*

voient

DU GEOLIER. *Discours XXXIV.* 449

voient environné. J'étois comme un prisonnier que l'on traîne au supplice. *Une multitude d'hommes méchans m'assiégeoient; mais dans ce triste état j'ai crié à l'Eternel. J'ai crié à mon Dieu. Il a ouï ma voix de son palais, mes cris sont parvenus à ses oreilles, & la terre a été ébranlée.* . . . . Dieu avoit déja honoré les Apôtres en corps d'un miracle à-peu-près semblable. S. Luc nous apprend, qu'après avoir été délivrez de la prison par un Ange, ils se mirent à prier Dieu en ces termes: *Seigneur, voi les menaces de nos ennemis, & donne à tes Serviteurs la force de prêcher ta parole en toute liberté, en déployant ta main par les guérisons, les miracles & les prodiges, qui se feront au nom de ton saint Fils Jesus*, & que dès qu'ils eurent fini leur priere, le lieu où ils étoient assemblez, trembla, ce qui * *les remplit d'un nouveau Zèle*, comme S. Luc le dit ensuite. Ils regardent avec raison ce tremblement comme un signe de la présence de Dieu, qui se propose de ranimer leur courage, en leur donnant une preuve de son pouvoir sur les élemens. Il vient de leur apprendre qu'il est le Maître de la nature, & qu'il peut faire servir les élemens, & à la delivrance des siens, & à la punition de leurs ennemis.

Act. IV.
29. &
suiv.

Mais, dira-t-on peut-être, que nous parlez-vous de miracle? Un tremblement de terre peut-il être mis dans ce rang? Les miracles sont donc bien fréquens, puisque rien n'est plus commun dans certains Païs; & la Palestine est un de ces Païs. J'avoue que les tremblemens de terre en général n'ont rien de miraculeux. On en sçait la cause immédiate. ³ C'est la même que celle qui produit le tonnerre, c'est-à-dire une matière sulphureuse qui s'enflame tout-à-coup, & qui, agitant l'air avec violence, cause le bruit que l'on entend; soit dans les nuées, si la matière y est placée; soit dans la terre, où cette même matière se trouve répandue, mais où elle ne cause pas par-tout les mêmes désordres, ni en tout tems, parce qu'elle ne rencontre pas par-tout le même dégré de chaleur. Il y a en effet sous terre de grandes cavitez. Ces cavitez sont pleines de nitre, de soufre, & d'autres matières, qui s'enflamment aisement dès qu'elles rencontrent le dégré de chaleur nécessaire. C'est cette même chaleur qui produit les sources d'eaux chaudes, si communes dans les païs où les tremblemens sont fréquens, comme à Naples & en Sicile, par exemple. Si la matière

---

* C'est le sens de l'Original, qui porte: *Ils furent remplis du S. Esprit*; comme on l'a prouvé ailleurs.

re qui s'enflamme est peu abondante, elle ne cause qu'un tremblement passager, parce qu'elle ne peut agiter l'air que foiblement. D'un autre coté, quoique la matière soit fort abondante, pourvû qu'elle trouve d'abord une issue, elle en sort à gros bouillons, va se dissiper dans les airs, où elle jette avec elle la terre & les pierres, qu'elle entraîne dans son cours. Mais si elle ne trouve pas d'abord une issuë, elle pousse avec tant de violence les terres qui la couvrent, que non seulement elle les ébranle, mais elle les fend, & les engloutit, avec les rivieres, les villes, les Provinces, qu'elles contiennent, comme on en voit tant d'exemples dans l'Histoire. Ainsi, je l'avoue, un tremblement de terre n'a rien de miraculeux en lui-même; mais celui qui arrive pendant que Paul & Sylas sont occupez à invoquer Dieu & à le louer, doit être regardé comme tel, à cause de ses circonstances.

1. Il arrive précisément dans le tems où ces deux Apôtres sont occupez à invoquer Dieu, & à implorer son secours avec le plus d'ardeur. *Sur le minuit*, dit l'Ecrivain sacré, *pendant que Paul & Sylas étoient en priere, & qu'ils chantoient des Hymnes à la louange de Dieu, il se fit tout-à-coup un grand tremblement de terre.* N'est-il pas naturel de croire, que ce tremblement est accordé à la priere des Apôtres, que Dieu vient assurer de sa présence & de son secours ? Ces deux saints Hommes ont fait de leur prison un vrai Temple. Leur cachot, séjour ordinaire du crime & de la misere, est devenu le séjour des plus hautes vertus, & des plus saintes occupations. Où est-ce que Dieu doit donner des marques de sa préfence & de son amour, si ce n'est en de semblables lieux?

2. Non seulement le tremblement arrive au moment où les Apôtres sont occupez à implorer le secours de Dieu; mais il ne produit aucun des effets qu'il a coûtume de produire, & il en produit de tout opposez. Déja il est si violent, que les fondemens de la prison en sont ébranlez, & cependant la prison n'enfonce pas. Elle ne croule pas sur les prisonniers; ce qui auroit dû se faire par les loix du mouvement. Les portes seules s'ouvrent, & les liens de tous les prisonniers se détachent. Quel rapport ont ces deux effets avec un tremblement ordinaire, & qui n'a pour cause que la matière nitreuse, ou sulphureuse, que la terre renferme dans son sein, & qui s'enflamme tout-à-coup? Va-t-elle détacher des liens, & ouvrir des prisons? Certainement,

à

DU GEOLIER. *Discours XXXIV.* 451

à ce trait on doit reconnoître une main intelligente, maîtresse des élemens, qui en dispose comme il lui plaît. Il me semble voir une Intelligence céleste *, qui est descenduë sur la terre par l'ordre du Fils de Dieu, & qui étant indignée de voir traiter d'une manière si outrageante deux saints Hommes, commence par donner des marques de son pouvoir, en ébranlant la prison ; après quoi elle en ouvre elle-même les portes, & délie les liens des prisonniers, pour leur apprendre qu'ils sont libres, & que si l'on ose encore attenter à leur liberté, elle sçaura bien punir les auteurs de cet attentat. On ne doit pas être surpris que cette Intelligence ne soit pas vûë des Apôtres, car les Intelligences sont invisibles de leur nature ; & elles n'ont été vûës des hommes, que lorsqu'elles ont daigné revêtir des corps humains.

Le Geolier, dont l'apartement touchoit apparemment la prison, s'éveille par le bruit que le tremblement de terre a causé. Effrayé du coup, il se leve, court à l'endroit d'où il a jugé que venoit le bruit, & voyant les portes de la prison ouvertes, il ne doute pas que les prisonniers n'ayent pris la fuite. Alors il jette un cri, & veut se donner la mort, pour se derober au supplice qu'il sçait lui être préparé en pareil cas. Car on sçait, que par les Loix Romaines, tout Geolier, qui par sa negligence avoit laissé échaper un prisonnier, devoit subir la peine destinée au prisonnier. S. Paul entend ce cri, & jugeant par-là de la résolution du Geolier, il lui crie à son tour : *Gardez-vous bien de vous faire du mal, car nous sommes tous ici.* Le Geolier rassuré par ces paroles, abandonne sa résolution. Cependant, pour s'assurer de la chose, il fait porter de la lumière, visite les apartemens de la prison, & trouvant tous les prisonniers dans leur place, effrayez sans doute, comme lui, du bruit qu'ils avoient entendu, il va droit à Paul & Sylas, se jette tout tremblant à leurs pieds, & leur dit : *Seigneurs, que voulez-vous que je fasse ?* O que la crainte des jugemens de Dieu change bien les hommes ! Le Geolier auroit regardé les Apôtres avec un souverain mépris, quand on les mit dans les prisons de Philippes, si alors ils lui eussent parlé de croire en J.

---

* Je dis une *Intelligence céleste*, ou un *Ange* ; & je le dis, non simplement en Orateur, mais en Historien, fondé sur les exemples qui précedent cette Histoire. Si les Apôtres sont tirez de prison, & si S. Pierre en est tiré, c'est toûjours un Ange qui fait cela. Le système de l'Ecriture, c'est que Dieu agit par le ministère des Anges. C'est par eux qu'il verse les phioles de sa colere, & par eux qu'il exécute les évenemens favorables.

J. Chrift : mais à préfent , il se jette de lui-même à leurs pieds, les prie de l'inftruire, lui & sa famille, & de leur apprendre les moyens d'arriver au Salut. Quelle métamorphose ! Et qu'eft-ce qui a pu l'avoir caufé ? C'eft le tremblement de terre, qu'il ne doute plus être arrivé en faveur de Paul & de Sylas, dès qu'on lui raconte de quelle manière il étoit arrivé. Car il ne faut pas douter que le Geolier, curieux d'apprendre ce qui s'eft paffé, n'eût interrogé les prifonniers, & qu'il n'eût appris d'eux, que pendant que Paul & Sylas étoient en priere, la prifon avoit été ébranlée, les portes s'étoient ouvertes, & que les liens des prifonniers s'étoient détachez tout d'un coup. Ne pouvant attribuer ces effets au tremblement même, admirant la pieté de ces deux Apôtres, & confiderant le but & la deftination de ce miracle, il en conclut, que Dieu s'intéreffe à la confervation de ces deux faints Hommes, & que c'eft lui qui a opéré cette merveille, par le miniftère de quelque Intelligence ; que par conféquent Paul & Sylas ne font pas des Impofteurs, & que lorfqu'ils ont dit qu'ils étoient les Meffagers de Dieu, chargez d'annoncer aux hommes la voye qui conduit au falut, ils n'ont rien dit que de vrai. Il faut donc les croire, & déférer à leurs leçons: *Seigneurs, que faut-il que je faffe pour être fauvé ?* Paul & Sylas lui répondent : *Croyez en J. Chrift , & vous ferez fauvé, vous & votre famille*. Si, fous la condition de la Foi, ils promettent le falut, non fimplement au Geolier, mais à toute fa famille, on doit fuppofer que ce n'eft que fous la même condition. Ainfi le fens de leurs paroles eft celui-ci : *Vous ferez fauvé, vous & votre famille, pourvû que vous & votre famille croyïez en J. Chrift*. Voilà la feule condition que J. Chrift & fes Apôtres ayent exigé pour obtenir la Vie éternelle ; *c'eft la Foi au Fils de Dieu.* Cela furprife d'abord ; mais la furprife ceffe, dès que l'on eft inftruit de la nature de la Foi qu'ils exigeoient. Ils ont confideré la Foi revêtuë de fes deux qualitez effentielles ; c'eft *la Sincerité* & *la Perfevérance.* Or il eft certain, qu'une Foi ou une perfuafion de cet ordre, ne peut être feparée d'une conduite conforme aux maximes de l'Evangile, & que par conféquent elle renferme tout ce que l'homme doit faire pour être fauvé. Auffi fe confond-elle avec l'Obéïffance dans les Ecrits du Nouveau Teftament ; parce que l'Obéïffance en eft une fuite auffi néceffaire, que la lumiere l'eft du foleil, dès que la Foi eft fincere re & persévérante, comme elle doit l'être pour être agréable à Dieu.

Mais si la Foi est la seule condition du salut, elle doit être éclairée. Aussi S. Luc remarque, qu'après que Paul & Sylas eurent exigé du Geolier & de sa famille de croire en J. Christ, ils les instruisirent des véritez capitales de la Religion. *Ils annoncerent*, dit l'Ecrivain sacré, *la Parole du Seigneur à tous ceux qui étoient dans la maison.* Le Geolier rend à son tour les services qu'il peut à Paul & à Sylas; & comme il n'en est point de plus pressé que celui de soulager leurs maux, *il lave leurs playes, & les panse.* Paul & Sylas leur donnent les symboles sacrez, & du pardon que Dieu leur accorde en J. Christ, & de la pureté de mœurs à laquelle ils s'obligent. *Ils administrerent*, dit S. Luc, *le Bâtême au Geolier, & à tous ceux qui étoient dans sa maison. Dès qu'il eût reçû le Bâtême, il mena Paul & Sylas dans son apartement, leur fit servir à manger, & se rejouit avec toute sa maison de ce qu'il avoit cru en Dieu.* Il regarde ce jour comme le plus beau & le plus heureux de sa vie, & s'abandonne à la joye.

Il faut l'avouer, la joye est souvent bien mal placée; aussi pour l'ordinaire est-elle d'une durée bien courte. Mais c'est peu que ce défaut: souvent elle n'est que l'avant-coureur des remords & du désespoir. La joye, pour être légitime, doit avoir sa cause dans un bien réel, & non imaginaire. Et pour être de durée, il faut que le bien lui-même soit de durée. Or souvent ni l'un ni l'autre ne se trouve dans les joyes humaines. Mais ici c'est le plus grand & le plus nécessaire de tous les biens qui cause la joye du Geolier, puisque c'est la connoissance de la vérité, mais de cette vérité qui conduit au salut. *C'est ici la Vie éternelle*, disoit le Seigneur, *de te connoître le seul vrai Dieu, & J. Christ, que tu as envoyé.* Jean XVII. 3. Au reste, on voit ici que la Foi en J. Christ se confond avec la Foi en Dieu. Quand le Geolier demanda à Paul & à Sylas, ce qu'il devoit faire pour être sauvé; ils lui répondirent: *Croyez en J. Christ.* Cependant S. Luc ajoute: *Que le Geolier se réjouit avec toute sa maison, de ce qu'il avoit cru en Dieu.* Par conséquent, croire en J. Christ, c'est croire en Dieu, parce que J. Christ ne prêche qu'un seul Dieu. [a] *C'est-là le sommaire & l'abregé de sa Doctrine*, dit Arnobe. *Il est venu nous apprendre à connoître Dieu, & à le servir.*

Pendant que le Geolier célèbre la fête de sa conversion, les Magistrats lui font dire *qu'il peut relâcher Paul & Sylas, & les mettre en liberté.* Sans doute ils ont pris des informations, & ont trouvé que ces deux ſaints Hommes ont été accuſez à faux. Le Geolier, ravi d'apprendre cette nouvelle, fait part des ordres qu'il a reçus à Paul & à Sylas; mais Paul lui répondit: *Après nous avoir fait battre de verges publiquement, ſans connoiſſance de cauſe, nous, qui ſommes Romains, ils nous ont mis en priſon, & maintenant ils prétendent nous relâcher en ſecret. Il n'en ſera pas ainſi. Il faut qu'ils viennent eux-mêmes nous remettre en liberté.* Les Sergens ayant apporté cette réponſe aux Magiſtrats, ils eurent peur, voyant que c'étoit des Romains qu'ils avoient ainſi traitez. Ils leur allerent donc faire des excuſes, & après les avoir mis en liberté, ils les prierent de ſe retirer de la ville.

On voit ici, premièrement, *l'Injuſtice* des Magiſtrats. Sur une accuſation vague, tumultueuſe, faite par une populace attroupée, ils ont fait fouetter d'une manière ignominieuſe, & fait mettre en priſon, deux Etrangers, dont ils ne connoiſſent ni les mœurs, ni le caractère. Ils ont donc violé l'Equité naturelle, qui ne permet pas de condamner perſonne ſur une ſimple accuſation, ſans examen & ſans preuve. ⁵ Ils ont ſur-tout violé les maximes des Romains, qui défendoient de condamner, & à plus juſte titre, de punir qui que ce ſoit, à moins qu'on ne l'eût entendu & confronté avec ſes Accuſateurs, & que le crime fût bien avéré. Rien de plus juſte. Car que deviendroit la Societé, s'il étoit permis de punir les gens ſur de ſimples accuſations ſans preuves? Des Magiſtrats équitables en auroient donc uſé d'une manière bien différente. Ils auroient cenſuré le peuple de ſa conduite irrégulière; & après avoir pris ſous leur protection les Accuſez, ils auroient ordonné aux Accuſateurs de comparoître devant eux, & d'alleguer leurs raiſons, ſe réſervant de ne prononcer qu'après avoir été bien informez, & de la nature du crime, & de ſes véritables auteurs. Ajoutons à ceci, que les Magiſtrats de Philippes avoient même violé les Loix Romaines, en faiſant fuſtiger, pour une cauſe qui ne méritoit pas cette flétriſſure, des Bourgeois & des Citoyens de Rome, auxquels on ne pouvoit infliger cette peine, qu'en les dépouillant en quelque façon de leur condition libre & de leur Bourgeoiſie.

En deuxième lieu, on voit ici le caractère de la plûpart des Supérieurs bien dépeint. Pour l'ordinaire ils ne penſent gueres à reparer le tort qu'ils ont fait à quelqu'un, ou plutôt ils prétendent n'avoir jamais tort, puiſqu'ils croyent aſſez généralement ne devoir rien à leurs inférieurs, pendant qu'ils s'imaginent que les inférieurs leur doivent tout; sans considerer, qu'il n'est point de devoir qui ne soit rélatif. Je ne crains pas de le dire. La Divinité même ne pourroit rien exiger de sa Créature, si la Créature n'avoit des obligations au Créateur. Le respect, l'amour, l'obéïssance envers Dieu, ne sont fondez que sur des bienfaits reçus, & sur les espérances de l'avenir. Aussi ces devoirs ne sont-ils exigez dans l'Ecriture que par de semblables motifs. *L'Amour pur* est une orgueilleuse chimère, aussi-bien que le *Désintéressement*, par rapport à une Créature toute pleine de besoins. Si donc les Inférieurs doivent des égards, de la déférence, du respect, de la soûmission, à leurs Supérieurs; les Supérieurs doivent, à leur tour, de la justice, de l'équité, de l'humanité, à leurs Inférieurs. Cependant les Magistrats de Philippes ne pensent point à reparer le tort qu'ils ont fait à Paul & à Sylas. Peut-être même croyent-ils que ceux-ci leur ont obligation de ne pas pousser l'injustice plus loin, en les retenant en prison malgré leur innocence. Ils se contentent donc de faire dire au Geolier, qu'il peut relâcher ces deux prisonniers, sans parler du tort qu'on leur a fait. Le supplice qu'on leur a infligé, étoit, & fort douloureux, & très-flétrissant, puisqu'on les a battus de verges publiquement. Mais sont-ce-là des objets qui méritent l'attention des Grands? Mais ces Grands, si pleins de leur Grandeur, que sont-ils en la présence de Dieu? Et que deviendront-ils au jour où il jugera tous les hommes, s'ils ne peuvent alleguer qu'un pouvoir dont ils ont abusé?

En troisième lieu, on voit ici ce qui oblige le plus, ceux qui ont quelque autorité, à rendre justice à leurs inférieurs: c'est *la Crainte*. Ces Magistrats se seroient moquez de la demande de Paul, qui veut qu'on leur fasse une réparation publique parce que l'injure a été publique, si Paul n'avoit allegué qu'il étoit Bourgeois Romain, [6] & s'ils n'eussent pas sçû, que frapper de verges un Bourgeois Romain, c'étoit se rendre coupable de Lèze-Majesté, & encourir l'indignation des Romains, leurs Maîtres, qui punissoient avec la derniere sévérité un semblable crime. Mais dès qu'ils eurent oüi ce mot: *Nous sommes Citoyens Romains; ils eurent peur*, & la Crainte les obligea *d'aller droit à la prison, d'en tirer eux-mêmes Paul & Sylas, & de leur faire des excuses, en les priant de sortir de la Ville.*

En quatrième lieu, on voit ici, qu'il est très-permis aux Chrétiens de défendre leurs privileges, & de demander la réparation des torts qu'on leur a faits. S. Paul veut que l'on respecte en lui le Privilege de sa naissance; c'est la qualité de Bourgeois Romain. Il veut aussi qu'on lui donne une satisfaction convenable, pour reparer l'affront public qu'on lui a fait. Il ne faut donc pas outrer les maximes de Patience & d'Humilité que J. Christ donne à ses Apôtres dans les Chapitres V. VI. & VII. de S. Matthieu: il me semble au moins, qu'on doit les réduire à ces deux devoirs de Prudence & de Charité. Le premier est, de souffrir un affront, ou une perte peu considerable, pour conserver la paix, & n'être pas obligé d'en venir à des plaintes & à des procès, qui ne font que perpétuer les querelles & les haines. Le second, de n'être pas trop délicat sur le rang & sur les préséances, & de rendre sans peine, ou même avec plaisir, des services qui semblent au dessous de nous: car du reste, il ne faut pas croire que J. Christ ait jamais pensé à livrer les Fidèles à la méchanceté des autres hommes. Tertullien a fort bien dit, que la Vengeance même n'est defenduë sous l'Evangile, que parce qu'il y a des Magistrats préposez pour rendre justice, ou du moins parce que Dieu lui-même s'est declaré le Vengeur des injures faites au Fidèle.

Actor. XX, 10.

Ἀνάστασις τῦ Εὐτύχυ διὰ τῦ Παύλυ. | EUTYCHUS A PAULO AD VITAM REVOCATUS.
Paul raiseth Eutychus to Life. | S. Paul ressuscite Eutyche.
Eutychus wird von Paulus wieder lebendig gemacht. | Opwekking van Eutychus door Paulus.

DISCOURS XXXV.

Paul reſſuſcite Eutyche. Act. XX. 1–12.

Aint Paul, après avoir prêché l'Evangile à Epheſe pendant deux ans avec beaucoup de ſuccès, ſe vit tout d'un coup obligé de quitter cette ville, par un accident imprévû. Un Orfêvre s'enrichiſſoit à faire de petits Temples d'argent, qui repréſentoient celui de la Diane d'Epheſe, dont la magnificence faiſoit l'admiration de toute l'Aſie, qui avoit contribué en commun à élever ce ſuperbe édifice. [1] *Pline* nous apprend, „ qu'on avoit employé deux-cens vingt ans à bâtir „ ce Temple, & que, pour le garantir de chute dans les trem-„ blemens de terre ſi fréquens dans l'Aſie, on avoit uſé de „ toutes les précautions poſſibles. Il avoit quatre-cens vingt-„ ſept pieds de long, ſur deux-cens vingt de large. Ses colom-„ nes, au nombre de cent vingt-ſept, étoient de ſoixante pieds „ de haut, enrichies pour la plupart de quantité d'ornemens. „ Elles avoient été données par autant de Rois. L'éclat du „ marbre & des murs du Temple étoit ſi grand, que les E-„ trangers qui y entroient pour la première fois en étoient „ éblouis, & s'écrioient pour l'ordinaire : De grace épargnez „ nos yeux". Cet homme donc, au déſeſpoir de voir le ſuccès des prédications de S. Paul, qui déſabuſe les eſprits du culte des Idoles, & qui pourra faire tomber ſon métier & renverſer ſa fortune, aſſemble ſes Ouvriers, & leur fait part de ſes craintes. Auſſi-tôt ils courent au Théâtre, ſoulevent le peuple, & l'animent contre l'Apôtre. Heureuſement pour lui, ſes amis le cachent : cependant un des Magiſtrats appaiſe le tumulte. Mais S. Paul, conſiderant que ſa préſence ne pourroit que nuire à l'Egliſe d'Epheſe, prend congé des Fidèles, & part pour la Macédoine, dont il viſite les Egliſes. De la Macédoine il paſſe dans la Grece ou l'Achaïe, où, après avoir fait un ſéjour de trois mois, comme il étoit prêt à s'embarquer, il apprit que les Juifs lui avoient tendu des piéges ſur ſa route. Alors il prend la réſolution de retourner ſur ſes pas, repaſſe en Macédoine, & s'embarque à *Philippes*, d'où il arrive en cinq jours à *Troas* : & c'eſt dans cette derniere ville que l'Apôtre opéra le miracle qui va faire le ſu-

jet de ce Difcours, après que nous aurons examiné ce qui le précede.

Nous arrivames à Troas dans cinq jours, dit S. Luc, *où nous en demeurames fept, & le premier jour de la femaine, les Difciples s'étant affemblez, Paul leur fit un Difcours qui dura jufqu'à minuit.* C'eft fur cet endroit de S. Luc que l'on conjecture avec beaucoup de vraifemblance, que le premier jour de la femaine, ou le jour du Dimanche, a été confacré aux exercices de pieté, dès le tems des Apôtres. En effet, S. Paul arrive le Lundi à Troas, & il attend jufqu'au Dimanche à faire un Difcours au peuple : n'eft-il pas bien naturel de croire, qu'il n'attend jufqu'à ce jour-là, que parce que c'étoit le jour fixe des Affemblées religieufes? Il eft vrai que S. Paul, devant partir le lendemain, ne voulut pas quitter les Fidèles de Troas fans leur faire un difcours; mais ne l'auroit-il pas fait dès le Samedi, fi c'eût été le jour des Affemblées religieufes? Et pourquoi attendre jufqu'*au premier jour de la femaine, où les Difciples étoient affemblez*? Certainement cette circonftance eft une preuve, que le jour du Dimanche a été confacré au Culte public, dès le tems des Apôtres. Il y en a une feconde preuve. Elle eft tirée du chapitre XVI. de la première aux Corinthiens, où l'Apôtre ordonne aux Fidèles, *de mettre à part tous les premiers jours de la femaine*, c'eft-à-dire *tous les Dimanches*, ce qu'ils deftinoient à l'affiftance des Pauvres. Pourquoi veut-il qu'ils le faffent ce jour-là, préférablement à tout autre jour, fi-non parce que c'étoit le jour de leurs Affemblées? Car comme il étoit ordonné aux Ifraëlites, de ne fe point préfenter à vuide dans le Temple, S. Paul ordonne de même, que ceux qui font en état d'affifter les Pauvres, portent avec eux, le jour de leur Culte public, le fruit de leur bénéficence, & l'offrent, pour ainfi dire, à Dieu, en l'offrant aux Pauvres.

Lev. viii. 31.
Exod. xxiii. 32.

Mais bien que le jour du Dimanche ait été deftiné au Culte divin, dès le tems de S. Paul, on ne voit aucun ordre, foit de J. Chrift, ou des Apôtres, de confacrer à Dieu ce jour, préférablement à tout autre. Les Chrétiens de Jerufalem fe rendoient tous les jours au Temple pour y faire leurs prieres, & enfuite dans des maifons particulieres, pour y célébrer la fainte Céne. Et comme ils étoient tous Juifs d'origine, ils obfervoient exactement les cérémonies légales, & ne fe diftinguoient des autres Juifs, que par la Foi en J. Chrift, & par la célébration de l'Eucharistie. A l'égard de ces Chrétiens-là, ils célébroient le Sabbat, à la manière des Juifs, par un

Act. xxi. 20.

re-

repos abſolu; & il y a toute apparence que ce ſont eux que les anciens Peres ont appellé par mépris *Ebyonites*, ou *Pauvres*. Ils l'étoient en effet pour la plupart, & le devinrent bien davantage après la ruine de Jeruſalem. C'eſt donc dans ² les Egliſes compoſées de Gentils que l'inſtitution du Dimanche a pris naiſſance. Comme ils n'étoient point aſſujettis aux cérémonies légales, que d'ailleurs l'entrée du Temple & des Synagogues leur étoit interdite, maîtres du choix du jour de leur Culte public, ils préférerent le premier jour de la ſemaine à tout autre. Il ne me paroît pas cependant fort ſûr, que ce ſoit à cauſe de la Réſurrection de J. Chriſt que les Chrétiens d'entre les Gentils ont préféré d'abord le premier jour de la ſemaine à tout autre, pour en faire le jour de leur Culte public. Je ſçais que les anciens Peres l'ont dit; mais je ſçais auſſi, que tout ce qu'il y a de certain, eſt que dans les premiers tems de l'Egliſe il y eut peu d'uniformité par rapport au jour du Culte public, comme il y en eut peu par rapport à toutes les matières de Diſcipline; *les Apôtres n'ayant eu pour objet que d'établir dans le monde la pieté*, comme le dit fort bien ³ Socrate, au ſujet d'un grand nombre de pratiques différentes qui s'étoient introduites dans les Egliſes Chrétiennes, & qui y cauſoient des Schiſmes & des Anathèmes réciproques; chacune de ces Egliſes s'autoriſant fort à la légere du commandement des Apôtres pour le maintien de ſes uſages particuliers. Quoi qu'il en ſoit, il y eut, comme je l'ai dit, très-peu d'uniformité dans la primitive Egliſe par rapport au jour du Culte public, les unes ne célébrant que le Samedi, à la manière des Juifs, d'autres le Samedi & le Dimanche, d'autres ſeulement le Dimanche; & ce ne fut proprement que vers le tems de Conſtantin, que l'on vit l'uniformité s'établir dans l'Egliſe Chrétienne; car ce fut lui *qui défendit de travailler le Vendredi & le Dimanche*. *Il honora de la ſorte ces deux jours*, dit Sozomene ⁴, *parce que le Sauveur étoit mort dans l'un, & qu'il étoit reſſuſcité dans l'autre*.

L'Auteur ſacré, après nous avoir appris le jour où les Chrétiens de Troas's'aſſemblerent, nous apprend qu'ils ſe propoſoient de célébrer l'Euchariſtie. *Ils s'étoient aſſemblez*, dit S. Luc, *pour rompre le Pain*. C'eſt ainſi que cet Ecrivain ſacré a coûtume de nommer l'Euchariſtie, parce que la fraction du Pain faiſoit une partie eſſentielle de la cérémonie, & qu'il eſt aſſez ordinaire d'exprimer le tout, par une de ſes parties. Parlant des Apôtres, il dit *qu'ils étoient tous les jours dans le Temple, & qu'ils alloient rompre le Pain dans des maisons particulieres;* car c'est ainsi qu'il faut traduire, & non *de maison en maison* *, comme plusieurs Versions ont fait; ce qui, pour être trop exact, ne rend pas la pensée de S. Luc. Il étoit permis aux Apôtres de faire leurs prieres dans le Temple, étant nez Juifs, & à cet égard ils observoient exactement la coûtume des Juifs, qui s'y rendoient tous les jours, aux heures où l'on offroit les Sacrifices du matin & du soir; mais par rapport à l'Eucharistie, comme ils ne pouvoient la célébrer que dans les maisons de ceux qui avoient embrassé l'Evangile, ils choisissoient quelque maison particuliere pour s'acquitter de ce devoir.

Au reste, les premiers Chrétiens célébroient l'Eucharistie le soir, & après avoir mangé ensemble, à l'imitation de J. Christ, qui avoit mangé la Pâque avec ses Apôtres, avant que d'instituer la sainte Céne. Aussi le même S. Luc n'oublie pas cette circonstance: après avoir dit que les Apôtres célébroient l'Eucharistie dans des maisons particulieres, il ajoute, *qu'ils faisoient un repas ensemble, accompagné d'une joye simple & pure.* S. Paul parle de ces repas qui précedoient l'Eucharistie, à l'occasion de deux grands abus qui s'étoient introduits dans l'Eglise de Corinthe. Le premier est, que les Riches étant ceux qui fournissoient au repas, ils n'admettoient à leur table que ceux de leur ordre, & ne laissoient aux Pauvres que leurs restes. C'est ce qui oblige l'Apôtre de leur dire, *que ce n'est point-là manger la Céne du Seigneur,* c'est-à-dire imiter le repas qu'il a fait avec ses Disciples, qu'il a daigné admettre à sa table, quoiqu'ils lui fussent si fort inférieurs. „ Si Jesus admit à sa table les Apôtres, & Judas même; com„ ment pouvez-vous exclure de vos repas de charité les plus „ Pauvres & les plus petits"? dit S. Chrysostome, paraphrasant cet endroit de S. Paul. Un second abus que l'Apôtre condamne dans les Corinthiens, c'est de s'abandonner à des excès honteux, & de se mettre par-là hors d'état *d'annoncer la mort du Seigneur.* L'Apôtre employe le terme usité parmi les Juifs, qui pendant le repas de la Pâque rappelloient l'histoire de leur Délivrance, & en bénissoient Dieu par des Cantiques d'actions de graces. C'est ce qu'ils appelloient l'*Annonciation.* Il veut donc dire que les Corinthiens, par leurs excès, se mettoient hors d'état de rappeler la mémoire de la mort

Act. II. 47.
1 Cor. XI. 16. & suiv.

---

* Act. II. 46. C'est ainsi qu'il faut rendre ces deux mots de S. Luc, κατ' οἶκον. Cela est clair par ce que dit S. Paul, Col. IV. 14. *Saluez Nymphas, & l'Eglise qui est dans sa maison,* καὶ τὴν κατ' οἶκον αὐτοῦ ἐκκλησίαν. Il ne veut pas dire assurément, que l'on salue de sa part l'Assemblée qui se forme chez Nymphas, de maison en maison.

mort de J. Chrift, & d'en bénir Dieu par de faints Cantiques. Le premier défaut avoit fa fource dans l'Orgueil; le fecond dans l'Intempérance, toûjours criminelle, mais bien plus criminelle dans les Corinthiens, par les circonftances du tems & du lieu où ils ofoient s'y abandonner. Auffi falut-il enfin abolir abfolument ces Repas. Dès le tems de S. Cyprien, c'eft-à-dire vers la fin du III. fiécle, ⁶ on ne célébroit plus l'Euchariftie que le matin, & à jeûn, au moins dans la plupart des Eglifes; & ce Pere fe vit obligé de juftifier cet ufage par diverfes raifons, parce que les hommes fe défont difficilement des anciennes coûtumes. Mais dans le IV. fiécle ces Repas furent entierement fupprimez par l'autorité ⁷ d'un fameux Concile. Ceci nous fournit deux refléxions importantes. La première eft, que les hommes abufent de tout, & que les pratiques les plus faintes deviennent des fujets de fcandale. La feconde, que l'on ne doit pas être furpris de voir fupprimer dans l'Eglife d'anciennes pratiques, quand on ne peut les conferver fans multiplier les vices & les fcandales.

Ce fut donc pour célébrer l'Euchariftie que les Fidéles de Troas étoient affemblez; & S. Paul profite de cette occafion pour leur faire un Difcours avant fon départ. *Il leur fit un Difcours qui dura jufqu'à minuit*, dit S. Luc. L'Apôtre prêche donc pendant la nuit, cet ufage étant alors commun parmi les Chrétiens; & l'ayant été long-tems après, les Payens * en prirent occafion de prétendre qu'ils ne s'affembloient pendant la nuit, que pour fe livrer à d'infames débauches. Si l'Apôtre prêche pendant la nuit, cette circonftance ne peut choquer perfonne, puifque S. Luc nous apprend, qu'il y avoit *quantité de lampes allumées* dans le lieu où prêchoit l'Apôtre. On pouvoit donc voir tout ce qui fe paffoit dans l'Affemblée; & quand il y auroit eu des Auditeurs capables de s'oublier, ils n'auroient ofé le faire. Je dois remarquer encore, que l'on en a toûjours ufé de même, tant que la coûtume de célébrer l'Euchariftie le foir a fubfifté dans l'Eglife: & de-là vient, que quoique l'on célèbre aujourd'hui par-tout l'Eucha-

---

* Je dis les Payens; mais ils n'étoient pas les auteurs de la calomnie, c'étoient les Juifs. Rapportons ce que dit Origene là-deffus, parlant de Celfe: „ On croiroit, dit ce Pere, que cet homme „ a eu deffein d'imiter les Juifs, qui, lorfque l'on commença à prêcher l'Evangile, fémoient de faux „ bruits contre ceux qui l'avoient embraffé, & difoient en particulier, que les Chrétiens immoloient „ un Enfant, & qu'ils en mangeoient la chair; qu'après le repas ils éteignoient les flambeaux, & „ qu'alors chacun s'abandonnoit à l'impureté, avec la première femme qu'il rencontroit. Cette ca„ lomnie, toute groffiere qu'elle eft, a fait long-tems impreffion fur l'efprit d'une infinité de gens, „ qui, n'ayant aucune habitude avec nous, croyoient bonnement, que le portrait qu'on leur faifoit des „ Chrétiens étoit fidéle. *Orig. cont. Celf. Lib.* VI. *p.* 293.

chariftie de jour, on ne laiffe pas de la célébrer encore avec des cierges allumez dans certaines Eglifes. Cela paroît extraordinaire quand on ignore l'origine de cet ufage, & ceffe de furprendre quand on en eft inftruit.

Mais fi l'Apôtre prêche pendant la nuit, il eft étonnant qu'il prêche fi long-tems. *Son Difcours dura jufqu'à minuit*, dit l'Ecrivain facré. Ce qu'il ajoute, juftifie l'Apôtre. *Il devoit partir le lendemain*, dit S. Luc, & même il paroît par l'exhortation que S. Paul fit peu après aux Pafteurs d'Ephefe, qu'il partoit fans efpoir de revoir jamais ceux qu'il quittoit alors. *Je comprens*, difoit-il aux Evêques d'Ephefe, *que vous ne verrez plus mon vifage*. Il eft donc perfuadé, que c'eft pour la derniere fois qu'il parle à un Troupeau qui lui eft infiniment cher : & dans cette penfée, fa tendreffe redouble. Il voudroit, avant que de le quitter, diffiper tous les doutes, corriger toutes les erreurs, guérir tous les vices, éteindre toutes les divifions, confoler toutes les ames affligées; en un mot, remedier à tous les befoins d'un Troupeau dont il croit fe feparer pour toûjours, & ne s'en feparer qu'avec l'ineffable confolation, qu'il n'a plus befoin de fa préfence & de fon fecours; & qu'affermi dans les voyes de la pieté, il eft au-deffus des tentations du monde & du Démon. Noble entreprife ! Deffein digne de l'Apôtre ! & qui lui fait oublier que le tems s'écoule, que la nuit s'avance, qu'il court rifque de nuire à fa fanté, & de fe mettre hors d'état de continuer les fonctions de fon miniftère. Mais je me repréfente un tendre Pere, tout prêt à quitter fes chers enfans, & qui croit les voir pour la derniere fois. Il veut du moins s'affurer en les quittant, qu'il n'a rien negligé pour les garantir des piéges du monde & du Démon. Le tems preffe, & fi l'effet des inftructions manque cette fois, il ne pourra plus y revenir. Dût-il ruiner fa fanté, & fuccomber aux efforts auxquels il fe livre, il veut en courir les rifques. *Il leur fit un Difcours qui dura jufqu'à minuit*. Peut-être auffi fon Difcours avoit-il commencé affez tard.

C'eft dans une maifon particuliere que prêchoit l'Apôtre. *Il y avoit*, dit S. Luc, *quantité de lampes allumées dans la Chambre haute, où l'on étoit affemblé*. On fçait que les Juifs un peu à leur aife avoient au haut de leur maifon une forte de falle, où ils fe retiroient pour prier. C'étoit la Chapelle de la maifon, le Temple domeftique. C'eft dans un endroit pareil que fe trouverent les Apôtres après l'Afcenfion de J. Chrift, & où ils reçurent les Dons du S. Efprit. *Ils étoient*, dit S. Luc, *dans une Chambre haute*. Ce fut dans le même endroit

que

que S. Pierre prêcha pour la première fois l'Evangile, & où il convertit trois-mille ames. C'est donc dans un semblable lieu que S. Paul prêche à Troas. L'endroit est bien simple. Il n'a été consacré au service Divin par aucune cérémonie. Il n'est enrichi d'aucun ornement, & rien ne le distingue des lieux profanes, que l'usage auquel on le destine; c'est aux Exercices sacrez des Fidèles. Les Apôtres, & en général les premiers Chrétiens, ne faisoient point d'attention aux lieux où ils prêchoient. Ils n'en faisoient qu'aux dispositions des personnes, persuadez que tous les lieux sont égaux à la Divinité; trop heureux de trouver des maisons où ils pussent s'assembler en liberté. Dans la suite des tems, les Chrétiens paroissent avoir affecté de choisir les Cimetieres pour y tenir leurs Assemblées [8]. C'est-là qu'ils faisoient leurs prieres en commun, qu'ils célébroient l'Eucharistie, & qu'ils renouvelloient tous les ans la mémoire de ceux qui avoient répandu leur sang pour la Foi de J. Christ. Cet usage, interrompu par les défenses des Empereurs, & renouvellé par le zèle des Chrétiens, dura long-tems dans l'Eglise. Dans les tems de calme, ils eurent quelques Bâtimens en divers endroits, mais toûjours fort simples, & l'on n'apprend pas qu'ils les ayent consacrez au Culte divin par aucune cérémonie; & dans les tems de persécution, [9] de frêles Vaisseaux, les Bois, les Déserts, les Antres, les Cachots, tout leur servoit de Temples, ou plutôt d'Oratoires; car dans ces tems-là ils se faisoient un scrupule d'employer ce premier terme, consacré aux Edifices religieux du Paganisme. Cependant on peut dire, que jamais les lieux sacrez n'ont été, ni plus saints, ni plus magnifiques que dans ces tems-là. Je dis plus *saints:* car je ne pense pas que la sainteté soit le partage des [10] Edifices, & l'on sçait le tems où l'on disoit avec les Philosophes, que [11] la sainteté est une qualité morale, qui ne peut résider que dans les personnes: & dans ces tems-là, quels personnages ne vit-on pas dans l'Eglise? Oh! Que j'aime à voir les lieux où prêchoient un S. Pierre & un S. Paul! Tout y est simple, ou même rustique; mais tout y est divin, & m'annonce la présence de Dieu, & l'efficace de sa parole. Les discours du Prédicateur ne respirent que la pieté, & les Auditeurs ne pensent qu'à se former à la pieté. Les idées & les sentimens de dévotion passent du Prédicateur aux Auditeurs, & en font de nouvelles créatures, ornées de vertus & de bonnes œuvres. Là on alloit au Sermon pour écouter, & pour en profiter. On cherchoit le Sermon, & non l'Assemblée. On vouloit arriver au salut, & en apprendre le chemin.

J'ajoute que jamais les lieux facrez n'ont été plus *magnifiques* que dans les premiers fiécles de l'Eglife. Qu'on place la magnificence des maifons des Rois dans la beauté de l'Architecture, & dans la richeffe des ornemens ; on a raifon : leur grandeur eft fouvent toute extérieure, toute apparente. Mais il me femble, que pour les Maifons confacrées à Dieu, il n'y a qu'une forte de magnificence, fi je puis me fervir de ce terme ; c'eft la capacité & le zèle des Prédicateurs, d'une part, & les difpofitions des Auditeurs, de l'autre. Voilà ce qui en fait les vrais ornemens. Tous les autres font étrangers, deftinez à remplacer les premiers, qu'ils ne remplaceront jamais. Les premiers Chrétiens le fçavoient bien. Obligez de répondre aux Infidèles, qui leur reprochoient de n'avoir ni Temples, ni Autels, ni Sacrifices ; loin d'en rougir, ils en faifoient gloire, parce qu'ils avoient à leur oppofer quelque chofe de plus grand, de plus noble, de plus digne de Dieu & de la Religion. „ On nous reproche [12], difoient-ils,
„ de ne point bâtir de Temples, de ne point élever d'Autels,
„ de ne point confacrer de Simulacres ; mais on ne confidere
„ pas que ce font nos propres cœurs qui font nos Autels, &
„ que c'eft de-là que s'élèvent des parfums véritablement
„ agréables à Dieu. Ces parfums font les prieres que forme
„ un cœur pur & tout plein d'amour pour Dieu. Nous lui
„ confacrons auffi des Simulacres, & ces Simulacres ne font
„ pas l'ouvrage d'un vil Artifan ; c'eft l'ouvrage de l'Efprit
„ de Dieu & de fa divine Parole. C'eft elle qui forme les
„ vertus de la Juftice, de l'Equité, de la Mifericorde, de la
„ Tempérance, de la Patience.... C'eft par-là que nous
„ imitons le Premier-né des créatures, qui eft lui-même la
„ vive Image de la Divinité, & la Refplendeur de fa perfonne
„ Et à l'égard des Temples, que l'on compare ceux que l'on
„ voit parmi nous, avec ceux que l'on voit dans le Paganif-
„ me. Nos Temples, ce font nos propres corps, appellez
„ dans l'Ecriture les Temples de Dieu, parce qu'ils doivent
„ lui être confacrez par l'exercice des vertus que Dieu nous
„ commande : & fi ces vertus éclatent dans notre conduite,
„ nos Temples ne doivent-ils pas l'emporter fur ceux que
„ l'on admire le plus?

Dès que Conftantin fe fût converti au Chriftianifme, & qu'il eût mis les Chrétiens dans un état à le pouvoir faire, on les vit mettre leur gloire dans la grandeur & la beauté des Edifices, dans la richeffe des Ornemens, dans la pompe des Cérémonies. Devenus maîtres des richeffes de l'Empire, & difpofant de l'Efprit du Prince, ils prirent pour modéle le Temple

EUTYCHE. *Discours XXXV.* 465

ple de Jerusalem. Il ne faut, pour s'en convaincre, que lire la description qu'*Eusebe* [13] a faite de celui de Tyr, que *Paulin* fit bâtir par ordre de Constantin. Eusebe prononça un Discours le jour de la dédicace de ce Temple, en présence de Constantin même; & dans ce Discours il s'oublie au point de dire, que c'est à l'égard du Temple de Tyr que la Prophetie d'Aggée s'est accomplie: *La gloire de la seconde maison sera plus grande que celle de la première.* A n'en considerer que l'Architecture & les ornemens, peut-être ce Temple l'emportoit-il sur celui de Jerusalem? Ce qu'il y a de vrai, c'est qu'on y vit le même plan & les mêmes dimensions, & qu'on eut pour objet d'en imiter tout le cérémoniel. On y voyoit un Parvis, un Lieu saint, un Lieu très-saint. Ils étoient distinguez par des ornemens qui alloient toûjours en augmentant. Les Etrangers, les Catéchumenes, les Pénitens, s'arrêtoient dans le Parvis. Les Fidèles seuls osoient entrer dans le Lieu saint, & l'Empereur même n'osoit aller au-delà. Il n'y avoit que les Ecclésiastiques auxquels il fût permis de passer dans le Sanctuaire, où ils avoient leurs Trônes, & devant eux étoit la Table de l'Eucharistie, couverte d'un dais magnifique, qui tenoit la place du Propitiatoire dans l'ancien Temple. Ces divers lieux étoient distinguez par des balustrades dorées, & enrichis de quantité d'ornemens. Cependant, quoiqu'Eusebe vante extrêmement la magnificence de ce Temple, peut-être parce qu'il fut bâti le premier, il s'en faut de beaucoup qu'elle égalât la magnificence de ceux que Constantin fit construire, [14] soit à Constantinople, soit aux environs de Jerusalem. Et si cela est, quel devoit être celui d'Antioche, qui, au jugement des Peres, l'emportoit de beaucoup sur tous les autres? On ne croyoit pas qu'en fait d'Architecture on pût rien faire de plus achevé, ni de plus riche. On se trompoit pourtant, puisque deux siécles après Constantin, l'Empereur Justinien fit construire à Constantinople un Temple, auquel il donna [15] le nom de Ste. *Sophie*, qui devoit être sans comparaison plus grand, plus riche & plus beau que celui d'Antioche. C'est-là, dit l'Historien qui en a fait la description, que brilloient l'argent, l'or, les pierreries, avec une profusion & un éclat qui remplissoit d'étonnement & d'admiration tous les spectateurs. Quoique cette passion allât toûjours en croissant, il y eut pourtant quelques Peres, tels que St. Jerôme, St. Chrysostome & St. Basile, & quelques autres, qui y trouverent des sujets de censure. Qu'il me soit permis d'alleguer deux ou trois endroits de leurs ouvrages là-dessus.

[16] S. Jerôme, écrivant à Demetriade, lui dit: „ Que d'au-
„ tres édifient des Eglises, qu'ils en incrustent les murailles
„ d'un

Vol. VI. Bbb bbb

„ d'un marbre éclatant, qu'ils faſſent venir à grands fraix des
„ colomnes, qu'ils en dorent les chapitaux, qu'ils veuillent
„ que les portes ſoyent couvertes d'yvoire & d'argent, & que
„ les autels enrichis d'or, brillent encore du feu des diamans:
„ tout cela n'a point de ſentiment. Cependant je veux bien
„ que l'on faſſe ces dépenſes. Je ne les condamne pas, parce
„ que chacun a ſon avis, & qu'après tout, il vaut mieux uſer
„ de la ſorte de ſes richeſſes, que de les enfouir. Mais vos ri-
„ cheſſes peuvent être mieux employées. Il y a un objet plus
„ digne de votre attention. C'eſt J. Chriſt que vous devez
„ penſer à vêtir dans les Pauvres; à viſiter dans ceux qui lan-
„ guiſſent; à nourrir dans ceux qui ont faim; à recevoir dans
„ votre maiſon, dans ceux qui n'ont point de retraite". S.
Jerôme dit quelque choſe de plus fort encore dans ſon Traité
de la Vie des Eccléſiaſtiques. [17] „ On ne fait, dit-il, aucune at-
„ tention à la qualité des ſujets, quand il s'agit des Miniſtres
„ de l'Egliſe; & s'il s'agit de bâtir des Temples, on ne negli-
„ ge rien de tout ce qui peut en rélever l'éclat & la beauté.
„ On y veut, non ſimplement de l'ordre, de la ſimmétrie,
„ de la propreté; on veut que tout y ſoit grand, magnifique;
„ que le corps du bâtiment, ſes lambris, ſes colomnes, ſes
„ autels, que tout brille de l'éclat de l'or & des pierreries.
„ Qu'on n'allegue pas, pour juſtifier ce goût, le Temple de
„ Jeruſalem. Dieu approuvoit alors cette magnificence; mais
„ à préſent que Jeſus a conſacré la pauvreté dans ſa perſonne,
„ penſons à ſa Croix, & nous foulerons aux pieds toutes ces
„ richeſſes. Nous admirons des richeſſes que J. Chriſt a ap-
„ pellées iniques, à cauſe de l'uſage trop ordinaire qu'on en
„ fait. Nous aimons, nous adorons, ce que S. Pierre ſe glori-
„ fie de ne point poſſeder". Ailleurs le même Pere dit „ que les
„ Temples ſuperbes ne ſervent qu'à inſpirer au Chrétien une
„ fauſſe confiance. Il croit, comme le Juif autrefois, que la
„ magnificence de ſes Temples lui aſſure la faveur de Dieu.
Voilà ce que dit S. Jerôme; & voici comment s'exprime
[18] S. Bernard, dans une Apologie: „ Je ne parle point, dit-il,
„ des diſtractions que cauſe cet éclat des richeſſes répanduës
„ dans les Temples. Elles captivent l'attention de celui qui
„ prie. Elles l'obligent à y jetter les yeux, à s'en remplir l'eſ-
„ prit, & ſouvent le cœur, pendant que cet eſprit & ce cœur
„ ne devroient être occupez que de Dieu. Mais ſouffrez qu'en
„ qualité de Moine, je vous faſſe, à vous qui êtes Moines com-
„ me moi, la même queſtion qu'un Payen faiſoit autrefois
„ aux Payens: Dites-moi, Pontifes, à quoi ſert l'or dans les
„ Temples? Et pour moi, je dois vous dire, à vous qui fai-
„ tes profeſſion de pauvreté: A quoi ſert l'or dans les Tem-
„ ples?

„ ples? Avons-nous deſſein d'enflammer par-là la dévotion de
„ ceux qui y entrent? Non; nous cherchons le plaiſir des ſim-
„ ples, & l'admiration des ſots. Nous ſçavons fort bien, que
„ plus une Egliſe eſt ornée, plus le monde y court. Le peu-
„ ple croit que les prieres y ſont plus ſûrement exaucées. Di-
„ ſons la vérité: c'eſt l'Avarice qui eſt le principe de tous ces
„ ornemens. Nous cherchons à accréditer notre Saint. Le
„ peuple croit que le Saint le plus orné eſt le plus puiſſant. Il
„ attire la foule, & on lui prodigue ſes richeſſes...

Mais je m'apperçois que cette digreſſion n'eſt déja que trop longue. Revenons à notre ſujet. S. Paul prêche *dans une Chambre haute*, & pendant qu'il eſt occupé à inſtruire les Fidèles, un accident vient troubler la ſatisfaction de ceux qui l'écoutent. *Un Jeune-homme*, dit S. Luc, *nommé Eutyche, qui étoit aſſis ſur une fenêtre, s'endormit ſi profondément, qu'il tomba du troiſième étage en bas, & qu'on le réleva mort.*

On ſçait que les fenêtres des Oratoires domeſtiques des Juifs devoient être ouvertes pendant que l'on prioit. Les fenêtres de la Chambre où prêchoit S. Paul étoient donc ouvertes, & ce fut une imprudence impardonnable à Eutyche, de ſe placer dans un endroit ſi dangereux. Ne devoit-il pas penſer, que la moindre diſtraction pouvoit ſuffire pour le faire tomber; & ſommes-nous maîtres de nos diſtractions? Il y a donc beaucoup d'imprudence dans l'action d'Eutyche; mais l'Imprudence eſt le défaut de la Jeuneſſe. Elle manque d'expérience, & pour l'ordinaire elle ne refléchit gueres. La prudence eſt le fruit de l'âge & des reflexions. Trop heureux quand l'acquiſition n'en a coûté que des années, & non des ſujets de reproches & de repentir! Eutyche eſt donc imprudent, & paye bien cher ſon imprudence. Le ſommeil l'a ſurpris dans l'endroit où il eſt placé, & étant tombé du troiſième étage en bas, on l'a rélevé mort. *Auſſi-tôt l'Apôtre ſe leve, deſcend en bas, & s'étendant ſur le corps du Jeune-homme, il l'embraſſe, & dit à tous ceux qui étoient deſcendus avec lui: Ne vous troublez point, car il eſt en vie.*

Un ſçavant Interprête a remarqué avec beaucoup de raiſon, que c'eſt bien moins pour imiter Elie & Eliſée que l'Apôtre s'étend ſur le corps du Jeune-homme, & qu'il l'embraſſe, que parce qu'il eſt extrêmement affligé, & qu'il ſouhaite avec ardeur que Dieu exauce ſa priere, & rende la vie à Eutyche. Les paſſions ſont vives, & accompagnées d'actions qui les annoncent.

Quand l'Apôtre ſe fût étendu ſur le corps de ce Jeune-homme, & qu'il l'eût embraſſé, il dit aux aſſiſtans: *Ne vous troublez point, car il eſt en vie.* Il eſt à préſumer qu'il ne le dit qu'après avoir fait fa priere, & qu'il eût vû que Dieu l'avoit exaucé ; car j'avoue, que la conjecture d'un Interprête moderne ne me paroît nullement fondée. Il croit que ce Jeune-homme ne mourut pas de fa chute, & que S. Paul s'étendant fur lui, & s'appercevant qu'il refpiroit encore, dit aux affiftans de ne fe point allarmer. Mais outre que S. Luc remarque, que ceux qui defcendirent les premiers, *réleverent le Jeune-homme mort*; outre cela, dis-je, eft-il vraifemblable qu'un homme endormi tombe d'un troifième étage fur le pavé, fans fe tuer ? Je dis endormi ; car je comprens que s'il eft éveillé, la chute peut être bien moins rude, & moins dangereufe, parce qu'un homme éveillé peut fe foutenir en partie, pourvû que la frayeur ne lui ôte pas l'ufage de la raifon. Concluons donc qu'Eutyche étoit réellement mort ; & fi l'Apôtre dit à l'Affemblée de ne fe point allarmer, c'eft parce que Dieu l'a exaucé, & qu'il vient de rendre la vie à ce Jeune-homme. Oh ! quelle furprife pour tout l'Auditoire ! Quel motif de croire en J. Chrift, qu'un miracle de cet ordre, monument vivant & fenfible des efpérances les plus cheres du Chrétien ! En voyant Eutyche mort, toute l'Affemblée a vû le fort qui les attend dans cette vie, & ils en ont été troublez : mais en voyant Eutyche reffufcité, ils voyent le fort qui les attend après la vie, & ils en font pénétrez de joye. *On ramena le Jeune-homme en vie, à la confolation de toute l'Affemblée*, dit S. Luc. C'eft ainfi que S. Paul grave en des caractères ineffaçables le fouvenir de fa perfonne & de fes inftructions. Les Fidèles de Troas pourront-ils les oublier, & oublier l'Apôtre qui les a données, après le miracle qu'il vient d'opérer ? Etant remonté enfuite dans le lieu de l'Affemblée, il célébra l'Euchariftie à la manière de ces tems-là, c'eft-à-dire qu'il fit un repas avec eux. *Il rompit le Pain*, dit S. Luc [19], *& après le repas* ; (car c'eft ainfi qu'il faut traduire) *il reprit fon Difcours jufqu'au point du jour*. Il paffa donc toute la nuit à les inftruire ou à les confoler, & ne ceffa de le faire qu'au moment de fon départ ; *car il partit au point du jour*, comme nous l'apprend le même S. Luc. Voilà comment ce fidèle Pafteur fe fepare de fes brebis. Vit-on jamais un zèle plus ardent, plus foutenu, & plus digne d'admiration ?

DISCOURS XXXVI.

Prédiction d'Agabus. Act. XXI. 1–15.

Ous avons vû dans le Discours précedent, que S. Paul fut obligé de quitter subitement Ephèse. De-là nous l'avons vû parcourir la Grece, au moins les endroits où il y avoit des Eglises Chrétiennes ; s'embarquer ensuite pour Troas, où il s'arrêta quelques jours, & où il opéra le miracle que nous avons rapporté. A présent nous allons voir ce même Apôtre continuer sa route jusqu'à Césarée, Ville maritime de Judée, où il éprouve la plus grande tentation à laquelle un homme de bien puisse être exposé. Ce sont les sollicitations & les prieres d'un grand nombre d'Amis qui fondent en larmes, & qui le conjurent de ne point aller à Jerusalem, où ils sçavent qu'on lui prépare des maux certains ; mais où l'Apôtre veut aller, parce qu'il est persuadé que son devoir l'y appelle.

Après nous être separez, dit S. Luc, qui se met au nombre de ceux qui accompagnoient S. Paul. Il s'agit des Prêtres de l'Eglise d'Ephèse que l'Apôtre avoit fait venir à Milet, pour leur addresser la belle & touchante exhortation que S. Luc rapporte dans le Chapitre précedent ; exhortation digne d'être luë & reluë par ceux qui se destinent au Ministère Evangélique, puisqu'on y voit un modèle achevé des Devoirs du Ministère sacré. On y voit le Zèle de l'Apôtre, ses Travaux, son Assiduité infatigable, son Dévouement à la mort pour J. Christ, la force invincible de l'Espérance qui le soutient, son Humilité, avec tant de Talens & de Dons surnaturels, son Courage, sa Tendresse qui lui arrache des larmes, pour émouvoir les cœurs qui résistent à ses exhortations, son Support pour les foibles, son Désintéressement, son Attention à ne rien negliger de tout ce qui peut contribuer aux progrès de l'Evangile : enfin, on y voit tout ce qui peut composer le caractère d'un vrai Ministre de J. Christ. Il y a d'ailleurs dans le Discours de S. Paul quelque chose de si touchant & de si persuasif, que l'on n'est pas surpris qu'il ait fait verser des larmes à ceux qui l'entendirent. Il fut suivi d'une priere à Dieu ; & ce fut après cette priere, que l'Apôtre, & ceux qui l'accompagnoient, se separerent des Prêtres d'Ephése : *Nous étant separez, nous fimes voile droit à Cos.*

¹ L'Isle de *Cos* est une des Isles de l'Archipel. Elle n'est pas d'une grande étenduë, mais elle est très-fertile en bled & en vin. Elle avoit alors dans le fauxbourg de sa capitale, du même nom que l'Isle, un Temple magnifique dédié à Esculape, très-célébre & tout rempli des riches dons qu'on lui avoit faits; en particulier d'un Tableau du fameux *Apelle*, représentant une Venus sortant de la mer, chef-d'œuvre dont la République de *Cos* fit présent à Auguste, & qu'il consacra à César. On peut juger de la valeur du Tableau par la reconnoissance d'Auguste, qui remit à la République un tribut de cent talens. C'est dans cette Isle qu'Hippocrate a pris naissance, & qu'il s'est immortalisé par ses cures, ou plutôt il a immortalisé l'Isle par son nom & sa réputation. Elle s'appelle aujourd'hui *Lango*, & elle est possedée par les Turcs. *Après avoir passé l'Isle de Cos*, dit l'Auteur sacré, *nous côtoyames celle de Rhodes.*

² L'Isle de *Rhodes* est dans la Mer Méditerranée. Elle étoit fameuse alors par la beauté de sa capitale, de son port, de ses grands chemins & de ses murailles. Elle l'étoit davantage par ses excellentes Loix. On ne vit nulle part un Gouvernement plus sage, ni plus équitable, que celui qui étoit établi dans l'Isle de Rhodes. Le peuple n'avoit point de part à l'autorité; mais il étoit heureux. Soûmis à des Magistrats éclairez, prudens, charitables, toûjours attentifs à pourvoir à ses besoins, il les regardoit plutôt comme ses Peres, que comme ses Maîtres. Aussi l'Isle de Rhodes conserva-t-elle long-tems l'empire de la mer, la purgea de Pirates, maintint sa liberté, & fit souhaiter aux Rois de la Grece, & aux Romains même, d'entrer en alliance avec elle. Son Colosse, ou sa Statuë de bronze dédiée au *Soleil*, si vantée dans l'Histoire, & l'une des sept merveilles du monde, étoit alors renversé par un tremblement de terre, & les Rhodiens n'oserent le rélever, parce qu'ayant consulté leurs oracles là-dessus, ces oracles le leur avoient défendu. Tout le monde sçait que l'Isle de Rhodes est à présent entre les mains des Turcs. *De Rhodes*, dit S. Luc, *nous abordames à Patare*, ville maritime de *Lycie.* Elle étoit ³ encore alors fort célèbre & fort peuplée; mais elle n'est presque plus connuë. *Nous trouvames à Patare*, ajoute S. Luc, *un vaisseau prêt à passer en Phénicie. Nous nous y embarquames. Et après avoir découvert l'Isle de Chypre*, située, comme celle de Rhodes, dans la Mer Méditerranée, *nous la laissames à gauche; & continuant notre route vers la Syrie, nous abordames à Tyr.*

⁴ La

⁴ La ville de *Tyr* n'eſt pas moins fameuſe dans l'Hiſtoire que celle de *Sidon*. C'étoit les deux villes capitales de la Phénicie. Sidon étoit en terre ferme, & Tyr dans une Iſle. Elle fut jointe au continent par Alexandre, quand il aſſiégea cette ville. Elle ſouffrit alors beaucoup; mais elle ſe remit bientôt de ſes pertes, par le nombre de ſes vaiſſeaux, & par l'étenduë de ſon commerce. A ces deux égards elle doit l'emporter ſur Sidon, & même à un troiſième égard ; c'eſt par ſes colonies, qu'elle a tranſportées au bout du monde, en Eſpagne & en Afrique. Cependant les Poëtes ne l'ont pas tant vantée que Sidon. Apparemment ils la connoiſſoient moins , puiſque ſes flotes & ſon commerce devoient la rendre bien plus illuſtre que la première; Tyr couvrant les mers de ſes vaiſſeaux, & étendant ſon commerce au bout du monde, nourriſſant dans ſon propre ſein un peuple innombrable,& le nourriſſant dans l'abondance; auſſi a-t-elle long-tems conſervé ſa liberté, ou par ſes propres forces, ou par ſon argent. Sa Pourpre en particulier l'a rendu illuſtre; car outre qu'elle ne lui coûtoit gueres, puiſqu'elle la tiroit d'un poiſſon qu'elle pêchoit preſque ſur ſes côtes, la Pourpre de Tyr paſſoit pour être la plus belle,& cette ville avoit d'ailleurs toutes les commoditez néceſſaires pour bien teindre les étoffes. ⁵ A préſent elle n'eſt plus qu'un monceau de ruines,& il ne lui reſte de ſa grandeur paſſée que le nom: image des révolutions ſi ordinaires ſur la terre, & triſte monument de l'accompliſſement des Prophéties qu'Eſaïe, Jérémie & Ezéchiel ⁶ ont faites au ſujet de cette ville orgueilleuſe. Elle floriſſoit encore du tems de S. Paul; & c'eſt à Tyr que cet Apôtre & ſes compagnons devoient aborder, parce que le vaiſſeau où ils étoient, *devoit y décharger ſes marchandiſes. Nous y demeurames ſept jours*, dit S. Luc, *avec les Chrétiens que nous y trouvames, & qui, par l'inſpiration du S. Eſprit, dirent à Paul de ne point aller à Jeruſalem*. Ce qui veut dire, qu'ils tâcherent de diſſuader l'Apôtre d'aller à Jeruſalem , parce que l'Eſprit de Dieu leur avoit revelé les maux qu'il auroit à y ſouffrir de la part des Juifs. L'humanité ſeule auroit inſpiré cette penſée aux Fidèles de Tyr, ſi l'Apôtre n'eût été qu'un homme ordinaire; car qu'y a-t-il de plus naturel que d'avertir un homme du danger qu'il court,dès que nous en ſommes inſtruits,& d'y prendre part ? Mais il ne s'agit pas ici d'un homme ordinaire; il s'agit d'un Apôtre, & d'un des plus grands Apôtres; de celui qui eſt la Lumiere des Egliſes Chrétiennes , & que les Juifs appellent *le Chef de la Secte des Nazaréens*, dont ils le regardent comme le plus redoutable Défenſeur. Ainſi tout oblige les Fidèles de Tyr à s'intereſſer à la conſervation de S. Paul: la juſte eſtime que ſes travaux lui ont acquiſe, la reconnoiſſance dûë à ſes ſervices , leur pro-

pre intérêt, & celui de toute l'Eglife. Car quelle vie devoit être plus chere à des Ames pieufes, & méritoit plus d'être confervée, que celle d'un homme qui ne vivoit que pour le Salut des autres, & pour la Gloire de fon divin Maître?

Cependant S. Paul eft infléxible. Ce n'eft pas qu'il ne fût fenfible aux témoignages d'affection qu'on lui donne; mais il avoit des raifons de ne fe pas rendre, & il ne faut pas douter qu'il ne les ait dites, quoique S. Luc n'ait pas jugé à propos de les rapporter. Auffi, loin de s'offenfer de la réfiftance de l'Apôtre, le même Hiftorien remarque, *qu'après avoir paffé fept jours avec les Fidèles de Tyr, ils vinrent conduire Paul & ceux qui étoient avec lui, avec leurs femmes & leurs enfans, jufques hors de la ville: après quoi tous fe mirent à genoux fur le rivage, & firent enfemble la priere.* Que ce convoi eft honorable pour l'Apôtre! Il eft plus honorable que toute la pompe d'un Triomphe ou d'une Entrée publique. J'avoue qu'il ne paroîtra pas tel à bien des gens. Les perfonnes qui le compofent n'ont rien qui les diftingue, qu'une Foi pure & des Mœurs reglées. On ne voit point ici d'équipages, de cortèges magnifiques, point d'acclamations, point d'arcs de triomphe: Qu'y a-t-il donc d'honorable ici pour l'Apôtre? Il y a ce qui ne fe trouve gueres dans ces jours folemnels; un mérite réel ou plutôt éminent, de la part de celui qui reçoit les hommages, une parfaite eftime & un amour tendre de la part de ceux qui les rendent: en un mot, le cœur feul eft le principe de ces honneurs; & pour l'ordinaire le cœur n'a que peu ou point de part aux hommages publics que l'on rend aux Grands du monde. Et n'eft-ce pas le cœur qui en fait tout le prix?

Le deffein des Fidèles de Tyr n'eft pas fimplement d'honorer S. Paul, en l'accompagnant jufqu'au vaiffeau avec leurs femmes & leurs enfans: ils veulent profiter de fes inftructions le plus long-tems qu'ils pourront, & veulent que leurs femmes & leurs enfans en profitent auffi. Avant que de fe feparer, *ils firent la priere enfemble, & fur le rivage,* dit S. Luc. Oh! Qu'il eft édifiant de fe feparer de la forte! Quelle fource de confolations & de forces n'ouvre pas une Priere fervente & fincere! Quand on a vû Dieu de près dans la priere, on ne craint gueres les tentations du Monde & du Démon. *Après la priere, & les adieux ordinaires,* ajoute S. Luc, *nous nous embarquames, & les Fidèles de Tyr s'en retournerent chez eux. Pour nous, nous continuames notre route, & nous fumes de Tyr à Ptolemaïde, où ayant falué les freres, nous demeurames un jour avec eux. Le lendemain nous arrivames à Céfarée, où nous allames loger chez Philippe l'Evangélifte, & l'un des fept Diacres;* ce qui veut dire qu'il avoit été l'un des fept Diacres de l'Eglife de Jerufalem,

&

& qu'il avoit quitté cet emploi, pour exercer celui d'Evangéliste ou de Coadjuteur des Apôtres, chargé de prêcher l'Evangile avec eux, & en leur place, dans les endroits où ils ne pouvoient le prêcher eux-mêmes. Il est bon de remarquer, que ce fut à l'occasion de S. Paul que Philippe abandonna son premier emploi, & qu'il fut obligé de sortir en hâte de Jerusalem, pour se derober aux persécutions de Saul, qui ravageoit l'Eglise. Il passa d'abord à Samarie, où il prêcha l'Evangile, & où il convertit l'Eunuque de la Reine de Candace; après quoi il se retira à Césarée, où il fixa son séjour. Quelle consolation pour Philippe, de recevoir dans sa maison, comme Ami, comme Chrétien, celui qui avoit été autrefois l'Ennemi le plus cruel, & de Jesus-Christ, & de l'Eglise.

Philippe, quoiqu'Evangéliste, avoit été marié, puisque S. Luc nous apprend *qu'il avoit quatre filles, Vierges* alors, mais mariées depuis, au moins si l'on doit en croire [7] Clément d'Aléxandrie. *Ces quatre filles prophétisoient*, ajoute S. Luc. On ne sçait pas trop ce qu'il faut entendre par-là, parce que le terme de *prophétiser* se prend en divers sens dans les Ecrits sacrez. Il signifie bien quelquefois *prédire l'avenir*; mais ce n'est pas la première signification de ce terme, ni la plus ordinaire. Dans [8] l'Ancien Testament, *prophétiser* n'est le plus souvent que chanter les louanges de Dieu, & accompagner ce Chant de quelque Instrument de Musique : & c'est ainsi que Saül prophétisa, en entendant une troupe qui chantoit les louanges de Dieu. Dans les Epîtres de S. Paul, prophétiser se prend pour entendre & expliquer les sens cachez des anciens oracles. Ce talent, qui pouvoit s'acquerir en partie par l'étude & la méditation, étoit en particulier un des Dons miraculeux du St. Esprit; aussi l'Apôtre, qui exhorte les Corinthiens à la Charité, les exhorte de même à désirer le talent de prophétiser ou d'expliquer les anciens oracles, parce que c'est le moyen d'édifier les Fidèles, en éclairant & en affermissant leur Foi. On peut réunir ces différentes significations. Peut-être les Filles de Philippe sçavoient-elles chanter les louanges de Dieu, & accompagner ce Chant de quelque Instrument. Peut-être, instruites par leur Pere, expliquoient-elles les anciens oracles: peut-être même Dieu les avoit-il honorées de ce Don, de même que de celui de prédire l'avenir, puisque ce dernier est un de ceux qui devoient servir à confirmer la Divinité de l'Evangile. *Vos fils & vos filles auront des visions & des songes*, dit Joël, en parlant des tems Evangéliques.

Après que S. Paul eût passé quelques jours chez Philippe, *il y vint de Judée un Prophete, nommé Agabus, qui prenant la ceinture de Paul, s'en lia les pieds & les mains, & parla ainsi : Voi-*

ci ce que dit l'*Esprit*. *L'homme, à qui est cette ceinture, sera lié de la sorte à Jerusalem par les Juifs, & ils le livreront entre les mains des Gentils.* Agabus est le même qui avoit prédit la famine sous l'Empire de Claude, & dont la prédiction fut exactement accomplie. Ici il en use comme les anciens Prophetes, & ajoute à ses paroles des signes qui représentent l'évenement futur.

Jerem. XXVII.

Jérémie, par exemple, prédit aux Juifs leur ruine totale. Il ne se contente pas de la prédire : il porte une chaîne & un joug sur ses épaules, & après avoir convoqué les principaux Magistrats, il prend un vase de terre, & le brise en leur présence, en leur apprenant que ce joug & ces chaînes sont l'image du joug & des chaînes qu'ils porteront dans Babylone, & que ce vase brisé est le symbole du saccagement de leurs maisons & de leur ville. Agabus donc, imitant les anciens Prophetes, prend la Ceinture de l'Apôtre, s'en lie les pieds & les mains, & lui donne par-là une image visible du sort qui l'attend à Jerusalem. Les objets visibles font bien plus d'impression que les paroles. Celles-ci ne font impression sur l'esprit que par le secours de la refléxion : sans elle l'image est passagere, & s'évanouït à l'instant ; au lieu que les objets qui s'offrent à nos yeux, font impression sur nos sens, dont le rapport est plus vif que celui de la raison *b*. Or comme Agabus se propose, de forcer, pour ainsi dire, S. Paul à abandonner le dessein où il est d'aller à Jerusalem, il veut non simplement lui annoncer, mais lui faire voir le supplice qui l'attend ; il veut qu'il se regarde déja comme lié dans la personne du Prophete.

C'est ainsi qu'à mesure que l'Apôtre approche du lieu où il doit souffrir, les avertissemens de la Providence deviennent plus clairs & plus frappans. S. Paul étoit instruit, depuis longtems, des maux que les Juifs lui préparoient à Jerusalem. Après qu'il eût quitté Ephèse, & qu'il fut arrivé à Corinthe, il eut déja un pressentiment secret, de ce qu'il auroit à souffrir de la part des Juifs : & comme ce fut à Corinthe qu'il écrivit

Rom. XV. 30-32.

son Epître aux Romains, il les conjure de joindre leurs prieres aux siennes, pour obtenir de Dieu qu'il le délivre des mains des Juifs. De Corinthe l'Apôtre passa en Macédoine, de la Macédoine dans l'Asie, où il s'embarque pour Jerusalem. Il met pied à terre à Milet, pour s'entretenir encore une fois avec les Prêtres d'Ephèse, qui s'y rendent par son ordre ; &

Act. XX. 23.

dans l'exhortation qu'il leur addresse, il leur declare, *que dans toutes les villes où il passe, le S. Esprit lui annonce*, par la bouche des Prophetes, *que des liens & des afflictions l'attendent à Jerusalem*. L'Apôtre s'embarque de nouveau à Milet, & continue sa route jusqu'à Patare, & de Patare à Tyr, où nous avons vû les Fidèles le conjurer de ne point aller à Jerusalem, parce qu'ils qu'ils sont instruits des pièges qu'on lui tend. Mais c'est à Césarée où l'Apôtre trouve un obstacle à sa constance, bien plus difficile à vaincre que ne le sont les avertissemens les plus clairs & l'image la plus vive de son supplice. Cet obstacle, c'est les sollicitations & les larmes d'un grand nombre d'Amis, qui le conjurent de ne point aller à Jerusalem. Oh! voilà l'épreuve infiniment douloureuse que Dieu prépare à S. Paul, & à laquelle il s'agit de résister. *Quand nous eumes vû*, dit S. Luc, *ce qu'Agabus venoit de faire, & que nous eumes entendu ce qu'il venoit de dire, nous & ceux de la Ville, nous conjurames S. Paul de ne point aller à Jerusalem.* Et comme on le voit par la réponse de l'Apôtre, ces personnes fondirent en larmes, en le conjurant de ne point aller à Jerusalem; puisque l'Apôtre leur dit: *Que faites-vous, de pleurer ainsi, & de m'attendrir le cœur?* Qu'il faut de force, & qu'il en coûte à résister aux larmes des personnes qui nous sont cheres! Non, ce n'est pas la vûë du supplice qui ébranle une grande Ame quand son devoir l'y appelle: elle sçait envisager la mort d'un œil sec; mais elle ne peut voir la douleur & les larmes des personnes qui lui sont cheres, sans partager cette douleur, & sentir ses forces l'abandonner. On en voit un bel exemple dans le célèbre *Brutus* [10], cet homme d'une grande vertu, mais d'une vertu outrée, & qui lui fait envisager la mort de César, comme une action nécessaire à la liberté de la Patrie. Il ne craint point de mourir, & de se sacrifier pour la liberté de Rome; mais il ne peut résister à la douleur & aux larmes d'une Epouse qui lui est chere, & qui mérite infiniment de l'être. Elle ignore son dessein, seulement elle juge à son visage, & aux démarches secretes qu'elle lui voit faire, qu'il roule dans son esprit un dessein dangereux. Elle s'allarme: elle verse des pleurs en sa présence: elle le conjure de lui faire part de son secret, & de se souvenir de son affection pour elle, & de l'estime qu'elle a toûjours euë pour lui. A l'ouïe de ce discours, à la vûë de ces larmes, Brutus est ébranlé. Il sent que son courage l'abandonne, & s'arrachant d'entre les bras d'une personne si chere, il éprouve le plus cruel combat auquel une Ame généreuse puisse être exposée. Son Devoir & sa Tendresse le tirannisent tour-à-tour. Son Devoir, au moins ce qu'il regarde comme tel, l'appelle à s'exposer; & sa Tendresse l'arrête, & ne lui permet pas de le faire. S. Paul n'est pas dans l'erreur sur ce que son Devoir demande de sa part; mais qu'il lui en coûte à résister aux larmes qu'il voit repandre! *Que faites-vous*, dit-il, *de pleurer ainsi, & de m'attendrir le cœur?*

Qu'il me soit permis d'ajouter encore un exemple de ce que souffre une Ame généreuse à résister aux larmes des personnes qui lui font cheres. C'est " celui de cette Dame infortunée, que le Conseil d'Edouard VI. avoit forcé à accepter la Couronne d'Angleterre, après la mort de ce Prince, & qui fut ensuite indignement abandonnée par ce même Conseil, & condamnée à la mort, aussi-bien que son mari, le Comte de Stafford. Elle étoit d'un sçavoir & d'un mérite distingué, & si sa naissance ne l'appelloit pas au Trône, les conjonctures lui donnoient droit d'y prétendre; & après tout, elle étoit digne de regner par ses excellentes qualitez, & eût mérité d'être choisie dans un Etat où le mérite seul donneroit droit au Trône. Cette Dame reçut l'arrêt de sa mort avec une constance héroïque; mais quand on l'eût avertie dans la prison, que son Epoux souhaitoit de la voir pour la derniere fois, & de prendre congé d'elle avant que de mourir; alors elle s'attendrit, elle craint que la présence & les larmes d'une personne qui lui est chere n'affoiblissent son courage, & ce sentiment lui fait dire, qu'elle le supplie de lui épargner une douleur & un combat inutile: ajoutant, qu'elle espéroit qu'ils se reverroient dans un séjour plus heureux.

On se fait dans le monde des idées bien fausses de la Magnanimité, ou de la Grandeur d'Ame. Ce sont des Barbares qui les ont introduites ces idées, & qui osent honorer d'un si beau nom leur férocité brutale. La Grandeur d'Ame est aussi éloignée de cette férocité, que le Tigre l'est de l'Homme dont l'esprit a été cultivé & qui a des sentimens. Un tel homme sçait allier avec toute la Fermeté & la Valeur du Héros, la Sensibilité la plus tendre. Car enfin, j'en conviens; la Grandeur d'Ame nous oblige à ne pas craindre la mort, & à nous exposer quand le devoir nous y appelle. Mais loin d'exiger que l'on s'expose, simplement pour s'exposer, & de placer la gloire dans cette folle témérité, beaucoup moins à voir le sang & la misere des autres, elle fait consister sa gloire à défendre la Justice, à proteger l'Innocence, à secourir les miserables; en un mot, à faire du bien aux dépens de son repos & de sa sureté. Et une telle disposition de l'Ame laisse à l'Homme toute sa Sensibilité naturelle. Que dis-je? Rien de plus tendre & de plus compâtissant qu'un Homme véritablement grand. On en voit la preuve dans les Héros du Paganisme les plus vantez, dans ceux qui ont prodigué leur sang avec joye pour leur Patrie. ¹² *Caton*, par exemple, répand des pleurs sur le tombeau de son frere, qu'il trouve mort à son arrivée. Il répand de même des pleurs après la bataille, en voyant les corps morts de ses Concitoyens. ¹³ César lui-même, que l'ambition & la jalousie portent à assujettir sa patrie; César ne peut voir la tête sanglante du grand Pompée, sans verser des larmes. Mais

que

que parlai-je des Héros du Paganisme? Alleguons des exemples plus respectables encore. Le Seigneur Jesus ne peut voir pleurer Marthe & Marie, sans être emû & sans pleurer avec elles. Et pour ne parler que de S. Paul, toûjours prêt à s'exposer pour l'Evangile, il ne peut voir couler les larmes de ceux qui s'intéressent à sa conservation, sans s'attendrir jusqu'au fond de l'ame, & demander qu'on lui épargne une douleur qu'il ne peut soutenir: *Que faites-vous, de pleurer ainsi, & de m'attendrir le cœur? Car pour moi*, ajoute-t-il, *je suis tout prêt, non seulement à être enchaîné ; mais à mourir à Jerusalem pour le nom de J. Christ.* Vous prétendez me détourner de la résolution que j'ai formée, parce que vous venez d'apprendre que je serai emprisonné par les Juifs, qui voudroient me faire mourir: mais vous ne considerez pas qu'il y a long-tems que je suis préparé à tout souffrir pour Jesus-Christ. Serois-je Ministre de l'Evangile, & irois-je prêcher J. Christ, & J. C. crucifié, si je n'étois résolu de m'exposer à tout pour lui? Mais il y a une chose, que je ne puis soutenir, ce sont les larmes des personnes que j'aime & que j'estime. Cessez donc de m'affliger, & pensez, je vous prie, que je n'ai pas besoin que l'on affoiblisse mon courage. Loin de l'affoiblir, vous devriez avoir la charité de l'affermir, si j'avois besoin qu'on l'affermît.

L'Apôtre S. Paul montre ici un beau caractère. Sa vie ne lui est chere qu'autant qu'elle est utile à l'Eglise. *Je suis tout prêt*, dit-il, *non seulement à être enchaîné ; mais à souffrir tout pour J. Christ.* Qu'il me soit permis de transcrire ici les paroles d'un des plus grands hommes de la République Romaine. Elles ont trop de rapport avec ce que dit S. Paul, pour les supprimer. „ Nous, [14] dit ce savant & religieux Romain,
„ nous, dont les malheurs sont connus, & dont on ne peut
„ ignorer les véritables causes, qu'il nous soit permis de le di-
„ re: c'est pour le salut de nos Citoyens, pour la défense de
„ nos Autels, & pour avoir chassé des Traîtres, qui, par
„ mille crimes, étoient prêts à assujettir le Peuple Romain, &
„ à le mettre aux fers. Mais plût à Dieu que nous fussions les
„ seuls malheureux, & que nos Citoyens fussent sauvez &
„ tranquilles! C'est pour leur salut & pour leur repos que
„ nous sommes prêts à verser notre sang, & s'il ne faloit leur
„ acheter ce repos & ce salut que par le sacrifice de notre vie,
„ nous le ferions avec joye. Il ne nous convient pas de nous
„ louer nous-mêmes. Cependant Dieu nous est témoin que
„ nous ne comptons parmi les jours de notre vie, que ceux
„ où nous avons eu la satisfaction de rendre service à notre Pa-
„ trie, & que si nous désirons d'en prolonger le cours, c'est
„ dans l'unique vûë de la servir encore. Car voilà le seul désir
„ digne

,, digne de l'homme, & qui puiſſe lui faire honneur dans l'eſ-
,, prit des perſonnes qui penſent ". Peut-on rien voir de plus
beau, que ces ſentimens dans un homme deſtitué des lumieres de l'Evangile? Ceux qui ſe piquent le plus de Religion,
ne doivent-ils pas rougir en liſant ces paroles? Qu'ils doivent
ſe trouver petits auprès d'un tel modèle! Il faut convenir cependant, que l'objet de S. Paul eſt plus noble encore. Il ne
veut vivre que pour la Gloire de J. Chriſt, & pour le Salut de
l'Egliſe. Mais l'Apôtre a été inſtruit par J. Chriſt lui-même,
& il l'a vû dans ſa Gloire : eſt-il ſurprenant après cela qu'il
ne veuille vivre que pour J. Chriſt?

 L'Apôtre ne ſe rend pas aux ſollicitations & aux larmes de
ſes amis, qui le conjurent de ne point aller à Jeruſalem. On
ne peut douter qu'il n'eût des raiſons fortes de ne le pas faire:
Tâchons de les découvrir. D'abord il ſemble que S. Paul va à
Jeruſalem, parce qu'il eſt forcé d'y aller, & que le S. Eſprit
lui-même le tient à la chaîne, & le traîne dans cette ville.
C'eſt-ce que les Interprêtes croyent qu'il a voulu dire, lorſque, parlant aux Prêtres d'Epheſe, il s'eſt exprimé en ces termes: *Maintenant je vais à Jeruſalem, lié par l'Eſprit;* ce qui
veut dire, comme on l'explique ordinairement, *lié par le Saint-
Eſprit.* Mais à mon avis, il ne s'agit point ici du S. Eſprit: je
crois qu'il s'agit de l'Eſprit ou de l'Ame de l'Apôtre, qui ayant
pris une ferme réſolution d'aller à Jeruſalem, la regarde comme un lien, ou une chaîne, qu'il ne peut rompre. S'il s'agiſſoit de l'Eſprit de Dieu qui traînât l'Apôtre à Jeruſalem, eſt-
il vraiſemblable que S. Paul ne l'eût pas dit aux Fidèles de Cé-
ſarée, qu'il voit fondre en larmes pour l'en détourner? Au
lieu qu'il ne leur allegue que ſa diſpoſition à ſouffrir tout pour
J. Chriſt. Il eſt d'ailleurs certain, que cet Apôtre avoit formé le deſſein d'aller à Jeruſalem lorſqu'il étoit tranquille à E-
pheſe, & qu'il ne prévoyoit nullement l'accident qui l'obligea
d'en ſortir. Ce n'eſt donc pas l'Eſprit de Dieu, ou une révélation divine, qui l'oblige d'aller dans cette ville: ce ſont des
raiſons de prudence & de charité. Eſſayons de les développer.

1. Il y a bien de l'apparence, que l'Apôtre veut apprendre lui-
même à l'Egliſe de Jeruſalem les progrès étonnans de l'Evangile parmi les Gentils. Il veut qu'ils admirent avec lui les richeſſes de la Grace de Dieu, & qu'ils en béniſſent le Seigneur avec
lui. Cela eſt fondé, & ſur ce que l'Apôtre écrit aux Romains,
allant à Jeruſalem, & ſur la conduite qu'il tient à ſon arrivée.
*Il fut dès le lendemain chez Jaques, où tous les Prêtres s'aſſemble-
rent. Après qu'il les eût ſaluez, il leur raconta en détail, ce que
Dieu avoit fait parmi les Gentils par ſon miniſtère, ce qu'ayant entendu, ils glorifierent Dieu,* dit S. Luc. En ſecond lieu, l'Egliſe

se de Jerusalem étoit toute composée de Chrétiens sortis du Judaïsme, fort attachez à l'observation des Cérémonies légales, & jaloux de ce que Dieu appelloit à la Foi de l'Evangile & à la participation de ses graces les Gentils ; & cela sans les assujettir à l'observation de leurs Cérémonies. L'Apôtre imagine un moyen d'unir les deux peuples ; c'est par des obligations mutuelles. Les Gentils sont redevables aux Juifs des connoissances salutaires que Dieu leur accorde ; mais les Juifs sont pauvres, & ils ont besoin que les Gentils leur fassent part de leurs biens temporels. Il va donc pour assister les Chrétiens d'entre les Juifs, & les assister des aumônes qu'il a recueillies parmi les Chrétiens d'entre les Gentils, afin qu'éprouvant la charité de ceux-ci, ils l'exercent à leur tour, & les considerent désormais comme freres : en un mot, que des obligations mutuelles les obligent à s'aimer mutuellement. *Je vais à Jerusalem*, dit S. Paul écrivant aux Romains, *pour y porter des aumônes aux Saints : car les Fidèles de Macédoine ont bien voulu assister les pauvres d'entre les Saints qui sont à Jerusalem ; je dis qu'ils l'ont voulu, quoiqu'au fond ils leur soyent redevables. Et puisque les Gentils ont participé à leurs biens spirituels, ne doivent-ils pas aussi les assister de leurs biens temporels ?* En troisième lieu, l'Apôtre va à Jerusalem, dans le dessein de confesser J. Christ dans une ville où il a eu le malheur de persécuter le Sauveur dans la personne de ses Fidèles. Il lui semble qu'il doit cet hommage au Fils de Dieu, & à sa Nation cette preuve de la sincerité de sa Foi. Si son dessein est payé d'ingratitude de la part des Juifs, il en sera affligé ; mais il ne se repentira pas d'une démarche que la Charité lui inspire. Qu'on lui prédise donc dans toutes les villes où il passe, qu'il souffrira à Jerusalem, ce n'est pas une raison de rompre la résolution qu'il a formée, & ces avertissemens ne servent qu'à lui faire tirer cette conclusion naturelle ; c'est que Dieu l'appelle à souffrir à Jerusalem, où il a persécuté son Eglise ; & si Dieu le veut ainsi, comment résister à sa volonté ? Aussi les Fidèles de Césarée, voyant que l'Apôtre est inflexible, se consolent par cette pensée, que rien n'arrive au fond sans la volonté de Dieu, & que tout bon Chrétien doit acquiescer aux ordres de sa Providence. *Que la volonté du Seigneur*, disent-ils, *soit faite* ! Puisque Dieu juge à propos de nous priver d'un Ministre qui nous est si cher, adorons sa Sagesse, & soûmettons-nous à sa Volonté. Belle leçon pour tous les Fidèles. Qu'ils se souviennent toûjours, que rien n'arrive sans la direction de Dieu ; & alors les accidens, en apparence les plus tristes, leur paroîtront bien moins affligeans. Quand on peut se dire à soi-même ; un Dieu sage & juste conduit tout : quel motif de consolation pour un homme qui raisonne le moins du monde !

Rom. xv. 25-27.

monde! A qui est-ce à gouverner ce monde, qu'au Maître qui l'a créé? Le Fidéle peut-il souhaiter un guide plus sûr, ou même plus favorable? Et content de remplir son devoir, ne doit-il pas mettre toute sa confiance en Dieu, persuadé que ce même Dieu sçaura justifier sa conduite à la face de l'univers, dans le grand jour où il jugera les hommes? Il y a dans *Arnobe* une refléxion qui pourroit trouver sa place ici, si elle étoit moins philosophique. Les Payens accusoient les Chrétiens, d'être l'unique cause de tous les maux de l'Empire, parce que leur culte étoit odieux à la Divinité. Cet admirable Défenseur de la Religion Chrétienne, répond fort bien à cette accusation. Il en fait voir la fausseté & le ridicule par quantité de preuves: mais après cela il ajoute, ¹⁵ „ qu'un Dieu souverainement par-„ fait, ne peut avoir pour but, dans le gouvernement du mon-„ de, que le bien général de ses Créatures;& par consequent,„ si les évenemens particuliers sont contraires à nos desseins & „ à nos vûës, avons-nous sujet de nous en plaindre? Le bien „ général demande cette suite d'évenemens". Cela est philosophique; mais cela n'est pas assez populaire; & il y a un motif de consolation dans les maux bien plus sûr: c'est que le tems de cette vie est un tems d'épreuve, après lequel viendra le tems des recompenses. C'est-là l'espérance qui soutient le Fidéle, & qui est pour lui une ancre sûre & ferme dans toutes les traverses qui peuvent accompagner cette vie mortelle.

Actor. XXVIII, 3.

Παῦλος δαχθεὶς ὑπὸ τῆς ἐχίδνας, ἄνευ κακȢ.

PAULUS A VIPERA ILLAESUS.

Paul shaketh off the viper, and felt no harm.

S. Paul mordu par une vipere, sans qu'il lui arrive du mal.

Paulus wird von der Schlange nicht beschädiget.

Paulus onbeschadigt van eenen adder.

DISCOURS XXXVII.

Une Vipere s'attache à la main de S. Paul. Act.
XXVIII. 1–6.

Ans le Discours précedent nous avons laissé S. Paul à Césarée, où un grand nombre de Fidèles, instruits des maux qui l'attendent à Jerusalem, le conjurent de ne point aller dans cette Ville; & nous avons vû en même tems son beau caractère. Il unit à toute la sensibilité de l'Homme, toute la fermeté du Chrétien. La douleur des Fidèles fait une impression si vive sur lui, qu'il ne peut en soutenir la vûë; mais il ne se laisse ¹ point ébranler, parce qu'il est persuadé que son devoir l'appelle à Jerusalem, & qu'il est tout prêt à mourir pour J. Christ, s'il le faut. Il continue donc sa route, & arrive en effet dans cette Ville, où bientôt il éprouve la vérité de la Prophetie d'Agabus. Les Juifs se soulevent contre cet Apôtre, se saisissent de sa personne, & l'auroient tué sur la place, si un Officier Romain, instruit de leur violence, ne fût accouru avec quelques soldats, & ne l'eût arraché de leurs mains. Devenu le prisonnier des Romains, maîtres de la Judée, il demande leur protection, & veut, avec raison, que ce soient eux qui le jugent. On le laisse long-tems en prison; mais enfin, au bout de deux ans & quelques mois, on l'envoye à Rome, parce qu'il en a appellé à César. On le fait embarquer à Césarée sur un vaisseau, qui s'arrête à *Mire*, ville de *Lycie*, où il s'embarque de nouveau. S. Paul prévit d'abord que la navigation seroit fort dangereuse, & en avertit le Capitaine, qui ne voulut pas déférer à son avis, & aborder dans l'Isle de *Crete*. Il eut lieu de s'en repentir, puisqu'ils furent assaillis par la plus furieuse Tempête, & qu'après avoir été long-tems entre la vie & la mort, ils échouerent sur les côtes d'une Isle qu'ils ne reconnurent pas d'abord. Ils apprirent des habitans, que c'étoit l'Isle de *Malthe*. *Nous étant sauvez du naufrage*, dit S. Luc, *nous sçumes que l'Isle s'appelloit l'Isle de Malthe.*

L'Isle de Malthe est une des Isles de la mer Méditerranée, située au Midi de la Sicile, entre ce Royaume & l'Afrique. ² Les Phéniciens, qui transportoient des colonies par-tout, afin d'étendre par-tout leur commerce, choisirent l'Isle de Malthe pour en faire un lieu de retraite dans les voyages de long cours.

cours. C'étoit en particulier leur entrepôt quand ils alloient de Tyr à Cadix, où ils avoient bâti une Ville magnifique & un Temple superbe dédié à Hercule, & où ils instituerent de pompeuses cérémonies, à la manière de leur païs. Ce Temple étoit fameux par toute la terre, & on y vit des Capitaines Romains, illustres par leurs exploits, y consacrer les dépouilles de leurs ennemis. On prétend que ce sont les Phéniciens qui ont donné à l'Isle le nom de Malthe, qui, dans leur Langue, signifie *Retraite*, ou *Refuge*, pour désigner l'usage auquel ils la destinoient. Si l'on doit en croire les Sçavans, on y trouve encore des Inscriptions en caractères Phéniciens. Les Grecs s'y établirent dans la suite ; & il y a de l'apparence que ce ne fut qu'après que les Romains se furent mis en possession de cette Isle, ce qui arriva dans la seconde Guerre avec les Carthaginois. Depuis ce tems-là les Romains y eurent un Chef, ou un Commandant, qui s'appelloit le *Premier de l'Isle*, comme le dit S. Luc, & qui dépendoit du Gouverneur de Sicile.

L'Isle de Malthe est fameuse dans l'Antiquité [3] par ses richesses, ses bâtimens, ses Temples, & en particulier par la beauté de ses Toiles, d'une blancheur & d'une finesse qu'on ne pouvoit égaler ailleurs. Elles se faisoient d'une sorte de Cotton qui croît dans l'Isle, & qui a la douceur de la soye. Ce Cotton se tire du fruit d'un arbre qui ressemble à la noix, & qui s'entr'ouvre quand il est mûr. Une infinité d'ouvriers étoient occupez à le mettre en œuvre, & répandoient l'abondance dans l'Isle. Tout le monde sçait qu'elle apartient à présent aux Chevaliers de S. Jean, & qu'elle leur a été donnée par Charles-Quint, après la perte de Rhodes. Ce Prince voulut par-là mettre la Sicile & le Royaume de Naples à couvert des irruptions des Turcs.

Le vaisseau où étoit S. Paul, ayant été brisé sur les côtes de l'Isle de Malthe, tous ceux qui y étoient, furent obligez de se sauver, ou à la nage, ou sur les débris du vaisseau. Ils étoient donc tout mouillez, & gélez de froid, la saison étant déja fort avancée ; mais ils eurent l'avantage de trouver des peuples, qui, tout barbares qu'ils étoient du côté de la langue, ne l'étoient nullement du côté des mœurs. *Les Barbares*, dit St. Luc, *nous reçurent avec beaucoup d'humanité*. L'Historien sacré imite dans cette occasion le stile des Ecrivains Grecs & Romains, qui appelloient *Barbares*, tous ceux qui ne parloient pas leur langue, ou qui la parloient mal. Or comme il s'agit ici des habitans de la campagne, ils parloient sans doute un Latin fort corrompu : cependant ils reçurent Paul, & en général tous

ceux

MAIN DE S. PAUL, &c. *Discours XXXVII.* 483
ceux qui avoient fait naufrage avec lui ; *ils les reçurent*, dis-je, *avec beaucoup d'humanité*.

L'Humanité est une vertu naturelle à l'Homme, & c'est par cette raison qu'on lui a donné ce beau nom. C'est elle proprement qui le distingue des animaux. Les autres vertus ont plus d'éclat & de grandeur. Tel le Courage dans les dangers, la Patience dans les maux, la Retenuë dans les plaisirs, la Modestie dans les honneurs, la Candeur dans les discours, la Probité dans les actions. Il faut ces vertus, pour faire l'Homme de bien : ce sont elles qui le caractérisent. C'est l'Humanité qui caractérise l'Homme, & sans elle il n'est plus Homme : car elle n'est autre chose qu'une tendre compassion pour les malheureux qui souffrent innocemment. Elle doit donc être aussi naturelle à l'Homme, que la sensibilité pour ses propres maux, puisque le Créateur, en lui donnant l'existence, lui a donné, avec l'idée & le sentiment de ses maux, l'idée & le sentiment des maux des autres. Aussi la dureté, l'inhumanité la cruauté, n'entrent-elles dans le cœur de l'Homme, que parce qu'il se laisse maîtriser par des passions violentes, qui obscurcissent, ou même éteignent la raison, & le convertissent en bête. Telles sont l'Amour des voluptez, l'Ambition, & sur-tout l'Avarice, ou la passion insatiable des richesses. Dès qu'elle s'empare de l'ame, son amour ne peut, s'étendre au dehors : il se concentre en nous-mêmes, & nous ôte nécessairement toute sensibilité pour les maux d'autrui. Mais retranchez ces vices volontaires ; remettez l'Homme dans son état naturel ; & vous le verrez compatissant aux maux des autres. *Les Barbares nous reçurent avec beaucoup d'humanité.* Oh quelle leçon pour les Chrétiens ! Eclairez des lumieres de l'Evangile, instruits des motifs qu'il propose à la pratique de cette belle vertu, peuvent-ils la negliger sans se rendre infiniment coupables ?

Il n'y a point en effet de vertu que l'Evangile préscrive plus souvent, ni d'une manière aussi forte, que la Compassion. Il semble que toute la Religion Chrétienne consiste à l'exercer. Preuve que la Religion est faite pour le bonheur de l'homme, & que si elle a pour objet la Gloire de Dieu, ce n'est que parce que sa Gloire se trouve dans le bonheur de ses créatures. Ceux qui la placent ailleurs, ne connoissent gueres ce qui fait la Gloire d'un Etre souverainement parfait. A-t-il besoin des applaudissemens & des hommages des hommes ? & s'il exige d'eux l'obéïssance à ses loix, n'est-ce pas parce que cette obéïssance fait leur propre bonheur ? Quoi qu'il en soit, il est certain que la Religion Chrétienne ne préscrit aucune vertu avec plus de force que la Compassion. Car outre que S. Jaques a dit, que la Religion pure & sans tache consiste à exercer les divers devoirs de l'Humanité, & à s'abstenir des souillures du monde ; le Seigneur , lorsqu'il se représente assis sur son tribunal , jugeant le monde universel, & demandant compte aux hommes de leurs actions; le Seigneur, dis-je, ne fait mention que de cette seule vertu. Il veut sçavoir si on l'a exercée, ou si on l'a negligée. Quand j'ai eu faim dans la personne du Pauvre, m'avez-vous donné à manger ? Quand j'étois nud, m'avez-vous vêtu ? Quand j'étois prisonnier, m'avez-vous visité ? Il promet le ciel à la Compassion : il le refuse à l'Inhumanité. Que deviendront au dernier jour ces fausses vertus que l'on éleve jusqu'au ciel dans un monde aveugle & corrompu ? Cette préténduë Science des mystères , cette Foi sublime & transcendante, ce Zèle amer & implacable ; ces Ames fieres, qui ne font grace qu'à elles-mêmes , & dont toute la Religion consiste dans de vaines speculations ; d'ailleurs sans équité, sans bonté, sans charité, sans support pour les préjugez des autres ? Elles n'auront pas le sort des Barbares, qui s'eleveront en jugement contre elles, & qui obtiendront leur grace d'un Maître *qui ne fait point acception de personnes, & aux yeux duquel ceux qui s'appliquent à faire ce qui est juste , sont agréables.*

Act. x.
34. 35.

Quels pouvoient être les besoins de gens qui sortent de la mer tout tremblans, & de frayeur & de froid ? Ils ont besoin qu'on les console, qu'on les rechauffe, qu'on les recueille. Or c'est ainsi qu'en usent les Barbares. *Ils nous traiterent avec beaucoup d'humanité ; car ils nous reçurent chez eux , & firent d'abord allumer un grand feu, à cause de la pluye & du froid qu'il faisoit.* Et comme tous s'empressent à amasser du bois, & à le jetter dans le feu, S. Paul , qui veut se rendre utile, va chercher comme les autres du bois, & rencontrant des branches séches, il les ramasse, & les y jette comme les autres. Il ne s'apperçut pas qu'une Vipere, engourdie par le froid, s'étoit refugiée dans ce bois sec ; mais dès qu'elle eût senti la flamme, ranimée elle s'irrite, se jette sur l'Apôtre, *& le saisit à la main.* L'Ecrivain sacré ne dit pas qu'elle ait mordu S. Paul. Il est vrai que les Barbares le crurent, puisqu'ils s'attendoient à le voir enfler, ou même à le voir mourir sur le champ. Il est vrai encore que plusieurs Peres l'ont dit, & que les Versions Syriaque & Arabe portent, que la Vipere mordit l'Apôtre. Cependant S. Luc ne le dit pas , & même il dit le contraire, puisqu'il ajoute, *qu'elle ne fit aucun mal à S. Paul.* Sans doute le même Ange qui lui étoit apparu dans le sommeil pendant la tempête, & qui l'avoit assuré de la part de Dieu, qu'aucun de ceux qui étoient dans le vaisseau ne periroit, le

même

même Ange, dis-je, l'accompagne dans l'Isle, & ôte à la Vipere le pouvoir de le mordre. Il n'y a rien-là qui doive surprendre; puisqu'il est certain par l'Ecriture, [4] que Dieu employe les Anges dans le gouvernement de ce monde, & qu'il les fait servir quelquefois à la défense des gens de bien. Ce sont eux qui souvent les delivrent des dangers auxquels ils sont exposez: & comme ce sont des Esprits purs, ils agissent sans être vûs, & l'on ne peut reconnoître leur action, que lorsqu'elle est d'une nature à ne pouvoir être attribuée aux agens naturels qui nous sont connus. Daniel, par exemple, est jetté dans la Fosse des Lions. Le Roi, qui ne l'a condamné que malgré lui, va dès le matin pour s'informer si Daniel vit encore. Il répond lui-même, qu'un Ange est descendu dans la Fosse, & a arrêté la fureur des Lions. Si un Ange arrête la fureur de ces animaux, ne peut-il pas arrêter celle d'une Vipere? Certainement Dieu gouverne ce monde avec un pouvoir absolu: & quoiqu'il ait établi certaines loix, en vertu desquelles les effets semblent nécessaires & dépendans de leurs causes naturelles, n'est-il pas toûjours le maître, & de la nature, & de ses loix? Il peut donc produire, ou par lui-même, ou par ses Ministres, des évenemens qui semblent contraires aux loix ordinaires; mais qui ne sont pas au dessus du pouvoir de l'Etre suprême & souverainement parfait. La Vipere respecte l'Apôtre, comme les Lions respectent Daniel. Une crainte subite les saisit, & ne leur permet pas de le toucher. Une crainte subite saisit la Vipere, & ne lui permet pas de mordre S. Paul. Cependant, comme les Barbares ne doutent pas qu'elle n'ait porté sa dent meurtriere sur S. Paul, ils tirent de-là une conclusion bien injuste & bien teméraire. *Quand ils virent*, dit S. Luc, *le Serpent qui pendoit à la main de S. Paul, ils dirent entr'eux: Cet homme est assurement un Meurtrier, puisqu'ayant échapé au naufrage, la Justice divine ne veut pas permettre qu'il vive.*

On voit ici deux choses. La première, qu'ils sont persuadez qu'un Dieu juste gouverne ce monde: & la seconde, que ce Dieu juste proportionne, même dans ce monde, la grandeur des peines à la grandeur des crimes. Le premier principe est incontestable: le second est vrai dans un sens, & faux dans un autre. Il est faux que Dieu proportionne toûjours dans ce monde la grandeur des peines à celle des crimes. Il est vrai, si l'on dit que Dieu le fait [5] souvent: mais ce principe ne peut jamais autoriser personne, à juger qu'un homme est un très-grand coupable, simplement par-

Dan. VI, 22.

ce qu'il est fort malheureux. Or c'est la conclusion que les Barbares tirent de ce principe, en voyant l'accident qui arrive à l'Apôtre : conclusion infiniment fausse, & dont ils eurent bientôt sujet de se repentir. Développons ceci.

Je dis premièrement, que ces Barbares sont persuadez qu'un Dieu juste gouverne ce monde. *La Justice divine*, disent-ils, *ne veut pas permettre que cet homme vive*. Ils croyent donc que ce n'est pas un aveugle hazard, un concours fortuit, un enchaînement de causes nécessaires, qui fait qu'un tel est puni, & que l'autre ne l'est pas ; qu'il faut l'attribuer à la volonté, ou du moins à la permission de Dieu, qui, gouvernant ce monde avec une souveraine Sagesse, envoye ou retire les divers fleaux qui affligent les hommes. Cette pensée fait honneur aux Barbares. Il est vrai qu'ils parlent de la Justice divine comme d'une Personne [6] : *La Justice divine ne veut pas permettre qu'il vive*. Cela est équivoque dans notre langue : cela ne l'est pas dans l'Original. Ils avoient pris cette idée des Grecs répandus dans leur Isle, & dont les Poëtes & les Orateurs avoient personifié les Perfections de Dieu, afin d'en faire mieux sentir aux hommes les différentes fonctions. Ils représentoient en particulier *sa Justice*, sous l'emblême *d'une Déesse toûjours Vierge, assise sur le Trône même du Pere des Dieux & des hommes*, c'est-à-dire du Dieu suprême, le Pere des Intelligences célestes & du genre humain, *auquel cette Déesse dénonçoit tous les coupables, pour les punir, ou dans ce monde, ou dans le monde à venir*. Rien de plus ingénieux que cette fiction. La Justice est représentée comme une Déesse, parce qu'une simple mortelle ne pourroit être admise dans le ciel. Elle est Vierge, pour marquer la différence qu'il y a entre la Justice en Dieu & la Justice dans les Hommes. On peut corrompre ceux-ci par des présens, par des prieres, par des soûmissions : on ne peut corrompre le Juge suprême. Cette Déesse est assise sur le Trône de Dieu, pour être toûjours à portée de l'instruire des crimes qui se commettent sur la terre : & bien qu'il ait toûjours le pouvoir de punir, il ne punit dans ce monde que les péchez qu'il lui convient de punir, & en réserve plusieurs pour le monde à venir. Au reste, cette fiction ne trompoit personne. [7] Les Gentils sçavoient fort bien que c'étoit une fiction. Mais le gros des hommes a besoin d'images sensibles : elles les instruisent d'une manière plus agréable, plus aisée, plus efficace, que ne le fait la simple exposition de la vérité.

Je dis en deuxième lieu, que ces Barbares sont persuadez, que

que Dieu proportionne, même dans ce monde, la grandeur des peines à celle des crimes. *Il faut*, disent-ils, *que cet homme soit un Meurtrier*; c'est-à-dire un très-grand coupable. Ils mettent l'espece pour le genre; *puisqu'ayant échapé au naufrage, la Justice divine ne veut pas permettre qu'il vive.* Il est vrai qu'ils infinuent en même tems, qu'à l'égard des fautes légeres, ils ne croyent pas que Dieu y fasse attention; il les excuse, & les pardonne: mais pour les grands crimes, il les punit avec la derniere sévérité; & c'est par cet endroit, qu'ils jugent que l'Apôtre doit être un Criminel de cet ordre. Il est trop malheureux pour n'être pas coupable d'un crime énorme. Dieu vient de lui faire éprouver les frayeurs mortelles que cause une affreuse tempête : il a vû les abîmes s'entr'ouvrir pour l'engloutir, les vents déchaînez, le ciel en courroux; & tout cela ne suffit pas pour appaiser la colere de Dieu. A peine est-il échapé d'un danger, qu'il tombe dans un autre plus grand. Une Vipere se trouve sous sa main. Il faut qu'il ramasse le bois où elle s'est refugiée, & qu'elle en sorte, pour le faire mourir de la manière du monde la plus douloureuse. Car rien n'est plus douloureux que la morsure de la Vipere, [B] dont le venin, en se répandant dans le sang, y cause une ardeur & un feu, qui dévore & qui désespère celui qu'elle attaque. Voilà quelle est la temérité des jugemens humains. Un des plus saints hommes doit être l'objet de la colere de Dieu, parce qu'il permet qu'il souffre plus qu'aucun de ceux qui sont avec lui. Quelle injustice! Mais qu'elle est commune dans le monde, & qu'elle est ancienne! Les hommes veulent juger de tout; & quoiqu'ils soyent l'ignorance même, ils veulent pénétrer dans les vûës de Dieu, & prennent pour regle de sa conduite leurs propres préjugez, souvent leurs passions. Rectifions ces idées. Il est vrai que Dieu laisse rarement les grands crimes impunis, l'expérience de tous les siécles en est la peuve. Ainsi, quand on voit des personnes dont les vices nous sont connus, souffrir beaucoup, on peut en conclure, que Dieu a eu dessein de les punir: mais il faut que les vices soyent connus; sans quoi il y a toûjours de la temérité à porter un jugement désavantageux de ces personnes, & souvent une souveraine injustice.

Déja il est certain que Dieu ne punit pas tous les péchez sur la terre; même les plus énormes. Sa Sagesse, sa Bonté, sa Justice, ne lui permettent pas de le faire. Je dis *sa Sagesse*; car il y a des hommes très-vicieux, qu'il épargne, parce que leurs vices, tout grands qu'ils sont, se trouvent unis à des qualitez estimables, utiles au monde, au bien de la Societé. Ils ont de la capacité, des lumieres, du courage; & les mettre hors d'état d'agir, par des revers, des maladies, les enlever du monde par une mort prompte, ce seroit punir la Societé même dont ils sont membres, ou du moins un grand nombre d'innocens attachez à leur fortune & à leur conservation, & qui souffriroient avec eux. Je dis *la Bonté* de Dieu; parce qu'il y a un grand nombre de pécheurs qui changent & se convertissent avec le tems: & même pour l'ordinaire les plus beaux, les plus heureux génies, ceux qui seroient le plus en état de rendre des services signalez à la Societé, font de grands écarts, entraînez par le feu des passions; mais ils reviennent pour l'ordinaire, à mesure que la raison se fortifie, & que les passions s'affoiblissent. La refléxion, la lecture, l'expérience du monde, l'honneur, certains sentimens de conscience qui s'élevent dans l'ame, instruisent & corrigent. Il y a variation de mal en bien, tout comme de bien en mal. Aussi combien de pécheurs qui se sont corrigez avec le tems, & qui sont devenus des modèles de vertus! Que dis-je? qui ont rendu, dans les occasions, les plus importans services au Prince ou à la Patrie! Or comme Dieu voit les dispositions des hommes, il voit un changement qui lui est connu. Je dis enfin, *la Justice* de Dieu; car pourquoi des Enfers & des Peines après la vie, si Dieu devoit punir tous les crimes sur la terre? Il ° compensera alors par la grandeur & la durée du supplice, la longueur de sa patience & de sa longue attente.

En troisième lieu, non seulement Dieu ne punit pas tous les péchez sur la terre, pas même les plus énormes; mais pendant qu'il fait grace aux plus grands coupables, ceux qui souffrent le plus, sont peut-être ce qu'il y a de plus pur & de plus saint parmi les hommes. De-là les plaintes des hommes pieux, aussi anciennes que le monde, aussi générales que le genre humain. Elles sont de tous les tems & de tous les païs. De quelles vertus ne furent point ornez ces Héros de l'Ancienne Alliance, dont l'Apôtre dit que le monde même n'en étoit pas digne? Cependant ils ont été lapidez, ils ont été sciez, ils ont été tourmentez, persécutez, mis à mort par *l'épée, errans dans les déserts, n'ayant pour retraite que les cavernes & les antres de la terre.* Et que parlai-je des Saints de l'Ancienne Alliance? Ne parlons que de S. Paul. Où est le mortel qui ait autant souffert que lui? Cependant où est le mortel qui ait montré dans tout le cours de sa vie un Zèle plus ardent & plus soutenu pour la Gloire de Dieu, une Charité plus tendre

pour

<small>Heb. xi. 37.38.</small>

pour les Hommes, des Mœurs aussi reglées, des Travaux aussi louables? Les souffrances donc ne concluent rien pour les vices ou les vertus d'un homme. Le Juste & l'Injuste peuvent être exposez aux mêmes épreuves, parce que ce n'est pas ici bas proprement que Dieu se propose de punir le crime & de recompenser la vertu. S'il le punit quelquefois pour effrayer les Pécheurs, il éprouve la vertu, pour donner au monde des exemples de Patience, de Foi & de Constance, qui disent à toute la terre qu'il y a une Vie à venir. Car enfin, quelle preuve d'une Vie à venir plus forte que cette conduite de la Providence, qui afflige la vertu qu'elle aime, & qui épargne le vice qu'elle hait ? Les Barbares virent bien qu'ils s'étoient trompez, & que l'accident qu'ils regardent comme un châtiment de Dieu, n'est destiné qu'à servir à la gloire de S. Paul. *Il jetta la Vipere dans le feu, & n'en souffrit aucun mal*, dit S. Luc. C'est ainsi que s'accomplit à la lettre, la promesse que J. Christ avoit faite à ses Apôtres: *Vous prendrez des Serpens avec la main, & ils ne vous feront aucun mal*. Marc XVI. 18. Cependant les Barbares, qui crurent que la Vipere avoit mordu l'Apôtre, *s'attendoient à voir sa main enfler, ou même à le voir tomber mort sur le champ*; parce que la morsure de la Vipere est plus ou moins dangereuse, selon les tems où elle mord, & la nature des corps qu'elle attaque. Ils n'osent donc prononcer sur le tems précis de la mort de S. Paul. Peut-être mourra-t-il sur le champ, parce que la morsure de la Vipere n'est jamais plus dangereuse que quand elle est irritée, & qu'elle devoit l'être extrêmement, ayant senti la flamme. Peut-être resistera-t-il quelque tems, par la bonté du tempérament: mais toûjours ils se tiennent assurez qu'il mourra dans peu, & que l'enflure qui est inévitable, parce que le venin de la Vipere fait bouillonner le sang, annoncera sa mort prochaine. Ils attendent donc l'effet du venin; *Mais après avoir attendu long-tems, quand ils virent qu'il n'arrivoit rien de fâcheux à l'Apôtre, ils changerent de sentiment*, dit S. Luc, *& dirent que c'étoit un Dieu*. Voilà le caractère des hommes bien dépeint. Ils jugent sur de simples apparences, ou des indices très-équivoques, & se trompent presque toûjours. Lors même qu'ils croyent corriger le jugement qu'ils ont prononcé trop légerement, ils en prononcent un second, qui est moins raisonnable. S. Paul n'est point coupable d'un crime énorme, pour avoir été exposé à de très-grands dangers; il est encore moins un Dieu, pour en avoir été délivré d'une manière miraculeuse. C'est un Ministre de J. Christ, qu'il destine à de grands desseins, & qu'il honore d'une protection particuliere. Ce Jesus l'éprouve, pour servir d'exemple aux autres, du côté des plus hautes vertus. Ce Jesus le délivre, comme un instrument utile à la conversion des hommes.

Il ne faut pas croire cependant, que les Gentils prissent S. Paul pour le Dieu suprême; cet Etre qu'ils appelloient par distinction, 10 *l'Etre souverainement bon & souverainement grand*. Mais comme le nom de Dieu avoit une signification 11 fort étenduë dans le stile des Gentils, qui donnoient ce nom à tous les Etres qu'ils croyoient participer à la puissance & au bonheur de la Divinité, aux Intelligences célestes, par exemple, & en général à tous les Hommes qui étoient admis dans le ciel à cause de l'éminence de leurs vertus; il y a bien de l'apparence, que les Barbares crurent que S. Paul étoit une de ces Intelligences célestes qui 12 revêtent quelquefois des corps humains, par compassion pour les hommes, & pour leur rendre des services signalez. Ils en jugent ainsi sans doute, persuadez que l'Apôtre a été mordu de la Vipere, & que s'il n'en souffre aucun mal, il faut qu'il ait un corps invulnerable, & que par consequent il soit au dessus de la Nature humaine. Car c'est l'Admiration & la Reconnoissance qui ont produit cette multitude de Dieux que les Gentils ont adorez. Dès qu'ils ont vû, ou des actions, ou des vertus qui leur ont paru au dessus de la condition humaine, ils ont jugé que c'étoient, ou des Intelligences qui descendoient sur la terre, ou des Héros qui, ayant reçu du ciel des ames plus nobles que celles des autres hommes, étoient destinez à habiter le ciel, & devoient y être placez après la mort. C'est par cette raison que les habitans de Lystres, ayant appris que S. Paul avoit guéri un homme boiteux dès sa naissance, regardant cette guérison comme un miracle, jugent que l'Apôtre est un Dieu, ou une Intelligence céleste, revêtuë d'un corps emprunté, & sont prêts à lui offrir des sacrifices, pour obtenir sa bienveillance & sa protection. Déplorable aveuglement des hommes! Preuve évidente de l'absoluë nécessité d'une Revélation qui fixe les idées en matière de Foi & de Culte; sans quoi il y aura la même diversité d'opinions, qu'il y a dans le monde d'esprits & de caractères différens.

Aα. xiv. 9.

Que conclurons-nous de ce Discours? Nous en conclurons 1. Que l'Evangile suppose une connoissance antérieure de la nature des vices & des vertus. Il se contente de défendre les uns, & d'ordonner la pratique des autres. C'est donc la raison qui en instruit tous les hommes, & il suffit par-tout

de

de la confulter, pour fuir le vice & pour pratiquer la vertu. Auſſi les habitans de Malthe connoiſſent la compaſſion, & l'exercent envers des malheureux qu'ils voyent aborder dans leur Iſle. Mais l'Evangile eſt deſtiné à nous encourager à fuir le vice, & à pratiquer la vertu par des motifs fort ſupérieurs à ceux que fournit la Raiſon. C'eſt l'eſpérance d'une Vie immortelle qui doit obliger l'Homme à être vertueux, & la crainte d'un Enfer doit le mettre au deſſus de toutes les tentations. C'eſt par ces deux endroits que l'Evangile eſt, comme le dit S. Paul, *le moyen puiſſant que Dieu employe pour ſauver ceux qui croyent.* Rom. 1. 16.

Une ſeconde conſequence, c'eſt de ne jamais juger du caractère d'un Homme, ou par ſon Bonheur, ou par ſon Malheur dans ce monde. Les plus méchans proſpèrent ſouvent, pendant que les plus gens de bien ſouffrent. Oh! combien de Pauls dans tous les ſiécles du côté des vertus, & du zèle pour Dieu & pour ſon Culte; combien de Pauls, dis-je, qui, pendant qu'ils ne ſouffroient que pour la Gloire de Dieu, ont été regardez comme les plus méchans des hommes? Ne rappellons pas ici ce que nos Peres ont vû. Des Hommes illuſtres par leur naiſſance, par leurs richeſſes, & bien plus par leur zèle & leur délicateſſe de conſcience; des Hommes, dis-je, ſi reſpectables, dignes d'une éternelle venération, placez dans des priſons, ſur des échaffauts, ſur des buchers, pendant que des Impies triomphoient de leurs ſupplices, & jouïſſoient de leurs biens. Oh! quelle preuve d'un Jugement à venir, puiſqu'il eſt vrai, comme on ne peut en douter, qu'un Dieu ſage & juſte gouverne ce monde!

Troiſiéme & derniere conſequence. Les Gentils, en voyant de hautes vertus, ou des actions extraordinaires, les ont attribué à des Etres ſupérieurs à l'Homme, & ont adoré ces Etres-là. C'eſt une erreur; je le veux. C'eſt Idolâtrie: à la bonne-heure. Mais je ne crains pas de le dire: On voit parmi les Chrétiens une Idolâtrie bien plus criminelle & plus honteuſe. Au moins ſi les Payens ont donné à d'autres qu'à Dieu, l'honneur qui lui eſt dû, ils l'ont donné pour l'ordinaire à des Etres dignes d'être honorez, & ils ſe propoſoient une fin louable, c'eſt d'encourager les hommes à la Vertu. De-là les Temples dédiez à la Foi, à la Vertu, à l'Honneur. [13] „ En général, „ tout ce qui leur a paru d'une grande utilité pour le genre „ humain, ils l'ont déïfié, dit un ancien Philoſophe, parce „ qu'ils ont cru que tout cela leur venoit de la Bonté divine. „ Il ajoute, que ce fut d'ailleurs une coûtume générale, que

„ ceux

492 UNE VIP. S'ATT. A LA MAIN, &c. *Difc. XXXVII.*

„ ceux qui avoient rendu d'importans services au public, fuſ-
„ ſent placez dans le ciel par la Renommée & par la Recon-
„ noiſſance. Ils méritoient effectivement, continue le même
„ Auteur, d'être mis au nombre des Dieux, parce que leurs
„ ames ſubſiſtant, & jouiſſant de l'éternité, dés-lors c'étoient
„ des Etres parfaits & immortels". Voilà l'uſage des Payens.
Et quel eſt celui des Chrétiens en général? En apparence ils
croyent ni n'adorent qu'un ſeul vrai Dieu; & tous les jours
ils ſe rendent coupables de la plus criminelle Idolâtrie, puiſque c'eſt l'Argent proprément qu'ils adorent & qu'ils ſervent.
Le vrai Dieu n'a que les hommages extérieurs, & l'Argent a
les hommages du cœur. Doit-on s'en étonner au fond ? On
l'a érigé en Dieu ſuprême; car puiſque c'eſt par l'Argent que
l'on obtient tout, Titres, Dignitez, Recompenſes, & que
c'eſt à l'Argent que l'on ſacrifie tout, Honneur, Equité, Juſtice, Humanité ; il faut bien que l'*Argent* ſoit devenu la Divinité des Chrétiens ¹⁴.

D I S.

Ὅρασις τῶν ἑπτὰ λυχνιῶν.   Apoc: I, 12.   VISIO SEPTEM CANDELABRORUM.
The vision of the seven Candlesticks.   La Vision des sept Chandeliers.
Das Gesicht von den sieben Leuchtern.   't Gezicht van de zeven Kandelaren.

DISCOURS XXXVIII.

La Vision des sept Chandeliers. Apoc. I. 9-20.

Nfin nous voici arrivés au dernier Discours qui doit terminer cet Ouvrage. Il convenoit de le finir par la belle description que S. Jean nous donne du Fils de Dieu, au commencement de l'Apocalypse. Elle le repréfente au comble de sa gloire, puisqu'il y paroît avec tout l'éclat de sa dignité, revêtu des marques qui l'annoncent, & apprenant lui-même à son Apôtre, qu'il *est ce Jesus qui a été mort, & qui est vivant pour toute l'éternité, & qu'il tient dans ses mains les clefs de la mort & du sépulcre; qu'il ouvre, & que personne ne ferme; qu'il ferme, & que personne n'ouvre.*

S. Jean nous apprend d'abord, comment il vit J. Christ, tel qu'il va le dépeindre, & le jour où il le vit de la sorte. Cet Apôtre avoit été exilé pour la cause de l'Evangile *dans l'Isle de Pathmos,* située dans la Mer Egée, & l'une des Cyclades. On le tire du plus beau païs, que l'on puisse voir sur la terre, de l'Asie mineure, où il avoit fondé plusieurs Eglises, & qu'il gouvernoit sous l'autorité de J. Christ; on l'en tire, dis-je, pour le transporter dans un désert affreux. Oh! que Dieu le dédommage bien de cette perte! C'est dans ce désert qu'il voit les merveilles qu'il décrit. Le ciel s'ouvre à ses yeux, au moins à son imagination: Jesus se montre: les Anges paroissent sous ses ordres: les élemens & la mort lui obéissent: les évenemens à venir se dévoilent: S. Jean les contemple par avance. Mais comment les contemple-t-il? Et quel fut l'heureux jour, où il est honoré des graces du Seigneur? *Je fus ravi en esprit,* dit S. Jean, *un jour de Dimanche.*

L'Apôtre ne voit donc pas le spectacle des yeux du corps; mais son ame, transportée, pour ainsi dire, hors du corps, voit seule les objets qu'il décrit. C'est ainsi que S. Pierre, étant monté au haut de sa maison pour prier, pendant qu'il addresse à Dieu sa priere, *il lui survint,* dit S. Luc, *un ravissement d'esprit. Il vit le ciel s'ouvrir. Un linceul en descend, plein de toutes sortes d'animaux, & en même tems il entend une voix, qui lui dit; Levez-vous, Pierre, tuez & mangez.* S. Paul de même, étant retourné à Jerusalem après sa conversion, comme il est occupé dans le Temple à prier, *il eut,* dit l'Auteur sacré, *un ravissement d'esprit, & vit Jesus, qui lui dit; Hâtez-vous de sortir de Jerusalem, car on n'y*

Act. x. 9. & suiv.

Act. xxii. 17. 18.

recevra pas le témoignage que vous rendrez de moi. Et dans la deuxième aux Corinthiens l'Apôtre dit, *qu'il fut ravi jusqu'au troisième ciel, où il entendit des choses qu'il ne lui est pas permis de rapporter.* L'impression des objets qu'il vit dans cette occasion fut telle, qu'il est lui-même en doute s'il fut transporté dans le ciel seulement en esprit, ou s'il n'y fut pas transporté en corps & en ame, tant il étoit pénétré de la vûë des merveilles qu'il avoit contemplez dans cet heureux séjour. Ce fut la surprise de l'Apôtre qui causa ce doute. Car comme S. Pierre, après sa délivrance à laquelle il ne s'attendoit plus, est en doute si c'est une vision ou si c'est réalité, S. Paul est dans un doute semblable, & c'est par la même cause. La surprise produit aisément une erreur de cette nature, sur-tout quand cette surprise naît de la grandeur des objets que l'ame contemple, & qu'elle goûte, en les contemplant, un bonheur infini. Alors émuë, absorbée, pour ainsi dire, elle oublie tout, pour ne goûter que l'état où elle se trouve. Ainsi les termes de [1] *Vision*, d'*Extase*, de *Ravissement d'esprit*, sont des termes synonimes, qui expriment une seule & même chose, considerée sous différens égards. Le mot de *Vision* désigne la nature du spectacle. C'est l'ame seule qui le contemple & qui le voit. Celui d'*Extase* marque la situation de l'ame. Elle sort de son assiéte, pour ainsi dire, & abandonne pour quelque tems le corps auquel elle est unie. Et les termes de *Ravissement d'esprit*, expriment la manière dont se fait cet abandon. Il est subit, inattendu. L'ame appliquée à la priere, & contemplant l'Etre suprême, se voit tout-à-coup enlevée, pour ainsi dire. Elle oublie le monde & les objets des sens, pour ne contempler que les objets spirituels que le Seigneur lui présente. Mais comment, dira-t-on, l'ame peut-elle ainsi abandonner le corps, & devenir insensible à tout autre objet que celui qu'elle contemple ? Rien de plus aisé à comprendre, ce me semble, pour les personnes accoûtumées à méditer sur un sujet. Il s'empare de telle sorte de notre esprit, que tout ce qui est hors de nous, s'anéantit pour ainsi dire, à nos yeux. Nos oreilles n'entendent plus, nos yeux ne voyent plus, & il semble à l'homme, accoûtumé à penser à un sujet, s'il se propose d'en approfondir la nature ; il lui semble, dis-je, qu'il est seul dans l'univers, & qu'il n'a plus de corps. Il ne s'en apperçoit que lorsqu'il est hors de sa méditation, par des infirmitez & des besoins auxquels il n'avoit fait nulle attention. C'est l'heureuse situation où se trouve S. Jean. Dieu avoit accordé cette grace à Moïse, à Esaïe, à Ezéchiel, à Daniel ; il est digne de sa bonté d'accorder la même grace à un des principaux Ministres de la Nouvelle Alliance, au Disciple bien-aimé du Fils de Dieu : *Je fus ravi en esprit.*

A l'égard du jour auquel S. Jean jouit de ce bonheur, il nous ap-

apprend que ce fut *un jour de Dimanche*. Certainement ce jour convenoit au spectacle qu'il voit. Le jour du Dimanche a été signalé dans l'Eglise Chrétienne par un grand nombre de merveilles. C'est le jour où J. Christ est sorti du tombeau, & où il s'est montré Vainqueur de la mort : c'est le jour où il est apparu à ses Apôtres pour la première fois : c'est le jour où il a répandu sur eux les Dons du Saint-Esprit : c'est le jour, enfin, que l'Eglise a consacré au Culte public. Et de-là vient le nom qu'on lui a donné ; car *le jour du Dimanche* signifie *le jour du Seigneur*. Seulement on est en doute sur la véritable origine de ce nom. On croit communément que le premier jour de la semaine a été consacré au Culte public, & appellé le Dimanche, ou le jour du Seigneur, en mémoire de la Résurrection du Seigneur, arrivée ce jour-là. Mais un Auteur moderne en allegue une autre raison, qui paroît assez vraisemblable. Il prétend que [2] c'est en mémoire de la ruine de Jerusalem, que le premier jour de la semaine a été consacré au Culte public des Chrétiens, & appellé le *jour du Seigneur*; parce que ce fut le jour où il exerça sa vengeance sur ses ennemis, & qu'il accomplit la Prophetie qu'il en avoit faite. Il faut avouer que le jour de la ruine de Jerusalem nous est représenté dans l'Evangile, comme [3] celui de l'Avenement de J. Christ en Gloire, & que ce fut alors que le Regne du Seigneur s'établit proprement dans le monde. Les Juifs, n'espérant plus de Messie, furent disposez à reconnoître J. Christ pour leur Roi, & les Gentils, désabusez de leurs superstitions, embrasserent avec joye une Religion simple & pure, dégagée des cérémonies accablantes des uns, & profanes des autres. Il y a d'ailleurs dans l'Apocalypse des allusions manifestes à la ruine de Jerusalem. Ainsi il paroît fort vraisemblable que les Chrétiens, frappez de cet évenement prédit par J. C. & dans lequel ils voyoient des marques visibles de la vengeance de Dieu ; il paroît, dis-je, fort vraisemblable, que pour en conserver le souvenir immortel [4], ils ayent consacré ce jour-là à leur Culte public.

L'Apôtre, après nous avoir appris le jour de son Ravissement, nous en apprend le prélude. *J'entendis derriere moi une voix éclatante, comme le son d'une trompette.* S. Jean veut dire, qu'il entendit un violent coup de tonnerre. Nous avons déja remarqué ailleurs, que le bruit du tonnerre porte le nom de *voix* dans l'Ecriture, & qu'il est comparé au son de la trompette. C'est par ce prélude que les Visions commencent d'ordinaire, & le tonnerre a toûjours été regardé, non seulement par les Juifs, mais par les Gentils, comme le signe de la présence de Dieu & de ses Ministres. [5] Quand ils ont daigné se montrer aux mortels, c'est par-là qu'ils ont annoncé leur apparition. L'étonnement de S. Jean fut d'autant plus grand, qu'il entendit le

Voyez Exod. XIX. XXIII. &c.

496 LA VISION DES SEPT

Ef. xxx.
21.

bruit derriere lui. C'eſt une alluſion à quelque endroit d'Eſaïe. Ce qui ſe fait derriere nous, nous allarme d'autant plus, que nous ne le voyons pas. C'eſt donc par-là que le ſpectacle commence. La foudre gronde dans les airs, & les éclairs brillent: ſignes certains d'une Puiſſance fort ſupérieure à la puiſſance humaine, qui effrayent S. Jean, & qui l'obligent d'être attentif. Peu après il entend des ſons articulez qui s'addreſſent à lui, & qui ne lui permettent pas de douter que ce ne ſoit J. Chriſt même qui daigne paroître à ſon Apôtre, & s'orner par condeſcendance de certaines marques extérieures qui annoncent ſa Gloire, ſa Puiſſance, ſa Vengeance prochaine.

S. Jean apperçoit une *Figure humaine:* * *Je vis*, dit-il, *un Homme*. La figure avoit le viſage & les traits d'un Homme. Elle parle à l'Apôtre, & lui dit: *Je ſuis l'Alpha & l'Omega*. Ce ſont deux mots qui expriment la première & la derniere Lettre de l'Alphabet des Grecs, & dans le ſtile figuré ils déſignent ⁶ *l'excellence*, la *ſupériorité*, la *perfection*; *Je ſuis*, ajoute J. Chriſt, *le premier & le dernier*. Dieu s'eſt exprimé de même dans Eſaïe. Pour apprendre à ſon peuple combien il l'emporte ſur les Dieux des Gentils, il leur dit: *Je ſuis le premier & le dernier. Il n'y a point d'autre Dieu que moi*. Les Divinitez que l'on adore ont commencé, & elles finiront. Ce ſont de ſimples Créatures, ouvrage de la nature ou des hommes. *Il y en a pluſieurs que l'on nomme Dieux*, dit S. Paul, *ſoit dans le ciel, ſoit ſur la terre; mais il n'y a qu'un ſeul Dieu*. J. Chriſt prend les mêmes titres. Il s'appelle *le premier & le dernier*. Il l'eſt en effet à bien des égards. Déja par rapport aux créatures, puiſqu'il leur a donné l'exiſtence, & qu'il ſubſiſtera après que le monde ne ſera plus. *Toutes choſes ont été faites par lui, & ſans lui rien de ce qui a été fait, n'a été fait*, dit S. Jean dans ſon Évangile. En ſecond lieu, J. Chriſt eſt le premier & le dernier par rapport à la Rédemption des hommes. Il ne partage cet honneur avec perſonne. Comme *il y a un ſeul Dieu*, dit St. Paul, *il y a de même* un ſeul *Médiateur entre Dieu & les hommes, c'eſt J. Chriſt homme*. Mais on pourroit dire auſſi, que J. Chriſt s'appellant ici *le premier & le dernier*, ſe propoſe de conſoler S. Jean, & en général les fidèles perſécutez, & de les encourager à ſouffrir avec conſtance. Or quel motif plus propre à produire cet effet, que l'exemple du Fils de Dieu, qui, après avoir été *le dernier* du côté de l'abaiſſement & des ſouffrances, eſt devenu *le premier* du côté de la Gloire & de la Puiſſance? C'eſt aſſurément à l'égard de ces deux états ſi oppoſez, que J. Chriſt s'appelle *le premier & le dernier*. Il a été le dernier des Hommes ſur la terre, du côté de ſon humiliation & de ſes ſouffrances,

Eſ. xli. 4. xliv. 6.

1 Cor. viii. 5.

Jean.i.3.

1 Tim.ii. 5.

* Il y a dans l'Original: *Je vis le Fils de l'Homme*; S. Jean parle à la manière des Hébreux, qui diſent *un Fils d'homme*, pour dire *un Homme*. Voyez Beza in h. l.

CHANDELIERS. *Discours XXXVIII.*

ces, puisqu'*il s'eſt abaiſſé juſqu'à prendre la forme de ſerviteur,* _{Philip. 1.}
& à mourir de la mort de la croix. C'eſt à cet égard qu'E- _{6. 7.}
ſaïe le nomme le dernier des Hommes : *Nous l'avons regar-* _{Eſ. LIII.}
dé comme le dernier des Hommes, le voyant ſi abaiſſé & ſi abat- _{2. 3.}
tu. C'eſt le ſtile de J. Chriſt. Celui qui tient le dernier rang
parmi les hommes, eſt appellé le dernier des Hommes :
Que celui d'entre vous qui veut être le premier, qu'il ſoit le der- _{Marc}
nier & le ſerviteur de tous. D'un autre côté, J. Chriſt eſt de- _{VII. 34}
venu le premier par ſon exaltation dans le ciel, & il n'eſt
devenu tel qu'à cauſe de ſes humiliations & de ſes ſouffran-
ces. *C'eſt pour cela,* dit S. Paul, *que Dieu l'a ſouverainement* _{Philip.}
élevé, & qu'il lui a donné un nom au-deſſus de tout nom, afin _{1. 7.}
qu'au nom de Jeſus tout fléchiſſe les genoux, tant ce qui eſt dans
le ciel, que ce qui eſt ſur la terre, & au deſſous de la terre. J.
Chriſt ſemble nous apprendre lui-même, que c'eſt-là ſa
penſée, puiſqu'après avoir dit à S. Jean ; *Je ſuis l'Alpha &*
l'Omega, le premier & le dernier ; il ajoute dans la ſuite : *Ne* _{VI. 18.}
craignez point : c'eſt moi qui ſuis le premier & le dernier ; celui
qui eſt vivant. J'ai été mort ; mais me voici vivant pour toute
l'éternité. Vous voyez dans mon état paſſé une image de
votre ſort ſur la terre ; & dans la Gloire que je poſſede pour
toute l'éternité, une image du ſort qui vous attend. Auſſi
J. Chriſt veut que S. Jean faſſe part de ce qu'il apprend aux
Egliſes d'Aſie : *Ecrivez,* dit le Seigneur, *ce que vous voyez,*
& l'envoyez aux Egliſes d'Aſie. Il nomme ces Egliſes. C'eſt
celles *d'Epheſe, de Smyrne, de Pergame, de Tyatire, de Sar-*
des, de Philadelphie & de Laodicée. Toutes ces Egliſes étoient
ſituées dans l'Aſie Mineure. Elles floriſſoient alors, mais
elles n'étoient pas ſans défauts, comme J. Chriſt le leur reproche. Les défauts ont bien augmenté depuis, & ces E-
gliſes ont ſubi le ſort des villes où elles s'étoient établies.
Ces villes, ſi fameuſes dans l'Antiquité, ne montrent plus
aux Voyageurs que de triſtes reſtes de leur grandeur paſſée, & ces Egliſes ſont preſque éteintes, ou du moins les
Chrétiens, qui ne ſont que tolerez, ne le ſont preſque que
de nom, puiſque l'ignorance & les ſuperſtitions regnent
parmi eux.

S. Jean décrit enſuite le ſpectacle qu'il vit dans cette occaſion. Le Seigneur étoit environné *de ſept Chandeliers d'or.*
Il explique à ſon Apôtre ce qu'ils déſignent ; ce ſont *les ſept*
Egliſes d'Aſie. L'emblême eſt bien naturel & bien juſte. C'eſt
ſur les Chandeliers que les Anciens poſoient, non les Chan-

Vol. VI.   Kkk kkk   del-

delles, (ils n'en avoient pas) ; mais les Lampes qui éclairent & qui répandent la lumiere. Les Eglifes doivent avoir des Pafteurs, appellez à répandre la Lumiere de l'inftruction, de la confolation & du bon exemple. *Vous êtes*, c'eft-à-dire vous devez être, la *Lumiere du monde*, dit J. Chrift à fes Apôtres, aux Pafteurs de l'Eglife univerfelle. Leurs fuccef- feurs doivent éclairer des endroits particuliers : au lieu que les Apôtres devoient prêcher à toute la terre. Ces Chan- deliers font d'*Or*. L'Or eft le plus précieux des métaux, & il eft le feul qui réfifte au feu, fans aucune diminution. Il n'en devient même que plus éclatant & plus pur. A cet égard encore l'emblême convient parfaitement aux Eglifes de J. Chrift. Elles lui font infiniment cheres, puifqu'il les a rachetées par fon propre fang : Mais elles doivent être éprouvées par le feu des afflictions ; & ce feu ne doit fervir qu'à rendre les Eglifes plus pures & plus dignes de J. Chrift. *Ce qui nous remplit de joye*, dit S. Pierre, *c'eft que fi Dieu juge à propos de nous affliger encore pour un peu de tems, par diver- fes épreuves, c'eft afin que l'épreuve de notre foi, qui eft plus pré- cieufe que l'or qui fe perd, & qu'on ne laiffe pas d'éprouver par le feu, nous tourne à honneur & à gloire lorfque J. Chrift paroîtra*.

J. Chrift paroît au milieu de ces Chandeliers d'or. C'eft l'en- droit qui convient au Seigneur Jefus : car fi Dieu promet à l'ancien Peuple *d'habiter au milieu d'eux*, c'eft-à-dire, d'être leur Protecteur & leur Pere ; J. Chrift n'a-t-il pas promis la même chofe à fon Eglife ? *Je fuis avec vous jufqu'à la confom- mation des fiécles*.

Le Seigneur paroît *vêtu d'une longue Robe*. La Robe traî- nante étoit l'habit Sacerdotal. Tous les Sacrificateurs la por- toient, 7 & ce qui diftinguoit le Souverain Sacrificateur, c'eft que la fienne étoit beaucoup plus riche. J. Chrift eft le Souverain Sacrificateur de l'Eglife. C'eft fa qualité conftan- te & perpétuelle. S. Paul le prouve dans l'Epître aux Hé- breux. Il paroît donc à S. Jean, vêtu d'une manière con- venable à fon caractère & à fa dignité. Auffi l'Apôtre ajou- te, que la Robe du Fils de Dieu *étoit ceinte d'une Ceinture d'or*. 8 La Ceinture d'or étoit particuliere au Souverain Sa- crificateur. En général la Ceinture étoit l'emblême de la *For- ce*, parce qu'elle foutient le corps & le rend ferme. De-là ce que dit le Pfalmifte : *Tu m'as ceint de force* ; pour dire, c'eft à ta grace que je fuis redevable de la puiffance dont je jouis. Et à l'égard *de la Ceinture d'or*, elle étoit l'emblême

de

CHANDELIERS. *Discours XXXVIII.* 499

de *l'Autorité souveraine* °. De-là vient qu'il n'étoit permis de la porter qu'aux Magistrats, aux Généraux d'Armées, aux Rois, & au premier Ministre de la Religion. Or Jesus est le Chef de l'Eglise, & il porte les marques de sa dignité. Il possede d'ailleurs toutes les vertus qui conviennent à l'Autorité souveraine, & il les possede dans le plus haut dégré. C'est la Sagesse, la Prudence, l'Equité, les Lumieres; & c'est apparemment pour désigner ces vertus, que J. Christ paroît à S. Jean *ayant la tête & les Cheveux aussi blancs que de la laine blanche, comme de la neige.*

Les Cheveux blancs sont la marque naturelle de la Vieillesse. Mais comme les années donnent de l'expérience, & qu'en diminuant le feu des passions, elles affermissent l'ame dans la vertu, dont elle apprend à connoître le prix, les cheveux blancs sont l'emblême des connoissances, de la prudence, de la circonspection, de l'équité. Aussi Daniel, représentant Dieu assis sur son tribunal, assemblant son Conseil, prononçant sur le sort d'Antiochus & des Juifs, & prenant la résolution de punir le premier, & de délivrer les autres; pour marquer que Dieu prononce avec connoissance, avec prudence, avec équité, lui attribue de même une *tête & des cheveux aussi blancs que la neige.* Dan. vii. 9.

On ne punit gueres sans être irrité; sur-tout lorsqu'il s'agit de grands coupables. Jesus d'ailleurs, sensible aux maux de son Eglise, ne peut voir d'un œil indifférent ceux qui la persécutent. S. Jean donc, pour nous donner une idée de la juste indignation du Fils de Dieu contre les ennemis de son peuple, le représente *les yeux étincelans comme la flamme de feu.* Les yeux étincelans sont l'emblême de la colere. Aussi * les Poëtes & les Orateurs n'ont point oublié ce trait dans les peintures qu'ils en ont faites.

Comme le dessein du Fils de Dieu est sur-tout, d'instruire S. Jean & tous les Fidèles de la vengeance qu'il va exercer sur ses ennemis & ceux de son peuple, il faut que tout soit assorti dans sa personne. Nous avons vû les marques de sa sagesse, & celles de sa juste colere; en voici, qui annoncent sa force, & la punition vigoureuse qu'il va faire de ses ennemis. *Ses pieds,* dit S. Jean, *ressembloient à l'airain le plus fin,*

com-

---

* Il est inutile d'en alleguer des exemples: ceux qui ont lu Homere ou Virgile, ne sçauroient l'ignorer.

comme s'ils avoient été dans une fournaife ardente. * Les Héros & les grands Capitaines de l'Antiquité, portoient des chauffures de fer, quelquefois d'airain, afin d'ajouter l'éclat à l'utile ; ces chauffures étant deftinées à couvrir les jambes, & à les garantir des traits de l'ennemi. C'eft donc une allufion à cet ancien ufage, & pour nous apprendre que J. Chrift eft un Vainqueur qui va fouler aux pieds fes ennemis, qu'il nous eft repréfenté avec la chauffure des Conquérans. Elle eft d'un éclat fupérieur à la leur, parce qu'il eft fort au deffus de tous les Conquérans de la terre. C'eft de lui qu'il faut dire ce que le Prophete a dit de fon Pere : *L'Eternel eft infiniment redoutable. Il domine en maître fur la terre. Il met les peuples fous fon obéïffance, & les nations fous fes pieds.* Auffi parle-t-il en maître, puifque S. Jean lui attribue immédiatement après, une voix femblable au bruit que caufe la chute des eaux : *Sa voix étoit comme le bruit des groffes eaux.* C'eft apparemment une allufion aux cataractes du Nil, qui caufent un bruit épouvantable, ce fleuve fe précipitant dans cet endroit du haut des rochers, & ôtant prefque l'ouïe à ceux qui en approchent : ou bien c'eft une allufion au bruit du tonnerre, fuivi d'ordinaire de pluyes abondantes. Ce qu'il y a de certain, c'eft que l'Apôtre veut nous repréfenter J. Chrift comme un maître infiniment redoutable.

S'il eft redoutable à fes Ennemis, il eft le Protecteur de fon Eglife, & en particulier des Pafteurs qui rempliffent leurs devoirs : auffi S. Jean nous dit enfuite, *qu'il tient dans fa main droite fept Etoiles.* J. Chrift explique lui-même cet emblême à S. Jean, en lui difant qu'*elles font les images des Evêques des fept Eglifes d'Afie.* Tout le monde fçait que les Miniftres de la Religion font comparez dans l'Ecriture aux Etoiles, pour défigner, & le devoir des Pafteurs, & la gloire qu'ils ont à efpérer dans le ciel. A l'égard de leur devoir, ils font appellez par leur charge à éclairer le peuple, & par leur doctrine, & par leur exemple : & pour leur recompenfe, comme elle fera auffi honorable pour eux que propre à les rendre parfaitement heureux, elle eft comparée à l'éclat des Aftres, qui brillent d'un feu perpétuel.

Jefus-Chrift *tient ces Etoiles dans fa main droite.* La main eft

---

* Moïfe, parlant de la Tribu d'Afcer ; *Ta chauffure,* dit-il, *fera de fer & d'airain.* Deut. XXXIII. 25.

est le symbole de la Puissance, dans le stile des Ecrivains sacrez. *Je remets ma vie en ta main*, dit David à Dieu dans un de ses Pseaumes ; pour dire, Je me repose sur ta puissance. Et comme la Puissance s'exerce également, & par des bienfaits, & par des châtimens, la main droite est le symbole d'une Puissance qui ne se déploye que pour proteger & pour défendre. J. Christ veut donc apprendre aux Pasteurs, qu'il est leur Protecteur & leur appui. Ils ont besoin d'un défenseur tel que J. Christ, sur-tout étant persécutez, comme ils l'étoient alors. Et pour les encourager à souffrir avec patience, le Seigneur paroît à S. Jean *avec une Epée dans sa bouche*. Nouvel emblême de la Vengeance prochaine qu'il va exercer sur ses ennemis. On se résout aisément à la patience, quand les maux ne sont pas de durée. Or J. Christ se prépare à punir, & c'est pour cela qu'il est armé d'une épée * ; mais comme il n'a pas besoin de frapper lui-même, que les Anges & les Elemens lui obéissent, il n'a qu'à commander, & ils exécuteront ses ordres. On verra aussi-tôt les maladies & la mort fondre sur ses ennemis. De-là vient sans doute que l'Epée de J. Christ est placée dans sa bouche. S. Jean employe la même figure ailleurs † ; & elle paroît prise du 1º Livre de la Sagesse.

L'éclat est le symbole de la Majesté, & il n'est point de corps plus éclatant que le Soleil ; aussi tous les Peuples l'ont regardé comme l'image la plus vive de Dieu même. J. Christ, qui veut se montrer dans sa Gloire, emprunte l'éclat de cet Astre : *Son visage*, dit S. Jean, *étoit comme le Soleil qui luit dans sa force*. J. Christ parut de la sorte à ses Apôtres au jour de sa Transfiguration : & si les Apôtres furent remplis de frayeur, doit-on s'étonner que la crainte ait saisi S. Jean ? Mais J. Christ, qui ne se montre à son Apôtre que pour le consoler, l'affermir dans la foi, l'instruire, & l'employer à la consolation & à l'instruction de son Eglise ; J. Christ, dis-je, le rassure, en lui apprenant
„ que c'est lui-même, que c'est son Sauveur qui se montre
„ à lui, qu'il a été mort, & qu'il est vivant pour toute l'é-
„ ternité ; qu'il regne sur la mort, & que comme il peut
„ y précipiter les pécheurs, il peut en tirer les Fidèles ; qu'il
„ doit faire part à toute l'Eglise de ce qu'il vient d'appren-
„ dre

* Rom. XIII. 4. *Ce n'est pas sans raison que le Prince porte l'épée. Il est le Ministre de Dieu pour punir les pécheurs.*
† *Il sortoit de sa bouche une épée tranchante, pour en frapper les Nations.*

,, dre de la bouche même du Fils de Dieu ". Après quoi le Seigneur dit à S. Jean, ce que signifient les emblêmes des Chandeliers d'or & des Etoiles qu'il a vûs. Voilà une explication abregée de la vision de cet Apôtre. Il ne s'agit plus que d'ajouter quelques refléxions qui servent à instruire le Lecteur, & à le tirer de la surprise où il doit être, de voir J. Christ dépeint d'une manière si composée, & si pleine de mystères.

D'abord il est bien certain, que J. Christ n'est pas dans le ciel tel que S. Jean vient de le représenter; vêtu d'une Robe Sacerdotale, ceint d'une Ceinture d'or, ayant les Cheveux blancs, les Yeux étincelans, les Pieds semblables à l'airain le plus fin, tenant une Epée dans sa Bouche, & dans sa Main droite sept Etoiles, & environné de sept Chandeliers. C'est donc une image symbolique de J. Christ, destinée à donner à S. Jean, & à toute l'Eglise, une idée de la Puissance & de la Majesté du Fils de Dieu dans le ciel. L'Apôtre fera usage de cette description dans la suite, & en rappellera les différentes parties : car comme il se propose dans le Livre de l'Apocalypse, de décrire les soins, les châtimens, les bienfaits du Seigneur, soit sur l'Eglise, soit sur le monde en général, & que les parties qui composent la figure hiéroglyphique qu'il a représentée ont rapport à tout cela, il marquera ce rapport, & suivra son plan, qui est de décrire les choses d'une manière figurée & emblématique. De-là l'obscurité de ce Livre, parce qu'il faut, pour l'entendre, être instruit de la Théologie Judaïque. Et voilà, pour le dire en passant, ce qui a fait échouer tant de personnes habiles qui ont entrepris d'expliquer l'Apocalypse. Ils ont cru qu'il leur suffisoit pour cela de sçavoir la Langue Grecque, & de posseder l'Histoire ancienne. Munis de ces deux secours, ils ont travaillé, & selon qu'ils étoient prévenus, ou pour, ou contre l'Eglise Romaine, ils se sont attachez à prouver, les uns que c'étoit la chute de l'Empire Romain, les autres que c'étoit celle de Rome Chrétienne, que S. Jean avoit prédite. S'il m'étoit permis de dire ma pensée, je ne vois dans l'Apocalypse que ces trois choses : 1°. Des Avis & des Censures. 2°. Une description figurée & fort pompeuse de la Ruine de Jerusalem & de la Chute de Rome Payenne. 3°. Un Jugement universel, suivi du supplice des pécheurs, & de la félicité des Fidèles. Tout le reste me paroît autant d'ornemens, destinez à donner du relief aux des-
crip-

criptions. Ceux qui y voyent des prédictions distinctes des évenemens passez jusqu'au tems de la Reformation, ou même des tems à venir, peuvent se féliciter de leur pénétration : mais, sans leur envier ce talent, ils me permettront de regarder leurs découvertes comme curieuses, ingénieuses, sçavantes, si l'on veut, pourvû que je ne sois pas obligé de croire qu'ils ont attrapé la pensée de l'Auteur sacré. Tranchons le mot. Je regarde ces systêmes, comme autant de systêmes en l'air, qui n'ont pour fondement qu'une imagination vive & féconde. Pour donner un Commentaire solide de l'Apocalypse, il faut commencer par se dépouiller de tout préjugé, & ensuite bien étudier la Théologie Judaïque : j'ose assurer qu'alors on envisagera ce Livre d'un œil bien différent. Que ceux qui ne peuvent consulter les Originaux, consultent au moins Mr. Basnage ¹¹. Ils y trouveront la clef de plusieurs énigmes, qui paroissent d'abord inexplicables.

Mais pour revenir à mon sujet ; pourquoi, direz-vous, S. Jean représente-t-il J. Christ sous une figure symbolique ? Cela nous paroît fort surprenant, à nous qui ne sommes point accoûtumez à cet usage, qui ne voyons plus le Temple, ses parties, ses ornemens, ceux des Sacrificateurs, ni en général tout le cérémonial du Culte Lévitique. Mais il n'en étoit pas de même des premiers Chrétiens. Comme ils étoient Juifs d'origine, ils étoient accoûtumez à ces sortes de représentations, & ils en pénétroient aisément le dessein. Esaïe, Ezéchiel, Daniel, ont représenté Dieu sous des figures symboliques. Elles sont différentes, parce que leurs desseins ne sont pas les mêmes. Il semble qu'Esaïe se propose uniquement de donner une idée de la Majesté de Dieu dans le ciel. Ezéchiel a une autre vûë. Il dépeint la ruine de Jerusalem par les Assyriens. Comme ils n'ont rien fait sans la permission de Dieu, il le représente sur un char ; c'est lui proprement qui va punir son Peuple, & les Assyriens ne sont que les exécuteurs de sa vengeance. Daniel annonce divers évenemens, & varie ses peintures. Es. vi. 1. & suiv. Ezéch. 1, vi. 1. & suiv.

L'usage de représenter, soit la Divinité, soit ses Ministres, sous des figures hiéroglyphiques, est bien ancien, puisqu'il vient originairement des Egyptiens, qui passent pour les ¹² premiers Peuples de la terre, & qui certainement sont les premiers qui ¹³ ont donné aux autres Nations les idées

idées d'un Culte reglé, & accompagné de cérémonies propres à le rendre respectable. Or comme ce Culte subsistoit long-tems avant Moïse, & même avant Abraham, & que les Juifs étoient accoûtumez à cet extérieur & à ces cérémonies, Dieu, par condescendance, voulut que Moïse empruntât des Egyptiens leurs cérémonies, qu'il a sanctifiées en les adoptant [14]. Il est vrai qu'il en a introduit quelques-unes fort opposées à celles des Egyptiens : & de-là la haine entre ces deux Peuples ; car du reste, si l'on compare le Culte des uns avec celui des autres, on verra que l'un n'est qu'une imitation de l'autre. Pour nous en convaincre, alleguons quelques endroits de Clément Alexandrin & de Porphyre.

Je parle d'abord de Clément Alexandrin. Il ne peut être suspect. Il a dû connoître à fond la Religion des Egyptiens, ayant toûjours vécu en Egypte, où il étoit Prêtre. Il est d'ailleurs fort éclairé, & ses ouvrages sont pleins de la plus belle érudition. „ [15] Le Culte des Egyptiens, dit
„ ce Pere de l'Eglise, a beaucoup de rapport avec celui des
„ Hébreux. Il est énigmatique & figuré comme le pre-
„ mier. A Diospolis, ville d'Egypte, on représente la
„ Naissance sous la figure d'un Enfant ; la Mort sous cel-
„ le d'un Vieillard ; la Divinité sous l'emblême d'un Aigle ;
„ & la Haine sous celui d'un Poisson. [16] Ils ne peignent ja-
„ mais Dieu même. Ils le représentent d'une manière symbo-
„ lique. De-là vient que le Temple de Minerve est décou-
„ vert, comme celui des Hébreux, & sans simulacres. [17] Ils
„ placent à l'entrée de leurs Temples des *Sphinx*, pour mar-
„ quer que l'on doit instruire les hommes d'une manière fi-
„ gurée & énigmatique, quand il s'agit de leur donner une
„ idée de la nature & des perfections de Dieu. De-là vient
„ qu'ils choisissent une figure qui ne subsiste point dans la na-
„ ture ; car le Sphinx est un composé de l'Homme & de la
„ Bête. Ils ont encore une autre vûë en plaçant cette figu-
„ re à l'entrée de leurs Temples. Comme l'Homme doit
„ être naturellement bon, & que la Bête féroce tue les autres
„ animaux, ils veulent représenter par cet assemblage, que
„ l'on doit également craindre Dieu & l'aimer : L'aimer, parce
„ qu'il protege les gens de bien ; le craindre, parce qu'il pu-
„ nit sévèrement les pécheurs [18]. De-là vient encore, qu'ils
„ consacrent dans leurs Temples des Yeux & des Oreilles
„ faits d'une matière précieuse, pour apprendre aux hom-
„ mes que la Divinité voit & entend tout. Ils placent aussi
„ dans

CHANDELIERS. *Discours XXXVIII.* 505

„ dans leurs Temples les figures d'un Bœuf, d'un Cheval,
„ d'un Lion & d'un Homme. Le Lion est l'emblême de
„ la Force : le Bœuf l'est des Fruits de la terre, que Dieu
„ accorde à la culture & au travail : le Cheval de la Généro-
„ sité & de la Grandeur d'Ame : l'Homme de l'Industrie,
„ & des Arts utiles à la vie. [19] Et dans les jours de Fête,
„ ils portent quatre petites figures d'or, qu'ils appellent * *les*
„ *quatre Lettres.* Ce sont deux Chiens, un Ibis, & un Ai-
„ gle. Les deux Chiens sont le symbole des deux Hémis-
„ phères que le Soleil éclaire tour-à-tour, qu'il réchauffe &
„ qu'il conserve. L'Aigle est l'image du Soleil quand il est trop
„ ardent : c'est alors qu'il cause des maladies contagieuses,
„ parce que les exhalaisons de la terre sont trop abondantes.
„ L'Ibis est l'emblême de la Lune, qui tour-à-tour se mon-
„ tre & se cache, & qui par-là imite le plumage de l'Ibis,
„ mêlé de blanc & de noir ".

Le Philosophe [20]. Porphyre parle aussi du Culte des Egyptiens, & allegue une raison des symboles qu'ils plaçoient
dans leurs Temples, qui leur fait beaucoup d'honneur. „ Ils
„ vouloient, dit-il, apprendre par-là aux hommes, que la
„ Divinité regne sur le monde universel, & qu'elle étend ses
„ soins sur toutes ses créatures, même les plus viles & les
„ plus méprisables en apparence. C'est pour cela qu'ils y pla-
„ çoient des figures composées, dans lesquelles ils unissoient
„ à des corps humains, la tête ou les pieds de quelque Ani-
„ mal." Il y a quelque chose de grand & de beau dans ce
Culte. Et la preuve qu'il y a du grand & du beau, c'est que
Dieu † a bien voulu adopter [21] cet usage, & le faire entrer
dans la Religion qu'il a préscrite à son Peuple. Car tout
étoit symbolique & significatif dans le Culte Lévitique. Le
Temple & ses différentes parties, le Chandelier & ses sept
Lampes, la Table des pains de proposition, l'Autel des parfums, l'Arche, les Chérubins, les Habits des Sacrificateurs,
le Service qu'ils rendoient à Dieu ; tout avoit sa signification,
& représentoit d'une manière emblématique, soit la Divinité, ses perfections, ses soins envers les hommes & les animaux ; soit le monde, & ses différentes parties ; soit les Anges, leur pouvoir, & le gouvernement qu'ils exercent sous
l'Autorité de Dieu ; soit enfin les Hommes, leurs besoins,
leurs

---

* Clément Alexandrin explique ailleurs les quatre manières d'écrire des Egyptiens. *La commune,*
la sacrée, la hiéroglyphique & l'énigmatique.
† On en voit la preuve dans les *Chérubins*, qui étoient des figures composées, & toutes semblables à celles que les Egyptiens plaçoient dans leurs Temples. Pour s'en convaincre, il n'y a
qu'à lire les endroits où Moïse, Ezéchiel & S. Jean décrivent les Chérubins.

leurs hommages, & leur reconnoissance envers Dieu. On peut voir [22] dans Josephe, ce qu'il dit sur-tout cela, pour justifier le Législateur des Hébreux. Philon, S. Jerôme, Clément d'Alexandrie, s'attachent de même à expliquer les vûës de Moïse.

Il faut donc convenir que les Juifs étoient accoûtumez aux figures & aux représentations symboliques de la Divinité & de ses Ministres, & qu'ils avoient emprunté cet usage des Egyptiens. On trouve même parmi ces derniers des descriptions tout-à-fait [23] semblables à celle que S. Jean a tracée du Fils de Dieu. Et l'usage que nous devons en faire, c'est de penser à J. Christ, de l'adorer, de le bénir du sacrifice qu'il a offert à Dieu, & des soins qu'il daigne prendre de son Eglise ; de nous consoler de nos maux présens, dans la ferme espérance que ce même Jesus qui est sorti du tombeau, & monté dans le ciel, tient les clefs de la mort & du sépulcre, & qu'il nous tirera de la poussiere, pour nous élever dans l'heureux séjour où il est placé pour jamais, pourvû que nous lui soyons fidéles.

F I N.

T A.

TABLE

DES PASSAGES DE

L'ECRITURE SAINTE,

Qui font expliquez, ou citez dans les

XXXVIII. DISCOURS

De ce Sixième Volume.

GENESE.

Chap.	Vers.		Pag.
VI.	3. 4.		398
VII.	4. 12.		274
X.	21.	& fuiv.	236
XII.	6.		129
	46.		243
XIX.	3.		308
XX.	5.		38
XXII.	4.		133
XXIII.	52.		142
XXVIII.	11.		52
	16.		57
XXXIII.	11.		308
XXXIV.	63.		439
XXXVII.	19.		285
XLV.	3. 4.		398

EXODE.

XII.	7.		68
	11.		122
	27.		118
	28.		116
XIII.	1.	& fuiv.	495
	9.16.		100
XIV.	10.	& fuiv.	406
XVII.	16.		6
XVIII.	13.		96
XIX.	1.	& fuiv. 351. 393. 496
XXIII.	4.		7
	18.		118
	22.		379
	32.		458
XXIV.	18.	& fuiv.	274
XXX.	3. 14.		88
XXXIII.	1.	& fuiv.	344

LEVITIQUE.

VII.	6.	116
	19.	119
VIII.	31.	458
IX.	22.	343
X.	6.	165
XIX.	18.	3.5.
	22.	238

LEVITIQUE.

Cap.	Vers.		Pag.
XX.	10.		24
	18.		37
XXI.	10.		165
XXIII.	40.		76
XXIV.	10.	& fuiv.	370
	14.	& fuiv.	378
XXVI.	1.	& fuiv.	37
	12.		498

NOMBRES.

V.	14.	& fuiv.	24
IX.	6.		118
XIV.	6.		165
XV.	38.		100
XXI.	1.	& fuiv.	439

DEUTERONOME.

VI.	5.		3
XII.	2.	7.	100
	12.		228
	21.		29
XVI.	5. 6.		118
	16.		351
XVIII.	18. 19.		304
XXI.	22.		243
	23.		378
	27.		216
XXII.	2.	7.	110
XXV.	19.		6
XXXII.	22.		24
	43.		153
XXXIII.	25.		500

JOSUE.

IV.	19.	68
VII.	6.	165

JUGES.

X.	4.	70
XII.	14.	70

JUGES.

Cap.	Vers.	Pag.
XIV.	14.	285
XVIII.	24.	287

I. DE SAMUEL.

I.	1.	& fuiv.	249
VII.	7. 9.		447

II. DE SAMUEL.

XII.	11.		84
XV.	23.		132
XIX.	1.	& fuiv.	393
	16.		70
XXI.	17.		54

I. DES ROIS.

VIII.	6.		119
XVIII.	2.	& fuiv.	447

II. DES ROIS.

V.	12.		43
IX.	13.		76
XVIII.	1.	& fuiv.	371
XIX.	1.	& fuiv.	165
	35.		268

I. DES CRONIQUS
OU
PARALIPOMENES.

V.	6.	119
XVII.	13.	56

II. DES CRONIQUS
OU
PARALIPOMENES.

XXIV.	17.	118.	119
	21.		112
XXXII.	1.	& fuiv.	371
	30.		120

TABLE DE PASSAGES

NEHEMIE.

Cap.	Vers.	Pag.
II.	14. 15.	220

PSEAUMES.

Cap.	Vers.	Pag.
VIII.	3.	81
XVII.	40.	498
XVIII.	5.	78. 448
	6.	78
XXII.	1. 7. 8. 9. 13. 14. 16.	137.228.305
	19.	138
XXXI.	6.	501
XXXII.	9.	115
XXXIII.	9.	63
XXXIV.	5. 6.	446
XLVII.	34.	500
LXIII.	6.	121
	7.	56
LXVII.	1. & suiv.	343
LXVIII.	1. & suiv.	343
LXIX.	10.	16
	17.	330
	22.	220
LXXVI.	6.	258
CII.	3. 4. 5. 6.	411
CX.	1. & suiv.	305
CXI.	1. & suiv.	125
CXVIII.	1. & suiv.	218. 305
	15. 19. 20.	79. 80
	24.	75
	25.	79
CXXVI.	1. & suiv.	412

PROVERBES.

Cap.	Vers.	Pag.
I.	17.	91
XXXI.	6.	222

ECCLESIASTE.

Cap.	Vers.	Pag.
VII.	11.	230
XLVIII.	1. & suiv.	311

ESAYE.

Cap.	Vers.	Pag.
VI.	1. & suiv.	503
IX.	5.	213
X.	2. &c. jusqu'à 12.	307
XXX.	21.	496
XXXVII.	1. & suiv.	165
XLI.	4.	439
XLIV.	6.	496
LIII.	1.	306
	9.	256. 307
LVI.	7.	82

JEREMIE.

Cap.	Vers.	Pag.
V.	7.	108
VII.	11.	82
XXVII.	1. & suiv.	874

EZECHIEL.

Cap.	Vers.	Pag.
I.	1. & suiv.	503
XVIII.	1. & suiv.	37
	23.	27
XXXVI.	1. & suiv.	371. 407
XXXVII.	36. & suiv.	407
XXXVIII.	1. & suiv.	407

DANIEL.

Cap.	Vers.	Pag.
IV.	23.	439
VI.	22.	485
	9.	499
	13. 14.	164
IX.	25. 27.	305
XII.	3.	500

OSEE.

Cap.	Vers.	Pag.
II.	8. 15.	63

AMOS.

Cap.	Vers.	Pag.
VIII.	9.	236
IX.	6.	214

JONAS.

Cap.	Vers.	Pag.
IV.	8.	135

ZACHARIE.

Cap.	Vers.	Pag.
I.	1. & suiv.	112
IX.	4.	74

I. DES MACCABEES.

Cap.	Vers.	Pag.
II.	24. & suiv.	92
XV.	1. & suiv.	378

II. DES MCCABEES.

Cap.	Vers.	Pag.
III.	16. 17.	150

St. MATIEU.

Cap.	Vers.	Pag.
I.	19.	29
III.	11.	356. 357
	17.	168
V.	1. & suiv.	456
	14. 15. 16.	500
	39.	159
	44.	498
VI.	1. 99.	456
	2. 5. 16.	99
VII.	1. & suiv.	458
	6.	163
	29.	99
VIII.	7.	308
	21. 27.	372
IX.	13.	8
	18. 19.	362
	24.	48
X.	28.	298
	40. 41. 42.	345
XI.	7.	167
	9.	167
	11. & suiv.	82
	25. & suiv.	104
	46. & suiv.	140
XII.	24.	105
	39.	164
	40.	273
XIII.	5.	136
	31. 32.	440
	38. 39.	373
XIV.	1.	161. 373
	2. & suiv.	373
	13.	158
	15.	25
	19.	309
	25.	25
	26.	315
XV.	11.	437

St. MATHIEU.

Cap.	Vers.	Pag.
	30.	178
XVI.	2.	501
	5.	404
	8.	381
	16.	56
	21.	174. 274
	22. 23.	174
	25.	53
	28.	164
XVII.	1.	133
	10.	99
	23.	274
	24. 27.	89
XX.	19.	186
	21.	136
	23.	134. 403
	29. 34.	67
XXI.	4.	95
	5. 7.	70
	8.	75
	12.	82
	14.	80. 82
	16.	80
	28. & suiv.	84
	33. & suiv.	84
	42.	60
XXII.	1. & suiv.	83
	15.	1. 84
	16.	85. 87
	17.	88
	18.	91
	21.	95
	22.	84
	23. 34. 35.	186
	44.	3
XXIII.	1. & suiv.	95
	15. 16. 22.	107
	23.	103. 108
	24. & suiv.	109. 165. 184
	30. 31.	110
	32. 36.	111
	37. 39.	115
	43.	286
XXIV.	15. 21.	219
	36.	141
	46. & suiv.	155
XXV.	62.	162
XXVI.	3.	186
	6. 14. 132.	214
	12. 16. 17. 105.	120
	18. 105. 117.	120
	22.	122
	26.	126. 127. 201
	27.	128
	28.	127. 135
	30.	115. 125
	34.	168. 221. 222
	36.	131. 133. 140
	37.	135
	38.	131
	39.	136. 140
	41. 42.	145
	44.	149
	45.	146
	46.	131
	51.	167
	52.	115
	57.	162. 168. 174
	58.	59. 60. 61. 160
	63.	163. 166
	64.	163. 164. 166
	65.	164. 165
	66.	164. 165. 167. 186
	68.	206
	69.	162. 168
	70. 71. 72.	169

EVAN-

DE L'ÉCRITURE SAINTE.

ÉVANGILE DE SAINT MATHIEU.		ÉVANGILE DE SAINT MARC.		ÉVANGILE DE SAINT LUC.	
Cap. Vers.	Pag.	Cap. Vers.	Pag.	Cap. Vers.	Pag.
73.	170	42.	131	26. 27. 28.	3
XXVII. 11.	182	47.	167	29.	5
12.	187	50.	167. 168	30.	6
13. 14.	182	53.	167	31.	7
15. 19. 21. 22.	194	54.	167. 168	33. 34. 35.	10
24.	195	55. & suiv.	155	36. 37.	11. 12
25.	182	63.	155	38.	13
26.	198. 199	66.	167	40. 41.	15
27.	205	V. 67.	168	42.	13
28.	206	68. 69.	169	XI. 13.	302
29.	208	72.	170	17.	99
30.	205. 208	XV. 1. 182. 184.	263	38.	109
31.	212	2. 3.	194	44.	257
32.	212. 213	4. & suiv.	182	47.	116
33. & suiv.	220	15.	198	51.	141
40.	231	16. 17.	205	56.	105
41. 42. 43.	250	18.	212	XII. 13. 14.	32
45.	229. 236	19.	205	50.	122
47.	238	21.	213. 214	XIII. 1. & suiv.	32
50.	239	22.	220	28.	275
51.	241. 242	23. & suiv. 212. 221. 222		33. & suiv.	192
52. 53.	241	27.	206	49. 55.	275
54.	201. 242	31.	231. 250	XIV. 2.	264
55. 56.	47	34.	237	31.	266
57.	248. 250. 251	36.	238	XVIII. 11. 12.	130
58. 59.	248	37.	239	31.	186. 301
60.	256	39.	229. 230	32. 33.	301
61.	254	40.	230	XIX. 7.	122
62. & suiv.	262	41.	220	9.	67
XXVIII. 1.	263. 275	42.	248. 251	29. & suiv.	67
3.	264	43.	248	37.	77
4.	264. 282	44.	239. 250	38.	80
5.	261. 278. 282	46.	256	39. 40.	81
6.	278. 279	XVI. 1.	275	41.	69. 152
7.	275	2.	264	42. 43. 44.	69.
9.	284. 294	3.	276	XX. 15.	117
10.	282. 294	4.	277	20.	84
11. & suiv. 261. 268		5.	282	22.	158
16.	282	6. 277. 278		26.	84
20.	498	8.	281	XXI. 37.	132
38.	226	9. 266. 283. 284		XXII. 6.	279
XXXIII. 24.	8	12. 294. 295. 312		7.	120. 279
		13.	294. 312	8. 10.	120
ÉVANGILE DE SAINT MARC.		14.	319	14. 15.	122
		17.	357	16.	123
		18.	489	17.	125
III. 16. 17.	133	19.	347	19.	126
V. 38.	144	39. 41.	312	20.	127. 128
VI. 9.	308	XXIV. 14. 17.	223	24.	125.
VII. 3.	497	22.	156	35.	144
IX. 4. 5.	308	23.	308	39.	131
XI. 1. & suiv. 67. 68		32.	131	41.	140
8.	75	33. & suiv.	135	43.	140. 152
10.	80	42.	131	44. 135. 149. 150. 156	
XII. 14.	88			46.	140
28.	99	**ÉVANGILE DE SAINT LUC.**		49. 51. 54.	167
XIV. 3.	14. 254			56.	168
4. & suiv. 132. 277				57. 58.	169
12.	115. 120	I. 27.	208	60. 61.	170
14.	121. 149	II. 44. & suiv.	156	63. 65.	166
17.	122	III. 8.	81	66. & suiv. 155. 166	
22.	116	VI. 13.	291	67. 68.	162
26.	115	VII. 7.	54	69. 70. 71.	155
32.	131	37. 46. 47		XXIII. 1.	182
33.	135	VIII. 2. 46. 47. 274		2. 158. 186	
35.	136	3.	275	5. 158. 186. 191	
36.	142	19.	256	6.	192
37.	144	X. 25.	1. 2	7.	69. 83
				8.	192
				11.	69
				12. 69. 86. 193	

Tome VI.

TABLE DES PASSAGES

EVANGILE DE SAINT LUC.

Cap.	Vers.	Pag.
	13.	193
	15.	69. 249
	16.	198
	18.	242
	26.	212. 213
	27.	208
	28.	216
	31. 214. 215.	219
	32. 212. 214.	215
	33. 34.	229
	35. 36.	230
	39.	231. 232
	40.	231
	42.	232
	43.	234
	44. 234.	235
	45.	236
	46.	239
	47.	201
	50. 51.	248
	52. 151. 248.	252
	53. 256.	253
	54.	263
XXIV.	1. 2.	275
	3. 4. 277. 279.	282
		283
	5.	278
	6. 7.	279
	8.	280
	9. 280.	281
	11.	281
	13. 14. 294.	295
	15. 16.	295
	17. 18.	296
	19.	297
	22. & suiv.	283
	25.	300
	26.	301
	27.	302
	34. 35.	294

EVANGILE DE SAINT JEAN.

Cap.	Vers.	Pag.
I.	3.	496
	29.	115
	52.	152
II.	19. & suiv.	161
III.	1.	252
	14.	186
IV.	1. 2. & suiv.	161
	20. & suiv.	373
	35.	351
	41.	291
V.	8.	44. 240
	14.	39
	22.	164
VI.	15.	186
	33.	55
	40.	55. 56
	48.	55
	49. 50.	56
VII.	1. & suiv.	23
	10. & suiv.	23
	30.	25
	41.	24. 25
	42. &c. jusqu'à 53.	23
VIII.	1. 2.	23. 132

EVANGILE DE SAINT JEAN.

Cap.	Vers.	Pag.
	3. 4. 5.	23
	6. 7.	26
	8.	31
	10.	37
	11.	23. 37
	50.	50
IX.	1.	35
	3.	35. 40
	4.	41. 50
	5.	35. 42
	8.	35
	14.	35
	16.	105
	39.	40
X.	2.	36
	6.	24. 16. 42
	7.	42
	9.	31
	18.	239
	22. 40. 41. 42.	46
XI.	1. 46.	265
	2. & suiv.	46
	6. 8.	49
	9. 10.	50
	11. 52.	313
	12. 14. 15.	52
	21.	54
	22.	106
	23. 24.	55
	25. 14.	55
	26.	55
	28. 56.	173
	30.	47
	31.	163
	33.	57
	35.	58
	38.	257
	40.	47
	41.	62
	42. 62.	146
	44.	46
	45.	13
	46. 13.	156
	47.	66
	48. 66.	156
	52.	265
	54.	13
XII.	1. 2. 13.	67
	3. & suiv. 14. 46.	47
	9.	68
	12. 67.	75
	13.	75
	16.	83
	17.	77
	18. 67.	77
	25.	13
	27. 135. 136.	154
	28. 137.	154
	33.	231
	82.	186
XIII.	1. & suiv. 103. 115.	
	116. 125.	132
	18.	115
	27.	116
	38.	132
XIV.	1. & & suiv.	132
	5.	314
	13.	146
	22.	205
	31. 38.	132
XV.	1. & suiv. 131. 132	

EVANGILE DE SAINT JEAN

Cap.	Vers.	Pag.
	15.	291
	25. 26. 27. 131. 132	
XVI.	1. & suiv. 131. 132	
	6.	292
	8. & suiv.	340
	28.	347
	30. 31. 131. 132	
	32. 131. 132. 313	
XVII.	1. 2. 62. 131. 132	
	3. & suiv. 20. 191. 483	
	19. 20.	250
	26. 131. 132	
XVIII.	1. 2. 131. 132	
	8.	155
	10. 167. 174	
	11. 167. 174. 222	
	13. 14.	156
	15. 16. 167. 168	
	17.	168
	19.	157
	20. 21.	158
	23.	159
	25. 26. 27.	167
	28. 116. 182. 184	
	29.	185
	31. 159. 186	
	32.	186
	33. 34.	188
	35. 189. 190. 191	
	36.	189
	37. 39. 167. 190	
XIX.	1. & suiv. 166. 199.	
		205
	2.	216
	4. 199. 203	
	5. 200. 203	
	6. 7. 8.	200
	10.	196
	14. 210. 234	
	16.	210
	17. & suiv. 211. 213	
	19. 22.	227
	26. 27.	230
	28.	338
	29. 221. 238	
	30. 239. 252	
	31. 241. 243	
	34.	240
	37. 164. 210	
	38. 39. 40.	248
	41. 256. 257	
	42.	248
XX.	1. & suiv. 264. 283	
	6. 7.	279
	11. & suiv.	284
	12. 278. 282	
	15.	280
	18.	284
	19. & suiv. 179. 200	
	24. 30.	313
XXI.	2.	313
	15.	280
	19. & suiv.	179

ACTES DES APOTRES.

I.	6. 7. 8.	339
	9.	352

ACTES

DE L'ECRITURE SAINTE.

ACTES DES APOTRES.

Cap.	Vers.	Pag.
	16.	339
	18.	353
II.	1. & fuiv. 350.	398
	10.	214
	23. 24. 27. 28.	279
	36.	164
	46. 47.	460
III.	1. & fuiv.	398
	9. 18.	353
IV.	29. & fuiv.	449
V.	19. 266.	405
	30.	273
	37.	158
	38. 39.	273
	40.	112
VI.	1. & fuiv.	140
	22.	298
	25.	299
	35. 299.	305
	60.	140
VIII.	1. & fuiv.	383
IX.	1. & fuiv.	385
	40.	140
X.	9. & fuiv.	493
	10. 11.	379
	34. 35.	484
	45.	433
XI.	23. 24.	279
	28. 29. 30.	401
XII.	2.	412
	9.	494
	17. 18.	413
XIII.	1. &c. jufqu'à 11.	413
	16.	96
XIV.	7. 8. 165.	272
	9.	499
	10. 11. 12.	426
	13. & fuiv.	118
XVI.	1. 2.	387
	15.	308
	23. &c. jufqu'à 34.	445
XIX.	6.	352
	31.	476
XX.	1. &c. jufqu'à 12.	157
	22.	478
	36. & fuiv.	140
XXI.	1. &c. jufqu'à 14. 328.	469
	15.	367
	18. 19.	478
	20. 458.	478
	24.	328
XXII.	1. 2. 3.	485
	4.	131
	20.	385
	21.	407
XXV.	19.	272
XVI.	8.	272
XXVIII.	1. &c. jufqu'à 6.	481

EPITRE AUX ROMAINS.

Cap.	Vers.	Pag.
I.	19. 20.	40
	32.	423
II.	1. 2. 3.	30
	19. 104.	166
	20.	104

Cap.	Vers.	Pag.
III.	8.	157
	23.	3
VI.	3.	34
	4. & fuiv.	48
	10.	279
VIII.	26.	143
	27.	49
	37.	143
XI.	33.	401
XIII.	4.	501
XV.	25. 26. 27.	479
	30. 31. 32.	474
XXI.	4.	501
	13.	361

PREMIERE EPITRE AUX CORINTHIENS.

Cap.	Vers.	Pag.
II.	15.	59
	21.	39
IV.	25.	104
V.	7.	118
VIII.	5.	496
X.	10.	118
	16. 17. 127.	130
	25.	437
XI.	16. & fuiv.	460
	23. 24.	126
	25.	129
	28.	127
XII.	5.	112
	8.	149
XIV.	16.	126
XV.	5.	294
	6.	282
	7.	295
	23.	257

SECONDE EPITRE AUX CORINTIENS.

Cap.	Vers.	Pag.
V.	21.	137
XI.	24.	202
XII.	9. 10.	40
XIII.	3.	387
	4.	279

EPITRE AUX GALATES.

Cap.	Vers.	Pag.
II.	3.	428
	9.	133
III.	13.	137
	17.	226
	2.	428
	15.	104
VI.	10.	42

EPITRE AUX EPHESIENS.

Cap.	Vers.	Pag.
I.	21. & fuiv.	346
IV.	11. 104.	112

EPITRE AUX PHILIPIENS.

Cap.	Vers.	Pag.
I.	67.	497
II.	6. 62.	208
	7.	216
	9.	213
	27. 30.	135

EPITRE AUX COLOSSIENS.

Cap.	Vers.	Pag.
I.	16.	345
III.	2.	202
IV.	9.	425
	14.	460

PREMIERE EPITRE À TIMOTHÉE.

Cap.	Vers.	Pag.
II.	5.	426
VI.	6.	379
	13.	190
XV.	12.	50

SECONDE EPITRE A TIMOTHÉE.

Cap.	Vers.	Pag.
I.	11.	54

EPITRE A TITE.

Cap.	Vers.	Pag.
II.	7.	500

EPITRE AUX HEBREUX.

Cap.	Vers.	Pag.
IV.	15.	59
V.	7.	143
VII.	4.	115
	25.	115
	26. 59.	115
	27. 28.	115
IX.	7. 12.	345
XI.	37. 38.	488
	40.	142
XII.	2. 137.	142
	21.	393
XIII.	11. 12.	23

PREMIERE EPITRE DE SAINT PIERRE.

Cap.	Vers.	Pag.
V.	4.	210

512   TABLE DE PASSAGES DES L'ECRITURE SAINTE

SECONDE EPITRE
DE
SAINT PIERRE.

Chap.	Vers.	Pag.
1.	6. 7.	498
	13.	336
II.	20.	34

PREMIERE EPITRE
DE
SAINT JEAN.

I.	3.	3

PREMIERE EPITRE
DE
SAINT JEAN.

Cap.	Vers.	Pag.
II.	13.	104

EPITRE
DE
SAINT JAQUES.

II.	2.	434
	6.	390

EPITRE
DE
SAINT JAQUES.

Cap.	Vers.	Pag.
	10.	302
V.	13.	448

APOCALYPSE.

I.	6.	129
	9. 20.	493
II.	10.	135
III.	20.	121
VI.	18.	497
VI.	9. 10.	78

PREU·

PREUVES DES CITATIONS DU SIXIEME VOLUME.

DISCOURS PREMIER.

1. Joseph. *De Bell. Jud.* lib. II. c. VIII. § 14. & Matth. XXII. vf. 23.
2. Les Philosophes du Paganisme n'ont pas ignoré, que l'Amour de Dieu & l'Amour du Prochain étoient l'essentiel de la Religion : *Ceux qui veulent être immortels*, disoit Antisthene, *doivent vivre dans la Pieté & la Justice*. La Pieté renferme l'Amour de Dieu, & la Justice la Charité. Τὸ θνηκομένοις ἀθανάτους εἶναι, ἰὸν δεῖν ζῆν ὁσιῶς καὶ δικαίως. Diog. Laert. lib VI. §. 5. p. 319. Sextus le Pythagoricien a dit , que „ l'Homme doit „ aimer son semblable , & Dieu plus que sa „ propre Ame". *Dilige omne quod ejusdem tecum naturæ est , Deum verò plusquàm animam dilige.* Sext. Pythagoric. pag. 648.
3. Voyez Matth. v. vf. 47. & suiv.
4. Voyez la remarque de Grotius, sur Matth. v. 47. & celle de Simon sur le même verset, dans sa Version du N. Testament.
5. „ Tu n'useras point de vengeance, & tu ne la „ garderas point aux enfans de ton peuple : „ mais tu aimeras ton Prochain comme toi- „ même". Cela est confirmé par le verset qui précede : „ Tu ne haïras point ton frere „ dans ton cœur. Tu reprendras avec soin „ ton prochain , & tu ne souffriras point de „ péché en lui". Lev. XIX. 17. 18.
6. Voyez Grotius in h. l.
7. Le Lecteur peut consulter Reland. *Palæst. Sac.* lib. II. p. 509. & Lib. III. p. 830. Je Sçavant cite les Auteurs anciens qui confirment tout ce qu'il avance. On peut voir aussi Josephe , *de Bell. Jud.* lib. IV. c. VIII. où cet Historien fait une belle description de la situation de cette Ville, & de l'admirable fertilité de son territoire.
8. Joseph. *de Bell. Jud.* lib. I. cap. x. §. 5. & *Antiq.* XIV. 9. § 2.
9. Voyez Reland. *Antiq.* Pars II. *De Personis sacris* cap. VII.
10. Voilà certainement la véritable source de la compassion : elle naît de l'*Amour naturel* que le Créateur a imprimé dans le cœur de l'Homme pour ses semblables. Car, comme le dit fort bien un des plus grands Philosophes ; L'*Homme est naturellement ami de l'Homme.* Ὁ ἄνθρωπος τῷ ἀνθρώπῳ φύσει φίλον. Arist. Eth. VIII. 1. De-là le précepte de S. Paul ; „ Ayez , dit-il, les uns pour les au- „ tres l'amour que la nature nous inspire , „ & vous aimez comme freres". Τῇ φιλαδελφίᾳ εἰς ἀλλήλους φιλόστοργοι. Rom. XII. 10. Ce sont les passions vicieuses qui étouffent cet amour. Qu'il me soit permis d'ajouter ce bel endroit de *Ciceron* , qui confirme ce que l'on a dit. „ Il n'y a rien de plus vrai que „ ce beau mot de Platon, que nous sommes „ nez pour notre Patrie & pour nos amis , „ aussi-bien que pour nous-mêmes, & que , „ comme disent les Stoïciens , si les produc- „ tions de la terre sont pour les hommes , les „ hommes eux-mêmes sont les uns pour les „ autres , c'est-à-dire pour s'entre-aider, & „ se faire du bien les uns aux autres : Nous „ devons tous entrer dans les desseins de la „ nature , & suivre sa destination ; mettant „ chacun du nôtre dans le fonds de l'utilité „ commune , par un commerce réciproque „ & perpetuel d'offices & de services, n'é- „ tant pas moins empressez à donner qu'à „ recevoir, & employant non seulement nos „ soins & notre industrie , mais nos biens „ mêmes , à serrer, pour ainsi dire , de plus „ en plus les nœuds de la Société humai- „ ne ". Cic. *de Offic.* lib. I. c. VII. J'ai suivi la traduction de Du Bois.
11. Orig. Comm. in Joh. Tr. XXVI. p. 328.

DISCOURS II.

1. Voyez un bel endroit là-dessus, dans le II. Alcibiade de Platon pag. 459.
Je me contenterai de rapporter 1°. L'excellent mot d'*Hiérocles* : Il *n'est point d'endroit qui convienne mieux à la Divinité, qu'une ame pure.* Ψυχῆς καθαρᾶς τόπον οἰκειότερον ἐπὶ γῆς Θεὸς οὐκ ἔχει. Hierocl. in Carm. Aur. p. 25. 2°. Ce que dit Ciceron, ... *Quod autem pietatem adhiberi , opes amoveri jubet Lex , significat pietatem esse gratam Deo , sumptum esse removendum.* Cic. *de Leg.* lib. II. p. 324. Ajoutons ce bel endroit de Perse Satyr. II. vf. 68. & seq.

*— — — — — — — — At vos
Dicite, Pontifices, in sancto quid facit aurum?
Nempe hoc quod Veneri donatæ à virgine pupæ.
Quin damus id Superis , de magnâ quod daret lance
Non possit magni Messalæ lippa propago :
Compositum jus fasque animi , sanctosque recessus
Mentis, & incoctum generoso pectus honesto?*

2. Plaçons ici un bel endroit de la vie d'*Anaxagore.* Comme il s'étoit dépouillé de tout son bien en faveur de ses parens, pour s'abandonner à l'étude de la Nature , quelqu'un lui ayant demandé : *S'il ne se souciait donc plus de sa Patrie ?* Montrant le ciel du doigt ; il répondit : *Qui ? Moi ? Que j'oublie ma Patrie ; c'est elle qui m'occupe tout entier.* Ὅτι μοὶ ἡγὲ τ᾽ τιμοῦ, οὐδὲν μοι μέλει τῆς πατρίδος ; Εὐφήμει , ἔφη , ἐμοὶ γὰρ καὶ σφόδρα μέλει τ᾽ πατρίδος, δείξας τ᾽ οὐρανόν, Laert. lib. II. § 7. p. 83.

3. *O curas hominum! O quantum in rebus inane!* Persii Satyr. I. vf. 1.

4. Voyez

4. Voyez la belle Satyre d'*Horace*, où il rappelle les hommes à la moderation & à la frugalité, pour les rappeller à la vertu & à la Félicité. Sat. II. Lib. II. *Quæ virtus, & quanta, boni, sit vivere parvo*, &c.
   Socrate a refusé les présens, disant que la nourriture la plus simple, & la boisson la plus commune, étoient les plus agréables, & que moins on avoit de besoins, plus on approchoit de la Divinité. Μάλιϛ́ά τι ἐδυνα διετηκωῄσ̓θαι καὶ ἐλεγεν, ἡδιϛα ἐϟθίων, ἡκιϛα ὄψν πϱοϛδείϛθαι· καὶ ηδιϛα πίνων, ἡκιϛα τὸ μὴ παϱὸν ἀναμένειν· καὶ ἐλαχίϛων δεόμεν⸪, ἔγγιϛα εἶναι Θεῶν. Laert. lib. II. § 27. p. 96.
5. *Phil. de congressu quærendæ eruditionis gratiâ*, p. 335.

DISCOURS III.

1. Ἐπαυσθνήσων. *Tam manifestè, ut negari non possit. Vox est Græca forensis.* Grotius. *Ælianus totidem ferè verbis utitur.* Hist. Animal XIV. 3. Μοιχευομένης γυναίκα ἐπ' ἀυτοφώρῳ καταλαβών. *Ceterùm non plenam esse locutionem,* ἐπ' ἀυτοφώρῳ, *sed per vocem* ποιούμαι *supplendam conjicit Cl. Schurtgenius ad Bossium de Ellipsi,* p. 166. Wolf. in h. l.
2. On les peut voir dans Cornelius à Lapide, & dans les autres Commentateurs Catholiques Romains.
3. *Non dixit, Ne lapidetur; ne contra Legem dicere videretur. Abist autem ut diceret, Lapidetur. Venit enim non perdere quod invenerat, sed quærere quod perierat. Quid ergo respondit? Videte quàm plenum sit justitia, plenum mansuetudine, plenum veritate.* August. in Joh. Tract. XXXIII.
4. Ἰην ῆ τῷ δήμῳ Σίμων μή' ἔξωθεν Ῥωμαίων φοβερώτεϱ⸪, οἱ ζηλωταὶ ῆ ἔνδον ἑκατέρων χαλεπώτεροι .... πέδον ῆ ἡμιν αἰχμηρὸς ἀπόλαυστος, ἠ ἡ πλουσίων οἴκων ἔρευνα, φόνϛ τε ἀνδρῶν ἠ γυναικῶν ὕβρις ἐπαίζοντο .... ἠ μετ' ἀδείας ἐντελειωθῶν τῇ πόλει, ἐντελευθέντων ἡ δεινη πορνεία τῆς πόλεως, καὶ πᾶσαν ἀκαθαρτον ἐμίαινον ἔργοις. Joseph. de Bell. Jud. lib. IV. cap. IX.
5. Ἀλλ' οἴμαι κατέχοντας ἢ Θεὸς τε μεμιασμένης τ' πόλεως ἀπολιπεῖν, ᾗ πυρὶ βυλήσεσθαι ἐκκαθαιρθήναι τὰ ἅγια, τὰς ἀντηρμένες αὐτῶν, ᾗ φιλοεργοῦντας τυραννίαν. Id. de Bell. Jud. lib. IV. c. V.
6. Plin. Lib. VIII. epist. 22. On se sert de la traduction de Sacy.
7. Je ne puis m'empêcher de remarquer, que *Caton* a dit la même chose, quoiqu'en d'autres termes. *J'aimerois mieux*, dit-il, *qu'on ne fût pas sensible à mes bienfaisits, que si l'on me pardonnoit mes fautes. Je veux être indulgent pour tous les pécheurs; mais je ne veux point d'indulgence.* Plut. Apopht. p. 198.
8. Tous les Commentateurs Critiques traitent amplement cette question. Mr. *Simon* l'a examinée en particulier dans le chap. XIII. du I. Tome de son *Histoire Critique du N. Testament,* & dans sa *Réponse à Mr. Arnaud,* qui est à la fin du III. Tome.

DISCOURS IV.

1. Conferez Ezech. XVIII. 6. *Philon* a fort bien expliqué les raisons physiques de cette Loi: *Menstruorum tempore, maritus uxorem ne contrectat .... Legibus naturæ in hoc obtemperans; nec committat, ut propter voluptatem intempestivam, fœtus minus absoluti in lucem veniant*, &c. Phil. de Spec. Leg. p. m. 603.
2. Ces deux sentimens, je veux dire la *Préexistence des Ames, & leur Transmigration* en d'autres corps, étoient fort en vogue parmi les Payens. La première opinion étoit celle des Philosophes *Platoniciens*, & la seconde des *Pythagoriciens*; & plusieurs Peres ont cru que les Apôtres étoient dans ces idées. Ce qu'il y a de certain, c'est que *les Esseniens*, Secte fort nombreuse, croyoient la Préexistence des Ames. *Ils étoient persuadez*, dit Josephe, *que les Ames étoient immortelles, & qu'elles descendoient d'un Air pur, pour être embrassées dans des corps.* De Bell. Jud. lib. II. cap. VIII. Passage qui n'a pas été exactement rendu par Mr. d'Andilly. *Philon* a proposé ce sentiment dans plus d'un endroit de ses Ouvrages. Il a cru *que l'Air étoit rempli d'Etres purement spirituels; que ceux qui sont les plus proches de la terre, descendent pour être unis à des corps; mais que les plus sages, uniquement appliquez à la méditation, méprisent tout ce qui est corporel.* De Gigantib. p. m. 222. Il a cru encore, que les Ames rentroient en d'autres corps, quand elles aimoient la vie. *De Somnis.* p. m. 455. C'est le sentiment de l'Auteur du Livre de la Sagesse, que plusieurs attribuent à Philon: *Une bonne Ame m'étoit échûë;* ou plutôt: *Etant bon, j'ai eu en partage un corps pur.* Sap. VIII. 20. Les Pharisiens de même ont cru la Préexistence des Ames, & leur Transmigration en d'autres corps. Il est vrai qu'ils croyoient, que le privilege de passer en d'autres corps n'étoit accordé qu'aux Ames vertueuses; car pour celles des méchans, ils prétendoient qu'après la mort elles étoient enfermées dans des prisons pour toujours. *Joseph. de Bell. Jud.* lib. II. cap. XII. p. 787. Il paroît que Josephe a été lui-même dans ces idées. *Ibidem* lib. III. cap. 25.
3. Chrysost. Hom. LV. in Joh.
4. Plusieurs Peres ont taxé de ridicule la question des Disciples. Ils ont dit, que rien n'est plus opposé à la Justice de Dieu, que de punir les péchez des Peres sur leurs Enfans, & que la menace du Décalogue n'annonçoit rien moins que cela. *Cyrille d'Alexandrie* en particulier a été de ce sentiment. Voici comment il explique cette menace dans une de ces collections qu'on nomme les Chaînes Grecques. *Un homme désobéît à Dieu. Son fils l'imite, & fait pis encore. Ce dernier est suivi par un petit-fils, & par un arriere-petit-fils plus méchant que ses Ancêtres. Alors Dieu décharge sa colere sur celui-ci, & ne le punissant pas sur les Ancêtres, il le punit néanmoins d'une manière plus douce qu'il ne l'a mérité.* Ce que dit Cyrille, paroît fondé sur ce que Dieu dit (Gen. XV. 16.) des Amorréens, *que leurs péchez ne sont pas encore parvenus à leur comble* .... En général, les Peres Grecs se sont fort appliquez à établir la Justice de Dieu dans la punition des péchez. Aussi trouve-t-on peu de la différence entre leur Théologie là-dessus, & celle de S. Augustin.
5. Chrysost. Hom. LV. in Joh.
* 5. *La Piscine*, ou le Reservoir de *Siloë*, n'est pas le même que celui de *Bethesda*. (Jean v. 2.) Ils venoient l'un & l'autre de la même source, mais ils avoient été construits pour des usages différens. Celui de Bethesda, pour laver les chairs des victimes, & celui de Siloë, pour arroser les Jardins de Salomon; & si ce dernier porte le nom de la source, il y a de l'apparence que c'est, parce que l'on ne croyoit pas que ses eaux eussent quelque vertu; au lieu que celles de Bethesda, toutes teintes du sang des victimes, passoient pour guérir de divers maux, & de-là vient le nom de *Bethesda* que l'on donna à ce bassin, & qui signifie *Maison de miséricorde.* Voyez. Reland. *Palest.* lib. III. p. m. 858.
6. S. *Cyprien*, S. *Basile*, S. *Chrysostome*, *Théophylacte*, &c. De-là la description, que le Poëte *Sedulius* a donnée de ce miracle:

— *Inde*

―――― *Inde meatus cernit concidere cæcum,*
Qui male prægnantis delapsus ventre parentis
In lucem sine luce ruit: Tunc sanguinis ille
Conditor humani, mundique orientis origo
Imperfecta diu proprii non passus haberi
Membra corporis, natale lutum per claustra
genarum
Inlinit; hominem veteri semine supplet.
Sedul. Carm. lib. IV. vf. 251, & seqq.

7. *Judæi verò, ut Maimonides docet de Sabbatho, cap. XXV. non putabant licitum, ætate sativâ illinire de Sabbatho: unde observat Evangelista, dicm, quo visum suum Jesus restituit, fuisse Sabbathum, & ideo Pharisæos Jesum criminatos, quasi non custodiret Sabbathum.* Lamy in Append. p. m. 658.

8. *Quoties voci interpretationem adjungunt Evangelistæ, ostendunt ad ejus significatum alludi. Siloa dictum volunt Hebræi, quòd inde aqua emitteretur. At Christus, qui undique se vocat missum à Patre.* Joh. III. 17. 73. & V. 36. 38. . . . *Unde & ἀπέσταλκε vocatur* Heb. III. 1. *per hanc ἀναλογίαν ὁ ἀπέσταλκε intelligit verbum suum, verbum enuntians.* Eph. V. 26. Act. XV. 0. *Quod qui contenuerunt, iis incumbebant clades similes iis, de quibus locutus erat Esaias* cap. VIII. 6. *Id enim vaticinium iterum completum est in excidio Hierosolymorum.* Grot. in h. l.

DISCOURS V.

1. ON peut voir là-dessus, la Note 1. de Tillemont sur Marie-Magdelaine.
2. Voyez la Bibliothèque Critique du *P. Simon*, Tom. II. c. 19. p. 286. *Bernard. Lamy*, dans une Dissertation, *de natà Magdalenâ*, qu'il a inférée à la fin de son Commentaire sur l'Harmonie Evangélique. *Noël Alexandre*, Hist. Eccl. Tom. II. Diss. XVI *Basnage* Hist. de l'Eglise. à l'année XXXI. *Deylingius*, Observ. Sac. part. III. p. 231. Mr. *de Tillemont* croit, que l'opinion qui confond la Pécheresse Marie-Magdelaine avec Marie sœur de Lazare, a passé du peuple dans les Lectionnaires de l'Eglise Romaine. Mem. Eccl. Tom. II. p. 1. p. 327.
3. *Sufficit ut noveris*, dit fort bien S. Augustin sur cet endroit, *non enim amas, & deseris.* ,, C'est ,, assez de vous exposer sa maladie; car vous ,, n'abandonnez pas ceux que vous aimez." Aug. Tract. XLIX.
4. Voyez *Suicer*, in vocibus, κοιμάομαι, & ἀφυπνῶν.
5. *Hac tellure Saon requiescit Achanthius, ortus Patre Dicone; bonus dicere nolo mori.* Callim. in Maii Observ. part. IV. p. 118.
6. ,, Dieu est votre vie, & la longueur de vos ,, jours", dit Moïse Deut. XXX. 20. Voyez le Trésor Eccl. de *Suicer* Tom. I. p. 305.
7. On peut voir ce que les Anciens ont pensé sur ce *frémissement* du Fils de Dieu dans *Petau*, Dog. Th. Tom. V. p. 403. & dans *Suicer*. Tom. I. pag. 1099.
8. Voyez *Plutarque*, dans un Traité où il se propose de consoler un de ses amis: il y distingue fort bien la Sensibilité qui convient aux grandes ames, de celle qu'on peut appeller Foiblesse. La première est moderée, elle est juste, elle est fondée en raison: La seconde est excessive & mal placée. Il ajoute, que l'Insensibilité, outre qu'elle est contraire à la nature, nuiroit infiniment au bien des Societez, puisqu'elle tariroit les secours & les bons offices mutuels, qui lient les hommes entre eux, & qui adoucissent au moins leurs maux réciproques, s'ils n'y remedient pas. *Plut. de Consol. ad Apoll.* Tom. II. p. m. 102.

9. Nous allons mettre ici la note de Simon sur cet endroit. Il rapporte la traduction de la Vulgate, qui dit, *ki en avoit mis une pierre par dessus*. ,, Mais, ajoute cet Interprete, ,, ce Tombeau étant apparemment comme ,, celui de J. Christ, ou plutôt comme tous ,, les autres Tombeaux des Juifs, l'Interprè- ,, te Syriaque, que j'ai suivi, a fort bien ex- ,, primé le sens, & même les paroles, parce ,, que la préposition ἐπὶ, qui est dans le ,, Grec, ne signifie pas toujours *dessus*, prin- ,, cipalement dans le Grec des Septante & ,, des Evangélistes." Ce Traducteur moderne a suivi la remarque de *Louis de Dieu* sur cet endroit.
10. Les Versions varient sur ces mots du Grec, τεταρταῖος ἐστι, que la Vulgate a fort bien rendus par *Quatriduanus est*. Les uns traduisent; *Il y a quatre jours qu'il est mort*; Les autres: *Il y a quatre jours qu'il est -là*, dans le sépulcre. La première Traduction paroit plus littérale. Voyez les remarques de *Quistorpius*, dans *Vatier* in h. l. Mais l'un & l'autre vrai. Quand les personnes mouroient de mort subite, comme d'Apoplexie, les Juifs gardoient les corps un peu plus de trois jours, dans la crainte de les enterrer vivans, & parce que cela étoit arrivé quelquefois. Mais pour ceux qui étoient morts d'une maladie assez longue, & dont la mort étoit certaine, ils les enterroient le même jour, fondez sur cette Loi du Deut. XXI. 13. ,, Un cadavre ,, ne passera point la nuit chez vous, & vous ,, l'enterrerez d'abord". De-là cette regle de Maimonidés: ,, Il n'est permis de toucher au ,, mort, que le premier jour seulement. Il faut l'ensevelir le même jour.* De Lucta cap. I. Ainsi Lazare étant mort de maladie, il est vraisemblable qu'il fut enterré le même jour qu'il expira.
11. *Beresh. Rabba*, Fol. 114. 3. *Traditio Ben-Kaphræ: Summus vigor luctûs non est, nisi die tertio. Tribus diebus anima vagatur circà sepulcrum, expectans ut redeat in corpus. Càm verò videt quod immutatur aspectus faciei, recedit, & relinquit corpus.* Ligf. Hor. Hebr. in Joh. XI. 39.
12. Les Sçavans ont remarqué, que les LXX. ont rendu le mot Hebreu עז qui signifie *Puissance, Force*, par celui de *Gloire* (δόξα) Ef. XII. 2. XLV. 24. LXVIII. 35. & que les Ecrivains du N. Testament, qui imitent leur stile, employent les deux termes de *Gloire* & de *Puissance* (δόξα & δύναμις) comme équivalens. Voyez Rom. VI. 4. 1 Cor. VI. 14. & 2 Cor. XIII. 4.
13. *Quamvis Evangelista precatum esse conceptis verbis non referat, minimè tamen dubium est, quin præcesserit votum; neque enim alter audiri potuit. Et credibile est, inter illos fremitus, quorum meminit Evangelista, orasse, quia nihil minùs consentaneum est, quàm secùm tacitus, ut stupidi homines solent, esse tumultuatum. Nunc, impetratâ Lazari vitâ, gratias Patri agit. Porrò quod nec acceptam Patri refert hanc virtutem, nec sibi arrogat, in eo se Patris ministrum profitetur.* Calvin. in Joh. XI. 41.
14. Voyez *Steph. le Moine*, Varia Sacra p. 298. *Job. Jac. Chiffletium*, in Crisi Historicâ, de Linteis Sep. Christ, cap. VI. *Nicolaum de Sepulcris* Heb. lib. IV. cap. II. *Vossii* Harm. Evang. lib. II. c. 12. *Maimonidès* nous apprend de quelle manière les Juifs en usoient: *Abradunt pilos corporis, mox vestiunt involucris, caudido filo linen consutis, neque pretiosis. Solent sapientes adhibere sudarium, non pius denario constans, ne pudesaciant tenuiores, quibus est res angusta domi. Eâdem de causâ tegunt faciem defunctis, ne prostituantur pauperiores, quorum famelici vultus, ob alimenti penuriam, plerumque sunt deformes.* Maim. Elel. cap. IV.
15. Voyez Herodote lib. II. cap. 9.

DISCOURS VI.

1. Voyez sur la situation de cette ville, la Palestine de *Reland*, lib. 1. 56. & *Joseph.* de Bell. Jud. lib. v. 4.
2. Voyez Reland. Palæst. Sac. lib. III. p. 653.
3. *Comprobasti & ipse acclamationum nostrarum fidem, lacrimarum tuarum veritate. Vidimus humescentes oculos.* . . . . Plin. Paneg. p. 746.
4. Joseph. de Bell. Jud. lib. VII. 28.
5. *Athanas.* Hom. ad Paganos.
6. Ἐφ᾽ ὅσον καθίσας, τοσοῦτον κατιὼν, φησιν, τυλαβεῖσθαι μὴ ἐμπνεύσῃ λαφθῇ. *Cùm equo insidisset, continuò descendit, dicens, vereri se, ne equi instar fastu efferretur.* Diog. Laert. lib. III. § 39.
7. *Priores invehi & importari solebant: non dico quadrijugo curru, & albentibus equis, sed humoris hominum, quod arrogantius erat. Tu non de patientia nostra quendam triumphum, sed de superbia principum egisti.* . . . . Plin. ubi sup. p. 658. Et plus bas. p. 743. *Nam cui nihil ad augendum fastigium superest, hic uno modo crescere potest, si se ipse submittat, securus magnitudinis suæ.*
8. *Judæi veteres hunc locum summo consensu referunt.* R. *Eliezer* cap. 31. *ubi de Abrahami asino: Sic quoque asinus erit, cui insidebit filius Davidis. Hinc dicitur* Zach. IX. 9. *Exulta filia Sion, &c. Tamuldici in Sanhedrin* cap. II. fol. 98. a. R. *Josuem, filius Servi objecit: Scriptum est de Messiâ*, Dan. VII. 13. *Et ecce nubibus cœli sicut filius hominis venit. At* Zach. IX. 9. *de eodem scriptum est :* Pauper & insidens asino. Resp. Si *Israëlitæ digni sunt, veniet cum nubibus cœli, si non digni sunt, vitiles pauper & asino insideat.* Voyez Bochart Hieroz. P. 1. lib. II. c. 17. & Galat. lib. IV. c. 2.
9. Voyez Plut. Sympos. lib. VIII. Q. 4. p. 721. De-là ce vers de Virgile, *Cuncti adsint, meritæque expectent præmia palmæ.* Æn. lib. v. vs. 70.
10. C'est ce que dit le même Virgile dans ces deux vers :

Jamque oratores aderant ex urbe Latinâ,
Velati ramis oleæ, veniamque rogantes.
Æn. XI. vs. 10.

11. Voyez Grotius in Matth. XXI.
12. *Parùm rationi consentaneum est, Judæos ritum illum à Festo Tabernaculorum accepisse, & ad Domini adventum cohonestandum transtulisse...... Multò probabilius est, Judæos hoc veteri exemplo fecisse, cùm & Gentes exteræ, in publicis & festivis suis solennitatibus, sparsis foliis, & ramis gestatis, lætitiam suam indicare solebant....* Voyez Spencer lib. IV. cap. V. p. 1116.
On voit des exemples de cet usage dans l'endroit de *Spencer* que l'on allegue. On en voit un dans le Livre de *Philon* qui a pour titre *de Legatione ad Caium*, p. 799. Il rapporte que les Juifs accompagnerent le Roi *Agrippa* jusqu'à la mer, jonchant les chemins de feuilles & de fleurs, & qu'ils lui rendirent cet honneur, par un motif d'admiration pour sa Piété & ses hautes vertus.
13. Plut. dans Caton T. VI. p. 434. Traduct. de Dacier.
14. Voyez *De Muis* in Ps. CXVIII. & *Mollerus* sur le même Pseaume.
15. Voici la note dont il est parlé à la page 70. de ce Volume. Remarque †.
Un sçavant Anglois a fait une Dissertation, pour défendre, contre les objections & les railleries des Libertins, l'Entrée de J. Christ dans Jerusalem, monté sur un Ane, & la Prophetie sur laquelle cette Entrée est fondée ; mais j'avoue que si son dessein est louable, son Hypothèse me paroît fausse, & les passages qu'il allegue, mal appliquez.
Cette Hypothèse est, „ Que si Zacharie re-
„ présente le Messie entrant dans Jerusalem,
„ monté sur un Ane, c'est que Dieu avoit dé-
„ fendu aux Juifs de se servir de chevaux & de
„ chariots en Guerre, par opposition aux au-
„ tres peuples de l'Orient, qui faisoient con-
„ sister en cela la plus grande force de leurs
„ Armées. Il s'étoit lui-même chargé du
„ soin de proteger & de défendre, d'une ma-
„ nière immédiate, son Peuple, sans le se-
„ cours de ces moyens humains (*Bibl. Brit.*
„ T. 1. 2. p. pag. 404. & suiv).
Voilà sa Thèse ; & pour la prouver, l'Auteur allegue 1°. la défense que Dieu fait aux Rois d'Israël, de nourrir un grand nombre de chevaux. (*Deut.* XVII. 16.) 2°. L'exhortation que Dieu adresse à son Peuple, de ne pas craindre les Nations puissantes qui l'environnent, leurs chevaux & leurs chariots. (*Deut.* XX. 1.) 3°. La manière dont Josué en usa contre les Princes qui possedoient la terre de Canaan : *Il fit couper les jarrets des chevaux, & brûla les chariots.* (*Jos.* XI. 6.) 4°. l'Auteur remarque, que Debora & Barac vainquirent les ennemis du Peuple de Dieu, sans cet attirail de guerre. (*Jug.* V. 15.) 5°. David, selon l'Auteur, en usa comme Josué. Il fit couper les jarrets des chevaux, & brûler les chariots de ses ennemis. (2. *Sam.* VIII. 4.) [Le sçavant Auteur se trompe. Il paroit par l'endroit même qu'il allegue, (2. *Sam.* VIII. 4.) que David conserva *cent chariots de guerre*]. Enfin il ajoute, que Salomon fut le premier qui viola cette défense, & qu'il en fut bien puni, aussi-bien que ses successeurs, qui, par une imprudence trop à cet égard, se l'imiterent sans s'y égard. Et pour démontrer que la violation de cette défense a eu beaucoup de part aux divers châtimens infligez au Peuple d'Israël, on cite Es. II. 6. 7. XXXI. 1. Osée XIV. 3. & l'on tire cette conclusion : Que le Messie attentif à observer les ordonnances de Dieu, ne devoit pas entrer dans Jerusalem sur un animal dont Dieu avoit défendu l'usage, & qui d'ailleurs ne convenoit pas à son caractère......
Mais il me semble qu'il faut prendre un autre tour pour justifier la conduite du Fils de Dieu dans cette occasion : & c'est ce qui nous a obligé d'abandonner les principes de l'Auteur.
Déja il ne s'agissoit point d'aller en Guerre contre les ennemis du Peuple de Dieu, & de ne pas user, en ce cas, de chevaux & de chariots, supposé Dieu les eût défendus aux Rois d'Israël. Il s'agissoit de faire son Entrée publique dans Jerusalem, en qualité de Messie, & de sçavoir si le Messie doit y faire son Entrée comme J. Christ l'a faite ? Voilà l'état de la question. Pour répondre en peu de mots aux preuves que l'Auteur employe, il me paroît qu'elles ne sont pas solides.
1. Il est vrai que Dieu défend aux Rois d'Israël d'avoir un grand nombre de chevaux ; mais outre qu'on pourroit en alleguer diverses raisons, Dieu lui-même en allegue une ; c'est pour leur ôter, à eux & à leurs sujets, des prétextes de passer en Egypte, d'où se tiroient les chevaux dans ces tems-là (Voyez *Deut.* XVII. 16. Rapportons ici la Note de M. le Clerc sur ce verset : *Hinc colligimus, tempore Mosis, ex Ægypto potissimùm solitos comparari equos, quod ex Salomonis tempora factitatum esse liquet ex* 1 Reg. X. 28. 29). Dieu ne vouloit pas que son Peuple eût de communication avec les Nations idolâtres, beaucoup moins avec les Egyptiens, les plus propres à corrompre la Nation Judaïque. Et quand le Législateur n'allegueroit pas cette raison particu-

lière

DU SIXIEME VOLUME.

tiere, il y en a une seconde, que la fuite du même passage insinuë, & qui n'est gueres moins forte ; c'est le dessein de prévenir le Luxe, & ce qui en est la suite, l'Orgueil, l'Insolence & la Tyrannie des Souverains. Car si Dieu défend aux Rois d'Israël *d'assembler un grand nombre de chevaux*, il leur défend en même tems *d'amasser de grandes richesses*. (Deut. XVII. 17.) Aussi le sçavant Bochart, qui a examiné les causes de cette défense, les réduit à ces quatre.

La première est, d'empêcher que le Souverain & les Grands de la Nation ne s'enorgueillissent, & ne viennent à méprifer leurs Freres ; rien n'étant plus propre à enorgueillir les hommes, que de superbes équipages. La seconde, que le Souverain & les Grands ne comptent trop sur leur pouvoir, & ne viennent à former des desseins & des entreprises téméraires : rien n'est plus téméraire que l'Orgueil. La troisième, d'empêcher que le Prince ne foule le peuple, pour nourrir ses chevaux & sa Cavalerie. Et la quatrième raison, enfin, c'est d'ôter, comme on l'a dit, tout prétexte de passer & repasser en Egypte, d'y faire des habitudes, de se familiariser avec les mœurs des Idolâtres, & les adopter, en renonçant à celles qui leur étoient prescrites. (*Hieroz.* Pars I. lib. II. cap. IX).

Qu'on lise avec attention les divers passages que l'Auteur allegue, & tout ce qu'on en pourra conclure, c'est 1°. que Dieu avoit défendu (Voyez *Deut.* XVII. vf. 16. 17-20.) le Luxe & la Magnificence aux Rois d'Israël. 2°. Qu'ayant ordonné, qu'on mît à feu & à sang les divers Etats de la Palestine, (*Josué*. XI. 19. 20. 21. 22.) Josué exécuta fidèlement cet ordre. 3°. Que David en usa de même quelquefois, & (2 *Sam.* VIII. 2.) dans certaines occasions. 4°. Que malgré les précautions de Dieu contre le Luxe, les Juifs imiterent les Nations voisines, ou même les (*Efaïe* III. 18. & *fuiv.*) surpasserent à cet égard. 5°. Que ce Luxe, & les vices qu'il produisit, furent (Voyez *Es.* I. I. 7. II.) les causes de leurs malheurs: car du reste, que Dieu eût défendu aux Juifs, en tems de guerre, d'avoir recours à tous les moyens humains que la prudence peut suggérer, ce seroit se tromper infiniment que de le croire. Il leur défend assurement plus d'une fois de compter sur ces moyens ; mais comment & pourquoi le défend-il ? C'est (voyez *Esaïe* XXXI. vf. I.) ou parce qu'ils s'appuyoient uniquement sur ces moyens humains, sans penser à Dieu, ou qu'ils s'y appuyoient dans d'injustes entreprises. C'est-ce qu'il seroit aisé de prouver par la raison & par l'Ecriture.

Je n'ai plus qu'un mot à ajouter ; c'est la judicieuse réflexion de Bochart (*ubi fup.*) ,, Les ,, Docteurs Juifs, dit-il, me paroissent trop ,, rigides, quand ils prétendent astreindre leur ,, Souverain à se contenter de deux chevaux ,, pour son char, & qu'ils disent, que c'est-,, à tout ce que la Loi leur accorde. Il me ,, semble qu'il faut faire moins d'attention à la ,, lettre qu'à l'esprit de la Loi, contre lequel le ,, Souverain ne péchoit pas en assemblant ,, un grand nombre de chevaux, pourvû qu'il ,, n'en abusât, ni pour la pompe, ni pour ,, tyrannifer son peuple, & qu'il ne le fît ,, que pour la commodité du Païs, ou pour ,, repousser ses ennemis.

DISCOURS VII.

1. *Plane olim, id est semper, veritas odio est.* Tertull. Apol. c. XIV.
2. Joseph. *Antiq.* lib. XVIII. c. II.
3. Joseph. *Antiq.* L. XVII. c. XI.

Vol. VI.

4. C'est ce qu'Origene a bien remarqué, & S. Jerôme après lui. Orig. Tract. XXI. in Matth. *Farisæan in populo tunc qui dicebant, oportere dari tributum Cæsari, vocabantur Herodiani, ab bis qui boc facere recusabant. Herodiani,* dit S. Jerôme sur le chap. XXII. de S. Matth. *sunt Herodis milites, vel quos illudentes Pharisæi, quia Romanis tributa solvebant, Herodianos vocabant, & non Divino cultui deditos.*
5. *Herodiani ac Cæsarum subostendere videntur, proindè huc adulatione capiunt eum inflare, & audaciem reddere, ut contra instituas leges, & præsentem statum quippiam dicat.* Chryf. Hom. LXXI. in Matth. XXII.
6. Plutarchus *in Bruto.* T. I. p. 984.
7. Voyez *Joseph. Antiq.* lib. XVI. cap. X. où l'on voit divers Arrêts du Sénat, qui permet aux Juifs dispersez par-tout, d'envoyer à Jerusalem le demi-sicle.
8. Rapportons ici ce que dit le sçavant Lipse : *Josephus sanè, ac Zonaras, & Xiphilinus diserté scribunt, Vespasianum demùm hoc intulisse, ut omnes ubique Judæi Didrachmas Jovi Capitolino Romæ penderent, quas autea Templo Hierosolymitano solvebant.* Lipf. *De Magnit. Rom.* c. II. Il paroît par Josephe, que ce qui obligea les Romains à en user de la sorte, c'est qu'ils avoient vû par expérience, que l'abondance ne servoit qu'à rendre les Juifs factieux & insolens. Au reste, le passage que Lipse rapporte, est tiré du chap. XXVII. liv. VIII. de la Guerre des Juifs.
9. Voyez Joseph. *de Bell. Jud.* lib. V. c. XXVI. & lib. VI. c. XXIV.
10. Joseph. *Antiq.* lib. XI. c. X.
11. Joseph. *Antiq.* lib. XIV. c. V.
12. Voyez l'Histoire de ces démêlez dans Josephe. *Antiq.* lib. XIV. c. I. & *suiv.*
13. Καὶ τὰ μὲν Ἱεροσόλυμα ὑπὸ τὸς φόρυς ἡμαυὸς ἐπίπεμπτον. Joseph. Antiq. lib. XIV. c. 8. in fine.
14. *Vidit illud grande impiæ gentis Arcanum, patens sub aureo uti cælo.* Florus lib. III. 5. *Judæa vulgatum, nullâ Deûm effigie vacuam sedem, & inania arcana.* Tacit. Hist. lib. V. §. 9. C'est-là qu'il rapporte l'entrée de Pompée dans le Temple.
15. Joseph. *Antiq.* lib. XVIII. I. & *de Bell. Jud.* l. II. c. VIII.
16. Il est certain que *la Capitation* étoit la marque de l'esclavage. *Hominum capita stipendio censa ignobiliora: nam hæ sunt notæ captivitatis.* Tertull. Apol. cap. XIII. De-là ce que dit *Scipion* aux Carthaginois vaincus : *Hos præmiis afficiunt Romani, socios nempè populos aut Reges : aliis, scilicet hostibus, tributum definierunt in agros & in capita.* App. in Libycis.
17. Joseph. *ubi suprà*.
18. Dion l. LII. Voyez Frch. *de Numifm. Censi-bus.* p. 17.
19. *Denarius vetus Romanus, Consulum tempore procusus, septimam partem unciæ ponderabat, ut Celsus & Scribonius Largus, cum aliis, autores sunt: Etiam Plinius* (lib. 33. 9.) *qui 84. Denarios, ex una argenti librâ cusos fuisse prodit. Denarius novus* (à Claudio Imperatore, *se creditur, natus, suspicor tamen aliquantò antiquiorem esse*) *Dragmam Atticam exquisitè ponderabat,* (nam 96. *Denarii ex argenti librâ*) *ut non solum Plinius* (XXI. 34.) *Cleopatras, Isidorus, & infiniti alii testantur: Verum & certa præterea ratio comprobat. Etenim Græci Scriptores, ubi de rebus Romanis loquuntur, semper pro Denariis Dragmas reddunt.* Edov. Brerewood. *De Ponderibus & pretiis vet. Nummor. eorumque cum recentiorum collatione.* p. 34.
20. *Æs antiquissimus Romanorum nummus, primò signabatur à Servilio Tullio, sexto Romanorum Rege, ut Plinius author est;* (lib. XXXIII. c. 3.) *Nam ante, pondere noscebatur, non imagine. Et primò notâ pecudum figuratum æs suit, authore*

Ppp ppp *evident*

PREUVES DES CITATIONS

eodem Plinio (loc. cit.) *Inde Pecunia dicta. Pestell ex alterâ parte Rostrum navis, ex alterâ Janus geminus, ejus insigne fuit, in Jani memoriam impressum. . . . . Argentum autem post devictum Pyrrhum signari capit anno urbis* 484. (Plin. xxxiii. 3.) *Ejus notæ in Denariis, sunt bigæ aut quadrigæ ut plurimùm ex unâ parte, interdùm Castores, ex aliâ verò Romæ caput galeatum.* Victoriati, *imago sedentis* Victoriæ: *Ad Imperatores ita ferè permansit. Augustus Capricornum numinis sui impressit. Imperatores autem reliqua frequentissimè imagines suas.* Ed. Bretewood. *De Pond. & Pret. Vet. Numum.* p. 31.
21. *Ab ipso* (Saturno) *primum tabulæ, & imagine signatus numinus, & inde ærario præsixit.* Tert. Apol. c. x.
22. Σὺ ἢ ὅτ' ἂν ἀκούσῃς, ἀπλῶς τοῦ Καίσαρ' Καίσαρα, ἐκεῖνο γίνωσκε λέγειν αὐτὸν μόνον, τὰ μηδὲν τῇ ἐντεῦθεν ϖραγματείᾳ, μη' ἰδίαν πίστιν ἢ, ἐπὶ τῷ Καίσαρι᾽, ἀλλὰ ὅ Διαβολικὴ ἐνέργεια ἐν ᾗ τάσιν τὰ τοιαῦτα. Chrys. Hom. LXXI. in Matth. XXII.
23. Ὁ τυκρὸς, βοηθητικὸς τι τινὶ λόγῳ καὶ ἔργῳ. Diog. Laert. lib. I. p. 38. §. 51.

DISCOURS VIII.

1. Joseph. *Antiq.* lib. XVIII. c. 2.
2. Voyez Joseph. *ubi sup. Ant.* lib. XVIII. 2.
3. Matth. XXVI. 25. 49. Marc IX. 5. Jean I. 25. Voyez *Vitringa* de Vet. Syn. lib. III. p. 706.
4. Voyez Grotius, qui cite les Constit. Apostoliques, l. 2. 11. & Optat.
5. Erasmus in h. l.
6. *Cùm Christus jubet facere quæ Scribæ & Pharisæi, duin in cathedrâ Mosis sedent, dicunt; non de ipsorum, sed de Legis ac Mosis doctrinâ loquitur; perinde enim ac si dicat:* OMNIA, QUÆ LEX ET MOSES VOBIS DIXERINT, SCRIBIS ET PHARISÆIS RECITANTIBUS, SERVATE ET FACITE; *secundùm autem opera eorum nolite facere.* Maldonat in h. l.
7. Joseph. *Antiq.* lib. XVIII. cap. 2.
8. Idem *Antiq.* lib. xvIII. cap. X. §. 5. 6.
9. Le sçavant Spencer a fait une dissertation sur l'origine & l'antiquité des Phylactères. Voyez *de Leg. Hebr.* lib. IV. cap. VI.
10. Voyez Grotius, qui le prouve invinciblement dans les passages qu'il allegue, & qui font tout-à-fait parallèles à ceux que les Juifs citent pour autoriser cette pratique : sçavoir Exod. XIII. 16. & Deut. VI. 8. Ces passages parallèles font, Esaïe XLIX. 16. Prov. III. 3. & VI. 21. Cantiq. VIII. 6. Exod. XIII. 9.
11. *Acutissimas in eis spinas ligabant, ut videlicet ambulantes & sedentes interdùm pungerentur, & quasi hâc admonitione retraherentur ad officia Domini, & ad ministeria servitutis ejus.* Hier. in Matth. XXIII.
12. Erasmus in h. l.
13. Aut. op. imp. in h. l.
14. Ταῦτα ἡ πόλεις, ἡ ἐκκλησίας ἀνέτρεψε.
15. Ὁ ἡ παντῶν αἴτιος, ἡν τῶν κακῶν, ἡ Φιλαρχία, ἡ τὸ θρόνου ἐπιθυμεῖν τοῦ διδασκάλου, Chrys. ubi sup.
16. Voyez *Vitringa* de Synagogâ vetere, lib. II. c. x. & *Selden* de Synedriis, lib. I. cap. 14.
17. *Judæi tradunt* (in libro Rosch-Haschana cap. 1.) *illos, qui nec perfectè boni, nec extremè impii sunt, in inferno expiare residuas sordes, post mortem, per duodecim menses; posteà liberari: posse etiam eos juvari precibus, quæ recitantur singulis sabbathis, & huic rei destinata est certa quædam, orationis formula, in libro Thephyloth* הפלה, *quam* קדש Kodesch *appellant, eam quilibet* Filius, *non autem* Filia, *quotidie pro defunctis parentibus ,per undecim menses à mortes, recitare tenetur.* Joh. Gerh. Harm. Ev. pars II. p. 34.
18. Joseph. *Antiq.* lib. XVII. 3.
19. Hom. XLIV. in Matth. XXIII.
20. Voyez Bochart, *Hieroz.* pars II. cap. XVII. p. 564.

21. Aut. op. imp. in Matth. xxIII. Hom. XLV.
22. Voyez Spencer, lib. IV. sec. VII. *de Pyramidum erectione.*
23. Voyez Dion, dans Grotius sur cet endroit.
24. Hegesip. apud Euseb. Hist. Eccl. p. 103.
25. Joseph. *de Bell. Jud.* l. IV. c. 19.

DISCOURS IX.

1. Ἡμέρα ᾖ ἀζύμων, ἐν ᾗ ἔδει θύεσθαι τὸ πάσχα. Luc. XXII. 7.
2. Bochart prétend, que les Canons des Juifs en vertu desquels ils combinoient ces deux Fêtes, sont postérieurs au tems de J. Christ. Scaliger soutient le contraire. Boch. ubi sup. & Scal. de Emend. l. VI. Et après lui Casaubon. Exerc. XVI. in Bar. Ann. No. XXI. p. 485. & seqq.
3. *Non mactatur Pascha nisi in Templi atrio, ut reliqua sacra.* Maim. de Pasch. cap. 1. sect. 3.
4. Voyez Joseph. *de Bell. Jud.* lib. VII. c. XII.
5. Voyez Philon *de Vitâ Mosis* lib. III. p. 531. & de Decalogo. p. 591.
6. Voyez Origene Tract. XXXV. in Joh.
7. Voyez la dissertation de Buxtorf *de Cœnâ Domini.*
8. Le P. Lamy, quoique bon Catholique Romain, en convient dans son Harm. Ev. *Benedictio illa*, dit-il, *sive bona oratio*, ἐυλογία, *continet gratiarum actionem, ita dici potest* ἐυχαρίστια. *Quare ut Matthæus & Marcus verbo* ἐυλογήσας; *sic Lucas verbo* ἐυχαριστήσας *uti potest.* Lamy Harm. Ev. in h. l. Le P. Simon en convient de même.
9. Origene, S. Chrysostome, Théophylacte, Euthymius. Voyez Casaub. dans sa *Critique de Baronius* p. 467. & suiv.

DISCOURS X.

1. Simon, dans ses not. sur S. Jean XII. 28.
2. Calix, Scyphus, כוס, *quia ex eo cuilibet in convivio bibendum distribuebatur* (conser. Jerem. XVI. 7. Luc XXII. 17.) & *quia tam jucundi quàm amari potùs recipiendi vas atque organum est, metaphoricè sortem conditionemque tum faustam quàm adversam & ita, tum beneficia Dei, & exortam inde lætitiam, tum pænas & supplicia, significat. Prioris exempla sunt* Ps. XVI. 5. XXIII. 5. CXVI. 13. *Posterioris* Ps. XI. 6. LXXV. 9. &c. Voyez Glassius, p. 1838.
3. Hieron. in Matth. XXVI.
4. Grotius in hunc locum.

DISCOURS XI.

1. Grot. in Matth. XXVI.
2. Voyez l'Histoire de Mr. de Thou, qui en rapporte deux exemples. Liv. II. & Liv. LXXXII.
3. Arist. *de Partib. Anim.* lib. III. c. 5.
4. Mald. in Luc. XXII. 44.
5. Hilar. lib. X. *de Trinitate.* Hieron. adv. Pelag. Dialog. II.
6. Voyez Epiph. *in Anchorat.* No. 31.
7. Epiph. *Hæres.* LXIX. No. 59. *In Anchor.* No. 21.

DISCOURS XII.

1. Il se nommoit Eléazar. Voyez *Joseph. Antiq.* lib. XVIII. 3. p. m. 619.
2. Rien n'est plus beau que ce qu'a dit là-dessus Socrate, dans un tems où l'on n'a pas coûtume de déguiser ses vrais sentimens. Il étoit sur le point de mourir. Voici donc ce qu'il dit, s'entretenant avec un de ses Amis. Οὐδὲ ἀδικούμενον ἄρα ἀνταδικεῖν, ὡς τἀπει πολλοὶ οἴονται, ἐπειδὴ γε οὐδαμῶς δεῖ ἀδικεῖν. Plat. Crito. p. 36. ,, Lors même qu'on vous a fait une ,, injure, il ne vous est pas permis de vous ,, ven-

" venger, comme plusieurs le croyent : Il
" n'est jamais permis de faire du mal à qui
" que ce soit.
3. *Maxime de Tyr*, dans le Discours qui a pour titre, *Si Socrate eut raison de n'user d'aucune défense devant ses Juges*?
4. *Porrò ex Caiaphæ verbis colligere licet, celebrum tunc inter Judæos fuisse Messiæ titulum, ut Dei filium vocarent : neque enim aliundè, quàm ex communi more, sumpta fuit hæc interrogandi formula*. Calv. in h. l.
5. On trouve cette Loi au ch. v. du Levitique, & elle porte : *Lorsque quelqu'un aura péché, & qu'il ait quelqu'un qui l'ait vû, ou qui l'ait sçû ; si ce témoin, après avoir entendu la voix de la fomination, ne declare pas le péché, il en portera la peine*. C'est ainsi qu'il faut traduire le passage, qui, pour le dire en passant, a été très-mal rendu dans nos Versions ordinaires. Voyez Grotius in Matth. xxvi. 63.
6. Plutarc. in *Apoph.* p. 189.
7. Seneca in *Consol. ad Helv.* cap. XIII.

DISCOURS XIII.

1. *HUjus vitia inventis adolescentiâ, magnis sunt emendata virtutibus, adeò ut anteferatur huic nemo, pauci pares putentur:* Corn. Nepos in *Themistocle*.
2. Cette circonstance, *Il étoit connu du Souverain Sacrificateur*, détruit l'opinion vulgaire, que ce Disciple fut S. Jean. Il n'y a nulle apparence qu'un Galiléen assez obscur fût connu de Caïphe, & s'il l'avoit été, auroit-il osé accompagner Jesus ? S. Jean fut du nombre de ceux qui s'enfuirent. Ce Disciple étoit un de ces Disciples secrets que Jesus avoit à Jerusalem, tels qu'étoient Nicodeme, Joseph d'Arimathée, & celui chez qui le Seigneur alla faire la Pâque.
3. Les Anciens n'avoient pas des *Portiers*, mais des *Portieres*, qui étoient pour l'ordinaire des personnes âgées. De-là ce mot de Plaute :

Anus hic recubare solet, custos, janitrix.

Plautus in *Curculione*. Voyez la note d'Edm. Merylle sur la Passion. p. 14.
4. Il y a deux difficultez sur le sujet de la prédiction de J. Christ qui annonce à S. Pierre, *qu'avant que le Coq ait chanté, il le renoncera trois fois*. La premiere est tirée de S. Marc, qui exprime cette prédiction un peu différemment. Les trois autres Evangélistes disent simplement, que le Seigneur prédit à Pierre, qu'il le renonceroit trois fois avant que le Coq ait chanté (Matth. xxvi. 34. Luc xxii. 60. Jean xiii. 38.) Mais S. Marc dit, *avant qu'il ait chanté deux fois*. Πρὶν ἢ δὶς, &c. (Marc xiv. 30). La réponse à cette objection est, que le Coq chante à minuit, & à trois heures après minuit, ou environ, & que c'est ce dernier chant qui est proprement appellé le *chant du Coq*. C'est ce que Bochart prouve par un grand nombre d'exemples. Hieroz. pars II. lib. 1. cap. 17.

La seconde difficulté semble plus embarassante. Les Juifs prétendent qu'on ne nourrissoit point de Coqs à Jerusalem. Voyez Lightfoot, Hor. Hebr. ad h. l. A cela on répond, qu'on ne peut s'assurer sur les récits des Juifs, qui nous content bien des fables. Le sçavant Reland a fait un petit ouvrage sur cette matière, où il dit, que si l'on ne nourrissoit pas de volaille à Jerusalem même, on en nourrissoit aux Fauxbourgs & aux environs, & que ce furent les Coqs de ces endroits-là, qui furent entendus dans le Palais de Caïphe. (Reland, *de Galli Cantu Hierosolymis audito*). Il ajoute, que Pilate, & ce grand nombre d'Officiers Gentils qui demeuroient à Jerusalem, peu attentifs aux scrupules des Juifs, nourrissoient sans doute de la Volaille, quand ce n'eût été que pour en tirer des augures ; & que par conséquent il y avoit grand nombre de Coqs dans cette Capitale. Un Sçavant Suisse a imaginé une autre solution à la difficulté proposée par Lightfoot. Il prétend que le mot de l'Original signifie un *Crieur public*, & il en allegue des exemples tirez des bons Auteurs Grecs ; & comme les Romains avoient des Crieurs publics, pour assurer la tranquillité dans toutes les Villes pendant la nuit, ils en établirent sans doute à Jerusalem. Voyez les Nouvelles Littéraires de Suisse de l'an 1722. & Biblioth. de Breme. classe. v. p. 452.
5. *Solebant olim divites & beati homines, ante ædes habere locum sub dio amplum, qui locus αὐλή vocabatur, ut docet Athenæus lib. v. Apuleius de Cratere Thebano, Lectum genus, frequens famulitium, domus amplo ornata vestibulo, ipse bene vestitus, bene prædiatus. Indè factum est, ut αὐλή pro Regiâ & amplissimâ domo usurpari cœperit : unde illa manârunt loquendi genera,* φωνὴν ἐπὶ τᾶς βασιλικᾶς αὐλᾶς, *&* διατριβὼν τῆς αὐλῆς. *Et quia iste locus erat juxtà fores, proptereâ eâdem sensû, ipse bene vestibulo pro* τᾶς αὐλῆς *usurpabant eodem sensu, Idem enim valent hæc duo,* διατριβὼν τᾶς αὐλᾶς τινὸς, *&* ἐπὶ τᾶς αὐλῆς τινὸς ἐρχεσθαι. Casaub. in notis ad. Diog. Laert. lib. II. §. 69.
6. *Scio quosdam piè affectos ergà Apostolum, Petrum locum hunc ita interpretatos, ut dicerent Petrum non Deum negasse, sed hominem, & esse sensum, Nescio hominem, quia scio Deum. Hoc quàm frivolum sit, prudens Lector intelligit : sic defendunt Apostolum, ut Deum mendacii reum faciant. Si enim iste non negavit, ergo mentitus est Dominus, qui dixerat: Amen, dico tibi, quia hâc nocte, antequàm Gallus cantet, ter me negabis. Cerne, quod dicat, Me negabis, non Hominem.* Hier. in Matth. xvi.
7. C'est *Caton d'Utique*, ou Caton le *Jeune*, petit-fils du premier de ce nom. Il ne fut pas moins illustre que son Ayeul, & montra par son exemple, que le plus grand Courage n'est point incompatible avec la Douceur, la Bonté, l'Humanité. Jamais on ne vit d'homme plus ferme ni plus intrépide, & en même tems plus doux, plus humain, plus tendre, même dans les occasions où l'homme de bien doit exercer ces vertus. Voyez *Plutarque*, dans la *Vie de Caton*, p. 764.
8. Quelques Anciens ont supposé, que la Babylone dont il est parlé 1 Pier. v. 13. est Rome. D'autres, que c'est Babylone d'Egypte.
9. *En Occident.*] Denys de Corinthe témoigne, que S. Pierre & S. Paul passerent par Corinthe, allant ensemble en Occident. Clement Romain dit simplement, que S. Pierre souffrit le martyre, & passa dans le séjour de la gloire, sans dire en quel endroit ce fut. Mais la Tradition générale est, que ce fut à Rome ; Tradition au reste qui souffre de grandes difficultez.
10. *Il fut crucifié*, dit Eusebe, *Hist. Eccl.* lib. II. c. 25.
11. C'est le mot que dit Gardiner, Evêque de Winchester, & que sa conscience ne lui permit pas de renfermer en lui-même : *Erravi cum Petro, sed non flevi cum Petro*. Burnet Hist. de la Réformation. T. IV. p. 757.

DISCOURS XIV.

1. Voyez Lipse *de Militia Romanâ* lib. v. dial.
11. *Polybius dicit οἱ στρατηγοί ἐκαλοῦν. Sed cur Latinis Prætorium? Festum adi: Initio Prætores erant, qui nunc Consules, & ii bella administra-*

niſtrabant, quorum Tabernaculum quoque dicebatur PRÆTORIUM. Ceux qui voudront en ſçavoir davantage, peuvent lire la Diſſertation de J. Perizonius *de Prætorio*.
2. PRÆTORIUM *à nomine* PRÆTORIS, *quod* Cic. de Leg. lib. III. *factum putat à* PRÆEUNDO, *quia jure dicendo & auctoritate Prætores præerant.*
3. Philo, *de Leg. ad Caïum*, p. 799.
4. *Auctor nominis ejus* (c'eſt du nom Chrétien) CHRISTUS, *qui, Tiberio imperitante, per Procuratorem Pontium Pilatum ſupplicio affectus eſt.* Tacit. Annal. L. xv. 44.
5. Τοὺς Ὑπατικοὺς, &c. *Procuratores* (*ita enim eos, qui publicos reditus colligunt, & impenſas ſibi mandatas faciunt, vocamus*) *in omnes pariter Provincias, tam ſuas quàm populi, quoſdam quidem ex Equitibus, quoſdam autem ex Libertis mittit.* Dio Caſſius lib. LIII.
6. *Erant autem duo iſtorum Procuratorum Cæſaris genera. Nam alii Rationales propriè dicti, ſolis vectigalibus colligendis vacabant: Alii præterea Provinciis minutioribus, vice Præſidis, præerant, cum aliquâ poteſtate & juriſdictione.... Beza in Matth.* XXVII. 2. Voyez auſſi les Notes Philologiques d'Edmund Meryile ſur la Paſſion de J. Chriſt. pag. 27. Il fait voir, que Tertullien (*Apolog.* c. 21.) & Lactance (lib. IV. *Div. Inſt.* c. 18.) ſe ſont trompez, pour n'avoir pas fait attention à cette différence entre les Procurateurs, dont les uns avoient un pouvoir plus étendu que les autres. Ces deux Peres ont cru que Pilate étoit Préſident de Syrie.
7. *Procuratores vice Præſidis, aut cum poteſtate, paſſim in libris Legum.* Voyez Salmaſ. *ad Spart. Hadrian.* cap. XII. En particulier on envoyoit des Procurateurs de cet ordre dans les Provinces qui n'étoient pas tranquiles, & où l'on avoit ſujet de craindre des émotions populaires. Or la Judée étoit dans le cas; & c'eſt pour cela que l'on donna à Pilate des Troupes, & un pouvoir plus étendu. Voyez. *Ed. Meryile ubi ſuprà*, p. 28.
8. Πιλατῷ δὲ, ὃ τῆς Ἰωδαίας ἡγεμὼν, Antiq. lib. XVIII. 3.
9. *Τὰς ὕβρεις, &c. Veritus ne venditas ſententias, rapinas, injurias, tormenta, crebras clades indemnatorum, crudelitatem ſæviſſimam, Judæi detegerent....* Phil. *de Leg. ad Caïum*. p. 800.
10. Joſeph. *Antiq.* lib. XVIII. 3. 4.
11. *Omnium ſomnos illius vigilantia defendit, omnium otium illius labor, omnium delicias illius induſtria, omnium vacationem illius occupatio.* Seneca *de Clementia.*
12. Voyez. Spencer, *de Leg. Hebr.* lib. I. cap. V. & ſeqq. & Selden *de Jure Nat. & Gent.* l. 2. c. 5.
13. Joſeph. *Antiq.* lib. XIV. 17.
14. C'eſt la penſée de Scaliger, qui paroît plus naturelle que celle de Grotius. Celui-ci croit que Pilate, jugeant que J. Chriſt n'eſt coupable que de quelque infraction des Coûtumes Judaïques, leur laiſſe le pouvoir de lui infliger les peines qu'ils infligeoient en pareil cas, c'eſt-à-dire le fouet ou la priſon. Grot. *in Joh.* XVIII. 31. Mais Scaliger, dont voici les paroles, en juge autrement: *Quia Judæa per Rationalem adminiſtrabatur, penès eum erat jus gladii, ita quod dicit* Pilatus, ἐγὼ ὑμῖν χαρίσω, *inſultabundus &* εἰρωνικῶς *dixit.* Scalig. in Joh. XVIII. 31.
15. Voyez Eſter VIII. 15. & Caſaubon *Exerc.* XVI. in Bar. Annal. Sect. LXXIII. dont voici les paroles: *Cùm igitur veſtis candida apud veteres Regia pariter & Sacerdotalis eſſet; qui myſterio factum à Providentiâ divinâ non agnoſcat? quòd verus Rex, verus Sacerdos, à ſuis irriſoribus candidâ veſte amicitur? Fuit quidem iſtorum animus peſſimus; ſed hoc veritatis ſignificationem myſticam, neque hîc, neque in crucis titulo lædebat.*

16. Voyez Origene *contre Celſe*, lib. I. initio.
17. Voyez Caſaubon. *Exerc.* XVI. *ad Bar. Ann.* ſect. LXXV. & les ouvrages qu'il cite. Il explique fort bien cette action de Pilate, & refute les opinions de Baronius & d'autres. Voyez auſſi les Notes Philologiques d'*Edm. Meryile* ſur la Paſſion. p. 52.

DISCOURS XV.

1. Voyez Grotius ſur Matth. XXVII. 15. Cet habile Interprète prouve fort bien, que cet uſage ne venoit pas des Juifs, puiſqu'il n'étoit permis par la Loi, ni au Roi, ni au Sanhedrin, ni même à tout le Corps de la Nation, de faire grace à un Criminel qu'elle condamnoit à la mort. Il falloit le faire mourir ſans miſericorde, comme le dit l'Auteur de l'Epître aux Hébreux x. 28. Il venoit donc des Empereurs Payens, qui avoient permis à leurs Gouverneurs d'accorder cette grace aux Juifs, ſans doute pour honorer la Fête de Pâques; d'autant plus que les Payens en uſoient de même dans certaines Fêtes; ils ouvroient alors les priſons. Auſſi les Empereurs Chrétiens conſerverent cet uſage. Ils ordonnerent qu'on mît en liberté, la veille de Pâques, tous les priſonniers, en exceptant cependant ceux dont les crimes étoient trop graves pour être pardonnez. Voyez le *Code de Theod.* tit. *de Indulgentiis.* Voyez auſſi la Note de le Clerc ſur cet endroit.

2. Luc. XXIII. 16. Παιδεύσας ἐν αὐτὸν ἀπολύσω. Παιδεύσας hîc eſt ἐλέγξας, *ac proindè vertendum*; *Cùm illum flagellis ſubjecero, dimittam.* Sic Act. V. 40. Δείραντες (*Apoſtolos nempè*) ᾖ ἀπέλυσαν αὐτοὺς. *Saluſtium ab A. Milone loris cæſum & dimiſſum, narrat* Gellius, *ex Varrone* l. XVII. c. 18. *Rectè igitur* Theophylactus *in hoc loco* παιδεύσας *Σκηλίου interpretatur,* μεμαστίγωκε *διὰ μαςίγων.* Voyez Suicer in voce Παιδεύω.

3. *Flagellatio quidem ſollemnis anteceſſor*, dit Lipſe, *& rarò in crucem dati, niſi ſic purpurati.* Apud Livium, *de Servis conjuratis*: MULTI OCCISI, MULTI CAPTI, ALII VERBERATI CRUCIBUS AFFIXI. (lib. 34.) Et après avoir rapporté divers exemples, tirez de Quinte-Curce, de Joſephe, de Philon, il ajoute: *Sollennis ergo mos, imò lex: & horrendum carmen diſertè canebat*: VERBERA INFRA AUT EXTRA POMOERIUM; *tum deniquè ſuccinebat*: ARBORI INFELICI SUSPENDITO. C'eſt un endroit du I. Liv. de Tite-Live. Voyez Lipſe, *de Cruce*. lib. II. cap. II.

4. *Romanis Legibus ſancitum erat, ut qui crucifigitur, priùs flagellis verberetur.* Hier. in Matth. XXVII.

5. Joſeph. *de Bell. Jud.* lib. VI. 12.

6. Tout le monde ſçait le mot favori de ce Prince: *Oderint, dum metuant: Qu'ils me haïſſent, pourvû qu'ils me craignent.* On ſçait encore les Vers qui furent faits pour donner une idée de ſon caractère:

Faſtidit vinum, quia jam ſitit iſte cruorem:
Tam bibit hunc avidè, quàm bibit antè merum.
Sueton. in Tiberii vitâ, cap. 59.

Ajoutons ce que dit Seneque, qui devoit bien connoître ce Prince: *Sub Tiberio Cæſare fuit accuſandi frequens, & penè publica rabies, quæ, omni civili bello gravius, togatam civitatem confecit. Excipiebatur ebriorum ſermo, ſimplicitas jocantium, nihil erat tutum.* Senec. lib. III. de Beneficentiâ cap. 26.

7. S. Auguſtin a fort bien vû cela, comme il paroît par ces mots: *Ut hæc ludibria (& flagella) cupidè biberent, nec ulteriùs ſanguinem Jeſu ſitirent.* Aug. Tract. CXVI. in Joh.

8. Ver-

DU SIXIEME VOLUME. 515

8. *Verberati igitur*, dit Lipse, *sed utsiam virgis an flagellis? Illos interdum reperis ; sed magis credo ista. Discrimen enim esse scimus , & qui virgæ honestiores , inhonestissimo huic supplicio attributa flagra. Cicero illudens & cavillans Labienum ; ,, Porcia Lex virgas ab omnium ci- ,, vium corpore amovit ; his misericors flagella ,, retulit". Quomodo retulit ? at à cum cruce scilicet , cui adjuncta. Dixi inhonestiora fuisse ; ita & propriè servorum. Sic apud Terentium.... ,, Ad necem operiere loris.* SAN. *Loris liber"? Exclamat & indignatur , ut re insolenti, quod libero intenta tora. . . . . Quod magis fuit , cum ea insitis talis aut osciculis exasperabant. Factum id Romæ & alibi.* Vid. Lipf. *de Cruce* lib. II. cap. III.

9. *Landulphus , de Vitâ Christi , non dubitat scribere , assatum verberibus* 5475. Ncc *Joannes Lanspergius* , Homiliâ L. *de Passione Dominicâ , vel Guilielmus Pipinus* Stat. VI. *Christi patientis , nimium abeunt. Sed planè hoc fidem excedit , cum corpus humanum tot nequeat flagra perferre. Scio , divinâ virtute fuisse Christi corpus conservatum ; sed quid opus recurrere ad miracula , ubi nihil certi subest totî rei ?* Voss. *Harm. Evang.* lib. II. cap. 5.

10. *Flagellatio hæc non uno semper loco, aut tempore. Aut enim ante deductionem utebantur , idque domi , aut in Prætorio , quod in Servatore factum; aut in ipsâ deductione , per viam , quod moris fuit magis prisci. Si domi, ı gabant ad columnam. Unde illud Plauti* Bacchid. Act. IV. sc. VII.

——— *Abducite hunc
Intrò , adque adstringite ad columnam fortiter.*
Voyez Lipf. *de Cruce.* lib. II. cap. IV.

11. *Ostendebatur illi columna Ecclesiæ , porticum sustinens, infecta cruore Domini, ad quam vinctus dicitur, & flagellatus.* Hieron. Ep. XXVII. ad Eustoch. *de Paulâ matre* cap. IV. p. m. 172. col. 2. Quoique S. Jérôme parle de la sorte, il ne faut pas s'imaginer qu'il crût que cette colomne fût la même où J. Christ avoit été attaché dans le Prétoire de Pilate. Ce Pere use souvent de ce qu'il nommoit *dispensation* ; Privilege en vertu duquel on peut profiter, dans de bonnes vûës , de faits , de bruits, dont on n'est nullement persuadé. Il sçavoit fort bien, habile comme il étoit, que ces sortes de colomnes auxquelles on attachoit des criminels pour les fustiger, n'étoient, ni de la hauteur , ni de la force nécessaire pour soutenir le portique d'un Temple. Aussi n'affirme-t-il pas le fait, & se contente de mander à Eustochium ce que l'on disoit : *Ad quam vinctus, dicitur, & flagellatus.* Il faut juger de cette Tradition, comme d'une autre qui couroit parmi les Moines de la Palestine, que S. Jérôme lui-même attribue à leur simplicité & à leur crédulité. C'est que certains Cailloux rouges , qui se trouvoient dans la place où le Temple de Jerusalem avoit été autrefois, étoient ceux dont on avoit lapidé Zacharie, & qui étoient encore teints de son sang. Saint-Jérôme , qui cherchoit à attirer dans la Palestine les principales Dames Romaines, profitoit de tout ce qui pouvoit favoriser ce dessein. Voyez la Lettre XVII. qui est de lui, mais qui porte le nom de Paule & d'Eustochium , & qui est addressée à *Marcella* , que ces deux Dames Romaines vouloient engager avec elles dans le monastère de Bethlehem.

12. Beda *apud Baron. Ann.* 34. §. 84.
13. *Mem. Eccl.* T. I. J. Christ. art. XVII. Cela est tiré de Grégoire de Tours, *Gloria Martyr.* cap. VII.

DISCOURS XVI.

1. LA Légion comprenoit *dix Cohortes* ; mais comme les Légions étoient, tantôt de quatre-mille deux-cens hommes, tantôt de cinq mille , & tantôt de six-mille hommes, les Cohortes, étant proportionnées aux Légions, étoient aussi plus ou moins fortes. Si la Légion étoit de quatre-mille deux-cens hommes , la Cohorte étoit de quatre-cens vingt hommes : si elle étoit de cinq-mille hommes, la Cohorte étoit de cinq-cens : & si la Légion étoit de six-mille hommes, la Cohorte étoit de six-cens. Il y avoit d'ailleurs des Cohortes distinguées, dont le nombre n'étoit pas fixé. Elles étoient composées de l'élite des Capitaines & des Soldats, & servoient de garde aux Généraux d'armée. Auguste en particulier en avoit une de cet ordre, qui servoit de baze & de rempart à son autorité. Voyez pour tout cela *Polybe* , Lipf. (*de Militiâ Romanâ* lib. II. dial. IV.) & l'Abregé de *Joseph Cantel.* de Rom. Republicâ, *sive de Re milit.* & *civ. Rom.* p. 201. & seqq.

2. Il y a dans le Grec Σπεῖρα , qui désigne en général une *Troupe de Soldats.* SPIRA , *est militum caterva*, dit Beze, Matth. XXVII. 27. Pilate avoit un corps de troupes, destiné à tenir le peuple en bride , & à empêcher les séditions. Ce corps étoit dans la forteresse Antonienne, & il étoit sous les armes les jours de Fête, comme on l'apprend de Josephe, *de Bell. Jud.* lib. VI. c. 6. Καθίεις τὸ ἐπ᾽ αὐτῆς τάγμα Ῥωμαίων , καὶ Χιλίαρχοι περὶ τὰς φυλὰς ἐν ὅπλοις, ἐν ταῖς ἑορταῖς τοῦ δήμου , μή τι νεωτερίζοιεν, παρεφυλάσσον. *Stabat autem semper in ipsâ* (Antoniâ) *cohors Romanorum ; & dispositi milites per porticum cum armis, diebus festis, populum, ne quid novaretur , observabant.*

3. *Bynæus, de Morte Christi.* lib. III. cap. IV. p. 143.

4. *Coccum , Galatiæ rubens granum , ut dicemus in terrestribus , aut circà Emeritam Lusitaniæ , in maximâ laude est.* Plin. Nat. Hist. lib. IX. cap. XLI.

5. *Luxuria vestibus quoque provocavit cum flores, qui colore commendantur. Hos animadverto tres esse principales , unum in cocco , quo in rosis micat.* Plin. Nat. Hist. lib. XXI. cap. VIII.

6. *Purpuræ florem illum , tingendis expetitum vestibus , in mediis habent faucibus. Liquoris hic est minimi in candidâ venâ , unde pretiosus ille bibitur nigrantis rosæ colore sublucens. Reliquum corpus sterile.* Plin. Nat. Hist. lib. IX. cap. 36. Le Lecteur qui voudra s'instruire à fond sur cette matière, peut consulter les *Exercitations de Saumaise sur Solin.*

7. On en voit la preuve en quelques endroits de Pline, dans les chapitres qu'on a citez : mais en particulier dans ces Vers d'Horace :

*Rubro ubi cocco
Tincta super lectos canderet vestis cliarnos,
Multaque de magnâ superessent fercula
cœna,
Quæ procul extructis inerant hesterna canistris,
Ergo ubi purpureâ porrectum in veste locavit
Agrestem , veluti succinctus curtisat hospes,
Continuatque dapes. . . . .* Horat. Serm.
lib. II. Sat. VII.

8. ——— *Gemina demonstrata via luxuriæ , ut color alius operiretur alio , suavior ita fieri , leviorque dictus. Quin & terrena miserê, cocoque tingunt Tyrio tingere , ut fieret bis byssinum.* Plin. Nat. Hist. lib. IX. cap. 41.

9. La Pourpre devint si commune parmi les Romains , que Pline , après avoir rapporté d'où elle se tire, ajoute: *Omnem vestem illuminat.*

Vol. VI. Qqq qqq

lib. IX. cap. 36. Voyez auſſi ce que dit Caſaub. *Exerc.* XVI. *in Baron. Annal.* ſect. LXXIII.
10. C'eſt ce qu'a exprimé *S. Bernard*, Abbé de Clervaux, dans ces vers Latins :

Salve, caput cruentatum,
Totum ſpinis coronatum,
Conquaſſatum, vulneratum.

Voyez Bartholin p. 163.

11. *Primitùs ſimulacrum Solis coronâ erat inſigne, & quidem quæ duodecim haberet radios, ad indicandum duodenos per ſigna duodecim labores.* Unde Maro Æneid. XII.

— *Ingenti mole Latinus*
Quadrijugo vehitur curru, cui tempora circùm
Aurati bis ſex radii fulgentia cingunt
Solis avi ſpecimen.

Voyez Voſſius *Harm. Evang.* lib. II. cap. V.

12. C'eſt le nom qu'Homere donne aux Rois. On en voit un exemple dans ce qu'il fait dire à Therſite parlant à Agamemnon :

Ὣς φάτο νεικείων Ἀγαμέμνονα ποιμένα λαῶν
Θερσίτης.

Sic dixit objurgans Agamemnonem, paſtorem populorum. Therſita.
Homer. Iliad. lib. II. p. m. 34.

13. Mr. de Tillemont place cet évenement, rapporté par Philon dans ſon *Ambaſſade à Caïus*, à l'année 38. de J. Chriſt. *Hiſt. des Empereurs* T. I. P. II. Agrippa art. 13. p. 728. Mais comme Claude ne regnoit pas encore, Agrippa n'étoit pas alors Roi de Judée.
14. Tillem. *ubi ſuprà*.

DISCOURS XVII.

1. IL eſt vrai que, par les Loix Romaines, le ſupplice ne devoit être infligé que dix jours après que la ſentence avoit été prononcée ; mais elles exceptoient les ſéditieux, qui devoient être punis auſſi-tôt après avoir été condamnez ; & les Gouverneurs des Provinces ne devoient en inſtruire le Sénat, qu'après l'exécution faite. *Quidam exiſtimant Piſtanum, cùm tam citò de Chriſto ſupplicium ſumpſerit, commiſiſſe in Senatûs Conſultum illud, temporibus Tiberii factum, quo pœna damnatorum in decimum ſemper diem differri debuit.* Suetonius in Tiberio cap. LXXV. Senec. de Tranquill. vitæ cap. XIV. *vel in trigeſimum diem, ut* Sidonius Apoll. *retulit*, lib. I. ep. VII. *ſed non advertunt Senatûs loco tantùm locum fuiſſe, cùm quis aut à Senatu, aut à Principe damnatus eſſet, ordine judiciorum ſervato : at non pertinebat Senatus ad ſeditioſos & famoſos latrones, quos mandata Principum ſtatim & extrà ordinem puniri voluerunt.* Ulpianus in L. Si quis 6. §. Quid tamen 9. D. de Injuſt. rupt. & irrit. fact. teſtament. *Niſi forte Latro manifeſtus, vel ſeditio prærupta, factioſve cruenta, vel alia juſta cauſa : tunc enim punire permittitur, deinde ſcribere.* Modeſtinus in L. Conſtitutiones 16. de Appellationibus : *Conſtitutiones quæ de recipiendis, nec non appellationibus loquuntur, ut nihil novi fiat, locum non habent in eorum perſonâ, quos damnatos ſtatim puniri intereſt : ut ſunt inſignes Latrones, vel ſeditionum concitatores, vel duces factionum.* Ed. Merylli notæ philologicæ in Paſſ. Chriſti p. 32.
2. Voyez Lipſe *de Cruce* lib. II. cap. V.
3. Καὶ τῷ μὲν σώματι τ κολαζομένων ἕκαστος τ κακοὔργων ἐπιφέρει τ αὐτῷ σαυρὸν, ᾗ ᾗ κακία τ κολαζομένῳ ἐφ᾽ ἑαυτῷ ἕκαστος ἐξ αὐτῆς τὰ πικρότατα. Plut. de ſerâ Numin. vindictâ.
4. Ces deux penſées ſont de Tertullien. Voici les paroles de cet Auteur : *Cùm Iſaac à patre hoſtia duceretur, & lignum ipſe ſibi portaret, Chriſti exitum jam tunc denotabat, in victimam conceſſi à Patre, lignum paſſionis ſuæ bajulantis.* Adv. Judæos cap. X. Et à l'occaſion de ces paroles d'Eſaïe : *L'Empire a été mis ſur ſon épaule ;* il dit : *Solus novus Rex Chriſtus, novæ gloriæ poteſtatem & ſublimitatem in humero extulit, id eſt, Crucem.*
5. *Quod verò exiſtimant nonnulli ex verbis Lucæ* cap. XXIII. *Simonem crucem portaſſe poſt Jeſum, ita ut Chriſti, anteriorem partem crucis geſtani, præiret, Simon autem, poſtremam geſtani, ſequeretur : Probabilius eſt, ſecundùm morem Romanum, totam crucem ferendam Chriſto ſoli impoſitam fuiſſe : At cùm timerent milites, Chriſtum jam multis cruciatum modis in viâ deficere, crucem à Chriſto in Simonem transtuliſſe*, ut Hier. in cap. XXVII. Matthæi, & Aug. lib. III. de Conſenſ. Evang. cap. 10. Voyez Ed. Meryll. not. phil. p. 34. & Th. Barthol. de Cruce. p. 31.
6. Voyez Mr. de Tillemont *Mem. Eccl.* T. I. J. Chriſt. art. XVIII. & note XXXII.
7. Voyez la Note 32. de *Tillemont* ſur J. Chriſt. On y trouve ce que l'on dit de ces deux perſonnages ; mais tout cela eſt plus qu'incertain, ſi l'on en excepte ce qui eſt tiré de l'Ecriture.
8. *Moris erat apud Judæos, obſervante Druſio è Pheſietbâ, ut quando aliqui damnati erant ad mortem, detinerent eos, differendo ſupplicium uſque ad feſtum ſollemne, ac tum occiderent eos, quo tempore Iſraël congregatus erat ; ad ſtabiliendum quod dicitur : Et omnes Iſraëlitæ audient & timebunt.* Calixt. Harm. Evang. lib. VI. cap. 14.
9. Senec. de Conſol. cap. XIII.
10. Ἄρις ἐπιλευταῖς τ Λακεδαιμονίων βασιλέων ἐξ ἐπίδρας ςυλληφθεὶς, ϰαὶ κατεδικαϑεὶς ὑπὸ τ ἐφόρων χρεῖς δίκης, ἀπωγόμενος ἐπὶ τ βρόχον, ἰδὼν τινὰ τ ὑπηρετῶν κλαίοντα, Παυσαὶ (εἶπεν) ὦ ἄνθρωπε τ᾽ ἐμοῦ κλαίειν, καὶ γὰρ οὕτω παρανόμως καὶ ἀδίκως ἀπολλύμενος, κρείσσων τί μὴ τ ἀναιρούντων. Plutarc. Apoph. p. 216.

DISCOURS XVIII.

1. COmme il peut être arrivé que l'on n'ait pas toûjours cité les Auteurs que l'on a ſuivi, le Lecteur peut conſulter : Scalig. *Animad.* Euſeb. *in digreſſione de Litterarum Ionicarum origine, ad litteram* TAU: Salmaſium, *libro de* CRUCE : Edmund. Meryll. *notas philologicas in Paſſ. Chriſt : Harmoniam Evangelicam* Voſſii, lib. II. cap. VII. Lipſium, *libro de* CRUCE : Binæum, *de Morte Chriſti :* Jac. Lidii, *florum ſparſionem ad hiſtoriam Paſſionis Chriſti.* Ce ſont de très-bons Auteurs.
2. Voyez Origene, (*in Matth.* Tom. XXXV.) le petit Traité *de Reſurrectione Chriſti*, attribué à S. Cyprien, quoiqu'il ne ſoit pas de lui : S. Chryſoſtome, (*Hom.* LXXXV. *in Joh.*) S. Epiphane, (*Hæres.* XLVI.) &c. N'alleguons que ces Vers d'un Poëme qu'on attribue à Tertullien, bien qu'il ſoit plus moderne que S. Jerôme.

Golgotha locus eſt, Capitis, Calvaria quondam,
Lingua paterna prior ſic illum nomine dixit :
Hic medium terræ eſt, hic eſt victoriæ ſignum.
Os magnum hic veteres noſtri decuere repertum.
Hic hominem primum ſuſcepimus eſſe ſepultum.
Hic patitur Chriſtus, pio ſanguine terra madeſcit,
Pulvis Adæ ut poſſit veteris eam ſanguine Chriſti
Commixtus, ſtillantis aquæ virtute lavari....
Tertull. in carmine adv. Marcion. lib. II. cap. IV.

3. Ecoutons là-deſſus S. Jerôme : „ Il y a, dit-
„ il,

" il , quelque chofe de fpécieux à dire , que
" le premier Homme a été enfeveli dans l'en-
" droit même où J. Chrift a été crucifié. Cet-
" te fable plaît au peuple ; mais c'eſt une
" fable. Il y avoit hors de Jéruſalem un en-
" droit deſtiné à trancher la tête aux Crimi-
" nels , & c'eſt pour cela qu'on l'a appellé
" Calvaire. Certainement fi les Juifs avoient
" cru que le premier Homme fût enfeveli fur
" la montagne de Golgotha, ils ne fe fe-
" roient jamais aviſés d'en faire un lieu de
" fupplice. Si pourtant , ajoute S. Jérôme ,
" on vouloit encore aſſurer que le Seigneur
" a été crucifié dans cet endroit-là , afin que
" fon fang diſtillât fur la tête d'Adam , je
" voudrois bien qu'on me dît auſſi , pourquoi
" deux Brigans ont été crucifiés dans le mê-
" me lieu. *Hieron. in Matth.* XXVII.

4. C'eſt le fentiment de Grotius & d'Eraſme ;
mais le ſçavant Calixte rejette ce ſentiment,
& adopte celui que l'on a mis dans le texte.
*Mons ita dictus, quod rotundus eſſet inſtar Cal-
variæ , non quòd interemptorum , vel ſupplicio af-
fectorum calvariæ ibi repertæ; nam illæ apud Judæos ſepeliri ſolebant : multò minus quòd ibi ali-
quando reperta calva Adami, ut nonnulli, nimis
creduli , afferunt.* Calixt. Harm. Evang. lib.
VI. cap. XIII.

5. Louis de Dieu eſt pour la leçon ordinaire, &
c'eſt celle que l'Interprète Syriaque, S. Chryſoſtome, & Théophylacte ont ſuivie. D'autres ont prétendu qu'il y a une faute de Copiſte , qui dans un endroit a mis ὤ ὄξος,
pour τ̀ οἶνον. Le changement eſt aiſé. D'ailleurs la Verſion Vulgate, Origene, S. Hilaire, S. Ambroiſe, S. Auguſtin, Juvencus, Sedulius , l'Evangile Hébreu, qu'un ancien Exemplaire de Beze, portent *du Vin*. D'autres, en
conſervant la leçon ordinaire, ont prétendu
que S. Matthieu & S. Marc ont dit la même
choſe pour le ſens: *Si credimus Criticis , ὄξος
Græcis vinum eſt factitii ſaporis , quale ὄξος
ἴψινον apud Suidam, ἐπὶ Φοινίκων, ex palmis,
dactyliſque confectum; unde Beza, judicis magni
vir , auduster ſcribit , quamvis ὄξος ſcripſerit
Matthæus, ſignificari tamen Vinum conditum.*
Thom. Barthol. *de Cruce*, p. 141. L'Auteur
continue ainſi p. 156. *Non crediderim tamen
verum fel , hepatis illud excrementum amarum ,
in potum permixtum, quam authoritate Auguſ-
tini , qui l. 3. de Conſenſ. Ev. c.* XI. FEL
*inquit , PRO AMARITUDINE POSUIT.
Ita Syrus capit , vertens* מררא, *quod amaro-
rem ſignificat. Et* LXX, *Interpretes Prov.* v.
4. Thren. III. 15. לענה, h. e. abſinthium,
per χολὴν *reddiderunt ; quod hoc loco Matthæi
imitatus eſt Tremellius. Hebræum Pſ.* LXVIII.
וראש *late quoque patet, &* Jerem. XXIII. 15.
à LXX. *voce* πικρὸς *vertitur. Ita quod Deut.*
XXIX. 18. *dicitur : Ne ſit inter vos radix ger-
minans fel, & amaritudinem :* Apoſt. Heb. XII.
15. vertit, μήτε ρίζα πικρίας ἄνω, &c.

6. Plutarque , dans la Vie de *Caton* premier du
nom, nous apprend, qu'en campagne il ne
bûvoit ordinairement que de l'eau ; quand il
avoit grand chaud , il y mêloit du vinaigre ,
& quand il étoit fort fatigué , il prenoit un
peu de vin : ὕδωρ ἔπινεν ὅτι τὸ σφόδρα , πλὴν
εἴποτε διψήσειε περιφλεγὼς , ὄξος ἔπινεν , ἢ οἴνου
παρέδωκεν , ὑπήκοον μικρὸν ἐνιφέρων. Plut. *in vitâ
Cat. Maj.* p. prima.

7. Voyez Caſaubon *Exerc.* XVI. *ad Baron. Ann.*
ſect. LXXX. p. 623.) & Calixte (*Harm. Ev.* p.
597.) L'un & l'autre alleguent cet endroit
des Rabins , cité dans Druſius : *Qui exit ad
ſupplicium , potum dant ei granum thuris , quo
abripiatur mens ejus.* Après quoi ils ajoutent :
*Ubi fortaſſe thus pro myrrhâ poſitum : nam ita
ſpecies ſæpe confunduntur.* Sané Plinius lib. XIV.

13. *Lautiſſima ,* inquit , *apud priſcos vina erant
myrrhæ odore condita.*

8. *Narrat Maimonides , pleræque omnia ad ſupplicii
apparatum neceſſaria , ab hominibus piis ſolitis
fuiſſe parari privato ſumptu & ſtudio.* Th. Barth.
de Cruce, p. 148.

9. Voyez Joſ. Scalig. *Anim. ad Euſeb. Chron.* p.
117. 118.

10. *De quatuor generibus quidam ſcribunt , ſed nullo
nixi vel probabili argumento. Quidam arbi-
trantur , crucis lignum fuiſſe è rubris , ſeu quer-
cu. . . . . quod crux fuerit ex olivo, prompto-
que ligno : quercus autem crebra & frequens
olim ac nunc quoque in Judæa. Sed omnia hæc
valdè ſunt infirma. Nam quercus in Judæa eſt
rariſſima : quod bacia re etiam deceptus eſt doc-
tiſſimus Juſtus Lipſius de Cruce tertio*, cap. XIII.
Voyez Voſſius in Harm. Evang. lib. II.
cap. VII.

11. Voyez *Cornelii Curii , Auguſtani*, de Clavis Dominicis. N'alleguons ici que ces mots de Plaute : *Ego dabo ſi talentum , qui primus in crucem excurrerit , ſed eâ lege , ut affigantur bis pedes , bis brachia.* Plaut. in Moſtell. *Supeda-
neum,* dit Scaliger , *in quo pedes huius clavis aſ-
figebantur.* Joſ. Scalig. Anim. ſuf.

12. Ruffin. *Hiſt. Eccl.* lib. I. cap. 8. Theodoret.
Hiſt. Eccl. lib. I. c. XVIII.

13. Euſeb. *de vit. Conſt.* lib. III. pag. 46. & ſeqq.

14. Héléne mourut à Rome, ou en allant à Rome
avec Conſtantin , le 8. d'Août, 326. Voyez
Pagi *Crit. Baron. Ann.* 326. No. XV. Valois,
Remarques ſur Euſébe, p. 231.

15. Sozom. *Hiſt. Eccl.* lib. I. cap. VIII. p. 412.

16. Plutarc. *Apoph.* p. 189.

17. Voyez Tillemont , *note* XXXII. *ſur J. Chriſt.*

18. Voyez *Quæſt. & Reſp. ad Orthodoxos :* Quæſt.
LXXXV. inter Oper. Juſt. Mart. Irenæum,
Tertullianum & alios.

19. Voyez la Préface de Mr. Huet, ſur ſon Traité , *de ſitu Paradiſ.* No. 3.

20. Il y a en effet beaucoup de difficultez dans
l'opinion dont il s'agit. Il eſt conſtant que
Phlegon parle d'une Eclipſe naturelle de ſoleil.
Or J. Chriſt étant mort à la Fête de Pâque,
dans la pleine lune de Mars, lorſque le ſoleil & la lune ſont en oppoſition, il eſt impoſſible qu'il y ait eu alors une Eclipſe de ſoleil , à moins qu'on ne ſuppoſe que Dieu ren-
verſa tout l'ordre de la Nature. Ainſi l'E-
clipſe de Phlegon , & les Ténébres des
Evangeliſtes , ne ſçauroient être la même
choſe. Secondement, il paroît par le fragment
de *Jules Africain*, rapporté par George de Syncelle,
que l'Eclipſe de Phlegon arriva l'an 2. de la CCII.
Olympiade. Or cette année-là tombe à l'an
29. de l'Ere Chrétienne , & à la quinzième
de Tibere. Il eſt vrai que Tertullien, Jules
Africain , S. Jérôme , S. Auguſtin , mettent
la mort de J. Chriſt ſous les Conſuls *Furius
Geminus, & Rubellius Geminus* , qui eſt l'an
29. de l'Ere Vulgaire. Mais comment accorder cela avec la relation de S. Luc , qui témoigne que la Prédication de J. Chriſt commença l'an 15. de Tibere ; car Notre Seigneur
ayant au moins célébré trois Pâques depuis le
commencement de ſon miniſtère juſqu'à ſa
mort , il doit avoir ſouffert vers l'an 19. de
Tibere. Il eſt vrai qu'on lit dans *Euſébe*, que
l'Eclipſe de Phlegon arriva l'an 4. de la CCII.
Olympiade. Mais le P. Pagi montre qu'il
faut lire de là cet. Olympiade , & fait que
obſervations nouvelles pour ce ſujet. Voyez
Pagi *Crit. Bar. Ann.* 32. No. XI. & ſuivans.
Ne mettons que ces paroles de P. Pagi : *Ideo-
que annus ſecundus Olympiadis* CCII. *quo Ecli-
ſis à Phlegonte memorata, ab Affricano conti-
geſſe dicitur , non cum anno Chriſti 31.*, ut Kep-
lerus & Petavius putarunt , ſed cum anno
ejuſ

ejusdem Něa 29. *conjungendus.* Pagi ubi suprà No. XI.

21. On a préféré cette explication à toutes les autres. Mr. *le Clerc* l'a adoptée. Je ne sçais s'il l'a prise d'ailleurs ; mais je la trouve dans Gerhard : *Quanam existimant Christum voluisse Scribas & Judæos præsentes admonere vaticinii illius Davidici* in Ps. XXII. *editi, ut conservarent illud cum se præsente, atque ex ipsâ collatione intelligerent jam completa in ipso esse, quæ de transfossione manuum ac pedum, de divisione vestimentorum, de blasphemiis, &c.* in illo *Psalmo sunt prædicta, quæ cùm de vero Messiâ prædicta nôrint, honorem illum sibi unicè competere ex eo colligerent. Et sanè non est dubium, recitatione hujus versiculi Christum significare voluisse, quod totus Psalmus de se loqueretur, & intelligendus sit* .... Joh. Gerhard, Harm. Evang. cap. CCII. p. 253.

22. Joseph. *Antiq.* lib. VIII. 2.

23. *Relinquebantur verò gentili more in cruce crucifixi, hinc :* Pasce in cruce corvos ; quin & *usque dum putrescerent, & tabo diffluerent. Notis enim ex Herodoti Thaliâ, historia Polycratis Samii in crucem acti, & juxtà somnium filiæ à Jove, cum plueret, loti, à sole autem pinguedine è membris per calorem exsudante uncti. Et Theodorus Cyreneus Lysimacho cruce minitanti, respondet :* Mea quidem nihil interest, humi, an sublimi putrescam. Calixt. Harm. Ev. lib. VI. cap. XV. Voyez aussi Lipse *de Cruce,* d'où le premier a pris apparemment ce qu'il dit dans cet endroit. *De Cruce* lib. II. cap. XV.

24. Joseph. *de Bell. Jud.* lib IV. cap. 18. Il s'agit d'*Ananus* & de *Jesus.* On a suivi la traduction de d'Andilly.

DISCOURS XIX.

1. *D*Emocrite, dans *Diogene Laerce.* Liv. IX. §. 37. Celui-ci étoit d'*Abdere*, Ville assez obscure de la Grece, qui s'est illustrée pour avoir donné la naissance à Democrite.

2. Voyez *Joh. Nicholaï*, de Sepulcris : *Geterus*, de Luctu Hebræorum. Voyez aussi Calmet, qui a fait une Dissertation, *sur les Funerailles & les Sepultures des Hébreux.* Elle est à la tête de son Commentaire sur l'Ecclésiastique. Basnage, *Hist. des Juifs* T. VI. liv. XI. chap. XXVI. & XXVII.

3. Il semble qu'on ne peut mieux connoître la manière dont les Juifs ensevelissoient les morts, que par ce passage de Maimonidés, que je vais copier en faveur des Lecteurs : " La coûtume d'Israël, par rapport à la Sépulture " des morts, dit ce sçavant Rabin, est tel- " le. Dès qu'un homme est mort, on lui " ferme les yeux, & s'il a la bouche ouver- " te, on la ferme aussi. On use encore d'u- " ne autre précaution ; mais on n'en use " qu'après que le corps a été lavé. Ensui- " te on l'oint avec des huiles de senteur, ex- " traites de divers parfums, & après lui avoir " rasé la tête, on enveloppe le corps dans " une chemise faite exprès, qui n'est pas d'u- " ne grande valeur, afin d'observer l'égalité " entre les riches & les pauvres. On cou- " vre avec un linge le visage du mort, avant " que de le mettre dans le cercueil. Après " qu'il y a été mis, il est porté sur les épau- " les des hommes jusqu'au lieu du sépul- " cre, où étant arrivé, on prononce quel- " ques endroits de nos Ancêtres, composez " dans ce dessein. Ce que l'on dit alors, " roule, & sur la Justice divine qu'on loue, " & sur la grandeur des péchez des hommes " que l'on expose, & auxquels on attribue " la nécessité de mourir. Ensuite on fait une " prière à Dieu, pour le supplier de ne pas " oublier, dans l'exercice de la Justice, qu'il

" est bon & miséricordieux. Après quoi on " descend le cercueil dans la fosse, & tout " le monde se retire. *Maimon. Tract. de Luctu.* cap. IV. On a quelque doute sur ce que dit Maimonidés touchant *le Cercueil.* Les Juifs s'en servent sans doute depuis qu'ils déposent les Corps en terre : mais s'en servoient-ils quand ils les mettoient dans des Sépulcres taillez dans le Roc, ou dans des Grottes soûterraines ? On en doute : Car dans toute l'histoire de la Sépulture & de la Résurrection de J. Christ, il n'est fait mention que des *Linges* dont le Corps du Sauveur étoit enveloppé, & nullement de Cercueil où il auroit dû être mis. De même dans l'histoire de la Résurrection de Lazare, il n'est point parlé de Cercueil, & il y a même des raisons de croire que son Corps n'étoit point enfermé dans un Coffre de bois, puisque J. Christ lui dit en le ressuscitant : *Lazare, jortea dehors* ! ce qui n'auroit pu se faire sans un nouveau miracle, s'il avoit été enfermé dans un Cercueil. Or il ne paroit pas, que J. C. ait voulu faire aucun miracle superflu, puisqu'avant que de ressusciter Lazare, il ordonna qu'on ôtât la Pierre qui fermoit le Sépulcre, & que le Mort étant sorti, Jesus ordonna qu'on défit les bandes dont le corps étoit lié, afin qu'il pût marcher & s'en aller. Il est vrai que dans l'histoire du Fils de la Veuve de Naïn il est dit, que *Jesus toucha le Cercueil ;* Luc VII. 14. Il y a dans le Grec σορός, qui effectivement peut signifier Cercueil, & que les Interprètes traduisent *Loculus.* Mais l'Interprète Syriaque a peut être mieux traduit *Lectulus*, un *petit Lit.* Grotius attribue cette traduction à la prévention de l'Interprète, qui sçavoit qu'on ensevelissoit de la sorte les Grands ; mais sa conjecture peut bien n'être pas juste. Si le Fils de la Veuve de Naïn eût été enterré dans un Cercueil, il auroit falu l'ouvrir, avant que de dire au Mort, comme fait J. Christ : *Jeune-homme, levez-vous.*

4. Voyez *Herodot.* lib. II. cap. LXXXVI. p. m. 120.

DISCOURS XX.

1. EUseb. *de Vit. Const.* lib. III. 26. & seqq.
2. Ibidem cap. XXVIII.
3. Ibidem cap. XXVI.
4. Ibidem cap. XXVI.

DISCOURS XXI.

1. VOyez Georg. Calixte, *Harm. Evang.* p. 519.

2. Voyez l'Auteur des *Questions & des Réponses aux Orthodoxes, inter Op. Just.* Quæst. 117. Grégoire de Nazianze, dans le Poëme qui a pour titre *J. Christ souffrant :* Grégoire de Nisse, Or. 2. *de Resurr.* p. 151. *S. Ambroise* in Luc. lib. X. cap. XXIV. *S. Chrysostome*, *S. Jerôme*, *S. Augustin*, &c. Il faut néanmoins excepter *S. Hilaire* & le Pape *Leon.* Ne rapportons que les paroles de S. Jérôme, Quæst. VI. ad Hedib. *Angelum non putamus ideò venisse, ut aperiret sepulcrum Domino resurgenti, & revolveret lapidem. Sed postquam Dominus resurrexerit, horâ quâ ipse voluit, & quæ nulla mortalium cognita est, indicassè quod factum est, & sepulcrum vacuum, revolutione lapidis, & sui ostendisse præsentia.*

3. *Tenue enim est mendacium,* dit Seneque, *si diligenter perspexeris, statim perlucet.*

4. Just. Martyr, *in Dial.* p. m. 261.

5. Voyez le Livre intitulé, *Les Témoins de la Résurrection*, traduit de l'Anglois par M. le Moine, pag. 67. & suiv.

6. Voyez

6. Voyez *Grotius* de Verit. Rel. Christ. lib. 11. 6. *Abbadie*, Vérité de la Rel. Chr. Tome 11. Sect. 111. chap. 111. pag. 213. & suiv. *Ditton*, la Relig. Chrét. démontrée par la Résurrection de J. C. Chr. 111. part. chap. 1. & suiv. &c.
7. *De Consensu Evangel.* lib. 111. 24. Et *Quæst. Evangel.* lib. 1. 7.

DISCOURS XXII.

1. Augustinus (lib. 111. *de Consensu Evang.* cap. xxiv.) *existimat, eat fuisse ignaros custodiæ à Pontificibus sepulcro adhibitæ, ut & sigilli affixi, cùm se domi in silentio, toto sabbatho, continuerint.*

2. Il est vrai que ces circonstances ne sont pas des preuves de la Résurrection du Seigneur : cependant le Poëte *Sedulius* a eu raison de remarquer, que des gens qui enlevent un corps, ne s'arrêtent pas à le dépouiller de ses vêtemens mortuaires. Ils enlevent le tout. Il faut remarquer d'ailleurs, que les linges qui enveloppoient le corps de J. C. y étant collez par les diverses essences dont on l'avoit embaumé, il faloit beaucoup de tems & de précautions pour ne les pas déchirer. Mettons-ici les vers de ce Poëte.

                 Annà beati
Corporis ablator velocius esse putavit
Solvere contextum, quàm devectare ligatum?
Cùm mora sit furtis contraria. Cautius ergo
Cum Domino potuere magis sua linea tolli.

3. Voyez *Theophylacte* sur le vs. 8. du chap. xvi. de S. Marc.

4. *Casaubon* a censuré avec beaucoup de raison les termes peu mesurez de Baronius & de Maldonat, qui ont exageré les difficultez qui se trouvent dans les divers récits des Evangélistes, au sujet des Apparitions du Seigneur. Il fait voir que plusieurs de ces difficultez sont imaginaires, ou ne doivent être imputées qu'à l'ignorance de ceux qui les font; qu'un peu d'attention & d'équité suffisent pour lever celles qui sont réelles; enfin qu'on trouve les mêmes difficultez dans les Auteurs les plus exacts. Il donne ensuite des solutions qui doivent contenter tout esprit équitable, & entremêle tout ce qu'il dit, d'excellentes réflexions. Voyez *Casaub. Exerc.* xvi. *ad Ann. Bar.* Sect. cxiii. & cxx. p. 672. & seqq.

DISCOURS XXIII.

CAret Annotationibus, præter unicam, quæ in ipsâ primâ hujus Dissertationis paginâ occurrit.

DISCOURS XXIV.

1. *Epiph. Hæref.* xxiii. §. 6. p. 67. Ce qu'il y a de merveilleux dans l'assertion de S. Epiphane, c'est qu'il s'appuye du témoignage de S. Luc, quoique certainement cet Evangéliste n'en dise rien ; mais ce sont des fautes de mémoire qu'il faut pardonner. S. Epiphane avoit lû dans quelque ouvrage ancien ce qu'il avance, & sans y penser, il crut l'avoir lû dans S. Luc.

2. Ambrosf. Tom. v. pag. 168.
3. Orig. *contra Celsum.* lib. 11.
4. In *Catalog.* cap. 11.
5. Sozom. lib. v. cap. xxi.
6. Le Bourg d'Emmaüs dont parle S. Luc, étoit à soixante stades de Jerusalem, & la Ville d'Emmaüs, qui fut depuis nommée *Nicopolis*, étoit à xxii. milles Romains, ou 176. stades de Jerusalem. Ainsi c'étoit une Ville toute différente. Josephe parle de l'une & de l'autre ; mais c'est à la derniere qu'il attribue l'avantage de posseder une source d'eaux chaudes, fameuses par les guérisons qu'on leur attribuoit. Ainsi il y a deux fautes dans le récit de Sozomène. Il confond deux Villes très-differentes, & attribue à l'une, ce qui convient à l'autre. Il y a de plus une fable dans son récit. Il raconte que J. Christ, passant par Emmaüs avec ses Disciples, se lava les pieds dans la fontaine, & que c'est depuis ce tems-là que les eaux sont devenuës propres à guérir de certaines maladies. C'est un conte : elles avoient cette vertu longtems auparavant. *Plin. Nat. Hist.* lib. vi. cap. xiv. *Jos.* lib. 11. 3. 25. *de Bell. Jud.* &c. Voyez aussi *Reland*, *Palæst. Sac.* lib. 11. p. 427. & lib. 111. p. 758.

7. Mr. de Beausobre, le Pere, *Serm. sur Jean* xviii. 3.

8. Ceux qui voudront lire des explications plus étenduës des Oracles qui regardent J. C. & sa mort, peuvent consulter le Livre qui a pour titre, *Pugio fidei*, *Grotius*, de Ver. Rel. Chr. lib. v. *Abbadie*, de la Vérité de la Rel. Chr. T. 1. pag. 412. & suiv. *Prideaux* T. 11. pag. 13. & suiv. *Phil. de Mornai.* &c.

9. Origene rapporte, qu'ayant un jour à disputer avec des Docteurs Juifs, il leur allegua le chap. liii d'Esaïe. A quoi ils répondirent, que ce chapitre regardoit le corps de la Nation emmenée en captivité parmi les Gentils, & convertissant les Peuples idolâtres qui l'avoient subjuguée. Origene repliqua, qu'il y avoit un endroit dans ce chapitre, qui ne pouvoit s'entendre que d'une personne du Peuple qui souffre pour la Nation ; c'est ce passage : *Il a été conduit à la mort, à cause des iniquitez de mon Peuple*. Mais écoutons Origene lui-même. „Je me souviens, dit-il, que „dans une dispute que j'eus un jour avec ceux „qui portent le nom de Sages parmi les Juifs, „je leur alleguai cette Prophetie. A quoi „l'un d'eux me répondit, qu'elle regardoit „tout le corps de la Nation, qui ne faisant „qu'un seul tout, est consideré sous l'idée „d'une seule personne; que ce Peuple n'ayant „été mené en captivité, & frappé de Dieu, „que pour servir à la conversion des Gentils „parmi lesquels les Juifs ont été dispersez, „c'est d'eux qu'il faut entendre tout ce qui „est dit dans le ch. liii. d'Esaïe. C'est à tout „le Peuple qu'il appliquoit ce qui est dit : „*Ton éclat sera terni par les hommes*; il lui ap„pliquoit de même ces mots : *Ceux à qui on* „*n'en avoit point parlé, le verront*; & ceux-ci : „*C'est un Homme tout couvert de playes*. Je „leur alleguai diverses raisons, pour prouver „qu'ils avoient tort d'appliquer à tout le Peu„ple une Prophetie, qui certainement avoit „pour objet une personne en particulier. Je „leur demandai, comment, suivant leur hypo„thèse, ils pourroient s'expliquer ces mots : „*C'est lui qui a porté nos péchez, & qui a souf*„*fert à cause de nous* ; & ceux-ci : *Il a été* „*navré à cause de nos péchez, & froissé à cause* „*de nos iniquitez*, & ce qui est dit ensuite : „*C'est par sa blessure que nous avons été guéris ?* „Certainement, ajoute Origene, ceux dont „le Prophete parle dans ces endroits, sont „ceux d'entre les Juifs ou les Gentils, qui „ayant été esclaves du péché, sont redeva„bles de leur delivrance au Redempteur du „monde : mais je les confondis par cet en„droit : *C'est à cause des péchez de mon Peuple*, „*qu'il a été conduit à la mort* ; car si c'est à „cause des iniquitez du Peuple que celui „dont parle Esaïe a été conduit à la mort, „certainement il faut qu'il ait voulu parler, „non du Peuple même, mais d'une person„ne du Peuple : Et qui peut-elle être, si ce

PREUVES DES CITATIONS

„ n'est J. Chrift"? Voyez *Orig. cont. Celſe* lib. 1. p. 42.

10. Grotius remarque, que les Peres Grecs donnent fouvent le nom d'économie, ou de fage menagement, à une feinte de cette nature. Il allegue S. Chryfoftome fur 1. *Cor.* iv. 6. & ce mot de Clément d'Alexandrie : *Un bonnie de bien fera pour l'avantage de fon prochain, des choſes qu'il ne feroit pas autrement de lui-même, & pour ſon propre bien.* Strom. lib. vii. cap. ix. Voyez la note de Grotius fur Luc xxiv. 28. & ſon *Droit de la Guerre.* liv. iii. chap. 1. de la traduction Françoiſe de Mr. Barbeyrac.

11. Ὁ Πλάτων ἢ Σωκράτην φησὶν ἔξωθεν ἰδιώτην, καὶ σκυθρωπὸν, καὶ ὑβριστὴν, τοῖς ἐντυγχάνειν φαινόμενον, ἔνδοθεν δὲ σπουδῆς καὶ σεμνότητος μεστὸν εἶναι ; δακρυα κινοῦντα τ᾽ ἀκροωμένοις, ᾧ τὴν καρδίαν ἐρεθίζοντα. Plut. in vitâ Cat. maj. p. 340.

DISCOURS XXV.

1. Voyez Euſeb. *Hiſt. Eccl.* lib. iii. 1.
2. Voyez S. Jerôme, *in Catal. Vir. Illuſt.*
3. *Aut. Operis imp. Hom.* 2.
4. Ruffin. *Hiſt. Ecclef.* lib. ii. cap. v.
5. Soc. lib. iv. cap. xviii.
6. Voyez *Orig. contra Celſum.* lib. ii. p. 79.
7. Voyez S. Auguſtin *Lib. de Agone Chriſtiano.* T. iii. cap. xxiv. p. m. 774.

DISCOURS XXVI.

1. *REdditur negationi trinæ, trina confeſſio, ne minus amori lingua ſerviat, quàm timori ; & plus vocis elicuiſſe videatur mors imminens, quàm vita præſens.* Aug. in Joh. Tract. cxxiii.

2. *En Croix.*] Euſebe le dit ; mais il ajoute une circonſtance peu vraiſemblable. „ Pierre, „ dit-il, prêcha aux Juifs difperfez dans le „ Pont, la Galatie, la Bithynie, la Cappa- „ doce & l'Aſie ; & étant enfin allé à Rome, „ il y fut crucifié *la tête en bas*, ayant deman- „ dé lui-même, comme une grace, de mourir „ dans cette poſture". (*Hiſt. Eccl.* lib. iii. cap. 1.) Le Poëte *Prudence* l'a cru de même, & a décrit ainſi le ſupplice de cet Apôtre :

Prima Petrum rapuit ſententia legibus Neronis,
Pendere juſſum præeminente ligno.
Ille tamen veritus celſæ decus æmulando mortis
Ambire tanti gloriam Magiſtri,
Exigit, ut pedibus merſum caput inprimant
ſupinis,
Quò ſpectet imum ſtipitem cerebro.
Figitur ergo manus ſubter, ſola verſus cacumen :
Hoc mente major, quò minor figurâ.
Noverat ex humili cœlum citius ſolere adiri :
Dejecit ora, ſpiritum daturus. Aur. Prud. περὶ ςεφαν. lib. Hym. xi. vf. 10. & ſeqq.

3. Chryfoft. *Hom. in Job.* xxi.
4. Voyez Cafaubon *Exerc. in Baron. Annal.* exerc. xvi. Sec. 132. & ſeqq. & Sam. Bafnag. *Annal. polit. Eccl.* Anno 33. p. 416.

DISCOURS XXVII.

1. Les Interprétes ont été fort embarraſſez à concilier ce que dit S. Luc. (xxiv. 50.) que Jeſus mena ſes Diſciples juſqu'à Bethanie, avec ce que dit le même S. Luc (Act. 1. 12.) que les Apôtres quittérent la Montagne des Oliviers, où ils avoient vû monter leur Maître dans le ciel. Le parti que l'on a pris pour le faire, paroît le plus ſûr. Ceux qui ne s'en contenteront pas, peuvent confulter Selden. *de Jur. Nat. & Gent.* & Bafnage *Annal. polit. Eccl.* qui me paroît avoir le mieux levé toutes les difficultez.

DISCOURS XXVIII.

1. Voyez Lev. xxiii. 15. 16. Exod. xxiv. 22. Deut. xvi. 1–10.
2. Lev. xxiii. 15. 16. Joſeph. *Antiq. Jud.* lib. iii. c. x.
3. C'eſt le ſentiment de *Cloppenburg*, approuvé par *Louis du Dieu.* Voyez le Tome ix. des *Grands Critiques*, Edit. de Londres. *Vitringa* loue fort ce ſentiment, & ſe propoſe de le défendre dans ſon excellent ouvrage, *de Vetere Synagogâ.* p. 152. & ſeqq.
4. On ſçait que les Juifs débitent des hiſtoires, ou fables, qui approchent beaucoup de la merveille que S. Luc raconte dans cet endroit. On peut lire là-deſſus Lightfoot, & Vitringa, *de Vetere Synagogâ*, p. 146.
5. Voyez Glaſſius, & Calmet qui a copié le premier. „ Les Hébreux, dit ce dernier, ap- „ pellent *Langue*, tout ce qui finit en pointe. „ Ils diſent *Langue de terre* (Joſ. xv. 2.) „ pour dire un *Promontoire* qui s'avance dans „ la mer : Une *Langue de mer* (Joſ. xv. 5. „ xviii. 10. Eſ. xi. 5.) pour dire un *Golfe* „ qui s'avance dans la terre : Une *Langue de* „ *feu* (Eſ. v. 24.) pour une *Flamme pointuë :* „ Une *Langue d'or* (Joſ. vii. 21. 24.) pour „ une *Lame* de ce métal : Une *Langue d'épée*, „ (Judith. iii.) pour la *Pointe*". Calmet dans ſa note fur le vſ. 3. du chap. ii. des Actes.
6. Les Gentils étoient dans l'idée, que les apparitions de la Divinité, & ſes inſpirations, étoient précedées par un Feu, qui annonçoit la préſence de Dieu & des Intelligenceſ céleſtes. On en voit la preuve dans ces paroles de Jamblique. Τί ἡ μίγνυσιν, ἐγκάτα τῷ θεαγωγέντι νῶ καινὸν πνεῦμα καὶ ἐνεργούμενον, ὅσον ν μόνον ὀπάσαν, μυρικῶν τι πλῆθος, καὶ διακεκαυμένον. Ὅραταιν ἢ τῷ ἐπιχαμένῳ τὸ τῷ πυρὸς εἶδος ἢ εἰχθῆναι. *Quod autem longè maximum eſt, is qui diducis numen, aliquandò videt ſpiritum deſcendentem, inſinuantemque ſe, & quantus ſit, & qualis, atque ab eo myſticè docetur & regitur. Qui autem numen concipit, antè ſuſceptionem videt quandam ignis ſpeciem.* Jamb. de myſt. Sect. iii. cap. 6.
7. Greg. de Nazianze, Orat. 44. fur la Pentecôte. Baſile, Or. 37. fur les Enfans de Bethleh. Cypr. dans un Sermon fur le S. Eſprit.
8. Dans ſon Commentaire fur l'Epitre aux Romains.
9. Aug. *de Tempore* Serm. 188.

DISCOURS XXIX.

1. ON en verra la preuve dans la ſuite. Je remarquerai ſeulement ici, après Selden (*de Jure Nat. & Gent.* lib. iv. cap. iv.) que *Joſephe* rapporte, qu'une des maximes des *Eſſeniens* eſt, *qu'après Dieu*, il n'y a point dans le monde de Perſonnage plus reſpectable que Moiſe, & que l'on doit punir de mort, quiconque a blaſphêmé contre lui. (*Joſ. de Bell. Jud.* lib. i. cap. xii.) Or on ſçait que les Eſſeniens n'avoient point de Magiſtrats, & par conſéquent cette maxime s'addreſſe à tous les membres de leur ſecte, qui étoient obligez, en y entrant, de s'engager à faire mourir tous ceux qu'ils entendroient injurier Moiſe.

2. *Les Sicaires.*] On les appelloit ainſi, à cauſe d'une ſorte d'épée ou de poignard qu'ils portoient, à la manière des Perſans. Voyez Bochart, Hierozol. part 1. lib. ii. p. 140. Au reſte le ſçavant *Dom Calmet* ſe trompe, quand il confond les *Sicaires* avec les *Zélez.* Joſephe les diſtingue dans le chapitre que nous citons. (Calmet, *Dict. de la Bible*, Tome iv. p. 84. Edit. de Paris).

3. Ἐν ἡ τῷ ζηλωτῶν καλουμένων γένος ἐκμαίνεται, ὃς τὰ προνκ...

DU SIXIEME VOLUME.

ηγοςίαν τοις ἔργοις ἐπιλέζουσιν. Πλὴν ῶ κακίας ἔργον ἐξεμιμήσαντο, μαθ᾽ ὅ τι πρῶτον προύκιιτο, ἦν κ μάλιςα παρεδίδοντο αυτοὶ παραλημπτι αξελοντες η τοι τ προσαγορίαν αυτούς, ὥστ τ ιδ᾽ αχαθῶ ζηλώμενον επιθυμίαν, ἢ κατοςπουδαζομενον τε αδικύμενον, διὰ τ αυτον ἐκεινών φύσιν, ὁ τε μέρημα τ κακῶν αγαθῶ νομιζοντες. In quâ (iniquitate) illud hominum genus, qui Zelotæ appellati erant, excellebant, qui nomen factis verum probaverunt. Omne enim malitiæ facinus æmulati funt, nullo quod ipfi non imitando expreßerunt relicto, quodcumque commisſum eſſe memoriæ proditum erat: quamvis nomen fibi ex bonorum æmulatione indidiſſent, in eos aut cavillati quos lædrant, propter efferam ſui naturam, aut malorum maxima pro bonis haberi volentes. de Bell. Jud. lib. VII. cap. VIII.

4. Selden, de *Jur. Nat. & Gent.* lib. IV. cap. IV.
5. L'Original porte קלל אלהים paroles qu'Arias Montanus a traduites: *Ob maledictionem Dei ſuſpenſus eſt.* On voit bien qu'il a voulu menager les termes, ſans quoi il auroit traduit: *Quicumque maledixerit Deo, ſuſpenſus eſto.* Voyez Selden, *de Jure Nat. & Gent.* lib. II. cap. XII. & *Druſius*, cité par l'Auteur, *Pract. rit.* 4. ad Job. XIX. 7.
6. Voyez *Joſeph. Ant.* lib. IV. cap. VIII. & la Note de Mr. le Clerc ſur Levit. XXIV. 14. Les Rabins prétendent, que l'un des témoins prenoit le Coupable par le milieu du corps, & le jettoit ſur une groſſe pierre, & s'il ne mouroit par de ce premier coup, le ſecond témoin jettoit ſur ſon corps une pierre de même fort groſſe. Cela ne s'accorde point avec ce que J. Chriſt a dit, à l'occaſion de la Femme adultère : *Que celui d'entre vous, qui eſt ſans péché, jette le premier la pierre.* Cependant je vois, qu'en général tous les Sçavans répètent ce que les Rabins ont dit ſur le ſujet de la Lapidation. Voyez la Diſſertation d'un Sçavant d'Allemagne. D. J. F. Mayeri Diſſertatio VIII. de *Lapidatione Stephani.* Ceux qui aiment le Rabinage, trouveront-là de quoi ſe contenter ; mais s'ils cherchent des réflexions ſolides ſur un ſujet auſſi intéreſſant, je ne ſçais s'ils ſeront contens. Voyez encore le ſçavant Mr. Baſnage, *Annal. polit. Eccl.* Tome. I. p. 461.
7. *Plutarque*, dans un petit Traité *ſur la Superſtition.*
8. Que Seneque s'exprime bien ſur ce ſujet, dans un Livre cité par S. Auguſtin ! *Ille viriles ſibi partes amputat, ille lacertos ſecat. Ubi iratos Deos timent, qui ſic propitios merentur ? Dii autem nullo debent coli genere, ſi & hoc volunt. Tantus eſt perturbatæ mentis & ſedibus ſuis pulſæ furor, ut ſic Dii placentur, quemadmodum ne homines quidem ſæviunt teterrimi.* . . . Voyez Seneque in lib. *de Superſtitione* apud Auguſt. de Civ. Dei lib. VI. cap. X.

DISCOURS XXX.

1. **P**Aulum *Gentilem fuiſſe, colligunt* (ſcil. Ebionitæ) *ex utroque parente Ethnico procreatum, cumque Hyeroſolymam acceſſiſſet, & ibidem aliquandiù manſiſſet, Pontificis filiam ducere ſtatuiſſe. Quare proſelytum ſe feciſſe, ac circumciſionem ſuſcepiſſe ?* Epiph. 30. No. 16.
2. *Tantus Tarſenſibus circà Philoſophiam amor fuit, & alias Diſciplinas, quæ in orbiculatâ ſcientiarum ſerie verſantur, ut Athenas & Alexandriam ſuperarent, & ſi quis alius locus dici poſſet, in quo ſcholæ & exercitationes Philoſophiæ fuerint ; ſed hoc uno plurimum excellit, quod bic indigenæ diſcunt, peregrini verò non multum huc adveniunt. At nec illi ipſi hîc manent, & foris perficiuntur.* Strabo. lib. XIV. Je me contente de rapporter le paſſage en Latin, pour le plus grand nombre des Lecteurs.
3. Voyez *Reland Palæſt.* p. 314.

4. *Plut.* in Pelopidæ vitâ, T. I. p. 289.
5. *Voleſius, nuper ſub divo Auguſto Proconſul Aſiæ, cùm trecentos unâ die ſecuri percußiſſet, incedens inter cadavera, vultu ſuperbo, quaſi magnificum quoddam conſpiciendum feciſſet, Græcè proclamatâ ; ô Rem Regiam !* Sen. de Irâ lib. II. cap. V.
6. Voyez en particulier le Pſ. XXIX.
7. Ἀρχαγγέλων ἐπιφαινομένων μεταξὺ μὲν τοὺς ὑπικείμενα ὁ κόσμος, καὶ προϊσχέμενος φως ποςτετελεγμένης δημιουργόν αὐτοῦ ἢ κατὰ μέγεθι ἢ ἁγεμενίας ἐτιμητέον ἐπιδεικνύοντες, καὶ ἐν τ ορρᾶκ μάγνεθ · Archangelis adparentibus, partes quædam mundi ſimul commoventur, & prævia quædam lux eos præcurrit, ſed diviſa ; ipſi verò, pro magnitudine adminiſtrationis ſuæ, conſentaneum oſtendunt ſplendoris magnitudinem. Jamb. de Myſt. Ægypt. lib. I. Sect. II. cap. IV. De-là l'Oracle des Chaldéens, rapporté par M. le Clerc, & dont voici la traduction Latine : *Quando videris fine formâ ſacrum ignem, ſplendentem ſaltuatim per profunda totius mundi, audi vocem ignis, hoc eſt, ex igne emiſſam, qualis à Mose narratur.* Cler. Com. in Ex. cap. XIX.

Vix ea fatus erat, defixique ora tenebant
Æneas Anchiſiades, & fidus Achates ;
Multaque dura ſuo triſti cum corde putabant ;
Ni ſignum cælo Cytherea dediſſet aperto.
Namque improviſo vibratus ab æthere fulgor
Cum ſonitu venit : & ruere omnia viſa repentè,
Tyrrhenuſque tubæ mugire per æthera clangor.
Suſpiciunt : iterum atque iterum fragor intonat ingens :
Arma inter nubem, cæli in regione ſerenâ,
Per ſudum rutilare vident & pulſa tonare.
Obſtupuere animis alii, ſed Troïus heros
Agnovit sonitum, & Divæ promiſſa parentis.
Virg. Æneid. lib. VIII. vſ. 520. & ſeqq.
8. Dans les Vers de *Virgile*, que l'on a rapportez.

DISCOURS XXXI.

1. **V**Oyez *Joſeph. Antiq.* lib. XIX. cap. IV. v. & ſeqq. & *de Bell. Jud.* lib. II. cap. VIII.
2. ΒΑΣΙΛΕΥΣ. ΗΡΩΔΗΣ. ΦΙΛΟΚΛΑΥΔΙΟΣ, ΚΛΑΥΔΙΩ, ΚΑΙΣΑΡΙ ΣΕΒΑΣΤΩ, Num. Herod. p. 41.
3. *Euſeb. Hiſt. Eccl.* lib. II. cap. IX.
4. Voyez *Caſaub. Exerc. ad Ann. Bar. exerc.* XVI. Art. 20. p. m. 481. & 482.
5. *Moſes Ben-Maimon*, libro ultimo Jad, ſectione primâ, quæ inſcribitur Sanedrin, capite undecimo, tractans de variis Differentiis inter judicia Mammonoth, id eſt, civilia, & animarum, ſive capitalia, ait inter cætera : JUDICES RERUM CAPITALIUM NON JUDICANT IN PARASCEVE SABBATI, AUT IN PARASCEVE DIEI FESTI : QUIA NON DEBET ID FIERI, ET REUS OCCIDI POSTRIDIE NON POTEST. Voyez Caſaub. ubi ſuprà.
7. Voyez *Joſeph. Ant. Jud.* lib. XIX. 7.
8. *Joſeph. Ant. Jud.* lib. XIX. 7.
9. *Euſeb. Hiſt. Eccl.* lib. IX. cap. X.
10. *Joſeph.* ubi ſuprà.
11. On trouve cette opinion dans *Origene*. Seulement il paroît par ce qu'il dit, qu'on étoit alors en doute, ſi cet Ange étoit accordé au Fidèle dès le moment de la naiſſance ou s'il ne l'étoit qu'à ſon Bâtême. *Item, requirere puſillum iſtorum Angeli, per id tempus quando incipiant curam eorum habere ; utrum ex quo per lavacrum regenerationis geniti ſunt in Chriſto, quaſi tunc naſcentes infantes, & ultrà non ſubjici cuidam adverſariæ poteſtati ; an ex tempore nativitatis eorum carnali, ſecundùm præſcientiam Dei, & præordinationem ipſius ? Vides quoniam*

qui

PREUVES DES CITATIONS

qui *cautè utrumque discusserit, illius est affirmare utrum eorum sit verum . . . . . In utrâque enim parte multus quidem sermo fieri potest.* Orig. in Matth. Hom. v. Depuis ce tems-là les Peres furent plus décisifs. Ils prétendirent que c'étoit dès le moment de la naissance que Dieu accordoit au Fidéle un Ange Gardien. Voyez *Eusebe.* lib. x. cap. iv. p. 316. *Greg. Thaumat.* Orat. Paneg. ad Originem. *Hieron.* in Matth. xviii.

12. Il semble que l'on doit donner à cette opinion une origine Payenne, puisqu'*Apulée* nous apprend, que c'étoit la Doctrine de Platon. *Ex hâc ergo sublimiori Dæmonum copiâ*, Plato *autumat, angulis hominibus in vitâ agendâ testes & custodes additos, qui, nemini conspicui, semper adsint, arbitri omnium non modò actorum, verum etiam cogitatorum.* Apul. de Deo Socratis p. 50.

13. Voyez 1. Sam. ii. 39. xix. 20. 21. xxv. 14. 2 Rois i. 2. Ps. cxxxi. 4. Luc vii. 24. Jaq. ii. 25.

14. Voyez *Plut.* in Critonis Dialogo. p. 32.

DISCOURS XXXII.

1. ON n'a pas une idée juste du titre de *Prophete*, qui, soit dans l'Ancien soit dans le Nouveau Testament, ne désigne point une personne honorée du don de prédire l'avenir. Il y en avoit de cet ordre; mais ce don n'étoit pas essentiel au caractère de Prophete; puisque ce mot ne désigne qu'un *Ministre de la Religion*, un Prédicateur, formé par l'étude & la méditation, qui avoit eu ses Maîtres qui l'avoient instruit, comme il avoit, à son tour, ses Disciples, nommez les *Fils des Prophetes* dans l'Ancien Testament. Les anciens Prophetes vivoient dans la retraite, & l'on alloit les entendre certains jours de la semaine. Ils s'attachoient beaucoup à la Poësie, au Chant & à la Musique instrumentale. De-là vient que *prophétiser*, & *chanter les louanger de Dieu*, sont des termes synonimes. 1 Sam. x. 5. xix. 19. 20. On peut consulter là-dessus *Vitringa, de Vet. Synag.* lib. I. para a. cap. vii. Dans le N. Testament, le mot de Prophete désigne de même des Prédicateurs formez par l'étude, appellez à instruire les autres, & dont la principale connoissance étoit celle des Oracles de l'Ancien Testament. Voyez 1 Cor. xii. 28. 29. xiv. 1. 5. Eph. iv. ii. Et de-là vient que S. Paul ordonne aux Prophetes, de se renfermer dans les bornes de leurs connoissances, & de ne pas donner pour des Oracles de Dieu, de vaines speculations; car c'est le sens de ces mots: *Si c'est la Prophetie, prophétisons, selon la mesure de foi que nous avons reçuë*. Rom. xii. 6. Voyez la Version de Berlin avec la note sur cet endroit. Les Auteurs de cette Version remarquent encore à l'occasion de ces mots de S. Paul 1 Cor. xiv. 22. *que les Langues sont un signe, non pour ceux qui croyent, mais pour les Infidèles, au lieu que la Prophetie n'est pas pour les Infidèles, mais pour ceux qui croyent*, que c'est une preuve qu'il n'entroit nécessairement dans la Prophetie rien de miraculeux. Or la prédiction de l'avenir a toûjours été regardée comme un des plus grands miracles.

2. On peut consulter là-dessus les Auteurs de la Version de Berlin. Voyez en particulier leur Note sur Rom. xii. 6. la Préface sur la premiére aux Corinthiens. Art. xxvi. & 1 Cor. xii. 28. 29. &c.

3. Le P. *Simon* remarque, que ces DOCTEURS *étoient comme les* RABINS *dans les Synagogues: Ils instruisoient le peuple. Les Eglises Grecques*, ajoute-t-il, *ont conservé le titre de* Διδάσκαλ@, *ou* DOCTEUR. *Elles en ont un pour l'Evangile, qui porte le nom de* DOCTEUR DE L'EVANGILE; *un autre pour les Epîtres, qui s'appelle le* DOCTEUR DE L'APÔTRE, *c'est-à-dire qui interprete les Epîtres de S. Paul; & un troisiéme qui interprete les Pseaumes. Les Grecs l'appellent le* DOCTEUR DU PSEAUTIER. *La Charge de* THEOLOGAL *dans nos Eglises, répond en quelque maniere à cet office de* DOCTEUR. Voyez le N. T. du P. Simon, in Act. xiii.

4. *Servir Dieu*, dans cet endroit, c'est *prier*. Erasme a donné plus d'étenduë au mot de l'Original. Il croit qu'il désigne tout ce que les Pasteurs d'Antioche faisoient pour le bien de l'Eglise. Car voici comment il s'exprime sur cet endroit, dans sa Paraphrase: „Pendant que tous les Pasteurs d'Antioche „étoient occupez à travailler aux besoins de „l'Eglise, faisant servir leurs talens au salut „des Fidéles, & à la gloire de J. Christ, pré-„sentant ainsi à Dieu le sacrifice le plus agréa-„ble que l'on puisse lui offrir, & qu'ils s'é-„toient préparez à ce travail par le Jeûne & „par la Priere, le S. Esprit, sensible à leurs „vœux & à leurs efforts, leur fit connoître, „par le ministère des Prophetes qui étoient „parmi eux, ce qu'il vouloit qu'ils fissent. „Ils dirent donc à leurs Collegues, par l'in-„spiration de l'Esprit de Dieu: *Separez Bar-„nabé & Saul, deux des principaux d'entre vous, „afin qu'ils s'acquittent du Ministére auquel je „les ai particulierement destinez*”. Le P. Simon remarque, „que S. Chrysostome, & les „autres Commentateurs qui le suivent ordi-„nairement, restraignent ce service à la Pré-„dication de l'Evangile; mais, ajoute-t-il, „le mot qui est dans le Grec, signifie en gé-„néral les fonctions du Ministére sacré; en-„forte qu'il comprend aussi ce que les Grecs „appellent proprement Liturgie, & que les „premiers Chrétiens célébroient ordinaire-„ment quand ils étoient assemblez”. L'Interpréte Syriaque a traduit, *étant en prieres*.

5. *Quibusdam visum est, quod Pauli Proconsulis, quem apud Cyprum Christi fidei subjecerat, vocabulum sibi Apostolus sumpserit; ut sicut Reges solent devicti, verbi gratiâ, Parthis, Parthici, & Gothis, Gothici, ita & Apostolus, subjecto Paulo, Paulus fuerit appellatus.* Orig. Præf. in Rom. Voilà ce que dit Origene; voyons ce que dit S. Jérôme: *A primo Ecclesiæ spolio, Proconsule Sergio Paulo, victoriæ suæ trophæa retulit, erexitque vexillum, ut Paulus diceretur à Saulo.* Hier. Comment. ad Philemonis Epistolam.

6. *Bar.* Ann. xxxvi. No. 10.

7. *Origene*, ou plutôt *Rufin*, dans sa Préface sur l'Epître aux Romains.

8. *Cyprus non erat Consularis, sed Prætoria Provincia, ut ex Strabone liquet. Græcos quidem fateor ἀνθυπάτους solere Consules vocare, nimirum ignoratô, vel non servatô Magistratuum Romanorum discrimine: sed nihil prohibet quò minùs Latinè loquentes, id accuratius observemus.* Beza in hunc locum.

9. *Sic igitur Sergium Paulum Proconsulem nominatum esse putamus, quòd etiam Ciliciam, Proconsularem Provinciam administrarit.* Baron. Ann. xlvi. n. 11.

10. *Eo tempore Augustus Cyprum ac Galliam Narbonensem, quia nihil armis suis indigebant, populo tradidit, atque ita Proconsules in istas Provincias mitti cœperunt.* Dio lib. liv. pag. 523.

11. Le nom de *Jesus*, & celui de *Fils de Jesus*, étoient fort communs en Judée. Les faux Prophetes ne l'étoient gueres moins. Joseph dit, „que la Palestine étoit pleine d'Imposteurs qui s'érigeoient en Prophetes, &qui, „par des tours magiques, en imposoient au „peuple”. Joseph. *Antiq. Jud.* lib. xx. cap. vi

12. Voyez

DU SIXIEME VOLUME. 523

12. Voyez la dixième Satyre de *Juvenal*; *Lucien*, dans le Dialogue qui a pour titre *Pseudomantes*, ou *le faux Prophète*, dans lequel il décrit les fourberies d'un Imposteur de son tems, & la fatuité du peuple & des Grands de Rome, qui furent long-tems sa dupe.

13. L'Art magique étoit défendu par les Loix des Douze Tables, & par divers Arrêts du Sénat. *Tacit Ann.* lib. 11. cap. XVII. Cependant rien n'étoit plus en vogue parmi le peuple & les Grands. *Tiberius Galbæ dixit* : ET TU, GALBA, QUANDOQUE DEGUSTABIS IMPERIUM ; *feram ac brevem potentiam significanti, scientiâ Chaldæorum artis.* *Ann. Tacit.* lib. VI. cap. V.

14. *Arabica Pentateuchi interpretatio, quam penès me habebam quum hæc scriberem, & cujus auctor Rabbi Saadias habetur*, *non tantum* Gen. XLI. 8. Exod. VIII. 19. *sed & cæteris locis, pro voce* הרטום (chartom) *habet* עלמא (halama) *à verbo Arabico* עלימה (halime) *quod significat cognoscere. quasi σοφοὺς, vel σοφιστὰς appelles, quales habiti fuerunt Magi, adeò quidem ut divini quoque Latinè sint vocati, quod nomen Gallicum etiam idioma*, *leviter immutatum*, *retinuit.* Bez. in h. l.

15. *Salust. de Bell. Catil.* p. m. 137. & seqq.
16. *Lib. de Divinis Nominibus*, cap. VIII.
17. *Orig. in Exod.* XXII.
18. *S. Chrys. Hom.* XXVIII. in Act.
19. *Christus flagello coegit negociatores egredi Templum. Petrus Ananiam & Sapphiram, quia mentiri ausi fuerant Spiritui sancto, occidit. Et Paulus falsum Prophetam*, *qui Proconsulem à fide impedire conabatur*, *cæcitate percussit.* Bellarm. de Laic. lib. III. cap. XXI. S. Augustin, pour justifier les persécutions faites aux Donatistes, s'est exprimé à-peu-près de même. Voyez Epist. XLVIII.

20. *Nos unum Deum colimus*, *quem omnes naturaliter nostis*, dit Tertullien au Gouverneur de Carthage, pour le porter à ne pas persécuter les Chrétiens ; *ad cujus fulgura & tonitrua contremiscitis, ad cujus beneficia gaudetis. Cæteros & ipsi putatis Deos esse, quos nos Dæmonas scimus. Tamen humani juris & naturalis potestatis est*, *unicuique quod putaverit colere* : *nec alii obest aut prodest alterius religio.* SED NEC RELIGIONIS EST COGERE RELIGIONEM, QUÆ SPONTE SUSCIPI DEBEAT, NON VI ; CUM ET HOSTIÆ EX ANIMO LUBENTI EXPOSTULENTUR. ITA, ETSI NOS COMPULERITIS AD SACRIFICANDUM, NIHIL PRÆSTABITIS DIIS VESTRIS ; AB INVITIS ENIM SACRIFICIA NON DESIDERABUNT, NISI SI CONTENTIOSI SINT. CONTENTIOSUS AUTEM DEUS NON EST, &c. Tertull. ad Scapulam cap. II. p. m. 88.

21. Lactance, parlant des Payens, dit : *Alios etiam in consortium sui mali rapiunt . . . singuisque se illis consulere, illos ad bonam mentem velle revocare. Num igitur hoc sermone, aut aliquâ ratione redditâ facere nituntur? Minimè, sed vi, atque tormentis. O mira & cæca dementia! In iis putatur mala mens esse, qui fidem servare conantur, in carnificibus autem bona. In jussu mala ment est*, *qui contrà jus humanitatis, contrà fas omne lacerantur? An potiùs in iis, qui ea faciunt in corporibus innocentum, quæ nec sævissimi latrones*, *nec irratissimi hostes*, *nec immanissi barbari aliquandò fecerunt? Adeòne etiam sibi mentientur, ut vicissim*, *boni ac mali nomina transferant, & immutent? Quid ergo non diem, noctem vocant? solem tenebras*, &c. Lactance continuë en ces termes : *Non opus est vi & injuriâ* : *quia religio cogi non potest. Verbis potiùs quàm verberibus res agenda est, ut sit voluntas... Imitentur nos. Nos enim non illicimus, ut ipsi objectant, sed docemus, probamus, ostendimus.* *Vol. VI.*

Itaque nemo à nobis retinetur invitus. Inutilis est enim Deo, qui devotione ac fide caret. Lact. de justitiâ lib. V. cap. XX.

22. C'est ce que S. Augustin écrit à Vincent ; dans la Lettre 48. où il tâche de justifier les Catholiques, qui avoient eu recours au bras séculier pour forcer les Donatistes à rentrer dans l'Eglise. *Nam mea primitùs sententia erat, neminem ad unitatem Christi esse cogendum ; verbo esse agendum, disputatione pugnandum, ratione vincendum, ne fictos Catholicos haberemus, quos apertos hæreticos noveramus.* Aug. Op. T. II. p. m. 174. Ce qu'il y a de bien remarquable, c'est que S. Augustin, & ceux qui l'avoient porté à approuver la persécution des Hérétiques, alleguent précisément les mêmes raisons que les Payens avoient alleguées pour justifier la persécution des Chrétiens. Lisez le chap. XX. de *Lactance*, que l'on cite, & le comparez avec la Lettre 48. de S. *Augustin.*

DISCOURS XXXIII.

1. *Chrys. Hom.* XXXVI. in Act.
2. *Hieron adv. Pelag.* lib. II. cap. δ.
3. Lactance reconnoît que les Dieux des Payens ne portoient ce nom que par abus, puisque les Payens mêmes disoient, qu'il n'y a proprement qu'un Dieu, & que ceux à qui ils donnent ce nom, ne sont que des Ministres de la Divinité. *Isti assertores Deorum, ita eos præesse singulis rebus ac partibus dicunt, ut tantùm unus sit rector eximius. Quare ergo cæteri Dii non erunt, sed satellites ac ministri, quos ille unus maximus ac potens omnium officiis his præfecerit, ut ipsi ejus imperio ac nutibus serviant.* Lact. de falss. Relig. cap. III.

4. *Qui autem docent tantùm, nec faciunt, ipsi præceptis suis detrahunt pondus. Quis enim obtineret, cum ipsi præceptores doceant non obtemperare?* Excellent mot de Lactance ! *Lact. de falsâ Sap.* lib. III. cap. XVI. p. 56.

5. Le sçavant & pieux Mr. *de Courcelles*, si estimable, & par le beau sacrifice qu'il a fait, & par l'excellent ouvrage qu'il a laissé après sa mort, & qui a été donné au public : Mr. *de Courcellet*, dis-je, a été dans la pensée, que les Chrétiens étoient encore obligez à l'Abstinence du Sang. C'est ainsi que les plus grands hommes ne sont pas exempts de préjugez. Voyez *int. Curc. opera*, *Diatriba de usu Sanguinis inter Christianos.* p. 943 & seqq.

6. *Clément d'Alexandrie* parle de ces Repas sacrez, au sujet d'Epiphane, fils de Carpocrate : *Sanna, quæ est urbs Cephaloniæ, ut Deus est honore afflictus. Tempere quo in Deos relatus est Epiphanes*, *sacrificant, libantque, & conviviantur, & hymnos canunt.* Clem. Al. Stromat. lib. III. pag. 212. *Tertullien* en parle aussi dans son Apologétique : *Herculanarum decimarum & pollutorum sumptus Tabularii suppeditabant. Apaturiis, Dionysiis, mysteriis Atticis, equorum delectus indicentur. Ad fumum cænæ Sarpicæ Spartoli excitabuntur.* Apol. cap. XXXIX. On peut voir dans Tite-Live & dans Valere Maxime, ce qui se pratiquoit dans les Fêtes de Jupiter. Liv. lib. V. Val. Max. lib. II. cap. I.

7. *Nonnunquàm ad ipsam mensam, priusquàm cibos gustâsset quispiam, pars aliqua de pane vel extis in focum PORRICITUR (utor verbo sacrificali) & vinum igni inspersum vel Jovi libatum est.* Spencer. Diss. in Act. XV. pag. 589. Ceux qui voudroient en sçavoir davantage là-dessus, peuvent consulter *Lipse, Saturnal. Serm.* lib. I. cap. II. & *Scaliger, in Fest. ad voc.* MENSA. On voit des exemples de cette pratique, & dans *Homere*, & dans *Virgile*. Ajoutons la remarque *d'Etienne le Moine*, qui peut servir

Sff ffff

à faire entendre ce que dit S. Paul, pour détourner les Corinthiens de ces repas ; c'est „ qu'ils ne peuvent boire le calice du Seigneur, & „ celui des Démons". *Græci tria evacuant pocula. Unum in honorem Deorum Olympiorum ; alterum in honorem Heroum, & tertium in honorem Jovis Σωτηρὸς, Ἀγαθε δαίμονΘ-, & ὑγείας, qui sanitatem curaret & tueretur . . . . Tria verò ista pocula mihi videntur pocula δαιμονίων, de quibus Apostolus :„ Nolo vos, inquit, esse parti„ cipes calicis Domini, & calicis Dæmoniorum".* Le Moine ad Polycarp. Epist. p. 96.

8. *Vox πορνία frequenter in sacris Literis, ad omnem Veneris inhonestæ speciem & gradum notandum usurpatur : Incestum,* 1. Cor. v. 1. *Adulterium,* Matth. v. 32. *Scortationem, aut concubitum extrà nuptias,* Gal. v. 19. Eph. v. 3. Col. III. 5. *Pæderastiam,* Ep. S. Jud. v. 7. Spens. Diss. in Act. p. 592.

9. De là le mot de Terence dans *les Adelphes,* Act. 1. Scene 2. *Non est flagitium, mihi crede, adolescentulum scortari . . . .*

10. A Corinthe les Femmes se prostituoient dans les Temples, & croyoient gagner par là la faveur des Dieux. *Corinthum, propter maximam meretricum multitudinem, quæ Veneri erant consecratæ, multi prosiciscebantur, atque ibi festa celebrabant.* Strab. lib. XII. On voit des preuves de ce que l'on dit, que des personnes de tout ordre se prostituoient dans certaines Fêtes, dans *Justin* lib. XXI. dans *Eusch. de vitâ Const.* lib. III. cap. LV. dans *Joseph. Ant.* lib. XVIII. cap. IV.

11. *Ego quidem Idololatria, sepissimè machiæ occasionem subministro. Sciunt luci mei, & mei montes, & vivæ aquæ, ipsaque in urbibus Templa, quantùm evertendæ pudicitiæ procuremus.* Tert. de Pudicitiâ cap. v. p. m. 603.

12. Lactance refutant Platon, qui vouloit, dit-on, introduire la *Communauté des Femmes,* répond fort bien, qu'outre le crime, il en naîtroit des desordres infinis : *Quæ ista confusio generis humani est ? Quomodò servari potest charitas, ubi nihil est certum quod ametur ? Quis aut vir mulierem, aut mulier virum diliget, nisi habitaverint semper uni ? Nisi devota mens, & servata invicem fides individuam fecerit charitatem ? Quæ virtus in istâ promiscuâ voluptate locum non habet. Item, si amaverit omnium liberi sui, quis amare liberos, tanquam suos, poterit, cùm suos esse aut ignoret, aut dubitet ? Quis honorem tanquam patri deferet, cùm undè natus sit, nesciat ? Ex quo sit, non tantùm alienum pro patre habeat, sed etiam patrem pro alieno. Quid, quod uxor potest esse communis, filius verò non potest, quem concipi non nisi ex uno necesse est ? Perit ergo matrimonii communitas, ipsâ reclamante naturâ,* &c. Lact. de sal. Sap. lib. III. cap. XXI.

13. *Lex vulgus non prohibet ne meretricibus confuescat, sed à meretricibus ipsa mercedem exigens, hominibus tamen mediæ tantùm bonitatis probrosam & turpem cum meretricibus censet esse consuetudinem.* Porphyr. de Abstin. lib. IV. p. m. 171.

14. *Pudicitia flos morum, honor corporum, decor sexuum, integritas sanguinis, fides generis, fundamentum sanctitatis, præjudicium omnis bonæ mentis ; quanquàm rara, nec facile perfecta, vixque perpetua, tamen aliquatenùs in seculo morabitur, si natura præstruxerit, si Disciplina persuaserit, si censura compresserit. Siquidem omne animi bonum, aut nascitur, aut eruditur, aut cogitur.* C'est ainsi que parle *Tertullien* au commencement de son Livre de la *Pudicité,* où il y a d'excellentes choses ; mais sa morale est outrée.

15. *Lucien* représente les Dieux debout, autour de Jupiter, baissant la tête, pour voir où l'on offre des sacrifices, & où le sang des victimes coule, pour s'en nourir. *Lib de Sacrif.* pag. 185. *Porphyre* dit, que les Démons ont

un corps aérien, & qu'ils se nourissent du sang & de la vapeur des sacrifices. *De Abstin.* lib. II. §. IV. Il ne faut pas être surpris après cela, que les Apologistes de la Religion Chrétienne disent la même chose ; tels qu'un *Origène* (contrà *Celsum* lib. VII. pag. 355.) & un *Tertullien* (*Apolog.* cap. XXII.) &c. *Origène* dit aussi, que c'est parce que le sang n'est pas écoulé, qu'il est défendu aux Chrétiens de manger des Bêtes étouffées ; & que les Payens offroient de ces sortes de sacrifices aux Démons. lib. VIII. *contrà Celsum* pag. 396. Ajoutons ce que dit *Apulée* : *Dæmones perindè, ut nos, pati possunt omnia animarum placamenta, vel incitamenta, ut irâ incitentur, & misericordiâ fluctantur, donis invitentur, precibus leniantur, contumeliis exasperentur, honoribus mulceantur, aliisque omnibus ad similem nobis modum varientur. Quippe, ut sinè comprehendam, Dæmones sunt genere animalia, ingenio rationabilia, animo passiva, corpore aeria, tempore æterna.* De Deo sacrat. pag. 49.

16. *Quandoque factis testatum dabant Idololatræ, se animal in usum mensæ mactandum idolo nuncupare ; cùm scilicet animalis illius sanguinem in apertis campis effunderent, eumque nullo pulvere coopertum relinquerent. Idololatras antiquiores hoc ritu Diis suis animalia sua comedenda sacrare, vel nuncupare solitos, non difficulter intelligitur è lege illâ, quam Deus Israëlitis, dum in Deserto vitam egerent, observandam dedit.* (Lev. XVII. 3. 4. 5. 6. 7.) *E legis hujusce verbis facilè consulendis, patet & promptum est, Idololatras animalium in illo proprio mactatorum sanguinem in campis effudisse, & animalia, ritu illo mactata, Dæmonibus oblata vel sacrata habuisse ; nempe quòd eorum sanguinem (quem Dæmonum cibum credebant) iis obtulissent, cùmque in campis deserti effudissent, quibus illi adesse & præesse censebantur. Deut autem, ut mori huic obviam iret, animalia omnia comedenda coràm Tabernaculo mactari, & eorum sanguinem super altare spargi voluit : adeò ut Israëlitæ in Deserto* Στεθωσιε, *prout aliæ Gentes* εἰδωλοθύσιες, *quotidie vescerentur.* Spenc. Diss. in Act. xv. 20.

17. On peut consulter là-dessus l'excellente Dissertation de Spencer dont nous avons quelquefois profité. Elle se trouve, pag. 588. de la nouvelle Edition que Mr. *Pfaffe* a donnée *de Legibus Hebræorum.* Tubingæ 1732. in fol.

18. *Sanguinis esus & idolothyti simul interdictus est :* nempe Lev. XIX. 26. NON COMEDETIS CUM SANGUINE לוהדם. *Nam lege illâ Moses reflexisse creditur ad mores Ethnicorum, qui, cùm rem sacram facerent, non tantùm animalis immolati, sed sanguinis etiam delibati, partem gustare solebant, ut utroque vitu Diis suis arctiore fædere se devincirent* (Maim. Mor. Neb. Part. III. cap. XLVI. col. 173. 1.) *Cùm verò multorum delicatior stomachus à crudo sanguine abhorreret, usu frequens erat, ut illi carnes immolatas juxtà sanguinem effusum ederent.* Spenc. Diss. in Act. XV. p. 617. *Zabæi sanguinem edunt, credentes cibum esse Dæmonum, & tunc unà cum iis edere credunt.* Maim. apud Seld. de Jur. Nat. & Gent. lib. VII. *Suffocatio modus erat immolandi Dæmonibus, quia anima sic offerri credebatur.* Guill. Par. lib. de Leg. cap. VIII.

19. *Noluit Dominus Paulum in Asiâ diutius morari, quia eum in Macedoniam trahere volebat.* Calv. in Act. XVI. 9.

20. TROADIS primus locus AMAXITUS, *dein* CEBRENIA, *ipsaque* TROAS, ANTIGONIA *dicta, nunc* ALEXANDRIA, *Coloniæ Romana.* Plin. Hist. nat. lib. v. cap. XXX.

21. *Mela* lib. II. cap. II. & *Pline* Hist. natur. lib. IV. cap. X placent Philippes dans la Thrace.

22. C'est *Strabon* lib. VIII. pag. 592. *Plerique autem totam à Strymone usque ad Nestum plagam, Macedoniæ tribuunt ; quoniam Philippus extincto captis*

captus est studio, ut hæc loca sibi vindicaret, maximaque ex metallis, & reliquâ locorum ubertate, vectigalia constituit.
23. Epiphan. *Hæres.* 80. n. 1.
24. Chrys. *Hom.* xxxv. in Act.
25. Voyez *Louis de Dieu* in Act. xvi. 13. Voyez aussi *Vitringa*, de Synag. Vet. lib. 1. cap. 11. p. m. 219. & seqq.
26. Si l'on en doit croire divers Sçavans, ce qui distingue les *Oratoires* des *Synagogues*, est 1. Que les Oratoires doivent être placez à la campagne, au lieu que les Synagogues ne peuvent etre bâties que dans les villes. 2. Que celles-ci doivent être couvertes, & les autres découverts. 3. Que les Synagogues supposent un certain nombre de personnes de Lettres, au lieu que les autres ne les supposent pas. Cependant ces distinctions ne sont pas fort sûres, & d'autres Sçavans prétendent, que les Synagogues & les Oratoires désignent la même chose. Voyez *Vitringa* ubi suprà.
27. Le Moine, *Observ.* p. 81.
28. Voyez le Clerc, dans son *Ars Critica*, pars II. sect. 1. cap. iv.
29. Voyez *Macrobe* lib. 1. cap. xx. & *Ovide* dans ses Métamorphoses lib. 1. fab. 8. Rapportons ici ce que dit le sçavant *Bochart*: Pythonis nomen, quo cæsum in Parnasso, Draconem ab Apolline Poëtæ vocant, Draconem tamen non fuisse, sed hominem, scripsit Ephorus, ex quo refert Strabo, libro nono, Apollinem sagittis confecisse χαλεπὸν ἄνδρα, πιτυια τὰ νομια, Ὑπικλησι ὁ Δράκοντα, virum atrocem, Pythonem nomine, Draconem cognomine, postquam sicilicet cæcubus & latrociniis diu fuisset Parnassis infestus.... Ita se grassatore Draco factus est a fabularum architectis, quia Syris Pethen, vel Pithun, Draconem significat. Atque ipse Apollo Python vocatus. Bochart Hierozoic. lib. III. p. m. 383.
30. *Plut.* Quæst. Græc. p. 293.
31. *Strabo* lib. ix.
32. Van Dale, *de Oraculis*, ou l'excellent abregé que Mr. de Fontenelles en a donné, & dans lequel il prouve, par quantité de passages, que si les anciens Peres ont attribué les Oracles des Payens aux Démons, pour s'accommoder aux préjugez reçus, ils n'ignoroient pas, non plus que les Sçavans du Paganisme, que ces prétendus Oracles étoient pure fourberie de la part des Prêtres. Voyez *Clem. d'Alex. Strom.* lib. III. *Euseb. Præp. Ev.* lib. iv. *Orig. cont. Cels.* lib. vii. N'alleguons qu'un passage. Il est tiré d'Eusebe, dans la Vie de Constantin. Lorsque par l'ordre de cet Empereur on abattit le Temple d'Esculape à *Eges* en Cilicie, on chassa, dit Eusebe, *non pas un Dieu, ni un Démon, mais le Fourbe qui avoit si longtems imposé à la crédulité du peuple*. Fonten. Hist. des Orac. chap. xvii. p. m. 79.
33. *Lucas receptum loquendi morem sequitur, quia* VULGI ERROREM TRADIT, *non autem* QUO INSTINCTU DIVINAVERIT PUELLA.... Calvin. *Harm. Evang.* in h. l. Et Erasme, dans sa Paraphrase de cet endroit, s'explique ainsi: *Paulus ægrè ferens, ne videretur agnoscere laudem à* FANATICA PUELLA *tributam, conversus ad illam dixit*....
34. L'Original porte, qu'ils mirent leurs pieds dans le bois, ξύλῳ. Les Historiens Grecs & Latins parlent souvent de ce genre de supplice, qui étoit fort douloureux. Les Latins le nomment quelquefois *Lignum*, mais d'autres fois ils l'appellent *Nervus* ou *Cippus*, ou *Compedes*, ou *Numella*. C'étoit une machine de bois à plusieurs ouvertures, dans lesquelles on faisoit entrer les pieds du prisonnier, & l'on choisissoit les ouvertures les plus proches, ou les plus éloignées, selon que l'on vouloit faire souffrir le prisonnier, plus ou moins. C'est ainsi que Mr. de Valois décrit ce supplice: *Nervus lignum erat foraminibus plurimis distinctum, quod pedes vinctorum, inclusis aut vicinis aut distantioribus intervallis, ita concludit, ut hauni desidentes loco se movere nullo modo valerent*. Valef. Annot. in Euf. p. 78. Ceux qui voudront en sçavoir davantage là-dessus, peuvent consulter *Steph. le Moine*, *Varia Sacra*, pag. 500. & seqq.

DISCOURS XXXIV.

1. JE me souviens ici d'un bel endroit des *Vers dorez de Pythagore*:

Ὅσα τε δαιμονίησι τύχαις βροτοὶ ἄλγε᾽ ἔχουσιν,
ἥν ἂν μοῖραν ἔχῃς, ταύτην φέρε, μηδ᾽ ἀγανάκτει.

Quæ vero homines divinâ sorte mala sortiuntur, horum si partem habueris, patienter ferto, neque indigneris. La patience du Chrétien doit aller plus loin. Il doit prier pour ses ennemis; & les premiers Disciples du Seigneur l'ont observé religieusement.
2. Arnobe prioit ainsi: ,, Fai grace, ô Seigneur ,, à ceux qui persécutent tes serviteurs. Il est ,, digne de ta misericorde, de pardonner à ,, ceux qui ignorent ton nom & ton culte. *Da veniam, Rex summe, tuos persequentibus famulos, & quod tuæ benignitatis est proprium, fugientibus ignosce tui nominis & religionis cultum*. Arnob. adv. Gent. lib. 1. p. m. 18.
3. Voyez du Hamel. *Phil. antiq.* & nova T. 1. *de Meteoris*. lib. 1. cap. I.
4. *Nihil sumus aliud Christiani, nisi Magistro Christo, summi Regis ac Principis, veneratores. Nihil, si consideres, aliud invenerit in istâ Religione versari. Hæc totius religionis est actionis. Hic propositus terminus divinorum officiorum, hic finis; huic omnes ex more prosternimur; hunc collatis precibus adoramus; ab hoc justa & honesta, & auditu ejus condigna deposcimus. Non quod ipse desideret supplices nos esse, aut amet substerni tot millium venerationem cultor: Utilitas hæc nostra est, & commodi nostri rationem spectans*. Arnob. adv. Gent. lib. 1. p. m. 25. Voilà ce que dit *Arnobe*. Voici ce que dit *Lactance*, qui est plus fort: *Filium suum legavit Deus ad homines, ut eos converteret ab impiis & vanis cultibus, ad cognoscendum & colendum Deum verum. Item, ut eorum mentes à stultitiâ ad sapientiam, ab iniquitate ad justitiæ opera traduceret. Hæ sunt viæ Dei, in quibus ambulare præcepit. Hæc præcepta, quæ servanda mandavit. Ille verò exhibuit Deo fidem; Deum scilicet, quod unus Deus sit, eumque solum coli oportere; nec unquam se ipse Deum dixit, quia non servasset fidem, si missus ut Deum tolleret, & unum asseret, induceret aliorum præter unum*. Lact. de verâ Sap. lib. iv. cap. xvi. p. 256.
5. *Grotius parlant du Droit Romain: Causâ cognitâ possunt multi absolvi, incognitâ nemo condemnari potest*. in Act. xvi. 37.
6. *Metuebant Majestatis crimen, quod Verri minatur Cicero, circa finem Verrinæ ultimæ; ita enim constituerant Leges, ut in cive Romano læso, ipsa populi Romani majestas læsa crederetur*. Grotius in Act. xvi. 38.

DISCOURS XXXV.

1. *MAgnificentiæ vera admiratio extat Templum Ephesinæ Dianæ, ducentis viginta annis factum à totâ Asiâ. In solo id palustri fecere, ne terræ motus sentiret, aut hiatus timeret. Rursus, ne in lubrico atque instabili solo fundamenta tantæ molis locarentur, ante calcatis ea substravere carbonibus, dein velleribus lanæ. Universo Templo est longitudo 425. pedum, Latitudo du-*

PREUVES DES CITATIONS

centorum viginti. Columnæ centum viginti septem, à singulis Regibus factæ, LX. pedum altitudine, in 37. cælatæ, una à scopa, cum apsis tanto artificio columnarum epistyliis. Tantus fuit parietum & marmorum hujus Templi splendor, ut ingredientibus peregrinis, dicerent Æditui : Parcite oculis. . . . Plin. Hist. nat. lib. XXXVI. 14. VII. 37. XVI. 40.

2. Cela est confirmé par ce que dit Théodoret des Ebionites, ou Chrétiens sortis du Judaïsme : *Ils célébroient le Sabbath selon la Loi Mosaïque, & le Dimanche à la manière des autres Chrétiens* ; c'est-à-dire par des Assemblées religieuses. *Honorant Sabbatum, ut vult Lex Mosaica, Diem autem Dominicum sanctificant sicut nos.* Theod. Hæret. Fab. lib. II. p. 429.

3. *Socrate* lib. v. 22. Cet Historien nous dit, dans le même chapitre, que toutes les Eglises, à l'exception de celles de Rome & d'Alexandrie, célébroient de son tems l'Eucharistie le Samedi ; & *les Constitutions*, attribuées à S. Clément, ordonnent de célébrer le jour du Sabbath & celui du Dimanche, comme deux jours de Fête, l'un, parce qu'il a été consacré à la mémoire de la Création, & le second à celle de la Résurrection. Clem. Const. lib. VII. 24. Et le Concile de Laodicée défend aux Chrétiens, *de célébrer le Sabbath à la manière des Juifs, par un repos absolu, & de ne solemniser de la sorte que le Dimanche.* Conc. Laod. Can. 29. De-là vient qu'on est en doute, si le jour fixe où les Chrétiens de Bithynie s'assembloient, & dont Pline parle dans sa Lettre 97. lib. X. est le Dimanche. Ce qui fait croire qu'il s'agit du Dimanche, c'est que *Justin Martyr* (Ap. II. p. 97.) parle du jour des Assemblées des Chrétiens, & l'appelle *le jour du Soleil*, qui est le même que le premier de la semaine, ou le Dimanche. Cependant d'habiles gens prétendent, qu'il s'agit du Samedi dans la Lettre de Pline, parce qu'il s'agit des Fidèles sortis du Judaïsme.

4. *Sozom.* lib. I. cap. VIII.

5. *Pline* parle de ces repas sacrez *Epist.* 97. lib. X. *Tertullien* en parle aussi *Apolog.* cap. XXXIX. Au reste, ce fut du tems de ce Pere que cette coûtume fut abolie, au moins en Occident. Elle subsista plus long-tems en Orient, & particulierement en Egypte. *S. Cyprien* l'abolit en Afrique, non sans peine. Voyez sa Lettre LXIII. & la Note de Rigault. Voyez encore la Lettre CXVIII. de *S. Augustin. S. Chrysostôme* a cru que les Corinthiens célébroient leurs repas sacrez après l'Eucharistie (Hom. 27. in Cor. XI.) Sans doute parce que c'étoit l'usage de quelques Eglises de son tems; mais cet usage étoit nouveau, fondé sur l'opinion généralement établie alors, qu'il faloit célébrer l'Eucharistie à jeûn.

6. *S. Cypr.* Epist. LXIII.

7. C'est le Concile de Laodicée : *Non oportet in Dominicis aut Ecclesiis Agapen facere, aut in domo Dei comedere, aut accubitus sternere.* Can. 28. Tertullien fait la description de ces *Agapes*. Elle est belle ; la voici : " Il ne faut que
» considerer le nom que l'on donne à ce re-
» pas, pour juger de leur nature. On les ap-
» pelle d'un mot qui signifie *Dilection* chez
» les Grecs. Quelque dépense que l'on y fas-
» se, elle est utile, puisqu'elle se fait par un
» motif de piété, & qu'elle a pour objet la
» recréation & le soulagement des pauvres.
» Si le principe en est louable, on ne voit
» rien dans ces repas qui ne soit louable aussi.
» Avant que de se mettre à table, on fait la
» priere. On y mange, on y boit avec sobrie-
» té & avec modestie, comme des gens qui
» se souviennent qu'ils sont appellez à prier le
» Seigneur pendant la nuit, & à s'entretenir
» ensemble en la présence de Dieu. Après le

» repas on se lave les mains, & tous sont in-
» vitez à chanter des Hymnes à la louange de
» Dieu, ou de leur propre fonds, ou tirez
» des saintes Ecritures. C'est par-la que l'on
» peut juger sûrement, si tous ont mangé avec
» la même sobrieté. Apol. cap XXXIX.

8. *Testantur historiæ, Christianos post Apostolorum tempora convenisse ut psalmerent in cæmeteriis, hoc est loci sepulturæ & martyrum destinatis, ibique conventus ecclesiastici celebrassæ*. . . . *Quâ de re Panvinius, in appendice ad Platinam de Cæmeteriis, ita scribit. Quia, inquit, veteres primitivæ Ecclesiæ patres solebant ad sepulcra sanctorum martyrum, quorum sacrosancta erat memoria, anniversario die passioni convenire, ampla & capacia cubibus publicis Orationum loca, cæmeteriis adjacentia, etiam cæmeteria vocarunt.* Voyez Hospin. *de Templis* lib. I. p. 26.

9. Voyez *Euseb.* lib. VI. 22. & lib. IX. 10. de son *Histoire Ecclésiastique*.

10. *Sint hæc* (Templa) *licet ex molibus marmoreis structa, laquearibus aut venitatum anreis, splendeant bis gemma, & fixereos evomant variatâ interstitione fulgores : terra sunt hæc omnia*, dit Arnobe. *adverf. Gent.* lib. VI. p. 191.

11. Λέγει ἢ καὶ Ζήνων, ὁ τῆς Στωικῆς κτίσεως ἄρξας, ἐν τῷ τῆς πολιτείας βιβλίῳ, μήτε ναοὺς δεῖν ποιεῖν, μήτε ἀγάλματα, μηδὲν γὰρ εἶναι τῶν θεῶν ἄξιον κατασκεύασμα . . . ἱερὸν δὲ μηδὲν ἄξιον, καὶ ἅγιον οὐδὲν χρὴ νομίζειν. *Dicit autem Zeno, autor sectæ Stoicæ, in libro de Republicâ : neque oportere Templa facere, nec simulacra : nihil enim tale esse Diis dignum. Nec veritas est hæc verba scribere ;* " *Ne credas opus esse fana ædificare : ni-*
» *hil enim sacrum esse putandum est, quod non idem*
» *& magni pretii & sanctum est. Sanctum autem*
» *& magni pretii nihil est quod a fabris & opera-*
» *riis illiberalibus factum est* ". Clem. Alex. Strom. lib. V. p. m. 584.

12. Voyez *Origène* contre *Celse.* lib. VI. p. m. 390. & seqq. Que dit *Lactance* ? *Quid opus supervacuis extructionibus loca occupare, quæ possint humanis usibus cedere ? Quid sacerdotes constituere, vana & insensibilia cultoros ? . . Firmius & incorruptius Templum est pectus humanum, hoc potius ornetur. Virtus colenda, non imago virtutis.* De fals. Relig. lib. II. p. 62. Que dit *Arnobe*, plus ancien que Lactance ? *In hâc consuesti parte crimen nobis maximum impietatis affingere, quod nos ædes sacras venerationis ad officia construamus. Ut noscatis quid de isto nomine sentimus, existimamus Deos cunctarum & perfectarum virtutum esse debere* . . . *Quod cum ita se habeat, quid amplius possumus ; vel bonoris eis tribuere, vel dignitatis, quàm quod eos in eâ ponamus parte, quâ verum caput & Dominum, summumque ipsum Regem, cui debent divina nobiscumque esse se sentimus, & vitali in substantiâ contineri ?* Adverf. Gent. lib. VI. p. 216. Et *Minutius Felix, Templum quod Deo extruam ? . . Nonne melius in nostrâ dedicandus est mente ? Qui innocentiam colit, Deo supplicat. . . Apud nos religiosior est ille qui justior.* In oct. p. 392.

13. Voyez *Euseb. Hist. Eccles.* lib. X. cap. IV.

14. *In ipsâ urbe Constantinopoli duas magnificentissimas Ecclesias ædificavit, quarum unam nominat Irenen, alteram verò Apostolicam.* Soc. Trip. Hist. lib. 2. cap. XVIII. Constantin fit construire trois Temples aux environs de Jérusalem : celui de *la Théophanie*, où de *la Naissance du Fils de Dieu*; celui de *l'Assomption*, où de *l'Ascension du Seigneur* ; & le troisième dans l'endroit où J. Christ avoit été enseveli. *Euseb.* in *Vitâ Const.* lib. III. & *Athan. Apol.* 2.

15. Voyez *Evagr. Hist. Eccl.* lib. IV. cap. XXXI.

16. *S. Hieron.* ad Demetriadem *de servandâ Virginitate* epist. VIII. Oper. T. I. p. 65.

17. *S. Hieron.* ad Nepotianum, *de Vitâ Clericorum & Sacerdotum*, epist. II. Oper. T. I. p. 12.

18. *S.*

DU SIXIEME VOLUME.

18. S. *Bernard, in Apologiâ ad Guilielmum Abbatem S. Theoderici.*
19. Γεύσασθαι δὲ non significat quod Latinis gustare, strictè acceptum, exiguam tantùm cibi portionem sumere, sed idem quod vesci, ac cibum capere ; perindè ut Act. x. 10. *Quod observandum est, quando vox hæc occurrit in sensu figurato ac spirituali; ut quando dicuntur aliqui* (Heb. vi. 4. 5.) gustasse donum cœleste, *ne credamus significare tantùm levem dani cœlestis perceptionem ac delibationem, quæ ad regenerationem non sufficit; cùm ex usu vocis plenam significet perceptionem, etiam in sensu spirituali; ut* Luc. xiv. 24. 1 Pet. ii. 3. Pf. xxxiv. 9. Linb. Comm. in Act. xx. p. 179.

DISCOURS XXXVI.

1. Voyez *Strabon Geogr.* lib. xiv. p. 657.
2. Ibidem, pag. 651.
3. Ibidem, pag. 666.
4. Ibidem, pag. 756.
5. ,, Tyr est située dans la mer, sur une penin-
,, sule, & promet de loin quelque chose de
,, magnifique. Mais lorsque l'on est proche, on
,, n'y trouve aucunes traces de la gloire qui
,, la rendoit si fameuse dans les siécles passez,
,, & que le Prophete Ezéchiel représente
,, (chap. xxvi. xxvii. & xxviii.) Il y a au Nord
,, de cette ville un vieux château Turc, sans
,, garnison. Tout le reste n'est qu'une con-
,, fusion de murailles, de piliers, de voutes
,, rompues.... On n'y trouve pas seule-
,, ment une maison entiere. Ses habitans d'au-
,, jourd'hui sont de pauvres miserables, qui
,, demeurent dans des voutes, & dont la prin-
,, cipale subsistance est la pêche. Il semble
,, qu'elle a été conservée dans ce lieu-là
,, par un effet de la Providence divine, com-
,, me une marque visible que Dieu a accom-
,, pli sa parole touchant la ville de Tyr,
,, sçavoir qu'elle seroit comme le sommet d'un
,, rocher, & qu'elle serviroit à sécher les fi-
,, lets des pêcheurs. (Ezech. xxvi. 14.) Au
,, milieu de ces ruines il y a un pilier plus éle-
,, vé que les autres. C'est le bout oriental
,, d'une grande Eglise, apparemment la Ca-
,, thédrale de Tyr, du tems que les Chrétiens
,, y habitoient. Voyez le *Voyage d'Alep à Je-
,, rusalem* par *Henri Maundrell.* p. 80.
6. Es. xxiii. 1-9. Jerem. xxvi. 22. Ezech. xxvi. xxvii. xxviii.
7. *Clément d'Alexandrie* parlant de certains Héretiques qui condamnoient le Mariage, s'exprime ainsi: *Condamneront-ils aussi les Apôtres? Car Pierre & Philippe ont eu des enfans, & Philippe a marié ses filles.* ἢ καὶ τοὺς Ἀποστόλους ἀποδοκιμάζουσι; Πέτρος μὲν γὰρ καὶ Φίλιππος ἐπαιδοποιήσαντο Φίλιππος δὲ καὶ τὰς θυγατέρας ἀνδράσιν ἐξέδωκεν. Clem. Alex. Stromat. lib. iii. p. 448.
8. Voyez Vittinga, *de Syn. veterè.* lib. i. cap. vii. pars 2. Voyez aussi 1 Cor. xii. 28. 29. xiv. 1-5. Eph. iv. 11. & les Notes de la Version de Berlin.

9.
*Segnius irritant animos demissa per aurem
Quàm quæ sunt oculis subjecta fidelibus, & quæ
Ipse sibi tradit spectator.*
Horat. Art. Poët. vs. 180-182.

10. Voyez *Plutarc. in Bruto.*
11. Elle se nommoit *Jeanne Gray.* Voyez Burnet, *Mem. de la Grande-Bret.* T. i. liv. ii. p. 646.
12. Voyez *Plutarc. in Catone.*
13. Voyez *Plutarc. in Cæsare.*
14. Il s'agit de *Ciceron*, que l'on sçait avoir possedé la premiere dignité dans Rome, dans un tems de trouble, où il rendit des services signalez à sa Patrie. Les paroles que l'on allegue, sont tirées d'un petit Traité qui a pour titre *de la Consolation*, & dont il ne nous reste que quelques fragmens. L'Auteur composa cet ouvrage pour se consoler de la mort de sa fille. Il y a dans cette piéce des traits d'une grande beauté; en particulier on y voit par-tout une ferme persuasion de l'Immortalité de l'Ame; & c'est par la persuasion que sa fille est dans un séjour heureux, & qu'il y entrera lui-même, que Ciceron se console. En général, l'Immortalité de l'Ame a été crue par la plus grande & la plus saine partie des Philosophes, tels que Platon, Ciceron, Seneque, Plutarque, &c.

15. *Quid si, quod proximum vero est, quicquid nobis videtur adversum, mundo ipsi non est malum: omnia quæ fiunt, nostris commoditatibus statuentes, opinionibus improbis criminamur eventa naturæ? Plato, ille sublimis apex Philosophorum & columen, sæva illa diluvia, & conflagrationes mundi, purgamenta terrarum suis esse in commentariis prodidit; nec vir prudens existimat, humani generis subversionem, cladem, ruinas, interitus, funera, rerum innovationis vocare, & juventutem his quandam redintegratiis viribus comparare. Non pluit, inquit, cælum, & frumentorum inopia nescio quâ laboramus. Quid enim inferoire elementa tuis necessitatibus postulas? Atque ut vivere mollius & delicatius tu possis, obsequia temporum tuis debent commoditatibus se dare? Quid enim, si hoc pacto navigationis cupidissimus conquereatur, ventos jamdiù non esse, & cœli conquiviss statuas? Numquid ideo dicendum est, perniciosam esse tranquilitatem illam mundo, quia vectoribus impediat vota?..... Eventa hæc omnia, quæ fiunt, & accidunt mole sub hac mundi, commoditas non nostris, sed ipsius mundi sunt rationibus, ordinibusque naturæ. Nec si aliquid accidat, quod nosmetipsos, aut res nostras parum lætis susceptibus fovit, continuò malum est, & in exitiabilis rei opinione ponendum. Pluit mundus, aut non pluit, sibimet pluit, aut non pluit; & quod forsitan nescias, aut uliginem nimiam siccitatis ardore decoquit aut longissimi temporis ariditatem, pluviarum effusionibus temperat. Pestilentias, morbos, fames, atque alias suggerit malorum exitiabiles formas; unde tibi est scire, ne quod exuberat sic tollat, ut per sua dispendia modum rebus luxuriantibus figat? Tu audeas dicere, hoc & illud est in mundo malum, cujus explicare, dissolvere, neque originem valeas, neque causam; & quia tuas impediat deliciarum forsitan & libidinum voluptates, perniciosum atque asperum dicas?..... Superciliosa nimium res est, cùm ipse, si non tuus, alienâ etiam in possessione verseris, potentioribus dare conditionem velles ut id fiat quod cupias, non quod inveneris antiquis constitutionibus fixum.* Arnob. adversus Gent. lib. i. p. m. 16. & 17.

DISCOURS XXXVII.

1.
*Justum & tenacem propositi virum,
Non civium ardor prava jubentium,
Non vultus instantis Tyranni,
Mente quatit solidâ...* Flor. Carm. lib. iii. Od. 3.

2. Voyez *Bochart Geograph.* lib. i. cap. xxvi. p. 547. & seqq. Voyez aussi *Diod. Sic.* lib. v. p. 294.
3. Voyez *Diod. Sic.* ubi supra.
4. Voyez Pf. xxxiv. 8. Heb. i. 14. Daniel vii. 10. Il voit des Anges sans nombre qui servent Dieu, & qui se tiennent devant lui, toûjours prets à exécuter ses ordres. Les Gentils ne l'ignoroient pas:

Τρὶς γὰρ μύριοι εἰσὶν ἐπὶ χθονὶ πολυβοτείρῃ
Ἀθάνατοι Ζηνὸς, φύλακες θνητῶν ἀνθρώπων.
*Ter enim decies mille sunt in terrâ multorum ultrice,
Dii Jovis, custodes mortalium hominum.*
Hes. Op. p. m. 18.

5. C'est

5. C'est précisément ce que les Philosophes ont dit. Voyez Plut. *de serâ Numinis vindictâ.*

Rarò antecedentem scelestum
Deseruit pede pœna claudo. Hor. lib. III. od. 2. vſ. 31. 32.

6. Il y a dans l'Original ἡ Δίκη, id eſt *Juſtitia Dea.* Voyez la deſcription qu'*Héſiode* en a faite in Op. vſ. 254. Ἡ δὲ παρθέν^{ος} ἐςὶ Δίκη, &c. *Virgo autem eſt Dice, Jove prognata, clara & veneranda Diis qui cœlum tenent. Et cùm quis ipſam læſerit, prava perpetrando, ſtatim Patri Jovi Saturnio aſſidens, narrat hominum iniquam mentem.* Voyez encore *Aulugelle,* qui vante la belle deſcription que *Chryſippe* avoit donnée de la Juſtice. Παρθένον δ' εἶναι λέγεται, &c. *Dicitur autem virgo eſſe, quod indicium eſt, eam eſſe incorruptam, improbis nunquam concedere, non orationem ſuavem, non precationem, non adulationem, non denique quicquam aliud pati. Quæ ob res meritò triſti etiam ac contractâ fronte pingitur, vultu gravi, aſpectu contemptu torvo, ut injuſtis terrorem incutiat, juſtis fiduciam præbeat: quando, hujuſmodi faciei juſtis grata, injuſtis moleſta eſt.* Aul. Gell. Noct. Att. lib. XIV. cap. IV.

7. Ὁ μὲν Ζεὺς οὐκ ἔχει τὴν Δίκην πάρεδρον, ἀλλ' αὐτὸς Δίκη κ̀ Θέμις ἐςὶ, κ̀ νόμων ὁ πρεσβύτατ^{ος} κ̀ τελειότατ^{ος}. "La Juſtice n'eſt pas aſſiſe auprès de Jupiter; mais il eſt lui-même la Juſtice & Thémis, la Loi la plus ancienne & la plus parfaite". *Plut. ad Princ. indoct.* pag. 781. Mettons ici le paſſage entier en Latin: il eſt beau. *Sanè Anaxarchus Alexandrum conſolans, ob Cliti cædem animo ſe angentem: An ignoras, ajebat, jus & fas Jovi aſſidere, ut quicquid Rex agat, id fas juſtumque putetur? Non rectè ille pœnitentiam deliiſti, atque ad alia audendum ſimilia exhortando, ejus amolienti. Quod ſi conjecturis hæc ſunt examinanda, non profectò Jovi Juſtitia adſidet, ſed ipſe jus & fas eſt, ac omnium legum antiquiſſima & perfectiſſima. Atque propterea Veteres iſthæc finxerunt, docuruntque, ut oſtenderent, ſine juſtitiâ ne Jovem quidem rectè potuiſſe imperare. Illa autem virgo eſt, ut ait Heſiodus, incorrupta, verecundiæ, pudicitiæ & veritatis contubernalis.*

8. Voyez *Bochart, Hieroz.* lib. III. cap. II. de *Viperâ Pauli.*

9. *Lento quidem gradu ad vindictam ſui divina procedit ira; tarditatem verò ſupplicii gravitate compenſat.* Val. Max. lib. I. cap. I.

10. Cicero *de Nat. Deor.* lib. II. pag. 76. de la traduction de l'Abbé d'Olivet.

11. Ils ont donné ce nom à tout ce qui leur a paru porter quelque caractère divin: aux Anges, aux grands Hommes, à leurs Images, aux divers biens de Dieu, à la Conſcience en particulier, qui tient la place de Dieu dans l'homme: Ὁ νοῦς γὰρ ἡμῶν ὁ Θεὸς, dit Menandre dans Plutarque (*in Plat. Quæſt.* I.) *La Conſcience eſt un Dieu pour nous.* Euripide a parlé de même. Ὁ νοῦς γὰρ ἡμῶν ἐςὶν ἐν ἑκάςῳ Θεὸς. *La Conſcience eſt un Dieu pour chaque homme.* Voyez *Gataker in Marc. Ant.* p. 412. Par rapport à l'Etre ſuprême, ils n'ont jamais penſé à le ſonder ſous des figures viſibles, beaucoup moins à en faire des Simulacres qui en fuſſent l'image & la repréſentation. Ils ont fait des Simulacres des Dieux ſubalternes, ou des Miniſtres de la Divinité. Il eſt bon d'entendre *Macrobe.* Il eſt vrai qu'il parle des Philoſophes; car pour les Prêtres, on ne peut en dire autant. Mille exemples prouveroient le contraire. *Non unus reperitur modus per figmentum vera referendi: aut enim contextio narrationis per turpia & indigna numinibus ac monſtro ſimilia componitur, ut Dii adulteri, Saturnus pudenda Cæli patri abſcindens, & ipſe rurſus à filio regno potito in vincula conjectus; quod genus totum Philoſophi neſcire maluerunt: aut ſacrarum rerum ratio ſub pio figmentorum velamine honeſtis & tecta rebus & veſtita nominibus enuntiatur, & hoc eſt ſolum figmenti genus, quod cautio de divinis rebus philoſophantis admittit. . . Sciendum eſt tamen, non in omnium diſputationem Philoſophos admittere fabuloſa; ſed bis uti ſolent, cum vel de animâ, vel de aëreis æthereiſque poteſtatibus, vel de cæteris Diis loquuntur. Cæterùm, cum ad ſummum & principem omnium Deum, qui apud Græcos τ' Ἀγαθὸν, qui πρῶτον αἴτιον nuncupatur, tractatus ſe audet attollere, vel ad mentem, quem Græci νοῦν appellant, originales rerum ſpecies, quæ ἰδέαι dictæ ſunt, continentem, ex ſummo natam & profectam Deo; Cum de his, inquam, loquuntur, ſummo Deo ac mente, nihil fabuloſum penitùs attingunt. Sed ſi quid de his aſſignare conatur, quia non ſermonem tantummodò, ſed cogitationem quoque humanam ſuperant, ad ſimilitudines & exempla confugiunt. Sic Plato, cum de τ' Ἀγαθοῦ loqui eſſet animatus, dicere quid ſit non auſus eſt, hoc ſolum de eo ſciens, quod ſciri qualè ſit ab homine non poſſit: ſolum verò ſimillimum de viſibilibus ſolem reperit; & per ejus ſimilitudinem viam ſermoni ſuo attollens, ſe ad non comprehendenda patefecit. Ideò & nullum ejus ſimulacrum, quod cum Diis aliis conſtitueretur, finxit antiquitas: quia ſummus Deus, nataque ex eo mens, ſicut ultra animam, ita ſuprà naturam ſunt: quo nihil fas eſt de fabulis pervenire. De Diis autem, ut dixi, cæteris, & de animâ, non fruſtrà ſe, nec ut obleɔtent, ad fabuloſa convertunt.* Macrob. in ſomn. Scip. lib. I. cap. II.

12. *Diodore de Sicile* parlant des Egyptiens, "Ils croyent, dit-il, que ces Dieux parcourent de tems à autre tous les lieux du monde, & apparoiſſent aux hommes, tantôt ſous une figure humaine, tantôt ſous celle de quelques animaux ſacrez; en quoi, ajoute-t-il, ils ne font aucune illuſion aux ſens, puiſqu'étant les auteurs de tout Etre, ils peuvent prendre réellement toute ſorte de figure". C'eſt ce qu'Homère, qui avoit été chez les Egyptiens, & qui avoit eu communication avec leurs Prêtres, fait entendre par ces Vers de l'Odyſſée.

Les juſtes Dieux, quittant le céleſte ſéjour
De la terre ſouvent viennent faire le tour,
Et d'un voile mortel couvrant leurs traits ſublimes,
Percent dans le ſecret des vertus & des crimes.

Odyſſ. XVII. vſ. 435. Diod. de Sic. de la trad. de M. l'Abbé Terraſſon liv. I. p. 22.

13. Voyez *Ciceron, de la Nat. des Dieux,* lib. II. de la traduct. de M. l'Abbé d'Olivet.

14. Mettons ici la deſcription que *Prudence* a faite du malheur de S. Paul, dans ces Vers:

Faſcem quiſque ſuum congerit ignibus,
Expectans calidi luxuriam rogi.
Paulus, dum fragiles cogeris ſurculos,
Et denſarâ foci congeriem ſtudet,
Incautum cumulis inſerit manum,
Torpebat glacie pigra ubi vipera,
Sarmentis laqueos corporis implicans:
Quæ poſtquam intepuit fomite fumeo,
Laxavitque ferox colla rigentia
Jam flecti facilis, retulit ad manum
Vibrato capite ſpicula dentium.
Hærentem digitis vulnere mordicus,
Pendentemque gerens Paulus inhorruit.
Exclamant alii, quòd cute lividâ
Virus mortiferum ſerpere crederent.
At non intrepidum terret Apoſtolum.
Triſtis tam ſubiti forma periculi,
Attollens oculos ſidera ſuſpicit,
Chriſtum ſub tacito pectore murmurans,
Excuſſum procul decutit aſpidem.
Abjectus coluber verberat aëra,
Atque oris patuli ſolvit acumina.

Mox

DU SIXIEME VOLUME. 529

Mox omnis sanies deserit & dolor,
Cum ustulo laceram vulnere dexteram:
Siccatusque perit viporeus humor.
Hydram præcipitem dum rotat impetus
Arsuram mediis intulit ignibus.
Aur. Prud. cont. Sym. lib. I. vſ. 18. & ſeq.

DISCOURS XXXVIII.

1. LEs Gentils étoient perſuadez, tout comme les Juifs, que la Divinité daignoit communiquer aux hommes ſaints ſes ſecrets, & leur faire voir dans le ſommeil les évenemens à venir. Ils avoient même établi certaines regles, pour diſtinguer les Viſions qui viennent du ciel, ce celles qui ne ſont que des jeux d'une imagination échauffée. Φάντασμα, *hoc eſt Viſum, cum inter vigiliam & adultam quietem, in quaddam, ut ajunt, primâ ſomni nebulâ adhuc ſe vigilare æſtimans, qui dormire vix cæpit, aſpicere videtur irruentes in ſe, vel paſſim vagantes formas, à naturâ, ſeu magnitudine, ſeu ſpecie, diſcrepantes, variaſque tempeſtates rerum, vel lætas vel turbulentas. In hoc genere eſt* ἘΦΙΆΛΤΗΣ, *quem publica perſuaſio quieſcentes opinatur invadere, & pondere ſuo preſſos ac ſentientes gravare. Iis duobus modis ad nullam noſcendi futuri opem recepiſſe, tribus cæteris in ingenium divinationis inſtruimur. Et eſt Oraculum quidem, cum in ſomnis parens, vel alia ſancta gravisque perſona, ſeu ſacerdos, vel etiam Deus, apertè eventurum quid aut non eventurum, faciendum vitandumve denuntiat. Viſio eſt autem, cum id quit videt, quod eodem modo, quo apparuerat, eveniet. Amicum peregrè commorantem, quem non cogitabat, viſus ſibi eſt reverſum videre, & procedenti obvius, quem viderat, venit in amplexus. Depoſitum in quiete ſuſcipit, & matutinus ei precator occurrit, mandans pecuniam tutelam, & fidæ cuſtodiæ ſacranda committens. Somnium propriè vocatur, quod tegit figuris, & velat ambagibus, non niſi interpretatione intelligendam ſignificationem rei, quæ demonſtratur, quod quale ſit à nobis non exponendum, cùm hoc unuſquiſque ex uſu quid ſit agnoſcat.* Macrob. in ſomn. Scip. lib. I. cap. III. Je ſerai fort trompé ſi le Lecteur trouve ces regles bien ſûres. Macrobe avoit intérêt à les défendre, étant Payen lui-même.

2. *Joſeph. de Bell. Jud.* lib. VI. cap. VIII. Jeruſalem fut priſe le 8. Sept. l'an 43. de l'Ere Chrêtienne.
3. Matth. XVI. 28. & Matth. XXIV. où Jeſus-Chriſt prédit cette ruine. Cette explication ſe trouve dans une Diſſertation Latine de M. *Jean van den Honaert*, *de Die Dominicâ.* Traj. ad Rhen. 1733. Mr. *Wolſius*, de qui je tiens cette remarque, ajoute, que l'on peut conſulter ſur la même penſée les *Miſcellanea Duisburgenſia* Tom. II. pag. 193 & ſeqq.
4. Ce que nous avons dit ailleurs, au ſujet de l'Inſtitution du Dimanche, n'eſt pas oppoſé à cette penſée: car il ſe peut fort bien, que ce ne ſoit que depuis la ruine de Jeruſalem, & en mémoire de cet évenement, qu'on l'ait nommé le *Jour du Seigneur*, ou le *Dimanche*. On l'appella d'abord le *Jour du Soleil.* Voyez Juſt. Martyr Apol. II. p. 77.

5. *Ingredior, trahentem cum ſera crepuſcula noctem:*
Signa dedi veniſſe Deum.
Ovid. Met. lib. I. vſ. 219. 220.

6. Voyez *Martial.* Epiſt. lib. II. ep. 57. & in Eraſmi Adagiis, Alpha penulatorum.
7. Joſephe *Antiq.* lib. II. cap. 8.
8. Voyez Joſephe *ubi ſuprà.*
9. Voyez Suicer in voce Ζῶν.
10. ,, Ô Dieu, votre parole toute-puiſſante vint du ,, Ciel, de votre Trône Royal. Elle fondit ,, ſur la terre, comme un ſoldat robuſte fond ,, ſur un païs ennemi, portant une épée aiguë

,, pour exécuter vos ordres, & remplir tout ,, de corps morts ". Il s'agit de la mort des premiers-nez d'Egypte, que cet Ecrivain décrit d'une manière figurée. Le *Livre de la Sageſſe* chap. XVIII. 16. 17.
11. Je parle de ſon *Hiſtoire des Juifs*, & en particulier du III. Livre.
12. Voyez *Diodore de Sicile* liv. I. ſect. I. pag. 17. de la Traduction de Mr. l'Abbé Terraſſon.
13. Mr. *Baſnage* a fort bien prouvé, que c'eſt une imagination ridicule, de croire que c'eſt Abraham, Joſeph & Moïſe qui ont donné aux Egyptiens leurs idées en matière de Religion, ſous prétexte de la conformité que l'on trouve entre le Culte de ces deux Peuples. Abraham a fait un tour en Egypte; Joſeph y a eu du pouvoir: mais loin de donner ſes idées aux Egyptiens, il adopta les leurs, puiſqu'il ne voulut pas manger avec ſes freres, de peur de ſe ſouiller. Moïſe avoit puiſé ſa Science en Egypte, comme le dit S. Etienne, loin de leur avoir fait part de la ſienne. Les Egyptiens avoient un Culte reglé, avant que l'on parlât de ces Héros des Juifs. Ils ont été réellement les premiers Maîtres du genre humain par raport à la Phyſique, à l'Aſtronomie, à la Morale, à la Médecine, à la Religion; & c'eſt chez eux que les plus grands Philoſophes de la Grece ont puiſé leur Science, comme nous en aſſurent tous les Anciens. Voyez *Baſnage Hiſt. des Juifs* liv. III. chap. XVIII. & XIX.
14. Les Egyptiens reconnoiſſoient un premier Etre, ſouverainement parfait, & habitant une lumiere inacceſſible. Au deſſous de lui étoit la premiere des Intelligences, le Créateur du monde. Après cela venoient un grand nombre d'Intelligences ſubalternes, qui le gouvernoient ſous lui. Voilà en général le ſyſtème Egyptien. Voyez *Baſnage Hiſt. des Juifs* liv. III. cap. XVIII. p. 461. On ne peut même rien lire de plus beau, que les deſcriptions que les Philoſophes qui avoient voyagé en Egypte, nous ont données du premier Etre. On en voit la preuve dans *Juſtin Martyr* & ailleurs. Nous pourrons en rapporter une, après avoir remarqué, que la plus grande différence entre le Culte Judaïque & le Culte Egyptien, c'eſt que les Juifs égorgeoient des *Animaux*, & en offroient le Sang à Dieu, au lieu que les Egyptiens n'offroient à la Divinité que de l'*Encens* & des *Prieres*: Et c'eſt par cette raiſon, que lorſque Pharaon propoſa à Moïſe de célébrer la fête de ſon Dieu en Egypte, ce Légiſlateur lui répondoit, qu'il ne pouvoit le faire, parce qu'il s'agiſſoit de lui offrir ce que les Egyptiens regardoient comme une *abomination*. On dit ordinairement que c'eſt parce que les Egyptiens regardoient comme une abomination de tuer un Bœuf. Ce n'eſt pas cela. Ils venéroient le Bœuf Apis, qu'ils regardoient comme un ſymbole de la Divinité; mais pour les autres Bœufs, il étoit fort permis de les tuer pour s'en nourrir. Il n'y avoit que les Prêtres qui n'oſaſſent le faire, ſe piquant d'une pureté ſupérieure à celle du Peuple. Voyez *Porphyre de Abſt.* liv. p. 151. Mais la véritable raiſon eſt celle que nous avons alleguée. Ecoutons là-deſſus Macrobe : *Ægyptii neque Saturnum, nec ipſum Serapin receperant in arcana templorum, uſque ad Alexandri Macedonis occaſum, poſt quem tyrannide Ptolomæorum preſſi, hos quoque Deos in cultum recipere, Alexandrinorum more, apud quos præcipuè colebantur, coacti ſunt. Itâ tamen imperio paruerunt, ut non omnino religionis ſuæ obſervata confunderent. Nam quia nunquam fas fuit Ægyptiis, pecudibus aut ſanguine, ſed precibus & thure ſolo placare Deos; his autem duobus adveniis hoſtiæ erant ex more mactandæ; fana eorum extra pomœrium locaverunt, & illi ſacrificii ſolemnii ſibi cruore colerentur, nec tamen urbana Templa morte pecudum polluerentur.*

Nal-

Nullum itaque Ægypti oppidum intrà muros suos aut Saturni aut Serapis cultum recepit. Macrob. Saturn. lib. 1. cap. vii. „ Tous ceux qui ont „ voyagé en Egypte, dit *Justin Martyr*, n'ont „ reconnu qu'un seul Dieu; Orphée, Homere, „ Solon, Pythagore, Platon, & tant d'autres; „ & voici comment Orphée parle à son Fils „ Musée:

Solis canto piis : omnes procul este profani
Tu Musæe audi, Lunâ prognate silenti :
Perniciosa prius vitaque infesta futuræ
Ex me cognosti : sed nunc te vera docebo .
Respectant verbum divinum, huic totus inhære.
Pectoris hoc mentem sacri, gressusque guberna,
Incedens rectò : Regemque hunc orbi adora.
Unicus est, per se existens , qui cuncta creavit.
Ipse his ipse extat. Nulli è mortalibus unquam
Lumine conspectur, mortales conspicit omnes.
Hic bonus, evanitansque bonis, genuri mala nostro
Et bellum horrendum luctumque immittit acerbum,
Non alius constat regnator magnus ab illo.
Hunc ego non video , nubes quia densa resistit :
Namque homini cuivis acies obtusa videndi . . . .

Voyez *Just. Mart. ad Græco* p. 12. Voyez aussi *de Monarchiâ Dei.* p. 81. Le même Pere rapporte l'ordre que les Egyptiens observent dans leurs cérémonies facrées. L'endroit est curieux, & mérite d'être rapporté. „ Celui qui „ commence la marche c'est un *Chantre*, tenant en main quelque Instrument de Musique & deux Livres de Mercure, dont l'un „ contient des Hymnes, & l'autre les Préceptes que doit observer un Roi. Après le „ Chantre vient l'*Astronome*, tenant un Horloge & une Palme, qui sont les symboles „ de l'Astrologie. Il doit posseder par cœur les quatre Livres de Mercure qui traitent „ de l'Astrologie. . . . Ensuite paroît le *Scribe*, ou l'Ecrivain des choses facrées, por„ tant une Plume à l'oreille, un Livre & une Regle à la main avec une Ecritoire. „ Ce Ministre doit posseder l'art des Hiéroglyphes, sçavoir l'Astronomie, la Geographie, & en particulier la Topographie de „ l'Egypte, le cours du Nil, & ce qui regarde les Ornemens & les Lieux facrez. Après „ ceux que l'on vient de nommer, paroît un „ quatrième Ministre, portant la mesure de „ la Justice & le Calice pour les Libations. Il „ doit être instruit de tout ce qui regarde la „ Conduite & les Mœurs, & les Cérémonies „ que l'on doit observer dans les Sacrifices. „ Or il y a dix articles à observer dans le Culte que les Egyptiens rendent à leurs Dieux; „ sçavoir les Sacrifices, les Prémices, les Hymnes, les Prieres, les Processions, les Jours „ de fête, & autres choses semblables. Celui „ qui ferme la marche, est un *Prophete*, portant une Cruche, & accompagné de ceux „ qui portent les Pains. Ce Prophete étant le „ premier Ministre de la Religion, doit sça„ voir par cœur les Livres que l'on appelle sa„ crez, & qui sont au nombre de dix. Ces Livres traitent des Loix, du Culte divin, & „ en général de tout ce qui appartient au Ministère facré. Le Chef de la Religion l'est „ en même tems des Impôts qu'on leve sur „ les sujets de l'Etat. Il y a quarante-deux Livres de Mercure, tous extrêmement nécessaires, qui contiennent la Philosophie des „ Egyptiens. Les Ministres dont on a parlé, „ doivent en étudier trente-six, & les six au„ tres, qui traitent de l'Anatomie & de la Mé-

„ decine, regardent les Docteurs qui portent „ le manteau". *Clem. Alex. Strom.* lib. vi. p.633. Le Lecteur peut juger par ce morceau, à quel dégré de perfection les Egyptiens avoient porté les Sciences en général, & en particulier celle qui regarde le Culte divin.

15. *Clem. Alex. Strom.* lib. v. p. 566.
16. Ibid. pag. 559.
17. Ibidem pag. 561.
18. Ibidem. pag. 566.
19. Ibidem. pag. 567.
20. *Porphyr. de Abstin.* lib. iv. p. 154.
21. *Macrobe* est peut-être celui qui a le mieux justifié le Culte emblématique, & en général le stile des Philosophes qui ont voilé leurs idées sous d'ingénieuses Fables. *Quia sciunt Philosophi inimicam esse naturæ apertam nudamque expositionem sui, quæ, sicut vulgaribus hominum sensibus intellectum sui,vario rerum tegmine operimentoque subtraxit ; ita à prudentibus arcana sua voluit per fabulosa tractari : sic ipsa mysteria figurarum cuniculis operiuntur ; ne vel hæc adoptis nuda rerum talium se natura præbebat , sed summatibus tantum viris, sapientiâ interprete ,veri arcani conscii, contenti sint reliqui ad venerationem, figuris defendentibus à vilitate secretum.* Macrob. in somn. Scip. lib. 1. cap. 11.
22. *Joseph. Antiq. Jud.* lib. 11. cap. viii. Philo lib. iii. 8. *Hier. Epist.* 128. *Clem. Alexand. Strom.* lib. v. pag. 562.
23. Par exemple, ils peignoient la Divinité sous une figure humaine à demi-nuë, parce que la Divinité est immatérielle : Elle avoit des aîles ; pour marquer la promptitude de ses operations : elle tenoit à la main un sceau ; au lieu de corne d'abondance, parce que c'est d'elle que viennent tous les biens : elle tenoit de l'autre le bâton courbé des augures, au dessus duquel étoit une Hupe, qui par la diversité de son plumage, indiquoit la diversité prodigieuse des créatures que Dieu a produites. Un triangle pendoit sur son dos, où se voyoit au piedestal de ses statues, pour marquer la perfection de l'univers, ou que le monde a été fait avec une sagesse infinie. *Basnage Hist. des Juifs* lib. iii. cap. xviii. p. 473. Quelquefois sous la figure d'une Femme, pour désigner que la Divinité est celle qui tire tout de son sein, & alors ils l'appelloient *Isis*, au lieu qu'ils l'appelloient *Osiris*, quand ils la peignoient en Homme. On voit un Obelisque, au dessus duquel on li Croissant avec ces paroles: 'Ισις ήμι ειμι, &c. *Moi, Isis, je suis tout ce qui sera, ce qui est , ce qui a été. Aucun des mortels n'a pu tirer mon voile.* Et pour le mauvais Principe, comme il est l'Auteur de tous les maux, ou le Ministre de la colere de Dieu, le Juge des pécheurs, ils l'appelloient *Typhon*, & le peignoient sous la figure d'un Homme qui portoit la tête jusqu'au dessus des nués, dans le ciel des étoiles, ses cheveux étoient hérissez, sa barbe épaisse & embrasée. De ses yeux sortoient des étincelles de feu. Son corps & ses cuisses, & sur-tout ses mains, étoient chargées de serpens. Elles touchoient l'Orient & l'Occident. Ses pieds étoient appuyez sur la mer & les montagnes. Cette figure, dit *Mr. Basnage*, découvre le pouvoir de *Typhon* sur les Planetes & sur l'Air. Il faisoit gronder le tonnerre : il envoyoit les pluyes : il confondoit le feu, l'eau, les elémens : il étoit le maître de faire souffler les vents sur la terre & sur l'onde. *Basnage Hist. des Juifs.* lib. iii. cap. xix. p. 486.

T A-

TABLE
DES
PRINCIPALES MATIERES,
CONTENUES DANS LES
XXXVIII. DISCOURS
DE CE SIXIEME VOLUME.

A.

*A*Donim étoit un Desert entre *Jericho* & *Jerusalem*, qui étoit nommé *Sang*, parce que les Voleurs y avoient souvent répandu celui des Voyageurs qu'ils y assassinoient. 6. C'est à cela que fait allusion la Parabole Evangélique du *Samaritain*, secourant un Juif blessé dans le chemin de ce Desert. ibid. & 7. 8.

Adultere d'une Femme présentée à *J. Christ* par des *Pharisiens*, qui lui demanderent captieusement, si elle devoit être lapidée. 23. & 24. Remarques historiques & politiques sur les démarches de ces Adversaires de *J. Christ*. ibid. & 25.

Adulteresse surprise en flagrant délit, & présentée à *J. Christ*, par les *Pharisiens*. 27. Trois divers cas embarassans pour lui, sur cette matière. ibid. Réponses qu'on peut y faire, & qui en résolvent les difficultez. 28. & 29. Cette Femme ne fut point condamnée. 32. Raison de cela. ibid.

Agabus, Prophete qui vint de *Jerusalem* à *Césarée*, pour y déclarer à *Saint-Paul*, logé chez *Philippe* l'Evangéliste, qu'il seroit lié dans cette Ville-là par les *Juifs*, & livré aux *Gentils*. 474. Remarques sur ce que ce Prophete fit dans cette occasion de la Ceinture de St. Paul, pour le détourner de ce Voyage. ibid. Comparaison du procedé *d'Agabus*, avec celui de quelques autres Prophetes, qui en ont usé, à peu-près de même. ibid. Accomplissement de sa Prophetie. 481.

Agonie de *Jesus-Christ* dans le Jardin de *Gethsemané*. 150. Explication de ce qu'on doit entendre par ce terme *d'Agonie*. ibid. Exemples de sa signification, tirez des Histoires Sacrées, & des Civiles. ibid.

Agrippa dernier Roi des Juifs, qui fut traité par les *Alexandrins*, lorsqu'il étoit dans leur Ville, à peu-près comme les Soldats *Romains* traiterent *Jesus-Christ* dans la Cour de Pilate. 209.

Alliance Nouvelle que Dieu a fait avec les Nations du Monde, par la Médiation de *Jesus-Christ*. 126. Remarques sur les fondemens & les clauses de cette Alliance. 127. Quelle doit être sa durée. ibid. Voyez-en les particularitez dans l'Article de *Testament-Nouveau*, & dans celui de *Cène Eucharistique*, dont le Discours finit par le Numero 130.

Amour de Dieu, qui dans toute son étendue comprend tous les devoirs des Fidéles. 3. Définition de cet *Amour* que l'Apôtre *S. Jean* distingue de celui du *Prochain*. ibid.

Amour du Prochain mal entendu par les *Docteurs Juifs*, & par leur Nation. 5. Remarques sur cela. ibid. & 6. Parabole bien instructive sur le même sujet. ibid. & 7.

Ananias ayant imposé les mains à *Saul*, par ordre de *Jesus-Christ*, après qu'il eut été renversé par terre, de frayeur, en entendant le bruit d'une voix céleste qui le censuroit de ses Persécutions, il recouvra la vûë qu'il avoit perduë, & fut enrichi des dons du *Saint-Esprit* 398. 399. Motifs qui firent cesser la crainte qu'*Ananias* avoit de ce Persécuteur des Chrétiens, jusqu'à ce qu'il eût appris de *J. Christ*, la conversion de ce Partisan du Judaïsme, qui fut depuis nommé *Paul*, & destiné à publier l'Evangile en qualité d'Apôtre. ibid. Réfléxions morales sur cela. & 400.

Ane ou *Anon* dont *Jesus-Christ* se servit pour entrer pompeusement à *Jerusalem*. 70. & 71. Considerations historiques, politiques & morales, sur les Usages que les Rois & les Peuples orientaux faisoient de cette sorte d'Animal & des Chevaux. ibid. &c. jusques à 74.

Ange qui parut à *Jesus-Christ* dans le Jardin de *Gethsemané*, & qui l'encouragea dans sa grande Angoisse, pendant que ses Disciples dormoient. 149. *Ange* de Satan qui tourmentoit *Saint-Paul*. ibid. *Ange* envoyé de Dieu pour délivrer *Saint-Pierre* de la Prison où il étoit enchaîné, au milieu des gardes qu'*Herode* y fit placer. 409. L'Opinion de ceux qui croyent que chaque fidèle a un *Ange* dès le moment de sa naissance, pour être témoin de ses Actions & diriger sa Conduite, est très-innocente & fort ancienne dans l'Eglise. ibid. De grands hommes l'ont soutenue dans le *Paganisme*, les *Docteurs Juifs* l'ont adoptée, & plusieurs des *Anciens Peres* & des *Théologiens modernes* l'ont aussi embrassée. ibid. & 410. Le Nom d'*Ange* & celui de *Messager* ou *d'Envoyé*, sont bien souvent confondus, parce que les fonctions de l'un conviennent aussi à l'autre. ibid. *Anges* qui rendirent aveugles les méchans hommes qui vouloient entrer par force chez *Loth*, pour y assouvir leur brutale convoitise. 422. *Ange* qui apparut à *St. Paul*. 484. Celui qui délivra *Daniel* de la fosse aux Lions. 485. *Anges* qui parurent au sepulcre de *Jesus-Christ* dans le tems de sa Résurrection, & aussi après qu'elle fût connue. 264. Ce sont des Esprits

Tome VI. a *dont*

TABLE DES MATIERES

dont la Providence fe fert pour exécuter fes volontez. 265. Leur Apparition en forme humaine, & revêtus d'habits blancs & refplendiffans. *ibid.* Remarque fur diverfes Apparitions d'Anges. 277. 278. Ceux qui parurent dans le fépulcre de *J. Chrift.* 285. Pourquoi *Pierre & Jean* ne les y virent pas. *ibid.* C'eft par leur miniftère que Dieu agit dans le Monde, felon le fyftême de l'Ecriture Sainte. 451 & 485. Dieu les fait fervir quelquefois pour delivrer les gens de bien, des dangers auxquels ils font expofez. *ibid.* Ce font des Efprits purs, qui agiffent fans être vûs. *ibid.* Comment on peut reconnoître leurs Actions. *ibid.*

Antioche, Ville capitale de la *Syrie*, où plufieurs Chrétiens fugitifs s'étant retirez, y formerent une Eglife, qui devint bien-tôt fi confiderable, qu'elle furpaffa celle de *Jerufalem*, & fut regardée comme la Mere des autres Eglifes Chrétiennes. 413. Ce fut elle qui donna aux Difciples du Seigneur le nom de *Chrétiens*, qui n'étoient connus, avant ce tems-là, que fous celui de *Nazaréens, ibid.* Cette Eglife avoit des Prophetes & des Docteurs. *ibid.*

Apocalypfe, où divers Emblêmes repréfentent la Majefté de Dieu, les foins, les châtimens & les bienfaits de *Jefus-Chrift* pour fon Eglife, & fur le Monde en général. 502. Ce qu'il y a d'obfcur dans ces Revelations, a fait échouer plufieurs Sçavans qui ont entrepris de les expliquer. *ibid.* Leurs différens fyftêmes fur cela, ne font fondez que fur des Préventions, contraires à trois principaux objets qu'on y voit affez manifeftement pour n'être pas ébloui par des illufions qui y font contraires. *ibid. &* 503.

Apologue ou *Parabole* concernant un *Juif* bleffé par des Voleurs, & fecouru par un *Samaritain*. 6. Remarques hiftoriques & refléxions morales fur ce fujet. *ibid. &* 7. 8.

Apôtres qui regardoient comme une rêverie ce que plufieurs Femmes avoient appris d'un Ange touchant la Réfurrection de *Jefus-Chrift*, lorfqu'elles étoient allé voir fon fépulcre, où cet Ange leur apparut, & leur ordonna de venir dire à *Pierre* & à fes Collegues; mais ils n'en voulurent rien croire. 280. & 281. Ce qu'il y a de furprenant dans cette Incredulité, & d'utile pour perfuader qu'ils n'ont pas été trop crédules, ni voulu publier eux-mêmes cette Réfurrection, jufques à ce qu'ils en ont été les Témoins oculaires. *ibid. &* 282. Comment le Seigneur leur apparut dans une chambre, où ils étoient affemblez à *Jerufalem*. 291. Ils en donnerent avis à *Thomas*, qui étoit abfent, & qui n'en voulut rien croire, parce qu'ils étoient imbûs de l'idée que les Ames apparoiffoient après la mort, revêtus de certains Corps fubtils. 314 *&* 315. *Jefus* leur permit de le toucher, & mangea du Poiffon rôti & du Miel, qu'ils lui préfenterent, pour faire connoître qu'il n'étoit par un Fantôme deftitué de Corps charnel & d'Os matériels. 316. Réponfe d'*Origène*, fur ce que *Celfe*, *Payen*, reprochoit aux Apôtres, d'avoir pris un *Spectre* pour leur Maître. *ibid. &* 317. Refléxions morales fur les bonnes difpofitions des Apôtres fur ce fujet en général, & fur la foibleffe & la témérité de ceux qui font mal difpofez, comme *Thomas*. 325. Différence qu'on doit mettre entre les défauts de l'Efprit & les défauts du Cœur. 326. *&* 327. Sept des Apôtres s'étant retirez en *Galilée*, ils fe mirent à y exercer leur premier métier de la Pêche des Poiffons. 329. Tout ce qu'ils firent pendant une nuit pour cela, ne leur ayant point réuffi, *Jefus* fe préfenta fur le rivage du matin, fans qu'ils le reconnuffent, & leur dit de jetter leur filet du côté droit de leur Barque. 330. Il fut d'abord rempli d'une fi grande quantité de Poiffons, qu'ils ne pouvoient le tirer. *ibid.* *Jean* dit alors à *Pierre*, que celui qui leur avoit indiqué l'endroit où ils avoient jetté leur filet, étoit le Seigneur. *ibid.* Ce qu'ils firent jufqu'à ce qu'étant venus à terre pour y mettre leur Poiffons, ils y virent de la braife fur laquelle il y avoit de rôtis, & du Pain, dont *Jefus* leur dit de manger, & ils connoiffoient bien que c'étoit leur Divin Seigneur; mais ils n'ofoient pas le lui demander. Ordre qu'il leur donna de retourner à *Jerufalem*, & d'y refter jufqu'à ce qu'ils euffent reçû la Vertu du *Saint-Efprit*, qui leur avoit été promife de fa part. 339. *&* 340. Comment ils furent conduits en *Bethanie*, fur un monticule, où *Jefus* les bénit & fut enfuite élevé au Ciel en leur préfence. 341. 342. 343. Leur retour à *Jerufalem*, & le lieu où ils étoient affemblez le jour de la Pentecôte. 352. 353. Remarques hiftoriques & critiques au fujet de ce lieu, qui, felon quelques Interpretes, étoit une des Chambres du Temple même, & felon d'autres une Chambre particuliere. *ibid.* Ils étoient tous d'un accord dans un même lieu. *ibid.* Refléxions morales fur cet Accord. *ibid. &* 354. La manière dont l'effufion du *Saint-Efprit* fe fit fur eux par des marques vifibles. 554. Remarques fur ce qui la précéda, & l'accompagna. *ibid.* Ce furent des fignes qui avoient un grand rapport avec ceux qui parurent dans le tems & le lieu de la Publication de la *Loi Mofaïque*. *ibid.* De quelle manière on peut fe former une jufte idée du fpectacle de ce jour. 355. Le premier effet qui en refulta, fut que les Apôtres parloient diverfes Langues, felon qu'ils y étoient portez par le *Saint-Efprit*. *ibid. &* 356. Comment les Etrangers venus de divers Païs, où le langage étoit différent, les entendoient parler la Langue de chacun d'eux. *ibid.* Refutation de l'opinion de quelques anciens Théologiens, & Peres de l'Eglife primitive, qui ont cru que l'unique & uniforme langage des Apôtres, étoit entendu de ceux qui les écoutoient, de forte que le miracle fe faifoit fur les oreilles des Auditeurs, & non fur la langue des Apôtres. 357. Trois Remarques fur les conditions des vrais Miracles. 358. 359. 360. Les Charitez des Fidéles qui étoient convertis pour leurs Prédications, leur étoient remifes pour les diftribuer aux Pauvres, mais ceux-ci leur ayant fait des plaintes que cette diftribution n'étoit pas bien faite, ils confeillerent à ces nouveaux Convertis, de faire eux-mêmes le choix de quelques Fidéles, propres à le faire équitablement. 363. Ils fpecifient les Vertus & les bonnes Qualitez que ces Diftributeurs doivent avoir. 364. Refléxion en forme de Commentaire fur cela. *ibid.* Motifs pour lefquels ils furent affemblez à *Jerufalem* à la requifition de *Paul* & de *Barnabé*, chargez des Remontrances des Pafteurs de l'Eglife d'*Antioche*. 429. Décifions qu'ils firent dans cette Affemblée, concernant l'Abftinence des Viandes offertes aux Idoles, celle des Animaux étouffez, avec defenfe de manger du fang & de commettre Fornication. *ibid.* Plufieurs éclairciffemens fur chacun de ces quatre Articles, dont les Commentaires font mis amplement *depuis la fufdite pag.* 429. *jufqu'à la pag.* 432. Examen du deffein que les *Apôtres* ont eu, en préfcrivant l'obfervation de ces Articles aux Gentils. 433. *&c. jufqu'à* 436. *Apparitions de Jefus-Chrift* après fa Réfurrection; à *Marie-Magdelaine* dans un Jardin. 288. 289. A fes Difciples affemblez à *Jerufalem*. *ibid.* A des Femmes qui étant allées voir fon fépulcre, retournoient à *Jerufalem*. 292. A deux de fes Difciples qui alloient à *Emmaus*. 294. Une feconde fois dans la maifon où fes Difciples étoient affemblez avec *Thomas* à *Jerufalem*. 319. 320. Une troifiéme fois à fept de fes Apôtres près de la Mer de Galilée. 228. 330. 332. Sur un monti-

DU SIXIEME VOLUME.

monticule proche de *Bethanie*, où il mena ses Apôtres, les bénit & monta au Ciel, où ils le virent élever. 341. 342.

Archelaus ayant été déposé, & relegué à *Vienne* dans les *Gaules*, la *Judée* fut réduite en Province Romaine, & la Puissance de vie & de mort ôtée aux *Juifs*. 159. Le *Sanhedrin*, ou grand Conseil des Sénateurs Juifs, n'avoit plus ce pouvoir. *ibid.*

Argent qui est l'Idole des Chrétiens, à laquelle leur cœur est attaché, pendant que le *seul vrai Dieu* n'a que leurs hommages extérieurs. 472. C'est à l'*Argent* qu'ils sacrifient tout, Honneur, Equité, Justice & Humanité, parce que c'est par lui qu'ils obtiennent les Titres, les Dignitez & les Recompenses, comme si elles venoient d'une Divinité Suprême & Toute-Puissante. *ibid.*

Ascension de Jesus-Christ, vûë par ses Apôtres assemblez sur un monticule près de *Bethanie*. 342. 343. Reflexions sur cela. *ibid. &* 344. Remarques Historiques sur la manière dont il monta au Ciel. 344. Sur le lieu où il s'alla placer. 345. Sur la puissance dont il y est revêtu. 346. Preuves de cela, dont la principale sont les Dons miraculeux du *Saint-Esprit*, qu'il envoya à ses Apôtres le jour de la Pentecôte. 348. *&* 350.

Asie Mineure, où il y avoit VII. Eglises de Chrétieus qui florissoient, pendant que *St. Jean* étoit exilé dans l'Isle de *Pathmos*, où *Jesus-Christ* lui apparut symboliquement, & lui ordonna de leur écrire les defauts dont elles étoient censurables. 407. Ces Eglises sont presque éteintes maintenant, sous la domination des Turcs. *ibid.* L'Ignorance y regne, parmi les superstitions qui s'y sont introduites. *ibid.*

Avarice qui se glissa dans l'Eglise Chrétienne dès sa Naissance. 9. Reflexions sur les maux & les désordres qu'elle y a causez en divers tems, jusqu'à présent. *ibid.*

Aveugle qui fut guéri par *Jesus-Christ*. 35. Ses Reflexions justes & bien sensées sur la preuve des Miracles, par des Réponses qu'il fit aux Pharisiens. *ibid.* Elles ont prévenu tous les Raisonnemens que des Théologiens Critiques ont fait dans la suite des tems sur ce sujet. *ibid.* Cinq Remarques propres à éclaircir les faits rapportez dans cette Histoire Evangelique. 45.

Aveuglement du Séducteur & faux Prophete *Elymas*, qui lui fut infligé miraculeusement par *St. Paul*, en punition de ce qu'il détournoit le Proconful *Serge-Paul*, Gouverneur d'*Antioche*, de croire la Doctrine salutaire de *Jesus-Christ*, qui lui étoit annoncée par cet Apôtre. 421. Ce châtiment avoit trois beaux caractères, en ce qu'il étoit *Passager*, *Instructif* & *Nécessaire*. *ibid.* Reflexions sur ces trois caractères. *ibid. &* 422.

Autel des Holocaustes qui étoit dans le parvis du Temple de *Jerusalem*. 112.

B.

Barachie, qui vraisemblablement étoit aussi appellé *Joyada*, Sacrificateur & Pere de *Zacharie*. 113. Celui-ci fut un des plus saints hommes de son tems, & les Juifs le firent mourir dans leur Temple, immédiatement avant la ruine de *Jerusalem*. *ibid.* Il semble que sa Mort n'a pas été rapportée par *J. Christ* en forme d'Histoire, mais comme une Prophetie de ce qu'il prévoyoit devoir arriver à ce saint personnage. *ibid.*

Barbares qui ont introduit parmi d'autres Nations plusieurs fausses idées de la Magnanimité & de la grandeur d'Ame. 476. Ceux de l'Isle de *Malthe* reçurent avec beaucoup d'Humanité *Saint-Paul* & ceux qui échaperent avec lui d'un Naufrage. 482. Ils étoient persuadez qu'un *Dieu juste* gouverne ce monde. 485. Preuves de cela, jointes à diverses Reflexions morales & à des Remarques dogmatiques sur les punitions des Méchans, qui ne leur arrivent pas toûjours en ce Monde terrestre. *ibid. &* 486. 487. Considerations sur la *Justice* & la *Bonté de Dieu*, dans sa conduite touchant les Pécheurs & leurs crimes plus ou moins atroces. *ibid. &* 488. Raisons pour lesquelles *les justes* & *les injustes* sont quelquefois exposez aux mêmes épreuves. 489. Fausses idées qu'ils avoient de *St. Paul*, quand il fut atteint d'une Vipere dans l'Isle de *Malthe*. *ibid.* Comment ils changerent de sentiment, quand ils virent que le venin de cet Animal ne lui avoit fait aucun mal. *ibid.*

Bar-Jesu connu sous le nom d'*Elymas*, qui signifie *Philosophe* ou *Sçavant*. 417. *Saint-Paul* lui reprocha hardiment ses impostures, sa méchanceté, sa malice diabolique, ses injustices & ses oppositions aux véritez salutaires de la Doctrine de *J. Christ*. 417. Motifs légitimes de cette rude censure. *ibid. &c.* jusqu'à 420. Voyez *Elymas* dans le rang alphabetique de cette Table.

Barnabé, Apôtre qui fut envoyé dans les Provinces de l'Empire Romain, par les Docteurs & les Pasteurs de l'Eglise d'*Antioche*, accompagné de l'Apôtre *Paul*, pour y travailler à la Conversion des *Gentils*. 414. Comment ils lui imposerent les mains, avant que de le congédier. *ibid.* Il passa dans l'Isle de *Chypre*. *ibid.* Different de qu'il eut avec *Paul*, quand ils furent de retour à Jerusalem. 425. Les Anciens ont jugé fort différemment de cette Dispute survenue au sujet de *Marc*, Cousin de *Barnabé*, qui les avoit abandonnez, & que celui-ci vouloit avoir pour associé dans la visite des Eglises qu'ils avoient fondées en Asie. *ibid.* Preuves démonstratives que *Barnabé* avoit raison de vouloir s'accompagner de *Marc*. *ibid.* Il passa avec lui en *Chypre*, & se separa de *Paul*. 426. Motifs pour lesquels il fut depuis envoyé à Jerusalem de la part des Pasteurs de l'Eglise d'*Antioche*, pour y consulter les autres Apôtres, sur les troubles que le Dogme de la *Circoncision* interdite aux nouveaux Chrétiens, y causoit. 429.

Bethanie étoit la Bourgade où *J. Christ* soupa dans la maison de *Simon*, qui avoit été lépreux. 67. *Lazare* y fut à Table avec *J. Christ* & ses Disciples. 68. *Jesus-Christ* ne l'avoit point vû depuis qu'il le ressuscita dans ce lieu. *ibid.*

Bethphagé, étoit un hameau où *J. Christ* maudit un Figuier des environs, qui n'avoit que des feuilles. 68. L'Etymologie du nom de ce lieu, est interpretée diversement par les Juifs & par les Chrétiens. *ibid.* Ce fut-là que deux Disciples de *J. Christ* lui amenerent l'*Anon* sur lequel il entra pompeusement à Jerusalem. *ibid.*

Blasphême dont *Saint-Etienne*, Diacre, fut accusé très-injustement par les Juifs de Jerusalem, qui souleverent le peuple, les Sénateurs & les Docteurs de la loi contre lui, de sorte qu'on le traîna au Conseil, & y produisit de faux témoins, qui lui imputerent ce crime. 566. La *Blasphême*, dans l'idée qu'on y attache ordinairement, ne peut avoir pour objet que la Divinité. *ibid.* Les Juifs & les Chrétiens ont néanmoins compris sous le nom de *Blasphême* divers pechez qui n'y ont qu'un rapport fort éloigné. *ibid.* Sous prétexte de bannir par-là les moindres fautes, en leur donnant des noms très-odieux, & qui assujettissent ceux qui les commettent aux plus cruels supplices, on multiplie les pechez & les pecheurs, de sorte qu'on fait punir injustement comme *Blasphémateurs*, ceux qui n'ont jamais blasphémé. 308. Etymologie du mot *Blasphêmer*, & ce qu'il désigne dans

TABLE DES MATIERES

dans le nouveau Testament, où il est employé sans limitation, à des *Calomnies* & à d'autres moindres péchez, tels que l'est celui de la *Médisance. ibid.* Définition du *Blasphême* pris dans sa signification spécifique & limitée. 369. Explication de trois circonstances qui caractérisent les *Discours* ou les *Paroles* blasphématoires. *ibid.* Rèflexions historiques & morales sur les Abus de ce terme (*Blasphême*) qui ont causé plusieurs Accusations & Jugemens très-injustes, suivis même de cruels supplices contre des Innocens, non-seulement parmi les Juifs & les Chrétiens modernes soûmis à l'Inquisition, mais aussi parmi les Réformez. *ibid. & 370.* On a vû parmi ces derniers, des Théologiens assez peu raisonnables & assez peu Chrétiens, pour soutenir que le Magistrat doit punir de mort tous les Idolâtres, les *Blasphemateurs* & les *Hérétiques*, en confondant ceux-ci avec les autres, de sorte que tous les Chrétiens qui ne sont pas entierement dans leurs sentimens, & précisément dans leurs opinions ou idées, font assujettis au dernier supplice mortel, qu'ils font dépendre de quelque Jugement Théologique ou Synodal, du ressort de chaque société différente. *ibid.* Exemples concernant les Payens & les Juifs, avec trois courtes Rélations sur cela. *ibid. & 371. 372.* *Blasphême* imputé malicieusement à *Jesus-Christ*, par les Sénateurs du *Sanhedrin*, & par les Juifs. 164. Quel étoit ce prétendu *Blasphême*. 165. Remarques sur cela. *ibid. & 166.*

Brigands crucifiez à la gauche & à la droite de *Jesus-Christ*. 231. On vit dans l'un de ces Malfaiteurs un prodige d'endurcissement, & dans l'autre un prodige de foi. 232. Réflexions sur les pieuses Remontrances que ce fidèle faisoit à l'enduci, qui blasphêmoit contre *J. Christ. ibid.* Motifs & causes inconnues de leurs différentes dispositions, & de leur procedé contraire, quoiqu'ils fussent tous deux coupables & exposez au même supplice. *ibid.* Quatre considérations sur cela. 233. *& 234.*

Brutus devenu célèbre par sa vertu outrée, qui lui faisoit envisager la mort de *César* comme une Action nécessaire à la liberté de sa Patrie. 475. Malgré son intrépidité aux approches de la mort, il fut attendri par les larmes de sa bien-feïonnée Epouse, & il s'écarta d'elle, quand il fentit que sa présence affoibliroit son courage. *ibid.* Autre exemple des souffrances d'une Ame généreuse. *ibid. & 476.*

C.

Caïphe, Souverain Pontife des Juifs, chez qui plusieurs Membres du *Sanhedrin* s'étoient rendus, interrogea *Jesus-Christ* sur sa Doctrine, & touchant ses Disciples. 157. Il soupçonnoit apparemment qu'il avoit des Disciples parmi les Sénateurs, & parmi les Docteurs. *ibid.* Les Réponses de *J. Christ* lui parurent blasphématoires, & le porterent à déchirer ses vêtemens Pontificaux. 164. Remarques sur cette coûtume des Juifs, qui déchiroient leurs habits en des occasions marquées dans les statuts de Moïse. *ibid.* Il n'y avoit point d'irrégularité dans cette action de *Caïphe*. 165.

Caligula, Successeur de l'Empereur *Tibere*. 402. Il se rendit très-odieux aux Romains par son orgueil & ses cruautez. *ibid.* Comment il fut assassiné aprés son Regne de quatre ans. *ibid.*

Calvaire, dont le monticule étoit destiné au supplice des criminels, près de la sortie de Jerusalem. 220. Ce fut-là que *Jesus-Christ* fut conduit par les Soldats de Pilate, & qu'il expira sur une croix. *ibid.* Deux Traditions fabuleuses sur la prétenduë sepulture d'*Adam* en ce lieu, & le sacrifice qu'*Abraham* avoit résolu de faire, en conduisant son fils *Isaac* sur la Monta-

gne de *Morija*, qu'ils disent être le *Mont Calvaire. ibid.* Refutation de ces deux opinions. 221.

Caractère des belles Ames. 177. Elles sont courageuses, & fermes, sans être dures, ni farouches. *ibid.* Elles sont tendres & sensibles, sans être lâches ni foibles. *ibid.* Reflexions sur cela. *ibid. & 178.*

Carabas étoit un célèbre Fou, dont les *Alexandrins* se servirent pour représenter *Agrippa*, dernier Roi des Juifs. 209. Ils le vêtirent d'une Natte, en guise de Manteau Royal, lui mirent une Couronne de papier sur la tête, & un Roseau à la main, pour lui tenir lieu de sceptre. *ibid.* Dans cet équipage ils venoient le saluer, & lui donner le nom de *Seigneur*, que les Romains donnoient alors à leurs Empereurs. *ibid.*

Cêne Eucharistique de Jesus-Christ. 115. Comment il la fit avec ses Disciples, & les motifs pour lesquels il leur ordonna d'en perpétuer la Mémoire. *ibid.* Le jour qu'il choisit pour cela étant sujet à quelque ambiguité, a donné lieu aux Commentateurs Chrétiens d'en avoir des opinions différentes. 116. Elles sont spécifiées dans cette même page, & dans les quatre suivantes, avec les solutions, plus ou moins vraisemblables qu'ils en ont données. *ibid. & 117.* Remarques sur le lieu où il voulut la célébrer. 121. Opinions incertaines & différentes sur cela. 122. Elle fut célébrée avec les Cérémonies ordinaires en cette occasion. 124. Comment *J. Christ* y découvrit la trahison de Judas. 124.

Censure que *Jesus-Christ* addressa aux Docteurs de la loi Mosaïque. 95. Plusieurs Remarques sur les motifs, les raisons & les circonstances de cette Censure, qui fut très-sévère. *ibid. &c. jusques à* 99. *Censure* très-forte que *St. Paul* fit au faux Prophete & Séducteur *Elymas*. 417. Trois Remarques propres à faire connoître qu'elle n'avoit rien de trop outré dans ses expressions sans menagement. 420. Trois conditions nécessaires pour les *Censures* de cette nature, quand elles sont faites par des personnes inférieures aux Apôtres. 419. 420.

Centenier des Soldats Romains de Pilate qui crucifioient *Jesus-Christ*, & les autres Spectateurs de ce supplice, en se frappant la poitrine, disoient, que *Jesus* étoit véritablement le *Fils de Dieu*. 242. Le sens auquel on doit entendre ces paroles, est expliqué en d'autres lieux, indiquez dans cette Table, où l'Article de *Fils de Dieu* est mis dans son rang, & qualifié de *Juste*, par *St. Luc*, qui veut dire *homme de bien*. 243.

Cérémonies Légales que les Chrétiens d'entre les Juifs vouloient imposer à ceux d'entre les Gentils. 425. *& 429.* Les Apôtres n'ont pas cu dessein d'y assujettir les Chrétiens par leur Décret Synodal, fait à Jerusalem, prescrivant l'Abstinence du Sang & des Animaux suffoquez. 434. Preuves de cela, jointes à quelques Réflexions sur ces Cérémonies Légales. *ibid. Cérémonies* de la Sépulture parmi les Juifs, expliquées succinctement, parce qu'elles sont assez connues par les Rélations, qui expliquent comment on lavoit les corps & les embaumoit, les enveloppoit de larges bandes de toile, aussi embaumées, sur lesquelles on mettoit un Linceul neuf, dans lequel on couchoit le Corps ainsi préparé dans un sepulcre, sur des especes de petits lits, où l'on couvroit d'un petit Linge la tête & le visage de ce Corps enseveli. 252. Cela fut pratiqué de même pour la Sépulture de *Jesus-Christ. ibid.*

Chaire de Moïse occupée par les Scribes, qui étoient des Docteurs établis pour expliquer les Ecrits de Moïse, & ceux des Prophetes. 96. On l'appelloit *Chaire de Moïse*, quoiqu'elle ne fût pas

la

DU SIXIEME VOLUME.

la même que celle de ce Législateur. 96. Raisons de cette Dénomination. *ibid.*

Chevaux, au sujet desquels les Juifs & les Princes Orientaux avoient des loix, pour regler l'usage qu'il étoit permis ou inhibé d'en faire. 71. 72. 73.

Chrétiens qui, étant *Juifs* de Naissance, observoient exactement les Cérémonies Légales, & ne se distinguoient des autres *Juifs* que par la Foi en *Jesus-Christ*, & par la Célébration de l'Eucharistie. 458. Motifs que les Saints Peres ont eu de les appeller par mépris *Ebyonites* & *Pauvres*. 459.

Chypre; Isle située dans la Mer Méditerranée. 414. Elle étoit fameuse par son Abondance & ses Richesses, qui y produisirent les vices qui en sont les suites ordinaires. *ibid. &* 415. L'Impureté y avoit ses Temples & ses Autels. 415. *Paul* & *Barnabé* y porterent la connoissance de *Jesus-Christ*, dans les Synagogues des Juifs, qui s'obstinerent à ne vouloir pas les écouter. *ibid.* L'Apôtre *Saint-Paul* vit cette Isle à la gauche de sa Navigation, en continuant sa route vers la *Syrie*, pour aller à *Tyr*. 470.

Circoncision dont les Apôtres ont exempté, par un Décret Synodal, tous les *Gentils* qui se faisoient *Chrétiens*. 427. Remarques sur les motifs qui porterent *Saint-Paul* à faire circoncire son Disciple *Timothée*, quoique ce nouveau Chrétien fût né d'un Pere Gentil. *ibid.* Examen de deux difficultez qui resultent de cela, & même de la propre doctrine de cet Apôtre, disant aux Galates, que *Jesus-Christ ne servoit de rien à ceux qui se faisoient circoncire*. 428. Troubles arrivez dans l'Eglise d'*Antioche* pour ce sujet. 429.

Cleophas étoit un des deux Disciples de *Jesus-Christ*, qui étant sortis de Jerusalem pour aller à *Emmaüs*, le même jour qu'il ressuscita, ne le reconnurent pas lorsqu'il se joignit à eux sous la forme de voyageur étranger. 294 *&* 295. Entretien qu'ils eurent avec lui, sur ce qui s'étoit passé dans Jerusalem & au Mont Calvaire le jour de sa Crucifixion. 296. Ils doutoient de sa Résurrection, au sujet de laquelle il leur explique des passages Prophétiques. 305. 306. 307. Ces deux Disciples étant arrivez à *Emmaüs* avec *Jesus*, ils le forcerent de rester avec eux, parce que la nuit, parce qu'il étoit déja tard. 308. Ils lui donnerent à souper, & l'ayant vû bénir & rompre le pain qu'il leur distribua, ils le reconnurent, par quelques observations qu'ils n'avoient pas fait quand il marchoit avec eux. 309. Ce fut après cela qu'ils le perdirent de vûe, parce qu'il disparut soudainement. 310. Refléxions qu'ils firent eux, sur ce qu'il leur avoit expliqué les propheties qui concernoient le Messie, sans leur dire que c'étoit lui-même qui possedoit cette qualité. *ibid.* Ils partirent sans délai, & allerent à Jerusalem, où ils trouverent les Apôtres assemblez avec d'autres Disciples du Seigneur. 312. Ils leur dirent comment ils l'avoient vû & connu; mais plusieurs d'entr'eux ne crurent pas ce que ces deux Disciples leur disoient de cette Apparition. *ibid.* Remarques sur ce que St. *Luc* dit qu'ils crurent, & sur ce que St. *Marc* dit qu'ils ne crurent pas, ce que ces deux Disciples leur disoient. *ibid.*

Commerce des *anciens Juifs*, qui fut la cause de leurs voyages & fréquentations dans toutes les Provinces de l'*Empire Romain*. 7. Utilité de *ce Commerce*, par lequel les divers peuples se communiquent les avantages particuliers que la Providence divine avoit rendus propres à chacun d'eux. *ibid.* Il apprend aux hommes à se connoître, à s'unir & à s'entre-aider, malgré les Terres & les Mers qui les separent. *ibid.* Refléxions morales sur les avantages que la

vraye Religion & la solide Pieté en recevroient, si les Négocians n'étoient pas uniquement attentifs à contenter leur avarice. *ibid.*

Conseil secret des Pharisiens pour arrêter les progrès de l'Evangile. 1. Autre *Conseil* où ils resolurent de faire mourir *J. Christ*. 13.

Contrainte pour les matieres de Religion, improuvée, & mise au rang des plus grandes Injustices. 423. *Voyez* l'Article des *Persecutions* mis en son rang alphabétique dans cette Table.

Conversion de Saint-Paul, Apôtre. 385. Il étoit Juif d'origine & de la Tribu de *Benjamin*. *ibid.* Voyez quelle a depuis été sa conduite, & ce qui concerne son grand Zéle & ses Prédications dans l'Article de son nom *Paul*, substitué à celui de *Saul*, & mis dans l'ordre alphabétique de cette Table.

Convoitise, qui est un vice plus général que les autres désirs criminels, & que l'on se pardonne plus aisément que celui de l'Impureté. 432. Refléxions sur cela. *ibid.*

Copistes des Manuscrits du *Nouveau Testament* qui ont été assez téméraires pour en retrancher quelques passages. 132. Preuves de cela. *ibid.*

Cos est une des Isles de l'Archipel, qui avoit dans sa ville Capitale du même nom, un Temple magnifique dédié à *Esculape*, très-célébre & tout rempli des riches Dons qu'on lui avoit faits, & particulierement d'un Tableau du fameux *Appelle*, représentant une *Venus sortant de la Mer*. 470. La République de *Cos* fit présent de ce Chef d'œuvre à l'Empereur *Auguste*, qui le consacra à *César*. *ibid.* On peut juger de la valeur de ce Tableau, par la Reconnoissance d'*Auguste*, qui remit à la République un tribut de cent Talens. *ibid.* C'est dans cette Isle qu'*Hippocrate* prit naissance, & qu'il s'immortalisa par les cures médecinales très-excellentes. *ibid.* L'Apôtre *Saint-Paul* y passa en allant à *Tyr*. *ibid.* Elle s'appelle présentement *Lango*, & est possedée par les Turcs. *ibid.*

Couleur d'écarlate du Manteau que les Soldats de Pilate mirent, par moquerie, sur les épaules de *Jesus-Christ*, selon ce qu'en dit *Saint-Matthieu*. 206. St. *Marc* & St. *Jean* disent qu'il étoit de pourpre. *ibid.* Ces deux couleurs sont différentes. *ibid.* Celle-ci se tiroit de la gueule d'un Poisson, & celle-là d'une Fleur. *ibid.* Leur mélange semble propre à concilier les différentes Relations des Evangélistes sur cela. *ibid.*

Coupe d'Action de Graces que les Juifs se donnoient les uns aux autres, quand ils finissoient la Pâque. 125. Ils l'appelloient *la Coupe de l'Hymne*, ou *de Bénédiction*, parce qu'ils chantoient alors ce qu'ils nomment *le grand Alleluya*. *ibid.* Cette Coupe n'étoit pas celle de l'Eucharistie. *ibid.*

Couronne d'Epines mise sur la Tête de *Jesus-Christ*, par les Soldats de Pilate. 207. La Couronne fut dans son origine l'embléme du Soleil. *ibid.* Les Rois se l'approprierent ensuite. *ibid.* Motifs qu'ils eurent pour cela. *ibid.* Refléxions morales sur cela. *ibid.*

Croix à laquelle *Jesus-Christ* fut attaché, & qui étoit sur le Mont Calvaire. 223. Description de la forme qu'elle avoit. *ibid. &* 224. Questiones agitées sur cela, touchant l'espece de Bois dont elle étoit composée; le nombre des Cloux dont *Jesus-Christ* fut percé, les pieds ensemble ou separement; ce que sont devenus ces Cloux, & la Croix, dont on prétend avoir encore des restes, ou reliques, en plusieurs lieux. 224. *&* 225. Quelques Réponses à ces questions, & à celle qu'on fait, touchant l'usage du supplice de la Croix parmi les Anciens Juifs, parmi les Romains ou d'autres Nations. 225. *&* 226. Equivoque des termes qui désignent *la Croix* & une autre sorte de *Gibet*, laquelle fait douter des Savans, que l'Empereur

TABLE DES MATIERES

Constantin ait aboli le fupplice de la Croix, comme *Sozomene* le témoigne pofitivement. 226.
Croix & Potences ayant le même nom. *ibid.*
Crucifixion de Jefus-Chrift, rapportée hiftoriquement, avec plufieurs Remarques littéraires & Refléxions morales *dans le Difcours XVIII. de ce Volume, & qui eft contenu depuis la page 220. jufqu'à la* 247. Motifs qui ont fcandalifé les Juifs & les Payens quand ils ont confideré fuperficiellement cette *Crucifixion*, fans en examiner les caufes, qui n'ont rien de flétriffant pour *Jefus-Chrift*, & qui lui font même honorables, comme on le voit fpécialement dans les cinq dernieres Refléxions de ce même Difcours, *depuis la page* 244. *jufqu'à la* 247.
Culte Religieux que l'on doit à la Divinité Suprême, defini par les Miniftres du Paganifme. 388.
Seneque a dit, comme eux, que c'eft de reconnoître fon exiftence, de lui attribuer de la Majefté, de la Bonté, de la Puiffance & de la Sageffe, au défaut de quoi ce feroit un Etre imparfait. *ibid.*
Culte Religieux des Egyptiens très-ancien, comparé à celui des *Hébreux*. 504. Explication fincere qu'en a fait *Clément Alexandrin*, fçavant Prêtre Chrétien, qui vivoit en Egypte. *ibid.* Plufieurs Remarques importantes & curieufes fur cela. *ibid. &* 505. Relation fûr le même fujet, faite par *Porphyre*, laquelle fait beaucoup d'honneur à ces *Payens* d'Egypte. *ibid.* On peut voir dans *Jofephe* ce qu'il dit fur cela, pour juftifier *Moïfe* fur ce qu'il a préfcrit ou toleré de ce *Culte de la Gentilité*, parmi les *Juifs*. 506.
Voyez ce qui en eft indiqué plus amplement dans l'Article des *Hieroglyphes & Symboles*, ou dans les pages 504. 505. 506.

D.

*D*Ecifions faites fur quatre Articles, par les Apôtres & les Prêtres affemblez à Jerufalem. 429. Rémontrances que *Paul & Barnabé* firent à cette Affemblée. *ibid.* Confiderations propres à éclaircir, affez amplement, les matières rapportées fuccintement par *Saint-Luc*, dans ces quatre Articles. *ibid. &c. jufqu'à* 433.
Ils concernent l'Abftinence de toute Viande offerte aux Idoles, de celle des Animaux étouffez, & condamnent la Fornication, ne permettant point auffi de manger du fang. *ibid.* Examen du deffein que les Apôtres ont eu, en préfervant l'obfervation de ces Articles aux Gentils. 433. *&c. jufqu'à* 436.
Denier que les Efpions des *Pharifiens* préfenterent à *J. Chrift*, en lui demandant captieufement, s'il étoit permis de payer le Tribut à *Céfar.* 91. Quelle étoit l'empreinte de cette piéce de monnoye. 92. Remarques fur l'origine & la diverfité des empreintes de plufieurs autres Deniers ou Monnoyes des anciens Monarques, Princes ou Seigneurs. *ibid. &* 93.
Défefpoir de Judas, qui le porta à fe tuer lui-même. 125. Refléxion fur cela. *ibid. &* 126.
Diacres que les Apôtres confeillerent aux Fidéles Chrétiens d'établir à Jerufalem. 363. Explication des vertus, des qualitez & des talens que ces Dépofitaires des biens de l'Eglife dévoient avoir. 364. *&* 365. Les Apôtres vouloient qu'ils euffent auffi l'Intelligence des Ecrits facrez, qu'ils en poffédaffent les termes, & penétraffent le fens. *ibid.* Ils étoient auffi employez à prêcher la Doctrine Evangélique, quand les Apôtres étoient obligez de s'abfenter, comme on le voit par les exemples de *Philippe* & d'*Etienne*, tous deux *Prédicateurs* & en même tems *Diacres. ibid.*
Dimanche, fubftitué au repos corporel & aux exercices fpirituels du *Sabbath*. 319. Raifons & motifs qui ont donné lieu aux Chrétiens de confacrer ce premier jour de la femaine, aux œuvres de pieté, & à la mémoire de la Réfurrection *de Jefus-Chrift*, dont les deux premieres Apparitions arriverent à pareil jour dans les affemblées de fes Apôtres. *ibid.* Ce qu'on peut en inferer de plus vraifemblable, par deux paffages de l'Ecriture Sainte du Nouveau Teftament. *ibid.* On ne voit aucun ordre, foit de *J. Chrift* ou des *Apôtres*, qui foit précis fur cela. *ibid.* Incertitude des motifs qui ont fait préferer *le Dimanche* aux autres jours de la femaine, pour le Culte religieux des Chrétiens. 459. Il n'y eut que très-peu de conformité, dans les premiers tems du Chriftianifme, par rapport au Culte public. *ibid.* Defenfe de travailler le *Dimanche* & le *Vendredi*, faite aux Chrétiens par l'Empereur *Conftantin*, qui a depuis donné lieu à l'obfervation du *Dimanche. ibid.* Son inftitution a pris naiffance dans les Eglifes compofées de *Gentils* devenus Chrétiens. *ibid.* Ce jour a été fignalé, dans la naiffance du *Chriftianifme*, par un grand nombre de merveilles. 495. Spécification de quatre principaux évenemens arrivez ce jour-là. *ibid.* Un Auteur moderne dit, que le *Dimanche* eft appellé *le Jour du Seigneur*, parce que ce fut celui où il exerça fa vengeance fur fes ennemis, par la ruine totale & affreufe de *Jerufalem*, felon la Prophetie qu'il en avoit faite. *ibid.* Plufieurs *Alufions* de cette ruine défolante pour les Juifs, & confolante pour les progrès du Chriftianifme, paroiffent très-manifeftement dans les Evangiles & dans l'Apocalypfe. *ibid.*
Difciples de Jefus-Chrift qui lui firent une demande hardie & téméraire. 36. Examen de plufieurs motifs différens qui pouvoient avoir donner lieu à la faire. *ibid. &* 37. Principes de quelques Loix Mofaïques fûr lefquels elle pouvoit être fondée. 37. Ce qu'il y a de plus vraifemblable, eft que ces Difciples étoient dans les préjugez de plufieurs Docteurs Juifs, qui croyoient la Préexiftence des Ames & leur Tranfmigration en d'autres corps, après la deftruction de ceux où elles avoient été auparavant. 38. Plufieurs Refléxions fur cela. *ibid. &* 39. Motifs pour lefquels ces Difciples de *J. Chrift* le détournoient d'aller en *Judée.* 49. *&* 50. Marques de leur ftupidité. 52. Leurs pretentions de fuperiorité les uns fur les autres. 125. Refléxions fur leur Ambition étonnante, dont la paffion pour la préeminence avoit déja excité parmi eux une efpece de divifion. *ibid.* Ce qui fe paffa, quand ils allerent avec *Jefus-Chrift* dans le Jardin de *Gethfemané*, proche de *Jerufalem*, pendant la veille de fa Paffion, dont trois d'entre eux y furent feparez des autres, par un choix fpécial que *Jefus-Chrift* en fit. 133. Il eft étonnant que, voyant leur Maître affligé par des Angoiffes extraordinaires, ils en furent fi peu touchez qu'ils s'endormirent. 144. Refléxions fur cela. *ibid.* Reproche qu'il leur en fit, & avis falutaire qu'il leur donna en même tems. 145. Ils en conurent bientôt après l'importance. *ibid.* Cependant ils s'endormirent une feconde fois, pendant qu'il prioit plus vivement dans le même lieu. 147. Motifs pour lefquels ayant vû, après leur reveil, qu'une troupe d'Emiffaires du *Sanhedrin* avoit faifi *J. Chrift*, ils l'abandonnerent tous, & s'enfuirent. 167. *&* 168. Confideration fur ce que n'étant pas affez après lui, chez *Caiphe*, comme *Pierre* leur Collegue, ils ne furent expofez par aucune crainte à nier fauffement qu'ils étoient Difciples de *Jefus Prifonnier*. 181. Deux autres de fes Difciples qui en allant de *Jerufalem* à *Emmaüs*, difcourroient avec *Jefus-Chrift* reffufcité fans le connoître. 297. Idée très-avantageufe qu'ils avoient de lui, & le beau témoignage qu'ils en rendirent, en blâmant le procedé des Juifs contre lui, & faifant connoître le fujet de leur trifteffe fur fa Crucifixion,

DU SIXIEME VOLUME.

fixion, avec quelques rayons d'espérance de sa Résurrection, affoiblis par un doute qui les replongeoit dans leur incertitude. *ibid.* Quatre considerations accompagnées de plusieurs Remarques très-importantes sur cela. *ibid. &c.* jusqu'à 300. Ils n'avoient pas bien entendu le sens des Propheties, que *Jesus-Christ* leur expliqua d'une manière contraire aux interpretations des Docteurs Juifs, enchantez d'un Regne temporel du Messie. 301. *&* 302. Remarques sur ces Propheties. 302. *&* 303. Explication particuliere de deux Oracles de *Moïse* sur le même sujet. 304.

Discipline sur les Pratiques religieuses, qui, n'ayant pas été reglée par les Apôtres, a causé des Schismes & des Anathêmes réciproques dans les Eglises Chrétiennes primitives. 459.

Dissimulation que la prudence exige, & que la Charité demande. 297. Il faut la distinguer du *Mensonge*, qui affirme ce que l'on sçait n'être pas, au lieu qu'une sage *Dissimulation* ne fait que cacher ce que l'on ne juge pas à propos de faire voir. *ibid.* Preuve de cela, tirée de ce que *Jesus-Christ* fit semblant d'ignorer l'évenement de sa Passion, dans les demandes & questions qu'il fit à deux de ses Disciples qui alloient de *Jerusalem* à *Emmaüs. ibid.* Autre Dissimulation qu'il employa dans ce chemin. 307. *&* 308.

Divinitez des Payens, qui n'ont donné ordinairement ce titre qu'à des Etres dignes d'être honorez, en se proposant une fin louable, qui étoit d'encourager les hommes à la vertu. 491. C'est pour cela même qu'ils dédioient des Temples à la *Foi*, à l'*Honneur* & à la *Vertu*, & qu'ils défioient tout ce qui leur paroissoit d'une grande utilité pour le genre humain, parce qu'ils ont cru que tout cela leur venoit de la Bonté divine. *ibid.* Ce fut une coûtume générale dans le Paganisme, que ceux qui avoient rendu d'importans services au public, fussent placez dans le Ciel, par la renommée & par la récompense. 492. Ils méritoient d'être mis au nombre *des Dieux*, parce que leurs Ames subsistant, & jouissant de l'Eternité, elles étoient alors des Etres parfaits & immortels. *ibid.* Reflexion morale sur ce que *les Chrétiens*, qui en apparence n'adorent qu'un *seul vrai Dieu*, se rendent néanmoins coupables, tous les jours, de la plus criminelle *Idolâtrie*, puisque c'est l'*Argent* qu'ils adorent effectivement par les hommages de leur cœur, qu'ils y attachent serviliement, pendant que *le vrai Dieu* n'a que les hommages extérieurs & corporels. *ibid.*

Docteurs de la Loi Mosaïque se tenant assis dans les *Synagogues*. 2. Un d'entre eux se leva, pour faire une *Question* très-importante à *J. Christ. ibid.* Son but étoit de le tenter sur les Observances légales, pour l'accuser d'être Violateur des *Préceptes Mosaïques. ibid.* Réponse à cette *Question.* 3. Docteurs Chrétiens qui, pour rendre leur doctrine plus plausible, & la faire recevoir aux Gentils, l'accommoderent aux opinions des Philosophes, & tâcherent d'expliquer l'Ecriture Sainte par la Philosophie. 38. *Docteurs des Juifs* qui étoient assis sur la Chaire de *Moïse.* 95. Cérémonies par lesquelles ils étoient promus au Doctorat. 96. Ils étoient debout dans ils lisoient la Loi ou les Prophetes, & ils s'asseyoient lorsqu'ils les expliquoient. *ibid.* Cette coûtume fut adoptée par les premiers Prédicateurs de la Religion Chrétienne. *ibid.* Remarques sur le pouvoir de ces Docteurs Juifs, & sur celui des Evêques & autres Prélats du Christianisme. *ibid.* Remarques sur les Abus que les uns & les autres ont fait très-souvent de leur autorité, qui est néanmoins limitée. *ibid. &* 97. *&c.* jusques à 100. *Docteurs & Prophetes de l'Eglise d'Antioche.* 413. Quelques-uns de ces Prophetes jouïssoient de la faculté de prédire les évenemens à venir; mais leurs fonctions ordinaires consistoient à expliquer le sens mystique des oracles de l'Ancien Testament. *ibid.* *Les Docteurs* étoient appellez à enseigner de vive voix les veritez de la Religion, & à se défendre contre les Incrédules. *ibid.* L'origine & les noms de cinq de ces principaux Docteurs. *ibid.* Pendant que ces Docteurs jeûnoient & prioient, le Saint-Esprit leur fit connoître qu'ils devoient separer de leur Assemblée *Paul* & *Barnabé*, pour les envoyer dans les Provinces de l'Empire Romain, afin d'y travailler à la conversion des Gentils. *ibid. &* 414. Remarques sur ce qu'ils leur imposerent les mains, en les congediant. *ibid.*

Dons Miraculeux du Saint-Esprit repandus sur les Apôtres le jour de la *Pentecôte*, dans la Ville de *Jerusalem*. 254. 255. 256. Remarques sur ce qui les préceda, les accompagna, & les effets surnaturels qui en resulterent. *ibid.*

Douceur louable & *Modération* Evangélique, dont on abuse, quand on les métamorphose en *Molesse*, en *Timidité* & en *Indifférence*, pour la Religion, pour le bien de l'Etat, pour la défense de la Justice. 420. Exemples sur cela qui ne font point des portraits imaginaires. *ibid.* Effets très-pernicieux de la *Douceur* trop complaisante & flateuse de *Caton*, dans ses Discours au Sénat Romain, & les effets contraires des vives & hardies Remontrances de *César*, au même Sénat. 421.

Droits des Souverains & ceux de Dieu conservez distinctement, par une sage décision de *Jesus-Christ*, quand on lui présenta un Denier où étoit empreinte l'image de *César.* 94.

E.

Ebyonites & Pauvres, Chrétiens de *Jerusalem*, que les Saints Peres ont désigné par ces deux noms de mépris, qui sont devenus encore plus miserables après la destruction de cette ville. & de son Temple. 459.

Ecriteau que Pilate fit mettre sur la Croix de *Jesus-Christ*, & pourquoi le Titre de *Roi des Juifs* y fut exprimé en trois langues. 227. Pensées ingénieuses d'*Honorat Niquet* sur les Mystères que plusieurs Commentateurs prétendent y avoir été contenus. *ibid. &* 228.

Edouard VI. dont le Conseil força l'Epouse du Comte de *Stafford* à accepter la Couronne d'*Angleterre*, après la mort de ce Prince, & qui fut ensuite indignement abandonnée par ce même Conseil. 476. Elle étoit d'un sçavoir & d'un mérite distingué. *ibid.* Elle reçut l'Arrêt de sa mort, avec une constance héroïque; mais craignant que la présence & les larmes de son Epoux, qui assistoit à la voir pour la derniere fois, n'affoiblissent son courage, elle le supplia de lui épargner la douleur inutile qu'elle auroit de le quitter. *ibid.* Réflexions morales sur le courage héroïque *des Barbares*, & combien il est different de la Grandeur d'Ame cultivée par des sentimens équitables des vertus bienfaisantes. *ibid.* Exemples de *Caton* & de *César* sur cela. *ibid.* Celui-ci ne put voir la tête sanglante du grand *Pompée*, sans verser des larmes, & celui-là en repandit sur le tombeau de son frere, & sur les corps morts de ses concitoyens, après une cruelle Bataille. *ibid.* Autres Exemples de *Jesus-Christ* même, pleurant avec les Sœurs de Lazare mort, & *St. Paul* attendri par les larmes des fideles de *Césarée*. 477. Discours très-remarquable, d'un célebre Auteur Payen, qui declare à ses concitoyens, quels sont les motifs légitimes de s'affliger, & ceux qui doivent exciter le courage & la magnanimité des Ames vertueuses. *ibid. &* 478.

Elymas Juif, faux Prophete & Magicien, qui

b 2 s'ap-

TABLE DES MATIERES

s'appelloit *Bar-Jesus* & qui féduisoit le Proconful *Serge-Paul*, Gouverneur de *Chypre*. 416. Le nom d'*Elymas* signifie *Philosophe* ou *Sçavant*, il étoit par conféquent honorable, & ce faux Prophete l'avoit pris pour s'accréditer dans le monde. 417. Il fit tous ses efforts pour détourner le Proconful de la foi Chrétienne. *ibid.* Comment St. *Paul* reprocha hardiment à cet Impofteur, sa méchanceté, ses vices, & tout ce qu'il faisoit contre l'établissement des Dogmes falutaires de *Jesus-Christ. ibid.* Reféxions propres à justifier la rigueur de cette censure. *ibid. &* 418. 419. Trois caractères principaux que doivent avoir celles que sont ceux qui n'ont pas les dons & les prérogatives Apostoliques. 419. & 420. Effet miraculeux que produisit celle de *St. Paul* pour punir le fourbe *Elymas*, qui devint foudainement aveugle, pendant quelque tems. 421. Ce châtiment étoit nécessaire pour achever la conversion du Proconful *Serge-Paul. ibid.* On ne sçait pas si *Elymas* profita de ce châtiment pour se ranger au Christianisme, parce que la Relation des Actes des Apôtres n'en dit rien, & que les anciens Commentateurs de cette Histoire en ont des opinions contraires. 422.

Enfans punis à cause des péchez de leurs Peres, selon quelques Textes de l'Ecriture Sainte, que les Théologiens interprètent diversement. 36. *&* 37. Texte d'Ezéchiel qui détruit cette imputation des péchez, & de leur punition, à ceux qui ne les ont pas commis eux-mêmes. 37.

Entrée triomphante de *J. Christ* à *Jerusalem*. 74. 75. 76. Plusieurs Reflexions historiques, politiques & morales, sur diverses circonstances de cette Entrée qui semblent en diminuer la pompe. *ibid.* Ce triomphe étoit néanmoins celui de la Religion & de la Piété. 77. Plusieurs Reflexions historiques & morales, sur les Acclamations de joye que faifoient, en cette occasion, ceux à qui les Juifs qui croyoient que *J. Christ* étoit le Messie. 78. Ces Acclamations étoient prises du *Pseaume cent dix-huit*. 79. Analyse succincte de cet admirable Cantique. *ibid. &* 80. Ces cris de joye, & les vœux dont ils étoient mêlez pour la prosperité de *Jesus-Christ* en qualité de Roi & de Messie, étoient un renouvellement, en partie, de l'Hymne que les Anges chanterent à sa Naissance. *ibid.*

Ephraïmites qui emporterent les Idoles qu'un *Israëlite* faisoit servir par un Levite nommé *Michaï*. 287. Remarque sur les grands cris qu'il fit en pourfuivant ces gens-là. *ibid.* Refléxions morales sur cela. *ibid. &* 288.

Erreurs dogmatiques en matière de Religion, font des opinions mal-fondées qui ne doivent être attribuées qu'à la foibleffe de l'Esprit humain, quand elles font exemptes de toute opiniâtreté. 423. Elles ne font pas indignes du support & de la condescendance des Orthodoxes, quand elles font unies à des mœurs pures & bien réglées. *ibid.* Ceux qui ont une bonne conscience, ne refuſent pas de dire qu'ils croyent des Dogmes qu'il ne croyent pas, que parce qu'ils ne peuvent se résoudre à mentir. *ibid.*

Esprit de Python, chaffé par *Saint-Paul* du corps d'une Servante qui apportoit beaucoup de profit à ses Maîtres. 441. Explication de ce qu'on doit entendre par cet *Esprit de Python*. 442. Dessein pour lequel cette Servante croioit que *Paul*, & ceux qui l'accompagnoient, étoient les Serviteurs du Dieu trés-haut, & qu'ils annonçoient la voye du falut. *ibid.* L'Art de cette Servante doit être attribué au *Démon. ibid. &* 443. Quand elle en fut deſtituée, il lui fut impossible de répondre à ceux qui l'interrogeoient sur les choses du tems à venir. *ibid.* Remarques sur cela. *ibid.* Voyez le mot *Python* dans cette Table.

Etienne, que les premiers Chrétiens élûrent pour Diacre, dont la Charge étoit de diſtribuer les Aumônes aux pauvres, étoit un Juif étranger, qui étoit venu s'établir à *Jerusalem*. 366. Il unifſoit des dons ſurnaturels aux qualitez que les Apôtres vouloient qu'on reconnût manifeſtement dans les Economes des biens de l'Eglife, avant que de les leur confier. *ibid.* Comment il confondit les Recteurs de quelques Colleges de cette Ville, qui, en diſputant contre lui, ne purent réſiſter à la ſageſſe & à l'Eſprit par lequel il parloit. *ibid. &* 367. Deſſein injuſte qu'ils formerent de l'exterminer, en employant, par colere & par vengeance, de faux témoins, qui lui imputerent malicieufement des crimes atroces, pour ſoulever contre lui le peuple, les Docteurs & les Magiſtrats. *ibid.* Ils diſoient qu'ils l'avoient entendu blafphémer contre *Moïſe*, contre le Temple & la Loi. *ibid.* Remarques ſur cela, & principalement ſur ce qui concerne le crime déſigné par le terme de *Blafphême. ibid. &* 368. *&c. juſqu'à* 371. Comment ce crime eſt injuſtement attribué à St. *Etienne.* 372. Refléxions ſur la Doctrine qu'il préchoit. 373. Son Apologie. *ibid.* Son viſage parut devant ſes Accuſateurs, comme celui d'un Ange. *ibid.* Refléxion ſur cela, & ſur un autre ſujet qu'il s'y rapporte. 374. Première queſtion ou demande que le Souverain Sacrificateur lui fit. *ibid.* Réponſe de ce Diacre interrogé. *ibid.* Elle contient des Dogmes & des Faits rapportez ſuccinctement pour ſa juſtification. *ibid. &* 375. Remarques ſur quelques endroits de cette Réponſe, qui ſemblent n'être pas ſuffiſans pour une Apologie complette de ce Diacre. *ibid.* Réponſe ſur cela, qui en attribue les défauts à ceux qui en ont fait le rapport à l'Evangéliſte St. *Luc. ibid.* Elle contient auſſi quelques Faits hiſtoriques, dont la conciliation avec un Recit de *Moïſe* qui y eſt cité, paroît difficile. 376. Ce qu'on peut y répondre. *ibid.* Motifs de la cenſure trés-forte que ce *Diacre* fit aux *Zélez* prétendus, qui l'avoient tiré en cauſe pour le faire mourir. *ibid.* On ne la trouvera pas trop forte, ni trop vive, comme l'on pourroit ſe l'imaginer, en ne faiſant pas réflexion aux caractères odieux, aux inclinations perverſes & aux vices inſupportables de ces Juifs, rapportez par *Joſephe*, qui étoit un de leurs plus ſinceres Hiſtoriens. *ibid.* Copie de ſon Recit, où il n'a point exageré les défauts de ſa Nation. *ibid.* Examen de ce que les *Zélez*, hypocrites & ennemis du Diacre *Etienne* & de ſa probité, qui demaſquoit leurs vices, firent avant que de le lapider. 378. *&* 379. Remarques ſur leur fureur aveugle, & ſur les vertus héroïques que cet illuſtre Martyr fit paroître dans ſon ſupplice. *ibid.* Comment il vit les *Cieux ouverts & Jeſus-Chriſt à la droite de Dieu. ibid.* Ce fut une Viſion ſpirituelle & non pas corporelle; mais ayant du rapport à celle de *Moïſe*, qui eut le privilege de voir un Symbole de *la Divinité. ibid.* Pluſieurs conſiderations ſur ce *Raviſſement d'Eſprit*, & combien il étoit différent des idées extraordinaires & confolantes des Fidéles réduits à l'agonie: Refléxions morales ſur cela. 381. Reponſe aux objéctions des Incrédules qui attribuent cette Viſion au Fanatiſme. *ibid.* Comment ce Diacre recommanda ſon Ame à *Jeſus-Chriſt.* 382. Il ſe mit à genoux & pria Dieu, pour en obtenir le pardon de ceux qui le lapidoient. *ibid.* Ce fut ainſi que mourut le premier Martyr de l'Eglife Chrétienne. *ibid.* Remarques ſur la manière dont quelques fidéles l'enſevelirent. *ibid.* Confiderations ſur ce qu'un Ecrivain du quatrième ſiécle dit du cérémonial d'une prétendue pompe funèbre de cet illuſtre Martyr. *ibid. &* 383. Refutation de cette hiſtoire. *ibid.* Son enſeveliſſement rapporté par

DU SIXIEME VOLUME.

par *St. Luc*, fut des plus fimples; mais les larmes des fidèles y furent abondantes. 383. L'Hiftoire de ce faint & glorieux Martyr renferme quatre Inftructions importantes, dont *la premiére eft*, que tous ceux qu'on fait mourir comme Blafphémateurs, ne le font pas aux yeux de Dieu, & de la raifon éclairée par l'Evangile. *ibid.* Ils ont été fouvent noircis & calomniez par des gens corrompus, qui ont employé l'autorité de ceux qui font les maîtres des noms, mais qui ne fçavoient changer la Nature des chofes. *ibid. Secondement*: Il n'y a rien dont les Ambitieux, les Avares, les Hypocrites & Faux Devots fe jouent avec plus d'infolence, que de la Religion, en la faifant fervir de voile à leurs Paffions. *ibid. &* 384. *En troifième lieu*: Dieu feul difpofe de la Félicité des hommes, & comme il peut, quand il lui plaît, les rendre malheureux dans la plus haute fortune, il peut auffi les rendre heureux au milieu des plus affreux fupplices. 384. On voit enfin, par une *Quatrième Reflexion*, que le Chriftianifme porte des caractères d'une origine divine, auxquels on eft forcé de fe rendre. *ibid.* Sa verité eft fcellée par les Miracles de *Jefus-Chrift*, & par ceux des Martyrs qui en ont été les Prédicateurs. *ibid.*

Evangéliftes, dont la fidélité & la fincerité paroiffent dans tous leurs Ecrits. 147. Parmi le grand nombre des Preuves qu'on y en trouve, la Rélation qu'ils ont faite des foibleffes apparentes de *Jefus-Chrift* leur Maître & leur Bienfaiteur, en eft une Demonftration invincible. *ibid.* Confidérations propres à en convaincre les plus incrédules. *ibid. &* 148. Leurs Rélations concernant la Réfurrection de *Jefus-Chrift*, l'Apparition des Anges qui l'annoncerent à quelques Femmes, & plufieurs circonftances fur cela, qui paroiffent contradictoires. 282. Ce qu'on peut alleguer de plus vraifemblable pour les accorder. 283. Deux fuppofitions pour cela, qui concernent ce que chacun des Evangéliftes n'avoit appris que par le récit de quelques Femmes, qui n'avoient pas fait attention à de petites circonftances, en rapportant ce qu'il y avoit de plus effentiel. *ibid.* Varietez dans les Rélations hiftoriques des anciens, comme dans les Evangiles, dont les Incrédules ne peuvent tirer raifonnablement quelque avantage pour ce qui concerne le principal & l'effentiel. *ibid.*

Eucharistie inftituée par *Jefus-Chrift* dans la Céne Pafcale qu'il fit avec les Apôtres. 126. &c. *jufques à* 129. Plufieurs Remarques hiftoriques & théologiques fur ce Sacrement & fes ufages. *ibid.* Deux confidérations fur cette matiére. 130. La première roule fur la fimplicité de cette Cérémonie, & la feconde, fur ce qu'elle eft un Repas facré. *ibid.* Elle eft indiquée dans les Epîtres de *Saint-Paul*, & dans les Actes des Apôtres, par *la Fraction du Pain*, qu'ils faifoient dans les Maifons particulieres, où les nouveaux Chrétiens s'affembloient. 459. 460. Ils la célébroient le foir, & après avoir mangé d'autres Alimens enfemble, à l'imitation de *Jefus-Chrift*, quand il fit *la Pâque* avec eux. *ibid.* Abus qui s'introduifirent fur cela parmi les fidéles de *Corinthe*, & dont St. Paul les cenfura. *ibid.* Remarques fur l'Abolition de ces Repas, & fur ce que vers la fin du III. Siécle, on ne célébroit plus l'Eucharistie que le matin, & à jeûn. 461.

Eutiche, Jeune homme & nouveau Chrétien, reffufcité par *Saint-Paul* dans la Ville de *Troas*. 467. *Voyez* les circonftances de cet évenement dans l'*Article de cette Ville*, & dans les pages de ce Volume. 467. & 468.

Extafe qui défigne la fituation de l'Ame quand elle fort de fon afiéte, pour ainfi dire, & abandonne pour quelque tems le corps, par un *Raviffement d'Efprit* de ceux qui ont des *Vifions*, qui leur repréfentent la nature de quelque fpectacle. 494. Ces trois Expreffions font Synonimes. *ibid.*

F.

Famine qui défola la *Judée* fous l'Empereur *Claude*. 401. Prédiction qui en avoit été faite par le Prophéte *Agabus*. *ibid.* Comment les fidéles y furent fecourus par ceux d'*Antioche*, qui leur envoyerent des Aumônes, par l'entremife de *Paul* & de *Barnabé*. *ibid.*

Fanatifme que les Juifs incrédules & d'autres perfonnes ont attribué à *St. Etienne*, Diacre, fur fa Vifion des Cieux ouverts, & l'Apparition de *J. Chrift* à la droite de Dieu. 381. Ce défaut d'efprit eft plus dangereux que l'*Athéifme*, parce qu'il a une grande convenance avec le foible génie de la populace, qui eft beaucoup plus nombreufe que les gens de bon-fens, & parce qu'il érige en Révelations furnaturelles les Rêveries les plus extravagantes. *ibid.* Il enfante la fuperftition & des cruautez barbares. *ibid.* Il eft dangereux pour les Etats, parce qu'il tolere les crimes, & les adopte même fous l'idée de *Sainteté* ou d'*Héroïfme*, de forte qu'elle attribue des Paffions & des défauts à Dieu, plus honteux que de nier fon Exiftence par un aveuglement d'efprit, ou de craffe ignorance. *ibid.* Preuves de cela. *ibid.*

Félicité éternelle qui doit être le principal objet des hommes raifonnables. 2. Les moyens d'y arriver, enfeignez par *J. Chrift*. *ibid.* Erreur & préfomption d'un *Docteur Juif* fur cela. *ibid.*

Femmes qui pleuroient & fe frappoient la poitrine, en voyant que *Jefus-Chrift* étoit conduit au fupplice de la Croix, par des Soldats Romains de la Garde de Pilate. 215. Remontrance debonnaire que *Jefus* fit à ces Femmes, en y ajoutant une prédiction des malheurs qui devoient leur arriver bien-tôt, & à leurs enfans. 216. Reflexions morales fur cela. *ibid.* Accompliffement de cette Prophetie. 219. Elles le virent mourir en Croix, & mettre dans le fépulcre. 275. Préparatifs qu'elles firent chez elles pour aller embaumer fon corps, d'abord que le jour du Sabbath feroit fini. *ibid.* Elles avoient pourtant vû comment *Nicodeme* & *Simon le Cyreneen* l'avoient déja embaumé. *ibid.* Réponfe à la difficulté qui refulte de cela, & à deux autres objections qu'on peut faire contre leur entreprife, qui ne pouvoit réuffir, fans ôter la groffe Pierre fcellée fur l'entrée du tombeau, & trouver le moyen de d'éloigner les Soldats, qui avoient ordre du Sénat, de n'y laiffer approcher aucune perfonne. *ibid. &* 276. Quand elles y furent arrivées, elles virent que la Pierre étoit ôtée. 277. Elles y entrerent, & n'y trouverent pas le corps du Seigneur. *ibid.* Deux Anges leur apparurent, en les affurant qu'il étoit réffufcité. 278. Remarques fur cela. *ibid. &* 279. Elles allerent annoncer à *Pierre* & aux autres Apôtres ce qui leur avoit été dit par un de ces Anges. 280. Reflexion fur ce qu'ils s'imaginerent qu'elles s'étoient mifes en tête une Rêverie, & qu'ils ne les crurent point. 281. Plufieurs confidérations fur cela, & fur les diverfes particularitez que les Evangéliftes en ont rapporté, lefquelles femblent contradictoires. *ibid. &* 283. Comment & en quel lieu *Jefus* apparut à ces Femmes. *ibid.*

Fêtes & Cérémonies folemnelles que les Nations les plus éclairées inftituerent, afin de perpetuer la mémoire des grands évenemens, & des glorieux exploits des grands hommes. 115. Ce fut dans cette vûë que *J. Chrift* inftitua la Céne Eucharistique. *ibid.*

Fils de Dieu, & *Chrift*, font des titres qui défignent

TABLE DES MATIERES

signent la même personne dans le stile des Juifs, pour marquer *le Messie*. 163. Ou qui est la même personne, indiquée ailleurs par *le Roi par excellence* qu'ils attendoient. ibid. Reflexion sur cela. Ce titre de *Fils de Dieu*, donnoit vraisemblablement à Pilate la même idée qu'il donna au Centenier, qui étoit Payen, comme lui, & qui, voyant mourir *Jesus*, s'écria: Pour vrai, cet *Homme étoit Fils de Dieu!* 201. Titre que Saint-Luc a rendu par celui de *juste*, Pour vrai (dit-il) cet *Homme étoit un Homme juste*. ibid. Les Payens appelloient les gens de bien, *des Enfans de Dieu*. ibid.
Flagellation de Jesus-Christ, dans la Cour du Palais de *Pilate*. 198. Il ne lui fit pas infliger cette peine en punition de quelque crime, ni en forme de question, selon l'usage des Romains; mais seulement pour calmer la fureur des Juifs, qui demandoient qu'on le fit mourir. ibid. & 199. Remarques sur les circonstances de cette Flagellation. 202. & 203.
Foi que *Jesus-Christ* exigeoit de ceux qu'il vouloit guérir miraculeusement. 43. Celle de l'Apôtre *Thomas* n'étoit pas une vertu, parce qu'il ne crut la Résurrection de *Jesus-Christ*, qu'après y avoir été forcé par l'évidence incontestable de l'Apparition de son corps vivant, qu'il toucha de ses propres mains, ne voulant pas se fier à ce qu'il en voyoit. 321. Quels doivent être les principes de la Foi Chrétienne. ibid. La Foi qui est le fruit d'un choix volontaire, & qui procede *d'un Cœur honnête & bon*, est celle qui doit être mise au rang des vertus. ibid. Celle par laquelle on croit en *J. Christ*, est la condition que lui & ses Apôtres ont exigé pour obtenir la vie éternelle. 452. Elle doit être retenue de la sincerité, & de la perseverance, sans être separée d'une conduite conforme aux maximes de l'Evangile. ibid. Elle est confondue avec l'*Obéïssance* dans les écrits du Nouveau Testament. ibid. Elle doit être éclairée par la connoissance des veritez capitales de la Religion. 453.
Fornication interdite aux Chrétiens par un Décret Synodal des Apôtres, assemblez à *Jerusalem*. 429. Commentaire sur cet Article, divisé en cinq parties ou éclaircissemens. 430. 431. 432.
Franges & Houpes qui pendoient aux habits des Juifs. 100. Description de ces sortes d'habits & de ces Franges que *les Pharisiens* portoient plus larges & plus longues que les autres Sectaires, pour se distinguer. ibid. C'étoient moins des marques de leur pieuse estime pour la loi Divine, que de leur Ostentation & Hypocrisie. 101.
Freres de Joseph épouvantez lorsqu'il se fit connoître à eux en *Egypte*, revêtu de la Puissance Souveraine. 598. Ils avoient comploté de le faire mourir, & changerent de résolution, en le vendant pour être mené en captivité, & le croyoient mort, lorsqu'ils le trouverent à la Cour de *Pharaon*. ibid.

G.

Geôlier de la prison où *Paul & Sylas* furent mis, avec des entraves aux pieds, dans la Ville de *Philippes*. 451. Bruit qu'il entendit pendant la nuit, & dont il fut si épouvanté qu'il accourut d'abord aux portes de la prison, la voyant ouvertes, il ne douta pas que les Prisonniers n'eussent pris la fuite. ibid. Il jetta un cri & voulut se tuer; mais *Paul* qui l'entendit, lui cria aussi-tôt pour le rassurer, qu'aucun des Prisonniers n'étoit sorti. ibid. Il alla d'abord tout tremblant se jetter aux pieds de *Paul & de Sylas*, en leur disant: Seigneurs, que voulez-vous que je fasse? Ils lui dirent, que s'il croyoit en *Jesus-Christ*, il seroit sauvé, & sa famille aussi.

452. Il y consentit, & informa les Magistrats de ce prodigieux évenement, qui leur ayant fait connoître que ces deux prisonniers étoient protegez de Dieu, ils ordonnerent au Geôlier de les mettre en liberté. 453. *Batême* de ce Geôlier, & son Hospitalité en faveur de *Paul & de Sylas*. ibid.
Gethsemané, Village situé au bas de la Montagne des *Oliviers*, près de *Jerusalem*. 132. Le nom étimologique de ce Village, signifie la fertilité de son terroir. ibid. Ce fut dans un jardin de ce lieu que *Jesus-Christ* se retira avec ses Disciples, la nuit de la veille de sa Passion. ibid. Les principales circonstances de ce qui s'y passa, en présence de trois Apôtres, sont indiquées, dans les divers Articles de ce X. Discours, depuis la page 132. jusques à 142.
Golgotha, qui signifie *Calvaire*, dont le monticule étoit destiné au supplice des criminels, près de la sortie de *Jerusalem*. 220. Ce fut-là que *Jesus-Christ* fut conduit par les soldats de *Pilate*, & qu'il expira sur une Croix. ibid. Tradition fabuleuse, & reçûe néanmoins avec applaudissement, par la plûpart des Anciens, qui ont dit que *Jesus-Christ* fut crucifié sur *le Calvaire*, parce qu'*Adam* avoit été enterré-là, où ses cendres furent arrosées du sang du Sauveur. ibid. Quelques autres ont même prétendu que le *Calvaire* est la Montagne de *Morija*, où *Abraham* mena son Fils *Isaac* pour le sacrifier. ibid. Réfutation de ces deux opinions. 221.

H.

Habits de *Jesus-Christ* partagez entre les Soldats, par le moyen du sort, qu'ils jetterent aussi sur sa Tunique sans couture. 228. Accomplissement d'une Prophetie sur cela. ibid.
Hérésies en fait de morale, plus pernicieuses que celles qui concernent les Dogmes. 108. Raisons de cela, & sur-tout parce qu'elles attaquent directement le but de la Religion. ibid.
Herode Antipas, Tétrarque de *Galilée*, qui souhaitoit de voir *Jesus-Christ*, & qu'il fit quelque Miracle en sa présence. 192. Il eut beaucoup de joye quand *Pilate* le lui envoya prisonnier. ibid. Il fut encore accusé devant le Tribunal de ce nouveau Juge, avec beaucoup de véhemence, par les Juifs, & renvoyé à *Pilate* d'une façon méprisante. 193.
Herode Agrippa, petit-fils d'*Herode le Grand*, ayant hérité d'un bien considérable, delaissé par la mort de son Pere, il le dissipa en peu d'années à *Rome*, pour se procurer des Amis auprès de l'Empereur *Tibere*. 401. Comment il en fut disgracié, mis en prison & puis délivré. ibid. Son refuge chez son Oncle *Antipas*, qui lui fit une Pension. 402. Emprunts qu'il fit de beaucoup d'argent, pour retourner à *Rome*, où il eut le bonheur de se concilier la faveur de *Caligula*, qui venoit de succeder à *Tibere*. ibid. Celui-ci, ayant été assassiné, pour ses cruautez, son Armée déféra les Etats à *Claude*, qui donna à *Herode Agrippa* les Royaumes de *Judée & de Samarie*. ibid. Beaux éloges que *Josephe* a fait de ce Prince. ibid. Comment il fut séduit par les mauvaises impressions qu'on lui donna contre les Chrétiens. ibid. Il fit mourir l'Apôtre *Jaques*, frere de *Jean*. 403. Pour complaire aux *Juifs*, il fit emprisonner l'Apôtre *Pierre*; inconvenient qu'il y avoit de le faire mourir ce jour-là. 404. Remarques sur le dessein qu'il avoit, de faire mourir cet Apôtre d'une manière propre à donner un spectacle au peuple. 405. Conjectures sur cela. ibid. Motifs pour lesquels il voulut s'assûrer de cette victime, par une forte garde de soldats. ibid. Comment pernicieux dessein fut éludé par *un Ange*, qui vint délier miraculeusement les chaînes de ce

prison-

DU SIXIEME VOLUME.

prisonnier, & lui ouvrir deux portes de fer, pour le mettre en liberté. 406. Plusieurs Remarques sur quatre principales circonstances de cet évenement prodigieux. *ibid. &c. jusqu'à* 411. Relation de la mort tragique de ce Prince. 407. Autre Relation plus ample sur le même sujet, bien circonstanciée, par *Josephe*, qui semble ne convenir pas en tout avec le récit de *Saint-Luc*, qui dit qu'il mourut soudainement, rongé des vers; & celui-là, que sa mort fut causée par de cruelles douleurs d'estomac, qui le tourmenterent pendant cinq jours. 107. 108. 109.

Hérodiens, qui vraisemblablement étoient *Saducéens*. 85. Divers Historiens ont des opinions contraires sur l'origine de ces Sectaires parmi les Juifs. *ibid.* Abregé de trois systêmes différens sur cela. *ibid.* On sçait néanmoins qu'ils étoient la Secte *des Grands*, comme celle des *Pharisiens* étoit la Secte *du Peuple*. *ibid.*

Hibou qu'*Herode* vit sur une corde qui lui sembloit tendue en l'air, au-dessus de sa tête, d'où il inféra que cet oiseau étoit le présage de son malheur, parce qu'il l'avoit été autrefois de sa bonne fortune. 408.

Hiéroglyphes & *Emblêmes très-anciens*, puisqu'ils viennent originairement des *Egyptiens*, qui passent pour les premiers peuples du monde terrestre. 503. Ils ont donné aux autres Nations des idées d'un culte reglé, & accompagné de Cérémonies symboliques, propres à le rendre respectable. *ibid. &* 504. Remarques sur ce que les *Juifs* en ont emprunté. *ibid. Clément Alexandrin*, bien éclairé sur ce qui concernoit *le Culte des Egyptiens*, parmi lesquels il vivoit, étant Prêtre Chrétien, assûre que les Cérémonies de ce *Culte* avoient beaucoup de rapport avec celles *des Hébreux*. *ibid.* Plusieurs Remarques sur ce qu'il voyoit de ressemblant dans *le Culte* de ces Payens & dans celui des *Israëlites*, dont il fait plusieurs comparaisons. *ibid.* Explication succinte des Temples des fausses divinitez emblématiques de ceux-là, & de celui de *Jerusalem* avec la description de plusieurs autres choses très-remarquables. *ibid. &* 505. Motifs qui ont fait inventer & mettre en usage, dans la Religion, ces divers *Symboles*, ou *Hiéroglyphes*, dont *Porphyre* allegue des raisons qui font beaucoup d'honneur aux *Egyptiens*. *ibid.*

Histoire de la Femme adultére, conduite par les Pharisiens devant *Jesus-Christ*; elle ne se trouve point dans plusieurs Exemplaires manuscrits de l'Evangile selon *St. Jean*, non plus que dans quelques Versions Orientales. 34. Elle n'a point été expliquée par d'anciens Commentateurs Grecs, *ibid.* Conjectures de quelques Critiques sur cela, & ce qu'on peut en inferer. *ibid.*

Hospitalité de *Lydie* envers *Paul*, son Convertisseur, accompagné de *Sylas*, comparée à celle de *Loth*, quand il protegea chez les Messagers de Dieu, qu'on croit avoir été des Esprits Angeliques revêtus de corps humains. 441.

Hospitalité des *Maltbois*, quand ils reçurent *Saint-Paul*, & ceux qui échaperent avec lui du naufrage. 482. Plusieurs Reflexions morales sur cette vertu, & sur celle de l'*Humanité*. *ibid.* Il n'y a point de vertu que l'Evangile préscrive plus souvent, ni d'une maniére aussi forte que celle-là, dont *la Compassion humaine* est un de ses Noms synonimes. 483. *&* 484.

Hymnes que *Paul & Sylas* chantoient dans la prison de la Ville de *Philippes*, où ils étoient detenus par des entraves aux pieds. 445. Les *Hymnes*, qui sont des Cantiques sacrez, doivent leur origine à l'Admiration que Dieu & ses ouvrages excitent dans l'esprit des fidéles, & aux sentimens de Reconnoissance qu'ils ont pour ses bienfaits. 448. On en voit la preuve dans les anciens Poëmes, composez pour inspirer la Pieté aux hommes, & l'Amour des vertus. *ibid.* Reflexions morales sur cela. *ibid.* Remarques tirées d'un Pseaume de *David*, qui font connoître de quelle maniére les chants de louange peuvent être compatibles avec les prieres des affligez, dans le même tems qu'ils souffrent & bénissent Dieu. 448. *&* 449.

Hypocrisie des *Pharisiens* censurée par *J. Christ*, & représentée par des paraboles emblématiques de leurs vices. 84. Divers caractéres de cette *Hypocrisie*, qui n'a que les apparences de la Pieté. 108. *&c. jusques à* 110. *&* 184.

I.

Jacob le Patriarche, ayant enlevé à son frere *Esau* le droit d'Aînesse, passa la nuit en priere, demandant à Dieu de le protéger contre la colére de ce frere, qui venoit à lui pour le punir, avec des forces supérieures. 142. Application qu'on en peut faire à *J. Christ* priant dans le Jardin de *Gethsemané*. *ibid.*

Jaques Apôtre, frere de *Jean*, tous deux *Fils de Zebedée*. 403. Il fut surnommé *Boanerges*, c'est-à-dire *Fils du Tonnerre*, à cause de son Zéle pour la Prédication des véritez Evangéliques. *ibid.* Il fut le premier objet des persécutions d'*Herode Agrippa*, qui le fit mourir. *ibid.* Ce qu'*Eusebe* & *Clément d'Alexandrie* ont rapporté du bel exemple qu'il donna, en mourant, au pardon des injures, ordonné par *J. Christ*. *ibid.* Celui qui l'avoit accusé d'être Chrétien, s'en repentit, & voulant mourir avec lui, ils eurent tous deux la tête tranchée. *ibid.*

Idolâtrie qui a des attraits dont les Apôtres ont voulu détourner les Chrétiens, en leur défendant l'usage des Viandes offertes aux Idoles, & celui du Sang dont la Chair des bêtes étouffées reste imbibée. 435. *&* 436. Plusieurs Remarques sur cela. *ibid.*

Jean, Apôtre, qui fonda plusieurs Eglises Chrétiennes dans l'*Asie* mineure. 493. Il fut exilé pour la cause de l'Evangile dans l'Ile de *Pathmos*, située dans la *Mer Egée*. *ibid.* Il y fut ravi en Esprit un jour de *Dimanche*; *Jesus* s'y montra à lui en forme humaine; dans les Anges parurent sous ses ordres; les élemens & la mort lui obéïrent, les évenemens à venir se dévoilerent à cet Apôtre, qui les contempla par avance. *ibid.* Explication de ce qu'il vit par cette contemplation; de ce qu'il entendit, & quel fut son Ravissement en Esprit. *ibid. &* 494. 495. 496.

Jericho, Ville située dans une Plaine très-fertile, que *Josephe* appelle le *Paradis de la Judée*. 6. Ses environs étoient steriles & infestez de voleurs. *ibid.*

Jerusalem, qui selon l'Historien *Josephe*, sembloit n'être plus qu'un lieu de prostitution. 27.

Jesus-Christ interrogé captieusement par un *Docteur Pharisien*. 2. Réponse qu'il lui fit sur l'*Amour de Dieu* & sur celui *du Prochain*. 3. Pourquoi il ne lui dit rien de *la Foi* qui est nécessaire pour le bonheur éternel. 4. Autre Question que *ce même Docteur* lui fit. 5. Réponse ingénieuse par laquelle *J. Christ* lui fit connoître, que *la Nation Judaïque* n'avoit pas de justes idées de *l'étendüe de l'Amour du Prochain*. *ibid.* Les instructions qu'il donnoit aux Docteurs & au peuple, étoient ordinairement figurées & paraboliques. 13. La sentence admirable qu'il dit à *Marthe*, qui étoit empressée à le servir, pendant que *Marie*, sa sœur, ne s'appliquoit qu'à écouter ses instructions. *ibid. &* 15. Motif pour lequel il demeura caché pendant quelque tems proche d'un Desert de la *Judée* nommé *Ephraim*. *ibid.* Il en sortit six jours avant la cinquiéme & derniére Pâque qu'il célébra durant le cours de son Ministére. *ibid.* Diverses interprétations de ce qu'il dit à *Marthe* touchant *une seule chose nécessaire*. 17. *&* 18. Cette instruc-

TABLE DES MATIERES

inſtruction ſe reduit à trois Chefs. 18. Explication du *premier*, concernant les hommes qui ſe conſument en ſoins ſuperflus. *ibid.* & 19. Explication du *ſecond*, qui roule ſur les ſoins, non ſeulement ſuperflus, mais criminels. 19. & 20. Explication du *troiſième*, contenant la raiſon invincible qui doit déterminer les hommes à rénoncer à des ſoins ſuperflus, pour s'appliquer à ceux qui ſont néceſſaires pour arriver au bonheur éternel. 20. & 21. Comment *J. Chriſt* enſeignoit dans le Temple de *Jeruſalem*, pendant le dernier jour de la *Fête des Tabernacles*. 23. Piége que *les Phariſiens* lui tendirent, en y conduiſant, devant lui, une *Femme ſurpriſe en Adultère*. *ibid.* & 24. Examen de ce qu'il y avoit d'inſidieux dans la demande qu'ils lui firent ſur cet Adultère. 24. & 25. Comment il évita leurs piéges, par une réponſe qui leur ferma la bouche. 26. Refléxions morales ſur ſa débonnaireté. 27. Comment il ſe baiſſa pour écrire quelque choſe, & ne condamna point cette Femme. 31. & 32. Cette indulgence du Sauveur donne lieu à *deux Queſtions* ſur les loix Moſaïques. 32. On y répond, en diſtinguant les loix *Civiles* d'avec les *Morales*. *ibid.* & 33. *Jeſus-Chriſt* n'a point raiſonné ſur les *Loix Politiques* de la Republique Judaïque, parce qu'il n'étoit pas Prince temporel, & qu'il n'a pas voulu s'en attribuer l'autorité. *ibid.* Quand il renvoya la Femme Adultère, ſans la condamner, ce ne fut pourtant que ſous la condition expreſſe qu'elle ſe convertiroit, & éviteroit de pécher. *ibid.* Demande hardie & téméraire que ſes Diſciples lui firent, au ſujet d'un *Aveugle de naiſſance*. 36. & 37. Il ne leur dit rien ſur l'opinion ou le Préjugé qu'ils avoient de la *Tranſmigration des Ames*, que les Philoſophes Grecs appelloient la *Métempſycoſe*, ou le paſſage de l'Ame de chaque corps dans d'autres ſucceſſivement différens. *ibid. Jeſus-Chriſt* appelloit les Guériſons miraculeuſes qu'il faiſoit, *les Oeuvres de Dieu*, parce qu'il les opéroit en ſon nom, & pour ſa gloire. 41. Il compare ſa vie ſur la terre au jour naturel, & ſa mort à la nuit dont le jour eſt ſuivi. *ibid.* & 42. Motifs pour leſquels il fit de la boue avec ſa ſalive & de la terre, pour l'appliquer ſur les yeux de l'Aveugle qu'il vouloit guérir. 42. & 43. Trois conſiderations ſur cela. 43. & 44. Avis qu'il reçut de la maladie de *Lazare*, & la réponſe qu'il fit, en diſant qu'elle n'étoit pas mortelle ; mais qu'elle étoit ſurvenue pour la gloire de Dieu. 47. & 48. Deux inſtructions bien importantes, contenuës dans cette réponſe. 49. Pluſieurs Refléxions ſur d'autres réponſes & inſtructions de *J. Chriſt*. 50. & 51. Il compare la mort de *Lazare* à un ſommeil. 52. Il le laiſſe mourir, pour le reſſuſciter, & donner à ſes Diſciples une preuve éclatante de ſon pouvoir. *ibid.* Entretiens qu'il eut avec *Marthe* & *Marie*, devant & après la Réſurrection de leur frere *Lazare*. 54. Divers traits qu'il préſente, en diſant qu'il étoit la Réſurrection, la Vérité, la Vie, le Pain deſcendu du Ciel. 55. Explication de ces titres & qualitez. *ibid.* & 56. Ce qu'il témoigna par ſes pleurs & fit dans pluſieurs circonſtances de cette Réſurrection. 57. & 58. Pluſieurs conſiderations & moralitez ſur cela. 59. & 60. Cette Réſurrection fut le *dernier des Miracles* de *J. Chriſt*. 63. Les peuples de la *Judée* en furent bien-tôt informez, & commencerent à ſe déclarer pour *J. Chriſt*. 67. Cela donna lieu au Sénat des Juifs, de prendre la Réſolution de le faire mourir. *ibid.* C'eſt pourquoi il ſe retira à *Ephrem*. *ibid.* Il vint de-là à *Jericho*, où il convertit *Zachée*. 68. Quand il prit enſuite le chemin de *Jeruſalem* & que la Pâque qu'il devoit y célébrer étoit proche, il fut ſuivi d'une grande multitude de peuple. *ibid.* Il arriva ſix jours avant à *Bethanie*, où il ſoupa chez *Simon* qui avoit été lépreux. *ibid.* Ce fut-là que *Marie* verſa ſur ſa tête une huile de vrai Nard de grand prix. *ibid.* *Lazare* y étoit à table avec *J. Chriſt* & ſes Diſciples. *ibid.* Il partit de ce lieu pour venir à *Bethphagé*, où deux de ſes Diſciples lui amenerent l'*Anon* ſur lequel il devoit faire ſon Entrée triomphante à *Jeruſalem*. 69. Ce fut alors qu'il prédit le ſiége & la ruine de cette Ville. *ibid.* Motifs pour leſquels il ſe ſervit de cet animal mépriſable & non pas d'un Cheval. 70. &c. juſques à 74. Deſcription de cette Entrée. 74. & 75. 76. *Jeſus* étant entré dans *Jeruſalem*, marcha droit au Temple, où les acclamations de joye redoublerent, & même par la bouche des Enfans. *ibid.* Réponſes que *Jeſus-Chriſt* faiſoit à des *Phariſiens* irritez des acclamations du peuple & des Enfans qui le ſuivoient. 81. Refléxions hiſtoriques & morales, ſur les *Cris de ces Enfans*. *ibid.* Guériſons miraculeuſes que *Jeſus* fit alors dans le Temple ; & comment *il en chaſſa les Marchands* qui y vendoient ce qui étoit néceſſaire pour les ſacrifices. *ibid.* & 82. Conſiderations ſur les motifs que *Jeſus* avoit de ſe faire connoître alors dans le Temple & la Ville de *Jeruſalem*, plus manifeſtement qu'il n'avoit fait auparavant. 82. & 83. Reproches qu'il faiſoit aux *Phariſiens* de leur Hypocriſie. 84. Paraboles dont il ſe ſervoit pour repréſenter leurs défauts & leurs vices. *ibid.* Pluſieurs autres cenſures de leur conduite frauduleuſe, impie & inſupportable, démaſquée & *maudite par J. Chriſt*. 105. &c. *juſque à* 113. Jugement terrible qu'il prédit & annonça devoir arriver à la Nation Judaïque, pour la punir ſévèrement de leurs homicides injuſtes. 113. Les particularitez de la derniere Pâque qu'il alla célébrer à *Jeruſalem*, où il inſtitua en même tems la Cêne Euchariſtique. 115. &c. Il y fit connoître à ſes Diſciples, d'une façon particuliere, la conſpiration que *Judas* tramoit avec les Juifs. 124. Pluſieurs Motifs pour cela. *ibid.* Motifs pour leſquels il lava les pieds à ſes Apôtres. 125. Relation ſuccinte de ce qu'il fit pour l'*Inſtitution de l'Euchariſtie*. 126. & 127. Pluſieurs Conſiderations & Remarques hiſtoriques & morales ſur cela. 127. & 128. Examen de pluſieurs opinions différentes, au ſujet du lieu où il ſe retira pendant la nuit, après la célébration de la Pâque & de la Cêne Euchariſtique. 131. Diſcours qu'il y fit à ſes Diſciples. *ibid.* & 132. Admirable Priere qu'il adreſſa pour eux à ſon divin Pere. 132. Motifs pour leſquels il choiſit trois de ſes Apôtres, qui devoient être les témoins de ſes Angoiſſes extraordinaires, pendant cette nuit-là. 133. & 134. Triſteſſe & douleur accablante dont il y fut ſaiſi, en leur préſence. 135. Refléxions ſur cela, & ſur l'épouvantement & la frayeur dont il fut ſaiſi. *ibid.* Difficultez ſur cela, qui ont paru de dangereuſe conſequence, contre l'honneur de *Jeſus-Chriſt*. 136. Conſiderations propres à le maintenir & à lever toutes ces difficultez qui ont embaraſſé les Interprêtes Chrétiens. 137. &c. *juſques à* 140. Demande qu'il fit à ſon Pere Eternel, par une très-humble & ardente Priere, de le garantir de la mort, s'il étoit poſſible. *ibid.* La grande difficulté qui réſulte de ces dernieres paroles, ne peut être levée qu'en ſuppoſant qu'il ne ſçavoit pas, d'une manière certaine, ſi Dieu avoit réſolu ſon ſacrifice par un Décret irrévocable, ou par une détermination conditionelle & non abſolue. 141. Une autre hypothèſe ſur cela, par rapport aux diſpoſitions faites par les Juifs. 142. *Jeſus-Chriſt* n'a pas beſoin d'être juſti-

DU SIXIEME VOLUME.

justifié. 143. Ses Actions sont des regles mêmes de l'Innocence. ibid. Cependant la répugnance qu'il témoignoit avoir pour la *Crucifixion* qu'il étoit sur le point de subir, sembla déroger à ses sublimes vertus; les *Scholastiques* ont adopté, pour sa justification, une remarque de *St. Jérôme*, en distinguant les mouvemens de désir ou d'aversion qui sont involontaires, d'avec ceux qui viennent d'une mûre délibération. ibid. & 144. Comment il se résigna ensuite à la volonté de son Pere Eternel. 145. Reflexion sur ce que ses Disciples s'étant endormis une seconde fois pendant qu'il prioit, il ne leur en fit aucune censure. 147. Raisons de cette Tolerance. ibid. Un Ange lui apparut pour le consoler, pendant qu'il réitera trois fois cette priere. 149. Sueur qui découloit de sa face comme des grumeaux de sang. 150. Diverses opinions des interprètes sur cela. 151. Conséquences que les *Ariens* en ont tirées contre le sentiment des *Athanasieus*, pour détruire le Dogme de la Divinité de *Jesus-Christ*, & pour établir le leur. ibid. Fausses interpretations de quelques Docteurs, pour éluder ce que Saint-Luc a rapporté de l'Ange qui *fortifioit Jesus-Christ*. 153. Son intrepidité quand les Emissaires du *Sanhedrim* vinrent le saisir, & conduire chez le Souverain Pontife *Caiphe*. 156. Il ne répondit que sur la seconde interrogation. 158. Raison de ce silence, & du mauvais traitement qu'il reçut pour sa réponse à la seconde question. ibid. Plusieurs Réflexions juridiques & morales sur cela. ibid. Il souffroit les injures sans en rendre. 159. Accusations injustes qu'on lui faisoit sur ses Discours énigmatiques. 161. Il n'opposoit que le silence aux faux témoins qu'on produisoit contre lui. ibid. Justes motifs de ce silence, dont *Caiphe* fut néanmoins irrité. 162. Ce Pontife lui ayant ordonné *de la part du Dieu vivant*, de lui dire s'il étoit le *Christ*, il l'avoua, & le déclara ouvertement. 163. Cela donna lieu au Souverain Sacrificateur de déchirer ses vétemens pontificaux, après quoi Jesus fut condamné à la mort par tout le Conseil des Juifs, comme un *Blasphemateur*. 165. Il fut livré aux Officiers du Conseil, pour être mené au Tribunal de *Pilate*. 166. Relation succincte de sa comparution devant ce Tribunal, & devant celui d'*Herode* & de *Pilate*, avec des Réflexions sur ses Accusateurs, sur les réponses qu'il leur fit, ainsi qu'à ses Juges, qui le trouverent innocent, & il fut renvoyé comme tel d'*Herode* à *Pilate*, qui fut néanmoins contraint de le livrer à la fureur des Sacrificateurs, des Senateurs, & des Peuples mutinez, qui le firent crucifier. 167. &c. jusques à 195. Mais ce ne fut qu'après qu'il eût été fouetté, & maltraité en diverses manières outrageuses. 200. Explication de ces outrages & insultes. 206. &c. jusqu'à 208. Ils consistèrent principalement en ce que par dérision ils lui mirent un *Manteau d'Ecarlate* sur les épaules, une *Couronne d'Epines* sur la tête, & un *Roseau* dans la main droite, en forme de sceptre, & le saluerent à genoux comme Roi prétendu des Juifs. ibid. Plusieurs Réflexions morales sur cela, mêlées de quelques autres faits historiques, convenables à cette scéne satyrique, dans laquelle *Jesus-Christ* fut exposé par les Soldats de *Pilate* à servir de Personnage. 208. & 209. Reflexions morales sur ce que ces opprobres & humiliations ont servi à faire connoître ses grandes vertus, & à l'élever dans la gloire céleste; après qu'il auroit été crucifié. 210. Il fut chargé de sa Croix par les Soldats qui le conduisirent hors de *Jerusalem* au Mont *Calvaire*. 213. Accomplissement de quelques Propheties sur cela. ibid. Il étoit suivi d'une grande foule de peuple, parmi laquelle il y avoit quelques Femmes qui le pleuroient. 215. Remontrance qu'il leur fit,

en y ajoutant une prédiction des malheurs qui devoient leur arriver, & à leurs Enfans, dans peu de tems. 216. Accomplissement de cette Prophetie. 219. Remarques sur ce qu'il goûta du *Vinaigre* qui lui fut présenté sur le *Calvaire*, & ne voulut point du *Vin mixtionné avec de la Myrrhe*. ibid. & 223. *Croix* à laquelle il fut attaché; & comment elle étoit formée. ibid. Pardon que *Jesus-Christ* demandoit à Dieu pour ceux qui l'attachoient à cette Croix. 229. Réflexions morales, propres à confondre les Vindicatifs. ibid. Consolation qu'il donna à *sa Mere*, en la recommandant à l'Apôtre *Jean*, son bienaimé Disciple. ibid. Insultes & outrages blasphematoires qu'on lui fit pendant qu'il souffroit des Angoisses mortelles sur la Croix. 230. & 231. Exclamation surprenante de *J. Christ*, qui demandoit à Dieu *pourquoi il l'avoit abandonné*. 237. Interpretation de ces paroles, tirées du Pseaume XXII, contenant des Propheties de la Passion. ibid. Réflexions sur ces Prédictions & sur les circonstances de leur accomplissement. ibid. & 238. Application qui en est aussi faite à la soif de *Jesus* agonisant, & au Vinaigre qu'on lui présenta pour étancher cette soif. ibid. Ce qu'il dit finalement en expirant, & comment il mourut. 238. & 239. Réflexion sur la promptitude de cette mort. 239. Pourquoi son côté fut ouvert d'un coup de Lance, qui en fit sortir *du Sang & de l'Eau*. ibid. & 240. Cinq principales Réflexions sur l'Histoire de la Crucifixion du Sauveur, dont la première concerne son Innocence attestée par *Pilate*. 244. La *seconde*, son Sacrifice volontaire. ibid. & 245. La *troisième*, le bannissement de l'Idolatrie, des Ceremonies profanes & des Vices autorisez dans le Paganisme. 245. & 246. La *quatrième*, son Martyre souffert, pour témoigner & sceller la vérité de sa Doctrine. 246. La *cinquième*, la confirmation des Propheses Evangéliques, & en particulier celle de la *Resurrection*, & de la *Vie Eternelle*. ibid. Dernieres Reflexions sur cela, concernant les supplices injustes que les Juifs firent souffrir à *Esaie*, à *Jeremie*, à *Barachie*, & les Payens à *Socrate*, à *Phocion*, à *Aristide*, & à plusieurs autres personnes illustres par leurs grandes vertus, & par les services Memorables qu'ils rendoient à leur patrie, & même à leurs ennemis. ibid. & 247. Par quelles personnes, & comment il fut détaché de la Croix & embaumé. 248. &c. jusqu'à 252. Sa *Sépulture*. 241. &c. jusqu'à 260. Sa *Resurrection*, & prodiges dont elle fut accompagnée. 264. &c. jusqu'à 273. De quelle manière il apparut à *Marie-Magdelaine*, qui le prit pour le *Jardinier* du lieu où il avoit été enseveli. 288. & 289. Ce qu'il lui dit. 289. & 290. Ordre qu'il lui donna d'aller dire à ses Disciples qu'il montoit *à son Pere céleste & au leur*, *à son Dieu*, *& à leur Dieu*. 291. Il se fit voir, le même jour, à ses Disciples assemblez, & leur donna des preuves évidentes de sa Resurrection. ibid. Il apparut aussi à des Femmes qui avoient été voir son sépulcre, & qui retournoient à *Jerusalem*. 292. Il se fit pareillement connoître à deux de ses Disciples qui alloient à *Emmaüs*. 294. Emretien qu'il eut avec eux, étant habillé comme un Voyageur étranger. 296. Explication de plusieurs Propheties qui le concernoient dans le *Deuteronome*. 305. Dans les Revélations de *Daniel*. ibid. Dans les *Pseaumes* II. XXI. CX. & CXVIII. ibid. Dans le chapitre LIII. d'*Esaie*. 306. Commentaire de quelques Versets de ce chapitre. ibid. & 307. Quand *Jesus* fut arrivé à *Emmaüs* avec les deux Disciples qui s'étoient entretenus en marchant jusques-là avec lui; il fit semblant de vouloir passer outre. 307. & 308. Explication de cette *Feinte*, ou *semblant*. 308. Comment il

TABLE DES MATIERES

fut invité & fortement follicité à refter avec eux. 303. Il fe rendit à cette invitation, & entra dans la maifon. 309. Il s'y mit là table & fit les fonctions de Pere de famille, en ce qu'il prit le Pain, & ayant béni Dieu, il le rompit & le diftribua à fes Difciples. *ibid.* Ce fut alors qu'il fut reconnu par eux. *ibid.* Refléxion fur les caufes de cette reconnoiffance. *ibid.* Il difparut alors foudainement. 310. Remarques fur cela, propres à faire voir que fon Corps n'étoit pas néanmoins un fantôme. *ibid.* Il en défabufa fes Apôtres, en leur apparoiffant la nuit du même jour de fa Réfurrection, dans une maifon de *Jerufalem*, où ils étoient affemblez, & y mangea du Poiffon rôti, & du Miel qu'ils lui préfenterent. 291. & 316. Il leur apparut encore dans le même lieu, huit jours après, & y fit toucher fon corps à *Thomas*, qui étoit *incrédule*, parce qu'il ne s'y étoit pas trouvé à la première Apparition. 319. 320. & 321. Plufieurs Refléxions morales fur les principales circonftances de cette matière. 325. Comment il apparut une troifième fois à fept de fes Apôtres, près de la *Mer de Galilée*, où ils étoient retournez exercer leur premier métier de la Pêche des Poiffons. 328. 330. & 332. Ordre qu'il leur donna de retourner à *Jerufalem*, & d'y refter jufqu'à ce qu'ils euffent reçu *le Saint-Efprit* qu'il avoit promis de leur envoyer. 339. & 340. Remarque fur ce qu'il ne voulut pas qu'ils entreprifent les fonctions de leur charge, avant que d'avoir reçu la vertu de ce Divin Efprit. *ibid.* Avant cela, il les affembla fur un monticule près de *Bethanie*, où il les bénit & monta enfuite au Ciel, en leur préfence. 342. 343. Remarques fur la manière dont il y monta. 344. Sur le lieu où il s'alla placer. 345. Sur la Puiffance dont il y eft revêtu. 346. Il leur fit dire par deux Anges, qu'il defcendroit du Ciel de la même manière qu'il y étoit monté. *ibid. &* 347. Refléxions fur la conduite de *J. Chrift* dans la Converfion de *Saul* perfécuteur, devenu Apôtre de ce Fils de Dieu. 399. Ce qu'il y a de beau & de grand dans cette conduite. *ibid.* On y voit éclater en même tems fa fageffe, fa puiffance & fa miféricorde. *ibid.* Trois confidérations fur cela. *ibid. &* 400. Il eft reprefenté au comble de fa gloire, par la defcription que St. *Jean* en a fait, au commencement de l'Apocalypfe. 493. Il y paroit avec tout l'éclat de fa dignité, revêtu des marques qui l'annoncent vivant pour toute l'Eternité, tenant les Clefs de la mort & du fépulcre, qu'aucune créature ne peut fermer & ouvrir comme lui, qui en a feul le pouvoir. *ibid.* Il eft l'*Alpha* & l'*Omega*, qui font la première & la derniere lettre de l'Alphabet Grec, & qui, dans le ftile figuré, defignent l'*Excellence*, la *Supériorité* & la *Perfection*. 496. Toutes chofes ont été faites par lui, & il eft l'unique Médiateur entre Dieu & les hommes. *ibid.* Pourquoi il declare qu'il eft le premier & le dernier. 497. Defcription emblématique de fa perfonne, de fes vêtemens, & d'autres chofes qui reprefentoient la vengeance qu'il exerceroit bientôt fur fes Ennemis, & fur les Adverfaires de fon Peuple. *ibid. &c. jufqu'à* 500. Il reprefentoit les VII. Evêques des *Eglifes Afiatiques* par VII. Etoiles qu'il tenoit dans fa main droite. *ibid.* Son vifage étoit comme le Soleil qui luit dans fa force. 501. Un Glaive flamboyant fortoit de fa bouche. *ibid.* Explication de ces Emblêmes, contenue dans trois articles, fuivis de plufieurs Refléxions fur les principales Revélations de *Jefus-Chrift* dans l'Apocalypfe. *ibid. &c. jufqu'à* 503.

Impofition des Mains accoutumée chez les Juifs, à ceux qu'ils vouloient bénir. 414. C'étoit auffi une Cérémonie ufitée quand il s'agiffoit d'inftaller un Evêque ou un Prêtre. 414. Elle ne confiftoit ancienmement qu'à bénir paternellement quelques perfonnes, felon l'exemple du Patriarche *Jacob*, qui avoit béni de cette manière fes enfans. *ibid.* Ce fut ainfi que *Jefus-Chrift* bénit lui-même fes Apôtres avant que de monter au Ciel. *ibid.*

Impureté, contraire aux bonnes mœurs des Chrétiens. 430. Remarques hiftoriques & confiderations morales fur ce fujet, contenues dans cinq Articles, en forme de Commentaire dogmatique. *ibid. &* 431. 432.

Incrédulité de l'Apôtre *Thomas* au fujet de la Réfurrection de *Jefus-Chrift*, apparu à fes Collegues, qui l'en affuroient. 314. & 315. Caufes & motifs de cette *Incrédulité. ibid.* Deux Refléxions fur cela. 317. Deux endroits par lefquels elle peut être criminelle. *ibid.* Elle a fes fources, ou dans l'efprit, ou dans le cœur des *Incrédules.* 318. Confiderations fur cela. *ibid.* Celle des Juifs obftinez à nier la Réfurrection de *Jefus-Chrift*, & tous les Miracles qu'il fit pendant fa vie, dans la *Judée* & ailleurs, parmi eux. 369. Une autre *Incrédulité* de leurs Sénateurs, au fujet de la Vifion de Saint-Etienne, Diacre. 381.

Injuftice des Tribunaux qui outragent & condamnent quelquefois l'Innocence & la vertu même. 155. Cela paroît fpécialement dans les procedures & la conduite des Sénateurs du peuple Juif, & de leur grand *Sanhedrin*, au fujet de ce qu'ils ont dit & fait pour la condamnation & la Crucifixion de *Jefus-Chrift*. 157. & *en divers endroits des pages* 158. 159. 160. 246. Celle des Magiftrats de la Ville de *Philippes*, qui firent emprifonner *Paul* & *Sylas*, fur de fauffes accufations vagues & tumultueufes. 454. Preuves de cela, jointes à des Refléxions politiques fur les Défauts qui fe rencontrent fouvent dans l'adminiftration de la juftice. *ibid.* Trois confiderations bien importantes fur les mauvais Caractères & les Maximes pernicieufes des *Supérieurs*, qui croyent ne devoir rien à leurs *Inférieurs. ibid. &* 455. Ils n'agiffent quelquefois équitablement que par des motifs de crainte. 455. & 456.

Jofeph d'Arimathée, qui alla demander à *Pilate* le corps de *Jefus-Chrift*, pour l'enfevelir. 248. Ce perfonage étoit Membre du Confeil des Juifs. *ibid.* Il étoit riche, de bonnes mœurs & jufte. *ibid.* Il étoit d'ailleurs Difciple de *Jefus-Chrift*, & attendoit le Royaume de Dieu. *ibid.* Refléxions morales fur cela. 249. Il avoit fait tailler, pour lui-même, un fépulcre dans un rocher près de *Jerufalem. ibid.* Ce qu'il fit pour detacher *Jefus-Chrift* de la Croix, auffi-tôt que *Pilate* lui en eut accordé la permiffion. 251. Il fut affifté par *Nicodeme*, qui étoit auffi Difciple fecret de *J. Chrift*. 252.

Joye que fit paroitre *le Géolier* de la prifon de la Ville de *Philippes* quand il fut converti & bâtifé, avec toute fa famille, par *Saint-Paul*, qu'il avoit détenu Prifonnier avec *Sylas*, qui furent tous deux mis en liberté, par ordre des Magiftrats qui les avoient fait emprifonner injuftement. 453. La *Joye* eft fouvent mal placée, & d'une courte durée. *ibid.* Pour être légitime, elle doit avoir fa caufe dans un bien réel & non imaginaire. *ibid.* Pour être de durée, il faut que ce bien ne foit pas alterable, ou paffager. *ibid.* Ces deux qualitez étoient dans le fujet de la *Joye* du *Géolier* de *Philippes*: mais fouvent ni l'une ni l'autre ne fe trouvent dans les Joyes humaines. *ibid.* Refléxions fur cela. *ibid.*

Ifaac, portant le Bois que devoit le confumer après qu'*Abraham*, fon Pere, l'auroit immolé, eft le Type de *Jefus-Chrift*, portant fa Croix. 213.

Judas qui, voyant que le complot qu'il avoit fait avec les *Pharifiens*, pour leur livrer *Jefus-Chrift*,

étoit

DU SIXIEME VOLUME.

étoit découvert, fortit du lieu où le Sauveur célébroit la Pâque, & alla exécuter fa perfidie. 124. & 125. Il conduifit dans le Jardin de *Gethfemané*, les Soldats qui devoient faifir *J. Chrift*, donna un baifer à fon divin Maître, qui leur fervit de fignal pour le diftinguer d'avec fes Difciples. 155.

Judée, fouvent infeftée par des Voleurs dont *Herode* attaqua une groffe Troupe, & tua leur Chef. 7. Les guerres civiles & les troubles y multiplioient ces fcélérats. ibid.

Juges & Sénateurs Juifs, qui, felon la remarque de *Maimonides*, ne condamnoient jamais perfonne à la mort, la veille du Sabbath, ou de quelque Fête que ce foit. 404. C'étoit un de leurs Anciens ufages connu & refpecté, de telle forte que toute la Nation Judaïque étoit fortement perfuadée, qu'on ne pouvoit le violer fans profanation & attentat contre la Religion. ibid.

Juif bleffé par des Voleurs, & fecouru par un *Samaritain*. 1. *Juifs* qui attendoient une Réfurrection des morts, excepté les *Saducéens*; mais ils en avoient de fauffes idées. 55. Leurs opinions fur cela. ibid. Plufieurs d'entr'eux s'imaginoient que l'Ame d'une perfonne qui meurt, demeure auprès du corps qu'elle a quitté, pendant les trois premiers jours, cherchant à y rentrer, jufqu'à ce que, choquée de la corruption qui s'en empare, elle l'abandonne. 61. Ce que les *Juifs* ont dit & fait contre *Jefus-Chrift*, fe trouve dans la Relation fuccincte du *Difcours IV*. accompagné de plufieurs Remarques hiftoriques, politiques, juridiques & morales, indiquées dans l'Article de *Jefus-Chrift*, dans celui de *Pilate*, compris depuis la page 185. jufques à 195. Ils ne voulurent pas fe contenter du châtiment que *Pilate* infligea à *J. Chrift* par le fouet qu'il lui fit donner, pour le délivrer enfuite de leurs pourfuites. 198. & 199. Tout cela fut inutile pour appaifer leur animofité implacable contre *Jefus*. 200. Ils demanderent avec une efpece de menace contre ce Juge, qu'il le fît crucifier, parce qu'ils n'avoient plus ce pouvoir eux-mêmes. ibid. Leur dernier Roi, qui fut *Agrippa*, eût, par les *Romains*, le même traitement ignominieux que celui que ces *Juifs* eurent la cruauté de faire infliger à *Jefus-Chrift*, par leurs follicitations à la Cour de *Pilate*. 209. Comment après cela il fut crucifié entre deux Brigands. 227. Ecriteau mis fur la Croix, qui le diftinguoit d'avec eux. ibid. Ce que les *Juifs* firent, pour tacher de perfuader à *Pilate*, qu'il ne fît pas y afficher cet écriteau, ou bien qu'il le changeât. ibid. Ils ne purent pas l'obtenir. ibid. Outrages qu'ils firent à *Jefus* pendant qu'il étoit agonifant fur la Croix. 230. Leurs autres injuftices. 246. Relation de leurs vices, & inclinations perverfes, dont *St. Etienne*, Diacre, les cenfura fortement. 375. Portrait affreux qui en a été fait par *Jofephe*, Hiftorien de leur Nation, qui n'a point voulu exagerer les vices où il regnoient. 376. Leur applaudiffement criminel au Zéle aveugle d'*Herode*, quand il faifoit mourir quelques Apôtres & d'autres fidéles Chrétiens. 403. & 404.

L.

*L*angues ou Langages différens que *le Saint-Efprit* faifoit parler aux Apôtres, lorfqu'il eût repandu fes Dons fur eux, le Jour de la *Pentecôte*. 354. 355. & 356. Accompliffement de la promeffe que *Jefus-Chrift* leur avoit faite. 357. Remarque fur ce que d'anciens Théologiens & Peres de l'Eglife primitive ont cru que les Apôtres, parlant tous dans leur Langue naturelle, fûrent entendus de tous ceux qui étoient préfens, comme s'ils euffent parlé le Langage de chacun d'eux. 357. En ce cas-là il y auroit néanmoins eu un effet miraculeux opéré fur les oreilles des Auditeurs, & non fur la Langue de ceux qui parloient. ibid. Réfutation de ce dernier fentiment. ibid. & 358. Trois Remarques, propres à établir la vérité de ce Don miraculeux des Langages différens, communiquez furnaturellement aux Apôtres. 358. 359. & 360.

Lavement des pieds des Apôtres, fait par *J. Chrift*. 125. Motifs qui le porterent à leur donner cet exemple d'*Humilité*. ibid. & fuiv.

Lazare reffufcité par *Jefus-Chrift* à *Béthanie*. 14. 46. Souper auquel il affifta avec *J. Chrift*. 13. Pernicieufe réfolution que cette miraculeufe *Réfurrection* fit prendre aux *Juifs*, dans un Confeil où *Caïphe* préfida. ibid. Les plus notables circonftances de cette Réfurrection & de la perfonne même de *Lazare* mort & revivifié, fe trouvent mêlées de plufieurs Réflexions depuis la page 57. jufques à 63.

Loix Mofaïques, diftinguées en *Morales* & en *Civiles*. 32. Celles-ci peuvent être légitimement abrogées; mais celles-là doivent être obfervées perpétuellement. ibid. & 33. Plufieurs obfervations fur cela. ibid. & 33.

Levites qui n'eurent en partage que des Charges inférieures à celles des Sacrificateurs. 8. Enumération de leurs fonctions, & leurs différences, expliquées par des Auteurs citez dans ce Difcours. ibid.

Lydie, femme Juive de *Thyatire*, Marchande de Pourpre & bien morigerée, fit attention à la Doctrine Chrétienne que l'Apôtre *Paul* annonçoit à des Juives affemblées avec elle, dans un Oratoire à *Philippes*, Ville de *Macédoine*, pour y faire leurs Prieres. 439. & 440. Eloge de la pieté de cette femme, qui fut la premiere des perfonnes que cet Apôtre convertit fur les confins de l'*Europe*. ibid. Profeffion publique de la Foi de cette femme, quand elle reçut le Bâtême. 441. Hofpitalité qu'elle exerça envers fon Convertiffeur, accompagné de *Sylas*. ibid. Reflexions morales fur cela. ibid.

M.

*M*agiftrats qui n'agiffent pas équitablement, en diverfes occafions, dont quelques unes font indiquées *à la page.* 454. Le mauvais caractère des *Supérieurs* qui croyent ne rien devoir à leurs *Inférieurs*, eft dépeint, fans déguifement, par des Réflexions contenues *dans trois Articles de la fufdite page & dans la fuivante*. 455. *Maîtres;* titre que les *Pharifiens* prenoient avec trop d'affectation, ce qui donna lieu à *J. Chrift* de l'interdire à fes Apôtres & à fes Difciples. 101. Plufieurs Reflexions fur cela. 102. & 103. Cette défenfe a des exceptions. 103. Elle ne concerne que les *Titres* de *Maître*, ou de *Docteur*, que les trop grandes prérogatives que les *Pharifiens* y avoient attachées, & les droits exceffifs qu'ils s'attribuoient. 104. & 105.

Malthe, qui eft une des Ifles de la Mer Méditerranée, & fituée au midi de la *Sicile*, fur la route de l'*Afrique*. 481. Elle étoit un lieu de retraite, pour la navigation des *Phéniciens*, dans leurs voyages de long cours. ibid. Ils y avoient conftruit une Ville magnifique & un Temple fuperbe, dédié à *Hercule*, pour lequel ils inftituerent de pompeufes Cérémonies. ibid. Ce qu'il y avoit de plus remarquable dans cette Ifle fameufe dans l'Antiquité. ibid. Bon accueil que les *Barbares* y firent à *St. Paul*, fauvé du naufrage, qui l'obligea de s'y venir mettre à l'abri du froid qu'ils fentoit alors, étant tout mouillé. ibid. Comment il y fut faifi à la main, par *une Vipere*, qui ne lui fit pourtant aucun mal. 484.

Man-

TABLE DES MATIERES

Manteau d'Ecarlate qui fut mis fur les épaules de *Jefus-Chrift*, par quelques Soldats de *Pilate* qui fe moquoient de lui. 207. C'étoit apparemment la Cafaque de quelque *Bas-Officier*, qui confentoit aux infultes qu'on faifoit à *Jefus* par dérifion. ibid.

Marc, Difciple de *Jefus-Chrift* & Coufin de l'Apôtre *Barnabé*, caufa des conteftations entre celui-ci & *Paul*, qui en a vanté les fervices & fait l'éloge aux *Colloffiens*. 425.

Marie-Magdelaine que *Jefus-Chrift* delivra de fept Démons. 46. Les Evangeliftes font mention d'une *Marie Pécherefle*, qu'ils confondent avec la *Démoniaque* & avec la *Sœur de Lazare*; en telle forte que les anciens Commentateurs & les modernes ne conviennent point fi c'étoient *trois Maries* différentes, ou *une feule* & même perfonne. 46. Remarques de l'Auteur de ce V. Difcours, pour confirmer ce dernier fentiment. ibid. & 47.

Marie-Magdelaine fe tenant auprès du fépulcre où *Jefus* avoit été mis, elle fe courba en pleurant, pour regarder au fond de cette grotte, & y vit deux Anges, vêtus de blanc, l'un à la tête & l'autre aux pieds de l'endroit où l'on avoit mis le Corps du Seigneur. 284. & 285. Refléxions hiftoriques & morales fur deux evenemens qui ont eu quelque rapport à celui-ci, dans les pleurs de *Ruben*, & dans l'énigme de *Samfon*. ibid. Effets de la pieté & des autres vertus de *Magdelaine*. 286. & 287. De quelle manière *Jefus* lui apparut, & ce qu'il lui dit. 288. & 290. Elle le reconnut à fa voix, & fe jetta à fes pieds, qu'elle embraffa. ibid. Ordre qu'elle reçut de lui, pour aller dire à fes Difciples qu'il montoit *à fon Pere célefte & au leur, à fon Dieu & à leur Dieu*. 291. Interprétation de ces paroles. 292. & 293.

Marie, Sœur de *Marthe* & de *Lazare*, fe tenant affife aux pieds de *J. Chrift*, donnoit toute fon attention à fes divins difcours. 15. Plufieurs Refléxions mora'es fur cela. ibid. & 16. Ces deux fœurs voyant *Lazare* leur frere malade, en avertirent *J. Chrift*. 47. Remarques fur les circonftances de cet avertiffement. ibid. Réponfe que *J. Chrift* leur fit, en difant que cette maladie n'étoit pas mortelle. ibid. Etonnement dont elles furent faifies quand il fut mort & enfeveli. 48.

Marthe, empreffée à fervir *J. Chrift*, fe plaint de ce que *Marie*, fa fœur, ne l'aide pas. 13. Plufieurs Refléxions hiftoriques & morales fur cela. 14. & 15. Ce qu'il y a de beau & d'eftimable dans cette plainte de *Marthe*. 15. & 16. Elle en ufe envers *J. Chrift*, comme on fait pour ceux qu'on eftime & honore beaucoup. 16. Son empreffement eft louable, les moufs en font purs, & fa liberalité eft bien placée. ibid. Ses démarches & fes difcours après la mort & la Réfurrection de fon frere *Lazare*. 54. Preuves évidentes de fa foi en *J. Chrift*. 55. & 56.

Menfonge des Juifs, au fujet du prétendu enlèvement du Corps enfeveli de *J. Chrift*, & caché ailleurs par fes Difciples. 268. Cette fauffeté étoit mal inventée. 269. Plufieurs Refléxions fur ce que les Incrédules ont inventé pour la foutenir, & fur ce qui la détruit. ibid. & 270. Plufieurs autres Refléxions fur ce fujet, bien judicieufes & beaucoup étendues. 271. 272. & 273.

Milet, petite Ville où *Saint-Paul* fit venir les Prêtres d'*Ephefe*, pour leur faire la belle & touchante Exhortation, rapportée dans le *Chapitre* XX. *des Actes des Apôtres*. 469. On y voit un modéle achevé des devoirs des Miniftres du faint Evangile. ibid. Le Zèle de *St. Paul*; fes Travaux; fon Affiduité infatigable; fon Dévouement à la mort pour *J. Chrift*; l'Espérance qui le foutient; fon Humilité; fon Courage; fa Tendreffe; fon Support pour les foibles, fon Défintéreffement; fon Attention à ne rien negliger de tout ce qui peut contribuer aux progrès de l'Evangile, & compofer le vrai caractére d'un vrai Miniftre de *Jefus-Chrift*. 469.

Miracles operez par *J. Chrift*, rapportez dans plufieurs articles de fes Actions, fpécifiées à la fuite de fon nom, dans cette Table, où il eft mis felon fon rang alphabétique. *Miracles* dont *la verité les diftingue d'avec les Faux*, par trois caractéres ou conditions qu'ils doivent néceffairement avoir. 358. Il faut que leurs effets foient au deffus des *Caufes fecondes*, qui font naturelles. ibid. Il faut que les fens puiffent juger de leur effet *furnaturel*. 359. Il faut qu'ils foient deftinez à confirmer une Doctrine qui ne contienne rien de contraire aux idées que la droite raifon nous donne de la Divinité, de fes Perfections, du Culte qui lui eft dû, & des Devoirs de la confcience. ibid. Plufieurs Refléxions fur ces trois conditions ou caractéres des vrais Miracles. ibid. & 360. Application qui en eft faite aux opérations furnaturelles des Apôtres, à leur doctrine, tant fpéculative que morale, ainfi qu'à leur conduite. 360. 361. & 362.

Montagne des Oliviers, auprès de *Jerufalem*, fur laquelle *Jefus-Chrift* fe retiroit ordinairement le foir avec fes Difciples, quand il venoit aux Fêtes folemnelles de cette Ville. 132. Ce qui fe paffa dans un Jardin de cette Montagne, appellé *Gethfemané*, où trois des Apôtres, qui devoient veiller avec *J. Chrift*, s'endormirent. ibid. & 144. Plufieurs Refléxions fur cela. 144. & 145.

Mort comparée à un *Sommeil* par *J. Chrift*, & par les *Philofophes Grecs*, quoiqu'ils n'euffent aucune efpérance de Réfurrection. 52. Mort des *Juftes* bien différente de celle des *Criminels*. 217. La vertu de ceux-là leur fournit des encouragemens qui ne s'épuifent point dans leurs fouffrances, mais ceux-ci ont des remords de confcience qui augmentent leurs douleurs corporelles. ibid.

N.

Nazaréens qui furent les premiers Chrétiens, qu'on ne connoiffoit que fous ce nom de mépris, tiré de la Ville de *Nazareth*, où *J. Chrift* avoit été élevé, & où les Juifs le croyoient né. 413.

Nicodéme, Difciple fecret de *Jefus-Chrift*, & Pharifien de Secte, étoit membre du Confeil des Juifs. 252. Il affifta *Jofeph d'Arimathée*, pour détacher *Jefus-Chrift* de la Croix. ibid. Il étoit riche, puifqu'il fit apporter environ cent livres d'une compofition de Myrrhe & d'Aloës, pour embaumer le corps de ce divin Maître, avec lequel il avoit eu un entretien fecret avant fa mort. ibid. Objection qu'on peut faire au fujet des deux Femmes qui, ayant affifté à la fépulture de *J. Chrift* & vû comme *Nicodéme* & *Jofeph d'Arimathée* l'embaumoient, allerent le jour fuivant à fon fépulcre, dès le matin, en portant des parfums qu'elles avoient préparé pour l'embaumer. ibid. & 254. Réponfe à cette objection; avec une Refléxion fur la manière dont les *Egyptiens* embaumoient, pendant foixante-dix jours, les corps qu'ils enfeveliffent. 254. & 255.

O.

Objection que les *Pharifiens* pouvoient faire à *J. Chrift*, fur ce qu'il leur répondit, quand ils lui amenerent une Femme furprife en adultére. 28. Réponfe à cette objection. ibid. Remarques très-impor-

DU SIXIEME VOLUME.

portantes sur cette matière. *ibid. & 29.*
Obstacles qui traversent presque toujours les desseins formez par les Passions. 277. Reflexions sur celles des Avares, des Ambitieux & des Voluptueux. *ibid.*
Oracles de *Jesus-Christ*. 111. 112. 113. 160. Oracle de *Daniel*, qui s'est accompli en la personne du même *Christ*. 164. Deux accomplissemens de cet oracle, & dont le troisième accomplissement concerne la fin du Monde. *ibid.* Autre oracle accompli. 163.
Oratoires que les Juifs construisent hors des villes, pour y faire leurs prieres, lorsqu'ils ne peuvent pas ériger des Synagogues, où il doit se trouver au-moins dix personnes de Lettres & de loisir, selon leurs statuts. 439. Plusieurs Remarques sur la forme & le lieu de la construction de ces *Oratoires*, quand les personnes de cette Nation sont en petit nombre. *ibid.* Origine de cet usage. *ibid.* Ce fut dans un de ces *Oratoires* que *Paul* convertit *Lydie* de *Thyatire*, Marchande de pourpre. *ibid. & 440.* Plusieurs Reflexions sur cela. *ibid.* Les fenêtres des *Oratoires* domestiques des Juifs devoient être ouvertes pendant qu'ils prioient. 467.
Orfèvre qui s'enrichissoit à *Ephese*, en y faisant de *petits Temples d'Argent* qui représentoient celui de la célèbre *Diane* de cette ville. 457. Ceux qui adoroient cette fausse Déesse, étant censurez par *St. Paul*, cet Orfèvre fit soulever contre lui ceux de la même profession, par la crainte qu'ils eurent de perdre le gain qu'ils recevoient de la fabrique de ces petits Temples d'orfèvrerie. *ibid.*
Orgueil & Injustice des tribunaux, qui outragent & condamnent quelquefois l'innocence & la vertu même. 155.
Outrages insultans que les Juifs faisoient à *Jesus-Christ*, pendant qu'il souffroit des Angoisses mortelles sur la croix. 230. Plusieurs Reflexions sur cela, tant par rapport à lui-même, que sur la fureur & l'aveuglement de ses ennemis. *ibid.* 231. *& 232.* Oracles concernant sa personne, en qualité de *Messie* humilié, & ensuite glorifié. 305. 306.

P.

Palais de *Caïphe*, souverain Pontife des Juifs. 170. Il étoit fait sur le modéle de ceux des Romains. *ibid.* Description de ces sortes d'édifices. 171.
Paphos, ville de l'Isle de *Cypre*, fameuse par ses Temples, son Port, & ses Fêtes annuelles, auxquelles les étrangers accouroient de toutes parts. 415. Ce fut dans cette ville que *Paul*, *Apôtre*, convertit un homme considerable par son caractère & par sa charge. *ibid.* Remarques sur divers effets qui arriverent au sujet de cette conversion du Proconsul, nommé *Serge-Paul*, dont il est vraisemblable que l'Apôtre *Paul* a pris le nom, en quittant celui de *Saul*, qu'il avoit porté avant ce bon succès. *ibid.*
Pâque des *Juifs* que *Jesus-Christ* célébra dans la ville de *Jerusalem*. 124. Remarques sur quelques cérémonies qu'ils observoient en cette occasion, & dont *J. Christ* suivit aussi l'usage. *ibid.* Voyez les autres particularitez de cette *Pâque*, dans l'Article de la *Céne Eucharistique*, dont le commencement se trouve à *la page* 115. du IX. *Discours*.
Parabole d'un *Samaritain* secourant un *Juif* blessé par des voleurs. 6. *& 7.* Plusieurs Remarques historiques & Reflexions morales sur cela. 7. 8. 9. *& 10.* Explications allégoriques de cette *Parabole*. 12. Jeu de l'imagination sur cela. *ibid.*
Paradis de la *Judée*, ainsi nommé par *Josephe*, qui designe la plaine très-fertile des environs de *Jericho*. 6. *Paradis* dans lequel *Jesus-Christ* disoit au bon Larron, qu'il seroit avec lui ce
Vol. VI.

même jour qu'il lui parloit. 234. Plusieurs Anciens ont cru que c'étoit le *Paradis Terrestre*, & qu'*Hénoc* & *Elie* y furent transportez, en attendant la Résurrection des morts. *ibid.* Diversité bizarre & étonnante des opinions de ceux qui ont parlé de l'endroit où ce *Paradis* est situé. *ibid.* On ne sçait point aussi précisement quel est le lieu où résident les Bien-heureux après leur mort. *ibid.*
Parfum estimé trois-cens livres, que *Marie*, sœur de *Lazare*, repandit sur la tête de *Jesus-Christ*. 14. Reflexions morales sur cela. *ibid.*
Paroles des grands Hommes qui méritent d'être conservées. 13. On y voit leur esprit, leur caractère & leurs importantes instructions. *ibid.*
Patare, ville maritime de *Lycie*, où *Saint-Paul* aborda en allant à *Tyr*. 470. Elle étoit encore fort célèbre & bien peuplée, en ce tems-là; mais elle n'est presque plus connue que des *Turcs*, qui en sont maintenant en possession. *ibid.*
Paul, *Apôtre*, Juif d'origine, & de la Tribu de *Benjamin*. 385. Il avoit fait ses études à *Tarse*, ville fameuse de la *Cilicie*, où les sciences florissoient, & où l'on enseignoit les Poëtes Payens, dont cet Apôtre a fait quelquefois des citations. *ibid.* Il apprit les Traditions Judaïques sous le fameux Docteur *Gamaliel*, à *Jerusalem*, & s'y attacha à la secte des *Pharisiens*. *ibid.* Son Apostolat est venu de *Jesus-Christ* glorifié dans le ciel. 386. Il a plus souffert, plus travaillé dans son ministère, & porté l'Évangile plus loin qu'aucun des autres Apôtres. 385. Le tems que *Jesus* choisit pour le convertir, fut celui où il ne respiroit que menaces & carnage contre les Prédicateurs & les Fidéles de l'Eglise naissante. *ibid.* Remarques sur les principales circonstances de ses persécutions furieuses & cruelles. *ibid. & 387.* Comment *Saul*, qui, après sa vocation à l'Apostolat, fut nommé *Paul*, s'adressa au Roi *Aretas*, dont le siège étoit à *Damas*, capitale de la *Syrie*, pour lui demander la permission de pouvoir faire arrêter les *Chrétiens* refugiez dans ses Etats, qu'il disoit être des *Apostats du Judaïsme*, & des Perturbateurs du Repos public. *ibid.* Considerations du caractère de ceux qu'il persecutoit. *ibid.* Il prevoit contre eux toute la Nation Judaïque, par-tout où elle étoit établie. *ibid.* Reflexion sur le Zéle aveugle qui convertit les hommes en bêtes. *ibid.* Considerations sur des Princes du Paganisme, & sur leurs Devins, qui ont eu des idées plus justes que les faux Zélez, sur ce qui pouvoit être agréable à la Divinité suprême. 388. Belle Relation cherchée, dans la vie de *Pelopidas*. *ibid.* Particularitez très-remarquables de la Conversion de *Saul*, avant son Apostolat, arrivées quand il alloit de *Jerusalem* à *Damas*, tout enflamé de colere, pour y faire emprisonner les *Chrétiens*. 391. La voix bruyante qu'il y entendit venir du ciel, l'effraya, & une lumière éclatante l'ébloüit. *ibid.* Le grand bruit de cette voix, étant comme celui d'un Tonnerre, ayant aussi été entendu par ceux qui étoient avec lui, ils demeurerent consternez sur la Terre. 392. Plusieurs Remarques, exemples & considerations, sur des *Voix*, des *Lumieres ou Eclairs*, & des *Bruits de Tonnerre* pareils à celui-là, dont les Ecrivains sacrez font mention, au sujet de *Moïse*, d'*Elie*, & du Prophéte *Daniel*, quand Dieu leur notifia sa volonté par des Phénomènes bruyans, flamboyans & tempêtueux. *ibid.* *Saul* consentit alors de faire tout ce que cette Voix, reconnuë pour être de *Jesus-Christ*, lui ordonneroit, & elle lui commanda d'entrer dans la ville de *Damas*, en lui declarant qu'il y seroit informé de ce qu'il devoit faire, & qui est insinué dans la *Page précedente*. 391. Comment il fut instruit des véritez Evangéliques, & en état de les annoncer. 393. Aprés son Bâtême il fut honoré miracu-
e Jeu-

TABLE DES MATIERES

leufement des mêmes Dons qui avoient été accordez aux autres Apôtres. *ibid.* Plufieurs Refléxions morales fur fon grand Zéle pour la publication de l'Evangile, & pour le foutien des Chrétiens. 398. 399. *& * 400. De quelle manière il fut envoyé dans les Provinces de l'*Empire Romain*, par les Docteurs & les Pafteurs de l'Eglife d'*Antioche*. 414. *Paul* trouva les Juifs de l'Ifle de *Chypre* d'une opiniâtreté invincible. 415. Il alla à *Paphos*, ville fituée au côté Occidental de cette Ifle, très-fameufe par fon Port, fes Temples & fes Fêtes annuelles, auxquelles les étrangers accouroient de toutes parts. *ibid.* Ce fut-là que *Paul* convertit *Serge-Paul*, homme très-confiderable par fon caractère & fa charge de *Proconful*. *ibid.* Ce fut à cette occafion que l'Apôtre prit le furnom de *Paul*, l'Evangélifte le nommant auparavant *Saul*. *ibid. Baronius* croit qu'il prit ce nom du confentement du *Proconful*, ou qu'il voulut porter le nom du fameux Difciple qu'il avoit fait, comme un heureux augure du bon fuccès de fes exhortations pour l'avenir. *ibid.* Il trouva dans cette ville de *Paphos*, un *Juif*, faux Prophete & Magicien, qui s'appelloit *Bar-Jefu*, qui étoit avec le Proconful *Serge-Paul*. 416. Comment il lui reprocha hardiment fes impoftures, fes fraudes, fa malice, fes actions diaboliques, fes injuftices, & tout ce qu'il faifoit contre la manifeftation de la Doctrine Chrétienne. 417. Trois Remarques propres à faire connoître, que cette rude cenfure n'avoit rien de trop outré, quoiqu'elle ne foit pas imitable en tout, par les Docteurs inférieurs aux Apôtres. *ibid. &c. jufqu'à* 420. Châtiment miraculeux par lequel il rendit *aveugle*, pour quelque tems, ce faux Prophete & Séducteur *Elymas*. 422. Remarques fur la nature de cet évenglement. *ibid. Paul* revint d'*Antioche* à *Jerufalem*, muni du Décret des Apôtres, qui rétablit l'ordre & la tranquillité dans cette derniere Eglife, troublée par les diverfes opinions touchant l'obfervation des Cérémonies légales. 425. Motifs du différend qu'il eut avec *Barnabé*, au fujet de *Marc*, coufin de celui-ci, qui les avoit abandonné, & qu'il ne vouloit être leur affocié, pour la vifite des Eglifes qu'ils avoient fondées. *ibid.* Les Anciens ont jugé très-différemment de cette difpute. *ibid. & * 426. Elle caufa la feparation de ces deux Miniftres Evangéliques, & fit réfoudre *Paul* à choifir *Sylas*, pour traverfer avec lui la *Syrie*, & aller à *Lyftre*. *ibid.* Guérifons miraculeufes qu'il y fit. *ibid.* Elles donnerent occafion aux Prêtres Payens, de le confiderer comme un Dieu, & de vouloir lui offrir des facrifices. *ibid.* Les calomnies des Juifs contre lui, firent tellement changer la bonne opinion que ces Idolâtres avoient conçûë de lui, qu'ils voulurent l'exterminer, en le pourfuivant à coups de pierre. *ibid.* Refléxions morales fur cela. *ibid.* Choix que St. *Paul* y fit d'un Difciple nommé *Timothée*, fils d'une femme Juive & d'un Pere Grec. 427. En ayant reçû bon témoignage des Chrétiens de *Lyftre* & d'*Icone*, il le fit circoncire, à caufe des Juifs de ce païs-là. *ibid.* Deux Remarques fur ce choix, & fur les motifs de cette Circoncifion, qui étoit abolie parmi les Chrétiens, & par la doctrine même de leur Apôtre. *ibid. & * 428. Confiderations fur ce qu'il ne voulut pas permettre que *Tits*, fon autre Difciple, fût circoncis, à la requifition des Fidèles de *Jerufalem*, leur difant que *Jefus-Chrift* ne fervoit de rien à celui qui fe faifoit circoncire. *ibid.* Solution des difficultez qui en réfultent. *ibid.* Plufieurs autres confiderations fur ces matières. *ibid.* Troubles caufez pour cela dans l'Eglife d'*Antioche*, obligerent les Pafteurs convinrent d'envoyer *Paul* & *Barnabé* à *Jerufalem*, pour y confulter les autres Apôtres fur ce fujet. 429. L'obfervation de ce qui en fut décidé, étoit recommandée par *Paul*, à tous les fidèles des Eglifes qu'il vifitoit. 437. Voyages qu'il projettoit de faire, & dont il fut détourné par des infpirations du *Saint-Efprit*. *ibid.* Vifion qu'il eut dans la ville de *Troas*, où il s'embarqua pour aller à *Philippes*, ville de la *Macédoine*. 438. *& * 439. Il s'y entretint avec des Femmes Juives qui faifoient leurs prieres dans un *Oratoire*, hors de cette ville, & une d'entr'elles, nommée *Lydie*, qui craignoit Dieu, fit attention à ce que cet Apôtre leur enfeignoit, & y acquiefça. 439. *& * 440. Ce fut la premiere des converfions qu'il fit en *Europe*. 440. Refléxions hiftoriques & morales fur les fuites de cet évenement. *ibid. & * 441. Défintéreffement de cet Apôtre. *ibid.* Comment il chaffa l'Efprit de *Python* du corps d'une Servante. *ibid.* Reflexion fur la manière dont il exerçoit fon miniftère, & faifoit connoître la Puiffance de *Jefus-Chrift*. 443. Ses opérations merveilleufes méconcerterent des Fourbes, que l'impofture enrichiffoit. *ibid.* Ils fouleverent le Peuple contre lui & contre *Sylas*, par des accufations malignes & atroces. *ibid.* On les traîna devant les Juges de la ville, qui les firent foueter, fans examen, & jetter dans le fond d'une prifon, où leurs pieds furent mis dans des entraves, pour augmenter leur fupplice. *ibid.* 444. *& * 445. Dans cette fituation fi trifte & douloureufe ils s'occupoient à la priere, & chantoient des Hymnes à la gloire de Dieu. *ibid.* Remarques fur leur Zéle extraordinaire qui les pouffoit à faire retentir les Louanges de la Providence Divine jufques au dehors de leur Cachot, feparé de celui des autres Prifonniers, qui les entendoient. 447. Comment il arriva foudainement un Tremblement de Terre fi violent, que les fondemens de leur Prifon en furent ébranlez, fans qu'elle croulât cependant fur les Prifonniers. 450. Les portes feules s'ouvrirent, & les liens de tous les Prifonniers fe detacherent. *ibid.* Ces deux effets n'ont aucun rapport avec un Tremblement ordinaire. *ibid.* Bruit de ce Tremblement, dont le Geolier fut fi épouvanté, qu'accouru aux Portes de la Prifon, & les voyant ouvertes, il fe feroit tué de défefpoir, fi *Paul* ne lui eût crié qu'aucun des Prifonniers n'étoit forti. 451. Il lui dit enfuite, le voyant profterné à fes pieds, que, s'il vouloit croire en *Jefus-Chrift*, il feroit fauvé, & toute fa famille auffi. 452. Il y confentit, & les Magiftrats étant informez de cet évenement prodigieux, lui firent mettre ces deux Prifonniers en liberté, après leur avoir fait une reparation d'honneur convenable, & fans laquelle ils les avoient réfolu & declaré qu'ils ne fortiroient point de ce lieu, où ils avoient été mis & détenus injuftement. 453. *& * 454. Quand ils en furent dehors, *Paul* alla à *Ephèfe*, où il prêcha l'Evangile pendant deux ans, avec beaucoup de fuccès. 457. Accident imprévu qui l'obligea de quitter cette ville. *ibid.* Motifs qui porterent des Orfèvres Payens à s'y foulever contre lui. *ibid.* Son départ pour la *Macédoine*, où ayant vifité les Eglifes, il paffa dans la *Grece*, & fe rendit à *Troas*. *ibid.* Il y demeura fept jours, & s'occupa le Dimanche, qui fut la veille de fon départ, à faire des Difcours & des Inftructions aux Fideles, qui durerent jufqu'à minuit. 458. Principal motif de cette Affemblée. 459. *& * 461. Confiderations fur ce que *Saint-Paul* & les autres premiers Pafteurs des Eglifes Chrétiennes prêchoient pendant la nuit. *ibid.* Refutation des calomnies inventées contr'eux à ce fujet. *ibid.* Pourquoi cet Apôtre prêcha fi long-tems dans une maifon particuliere, où il y avoit des Lampes allumées. 462. Plufieurs Reflexions fur cela. 463. Accident qui troubla ceux qui l'écoutoient, entre lefquels étoit le nommé *Eutyche*, qui tomba d'une fenêtre du troifième étage,

DU SIXIEME VOLUME.

ge, & qu'on réleva mort. 467. Saint-Paul defcendit auffi-tôt, & s'étendit fur le corps de ce jeune-homme, & dit à tous ceux qui étoient defcendus avec lui, qu'il étoit en vie. *ibid.* Raifon pour laquelle cet Apôtre s'étendit fur lui, & l'embraffa. *ibid.* Son motif étoit différent de celui d'*Elie* & d'*Elifée*, qui s'étendirent auffi fur des morts qu'ils reffufciterent. *ibid.* Refléxions fur ce que des Interpretes ont prétendu, qu'*Eutyche* n'étoit pas entierement mort. 468. Confiderations propres à refuter leur opinion. *ibid.* Relation du Voyage de *S. Paul*, depuis *Troas* jufqu'à *Céfarée*, ville maritime de la Judée. 469. Comment les Chrétiens de *Tyr*, où il demeura fept jours, le folliciterent fortement de n'aller pas à *Jerufalem*, où il feroit maltraité, felon ce qu'ils en fçavoient de certain. *ibid. &* 471. Motifs pour lefquels il refifta à leurs Inftances. 472. Prieres qu'ils firent en l'accompagnant fur le bord de la Mer, jufqu'à fon embarquement. 473. Son arrivée à Ptolemaïde, où il refta un jour avec les Fidéles, fe rendant le lendemain à *Céfarée*, où il alla loger chez *Philippe* l'Evangelifte, qui étoit l'un des fept Diacres de l'Eglife de *Jerufalem*. *ibid.* Comment il y fut averti, par un Prophete venu de *Judée*, & nommé *Agabus*, qu'il feroit emprifonné à *Jerufalem*, par les *Juifs*, & livré aux *Gentils*. *ibid. &* 474. Il continua pourtant fa route pour y aller, nonobftant les fortes follicitations qu'on lui fit pour l'en détourner, & declara même aux Prêtres d'*Ephéfe*, venus à fa rencontre, dans la ville de *Milet*, que dans toutes celles où il paffoit, le *Saint-Efprit* lui annonçoit, par la bouche des Prophetes, que *des Liens & des Afflictions l'attendoient à Jerufalem*. *ibid.* Il ne fe rendit point à leurs follicitations, pour diverfes Raifons très-fortes, qui font déduites, & accompagnées de plufieurs faits hiftoriques, joints à des Reflexions morales *dans le refte de la fufdite page, & dans les deux fuivantes, qui font* 479. & 480. Ayant continué fa route, il arriva à *Jerufalem*, où il fut maltraité par les Juifs, & détenu Prifonnier pendant deux ans. 481. Ils l'envoyerent après cela à *Rome*, parce qu'il avoit interjetté appel de fes griefs à l'Empereur *Céfar*. *ibid.* S'étant embarqué à *Céfarée*, pour aller à *Mire de Lycie*, & de-là à *Malthe*, il fit naufrage fur les côtes de cette ifle. *ibid.* Quand il y fut arrivé à la nage, & approché d'un feu pour s'y chauffer, *une Vipere* fortit d'une fafcine de bois fec, & le faifit à la main, fans l'envenimer. 484. Mauvaifes conjectures que les *Malthois* Barbares firent alors fur cet évenement, qui n'eut point les fuites mortelles que la morfure des Viperes caufe ordinairement. *ibid. &* 485. Plufieurs Reflexions morales fur cela, & fur les châtimens que la divine Providence n'inflige pas toûjours aux criminels. 485. *&c. jufqu'à* 489. Saint-Paul exempté de ce venin, fut regardé par les *Malthois* comme un *Dieu*, & ils n'en jugerent que fur des indices équivoques. *ibid.* Plufieurs fignifications très-différentes qu'ils attribuoient à la Déité inférieure à l'Être fupréme, vraiement grand & bon. 490. Trois principales confequences qui réfultent de cette partie de l'Hiftoire, concernant *Saint-Paul* accueilli par les *Malthois*, qui s'imaginerent d'abord qu'il étoit un criminel que Dieu puniffoit, & qui crurent enfuite qu'il étoit un Efprit defcendu du ciel & vêtu d'un corps humain emprunté. *ibid.* La premiere de ces confequences eft, que l'Evangile fuppofe une connoiffance antérieure de la nature des vices & des vertus, avant qu'on puiffe en juger équitablement. *ibid. &* 491. La feconde confifte à ne juger jamais du caractére des Perfonnes, par leur Bonheur ou par leur Malheur dans ce monde terreftre. 491. La troifiéme réfulte de ce que les Gentils, voyant de hautes Vertus, ou des Actions extraordinaires, les ont d'ordinaire attribuées à des Etres fuperieurs aux Hommes, & les ont adorez. *ibid.* Refléxions fur leur Idolâtrie, & fur les autres chofes qu'ils ont fait pour ce Culte de leurs Divinitez prétendues & chimériques. *ibid. &* 492.

Pelopidas, Général d'Armée Payen, ayant confulté les Devins avant que d'entreprendre un combat, ne voulut pas confentir au facrifice barbare qu'ils lui confeilloient de faire, pour avoir la faveur fecourable *des Dieux*, étant perfuadé raifonnablement, qu'ils ne fe plaifent pas au meurtre & au carnage, & que s'ils y prennoient plaifir, ils ne feroient plus *Dieux*, mais, qu'alors ils devroient être abandonnez comme des Etres vicieux. 388.

Pentecôte mémorable dans le *Judaïfme*, parce que le Peuple offroit alors à Dieu les prémices du Froment. 351. Etimologie du nom de cette Fête. *ibid.* Elle convenoit à l'Effufion des *Dons du Saint-Efprit*, à cet égard, & en ce que, dans un pareil jour, l'Ancienne Loi fut donnée aux Ifraëlites. *ibid.* Cette Fête folemnelle obligeoit leurs fucceffeurs Juifs, de fe trouver à *Jerufalem*, & d'y venir adorer Dieu, dans fon Temple. *ibid.* Le concours de ce Peuple étoit par confequent très-convenable pour témoigner la vérité des effets miraculeux des Dons du Saint-Efprit, repandus fur les Apôtres, qui étoient alors dans cette ville. *ibid.* De quelle maniere on peut fe former une jufte idée du merveilleux fpectacle de ce jour. 355. Trois caractéres de Dieu fe rendent inconteftablement vrai. 358. *&c. jufqu'à* 362.

Perfections de Dieu qu'il faut connoître, parce qu'elles font le fondement de la Venération & du Culte qui lui eft dû. 3.

Perfécution des Hérétiques mal fondée fur l'exemple des châtimens infligez par *St. Paul* au Séducteur *Elymas*, par *St. Pierre* quand il fit mourir *Ananias* & *Sapphira*, pour un menfonge; & par le fouet avec lequel *Jefus-Chrift* chaffa du Temple de *Jerufalem* les Marchands qui le profanoient. 422. *&* 423. Ces exemples n'ont aucun rapport aux *Hérétiques*, ni à la fauffeté de quelques Dogmes, mais à des vices qui font puniffables, felon le dégré & les circonftances de leur atrocité. 423. Les maximes des Perfécuteurs font condamnées par les premiers Défenfeurs de la Religion Chrétienne, dont les Ecrits établiffent tous la Liberté de penfer en matiere de Religion, & fe récrient contre la Violence fur les Confciences, qui doit être mife au rang des plus grandes injuftices. *ibid.* Remarque fur ce que *Jefus-Chrift* a lui-même tellement improuvé la contrainte, & toute forte de violence pour la Religion, qu'il a laiffé à fes Apôtres *la Liberté* de le quitter, ou de le fuivre, en leur adoptant même ce qu'il leur rendoit à fouffrir pour la caufe; de forte qu'il les rendoit Maîtres de l'adopter ou de l'abandonner. *ibid. &* 424. Les *Perfécutions dégradent le Chriftianifme*. *ibid.* *Perfécutions* qui font une violation manifefte des Loix Evangéliques. 12. Celles que *les Perfécuteurs* ont extorquées des Princes, ne doivent pas abroger celles de Dieu, ni celles du *Droit naturel*. *ibid.*

Pharifiens qui vouloient arrêter les progrès de l'Evangile. 1. Leurs *Queftions captieufes* pour furprendre *J. Chrift*. *ibid.* Ils étoient enflez d'une fauffe fcience, & de leur propre mérite. 2. Remarques fur cela. *ibid. &* 3. Leur Hypocrifie intéreffée pour les richeffes, fous prétexte de prier beaucoup. 8. Comment leur fureur fut redoublée contre *Jefus-Chrift*, pour un de fes Difcours publics, dans le Temple de *Jerufalem*. 23. 25. *&* 26. Refléxions fur leur caractére & leurs mœurs. 29. *&* 30. Les remords de leur Confcience les rendirent fi honteux,

TABLE DES MATIERES

teux, qu'ils n'oferent entreprendre de fe juftifier devant *Jefus-Chrift*. 51. Comment il cenfuroit leur Hypocrifie, & repréfentoit leurs vices par des paraboles. 84. Ils diffimuloient leurs animofitez contre lui, & n'ofoient pas s'en faifir, parce qu'ils craignoient le Peuple, qui l'eftimoit. *ibid.* Piéges qu'ils lui tendirent au fujet du Tribut que les Gouverneurs Romains exigeoient d'eux, & comment il s'en débaraffa. 83. 89. *&* 92. *Pharifiens*, dont le nom défigne une Secte, qui paffoit pour être la plus éclairée en matière de Religion. 96. Ils étoient en poffeffion d'enfeigner publiquement, & c'eft pour cela qu'ils font confondus avec les Scribes ou Docteurs. *ibid.* Le peuple Juif & les Difciples de *Jefus-Chrift* devoient les écouter, mais le Seigneur avertit ceux-ci de fe garder de leur levain, & de n'imiter pas leur conduite. 97. Plufieurs Refléxions fur leur Orgueil, leur Hypocrifie, leurs Vices, déguifez fous l'ombre de Pieté, & la morale rigide qu'ils exigeoient du Peuple, & qu'ils ne pratiquoient point eux-mêmes. *ibid. &c. jufques à* 100. Plufieurs autres marques de leur Vanité. 101. Refléxions hiftoriques, politiques & morales fur les Rangs & les Préféances de ceux qui ont des Charges publiques, dont ils peuvent conferver les prérogatives, fans y mêler l'oftentation trop affectée des *Pharifiens. ibid. &c. jufques à* 106. Plufieurs autres mauvais caractères des *Pharifiens*, cenfurez par *Jefus-Chrift*. 106. *&c. jufques à* 112. *&* 184. 187. 193. 197. *&* 198.

Philippe, l'Evangélifte, qui avoit été l'un des fept Diacres de l'Eglife de *Jerufalem*, alla demeurer à *Céfarée*, pour y être Coadjuteur des Apôtres. 473. Il abandonna fon premier emploi, fortant de *Jerufalem*, pour fe dérober aux perfécutions de Saül, qui ravageoit les Eglifes des premiers fidéles. *ibid.* Il paffa d'abord à *Samarie*, où il convertit l'Eunuque de la Reine de *Candace*. *ibid.* S'étant enfuite retiré à *Céfarée*, il eut la confolation d'y recevoir dans fa maifon Paul, devenu Chrétien, qui fe nommant Saül, avoit été le plus cruel ennemi des Chrétiens. *ibid.* Philippe, quoique l'Evangélifte, avoit été marié. *ibid.* Il avoit quatre Filles qui prophétifoient. *ibid.* Remarques fur les diverfes fignifications que ces Prophéties peuvent avoir. *ibid.* Comment un Prophete de *Judée* vint chez *Philippe*, & y declara à *St. Paul* ce qu'il fouffriroit à *Jerufalem*, de la part des Juifs.

Phocion, généreux Capitaine *Athénien*, que fes concitoyens condamnerent injuftement à mourir, ordonna lui-même à fon Fils, d'oublier entierement l'ignominie qu'on lui faifoit. 230. Refléxions morales fur la vertu de ce Payen, qui a furpaffé celle de plufieurs fidéles, éclairez des lumieres céleftes & furnaturelles. *ibid.*

Phylactères & Franges que les Scribes & Docteurs Juifs, furnommez *Pharifiens*, portoient à leurs Vêtemens, plus larges & plus longues que celles des autres Juifs, en les étendant par oftentation. 100. Ces *Phylactères* étoient des efpeces d'Amulettes, ou Préfervatifs, contenant quatre fentences, tirées de la Loi Mofaïque. *ibid.* Elle ne preferit aucune chofe pour cela. *ibid.* Remarques fur les particularitez de cette Invention Pharifaïque. *ibid.*

Piége délicat qui fut tendu à *J. Chrift*, par un *Docteur Pharifien*. 3. Comment *J. Chrift* l'évita. *ibid.* Ce Docteur étoit bien inftruit. *ibid.* Autre *Piége* des Pharifiens contre lui. 24. 25. *&* 26.

Pierre, Apôtre, qui s'étoit diftingué par fon Zéle pour *Jefus-Chrift*, qui l'avoit auffi diftingué par fes faveurs, voulut le défendre par fon épée. 167. Cette entreprife téméraire ayant été defapprouvée par *Jefus-Chrift*, il s'enfuit avec tous les autres Difciples de ce Maître indulgent. *ibid.* Il réfolut de ne le fuivre que de loin.

168. Il entra dans la Cour de *Caïphe*, où il nia fauffement trois chofes qui lui furent demandées. *ibid. &* 169. Il joignit le parjure au menfonge, pour affirmer qu'il ne connoiffoit point *J. Chrift*. 169. *&* 170. Circonftances mémorables de cette troifiéme Abnégation. 170. Regard de *J. Chrift* qui ranima fa foi mourante. 171. La chute lamentable de cet Apôtre à fes dégrez de crime, qui allerent en augmentant. 172. Deux caufes de fon infidélité devélopées. *ibid.* 173. *&* 174. Il conferva néanmoins toûjours un fonds d'Amour pour *J. Chrift*. 174. *&* 175. Un regard de ce divin Sauveur produifit fa converfion & fa repentance. 175. Le repentir qu'il eut de fa perfidie, le fit pleurer amérement. *ibid.* Quatre caractères de cette vraye repentance expliquez, *depuis la page* 176. *jufques à* 178. Plufieurs Refléxions morales fur cela. 179. *&* 180. Cet Apôtre avoit une maifon à *Bethfaïde* en *Galilée*, qui étoit fa patrie. 329. Il en étoit forti pour fuivre *Jefus-Chrift* ; mais après la Crucifixion & la Réfurrection de ce divin Maître, il y retourna, avec fix des autres Apôtres, pour exercer, comme eux, fon premier métier de la Pêche des poiffons. 329. Il eft étonnant qu'il n'ait pas été le premier qui reconnut *Jefus* quand il parut fur le rivage de la Mer de *Tiberiade*, où *Jean* lui dit, & à fes autres Collegues, que la perfonne qui venoit de leur indiquer l'endroit où ils devoient jetter leur filet, qui fut tout rempli de *Poiffons*, étoit *le Seigneur*. 331. De quelle maniere il fe jetta dans la mer pour aller d'abord au devant de lui. *ibid.* Remarque fur fon Zéle indifcret, & fon humeur téméraire. *ibid.* Il fut interrogé trois fois confecutivement par *Jefus*, qui voulut lui faire declarer s'il l'aimoit plus que ne faifoient ceux qui étoient auprès de lui. 333. Réponfe qu'il fit à la troifiéme fois, un peu confterné de la réiteration de ces interrogations, & commiffion que *Jefus* lui donna en même tems de paître fes Agneaux & fes Brebis. *ibid.* Refléxions fur les trois proteftations exigées de cet Apôtre par *Jefus-Chrift*, avant que de lui donner la conduite de fon Eglife. 334. Il fut averti en même tems, de ce qu'il fouffriroit dans fes fonctions paftorales, & du martyre par lequel il finiroit fa vie, dans un âge fort avancé, felon la prédiction allégorique de *Jefus-Chrift*. 335. Refléxions fur fon accompliffement. *ibid. &* 336. Examen & Réfutation des diverfes opinions différentes fur ce que les Ecclefiaftiques Romains appellent la Primauté de *Saint-Pierre*, qu'ils ne reconnoiffent dans les Papes que par des limitations différentes. 337. Il reçut les Dons miraculeux du *Saint-Efprit*, comme les autres Apôtres, le jour de la Pentecôte. 354. Il reprochoit hardiment aux *Juifs* leur crime, d'avoir fait mourir le *Meffie*. 362. Trois-mille Ames fe convertirent par fes exhortations dans la première Prédication, dans *Jerufalem*. *ibid.* Pourquoi il fut mis en prifon par ordre d'*Herode Agrippa*, & gardé par feize foldats. 404. Refléxions morales fur ce qu'il dormoit tranquillement, enchaîné au milieu de deux de fes Gardes. 411. Un pareil exemple de tranquillité dans la vie de *Socrate*, dormant aux approches de la mort. *ibid.* *Saint-Pierre* délivré de la prifon, & mis en liberté, prit congé des fidéles de *Jerufalem*, & fe retira à *Antioche*, Capitale de la *Syrie*, où un grand nombre de Chrétiens fugitifs s'étoient déja retirez. 413.

Pierres qui fe fendirent & furent ôtées des fépulcres où les morts reffufciterent & en fortirent, quand *Jefus-Chrift* fut crucifié fur le Mont *Calvaire*. 241. Refléxions fur ce prodige furnaturel. *ibid.*

Pilate étoit Procurateur de la *Judée*, de la part de l'Empire Romain. 182. Il dépendoit du Préfident

DU SIXIEME VOLUME.

sident de Syrie dans certains cas, qui résidoit à *Antioche*. 183. Il étoit pourtant muni du pouvoir de contenir le peuple & d'administrer la justice. *ibid.* Le caractère de ce *Procurateur*, qui faisoit aussi les fonctions de *Gouverneur*, est representé par *Philon* d'une manière affreuse. *ibid.* Idée succincte de ses injustices, pillages, extorsions, cruautez, carnages des Innocens, sans formalité de justice. *ibid.* Enseignes de l'Empire Romain qu'il voulut introduire dans *Jerusalem*, malgré la forte opposition des *Juifs. ibid. Josephe* lui reproche d'avoir pris l'argent du Trésor sacré. *ibid.* Il abusa tellement de son pouvoir, qu'après avoir été cité à *Rome*, sur les plaintes des *Juifs*, l'Empereur l'exila dans les *Gaules*. 184. Il parut néanmoins doux & équitable, quand les Sénateurs Juifs lui demanderent la confirmation de la sentence de mort qu'ils avoient prononcée contre *Jesus-Christ. ibid.* Information équitable qu'il fit au sujet des griefs alleguez dans cette sentence. 185. Fausses accusations sur lesquelles elle étoit fondée. 186. Après que *Pilate* les eût entendues, il interrogea l'Accusé, selon l'ordre judiciaire. 187. Il fut convaincu de son innocence, par rapport à ce que les Juifs lui imputoient de vouloir refuser le payement du Tribut à *César*, exciter quelque sédition, & s'emparer de la Royauté. *ibid. &c.* jusques à 192. Motifs pour lesquels il envoya *Jesus* à *Herode Antipas*, Tétraque de *Galilée*. 192. Il fut mortifié de voir *Jesus* revenir à son Tribunal, où il reprit le jugement de cette affaire. 193. Il déclara aux Sacrificateurs, aux Sénateurs & au Peuple, que, ni lui, ni *Herode*, ne trouvoient cet Accusé coupable d'aucun crime. *ibid.* Il prit le Ciel & la Terre à témoins *qu'il étoit innocent du Sang de ce Juste*. 195. Reflexions sur ce qu'il fut contraint de le livrer à la fureur des Mutins, qui le firent crucifier. *ibid.* Plusieurs Remarques historiques, politiques, juridiques & morales, sur ce qu'il y a de plus notable sur cette matière. 196. & 197. Motifs qui porterent ce *Gouverneur* à infliger à *Jesus-Christ* la peine du fouet. 202. & 203. Complaisance qu'il eut ensuite pour les Juifs, en le leur livrant pour être crucifié. 212. Il voulut être assuré qu'il étoit mort, par la declaration que lui en fit le Centenier qui avoit commandé les Soldats pour la Crucifixion. 239. & 240. Précautions qu'il prit, en mettant des Gardes au sépulcre de *Jesus-Christ*, pour empêcher que son corps n'en fût ôté clandestinement par ses Disciples, & qu'ils ne publiassent ensuite faussement qu'il étoit ressuscité. 261. & 262.

Piscine de Siloé, où un Aveugle de naissance, étant allé s'y laver par ordre de *Jesus-Christ*, en revint clair-voyant. 42. Le Nom misterieux de cette *Piscine*, ou Lavoir, signifie *Envoyé*. 44.

Politiques, qui ne connoissent rien d'injuste, quoi qu'ils fassent au préjudice des uns ou des autres, lorsque l'interêt public le demande. 157. Plusieurs Reflexions sur cela. *ibid.*

Portes de la maison où les Apôtres étoient assemblez dans *Jerusalem*, le jour que *Jesus-Christ* ressuscita, & aussi huit jours après; lesquelles étant fermées, il parut soudainement au milieu d'eux, en telle sorte qu'ils s'imaginoient que c'étoit un *Fantôme*. 291. 316. 319. & 320. Plusieurs Remarques & autres Considerations propres à desabuser les Incrédules imbûs de cette fausse opinion. *ibid.*

Pourpre dont les *Tyriens* retiroient un grand profit. 471. Ils la tiroient d'un poisson qui se trouvoit sur le rivage de leur Mer. *ibid.* Elle étoit belle, & ne leur coûtoit presque rien; mais elle étoit néanmoins beaucoup estimée. *ibid.*

Pratiques différentes qui s'introduisirent dans les Eglises Chrétiennes primitives, & qui y causerent des Schismes, & des Anathèmes reciproques, sur la *Discipline* qui n'étoit point reglée par les Apôtres. 459.

Préjugez que les hommes adoptent en matière de Religion. 350. Ils sont plus difficiles à déraciner que tous les autres qui ne concernent pas ce sujet. *ibid.* On voit par experience, que, souvent même plus les opinions que les hommes ont adoptées sont absurdes, & moins ils sont accessibles aux raisons qu'on leur propose d'une évidence propre à les leur faire abandonner. *ibid.* Reflexions morales sur cela, par rapport aux difficultez presque insurmontables qui se sont rencontrées dans l'établissement du Christianisme. *ibid.* & 351.

Prétoire de Pilate, où *Jesus-Christ* fut conduit par les Sénateurs juifs, qui l'avoient condamné à mort. 182. Etymologie du nom de *Prétoire* chez les Romains. *ibid.* Il designoit la *Tente du Général d'Armée* qui avoit l'autorité de *Préteur. ibid.* On a depuis donné le même nom aux *Palais des Présidens & des Gouverneurs des Provinces* Romaines. *ibid.*

Priere que *Jesus-Christ* fit à Dieu, pour être délivré des Angoisses qu'il souffroit, la veille de sa Passion, dans le Jardin de *Gethsemané*. 149. Difficultez qui résultent de ce qui en fait le sujet, & qui semble être peu conforme aux grandes connoissances & aux sublimes vertus de ce Sauveur. *ibid. &* 141. Remarques sur ce que cette Priere fut réiterée trois fois par *J. Christ.* 149.

Priere qui est d'un grand secours dans les maux, soit qu'on la considere en elle-même, ou dans ses suites. 446. Deux Reflexions sur les sentimens de pieté qu'elle forme & nourrit dans l'Ame des fidèles, en les élevant jusqu'à Dieu. *ibid.* Elle est une source de biens d'avantages. 447. Exemples des effets extraordinaires qu'elle a produits. *ibid.*

Prisonniers détenus dans les cachots & autres appartemens du même lieu où *Saint-Paul & Sylas* étoient enfermez, avec des entraves aux pieds; chantant des Hymnes, mêlez de ferventes prieres, que les autres Prisonniers entendoient retentir de toutes parts. 447. Les liens de tous ces Prisonniers se detacherent, par un soudain Tremblement de terre, qui ébranla les fondemens de cette Prison, & en fit ouvrir les portes, sans qu'elle tombât en ruine. 450. Remarques propres à faire voir que cet évenement avoit quelque chose de surnaturel & de miraculeux. *ibid. &* 451.

Privileges que les *Chrétiens* ont droit de maintenir. 455. Reparations qu'ils peuvent aussi demander & exiger des torts qu'on leur a fait. *ibid.* Exemple de cela, par la conduite de *Saint-Paul & de Sylas*, qui persisterent à refuser de sortir de la prison de *Philippes*, jusques à ce que les Magistrats qui les y avoient fait mettre, leur eussent fait une reparation d'honneur, par des excuses convenables. 456.

Prochain qu'on doit aimer, plus que ne l'enseignoient les *Docteurs Juifs.* 5. Remarques sur cela, & sur une Parabole concernant le même sujet. *ibid.* 6. 7. & 8.

Proconsuls que le Sénat Romain envoyoit dans les Provinces dependantes de l'Empire. 416. Remarques propres à lever quelques difficultez qui naissent de ce que plusieurs Historiens ont confondu les Charges *Proconsulaires* avec les *Prétoriennes*, qui sont beaucoup inférieures à celles-là. *ibid.*

Prodiges de trois sortes, arriverez quand *Jesus-Christ* fut crucifié sur le Mont *Calvaire*. 241. Ils remplirent d'étonnement & de frayeur un grand nombre des spectateurs, & leur ouvrirent les yeux sur l'Innocence de *Jesus-Christ*, faussement réputé criminel. 242. & 243.

Pro-

TABLE DES MATIERES

Prophetes donnez à l'Eglise par un seul Seigneur. 112. Comment les *Juifs* les ont maltraitez. *ibid.* Reproches que *J. Christ* leur en faisoit. 113. Ceux qui ont été en proye à la persécution des méchans, sans que Dieu les en ait délivrez par quelques miracles. 231. Entre plusieurs preuves qu'on peut en alléguer, l'histoire seule de *Jérémie* fait voir, que Dieu ne déploye pas toûjours sa puissance, pour garantir de l'oppression ceux qui l'aiment & qui se confient en lui. *ibid.* Exemple de cela, plus remarquable que tous les autres, en la Personne de *J. Christ* insulté sur la croix de ce qu'il se confioit inutilement en Dieu. *ibid. & dans la page précédente* 230.

Prophetiser se prend en divers sens dans les Ecrits sacrez. 473. Il ne signifie pas seulement *prédire l'avenir*; mais aussi *chanter les Loüanges de Dieu*, & accompagner ce chant de quelques instrumens de musique. *ibid.* Il designe souvent, dans les Ecrits de *Saint-Paul*, le talent de connoître & d'expliquer les sens cachez des anciens oracles. *ibid.*

Python, dont l'esprit malin fut chassé du corps d'une Servante, par le commandement de *Saint-Paul.* 441. Ce qu'on doit entendre par *cet Esprit de Python.* 442. *Apollon* fut appellé *Python*, pour avoir tué un Serpent ainsi nommé. *ibid.* Ce qu'il y a de vrai dans cette fable, est qu'il tua un scélérat nommé *Python. ibid.*

Q.

QUestions captieuses des *Pharisiens*, pour surprendre *J. Christ.* 1. Plusieurs de ces *questions* rapportées par St. *Matthieu.* 2. Une des principales, faite par *un Docteur de la Loi. ibid.* Consideration sur l'importance de cette *question. ibid.* Réponse que *ce Docteur* y fit lui-même, & qui fut approuvée par *J. Christ.* 3. Solution d'une *difficulté* que refute de cela. 4. Autre *question* insidieuse que les Pharisiens lui firent, au sujet d'une Femme surprise en *Adultére.* 23. *&* 24. *Question* hardie & téméraire faite à *J. Christ*, par ses Disciples, au sujet de l'Aveugle qu'il guérit, en ce qu'ils vouloient sçavoir la cause de cet aveuglement naturel. 36. Plusieurs Reflexions historiques & critiques sur les divers motifs que les Disciples pouvoient avoir pour faire cette question ou demande. *ibid. &* 37. *Question* malicieuse que les Espions des *Pharisiens* firent à *J. Christ*, au sujet du Tribut qu'ils payoient aux Gouverneurs Romains. 88.

R.

R*Avissement en Esprit* qui survint à *Saint-Jean* dans l'Isle de *Pathmos*, de même qu'à *St. Pierre*, quand il vit un Linceul plein de toutes sortes d'animaux, descendant du Ciel, & à *St. Paul*, dans le Temple de *Jerusalem*, d'où *Jesus* l'avertit de sortir promptement. 493. Autre *Ravissement*, par lequel il vit & entendit plusieurs choses ineffables. 494. Différence qu'il y a entre *les Ravissemens en esprit*, *les Visions & les Extases. ibid.* Explication de ces différentes expressions. *ibid.*

Recis des Ecrivains sacrez, qui est souvent fort abregé. 418. Ils suppriment des circonstances que l'on doit naturellement supposer, & qui repandroient un grand jour sur des faits qui ne surprennent que parce qu'on en ignore les circonstances. *ibid.* Exemple de cela, tiré des Actes des Apôtres, au sujet de la rude censure que *St. Paul* fit au Séducteur *Elymas*, dans laquelle il y a des expressions qui semblent être injurieuses, & faites sans aucune moderation. *ibid. &* 419.

Regard jetté par *Jesus-Christ* sur son Apôtre *Pier-* re, qui nioit avec imprécation & serment de le connoître. 170. Remarque sur cela. *ibid. &* 171. Ce regard produisit sa conversion & sa sincere repentance. 175.

Religion qui fut une science de pratique dès sa première institution dans *le Paradis terrestre.* 3.

Repentance de l'Apôtre *Pierre.* 175. Caractéres de cette repentance, ou conversion. 176. Reflexions sur quatre de ces caractéres, *spécifiez dans les pages* 177. *&* 178. *Repentance* Evangélique, qui ne consiste pas seulement dans un regret d'avoir péché; mais aussi dans un rénoncement à toutes sortes de péchez. 178. Reflexion morale sur cela. *ibid.*

Résurrection de *Jesus-Christ* précédée d'un Tremblement de terre, & accompagnée d'un Ange venu du Ciel, qui ôta la grande Pierre qui bouchoit l'entrée du sépulcre où *Jesus* avoit été mis. 264. Les soldats qui y faisoient la garde, virent cela, & en furent épouvantez. *ibid.* Remarques au sujet de cet Ange & de cette Pierre, au travers de laquelle le corps de *Jesus* se fit jour, & sortit du tombeau avant qu'elle en fut ôtée, selon l'opinion de plusieurs anciens Commentateurs, qui sont refutez *à la page* 266. Ce miracle imaginaire est fondé sur un Zéle imprudent. *ibid. &* 267. Reflexions très-importantes sur cela, d'autant que la superstition, qui aime le merveilleux, est fatale à la Religion. 267. Preuves de la vérité de cette Résurrection deduite *en plusieurs endroits de ce Discours XXI. & particulierement dans les pages* 270. *&c. jusqu'à* 273.

Résurrection de *Lazare*, faite par *J. Christ* à *Béthanie.* 13. Plusieurs Juifs y assisterent dans un souper que le venérable *Simon*, guéri de la Lépre, leur donna. *ibid. &* 34. Ils attendoient une Résurrection, excepté les Saduceens, mais ils en avoient de fausses idées. 55. Exposition des circonstances les plus notables de cette Résurrection. 61. 62. *&* 63. Cinq objections des Incredules contre ce miracle, & refutation qu'on en peut faire. 64. 65. *&* 66. Il donna lieu à beaucoup de Juifs de croire que *Jesus* étoit *le Messie.* 67.

Rhodes, Isle fameuse de la mer Méditerranée; *Saint-Paul* la côtoya en allant à *Tyr* dans la Phénicie. 470. La beauté de sa ville capitale, & de ses murailles, celle de son port & de ses grands chemins, la rendoient célèbre en ce tems-là; mais elle l'étoit encore davantage par ses excellentes Loix. *ibid.* Reflexions sur la Sagesse & l'equité de ses Magistrats, éclairez, prudens & charitables. *ibid.* Elle conserva long-tems l'Empire de la Mer, & fut en grande estime parmi les *Grecs* & les *Romains. ibid.* Son fameux *Colosse* de bronze, tant vanté par les Historiens, & dédié *au Soleil*, étoit alors renversé, par un tremblement de Terre. *ibid.* Motifs pour lesquels les *Rhodiens* n'oserent le rélever. *ibid.*

Richesses & magnificence de plusieurs Temples des *Chrétiens*, depuis la conversion de l'Empereur *Constantin.* 465. Description de quelques-uns de ces beaux édifices. *ibid.* Relations d'*Eusebe* & de *St. Bernard* sur cela. *ibid.* 466. *&* 467. Ce qu'ils y ont trouvé d'utile & de louable, avec ce qu'il y avoit d'inutile, de vain & de censurable. *ibid.*

Romulus, dont la fierté & l'insolence irriterent extrêmement les Sénateurs *Romains.* 348. Il ne leur donnoit plus aucune part aux affaires, & ne paroissoit plus qu'environné de ses Gardes & de ses Licteurs. *ibid.* Comment il fut assassiné par ses Sénateurs, un jour qu'il avoit convoqué tout le Peuple à la campagne. *ibid.* Ils y ensevelirent son corps tout sanglant, &, pour se derober à la fureur du Peuple, ils pu-

DU SIXIEME VOLUME.

blierent qu'il avoit été élevé dans le Ciel, pendant qu'un orage des plus violens avoit dispersé ce Peuple. *ibid.* Les plus simples le crurent, & le plus grand nombre, qui ne le crut pas, se souleva contre ces Sénateurs, en les accusant d'être les Meurtriers de ce Prince. *ibid.* Le Sénat fit cesser ces plaintes & ce tumulte, par le moyen d'un Personnage de la ville fort estimé du Peuple, qui, ayant aussi été l'ami intime de *Romulus*, declara en pleine Assemblée, & jura même, qu'il lui étoit apparu, après sa mort, dans un éclat divin, & lui avoit dit que les Dieux l'avoient reçu parmi eux, & qu'on devoit l'adorer comme Protecteur de la ville, sous le nom de *Quirinus*. *ibid.* Ce fut par ce moyen frauduleux que *la foi de l'Ascension de Romulus* s'établit dans tous les esprits du Peuple Romain. *ibid.* Remarques propres à éluder les Applications que les Incrédules font de cette Relation fabuleuse à l'Ascension de *Jesus-Christ. ibid. & 149.*
Royauté de *Jesus-Christ*, expliquée par lui-même à *Pilate*, qui ne la jugea pas contraire au Pouvoir temporel que l'Empereur *Romain* avoit acquis sur la *Judée*, parce qu'il ne s'agissoit que d'un Royaume spirituel & céleste. 189. Reflexions très-importantes sur cela. *ibid. & 190.*

S.

Sainteté que les Philosophes ont dit être *une Qualité morale*, qui ne peut résider que dans les personnes, & non dans les choses inanimées, ou destituées de la faculté raisonnable. 463. Plusieurs Remarques historiques, & Reflexions morales sur cela. *ibid. & 464.*
Salamine, fameuse ville de l'Isle de *Chypre*, où *Paul* & *Barnabé* prêcherent inutilement pour la conversion des *Juifs*, qui y étoient en grand nombre. 415. Remarques sur cela, & sur la sédition & les meurtres dont ces *Juifs* s'y rendirent coupables, jusqu'à ce qu'ils en furent chassez. *ibid.*
Samaritain secourant un Juif. 1. Relation de ce qu'il fit pour cela. 10. Sa charité est bien représentée par *J. Christ. ibid.* Elle a deux sort beaux caractères. *ibid.* L'un est son Objet, & l'autre son Activité. *ibid. & 11.* Reflexions morales sur cela. 11.
Sang des Animaux qu'on ne doit pas être mangé par les Chrétiens, selon le Décret d'un Synode des Apôtres assemblez à Jerusalem. 429. Commentaire sur cette interdiction & les motifs de ce décret. 432. & 433. Raisons pour lesquelles il ne concerne plus les Chrétiens. 436. & 437.
Sceptre, qui tire son origine du caractère des premiers Rois du monde. 207. Leur fonction étant de conduire les Peuples comme des *Bergers*, ou *Pasteurs*, dont ils portèrent le nom, ils prirent le *Sceptre* à la place de la *Houlette. ibid.* C'est un emblême de l'Autorité Royale, protectrice & bienfaisante. *ibid. & 208.*
Scribes, dont le nom désigne la charge de leur Doctorat, qui les autorisoit à expliquer magistralement les Ecrits de Moïse & ceux des Prophetes. 95. & 96. Voyez l'Article des *Pharisiens* dans cette Table, & *c. jusques à* 112.
Secte parmi les *Juifs* qui se piquoit d'avoir une connoissance plus exacte de la loi qu'aucune autre. 106. Cela les rendoit très-insolens, & comme ils passoient pour être fort chers à Dieu, les Femmes leur étoient dévouées. *ibid.* Ils étoient redoutables aux Souverains mêmes, parce qu'ils étoient circonspects, & sçavoient profiter des occasions pour leur susciter une guerre ouverte. *ibid. & 107.*
Sectes & *Factions* aussi opposées que l'étoient les *Pharisiens*, les *Sadducéens*, les *Herodiens*, & les *Zélez*, parmi la Nation Judaïque, se font

néanmoins unies, pour tendre des piéges à *Jesus-Christ*, & le faire condamner à mourir par un cruel supplice. 86. Plusieurs Remarques sur leurs menées secretes, & sur les motifs qui les empêchoient d'agir sincerement pour cela. *ibid.* Leur perfidie cachée sous des discours flateurs. 87. & 88.
Sépulcres, ou *Tombeaux* des anciens *Juifs*, & description particuliere de celui de *Lazare*. 59. La plupart de ces *Sépulcres* étoient des Grottes naturelles, ou formées artificiellement dans des rochers, comme il y en a un grand nombre dans la *Syrie. ibid. & 60. Sépulcres blanchis* par dehors, mais qui au dedans sont pleins d'ossemens & d'impuretez. 109. *J. Christ* en faisoit l'emblême de l'hypocrisie des *Pharisiens.* 110. Remarques sur d'autres *Sépulcres*, érigez pour honorer la mémoire des plus grands & vertueux personages. 111. & 112. *Sépulcres* qui s'ouvrirent, & morts qui en sortirent vivans, dans le tems que *Jesus-Christ* mourut sur la croix. 241. Cela faisoit voir qu'il étoit la *Résurrection* & *la Vie*, comme il le disoit aux *Pharisiens* avant que de mourir. *ibid.* Remarque sur le *Sépulcre* de *Joseph d'Arimathée*, taillé dans un Rocher, où *Jesus* fut mis, & sur les autres *Sépulcres* particuliers que les Juifs avoient. 256. Description de la forme de ces *Sépulcres. ibid.* Celui du Sauveur étoit neuf, & il fut le premier qui y fut mis. 257. Reflexions historiques & morales sur cela. 258. Relation de ce que l'Empereur *Adrien* fit dans la suite du tems pour profaner ce *Sépulcre*, & comment l'Empereur *Constantin* fit démolir le Temple qui avoit été construit dessus, & dédié à *Diane*. 259. Remarque sur les superstitions introduites dans ce lieu, après que le St. *Sépulcre*, couvert de masures, fut nettoyé par ordre de *Constantin*, qui y fit construire un magnifique Temple. *ibid. & 260.* Utilité que les *Mahométans* reçoivent de cette Eglise, & du St. *Sépulcre*, dont les *Chrétiens* se contentent la possession, & payent bien cherement aux Turcs le privilege d'y dire la Messe. 260.
Serge-Paul, Gouverneur de l'Isle de *Chypre*, converti au Christianisme, par l'Apôtre *Saul*, qui en prit occasion de se faire nommer *Paul*. 415. Remarques sur ce que ce Gouverneur est qualifié, par *Saint-Luc*, du titre de *Proconsul*, quoique sa charge ne fût que *Prétorienne*, & non *Proconsulaire*. 416. Examen de ce qui a donné occasion de lui attribuer ces deux titres, quoiqu'ils soient différens. *ibid.* Il étoit infatué de Magie & de fausses prédictions, comme la plupart des Magistrats Romains de son tems; mais il avoit néanmoins les qualitez essentielles aux Grands. 417. Il étoit *sage* dans ses mœurs, & *prudent* dans sa conduite. *ibid.* Cela parut en ce qu'il ne voulut pas se fier aux rapports qu'on lui faisoit de la nouvelle doctrine que *Barnabé* & *Saul* enseignoient. *ibid.* Il les fit venir chez lui, *désirant*, selon le récit qu'en a fait *St. Luc*, *d'entendre la Parole de Dieu*, qui fut le sujet de sa conversion. *ibid.*
Sermens intéressez & superstitieux des *Pharisiens*, 107. Description & censure que *J. Christ* en a faite. Distinctions frivoles & vicieuses qu'ils en faisoient. *ibid. & 108.* Reflexions morales sur cela. 108.
Serpens & *Viperes*, avec quoi *J. Christ* compare la ruse & le venin de ces animaux. 111.
Siloë étoit un lieu où il y avoit une Piscine, ou Reservoir, dont les malades sortoient guéris, quand ils y avoient été plongez les premiers, après qu'un Ange en avoit troublé l'eau. 42.
Simon de Cyrène contraint par des soldats à porter la Croix de *Jesus-Christ*. 213. Divers Pères de l'Eglise ont cru qu'il étoit Gentil; mais il est plus vraisemblable qu'il étoit *Juif. ibid.*

Saint-

TABLE DES MATIERES

Saint-Marc, qui en fait mention, lui attribue deux fils, nommez *Alexandre & Rufus. ibid.*

Socrate étant confidéré feulement par fon extérieur, paroiffoit groffier, & d'un naturel fatyrique, mais ceux qui connoiffoient le fonds de fon cœur, ne pouvoient l'entendre parler fans verfer des larmes, & fans être penétrez de fes difcours jufqu'au fond de l'ame. 311. Comment il dormoit tranquillement, lorfque fon Ami *Criton* vint pour le confoler; quand il étoit fur le point de le faire mourir. 411. Réponfe par laquelle il lui declara, qu'il feroit honteux à une perfonne de fon âge, de ne pouvoir foutenir, fans inquiétude ni emotion, l'idée de la mort. *ibid.* Les raifons qu'il en allegua fuccintement à cet Ami, étoient fondées fur ce qu'il étoit perfuadé que l'Ame de chaque homme eft immortelle, & que les gens de bien doivent être fermes dans le pofte où Dieu les appelle, d'autant plus qu'ils fe croyent obligez de l'être dans ceux que les Magiftrats leur confient. *ibid.*

Soins qui font *néceſſaires* pour le falut éternel, & ceux qui font *fuperflus*, ou *criminels*, divifez en trois claffes. 18. Explication de la première, contenuë dans la page. 18. & 19. Celle du fecond *dans la* 19. Celle de la troifième, *dans la* 20. *&* 21.

Soldats chez les *Romains* faifoient les exécutions de juftice. 105. Il eft vraifemblable que ceux qui furent chargez de la flagellation de *Jefus-Chrift*, de même que de fa crucifixion, étoient au nombre de quatre. *ibid.* On infère cela, de ce qu'après fa crucifixion ils prirent fes habits, en firent quatre parts, à chaque foldat la fienne. *ibid.* Tous les autres, qui compofoient la garde de *Pilate*, environnoient le Seigneur. *ibid.* Ils l'infulterent comme un Ambitieux infenfé. 206. Explication de ce qu'ils firent pour cela. *ibid.* Manteau d'écarlate & Couronne d'épines qu'ils employèrent dans leurs infolentes dérifions & infultes. *ibid. &* 207. Rofeau, en guife de fceptre qu'ils mirent dans fa main droite. 207. Ils s'agenouilloient devant lui, en le faluant, par dérifion, comme *Roi des Juifs.* 208. Morale fur cela. *ibid.* Après que d'autres *Soldats* l'eurent crucifié, ceux de la garde des Sénateurs Juifs allerent veiller auprès du Sépulcre où il fut mis, pour empêcher que fes Difciples ne l'enlevaffent clandeftinement, & ne fiffent enfuite courir le bruit qu'il étoit reffufcité, comme il l'avoit prédit. 262. Cela fut néanmoins accompli, & ils furent témoins de fa Réfurrection. 264. Ils furent induits par les anciens Confeillers des Juifs, à publier fauffement ce prétendu enlevement, & furent recompenfez pour ce menfonge. 268. Il étoit mal inventé; mais deux motifs le firent paroître comme le meilleur expédient pour tirer ces Anciens de l'embarras où ils étoient fur cette Réfurrection. *ibid. &* 269.

Source des Eaux vives que *J. Chrift* difoit émaner de lui, quand il enfeignoit publiquement dans le *Temple de Jerufalem*, le dernier jour de la fête des Tabernacles. 23.

Stérilité qui étoit regardée, parmi les Ifraëlites, non feulement comme un malheur; mais auffi comme une forte de malédiction divine dans les familles. 217. La plus notable peine dont Dieu menaçoit les Pécheurs, étoit celle d'extirper leur race. *ibid.* Affliction de quelques femmes pour cela. *ibid.* La plus précieufe des bénédictions temporelles que Dieu faifoit à ceux dont les mœurs n'étoient pas corrompues, étoit d'avoir une nombreufe famille. 218. Plufieurs Reflexions fur cela. *ibid.*

Sueur qui découloit de la face de *J. Chrift*, comme des grumeaux de fang, pendant fes angoiffes dans le Jardin de *Gethfemané.* 150. Diverfes opinions des Interprêtes fur la fignification de ces *Grumeaux de Sang. ibid. &* 151.

Superftitions qui naiffent de plufieurs Cérémonies dont la plûpart des Religions font furchargées. 8. Leur obfervation fcrupuleufe donne plutôt la réputation de pieté, qu'une folide vertu. *ibid.*

Sylas, Difciple de *Saint-Paul*, qui le prit en quittant *Barnabé*, & le mena à *Lyftre*, après avoir traverfé *la Syrie & la Cilicie.* 426. Voyez l'Article de *Paul*, qu'il accompagna dans tous les lieux où ils exercerent leur miniftère Evangelique, jufqu'à ce qu'ils furent emprifonnez à *Philippes*, ville de *la Macédoine*, dont leurs actions précédentes font rapportées, avec plufieurs confidérations fur diverfes chofes qui y font annexées, *depuis la page* 437. *jufqu'à* 444. Relation hiftorique de plufieurs évenemens prodigieux qui furent les caufes de leur délivrance de cette prifon, & la réparation d'honneur qu'ils exigerent des Magiftrats qui les en firent fortir, après la converfion du Géolier, qui fut témoin oculaire de ces prodiges, expliquez & joints à des confidérations politiques & morales, *depuis la page* 445. *jufques à* 456. Ces évenemens font fpécifiez dans plufieurs différens Articles de cette Table, tels que *Prifonniers*; *Geolier*; *Prière*; *Hymnes*; *Tremblement de Terre*; *Foi*; *Bruit*; *Joye*; *Injuftice*; *Caractère des Supérieurs*; *Privileges* que les Chrétiens peuvent légitimement défendre, &c. *ibid.*

Synagogues des Juifs, dont le terme Grec eft équivoque, & peut fignifier les Affemblées des Chrétiens primitifs, de même que celles des Juifs. 434.

Syftêmes de plufieurs Sçavans, qui ont entrepris d'expliquer *l'Apocalypfe*, par de fauffes idées de leur prévention contre *Rome Chrétienne* & la *Papauté*, où ils ont prétendu trouver la deftruction de *l'Antechrift.* 502. *&* 503. Ce font autant de fyftêmes en l'air, qui n'ont pour fondement que des imaginations vives, & fécondes en chimères. 503.

T.

*T*emple magnifique confacré à la *Diane d'Éphèfe.* 457. Defcription de ce fuperbe & vafte Edifice, pour la conftruction duquel on employa deux-cens vingt ans. *ibid.* Ses colomnes, au nombre de cent-vingt-fept, étoient de foixante pieds de hauteur, & enrichies de quantité de beaux ornemens. *ibid.* Elles avoient été données par autant de Rois. *ibid.* L'éclat de leur marbre, & celui des murs qui avoient 427. pieds de longueur fur 120. de largeur, étoit éblouïffant. *ibid.* Les premiers Chrétiens n'avoient ni *Temples*, ni *Sacrifices*, ni *Autels.* 464. Réponfes aux reproches que les Payens leur faifoient fur cela. *ibid.* Ils ont depuis mis leur gloire dans la grandeur des *Temples*, dans la richeffe de leurs Ornemens, & dans la pompe des Cérémonies, dès que l'Empereur *Conftantin* fe fût converti au Chriftianifme. *ibid.* Ils prirent pour modèle le *Temple de Jerufalem.* ibid *&* 465. Defcription qu'*Eufèbe* a faite de celui de *Tyr*, que *Paulin* fit bâtir, par ordre de *Conftantin.* 465. Celui-ci en fit conftruire plufieurs autres, beaucoup plus magnifiques, aux environs de *Jerufalem*, à *Antioche* & à *Conftantinople*, où *Juftinien* fit auffi conftruire celui auquel il donna le nom de *Sainte-Sophie. ibid.* C'eft-là que brilloient l'Or, l'Argent & les Pierreries, avec une profufion & un éclat, qui rempliffoit d'étonnement & d'admiration tous les Spectateurs. *ibid.* Plufieurs Reflexions hiftoriques & morales de *St. Jérôme* fur cela. *ibid.* 466. *&* 467.

Tenèbres imprévûës qui couvrirent la *Judée*, pendant que *Jefus Chrift* fouffroit des angoiffes mortelles fur la croix. 234. Ces *Tenèbres* ne paroiffoient avoir aucune caufe naturelle. *ibid.* Examen de diverfes opinions fur cela. 235.

Ter-

DU SIXIEME VOLUME.

Tertullien, Eusebe, St. Augustin, St. Jerôme & d'autres, ont cru que l'eclipse totale de soleil dont *Phlegon*, Affranchi d'*Adrien*, a parlé, fut la cause de ces *Tenèbres*. Difficultez qui en résultent. *ibid.* Annales de la *Chine*, qui font mention d'une autre Eclipse que des Sçavans ont dit être arrivée précisément dans le tems de la mort de *Jesus Christ* ; mais leur opinion a été réfutée. *ibid.* Il ne résulte aucune consequence certaine de ces diverses observations. *ibid. &* 236. Ces *Tenèbres* étoient un phénomène qui préfageoit les malheurs qui devoient survenir dans la *Judée*. *ibid.* Plusieurs Reflexions morales, sur le ténébreux aveuglement intellectuel des Juifs, au sujet de la Mission Divine de *Jesus-Christ*, & de ses Attributs surnaturels. *ibid.*

Testament Nouveau de la Coupe Eucharistique de *Jesus-Christ.* 128. Explication de ce mystère. *ibid.* C'étoit un signe de la disposition que le Sauveur faisoit de ses biens spirituels, en faveur des Fidéles qui gardent ses commandemens, & la *Nouvelle Alliance* dont il parla en cette même occasion, est le nouveau Traité que Dieu a fait, par la médiation de ce Sauveur, avec le genre humain. *ibid. &* 129. Considerations Théologiques sur plusieurs choses qui concernent ces importantes matières. 129.

Thomas, Apôtre, voulant dissuader *J. Christ* d'aller en *Judée*, dit par ironie à ses Condisciples : *Allons y aussi, afin de mourir avec lui.* 53. Reflexions sur cette saillie de *Thomas*, dont les motifs sont expliquez diversement par les Commentateurs de ces paroles, qui semblent plus héroïques qu'elles ne le sont en effet. *ibid.* Il s'appelloit aussi *Didyme*, comme cela se voit dans quelques endroits des Evangiles, & il paroît avoir été d'un naturel vif, présomptueux, & peu capable de ceder à ce qui ne lui plaisoit pas. 313. Preuves de cela. *ibid. &* 314. Il n'étoit pas avec ses collegues, la première fois que *Jesus* leur apparut ressuscité. 314. Il leur dit qu'il ne croiroit point qu'ils l'eussent vû, comme ils l'affirmoient. *ibid. &* 315. Il les accusoit indirectement d'être trompez, & de n'avoir vû qu'un fantôme. 315. Remarque sur ce qui lui faisoit soupçonner qu'ils se trompoient. *ibid.* Deux Reflexions sur la nature & les différentes causes de l'*Incredulité*. 317. *&* 318. Comment celle de *Thomas* cessa, & fut vaincue, lorsque, huit jours après la première apparition de *Jesus-Christ*, cet Apôtre eut la satisfaction de le voir & de toucher son corps & les cicatrices de ses playes, dans la même chambre de ses collegues assemblés. 320. *&* 321. Il crut alors cette Résurrection, y étant forcé par une évidence qui ne faisoit pas que sa foi eût les prérogatives d'une vertu, comme l'a celle de ceux qui croyent, sans avoir vû. *ibid.* Ce que *Jesus* lui dit sur cela, en est une preuve incontestable. *ibid.* Explication de ce que *Thomas* lui répondit, par une exclamation, en disant, *Mon Seigneur, & mon Dieu !* 322. 323. *&* 324.

Timothée, fils d'une femme Juive & d'un Pere Grec. 427. L'Apôtre *Paul* le choisit pour être son Disciple, en consideration du bon témoignage que les Fidéles de *Lystre* & d'*Iconie* lui rendoient. *ibid.* Remarque sur les motifs pour lesquels il fut circoncis. *ibid.* Il fut employé à la conversion des Juifs de sa Patrie. *ibid.*

Toiles de Maltha que les Barbares y faisoient d'une sorte de *Coton* qui y croissoit, quand les *Phèniciens* y étoient établis. 482. Ces *Toiles* étoient d'une blancheur & d'une finesse qu'on ne pouvoit égaler ailleurs. *ibid.* Une infinité d'ouvriers les mettoient en œuvre & la rendoient abondante. *ibid.*

Tonnerre, que les Disciples de *Jesus-Christ* s'imaginoient d'avoir entendu, quand une voix du ciel, qui étoit peut-être un Ange, fit entendre à *Jesus-Christ* que Dieu le glorifieroit. 154. Remarques sur cela. *ibid.*

Vol. VI.

Transmigration des Ames en d'autres corps, selon l'opinion de plusieurs Docteurs Juifs. 38. Explication de ce sentiment, à l'occasion de l'Aveugle né qui fut *gueri* par *J. Christ*, qui ne désabusa point ses Disciples de cette croyance, ou préjugé. *ibid.*

Tremblement de Terre, qui survint aux environs de *Jerusalem*, d'abord après les *Tenèbres* qui couvrirent la *Judée*, pendant la Crucifixion de *Jesus-Christ*. 240. Effets prodigieux dont il fut accompagné, & suivi. 241. Ils furent de trois sortes bien remarquables. *ibid. &* 242. Autre *Tremblement de Terre,* qui survint d'abord après que les Apôtres eurent fini leur prière, au sortir de la prison où les Sénateurs Juifs de *Jerusalem* les avoient fait mettre, & de laquelle ils furent delivrez par un Ange. 449. Reflexions sur ce qu'il y a de naturel & de surnaturel dans les *Tremblemens de Terre,* & les causes qui les produisent. *ibid. &* 450. Celui qui arriva pendant que *Paul* & *Sylas* étoient en prière, & qu'ils chantoient des Hymnes à la louange de Dieu, fut vraisemblablement accordé à leur prière. 450. Deux Remarques historiques sur le tems auquel il survint. *ibid.* Les effets extraordinaires qu'il produisit font voir qu'il avoit quelque chose de miraculeux. *ibid.*

Tribut que les Juifs payoient aux Romains. 88. Quelle étoit l'origine de ce *Tribut*, sa nature & les prétextes dont les Zèlez & les séditieux se servoient, pour exciter leur Nation à ne payer aucun *Tribut* aux étrangers. *ibid.* Demande capcieuse qu'ils firent à *Jesus-Christ* sur cela. *ibid.* Il ne s'agissoit point du *Tribut* que les Juifs payoient pour le Temple, & pour l'entretien du Culte Divin. *ibid.* Celui-ci consistoit en un demi sicle. *ibid.* Explication de ses empreintes & de ses devises. *ibid. &* 89. Il étoit question de celui que les *Syriens*, vainqueurs des Juifs, & puis les *Romains,* exigeoient annuellement de ce peuple. 89. Relation de plusieurs choses militaires & Pontificales qui rendirent *Jerusalem* tributaire du peuple Romain. *ibid.* 90. *&* 91. Prudente Réponse de *J. Christ* sur la question precedente du payement licite ou illicite de ce *Tribut*. 91. *&* 92.

Troas, ville où *Saint-Paul* aborda, cinq jours après qu'il se fût embarqué à *Philippes* dans la *Macédoine*. 457. Les Fidéles de cette première ville s'y étant assemblez avec St. *Paul*, pour *rompre le pain de l'Eucharistie*, dans une chambre du troisième étage de la maison choisie pour cela, cet Apôtre y fit un Discours qui dura jusqu'à minuit. 461. Un jeune-homme qui s'y étoit mis sur une fenêtre, pendant ce tems-là, s'endormit & en tomba. 467. On descendit vers le lieu de sa chute, & on le releva mort. *ibid.* Il s'appelloit *Eutyche*, & étoit aimé de St. *Paul,* qui y accourut aussi, & se jetta sur lui en l'embrassant de telle sorte qu'il le remit en vie. *ibid.* Quelques Interprétes de cet événement, se sont figuré qu'*Eutyche* n'étoit pas mort de cette chute; mais seulement évanoui. *ibid.* Remarques qui semblent être propres à réfuter cette opinion. 468.

Types ou *Figures* qui se trouvent dans les Ecrits Prophétiques, pour représenter des évenemens futurs. 303. Actions mystérieuses servant de Tableaux sur ce qui devoit arriver au *Messie*. 304. Les principaux sont l'Histoire du sacrifice d'*Isaac*; celle de *Joseph,* Libérateur & Conservateur de sa famille ; la Victime que le souverain Sacrificateur immoloit le jour solemnel des *Propitiations* ; à ces figures mystiques succedent des Oracles en très-grand nombre. *ibid.*

Tyr, ville qui n'est pas moins fameuse dans l'Histoire que celle de *Sidon.* 471. C'étoient les deux villes capitales de la *Phénicie*; celle-ci étoit en Terre ferme, & celle-là dans une Isle. *ibid.* Ce qu'elle souffrit quand *Alexandre* l'assiégea &

F la

TABLE DES MATIERES

la joignit au continent. 471. Le grand nombre de ses vaisseaux & l'étendue de son commerce reparerent bien-tôt ses pertes. *ibid.* Ses colonies transportées en *Espagne* & dans l'*Afrique*, la rendoient plus considerable que *Sidon*, cependant les Poëtes ont plus vanté celle-ci que *Tyr*, dont ils n'avoient pas tant de connoissance que de *Sidon. ibid. Tyr* nourrissant dans son propre sein, & avec abondance, un très-grand nombre de peuple, conserva long-tems sa liberté, par ses forces & par son argent. *ibid.* Sa pourpre, qu'elle tiroit d'une espece de poisson, sans beaucoup de fraix, & qu'elle vendoit cherement, en grande quantité, la rendoit riche & illustre : mais à présent elle n'est plus qu'un monceau de ruines. *ibid.* Réflexion morale sur la triste révolution de cette ville orgueilleuse, & ruinée selon la prédiction qui en avoit été faite par *Jérémie* & par *Ezéchiel. ibid.* Elle florissoit encore quand *Saint-Paul* y aborda, pour visiter les Fideles nouvellement acquis au Christianisme, qui lui firent un bon accueil pendant sept jours qu'il y resta, & ne le virent partir de chez eux qu'à regret, après l'avoir fortement sollicité de n'aller pas à *Jerusalem*, où il voulut néanmoins se rendre, quoiqu'il y eût apparence qu'il y seroit maltraité par les Juifs, qui l'haïssoient. *ibid.* Remarques sur plusieurs choses que les *Tyriens* firent en sa faveur. 472.

V.

*V*Erité, qui est souvent odieuse, parce que les Hommes ne sont pas toûjours assez vertueux, pour être irrepréhensibles, ni même pour vouloir connoître leurs défauts, & s'en corriger. 84. Exemples sur cela. *ibid.*
Véritez de la Religion, qui tendent toutes à la pratique. 3. Trois de ces *Véritez* qui sont enseignées dans *les Evangiles*, contiennent tout ce qu'il faut observer. 4. Explication de ces *Véritez. ibid. Véritez très-importantes que Jesus-Christ* enseigna à *Marthe*, sœur de *Marie* & de *Lazare*. 18. Elles sont reduites à trois chefs, expliquez depuis la page 18. *jusques à la* 21. Réflexions morales sur cela. 21. & 22.
Viande offerte aux Idoles, ne doit pas être mangée par les Chrétiens, selon le décret qu'en ont fait les Apôtres assemblez à *Jerusalem*. 429. Commentaire sur cela, & sur d'autres choses qui y ont du rapport. *ibid.* Comme la viande des Animaux suffoquez, & toute sorte de Sang. *ibid.* 432. & 433.
Vie Active dont les anciens Docteurs Chrétiens ont trouvé une image dans la conduite de *Marthe*, sœur de *Marie*, & un modèle de la *Vie Contemplative*, dans l'attention que celle-ci avoit pour les Instructions de *Jesus-Christ*. 21. & 22. Plusieurs Réflexions morales sur cela. *ibid.*
Vinaigre mêlé avec du *Fiel*, & *Vin* mêlé avec de la *Myrrhe*, qui furent présentez à *Jesus-Christ* sur le *Calvaire*. 221. & 222. Diverses opinions des Interprêtes sur cela, d'autant que les uns prétendent que ce n'étoit qu'une seule & même Boisson, & que les autres veulent que ce fussent deux Breuvages différens. *ibid.* Plusieurs Remarques sur les usages de ces Liqueurs mixtionnées. *ibid.*
Vipere qui saisit la main de *St. Paul*, dans l'Isle de *Malthe*, sans lui faire aucun mal par son venin, qui cause ordinairement plusieurs accidens mortels. 484. Reflexions sur cela. *ibid.* & 485.
Vision que *St. Etienne* eut dans la sale où les Juifs prenoient la résolution de le lapider. 379. Elle n'étoit pas corporelle, mais spirituelle. *ibid.* Preuves de cela. *ibid.* Ce ravissement d'Esprit comparé à celui par lequel *Moïse* vit un Symbole de la *Divinité. ibid.* Plusieurs Remarques sur la différence & les causes des *Visions* consolantes des Fideles mourans. 380. Réfutation des objections que les Incrédules font, en les attribuant à quelque espéce de Fanatisme. 381. Considerations sur ce que l'Esprit de Dieu incorporel, fait en diverses manieres, en plusieurs occasions, sur les Ames des Fideles. *ibid.* & 382. *Vision, Extase* & *Ravissement d'Esprit*, sont des termes synonimes, qui expriment une seule & même chose, considerée sous différens égards. 494. Le mot de *Vision* désigne la nature du spectacle, c'est l'Ame seule qui le contemple & qui le voit : celui d'*Extase* marque la situation de l'Ame, qui sort en quelque façon de son assiéte, & abandonne pour quelque tems le corps auquel elle est unie : & les termes de *Ravissement d'Esprit* expriment la maniere dont se fait cet abandon, qui est subit & inattendu. *ibid.*
Voile du Temple de *Jerusalem* dechiré du haut en bas, dans le moment que *J. Christ* mouroit sur la croix. 241. C'étoit le *Voile* extérieur, qui separoit le vestibule du *Lieu Saint*, d'avec celui du *Lieu très-saint. ibid.* Explication mystérieuse de ce *Voile. ibid.* & 242.
Voix que *Saul*, fait Apôtre sous le nom de *Paul*, entendit retentir du ciel, sur le chemin de *Jerusalem* à *Damas*. 391. Ce mot *Voix* signifie dans plusieurs Pseaumes le *Bruit du Tonnerre*. 392. Ce Bruit est représenté dans l'Ecriture sainte, comme s'il étoit la *Voix de Dieu. ibid.* La Nuée comme sa *Tente*, & l'*Eclair* comme le symbole de *sa Présence. ibid.* Les flames de feu sont ses Ministres, & les Anges ses envoyez célestes. *ibid.* Exemples de cela, comme lorsque Dieu parla à *Moïse* dans l'obscurité d'une *Nuée*, sur le Mont de *Sinaï*, où l'on entendit *des Tonnerres* gronder, & vit *des Eclairs* briller, pendant qu'un *Bruit épouvantable de Trompette* retentissoit de toutes parts. 393. La *Voix* que le peuple entendit dans cette occasion, fut le Tonnerre. *ibid. Voix* qu'*Elie* entendit, après un vent tempétueux, un tremblement de terre, & un grand feu soudainement allumé. 394. Le Prophete *Daniel* rapporte lui-même, qu'*une Voix* retentit à ses oreilles, de telle sorte que ceux qui étoient avec lui, furent saisis de frayeur & s'enfuirent ; mais qu'étant resté seul, le visage contre terre, une main invisible le toucha, & le rassûra. *ibid. Une Voix* du Ciel fut entendue par les Juifs, quand *Jesus-Christ* étoit avec eux dans le Temple, laquelle declara qu'il seroit glorifié ; mais les uns disoient, que c'étoit *un coup de Tonnerre*, & les autres, que c'étoit *un Ange* qui lui avoit parlé. *ibid.* L'opinion des Apparitions des Intelligences célestes étoit adoptée par les Gentils, de même que par les Juifs. 395.
Volesius, Proconsul d'*Asie*, du tems d'*Auguste*, voyant trois-cens morts étendus sur la poussiere, par ses ordres, s'écria : *Voilà une Action véritablement Royale*. 388. Ce barbare se flattoit de cette cruauté, comme s'il eût fait un glorieux exploit. *ibid.*
Voleurs dont la *Judée* étoit pleine. 7. Ils s'y retiroient dans des cavernes, où il étoit presque impossible de les forcer. *ibid.* Une troupe de ces Brigands fut attaquée par *Herode le Grand*, qui tua leur chef. *ibid.* Les guerres civiles & les troubles y multiplioient ces scelerats. *ibid.* Le chemin de *Jerusalem* à *Jericho* en étoit plus infesté qu'aucun autre. *ibid.* Parabole Evangélique, ou Apologue, concernant ce sujet. *ibid.*

Z.

*Z*Acharie, qui fut tué entre le Temple & l'Autel du Temple de *Jerusalem*. 112. Difficulté qui a exercé les Interprêtes, pour sçavoir qui étoit ce *Zacharie. ibid.* Quelques-uns ont crû que c'étoit le Pere de *Jean-Batiste*, d'autres, le fils de *Barachie*, & quelques uns, un troisiéme

DU SIXIEME VOLUME.

fiéme *Zacharie*, qui fut lapidé dans le parvis du Temple, par le commandement de l'impie *Joas*. *ibid*.

Zachée converti par *Jesus-Christ*, dans la ville de *Jericho*, située à une douzaine de lieuës de *Jerusalem*. 67. Ce fut-là que J. C. rendit la vûë à deux Aveugles. *ibid*.

Zéle véritablement pieux & saint, en matiére de Religion, est un ardent désir de voir Dieu glorifié sur la terre, & servi par tous les hommes, conformément à sa volonté. 389. C'est une vertu des hommes de bien, qui demande plus de connoissances, de circonspection, de prudence, de douceur, & de droiture de cœur, qu'aucune des autres vertus. *ibid*. Il ne doit intéresser l'Ame que lorsqu'il s'agit de Véritez certaines, & de la derniere importance pour la Religion. *ibid*. Il doit être pur & désintéressé. *ibid*. & 390. Il doit être sage & moderé. *ibid*. Trois considérations propres à faire bien connoître ce qui forme & accompagne toûjours un vrai *Zéle* pieux & bien éclairé. *ibid*. & 391. Faux *Zéle* qui se métamorphose en emportement, sous quelque prétexte de la gloire de Dieu, du bien de l'Etat, & du maintien de la justice. 420.

Zélez d'entre les *Scribes* & les *Pharisiens*, adversaires de *Jesus-Christ*, qui évitoit de les soulever contre lui. 25. & 26. Demande captieuse qu'ils lui firent au sujet d'une Femme surprise en Adultére. 26. Reflexions sur cela. *ibid*. Description des mœurs de ces *Zélez*, qui se disoient les Défenseurs des loix & de la liberté de leur Nation. 27. Autre rélation sur le même sujet, tirée de l'Histoire de *Josephe*, qui étoit un de leurs plus célébres Historiens, qu'on ne peut raisonnablement soupçonner d'avoir voulu exagerer leurs vices, qu'il avoit plus d'intérêt de pallier, que de decouvrir & publier. 376. Ce fut par le faux *Zéle* de ces hypocrites furieux, démasqué par St. *Etienne*, Diacre, qu'ils traînerent ce saint Homme hors de la ville de *Jerusalem*, pour le faire mourir sans formalité de justice. 377. *Le Sanhedrin*, ou Sénat des Juifs, n'avoit plus le pouvoir depuis qu'ils furent subjuguez par les Empereurs *Romains*; mais les particuliers qui étoient animez d'un *Zéle* particulier, s'attribuoient cette autorité dans certains cas spécifiez *dans une Relation inférée dans les pages* 377. & 378. On y trouve l'origine & les principaux exemples du droit que ces *Zélez* s'arrogeoient par rapport aux coupables d'un certain ordre, comme les deux personnes que *Phinées* tua de son autorité privée. *ibid*. Le Martyre de St. *Etienne* en fournit un autre exemple. *ibid*. De Sçavans ajoutent d'autres formalitez à celles que la Loi Mosaïque prescrit sur cela, & qui ne consistoient qu'en ce qui en est rapporté *dans le Discours* XXIX. *à la fin de la susdite page*. 378. Il paroît par l'Evangile de St. *Luc*, que les *Zélez* hypocrites firent observer toutes ces formalitez, avant que de lapider St. *Etienne*. 379.

F I N.

AVIS

AVIS AU RELIEUR,

Pour placer les Estampes du

SIXIEME VOLUME.

LE Samaritain secourant un Juif. Pag.	1
Marthe se plaint à Jesus-Christ de sa Sœur.	13
La Femme surprise en Adultère.	23
Un Aveugle recouvrant la vûë.	35
Résurrection de Lazare de son tombeau.	46
Jesus monte sur un Anon.	67
On montre un Denier à Jesus-Christ.	84
Jesus parlant aux Scribes & aux Pharisiens.	95
La Cène Euchariſtique de Notre Seigneur Jesus-Christ.	115
Jesus trouve ses Disciples dormans.	131
Un Ange du Ciel, fortifiant J. Christ.	149
Jesus-Christ devant Caïphe.	155
Pierre rénonce le Seigneur.	167
Jesus-Christ renvoyé à Pilate.	182
J. Christ fouetté.	198
Les Soldats se moquent de J. Christ.	205
Simon de Cyrène porte la Croix de J. Christ.	212
J. Christ crucifié.	220
La Sépulture de J. Christ.	248
J. Christ enseveli.	256
La Résurrection de J. Christ.	261
L'Apparition des Anges aux Femmes qui cherchoient le Seigneur.	275
J. Christ paroissant à Marie, passe pour le Jardinier.	284
Conversation en allant à Emmaüs.	294
L'Incrédulité de Thomas.	313
Jesus-Christ apparoit à ses Disciples près de la Mer.	328
L'Ascension de J. Christ au Ciel.	339
La Descente du Saint-Esprit.	350
S. Etienne est lapidé.	363
La Conversion de Saul.	385
Pierre est delivré de la prison par un Ange.	401
Elymas frappé d'Aveuglement.	413
Paul & Sylas en prison.	425
La Conversion du Géolier.	445
S. Paul ressuscite Eutyche.	457
Prédiction d'Agabus à S. Paul.	469
S. Paul mordu par une Vipere.	481
La Vision des sept Chandeliers.	493

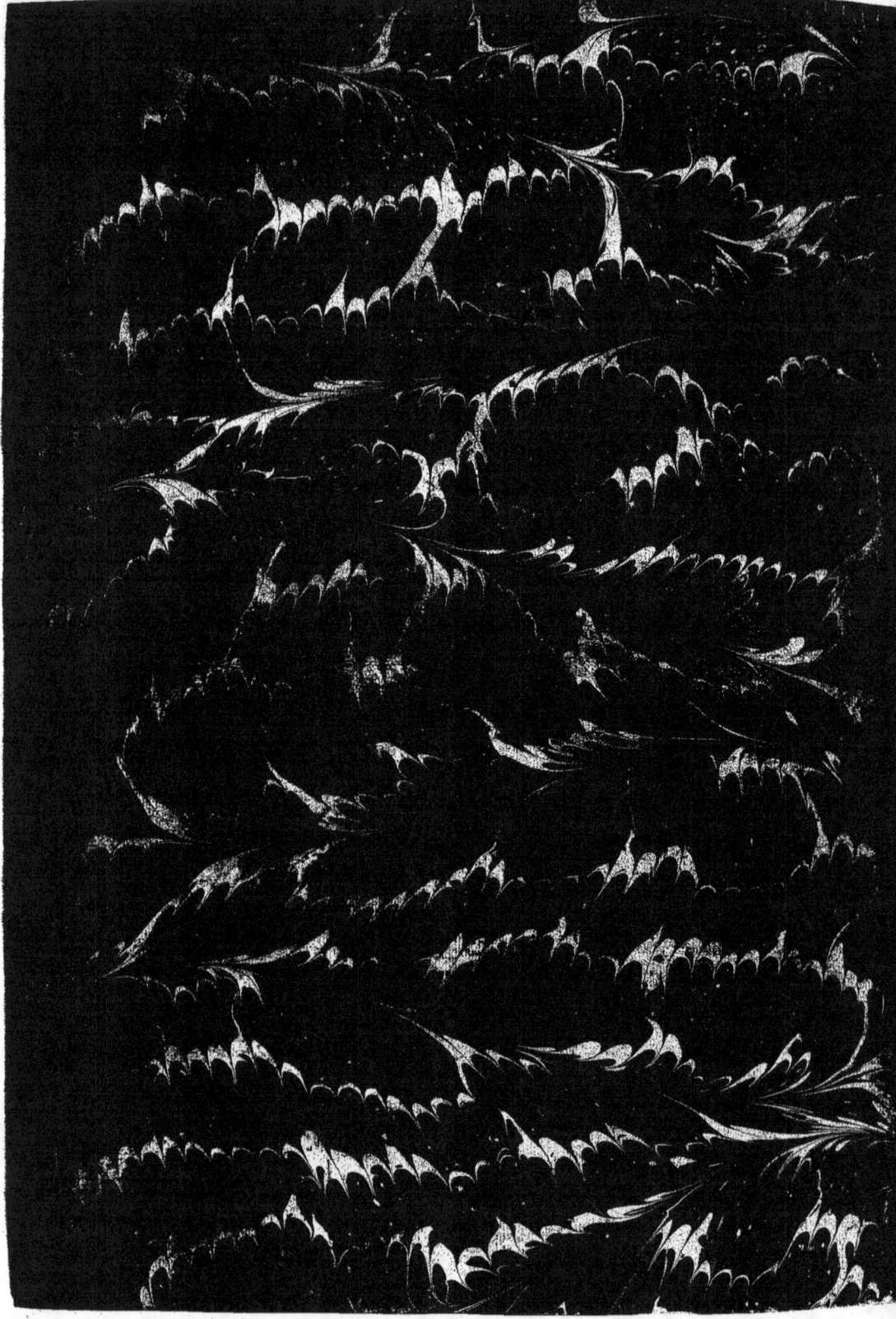

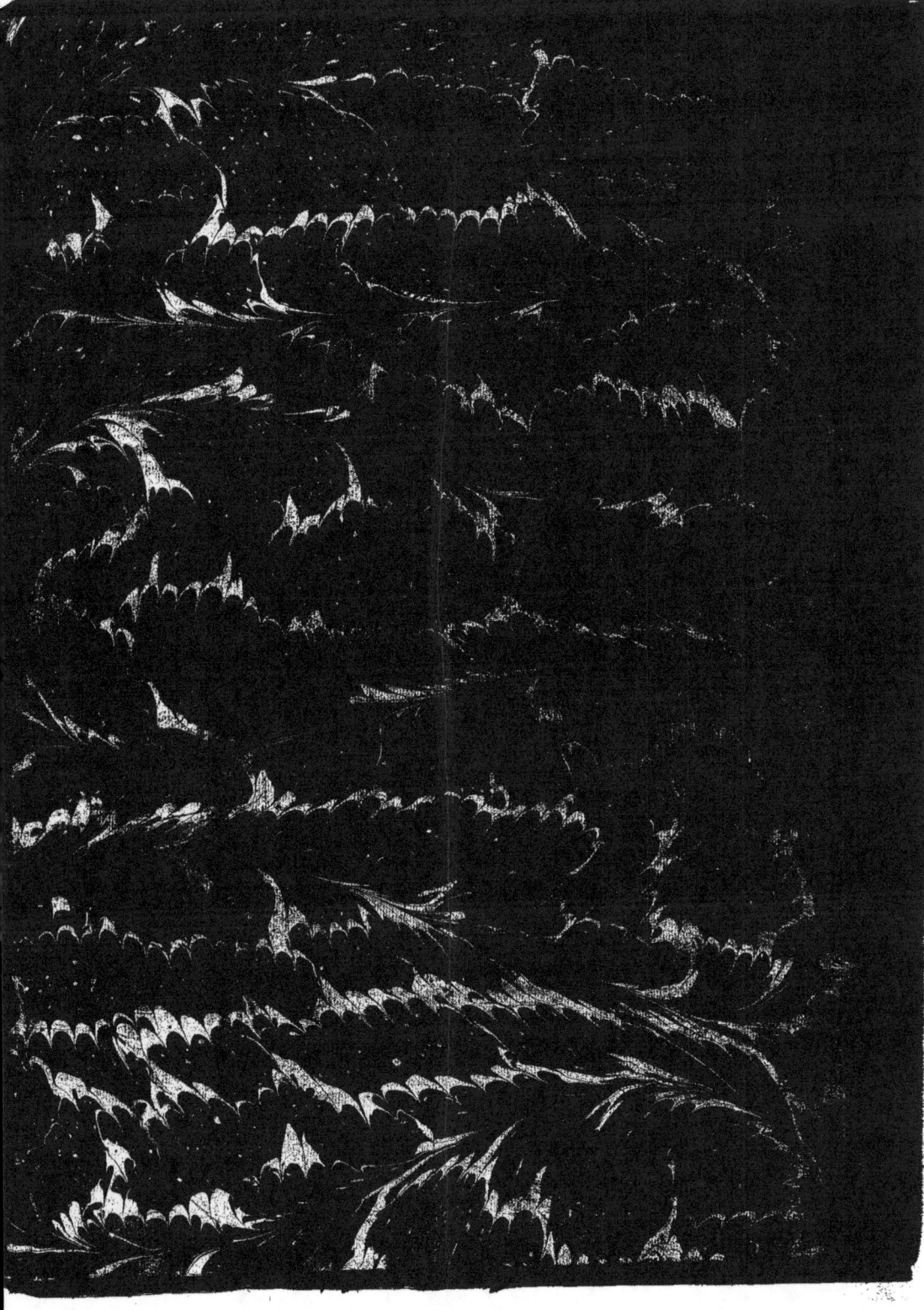

www.ingramcontent.com/pod-product-compliance
Lightning Source LLC
Chambersburg PA
CBHW050327240426
43673CB00042B/1555